『南山俗語考』
翻字と索引

岩本真理編

中国書店

はじめに

　『南山俗語考』は島津藩により編纂刊行された唐話辞書であり、文化9（1812）年頃に成立した。全ての見出し語を17部45類の項目に分類して収載し、カタカナによる発音表記と和訳を付している。

　その前身は『南山考講記』とよばれる稿本で、明和4（1787）年頃には成立していたとされる。収録語彙の半分は天文、人品、器用などの分類項目に属し、残りの半分の語彙は配属のないままに列挙されていた。その後、二十数年の歳月をかけて全編に改訂が行われ、全ての語彙を項目別に配列する方式が徹底された。用いられる分類項目名自体にも、他書に見られぬユニークなものが多い。「視聴動作坐立趨走入去来類」、「製作破壊断折膠粘燥湿類」、「数量多少長短厚薄類」のように、多文字の連続による項目名が全体の半数を占める。視点を変えると、これらの項目名は使用場面を想定したものでもあり、従来の天文、人品、器用といった分類項目ではカバーしきれない大量の動詞フレーズの収載には極めて有効に機能している。「動詞＋目的語」、「動詞＋補語」、「動詞重ね型」など実際の使用に適したフレーズを広く採録している点も『南山俗語考』の特徴といえよう。

　『南山俗語考』の影響は、江戸時代にとどまるものではない。明治に入り『漢語趺歩』、『支那南部会話――一名南京官話』と換題され、前者は外務省管轄下の漢語学所で明治初頭の数年間教科書として使用された。語彙の変更は微細な点にとどまる。後者は、日清戦争後に、北京官話とは異なる南方の語彙を体系的に習得させる必要から軍部により再編集され、大幅な語彙の入れ替えの後に刊行された。北京官話を補完する教材の必要性に駆られたものであろう。

　さらに最近の国語学の研究により、『南山俗語考』が幕末から明治にかけての英語教育にも影響を与えたことが明らかとなっている（常盤智子2004「J・リギンズ『英和日用句集』の成立過程――『南山俗語考』との関連を中心に」、『国語と国文学』81−10を参照されたい）。"*Familiar Phrases in English and Romanized Japanese*"（Shanghae, London, Mission Press, 1860)"『英和日用句集』は『南山俗語考』を底本として編纂された。編者リギンズは中国語を解する宣教師で、長崎での英語教育に資するため『英和日用句集』を世に送りだした。その後、新たに改訂本"*One thousand Familiar Phrases in English and Romanized Japanese.*"（Tokiyo Hokumonsha Waseda street）も刊行されている。編者リギンズは、分類項目別に並べられた「中国語→日本語」の辞書（すなわち『南山俗語考』）を、「中国語→英語」としてまずその意味を理解した。いわば中国語を媒介語として、「英語→（中国語）

→日本語」のような経路をたどりつつ日本語の語彙をとらえようとした知的営為が、『英和日用句集』編纂の出発点であった。『南山俗語考』が語彙の部門別配列を貫徹したことが、異なる言語との対照という新段階への展開を促したともいえよう。このように、後世への影響力の大きさ、わけても他言語への展開という点で、従来の唐話辞書のイメージを大きく覆す側面を『南山俗語考』はもっている。

　一方、稿本『南山考講記』の前史について再検討を促す貴重な資料が発見されている。奥村佳代子 2014「唐話資料史における『唐韻三字話』——『唐話纂要』及び『南山俗語考』の三字話との比較」(『関西大学東西学術研究所紀要』47)は、『唐韻三字話』(関西大学総合図書館長澤文庫所蔵)が、『南山俗語考』所収の三字フレーズと高い一致度を示すことを指摘する。薩摩藩における唐通事養成過程で「三字話」という書物が使用されていたことは、つとに武藤長平 1926『西南文運史論』(岡書院)に言及がある。『唐韻三字話』の成立時期は判明しておらず、薩摩藩における「三字話」と直接つながるとまでは断言できない。しかしながら、三文字フレーズを中心とした共通性をもった語彙群が通事養成のある一定の段階で踏襲され、写本として流通し使用されてきたという点は、長崎・薩摩といった地域の違いを云々する以前に重要なことではないだろうか。

　今回、『南山俗語考』翻字と『南山俗語考』・『南山考講記』・『漢語跬歩』ピンイン対照索引の刊行にあたって、編集を担当して下さった別府大悟氏と、中国書店の川端幸夫氏のお二人に心よりお礼を申し上げたい。校正作業が一向に捗らず、ご迷惑ばかりをおかけしてきた。根気強くこの作業に付き合っていただき、温かい見守りと励ましの言葉にいつも支えられてきた。

　ふりかえれば、1986年の4月に鹿児島県立図書館で『南山俗語考』の原本に初めて触れた日の、閲覧室に差し込む明るい陽射しが今も目に浮かぶ。奉職していた鹿児島経済大学図書館で影印本の『南山考講記』をパラパラとめくっていくうちに、両者の対照作業をハタと思いついたあの日から、すでに30年の歳月が過ぎ去っている。この資料の刊行がこの稀有な書物の存在を明らかにし、今後の中国近世語語彙研究に僅かでも寄与できるならば望外の喜びである。

　2017年2月

岩本真理

目　次

はじめに　iii

『南山俗語考』翻字

凡　例		2
『南山俗語考』序		4
巻1　天部		5
地部		10
人部		13
巻2　人部		29
巻3　人部		48
器財部		61
文學部		71
巻4　營造部		76
産業部		86
兵部		89
疾病部		91
舩部		97
居處部		102
巻5　食物部		106
鱗介部		113
昆蟲部		115
走獸部		116
飛禽部		117
草木部		119
衣飾部		124
馬匹鞍轡部		128

「長短雜話」（『南山俗語考』附録）・「君臣唐話」（『南山考講記』附録）の對照 …… 130

『南山俗語考』・『南山考講記』跋 …… 143

『南山俗語考』・『南山考講記』・『漢語踕歩』ピンイン對照索引 …… 145

『南山俗語考』翻字

凡　例

- 『南山俗語考』の見出し語8253語に通し番号を付し、翻字している。
- 全5巻、3部からなるが、その構成は以下の通りである。

巻1	天部	天文時令類	巻4	營造部	製作破壞斷折膠粘燥溼類
	地部	地理名稱類			數量多少大小長短厚薄類
	人部	人品類			諸物形状類
		身體類		産業部	財産有無筭計帳簿類
		親族類		兵部	兵法軍器類
		性情類		疾病部	疾病瘡瘍類
		視聽動作坐立趨走出入去来類			醫療類
巻2	人部	賓友往来逢迎尋訪類		舩部	舩件具名類
		通用言語類		居處部	居室坊店類
		干求請託類	巻5	食物部	菜蔬類
		患難類			飯肉菜殽茶菓造釀類
		疎慢欺哄驕奢類			煮煎燒炒類
		德藝類		鱗介部	魚鼈蚌蛤類
		盟約儆戒類		昆蟲部	卵生化生溼生蟲類
		遊眺登覽類		走獸部	畜獸鼠類
巻3	人部	筵宴飲饌類		飛禽部	林山水原禽類
		祭祀寺廟類		草木部	樹竹類
		慶弔死生類			花卉類
		寄贈拜謝類			菓蓏類
		婚姻女工類			種藝類
		官府政刑獄訟類		衣飾部	衣服布帛紡織采色類
	器財部	寶貨器用服飾香奩玩具類		馬匹鞍轡部	馬鞍具毛色類
	文學部	讀書寫文字類			

- 使用した版本は、『南山俗語考』特本（鹿児島県立図書館蔵・特本）である。第2巻の末尾、「遊眺登覧類」を欠いている。この箇所は天理大学図書館蔵・特本により補った。「遊眺登覧類」に収める7語も8253語内に含まれている。
- 版本の違いは略号によって記した。

  K'：『南山俗語考』上本（鹿児島県立図書館蔵・上本）
- 『南山考講記』の記述との対照は対照索引中（本書p.145〜）に示す。ただし一部は翻字の注釈として｛　｝内に注記している。

  J：『南山考講記』（「唐話辞書類集」第5集影印本、汲古書院）
- 附録の「長短雑話」の翻字を収録し、『南山考講記』の附録「君臣唐話」と対照させている。「長短雑話」・「君臣唐話」にも異同があり、各箇所で記した。

  『南山俗語考』「長短雑話」特本（鹿児島県立図書館蔵）

  『南山俗語考』「長短雑話」盛文堂（東北大学図書館蔵）

  『南山考講記』「君臣唐話」（「唐話辞書類集」第5集影印本、汲古書院）

  『南山考講記』「君臣唐話」（内閣文庫）
- 原文の文字表記をできる限り反映させ、見出し語、カタカナ音表記、語釈の順に載せる。

  （例）　1天地　テエン　デイ：アメツチ

  　　　2乾坤　ケン　クイン：アメツチ

  　　　3天河　テエン　ホヲー：アマノガハ

  なお、原文では唐音は各漢字の右に示される。ごく少数ながら異なる唐音が当該字の左右に付される場合は、［右カン・左ケン］のように示す。
- 特殊な文字はできる限り作字した。
- 原文では同義語が連続している場合、語釈には「同上」とのみ示されるが、この翻字においては、これに従わず、それぞれに語釈を付している。
- 空格（空白）は■(空格)で示す。
- 同じ字句の重複を示す記号「く」は、横書きの体裁に合わせ「〜」に代えた。

『南山俗語考』序

『南山俗語考』特本　序

【序1　源忠道序】
南山俗語考序
薩老侯好華音。置譯官。令其藩子弟暇日講習也。此亦學校之設。其官殆不可欠。不以必嗜好之故也。老侯自通其音。因輯録成語。労以國字音之下。以國語釋之。凡六卷。其第六卷。日用叙話。所擬彼而自作也。標曰　南山俗語考。屬忠道引其端。刻以傳同好。乃謹叙　老侯之意。引之端云。
文化戊辰陽月鷺山源忠道撰

【序2　古賀精里序】
南山俗語考序
薩國跨有日隅。濱海之地。西南面大洋千餘里。海舶飄到封内。殆無虚歳。是以置戍堡。設瞭臺。而候察之。其有勘合。確不係違禁。乃許停泊。爲之補損漏。済匱乏。哺飢。衣凍。薬病。飛報長崎鎭臺通知。竢汎護送之崎港。其誰何撫諭。皆待譯者。譯言一差。或惹事端。故最加愼焉。平時擇通敏有幹用者數十名。學清國語以備其役。實爲薩國一重事。南山公自襲封之始。留意於此。至躬學譯語。以審其合否。因有記載。成六卷。名曰南山俗語考。休閑之後。猶不輟脩改。假有未妥。輒使人廣問遠質。極其精當。然後已。乃今覺無遺憾。欲梓行以便譯学。并及衿佩。使其臣槃及崔高校定。詭序於余。爵象胥之學。將復何言。然讀書每遇俗語難曉。恨其無成書可考。今見此舉。不堪竊喜。世之経生拿陋或藉口曰。學者。古而已矣。子雲懷鉛。徒生好事。殊不思洚水泄々。特煩孟解。苟之案。公羊之踊登来。越歌秦胥々。陳渉夥頤沈々。不解易已。解乃俗語。朱夫子曰。伊川不在。語録不可不讀。則過此以注。知復爾々。然則書之可詮俗語者。亦豈可概来閣哉。雖然解明俗語。談何容易。漢唐以降。方言俗語。展轉變化。五方訛淆。逐代推移。日新未已。不可以字義求。而可以唇舌盡。観夫象胥之傳。或通於今塞於古。舶客之辞。或南悟而北惑。可以見已。故求其解者。當推所已明。以及其他。探討貫穿。與之委蛇。而逆其志。將有如矇之。斯視而痒之斯掻之日。則是書爲其津梁也審矣。昔衛君夷言。君子譏焉。高士鮮卑語。識者垂戒。以其舍當務之急。而習異言也。至於是書。則
南山公之所以奉
上而固圉。不可一日闕者。緒餘亦可以嘉恵藝林。與夫闕君高士之用意。正相薫蕕。是宜序也。
文化九年花朝古賀樸書

　　注：上本は【序2　古賀精里序】のみを載せる。ただし、「成六巻」を、「成五巻」とする。上本には巻
　　　　六の附録はなく、全五巻である。

巻1 天部

天文時令類

巻1　1葉a

1 天地　テエン デイ：アメツチ
2 乾坤　ケン クイン：アメツチ
3 天河　テエン ホヲー：アマノガハ
4 天陰　テエン イン：クモル
5 起霧　キイ ウー：キリノカヽル
6 起霞　キイ ヤアー：カスミノカヽル
7 靉靆　アイ ダイ：クモノタナビク
8 日頭　ジ デ○ウ：ニチリン
9 日蝕　ジ チ：ニツシヨク
10 日高　ジ カ○ウ：ヒダカイ
11 日落　ジ ロ：ヒノサガル
12 東照　トン チヤ○ウ：アサヒ

巻1　1葉b

13 西照　スイー チヤ○ウ：ユウヒ
14 日照　ジ チヤ○ウ：ヒノテル
15 遮日　チエー ジ：ヒカゲサス
16 日暖　ジ ノワン：アタヽカ
17 黒早　ヘ ツア○ウ：アケガタ
18 早晨頭　ツア○ウ シン テ○ウ：ソフチヨフ
19 五更頭　ウヽ ゲン デ○ウ：アケ七ツ
20 天亮　テエン リヤン：ヨアケ
21 雞叫天　キイ キヤ○ウ テエン：ヨアケ
22 絶早　ヅエ ツア○ウ：ソフテン
23 清早　ツイン ツア○ウ：ソフテン
24 天色早　テエン スエ ツア○ウ：ソフテン
25 早上　ツア○ウ ジヤン：ソフテン
26 上午　ジヤン ウー：ヒルマヘ
27 中午　チヨン ウー：ヒル
28 下午　ヒヤア ウー：ヒルサガリ
29 羞亮　スイ○ウ リヤン：マハユヒ
30 羞明　スイ○ウ ミン：マハユヒ
31 光亮　クワン リヤン：アカル
32 黎明　リイ ミン：ホノボヽアケ
33 日午　ジ ウー：ヒル

巻1　2葉a

34 日斜　ジ シエー：ヒグレ
35 日乾　ジ カン：ヒテリ
36 天晴　テエン ツイン：ハルヽ
37 祈晴　キイ ツイン：ヒヨリマツリ
38 日暈　ジ イユイン：ヒノカサ
39 風静　フヲン ヅイン：ノドカ
40 風和　フヲン ホヲー：ノドカ
41 晩上　ワン ジヤン：バン
42 夜裏　エー リイ：ヨル
43 夜間　エー ケン：ヨル
44 今夜頭　キン エー デ○ウ：コンヤ
45 昨夜頭　ヅヲ エー デ○ウ：ヤゼン
46 半夜裏　ポワン エー リイ：ヤハン
47 月夜　イエ エー：ツキヨ
48 黒夜　ヘ エー：ヤミヨ
49 更深　ケン シン：ヨノフクル
50 月頭　イエ デ○ウ：ツキ
51 月蝕　イエ チ：グワツシヨク
52 月缺　イエ ケ：ツキノカグル
53 月圓　イエ イエン：ツキノミツル
54 好月亮　ハ○ウ イエ リヤン：ヨイツキヨ

巻1　2葉b

55 蛾眉月　ゴヲー ムイ イエ：ミカヅキ
56 朦朧月　モン ロン イエ：オボロヅキ
57 星光　スイン クワン：ホシノヒカリ
58 星墜　スイン ヅイ：ホシノトブ
59 終夜　チヨン エー：ヨモスガラ
60 敖了夜　ガ○ウ リヤ○ウ エー：ヨヲアカス
61 下雨哩　ヒヤア イー リイ：アメガフル
62 落雨　ロイー：アメノフル
63 雨来了　イー ライ リヤ○ウ：アメガフリダシタ
64 不落雨　ポロ イー：アメガフラヌ
65 久雨　キウ イー：ナガアメ
66 暴雨　バ○ウ イー：ニワカアメ
67 時雨　ズウ イー：ヨイトキノアメ
68 甘霖　カン リン：ヨイアメ
69 陣頭雨　ヂン デ○ウ イー：トヲリアメ
70 梅雨　ムイ イー：ツユノアメ

71 黄梅　　ワン　ムイ：ツユノアメ
72 霉景的　ムイ　キン　テ：ツユゲシキ
73 秋霖　　ツイ○ウ　リン：アキノナガアメ
74 初晴了　ツウ　ツイン　リヤ○ウ：ハシメテハル
75 禱雨　　ダ○ウ　イー：アメヲイノル

| 巻1　3葉a |

76 簷滴　　エン　テ：ノキシタバリ
77 簷水　　エン　シユイ：ノキミズ
78 雨水　　イー　シユイ：アマミヅ
79 雷公　　ルイ　コン：イカヅチ
80 打雷　　タアー　ルイ：カミナリ
81 雷響　　ルイ　ヒヤン：カミナリ
82 閃電　　シエン　デエン：イナヅマ
83 電母　　デエン　ムウ：イナヅマ
84 電光　　デエン　クワン：イナヅマ
85 虹蜺　　ホン　ニイ：ニジ
86 下霜　　ヒヤア　ショワン：シモノオク
87 落雪　　ロ　スエ：ユキノフル
88 積雪　　チ　スエ：ユキガツモル
89 雪烊　　スエ　ヤン：ユキノキユル
90 冰筋　　ピン　キン：ツラヽ
91 冰條　　ピン　デヤ○ウ：ツラヽ
92 吹風　　チユイ　フヲン：カゼカフク
93 遇風　　イー　フヲン：カゼニアフ
94 轉風　　チエン　フヲン：カゼノカハル
95 風飄　　フヲン　ピヤ○ウ：ヒルガヘル
96 東南風　トン　ナン　フヲン：コチハヘ

| 巻1　3葉b |

97 東北風　トン　ポ　フヲン：キタコチ
98 西南風　スイー　ナン　フヲン：ハヘニシ
99 西北風　スイー　ポ　フヲン：ニシキタ
100 單東風　タン　トン　フヲン：マコチ
101 單南風　タン　ナン　フヲン：マハヘ
102 單西風　タン　スイー　フヲン：マニシ
103 單北風　タン　ポ　フヲン：マキタ
104 狂風　　グワン　フヲン：アガリカゼ
105 颶風　　ポイ　フヲン：四方カセ○海上ノ大風トモ
106 怪風　　クワイ　フヲン：ツジカゼ
107 頂頭風　デン　テ○ウ　フヲン：ムカフカゼ
108 打頭風　タアー　デ○ウ　フヲン：ムカフカゼ
109 順風　　ジユン　フヲン：ジユンフウ

110 下露　　ヒヤア　ルウ：ツユノクタル
111 露一宿　ルウ　イ　ソ：イチヤ夜ツユニサラス
112 風凉　　フヲン　リヤン：スヾシヒ
113 辰時　　ジン　ズウ：五ツトキ
114 巳時　　ズウ　ズウ：四ツトキ
115 午時　　ウー　ズウ：九ツドキ
116 未時　　ウイー　ズウ：八ツドキ
117 申時　　シン　ズウ：七ツドキ

| 巻1　4葉a |

118 黄昏　　ワン　ホヲン：クレ
119 初更　　ツウ　ゲン：夜ノ五ツドキ
120 二更　　ルウ　ゲン：夜ノ四ツドキ
121 三更　　サン　ゲン：夜ノ九ツドキ
122 四更　　スウ　ゲン：夜ノ八ツドキ
123 五更　　ウー　ゲン：夜ノ七ツドキ
124 月初頭　イエ　ツウ　デ○ウ：ツキノハジメ
125 月半邊　イエ　ポワン　ペエン：ハンガケツ
126 箇把日　コー　パアー　ジ：イチジツホド
127 箇把月　コー　パアー　イエ：一ヶ月ホド
128 幾日　　キイ　ジ：イツカ
129 幾天　　キイ　テエン：イツカ
130 今日　　キン　ジ：コンニチ
131 明日　　ミン　ジ：アス
132 昨日　　ヅヲ　ジ：キナフ
133 明後日　ミン　ヘ○ウ　ジ：ミヤフゴニチ
134 大前日　ダアー　ヅエン　ジ：サキヲトヽヒ
135 後日　　ヘ○ウ　ジ：ゴジツ
136 改日　　カイ　ジ：ゴジツ
137 再日　　ツアイ　ジ：ゴジツ
138 晩間　　ワン　ケン：バン

| 巻1　4葉b |

139 現今　　ヒエン　キン：イマ
140 于今　　イー　キン：イマ
141 如今　　ジユイ　キン：イマ
142 目下　　モ　ヒヤア：イマ
143 目今　　モ　ヒヤア：イマ
144 當初　　タン　ツウ：ムカシ
145 這幾天　チエー　キイ　テエン：コノゴロ
146 這両日　チエー　リヤン　ジ：コノゴロ
147 幾年　　キイ　子エン：イクトシ
148 前年　　ヅエン　子エン：ゼン子ン

6

149	去年	キユイ 子エン：キヨ子ン
150	舊年	ギウ 子エン：キヨ子ン
151	今年	キン 子エン：コトシ
152	明年	ミン 子エン：ミヤウ子ン
153	後年	ヘ○ウ 子エン：コウ子ン
154	往年	ワン 子エン：ライ子ン
155	平日間	ビン ジ ケン：ヘイセイ
156	往常	ワン チヤン：ツ子〜
157	日常	ジ ヂヤン：ヘイゼイ
158	平常	ビン ヂヤン：ヘイゼイ
159	尋常	ヅイン ヂヤン：ヨノツ子

巻1　5葉a

160	一時間	イ ズウ ケン：一時ノアイタ
161	新年	スイン 子エン：正月
162	年初一	子エン ツウ イ：元日
163	新年頭	スイン 子エン デ○ウ：子ントフ
164	元霄	イエン スヤ○ウ：正月十五日
165	上巳	ジヤン ズウ：三月三日
166	三月三	サン イエ サン：三月三日
167	端午	トワン ウー：五月五日
168	五月五	ウー イエ ウー：五月五日
169	七月七	ツイ イエ ツイ：七夕
170	中秋	チヨン ツイ○ウ：八月十五日
171	重陽	チヨン ヤン：九月九日
172	九月九	キウ イエ キウ：九月九日
173	冬至	トン ツウ：トウジ
174	年底	子エン デイ：シハス
175	年邉	子エン ペエン：シハス
176	年裡	子エン リイ：トシウチ
177	近了年	ギン リヤ○ウ 子エン：セツキニイタル
178	年三十	子エン サン シ：大トシノ夜
179	盂蘭盆	イー ラン ペン：ウラボン
180	佳節	キヤア ツイ：セツク

巻1　5葉b

181	大節日	ダアー ツイ ジ：セクジツ
182	定日	デイン ジ：ヒヲサタムル
183	挨日	ヤイ ジ：ヒヲノブル
184	春天暖	チユン テエン ノワン：春アタヽカ
185	夏天熱	ヤアー テエン ジエ：夏アツシ
186	秋天凉	ツイ○ テエン リヤン：秋スヽシ
187	冬天冷	トン テエン レン：冬サムシ

188	狠日頭	ヘン ジ デ○ウ：キツイ日○夏ノ日
189	暖得緊	ノワン テ キン：イカフアタヽカ
190	冷得緊	レン テ キン：イカフサムヒ
191	熱得緊	ジエ テ キン：イカフアツヒ
192	凉得緊	リヤン テ キン：イカフスヽシヒ
193	老早	ラ○ウ ツア○ウ：トクニ
194	纔斯	ヅアイ スウ：センコク
195	方纔	ハン ヅアイ：今サキ○タダイマ
196	瞬息	チユイン スイ：マタヽキノマ
197	須臾	スイー イー：シバラク
198	頃刻	キン ゲ：シバラク
199	斯須	スウ スイー：シバラク
200	臨時	リン ズウ：ニハカ
201	頓時	トイン ズウ：ニハカ

巻1　6葉a

202	霎時	サ ズウ：シハシサキ
203	彼時	ポイ ズウ：ソノトキ
204	剛剛	キヤン ヽ：チヨフトソノトキ○只今
205	停囬	デン ホイ：オシツケ
206	少停	シヤ○ウ デン：オシツケ
207	少頃	シヤ○ウ キン：オシツケ
208	早晩	ツア○ウ ワン：マモナク
209	現在	ヒエン ヅアイ：イマ
210	交了春	キヤ○ウ リヤ○ウ チユイン：ハルニナル
211	交了夏	キヤ○ウ リヤ○ウ ヤアー：ナツニナル
212	交了秋	キヤ○ウ リヤ○ウ ツイ○：アキニナル
213	交了冬	キヤ○ウ リヤ○ウ トン：フユニナル
214	今日天氣好	キン ジ テエン キイ ハ○ウ：ケウハテンキヨシ
215	好天氣	ハ○ウ テエン キイ：ヨキテンキ
216	今日天氣不好	キン ジ テエン キイ ポ ハ○ウ：コンニチテンキヨカラズ
217	好大熱	ハ○ウ ダアー ジエ：イカフアツヒ
218	好大冷	ハ○ウ タアー レン：イカフサムヒ
219	今日下雨	キン ジ ヒヤア イー：コンニチアメフル
220	今日下雪	キン ジ ヒヤア スエ：コンニチユキフル

巻1　6葉b

221	今日天陰了	キン ジ テエン イン リヤ○ウ：コンニチテンキクモル

222	好大雨	ハ〇ウ タアー イー：イカフヲ、アメ
223	好大雪	ハ〇ウ タアー スエ：イコフオホユキ
224	天迷了	テエン ミイ リヤ〇ウ：テンクモル
225	下霰了	ヒヤア サン リヤ〇ウ：アラレフル
226	有風来	イウ フヲン ライ：カゼガアル
227	没有風	ム イウ フヲン：カゼガナヒ
228	晴得好	ツイン テ ハ〇ウ：ヨフハレタ
229	天晴了	テエン ツイン リヤ〇ウ：ハレタ
230	今日下霧	キン ジ ヒヤア ウー：コンニチキリフル
231	好雨阿	ハ〇ウ イー アー：ヨキアメ
232	今日霞起来	キン ジ ヤアー キイ ライ：コンニチカスミタツ
233	雨来了	イー ライ リヤ〇ウ：アメガフリダシタ
234	今日有風	キン ジ イウ フヲン：コンニチカゼガアル
235	今日熱起来	キン ジ ジエ キイ ライ：コンニチハアツイ
236	好大風	ハ〇ウ ダアー フヲン：イコフヲ、カゼ
237	落一陳	ロイ ヂン：ヒトシキリフル {陳は陣の誤り}
238	着了雨	チヨ リヤ〇ウ イー：アメニアフタ

巻1　7葉a

239	住一囬	ヂユイ イー ホイ：ヒトシキリヤム
240	住住雨	ヂユイ 、 イー：アメヲヤメル
241	躱雨了	トウ イー リヤ〇ウ：アメヲヨケル
242	避雨了	ピ イー リヤウ：アメヲヨケル
243	又落雪	ユウ ロ スエ：マタユキガフル
244	風轉了	フヲン チエン リヤ〇ウ：カゼガカワリシタ
245	風進来	フヲン ツイン ライ：カゼガイル
246	風起来	フヲン キイ ライ：カゼカタツ
247	冷起来	レン キイ ライ：サムクナツタ
248	涼起来	リヤン キイ ライ：ス、シクナツタ
249	今日暖起来	キン ジ ノワン キイ ライ：コンニチアタ、カニナツタ
250	快晴了	クワイ ツイン リヤ〇ウ：ヨクハレタ
251	透透風	テ〇ウ 、 フヲン：カゼヲトヲス
252	星光起来	スイン クワン キイ ライ：ホシガテタ
253	見了風	ケン リヤ〇ウ フヲン：カゼニアタリタ
254	天陰了像個下雨	テエン イン リヤ〇ウ ツヤ ンコ ヒヤア イー：クモリテアメガフリソフナ
255	就晴了	ヅイ〇ウ ツイン リヤ〇ウ：ソノマ、ハレタ
256	像個晴	ヅヤン コ ツイン：ハレソフナ
257	雨晴了	イー ツイン リヤ〇ウ：アメガハレタ

巻1　7葉b

258	日子好	ジ ツウ ハ〇ウ：ヒガラガヨヒ
259	風燥了	フヲン サ〇ウ リヤ〇ウ：カワク
260	大天亮	ダアー テエン リヤン：ヲ、イニアケタ
261	冷些呢	レン スイー ニイ：サムクハナイカ
262	冷不過	レン ポ コフ：サムクテナラヌ
263	寒冷的	ハン レン テ：サムイ
264	寒淅淅	ハン ツエ 、：サムイ
265	天色熱	テエン スエ ジエ：テンキアツシ
266	天色涼	テエン スエ リヤン：テンキス、シ
267	該涼些	カイ リヤン スイー：ス、シイハツ
268	熱了難當	ジエ リヤ〇ウ ナン タン：アツクテコタヘヌ
269	蔭涼的	イン リヤン テ：ヒヤ〜スル {K'はヒオホヒとする}
270	今晩涼	キン ワン リヤン：コンバンハス、シヒ
271	乗乗涼	ヅイン 、 リヤン：ス、ム
272	太陽大	タイ ヤン ダアー：日カツヨヒ
273	日子短	ジ ツウ トワン：日ガミジカヒ
274	過得快	コフ テ クワイ：ハヤクスクル
275	終日好	チヨン ジ ハ〇ウ：シウジツヨシ
276	靠晚時候	カ〇ウ ワン ズウ ヘ〇ウ：クレジブン
277	火熱的	ホヲ ジエ テ：火ノ如クアツヒ
278	冰冷的	ピン レン テ：氷ノ如クツメタヒ

巻1　8葉a

279	得一日過一日	テイ ジ コフ イ ジ：ケフハケフアスハアス
280	也不熱	エー ポ ジエ：アツクナヒ
281	天氣總不肯晴	テエン キイ ツヲン ポ ゲン ツイン：テンキガハレカヌル
282	也不冷	エー ポ レン：ツメタクナヒ
283	雨下得長久大家悶了厭得狠	イー ヒヤア テ ヂヤン キウ タアー キヤア メン リヤ〇ウ エン テ ペン：ナカアメ テミナアキハテタ
284	太陽晒進来	タイ ヤン シヤイ ツイン ライ：日カテリコム

285 吹上去　チユイ ジヤン キユイ：フキアゲタ
286 冷是冷　レン スウ レン：サムサハサムケルヒ
287 透透亮　テ○ウ 、 リヤン：アカリトホス
288 熱呢冷　ジエ ニイ レン：アツヒカサムヒカ
289 没有雨　ム イウイー：アメハナヒ
290 雨水多　イ シユイ トヲー：アマミツカオホヒ
291 和氣的　ホフ キイ テ：テンキノヤハラク
292 氣不順　キイ ポ ジユイン：キガフジユン
293 春天好　チユイン テエン ハ○ウ：ヨクハル、テンキ
294 結了冰　キ リヤ○ウ ピン：コホリヲムスブ

巻1　8葉b
295 結冰了　キ ピン リヤ○ウ：コホリヲムスブ
296 老天阿　ラ○ウ テエン アー：天
297 黄昏星　ワン ホヲン スイン：ヨヒノ明星
298 時運好　ズウ ユイン ハ○ウ：ジウンガヨヒ
299 有日中　イウ ジ チヨン：ニツチウ
300 風洋了　フヲン ヤン リヤ○ウ：カゼガヤンダ
301 起了吼　キイ リヤ○ウ ホヲン：天ガヤケタ
302 雞叫時　キイ キヤ○ウ ズウ：ニハトリナクジブン
303 下雨麼　ヒヤア イー マアー：アメガフルカ
304 不下雨　ポ ヒヤア イー：アメハフラヌ
305 有月亮　イウ イエ リヤン：ツキノヨ
306 有露水　イウ ルウ シユイ：ツユガアル
307 没有露　ム イウ ルウ：ツユガナヒ
308 露水多　ルウ シユイ トウ：ツユカオホヒ
309 落雪麼　ロ スエ マアー：ユキガフルカ
310 不落雪　ポ ロ スエ：ユキハフラヌ
311 凍壞了　トン ワイ リヤ○ウ：コホリヲワツタ
312 不凍的　ポ トン テ：コホラヌ
313 日頭落山　ジ デ○ウ ロ サン：日ノクレ
314 頭遭的　デ○ウ ツア○ウ テ：初
315 一個月　イ コ イエ：一个月

巻1　9葉a
316 兩個月　リヤン コ イエ：兩月
317 半個月　ポワン コ イエ：半个
318 幾個月　キイ コ イエ：何个月
319 上半日　ジヤン ポワン ジ：アサハンジツ
320 下半年　ヒヤア ポワン 子ン：シモハン子ン
321 初頭　ツウ デ○ウ：ハジメ

322 尾頭　ウイ デ○ウ：スヘ
323 昨日子　ヅヲ ジ ツウ：キノフ
324 今日子　キン ジ ツウ：ケフ
325 有閏月　イウ ジユイン イエ：ジユンゲツガアル
326 日常裡　ジ デヤン リイ：平常
327 尋常的　ヅイン ヂヤン テ：ヨノツ子
328 現今的　ヘン キン テ：トウブン
329 目下的　モ ヒヤア テ：タヽイマ
330 平日間　ビン ジ ケン：ヘイセイ
331 拜拜節　パイ 、 ツイ：セツクノレイ
332 拜過年　パイ コフ 子エン：セイボノレイ
333 去辭年　キユイ ヅウ 子エン：トシオトル
334 辭年去　ヅウ 子エン キユイ：トシヲトリタ
335 正月裡拜年去　チン イエ リイ パイ 子エン キユイ：正月中子エンレイニアルク

巻1　9葉b
336 去拜年　キユイ パイ 子エン：子ンレイニユク
337 已到十二月了　イー タ○ウ シ ルウ イエ リヤ○ウ：モハヤゴクゲツニナツタ
338 交了春得了暖和凍開了　キヤ○ウ リヤ○ウ チユイン テ リヤ○ウ ノワン ホ トン カイ リヤ○ウ：ハルニナツテアタヽカデコホリガトケタ
339 剛纔　キヤン ヅアイ：タヽイマ
340 将来　ツヤン ライ：イゴ
341 好大旱　ハ○ウ ダアー ハン：オホヒデリ
342 年成好　子エン デン ハ○ウ：トシガヨイ
343 大有年　ダアー イウ 子エン：ホフ子ン

巻1　地部

地理名稱類

巻1　10葉a

- 344 皇都　　ワン ドウ：ミヤコ
- 345 帝郷　　デイ ヒヤン：ミヤコ
- 346 京上　　キン ジヤン：キヤフト
- 347 郷里　　ヒヤン リイ：イナカ
- 348 郷下　　ヒヤン ヒヤア：イナカ
- 349 連界　　レン キヤイ：サカヒツヾキ
- 350 連郷　　レン ヒヤン：サトツヾキ
- 351 郷村　　ヒヤン ツ○イン：ムラ
- 352 境界　　キン キヤイ：サカヒ
- 353 結界　　キ キヤイ：サカヒ
- 354 合界　　カ キヤイ：サカヒ
- 355 空地　　コン デイ：アキチ
- 356 地基　　デイ ギイ：ヤシキ
- 357 肥地　　ウイー デイ：コエツチ
- 358 痩地　　スエ○ウ デイ：ヤセツチ

巻1　10葉b

- 359 開荒　　カイ ワン：ヒラキチ
- 360 白沙　　ペ サアー：シラスナ
- 361 泥土　　ニイ ドウ：ツチ
- 362 地方　　デイ ハン：ヂカタ
- 363 崎嶇　　ギイ キユイ：ケワシ
- 364 險阻　　ヘン ツイー：ケワシ
- 365 田地　　デエン デイ：デンチ
- 366 圃　　　プウ：ハタ
- 367 疇　　　チウ：ウ子
- 368 畎　　　ケン：アゼ
- 369 畝　　　メ○ウ：クロ
- 370 平地　　ビン デイ：ヒラチ
- 371 庭上　　デイン ジヤン：ニハ
- 372 海上　　ハイ ジヤン：ウミ
- 373 海邉　　ハイ ペエン：カイヘン
- 374 池塘　　ツウ ダン：ツヽミ
- 375 港口　　キヤン ケ○ウ：ミナトグチ
- 376 港門　　キヤン メン：ミナト
- 377 島嶼　　タ○ウ シユイ：シマ

巻1　11葉a

- 378 洋中　　ヤン チヨン：オキナカ
- 379 大洋　　ダアー ヤン：オホオキ

巻1　11葉a

- 380 内河　　ヌイ ホヲー：ウチウミ
- 381 潮信　　ヂヤ○ウ スイン：シホイキ
- 382 潮満　　ヂヤ○ウ マン：ミチシホ
- 383 潮進　　ヂヤ○ウ ツイン：ミチシホ
- 384 潮長了　ヂヤ○ウ チヤン リヤ○ウ：ミチシホ
- 385 潮来了　ヂヤ○ウ ライ リヤ○ウ：ミチシホ
- 386 潮退了　ヂヤ○ウ トイ リヤ○ウ：ヒシホ
- 387 波浪　　ホヲー ラン：ナミ
- 388 風浪　　フヲン ラン：カゼナミ
- 389 水紋　　シユイ ウエン：サヽナミ
- 390 河下　　ホヲー ヒヤア：カハシモ
- 391 渡頭　　ドウ デ○ウ：ワタシバ
- 392 舩塢　　ヂエン ウー：フ子スエバ
- 393 港湾　　キヤン ワン：イリワ
- 394 湾奥　　ワン ヲー：イリワ
- 395 海口子　ハイ ゲ○ウ ツウ：セト
- 396 水漩渦　シユイ ヅエン ヲウ：ウヅマク
- 397 活水　　ウヲ シユイ：デミヅ
- 398 淡水　　ダン シユイ：マミヅ
- 399 鹹水　　アン シユイ：シホミツ
- 400 潮水　　ヂヤ○ウ シユイ：ウシホ

巻1　11葉b

- 401 水底　　シユイ デイ：ミナソコ
- 402 石礁　　ジ ツヤ○ウ：セ
- 403 潭　　　タン：フチ
- 404 水泡　　シユイ パ○ウ：ミヅノアハ
- 405 瀑泉　　ポ ヅエン：タキ
- 406 瀑布　　ポ プウ：タキ
- 407 無根水　ウー ゲン シユイ：タマリミヅ
- 408 陽溝兒　ヤン ケ○ウ ルウ：フタナシノミゾ
- 409 陰溝兒　イン ゲ○ウ ルウ：フタアルミゾ
- 410 暗溝　　アン ゲ○ウ：水道
- 411 泉水　　ヅエン シユイ：ワキイヅルカハミツ
- 412 大溝兒　ダアー ゲウ ルウ：大ミゾ
- 413 小溝兒　スヤ○ウ ゲ○ウ ルー：小ミゾ

414 泉眼兒　ヅエン　エン　ルウ：ミヅノ出口
415 坡路　ポヲー　ルウ：ツヽミヽチ
416 水盡頭　シユイ　ヅイン　デ○ウ：ミヅノハキバ
417 道路　ダ○ウ　ルウ：ミチ
418 橋　ギヤ○ウ：ハシ
419 大馬頭　ダアー　マアー　デ○ウ：オホイチバ
420 花街　ハアー　キヤイ：遊所
421 街上　キヤイ　ジヤン：マチ

■ 巻1　12葉a
422 山峰　サン　ホン：ヤマミ子
423 岡嶺　カン　リン：ヲカミ子
424 山上　サン　ジヤン：ヤマノウヘ
425 山下　サン　ヒヤア：ヤマノシタ
426 深山　シン　サン：ミヤマ
427 曠野　クワン　エー：ヒロノバラ
428 竹林　チヨ　リン：チクリン
429 樹林　ジユイ　リン：モリ
430 寺場　ズウ　ヂヤン：テラ
431 刻坡兒　ゲ　ポヲー　ルウ：サカヲキヅク
432 開箇井　カイ　コ　ツイン：イドヲホル
433 掘井　キエ　ツイン：イドヲホル
434 開掘　カイ　キエ：アナホル
435 石頭　ジ　デ○ウ：イシ
436 浮石　ウエ○ウ　ジ：カルイシ
437 石盤　ジ　ボワン：ヒライシ
438 石壁　ジ　ピ：イシカキ
439 砂兒　サアー　ルウ：スナ
440 做假山　ツヲー　キヤア　サン：ツキヤマヲツク
441 塵埃　ヂン　ヤイ：チリ
442 灰塵　ホイ　ヂン：チリ

■ 巻1　12葉b
443 東洋　トン　ヤン：日本
444 江戸　キヤン　ウー：エド
445 大坂　ダアー　パン：オホサカ
446 長崎　ヂヤン　ギイ：ナガサキ
447 飛鸞島　ヒイ　ラン　タ○ウ：ヒラド
448 幹成馬　カン　ヂン　マアー：カバシマ
449 天堂　テエン　ダン：コシキジマ
450 一里　イリイ：イチリ
451 一更　イ　ゲン：海上十里○六十里ナリトモ云
452 一街　イ　キヤイ：ヒトマチ

453 一條街　イ　テヤ○ウ　キヤイ：ヒトスヂマチ
454 一畝田　イ　メ○ウ　デエン：ヒトセノタ
455 十二街頭　シウル　キヤイ　デ○ウ：ヨツヽジ
456 十字頭　シ　ツウ　デ○ウ：ヨツヽジ
457 一條路　イ　テヤ○ウ　ルウ：ヒトスヂミチ
458 一條水　イ　テヤ○ウ　シユイ：ヒトスヂノカハ
459 所在好　ソウ　ヅアイ　ハ○ウ：バシヨガヨヒ
460 近所在　キン　ソウ　ヅアイ：キンジヨ
461 遠所在　イエン　ソウ　ヅアイ：エン方
462 路通的　ルウ　トン　テ：トホリカアル
463 路不通　ルウ　ポ　トン：トホリカナヒ

■ 巻1　13葉a
464 正經路　チン　キン　ルウ：タヾシキミチ
465 口子上邊　ゲ○ウ　ツウ　ジヤン　ペエン：イリクチドコロ
466 有古蹟　イウ　クウ　チ：コセキガアル
467 好景致　ハ○ウ　キン　ツウ：ヨキケイキ
468 團團地都是山　ドワン　ヽ　デイ　ドヲー　ズウ　サン：マハリハミナヤマ
469 放生池　ハン　スエン　スウ：カヒモノイケ
470 離海的　リイ　ハイ　テ：ウミナキトコロ
471 過河　コヲー　ホフ：カワヲワタル
472 亂蓬蓬　ロワン　ボン　ヽ：ハエシゲリ
473 地滑澾　デイ　ワ　ダ：ヌメ〜スル
474 土産好　ドウ　ツアン　ハ○ウ：トサンカヨイ
475 鹽水生　エン　シユイ　スエン：ウミノモノ
476 淡水生　ダン　シユイ　スエン：カハノモノ
477 三叉路　サン　ツアール　ルウ：ミツマタノミチ
478 水也秀山也明　シユイ　エー　スイ○ウ　サン　エー　ミン：ミツモヒイデヤマモアキラカナリ
479 好演路　ハ○ウ　エン　ルウ：ナレタミチ
480 荷花池　ホフ　ハアー　スウ：ハスイケ
481 獨木橋　ド　モ　ギヤ○ウ：ヒトツバシ
482 這街上　チエー　キヤイ　ジヤン：コノマチ

■ 巻1　13葉b
483 好進場　ハ○ウ　ツイン　ヂヤン：ヨキバシヨ
484 不進場　ポ　ツイン　ヂヤン：アシキバシヨ
485 長流水　ヂヤン　リウ　シユイ：ナカキナガレノミズ
486 有個河　イウ　コ　ホヲー：カハガアル
487 陸海國　ロ　ハイ　クヲ：ハンジヤウノクニ

488 城裡頭　ヂン リイ デ○ウ：シロノウチ
489 好山水　ハ○ウ サン シユイ：ヨキサンスイ
490 人馬頭　ジン マアー デ○ウ：イチバ
491 風水好　フヲン シユイ ハ○ウ：フウスイガヨイ
492 有田荘　イウ テン チヨワン：タハタガアル
493 路好的　ルウ ハ○ウ テ：ヨキミチ
494 路好了　ルウ ハ○ウ リヤ○ウ：ミチガヨイ
495 湖地多　ウー デイ トフ：ミツウミガオホヒ
496 空所在　コン ソウ ヅアイ：クウチ
497 貨馬頭　ホフ マアー デ○ウ：ニモツノイチバ
498 路爛了　ルウ ラン リヤ○ウ：ミチガワルイ
499 大街上　ダアー キヤイ ジヤン：ホンマチ
500 横街上　ウヲン キヤイ ジヤン：ヨコマチ
501 路程遠　ルウ ヂン イエン：ミチノリカトホヒ
502 波浪大　ポヲー ラン ダアー：ナミガフトヒ
503 有溝兒　イウ ゲ○ウ ルー：ミゾガアル

巻1　14葉a

504 一路上　イ ルウ ジヤン：ミチスガラ
505 山頭　サン デ○ウ：ヤマノウヘ
506 坡兒長　ポヲー ルウ チヤン：サカガナガヒ
507 路上不好石塊狠多　ルウ ジヤン ポ ハ○ウ ジ クワイ ヘン トヲー：ミチガワルイ イシガシゴク多イ
508 有坡兒　イウ ホヲー ルウ：サカヽアル
　　{K'はサカベアル}
509 窟籠　キエ ロン：アナ
510 各國土　コ クヲ ドヲー：クニ〜
511 髙山上　カ○ウ サン ジヤン：カウザンノゼツテウ
512 地動　デイー ドン：ヂシン

巻1 人部

人品類

巻1　15葉a

- 513 正經人　チン キン ジン：タヾシキ人
- 514 至誠人　ツウ ヂン ジン：マコトアル人
- 515 忠厚人　チヨン ヘ○ウ ジン：忠セツナル人
- 516 老實人　ラ○ウ ジ ジン：ジツギアル人
- 517 老大人　ラ○ウ ダアー ジン：ラウタヒノ人
- 518 聰明人　ツヲン ミン ジン：ソウメイナル人
- 519 活騙人　ウヲ ペン ジン：ヒトダマシ
- 520 作怪人　ツヲ クワイ ジン：ヒトダマシ
- 521 風流人　フヲン リウ ジン：フウリウジン
- 522 殘疾人　ヅアン ツイ ジン：カタワモノ
- 523 當初人　タン ツウ ジン：ムカシノ人
- 524 東方人　トン ハン ジン：ヒガシノ人
- 525 西邊人　スイ ペン ジン：ニシノ人
- 526 南方人　ナン ハン ジン：ミナミノ人
- 527 北方人　ポ ハン ジン：キタノ人

巻1　15葉b

- 528 清朝人　ツイン ヂヤ○ウ ジン：セイテウノ人
- 529 明朝人　ミン ヂヤ○ウ ジン：ミンテウノ人
- 530 要緊人　ヤ○ウ キン ジン：カンシンノ人
- 531 便當的人　ベン タン テ ジン：チヤウホフナ人
- 532 有趣的人　イウ ツイ テ ジン：ヲドケ人
- 533 乖巧的人　クワイ キヤウ テ ジン：ワルタクミナ人
- 534 古板的人　クウ バン テ ジン：カタキ人
- 535 明白的人　ミン ペ テ ジン：ラチノアヒタ人
- 536 會通的人　ホイ トン テ ジン：カテンヨキ人
- 537 粗魯的人　ツウ ルウ テ ジン：ソヽウナ人
- 538 粗俗的人　ツウ ゾヲ テ ジン：イヤシキイナカ人
- 539 做工的人　ツヲー コン テ ジン：サイク人
- 540 烹調的人　ペン デヤ○ウ テ ジン：テウリ人
- 541 厨子　チウ ツウ：テウリ人
- 542 有年的　イウ 子エン テ：トシバヒノ人
- 543 大年紀　ダアー 子エン キイ：トシカオホヒ
- 544 年紀大　子エン キイ ダアー：トシカオホヒ
- 545 年老的　子エン ラ○ウ テ：トシヨリ
- 546 年幼的　子エン ユウ テ：ヨウ子ン
- 547 年尊的　子エン ツ○イン テ：トシタケタ人
- 548 年經的　子エン キン テ：ジヤクハイ｛經は輕の誤り｝

巻1　16葉a

- 549 長俊的　チヤン チユン テ：スグレモノ
- 550 正氣的　チン キイ テ：タヾシキモノ
- 551 年高的　子エン カ○ウ テ：トシタケタ人
- 552 牛笨的　ニウ ベン テ：ドンナモノ
- 553 古執的　クウ チ テ：カタヒモノ
- 554 古板的　クウ バン テ：カタヒモノ
- 555 壯健的　チヨワン ゲン テ：スクヤカナ人
- 556 姦詐的　ケン ツアー テ：ワルモノ
- 557 好賭的　ハ○ウ ドウ テ：バクチスキ
- 558 好嫖的　ハ○ウ ビヤ○ウ テ：ケイセイスキ
- 559 弄鬼的　ロン クイ テ：ワルモノ
- 560 篤實的　ト ヂ テ：トクジツナモノ
- 561 多嘴的　トヲ、 ツ○イ テ：モノ丶云モノ
- 562 油嘴的　ユウ ツ○イ テ：モノ丶云モノ
- 563 貪嘴的　タン ツ○イ テ：クヒタカルモノ
- 564 會頑的　ホイ ワン テ：アソビスキ
- 565 會走的　ホイ ツエ○ウ テ：アルキスキ
- 566 會哭的　ホイ コ テ：ナキヤスキモノ
- 567 會跑的　ホイ バ○ウ テ：カケマワリスキ
- 568 會吃飯　ホイ チ ワン：メシヲヨククウ
- 569 會吃酒　ホイ チ ツイ○ウ：サケスキ

巻1　16葉b

- 570 上等的　ジヤン テン テ：上ヒンノモノ
- 571 下等的　ヒヤア テン テ：下ヒンノモノ
- 572 拿茶的　ナア ヅアー テ：サドウ
- 573 搬茶的　ブワン ヅアー テ：サドウ
- 574 撑傘的　ヅエン サン テ：カサモチ
- 575 猜夢的　チヤイ モン テ：ユメハンジ
- 576 詳夢的　ヅヤン モン テ：ユメアハセスルモノ
- 577 翻綿的　ハン メン テ：ワタツミ
- 578 駝箱的　ドウ スヤン テ：ハサミバコモチ
- 579 托茶的　ト ヅアー テ：チヤノキウシ

580	茶童的	ヅアー ドン テ：チヤノキウシ		618	娼妓	チヤン ギイ：ケイセヒ
581	救火的	ギウ ホヲ、テ：火ケシノモノ		619	婊子	ピヤ○ウ ツウ：ケイセヒ
582	管廟的	クワン ミヤ○ウ テ：ザス		620	妓女	ギイ ニイ：ギヂヨ
583	經紀的	キン キイ テ：タシカナ人		621	烏鬼	ウ、クイ：クツワ
584	守番的	シウ バン テ：バンノモノ		622	忘八	ワン パ：クツワ
585	使差的	スウ チヤイ テ：使者		623	陪客	ボイ ゲ：相伴人
586	燒蜜的	シヤ○ウ ヤ○ウ テ：ヤキモノシ		624	破落戸	ポヲ、ロ、テ：トフラクモノ
587	箍桶	クウ トン テ：ヲケユイ		625	太性急	タイ スイン キ：タンキモノ
588	當年的	タン 子エン テ：子ンバンノモノ		626	黒鬼	ヘ クイ：クロボフ
589	値日的	ヂジ テ：タウハンノモノ		627	跳鬼	デヤ○ウ クイ：イタヅラモノ
590	禁子的	キン ツウ テ：カタメノモノ		628	浮浪之弟	ウエ○ウ ラン ツウ デイ：フラチモノ
						｛浮浪子弟の誤り｝
巻1　17葉a				629	滄浪之客	ツアン ラン ツウ ゲ：ラウニンモノ
591	標致的	ピヤ○ウ ツウ テ：ムマレツキノヨイモノ		630	僧家	スエン キヤア：テラガタ
592	管神道	クワン ジン タ○ウ：ミヤモリ		631	尼姑	ニイ クウ：アマ
593	管庫的	クワン クウ テ：クラノバン		632	比丘尼	ヒイ キウ ニイ：ビクニ
594	飛跑的	ヒイ バ○ウ テ：ヒキヤクモノ		**巻1　18葉a**		
595	看馬的	カン マアー テ：ムマカヒ		633	忠臣	チヨン ヂン：チウシン
596	看牛的	カン ニウ テ：ウシカヒ		634	烈女	レ ニイ：レツヂヨ
597	看蠶的	カン ヅアン テ：カイコカヒ		635	叛臣	ハン ヂン：ギヤクシン
598	好探子	ハ○ウ タン ツウ：カクシメツケ		636	敗子	バイ ツウ：フコウモノ
599	強舌頭	ギヤン ゼ デ○ウ：シタノマワルモノ		637	讒臣	ヅアン ヂン：ザンシン
600	劊子手	クイ ツウ シウ：ヒトキリヤク		638	奸臣	カン ヂン：カンシン
601	叫化子	キヤ○ウ ハアー ツウ：コジキ		639	義士	ニイ ズウ：ギシ
602	木匠頭	モヅヤン デ○ウ：大工カシラ		640	強盗	ギヤン ダ○ウ：ゴウドウ
603	多吃飯	トヲ、チワン：オホメシクヒ		641	盗賊	タ○ウ ヅエ：トウゾク
604	癡狂子	ツウ グワン ツウ：キチガヒ		642	白龍掛	ペロン クワア：ヤ子ヲヤブルヌスビト
605	鋠漢子	テ ハン ツウ：キビシイヲトコ		643	太上皇	タイ ジヤン ワン：ホフワウ
606	呆子	ハイ ツウ：タワケ		644	太后	タイ ヘ○ウ：タイコウ
607	活作怪	<u>ウヲ ツヲ</u> クワイ：ワルモノ		645	國戚	<u>クヲ</u> チ：キサキノシンルイ
608	活古怪	<u>ウヲ</u> クウ クワイ：キクワイモノ		646	太子	タイ ツウ：皇子
609	活光棍	<u>ウヲ</u> クワン クイン：ヲ、チヤクモノ		647	世子	スウ ツウ：大名ノコ
610	活扯淡	<u>ウヲ チエー</u> タン：ヤクタヒモナヒモノ		648	王家	ワン キヤア：諸侯
611	活造化	<u>ウヲ</u> ツア○ウ ハアー：仕合モノ		649	恩公	ヲエン コン：主君
巻1　17葉b				650	公主	コン <u>チユイ</u>：ヒメミヤ
612	郷巴老	ヒヤン パアー ラ○ウ：イナカモノ		651	妃嬪	ヒイ ピン：二バンノキサキ
613	後生家	ヘ○ウ スエン キヤア：ワカヒモノ		652	宮娥	コン ゴヲ、：キウヂヨ
614	老人家	ラ○ウ ジン キヤア：トシヨリ		653	公卿大夫	コン キン ダアー フウ：クギヤウタヒフ
615	娃子家	ワアー ツウ キヤア：コドモ				
616	戲兒們	ヒイ ルウ メン：ヲドリコ		**巻1　18葉b**		
617	戲子	ヒイ ツウ：ヲドリコ		654	宰相	ツアイ スヤン：サイシヤウ

655	諸公	チイ　コン：シヨコフ		694	里長	リイ　チヤン：シヤウヤ
656	國師	クヲ　スウ：コクシ		695	辦菜	バン　ツアイ：庖丁人

巻1　19葉b

657	軍師	ギユイン　スウ：イクサダイシヤウ
658	元帥	イエン　スイ：イクサダイシヤウ
659	将軍	ツヤン　ギユイン：シヤウグン
660	軍兵	ギユイン　ピン：グンヘイ
661	文官	ウエン　クワン：ブンクワン
662	武官	ウ、クワン：ブクワン
663	官吏	クワン　リー：ツカサ
664	閣老	コラウ：カラフ
665	管家	クワン　キヤア：ヤクニン
666	大相公	タアー　スヤン　コン：タイクワンニン
667	管器械	クワン　キイ　キヤイ：兵具奉行
668	管盔甲	クワン　クイ　キヤ：兵具奉行
669	管寺廟	クワン　ズウ　ミヤ○ウ：ヂシヤブギヤウ
670	按察使	アン　ツア　スウ：メツケ
671	觀察使	クワン　ツア　スウ：メツケ
672	大丈夫	ダアー　ヂヤン　フウ：タイヂヤウブ
673	大老官	タア、ラ○ウ　クワン：タイジン
674	大頭脳	タアー　デ○ウ　ナ○ウ：モノカシラ　○オホガシラ

巻1　19葉a

675	大頭目	タアー　テ○ウ　モ：ヲモヤクニン
676	小頭目	スヤ○ウ　デ○ウ　モ：コヤクニン
677	天文家	テエン　ウエン　キヤア：テンモンシヤ　{K'はテンモンカ}
678	小頭兒	スヤ○ウ　デ○ウ　ルウ：コガシラ
679	吃錢糧	チヅエン　リヤン：チキヤウトリ
680	大監	タイ　ケン：奄官{太監の誤り}
681	應捕	イン　プウ：アシガル
682	挿刀手	ツア　タ○ウ　シウ：アシガル
683	夜泊守	エー　ポ　シウ：ヨバン
684	舊街官	ギウ　キヤイ　クワン：フルマチヲトナ
685	新街官	スイン　キヤイ　クワン：シンマチヲトナ
686	驛長	イ　チヤン：バシヤクノカシラ
687	驛承	イ　ヂン：バシヤク
688	書記	シユイ　キイ：ユウヒツ
689	記事	キイ　ズウ：キロクホウ
690	管馬	クワン　マア、：ムマカタ
691	伴當	ポワン　タン：コシヤウ
692	陪伴	ボイ　ポワン：トモノモノ
693	小伴	スヤ○ウ　ポワン：コバシヤウ

696	跟随	ゲン　ヅ○イ：トモ
697	娃子	ワアー　ツウ：ボク
698	僕	ボ：ボク
699	拿槍	ナアー　ツアン：ヤリモチ
700	小介	スヤ○ウ　キヤイ：小モノ
701	小厮	スヤ○ウ　スウ：デツチ
702	奴丫頭	ヌウ　ヤア、デ○ウ：ツカハレ女
703	馬夫	マア、フウ：チウゲン
704	小丫頭	スヤ○ウ　ヤアー　デ○ウ：コシモト
705	養娘	ヤン　ニヤン：コドモノモリ
706	奶娘	ナイ　ニヤン：乳母
707	擡轎	ダイ　ギヤ○ウ：カゴカキ
708	轎夫	ギヤ○ウ　フウ：カゴカキ
709	馬保兒	マアー　パ○ウ　ルウ：マゴ
710	醫生	イー　スエン：イシヤ
711	郎中	ラン　チヨン：イシヤ
712	土郎中	ドウ　ラン　チヨン：ヤブイシヤ
713	行醫	ヒン　イー：ハヤリイシヤ
714	内科	ヌイ　コヲ、：ホンドフ
715	外科	ワイ　コヲ、：ゲクワ
716	打針	タア、チン：ハリウチ

巻1　20葉a

717	修癢	スイ○ウ　ヤン：アンマトリ
718	小兒科	スヤ○ウ　ルウ　コヲ、：小児イシヤ
719	収生婆	シウ　スエン　ボフ：トリアゲバ、
720	畫工	ワアー　コン：エカキ
721	看命	カン　ミン：ニンソウミ
722	算命	ソワン　ミン：ニンソウミ
723	皮匠	ビイ　ヅヤン：カワサイクニン
724	木匠	モツヤン：ダイク
725	押工	ヤ　コン：舩大工
726	銕匠	テヅヤン：カヂ
727	鑄匠	ツイ、ツヤン：イモノシ
728	雕佛	テヤ○ウ　ウエ：佛師
729	裁縫	ヅアイ　ウヲン：シタテヤ
730	造紙	ツア○ウ　ツウ：カミスキ
731	製筆	ツイ　ピ：フデユヒ
732	刻字	ゲヅウ：ハンギシ

| 733 刻板 | ゲ パン：ハンギシ
| 734 刻書 | ゲ シユイ：ハンギシ
| 735 織席 | チ ヅイ：コザウチ
| 736 卜卦 | ポ クワア：ウラナヒシヤ
| 737 燒瓦 | シヤ○ウ ウワア：カハラヤキ

巻1 20葉b

| 738 燒炭 | シヤ○ウ タン：スミヤキ
| 739 燒灰 | シヤ○ウ ホイ：ハヒヤキ
| 740 磨刀 | モウ タ○ウ：トギシ
| 741 磨鏡 | モウ キン：カヾミトキ
| 742 造酒 | ツア○ウ ツイ○ウ：サケツクリ
| 743 開井 | カイ ツイン：イドホリ
| 744 掘井 | ギエ ツイン：イドホリ
| 745 打竃 | タアー ツア○ウ：カマヌリ
| 746 打索 | タアー ソ：ツナウチ
| 747 繰索 | ツア○ウ ソ：ナハナヒ
| 748 造船 | ツア○ウ ヂエン：舩大工
| 749 舂米 | チヨン ミイ：コメツキ
| 750 舂米的 | チヨン ミイ テ：コメツキ
| 751 挑水 | デヤ○ウ シユイ：ミツニナヒ
| 752 破柴 | ポヲ、ヅアイ：タキヽワリ
| 753 裱褙 | ピヤ○ウ ポイ：ヒヨウクシ
| 754 製墨 | ツイ メ：スミツクリ
| 755 織機 | チ キイ：ヲリモノヤ
| 756 打綿 | タア、メン：ワタウチ
| 757 彈綿 | ダン メン：ワタウチ
| 758 裝佛 | チワン ウエ：ブツシ

巻1 21葉a

| 759 造染 | ツア○ウ シエン：ソメヤ
| 760 染匠 | ジエン ヅヤン：ソメヤ
| 761 樂師 | ヤ スウ：ガクニン
| 762 塑像 | スウ ヅヤン：ザウツクリ
| 763 打魚的 | タアー イ、テ：ウヲトリ
| 764 琴師 | ギン スウ：コトノシヽヤウ
| 765 做帽 | ツヲ、マ○ウ：帽子ツクリ
| 766 刺襪 | ツウ ワ：タビサシ
| 767 開梳 | カイ スウ：クシヒキ
| 768 熟皮 | シヨ ビイ：カハナメシ
| 769 刺網 | ツウ ワン：アミスキ
| 770 戲師 | ヒイ スウ：ヲトリノシヽヤウ
| 771 銀匠 | イン ヅヤン：ギンサイク {K'はギンサイクシ}

| 772 泥工 | ニイ コン：シヤクワン
| 773 印匠 | イン ヅヤン：インバンシ
| 774 石匠 | ジ ヅヤン：イシキリ
| 775 銅匠 | ドン ヅヤン：カナグシ
| 776 泥水匠 | ニイ シユイ ヅヤン：シヤクワン
| 777 小木匠 | スヤ○ウ モ ヅヤン：ヒラダイク
| 778 飄行吏 | ピヤ○ウ ハン リイ：カミユヒ
| 779 待詔 | ダイ チヤ○ウ：カミユヒ

巻1 21葉b

| 780 牙保 | ヤアー パ○ウ：スハヒ
| 781 夥記 | ホウ キイ：アキンドナカマ
| 782 做保人 | ツヲ、パ○ウ ジン：ウケニン
| 783 藥材客 | ヨ ツアイ ゲ：クスリウリ
| 784 店主人 | テエン チイ ジン：ミセヌシ
| 785 先生 | スエン スエン：センセイ
| 786 學生 | ヒヨ スエン：デシ
| 787 教師 | キヤ○ウ スウ：シヽヤウ
| 788 同窓朋友 | ドン チヨワン ボン ユウ：デシ兄弟
| 789 故人 | クウ ジン：コジン
| 790 知己 | ツウ キイ：チキ
| 791 曲師 | キヨ スウ：ウタノシヽヤウ
| 792 老師父 | ラ○ウ スウ フウ：和尚ノ尊稱
| 793 老師太 | ラ○ウ スウ タイ：和尚ノ尊稱
| 794 大和尚 | タアー ホヲ、ジヤン：タイヲシヤウ
| 795 老和尚 | ラ○ウ ホヲ、ジヤン：ラフヲシヤウ
| 796 和尚 | ホヲ、ジヤン：ボウス
| 797 當頭 | タン デ○ウ：トウ ヅウ
| 798 道師 | ダ○ウ スウ：ヤマブシ
| 799 有神道 | イウ ジン ダ○ウ：ヤマブシ
| 800 道姑 | ダ○ウ クウ：ミコ

巻1 22葉a

| 801 道童 | ダ○ウ ドン：小山伏
| 802 你門 | ニイ メン：ソコモトガタ
| 803 汝等 | ジユイ テン：ナンヂラ
| 804 小的 | スヤ○ウ テ：ワタクシ
| 805 我等 | ゴヲ、テン：ワレラ
| 806 鑑工 | ケン コン：フシンブギヤウ
| 807 獃和尚 | タイ ホヲ、ジヤン：バカボウズ
| 808 風和尚 | ホン ホヲ、ジヤン：キチガヒボウズ
| 809 天殺的 | テエン サテ：ニクイヤツ

810 獃娃子　タイ　ワア、ツウ：バカモノ
811 活強盗　ウヲ　ギヤン　ダ○ウ：ヲホチヤクモノ
812 白日鬼　ペジ　クイ：ヒルヌスビト
813 玉琢成粉捏就　ヨ　チヨ　ヅン　フイン　ニヤ　ヅイ○ウ：玉ノヨウニカイタモノヲツカミクダヒタ
814 冒失鬼　マ○ウ　シ　クイ：ウロタヘモノ
815 騒物事　サ○ウ　ウエ　ズウ：イタヅラモノ
816 歹東西　タイ　トン　スイ：ワルモノ
817 活獃的　ウヲ　タイ　テ：イキバカ
818 杭阿獃　ハン　アー　タイ：バカモノ
819 癡獃的　ツウ　タイ　テ：バカモノ
820 獃老實　タイ　ラ○ウ　ジ：バカシヤウヂキ

巻1　22葉b

821 捉人的　ツヲ　ジン　テ：人ヲトラユルモノ
822 追賊的　ツイ　ツエ　テ：ヌスビトヲフセク
823 可恨佗　コヲ、ヘン　タアー：ニクヒヤツ
824 可悪佗　コヲ　ウ、タアー：ニクヒヤツ
825 小倭子　スヤ○ウ　ワアー　ツウ：コトモ
826 偸光頭　テ○ウ　クワン　デ○ウ：ヌストボウス
827 應世才　イン　スウ　ヅアイ：セケン向ノカフシヤ
828 諂媚人　チエン　ムイ　ジン：ヘツラヒモノ
829 做窩家　ツヲ、ヲウ　キヤア：ヌスビトノトヒヤ
830 浮浪的　ウエ○ウ　ラン　テ：ウカレモノ
831 漏張的　ウヲン　チヤン　テ：マキラハシヒ
832 儜頼的　ポイ　ライ　テ：ヤクタヒナシ
833 貧病老　ビン　ビン　ラ○ウ：ヒンビヤフモノ
834 凶悪的　ヒヨン　ヲ　テ：アク人
835 閙流的　ウエン　リウ　テ：オンルモノ
836 管牢的　クワン　ラ○ウ　テ：ロウバン
837 該死的奴才　カイ　スウ　テ　ヌウ　ヅアイ：コロサ子バナラヌヤツ
838 主謀的　チユイ　メ○ウ　テ：ムホンチヤウボン
839 那裡人　ナア　リ　ジン：ドコノ人
840 本地人　ペン　デイ　ジン：ヂケノ人

巻1　23葉a

841 雅淡的　ヤア　ダン　テ：キヤシヤ
842 不雅淡　ポ　ヤアー　ダン：キヤシヤニナイ
843 雅趣些　ヤア、ツイ、スイゝ：フウガナ
844 雅氣些　ヤア、キイ　スイゝ：フウガナ
845 不雅相　ポ　ヤアー　スヤン：フウカニナイ
846 不風流　ポ　フヲン　リウ：フウリウニナイ
847 不文的　ポ　ウエン　テ：フウカニナイ
848 灑流的　シヤイ　リウ　テ：シヤレタ
849 温雅的　ヲイン　ヤア、テ：ニフハ
850 温柔的　ヲイン　ジウ　テ：ニフハ
851 脱灑的　ト　シヤイ　テ：シヤレタ
852 灑落的　シヤイ　ロ　テ：サツハリトシタ
853 野得緊　エー　テ　キン：ゲビタリ
854 俗得狠　ツヲ　テ　ヘン：ゲビタリ
855 俗氣些　ツヲ　キイ　スイゝ：ゾクナ
856 不要野　ポ　ヤ○ウ　エー：ゲビルナ
857 賤煞極　ヅエン　サギ：ツントカチヨクナモノ
858 老成的　ラ○ウ　ヅン　テ：シヤフトフナモノ
859 老實的　ラ○ウ　ジ　テ：セフヂキナ
860 有妖怪　イ○ウ　ヤ○ウ　クワイ：ヨフクワヒカアル
861 狗入的　ゲ○ウ　ジ　テ：人ヲシカルコトバ

巻1　23葉b

862 捏狗皮　ニヤ　ゲ○ウ　ピイ：人ヲシカルコトバ
863 狗奴才　ゲ○ウ　ヌウ　ヅアイ：人ヲシカルコトバ
864 騒鬍了　サ○ウ　ウ、リヤ○ウ：シカルコトバ
865 那箇人　ナアー　コ　ジン：アノ人
866 這箇人　チエー　コ　ジン：コノ人
867 屋裡人　ヲ　リイ　ジン：カナイノ人
868 家裡人　キヤア　リイ　ジン：カナイノ人
869 別島来的人　ベ　タ○ウ　ライ　テ　ジン：タシヨノ人
870 別處人　ベ　チユイ　ジン：タシヨノ人
871 甚麼人　シモ　ジン：ナニ人カ
872 那班人　ナア、パン　ジン：アノツレノモノ
873 這班人　チエ、パン　ジン：コノツレノモノ
874 世上人　スウ　ジヤン　ジン：セジヤウノ人
875 衙門人　ヤアー　メン　ジン：ヤシキノ人
876 走路的　ツエ○ウ　ルウ　テ：ミチユク人
877 過路的　コヲ、ルウ　テ：ミチユク人
878 下路人　ヒヤア　ルウ　ジン：ミチユク人
879 做傀儡　ツヲ、クイ　ルイ：クワイライシ○人形シハ井師
880 不秀的　ポ　スイ○ウ　テ：スクレヌ

巻1　24葉a

881 原来不能的人　イエン　ライ　ポ　子ン　テ　ジン：クハンライムナフナ人

882	秀美的	スイ○ウ ムイ テ：キヤシヤナ		914	百骸	ペ ハイ：ヒヤクガヒ
883	秀秀的	スイ○ウ 〜 テ：スクレタ		915	五臓	ウー ドワン：コザウ
884	秀麗的	スイ○ウ リイ テ：キレイナ		916	六腑	ロ フウ：ロツフ
885	好漢子	ハ○ウ ハン ツウ：ヨヒキリヤウノヲトコ		917	頭頂	デ○ウ デン：イタゞキ
				918	泥丸宮	ニイ ワン コン：イタゞキ
886	有膽量	イウ タン リヤン：キレフノアルゝ		919	頭	デ○ウ：カシラ
887	英雄漢	イン ヨン ハン：スクレタヲトコ		920	額顱	ケコ：ヒタヒ
888	勇得緊	ヨン テ キン：イヤイサマシヒ		921	眼睛	エン ツイン：マナコ
889	豪傑漢	ア○ウ キ ハン：スクレタヲトコ		922	耳朶	ルウ トウ：ミゝ
890	大度量	タアー ドン リヤン：レフガヒロヒ		923	耳糠	ルウ カン：ミゝアカ
891	清高的	ツイン カ○ウ テ：イサギヨキ人		924	耳孔	ルウ コン：ミゝノアナ
892	大勇得	タアー ヨン テ：タイユウノモノ		925	鼻子	ビイ ツウ：ハナ
893	成器的	ヂン キイ テ：モノニナル		926	鼻孔	ビイ コン：ハナノアナ
894	大孝的	タアー ヒヤ○ウ テ：タイコウノモノ		927	鼻尖	ビイ ツエン：ハナノトガリ
895	老莱子大孝的舞斑衣	ラ○ウ ライ ツウ ダアー ヒヤ○ウ テウ、パン イー：ラフライシ大孝アツテヲヤノタメニイロエデマウ		928	鼻涕	ビイ デイ：ハナシル
				929	鼻骨	ビイ コ：コバナ
				930	人中	ジン チヨン：ニンチウ
896	父母在不遠遊	フウ ムウ ヅアイ ホ イエン ユウ：フボイマストキハトヲクアソバズ				
				巻1 25葉b		
897	好養老	ハ○ウ ヤン ラ○ウ：ヨクオヒヲヤシナフ		931	鼻柱	ビイ ヂユイ：ハナバシラ
				932	鼻梁	ビイ リヤン：ハナノワキ
巻1 24葉b				933	鼻毛	ビイ マ○ウ：ハナゲ
898	孝順的	ヒヤ○ウ シユイン テ：カウ〜ノモノ		934	大鼻頭	ダアー ビイ デ○ウ：オホバナ
899	不孝	ポ ピヤ○ウ テ：フカウモノ		935	鼻屎	ビイ スウ：ハナシル
900	不孝順	ポ ヒヤ○ウ シユイン：フカウナ		936	眉毛	ムイ マ○ウ：マユゲ
901	篤命的	ソワン ミン テ：メイカンジヤ		937	眼毛	エン マ○ウ：マツゲ
902	同他有些瓜葛	ドン タアー イウ スイ クワア、カ：アレトスコシユカリカアル		938	眼眶	エン クワン：マブタ
				939	重眶	ヂヨン クワン：マブタ
903	有丈夫	イウ ヂヤン フウ：ヲツトガアル		940	重瞳	チヨン ドン：フタヘヒトミ
904	有老婆	イウ ラ○ウ ボヲー：ツマガアル		941	烏珠	ウ、チイ：クロメ
905	有家小	イウ キヤア スヤ○ウ：サイシガアル		942	眼涙	エン ルイ：ナミダ
906	好弟兄	ハ○ウ デイ ヒヨン：ヨキケウダイ		943	眼屎	エン スウ：メアカ
907	大阿姉	ダアー アゝ ツイゝ：オゝア子		944	白肉	ベ ジョ：シロメ
908	小阿姉	スヤ○ウ アゝ ツイ：コア子		945	眼脂	エン ツウ：メヤニ
909	貴宗呢	クイ ツヲン ニイ：コセンゾハ		946	口	ゲ○ウ：クチ
910	老長兄	ラ○ウ チヤン ヒヨン：キコフサマ		947	嘴	ツ○イ：クチ
911	老骨頭	ラ○ウ コ デ○ウ：オヒボレ		948	舌頭	ゼ デ○ウ：シタ
912	賊窩家	ツエ ヲウ キヤウ：ヌスビトノヤド		949	舌根	ゼゲン：シタノ子
				950	缺嘴	ケツ○イ：イグチ
				951	缺唇	ケジン：イグチ

身體類

巻1 25葉a

|913|四肢|スウ ツウ：シヒシ|

巻1 26葉a

|952|嘴唇|ツ○イ ジン：クチビル|

953 嚥唾　ツアン トウ：ツバキ
954 牙齒　ヤア ツウ：ハ
955 牙根　ヤア ゲン：歯グキ
956 牙肉　ヤアー ジョ：ハグキ
957 喉嚨　ペ○ウ ロン：ノド
958 結喉　キ ヘ○ウ：ノトフエ
959 顋　サイ：ホウサキ
960 面頬　メエン キヤ：ホウ
961 下爬　ヒヤア パアー：アキ
962 臉上　レン ジヤン：ヲモテ
963 臉孔　レン コン：ヲモテ
964 面貌　メエン マ○ウ：ヲモテ
965 笑渦　スヤ○ウ ヲウ：エクボ
966 頭頸　テ○ウ キン：クビ
967 脳後　ナ○ウ ヘ○ウ：エリクビ
968 胸腔　ヒヨン ダン：ムネ
969 奶乳　ナイ ジイ：チ
970 肚臍　ドヲ ツイー：ホソ
971 肚裡　ドヲー リイ：ハラ
972 背脊　ボイ スイ：セナカ

巻1　26葉b

973 肩膊上　ケン ポ ジヤン：カタサキ
974 肩背　ケン ポイ：カタ
975 肩頭　ケン デ○ウ：カタ
976 肋下　レ ヒヤア：ワキノ下
977 雙手　ショワン シウ：リヤウノテ
978 手脚　シウ キヤ：テアシ
979 拳頭　ギエン デ○ウ：コブシ
980 手腕　シウ ワン：ウデ
981 手背　シウ ポイ：テノコウ
982 手臂　シウ ピ：ヒヂ
983 手掌　シウ ヂヤン：テノハラ
984 手指　シウ ツウ：ユビ
985 大母指　ダアー ムウ ツウ：ヲヽユビ
986 人指　ジン ツウ：ヒトサシ
987 中指　チヨン ツウ：ナカユビ
988 無名指　ウー ミン ツウ：クスシ
989 小指　スヤ○ウ ツウ：小ユビ
990 手紋　シウ ウエン：テノスヂ
991 虎口　フウ ゲ○ウ：大ユビトヒトサシノアイダノヽ
992 指節　ツウ ツイ：ユビノフシ
993 指頭　ツウ デ○ウ：ユビサキ

巻1　27葉a

994 指爪　ツウ ツア○ウ：ツメ
995 剔指爪　テツウ ツア○ウ：ツメトル
996 指甲　ツウ キヤ：ツメ
997 剪指甲　ツエン ツウ キヤ：ツメヲハサム
998 腰頭　ヤ○ウ デ○ウ：コシ
999 腰骨　ヤ○ウ コ：コシホ子
1000 屁股　ピイ クウ：イシキ
1001 兩脚　リヤン キヤ：リヤウノアシ
1002 大腿　タアー トイ：モヽ
1003 腿股　トイ クウ：モヽ
1004 小腿　スヤ○ウ トイ：ツト
1005 脚股　キヤ クウ：ツト
1006 膝頭　スイ デ○ウ：ヒザ
1007 膝饅頭　スイ マン デ○ウ：ヒザザラ
1008 脚底　キヤ デイ：アシノウラ
1009 湧泉穴　ヨン ヅエン イエ：アシノウラノマンナカ
1010 脚彎　キヤ ワン：アシノヒツカヽミ
1011 開五指　カイ ウー ツウ：ユビヒロクル
1012 脚背　キヤ ポイ：アシノカウ
1013 指叉　ツウ ツアー：ユビノマタ
1014 頭髪　デ○ウ ハ：カミケ

巻1　27葉b

1015 髯鬚　ウー スイー：ヒゲ
1016 鬢毛　ビン マ○ウ：ビンノケ
1017 容貌　ヨン マ○ウ：カタチ
1018 骨髄　コ ヅ○イ：ホ子
1019 皮膚　ビイ フウ：カワ○ハダヘ
1020 筋節　キン ツイ：スヂ○フシ
1021 脉道　メ ダ○ウ：ミヤク
1022 魂魄　ウヲン ペ：コンハク
1023 心　スイン：シン
1024 肝　カン：カン
1025 腎　シン：ジン
1026 肺　ポイ：ハ井
1027 脾　ピイ：ヒ
1028 命門　ミン メン：メイモン
1029 大腸　ダアー ヂヤン：ダイチヤウ
1030 小腸　スヤ○ウ ヂヤン：シヤウチヤウ

1031	三焦	サン ツヤ○ウ：サンシヨウ
1032	胃口	ヲイ ケ○ウ：エブクロ
1033	有筋力	イウ キン リ：チカラアリ
1034	骨骼大	コロ タアー：ホ子フト
1035	鬚	スイー：シタヒゲ

巻1　28葉a

1036	髯	ジエン：ワキヒゲ
1037	髭	ツウ：ウワヒゲ
1038	臉皮	レン ビイ：ヲモテ
1039	脊骨	スイ コ：セボネ
1040	脚底板	キヤ デイ パン：アシノハラ
1041	胖大的	パン タアー テ：コヘフトリタモノ
1042	胖胖的	パン パン テ：コヘタルモノ
1043	有瘤的	イウ リウ テ：コブノアルモノ
1044	方臉的	ハン レン テ：カクヲモテ
1045	頭長的	デウ ヂヤン テ：ヅナガ
1046	長髭的	ヂヤン スイー テ：ヒゲナガ
1047	没鬚的	ム スイー テ：ヒゲナシ
1048	被髪的	ビイ ハ テ：カツソウ
1049	㲹鼻子	エ ヒイ ツウ：ヒシヤゲバナ
1050	蛇日子	ジエー ジ ツウ：シロコ
1051	啞巴子	ヤア パアー ツウ：ヲシ
1052	啞子	ヤアー ツウ：ヲシ
1053	大鬚子	タアー スイー ツウ：ヒゲツラ
1054	澁舌頭	スエ セ デ○ウ：シタニブイモノ
1055	齆鼻頭	ヨン ビイ デ○ウ：ハナツマリ
1056	虎頸頭	フウ キン デ○ウ：イクビ

巻1　28葉b

1057	小光頭	スヤ○ウ クワン デ○ウ：コボウズ
1058	光葫蘆	クワン ウー ルウ：ハゲアタマ
1059	眇一目	ミヤ○ウ イ モ：カタメ
1060	跛一足	ポウ イ ツヲ：ビツコ
1061	鵞鴨脚	ゴヲ、ヤ キヤ：カモアシ
1062	雞蒙眼	キイ モン エン：トリメ
1063	雀矇眼	ツヤ モン エン：トリメ
1064	沙木腿	サアー モ トイ：足フト
1065	酒糟鼻	ツイ○ウ ツア○ウ ビイ：アカバナ
1066	失心風	シ スイン フヲン：キチガイ
1067	近視眼	ギン ズウ エン：チカメ
1068	口吃冷	ゲ○ウ キ レン：クチゴモリ
1069	胖了些	パン リヤ○ウ スイー：チトフトツタモノ
1070	光頭	クワン デ○ウ テ：ボウズ
1071	耳聾	ルウ ロン：ツンボウ
1072	口吃	ゲ○ウ キ：ドモリ
1073	瞎子	ヒヤ ツウ：ザトフ
1074	眼瞎	エン ヒヤ：メクラ
1075	瞎婆	ヒヤ ボヲ、：ゴゼ
1076	駝背	ドウ ボイ：セムシ
1077	歪嘴	ワイ ツ○イ：クチユガミ

巻1　29葉a

1078	青盲	ツイン マン：ソコヒ
1079	黄盲	ワン マン：ウワヒ
1080	髙子	カ○ウ ツウ：セイタカキモノ
1081	矮子	ヤイ ツウ：セイヒクキモノ
1082	滿口香	モハン ゲ○ウ ヒヤン：クチイツハイニホフ
1083	滿身香	モハン シン ヒヤン：ソヲシンニホフ
1084	剔牙橵	テ ヤアー ヅヤン：ヤフジヲツカフ
1085	臭氣難當	チウ キイ ナン タン：クサクテコタヘヌ
1086	梳梳頭	スウ スウ デ○ウ：カミヲソロユル
1087	梳頭	スウ デ○ウ：カミヲソロユル
1088	剃剃頭	デイー テイー デ○ウ：カミヲソル
1089	剃頭	デイ デ○ウ：カミヲソル
1090	頭髪長了要剃一剃	デ○ウ ハ チヤン リヤ○ウ デイ イ デイ：サカヤキガノビタカミヲソレ
1091	懶梳頭	ラン スウ デ○ウ：カミガユヒトモナヒ
1092	頭髪散了要梳一梳	デ○ウ ハ サン リヤウ ヤ○ウ スウ イ スウ：カミガソンジタユイタヒ
1093	頭髪蓬鬆	デ○ウ ハ ボン ソン：ミダレカミ
1094	篦頭髪	ビイ デ○ウ ハ：カミヲサバク
1095	杷木梳掠一掠	バア モ スウ リヤ イ リヤ：クシニテケツリソロエヨ｛K'は杷を把に改める｝

巻1　29葉b

1096	搽香油	ヅアー ヒヤン ユウ：ニホヒアブラヲツクル
1097	把鏡子照照看	パアヽ キン ツウ チヤウヽ カン：カヾミテミル
1098	搽了些	ヅアー リヤ○ウ スイー：スコシツケヨ
1099	搽搽粉	ヅアーヽ フイン：ヲシロヒツケル

1100	搽粉的	ヅアー フイン テ：ヲシロヒツケル	1131	猴子臉	ヘ○ウ ツウ レン：サルヅラ
1101	打辮子	タアー ベン ツウ：カミヲミツグミニスル冖	1132	白淨的	ペ ヅイン デ：マツシロナ

1102	毛禿了	マ○ウ ト リヤ○ウ：ハゲタ
1103	養頭髮	ヤン デ○ウ ハ：カミヲタテル
1104	光臉兒	クワン レン ルウ：面目ガアル○髭ノナイモノ
1105	要箇臉	ヤ○ウ コ レン：カホデモノヲシラスル冖
1106	失體面	シ デイ メエン：メンボクナヒ
1107	沒體面	ム デイ メエン：メンボクナヒ
1108	存箇體	ヅイン コ デイ：メンボクヲタツル
1109	大臉孔	ダアー レン コン：オホヘイナ
1110	醜臉兒	チウ レン ルウ：ミニクヒヅラ
1111	悔氣臉	ホイ キイ レン：クヤミヅラ
1112	粧鬼的	チヨワン クイ テ：ニセヅラ
1113	假粧臉	キヤア チヨワン レン：ニセヅラ
1114	假活兒粧箇好臉	キヤア ウヲ ルウ チヨワン コ ハ○ウ レン：ワサトニセヅラスル

巻1　30葉a

1115	出醜了	チユ チウ リヤ○ウ：ハチヲカク
1116	獻醜了	ヒエン チウ リヤ○ウ：ハチヲケンスル
1117	有麻子	イウ マアー ツウ：イコフキタナヒモカホ
1118	冠冕些	クハン メン スイー：モツタヒノアル冖
1119	好臉皮	ハ○ウ レン ビイ：ヨキツラデ
1120	麻臉的	マアー レン テ：イモガホ
1121	額額上有痣的	ゲコ シヤン イウ ツウ テ：ヒタヒニホクロノアルモノ
1122	肮臜臉	キ タ レン：キタナヒカホ
1123	你臉皮厚正真好臉皮	ニイ レン ビイ ペ○ウ チン チン ハ○ウ レン ビイ：ソチノツラノカワハアツヒヨヒツラデ
1124	鼓面皮	クウ メン ビイ：ツラノカワノアツヒ
1125	冒面皮	マ○ウ メエン ビイ：ツラノカワノアツヒ
1126	冒鼓面	マ○ウ クウ メエン：ツラノカワノアツヒ
1127	南瓜臉	ナン クワイ レン：カボチヤガホ
1128	西瓜臉	スイー クワアー レン：スヒクワガホ
1129	冬瓜臉	トン クワアー レン：トフグワガホ
1130	瓜子臉	クワアー ツウ レン：ウリガホ

巻1　30葉b

1133	取耳糠	ツヽ ル、カン：ミヽヲカク
1134	滾壯的	クイン チヨワン テ：コエフトル
1135	身體大	シン デイ ダアヽ ヲ、ガラナ冖
1136	白牙齒	ベ ヤアー ツウ：シラハ
1137	突肚皮	ト ドウ ヒイ：ハラヲツキダス
1138	擦牙齒	ツア ヤアヽ ツウ：ハヲスル
1139	小肚子	スヤ○ウ ドウ ツウ：コバラ
1140	赤條條	チ デヤ○ウ ヽ：マルハダカ
1141	打赤膊	タアヽ チ ポ：ハダヌギスル
1142	鑷鑷鬚	子 ヽ スイー：ヒゲヌク
1143	吐嚥唾	ドヲ ヅアン ドウ：ツバヲハク
1144	揩鼻涕	カイ ビイ デイ：ハナシルヲフク
1145	兩腿生肉	リヤン トイ スエン ジヨ：両ノ腿カフトツタ
1146	老蠻子	ラ○ウ マン ツウ：トシウシナヒ○老人ヲシカル詞ナリ
1147	做聲哟	ツヲ、シン サアー：コエモセヌ
1148	則聲哟	ツエ シン サアヽ：コエモセヌ
1149	不出聲	ポ チユ シン：ダマル
1150	響一聲	ヒヤン イ シン：ヒトコエヒゞク
1151	叫一聲	キヤ○ウ イ シン：ヒトコエサケブ
1152	應一聲	イン イ シン：ヒトコエコタエル

巻1　31葉a

1153	不絶聲	ポ ヅエ シン：コエカタヘヌ
1154	倦了些	ギエン リヤ○ウ スイー：チトクタビレタ
1155	羸痩了	ルイ スエウ リヤ○ウ：ヤセツカレタ
1156	聲音啞了些	シン イン ヤアー リヤ○ウ スイー：コエカスコシカレタ
1157	嘆口氣	ダン ゲ○ウ キイ：タメイキック
1158	疲倦了	ビイ キエン リヤ○ウ：クタビレタ
1159	不倦的	ポ ギエン テ：クタビレヌ
1160	有精神	イウ ツイン シン：キコンカヨヒ
1161	没有精神	ム イウ ツイン シン：キコンガヨクナヒ
1162	平和的	ビン ホフ テ：キコンノヨヒ
1163	你屬什麼	ニイ チヨ シ モフ：ナニノトシカ
1164	属鼠的	チヨ チイ テ：子ノトシ

1165	属牛的	チヨ ニウ テ：丑ノトシ		1204	氣色好	キイ スエ ハ○ウ：ガンシヨクノヨヒ
1166	属虎的	チヨ フ ウ テ：寅ノトシ		1205	看氣色	カン キイ スエ：キシヨクヲミル
1167	属兎的	チヨ トヲ、テ：卯ノトシ		1206	弄手勢	ロン シウ スウ：手ヨウスル
1168	属龍的	チヨ ロン テ：辰ノトシ		1207	亂弄的	ロワン ロン テ：マゼカヘス
1169	属蛇的	チヨ ジエ ー テ：己ノトシ		1208	尊顔好	ツ○イン エン ハ○ウ：ヲカホガヨヒ
1170	属馬的	チヨ マア、テ：午ノトシ		1209	怯了暑	キエ リヤ○ウ シイ：シヨヲヲソル
1171	属羊的	チヨ ヤン テ：未ノトシ		1210	怯暑的	キエ シイ テ：シヨヲヲソル丶モノ
1172	属猴的	チヨ ヘ○ウ テ：申ノトシ				

巻1　31葉b

親族類

1173	属雞的	チヨ キイ テ：酉ノトシ
1174	属狗的	チヨ ゲ○ウ テ：戌ノトシ
1175	属猪的	チヨ チユイ テ：亥ノトシ
1176	有黒痣	イウ ヘ ツウ：アサガアル
1177	有壽班	イウ ジウ パン：ヨミアサガアル
1178	洗洗臉	スイ丶 丶 レン：カホヲアラフ
1179	洗洗手	スイ丶 丶 シウ：テヲアラフ
1180	洗洗脚	スイ丶 丶 キヤ：アシヲアラフ
1181	洗洗湯	スイ丶 丶 タン：ユヲカハル
1182	洗洗澡	スイ丶 丶 サア○ウ：ユヲカハル
1183	浴過了	ヨ コフ リヤ○ウ：ユヲアビマシタ
1184	擦擦背	ツア丶 丶 ポイ：セナカヲスレ
1185	搓搓手	ツアー 丶 シウ：テヲモム
1186	洗洗浴	スイ丶 丶 ヨ：ユアビル
1187	浄浄浴	ヅイン 丶 丶 ヨ：ユアビル
1188	爬得起	バアー テ キイ：ハヒオキル
1189	爬上来	バアー ジヤン ライ：ハヒオキル
1190	揺揺頭	ヤ○ウ丶 丶 デ○ウ：クビヲフル
1191	點點頭	テエン 丶 丶 デ○ウ：ウナヅク
1192	不健的	ポ ゲン テ：ソクサイニナヒ
1193	不爽利	ポ シヤン リイ：キブンガヨクナイ

巻1　32葉a

1194	不清利	ポ ツイン リイ：キブンガヨクナイ
1195	清健清健	ツイン ゲン 丶 丶：キジヤフナ
1196	一廢物	イヒ丶 ウエ：カタハモノ
1197	擠得開	ツイ丶 テ カイ：人ノ中ヲオシワクル
1198	捱緊他	ヤイ キン タアー：アレニセキヨル
1199	捱阿擠	ヤイ アー ツイー：オシタリセヒタリ
1200	擠緊的	ツイ丶 キン テ：セキ合タ
1201	擠過去	ツイー コフ キユイ：セキワクル
1202	大有力	ダアー イウ リイ：ダイリキ
1203	好顔色	ハ○ウ エン スエ：ヨキイロ

巻1　33葉a

1211	玄祖	ヒエン ツウ：ヒヽデイ
1212	令曽祖父	リン ヅエン ツウ フウ：御ゾヽ父
1213	令曽祖母	リン ヅエン ツウ ムウ：御ゾヽ母
1214	令祖父大人	リン ツウ フウ ダアー ジン：御祖父
1215	祖父翁	ツウ フウ ウヲン：御祖父
1216	公公	コン丶丶：御祖父
1217	令祖	リン ツウ：御祖父
1218	令祖母大人	リン ツウ ムウ ダアー ジン：御祖母
1219	祖母娘	ツウ ムウ ニヤン：御祖母
1220	媽媽	マアー丶丶：御祖母
1221	家祖	キヤア ツウ：祖父
1222	外公	ワイ コン：母方ノ祖父
1223	外祖母	ワイ ツウ ムウ：母方ノ祖母
1224	爹爹	テエ ー 丶：父上
1225	阿爹	アー テエー：父上
1226	娘娘	ニヤン 丶 丶：母上
1227	阿娘	アー ニヤン：母上
1228	親父	ツイン フウ：ヲヤ

巻1　33葉b

1229	親母	ツイン ムウ：ハハ
1230	祖老	ツウ ラ○ウ：ヲヂ
1231	老媽	ラ○ウ マアー：ウバ
1232	老頭兒	ラ○ウ デ○ウ ルウ：オヤゴ
1233	老母	ラ○ウ ムウ：ハゴ
1234	賢橋梓	ヘエン キヤ○ウ ツウ：ゴフシ
1235	乾爺	カン エー：父分
1236	乾娘	カン ニヤン：母分
1237	乾兒子	カン ルウ ツウ：子分
1238	尊翁	ツ○イン ウヲン：コシンブ

1239	令堂	リン ダン：ヲフクロ		1277	令愛	リン アイ：ゴソク女
1240	家父	キヤア フウ：チヽ		1278	大女児	ダアー ニイ ルウ：オホムスメ
1241	家母	キヤア ムウ：ハヽ		1279	嬸嬸	シン ヽ：ヲトヽヨメ
1242	養父	ヤン フウ：ヤシナイ父		1280	敝妹夫	ビイ ムイ フウ：イモトムコ
1243	養母	ヤン ムウ：ヤシナヒ母		1281	大夫人	タアー フウジン：オクサマ
1244	阿伯	アヽ ペ：伯父		1282	娘子	ニヤン ツウ：ナヒギ
1245	阿叔	アヽ ショ：叔父		1283	新夫人	スイン フウジン：御ヨメ
1246	叔叔	ショ ヽ：叔父○妻ヨリ夫ノ男兄弟ヲ呼コトバ		1284	新娘	スイン ニヤン：御ヨメ
1247	令叔	リン ショ：御叔父		1285	新郎	スイン ラン：ハナムコ
1248	母舅	{唐音表記なし}：母方ノ叔父		1286	岳母	ヤ ムウ：シウトメ
1249	大舅	{唐音表記なし}：母方ノ叔父		1287	岳翁	ヤ ウヲン：シウト
				1288	丈母	チヤン ムウ：シウトメニ向テ云コ
				1289	丈人	チヤン ジン：シウトニ向テ云コ

巻1　34葉a

1250	姑娘	クウ ニヤン：伯母
1251	姨娘	イー ニヤン：叔母

				1290	令塔	リン シー：オムコ
				1291	女婿	ニイ シイ：ムコ

1252	家叔	キヤア ショ：ヲチキ
1253	令兄	リン ヒヨン：御舎兄
1254	賢兄	ヒエン ヒヨン：御舎兄○友ヲ呼コトバ
1255	家兄	キヤア ヒヨン：アニ
1256	令姉	リン ツイヽ：御姉
1257	賢姉	ヒエン ツイヽ：御姉
1258	阿姉	アヽ ツイヽ：姉
1259	大阿姉	ダアー アー ツイー：オホア子
1260	小阿姉	スヤ○ウ アー ツイー：小ア子
1261	家姉	キヤア ツイー：ア子
1262	大嫂嫂	ダアー スエ○ウ ヽ：アニヨメ
1263	阿嫂	アー スエ○ウ：アニヨメ
1264	令姉夫	リン ツイー フウ：御姉ムコ
1265	姉夫	ツイー フウ：ア子ムコ
1266	令弟	リン デイ：御舎弟
1267	家弟	キヤア デイ：ヲト〰
1268	兄弟	ヒヨン デイ：キヤウダイ
1269	令妹	リン ムイ：御妹
1270	家妹	キヤア ムイ：イモト

巻1　35葉a

1292	堂兄	ダン ヒヨン：イトコ
1293	堂弟	ダン デイ：イトコ
1294	表兄	ピヤ○ウ ヒヨン：母方ノイトコ
1295	表弟	ピヤ○ウ テイ：母方ノイトコ
1296	堂姉	ダン ツイー：女イトコ
1297	堂妹	ダン ムイ：女イトコ
1298	表姉	ピヤ○ウ ツイー：母方　女イトコ
1299	表妹	ピヤ○ウ ムイ：母方　女イトコ
1300	姪児	デル：ヲヒ
1301	姪女	デ ニイ：メヒ
1302	外甥	ワイ スエン：姉妹ノ子ヲヒ
1303	外甥女	ワイ スエン ニイ：姉妹ノムスメメヒ
1304	夫婦	フウ フー：フウフ
1305	夫妻	フウ ツイー：フウフ
1306	媳婦	スイ フウ：ヨメ
1307	老公	ラ○ウ コン：コテイス
1308	丈夫	チヤン フウ：ヲット
1309	老岳母	ラ○ウ ヤ ムウ：シウトメ
1310	令岳夫	リン ヤ フウ：ヲシウト
1311	尊夫人	ツ○イン フウジン：ゴナイギ
1312	妻子	ツイー ツウ：サ井

巻1　34葉b

1271	妹夫	ムイ フウ：イモトムコ
1272	令郎	リン ラン：ゴソク
1273	小児	スヤ○ウ ルウ：セガレ
1274	兒子	ルウ ツウ：ムスコ
1275	男児	ナン ルウ：ヲトコ
1276	女児	ニイ ルウ：ヲンナ

巻1　35葉b

1313	拙妻	チ ツイー：サ井
1314	内裡	ヌイ リイ：サ井
1315	房下	ワン ヒヤア：サ井

1316	老婆	ラ◯ウ ボヲー：ニヤウボウ
1317	奶奶	ナイ ヽ：自分ノサ井ヲヨブトキノコトバ
1318	閨女	クイ ニイ：ムスメノ﹃
1319	親家公	ツイン キヤア コン：アヒアケ
1320	親家母	ツイン キヤア ムウ：アヒアケ
1321	連襟	レン キン：アヒムコ
1322	父母	フウ ムウ：チヽハハ
1323	孫子	スーン ツウ：マゴ
1324	孫女	スーン ニイ：マゴムスメ
1325	玄孫	ヒエン スーン：ヒマゴ
1326	曾孫	ツエン スーン：ヒマゴ
1327	繼父	キイ フウ：マヽオヤ
1328	繼母	キイ ムウ：マヽハハ
1329	晚妻	ワン ツイー：後妻
1330	大正室	ダアー チン シ：ヲヘヤ
1331	同胞兄弟	ドン バ◯ウ ヒヨン デイ：同フクノ兄弟
1332	親生兒子	ツイン スエン ルウ ツウ：直子
1333	親生女兒	ツイン スエン ニイ ルウ：直女

巻1　36葉a

1334	過房兒子	コヲー ワン ルウ ツウ：養子
1335	螟蛉之子	ミン リン ツウ ツウ：養子
1336	同父異母	ドン フウ イ ムウ：ハラカワレ
1337	入贅女婿	ジ ソ◯イ ニイ シイ：イリムコ
1338	庶夫人	シユイ フウ ジン：御妾
1339	小側室	スヤ◯ウ ツエ シ：妾
1340	偏房	ペン ワン：妾
1341	小妾	スヤ◯ウ ツイ：妾
1342	賤妾	ヅエン ツイ：妾◯又婦ノ自稱ノコトバ
1343	寡公	クワア コン：ヤモメ
1344	寡婦	クワア フウ：ヤモメ
1345	内眷門	ヌイ キエン メン：シンルヒ
1346	家眷門	キヤア キエン メン：シンルヒ
1347	一家門	イ キヤア メン：イチモン
1348	通家	トン キヤア：イチモン
1349	屋裡人	ヲ リイ ジン：家内ノ人
1350	家裡人	キヤア リイ ジン：家内ノ人
1351	鬼夫婦	クイ フウ フウ：ソロハヌフウフ
1352	老安人	ラ◯ウ アン ジン：老夫人
1353	退隱	トイ イン：インキヨ
1354	養閑	ヤン ヘエン：インキヨ

性情類

巻1　37葉a

1355	笨東西	ペン トン スイー：ドンナモノ
1356	蠢東西	チユン トン スイー：ドンナモノ
1357	強東西	ギヤン トン スイー：ジフトヒ
1358	呆木了	ハイ モ リヤ◯：アキルヽ
1359	看呆了	カン ハイ リヤ◯：アキルヽ
1360	想呆了	スヤン ハイ リヤ◯：アキルヽ
1361	耳邊風	ルウ ペエン ホン：トワヌ
1362	懶東西	ラン トン スイー：ブセフモノ
1363	只是懶	ツエ ズウ ラン：ヒタスラブセフナ
1364	懶了去	ラン リヤ◯ キユイ：ブセフヲスル
1365	懶物事	ラン ウエ ズウ：ブセフヲスル
1366	粗蠢的	ツウ チユン テ：ウスドンナ
1367	不濟事	ポ ツイー ズウ：ラチノアカヌモノ
1368	妥貼了	トウ テ リヤ◯：ラチカアヒタ
1369	好生事	ハ◯ウ スエン ズウ：モノスキ
1370	又獃哩	ユウ タイ リイ：マタバカヲックス
1371	好獃阿	ハ◯ウ タイ ア：イカフバカナ
1372	怕苦的	パアー クウ テ：クヲイヤガル

巻1　37葉b

1373	忘本的	ワン ペン テ：モトヲワスレタ
1374	不忘本	ポ ワン ペン：モトヲワスレヌ
1375	好煞野	ハ◯ウ サ エー：ワカマヽノモノ
1376	歹的人	タイ テ ジン：ワルモノ
1377	齉笨的	ツウ ペン テ：ソヽフモノ
1378	乖倒乖	クワイ タ◯ウ クワイ：カシコヒ﹃ハカシコヒ
1379	笨倒笨	ペン タ◯ウ ペン：ドンナコトハドンナ
1380	不長俊	ポ チヤン チユン：ラチモナヒモノ
1381	不長的	ポ チヤン テ：ヲトナシクシナヒ
1382	慳吝的	ケン リン テ：シワヒ
1383	悲慘的	ポイ ツアン テ：カナシヒ
1384	着魔的	チヨ マウ テ：マガツヒタ
1385	執拗的	チ ア◯ウ テ：ワカマヽナ
1386	拗蠻的	ア◯ウ マン テ：ワカマヽナ
1387	吃了驚	キ リヤ◯ウ キン：ヲドロク
1388	吃箇驚	キ コ キン：ヲドロク
1389	不要慌	ポ ヤ◯ウ ホワン：ヲドロクナ
1390	怕死死	パアー スウ ヽ：イカフヲソロシヒ

1391 怜悧的　リン リイ テ：レイリナ
1392 怜悧得狠　リン リイ テ ヘン：ヅンドレイリナ
1393 活動的　ウヲ ドン テ：リコフニハタラク

巻1　38葉a

1394 取箇巧　ツイ コ キヤ○ウ：トンチナ
1395 剛強的　カン ギヤン テ：テヅヨヒ
1396 謙虚的　ケン ヒイ テ：ヘリクタル
1397 多心的　トフ スイン テ：心ガオホヒ
1398 費這心　フイー チエー スイン：セワスル
1399 替他憂　デイ タアー ユウ：ヒマヲエヌ {誤訳　Ｊｐ.90「替他憂」の右隣の行の「没得空」の訳をうつしたため}
1400 心事多　スイン ズウ トフ：セワガオホヒ
1401 掛念　クワア 子ン：キガヽリ
1402 不費心　ポ フイー スイン：セワヲセヌ
1403 愁歎　ヅエ○ウ タン：ナゲク
1404 焦心　ツヤ○ウ スイン：アセガル
1405 脳氣　ナ○ウ キイ：ハラタツ
1406 好悩怒　ハ○ウ ナ○ウ ヌウ：キツウハラタツタ
1407 不出氣　ポ チユ キイ：イカリヲダサヌ
1408 不要悩　ポ ヤ○ウ ナ○ウ：ハラタツナ
1409 氣得過　キイ テ コフ：カンニンカナル
1410 不受氣　ポ ジユ キ：カンニンスル
1411 氣呼呼　キイ フウ ヽ：ハラタチテフク～スルヿ
1412 發了悩狠的阿　ハ リヤ○ウ ナ○ウ ヘン テ アー：ハラヲタテタラキツカロフ
1413 厭得緊　エン テ キン：メンドフナ

巻1　38葉b

1414 厭殺的　エン サ テ：モノニアヒタヿ
1415 厭殺人　エン サ ジン：メンドフガル
1416 厭煩的　エン ワン テ：メンドフナ
1417 厭殺死　エン サ スウ：メンドフナ
1418 不厭的　ポ エン テ：メンドウニナヒ○アカヌヿ
1419 悩死他　ナ○ウ スウ タアー：アレニキツウハラタヽスル
1420 悶死了　メン スウ リヤ○ウ：キノツマル
1421 愁苦了　ヅエ○ウ クウ リヤ○ウ：ウレヒクルシム
1422 你放心　ニイ ハン スイン：ソナタオチツキナサレ

1423 那裡曉的　ナア リイ ヒヤ○ウ テ：ゾンジガケモナク
1424 不遂意　ポ ヅ○イ イー：オチツカヌ
1425 甘心的　カン スイン テ：スマス
1426 不甘心　ポ カン スイン：スマサヌ
1427 當心的　タン スイン テ：心ニカクル
1428 着急了　チヨ キ リヤ○ウ：ヲドロク○トリコム
1429 焦燥　ツヤ○ウ サア○ウ：アセガル
1430 小心好　スヤ○ウ スイン ハ○ウ：子ンヲイレタガヨイ
1431 量得来　リヤン テ ライ：ハカラレル
1432 見得徹　ケン テ テ：ミトヲサルヽ
1433 見不徹　ケン ポ テ：ミトフサレヌ
1434 長遠心　ヂヤン イエン スイン：キノナカヒヿ

巻1　39葉a

1435 粗粗的　ツウ ヽ テ：ソハフナ
1436 粗得緊　ツウ テ キン：ツンドソハフナ
1437 粗大的　ツウ ダアヽ テ：オホキナ
1438 太輕暴　タイ ケン バ○ウ：ヅンドソコツナ
1439 懆暴的　サ○ウ バ○ウ テ：ソバフナ
1440 張暴的　チヤン パ○ウ テ：ソバフナ
1441 強暴的　キヤン バ○ウ テ：ソバフナ
1442 動念頭　ドン 子エン デ○ウ：フンベツスルヿ
1443 做得處　ツヲー テ チユイ：フンベツスルヿ
1444 想頭好　スヤン デ○ウ ハ○ウ：フンベツガヨヒ
1445 念頭好　子エン デ○ウ ハ○ウ：フンベツガヨヒ
1446 做主意　ツヲー チユイ イー：シアンスルヿ
1447 想出来　スヤン チユ ライ：オモヒイダシタ
1448 打妄想　タアヽ ワン スヤン：ムダオモヒヲスルヿ
1449 想別處　スヤン ベ チユイ：ベツコトヲアンズルヿ
1450 猜啞謎　チヤイ ヤアー ミイ：ナゾヲトク
1451 猜得着　チヤイ テ ヂヤ：スイレフシアツル
1452 我做得　ゴヲー ツヲー テ：オレガフンベツス
1453 迷子訣　ミイ ツウ ケ：ナソトク
1454 我来考　コヲー ライ カ○ウ：ワレガキテコヽロミル
1455 瞎猜　ヒヤ チヤイ：メツホフカヒニイヒアツル

巻1　39葉b

1456 這意思　チエー イー スウ：コノコヽロ

1457	有恒心	イウ ヘン スイン：ツ子ノコ丶ロガアル	1494	請去看	ツイン キユイ カン：ユキテミタマヘ
1458	安氣	アン キイ：アンドシタ	1495	請来看	ツイン ライ カン：キテミタマヘ
1459	安泰	アン タイ：ヤスラカナ	1496	看不見	カン ポ ケン：ミレドモミヘス
1460	有良心	イウ リヤン スイン：ジヒノアル⏌	1497	看不得	カン ポ テ：ミル⏌カナラヌ
1461	没良心	ム リヤン スイン：ドウヨクナ	1498	看過的	カン コ フ テ：ミタモノジヤ
1462	没情意	ム ヅイン イー：ドウヨクナ	1499	看裡頭	カン リイ デウ：ウチヲミヨ
1463	至誠的	ツウ ヂン テ：マコト	1500	看得好	カン テ ハ○ウ：ヨクミヘタ
1464	情願来	ヅイン イエン ライ：マ井リタヒ	1501	見見的	ケン 、 テ：ミタモノジヤ
1465	有志氣	イウ ツウ キイ：コ丶ロサシノアル	1502	再看看	ツアイ カン カン：マタミヨ
1466	死心的	スウ スイン テ：ハマッタ	1503	又好看	ユウ ハ○ウ カン：マタミゴト
1467	不疑心	ポ ニイ スイン：ウタガハヌ	1504	不好看	ポ ハ○ウ カン：ミコトニナヒ
1468	資質好	ツウ チ ハ○ウ：ウマレツキノヨヒ⏌	1505	且看看	ツエー カン 、：マヅミヨ
1469	生成的	スエン ヂン テ：ウマレツキ	1506	看看吵	カン 、 サアー：ミル
1470	性子好	スイン ツウ ハ○ウ：セウガヨヒ	1507	不曾看	ポ ヅエン カン：マダミヌ
1471	性格好	スイン ケ ハ○ウ：セウガヨヒ	1508	不中看	ポ チヨン カン：シルホドモナヒ
			1509	看得出	カン テ チユ：ミダシタ

視聽動作坐立趨走出入去来類

| | | |1510|看少的|カン シヤ○ウ テ：スコシミタ|

巻1 40葉a

巻1 41葉a

1472	有得出	イウ テ チエ：デル	1511	側目看	ヅエ モ カン：メヲヒソメテミル
1473	不出的	ポ チユ テ：デヌ	1512	偸眼看	テ○ウ エン カン：シリメヲツカフ
1474	肯出的	ゲン チユ テ：ツントデタ	1513	仰着看	ニヤン ヂヤ カン：アフヒテミル
1475	不肯出	ポ ゲン チユ：ツントデヌ	1514	教你看	キヤ○ウ ニイ カン：ソナタニミスル
1476	統不出	トン ポ チユ：スキトデヌ	1515	打聽見	タア、 デイン ケン：キ丶ツクロウ
1477	統去了	トン キユイ リヤ○ウ：スキトデタ	1516	聞得説	ウエン テ セ：キ丶マシタ
1478	總去了	ツヲン キユイ リヤ○ウ：ミナデタ	1517	看得見有限的	カン テ ケン イウ ヘン テ：タカバシレタコト
1479	没得来	ム テ ライ：モノヲトリエヌ⏌			
1480	有得来	イウ テ ライ：モノヲトリエタ	1518	肯聽説	ゲン デイン セ：ヨクウケタマハル
1481	出恭去	チユ コン キユイ：ヨフジニユク	1519	要去看就去看	ヤ○ウ キユイ カン ヅイ○ウ キユイ カン：ユキテミタクバユキテミヨ
1482	大恭去	ダアー コン キユイ：ヨフジニユク			
1483	大解去	ダアー キヤイ キユイ：ダイヨフニユク	1520	不肯聽	ポ ゲン デイン：キカヌ
1484	解手去	キヤイ シウ キユイ：ダイヨフニユク	1521	聽得明	デイン テ ミン：メイハクニキイタ
1485	小解去	スヤ○ウ キヤイ キユイ：小用ニユク	1522	只好聽	ツエ ハ○ウ テイン：キクバカリヨヒ
1486	小恭去	スヤ○ウ コン キユイ：小用ニユク	1523	托我看	ト コヲ、 カン：ワレニミセヨ
1487	浄手去	ヅイン シウ キユイ：小用ニユク	1524	托你看	ト ニイ カン：ソナタニタノンデミル
1488	撒箇屎	サ コ スウ：ダイヨフスル	1525	看慣了	カン クワン リヤ○ウ：ミナレタ
1489	上毛坑	ジヤン マ○ウ カン：セツ井ンニユク	1526	聽慣了	デイン クワン リヤ○ウ：キ丶ナレタ
			1527	看破了	カン ポ リヤ○ウ：ミカギツタ

巻1 40葉b

| | | |1528|看會了|カン ホイ リヤ○ウ：ミテカテンシタ|

1490	請看看	ツイン カン 、：ミタマヘ	1529	問問看	ウエン 、 カン：トウテミヨ
1491	請聽聽	ツイン デイン 、：キ丶タマヘ			

巻1 41葉b

1492	仔細看	ツウ スイ丶 カン：子ンヲイレテミヨ	1530	査査看	ヅア、 、 カン：キンミシテミヨ
1493	仔細聽	ツウ スイ丶 デイン：子ンヲイレテキケ			

1531 摸摸看　モー、カン：サグリテミヨ
1532 説説看　シエ、カン：イウテミヨ
1533 念念看　子エン、カン：ヨンデミヨ
1534 讀讀看　ド、カン：ヨンデミヨ
1535 只管看　ツエ クワン カン：ヒタスラミル
1536 看完了　カン ワン リヤ○ウ：ミオハツタ
1537 猜猜看　チヤイ、カン：スヒレウシテミヨ
1538 認認看　ジン、カン：ミワケヨ
1539 摩摩看　モー、カン：ナデ、ミヨ
1540 唱唱看　チヤン、カン：ウタフテミヨ
1541 比比看　ピイ、カン：クラベテミヨ
1542 對對看　トイ、カン：ヒキアハセテミヨ
1543 兌兌看　ドイ、カン：テンビンテウツテミヨ
1544 秤秤看　チン、カン：ハカリテミヨ
1545 量量看　リヤン、カン：キンリヤウテカケテミヨ
1546 打筭看　タアー ソワン カン：サンシテミヨ
1547 嗅嗅看　チウ チウ カン：カヒデミヨ
1548 敲敲看　キヤ○ウ、カン：タ、ヒテミヨ
1549 搖搖看　ヤ○ウ、カン：フツテミヨ
1550 求求看　ギウ、カン：子ガツテミヨ

巻1　42葉a

1551 射射看　ジエー、カン：イテミヨ
1552 捆捆看　クウ、カン：モクロンテミル
1553 估估看　クウ、カン：モクロンテミル
1554 討討看　タ○ウ、カン：モロフテミヨ
1555 聽甚麼　デエン シ モウ：ナニヲキクカ
1556 聽得来　デイン テ ライ：キカル、
1557 聽錯了要緊事情　デイン ツヅウ リヤ○ウ ヤ○ウ キン ズウ ヅイン：カンヤウナコトヲキ、ソコナツタ
1558 聽見来　デイン ケン ライ：キ、ツクロウテコヒ
1559 不曾看盡了　ポ ヅエン カン ヅイン リヤ○ウ：マダミツクサヌ
1560 看得麼　カン テ マア、：ミタカ
1561 懶得見　ラン テ ケン：ミトウナヒ
1562 懶得聽　ラン テ デイン：キ、トウナヒ
1563 害了眼　ハイ リヤ○ウ エン：メヲソンジタ
1564 不把你看　ポ パア、ニイ カン：ソナタニハミセヌ
1565 據佗看来　キヤ タア、カン ライ：アレヲ以ミレハ
1566 倒好看　タ○ウ ハ○ウ カン：カヘツテミヨヒ
1567 耳聾尖眼睛快　ルウ トウ ツエン エン ツイン クワイ：ミ、モメモハヤヒ
1568 嘗嘗看　チヤン、カン：ナメテミヨ

巻1　42葉b

1569 把手搭涼篷　パア シウ タ リヤン ボ：テニテマカケヲスル
1570 舞舞看　ウー、カン：モフテミヨ
1571 耳要聰眼要明　ルウ ヤ○ウ ツヲン エン ヤ○ウ ミン：ミ、ハトクメハアキラカニナケレバナラヌ
1572 搧搧看　テ、カン：ヒカラカシテミヨ
1573 兩眼淚了　リヤン エン ルイ リヤ○ウ：兩ガンカラナンダガ出ル
1574 損目的　ス○イン モ テ：メヲソンジタ
1575 轉了眼　チエン リヤ○ウ エン：メヲミマハス
1576 爛眼睛　ラン エン ツイン：メガクサツタ
1577 我去認　ゴヲ、キユイ ジン：ヲレガユヒテミワクル
1578 瞪開了眼睛看　テン カイ リヤ○ウ エン ツイン カン：メヲミヒラヒテミヨ
1579 認得清　ジン テ ツイン：ヨクミワクル
1580 開開眼　カイ、エン：メヲアケヨ
1581 取耳聾　ツイン ルウ トウ：ミ、ヲカク
1582 看耳聾　カン ルウ トウ：ミ、ヲカク
1583 爬耳聾　バア ルウ トウ：ミ、ヲカク
1584 顧得来　クウ テ ライ：ミラル、
1585 認得的　ジン テ テ：ミシツテイル

巻1　43葉a

1586 在目前　ヅアイ モ ツエン：メノマヘ
1587 把我看　バア、ゴヲ、カン：ヲレニミセヨ
1588 把人看　バア、ジン カン：人ニミスル
1589 拿尺来量量看　ナアー チ ライ リヤン、カン：尺ヲモツテツモリテミヨ
1590 有響動　イウ ヒヤン ドン：サタガアル
1591 響不得　ヒヤン ポ テ：サタガナヒ
1592 不要響　ポ ヤ○ウ ヒヤン：サタスルナ
1593 響亮的　ヒヤン リヤン テ：ヒヾク
1594 不響亮　ポ ヒヤン リヤン：ヒヾカヌ
1595 有響麼　イウ ヒヤン マアー：サタガアルカ
1596 起得早　キイ テ ツア○ウ：ハヤクヲキタ
1597 起得遲　キイ テ ツウ：ヲキヨフガヲソヒ

1598	起過了	キイ コフ リヤ○ウ：ヲキタ
1599	不覺的	ポ キヤテ：サメヌ
1600	要睡覺	ヤ○ウ ジユイ キヤウ：子ムタヒ
1601	好困的	ハ○ウ クイン テ：子ムリスキ
1602	不曽起	ポ ヅエン キイ：マタヲキヌ
1603	醒覺了	スイン キヤ○ウ リヤ○ウ：メガサメタ
1604	睡一覺	ジユイ イ キヤ○ウ：ヒトイキ子ル
1605	好睡的	ハ○ウ ジユイ テ：子ムリスキ

巻1　43葉b

1606	狐狸炒困不着	ウー リイ ツア○ウ クイン ポ ヂヤ：キツ子ガアレテ子ラレヌ
1607	打起来	タア、 キイ ライ：ウチカヘル
1608	風頭地不要困	フヲン デ○ウ テイ ポ ヤ○ウ クイン：カセノフクトコロヘ子ルナ
1609	伸脚睡	シン キヤ ジユイ：アシヲノベテ子ル
1610	天亮了好起来	テエン リヤン リヤ○ウ ハ○ウ キイ ライ：ヨガアケタオキテヨヒ
1611	得一夢	テイ モン：ヒトユメミタ
1612	做春夢	ツヲー チユン モン：ユメミル
1613	做個夢	ツヲー コ モン：ユメミル
1614	夢見你	モン ケン ニイ：ソチヲユメニミタ
1615	好瑞夢	ハ○ウ ヅ○イ モン：ヨキユメ
1616	總是夢	ツヲン ズ○ウ モン：ミナユメ
1617	做夢哩	ツヲー モン リイ：ユメヲミル
1618	打眠顛	タアー ミン テエン：イ子ムリスル
1619	早起来	ツア○ウ キイ ライ：ハヤクオキヨ
1620	睡不着	ジユイ ポ ヂヤ：子イラレヌ
1621	又發作	ユウ ハ ツヲ：マタヲコツタ
1622	好笑的	ハ○ウ スヤ○ウ テ：イヤオカシヒ
1623	笑嘻嘻	スヤ○ウ ヒイ、、：イヤワロウ

巻1　44葉a

1624	險些兒弄得倒了	ヘン スイー ル、 ロン テ タ○ウ リヤ○ウ：アブナヒコトニタヲレタ
1625	毛坑去	マ○ウ カン キユイ：セツ井ンニユク
1626	毛廁去	マ○ウ スウ キユイ：セツ井ンニユク
1627	揑不過	ヤイ ポ コヲー：ケワシヒ
1628	笑滾了	スヤ○ウ クイン リヤ○ウ：シゴクワラウ
1629	可笑可笑	コヲー スヤ○ウ、、：ヲカシヒ
1630	正可笑	チン コヲー スヤ○ウ：ナルホドオカシヒ
1631	笑甚麼	スヤ○ウ シ モウ：ナニヲワロウカ
1632	大口氣	タアー ゲ○ウ キイ：オホクチノモノ
1633	自賛自	ヅウ ツアン ヅウ：シブンニホメル
1634	取笑的	ツイー スヤ○ウ テ：ヲドケヲイフ
1635	看戲去	カン ヒイ キユイ：ヲトリミニユク
1636	歇兩天	ヘ リヤン テエン：兩日ヤスンダ
1637	歇幾天	ヘ キイ テエン：イクカヤスンダ
1638	歇不得	ヘ ポ テ：エヤスマヌ
1639	請歇息	ツイン ヘ スイ：ヲヤスミナサレヒ
1640	不歇得	ポ ヘ テ：ヤスミガナラヌ
1641	歇足唎	ヘ ツヲ リイ：キウソクナサレヒ
1642	將息些	ツヤン スイ スイー：キウソクセヨ
1643	不肯歇	ポ ゲン ヘ：ヤメヌ

巻1　44葉b

1644	就罷休	ヅイ○ウ パアイ ヒユウ：モフヤメタ
1645	罷休唎	パイ ヒユウ リイ：ヤメタ
1646	不得已	ポ テ イー：ヤメラレヌ
1647	不能已	ポ 子ン イー：ヤメラレヌ
1648	没下落	ム ヒヤア ロ：ヲチツキトコロガナヒ
1649	請止唎	ツイン ツウ リイ：ヲヤメナサレヒ
1650	歇息	ヘ スイ：ヤスム
1651	歇過了	ヘ コヲ リヤ○ウ：ヤスミマシタ
1652	不消化	ポ スヤ○ウ ハアー：食ガ消セヌ
1653	趕上来	カン シヤン ライ：オヒアゲル
1654	趕落来	カン ロ ライ：オヒヲトス
1655	趕散了	カン サン リヤ○ウ：オヒチラス
1656	趕得来	カン テ ライ：オヒツイタ
1657	趕出去	カン チユ キユイ：オヒダセ
1658	趕下去	カン ヒヤア キユイ：オヒクダシタ
1659	咬定的再不放	ヤ○ウ デン テ ツアイ ポ ハン：オヒツキテハナサヌ
1660	觸着了	チヨ ヂヤ リヤ○ウ：サワル
1661	趕得及	カン テギ：オヒツイタ
1662	趕不上	カン ポ ジヤン：オヒツカヌ
1663	追趕他	ツイ カン タアー：カレニオヒツイタ

巻1　45葉a

1664	抱進去	パ○ウ ツイン キユイ：イタキテ入ル
1665	挭蝨子	メン スエ ツウ：シラミヲ子ヂル
1666	不丢掉	ポ テ○ウ デヤ○ウ：ステヌ
1667	撒屎撒尿	サ スウ サ ニヤ○ウ：大小用スル
1668	敖得去	ガ○ウ テ キユイ：コラエラルヘ

巻 2　人部

賓友往来逢迎尋訪類

巻2　1葉a

1669 客人来　ゲ ジン ライ：客ガ来
1670 有客人　イウ ゲジン：カクガアル
1671 請客人　ツイン ゲジン：カクヲウクル
1672 有位客　イウ ヲイ ゲ：一人ノ客アリ
1673 客人多　ゲ ジン トヲ：カクガオホイ
1674 有見它　イウ ケン タアー：アレニアフタ
1675 好接客　ハ○ウ ツイ ゲ：カクズキ
1676 不是客　ポ ズウ ゲ：カクデハナヒ
1677 没甚客　ム シヤア ゲ：ナニカクモナヒ
1678 作東家　ツヲ トン キヤア：テイシユブリ
1679 有客来　イウ ゲ ライ：客人ガアル
1680 客客客　ゲ 、 、：客来

巻2　1葉b

1681 初相見　ツウ スヤン ケン：ハジメテオメニカヽル
1682 纔拜見　ヅアイ パイ ケン：ハジメテオメニカヽル
1683 未曾見　ウイヽ ヅエン ケン：マダオメニカヽラヌ
1684 還未見　ワン ウイヽ ケン：マダアハヌ
1685 不相見　ポ スヤン ケン：アヒマセヌ
1686 何曾見　ホヲヽ ヅエン ケン：マダアハヌ
1687 不見你　ポ ケン ニイ：ソナタニアヒマセヌ
1688 要相見　ヤ○ウ スヤン ケン：オメニカヽリタヒ
1689 面生的　メ■(空格) スエン テ：ミナレヌ人
1690 面熟的　メエン ジヨ テ：ヨクミシル
1691 有些面熟　イウ スイー メエン ジヨ：ミタヨウナ
1692 只得你　ツエ テ ニイ：ソナタトバカリ
1693 會他来　ホイ タアー ライ：アレニアフテキタ
1694 會過了　ホイ コヲー リヤ○ウ：アフタ
1695 不好會　ポ ハ○ウ ホイ：アハレヌ
1696 遇着他　イヽ ヂヤ タアー：アレニアフタ
1697 不着的　ポ ヂヤ テ：アハヌ
1698 遇過了　イヽ コヲー リヤ○ウ：アフタ

1699 拜遲了　パイ ヅウ リヤ○ウ：オメニカヽルヿガヲソヒ
1700 見面過　ケン メエン コヲー：ゲンゾウシタ
1701 不見面　ポ ケン メエン：ゲンゾウセヌ

巻2　2葉a

1702 便路了走去見　ベエン ルウ リヤ○ウ ツエ○ウ キユイ ケン：モヨリガヨヒユイテミヨウ
1703 不照顧　ポ チヤ○ウ クウ：メヲカケヌ
1704 只顧己不顧人　ツエ クウ キイ ポ クウ ジン：タダヲノレヲミテ人ヲミヌ
1705 不見人　ポ ケン ジン：人ニアハヌ
1706 拜過的　パイ コヲヽ テ：ヲガミマシタ○オメニカヽリタ
1707 新相知　スイン スヤン ツウ：シンチカヅキ
1708 改日相見　カイ ジ スヤン ケン：カサ子テオメニカヽラン
1709 在家麼　ヅアイ キヤウ マヽア：ウチニゴザルカ
1710 藝衣得罪　スイ イー テヅ○イ：麁服デゴメンナサヒ
1711 在家的　ヅアイ キヤウ テ：ウチニ井ル
1712 不在家　ポ ヅアイ キヤア：ウチニ井ヌ
1713 在家裏　ヅアイ キヤウ リイ：ウチニ井ル
1714 有人麼　イウ ジン マヽ：人ガ井ルカ
1715 有人住　イウ ジン ヂイ：ヒト井ガアル
1716 現在的　ヒエン ヅアイ テ：イマ
1717 我當家　ゴヲ タン キヤア：ワレカカトク

巻2　2葉b

1718 在門外　ヅアイ メン ワイ：ホカニアル
1719 在門内　ヅアイ メン ヌイ：ウチニアル
1720 還在的　ワン ツアイ テ：マダ井ル
1721 元舊的　イエン ギウ テ：モトノ
1722 出門　チユ メン：ホカニデタ
1723 出外　チユ ワイ：タビニデタ
1724 擔閣了　タン コ リヤ○ウ：タヒザ井シタ
1725 失陪阿　シ ボイ アー：ブアヒサツ
1726 多慢阿　トヲ マン アー：ブアヒサツ
1727 怠慢得狠　タイ マン テ ヘン：ブアヒサツ

1728	少陪少陪	ジヤ○ウ ボイ ジヤ○ヲ ボイ：ブアヒサツ	
1729	有慢你	イウ マン ニイ：ソナタニブアヒサツシタ	
1730	怠慢你	タイ マン ニイ：ソナタニブチヤフホウナ	
1731	怠慢他	タイ マン タアー：カレニブチヤフホウナ	
1732	好一陪	ハ○ウ イ ポイ：ヨキトリモチ	
1733	不曽陪	ポ ヅエン ボイ：マダイチザヲ申サヌ	
1734	不来陪	ポ ライ ホイ：セウバンセヌ	
1735	陪我吃	ポイ ゴヲ、 チ：ワレニセウバンセヨ	
1736	躧下去	チヤイ ヒヤー キユイ：フミヲトシタ	
1737	不及送	ポ キー ソン：オクルニヨバヌ	
1738	不送了	ポ ソン リヤ○ウ：オクリマセヌ	

巻2　3葉a

1739	去送別	キユイ ソン ベ：ワカレヲオクル	
1740	送出来	ソン チユ ライ：オクラレタ	
1741	少送哩	シヤ○ウ ソン リイ：モフオクリマセヌ	
1742	請留歩	ツイン リウ ブウ：ソレニゴザレ	
1743	再陪再陪	ツアイ ボイ ツアイ ボイ：モチツトツメヨ	
1744	陪還他	ボイ ワン タアー：トリモチスル	
1745	告別了	カ○ウ ベ リヤ○ウ：イトマモフス	
1746	告辭了	カ○ウ ヅウ リヤ○ウ：オイトマ申ス	
1747	辭得脱	ヅウ テト：ジタヒスル	
1748	推斷了	トイ ドワン リヤ○ウ：ジタヒシキリタ	
1749	寛容你	クワン ヨン ニイ：ソナタヲユルス	
1750	且緩些	ツエー ワン スイー：マツユルリト	
1751	下爬痒有人請	ヒヤア バア、 ヤン イウ ヅンツイン：アギノシタガカユケレバ人ガフルマフト云フ	
1752	請寛吵	ツイン クワン サアー：ユルリトナサレヒ	
1753	恕送你	シイ ソン ニイ：ソナタヲオクリマセヌオユルシナサレヒ	
1754	請先生	ツイン スエン スエン：センセイニス、ムル	
1755	替他辭	デイ タアー ヅウ：アレガタメニジタヒスル	
1756	不去定	ポ キユイ デン：行テモケツセヌ	
1757	請上来	ツイン ジヤン ライ：アガリタマヘ	

巻2　3葉b

1758	請坐坐	ツイン ヅヲー、：スハリタマヘ	
1759	請坐之	ツイン ヅヲー ツウ：ザシタマヘ	
1760	請下去	ツイン ヒヤア キユイ：オサガリナサレヒ	
1761	請寛外套	ツイン クワン ワイ タ○ウ：ハヲリヲオトリナサレヒ	
1762	請寛坐	ツイン クワン ヅヲウ：ゴアンザナサレヒ	
1763	請寛刀	ツイン クワン タ○ウ：オカタナヲオトリナサレヒ	
1764	請寛禮衣	ツイン クワン リイ イ：上下ヲオトリナサレヒ	
1765	請上坐	ツイン ジヤン ヅヲー：上ニザシタマヘ	
1766	請寛袴子	ツイン クワン クウ ツウ：ハカマヲオトリナサレヒ	
1767	坐上去	ヅヲウ ジヤン キユイ：カミニザセヨ	
1768	請上請上	ツイン ジヤン ツイン ジヤン：アカリタマヘ	
1769	裏邊坐	リイ ペエン ヅヲウ：ウチニスハレ	
1770	坐不定	ヅヲウ ポ デン：ザガサダマラズ	
1771	坐慣了	ヅヲウ クワン リヤ○ウ：井ナレタ	
1772	外首座	ワイ シフ ヅヲウ：ホカニサセヨ	
1773	跪着的	クイ ヂヤ テ：ヒサマヅク	
1774	長屁股	ヂヤン ビイ グウ：ナガ井スル	
1775	那裏去	ナア リイ キユイ：ドコヘユクカ	

巻2　4葉a

1776	往何處	ワン ホー チユイ：ドコヘユクゾ	
1777	去了麼	キユイ リヤ○ウ マアー：行タカ	
1778	不便去	ポ ベエン キユイ：ユカレヌ	
1779	不好去	ポ ハ○ウ キユイ：ユカレヌ	
1780	正好去	チン ハ○ウ キユイ：ヨフユイタ	
1781	正好来	チン ハ○ウ ライ：ヨフコラレタ	
1782	不過来	ポ コー ライ：コラレヌ	
1783	不便来	ポ ベン ライ：コラレヌ	
1784	郷下去	ヒヤン ヒヤア キユイ：イナカヘユク	
1785	不曽去	ポ ヅエン キユイ：マダユカヌ	
1786	難得過来	ナン テ コー ライ：キドクニコラレタ	
1787	不曽来	ポ ヅエン ライ：マダコヌ	
1788	這裏来	チエー リイ ライ：コヽヘコヒ	
1789	好過来	ハ○ウ コー ライ：ヨウコラレタ	

1790	奉侯奉侯	ウヲン ヘ○ウ ウヲン ヘ○ウ：オミマヒ申アゲル		1824	邀他来	ヤ○ウ タアー ライ：アレヲムカヘテコヒ
1791	問侯問侯	ウエン ヘ○ウ ウエン ヘ○ウ：オミマヒ申ス		1825	喚你来	ワン ニイ ライ：ソチヲヨビニキタ
1792	不好来	ポ ハ○ウ ライ：コラレヌ		1826	拉他来	ラ タアー ライ：アレヲサソフテコヒ
1793	来得好	ライ テ ハ○ウ：ヨヒトキキタ		1827	請先行	ツイン スエン イン：サキヘゴザレ
1794	来得妙	ライ テ ミヤ○ウ：ヨウコラレタ		1828	没有来	ム イウ ライ：コヌ
1795	偶然来	ゲ○ウ ジエン ライ：チヨツトキタ		1829	不肯来	ポ ゲン ライ：コヌ
1796	那去了	ナア、キユイ リヤ○ウ：アレニユイタ		1830	私下去	スウ ヒヤア キユイ：シノビテユク

巻2　4葉b

1797	来得遅	ライ テ ヅウ：キヨウガヲソヒ
1798	来得早	ライ テ ツア○ウ：キヨウガハヤヒ
1799	来得曁	ライ テ ギイ：マニアフタ
1800	来得巧	ライ テ キヤ○ウ：ヨフキアハセタ
1801	来得奇	ライ テ ギイ：フシギニキタ
1802	不要去	ポ ヤ○ウ キユイ：ユクナ
1803	去不去	キユイ ポ キユイ：ユクカユカヌカ
1804	来不得	ライ ポ テ：コラレヌ
1805	不敢来	ポ カン ライ：ドウモコラレヌ
1806	来哩呀	ライ リイ ヤアー：マ井リマシタ
1807	不来阿	ポ ライ アー：コヌ
1808	他不来	タアー ポ ライ：アレハコヌ
1809	停囘来	デイン ホイ ライ：オシツケマ井ル
1810	你要来	ニイ ヤ○ウ ライ：ソチガコ子バナラヌ
1811	諒得来	リヤン テ ライ：タブンクルデアロフ
1812	舎下来	セー ヒヤア ライ：シタクニコザレ
1813	特特来	デ、ライ：ワザトクル
1814	後日来	ベ○ウ ジ ライ：ゴジツコイ
1815	日日来	ジ、ライ：マヒジツクル
1816	前日来	ヅエン ジ ライ：センシツキタ
1817	請他来	ツイン タアー ライ：アレヲコヒキタレ

巻2　5葉a

1818	請了来	ツイン リヤ○ウ ライ：コヒマシタ
1819	叫他来	キヤ○ウ タアー ライ：アレヲヨンテコヒ
1820	催他来	ツ○イ タアー ライ：カレヲモヨシキタレ
1821	喚他来	ワン タアー ライ：アレヲヨンテコヒ
1822	呼喚他	フウ ワン タアー：アレヲヨベ
1823	叫你去	キヤ○ウ ニイ キユイ：ソチヲヨビニユイタ

1831	私走	スウ ツエ○ウ：ワレ〳〵ニアルク
1832	一同去	イ ドン キユイ：ツレタチユク
1833	都不来	ド フ ポ ライ：ミナコヌ
1834	肯来的	ゲン ライ テ：ハマツテキタ
1835	同你去	ドン ニイ キユイ：ソナタトツレダチユク
1836	同他去	ドン タアー キユイ：カレトツレタチユク
1837	同来了	ドン ライ リヤ○ウ：ツレタツテキタ
1838	同去的	ドン キユイ テ：ツレタツテユイタ

巻2　5葉b

1839	準定去	チユン デン キユイ：キハメテマ井ル
1840	走動的	ツエ○ウ ドン テ：出入ノモノ
1841	不出来	ポ チユ ライ：イデキタラヌ
1842	走出来	ツエ○ウ チユ ライ：ソトニデタ
1843	走進去	ツエ○ウ ツイン キユイ：ハイリコム
1844	進得入	ツイン テ ジ：ハイツタ
1845	好出去	ハ○ウ チユ キユイ：ヨキデジブン
1846	好進去	ハ○ウ ツイン キユイ：ヨキハ井リジブン
1847	大家来	タアー キヤア ライ：ミナキタレ
1848	来得多	ライ テ トヲ：オホクキタ
1849	早些来	ツア○ウ スイー ライ：ハヤクコヒ
1850	快些来	クワイ スイー ライ：ハヤクコヒ
1851	跑了来	バ○ウ リヤ○ウ ライ：カケリクル
1852	早上来	ツア○ウ ジャン ライ：ハヤクコヒ
1853	跑囘来	バ○ウ ホイ ライ：カケモドル
1854	絶早来	ヅエツ ツア○ウ ライ：アケ〳〵ニコヒ
1855	侵早去	チン ツア○ウ キユイ：ソウテンニユク
1856	侵早来	チン ツア○ウ ライ：ソウテンニクル
1857	走開去	ツエ○ウ カイ キユイ：ニケサル
1858	走散了	ツエ○ウ サン リヤ○ウ：ニケチツタ
1859	走得急	ツエ○ウ テ キ：イソカシクユカレタ

巻2　6葉a		
1860	逃開去	ダウ カイ キユイ：ニケサル
1861	赤脚走	チキヤ ツエ○ウ：スアシテユク
1862	請走開	ツイン ツエ○ウ カイ：オノキナサレヒ
1863	真正来的湊巧	チン チン ライ テ ツエ○ウ キヤ○ウ：チヤウドヒトキヽダ
1864	退散了	トイ サン リヤ○ウ：ノキチル
1865	早晩就来	ツア○ウ ワン ヅイ○ウ ライ：マモナクキタ
1866	逃去了	ダウ キユイ リヤ○ウ：カケオチシタ
1867	榮歸了	ヨン クイ リヤ○ウ：ニシキヲキテカヘルト云フ
1868	看花去	カン ハアー キユイ：ハナミニユク
1869	賞花去	シヤン ハアー キユイ：ハナミニユク
1870	打獵去	タアー レ キユイ：カリニユク
1871	頑耍去	ワン シヤア キユイ：アソビニユク
1872	且囘去	ツエー ホイ キユイ：マヅカヘラフ
1873	不囘去	ポ ホイ キユイ：カヘラヌ
1874	要囘去	ヤ○ウ ホイ キユイ：カヘリタヒ
1875	想囘去	スヤン ホイ キユイ：カヘリタヒ
1876	騎馬去	ギイ マアヽ キユイ：キバデユク
1877	釣魚去	テヤ○ウ イー キユイ：ウヲツリニユク
1878	樓上去	レ○ウ ジヤン キユイ：ニカヒニユク
1879	轉過来	チエン コヲ ライ：マハツテコヒ

巻2　6葉b		
1880	轉了来	チエン リヤ○ウ ライ：マハツテコヒ
1881	轉過去	チエン コフ キユイ：マハツテユケ
1882	走路去	ツエ○ウ ルウ キユイ：カチデユク
1883	差使去	チヤイ スウ キユイ：ツカヒニユク
1884	打轉来	タアー チエン ライ：ヒツカヘシテクル
1885	轉箇灣	チエン コ ワン：マハル
1886	上来	ジヤン ライ：アガレ
1887	下来	ヒヤア ライ：サガツテコヒ
1888	倒不来	タ○ウ ポ ライ：カヘツテコヌ
1889	已来了	イ ライ リヤウ：トクニキタ
1890	已去了	イ キユイ リヤ○ウ：トクニ行タ
1891	就跑哩	ヅイ○ウ バ○ウ リイ：ソノマヽカケル
1892	溜了去	リウ リヤ○ウ キユイ：コツソリトユク
1893	溜了来	リウ リヤ○ウ ライ：コツソリトユク
1894	去賞花	キユイ シヤン ハアー：ユイテハナミスル
1895	屋裏去	ヲ リイ キユイ：ウチニ行タ
1896	出門去	チユ メン キユイ：ソトニデタ
1897	不出門	ポ チユ メン：ソトニテヌ
1898	望過来	ワン コフ ライ：コノ方ニムイテクル
1899	闖進去	チヤン ツイン キユイ：ヒヨツトハイツタ
1900	撞進来	シヤン ツイン ライ：ヒヨツトハイツタ

巻2　7葉a		
1901	有時去	イウ ズウ キユイ：マレ〳〵ユク
1902	不多時就到了	ポ トフ ズウ ツイ○ウ タ○ウ リヤ○ウ：ホドナクツキマシタ
1903	不多時就要起身囘去	ポ トフ ズウ ツイ○ウ ヤ○ウ キ シン ホイ キユイ：ホドナク發足ソカヘリマス
1904	走倦了	ツエ○ウ ギエン リヤ○ウ：アルキクタビレタ
1905	把住了	パア デイ リヤ○ウ：往来ヲカタムル
1906	起身了	キイ シン リヤ○ウ：出立シタ
1907	不起身	ポ キイ シン：出立セヌ
1908	動身去	ドン シン キユイ：ホツソクスル
1909	起身去	キイ シン キユイ：ホツソクスル
1910	就去了	ヅイ○ウ キユイ リヤ○ウ：ヂキニ行タ
1911	望将去	ワン ツヤン キユイ：ムカウテユク
1912	爬得動	バアー テ ドン：ハヒウゴク
1913	差我来	チヤイ ゴヲ ライ：ツカヒニキタ
1914	靠靠兒	カ○ウ カ○ウ ルウ：ヨリカヽル
1915	不要靠	ポ ヤ○ウ カ○ウ：ヨリカヽルナ
1916	不往来	ポ ワン ライ：ワウライセヌ
1917	爬得上	バアー テ ジヤン：ハイノボラルヽ
1918	一口氣来這裏	イ ゲ○ウ キイ ラ井 チエー リイ：ヒトイキニコヽニキタ

巻2　7葉b		
1919	時刻去	ズウ ゲ キユイ：チヨツ〳〵トユク
1920	看你們又来了	カン ニイ メン イウ ライ リヤ○ウ：ソナタカ又クルヲミタ
1921	齊到麼	ヅイー タ○ウ マアー：キソロフタカ
1922	前門来後門去	ヅエン メン ライ ヘ○ウ メン キユイ：マヘカラ入テウシロヘユク
1923	到齊了	タ○ウ ヅイー リヤ○ウ：キソロフタ
1924	幾日起身麼	キイ ジ キイ シン マアー：イツシユツタチナサルヽカ
1925	到着了	タ○ウ ヂヤ リヤ○ウ：ツヒタ

1926	明年来	ミン子エン ライ：ライ子ンキタレ	
1927	竪起来	<u>シユイ</u> キイ ライ：タツル	
1928	不進門	ポ ツイン メン：マタイデヌ	
1929	上了門	ジヤン リヤ○ウ メン：マカリイデタ	
1930	屈膝坐	<u>キエ スイ</u> ヅヲー：ヒザヲマゲテザス	
1931	立起来	リ キイ ライ：タテ	
1932	誓進門	ツヲ ツイン メン：アシノビシテスヽム	
1933	同你走	ドン ニイ ツエ○ウ：ソナタトツレタツ	
1934	進一歩退一歩	ツイン イ ブウ トイ イ ブウ：ヒトアシスヽミヒトアシシリゾク	
1935	發人来	ハ ジン ライ：人ガキタ	

巻2　8葉a

1936	明日来	ミン シ ライ：アスキタレ
1937	退出去	トイ チユ キユイ：サガリテユク
1938	叫得出	キヤ○ウ テ チユ：ヨビダシタ
1939	借了去	ツエン リヤ○ウ <u>キユイ</u>：センヲコシテユク
1940	鑽進去	ツワン ツイン <u>キユイ</u>：人ノトコロニアンナヒナシニセキコムヿ
1941	上頭来	ジヤン デ○ウ ライ：ウヘニコヒ
1942	上頭去	ジヤン デ○ウ <u>キユイ</u>：ウヘユケ
1943	走下来	ツエ○ウ ヒヤア ライ：ヲリテコヒ
1944	上来快	ジヤン ライ クワイ：ハヤクアガレ
1945	就下来	ヅイ○ウ ヒヤア ライ：スクニヲリタ
1946	未上去	<u>ウイ</u> ジヤン <u>キユイ</u>：マタアガラヌ
1947	等他来	テン タアヽ ライ：アレヲマチマシタ
1948	打頭走	タアー テ○ウ ツエ○ウ：サキニユク
1949	打尾走	タアー <u>ウイ</u>ヽ ツエ○ウ：アトニユク
1950	退出来	トイ チユ ライ：サガリテキタ
1951	幾時来	キイ ズウ ライ：イツクルカ
1952	幾時到	キイ ズウ タ○ウ：イツツイタカ
1953	何必得来	ホフ ピテ ライ：クルヌヲヨバヌ
1954	何消得来	ホウ スヤ○ウ テ ライ：クルニヲヨバヌ
1955	不来頑	ポ ライ ワン：アソビニコヌ

巻2　8葉b

1956	不来求	ポ ライ ギウ：子ガイニコヌ
1957	你先去我就要来	ニイ スエン キユイ コヲヽ ヅイ○ウ ヤ○ウ ライ：ソナタマヅ御出 ワレモヂキニマ井ル
1958	坐攏来	ツヲウ ロン ライ：コチニヨレ

1959	坐過来	ヅヲー コヲ ライ：コチニヨレ
1960	你先去	ニイ スエン <u>キユイ</u>：ソナタマヅ御出
1961	攀上去	ハン ジヤン キユイ：ヨヂノボル
1962	拿開手	ナアー カイ シウ：テヲノケヨ
1963	坐開了	ヅヲー カイ リヤ○ウ：ノキマシタ
1964	慢慢走	マン マン ツエ○ウ：シヅカニアルケ
1965	溜水走	リウ シユイ ツエ○ウ：ハヤクアルケ
1966	走得急	ツエ○ウ テ キ：ミチヲイソイダ
1967	去走走	<u>キユイ</u> ツエ○ウ ヽ：アルク
1968	走得動	ツエ○ウ テ ドン：アルカルヽ
1969	再過去	ツアイ コフ キユイ：マタユケ
1970	他先進	タアー スエン ツイン：カレガサキニハヒル
1971	夜裏来	エー リイ <u>ライ</u>：ヨルキタレ
1972	晩間来	ワン ケン ライ：バンニキタレ
1973	夜間去	エー ケン <u>キユイ</u>：ヨルユケ
1974	走過去	ツエ○ウ コフ <u>キユイ</u>：ユカレタ
1975	帶来	タイ ライ：モチテコヒ

巻2　9葉a

1976	帶花来	タイ ハアー ライ：ハナヲモチテコヒ
1977	合攏来	カ ロン ライ：アツメル
1978	拿攏来	ナアー ロン ライ：モチアツムル
1979	纂出来	スワン チユ ライ：ヌキタス
1980	推攏的	トイ ロン テ：オシアツムル
1981	纂攏来	スワン ロン ライ：ヌキアツムル
1982	放攏些	ハン ロン スイー：ヨセテオク
1983	邀攏来	ヤ○ウ ロン ライ：ヨヒアツムル
1984	敲攏来	キヤ○ウ ロン ライ：タヽキアツムル
1985	排攏来	パイ ロン ライ：ナラヘアツムル
1986	擁攏来	ヨン ロン ライ：アツムル
1987	併攏来	ピン ロン ライ：トリアツメテコヒ
1988	纏起来	チエン キイ ライ：マトフ
1989	打張来	タアヽ チヤン ライ：来ントシタレバ
1990	随便随便	ヅ○イ ベエン ヅ○イ ベエン：御勝手ニナサレ
1991	便得緊	ベエン テ キン：イカフカツテ
1992	倒便宜	タ○ウ ベエン ニイ：カヘツテカツテヾゴザル
1993	便當些	ベエン タン <u>スイヽ</u>：カツテニナル
1994	但憑你	タン ビン ニイ：ゴカツテシダヒ
1995	聽憑你	<u>デイン</u> ビン ニイ：ゴカツテシダヒ
1996	請尊裁	ツイン ツイ○ン ヅアイ：ゴカツテニ

　　　　ナサレヒ

巻2　9葉b

1997 方便些　ハン ベエン スイー：カツテナ
1998 優待他　ユウ ダイ タアー：アレヲユルリトトリモツ
1999 奉承他　ウヲン ツイン タアー：カレヲトリモツ
2000 相請他　スヤン ツイン タアー：カレヲトリモツ
2001 尊重他　ツ◯イン ヂヨン タアー：カレヲタツトブ
2002 承順他　ヅイン ジユイン タアー：アレニシタガフ
2003 趣奉人　ツエウ ウヲン ジン：ウヤモフコト
2004 愛喜他　アイ ヒイ タアー：アレヲシトフ
2005 愛護他　アイ ウー タアー：アレヲメデラル丶
2006 憐愍他　レン ミン タアー：アレヲアハレム
2007 調護他　デヤ◯ ウー タアー：カレヲカモフ
2008 擁護你　ヨン ウー ニイ：ソチヲカモフ
2009 遮護他　チエー ウー タアー：アレヲカモフ
2010 説得来　シエ テ ライ：中ノヨヒ
2011 相好的　スヤン ハ◯ウ テ：中ノヨヒ
2012 多年相與的　トウ子エン スヤン イー テ：夕子ンコ、ロヤスヒ
2013 明白了　ミン ペ リヤ◯ウ：ラチガアヒタ
2014 相與之間　スヤン イー ツウ ケン：コ、ロヤスヒアヒダ
2015 好相與　ハ◯ウ スヤン イ丶：ヨキトモダチ

巻2　10葉a

2016 大相熟　ダアー スヤン ジヨ：大ニ中ヨシ
2017 不相投　ポ スヤン テウ：中ヨクナヒ
2018 相反的　スヤン ハン テ：ソフイナ┐
2019 話不投　ワアー ポ テウ：ハナシガアワヌ
2020 話相投　ワアー スヤン テ◯ウ：ハナシガアフタ
2021 話不對　ワアー ポ トイ：ハナシガアワヌ
2022 拒絶他不相與　キユイ ヅエ タアー ポ スヤン イ丶：アレトタツテアヒクミセヌ
2023 有冤隙　イウ イエン キ：ナカタガフタ
2024 辜負你　クウ ウー ニイ：ソナタニソムヒタ
2025 同寓的　ドン イ、 テ：ドフヤド
2026 結交社　キ キヤ◯ウ シエー：ヨリアイニクミスル
2027 相對的　スヤン トイ テ：ソフトフスル

2028 不相對　ポ スヤン トイ：ソフトフセヌ
2029 好對的　ハ◯ウ トイテ：ヨキアヒテ
2030 對首的　トイ シウ テ：アイテ
2031 當對的　タン トイ テ：タイ〜スル
2032 兩家便　リヤン キヤア ベエン：ソウホウトモニカツテナ
2033 兩邊好　リヤン ペエン ハ◯ウ：ソウホウヨイ
2034 化起来　ハアー キイ ライ：中タガフタヲナオス┐
2035 好朋友　ハ◯ウ ボン ユウ：ヨキトモタチ

巻2　10葉b

2036 定其交而後求　デン ギイ キヤ◯ウ ルウ ヘ◯ウ ギウ：マシハリヲサダメテノチニモトム
2037 舊交友　ギウ キヤ◯ウ ユウ：フルキトモタチ
2038 莫逆之友　モ子 ツウ ユウ：バクゲキノトモ
2039 廣交的　クワン キヤ◯ウ テ：マシハリカヒロイ
2040 請教我　ツイン キヤ◯ウ ゴヲ、：ワレニオシヘタマヘ
2041 再教我　ツアイ キヤ◯ウ ゴヲ、：マタオシヘタマヘ
2042 指點你　ツウ テエン ニイ：ソナタニシナンイタソフ
2043 教熟了　キヤ◯ウ ジヨ リヤ◯ウ：ヲシヘジユクスル
2044 他教你　タアー キヤ◯ウ ニイ：カレカソチニオシユル
2045 發誨我　ハ ホイ ゴヲ、：ワレニオシヘナサレヒ
2046 留心學　リウ スイン ヒヨ：心ニトメテナラフ
2047 指着你　ツウ ヂヤ ニイ：ソナタニシナンスル
2048 我知道　ゴヲ、 ツウ ダウ：ワレガシツテ井ル
2049 不如你　ポ ジユイ ニイ：ソチニハオヨバヌ
2050 嬌養他　ギヤ◯ウ ヤン タアー：アマヤカス
2051 正所知　チン ソウ ツウ：ゴゾンジノトヲリ
2052 知了　ツウ リヤ◯ウ：シリマシタ
2053 不知了　ホ ツウ リヤ◯ウ：シラヌ
2054 囬避他　ホイ ピイ タアー：アレヲヨケル
2055 避他走　ピイ タアー ツエ◯ウ：アレヲヨケテユク

巻2　11葉a

2056 躱過去　トウ コウ キユイ：サケカクル丶
2057 撞着他　チヨン ヂヤ タアー：アレニユキアタル

2058	撞見他	チヨン ケン タアー：アレニユキアタル		2096	不肯退	ポ ゲン トイ：ノキカヌル
2059	避我走	ピイ コヲー ツエ○ウ：ワレヲヨケル		2097	不肯進	ポ ゲン ツイン：ス丶ミカヌル
2060	避絶他	ピイ ヅエ タアー：アレヲサクル				
2061	不如他	ポ ジユイ タアー：カレニハヲヨバヌ		巻2 12葉a		
2062	勝過你	シン コフ ニイ：ソチニマサリタ		2098	退了去	トイ リヤ○ウ キユイ：ノヒタ
2063	超過人	ツア○ウ コウ ジン：ヒトニコヘタ		2099	他安排	タアー アン バイ：アノアンバイ
2064	還了我	ワン リヤ○ウ ゴヲー：ワレニカエサレタ		2100	他自斟	タア丶ツウ チン：アレカミツカラクム
2065	賠還我	ボイ ワン コヲ丶：ワレニツクノフテヤル		2101	打掃打掃	タア丶サ○ウ タア丶サ○ウ：ソヲデスル
2066	擺佈他	パイ プウ タアー：アレヲアツコフ		2102	親近他	ツイン ギン タアー：アレニチカヨル
2067	你不是	ニイ ポ ズウ：ソナタハワルヒ		2103	不相近	ポ スヤン ギン：チカヨラヌ
2068	我的是	コヲ丶テ ズウ：ヲレガヨヒ		2104	相近的	スヤン ギン テ：チカヨル
2069	是我的	ズウ コヲ丶テ：コレハテマエノモノ		2105	走近你	ツエ○ウ ギン ニイ：ソチニヨル
2070	囬還他	ホイ ワン タアー：アレニカヘス		2106	各自各	コ ヅウ コ：メイ〳〵
2071	囬覆他	ホイ ホ タアー：アレニヘントフヲスル		2107	各是各	コ ズウ コ：メイ〳〵
2072	正是你	チン スウ ニイ：ナルホドソナタ		2108	逐箇逐箇	チヨ コ チヨ コ：ヒトツヒトツ
2073	正是他	チン ズウ タアー：ナルホトアノ人		2109	訪得出	ハン テ チユ：タヅ子ダシタ
2074	就是你	ヅイ○ウ ズウ ニイ：スナハチソナタ		2110	訪不出	ハン ポ チユ：タヅ子ダサヌ
2075	不是他	ポ ズウ タアー：アレテハナヒ		2111	再去尋	ツアイ キユイ ヅイン：マタユヒテタツヌル
2076	不是人	ポ ズウ ジン：人デハナヒ		2112	且請問	ツエ丶ツイン ウエン：マヅオトヒナサレヒ
				2113	再来尋	ツアイ ライ ヅイン：マタキテタヅヌル
巻2 11葉b				2114	借問你	ツエー ウエン ニイ：ソナタニオタツ子モフス
2077	抱住了	パ○ウ ヂユイ リヤ○ウ：イタキトムル		2115	問甚麼	ウエン シ モフ：ナニヲトフカ
2078	搶白你	ツアン ベ ニイ：ソナタヲイヒツムル		2116	尋甚麼	ツイン シ モフ：ナニヲタヅヌルカ
2079	捉弄我	ツヲ ロン ゴヲ：ヲレヲナブル		2117	尋不見	ヅイン ポ ケン：タヅ子ツケタ ｛タはヌの誤り｝
2080	輕蔑我	キン メ ゴヲ丶：ワレヲカロシムル		2118	姓甚麼	スイン シ モフ：ウヂハナニ
2081	小看我	スヤ○ウ カン ゴヲ丶：ワレヲカロシムル				
2082	作弄你	ツヲ ロン ニイ：ソナタヲナフ■ (空格)		巻2 12葉b		
2083	不如我	ポ ジユイ ゴヲ丶：ワレニハヲヨバス		2119	名甚麼	ミン シ モフ：ナハナニ
2084	阻當他	ツイー タン タアー：カレヲサ丶ユル		2120	號甚麼	ア○ウ シ モウ：ゴウハナニ
2085	不該的	ポ カイ テ：アタラヌ		2121	尊諱呢	ツ○イン ヲイ ニイ：オナハナニ
2086	我該的	ゴヲー カイ テ：ヲレガアタリマヘ		2122	牌兒名	バイ ルウ ミン：ハヒノナ
2087	你該去	ニイ カイ キユイ：ソナタガユクハズ		2123	記記名	キイ丶ミン：ナヲシルセ
2088	你該来	ニイ カイ ライ：ソナタガクルハツ		2124	記記號	キイ丶ア○ウ：シルシヲスル
2089	應當的	イン タン テ：ソノハヅ		2125	頂冒的	テイン モ○ウ テ：ナヲヲカスモノ
2090	該當的	カイ タン テ：ソノハヅ		2126	改了名	カイ リヤ○ウ ミン：ナヲカヘタ
2091	閣過了	コ カフ リヤ○ウ：ステラレタ		2127	改了姓	カイ リヤ○ウ スイン：セイヲカヘタ
2092	捏把扇	ニヤ パアー シエン：アフギヲニギル		2128	改了號	カイ リヤ○ウ ア○ウ：ガウヲカヘタ
2093	不退的	ポ トイ テ：ノカヌ		2129	改改字	カイ カイ ヅウ：アザナヲカヘタ
2094	還未退	ワン ウイー トイ：マダノカヌ				
2095	退過来	トイ コヲー ライ：ヒヒテクル				

『南山俗語考』翻字【巻2 人部】　35

2130	有名望	イウ ミン ワン：ナタカヒ
2131	名聲大	ミン シン ダアー：ナガタカヒ
2132	頭號的	デウ ア○ウ テ：カシラノシルシ
2133	記名的	キイ ミン テ：名ヲシルシタ
2134	叫做某名	キヤ○ウ ツヲ、ムウ ミン：名ヲナニトモフス
2135	接王家	ツイ ワン キヤア：オムカヒニマ井ル
2136	迎接他	ニン ツイ タアー：カレヲムカエル
2137	接他的	ツイ タアー テ：カレヲムカエル
2138	不去接	ポ キユイ ツイ：ムカヒニユカヌ
2139	東也邀	トン エー ヤ○ウ：コチラヘモムカエル

巻2　13葉a

2140	西也邀	スイー エー ヤ○ウ：アチラヘモムカエル
2141	我来接	コヲー ライ ツイ：ムカヒニキヌ
2142	服事你	ホ ズウ ニイ：ソナタニシタガフ
2143	慕名的都接他	モフ、 ミン テ ドヲ、ツイ タアー：ナヲシトフテミナアレニチカヨル
2144	肯服你	ゲン ホ ニイ：ソナタニカシコマル
2145	奉請他	ウヲン ツイン タアー：ソナタニカシコマル
2146	恭敬你	コン キン ニイ：アナタヲウヤマフ
2147	不奉承	ポー ウヲン ツイン：フケイ

通用言語類

巻2　14葉a

2148	學學話	ヒヨ、 ワアー：コトバヲナラウ
2149	一句話	イ キイ ワアー：イックハナシ
2150	這句話	チエー キイ ワアー：コノハナシ
2151	正經話	チン キン ワアー：タダシヒハナシ
2152	平常話	ビン ヂヤン ワアー：ツ子ノハナシ
2153	這些話	チエー スイー ワアー：コノヤウナハナシ
2154	話長哩	ワア、 ヂヤン リイ：ハナシガナガヒ
2155	不是話	ポ ズウ ワアー：コノハナシデハナシ
2156	甜話頭	テエン ワアー デ○ウ：コヽロヨヒハナシ
2157	斯文話	スウ ウエン ワアー：ヤサカタナハナシ
2158	攤頭話	ダン デ○ウ ワアー：マクラコトバ
2159	騙話	ペエン ワアー：ウソノハナシ
2160	虛頭話	ヒイ デ○ウ ワアー：ソラゴト

2161	是假話	ズウ キヤア ワアー：ソラゴト
2162	虛假的	ヒイ キヤア テ：ソラゴト
2163	不是虛	ポ ズウ ヒイ：ウソデナヒ
2164	不實的	ポ ジ テ：ジツテナヒ
2165	説大話	セ ダアー ワアー：オホクチ云

巻2　14葉b

2166	有話在前	イウ ワアー ヅアイ ヅエン：マヘ以テ申タフ
2167	口頭話	ゲ○ウ デ○ウ ワアー：クチバカリ
2168	放什麽屁	ハン シモ ピイ：ナニヲ云カ
2169	鬼話胡	クイ ワアー ウー：エシレヌハナシ〔「胡説」で1語とすべきところ〕
2170	説什麽話	セ シモ ワアー：ナニハナシカ
2171	通不通	トン ポトン：ツウシタカツウセヌカ
2172	無巧不成語	ウ、キヤ○ウ ポ ヂン ワアー：ヒヤウシガナケレバハナシガナヒ〔語は話の誤り〕
2173	會通話	ホイ トン ワアー：ヨクツウスル
2174	曉得麽	ヒヤ○ウ テ マアー：ガテンシタカ
2175	曉的曉的	ヒヤ○ウ テ ヒヤ○ウ テ：ガテンシタ
2176	不曉的	ポ ヒヤ○ウ テ：ガテンセヌ
2177	醜話的	チウ ワアー テ：キヽニクヒハナシ
2178	是不是	ズウ ポ ズウ：ソウカソウデナヒカ
2179	且是哩	ツエ、 ズウ リイ：マヅソウデゴザル
2180	也是了	エ、 ズウ リヤ○ウ：ソレモソウデゴザル
2181	是哩麽	ズウ リイ マアー：ソウデゴザルカ
2182	不是了	ポ ズウ リヤ○ウ：ソウデナヒ
2183	是箇的	ズウ コ テ：コレハ
2184	甚麽話	シモ ワアー：ナニコトバカ
2185	有甚話	イウ シヤア ワアー：ナニノハナシガアルカ

巻2　15葉a

2186	好話頭	ハ○ウ ワアー デ○ウ：ヨヒハナシ
2187	要緊話	ヤ○ウ キン ワアー：カンヨウノハナシ
2188	好通了	ハ○ウ トン リヤ○ウ：ヨクツウシタ
2189	話不通	ワアー ポトン：コトバガツウゼヌ
2190	會得説	ホイ テ セ：ヨクイフ
2191	不會説	ポ ホイ セ：エイハヌ
2192	説一句笑話兒散散悶	セイ キイ スヤ○ウ ワアール ウ サン、メン：ヒトクチノオトシバナシガキバラシニナル

2193	何消説	ホフ スヤ○ウ セ：イフニヲヨバヌ		2227	因説道	イン セ ダ○ウ：コレニヨツテイフ
2194	請説説	ツイン セ 丶：アフセラレヒ		2228	請談談	ツイン ダン ダン：カタリタマヘ
2195	不好説	ポ ハ○ウ セ：イハレヌ		2229	我先説	ゴヲ、 スエン セ：オレカサキニ云
2196	説説説	セ 丶 丶：イエ 〜		2230	話頭多	ワアー デ○ウ トヲ：ハナシカオホヒ
2197	説道	セ ダ○ウ：イフ		2231	不必論	ポ ピ ルイン：ロンズルニヲヨバヌ
2198	會談説	ホイ ダン セ：ヨクカタル		2232	總不説	ツヲン ポ セ：ナニモイハヌ
2199	一齊説	イ ヅイー セ：イツシヨニイフ		2233	論不得	ルイン ポ テ：ヒヤウロンガセラレヌ
2200	你説甚	ニイ セ シア：ソナタハナニヲイフカ		2234	論起来	ルイン キイ ライ：ロンジタ
2201	有何説	イウ ホフ セ：ナンノ云ヿカアル		2235	議甚事	ニイ シヤア ズウ：ナニコトヲギロンスルカ
2202	你説来看	ニイ セ ライ カン：ソナタ云テミヤレ		2236	議事體	ニイ ズウ デイ：コトヲギロンスル
2203	説一番	セイ ハン：ヒト丶フリイフ		2237	議論見	ニイ ルイン ケン：キロンシテミル
2204	接口説道	ツイ ゲ○ウ セ ダ○ウ：ワキカラトツテ云		2238	商議見	シヤン ニイ ケン：キロンシテミル
				2239	讓我説	ジヤン ゴヲ セ：ワレニユツリテトク
巻2 15葉b				2240	由我説	イウ ゴヲ セ：ワレニマカセル
2205	説壞了	セ ワイ リヤ○ウ：イヒヤブツタ		2241	音不差	イン ポ ツアー：インガタガハヌ
2206	口裏説	ゲ○ウ リイ セ：クチニテトク		2242	本音甚	ペン イン シヤア：ホンインハナニカ
2207	欺嘴説	キイ ツ○イ セ：アナドリテイフ		2243	嘴尖的	ツ○イ ツエン テ：クチヲキク
2208	説得盡	セ テ ヅイン：トキツクス		2244	解頤話	キヤイ イー ワアー：ヲトシハナシ
2209	説不盡	セ ポ ヅイン：トキツクサヌ				
2210	這等説	チエー テン セ：コノヨウニイヘ		**巻2 16葉b**		
2211	説得是	セ テ ズウ：ソノイヒヨフジヤ		2245	説一句是一句	セイ キイ ズウ イ キイ：イツクイツクモツトモ
2212	這般説	チエー ボワン セ：コノヤフニイヘ		2246	有説法	イウ セ ハ：イヒヨウガアル
2213	還未説	ワン ウイ セ：マダイヒマセヌ		2247	講講講	キヤン キヤン キヤン：イエ〜
2214	是箇説	ズウ コ セ：コノハナシ		2248	會得講	ホイ テ キヤン：ヨクイフ
2215	不要髙聲輕些説	ポ ヤ○ウ カ○ウ シン キン スイー セ：コワダカニイフナヒク丶イヘ		2249	不會講	ポ ホイ ギヤン：イハレヌ
2216	輕些説	キン スイー セ：ヒク丶イヘ		2250	不便講	ポ ベエン キヤン：イハレヌ
2217	不要低聲響些説	ポ ヤ○ウ デイ シン ヒヤン スイー セ：ヒキクイフナタカクイヘ		2251	不好講	ポ ハ○ウ キヤン：イハレヌ
2218	響些説	ヒヤン スイー セ：タカクイヘ		2252	講錯了	キヤン ツヲー リヤ○ウ：云チガエタ
2219	説明白	セ ミン ベー：メイハクニイフ		2253	講完了	キヤン ワン リヤ○ウ：イヒシモフタ
2220	説着了	セ ヂヤ リヤ○ウ：イヒアテタ		2254	開講的	カイ キヤン テ：イヒヒラク
2221	朝你説	ヂヤ○ウ ニイ セ：ソナタニムカツテイフ		2255	講什麼	キヤン シ モヲー：ナニヲイフカ
2222	向他説	ヒヤン タアー セ：アレニムイテイヘ		2256	講明白	キヤン ミン ベ：イフテラチアケタ
2223	故意説	クウ イー セ：ワザトイフ		2257	講講談談	キヤン 丶 ダン 丶：ハナシ
				2258	口吃令	ゲ○ウ キ リン：ドモリ
巻2 16葉a				2259	講出来	キヤン チユ ライ：イヒダス
2224	假意説	キヤア イー セ：ワザトイフ		2260	講不出来	キヤン ポ チユ ライ：イヒダサヌ
2225	説得好	セ テ ハ○ウ：ヨウトカレタ		2261	聽一聽	デイン イ デイン：キカツシヤレ
2226	他説道	タアー 丶 セ ダ○ウ：アレカイフニハ		2262	講過的	キヤン コウ テ：イフタ
				2263	講得入港	キヤン テ ジ キヤン：ハナシノシムヿ
				2264	不曾講	ポ ヅエン キヤン：マダトカヌ

巻2　17葉a

2265 講這話　キヤン　チエー　フアー：コウイエ
2266 講是講聽不来　キヤン　ズウ　キヤン　デイン　ポ　ライ：イフコトハイエトモキクコトハナラヌ
2267 會講唐話　ホイ　キヤン　ダン　ワアー：ヨクトウワヲ云
2268 説将来　セツヤン　ライ：イフテキタ
2269 好不好　ハ○ウ　ポ　ハ○ウ：ヨヒカヨクナヒカ
2270 好得緊　ハ○ウ　テ　キン：シゴクヨヒ
2271 好了些　ハ○ウ　リヤ○ウ　スイー：スコシヨヒ
2272 分外好　ウエン　ワイ　ハ○ウ：カクベツヨヒ
2273 真真妙　チン　チン　ミヤ○ウ：マコトニメウ
2274 這好的　チエー　ハ○ウ　テ：コレガヨヒ
2275 還好些　ワン　ハ○ウ　スイー：マタヨヒ
2276 到底好　タ○ウ　デイ　ハ○ウ：ツイニハヨヒ
2277 剛剛好　キヤン　キヤン　ハ○ウ：チヨフトヨヒ
2278 平静了　ビン　ヅイン　リヤ○ウ：シヅマツタ
2279 淡泊些　ダン　ポ　スイー：タンハクナ
2280 極好的　ギ　ハ○ウ　テ：キハメテヨヒ
2281 我也好　コヲ、　エー　ハ○ウ：ワレモヨヒ
2282 不得好　ポ　テ　ハ○ウ：ヨクナヒ
2283 不能好　ポ　子ン　ハ○ウ：ヨクナラヌ
2284 決不可　キエ　ポ　コヲ、：キワメテヨクナヒ

巻2　17葉b

2285 幾分好　キイ　フウン　ハ○ウ：イカホドヨヒカ
2286 兩分好　リヤン　フウン　ハ○ウ：スコシハヨヒ
2287 上好的　ジヤン　ハ○ウ　テ：シゴクヨヒ
2288 此所以爲之妙　ツウ　ソウ　イ　ヲイ　ツウ　ミヤ○ウ：コレユエニメウトス
2289 好似他　ハ○ウ　ズウ　タアー：アレヨリヨヒ
2290 妙得緊　ミヤ○ウ　テ　キン：ヅンドキメウナ
2291 絶妙的　ヅエ　ミヤ○ウ　テ：ヅンドキメウナ
2292 都是好　ドウ　ズウ　ハ○ウ：ミナヨヒ
2293 總是好　ツヲン　ズウ　ハ○ウ：ミナヨヒ
2294 有好歹　イウ　ハ○ウ　タイ：ヨシアシガアル
2295 歹些兒　タイ　スイー　ルウ：チトワルヒ
2296 也不奇　エー　ポ　ギイ：キメウデモナヒ
2297 巧妙的　キヤ○ウ　ミヤ○ウ　テ：タクミノメウナ
2298 還不妙　ワン　ポ　ミヤ○ウ　テ：マダヨクナヒ
2299 不大好　ポ　ダアー　ハ○ウ：アマリヨクナヒ
2300 竟好了　キン　ハ○ウ　リヤ○ウ：ツヒニヨクナツタ

2301 好是好　ハ○ウ　ズウ　ハ○ウ：ヨヒコトハヨケレトモ
2302 好到好　ハ○ウ　タ○ウ　ハ○ウ：ヨヒコトハカエツテヨヒ
2303 倒是好　タ○ウ　ズウ　ハ○ウ：カヘツテヨヒ
2304 好好好　ハ○ウ、、：ヨシ〜

巻2　18葉a

2305 除了他再没有好的　ヅイー　リヤ○ウ　ダアー　ツアイ　ム　イウ　ハ○ウ　テ：アレヲノケテハヨヒノハナシ
2306 也好麼　エー　ハ○ウ　マアー：ソレモヨヒカ
2307 也好的　エー　ハ○ウ　テ：ソレモヨヒ
2308 也不好　エー　ポ　ハ○ウ：ソレモヨクナヒ
2309 奇妙得狠　キイ　ミヤ○ウ　テ　ヘン：ヅンドキメウナ
2310 好東西　ハ○ウトン　スイー：ヨイモノ
2311 狠好　ヘン　ハ○ウ：イカフヨヒ
2312 不好的　ポ　ハ○ウ　テ：ヨクナヒ
2313 儘這些　ヅイン　チエー　スイー：コノマ、
2314 已完了　イ、　ワン　リヤ○ウ：トクスンダ
2315 完了着　ワン　リヤ○ウ　ヂヤ：シマフタ
2316 徐徐兒　ヅイー、　ルウ：シヅカニ〜
2317 少得底　シヤ○ウ　テ　デイ：ドフテモ
2318 免不得　メン　ホ　テ：ドフテモ
2319 少不得　シヤ○ウ　ポ　テ：トフデモ
2320 恨不得　ヘン　ポ　テ：ドフシテモ
2321 成不成　ヂン　ポ　ヂン：ナルカナラヌカ
2322 使不得　スウ　ポ　テ：ソレハナラヌ
2323 不成裏　ポ　ヂン　リイ：ナラヌ
2324 還不止　ワン　ポ　ツウ：マダヤマヌ

巻2　18葉b

2325 未得緊　ウイー　テ　キン：イコフマタジヤ
2326 還未唎　ワン　ウイー　リイ：イマダ
2327 不曾了　ポ　ヅエン　リヤ○ウ：マダシヤ
2328 也不曾　エー　ポ　ヅエン：ソレモマダジヤ
2329 一點等　イ　テエン　トン：オシツケ
2330 越發　エ　ハ：ヒトキハ
2331 莫非　モ　フイー：コフテモゴザロフカ
2332 一發　イ　ハ：ヒトキハ
2333 索性　ソ　スイン：イツソ
2334 體諒體諒　デイ　リヤン　デイ　リヤン：コスヒ

リヤウナサレヒ
2335 甚事體　シヤア ズウ デイ：ナニコトゾ
2336 甚名件　シヤア ミン ゲン：ナニシナカ
2337 有甚事　イウ シヤア ズウ：ナニコトカ
2338 是甚事　ズウ シヤア ズウ：コレナニコトゾ
2339 是甚麼　ズウ シ モウ：コレハナニカ
2340 是那個　スウ ナア、コ：コレハナニカ
2341 肯不肯　ゲン ポ ゲン：ウケヨフガウケアワヌガ
2342 不肯不肯　ポ ゲン ポ ゲン：ウケアワヌ
2343 照例　チヤ○ウ リイ：レヒノトホリ
2344 胡七亂八　ウー ツイ ロワン パ：トリツカレヌ

巻2　19葉a
2345 七手八脚　ツイ シウ パ キヤ：テンテニトル⌐
2346 将就罷了　ツヤン ヅイ○ウ バアー リヤ○ウ：アラアラニシテヲケ
2347 非同小可　フイー ドン スヤウ コフー：ナミタヒテイノ⌐デナヒ
2348 是是是　ズウ、、：モツトモ〳〵
2349 添退　テエン トイ：サシヒキ
2350 到底　タ○ウ デイ：ツマリ
2351 怎麼處　ツエモ チユイ：ドフイタソフカ
2352 不不不　ポ、、：イヤ〳〵
2353 罷罷罷　バアー、、：ヨシ〳〵
2354 未必阿　ウイー ピアー：マダソフデハアルマヒ
2355 照樣照樣　チヤ○ウ ヤン チヤ○ウ ヤン：テホンノトホリ
2356 天差地遠　テエン ツアー デイ イエン：オホキニチガフタ⌐
2357 正是囉　チン スウ ロフ：ナルホド
2358 不是不是　ポ ズウ ポ ズウ：ソフデハナヒ
2359 是了是了　ズウ リヤ○ウ ズウ リヤ○ウ：ソレ〳〵
2360 那裡呢　ナア リイ ニイ：ドコカ
2361 正是正是　チン ズウ チン ズウ：ソウジヤ〳〵○ナルホド

巻2　19葉b
2362 為什麼縁故呢　ヲイ シ モイ エン クウ ニ イー：ナニユヘニ
2363 是個的　ズウ コ テ：コレハ
2364 望礙　クワア ガイ：サワリ
2365 可羨　コフ ヅエン：ウラヤマシヒ

2366 餘外的　イー ワイ テ：ホカノモノ
2367 有理　イウ リイ：モツトモ
2368 道理　ダ○ウ リイ：ダウリ
2369 都是　ドウ ズウ：トモニ○スベテ
2370 總是　ツヲン ズウ：トモニ○スベテ
2371 罷了　パアー リヤ○ウ：スンダ
2372 完了　ワン リヤ○ウ：スンダ
2373 還是　ワン ズウ：マタ
2374 叨擾了　タ○ウ ジヤ○ウ リヤ○ウ：マタ｛「還是」の訳と同じとする。Jはゴザウサニナリマシタ｝
2375 恕罪恕罪　シユイ ヅイ シユイ ヅイ：オユルシナサレヒ
2376 豈有此理　キイ イウ ツウ リイ：ナニガサテ
2377 差得多　ツア、テトフ：イコフチガツタ
2378 什麼東西　シ モ トン スイー：ナニモノカ
2379 況且　フワン ツエー：ソノウヘ
2380 但是　ダン ズウ：タダシ
2381 若是　ジヨ ズウ：モシ

巻2　20葉a
2382 倒是　タ○ウ ズウ：カヘツテ
2383 想是　スヤン ズウ：オモフニ
2384 格外　ゲ ワイ：カクベツ
2385 雖然如此　ス○イ ジエン ジユイ ツウ：サレドモ
2386 共總　ゴン ツヲン：スベテ
2387 當正的　タン チン テ：マコトノコト
2388 不明白　ポ ミン ベ：ラチガアカヌ
2389 停當的　デン タン テ：タシカナ
2390 明白的　ミン ペ テ：メヒハクナ
2391 穩穩　ヲイン、テ：タシカナ
2392 端正的　トワン チン テ：タダシヒ
2393 端楷的　トワン キヤイ テ：タダシヒ
2394 不楷端　ポ キヤイ トワン：タダシフナイ
2395 極穩的　キ ヲイン テ：タシカナ
2396 的確的　テ コ テ：タシカナ
2397 不囉唣　ポ ロフ ソフ：ヤカマシフナヒ
2398 囉唣的　ロウ ソフ テ：ヤカマシヒ
2399 討囉唣　タフ ロフ ソフ：ヤカマシヒ
2400 煩擾了　ワン ジヤ○ウ リヤ○ウ：ヤカマシヒ
2401 鎖碎的　ソフ ス○イ テ：ヤカマシヒ
2402 怕羅婆　パアー ロフ ソフ：ヤカマシヒ⌐キラヒ

巻2　20葉b

2403	鬧熱的	ナウ ジエ テ：ニギヤカナ
2404	狼藉了	ラン ヅイ リヤ○ウ：トリミダス
2405	攪饒了	キヤ○ウ ジヤ○ウ リヤ○ウ：ゴザフサニナリマシタ
2406	打攪了	タア丶 キヤ○ウ リヤ○ウ：ゴザフサニナリマシタ
2407	打擾了	タア丶 ジヤ○ウ リヤ○ウ：ゴザフサニナリマシタ
2408	屋裡忙	ヲ リイ マン：ウチガイソガシヒ
2409	忙得狠	マン テ ヘン：キツイソガシヒ
2410	忙急急	マン キ丶：キツイソガシヒ
2411	有甚忙	イウ シヤア マン：ナンノイソガシヒコトガアルカ
2412	甚麼忙	シモ マン：ナニガイソガシイカ
2413	不忙的	ポ マン テ：イソガシウナヒ
2414	閑空的	ヒエン コン テ：ヒマデアル
2415	清空的	ツイン コン テ：ヒマデアル
2416	没得空	ム テ コン：ヒマヲエヌ
2417	得些閑	テ スイ丶 ヒエン：スコシヒマヲエタ
2418	没交渉	ム キヤ○ウ ヅイ：カマワヌコト
2419	占地歩	チエン デイ ブウ：コトヲヒキトリテスル┐
2420	關渉大	クワン ヅイ ダアー：カ丶リガオホキナ
2421	只推道	ツエ トイ ダ○ウ：カコツケテイフ
2422	托上他	ト ジヤン タアー：アレニカコツケル
2423	成了精	デン リヤ○ウ ツイン：コフシヤニナッタ

巻2　21葉a

2424	混起来	ヲイン キイ ライ：コンザツスル
2425	牽混了	ケン ヲイン リヤ○ウ：マジリ
2426	混過去	ヲイン コフ キユイ：トリマゼタ
2427	原定的	イエン デン テ：モトヨリサダマリ
2428	分定了	ウエン デン リヤ○ウ：ブンガサダマル
2429	擱得定	コ テ デン：スエラル
2430	把得定	パア丶 テ デン：トリサダムル
2431	拿得定	ナアー テ デン：トリサダムル
2432	寛寛的	クワン丶 テ：ヒロイ
2433	無比的	ウ丶 ピイ テ：カタヲナラベ┐ナシ
2434	無了極	ウ丶 リヤ○ウ ギ：キハマリナシ
2435	没盡極	ム ヅイン キ：ハテガナヒ
2436	無期限	ウ丶 ギイ ヘエン：カギリナシ
2437	無窮的	ウ丶 ギヨン テ：キワマリナシ

2438	再無比	ツアイ ウ丶 ピイ：タグヒカナヒ
2439	再無雙	ツアイ ウ丶 シヨワン：タグヒカナヒ
2440	挌虎鬚	ラ フウ スイ丶：アフナヒ┐
2441	抱虎睡	パ○ウ フウ ジユイ：アフナヒ┐
2442	解勸他	キヤイ キエン タアー：カレヲトキスムル
2443	勸和了	キエン ホヲ リヤ○ウ：ナカナヲシヲスル
2444	好解的	ハ○ウ キヤイ テ：ヨクトク

巻2　21葉b

2445	解得解	キヤイ テ カイ：トカル丶 {3字めは開の誤り}
2446	難解的	ナン キヤイ テ：トキニクヒ
2447	不好解	ポ ハ○ウ キヤイ：トカレヌ
2448	解得来	キヤイ テ ライ：トカレタ
2449	解不来	キヤイ ポ ライ：トカレヌ
2450	勸解佗	キエン キヤイ タアー：ナカナヲリサスル
2451	點化他	テエン ハアー タアー：イケンスル
2452	肯服的	ゲン ホ テ：キフクスル
2453	不肯服	ポ ゲン ホ：キフクセヌ
2454	肯依了	ゲン イー リヤ○ウ：ナットクシタ
2455	容易的	ヨン イー テ：心ヤスヒ
2456	不容易	ポ ヨン イ：心ヤスクナヒ
2457	大興頭	ダア ヒン デ○ウ：オホヒニハンゼウ
2458	吹不斷	チユイ ポ ドワン：フキタエヌ
2459	吹一吹	チユイ イ チユイ：フケ〜
2460	抹一抹	メ イ メ：フキンデフケ
2461	揩一揩	キヤイ イ キヤイ：フキンデフケ
2462	扇一扇	シエン イ シエン：アヲグ
2463	訂一訂	デイン イ デイン：ウチツケル○トヂル
2464	宿一宿	ソイ ソ：トマル
2465	量一量	リヤン イ リヤン：ハカル

巻2　22葉a

2466	包一包	パ○ウ イ パ○ウ：ツヽム
2467	刺一刺	ツウ イ ツウ：蜂ナドノサス┐
2468	叮一叮	デイン イ デイン：蜂ナドノサス┐
2469	扯一扯	チエー イ チエー：ヒク
2470	熬一熬	ガ○ウ イ ガ○ウ：子ル
2471	敲一敲	キヤ○ウ イ キヤ○ウ：タヽク
2472	研一研	子エン イ 子エン：ヲロス○スル

2473	縛一縛	ウヲイ ウヲ：クヽル	2510	夾一夾	キヤイ キヤ：ハサム
2474	捱一捱	ヤイ イヤイ：延引	2511	剪一剪	ツエン イ ツエン：ハサミキル
2475	直一直	ヂイ ヂ：マツスクニ	2512	晒一晒	シヤイ イ シヤイ：サラス
2476	搯一搯	ニヨ イ ニヨ：粉ヲヌル	2513	扮一扮	パン イ パン：シヤウゾクセヨ
2477	摻一摻	ツアン イ ツアン：ヒ子リカクル	2514	磨一磨	モウ イ モウ：ウスデヒケ○トゲ
2478	擦一擦	ツア イ ツア：コスル	2515	裁一裁	ツアイ イ ヅアイ：キヌナドヲタツ⌐
2479	濾一濾	リイ イ リイ：モノヲコス	2516	限一限	ヘン イ ヘン：カギル
2480	淘一淘	ダ○ウイ ダ○ウ：ユル	2517	弄一弄	ロン イ ロン：モテアソブ
2481	汰一汰	タイ イ タイ：ユル	2518	梱一梱	クイン イ クイン：クヽル
2482	鋸一鋸	キュイ イ キュイ：ノコギリデヒク	2519	審一審	シン イ シン：ギンミヲスル
2483	削一削	スヤイ スヤ：ケヅル	2520	攄一攄	ルー イ ルー：ヒツタクル
2484	剔一剔	テイ テ：ケヅル	2521	掠一掠	リヤ イ リヤ：カスムル
2485	播一播	ボウ イ ボウ：ヒル	2522	揺一揺	ヤ○ウ イ ヤ○ウ：ユスル
2486	通一通	トン イ トン：トホス	2523	灸一灸	キウ イ キウ：灸ヲスル
			2524	號一號	ア○ウ イ ア○ウ：サケブ
巻2　22葉b			2525	熨一熨	イ イ イ：ヒノシヲカケル
2487	刻一刻	ゲイ ゲ：ホル	2526	針一針	チン イ チン：ハリヲスル
2488	刮一刮	クワイ クワ：エグル○コソケル⌐	2527	載一載	ヅアイ イ ヅアイ：フ子ニツム
2489	捏一捏	ニヤ イ ニヤ：ニキル			
2490	掐一掐	ダ○ウイ ダ○ウ：ツマム	巻2　23葉b		
2491	彈一彈	ダン イ ダン：ハジク○ダンスル	2528	篩一篩	シヤイ イ シヤイ：サケナドツグ⌐
2492	遮一遮	チエー イ チエー：サヘキル○オアフ	2529	焙一焙	ポイ イ ポイ：アブル
2493	舂一舂	チョン イ チョン：ウスヅク	2530	談一談	ダン イ ダン：カタル
2494	理一理	リイ イ リイ：サバク○シラブル○モノヲソロエル	2531	沖一沖	チョン イ チョン：ミヅヲツグ
2495	箍一箍	クウ イ クウ：ワヲ井ルヽ	2532	炒一炒	ツア○ウ イ ツア○ウ：火ニテイル
2496	圏一圏	キエン イ キエン：ケンヲカクル	2533	煨一煨	ヲイ イ ヲイ：ウツメヤク
2497	断一断	ドワン イ ドワン：ケツダンスル	2534	想一想	スヤン イ スヤン：カンカヘル
2498	搗一搗	タ○ウイ タ○ウ：コヅク	2535	點一點	テエン イ テエン：アラタムル
2499	招一招	チヤ○ウイチヤ○ウ：マ子グ	2536	揀一揀	ケン イ ケン：エラム
2500	脩一脩	スイ○ウ イ スイ○ウ：修理スル⌐	2537	漫一漫	マン イ マン：マテ
2501	抜一抜	バイ バ：ヒキヌク	2538	等一等	テン イ テン：マテ
2502	墩一墩	ドイン イ ドイン：カベメ	2539	送一送	ソン イ ソン：オクル
2503	發一發	ハイ ハ：ヲコス	2540	滴一滴	テイ テ：シタバル
2504	肥一肥	ウイー イ ウイー：コユル	2541	蘸一蘸	ツアン イ ツアン：スクウ○フデヲソムル
2505	撓一撓	キヤ○ウ イ キヤ○ウ：マズル {撓は攪の誤り}	2542	翻一翻	ハン イ ハン：カヘセ
2506	搓一搓	ツアー イ ツアー：モノヲエル⌐	2543	穿一穿	チエン イ チエン：イフクヲキル
			2544	説一説	セイ セ：イヘ
巻2　23葉a			2545	管一管	クワン イ クワン：アツカレ
2507	澆一澆	キヤ○ウ イ キヤ○ウ：水ヲソヽク	2546	照一照	チヤ○ウ イ チヤ○ウ：テラス
2508	匀一匀	イン イ イン：マゼル	2547	掃一掃	サ○ウ イ サ○ウ：ハヽク
2509	擁一擁	ヨン イ ヨン：カコウ	2548	墨一墨	メイ メ：スミスル

巻2　24葉a

2549 抓一抓　ツア○ウ イ ツア○ウ：カク
2550 綯一綯　ツエ○ウ イ ツエ○ウ：シハム
2551 開一開　カイ イ カイ：アクル
2552 關一關　クワン イ クワン：タツル
2553 會一會　ホイ イ ホイ：ガテンスル
2554 寫一寫　スエー イ スエー：字ヲカク
2555 吊一吊　テヤ○ウ イ テヤ○ウ：サガル
2556 結一結　キイ キ：ムスブ
2557 牽一牽　ケン イ ケン：ヒク
2558 歇一歇　ヘイ ヘ：ヤスム
2559 停一停　デイン イ デイン：ノチホド
2560 刋一刋　ツエン イ ツエン：皮ヲムク
2561 負一負　ウー イ ウー：セアフ
2562 改一改　カイ イ カイ：アラタムル
2563 跪一跪　グイ イ グイ：ヒザマヅク
2564 困一困　クイン イ クイン：ウタヽ子
2565 顚一顚　テエン イ テエン：ヒダス
2566 切一切　ツイヽ イ ツイヽ：キル
2567 琢一琢　チョイ チョ：ミガク
2568 塩一塩　エン イ エン：魚ニシホヲスルコ
2569 燒一燒　シヤ○ウ イ シヤ○ウ：ヤク

巻2　24葉b

2570 略覺些　リヨ キヤ スイ：スコシ
2571 不牢的　ポラ○ウ テ：カタクナヒ
2572 不曾定　ポ ヅエン デン：マダケツセヌ
2573 静静兒　ヅイン ヽ ルウ：サビシヒ
2574 冷静些　レン ヅイン スイー：サビシヒ
2575 太簡了　タイ ケン リヤ○ウ：アマリコトスクナヒ
2576 在客邊寂寞些　ヅアイ ゲ ペエン ツイ モ スイー：タビハサヒシイ
2577 拾到的　ジ タ○ウ テ：ヒロフタ
2578 強得来　ギヤン テ ライ：シ井ラレル○ムリニイタシカケル

干求請託類

巻2　25葉a

2579 討轉来　タ○ウ チエン ライ：トリカヘシテコヒ
2580 出門賣俏　チユ メン マイ ツヤ○ウ：オンナノカトニイデヽイルコ
2581 不要唎　ポ ヤ○ウ リイ：イラヌ
2582 不要的　ポ ヤ○ウ テ：イラヌ
2583 不用了　ポ ヨン リヤ○ウ：イラヌ
2584 就要用　ヅイ○ウ ヤ○ウ ヨン：イマイリマス
2585 他不要　タアー ポ ヤ○ウ：アレハイラヌ
2586 我要的　ゴヲヽ ヤ○ウ テ：ヲレカイル
2587 用過了　ヨン コ リヤ○ウ：モチヒマシタ
2588 再用些　ツアイ ヨン スイヽ：マスコシモチヒヨ
2589 也用他　エー ヨン タアー：アレモイル
2590 不大用　ポ ダアー ヨン：アマリイラヌ
2591 等着用　テン ヂヤ ヨン：オシツケイリマス
2592 有用頭　イウ ヨン デ○ウ：イリヨフカアル
2593 節用的　ツイ ヨン テ：ヲリフシイル
2594 不用麼　ポ ヨン マアー：イラヌカ
2595 也不要　エー ポ ヤ○ウ：イリモセヌ

巻2　25葉b

2596 不用他　ポ ヨン タアー：アレハイラヌ
2597 竟不要　キン ポ ヤ○ウ：スキトイラヌ
2598 再不可　ツアイ ポ コヲー：モフワルヒ
2599 進又少用又大　ツイン ユウ シヤ○ウ ヨン ユウ ダアー：イルコトハスクナクツカフコトガオホヒ
2600 請他用　ツイン タアー ヨン：アレヲオモチヒナサレヒ
2601 有事幹　イウ ズウ カン：用ガアル
2602 有賤幹　イウ ヅエン カン：用ガアル
2603 没事幹　ム ズウ カン：用カナヒ
2604 幹事體　カン ズウ デイ：コトヲナス
2605 幹不来　カン ポ ライ：コレハナラヌ
2606 幹得来　カン テ ライ：コレハナル
2607 有貴幹　イウ クイ カン：ゴヨウガアル
2608 没相干　ム スヤン カン：ヤクニタヽヌ
2609 没干了　ム カン リヤ○ウ：ヤクニタヽヌ
2610 中用的　チヨン ヨン テ：用ニタツ
2611 不中用　ポ チヨン ヨン：ヨフニタヽヌ
2612 急用的　キ ヨン テ：キウ用ノモノ
2613 用錯了　ヨン ツヲウ リヤ○ウ：モチヒソコナツタ
2614 担去用　タン キユイ ヨン：モチユキテツカフ
2615 担来用　タン ライ ヨン：モチキテツカフ

巻2　26葉a

2616 用不盡　ヨン ポ ツイン：ツカヒツクサヌ

2617 用不完這許多　ヨン　ポ　ワン　チエー　ヒイト
　　フ：コレホドハツワレヌ　{K'はコレホドハツカワレヌ}
2618 正要的　チン　ヤ○ウ　テ：カンヨフナ
2619 不要緊　ポ　ヤ○ウ　キン：カンヤウナコデナヒ
2620 不打緊　ポ　タアー　キン：ダイシナヒ
2621 暗地裡　アン　デイ　リイ：ナイセフデ
2622 小做小還用的　スヤ○ウ　ツヲ　スヤ○ウ　ワン　ヨン　テ：チヒサクナツテモマダモチヒラル丶
2623 不妨的　ポ　ハン　テ：タイシナイ
2624 這何妨　チエー　ホフ　ハン：タイジナイ
2625 怕怎的　パア丶　ツエン　テ：ソレガナントアロフカ
2626 怎麼様　ツエン　モー　ヤン：ナニヨフニ
2627 為什麼　ヲイ　シ　モー：ナゼニ
2628 先不先　スエン　ポ　スエン：マヅ
2629 如何好　ジユイ　ホフ　ハ○ウ：ナントシテヨカロフヤ
2630 没奈何　ム　ナイ　ホフ：セフコトガナヒ
2631 没布擺　ム　プウ　パイ：セフコトガナヒ
2632 討些来　タウ　スイー　ライ：スコシモロフテコヒ
2633 討得的　タ○ウ　テ丶：モロフタ
2634 討不得　タ○ウ　ポ　テ：モラヒエヌ

巻2　26葉b
2635 不去討　ポ　キユイ　タ○ウ：モラヒニユカヌ
2636 討還你　タ○ウ　ワン　ニイ：トリカエス
2637 討回話　タ○ウ　ホイ　ワアー：ヘンジヲトル
2638 討回来　タ○ウ　ホイ　ライ：ヘンジヲトッテキタ
2639 要納的　ヤ○ウナ　テ：ヲサメ子ハナラヌ
2640 討飯的　タ○ウ　ワン　テ：メシモラヒ
2641 討箇火　タ○ウ　コ　ホヲー：火ヲモラフ
2642 討厭了　タ○ウ　エン　リヤ○ウ：トリアヒタ
2643 打動我　タア丶　ドン　ゴヲー：ワレヲオコス
2644 關通他　クワン　トン　タアー：アレニシラスル
2645 相通的　スヤン　トン　テ：ツウジタ
2646 通得来　トン　テ　ライ：ツウジラル丶
2647 有靠山　イウ　カ○ウ　サン：ウシロダテガアル
2648 拜托拜托　パイ　ト丶丶：ヒトニタノム
2649 托你　ト　ニイ：ソナタニタノム
2650 許你　ヒイ　ニイ：ツチニユルス　{語釈に誤字あり。K'はソナタニユルス}

2651 許他　ヒイ　タアー：アレニユルス
2652 纔通了　ヅアイ　トン　リヤ○ウ：ハジメテツウジタ
2653 計挂你　キイ　クワア　ニイ：ソナタヲ心ニカケテ井ル
2654 提醒他　デイ　スイン　タア：アレヲオコス
2655 遜讓你　ス○イン　シヤン　ニイ：ソナタニユヅル

巻2　27葉a
2656 依人罷　イ　ジン　バアー：ヒトシダヒニ
2657 在我罷　ヅアイ　ゴヲ丶　バアー：ワレニマカセテオク
2658 藝狎他　スイ　ヤ　タア：アレニナル丶
2659 安頓我　アン　トイン　ゴヲ丶：ワレヲアンドサスル
2660 相幇我　スヤン　バン　ゴヲ丶：ワレニカセヒセヨ
2661 幇襯他　パン　ツイン　タア丶：アレニカセヒスル
2662 替他助　デイ　タア丶　ツウ：アレガタスケニナル
2663 央煩你　ヤン　ワン　ニイ：ソナタヲタノム
2664 儸箇人　クウ　コ　ジン：ヒトヲヤトフ
2665 投靠人　デ○ウ　カ○ウ　ジン：人ニタノム
2666 只管催　ツエ　クワン　ツ○イ：ヒタスラサイソクスル
2667 你去催　ニイ　キユイ　ツ○イ：ソナタ行テサイソクセヨ
2668 歸依他　クイ　イ丶　タアー：カレニキエスル
2669 瞻仰他　チエン　ニヤン　タアー：アレヲアフグ
2670 来拜我　ライ　パイ　ゴヲ丶：ワレヲハイス
2671 成全我　ヂン　ツエン　ゴヲ丶：ワレヲトリタテル
2672 成就你　ヂン　ヅイ○ウ　ニイ：ソナタヲトリタテル
2673 不提起　ポ　デイ　キイ：トリアゲタ
2674 借重你　ツエー　ヂヨン　ニイ：ソナタニタノミマス
2675 千萬你　ツエン　ワン　ニイ：ソナタニタノミマス
2676 央及你　ヤン　キ　ニイ：コナタヲタノム

巻2　27葉b
2677 扶持我　フー　ヅウ　ゴヲ丶：ワレヲタスクル
2678 不来催　ポ　ライ　ツ○イ：サイソクニコラレヌ
2679 不去催　ホ　キユイ　ツ○イ：サイソクニユカレヌ
2680 新雇的　スイン　クウ　テ：シンヤトヒモノ
2681 他薦我　タア丶　ツエン　ゴヲ丶：アレガワレヲ

	スヽムル		2714	煩難的	ワン ナン テ：ムツカシヒ
2682	引薦我	イン ツエン ゴヲヽ：ワレヲヒキスヽムル	2715	有些難	イウ スイー ナン：チトムツカシヒ
2683	好薦人	ハ○ウ ツエン ジン：ヨクヒトヲスヽムル	2716	苦惱子	クウ ナ○ウ ツウ：メイワクナ
			2717	没惱子	ム ナ○ウ ツウ：メイワクナ
2684	肯薦人	ゲン ツエン ジン：ハマツテ人ヲスヽムル	2718	倒不難	タ○ウ ポ ナン：カヘツテカタクナヒ
2685	抬舉你	ダイ キユイ ニイ：ソチヲヒキアクル	2719	何苦得	ホフ クウ テ：ナンゾクルシマン
2686	逼勒他	ピレ タアー：アレニツメカクル	2720	纏不清	ヂエン ポ ツイン：サツパリトナヒ
2687	那裡肯	ナア リイ ゲン：ドフシテウケアフカ	2721	救活了	キウ ウヲ リヤ○ウ：スクヒイカス
2688	自然肯	ヅウ シエン ゲン：ナルホトウケ合タ	2722	去救他	キユイ キウ タアー：ユイテアレヲスクフ
2689	還未肯	ワン ウイヽ ゲン：マダウケ合ヌ	2723	来救他	ライ キウ タアー：キテカレヲスクフ
2690	我不肯	コヲヽ ポ ゲン：ワレハウケ合ヌ	2724	不好救	ポ ハ○ウ キウ：スクワレヌ
2691	我肯的	ゴヲヽ ゲン テ：ワレハウケ合タ	2725	還好救	ワン ハ○ウ キウ：マタスクワルル
2692	不来管	ポ ライ クワン：カマワヌ	2726	解開来	キヤイ カイ ライ：トケタ
2693	不管不管	ポ クワン ポ クワン：カマワヌ			
2694	不管的	ポ クワン テ：カマワヌ	巻2 29葉b		
2695	不要管	ポ ヤウ クワン：カマフナ	2727	死心蹈地	スウ スイン タ○ウ デイ：ミヲハメテスルコト
2696	要管的	ヤ○ウ クワン テ：カマハ子バナラヌ	2728	相爭相鬪	スヤン ツエン スヤン テ○ウ：アラソヒタヽカフ
2697	總不管	ツヲン ホ クワン：スベテカマワヌ	2729	不曾燒	ポ ヅエン シヤ○ウ：マダヤケヌ
			2730	火燒了	ポヲヽ シヤ○ウ リヤ○ウ：ヤケタ
巻2 28葉a			2731	放了火	パン リヤ○ウ ホヲー：火ヲツケタ
2698	不關心	ポ クワン シン：カマワヌ	2732	燒進去	シヤ○ウ ツイン キユイ：ヤケ行コ
2699	吹木屑	チユイ モ スイ：キゲンヲトルコ	2733	幾乎裡燒掉了	キイ ウー リイ シヤ○ウ デヤ○ウ リヤ○ウ：アブナクヤケタ
2700	不採我	ポ ツアイ ゴヲヽ：ワレニカマウナ			
2701	鉗木梢	ゲン モ サ○ウ：オヨハヌコヲノゾムコ {掮木梢の誤りか}	**疎慢欺哄驕奢類**		
2702	遮住了	チエー ヂユイ リヤ○ウ：サヘギツタ	巻2 30葉a		
2703	捉箇空	ツヲ コ コン：スツカリトシタ	2734	作耍我	ツヲ シヤア ゴヲヽ：ワレヲナブル
2704	丟掉罷	テ○ウ デヤ○ウ バアー：ステヨ	2735	倒戯他	タ○ウ ヒイ タアー：却テアレヲナブル
2705	管張的	クワン チヤン テ：カマウ	2736	欺凌他	キイ リン タアー：アレヲアサムク
2706	退掉了	トイ デヤ○ウ リヤ○ウ：カヘシタ	2737	眇視我	ミヤ○ウ ズウ ゴヲ：ワレヲカロシムル
2707	去得成	キユイ テ ヂン：ノゾカルヽ	2738	活着鬼	ウヲ チヤ クイ：オホチヤクモノ
2708	退掉他	トイ デヤウ タアヽ：アレニカヘス	2739	賣弄	マイ ロン：ジマンスル
			2740	會騙人	ホイ ペエン ジン：人ダマシ
患難類			2741	他騙我	タアー ペエン ゴヲヽ：アレガヲレヲダマシタ
巻2 29葉a					
2709	窮到底	ギヨン タ○ウ デイ：イコフコンキウ	2742	我騙他	ゴヲヽ ペエン タアー：ヲレガアレヲダマシタ
2710	好不苦	ハ○ウ ポ クウ：イカフナンキナ			
2711	難爲難爲	ナン ヲイ ヽヽ：ゴタヒギヽ	2743	他騙你	タアー ペエン ニイ：アレガソチヲダマシタ
2712	苦得緊	クウ テ キン：イコフナンギナ			
2713	愁帽兒	ツエ○ウ マ○ルウ：セワヲカクル			

2744	你騙他	ニイ ペエン タアー：ソチガアレヲダマシタ
2745	我騙你	ゴヲ、ペエン ニイ：ヲレカソチヲダマシタ
2746	你騙我	ニイ ペエン ゴヲー：ソチガヲレヲダマシタ
2747	騙他收トル	ペエン タアー シウ：アレヲタマシテトル
2748	哄騙你	ゴン ペエン ニイ：ソナタヲダマス
2749	騙不動	ペン ポ トン：タマサレヌ
2750	農得過	ノン テ コウ：マギラカス
2751	杜謾撰	ドウ マン ヅアン：マキラカシ

巻2　30葉b

2752	糊塗了	ウー ドウ リヤ○ウ：ラチモナヒ
2753	糊糨糊	ウー ヅア○ウ 丶：ラチモナヒ
2754	潤糨糊	ヲイン ツア○ウ 丶：ラチモナヒ
2755	只推説有病不得来也	ツヱ トイ セイウ ビン ポ テ ライ エー：タヾビヤウキニカコツケテコラレヌ
2756	詐銀子	ツアー イン ツウ：ギンスヲタマシテトル
2757	好自高	ハ○ウ ヅウ カ○ウ：イコウジマンスル
2758	誇嘴的	クワア ツ○イ テ：ジマンスル
2759	没道理	ム ダ○ウ リイ：ドウリガナヒ
2760	不謹勤	ポ キン キン：ツトメヌ
2761	籌計你	ソワン キイ ニイ：ソナタヲニ計ㇽコトノスル
2762	輕薄兒	キン ポ ルウ：ケヒハク
2763	虚花的	ヒイ ハアー テ：ケイハクナ
2764	奢華的	シエ、ハアー テ：ヲゴリモノ
2765	凌辱他	リン ジョ タアー：アレヲハヂシムル
2766	驕傲不過	ギヤ○ウ ガ○ウ ポ コヲー：ヲゴリテナラヌ
2767	虚花頭	ヒイ ハアー デ○ウ：アタマノカルヒ
2768	見怪阿	ケン クワイ アー：ウラメシクアロフ
2769	怨悵我	エン チヤン ゴヲ、：ワレヲウラム
2770	厭悪我	エン ウー ゴヲ、：ワレヲニクム

巻2　31葉a

2771	極利害	ギ リイ パイ：イカフムゴヒ
2772	最可悪	ツ○イ コヲ ウ、：ヅンドニクヒ
2773	悪肚腸	ヲ ドウ チヤン：ワル心ノモノ
2774	貪心重	タン スイン ヂヨン：ムサボリカツヨヒ

德藝類

巻2　32葉a

2775	直氣的	ヂ キイ テ：スグヒモノ
2776	極清廉	キ ツイン レン：イコフスナホナ
2777	甚足的	シン ツヲ テ：申シブンナヒモノ
2778	長俊的	チヤン チユン テ：スグレタモノ
2779	有本事	イウ ペン ズウ：ハタラキガアル
2780	没本事	ム ペン ズウ：ハタラキガナヒ
2781	做人好	ツヲフ ジン ハ○ウ：ヒトガラガヨヒ
2782	好人呀	ハ○ウ ジン ヤアー：ヨヒ人ジヤ
2783	某人好	ムウ ジン ハ○ウ：ドナタガヨヒカ
2784	會做人	ホイ ツヲフ ジン：シマツガヨヒ
2785	作人家	ツヲ ジン キヤア：モノヲヒキシメテスルㇳ
2786	好人品	ハ○ウ ジン ピン：ヨキジンピン
2787	做人四海	ツヲフ ジン スウ ハイー：活達ナ人ガラ
2788	在行的	ツアイ ハン テ：コフシヤナモノ
2789	不在行	ポ ツアイ ハン：フコフシヤ
2790	老在行	ラ○ウ ヅアイ ハン：老功ノモノ
2791	經過的	キン コヲ、テ：テドツタコトジヤ
2792	經手過	キン シウ コヲ、：テドツタコトジヤ

巻2　32葉b

2793	經過手	キン コヲ、シウ：テドツタコトジヤ
2794	到了手	タ○ウ リヤ○ウ シウ：テニイツタ
2795	到手了	タ○ウ シウ リヤ○ウ：テニイツタ
2796	好上手	ハ○ウ ジヤン シウ：ヨクテニイル
2797	神手段	ジン シウ ドワン：モノ、上手
2798	練過的	レン コヲ、テ：シユクレンシタㇳ
2799	不到手	ポ タ○ウ シウ：テニイラヌ
2800	不弄鬼	ポ ロン クイ：テガエセヌ
2801	輸急了	シユイ キ リヤ○ウ：マケテセキセキスルㇳ
2802	好快拳	ハ○ウ クワイ ギエン：ヨヒケン
2803	拳頭重	ギエン デ○ウ ヂヨン：ケンガヲモヲモシク上手ナ
2804	再豁豁	ツアイ ハ、：マタケンセヨ
2805	不是輕拳頭重	ポ ズウ キン ギエン デ○ウ チヨン：ケンガカルクナヒ

2806	時行的	ズウ ヒン テ：ハヤリモノ
2807	撒骰子	サ デ○ウ ツウ：双六ノサヒフル
2808	替得手	デイ テ シウ：テカエシタ
2809	圍棋子	ヲイ ギイ ツウ：ゴヲウツ
2810	這一着可取的	チエー イチヤ コヲー ツイ、 テ：コノヒトテデトル○棋ノコトバ
2811	打紙牌	タアー ツウ パイ：カルタヲウツ

巻2　33葉a

2812	贏者該	イン チエー カイ：カツタモノヽハズ
2813	打丈鼓	タア、ヂヤン クウ：オホダイコヲウツ
2814	會挿花	ホイ ツア ハアー：ヨクハナヲイケル
2815	刊圖書	ツエン ドウ シユイ：インヲホル
2816	打縄索	タアー デン ソ：ツナヲウツ
2817	做螺鈿	ツヲー ルー デエン：アヲガイザイク
2818	上油的	ジヤン ユウ テ：アブラヒキ
2819	打油的	タアー ユウ テ：アブラヒキ
2820	擂了鼓	ルイ リヤ○ウ クウ：タイコヲタヽク
2821	撞鐘了	ジヤン チヨン リヤ○ウ：カ子ヲツク
2822	捉鳥兒	ツヲ ニヤ○ ルウ：トリヲトル
2823	打銅鑼	タアー ドン ロヲ：ドラヲウツ
2824	吹笛兒	チユイ デ ルウ：フエヲフク
2825	會打鼓	ホイ タアー クウ：ヨクツヾミヲウツ
2826	着象棋	チヨ ヅヤン キイ：シヤウギサス
2827	彈弦子	ダン ヒエン ツウ：イトヲナラス
2828	彈琵琶	ダン ピイ パアー：ヒワヲダンズ
2829	下圍棋	ヒヤア ヲイ ギイ：ゴヲウツ
2830	彈月琴	ダン イエ ギン：ゲツキンヲダンズ
2831	打雙陸	タアー ショワン ロ：スゴロクヲウツ
2832	腔調兒	キヤン ヂヤ○ ルウ：ウタヒモノノフシ

巻2　33葉b

2833	撒網打魚	サ ワン タア、 イー：アミヲウツ テウヲトル
2834	敲鉦	キヤ○ウ チン：カ子ヲウツ
2835	作歌兒	ツヲ コヲー ルウ：ウタフ
2836	大曲子	ダアー キヨ ツウ：ウタヒ
2837	小曲子	スヤ○ウ キヨ ツウ：ウタ
2838	做一回	ツヲー イ ホイ：ヒトシキリ
2839	做一折	ツヲ、 イ ツエ：ヒトシキリヲドル
2840	看一折	カン イ ツエ：ヒトシキリミル
2841	一隻戲	イチ ヒイ：ヲドリイチダン
2842	一劇戲	イキ ヒイ：五ダンツヾキ
2843	整本戲	チン ペン ヒイ：ダンヲトヲス
2844	打扮好	タアー パン ハ○ウ：シヤウゾクガヨイ
2845	扮做事	パン ツア ズウ：ヨソホフ
2846	甚麼腔	シモー キヤン：ナニブシカ
2847	狠頭腔	ヘン デ○ウ キヤン：ツヨヒフシ
2848	聞椅楠	ウエン キイ ナン：カウヲキク
2849	打磨茶	タア、 モー ヅア、：ヒキチヤヲタツル
2850	繆紙	ツエウ ツウ：カミヲモム
2851	打圖書	タアー ドウ シユイ：インヲオス
2852	削快子	スヤ クワイ ツウ：ハシヲケヅル

巻2　34葉a

2853	好香阿	ハ○ウ ヒヤン アー：ヨキニホヒ
2854	聞聞香	ウエン 、 ヒヤン：カウヲキク
2855	聞得出	ウエン テ チユ：カギダス
2856	裝了香	チヨワン リヤ○ ヒヤン：カウヲソメタ
2857	香不香	ヒヤン ポ ヒヤン：ニホフカニホハヌカ
2858	臭不臭	チウ ポ チウ：クサイカクサクナイカ
2859	手段好	シウ トワン ハ○ウ：テナミガヨイ
2860	局面好	ギヨ メエン ハ○ウ：ヨウスガヨイ
2861	會騎馬	ホイ ギイ マアー：ヨクマニノル
2862	這局面有些奇	チエー ギヨ メエン イウ スイ ギイ：コノヨウスハチトアヤシヒ
2863	會做戲	ホイ ツヲー ヒイ：ヨクヲトル
2864	積陰功	チイン コン：イントクヲツム
2865	唱曲子	チヤン キヨツ：ウタヲウタヘ
2866	唱歌兒	チヤン コウ ルウ：ウタヲウタヘ

盟約儆戒類

巻2　35葉a

2867	對他約定了一個事情	トイ タアー ヤ デン リヤ○ウ イコ ズウ ヅイン：アレニヤクソクシテヲヒタ┐ガアル
2868	已定了	イ、 デン リヤ○ウ：トクニイヒキワメタ
2869	約他過	ヤ タアー コフ：アレニヤクソクシタ
2870	定他来	デン タアー ライ：ヤクソクシタ
2871	約定了	ヤ デン リヤ○ウ：ヤクソクシタ
2872	失信的	シ スイン テ：ヤクソクニタガフタ
2873	不要吹	ポ ヤ○ウ チユイ：フクナ

2874 分付你　フイン フウ ニイ：ソチニイヒツクル
2875 分付他　フイン フウ タアー：カレニイヒツクル
2876 嘱付你　チヨ フウ ニイ：ソレニイヒツクル
2877 催促他　ツ○イ ツヲ タアー：カレヲサヒソクスル
2878 得知他　テ ツウ タアー：アレニシラスル
2879 竦動人　ソヲン ドン ジン：ソヽナカス
2880 托他寄信来　ト タアー ギイ スイン ライ：カレヲタノンテコトヅテスル
2881 催人来　ツ○イ ジイ ライ：人ヲサシソクスル

巻2　35葉b
2882 催不過　ツ○イ ポ コフ：サイソクシテナラヌ
2883 他不依我　タアー ポ イー ゴヲー：アレガワレニマカセヌ
2884 我不依他　ゴヲー ポ イー タアー：ワレハアレニマカゼヌ
2885 調停他　デヤ○ウ テン タアー：アレヲアツカフ
2886 通同他　トン ドン タアヽ：アレニナヒツフスル
2887 通知他　トン ツウ タアー：カレニシラスル
2888 不要打扇　ポ ヤ○ウ タアー シエン：アフギツカフナ
2889 你不要氣苦　ニイ ポ ヤ○ウ キイ クウ：ソナタセクナ
2890 不要打　ポ ヤ○ウ タアー：ウツナ
2891 不要跳　ポ ヤ○ウ テヤ○ウ：ヲドルナ
2892 不要撞　ポ ヤ○ウ ジヤン：ツクナ
2893 不要倒　ポ ヤ○ウ タ○ウ：タヲスナ
2894 不要弄手　ポ ヤ○ウ ロン シウ：アツカフナ
2895 險得緊　ヘン テ キン：イカフアブナイ
2896 干係的　カン ヒイ テ：アフナイ
2897 不要干係所在去　ポ ヤ○ウ カン ヒイ ソウ ヅアイ キユイ：アブナイトコロヘユクナ
2898 吐箇咒　ドウ コ チウ：セヒモンノ丆

巻2　36葉a
2899 未必真　ウイー ピ チン：マタマコトニセラレヌ
2900 省得疑　スエン テ ニイ：ウタガヒヲハブク
2901 信不得　スイン ポ テ：ウタガワレヌ
2902 断得出　ドワン テ チユ：ウラナヒダス
2903 不果決　ポ カヲ、 ケ：ケツセヌ
2904 不要動　ポ ヤ○ウ ドン：ウゴクナ
2905 不要撥出来　ポ ヤ○ウ ポ チユ ライ：ユリコボスナ

遊眺登覧類

巻2　37葉a
2906 遊海去　ユウ ハイ キユイ：ウミノアソビニユク
2907 遊山去　ユウ サン キユイ：山ノアソビニユク
2908 好光景　ハ○ウ クワン キン：ヨイケシキ○ヨキヨウス
2909 要打點　ヤ○ウ タアー テン：シタクヲセヨ
2910 打點打點　タアー テン ヽヽ：シタクヲセヨ
2911 打點了　タアー テン リヤ○ウ：コシラヘタ
2912 看光景　カン クワン キン：ヨウスヲミル

巻3 人部

筵宴飲饌類

巻3 1葉a

【茶】

2913 拿茶来　ナア ヅア、 ライ：チヤモチテコヒ
2914 托茶来　ト ツア、 ライ：チヤウケテコヒ
2915 泡出来　パ○ウ チユ ライ：チヤヲタシテコヒ
2916 燒燒茶　シヤ○ッ ヅア、：チヤヲニル
2917 茶多了　ヅア、 トヲ リヤウ：チヤヲオホクタヘタ
2918 茶冷了　ツア、 レン リヤウ：チヤカヒエタ
2919 吃茶去　チ ツア、 キユイ：チヤノミニユク
2920 請他茶　ツイン タアー ツアー：アレニチヤヲスヽメヨ
2921 好茶的　ハ○ウ ツアー テ：チヤスキ
2922 好吃茶　ハ○ウ チ ヅアー：チヤスキ
2923 沖茶来　チヨン ツアー ライ：チヤニミツサシテコヒ
2924 泡些茶　パ○ウ スイー ヅア：チヤスコシイレヨ

巻3 1葉b

2925 托托茶　ト、 ツア、：チヤヲアケヨ
2926 沖水的　チヨン シユイ テ：ミツヲサス
2927 沖些水　チヨン スイー シユイ：ミツスコシサス
2928 請茶　ツイン ツアー：チヤマイレ
2929 囲味好　ホイ ウイ、 ハ○ウ：アトクチカヨヒ
2930 没有茶　ム イウ ヅアー：チヤカナヒ
2931 口渇了拿一盃茶来　ゲ○ウ カ リヤ○ウ ナア イ ポイ ヅアー ライ：クチガ、ワイターハイノチヤヲモチテコヒ
2932 有茶有茶　イウ ヅアー 〳〵：チヤノジキニコサリマスト云フ
2933 茶也有　ヅアー エー イウ：チヤモアル
2934 再吃茶　ツアイ チ ヅア：マタチヤヲノメ
2935 看茶去　カン ヅアー キユイ：チヤノバンニユク
2936 弄献茶　ロン ヒエン ヅアー：チヤヲダシテアケル
2937 陳茶葉　チン ツアー エ：フルチヤ
2938 新茶葉　スイン ツアー エ：シンチヤ

2939 打磨茶　タア、 モフ ヅアー：ヒキチヤヲタテル
2940 打茶的　タア、 ヅアー テ：チヤヲタテル
2941 好濃茶　ハ○ウ ノン ヅアー：イカフコキチヤ
2942 新泡的　スイン パ○ウ テ：ニバナノチヤ

巻3 2葉a

2943 雨前茶　イン ヅエン ヅアー：穀雨ノマヘニ採タルチヤ
2944 雀舌茶　ツヤ ゼ ヅアー：茶ノ名
2945 茶仙人　ヅアー スエン ジン：チヤハシラ

【酒】

2946 看酒来　カン ツイ○ウ ライ：サケノカンヲミテコヒ
2947 備酒来　ポイ ツイ○ウ ライ：サケヲイタセ
2948 酒太多　ツイ○ウ タイー トウ：サケカタイブンオホヒ
2949 担酒来　タン ツイ○ウ ライ：サケモチテコヒ
2950 請燒酒　ツイン シヤ○ウ ツイ○ウ：セイチウマイレ
2951 燙燙酒　ダン、 ツイ○ウ：サケノカンヲセヨ
2952 酒熱了　ツイ○ウ ゼ リヤ○ウ：サケノカンカアツヒ
2953 不會暖　ポ ホイ ノワン：アタヽマラヌ
2954 寡酒兒　クワア ツイ○ウ ルウ：サケバカリ
2955 請酒請酒　ツイン ツイ○ウ 〜：サケマヒレ
2956 請過酒　ツイン コヲ ツイ○ウ：サカナマヒレ
2957 拿盃来　ナア ポイ ライ：サカツキモチテコヒ
2958 吃寡酒　チ クワア ツイ○ウ：サケハカリノム
2959 好吃酒　ハ○ウ チ ツイ○ウ：サケスキ
2960 酒量好　ツイ○ウ リヤン ハ○ウ：シユレウカヨヒ
2961 量好的　リヤン パ○ウ テ：レウカヨヒ
2962 酒量淺　ツイ○ウ リヤン ツエン：シユレウカアサヒ
2963 好量　ハ○ウ リヤン：ヨキリヤウ

巻3 2葉b

2964 不吃酒　ポ チ ツイ○ウ：サケハタベヌ
2965 海量　ハイ リヤン：ダヒゼウゴ

2966 沙量　　サアー　リヤン：ゲコ
2967 淺量　　ツエン　リヤン：ゲコ
2968 量高　　リヤン　カ○ウ：シユレウカタカヒ
2969 吃乾了　チ　カン　リヤ○ウ：ノミホシタ
2970 狠燒酒只管吃　ヘン　シヤ○ウ　ツイ○ウ　ツエ
　　クワン　チ：キツセウチウヲヒタスラニノム
2971 牽裡綿　ケン　リイ　メン：ウチカラアタタメル
　　{Jは裡牽綿}
2972 好京酒燙一燙拿来吃　ハ○ウ　キン　ツイ○ウ
　　ダン　イ　ダン　ナアー　ライ　チ：ヨキカミサケヲカ
　　ンシテモチテキテノメ
2973 騰些酒　デン　スイー　ツイ○ウ：サケヲサシク
　　ハエル
2974 騰得多　テン　テ　トヲ：タントサス
2975 拿酒来　ナアー　ツイ○ウ　ライ：サケモチテコヒ
2976 吃了酒好解愁　チ　リヤ○ウ　ツイ○ウ　ハ○ウ
　　キヤイ　ヅエ○ウ：サケヲノンテウレヒヲトク
2977 好大醉　ハ○ウ　ダアー　ツ○イ：ダイブンヨウタ
2978 了不得大醉　リヤ○ウ　ホテ　ダアー　ツ○イ：
　　ヨウテドウモナラヌ
2979 醉渾了　ツ○イ　ヲイン　リヤ○ウ：イカフヨウタ

巻3　3葉a

2980 沉酣了　チン　ハン　リヤ○ウ：ヨウタ
2981 就醉了　ヅイ○ウ　ツイ　リヤ○ウ：ソノマヽヨ
　　ウタ
2982 醉薫醉薫　ツ○イ　ヒン　〜：ヨヒクサツタ
2983 醉人的　ツ○イ　ジン　テ：ヒトヲヨハシムル
2984 還未醒　ワン　ウイー　スイン：マタサメヌ
2985 還不醒　ワン　ホ　スイン：マタサメヌ
2986 已醒了　イ　スイン　リヤ○ウ：モフサメタ
2987 纔醒了　ツアイ　スイン　リヤ○ウ：イマサメタ
2988 請過菜　ツイン　コヲ、　ツアイ：サカナマヒレ
2989 請乾了　ツイン　カン　リヤ○ウ：オホシナサレイ
2990 奉敬奉敬　ウヲン　キン　〜：盃ヲス、ムル
2991 回敬回敬　ホイ　キン　〜：ヘンハイ申ス
2992 他敬你　タア、　キン　ニイ：アレカソレニアケ
　　マス
2993 挂紅酒　クワア　ホン　ツイ○ウ：ホウビノサケ
2994 篩出来　シヤイ　チユ　ライ：ツゲ
2995 吃些酒好消憂　チ　スイー　ツイ○ウ　ハ○ウス
　　ヤ○ウ　ユウ：サケタベテウツヲハラス
2996 大醉了　タア、　ツ○イ　リヤ○ウ：オホヒニヨ
　　ウタ

2997 酒能成事酒能敗事　ツイ○ウ　子ン　ヂンズ
　　ウ　ツイ○ウ　子ン　パイ　ズウ：サケハヨクコトヲナ
　　シヨクコトヲヤブル

巻3　3葉b

2998 再篩篩　ツアイ　シヤイ　〜：マタツゲ
2999 宿酒未醒　ソツイ○ウ　ウイヽ　スイン：フツ
　　カヨヒカマタサメヌ
3000 只寡酒　ツエ　クワア　ツイ○ウ：サケバカリ
3001 滿滿的　モワン　〃　テ：一盃ミチタ
3002 不要篩　ポ　ヤ○ウ　シヤイ：ツクナ
3003 没有什麼過酒　ム　{唐音なし，K'により補う}
　　イウ　シ　モ　コヲ、　ツイ○ウ：ナニモサカナモナシ
3004 太滿了　タイ　モワン　リヤ○ウ：ハナハタミチタ
3005 不滿的　ポ　モワン　テ：ミチヌ
3006 無灰酒　ウー　ホイ　ツイ○ウ：キサケ
3007 好肴饌　ハ○ウ　ヤ○ウ　ヅアン：ヨキサカナ
3008 吃壽酒　チ　ジウ　ツイ○ウ：子ンカノサケヲノム
3009 開懐暢飲　カイ　ワイ　チヤン　イン：ム子ウチ
　　アケテサケヲノム
3010 苦心酒　クウ　スイン　ツイ○ウ：シンクノサケ
3011 請年酒　ツイン　子エン　ツイ○ウ：子ンシユマ
　　ヒレ
3012 没有酒　ム　イウ　ツイ○ウ：サケガナヒ
3013 酥得好　スウ　テ　ハ○ウ：シユミカヨヒ
3014 靠櫃酒　カ○ウ　グイ　ツイ○ウ：井ザケ
3015 上馬杯　ジヤン　マアー　ポイ：イトマコヒノサケ

巻3　4葉a

3016 天氣冷吃箇両盃裡牽綿　テエン　キイ　レン
　　チ　コ　リヤン　ポイ　リイ　ケン　メエン：テンキサム
　　ヒチトサケヲノンテウチカラアタヽメン
3017 菓子酒　コフ　ツウ　ツイ○ウ：クワシサケ

【烟】

3018 拿烟来　ナアー　エン　ライ：タハコモチテコヒ
3019 好吃烟　ハ○ウ　キ　エン：タハコスキ
3020 禁了烟　キン　リヤ○ウ　エン：タバコキンセヒ
3021 會吃烟　ホイ　チ　{唐音なし，K'により補う}
　　エン：タハコヲヨウノム
3022 担烟来　タン　エン　ライ：タハコモチテコヒ
3023 好狠烟　ハ○ウ　ヘン　エン：ツントキツヒタハコ

3024 一筒烟　イ トン エン：タハコイツフク
3025 兇得狠　ヒヨン テ ヘン：ツヨヒタハコ
3026 拿火来　ナア ホヲ、 ライ：ヒモチテコヒ
3027 好烟的　ハウ エン テ：ヨキタハコ
3028 請烟請烟　ツイ○ン エン 〜：タハコマヒレ
3029 凉烟　リヤン エン：ウスヒタハコ
3030 切片烟　ツイ ペエン エン：キサミタハコ
3031 討筒火吃吃烟　タウ コ ホヲ、 チ チ エン：火ヲモラフテタハコヲノム

巻3　4葉b

3032 烟盤拿来　エン ボワン ナア ライ：タハコホンモチテコヒ
3033 不吃烟　ポ チ エン：タハコヘタ

【火燭】

3034 燭心長了剪一剪　チヨ スイン チヤン リヤ○ウ ツエン イ ツエン：蠟ノシンヲキレ
3035 蠟燭涙了　ラ チヨ ルイ リヤ○ウ：ロフカナカレル
3036 點了火　テエン リヤ○ウ ホヲ、：火ヲトボシタ
3037 點火来照照看　テエン ホヲ、 ライ チヤ○ウ、 カン：火ヲトホシテテラシテミヨ
3038 點麻油　テエン マアー ユウ：ゴマノアフラヲツケ
3039 滅火　メ ホヲ、：火カキヘタ
3040 挑挑灯　テヤ○ウ 、 チン：トモシ火ヲカキタテル
3041 剔灯火　テ チン ホヲ、：トモシ火ヲカキタテル
3042 點菜油　テエン ツアイ ユウ：タ子ノアブラヲツケ
3043 添些油　テエン スイー ユウ：アフラヲソユル
3044 點蠟燭　テエン ラ チヨ：ロフソクヲトボス
3045 燈臺自不照　テン タイ ヅウ ポチヤ○ウ：トウタイモトクラシ
3046 半明半滅你去挑一挑　ポワン ミン ポワン メ ニイ キユイ チヤ○ウ イ テヤ○ウ：トモシヒカキエントスルカキタテヨ

巻3　5葉a

【湯水】

3047 担湯来　タン タン ライ：ユモチテコヒ
3048 拿湯来　ナア タン ライ：ユモチテコヒ
3049 好吃湯　ハウ チ {3字め唐音なし，K'により補う} タン：ユスキ
3050 好滾湯　ハウ クイン タン：イカフアツユ
3051 好吃水　ハウ チ シユイ：ミツズキ
3052 請請請　ツイン 、 、：マイレ 〜

【雜字】

3053 吃了去　チ リヤ○ウ キユイ：クフテユケ
3054 正好吃　チン ハウ チ：ヨキタヘモノ
3055 請你吃　ツイン ニイ チ：マヒレ
3056 来請飯　ライ ツイン ワン：キテメシマヒレ
3057 吃湯兒　チ タン ルウ：スヒモノタヘル
3058 随意吃　ヅ○イ イー チ：カツテニタヘマス
3059 吃得扣　チ テ ケ○ウ：タヘマシタ
3060 食劑多　ジ ツイー トヲ：クヒモノカオホイ
3061 滿肚皮　マン ドウ ピイ：マンフク {滿字，他の箇所ではモワン}
3062 塞落肚　スエ ロ ドウ：ハラノハツタ⌐
3063 嗽嗽口　スエウ 、 ケ○ウ：クチヲソヽク
3064 嗝嗝口　クヲ、 ゲ○ウ：クチヲソヽク
3065 吃菓子　チ コヲ ツウ：クワシヲクウ
3066 好熱的　ハウ ジエ テ：イカフアツヒ
3067 好冷的　ハウ レン テ：イカフヒヱタ

巻3　5葉b

3068 只是熱　ツエ ズウ ジエ：タゞアツヒ
3069 只是冷　ツエ ズウ レン：タゞツメタヒ
3070 咬得清　ヤ○ウ テ ツイン：カミエタ
3071 醃過夜第二日就好吃　エン コヲ、 エイ デイ ルウ ジ ヅイ○ウ ハウ チ：ヒトヨシホシテアシタニクロフ
3072 不吃魚　ポ チ イー：ウヲヽクハヌ
3073 嘗新　ヂヤン スイン：ハツモノ
3074 嘗嘗新的　チヤン 、 スイン テ：ハツモノ
3075 絶好吃　ヅエ ハウ チ：ハナハタウマヒ
3076 肚裡飢　トヲ リイ キイ：ハラカスヒタ
3077 盛飯来　ヂン ワン ライ：メシモリテコヒ
3078 肚裡餓了拿飯来把我吃　ドウ リイ ゴヲ、 リヤ○ウ ナア ハン ライ ハア、 ゴヲ、 チ：ハラカスヒタメシモチテキテクワセヨ
3079 飯是有了麼　ハン ズウ イウ リヤ○ウ マアー：メシカテキタカ
3080 湊口吃　ツエ○ウ ケ○ウ チ：クチツケニノム

3081 吃鍋巴　チ コヲ、パア、：コケメシタヘル
3082 停停吃　デイン 、チ：オシツケタヘマス
3083 忌口　キイ ケ○ウ：クチヲイム

巻3　6葉a
3084 請用請用　ツイン ヨン 〜：オモチヒナサレヒ
3085 好吃肉　ハ○ウ チ ジョ：ニクモノスキ
3086 一頓飯　イ トイン ワン：イチトノメシ
3087 吃齋　チ チヤイ：セウシンスル
3088 開葷　カイ ホン：セウシンアゲ
3089 動葷　ドン ホン：セウシンアゲ
3090 吃碗飯　チ ワン ワン：メシタヘル
3091 盛碗飯　ヂン ワン ワン：メシモル
3092 一餐飯　イ ツアン ワン：イチドジキ
3093 吃不完這許多　チ ポ ワン チエ ヒイ トヲ：コレホトハタヘエヌ
3094 下馬飯　ヒヤア マア、ワン：到着シテタヘル メシ
3095 飯出来　ワン チユ ライ：メシイタセ
3096 甜東西　デエン トン スイ、：アマヒモノ
3097 苦東西　クウ トン スイ、：ニカキモノ
3098 辣得狠　ラ テ ヘン：イコフカラヒ
3099 有些辣　イウ スイー ラ：チトカラヒ
3100 有些苦　イウ スイ、クウ：チトニカヒ
3101 有些甜　イウ スイ、デエン：チトアマヒ
3102 甜得緊　デエン テ キン：イカフアマヒ
3103 鹽得緊　エン テ キン：イカフシホカラヒ

巻3　6葉b
3104 苦得緊　クウ テ キン：イカフニカヒ
3105 漫澨的　マン スエ テ：イカフシブヒ
3106 太鹹了　タイ アン リヤ○ウ：アマリシホガカラヒ
3107 忒鹹了　テ アン リヤ○ウ：アマリシホガカラヒ
3108 銰苦的　テ クウ テ：イカフニカヒ
3109 只管吃　ツエ クワン チ：ヒタスラタヘル
3110 酒醉肉飽　ツイ○ウ ツ○イ ジョ パ○ウ：サケニヨヒニクニアク
3111 過飯請請　コヲ、ワン ツイン 、：メシノサイマヒレ
3112 吃過了　チ ヲ、リヤ○ウ：タベマシタ
3113 再要請　ツアイ ヤ○ウ ツイン：マタマヒレ
3114 跨些醋　クワア スイ ツウ：スヲカケル
3115 辦一卓　バン イ チョ：シツポクコシラエル
3116 蜜甜的　ミ デエン テ：ミツアマモノ
3117 當飯吃　タン ワン チ：メシニシテタヘル
3118 請湯請湯　ツイン タン 〜：スヒモノマヒレ
3119 下酒湯　ヒヤア ツイ○ウ タン：スヒモノ
3120 笋湯兒　ス○イン タン ルウ：タカンナノシル
3121 吃田螺　チ デエン ルウ：タニシヲタヘル
3122 全是糖竟不苦　ヅエン ズウ ダン キン ポ クウ：サトウハカリニテニカクナヒ｛K'は竟を竟とする｝

巻3　7葉a
3123 自在飯　ヅウ ツアイ ワン：テキアヒノメシ
3124 吃燒菜　チ シヤ○ウ ツアイ：イリナヲタヘル
3125 打麺吃　タア、メエン チ：メンルヒウツテタヘル
3126 吃幾頓　チ キイ トイン：イクタヒクフタカ
3127 辣鼻頭　ラ ビイ デ○ウ：ハナヲハジク
3128 吃鹿肉　チ ロ ジョ：ロクニクヲタベル
3129 吃寒食　チ ハン ジ：ヒヘメシクウ
3130 吃柿子　チ ズウ ツウ：カキヲタヘル
3131 吃楊梅　チ ヤン ムイ：ヤマモ、ヲタヘル
3132 針皮吃　チン ビイ チ：カハムヒテクウ
3133 澹泊飯　タン ポ ワン：アチノナヒメシ
3134 沙糖氣　サアー タン キイ：サトウケアル
3135 多辦些　トフ バン スイ、：チトタクサントヽノヘヨ
3136 斷五穀　ドワン ウ、コ：コクモノヲタツ
3137 好吃的　ハ○ウ チ テ：ヨキクヒモノ
3138 吃得了　チ テ リヤ○ウ：タベマシタ
3139 只吃得　ツエ チ テ：クヒマス
3140 熬来吃　カ○ウ ライ チ：イリテタベル
3141 不敢吃　ポ カン チ：ドウモタヘラレヌ
3142 吃扣了　チ ゲ○ウ リヤ○ウ：タヘアヒタ
3143 吃得好　チ テ ハ○ウ：ヨキクヒモノ

巻3　7葉b
3144 吃不起　チ ポ キイ：クヒアマス
3145 吃吃兒　チ 、ルウ：タヘル
3146 索性吃　ソ スイン チ：ソノマヽタヘル
3147 也扣吃　エー ゲ○ウ チ：ソレモフソクモナクタベマシタ
3148 竟吃完　キン チ ワン：スキトクヒシマフタ

3149	請先嘗	ツイン スエン ヂヤン：マツマヒレ		3186	把你呷	バア、ニイ ハ：ソナタニナメサスル
3150	淡淡的	ダン 、 テ：ナンノ味モナヒ○ウスヒ┐		3187	嚼嚼兒	ツヤ 、 ルウ：カム
3151	下了毒	ヒヤア リヤ○ ド：トクヲイレタ		3188	囫圇吞	ホルイン トイン：グイノミ
3152	吃殘的	チ ヅアン テ：クヒノコシ		3189	混淪的	クイン ルイン テ：マルナカラ
3153	蒸来吃	チン ライ チ：ムシテタベル		3190	吞進去	トイン ツイン キユイ：ノミコム
3154	煮了吃	チイ リヤ○ キ：ニテタベル		3191	吞得下	トイン テ ヒヤア：ノミコム
3155	烹了吃	ペン リヤ○ チ：レウリテタヘル		3192	嚥下去	エン ヒヤア キユイ：ノミコム
3156	不中吃	ポ チヨン チ：クヒアテヌ		3193	吞下来	トイン ヒヤア ライ：ノミコム
3157	乘熱吃	ヂン ジエ チ：アツヒウチニクウ		3194	不消他	ホスヤ○ タア、：アレニヲヨハヌ
3158	待冷吃	ダイ レン チ：サメテカラクウ		3195	豈敢豈敢	キイ カン 〜：ナニカサテ
3159	候冷吃	ヘ○ウ レン チ：サメテカラクウ		3196	不敢當	ホ カン タン：イタミイル
3160	燥燥脾	サ○ウ 、 ビイ：アチハイノ過分ナ┐		3197	瞥脱的	ピト テ：ヒヨツト
3161	吃了他生病的 チ リヤ○ タア、 スエン			3198	既如此就不妨 キイ ジユイ ツウ ヅイウ ポ
	ビン テ：アレヲクヘハヤマヒカデル				ハン：コフアツテモタヒシナヒ
3162	不會餓	ポ ホイ ゴヲ：ヒダルクハナヒ		3199	得罪得罪	テヅイ 〜：リヨグワイ〜
				3200	斗膽了	テ○ウ タン リヤ○：キモカフトヒ
巻3　8葉a				3201	不消的	ホスヤ○ テ：ソレニオヨハヌ
3163	你餓不餓	ニイ ゴヲ、 ポ コヲ、：ソナタヒ		3202	不必得	ポ ピ テ：ソレニオヨハヌ
	タルクハナヒカ					
3164	請我吃	ツイン コヲ、 チ：オクワセナサレ		巻3　9葉a		
3165	倒好吃	タ○ウ ハ○ウ チ：カヘツテタヘヨヒ		3203	白白兒	ベベ ルウ：タヾ
3166	無饜極	ウー エン ギ：アキタラヌ		3204	什麼	シモ：ナニカ
3167	好吃齋	ハウ チ チヤイ：セウシンズキ		3205	慢些慢些	マン スイヽ 〜：マタシヤレ
3168	吃長齋	チ ヂヤン チヤイ：ナガセウジン		3206	有許趣	イウ ヒウ ツイヽ：オモシロヒ┐カアル
3169	不動葷	ポ ドン ホン：セウジンアケヌ		3207	有趣些	イウ ツイヽ スイヽ：チトオモシロヒ
3170	好吃葷	ハ○ウ チ ホン：ギヨニクスキ		3208	有些趣	イウ スイヽ ツイヽ：チトオモシロヒ
3171	想他吃	スヤン タアー チ：アレヲクヒタヒ		3209	如何	ジユイ ホフ：イカンソ
3172	買他吃	マイ タアー チ：アレヲカフテタヘタ		3210	大有趣	ダア、 イウ ツイヽ：オホヒニオモシロヒ
3173	吃了他	チ リヤ○ タアー：アレヲタベル		3211	大有興	ダア、 イウ ヒン：オホヒニオモシロヒ
3174	最好吃	ツイ ハ○ウ チ：ツントウマヒ		3212	極有趣	ギイウー ツイヽ：シゴクオモシロヒ
3175	味道好	ウイー ダ○ウ ハウ：アヂカヨヒ		3213	更有趣	ゲン イウ ツイヽ：ヒトキワオモシロヒ
3176	有味的	イウ ウイヽ テ：アヂカアル		3214	我想他	ゴヲ、 スヤン タア：ワレハアレヲ
3177	糖好吃	ダン ハ○ウ チ：サトウテタヘヨヒ				ソミマス
3178	冲湯吃	チヨン タン チ：ユニツケテタベル		3215	有景致	イウ キン ツウ：ケヒキアル
3179	泡湯吃	パ○ウ ダン チ：ユニタシテタベル		3216	打歡喜	タア、 フワン ヒイ：ナクサミヲスル
3180	蘸糖吃	ツアン タン チ：サトウニツケテクウ		3217	有甚興	イウ シヤア ヒン：ナンノオモシロヒ
3181	蘸醬油	ツアン ヅヤン ユウ：シヤウニツケル				┐カアル
3182	用飽些	ヨン パ○ウ スイヽ：タントマヒレ		3218	耍子兒	シヤア ツウ ルウ：アソフ
				3219	大快活	タア、 クワイ ウヲ：オホヒニタノシミナ
巻3　8葉b				3220	意快了	イ、 クワイ リヤ○：コヽロヨヒ
3183	多吃些	トヲ チ スイヽ：タントマイレ		3221	不快活	ポ クワイ ウヲ：コヽロヨクナイ {K'
3184	白吃的	ペ チ テ：タヾニクウ				
3185	不要吃	ポヤ○ チ：クウナ				

はココロヨクナイ}
3222 遣遣興　ケン ″ ヒン：キバラシ
3223 散散悶　サン 、 メン：キバラシ

巻3　9葉b

3224 有趣有趣　イウ ツイ、 〜：オモシロヒ
3225 請便罷　ツイ ペエン バア、：オカツテニナサレヒ
3226 你想他　ニイ スヤン タア：ソナタハアレヲノソマル、
3227 肯留的　ゲン リウ テ：トヾマル
3228 留不住　リウ ポ デユイ：トメテモトマラヌ
3229 打東道　タア トン ダ○ウ：テヒシユフリニナル
3230 量不来　リヤン ポ ライ：ハカラレヌ
3231 撒酒風　サ ツイ○ウ フヲン：ヨヒクルヒ
3232 乾淨得狠　カン ヅイン テ ヘン：サツハリトナツタ
3233 齊整得狠　ヅイ チン テ ヘン：ヨクソロフタ
3234 這邊狼藉得狠　チエー ペエン ラン ヅイ テ ヘン：コノヘンイカフチレタ
3235 収拾得好　シウ シテ ハ○ウ：トリアツメテヨヒ
3236 花花緑緑　ハア、 ロ、：ミコトナフ
3237 失禮失禮　シ リイ 〜：ブレイシタ
3238 欠情欠情　ケン ツイン 〜：コフサタ
3239 打個拱　タア、 コ コン：イツレヒスル
3240 拱拱手　コン、 シウ：イツレヒスル
3241 盤過来　ボワン コヲ、 ライ：ハコヒテクル
3242 移過来　イ、 コヲ、 ライ：ウツリクル
3243 不遷移　ポ スエン イ、：ヤウツリセヌ

巻3　10葉a

3244 抹過了　メ コヲ、 リヤ○ウ：フヒタ
3245 揩過了　キヤイ コヲ、 リヤ○ウ：フヒタ
3246 抹得掉　メ テ デヤ○ウ：フヒテトツタ
3247 不曾揩　ポ ヅエン キヤイ：マタフカヌ
3248 絞乾了　キヤ○ウ カン リヤ○ウ：シホリカワカス
3249 在卓上　ツアイ チヨ チヤン：ツクヘニアル
3250 焼清香吃苦茶　シヤ○ウ ツイン ヒヤン チ クウ ヅア、：カウヲキクニカチヤヲノム
3251 放在這裡　ハン ヅアイ チエ、 リヤ：ココニオケ

3252 放在那裡　ハン ヅアイ ナア、 リイ：アレニオケ
3253 煞尾　サ ウイ、：オホアト {K゛はスヘノトマリ}

祭祀寺廟類

巻3　11葉a

3254 祭媽祖　ツイ、 マアー ツウ：バソヲマツル
3255 迎神會　ヒン ジン ホイ：ウチノマツリ
3256 媽祖娘娘　マアー ツウ ニヤン 、：ボサ
3257 蓮社會　レン シエー ホイ：観音マツリ
3258 千里眼　ツエン リイ エン：媽祖ノワキタチ
3259 順風耳　ジユン フヲン ルウ：媽祖ノワキタチ
3260 關老爺　クワン ラ○ウ エー：関羽
3261 城隍廟　ヂン ワン ミヤ○ウ：土神
3262 土地廟　ドウ デイ ミヤ○ウ：土神
3263 藥師廟　ヨ スウ ミヤ○ウ：ヤクシダウ
3264 大檀越　ダア、 タン エ：ダイタンナ
3265 成了神　ヂン リヤ○ウ ジン：カミニナツタ
3266 祇園廟　ギイ イエン ミヤ○ウ：キヲンシヤ
3267 九使廟　キウ スウ ミヤ○ウ：スワシヤ
3268 岸觀音　ガン クワン イン：キシクワンオン
3269 許了願　ヒイ リヤ○ウ イエン：クワンヲタツル
3270 賽了願　サイ リヤ○ウ イエン：グワンホトキ
3271 還了願　ワン リヤ○ウ イエン：グワンホトキ

巻3　11葉b

3272 水觀音　シユイ クワン イン：ミヅクワンオン
3273 不信佛　ホ スイン ウエ：ホトケヲシンコウセヌ
3274 信佛的　スイン ウエ テ：ホトケヲシンコウスル
3275 敬佛的　キン ウエ テ：ホトケヲウヤマフ
3276 作法師　ツヲ ハ スウ：ホフシトナル
3277 要出家　ヤ○ウ チユ キヤア：出家ニナリタヒ
3278 不出家　ポ チユ キヤア：出家ニナラヌ
3279 要還俗　ヤ○ウ ワン ヅヲ：ケンソクカシタヒ
3280 出了家　チユ リヤ○ウ キヤア：出家スル
3281 房頭僧　ワン デ○ウ スエン：寮カシラ
3282 不還俗　ポ ワン ヅヲ：ケンゾクセヌ
3283 應赴僧　イン フウ スエン：メシニアウスル僧
3284 老道人　ラ○ウ ダ○ウ ジン：功アルドウシヤ
3285 行脚僧　ハン キヤ スエン：アンギヤノソウ
3286 靈感的　リン カン テ：レイカンカアル

3287	求求籤	ギウ 、 ツエン：ミクシヲトル		3316	幸喜的	ヒン ヒイ テ：シアワセ
3288	拈拈鬮	子エン 、 キウ：ミクシヲトル		3317	得幸的	テ ヒン テ：サイワイナ
3289	應驗的	イン 子エン テ：シルシカアル		3318	發福些	ハ ホ スイ丶：シアワセガアル
3290	不靈驗	ポ リン 子エン：シルシカナヒ		3319	奉賀奉賀	ウヲン ホウ 〜：キヤウエツ
3291	不應驗	ポ イン 子エン：シルシカナヒ		3320	多多納福	トウ 、 ナ ホ：メデタヒ
3292	有靈驗	イウ リン 子エン：レイケンカアル		3321	大發跡	ダアー ハ チ：オホヒニシアワセ
				3322	伏福的	ヂヤン ホ テ：オカゲヲカウムル

巻3　12葉a

3293	有效的	イウ ヤ○ウ テ：シルシノアル⏌
3294	敲鐃鐃念念佛	キヤ○ウ タン 、 子エン 、 ウエ：カ子ウヲウチ子ンフツヲ申ス
3295	勤行	ギン ヒン：ゴンギヤウ
3296	敲木魚誦誦經	キヤ○ウ モ イー ヅヲン 、 キン：モクキヨヲウツテキヨウヲヨム
3297	喜捨	ヒイ セー：キシンスル
3298	小施食	スヤ○ウ スウ シ：コセガキ
3299	化錢箔	ハアー ヅエン ポ：カミヤキ
3300	點枝香	テエン ツウ ヒヤン：香一ホンタク
3301	點線香	テエン スエン ヒヤン：センカウタク
3302	僧錄司	スエン ロ スウ：ソウノロクシヨ
3303	有襯錢	イウ ツ○イン ヅエン：フセガアル
3304	備三牲去祭他	ポイ サン スエン キユイ ツイ タア丶：サンセイヲソナエテカレヲマツル
3305	施食臺	スウ シ ダイ：セガキダナ
3306	隨喜見	ヅ○イ ヒイ ケン：勤行ナドヲ見物スル⏌
3307	數念珠	スウ 子エン チイ：シユスクル⏌
3308	開梆子	カイ パン ツウ：テラノカケイタ
3309	打梆子	タア丶 パン ツウ：イタヲウツ
3310	敲鉦念佛	キヤ○ウ チン 子エン ウエ：カ子打テ念佛申ス

巻3　12葉b

3311	福祿壽頭長的	ホ ロ ジウ デ○ウ ヂヤン テ：フクロクジユハヅガナガヒ

慶弔死生類

巻3　13葉a

3312	赴壽席	フウ ジウ ヅイ：子ンガニユク
3313	討壽	タ○ウ ジウ：アヤカル
3314	好造化	ハ○ウ ツア○ウ ハアー：ヨヒシヤワセ
3315	大吉利	タア丶 キ リイ：オホヒナルサイワイ

3323	搠造化	ポン ヅア○ウ ノアア {K'はハアア}：ゾンクワイニシアワセ
3324	没吉淑	ム キ シヨ：シアワセガナヒ
3325	大前程	タア丶 ツエン チン：大ナル立身
3326	不吉利	ポ キ リイ：シアワセガナヒ
3327	採寶廳	ツアイ パ○ウ マア丶：シアワセガ
3328	恭喜恭喜	コン ヒイ 、 、：オメデタヒ
3329	可賀可賀	コ フ ホ フ 〜：オメデタヒ

巻3　13葉b

3330	挂紅罷	クワア ホン バアー：カチイワヒ
3331	准不准	チユイン ポ チユイン：ユルスカユルサヌカ
3332	准了去	チユイン リヤ○ウ キユイ：カナフタ
3333	不准的	ポ チユイン テ：カナワヌ
3334	自然准	ヅウ シエン チユイン：オスメナサル {K'はオノヅカラスム}
3335	不發達	ポ ハ タ：シダサヌ
3336	不發跡	ポ ハ チ：シダサヌ
3337	享得来	ヒヤン テ ライ：サイワイヲウク
3338	受過恩	シウ コフ ヲエン：オンヲウクル
3339	吃過恩	チ コフ ヲエン：オンヲウクル
3340	好福相	ハ○ウ ホ スヤン：ヨキフクソウ
3341	吉利砲	キ リイ パ○ウ：吉利ノイシビヤ
3342	快活人	クワイ ウヲ ジン：ラクナヒト
3343	得寵的	テ チヨン テ：チヨウヲエル
3344	得愛的	テ アイ テ：アヒヲエル
3345	送把你	ソン ハア丶 ニイ：ソナタニシンゼル
3346	交把你	キヤ○ウ パア丶 ニイ：ソナタニワタシマス
3347	交把我	キヤ○ウ パア丶 ゴヲ：ワレニオワタシナサレイ
3348	交把他	キヤ○ウ パア丶 タア丶：アレニワタシタ
3349	有得送	イウ テ ソン：オクル丶
3350	送與他	ソン イ 、 タア丶：アレニヤル

巻3　14葉a

- 3351 賀你賀　ホフ ニイ ホフ：ソナタヲイワヒマス
- 3352 給與他　キイ、 タアー：アレニアタエタ
- 3353 另賞你　リン シヤン ニイ：ソチニハベツニヤル
- 3354 分来送　フイン ライ ソン：ワケテオクル
- 3355 要送的　ヤ○ウ ソン テ：ヤリタキモノ
- 3356 送禮物　ソン リイ ウエ：レイモツヲオクル
- 3357 送礼来　ソン リイ ライ：レイモツヲオクル
- 3358 把了你　ハアー リヤ○ウ ニイ：ソコモトニ
- 3359 白白送　ベ、 ソン：タダニオクル
- 3360 換把你　ワン パアー ニイ：ソチニカヘテヤル
- 3361 不要哭　ポ ヤ○ウ コ：ナクナ
- 3362 吃乳麼　チ ジユイ マア、：チヲノムカ {K'はチヲノム}
- 3363 生兒子　スエン ルウ ツウ：子ヲウンダ
- 3364 有喜了　イウ ヒイ リヤ○ウ：サンシタ
- 3365 懐孕的　ワイ イン テ：ハランタ
- 3366 有孕的　イウ イン テ：ハランタ
- 3367 有了孕　イウ リヤ○ウ イン：ハランテ井ル
- 3368 分娩了　フイン ウエン リヤ○ウ：サンスル
- 3369 母難日　ムウ ナン ジ：タンゼウ日
- 3370 生誕日子　スエン ダン ジ ツウ：タンゼウ日
- 3371 大生日　ダアー スエン シ：正タンゼウ日

巻3　14葉b

- 3372 散生日　サン スエン ジ：ツキナミノタンゼウ日
- 3373 有兒子　イウ ルウ ツウ：コカアル
- 3374 有子的　イウ ツウ テ：コカアル
- 3375 没有子　ム イウ ツウ：コカナヒ
- 3376 有兒女　イウ ルウ ニイ：ムスメカアル
- 3377 遺腹子　イー ホウ ツウ：イフクノ子
- 3378 弄璋呢弄瓦　ロン チヤン ニイ ロン ワアー：男子カ女子カ
- 3379 生女兒　スエン ニイ ルウ：ムスメヲウツ
- 3380 兆兆兆　ヂヤ○ウ、、：吉ナリ〜
- 3381 都是命　ドウ ズウ ミン：ミナ天命ナリ
- 3382 也是命　エー ズウ ミン：コレモ天命ナリ
- 3383 苦命的　クウ ミン テ：ナンギヲウクル
- 3384 命好的　ミン ハ○ウ テ：天命ノヨヒ
- 3385 好受用　ハ○ウ シウ ヨン：ヨキ天命
- 3386 卜得吉　ポ テキ：ウラナヒ吉
- 3387 消受的　スヤ○ウ ジウ テ：ウケマシタ
- 3388 可憐可憐　コヲ、 レン〜：カワイヒ

- 3389 有遺嘱　イウ イー チヨ：ユイゴン
- 3390 戴孝　タイ ヒヤ○ウ：イミヲウクル
- 3391 守孝　シウ ヒヤ○ウ：イミガヽリ

巻3　15葉a

- 3392 孝服滿了　ヒヤ○ウ ホ モワン リヤ○ウ：ブクイミ
- 3393 送喪去　ソン サン キユイ：ソウレヒニユク
- 3394 燒香去　シヤ○ウ ヒヤン キユイ：テラマ井リ
- 3395 祭奠他　ツイー テエン タア、：アレヲマツル
- 3396 去弔他　キユイ チヤ○ウ タアー：アレヲトムラフ
- 3397 拜墓去　パイ モウ キユイ：ハカマ井リ
- 3398 寺場去　ズウ ヂヤン キユイ：テラニユク
- 3399 追葬他　ツイ ツアン タアー：アレヲオヒホウムル
- 3400 過世了　コヲ、 スウ リヤ○ウ：スキラレタ
- 3401 圓寂了　イエン ヅイ リヤ○ウ：出家ノオワリ
- 3402 青翠平安　ツイン ツ○イ ニン アン {平字，音誤。「青翠寧安」への音注}：ソウレヒカヘリノキヨメノコトハ
- 3403 收殮了　シウ レン リヤ○ウ：トリオキシタ
- 3404 殮過了　レン コヲ リヤ○ウ：トリオキシタ
- 3405 遺送的　ユイ、 ソン テ：ユイモツ
- 3406 高年的　カ○ウ 子エン テ：トシタケタ人
- 3407 年久的　子エン キウ テ：トシヒサシヒモノ
- 3408 還後生　ワン ヘ○ン スエン：マタワカヒ {後字，音誤り}
- 3409 青春多少　ツイン チユイン トウ シヤ○ウ：トシハイクツ○女ニイフコトハ
- 3410 年紀多少　子エン キイ トフ シヤ○ウ：トシハイクツ

巻3　15葉b

- 3411 貴庚多少　クイ ゲン トフ シヤ○ウ：オトシハイクツ
- 3412 孩兒氣　ハイ ルウ キイ：初心ナ
- 3413 後生起来　ヘ○ウ スエン キイ ライ：ワカクナツタ
- 3414 年老心不老　子エン ラ○ウ スイン ポ ラ○ウ：トシハヨリテモコヽロハワカヒ
- 3415 幼年間　ユウ 子エン ケン：ヨウシヤウノウチ
- 3416 從幼兒　ツヲン イウ ルウ：ヨウシヤウノウチ

ヨリ

3417 歳數呢　ス○イ スウ ニイ：トシハ
3418 貴年呢　クイ 子エン ニイ：オトシハ
3419 米字體　ミイ ヅウ デイ：八十八
3420 小孩兒　スヤ○ウ ハイ ルウ：コドモ
3421 衰了些　シヤイ リヤウ スイ丶：オトロエタ
3422 有壽的　イウ ジウ テ：イノチノアルモノ
3423 燒死了　シヤ○ウ スウ リヤ○ウ：ヤケジニ
3424 吊死了　テヤ○ウ スウ リヤ○ウ：ク丶リシンタ
3425 夾殺了　キヤ サ リヤ○ウ：ハサミコロシタ
3426 雙生的養不大　シヨワン スエン テヤン ポ タアー：フタゴハソタチニクヒ
3427 橫死了　ウヲン スウ リヤ○ウ：ワウシ丶タ
3428 淬死了　エン スウ リヤ○ウ：オボレジニ
3429 投水死　デ○ウ シユイ スウ：ミナゲル

巻3　16葉a

3430 咒死了　チウ スウ リヤ○ウ：ノロヒコロス
3431 某人是完了帳　ムウ ジン ズウ ワン リヤ○ウ チヤン：何某ハシナレタ
3432 殺死了　サ スウ リヤ○ウ：コロス

寄贈拜謝類

巻3　17葉a

3433 多謝多謝　トウ ヅエー 丶 丶：カタシケナヒ
3434 感激感激　カン キ 〜：アリカタヒ
3435 感激不盡　カン キ ポ ヅイン：シコクアリカタヒ
3436 有勞你　イウ ラ○ウ ニイ：ソナタゴタヒギ
3437 難為你　ナン ヲイ ニイ：ソナタニゴダヒギ
3438 勞動你　ラ○ウ ドン ニイ：ソナタニコクロウカケマス
3439 遠勞唎　イエン ラ○ウ リイ：エンポウヘコタヒキ
3440 辛苦你　スイン クウ ニイ：ソナタイカヒコクロウ
3441 太辛苦　タイ スイン クウ：ハナハタシンクスル
3442 難殺人　ナン サ ジン：人ニナンキカクル
3443 白送的　ペ ソン テ：タダニオクル
3444 有羨餘　イウ エン イー：アマリカアル
3445 白得的　ペ テ 丶：タダニエタ
3446 得他的　テ タ テ：アレヲエマ■タ {K'はア (空格) レヲエタ}

3447 送人事　ソン ジン ズウ：ミヤモノ
3448 白儘儘送掉了　ペラ丶 ソン デヤ○ウ リヤ○ウ：タ丶オクリテヤル
3449 多賞些　トフ シヤン スイ丶：ホウヒカオホヒ

巻3　17葉b

3450 東也送西也送一担子送完了　トン エー ソン スイ丶 エー ソン イ タン ツウ ソン ワン リヤ○ウ：アチコチオクレハヒトツキノブンハオクリシマフタ
3451 不敢白受　ポ カン ペ ジウ：ユヘナクモノヲモロフトキノジキ
3452 送我　ソン コヲ丶：ワレニタマワル
3453 送他　ソン タアー：アレニツカハス
3454 賞他　シヤン タアー：アレニクタサル
3455 有些臉　イウ スイ丶 レン：メンホクアル
3456 没臉嘴　ム レン ツ○イ：メンホクナヒ
3457 連我也多饒得狠　レン コヲ エー ト シヤ○ウ テ ヘン：ワタクシトモアテコサフサナ
3458 囘拜他　ホイ パイ タアー：カレニハイス
3459 謝一聲　ツエー イ シン：一コトレイヲ申ス
3460 無涯無涯　ウ、ヤイ 〜：カキリナシ
3461 作揖　ツヲ イ：カギリナシ {「無涯無涯」の訳をあてる誤り}
3462 惣揖罷　ツヲン イ パアー：スヘテイツレヒスルカヨヒ
3463 謝謝你　ヅエー 丶 ニイ：ソナタニレヒ云
3464 謝謝我　ヅエー 丶 コヲ丶：ワレニレヒ云
3465 奉個禮　ウヲン コ リイ：レヒヲスル
3466 有囘禮　イウ ホイ リイ：ヘンレヒカアル

巻3　18葉a

3467 囘頭多　ホイ デ○ウ トフ：ヘンレヒカオホヒ
3468 拜拜你　パイ 丶 ニイ：ソナタニオレヒモフス
3469 謝謝他　ヅエー 丶 タア：カレニレヒ云
3470 多拜上　トヲ パイ ジヤン：コトツテイタス
3471 多致意　トウ ツウ イー：コトツテイタス
3472 寄上去　キイ ジヤン キユイ：コトツテシテヤル
3473 寄轉去　ギイ チエン キユイ：コトツテシテヤル
3474 寄把我　キイ パアー コヲ丶：ワレニコトツテシタ
3475 結了封　キ リヤ○ウ ホン：ホウシタ

3476	多多拜上老翁致意致意	トフ、ハイ ジャン ラ○ウ ウヲン ツウ イ、、、：コシンフサマヘヨロシフオツタヘナサレヒ
3477	致意致意	ツウ イ、、、：ツタエヨ〜
3478	望望你	ワン、、ニイ：ソコモトヘミマヒマス
3479	説人情	セ シン ヅイン：マヒナヒ
3480	我也搭一筆	ゴヲ、エー タ イ ピ：ワレモソヘフテスル
3481	也虧他	エー クイ タアー：ソレモキノトクナ
3482	有書信	イウ シユイ スイン：書状ノタヨリ
3483	問箇訊	ウエン コ スイン：タヨリヲトフ
3484	有確信	イウ コ スイン：タシカナヲツレ

巻3 18葉b

3485	有信息	イウ スイン スイ：オトツレノアル
3486	有消息	イウ スヤ○ウ スイ：タヨリノアル゛
3487	有字来	イウ ヅウ ライ：状カキ {K'は状カキタ}
3488	打關節	タアー クワン ツイ：テイレヲスル
3489	做門路	ツヲ、メン ルウ：テイレヲスル
3490	賄賂他	ホイ ルウ タアー：カレニワイロスル

婚姻女工類

巻3 19葉a

3491	作媒	ツヲ、ムイ：ナカタチスル
3492	作中人	ツヲ、チヨン シン：ナカタチスル
3493	做月老	ツヲ、イエ ラ○ウ：ナカタチスル
3494	媒人	ムイ シン：ナカタチ
3495	大斧柯	タアー フウ コヲ、：ナカタチ
3496	媒婆	ムイ ボヲ、：ナカタチ
3497	求親	ギウ ツイン：エンダン
3498	許親	ヒイ ツイン：エンクミヲヤクスル
3499	結婚	キ ホン：エンクミ
3500	結縁	キ イエン：エンクミ
3501	定親	デン ツイン：シウゲンシタ
3502	定聘	デン ピン：ユヒノフトリカハシ
3503	納聘	ナ ビン：ユヒノフトリカハシ
3504	下聘	ヒヤア ピン：ユヒノフトリカハシ
3505	作親	ツヲ、ツイン：コンレイスル゛
3506	完親	ワン ツイン：トリアハセスム
3507	畢姻	ピ イン：トリアハセスム
3508	討老婆	タ○ウ ラ○ウ ボヲ：ニヤウホウモラフ

巻3 19葉b

3509	重娶的	ヂヨン ツイ テ：コウサイヲメトル
3510	婚書	ホン シユイ：コンレイノショ
3511	婚札	ホン ツア：コンレイノショ
3512	迎親	ニン ツイン：ムコイリ
3513	過門	コヲ、メン：女夫ニユク゛
3514	接嫁	ツイ キヤア：マチヨメ
3515	伴房	ボワン ワン：セウバン女房
3516	大禮	ダアー リイ：タヒレヒ
3517	嫁粧	キヤア チヨワン：ヨメイリドウク
3518	断縁	ドワン イエン：エンヲキル
3519	退了婚	トイ リヤ○ ホン：ヒマヤル
3520	退婚書	トイ ホン シユイ：ヒマノジヤウ {K'はサリジヤウ}
3521	閨閣	クイ コ：イマタ嫁セサルムスメ
3522	合房	カ ワン：夫婦ヒトツヘヤニナル
3523	年庚八字	子エン ゲン パ ツウ：トシハピ
3524	指腹為婚	ツウ ホ ヲイ ホン：ハラコメノウチヨリエンクミスル゛
3525	賢惠姿娘	ヘン ヲイ ツウ ニヤン：ケンヂヨ
3526	従幼結婚	ヅヲン ユウ キ ホン：ヤウセウノウチヨリエンヲクム
3527	金花表裡	キン ハアー ピヤ○ウ リイ：女ノ井ルトコロ

巻3 20葉a

3528	家産有無	キヤア ツアン イウ ウー：シンシヤウノヨシアシ
3529	吃花燭	チ ハアー チョ：コンレイノサケヲノム
3530	勤做工夫	キン ツヲ、コン フウ：シゴトニセヒイル、
3531	嫁好人	キヤア ハ○ウ ジン：ヨキヒトニ嫁シタ
3532	適人了	セ ジン リヤ○ウ：ムスメヲ人ニヤツタ
3533	好嫁你	ハ○ウ キヤア ニイ：ソチニヨヒエンクミ

官府政刑獄訟類

巻3 21葉a

3534	躍銅板	チヤイ ドン パン：エフミ
3535	公幹	コン カン：コヨウ
3536	大公事	ダアー コン ズウ：コヨウ
3537	你来點一點先要點把我的	ニイ ライ テエ

ン イ テエン スエン ヤ○ウ テエン パア、ゴ
ヲ、テ：ソナタキテアラタメタマヘマツワレヨリ
アラタメヨ

3538 選出来　　スエン チユ ライ：エラヒタス
3539 點把我　　テエン パアー ゴヲ、：ワレヲアラタ
　　　　メヨ
3540 點好了　　テエン ハ○ウ リヤ○ウ：ヨクアラタ
　　　　メタ
3541 公事忙不得閑　コン ズウ マン ポ テ ヒエ
　　　　ン：コヨウカ多クテヒマカナヒ
3542 嚇退他　　ヘ トイ タアー：アレヲシカル
3543 赦了他　　セエ リヤ○ウ タアー：アレヲユルス
3544 許我去　　ヒイ ゴヲ、キユイ：ワレヲユルス
3545 惡毒的　　ヲ ド テ：ムコヒモノ
3546 大罪過　　ダアー ヅイ コヲ、：オホイナルツミ
3547 牽牢了　　ケン ラ○ウ リヤ○ウ：牢ニイル
3548 漂死他　　ピヤ○ウ スウ タアー：シオキスル

巻3　21葉b

3549 間流徒　　ウエン リウ ドウ：オンルニオコナフ
3550 不罪過　　ポ ヅ○イ コヲ、：ツミハナヒ
3551 責備他　　ツエ ボイ タアー：カレヲトカムル
3552 責罰我　　ツエ ワ ゴヲ、：ワレヲセムル
3553 盤問他　　ボワン ウエン タアー：トヒツケル
3554 盤剝他　　ボワン ポ タアー：トヒツケル
3555 究問他　　キウ ウエン タアー：トヒツケル
3556 狠得緊　　ヘン テ キン：キヒシヒ
3557 逃走　　　ダ○ウ ツエ○ウ：カケヲチ
3558 誤了我　　ウー リヤ○ウ ゴヲ、：ワレヲアヤマッタ
3559 現世報　　ヘエン スウ パ○ウ：ケンサヒノムクヒ
3560 孽報了　　子 パ○ウ リヤ○ウ：ワルヒムクヒ
3561 就差了　　ヅイ○ウ ツアー リヤ○ウ：ステニタ
　　　　カフタ
3562 再不差　　ツアイ ポ ツアー：カツテタカハヌ
3563 饒恕我　　シヤ○ウ シユイ ゴヲ、：ワレヲユル
　　　　シテクタサレ
3564 免了我　　メン リヤ○ウ ゴヲ、：ワレヲユルサ
　　　　レタ
3565 拿究他　　ナアー キウ タアー：アレヲトラエテ
　　　　セメル
3566 不放你　　ポ ハン ニイ：ソナタヲユルサヌ
3567 猛不過　　モン ポ コヲ、：ツントハケシヒ
3568 猛得狠　　モン テ ヘン：イカフハケシヒ

3569 放出来　　ハン チユ ライ：ユルシタス

巻3　22葉a

3570 放出去　　ハン チユ キユイ：ユルシヤル
3571 放他去　　ハン タアー キユイ：アレヲユルシテ
　　　　ヤッタ
3572 結尾頭　　キ ウイ デ○ウ：アトサラエ
3573 頓戒他　　トイン キヤイ タアー：アレヲオシコ
　　　　メテオケ
3574 蹤跡他　　ツヲン チ タアー：アトヲタツヌル٦
3575 不露跡　　ポ ロウ チ：アトカシレタ{K゜はアト
　　　　ガシレヌ}
3576 蔵過了　　ヅアン コヲ、リヤ○ウ：カクシタ
3577 要秘的　　ヤ○ウ ピイ テ：ヒミツコト
3578 查得嚴　　ツアー テ 子エン：センギカキヒシヒ
3579 要嚴的　　ヤ○ウ 子エン テ：キヒシクナケレハ
　　　　ナラヌ
3580 不嚴的　　ポ 子エン テ：キヒシクナヒ
3581 撒開来　　サ カイ ライ：トリスツル
3582 不隠瞞　　ポイン マン：カクサレヌ
3583 露了阿　　ロウ リヤ○ウ アー：アラワレタ
3584 招出来　　チヤ○ウ チユ ライ：ハクシヤウスル
3585 供出来　　コン チユ ライ：ハクシヤウスル
3586 露出馬脚　ロウ チユ マア キヤ：ハケカアラ
　　　　ワル、
3587 水落石出　シユイ ロ ジ チユ：ハケカアラワ
　　　　ル、
3588 掩飾不来　エン シ ポ ライ：カクシテモカク
　　　　サレヌ
3589 寛肆些　　クワン スウ スイー：ユルヤカナ

巻3　22葉b

3590 太放鬆　　タイ ハン ソン：ユルヤカナ
3591 鬆鬆的　　ソン 、テ：ユルヒ
3592 粉鬆的　　フイン ソン テ：ユルヒ
3593 縛起来　　プヲ キイ ライ：クヽル
3594 挷起来　　パン キイ ライ：シバル
3595 挷了他　　パン リヤ○ウ タア：アレヲシバル
3596 結好了　　キ ハ○ウ リヤ○ウ：ヨククヽッタ
3597 挷的挷扭的扭　パン テ パン ニウ テ ニウ：
　　　　シハルモノハシハル子ヂルモノハ子ヂル
3598 縛住了　　プヲ デイ リヤ○ウ：シバリタ
3599 扭阿扭扭斷了　ニウ アー ニウ 、ドワン リ

	ヤ○ウ：子チタレハ子チオツタ	3634	太平了	タイ ヒン リヤ○ウ：タイヘイナ
3600	不要縱　ポ ヤ○ウ ツヲン：ユルカセニスルナ	3635	平安的	ピン アンテ：ヘイアンナ
3601	要打哩　ヤ○ウ タアー リイ：ウタ子ハナラヌ	3636	弄箇法	ロン コ ハ：ハウヲオコナフ
3602	査出来　ヅア、チユ ライ：キンミシタ	3637	生箇法	スイン コ ハ：ハフヲシダス
3603	査得出　ヅア、テ チユ：キンミシタ	3638	付法的	フウ ハ テ：ハフヲサツケタ
3604	査清了　ヅア、ツイン リヤ○ウ：キンミスンタ	3639	法度好	ハ ドウ ハ○ウ：ハツトカヨヒ
3605	査明白　ヅア、ミン ペ：クワシクキンミシタ	3640	好法則	ハ○ウ ハ ツエ：ハツトカヨヒ
3606	論起這箇根脚来大有不好　ルイン キイ チ	3641	有規矩	イウ クイ キイ：キワメカアル
	エイ コ ケン キヤ ライ ダア、イウ ポ ハ○ウ：	3642	有法術	イウ ハ ヅイ：ハフカアル
	コノモトヲロンスレハイカフワルヒ	3643	大禁的	ダアー キン テ：タヒハツト
		3644	古款式	クウ クワン シ：フルキオキテ
巻3　23葉a		3645	犯了法	ワン リヤ○ウ ハ：ハフヲソムク
3607	公道的　コン タ○ウ テ：ヒヨウドウナ	3646	犯禁	ワン キン：ハツトヲソムク
3608	平平的　ビン、テ：ヒヨウドウナ	3647	禁幾天	キン キイ テエン：キンセヒイクカ、
3609	均平的　キン ビン テ：ヒヨウドウナ	3648	發文書	ハ ウェン シユイ：オカキツケカデル
3610	平等的　ビン テン テ：ヒヨウドウナ			
3611	不公道　ポ コン タ○ウ：ヒヤウトウニナヒ	巻3　24葉a		
3612	不平的　ポ ビン テ：ヒヤウトウニナヒ	3649	放告牌	ハン コ○ウ バイ：セイサツヲタツル
3613	査得清　ツアー テ ツイン：キンミスンタ	3650	告示	コ○ウ スウ：ハツトガキノ高札
3614	審了来　シン リヤ○ウ ライ：キンミシタ	3651	條款	デヤ○ウ クワン：條目書
3615	有来頭　イウ ライ デ○ウ：イワレカアル	3652	海涵些	ハイ ハン スイー：オホヤケニナサレ
3616	有来由　イウ ライ ユウ：ユイシヨノアルコト	3653	從容些	ツヲン ヨン スイー：ユルヤカナ
3617	做證明　ツヲ、チン ミン：セフコニスル	3654	從容他	ツヲン ヨン タアー：カレヲユルス
3618	大来頭　タアー ライ デ○ウ：オホヒニワケカ	3655	饒他罷	ジヤ○ウ タアー バアー：アレハユル
	アル			スカヨヒ
3619	有憑據　イウ ヒン キユイ：セウコカアル	3656	害人的	ハイ ジン テ：人ヲガヒシタ
3620	有實據　イウ ジ キユイ：タシカナセウコカアル	3657	不害人	ポ ハイ ジン：人ヲガヒセヌ
3621	有分辨　イウ フイン ベエン：云ワケカアル	3658	不殺人	ポ サ ジン：ヒトヲコロサヌ
3622	分辨了　フイン ベエン リヤ○ウ：ワカツタ	3659	一廢人	イ フイ ジン：カタワモノ
3623	辨不清　ベエン ポ ツイン：ベンジエヌ	3660	自害自	ヅウ ハイ ヅイ：ジガヒスル
3624	不弄權　ポ ロン ギエン：ケンペイニナヒ	3661	苦殺人	クウ サ ジン：人ヲクルシム
3625	老權勢　ラ○ウ ギエン スウ：キヒシイセイ	3662	好殺人	ハ○ウ サ ジン：人コロシ
3626	弄權的　ロン ギエン テ：ケンペイナ	3663	殺了人	サ リヤ○ウ ジン：人ヲコロシタ
3627	威丰大　ヲイ ホン ダアー：イセヒ大ヒナリ	3664	殺不得	サ ポ テ：コロサレヌ
		3665	不曾殺	ポ ヅエン サ：マタコロサヌ
巻3　23葉b		3666	償命的	シヤン ミン テ：ゲシ人
3628	怕權勢　パアー ギエン スウ：イセヒヲオソル	3667	打官司	タアー クワン スウ：クジヲオコス
3629	怕威勢　パアー ヲイ スウ：イセヒヲオソル	3668	原告的	イエン カ○ウ テ：クシイヒカクル⁊
3630	戒懼他　キヤイ ギユイ タア：アレニオソルル	3669	被告的	ピイ カ○ウ テ：クシヲウクル⁊
3631	惟恐他　ウイー コン タアー：アレヲオソルル			
3632	那怕他　ナア、パアー タアー：ナンノアレヲ	巻3　24葉b		
	オソルヽカ	3670	告官司	カ○ウ クワン スウ：ヒロウスル
3633	太平的　タイ ビン テ：タイヘイナ	3671	遞狀子	デイ ヂヤン ツウ：子カヒノカキツケ

『南山俗語考』翻字【巻3 人部】　59

		ヲテツギニタス
3672	原本子	イエン ペン ツウ：子カヒノホンシヨ
3673	告得下	カ○ウ テ ヒヤア：ツケラルヽ
3674	告過去	カ○ウ コヲ、 キユイ：ツケタ
3675	告不下	カ○ウ ポ ヒヤア：ツケラレヌ
3676	遞口辭	テイ ゲ○ウ ツウ：口上書ヲトリツヒテタス
3677	動口辭	ドン ゲ○ウ ヅウ：口上書ヲタス
3678	遞過来	デイ コヲ、 ライ：トリツヒテキタ
3679	替他告申シアクル	デイ タアー カ○ウ：アレニカワリテ
3680	板害你	バン ハイ ニイ：ムリニクジヲイヒカクル
3681	偸東西	テ○ウ トン スイー：ヌスミモノ
3682	搶了来	ツアン リヤ○ ライ：ヌスミモノ
3683	偸得的	テ○ウ テ テ：ヌスンタ
3684	拿掉了	ナアー デヤ○ウ リヤ○ウ：ヒツタクル
3685	攄起来	ルウ キイ ライ：ヒツタクル
3686	理好了	リイ ハ○ウ リヤ○ウ：ヨクシラベタ
3687	確門路	コ メン ルウ：タシカナヒイキ
3688	把官路當人情	ハアー クワン ルウ タン ジン ツイン：人ノモノテジブンノコ、ロイレニシテヤルヿ

巻3　25葉a

3689	禀将軍	ピン ツヤン グイン：シヤウクンニ申シアクル
3690	禀朝廷	ピン ヂヤ○ウ デイン：テウテイニモモフス
3691	理刑廳	リイ イン テイン：ヒヤウデウシヨ
3692	小官府	スヤ○ウ クワン フウ：コヤクシヨ
3693	王府裡去問候	ワン フウ リイ キユイ ウエン ヘ○ウ：ヤカタニユヒテコキゲンヲウカゞフ
3694	一品官	イ ピン クワン：一ホンノクワン
3695	欽差王	キン チヤイ ワン：チヨクシ
3696	大老爺	ダアヽ ラ○ウ エー：タヒラウヤ
3697	總頭脳	ツヲン デ○ウ ナ○ウ：ソウカシラ
3698	考試官	カ○ウ スウ クワン：ゲイノウヲココロミル官人
3699	大人家	ダアー ジン キヤア：大人
3700	小大官	スヤ○ウ ダアー クワン：スコシオホキナクワン
3701	好官司	ハ○ウ クワン スウ：ヨキヤクニン
3702	掌朝的	ヂヤン ヂヤ○ウ テ：チヤウテイヲツカサトル
3703	入閣的	ジ コ テ：オモヤクニン
3704	執筞的	チ ホ テ：官人ノシヤクヲモツ人
3705	爵位高	ツヤ ヲイ カ○ウ：クラ井カタカヒ
3706	品級大	ピン キ ダアー：品オホヒナリ
3707	品級小	ピン キ スヤ○ウ：ヒンカヒクヒ
3708	手下人	シウ ヒヤア ジン：テシタノ人

巻3　25葉b

3709	解糧官	キヤイ リヤン クワン：カテヲオクルクワン
3710	管店的	クワン テン テ：ミセヤクニン
3711	頭巾氣	デ○ウ キン キイ：クワンニンノキ
3712	長輩的	ヂヤン ポイ テ：長年ノモノ
3713	有科擧	イウ コウ キイ：ヤクアカリガアル
3714	仕滿了	ズウ マン リヤ○ウ：デカワリ
3715	出了仕	チユ リヤ○ウ ズウ：ツカユル
3716	出箇頭	チユ コ デ○ウ：リツシン
3717	出頭了	チユ デ○ウ リヤ○ウ：リツシンシタ
3718	大出頭	ダアヽ チユ デ○ウ：オホリツシン
3719	昇上去	シン ジヤン キユイ：セウシンスル
3720	進閣了	ツイン コ リヤ○ウ：上官ニスヽム
3721	管天下	クワン テエン ヒヤア：テンカヲサバク

巻3 器財部

寶貨器用服飾香奩玩具類

巻3　26葉a
- 3722 家伙　キヤア ホウ：カザヒ
- 3723 睡床　ジユイ ヂヤン：子トコ
- 3724 臥簟　ゴヲ、テエン：子トコ
- 3725 板床　ハン ヂヤン：スベミダヒ
- 3726 藤床　デン ヂヤン：トフドコ
- 3727 凳子　テン ツウ：コシカケ
- 3728 竹㭤　チヨ イー：タケノイス
- 3729 椅子　イー ツウ：イス
- 3730 卓子　チヨ ツウ：ツクエ○シツホク
- 3731 八仙卓　パ スエン チヨ：八人マエシツホク
- 3732 圓卓　イエン チヨ：マルツクエ
- 3733 月卓　イエ チヨ：マルツクエ
- 3734 香几　ヒヤン キイ：コフヅクエ
- 3735 香案　ヒヤン アン：コウアン
- 3736 衣箱　イー スヤン：ヒツ

巻3　26葉b
- 3737 皮箱　ビイ スヤン：カハバコ
- 3738 夾櫕　キヤ マン：ヒツ
- 3739 扇門　シエン メン：トビラ
- 3740 板門　パン メン：イタド
- 3741 板門縫　パン メン ウヲン：戸ノハキメ
- 3742 紙門　ツウ メン：カラカミ
- 3743 紙障　ツウ チヤン：カラカミ
- 3744 障子　チヤン ツウ：シヤウシ
- 3745 障骨　チヤン コ：シヤウシボ子
- 3746 司馬　スウ マアー：フスマ ○長崎渡来ノ唐人和語マ子テ云コトバナリ
- 3747 圍屏　ヲイ ビン：ロクマイビヨウブ
- 3748 交連　キヤ○ レン：屏風ノツカイ
- 3749 蝴蜨　ウー テ：テウツガヒ
- 3750 大屏風　ダアー ビン フヲン：ヲ、ツヒタテ
- 3751 小屏風　スヤ○ ビン フヲン：コツヒタテ
- 3752 梯子　デイ ツウ：ハシゴ
- 3753 胡梯　ウー デイ：ハコハシゴ
- 3754 承露　ヂイン ルウ：ウケ樋
- 3755 隔漏　ゲ レ○ウ：トヒ
- 3756 席子　ツイ ツウ：ゴサ

巻3　27葉a
- 3757 踏踏面　タ○ 、メエン：タ、ミ ○長崎ワタリノ唐人ノコトバ
- 3758 草薦　ツア○ウ ツエン：コモ
- 3759 幔幕　マン メ：マク
- 3760 套馬　タ○ウ マアー：トマ ○長崎ワタリノ唐人ノコトバ
- 3761 簾鈎　レン ゲ○ウ：スタレノカギ
- 3762 篋簾子　メ レン ツウ：ミス
- 3763 竹簾　チヨ レン：タカミス
- 3764 蘆簾　ルウ レン：ヨシミス
- 3765 鈎子　ゲ○ウ ツウ：カギ
- 3766 帳鈎　チヤン ゲ○ウ：カチヨウノカギ
- 3767 桐油　ドン ユウ：トウユ
- 3768 柿漆紙　ズウ ツイ ツウ：シフカミ
- 3769 布簾子　プウ レン ツウ：ノレン
- 3770 門簾　メン レン：ノレン
- 3771 紅氈　ホン チエン：アカモウセン
- 3772 青氈　ツイン チエン：アヲモウセン
- 3773 竹床兒　チヨ ヂヤン ルウ：タケノスベミダヒ
- 3774 竹夫人　チヨ フウ ジン：チクフジン
- 3775 石燈　ジ テン：イシドウロウ
- 3776 石塔　ジ タ：イシノトフ

巻3　27葉b
- 3777 墓牌　マヲ、パイ：セキトフ
- 3778 燈火　テン ホヲ、：トモシビ
- 3779 燈臺　テン ダイ：トウロウ
- 3780 壁燈　ピ テン：カケアントウ
- 3781 燈籠　テン ロン：トウロウ
- 3782 耀絲燈　ヤ○ スウ テン：ビイドロノトウロウ
- 3783 紙燈　ツウ テン：カミトウロウ
- 3784 蠟燭　ラ チヨ：ロウソク
- 3785 燭臺　チヨ ダイ：ショクダヒ
- 3786 手炤　シウ チヤ○ウ：テショク
- 3787 燭剪　チヨ ツエン：シンキリ
- 3788 方燈　ハン テン：カクトウロウ

3789	圓燈	イエン テン：マルトウロウ		3828	烟盤	エン ブワン：タバコボン
3790	花燈	ハアー テン：ハナヲカキタルトウロウ		3829	煙頭	エン デ○ウ：キセルノガンクビ
3791	宮燈	コン テン：キレハリノトウロウ		3830	烟嘴	エン ツ○イ：キセルノスヒクチ
3792	提燈	デイ テン：チヤウチン		3831	烟臺	エン ダイ：キセル
3793	燈盞	テン ツアン：スヽキ ○ アフラザラ		3832	烟筒	エン トン：キセル
3794	走馬燈	ツエ○ウ マアー テン：マハリトウロウ		3833	烟管	エン クワン：ラウ
3795	吹火筒	チユイ ホヲ ドン：ヒフキ		3834	烟包	エン パ○ウ：タバコイレ
3796	火鉗	ホヲ、ゲン：ヒバシ		3835	狼烟	ヘン エン：キツタバコ
3797	取燈兒	ツイー テン ルウ：ツケキ		3836	凉烟	リヤン エン：ウスタバコ

巻3　28葉a

3798	發焠	ハ ソエ：ツケキ
3799	火引	ホヲ、イン：ツケキ
3800	水火爐	シユイ ホヲ、ルウ：ノブロ
3801	燈心草	テン スイン ツア○ウ：トウシミ
3802	銅香爐	ドン ヒヤン ルウ：アカバ子ノカウロ
3803	神仙竈	ジン スエン ツア○ウ：イロリノ┐
3804	風爐子	フヲン ルウ ツウ：フロ
3805	火刀石	ホヲ、タ○ウ ジ：火打石
3806	火石	ホヲ、ジ：火打石
3807	火刀	ホヲ、タ○ウ：ヒウチ
3808	火艾	ホヲ ガイ：パンヤ○ホクチ
3809	礬枝綿	パン ツウ メン：パンヤ○木綿ノ┐
3810	油瓶	ユウ ビン：アブラサシ
3811	硫黄	リウ ワン：イワウ
3812	炭餅	タン ビン：タドン
3813	柴火	ヅアイ ホヲ、：タキヾ
3814	柴薪	ヅアイ スイン：タキヾ
3815	烟柴頭	エン ツアイ デウ：モエサキ
3816	火爐	ホヲ、ルウ：ヒイレ
3817	手爐	シウ ルウ：シユロ
3818	脚爐	キヤ ルウ：キヤクロ

巻3　28葉b

3819	火盆	ホヲ、ベン：ヒバチ
3820	炭兒	タン ルウ：スミ
3821	炭盆	タン ベン：スミトリ
3822	炭盤	タン フワン：スミトリ
3823	抓灰	ツア○ウ ホイ：ハヒサラヒ
3824	火索	ホヲ、ソ：ヒナハ
3825	石灰	ジ ホイ：イシバヒ
3826	柴架	ヅアイ キヤア：タキヾタナ
3827	鋳架子	テ キヤア ツウ：テツキウ

3837	痰鑵	タン クワン：ヤ子ウチ
3838	吐壺	ドヲ、ウ：ヤ子ウチ
3839	装烟	チワン エン：タバコツムル┐

巻3　29葉a

3840	烟屎	エン スウ：タバコノヤニ
3841	酒缸	ツイ○ウ カン：サカゞメ
3842	酒樽	ツイ○ウ ツイン：サカタル
3843	酒瓶	ツイ○ウ ビン：サケビン
3844	瓶嘴	ピン ツ○イ：ヒンノクチ
3845	酒杯	ツイ○ウ ホイ：サカツキ
3846	酒盞	ツイ○ウ ツアン：ヒラサカヅキ
3847	鳥杯	ニヤ○ウ ポイ：トリノエサカヅキ
3848	杯臺	ポイ ダイ：サカヅキダイ
3849	油先	ユウ スエン：ユセン○長崎ワタリノ唐人ノコトバ
3850	酒壜	ツイ○ウ ダン：サカゞメ
3851	小酒壺	スヤ○ ツイ○ウ ウ：コカンナベ
3852	酒鍾	ツイ○ウ チヨン：チヨク
3853	酒桶	ツイ○ウ トン：サカヲケ
3854	漏斗	レ○ウ テ○ウ：ジヨウゴ
3855	湯婆	タン ボウ：タンポ
3856	茶碗	ヅアー ワン：チヤワン
3857	盖碗	カイ ワン：フタヂヤワン
3858	茶托	ヅアー ト：チヤダヒ
3859	茶瓶	ヅアヽ ビン：チヤビン
3860	茶壺	ヅアー ウ：チヤツボ

巻3　29葉b

3861	冰紋	ピン ウエン：クワンニウ
3862	青花白地	ツイン ハアー ベ デイ：ソメツケノチヤワン
3863	五彩碗	ウ、ツアイ ワン：ニシキデノ茶碗
3864	碗脚	ワン キヤ：イトゾコ

3865	碗足	ワン ツヲ：イトゾコ
3866	泥罐	ニイ クワン：ドビン
3867	泥茶壺	ニイ ヅアー ワー：ヤキモノヽツアツボ
3868	銅罐	ドン クワン：ヤクワン
3869	陽盛罐	ヤン ヂン クワン：廣嘴ノヤキモノ
3870	陰盛罐	イン チン クワン：小嘴ノヤキモノ
3871	挿花瓶	ツア ハアー ビン：ハナイケ
3872	盒兒	ホ ルウ：ワゲモノ
3873	小盒	スヤ○ ホ：小ハコ
3874	梳盒	スウ ホ：クシバコ
3875	木梳	モ スウ：クシ
3876	竹篦	チヨ ビイ：スキグシ
3877	刡子	ミン ツウ：クシハラヒ
3878	紙捻	ツウ 子エン：モトユヒ
3879	剪刀	ツエン タ○ウ：ハサミ
3880	鑷子	子 ツウ：ケヌキ

巻3　30葉a

3881	鑰鑷	テ 子：ケヌキ
3882	接髮板	ツイ ハ パン：ソリケ入
3883	香油	ヒヤン ユウ：ビンツケ
3884	簪子	ツアン ツウ：カンザシ
3885	玳瑁釵	タイ ムイ ツアー：ベッカフノカンザシ
3886	㧓子	ワ シウ：ミヽカキ {子字，音誤り}
3887	鏡子	キン ツウ：カヾミ
3888	花粉	ハアー フイン：ヲシロヒ
3889	胭脂	エン ツウ：ベニ
3890	毬毬子	スヤ○ウ スイ ツウ：耳カキドウグノボンボリ
3891	硯匣	子エン ヤ：スヾリバコ
3892	硯兒	子エン ルウ：スヾリ
3893	竹絲的硯匣	チヨ スウ テ 子エン ヤ：タケサイクノスヾリバコ
3894	筆兒	ピ ルウ：フデ
3895	墨兒	メ ルウ：スミ
3896	抽揔	チウ テ○ウ：ヒキダシ
3897	寸錦筆	ツイン キン ピ：カザリフデ
3898	白毫筆	ベア○ウ ピ：シロケフデ
3899	尖頭筆	ツエン デ○ウ ピ：トガリフデ
3900	禿筆	ト ピ：キレフデ

巻3　30葉b

3901	筆管	ピ クワン：フデノヂク
3902	筆套	ピ タ○ウ：フデノボウシ
3903	筆帽管	ピ マ○ウ クワン：フデノボウシ
3904	朽筆	ヒウ ピ：ヤキフデ
3905	提筆	デイ ピ：大筆
3906	排筆	ハイ ピ：エバケ
3907	画筆	ワアー ピ：エフデ
3908	筆架	ピ キヤア：フデカケ
3909	筆閣	ピ コ：フデカケ
3910	筆筒	ピ トン：フデタテ
3911	筆洗	ピ スイー：フデアラヒ
3912	水盂	シユイ イー：ミツイレ
3913	紅朱	ホン チイ：シユ
3914	烏朱	ウ、チイ：タン
3915	筆尖上	ピ ツエン ジヤン：フデノサキ
3916	毛錐子	マ○ウ ツ○イ ツウ：フデ
3917	書案	シユイ アン：ツクエ
3918	書函	シユイ ハン：シヨモツバコ
3919	書箱	シユイ スヤン：シヨモツバコ
3920	書套	シユイ タ○ウ：シヨモツノチツ
3921	書皮	シユイ ヒイ：ヒヤウシ

巻3　31葉a

3922	簿簡	ブウ ケン：ヒヤウシ
3923	箋頭	ツエン デ○ウ：ケダイ
3924	手巻	シウ キエン：マキモノ
3925	軸頭	ギヨ デ○ウ：ヂク {軸字，音誤り}
3926	字格	ヅウ ゲ：テホン
3927	單條	タン デヤ○ウ：カケモノ
3928	画軸	ワアー ギヨ：カケモノ
3929	挂畫	クワアー ワアー：カケエ
3930	挂聯	クワアー レン：カケレン
3931	圖書	トウ シユイ：セキイン
3932	引首	イン シウ：カタノイン
3933	打花押	タアー ハアー ヤ：カキバンスル
3934	印色油	イン スエ ユウ：インニク
3935	詩箋	スウ ツエン：モヨウカミ
3936	箋紙	ツエン ツウ：書翰紙
3937	紅箋兒	ホン ツエン ルウ：アカイロノシヨカンガミ
3938	紅單兒	ホン タン ルウ：アカヾミ
3939	副啓	フウ キイ：フクケヒ
3940	毛邊紙	マ○ウ ベエン ツウ：ダウシ
3941	桃紅紙	ダ○ウ ホン ツウ：モヽイロカミ

3942 画心紙　ワアー スイン ツウ：白ダウシ

巻3　31葉b
3943 紙兒　ツウ ルウ：カミ
3944 紙糊的　ツウ ウヽ テ：カミバリノモノ
3945 牙籤　ヤアー ツエン：ヤウジノ⎡ ｛Jの語釈「帙ノコハジ」からの変更，訳は改悪｝
3946 界尺　キヤイ チ：ケサンノ⎡
3947 紙面　ツウ メエン：カミノヲモテ
3948 紙裏　ツウ リイ：カミノウラ
3949 書枕　シユイ チン：ケサン
3950 鎮紙　チン ツウ：ケサン
3951 書架画　シユイ キヤア ワアー：ウキエ
3952 格眼　ゲ エン：罫カミ
3953 家口單　キヤ ゲ○ウ タン：カナイヅケ
3954 領票　リン ピヤ○ウ：ウケトリ
3955 収票　シウ ピヤ○ウ：ウケトリ
3956 文契　ウエン キ：テガタ
3957 書本　シユイ ペン：シヨモツ
3958 通書　トン シユイ：コヨミ
3959 暦本　レ ペン：コヨミ
3960 舊本子　ギウ ペン ツウ：フルホン
3961 書札　シユイ ツア：シヨサツ
3962 書包　シユイ パ○ウ：シヨモツヅヽミ
3963 楷書　キヤイ シユイ：シンモジ

巻3　32葉a
3964 真書　チン シユイ：シンモジ
3965 八分　パ フイン：八フン
3966 隷書　リイ シユイ：レイシヨ
3967 梵字　ワン ヅウ：ボンジ
3968 字紙　ヅウ ツウ：ホング
3969 雑字書　ツア ヅウ シユイ：ザツシヨ
3970 法帖　ハ テ：テカヾミ
3971 筆法　ピ ハ：ヒツパフ
3972 賀偈　ホウ ケ：イワイノゲ
3973 相書　スヤン シユイ：人ソウノシヨ
3974 祭文　ヅイヽ ウエン：サイモン
3975 儒書　ジイ シユイ：ジユシヨ
3976 經書　キン シユイ：ケイシヨ
3977 梵本　ワン ペン：ブツシヨ
3978 佛書　ウエ シユイ：ブツシヨ
3979 書信　シユイ スイン：フミ

3980 囬信　ホイ スイン：ヘンジ
3981 寄信　キイ スイン：シヨジヤウヲヤル⎡
3982 書翰　シユイ ハン：シヨカン
3983 書啓　シユイ キイ：シヨカン
3984 冊子　ツエ ツウ：ヲリホン ｛Jはタンザクとし，ヲリホンは「梵本」への語釈｝

巻3　32葉b
3985 詩稿　スウ カ○ウ：シカウ
3986 草稿　ツア○ウ カ○ウ：シタガキ
3987 謄寫　デン スエヽ：スキウツシ
3988 抄寫　ツヤ○ウ スエヽ：ウツス
3989 寫字　スエヽ ヅウ：ジヲカク
3990 寫画　スエヽ ワアー：エカク
3991 飛白字　ヒイ ベ ヅウ：ウツロジ
3992 空心字　コン スイン ヅウ：カゴジ ｛Jはウツロジ｝
3993 牌匾　バイ ペエン：ガク
3994 匾額　ペエン ゲ：ガク
3995 刻字　ゲ ヅウ：ジホル
3996 金箋　キン ツエン：キンガミ
3997 洒金　シヤイ キン：チラシキン
3998 画絹　ワアー キエン：エギヌ
3999 貼墨　テ メ：スミエ
4000 水墨　シユイ メ：スミエ
4001 顔料　エン リヤ○ウ：エノグ
4002 着色　チヨ スエ：サイシキ
4003 横披　ウヲン ピイ：ヨコモノ
4004 筆船　ピ ヂエン：フデアラヒ
4005 彩画　ツアイ ワアー：サイシキ

巻3　33葉a
4006 寫壊　スエヽ ワイ：カキソコナフ
4007 寫歪　スエヽ ワイ：カキイガマス
4008 寫錯　スエヽ ツヲヽ：カキアヤマル
4009 傳單　ヂエン タン：クワヒジヤウ
4010 傳帖　ヂエン テ：クワヒジヤウ
4011 傳諭　ヂエン イー：オフレ
4012 暁諭　ヒヤ○ウ イー：オカキツケ
4013 上礬　ジヤン パン：ヂスル⎡
4014 擡頭　タイ デ○ウ：一字アグル
4015 西洋畫　スイー ヤン ワアー：ヲランダエ
4016 西洋景　スイー ヤン キン：ノゾキ

4017	紙牌	ツウ パイ：カルタ
4018	招牌	チヤ○ウ パイ：店ノカンバン
4019	菜單	ツアイ タン：コンダテ
4020	戲單	ヒイ タン：ヲドリノバンヅケ
4021	刻板	ゲ パン：ハンカウ
4022	滅版	メ パン：タヽレバン
4023	抱柱	バ○ウ ヂユイ：ブンマハシ
4024	畫筒符	ワアー コ フウ：ゴフヲカク
4025	寶劍	パ○ウ ケン：ホウケン
4026	刀子	タ○ウ ツウ：カタナ

巻3　33葉b

4027	腰刀	ヤ○ウ タ○ウ：ワキザシ
4028	血漕的刀	ヒエ ツア○ウ テ タ○ウ：ヒノアルカタナ
4029	刀尖	タ○ウ ツエン：カタナノキツサキ
4030	刀刃	タ○ウ シン：カタナノハ
4031	銹了	スイ○ウ リヤ○ウ：サビ
4032	去了銹	キユイ リヤ○ウ スイ○ウ：サビヲオトス
4033	刀鞘	タ○ウ スヤ○ウ：サヤ
4034	刀盤	タ○ウ ボワン：ツバ
4035	刀柄	タ○ウ ビン：ツカ
4036	小鐔兒	スヤ○ウ ダン ルウ：小ツバ
4037	小刀	スヤ○ウ タ○ウ：コガタナ
4038	雕刀	テヤ○ウ タ○ウ：ホリモノ小刀
4039	剃刀	デイ タ○ウ：カミソリ
4040	菜刀	ツアイ タ○ウ：サイトウ
4041	裁刀	ヅアイ タ○ウ：モノタチ
4042	斧頭	フウ デ○ウ：ヨキ
4043	鑿子	ヅヲ ツウ：ノミ
4044	圓鑿	イエン ヅヲ：マルノミ
4045	刀架	タ○ウ キヤア：カタナカケ
4046	板斧	パン フウ：テオノ
4047	釿兒	キン ルウ：テオノ

巻3　34葉a

4048	鑚子	ツアン ツウ：キリ
4049	錐子	ツ○イ ツイ：小キリ
4050	鑢子	バ○ウ ツウ：カンナ
4051	釘鉗	デイン ゲン：クギヌキ
4052	鋏鉗	テ ゲン：クギヌキ
4053	千斤	ツエン キン：クギヌク○マンリキ

4054	鋏槌	テ ヅイ：カナヅチ
4055	金瓜槌	キン クワア ツイ：カナヅチ｛Jは金爪槌｝
4056	曲尺	キヨ チ：マガリカ子
4057	屈尺	ケ チ：マガリカ子
4058	墨斗	メ テウ：スミツボ
4059	墨筆	メ ピ：スミサシ
4060	鋸刀	キユイ タ○ウ：ノコギリ
4061	鋸子眼	キユイ ツウ エンシ：ノコノハ｛眼字, 音誤り。K'はエン｝
4062	鎌刀	レン タ○ウ：カマ
4063	跨馬釘	クワン マアヽ デイン：カスガヒ
4064	騎縫釘	ギイ ウヲン デイン：カスガヒ
4065	銼子	ヅヲヽ ツウ：ヤスリ
4066	撓鈎	キヤ○ウ ゲ○ウ：クマデ｛撓字, 音誤り｝
4067	鋏搭	テ タ：クマデ
4068	鋏梃	テ デエン：カナテコ

巻3　34葉b

4069	木梃	モ デエン：テコ
4070	鋤藥刀	ツア ヨ タ○ウ：クスリボウテウ
4071	鋤頭	ヅウ デ○ウ：クハ
4072	鍬	ツイ○ウ：クハ
4073	泥刀	ニイ タ○ウ：カナベラ
4074	鋏釘	テ デイン：クギ
4075	棗核釘	ツア○ウ ウヲ デイン：アヒクキ
4076	棒子	パン ツウ：ボウ
4077	棍子	クイン ツウ：ボウ
4078	鋏線	テ スエン：テツノハリカ子
4079	銅絲	ドン スウ：アカヽ子ノハリカ子
4080	鋏索	テ ソ：カナクサリ
4081	連環	レン クワン：クサリ
4082	挿鈎	ツア ゲ○ウ：カキカ子
4083	花板	ハアヽ パン：鎖マヘカナク
4084	鎖兒	ソウ ルウ：ジヤウマヘ
4085	鑰匙	ヤ ズウ：カギ
4086	金打的	キン タアー テ：キンカナモノ
4087	銀打的	イン タアヽ テ：ギンカナモノ
4088	銅打的	ドン タアー テ：アカヾ子カナモノ
4089	雨雪片	イヽ スエ ペエン：スナゴ

巻3　35葉a

4090	鋏砧	テ チン：カナトコ

4091	羊皮金	ヤン ピイ キン：キンカラカハ○イツカケノコト
4092	貼金的	テ キン テ：イツカケ
4093	描金的	ミヤ○ウ キン テ：ナシチ○マキエ
4094	薫金的	ヒン キン テ：ヤキツケ
4095	消金的	スヤ○ウ キン テ：スリキン
4096	假金的	キヤア キン テ：ニセキン
4097	真金的	チン キン テ：ホンキン
4098	木馬	モ マアー：チヨウノウチノスケギ
4099	木屑兒	モ スイ ルウ：ノコクヅ
4100	騎縫印	キイ ウヲン イン：アヒモメンノイン
4101	跨馬印	クワア マアー イン：ツギイン
4102	眼鏡	エン キン：メガ子
4103	眼鏡套	エン キン タ○ウ：メガ子ノサヤ
4104	火鏡	ホヲ、キン：ヒトリメガ子
4105	火珠	ホヲ、チイ：ヒトリダマ
4106	羅経	ロン○ キン：ジ、ヤク○ホウバリ {羅字、音誤り。K' はロウ}
4107	指南車	ツウ ナン チエー：ホウバリ
4108	方針	ハン チン：ホウバリ
4109	標	ピヤ○ウ：タモト、ケヒナド子ツケニシタルヲ云

巻3　35葉b

4110	自鳴鐘	ツウ ミン チヨン：トケヒ
4111	沙漏	サアー レ○ウ：スナドケヒ
4112	簷下鈴	エン ヒヤア リン：フウリン
4113	千里鏡	ツエン リイ キン：トホメガ子
4114	近視鏡	ギン スウ キン：チカメカ子
4115	短視鏡	トワン ズウ キン：チカメカ子
4116	顯微鏡	ヒエン ウイ、キン：ムシメカ子
4117	吸鐵石	ヘ テ ジ：ジ、ヤク
4118	琵琶	ビイ パアー：ビハ
4119	月琴	イエ キン：ゲッキン
4120	胡琴	ウ、キン：コキウ
4121	提琴	デイ キン：コキウ
4122	琴兒	キン ルウ：キン
4123	弦子	ヘエン ツウ：三味セン
4124	弦品	ヘエン ヒン：コトナドノイトマキ
4125	弦撥	ヘエン ポ：バチ
4126	笛兒	デ ルウ：フエ
4127	簫兒	スヤ○ウ ルウ：シヨウ
4128	銅鑼	ドン ロウ：ドラ
4129	喇叭	ラ パ：ラッパ
4130	嗩吶	ソウ ナ：チヤルメラ

巻3　36葉a

4131	鉢盂	ポ イー：ハチ
4132	鐃鈸	ナ○ウ パ：ニヤウハチ
4133	木魚	モ イー：モクギヨ
4134	鈴子	リン ツウ：スバ
4135	大鐘	ダアー チヨン：ツキガ子
4136	琴柱	キン デュイ：コトチ
4137	鼓架	クウ キヤア：タヒコノダヒ
4138	鼓槌	クウ ヅ○イ：タヒコノバチ
4139	鑼槌	ロウ ツ○イ：ドラノバチ
4140	画眉	ワアー ムイ：ヒイ〜
4141	銀甲	イン キヤ：コトノツメ
4142	柏板	ポ パン：ハクハン {柏は拍の誤り}
4143	相思板	スヤン スウ パン：ヒヨウシキ
4144	飯桶	ワン トン：メシオケ
4145	蒸籠	チン ロン：セイロウ
4146	飯碗	ワン ワン：メシワン
4147	湯碗	タン ワン：スヒモノワン
4148	碗架	ワン キヤア：ワンヲキ
4149	飯匙	ワン ズウ：メシガヒ
4150	箸子	チュイ ツウ：ハシ
4151	快子	クワイ ツウ：ハシ

巻3　36葉b

4152	圓盆	イエン ペン：マルボン
4153	飯杓	ワン ツヤ：イヒカヒ
4154	盤子	ボワン ツウ：八寸
4155	盆子	ベン ツウ：ボン
4156	高盤	カ○ウ ボワン：タカバン
4157	托盤	ト ボワン：カヨヒボン
4158	飯鍋	ワン コウ：メシナベ
4159	菜鍋	ツアイ コウ：サイナベ
4160	匾鍋	ペエン コウ：ヒラナベ
4161	鍋子	コウ ツウ：ナベ
4162	鍋盖	コウ カイ：ナベノフタ
4163	鍋煤	コウ ホイ：ナベノスミ {煤字、音誤り}
4164	匙子	ズウ ツウ：サシ
4165	菜擦	ツアイ ツア：大コンオロシ
4166	薑擦	キヤン ツア：ワサビオロシ
4167	擂盤	ルイ ボワン：スリバチ

4168 擂槌　ルイ ツ○イ：スリギ
4169 湯匙子　タン ヅウ ツウ：汁サジ
4170 湯瓢　タン ピヤ○ウ：サシ
4171 調羹　テヤ○ウ ゲン：サジ
4172 菜碗　ツアイ ワン：トンフリ

巻3　37葉a

4173 菜碟　ツアイ デ：サラ
4174 碟兒　デルウ：サラ
4175 水瓢　シユイ ピヤ○ウ：ヒシヤク
4176 水杓　シユイ ツヤ：ヒシヤク
4177 提桶　デイ トン：タンカ {K' はテオケ}
4178 桶盖　トン カイ：オケノフタ
4179 水桶　シユイ トン：ミツオケ
4180 水缸　シユイ カン：ミヅガメ
4181 水鑵　シユイ クワン：ミヅイレ
4182 桶箍　トン クウ：オケノワ
4183 竹箍　チヨ クウ：タカワ
4184 吊桶　テヤ○ウ トン：ツルベ
4185 凉傘　リヤン サン：ヒガサ
4186 凉笠　リヤン リ：キガサ
4187 雨傘　イ、サン：カラガサ
4188 斗笠　テ○ウ リ：スゲガサ
4189 箸笠　ニヤ リ：タケガサ
4190 編笠　ペエン リ：アミガサ
4191 搬不倒　ボワン ホ タ○ウ：オキアガリ
4192 壓不倒　ヤ ポ タ○ウ：オキアガリ
4193 跳高竿　デヤ○ウ カ○ウ カン：ハリアヒニン
　　　キヨウ

巻3　37葉b

4194 木塑人物　モ スウ ジン ウエ：木人形
4195 木偶人　モ ゲ○ウ ジン：木人形
4196 泥塑人物　ニイ スウ ジン ウエ：土人形
4197 泥孩兒　ニイ ハイ ルウ：土人形
4198 石孩兒　ジ ハイ ルウ：石人形
4199 脱沙佛　ト サアー ウエ：ハリヌキ
4200 紙鳶　ツウ イエン：イカノボリ
4201 紙鷂　ツウ ヤ○ウ：イカノボリ
4202 放鷂子　ハン ヤ○ウ ツウ：イカノボリヲアゲル
4203 奇楠　ギイ ナン：キヤラ
4204 沈香　デン ヒヤン：ヂンカウ
4205 綫香　スエン ヒヤン：センカウ

4206 福壽香　ホ ジウ ヒヤン：フクジユカウ
4207 壽字香　ジウ ヅウ ヒヤン：ジユノ字カウ
4208 香盆　ヒヤン ベン：カウボン
4209 香箸　ヒヤン チユイ：カウバシ
4210 香盒　ヒヤン ホ：カウガウ
4211 香袋　ヒヤン ダイ：ニホヒブクロ
4212 衣香　イー ヒヤン：ニホヒブクロ
4213 機子　キイ ツウ：オリハタ
4214 衣砧　イー チン：キヌタ

巻3　38葉a

4215 搗砧　タ○ウ チン：キヌタ
4216 砧子　チン ツチ：キヌタノコ
4217 簶兒　ヨ ルウ：ワク
4218 蘆管　ルウ クワン：クダ
4219 衣針　イー チン：ヌヒハリ
4220 針子　チン ツウ：ハリ
4221 衣架　イー キヤア：イコウ
4222 綫索　スエン ソ：ウミヲ
4223 纓　イン：カサノヲ○カンフリノヲ
4224 烟別子　エン ベ ツウ：子ツケ
4225 鵲舌　ツヤ ゼ：コハジ
4226 牛口　ニウ ゲ○ウ：コハジ
4227 鈕鉤　ニウ ゲ○ウ：ホタン
4228 辮帶　ベン タイ：ヒボヲノルイ
4229 荷包　ホウ パ○ウ：キンチヤク
4230 貨包　ホウ パ○ウ：キンチヤク
4231 叉口袋　ツアー ゲ○ウ タイ：ミスミブクロ
4232 印籠　イン ロン：インロウ
4233 勒子　レ ツウ：ヲジメ
4234 圍棋　ヲイ ギイ：ゴヲカコム
4235 碁盤　キイ ボワン：ゴバン

巻3　38葉b

4236 象棋　ヅヤン キイ：シヤウギ
4237 昇官圖　シン クワン トヲー：クワンニンスゴ
　　　ロク
4238 雙六　シヨワン ロ：スゴロク
4239 打不死　タアー ポ スウ：ウチゴマ
4240 轉盤圖　チエン ホワン ドヽ：ヒキゴマ
4241 骰子　デ○ウ ツウ：サヒ
4242 骰筒　デ○ウ トン：サヒノ筒
4243 繡毬　スイ○ウ ギウ：テマリ

4244 踢氣毬　テ　イ　ギウ：ケマリケル
4245 蚊帳　ウエン　チヤン：カチヨウ
4246 帳子　チヤン　ツウ：カチヨウ
4247 紙帳　ツウ　チヤン：シチヤウ
4248 枕頭　チン　デ○ウ：マクラ
4249 皮枕頭　ビイ　チン　デ○ウ：カハマクラ
4250 枕頭箱　チン　デ○ウ　スヤン：マクラバコ
4251 扇子　シエン　ツウ：アフギ
4252 羽毛扇　イ、マ○ウ　シエン：ウセン
4253 蜀府扇　チヨ　フウ　シエン：シブセンス
4254 扇墜　シエン　ヅ○イ：扇ノカザリ
4255 扇眼　シエン　エン：カナメ
4256 扇骨　シエン　コ：センスノホ子

巻3　39葉a

4257 量尺　リヤン　チ：シヤクザシ
4258 官尺　クワン　チ、：カ子ザシ
4259 大尺　ダアー　チ：クジラザシ
4260 木尺　モ　テ：デウキ
4261 畫尺　ワアー　チ：ヒデウキ
4262 粗貨　ツウ　ホウ　テ：アラモノ
4263 細貨　ス<u>イー</u>　ホウ：コマモノ
4264 賤貨　ヅエン　ホウ：ヤスモノ
4265 銀箱　イン　スヤン：カ子バコ
4266 銀子　イン　ツウ：ギンス
4267 老銀子　ラ○ウ　イン　ツウ：コギン
4268 馬蹄金　マアー　<u>デイ</u>　キン：コバンキン
4269 瓜子　クワ　ツウ：イチブキン
4270 銅錢　ドン　ヅエン：セニ
4271 算盤　ソワン　ボワン：ソロバン
4272 天秤　テエン　チン：テンビン
4273 法馬　ハ　マアー：フンドウ
4274 厘等　リイ　テン：ハカリ
4275 等盤　テン　ボアン：ハカリザラ
4276 大秤　ダアー　チン：キンリヤウ
4277 小秤　スヤ○ウ　チン：チキリ

巻3　39葉b

4278 秤釣　チン　ゲ○ウ：キンリヤウチキリノカギ
4279 秤駝　チン　ドウ：チキリノコ
4280 銕　テ：テツ
4281 銅　ドン：アカゞ子
4282 烏銅　ウー　ドン：シヤクドウ○カラカ子
4283 黄銅　ワン　ドン：シンチウ
4284 白鉛　ベ　エン：トタン
4285 烏金　ウ、キン：シヤクドウ
4286 烏鉛　ニヤ○　エン：ナマリ｛烏を鳥と誤り、音をつける。K'はウーとする｝
4287 銅版　ドン　パン：ノベアカゞ子
4288 條銅　デヤ○　ドン：サホアカゞ子
4289 銕鋼　テ　カン：ハガ子
4290 金箔　キン　ホ：キンバク
4291 銀箔　イン　ポ：ギンハク
4292 錢紙　ヅエン　ツウ：唐人祭用ノハクガミ
4293 玻璃　ポウ　リイ：ビイドロ
4294 假瑠璃　キヤア　リウ　リイ：ビイドロ
4295 瑠璃罐　リウ　リイ　クワン：フラスコ
4296 玻璃瓶　ポリイ　ヒン：フラスコ
4297 瑪瑙　マアー　ナ○ウ：メノウ
4298 珊瑚　サン　ウ：サンゴ

巻3　40葉a

4299 琥珀　フウ　ペ：コハク
4300 真珠　チン　チイ：カイノタマ
4301 水晶　シユイ　ツイン：スイシヤウ
4302 春碓　チヨン　トイ：ウス
4303 春臼　チヨン　キウ：ツキウス
4304 碓頭　トイ　デ○ウ：カラウス
4305 杵子　チイ　ツウ：キ子
4306 磨子　モウ　ツウ：ヒキウス
4307 米篩　ミイ　シヤイ：コメフルヒ
4308 篩子　シヤイ　ツウ：フロヒ｛K'はフルヒ｝
4309 風車　ホン　チエー：センゴクドホシ
4310 筲箕　サ○ウ　ギイ：サウキ
4311 陷穽　ハン　ツイン：オトシアナ
4312 圏套　キエン　タ○ウ　ライ：カケワナ
4313 關捩子　クワン　リイ　ツウ：ワナ
4314 天打死　テエン　タアー　スウ：子ツミノオトシワナ
4315 鳥腔　ニヤ○ウ　キヤン：トリノオドシ
4316 撒網　サ　ワン：投アミ
4317 天蠶絲　テエン　ツアン　スウ：テグス
4318 鳥罟　ニヤ○ウ　クウ：小トリアミ
4319 鳥籠　ニヤ○ウ　ロン：トリカゴ

巻3　40葉b

4320	宿田翁	スイヨ デン ウヲン：オドシ	4361	鬼面	クイ メン：メン
4321	糊匣	ウ、 ヤー：ノリ入			
4322	糊筒	ウ、 トン：ノリツヽ	**巻3　41葉b**		
4323	糊刷	ウ、 セ：ハケ	4362	假髪	キヤア ハ：カツラ
4324	糊帚	ウ、 チウ：ハケ	4363	冠	クワン：カンムリ
4325	漿糊	ツヤン ウ、：ノリ	4364	麻縄	マアー デン：ホソビキ
4326	飯粘	ワン 子エン：ヒメノリ	4365	草索	ソア○ウ ソ：ナワ｛草字，音誤り｝
4327	飯漿	ワン ツヤン：ヒメノリ	4366	索子	ソ ツウ：ナワ
4328	麪漿	メン ツヤン：シヨウフノリ	4367	井索	ツイン ソ：ツルベナハ
4329	飯屑	ワン スイ：メシツブ	4368	色紙捻	スエ ツウ 子エン：ミヅヒキ
4330	飯糝	ワン ツアン：メシツブ	4369	小縄子	スヤ○ウ デン ツウ：コナワ
4331	牛皮膠	ニウ ビイ キヤ○ウ：ニカハ	4370	搓紙捻	ツアー ツウ 子エン：コヨリヲスル
4332	鹿角膠	ロ コ キヤ○ウ：ニヅノ	4371	漆器	ツイ キイ：ヌリモノ
4333	白纓	ベ イン：ハグマ	4372	磁器	ヅウ キイ：ヤキモノ
4334	黒纓	ヘ イン：コグマ	4373	小籃兒	スヤ○ウ ラン ルウ：小カゴ
4335	紅纓	ホン イン：シヤグマ	4374	薬碾子	ヨ 子エン ツウ：ヤケン
4336	枴杖	クワイ ヂヤン：ツエ	4375	銅碾子	ドン 子エン ツウ：アカゞ子ヤゲン
4337	仗子	ヂヤン ツウ：ツエ	4376	盆景	ベン キン：ボン石
4338	木套	モ タ○ウ：ボクリ	4377	碎路	ス○イ ルウ：ヤキモノヽヒゞキノアルコ
4339	帽子	マ○ウ ツウ：ボウシ	4378	入套	ジ タ○ウ：イレコ
4340	誌公巾	ツウ コン キン：シコウモウス	4379	不求人	ポ ギウ ジン：マゴノテ
			4380	禁口	キン ゲ○ウ：ウバクチ
巻3　41葉a			4381	張口	チヤン ゲ○ウ：ハタソリ
4341	草鞋	ツア○ウ ヒヤイ：サウリ	4382	披口	ビイ ゲ○ウ：ハタソリ
4342	襪子	ワ ツウ：タビ			
4343	皮鞋	ビイ ヒヤイ：セッタ	**巻3　42葉a**		
4344	掃帚	サ○ウ チウ：ホウキ	4383	籠竹	ロン チヨ：地ドヒ
4345	竹杷	チヨ パアー：マツバガキノヒ	4384	帮竹	パン チヨ：マセダケ
4346	拂子	ヘ ツウ：ホツス	4385	扶竹	ウー チヨ：マセダケ
4347	抹布	メ プウ：フキン	4385	竹籖	チヨ ツエン：クシ
4348	布包	プウ パ○ウ：フロシキ	4387	竹竿	チヨ カン：サホ
4349	包袱	パ○ウ ホ：フロシキ	4388	六尺竿	ロ チ カン：ケンザホ
4350	包裹	パ○ウ コウ：フロシキ	4389	粘竿	子エン カン：エサシサホ
4351	洗臉盤	スイ、 レン ボワン：チヤウヅダラヒ	4390	塞縫	スエ ウヲン：イレモノヽツメ
4352	面盤	メエン ボワン：チヤウヅダラヒ	4391	便道	ベエン ダ○ウ：ベントウ
4353	洗手盤	スイ、 シウ ボワン：チヤウヅダラヒ	4392	受百菓	シウ ベ コヲ、：ヂウバコ
4354	浴桶	ヨ トン：ギヤウズヒタラヒ	4393	火食籃	ホヲ、 ジ ラン：クヒモノカゴ
4355	脚盆	キン ベン：アシダラヒ｛脚字，音誤り｝	4394	板子	パン ツウ：マナイタ
4356	脚桶	キヤ トン：アシダラヒ	4395	砧板	チン パン：マナイタ
4357	手巾	シウ キン：テヌクヒ	4396	熨斗	イ テ○ウ：ヒノシ
4358	牙鎗	ヤアー ツアン：小ヤウシ	4397	包兒	パ○ウ ルウ：タハラ
4359	牙刷	ヤアー セ：ハミガキヤウジ	4398	簍子	レ○ウ ツウ：テゴ
4360	牙櫨	ヤアー ヅヤン：ヤウジ	4399	竹簍	チヨ レ○ウ：テル

4400 楔子　スイ　ツウ：クヒ○クサビモ
4401 水車　シユイ　チエー：ミヅクルマ
4402 挑擔　テヤ○ウ　タン：ニナヒサス
4403 花炮　ハアー　パ○ウ：ハナビ

巻3　42葉b

4404 烟火　エン　ホヲヽ：ハナビ
4405 花火　ハアー　ホヲヽ：ハナビ
4406 針筒　チン　トン：ハリヅヽ
4407 尖刀　ツエン　タ○ウ：トガリ小刀
4408 紡車　ハン　チエー：モメン引クルマ
4409 繡箴　スイ○ウ　キヤ：セイゴ
4410 粉盒　フイン　ホ：ケセウバコ
4411 頂針　テン　チン：ユビヌキ
4412 繡桶　チ　トン：ヲゴケ
4413 繫根　チ　ゲン：モトユヒ
4414 乾胭脂　カン　エン　ツウ：カタベニ
4415 肥皂　ウイー　ツア○ウ：アラヒコ
4416 銕漿　テ　ツヤン：ハグロ
4417 看鏡　カン　キン：カヾミヽル
4418 照鏡　チヤ○ウ　キン：カヾミヽル
4419 抹油　メ　ユウ：アフラツクル
4420 點脂　テエン　ツウ：ベニツクル
4421 上胭脂　ジヤン　エン　ツウ：ベニツクル
4422 撲粉　ポ　フイン：ヲシロイツクル
4423 搽粉　ヅアー　フイン：ヲシロイツクル
4424 打扮　タアー　パン：ヨソヲフ

巻3　43葉a

4425 裝扮　チヨワン　パン：ヨソヲフ
4426 會得裁　ホ　テ　ヅアイ：イルヒナドヨクタツ┐
4427 布了被褥　プウ　リヤ○ウ　ビイ　ジヨ：ヨギフトンヲシク
4428 縶衣服　ツヤン　イヽ　ホ：イルヒナドニノリスル┐
4429 用包袱　ヨン　パ○ウ　ホ：フロシキモチヒル
4430 挂帳子　クワア　チヤン　ツウ：カヤヲハル
4431 薫衣服　ヒイン　イー　ホ：衣裳ニ香ヲタキコムル　{巻5　36ｂにも収録}
4432 櫃子　グイ　ツウ：ヒツ
4433 收被窩　シウ　ビイ　ヲウ：子トコヲアクル
4434 臭氣　チウ　キイ：クサヒ
4435 噴香的　ペン　ヒヤン　テ：ヅンドカフバシイ

4436 撐雨傘　ツエン　イ、　サン：カサヲサス
4437 撐把傘　ツエン　パアー　サン：カサヲサス
4438 拿傘来　ナアー　サン　ライ：カラカサモチテコヒ
4439 折雨傘　ツエ　イ、　サン：カサヲタヽム
4440 撐開来　ツエン　カイ　ライ：カサヲヒロゲル
4441 撐落来　ツエン　ロ　ライ：カサヲサシカクル
4442 充得去　チヨン　テ　キユイ：ハメテヤル
4443 香料藥　ヒヤン　リヤ○ウ　ヨ：アワセカウク
4444 有套子　イウ　タ○ウ　ツウ：ソトエガアル
4445 入套的　ジ　タ○ウ　テ：ソトエノアルモノ

巻3　43葉b

4446 把柄的　パアヽ　ピン　テ：トリエノアル
4447 木刻的　モ　ゲ　テ：キニキザム
4448 石刻的　ジ　ゲ　テ：イシニキザム
4449 板印的　パン　イン　テ：ハンコウモノ
4450 雕花的　テヤ○ウ　ハアー　テ：ハナノホリモノ
4451 飛過的　フイー　コヲ、　テ：スイヒシタモノ
4452 經用的　キン　ヨン　テ：キブツノツカウタモノ
4453 不經用　ポ　キン　ヨン：キブツノツカハヌモノ
4454 鑄銅錢　ツイヽ　ドン　ヅエン：セニヲイル
4455 搓蠟燭　ツアー　ラ　チヨ：スリガケラウヲツクル
4456 澆蠟燭　キヤ○ウ　ラ　チヨ：イカケラウヲツクル
4457 打刀盤　タアー　タ○ウ　ボワン：ツバヲウツ
4458 櫻樹皮做簑衣　ツヲン　ジユイ　ビイ　ツヲーソウ　イ、：シユロノカワヲミノニツクル
4459 福壽香琉球出　ホジウ　ヒヤン　リウ　キウ　チユ：フクジユカウハリウキウデ

巻3 文學部

讀書寫文字類

巻3　44葉a

4460　讀讀書　ド ト シユイ：シヨヲヨム
4461　學讀書　ヒヨ ド シユイ：ドクシヨヲマナブ
4462　讀完了　ド ワン リヤ○ウ：ヨミオワル
4463　讀得下　ド テ ヒヤア：ヨマルヽ
4464　念得下　子エン テ ヒヤア：ヨマルヽ
4465　念得来　子エン テ ライ：ヨマルヽ
4466　念不下　子エン ポ ヒヤア：ヨマレヌ
4467　不會念　ポ ホイ 子エン：ヨミエズ
4468　不必讀　ポ ピ ド：ヨムニオヨバヌ
4469　讀前頭　ド ヅエン デ○ウ：マヘノ方ヲヨメ
4470　用心讀讀書　ヨン スイン ド ジ シユイ：セイヲダシテヨム
4471　留心讀　リウ スイン ド：セイヲダシテヨム
4472　懶讀書　ラン ド シユイ：ヨムニモノウシ
4473　讀下論　ド ヒヤア ロン：ロンゴノ下ヲヨム

巻3　44葉b

4474　讀上孟　ド ジヤン モン：モウシノ上ヲヨム
4475　到這所在讀斷了　タ○ウ チエー ソウ ヅアイ ド トワン リヤ○ウ：コヽマテヨミオハル
4476　愛讀書　アイ ド シユイ：トクシヨヲスク
4477　日子長好讀書　ジツウ ヂヤン ハ○ウ ド［唐音なし］：日ガナガクシテシヨガヨミヨヒ
4478　溜水讀　リウ シユイ ド：ザラヽヨメ
4479　會得念　ホイ テ 子エン：ヨクヨム
4480　念下去　子エン ヒヤア キユイ：ヨメル
4481　讀得麼　ド テ マアー：ヨメタカ
4482　把箋兒指指字　ハアー ツエン ルウ ツウヽ ヅウ：ジサシデジヲサセ
4483　讀不得　ド ポ テ：ヨメヌ
4484　齊聲讀　ヅイー シンド：ツレヨミ
4485　通本讀　トン ペン ド：一冊ヨミトホス
4486　拿去讀　ナアー キユイ ド：モツテユイテヨメ
4487　只管讀　ツエ クワン ド：ヒタスラヨム
4488　少些讀　シヤ○ウ スイー ド：スコシヨメ
4489　漫漫讀　マン ヽ ド：シツカニヨメ

4490　讀幾張　ド キイ チヤン：ナンマヒヨンダカ
4491　好看書　ハ○ウ カン シユイ：シヨモツスキ

巻3　45葉a

4492　不看書　ポ カン シユイ：シヨモツミズ
4493　看閑書　カン ヘエン シユイ：ソフシヲミル
4494　會念經　ホイ 子エン キン：ヨクキヨウヲヨム
4495　認真讀　ジン チン ド：氣ヲイレテヨム
4496　不離卓子傍邊看書　ポ リイ チヨ ツウ パン ペエン カン シユイ：ツクヱヲハナレスシヨヲミル
4497　寫寫字　スエーヽ ヅウ：ジヲカク
4498　會寫的　ホイ スエー テ：ノフジヨ
4499　不會寫　ポ ホイ スエー：エカヽン
4500　要寫呢　ヤ○ウ スエー ニイ：カキタヒカ
4501　學學字　ヒヨ ヽ ヅウ：テナラヒ
4502　要寫字　ヤ○ウ スエー ヅウ：ジヲカヽ子バナラヌ
4503　會寫字　ホイ スエー ツウ：ヨクシヲカク
4504　不要寫　ポ ヤ○ウ スエー：カクナ
4505　寫出来　スエー チユ ライ：カキダス
4506　分頭寫　フイン デ○ウ スエー：テハケシテカク
4507　寫了哩　スエー リヤ○ウ リイ：カキマシタ
4508　要我寫　ヤ○ウ ゴヲ、 スエー：オレガカ、子バナラヌ
4509　寫不盡　スエー ポ ヅイン：カキツクサヌ
4510　寫得完　スエー テ ワン：カキシマツタ
4511　代你寫　ダイ ニイ スエー：ソナタニカワリテカク

巻3　45葉b

4512　並排寫　ビン パイ スエー：ナラベテカク
4513　寫白字　スエー ベ ヅウ：アテジヲカク
4514　倒寫了　タ○ウ スエー リヤ○ウ：サカサマニカヒタ
4515　直寫了　ヂ スエー リヤ○ウ：スグヽカヒタ
4516　横寫了　ウヲン スエー リヤ○ウ：ヨコニカヒタ
4517　寫得密　スエー テ ミ：コマカニカヒタ
4518　寫得稀　スエー テ ヒイ：マバラニカヒタ
4519　潦草寫　リヤ○ウ ツア○ウ スエー：サフヽカク
4520　抬頭寫　ダイ デ○ウ スエー：ツキアゲテカク

4521 起頭寫	キイ デ○ウ スエー：ツキアゲテカク
4522 並頭寫	ビン デ○ウ スエー：カシラヲソロヘテカク
4523 頂頭寫	デン デ○ウ スエー：カシラヲソロヘテカク
4524 臨寫的	リン スエー テ：ミウツシ
4525 映寫的	イン スエー テ：ミウツシ
4526 謄寫的	デン スエー テ：スキウツシ
4527 謄得完	デン テ ワン：セイショスンダ
4528 央你寫	ヤン ニイ スエー：ソナタヲタノンデカク
4529 央他抄	ヤン タア ツア○ウ：アレヲタノンデウツス
4530 還要抄	ワン ヤ○ウ ツア○ウ：マダウツサ子バナラヌ
4531 又要抄	ユウ ヤ○ウ ツア○ウ：マダウツサ子バナラヌ
4532 抄得来	ツア○ウ テ ライ：ウツサル丶

巻3　46葉a

4533 抄不来	ツア○ウ ポ ライ：ウツシハナラヌ
4534 抄起来	ツア○ウ キイ ライ：ウツシカヽル
4535 不會抄	ポ ホイ ツア○ウ：エウツサヌ
4536 煞尾寫起来	サウイ スエー キイ ライ：アトカラカケ
4537 會得抄	ホイ テ ツア○ウ：ヨウウツス
4538 寫改了	スエー カイ リヤ○ウ：カキナホス
4539 空一箇字	コン イ コ ヅウ：イチジカク
4540 高一箇字	カ○ウ イ コ ヅウ：イチシアクル
4541 低一箇字	デイ イ コ ヅウ：イチジサクル
4542 填寫	デン スエー：カキコム
4543 不起稿	ポ キイ カ○ウ：マダソウアンニトリツカヌ
4544 打稿児	タアー カ○ウ ルウ：シタガキスル
4545 紙上寫	ツウ ジヤン スエー：カミニカケ
4546 寫字寫字	スエー ヅウ 〜 〜：ジヲカク
4547 蘸筆墨飽	ツアン ヒメ パ○ウ：フデニスミヲイツハヒソムル丆
4548 墨淡了	メ ダン リヤ○ウ：スミガウスヒ
4549 墨濃了	メ ノン リヤ○ウ：スミガコクアル
4550 研研墨	子エン 〜 メ：スミヲスル
4551 不學字	ポ ホヨ ヅウ：ムヒツ

巻3　46葉b

4552 墨淡了再要磨得濃些罷	メ ダン リヤ○ウ ツアイ ヤ○ウ モー テ ノン スイー バアー：スミガウスヒモスコシコクスレ
4553 寫一半	スエー イ ポワン：ハンブンカク
4554 一箇字	イ コ ヅウ：イチジ
4555 甚麼字	シ モ ヅウ：ナニジカ
4556 不滲的	ポ スイン テ：スミナドノチラヌ丆
4557 大封皮	ダア、ホン ビイ：ホウジメ
4558 抄的有	ツア○ウ テイウ：ウツシタノカアル
4559 懶得寫	ラン テ スエー：カキタクナヒ
4560 我也讀你也寫	ゴヲ、エード ニイ エ スエー：ワレハヨム ソチハカケ
4561 懶書的	ラン シユイ テ：カキタクナヒ
4562 一頭算一頭寫	イ デ○ウ ソワン イ デ○ウ スエー：一方ハサンヨウ一方ハカク
4563 墨濃些	メ ノン スイー：スミガコクアル
4564 墨淡些	メ ダン スイー：スミガウスヒ
4565 空着好	コン ヂヤ ハ○ウ：アケテオイテヨヒ
4566 寫囬書	スエー ホイ シユイ：ヘンシヨヲカク
4567 一直児寫下来	イ ヂルウ スエー ヒヤア ライ：マツスグニカク

巻3　47葉a

4568 拿筆来	ナアー ピ ライ：フデモチテコヒ
4569 新開的上好筆	スイン カイ テ ジヤン ハ○ウ ピ：アタラシクオロシタルヨキフデ
4570 筆力壯	ピリ チヨワン：ヒツセイガツヨヒ
4571 還有箇半張把	ワン イウ コ ポワン チヤン パア、：マダハンマヒバカリアル
4572 囬字児	ホイ ヅウ ルウ：ヘンシヨ
4573 空時節好去抄	コン ヅウ ツイ ハ○ウ キユ イ ツア○ウ：ヒマノトキユイテウツスガヨヒ
4574 査査字	ヅアヽ 〜 ヅウ：ジヲギンミスル
4575 背得熟	ポイ テ ジヨ：ソラニオボエジユクシタ
4576 通本背	トン ペン ボイ：一冊ソラニオボユル
4577 背得出	ポイ テ チユ：ソラニオボエダス
4578 背不出	ポイ ポ チユ：ソラニオボエカヌル
4579 好理會	ハ○ウ リイ ホイ：ヨクガテンシタ
4580 會意了	ホイ イー リヤ○ウ：ノミコンダ
4581 你會得	ニイ トイ テ：ソチハヨウガテンセラレタ
4582 正好學	チン ハ○ウ ヒヨ：ヨキナラヒジブン

4583	頭一句	デウ イ キイ：カシラノ一句		4617	肯傳的	ゲン ヂエン テ：ヨクツタヘル
4584	第二句	デイ ルウ キイ：ダヒニノ句		4618	肯教的	ゲン キヤウ テ：ヨフオシユル
4585	記得麼	キイ テ マアー：オボエタカ		4619	不肯傳	ポ ゲン ヂエン：ヨフツタヘヌ
				4620	不肯教	ポ ゲン キヤウ：オシヘヌ
				4621	懶得學	ラン テ ヒヨ：ナラヒタクナヒ

巻3　47葉b

4586	記得了	キイ テ リヤ○ウ：オボエタ
4587	不記的	ポ キイ テ：オボエヌ
4588	難記的	ナン キイ テ：オボエニクイ
4589	隱隱兒還記得	イン 〳〵 ルウ ワン キイ テ：カスカニマダオボエテイル
4590	記心好	キイ スイン ハ○ウ：オボエガヨヒ
4591	記不多	キイ ポ トウ：オホクハオボエヌ
4592	還記的	ワン キイ テ：マタオボエテオル
4593	不錯記	ポ ツヲー キイ：オボエチガワヌ
4594	有記才	イウ キイ ヅアイ：オボエノザエガアル
4595	忘記了	ワン キイ リヤ○ウ：ワスレタ
4596	只管學	ツエ クワン ヒヨ：ヒタスラナラフ
4597	趕早學	カン ツア○ウ ヒヨ：ハヤクナラヘ
4598	學會了	ヒヨ ホイ リヤ○ウ：マナビヲホセタ
4599	多學些	トウ ヒヨ スイー：オホクナラフタ
4600	肯學的	ゲン ヒヨ テ：ヨクナラフ
4601	不肯學	ポ ゲン ヒヨ：ヨクナラハヌ
4602	發狠學	ハ ヘン ヒヨ：セイダシテナラフ
4603	獻醜獻醜	ヒエン チウ ヒエン チウ：ミニクキヲオメニカクル
4604	要留心	ヤ○ウ リウ スイン：心ニカケ子ハナラヌ

巻3　48葉a

4605	不出力	ポ チユ リ：セイガデヌ
4606	要出力	ヤ○ウ チユ リイ：チカラヲダセ
4607	用工夫	ヨン コウ フウ：セイヲダス
4608	專心的	チエン スイン テ：コヽロヲモツパラニスル
4609	怕用力	パアー ヨン リ：ツトメイヤガリ
4610	學過的	ヒヨ コフ テ：ナラヒマシタ
4611	學做得	ヒヨ ツヲウ テ：ナラフタ
4612	傳受的	ヂエン ジウ テ：デンジユモノ
4613	傳了去	ヂエン リヤ○ウ キユイ：ツタヘテユイタ
4614	傳把人	ヂエン パアー ジン：ヒトニツトフ
4615	亂傳人	ロワン ヂエン ジン：メツタニツタヘル
4616	學起来	ヒヨ キイ ライ：ナラフ

4622	學到老	ヒヨ タ○ウ ラ○ウ：マナンテ功カイタル
4623	學得成	ヒヨ テ ヂン：ナラフタ
4624	不學他	ポ ヒヨ タアー：アレハナラハヌ
4625	學到了	ヒヨ タ○ウ リヤ○ウ：ナラヒオホセタ

巻3　48葉b

4626	學得到	ヒヨ テ タ○ウ：ナラヒオホセル
4627	學他的	ヒヨ タアー テ：アレヲナラフ
4628	點得来	テン テ ライ：アラタメラルル
4629	點不来	テン ポ ライ：アラタメラレヌ
4630	你自點	ニイ ヅウ テエン：ソナタジフンニアラタメヨ
4631	點點過	テエン 〳〵 コウ：アラタメタ
4632	要點檢	ヤ○ウ テエン ケン：アラタメ子バナラヌ
4633	不點的	ポ テエン テ：アラタメヌ
4634	點完了	テエン ワン リヤ○ウ：アラタメオハツタ
4635	點得斷	テエン テ ドワン：アラタメオハツタ
4636	不消改	ポ スヤ○ウ カイ：カエルニオヨバヌ
4637	不必改	ポ ピ カイ：カユルニオヨバヌ
4638	要改的	ヤ○ウ カイ テ：カエ子バナラヌ
4639	改不来	カイ ポ ライ：カエラレヌ
4640	改得轉	カイ テ チエン：トリナラサルル
4641	不要改	ポ ヤ○ウ カイ：カユルナ
4642	不要變	ポ ヤ○ウ ペエン：カユルナ
4643	都改了	ドヲー カイ リヤ○ウ：ミナカエタ
4644	請改改	ツイン カイ 〻：オアラタメナサレイ
4645	還要選	ワン ヤ○ウ スエン：マダエラベ
4646	録出来	ロ チユ ライ：カキイダス

巻3　49葉a

4647	圏出来	キエン チユ ライ：ホシヲカクル
4648	没有圏	ムイウ キエン：ホシガナヒ
4649	虚心圏	ヒイ スイン キエン：フチマルボシ
4650	實心圏	シ スイン キエン：ヌリマルボシ
4651	抜出来	バ チユ ライ：ヌキイダス

4652	注出来	チイ チユ ライ：注釋スル
4653	見識好	ケン シ ハ○ウ：ケンシキカヨヒ
4654	有墨跡	イウ メ チ：ボクセキノアル
4655	翻翻書	ハン 〜 シユイ：書ヲ解ㇰ
4656	重複了	チヨン フ リヤ○ウ：カサナツタ
4657	深奥的	シン ア○ウ テ：オクフカヒ
4658	畫得古	ワア、 テ クウ：エカフルヒ
4659	挂落来	クワア ロ ライ：カクル
4660	畫畫的	ワア 〜 テ：エカヒタモノ
4661	着色的	チヨ スエ テ：サイシキスル
4662	描他来	ミヤ○ウ タア、 ライ：アレヲダメ
4663	不要描	ポ ヤ○ウ ミヤ○ウ：ダムナ
4664	畫得工	ワアー テ コン：エカタクミナ
4665	會畫畫	ホイ ワアー 〜：ヨクエヲカク
4666	出圖的	チユ ドヲ テ：ヅニイヅル
4667	有畫的	イウ ワアー テ：エイリ

巻3　49葉b

4668	寫畫	スエー ワアー：エヲカク
4669	新新的	スイン 、 テ：アタラシヒ
4670	有朱點	イウ チユイ テエン：シユテンカアル
4671	耳東陳	ルウ トン デン：阝東トカイタル陳ノ字
4672	禾木程	ホウ モ ヂエン：ノキヘンノ程ノ字
4673	邑奠鄭	イ デン デン：阝奠トカイタル鄭ノ字
4674	古月胡	クウ イ エウー：古月トカイタル胡ノ字
4675	口天呉	ゲ○ウ テエン ウー：口天トカイタル呉ノ字
4676	雙木林	シヨワン モ リン：木ヲナラベタル林ノ字
4677	三畫王	サン ワアー ワン：三クワクノ王ノ字
4678	草頭黄	ツア○ウ デ○ウ ワン：サウコウノ黄ノ字
4679	人可何	ジ ■(空格) コヲ、 ホウ：人可トカイタル何ノ字
4680	木卯柳	モ マ○ウ リウ：木卯トカイタル柳ノ字
4681	卯金刀	マ○ウ キン タ○ウ：劉ノ字
4682	魚鈎乙	イー ゲ○ウ イ：ツリハリナリノ乙ノ字
4683	木子李	モ ツウ リイ：木子トカイタル李ノ字
4684	畫一幅	ワアー イ ホ：エイツフク
4685	挂挂畫	クワー 、 ワアー：エヲカクル
4686	挂好了	クワア ハ○ウ リヤ○ウ：ヨクカケタ
4687	有畫稿	イウ ワアー カ○ウ：エノシタガキ
4688	大學生	ダアー ヒヨ スエン：ダイガクセイ

巻3　50葉a

4689	博学的	ホ ヒヨ テ：ハクガクナ
4690	小學生	スヤ○ウ ヒヨ スエン：シヤウガクセイ
4691	初學的	ツウ ヒヨ テ：シヨグワクノヒト
4692	幼而學壯而行	イウルウ ヒヨ チヨワン ルウイン：イトケナフシテマナビサカンニシテオコナフ
4693	上學堂	ジヤン ヒヨ タン：入學スル
4694	學生子	ヒヨ スエン ツウ：ガクシヤ
4695	大有才	ダアー イウ ヅアイ：ザエガアル
4696	學問髙	ヒヨ ウエン カ○ウ：カクモンタカヒ
4697	眞才子	チン ヅアイ ツウ：マコトノガクシヤ
4698	假才子	キヤア ヅアイ ツウ：ニセガクシヤ
4699	襪線才	メ スエン ツアイ：ツタナキザエ
4700	會做文	ホイ ツヲー ウエン：ヨク文ヲツクル
4701	好文章	ハ○ウ ウエン チヤン：ヨキブンシヤウ
4702	學做文	ヒヨ ツヲー ウエン：ブンヲナラフ
4703	文勢好	ウエン スウ ハ○ウ：ブンセイガヨヒ
4704	文法好	ウエン ハ ハ○ウ：ブンホウガヨヒ
4705	改文章	カイ ウエン チヤン：ブウセウヲナホス
4706	改改詩	カイ 〜 スウ：シヲナホス
4707	會做詩	ホイ ツヲー スウ：ヨクシヲツクル
4708	動文章	ドン ウエン チヤン：ブンシヤウヲシタㇺ

巻3　50葉b

4709	課文章	コウ ウエン チヤン：及第ノ文章
4710	做個序	ツヲー コ ヅイ：ジヨカキヲスル
4711	見識髙	ケン シ カ○ウ：ケンシキカタカヒ
4712	開金口啓玉言	カイ キン ゲ○ウ キイ ヨ エン：キンコウギヨクゲンヲヒラク
4713	師要嚴	スウ ヤ○ウ 子エン：師ハ嚴敷ナケレハナラヌ
4714	徳不孤必有隣	テ ポ クウ ピイウ リン：トクコナラズカナラストナリアリ
4715	學學的	ヒヨ 、 テ：ナラフ
4716	有義氣	イウ ニイ キイ：ギヽガアル
4717	弟子的	デイ ツウ テ：デシノモノ
4718	老詩人	ラ○ウ スウ ジン：詩ノ功者
4719	腐書獣	フウ シユイ タイ：クサレジユシヤ
4720	做詩	ツヲー スウ：シヲツクル
4721	題讃	デイ ツアン：サンヲスル
4722	少不得要學了	シヤ○ウ ポ テ ヤ○ウ ヒヨ リヤ○ウ：ドウデモナラハ子バナラヌ

4723	不能進學	ポ 子ン ツイン ヒヨ：カクモンハナラヌ
4724	聰明得狠	ツヲン ミン テ ヘン：イコウソウメイナ
4725	多一畫	トヲイ ワアー：一クワクオホヒ
4726	少一畫	シヤ○ウイ ワアー：一クワクスクナヒ

巻3　51葉a

4727	去一畫	キユイ イ ワアー：一クワクサレ
4728	添一畫	テエン イ ワアー：一クワクソエヨ
4729	多一直	トヲイ チ：ヒトヒキオホヒ
4730	少一直	シヤ○ウイ チ：ヒトヒキスクナヒ
4731	去一直	キユイ イ チ：ヒトヒキサレ
4732	添一直	テエン イ チ：ヒトヒキソエヨ
4733	多一ノ	トヲイ ピ：ヒトヘツオホヒ
4734	少一ノ	シヤ○ウイ ピ：ヒトヘツスクナヒ
4735	去一ノ	キユイ イ ピ：ヒトヘツサレ
4736	添一ノ	テエン イ ノ：ヒトヘツソエル
4737	多一ヘ	トヲイ [右ヘ・左ホツ]：ヒトホツオホヒ
4738	少一ヘ	シヤ○ウイ ヘ：ヒトホツスクナヒ
4739	去一ヘ	キユイ イ ヘ：ヒトホツサレ
4740	添一ヘ	テエン イ ヘ：ヒトホツソエヨ
4741	多一點	トヲイ テエン：一点オホヒ
4742	少一點	シヤ○ウイ テエン：一点スクナヒ
4743	去一點	キユイ イ テエン：一点サレ
4744	添一點	テエン イ テエン：一点ソエヨ
4745	ノ出去	ピ チユ キユイ：ハ子ダス
4746	助語字	ヅウ イー ツウ：ショゴジ
4747	俗字眼	ヅヲ ヅウ エン：ゾクジガン

巻3　51葉b

4748	虛字眼	ヒイ ヅウ エン：キヨシガン
4749	假字眼	キヤア ヅウ エン：ウソ字
4750	實字眼	ジ ヅウ エン：ジツジガン
4751	豸字傍	ズウ ツウ バン：豸ノ字ヘン
4752	筆畫多	ヒ ワアート ヲ：ヒツカクガオホヒ
4753	立人旁	リ ジン バン：ニンベン
4754	雙立人	シヨワン リ ジン：行人ヘン
4755	竪人傍	シイ ジン ハン：ニンベン
4756	挑手旁	テヤ○ウ シウ バン：テヘン
4757	剔才旁	テ ヅアイ バン：サイヘン
4758	有字眼	イウ ツウ エン：ジガンガアル
4759	示字旁	スウ ヅウ バン：シメスヘン
4760	牛字旁	ニウ ツウ バン：ウシヘン
4761	酉字旁	イウ ヅウ バン：トリヘン
4762	音字旁	イン ヅウ バン：オトヘン
4763	巾字旁	キン ヅウ バン：キンヘン
4764	缶字旁	ペ○ウ ヅウ バン：ホトキヘン {缶字，音誤り}
4765	貝字旁	ポイ ツウ バン：コガヒヘン
4766	歹字旁	タイ ヅウ バン：ダノ字ヘン
4767	車字旁	チエー ヅウ バン：クルマヘン
4768	舟字旁	チウ ヅウ バン：フ子ヘン

巻3　52葉a

4769	疾字頭	ヅイ ヅウ デ○ウ：ヤマイダレ
4770	草盖頭	ツア○ウ カイ デ○ウ：サウカウ
4771	穴字頭	イエ ツウ デ○ウ：アナカムリ
4772	山字頭	サン ヅウ デ○ウ：ヤマカムリ
4773	竹立頭	チヨ リ デ○ウ：竹カムリ
4774	口字傍	ゲ○ウ ヅウ バン：クチヘン
4775	三點水	サン テエン シユイ：サンズヒ
4776	寶盖頭	パ○ウ カイ デ○ウ：ウカムリ
4777	國字殼	クヲ ヅウ コ：クニカマヘ
4778	走馬運	ツエ○ウ マアー イユン：シンニヨフ
4779	禾木傍	ホウ モ バン：ノギヘン
4780	不敢懶惰	ポ カン ラン トヲ：ブセウハイタサヌ
4781	行書	ヒン シユイ：{語釈なし}
4782	草書	ツア○ウ シユイ：{語釈なし}

巻4 營造部

製作破壊斷折膠粘燥溼類

巻4　1葉a

4783 會得做　ホイ テ ツヲー：ヨクスル
4784 不會做　ポ ホイ ツヲー：ヨクセヌ
4785 好做的　ハ○ウ ツヲー テ：ヨクツクル
4786 不好做　ポ ハ○ウ ツヲー：ツクリニクヒ
4787 做得来　ツヲー テ ライ：ツクラレル
4788 做起来　ツヲー キイ ライ：ツクリカヽル
4789 我做的　ゴヲヽ ツヲー テ：ワレガイタシタ
4790 他做甚　タアー ツヲー シヤア：アレハナニヲスルカ
4791 你做甚　ニイ ツヲー シヤア：ソチハナニヲスルカ
4792 做壞了　ツヲー ワイ リヤ○ウ：シソコナツタ
4793 包做的　ハ○ウ ツヲー テ：ウケ合シゴト
4794 包他做　パ○ウ タアー ツヲー：アレニアツラヘテツクル

巻4　1葉b

4795 做出不三不四的勾當来　ツヲー チユ ポ サン ポ スウ テ ゲ○ウ タン ライ：ドチニモツカヌコトヲ仕出シタ
4796 就會作　ヅイ○ウ ホイ ツヲ：ソノマヽヨクナス
4797 做完了　ツヲー ワン リヤ○ウ：ツクリシマフタ
4798 做不完　ツヲー ポ ワン：ツクリシマハヌ
4799 做得完　ツヲー テ ワン：ツクリシマハルヽ
4800 什麼人起端的　シ モ ジン キイ トワン テ：タレガハジメタカ
4801 做生活　ツヲー スエン ウヲ：スキハイヲナス
4802 不須手　ポ スイヽ シウ：テハイラヌ
4803 做到老　ツヲー タ○ウ ラ○ウ：ラウコウガイツタ
4804 讓他做　ジヤン タアー ツヲー：カレニユツリテスル
4805 當官做　タン クワン ツヲー：アラハニスル
4806 做得及　ツヲー テ ギ：シアハセヌ
4807 做得企　ツヲー テ ギイ：マニアフ
4808 做得笨　ツヲー テ ペン：シヨフノマハリヲイヽ

4809 另外做　リン ワイ ツヲー：ベツニツクル
4810 還要做　ワン ヤ○ウ ツヲー：マタツクラ子ハナラヌ
4811 甚麼人做起的　シモジン ツヲー キイ テ：ナニビトガシタテタカ

巻4　2葉a

4812 不動手　ポ ドン シウ：マダトリツカヌ
4813 一起動手　イ キイ ドン シウ：イツシヨニトリツケ
4814 做不得　ツヲー ポ テ：セラレヌ
4815 只管做　ツエ クワン ツヲー：ヒタスラスル
4816 私下做　スウ ヒヤア ツヲー：ナイセウデスル
4817 正好做　チン ハ○ウ ツヲー：チヨフトヨクツクツタ
4818 做做做　ツヲー ツヲー ツヲー：イタセイタセ
4819 鑄起来　ツイー キイ ライ：イモノスル
4820 抬石頭　ダイ ジ デ○ウ：イシヲモチアクル
4821 抬木頭　ダイ モ デ○ウ：サイモクヲモチアクル
4822 把将来　パアヽ ツヤン ライ：取テモチテコヒ
4823 籠起来　クウ キイ ライ：ワヨイルヽ
4824 扛了来　カン リヤ○ウ ライ：相ニナヒシテキタ
4825 滴透了　テ テ○ウ リヤ○ウ：モリトホル
4826 倒出来　タ○ウ チユ ライ：サカサマニデタ
4827 清利些　ツイン リイ スイー：スコシキレイニナツタ
4828 不乾淨　ポ カン ヅイン：サツハリトナヒ
4829 不潔淨　ポ キ ヅイン：サツハリトナヒ
4830 省力些　スエン リ スイー：テマヲハブク
4831 垂落来　ヅ○イ ロ ライ：タレヲツル
4832 垂下去　ヅ○イ ヒヤア キユイ：タレヲチタ

巻4　2葉b

4833 費力些　フイー リ スイー：テマガイル
4834 費工夫　フイー コン フウ：ヒマヲツイヤス
4835 費心　フイー スイン：セワヲスル
4836 蕩落来　ダン ロ ライ：ヲチスシテサガル⌝
4837 刮落来　クワ ロ ライ：コソケオトス
4838 彈落来　ダン ロ ライ：ハジキオトス

4839	撈起来	ラ○ウ キイ ライ：スクヒアクル	
4840	救上来	ギウ ジャン ライ：スクヒアクル	
4841	揎落来	スエン ロ ライ：ヒキオトス	
4842	飄落来	ピヤ○ウ ロ ライ：ハナノオツル○雪ノフル┐	
4843	㲸落来	トイン ロ ライ：ミツニスム	
4844	勒下来	レ ヒヤア ライ：シゴキオトス	
4845	蘸起来	ツアン キイ ライ：スクヒアクル	
4846	撩起来	リヤ○ キイ ライ：カギアクル	
4847	套進去	タ○ウ ツイン キユイ：オシコム	
4848	捲起袖子	ギエン キイ ヂウ ツウ：ソデヲマキアクル	
4849	搝得着	エ○ウ テ ヂヤ：テカトヾカヌ	
4850	搝不着	エ○ウ ポ ヂヤ：テカトヾカヌ	
4851	矯起来	ギヤ○ キイ ライ：ソリアガッタ	
4852	矯了去	ギヤ○ウ リヤ○ウ キユイ：ソッタ	
4853	浮起来	ウエ○ウ キイ ライ：ウキアガル	

巻4　3葉a

4854	跳起来	テヤ○ウ キイ ライ：オトリアガル	
4855	跳起去	テヤ○ウ キイ キユイ：オトリアガッテユク	
4856	架起来	キヤア キイ ライ：クミタツル	
4857	折掉了	ツエ デヤ○ウ リヤ○ウ：トリクヅス	
4858	好田地	ハ○ウ デエン デイ：ヨキバショ	
4859	打扇打扇	タア、 シエン タア、 シエン：アヲゲ	
4860	立個碑	リ コ ブヲイ：セキヒヲタツル	
4861	起石塔	キイ ジタ：セキタウタツル	
4862	漆黒的	ツイ ヘ テ：ウルシヌル	
4863	塗塗兒	ドウ ドウ ルウ：ヌル	
4864	彩漆的	ツアイ ツイ テ：サイシキノウルシヌリ	
4865	塗抹的	ドウ メ テ：ヌリツクル	
4866	塗起来	ドウ キイ ライ：ヌル	
4867	不淡的	ポ ダン テ：ウスクナヒ	
4868	彫漆的	テヤ○ウ ツイ テ：ツヒシユ	
4869	紅漆的	ホン ツイ テ：アカヌリ	
4870	黒漆的	ヘ ツイ テ：クロヌリ	
4871	鋪好了	プウ ハ○ウ リヤ○ウ：シキヨフガヨヒ	
4872	補補兒	プウ プウ ルウ：ツクロフ	
4873	貼上去	テ シヤン キユイ：ハリソエル	
4874	貼得牢	テ テ ラ○ウ：シツカリトハリツケタ	

巻4　3葉b

4875	有貼兒	イウ テ ルウ：ウラウツテアル	
4876	不具貼	ポ ギユイ テ：ウラウツテナヒ	
4877	有摸兒	イウ モー ルウ：カタガアル	
4878	不貼褊	ポ テ ペエン：ヘリヲツケヌ	
4879	没嘴的	ム ツ○イ テ：クチノナイモノ	
4880	有耳的	イウ ルウ テ：ミヽノアルモノ	
4881	抽出来	チウ チユ ライ：ヒキダシタ	
4882	鬪出来	テ○ウ チユ ライ：タヽカヒダシタ	
4883	㧶出来	ワ チユ ライ：カキダス	
4884	彈了他	ダン リヤ○ウ タアー：アレヲハシク	
4885	敲進去	キヤ○ウ ツイン キユイ：タヽキコム	
4886	擦光了	ツア クワン リヤ○ウ：スリヒカラス	
4887	鏒子来鏒一鏒	バ○ウ ツウ ライ バ○ウ イ バ○ウ：カンナモテキテケヅレ	
4888	鏒光了	バ○ウ クワン リヤ○ウ：ケツリヒカラカス	
4889	禿光了	ト クワン リヤ○ウ：ケツリヒカラカス	
4890	削光了	スエ クワン リヤ○ウ：ケツリヒカラカス	
4891	透徹的	デ○ウ テ テ：トホッタ	
4892	活結	ウヲ キ：ヒキトキニムスブ┐	
4893	死結	スウ キ：マムスビ	
4894	打平了	タア、 ビン リヤ○ウ：ナラムル	

巻4　4葉a

4895	壓扁了	ヤ ペエン リヤ○ウ：オシヒラメタ	
4896	壓癟了	ヤ ピ リヤ○ウ：オシヒラメタ	
4897	敲碎了	キヤ○ウ スイ リヤ○ウ：ウチクダヒタ	
4898	敲直了	キヤ○ウ チ リヤ○ウ：タヽキスクメタ	
4899	敲彎了	キヤ○ウ ワン リヤ○ウ：タヽキマゲタ	
4900	敲扁了	キヤ○ウ ペエン リヤ○ウ：タヽキヒラメタ	
4901	釘起来	デン キイ ライ：トヂル	
4902	竪起来	シユイ キイ ライ：タツル	
4903	蓋好了	カイ ハ○ウ リヤ○ウ：ヨフアフタ	
4904	倒倒兒	タウ タウ ルウ：タヲルヽ	
4905	壓倒了	ヤ タ○ウ リヤ○ウ：オシタヲス	
4906	隔住的	ゲ ヂユイ テ：タテヘタツル	
4907	壓緊的	ヤ キン テ：シツカトオス	
4908	不要壓	ポ ヤ○ウ ーヤ：オスナ	
4909	捏上去	ニヤ ジャン キユイ：ニギリアクル	
4910	捲着了	キエン ヂヤ リヤ○ウ：マイタ	

4911	搓熟了	ツヲー ジヨ リヤ○ウ：ヨクモンタ	
4912	劈劈柴	ピ ピ ヅアイ：タキベヲワル	
4913	搭住了	タ ヂユイ リヤ○ウ：ウチカケル	
4914	鈎住了	ケ○ウ ヂユイ リヤ○ウ：ヒキカクル	
4915	滯隔的	ヅウ ケ テ：ツカエタ	

巻4　4葉b

4916	鬱塞塞	イ スエ スエ：ツドヒツマル
4917	夾住了	キヤ ヂユイ リヤ○ウ：ハサム
4918	拘定了	キユイ デン リヤ○ウ：ヒツカヽル
4919	拘定的	キユイ デン テ：ヒツカヽル
4920	兜住了	テ○ウ ヂユイ リヤ○ウ：ヒキカクル
4921	兜搭的	テ○ウ タ テ：カヽリタガル
4922	塞住了	スエ ヂユイ リヤ○ウ：ツマツタ
4923	塞進去	スエ ツイン キユイ：モノヲツメル
4924	埋没了	マイ メ リヤ○ウ：ウツンタ
4925	填起来	デン キイ ライ：ウヅムル
4926	填得滿	デン テ モワン：ウヅメタ
4927	塘塞他	ダン スエ タアヽ：アレニハムル
4928	掘開来	キエ カイ ライ：ホリアケタ
4929	窊進去	ワ ツイン キユイ：クボツタ
4930	蹈住了	タ ヂユイ リヤ○ウ：フミツメル
4931	窪下去	ワア、ヒヤア キユイ：クボル
4932	陷下去	ハン ヒヤア キユイ：クボル
4933	揑倒了	ヤイ タ○ウ リヤ○ウ：オシタヲス
4934	放倒了イタ	ハン タ○ウ リヤ○ウ：サカサマニオ
4935	放重些	ハン ヂヨン スイー：オシガオモヒ
4936	放輕些	ハン キン スイー：オシガヽルヒ

巻4　5葉a

4937	倒放了イタ	タ○ウ ハン リヤ○ウ：サカサマニオ
4938	打得深	タアヽ テ シン：フカクナシタ
4939	打得淺	タアヽ テ ツエン：アサクナシタ
4940	拌轉来	ポワン チエン ライ：スリマワス
4941	漏落来	レ○ウ ロ ライ：モル
4942	傾出来	キン チユ ライ：カタムケイダス
4943	敲出来	キヤ○ウ チユ ライ：タヽキダシタ
4944	迸出来	ピン チユ ライ：ハシリデタ
4945	托進来	ト ツイン ライ：カヽエル
4946	抬進来	ダイ ツイン ライ：カヽケコム
4947	托過去	ト コフ キユイ：カヽエテユク

4948	托得起	ト テ キイ：カヽエラレル
4949	負了来	ウー リヤ○ウ ライ：セアフテキタ
4950	挑了去	テヤ○ウ リヤ○ウ キユイ：ニナフテイタ
4951	駞了来	ドフ リヤ○ウ ライ：セアフテクル
4952	扡了去	ドフ リヤ○ウ キユイ：セアフテイタ
4953	捲了来	ギエン リヤ○ウ ライ：マヒテクル
4954	吊上来	テヤ○ウ シヤン ライ：ツリアケル
4955	拿不起	ナアー ポ キイ：モチアカラヌ
4956	隨手来	ヅ○イ シウ ライ：テニツヒテクル
4957	扯了来	チエー リヤ○ウ ライ：ヒイテコヒ

巻4　5葉b

4958	排開来	パイ カイ ライ：ナラフル
4959	擺定了	パイ デン リヤ○ウ：ナラベタ
4960	累起来	ルイ キイ ライ：カサ子ル
4961	擱起来	コ キイ ライ：ナギワタス
4962	撒落去	サロ キユイ：ナゲヤル
4963	衝上来	チヨン ジヤン ライ：ツキアグル
4964	拿進来	ナアー ツイン ライ：モチイレヨ
4965	拿出去	ナアー チユ キユイ：モチダセ
4966	収進来	シウ ツイン ライ：トリイレタ
4967	捉着了	ツヲ ヂヤ リヤ○ウ：トラエタ
4968	捉了去	ツヲ リヤ○ウ キユイ：トラエテユイタ
4969	搬出来	ボワン チユ ライ：ハコヒダス
4970	搬得到	ボワン テ タ○ウ：ハコバレル
4971	搬不到	ボワン ポ タ○ウ：ハコバレヌ
4972	輪到了	ルイン タ○ウ リヤ○ウ：マワツテキタ
4973	牽来了	ケン ライ リヤ○ウ：ヒイテキタ
4974	牽不得	ケン ポ テ：ヒカレヌ
4975	輪過去	ルイン コフ キユイ：マワツタ
4976	拿過来	ナア コフ ライ：モチテコヒ
4977	担過来	タン コフ ライ：モチテコヒ
4978	擔些来	タン スイ、ライ：チトモチテコヒ

巻4　6葉a

4979	就担来	ツイ○ウ タン ライ：イマモチテコヒ
4980	拿将来	ナアー ツヤン ライ：モチテコヒ
4981	拿得起	ナアー テ キイ：モチアゲル
4982	你来拿	ニイ ライ ナアー：ソナタキテモテ
4983	空身来	コン シン ライ：ナニモヽタスニコヒ
4984	扯破了	チエー ホヲ、リヤ○ウ：ヒキヤブツタ

【破壊断折】

4985	扯不破	チエー ポ ホヲ、：ヒキヤブラヌ
4986	撕破了	スウ ポヲ、 リヤ○ウ：ヒキサイタ
4987	希破的	ヒイ ポヲ、 テ：ヤフレモノ
4988	掲得開	カ テ カイ：ハガル、
4989	掲不開	カ ポ カイ：ハガレヌ
4990	掲得底	カ テ デイ：シタマデハヒダ
4991	破開来	ポヲ、 カイ ライ：ヤフレタ
4992	梟開来	ピヤ○ウ カイ ライ：ヒキハク
4993	開過了	カイ コフ リヤ○ウ：アケマシタ
4994	竟開了	キン カイ リヤ○ウ：ツヒニハアケタ
4995	橇開了	ヅ○イ カイ リヤ○ウ：コ子アケタ
4996	且開去	ツエー カイ キユイ：マタアヒタ
4997	攤敗了	ダン ハイ リヤ○ウ：クヅレタ
4998	攤落来	ダン ロ ライ：クヅレタ
4999	毀壊的	ポイ ワイ テ：ソンジタ

巻4　6葉b

5000	捌破了	チヨ ポヲ、 リヤ○ウ：ツキヤブル
5001	刺破了	ツウ ポヲ、 リヤ○ウ：サシヤフツタ
5002	打開来	タア、 カイ ライ：ウチアケタ
5003	切斷了	ツイ ドワン リヤ○ウ：小刀ナトテキル┐
5004	斬斷了	ツアン ドワン リヤ○ウ：ナガイモノデキル┐
5005	割斷了	カ ドワン リヤ○ウ：大キナモノテキル┐
5006	弄斷了	ロン ドワン リヤ○ウ：イジリキツタ
5007	攊得斷	キ テ ドワン：オシヲツタ
5008	切齊了	ツイ ヅイ リヤ○ウ：キリソロエル
5009	打斷了	タア、 ドワン リヤ○ウ：ウチキル
5010	且切了	ツエ、 ツイ リヤ○ウ：マヅキレ
5011	切些来	ツイ スイ、 ライ：オシキレ
5012	割一刀	カ イ タ○ウ：ヒトワリ
5013	裁掉了	ヅアイ テヤ○ウ リヤ○ウ：タチキツタ
5014	總不斷	ツヲン ホ ドワン：ヅンドキレタ
5015	不斷的	ポ ドワン テ：キレヌ
5016	切片的	ツイ ペン テ：キリキサミモノ
5017	斬得的	ツアン テ テ：キツタモノ
5018	折起来	ツエ キイ ライ：ヲレタ
5019	劈開来	ピ カイ ライ：木ヲワル
5020	剖開来	ヘ○ウ カイ ライ：木ヲワル

巻4　7葉a

5021	打掉了	タア、 デヤ○ウ リヤ○ウ：ウチステタ
5022	擂砕了	ルイ ス○イ リヤ○ウ：スリクダヒタ
5023	舂砕了	チヨン ス○イ リヤ○ウ：ウスニテツキクタヒタ
5024	搗砕了	タ○ウ ス○イ リヤ○ウ：ツキクタヒタ
5025	揉得砕	ジウ テ ス○イ：モミクダヒタ
5026	弄砕了	ロン ス○イ リヤ○ウ：イジリクダヒタ
5027	弄好了	ロン ハ○ウ リヤ○ウ：イシリテヨクナツタ
5028	弄破了	ロン ポフ リヤ○ウ：イシリテヤブツタ
5029	弄得出	ロン テ チユ：イシリダシタ
5030	釬釬皮	ツエン ツエン ビイ：カワヲムク
5031	咬掉了	ヤ○ウ デヤ○ウ リヤ○ウ：カミクダヒタ
5032	咬乱了	ヤ○ウ ロワン リヤ○ウ：カミ、ダシタ
5033	删掉了	サン デヤ○ウ リヤ○ウ：ケヅル
5034	鑽起来	ツアン キイ ライ：キリデイル
5035	裁好了	ツアイ ハ○ウ リヤ○ウ：タチヨフガヨヒ
5036	刻錯了	ゲツヲ、 リヤ○ウ：キザミソコノフタ
5037	敲得砕	キヤ○ウ テ ス○イ：タ、キクダヒタ
5038	扯緊了	チエー キン リヤ○ウ：ヒツハル
5039	扯伸了	チエ、 シン リヤ○ウ：ヒキノベル
5040	跌一交	テイ キヤ：ヒトケツマツキ
5041	踢一脚	テイテ：ヒトアシケル）｛「踢一踢」への唐音表記｝

巻4　7葉b

5042	失脚了	シー キヤ リヤ○ウ：フミハヅシタ
5043	甩掉了	グワン デヤ○ウ リヤ○ウ：ウチカヘシタ ｛第1字は別字の可能性あり｝
5044	踢翻了	テ ハン リヤ○ウ：ケカヘシタ
5045	丢掉了	テ○ウ デヤ○ウ リヤ○ウ：ステタ
5046	踢落去	テ ロ キユイ：ケヲトシタ
5047	踢下来	テ ヒヤア ライ：ケヲトシタ
5048	跌倒了	テ タ○ウ リヤ○ウ：ケツマツヒテタヲレタ
5049	遺失了	イ、 シ リヤ○ウ：ウセタ
5050	失手了	シ シウ リヤ○ウ：トリオトシタ
5051	丢開了	テ○ウ カイ リヤ○ウ：ステキツタ
5052	咬掉了	ヤ○ウ テヤ○ウ リヤ○ウ：カミステタ ｛巻4　7葉aにあり。重複掲載｝
5053	丢棄了	テ○ウ キイ リヤ○ウ：ステタ

5054 爛掉了	ラン デヤ○ウ リヤ○ウ：クサレスタル
5055 棄掉了	キイ デヤ○ウ リヤ○ウ：ステタ
5056 不捨的	ポ セエー テ：ステラレヌ
5057 割捨的	カ セエー テ：ステタ
5058 丟着歇	テ○ウ チヤ ヘ：ステヨ
5059 丟掉渣	テ○ウ デヤウ ヅアー：カスヲステル
5060 刺破了	ツウ ポヲー リヤ○ウ：サシヤブツタ
{巻4 6葉bにもあり。重複掲載}	
5061 搔傷了	ツアウ シヨワン リヤ○ウ：カキヤブツタ
5062 抓破了	ツア○ウ ホヲー リヤ○ウ：カキヤフル

巻4 8葉a

5063 搔傷的	ツア○ウ シヨワン テ：カキヤブツタ
5064 撓傷的	キヤ○ウ シヨワン テ：カキヤフル
{撓字，音誤り}	
5065 搖落去	ヤ○ウ ロ キユイ：ユリコム
5066 去得掉	キユイ テ デヤ○ウ：ノケラル、
5067 磨糊了	モフ ウ、リヤ○ウ：ラチモナクスツタ
5068 粘住了	子エン ヂユイ リヤ○ウ：ヒツヽヒタ
5069 膠住了	キヤ○ウ ヂユイ リヤ○ウ：ヒツヽヒタ
5070 粘粘的	子エン 子エン テ：子ハル○ツク
5071 不粘的	ポ 子ンテ：子バツカヌ
5072 粉嫩的	フイン ソン テ：ボロ〜スル
5073 粉撲兒	フイン ホ ルウ：ボロ〜スル
5074 粘膩的	子エン ニイ テ：子ハ〜スル
5075 粘膩膩	子エン ニイ ニイ：子ハ〜スル
5076 脆脆的	ツ○イ ツ○イ テ：ハギリノアル○モロシ
5077 脆得緊	ツ○イ テ キン：イカフハギリノヨイ「
5078 稀稀兒	ヒイ ヒイ ルウ：ノリナドノユルイ「
5079 打漿糊	タア、ツヤン ウ、：シヤウフヲ子ル
5080 潤潤的	ジユイン ジユイン テ：ウルホフ
5081 不潤的	ポ ジユイン テ：ウルホワヌ
5082 潮潤的	ヂヤ○ウ ジユイン テ：シメル
5083 發了潮	ハ リヤ○ウ ヂヤ○ウ：シメリノテル「

巻4 8葉b

5084 有潮氣	イウ ヂヤ○ウ キイ：シメリノアル「
5085 浸不爛	チン ポ ラン：ヨクシメラヌ
5086 滑膩膩	ワ ニイ ニイ：ヌメ〜スル
5087 爛達達	ラン タ タ：クサツタ
5088 爛膩膩	ラン ニイ ニイ：クサツタ

5089 餿了去	スエ○ウ リヤ○ウ キユイ：クサツタ
5090 有餿氣	イウ スエ○ウ キイ：クサツタ
5091 濕溚溚	シ タ タ：ヌレテクサツタ
5092 不餿的	ポ スエ○ウ テ：クサラヌ
5093 不朽的	ポ ヒウ テ：クチヌ
5094 霉爛了	ムイ ラン リヤ○ウ：カビ付テクサツタ
5095 閉住了	ビイ チユイ リヤ○ウ：トヂフサク
5096 受濕的	ジウ シ テ：シツケウケタ
5097 磨成粉	モフ ヂン フイン：ヒヒテコニナス
5098 起了毛	キイ リヤ○ウ マ○ウ：ケバタツタ
5099 晒乾了	シヤイ カン リヤ○ウ：ホシカワカシタ
5100 晒燥了	シヤイ サ○ウ リヤ○ウ：ホシカワカシタ
5101 好晒的	ハ○ウ シヤイ テ：ヨイサラシ日
5102 晒過的	シヤイ コヲー テ：サラシタモノ
5103 晒黑了	シヤイ ヘ リヤ○ウ：サラシクロメタ
5104 晒不燥	シヤイ ポ サ○ウ：サラシカワカズ

巻4 9葉a

5105 漂白了	ピヤ○ウ ベ リヤ○ウ：サラシタ
5106 漂白的	ピヤ○ウ ベ テ：サラス
5107 晒完了	シヤイ ワン リヤ○ウ：ホシヽマフタ
5108 乾巴巴	カン ハア、パア、：ホシカワカレテガワ〜スル「
5109 燥燥的	サ○ウ サ○ウ テ：カワヒタ
5110 不燥的	ポ サ○ウ テ：カワカヌ
5111 不干的	ポ カン テ：ヒヌ
5112 陰乾了	イン カン リヤ○ウ：カゲホシ
5113 絞得干	キヤ○ウ テ カン：シボリカワカス
5114 絞不干	キヤ○ウ ポ カン：シボリカワカサヌ
5115 烏化了	ウー ハアー リヤ○ウ：シミカイリタ
5116 泥汚了	ニイ ウー リヤ○ウ：ドロノツイタ「
5117 泥定了	ニイ デン リヤ○ウ：トヾコフル
5118 捱得去	ヤイ テ キユイ：エンニンスル「
5119 累了墨	ルイ リヤ○ウ メ：スミガツヒタ
5120 累了泥	ルイ リヤ○ウ ニイ：ドロカツヒタ
5121 累了油	ルイ リヤ○ウ ユウ：アフラカツヒタ
5122 墨汚了	メ○ウ リヤ○ウ：スミツケタ
5123 揭開来	カ カイ ライ：ヒキハグ

數量多少大小長短厚薄類

巻4　10葉a

5124	多得緊	トフ テ キン：ヅントオホヒ
5125	多得狠	トフ テ ヘン：ヅントオホヒ
5126	添得多	テエン タ トフ：ソエガオホヒ
5127	太多了	ダイ トウ リヤ○ウ：ハナハタオホヒ
5128	好不多	ハ○ウ ポ トフ：イコフオホクナヒ {語釈, 誤り}
5129	无不足	ウー ポ ツヲ：タラヌコトハナヒ
5130	也勾了	エー ゲ○ウ リヤ○：ソレモタリマシタ
5131	殻不殻	ゲ○ウ ポ ゲ○ウ：タツタカタラヌカ
5132	儘勾了	ヅイン ゲ○ウ リヤ○ウ：スベテタリマシタ
5133	不多了	ポ トフ リヤ○ウ：オホクナヒ
5134	也不扣	エー ポ ゲ○ウ：ソレモタラヌ
5135	整勾了	チン ゲ○ウ リヤ○ウ：トヽノヘタ
5136	多兩分	トフ リヤン フイン：ニフンホトオホヒ
5137	多兩錢	トフ リヤン ヅエン：ニモンメホトオホヒ
5138	多呢少	トフ ニイ シヤ○ウ：オホヒカスクナヒカ
5139	多起来	トフ キイ ライ：オホクナツタ
5140	多些呦	トウ スイ、 サアヽ：チトオホヒ
5141	種數多	チヨン スウ トフ：シユルヒガオホヒ

巻4　10葉b

5142	大過了	タイ コウ リヤ○ウ：スギマシタ {大は太の誤り}
5143	還少唎	ワン シヤ○ウ リイ：マダスクナヒ
5144	派不多	パイ ポ トウ：ワリツケガスクナヒ
5145	也是少	エー ズウ シヤ○ウ：コレデモスクナヒ
5146	忒少了	テ シヤ○ウ リヤ○ウ：イカウスクナヒ
5147	少多少	シヤ○ウ トウ シヤ○ウ：ナニホトタラヌカ
5148	添添添	テエン テエン テエン：ソヘ〜
5149	少幾分	シヤ○ウ キイ フイン：ナンプンタラヌカ
5150	不敷用	ポ フウ ヨン：ユキワタラヌ
5151	加起来	キヤア キイ ライ：クハユル
5152	少到少	シヤ○ウ タ○ウ シヤ○ウ：スクナヒヿハスクナヒ
5153	少一點	シヤ○ウ イ テエン：チトスクナヒ
5154	多兩點	トフ リヤン テエン：チトオホヒ
5155	減下来	ケン ヒヤア ライ：ヘリマシタ
5156	清減些	ツイン ケン スイー：ゲンジタ
5157	補多少	プウトウ シヤ○ウ：ナニホトタスカ
5158	除多少	ヅイー トフ シヤ○ウ：イカホドノゾクカ
5159	剩下来	ヂン ヒヤア ライ：アマル
5160	餘剩的	イ、 ヂン テ：アマリモノ
5161	添一箇	テエン イ コ：ヒトツソヘル
5162	要多少	ヤ○ウ トフ シヤ○ウ：ナニホトイルカ

巻4　11葉a

5163	不要多	ポ ヤ○ウ トフ：オホクハイラヌ
5164	要不多	ヤ○ウ ポ トフ：オホクハイラヌ
5165	差不多	ツアー ポ トフ：オホカタ
5166	會計較	ホイ キイ キヤ○ウ：サイカクガヨイ
5167	有次序	イウ ツウ ヅイー：シダヒカアル
5168	遅漫了	ヅウ マン リヤ○ウ：オソヒ
5169	高一等	カ○ウ イ テン：イツトフタカヒ
5170	高起来	カ○ウ キイ ライ：タカクナツタ
5171	兩頭高	リヤン デ○ウ カ○ウ：リヤフホフガタカヒ
5172	兩頭低	リヤン デ○ウ デイ：リヤフホフカヒクヒ
5173	老遠的	ラ○ウ イエン テ：ヅントヽホヒ
5174	不甚遠	ポ ジン イエン：アマリトホクナヒ
5175	高高低低	カ○ウ カ○ウ デイ テイ：タカヒクノヿ
5176	漫高	マン カ○ウ：タカクナル
5177	畢直的	ピ チ テ：マツスグナ
5178	直挺挺	ヂ デン デン：マツスグナ
5179	伸得直	シン テ ヂ：スクヽノベタ
5180	直掉了	ヂ デヤ○ウ リヤ○ウ：スグヽナツタ
5181	直托的	ヂ ト テ：マツスグナ
5182	直了罷	ヂ リヤ○ウ バアヽ：スグヒガヨヒ
5183	彎彎曲曲	ワン ワン キヨ キヨ：マガル

巻4　11葉b

5184	直直的	チ チ テ：スグナ
5185	大大的	ダアー ダアー テ：オホキナ
5186	好大的	ハ○ウ ダアー テ：ヅンドフトヒ

5187	滾大	クイン ダアー：ヅンドフトヒ
5188	漫大的	マン タアー テ：フトヒ
5189	也好大	エー ハ○ウ ダアー：ソレモフトクアル
5190	事體大	ズウ デイ ダアヽ：コトガオホキナ
5191	物件大	ウエ ゲン ダアー：シナ〜トヒ
5192	是個大	ズウ コ ダアー：コレガフトヒ
5193	不多大	ポ トフ ダアー：アマリフトクナヒ
5194	大得緊	ダアヽ テ キン：ヅンドフトヒ
5195	寛大的	クワン ダアヽ テ：ヒロヒ
5196	小小的	スヤ○ウ スヤ○ウ テ：チヒサヒ
5197	小得緊	スヤ○ウ テ キン：イカフホソヒ
5198	扁扁的	ペエン ペエン テ：ヒラタヒ
5199	長長的	ヂヤン ヂヤン テ：ナカヒモノ
5200	長樣的	ヂヤン ヤン テ：ナガヒ
5201	一邊長	イ ヘエン ヂヤン：一方ガナガヒ
5202	增長了	ヅエン チヤン リヤ○ウ：マシタ
5203	長樣些	ヂヤン ヤン スイヽ：ナガヒ
5204	短短的	トワン トワン テ：ミシカヒモノ

巻4　12葉a

5205	矮了去	ヤイ リヤ○ウ キユイ：ミジカクナツタ
5206	方方的	ハン ハン テ：カクナモノ
5207	四方的	スウ ハン テ：マシカク
5208	四稜的	スウ リン テ：シカクナ
5209	起稜的	キイ リン テ：カドタツタモノ
5210	圓圓的	イエン イエン テ：マルヒモノ
5211	畢圓的	ビ イエン テ：ヒラタクシテマルイモノ
5212	圓起来	イエン キイ ライ：マルクナツタ
5213	鑄滾圓	テ クイン イエン：ヅントマルヒ
5214	圓得来	イエン テ ライ：マルメラルヽ
5215	好圓了	ハ○ウ イエン リヤ○ウ：ヨクマルメタ
5216	細細的	スイヽ スイヽ テ：ホソヒモノ
5217	狹狹的	ヤヽ テ：セマヒ
5218	狹得緊	ヤア テ キン：ツンドセマヒ
5219	窄得緊	ツエ テ キン：ツントホソツタ
5220	飛輕的	ヒイ キン テ：ヅンドカルヒ
5221	體輕的	テイ キン テ：テカルヒ
5222	體重的	テイ ヂヨン テ：テヲモヒ
5223	漫重的	マン ヂヨン テ：イカフヲモヒ
5224	分得来	フイン テ ライ：ワケラルヽ
5225	各人分	コ ジン フイン：メイ〜ニワカツ

巻4　12葉b

5226	有分得	イウ フイン テ：ワケラルヽ
5227	對分罷	トイ フイン バアヽ：フタツニワクル
5228	一分一	イ フイン イ：ヒトツヒトツモノヲワクルヿ
5229	兼全的	ケン ヅエン テ：全キモノ
5230	厚些兒	ヘ○ウ スイヽ ルウ：テアツヒ
5231	薄些兒	ポ スイヽ ルウ：テウスヒ
5232	梟薄的	ヒヤ○ウ ポ テ：ヅントウスヒ
5233	忒快了	テ クワイ リヤ○ウ：イコフハヤヒ
5234	考得快	カ○ウ テ クワイ：ハヤクカンガヘタ
5235	快得狠	クワイ テ ヘン：イコフハヤヒ
5236	略覺早	リヨ キヤ ツア○ウ：大概ハヤヒ
5237	快些快些	クワイ スイヽ クワイ スイヽ：ハヤクハヤ■（空格）{K'はハヤク〜}
5238	不爲遲	ポ ヲイ ヅウ：ヲソクナヒ
5239	不爲早	ポ ヲイ ツア○ウ：ハヤクナヒ
5240	速疾的	ソ ヅイ テ：ハヤイモノ
5241	不宜早	ポ ニイ ツア○ウ：ハヤヒハヨクナヒ
5242	不宜遲	ポ ニイ ヅウ：ヲソヒハヨクナヒ
5243	何晏也	ホヲー アン エー：ナゼオソヒカ
5244	不全的	ポ ヅエン テ：ハシタモノ
5245	半片頭	ポワン ペエン デ○ウ：カタヒラ
5246	不全了	ポ ヅエン リヤ○ウ：マツトウナヒ

巻4　13葉a

5247	一個人	イ コ ジン：ヒトリ
5248	兩個人	リヤン ケ ジン：フタリ
5249	幾個人	キイ カ ジン：イク人カ
5250	那一件	ナアヽ イ ゲン：アノヒトマル
5251	這一箱	チエー イ スヤン：コノヒトハコ
5252	有數的	イウ スウ テ：カズノアルモノ
5253	好幾項	ハ○ウ キイ ハン：テウドイクイロ
5254	那一家	ナアー イ キヤア：アノヒトツノイヘ
5255	這一門	チエー イ メン：コノヒトツイカリ○イシヒヤノルイヲ云
5256	一滴兒	イ デ ルウ：ヒトシタバリ
5257	一丟兒	イ テ○ウ ルウ：チト
5258	一塊兒	イ クワイ ルウ：ヒトカタマリ
5259	一點兒	イ テエン ルウ：チト
5260	一些兒	イ スイー ルウ：スコシ
5261	一片兒	イ ペエン ルウ：ヒトヘギ
5262	一枝兒	イ ツウ ルウ：フテナトイツホンノヿ
5263	一朵兒	イ ド ルウ：ヒトエダ

5264	一件兒	イ ゲヽ ルウ：ヒトマル
5265	一顆兒	イ コヲ ルウ：クダモノヒトツ
5266	一把兒	イ ハアヽ ルウ：刀ヤ扇子ナド一本ノコ
5267	一個兒	イ コ ルウ：ヒトツ

巻4　13葉b

5268	一枚兒	イ ムイ ルウ：クタモノヒトツ
5269	一筒兒	イ コ ルウ：ヒトツ ｛筒は箇の誤り｝
5270	半個兒	ポワン コ ルウ：ハンブン
5271	一會兒	イ ホイ ルウ：一時ノ間
5272	一帶生	イ タイ スエン：ヒトスヂデタ
5273	十把兒	シ パアヽ ルウ：十把
5274	一把刀	イ パアヽ タ○ウ：カタナイツポン
5275	一時間	イ ズウ ケン：一時ノ間
5276	不多時	ポ トフ ズウ：ホドヽホカラス
5277	偶然間	ゲ○ウ ジエン ケン：チヨツトノマ
5278	一塊生	イ クワイ スエン：ヒトマルケ
5279	小塊節マリ	スヤ○ウ クワイ ツイ：チイサヒカタ
5280	挖一孔	ワイ コン：ヒトエグリ
5281	一乘轎	イ ヂン ギヤ○ウ：イッチヤウノカゴ
5282	一枝筆	イ ツウ ピ：イツポンノフデ
5283	一張紙	イ チヤン ツウ：イチマヒノカミ
5284	一條線	イ デヤ○ウ スエン：ヒトスヂノイト
5285	一錠墨	イ デイン メ：イッチヤフノスミ
5286	一簍糖	イ レ○ウ ダン：ヒトサルノサトフ
5287	一担絲	イ タン スウ：ヒトカラゲノイト
5288	一匹馬	イ ピ マアヽ：イツピキノウマ

巻4　14葉a

5289	一隻鷄	イ チ キイ：イチワノニハトリ
5290	一兩個	イ リヤン コ：ヒトツフタツ
5291	兩三個	リヤン サン コ：フタツミツ
5292	三四個	サン スウ コ：ミツヨツ
5293	四五個	スウ ウー コ：ヨツイツヽ
5294	五六個	ウー ロ コ：イツヽムツ
5295	六七個	ロ ツイ コ：ムツナヽツ
5296	七八個	ツイ パ コ：ナヽツヤツ
5297	八九個	パ キウ コ：ヤツコヽノツ
5298	十来個	シ ライ コ：トフバカリ
5299	一兩樣	イ リヤン ヤン：ヒトツフタツノモノ
5300	兩三樣	リヤン サン ヤン：フタツミツノモノ
5301	三四樣	サン スウ ヤン：ミツヨツノモノ
5302	四五樣	スウ ウヽ ヤン：ヨツイツヽノモノ
5303	五六樣	ウヽ ロ ヤン：イツヽムツノモノ
5304	六七樣	ロ ツイ ヤン：ムツナヽツノモノ
5305	七八樣	ツイ パ ヤン：ナヽツヤツノモノ
5306	八九樣	パ キウ ヤン：ヤツコヽノツノモノ
5307	是幾箇	ズウ キイ コ：イクハデゴザル
5308	是幾位	ズウ キイ ヲイ：イクニンデゴザル
5309	有幾個	イウ キイ コ：ドレホドアル

巻4　14葉b

5310	五錢頭	ウー ツエン デ○ウ：五モンメ
5311	二三錢	ルウ サン ヅエン：二三モンメ
5312	有一個	イウ イ コ：ヒトツアル
5313	好幾個	ハ○ウ キイ コ：ヨシイクツアル
5314	兩三托	リヤン サント：フタヒロミヒロ
5315	一托深	イ ト シン：フカサヒトヒロ
5316	兩托深	リヤント シン：フカサフタヒロ
5317	有寸把	イウ ツ○イン パアー：イツスンバカリ
5318	半尺把	ポワン チ パアー：五寸バカリ
5319	尺把長	チ パアー ヂヤン：一尺バカリ
5320	幾百句	キイ ペ キイ：ナン百句
5321	収一把	シウ イ パアー：イチハウケトル
5322	初二三	ツウ ルー サン：一二三
5323	錢半把	ツエン ポワン パアー：イチモンメゴフンハカリ
5324	這半張	チエー ポワン チヤン：コノハンマヒ
5325	小半張	スヤ○ウ ポワン チヤン：コハンマヒ
5326	小半節	スヤ○ウ ポワン ツイ：コハンブシ
5327	好幾件	ハ○ウ キイ ゲン：ヨホトノイロカス
5328	有兩束	イウ リヤン ソ：フタツカ子アル
5329	有幾盤	イウ キイ ボワン：イクハチアルカ
5330	有幾株	イウ キイ チイ：ナンボンアルカ

巻4　15葉a

5331	有一缸	イウ イ カン：ヒトツホアル
5332	有一坛	イウ イ ダン：ヒトツホアル
5333	這一頭	チエー イ デ○ウ：コノイチバン
5334	摘一枝	テイ ツウ：ヒトエタツム
5335	一曾皮	イ ツエン ビイ：ヒトシキリ
5336	上一截	ジヤン イ ツエ：カミノイチタン
5337	上一段	ジヤン イ ドワン：カミノイチタン
5338	小半里	スヤ○ウ ポワン リイ：コハンミチ
5339	一陳陳	イ ヂン ヂン：ヒトシキリ

5340	一隊隊	イト イ トイ：ヒトソナヘ		5377	八臂的	パ ピ テ：ヤツアシノモノ
5341	幾十換	キイ シ ワン：ナンジツトウガヘ		5378	六臂的	ロ ピ テ：ムツアシノモノ
5342	幾百換	キイ ペ ワン：ナン百トウカヘ		5379	四隻脚	スウ チ キヤ：ヨツアシ
5343	請一塊	ツイン イ クワイ：ヒトキレマヒレ		5380	一様的	イ ヤン テ：イチヨフナ
5344	打幾頓	タア、キイ トイン：イクウチ		5381	各様的	コ ヤン テ：ベツヨフナ
5345	打一次	タアー イ ツウ：イチドウツ		5382	別様的	ベ ヤン テ：ベツモノ
5346	這一個	チエー イ コ：コノヒトツ		5383	竟不象	キン ポ ヅヤン：ツントニヌ
5347	那一個	ナア、イ コ：アノヒトツ		5384	象些兒	ヅヤン スイー ルウ：スコシニタ
5348	好幾等	ハ○ウ キイ テン：チヤフドイクシナ		5385	各別的	コ ベ テ：カクベツナ○フウノチガフ
5349	這一本	チエー イ ペン：コノイツサツ				タ⌐
5350	那兩本	ナアー リヤン ペン：アノレウサツ		5386	象箇様	ヅヤン コ ヤン：ニセル
5351	這幾本	チエー キイ ペン：コノナンサツ		5387	不象様	ポ ヅヤン ヤン：ニヌ

巻4　15葉b　　　　　　　　　　　　　　　　巻4　16葉b

5352	頭甲子	デ○ウ キヤ ツウ：カシラノカツシ		5388	象不象	ヅヤン ポ ヅヤン：ニタカニヌカ
5353	頭一番	テ○ウ イ ハン：ダイ一バン		5389	正象的	チン ヅヤン テ：ヨクニタ
5354	第二番	デイ ルウ ハン：ダイニバン		5390	竟象的	キン ヅヤン テ：ツントニタ
5355	一又頭	イ バン デ○ウ：一クヽリ		5391	那裏象	ナアー リイ ヅヤン：ドフシテニヤフカ
5356	三又頭	サン バン デ○ウ：ミクヽリ		5392	象點兒	ヅヤン テエン ルウ：チトニタ
5357	頭一號	テ○ウ イ ア○ウ：一バンノシルシ		5393	不同的	ポ ドン テ：オナジウナヒ
5358	第二號	デイ ルウ ア○ウ：ニバンノシルシ		5394	這様的	チエー ヤン テ：コノヤフナ
5359	頭一名	テ○ウ イ ミン：一バンメノ人		5395	看様子	カン ヤン ツウ：テホンヲミヨ
5360	第二名	デイ ルウ ミン：ニバンメノ人		5396	好様式	ハ○ウ ヤン シ：ヨキテホン
5361	打號子	タアー ア○ウ ツウ：オンドヲトル		5397	相並的	スヤン ビン テ：ニタモノ
5362	大又頭	ダアー バン デ○ウ：オホクヽリ		5398	假敵清	キヤア ビイ ツイン：ニセモノ
5363	小又頭	スヤ○○ バン デ○ウ：コクヽリ		5399	像個唐人	ヅヤン コ ダン ジン：唐人ニヽタ
5364	天字號	テエン ヅウ ア○ウ：天ノ字ノシルシ		5400	劣癩的	レ ライ テ：キタナヒ
5365	地字號	デイ ヅウ ア○ウ：地ノ字ノシルシ		5401	臢物事	ツアン ウエ ズウ：キタナヒ
5366	第二級	デイ ルウ キ：ニバンメ		5402	氈毯的	ラ サ テ：キタナヒ
5367	頭一則	デ○ウ イ ツエ：カシラノヒトツニハ		5403	喇墶的	ラ サ テ：キタナヒ
5368	第二着	デイ ルウ チヨ：タイフタツニハ		5404	齷齪的	ヲ ツヲ テ：キタナヒ⌐
5369	五人兒	ウー ジン ルウ：五人クミ		5405	汚穢的	ウー ヲイ テ：ケガレタモノ
				5406	倒吊塵	タ○ウ テヤ○ウ ヂン：サガリスヽ
				5407	有灰塵	イウ ホイ ヂン：ゴミチリガアル
				5408	取個號	ツイ コ ア○ウ：名ヲツケル

諸物形状類

巻4　16葉a　　　　　　　　　　　　　　　　巻4　17葉a

5370	出尖的	チユ ツエン テ：トガリノデタ⌐		5409	記號的	キイ ア○ウ：シルシヲスル
5371	尖尖的	ツエン ツエン テ：トガル		5410	不記名	ポ キイ ミン：名ヲシルサヌ
5372	尖角的	ツエン コ テ：トカリツノ		5411	不記號	ポ キイ ア○ウ：シルシヲセヌ
5373	有角的	イウ コ テ：ツノカアル		5412	有疙瘩	イウ ゲタ：イボヽノアル⌐
5374	没有角	ム イウ コ：ツノガナヒ		5413	連着的	レン ヂヤ テ：ツバイタ
5375	八股頭	パ クウ デ○ウ：ヤツマタ		5414	聯接的	レン ツイ テ：ツバイタ
5376	有了叉	イウ リヤ○ウ ツアー：マタノアル⌐				

84

5415	連攏来	レン ロン ライ：ツラナツタ		5454	相他過	スヤン タアー コヲ、：アレカ相ヲミタ
5416	接連的	ツイ レン テ：ツヾイタ		5455	盤龍的	ホワン ロン テ：マキレウ
5417	相連的	スヤン レン テ：ツヾイタ		5456	有抽梲	イウ チウ テ○ウ：ヒキダシノアルモノ
5418	不連的	ポ レン テ：ツヾカヌ		5457	下邊的	ヒヤア ペエン テ：シモノ方
5419	不入箱	ポ ジ スヤン：ハコニイレヌ		5458	右首的	ユウ シウ テ：ミギノ方
5420	透出来	テ○ウ チユ ライ：トヲリテクル		5459	左邊的	ツヲ、 ペエン テ：ヒダリノ方
5421	禁出来	キン チユ ライ：オシダス		5460	左半邊	ツヲ、 ポワン ペエン：ヒダリハンブン
5422	擠出来	ツイー チユ ライ：セキタス		5461	右半邊	ユウ ポワン ペエン：ミギハンブン
5423	引出来	イン チユ ライ：ヒキイダス		5462	旁邊的	パン ペエン テ：カタワラ
5424	挺出来	デン チユ ライ：ヌケデタ		5463	在外頭	ヅアイ ワイ デ○ウ：ホカニアル
5425	涌出来	ヨン チユ ライ：ワキテル		5464	在外邊	ヅアイ ワイ ペエン：ホカニアル
5426	溢出来	イ チユ ライ：アフレイヅル		5465	放在底下	ハン ヅアイ テイ ヒヤア：シタニオケ
5427	突出来	ト チユ ライ：ヒヨツトツキテタ		5466	放上頭	ハン ジヤン デ○ウ：ウヘニヲク
5428	滴出来	デ チユ ライ：シタバリデル		5467	放下了	ハン ヒヤア リヤ○ウ：シタニオヒタ
5429	硬棚棚	ゲン パン パン：コワヒ		5468	横放的	ウヲン ハン テ：ヨコニオヒタ
				5469	上首的	ジヤン シウ テ：カミノ方
巻4　17葉b				5470	上頭的	ジヤン デ○ウ テ：ウヘ
5430	没柄的	ム ピン テ：トリエナキモノ		5471	在上頭	ヅアイ ジヤン デ○ウ：ウヘニアル
5431	有個柄	イウ コ ピン：トリエノアルモノ				
5432	有紋路	イウ ウエン ルウ：クワンニウアル		**巻4　18葉b**		
5433	翻轉来	ハン チエン ライ：アヲヌケタ		5472	在下首	ヅアイ ヒヤア シウ：シタニアル
5434	覆着的	ホ ヂヤ テ：フセタ		5473	在高頭	ツアイ カ○ウ デ○ウ：タカキニアル
5435	眠着的	メン ヂヤ テ：子ツイタ		5474	在手頭	ヅアイ シウ デ○ウ：テマヘニアル
5436	翻過来	ハン コヲー ライ：ウチカヘス		5475	中中兒	チヨン チヨン ルウ：マンナカ
5437	翻出来	ハン チユ ライ：ヒツクリカヘシタ		5476	半中間	ポワン チヨン ケン：マンナカ
5438	仰頭的	ニヤン デ○ウ テ：アヲヌク		5477	正當中	チン タン チヨン：マンナカ
5439	朝天的	ヂヤ○ウ テエン テ：アヲヌク		5478	舊舊的	ギウ ギウ テ：フルヒ
5440	掇轉来	ト チエン ライ：ヒキナヲス		5479	簇新的	ヅヲ スイン テ：アタラシヒ
5441	覆轉来	ホ チエン ライ：ウツムケタ		5480	新鮮的	スイン スエン テ：アタラシヒ
5442	力重的	リ ヂヨン テ：チカラノオモヒ￢		5481	透鮮的	デ○ウ スエン テ：アタラシヒ
5443	力輕的	リ キン テ：チカラノカルヒ￢		5482	終舊好	チヨン ギウ ハ○ウ：モトノコトクヨヒ
5444	力厚的	リ ヘ○ウ テ：チカラノアツイ￢		5483	耐得久	ナイ テ キウ：ヒサシクモテル
5445	力薄的	リ ポ テ：チカラノウスヒ￢		5484	仍舊貫如之何	ジン ギウ クワン ジユイ ツウ ホヲー：モトノヨフニシテハイカヽ
5446	力旺的	リ ワン テ：チカラノサカリ				
5447	力弱的	リ ジヨ テ：チカラノヨワイ￢		5485	蛀空了	チヨイ コン リヤ○ウ：ムシツキニナツタ
5448	力大的	リ ダアー テ：チカラノオホヒナ￢				
5449	力多的	リ トヲー テ：チカラノオホヒナ￢		5486	東一堆西一簇	トン イ トイ スイー イ ヅヲ：ヒカシニヒトハエニシニヒトハエ
5450	力牢阿	リ ラ○ウ アー：チカラノタシカナ￢				
巻4　18葉a						
5451	力少的	リ シヤ○ウ テ：チカラノスクナヒ￢				
5452	出象的	チユ ヅヤン テ：ソウニイヅル				
5453	出相的	チユ スヤン テ：ソウニイヅル				

『南山俗語考』翻字【巻4　營造部】　85

巻4 産業部

財産有無筭計帳簿類

巻4　19葉a

5487 有的麼　イウ テ マアー：アルカ
5488 有了麼　イウ リヤ○ウ マアヽ：アルカ○デキタカト云ヿニモ
5489 有邪否　イウ ヤアー ヘ○ウ：アルカナヒカ
5490 有得多　イウ テ トヲー：オホクアル
5491 怕没有　パアー ム イウ：タブンアルマヒ
5492 没有了　ム イウ リヤ○ウ：ナヒ
5493 該有的　カイ イウ テ：アルハッシヤ
5494 恰好有　キヤ ハ○ウ イウ：チヤウドアル
5495 本地有　ペン デイ イウ：ヂケニアル
5496 家家有　キヤア キヤア イウ：イエ〰ニアル
5497 當初有　タン ツウ イウ：ムカシアツタ
5498 當真有　タン チン イウ：マコトニアル
5499 不大有　ポ ダアー イウ：オホクナヒ
5500 有是有　イウ ズウ イウ：アルコトハアレトモ
5501 有倒有　イウ タ○ウ イウ：アルヿハカヘツテアル

巻4　19葉b

5502 在這裡　ヅアイ チエー リイ：コヽニアル
5503 前頭有　ヅェン デ○ウ イウ：マヘニアル
5504 未必有　ウイ ピ イウ：マタデキヌ {誤訳, K' はタブンアルマイ}
5505 都有的　ドウ イウ テ：ミナアル
5506 都没　トウ ム イウ：ミナヽヒ
5507 他倒有　タアー タ○ウ イウ：アレハカヘツテアル
5508 有有有　イウ イウ イウ：アル〰
5509 有也好　イウ エー ハ○ウ：アツテモヨイ
5510 在那邊　ヅアイ ナアー ペェン：アレニアル
5511 兩袖清風　リヤン ヂウ ツィン フヲン：ナニモナヒト云ヿ
5512 砍柴去　カン ヅアイ キュイ：タキヽトリニユク
5513 理不清　リイ ポ ヅィン：スマヌ
5514 解不清　キヤイ ポ ツィン：スマヌ
5515 完了麼　ワン リヤ○ウ マアヽ：スンダカ

巻4　20葉a

5516 完是哩　ワン ズウ リイ：コレハスンタ
5517 賭東道　トフ トン タ○ウ：フルマヒヒカケ
5518 八寶的　パ パ○ウ テ：タカラツクシ
5519 次等兒　ツウ テン ルウ：ツギノシナ
5520 紙包的　ツウ パ○ウ テ：カミツヽミノモノ
5521 紙包兒　ツウ パ○ウ ルウ：カミツヽミ
5522 有包兒　イウ パ○ウ ルウ：ツヽミガアル

巻4　20葉a

5523 蒲包兒　プウ パ○ウ ルウ：カマツヽミ
5524 會打包　ホイ タア パ○ウ：ヨクヒヤフヲツクル
5525 這草包　チエー ツア○ウ パ○ウ：コノムシロツヽミ
5526 希罕的　ヒイ ハン テ：マレナモノ
5527 希少的　ヒイ シヤ○ウ テ：マレナモノ
5528 出奇的　チユ ギイー テ：メツラシキモノ
5529 希奇的　ヒイ ギイ テ：メツラシキモノ
5530 出名的　チユ ミン テ：メイブツ
5531 齊整的　ヅイー チン テ：カザリノウツクシイ
5532 齊齊的　ヅイー ヅイー テ：ソロフタ
5533 匀匀的　イェン イェン テ：ソロフタ
5534 全備了　ヅェン ポイ リヤ○ウ：ソロフタ
5535 罕得有的　ハン テ イウ テ：メツラシキモノ
5536 費盤纒　フイ ボワン ヂェン：ロキンヲツヒヤス
5537 只有米　ツェ イウ ミイ：コメバカリアル
5538 只有豆　ツェ イウ デ○ウ：マメバカリアル
5539 不發米　ポ ハ ミイ：コメガデヌ
5540 借去了　ツェー キュイ リヤ○ウ：カリテユヒタ
5541 借借用　ツェ ツェー ヨン：カリテツカフ
5542 租把人　ツウ パアヽ ジン：人ニカス
5543 租人得　ツウ ジン テ：人ニカス

巻4　20葉b

5544 租房錢　ツウ バン ヅェン：ヤチン
5545 借把你　ツェー パアー ニイ：ソナタニカシマス
5546 欠了債　ケン リヤ○ウ チヤイ：シヤクキンガアル
5547 了哩麼　リヤ○ウ リイ マアー：トリハカラフタカ

5548	好理張	ハ○ウ リイ チヤン：ヨクトリハカロウタ
5549	好周旋	ハ○ウ チウ ツエン：ヨクトリナシヲスル
5550	搭落末	タ ロ メ：スヘヨリイチバン
5551	承命了	ヅイン ミン リヤ○ウ：カシコマツタ
5552	有差別	イウ ツアー ベ：シヤベツカアル
5553	不成器	ポ ヅン キイ：モノニナラヌ
5554	功名遲	コン ミン ヅウ：リツシンガオソヒ
5555	大稱呼	ダアー チン フウ：オホヒニタツトンデヨブ
5556	當官的	タン クワン テ：クガヒ
5557	理得来	リイ テ ライ：サバカル
5558	没天理	ム テエン リイ：モツタヒナヒ
5559	批過的	ピイ コヲ テ：シラベノスンタ⌐
5560	吃錢糧	チ ヅエン リヤン：チギヨウヲトル
5561	有糧吃	イウ リヤン チ：チギヨウヲトル
5562	料理的	リヤ○ウ リイー テ：トリサバク
5563	不吃糧	ポ チ リヤン：チギヨウヨラヌ
5564	没糧吃	ム リヤン チ：チギヤウナシ

巻4　21葉a

5565	退粮的	トイ リヤン テ：退役ノモノ
5566	老經紀	ラ○ウ キン キイ：アキナイコウシヤ
5567	大生意	ダアー スエン イー：オホアキナヒ
5568	求活計	ギウ ウヲ キイ：スキワヒヲモトムル
5569	要買呢	ヤ○ウ マイ ニイ：カヒタヒカ
5570	不要賣	ポ ヤ○ウ マイ：ウルナ
5571	不買来	ポ マイ ライ：カワヌ
5572	挑過賣	テヤ○ウ コヲ マイ：フリウリ
5573	挑賣	テヤ○ウ マイ：フリウリ
5574	一起買	イ キイ マイ：イチトニカウ
5575	做買賣	ツヲー マイ マイ：アキナヒスル
5576	貴得緊	クイ テ キン：イカウ高直
5577	賤得緊	ヅエン テ キン：イカウ下直
5578	稱兩分好買書	チン リヤン フイン ハ○ウ マイ シユイ：ハツカノモウケテ書ヲ買タ
5579	納稅錢	ナ シユイ ヅエン：ウン上ヲオサムル
5580	筭得定	ソワン テ デン：サンシサダメタ
5581	賣把你	マイ パアー ニイ：ソチニウル
5582	秤得重	チン テ ヂヨン：カケメカオモヒ
5583	秤得輕	チン テ キン：カケメカ、ルヒ
5584	換換過	ワン ワン コヲー：カヘタ

巻4　21葉b

5585	秤還我	チン ワン コヲ、：カケテカヘス
5586	兌還我	ドイ ワン ゴヲ、：カケテカヘス
5587	収了来	シウ リヤ○ウ ライ：ウケトツタ
5588	収了吵	シウ リヤ○ウ サアー：ウケトツタ
5589	収了我	シウ リヤ○ウ ゴヲ、：ウケトツタ
5590	不曾収	ポ ヅエン シウ：マダウケトラヌ
5591	没有収	ム イウ シウ：ウケトラヌ
5592	且収了	ツエー シウ リヤ○ウ：マウツウケトル
5593	領了来	リン リヤ○ウ ライ：ウケトル
5594	我領的	ゴヲ リン テ：ヲレガウケトル
5595	不領的	ポ リン テ：ウケトラヌ
5596	領他的	リン タアー テ：アレヲウケトツタ
5597	一頭秤一頭交	イ テ○ウ チン イ デ○ウ キヤ○ウ：一方ハカクル一方ハワタス
5598	不好領	ポ ハ○ウ リン：ウケニクイ
5599	不好取	ポ ハ○ウ ツイー：トラレヌ
5600	収拾得	シウ ジ テ：トリアツメタ
5601	収得好	シウ テ ハ○ウ：ヨウシマツタ
5602	収起来	シウ キイ ライ：オサムル○タノム
5603	不去領	ポ キユイ リン：ユヒテハウケラレヌ
5604	好収割	ハ○ウ シウ カ：ヨクシユノウスル

巻4　22葉a

5605	頭一椿	デ○ウ イ チヤン：一番ノニモツ
5606	大財主	ダアー ツアイ チユイ：タヒジンノモノ
5607	有得撰	イウ テ ヅアン：モウケガアル
5608	論斤數	ルイン キン スウ：キンメノギンミ
5609	賺銀子	ヒエン イン ツウ：モフクル {賺字, 音誤り}
5610	論包數	ルイン パ○ウ スウ：俵カズヲギンミスル
5611	打筭盤	タアー ソワン ポワン：サンヨウスル⌐
5612	江浙貨	キヤン ツエ ホウ：クチニモツ○ナンキンシタシノ⌐
5613	州府貨	チウ フウ ホウ：ヲクニモツ○外國仕出シノ⌐
5614	明秤罷	ミン チン バアー：シヤウミカケ
5615	西洋貨	スイー ヤン ホウ：クハイコクノニモツ
5616	劣癩貨	レ ライ ホウ：キタナヒニモツ
5617	賣柴的	マイ ヅアイ テ：タキ、ウリ
5618	金銀錠	キン イン デイン：キンギンノ丁イタ
5619	做珠客	ツヲー チイ ゲ：タマアキナヒ

5620	不二價	ポルウ キヤア：カケ子ナシ	
5621	遲貨	ヅウ ホウ：ハヤラヌニモツ	
5622	洋貨	ヤン ホウ：ワタリモノ	
5623	寫帳簿	スエー チヤン ブウ：チヤウニツクル	
5624	不記帳	ポ キイ チヤン：チヤウニシルサヌ	
5625	記帳的	キイ チヤン テ：チヤウニシルス	

巻4　22葉b

5626	結結帳	キ キ チヤン：ケツサンスル	
5627	上帳的	ジヤン チヤン テ：チヤウニソヒタ	
5628	上帳了	ジヤン チヤン リヤ○ウ：チヤウニカキノスル	
5629	不上帳	ポ ジヤン チヤン：チヤウニノセヌ	
5630	一筆勾	イ ピ ゲ○ウ：ヒトフデニケス	
5631	寫疏簿	スエー スウ ブウ：チヤウヲカク	
5632	寫疏頭	スエー スウ テ○ウ：チヤウヲカク	
5633	會筭的	ホイ ソワン テ：サンジヤ	
5634	不會筭	ポ ホイ ソワン：ブサンナ	
5635	筭不来	ソワン ポ ライ：サンガナラヌ	
5636	筭得来	ソワン テ ライ：サンシエタ	
5637	不筭的	ポ ソワン テ：カソエヌ⌈	
5638	筭起来	ソワン キイ ライ：カズユル	
5639	要筭計	ヤ○ウ ソワン キイ：考ヘサンスル⌈	
5640	筭差了	ソワン ツアー リヤ○ウ：カゾエチガフタ	
5641	帳簿上開出来	ヂヤン ブウ ジヤン カイ チユ ライ：チヤウニカキダス	
5642	要筭帳	ヤ○ウ ソワン チヤン：チヤウアゲセヨ	
5643	拿秤来	ナアー チン ライ：ハカリモテコヒ	
5644	秤銀子	チン イン ツウ：ギンスヲカケル	
5645	秤過了	チン コヲー リヤ○ウ：ハカリニカケタ	

巻4　23葉a

5646	使費多	スウ ヒイ トヲ、：ソフヨフカオホヒ	
5647	做盤纏	ツヲ、 ボワン ヂエン：ロギンニスル	
5648	不破財	ポ ポヲ、 ツアイ：ツカイツクサヌ	
5649	亂費的	ロワン ヒイ テ：メツタニツカフ	
5650	筭計好	ソワン キイー ハ○ウ：ミコミノヨヒ⌈	
5651	作路費	ツヲ ルウ ヒイ：ロギン	
5652	不惜費	ポ スイ ヒイ：ツイエヲオシマヌ	
5653	儉省些	ケン スエン スイー：チトケンヤクセヨ	
5654	不好省	ポ ハ○ウ スエン：ハブカレヌ	
5655	好省的	ハ○ウ スエン テ：ハブカル、	
5656	不要省	ポ ヤ○ウ スエン：ハブクナ	
5657	簡便些	ケン ヘエン スイー：ケンヤクナ	
5658	估定了	クウ デイン リヤ○ウ：考ヘサタメタ	
5659	用銀子謀得来	ヨン イン ツウ メ○ウ テライ：カ子ヲツカエバハカラル、	
5660	省事些	スエン ズウ スイー：コトヲハブク	
5661	使費	スウ ヒイ：モノイリ	
5662	可惜可惜	コヲ、 スイ コヲ、 スイ：ヲシム⌈	

巻4 兵部

兵法軍器類

巻4　24葉a

5663 捨死力戰　セエー スウ リ チエン：イノチヲステ、タ、カフ
5664 内外相應　ヌイ ワイ スヤン イン：アヒヅ
5665 天下無敵　テエン ヒアー ウ、テ：テンカニテキナシ
5666 操練兵馬　ツア○ウ レン ピン マア、：ヘイバヲナラス
5667 唱喊　チヤン カン：トキノコエ
5668 金鼓　キン クウ：カ子タヒコ
5669 排陣　パイ ヂン：ヂンヲシク
5670 水戰　シユイ チエン：フナイクサ
5671 隊伍　トイ ウー：ソナヘ
5672 投降　テ○ウ キヤン：コウサン　{降字，音誤り}
5673 圍城　ヲイ ヂン：シロヲカコム
5674 敗軍　バイ ギイン：ハヒクン
5675 救兵　ギウ ピン：タスケノセヒ
5676 伏兵　フヲ ピン：フゼヘヒ

巻4　24葉b

5677 出征　チユ チン：イデ、セムル
5678 登位　テン ヲイ：クラ井ニツク
5679 在位　ヅアイ ヲイ：クラ井ニアル
5680 即位　ツイ ヲイ：ソク井
5681 巡更　ジユイン ゲン：ヨマハリ
5682 巡街　ジユイン キヤイ：ヨマハリ
5683 詐敗　ツアー バイ：イツワリシリゾク
5684 詐降　ツアー ギヤン：イツワリクダル
5685 生擒　スエン キン：イケドリ
5686 死戰　スウ チエン：シニイクサ
5687 起先　キイ スエン：サキガケ
5688 搶先　ツアン スエン：サキガケ
5689 借兵　ツエー ピン：ヘイヲカル
5690 攻城　コン チン：シロヲセムル
5691 遷都　スエン ドウ：ミヤコヲウツス
5692 重興　チヨン ヒン：カサ子テオコル
5693 獻城　ヒエン ヂン：シロヲワタス

5694 投城　デ○ウ ヂン：シロヲワタス
5695 定期　デン キイ：トキサダムル
5696 鬪勢　テ○ウ スウ：セイヲクラブル
5697 和睦　ホウ モ：ワボク

巻4　25葉a

5698 相反　スヤン ハン：クツガヘル
5699 巡營　ジユイン ヨン：ヂンコヤマハリ
5700 暗令　アン リン：軍中アヒヅ
5701 戰場　チエン ヂヤン：イクサバ
5702 軍馬　ギイン マア、：クンバ
5703 銜枚　ハン ムイ：ハイヲフクム
5704 烽火　ホン ホヲ：ホウクワ
5705 羽檄　イ、キ：ウゲキ
5706 鼙鼓　ピイ クウ：ヂンタヒコ
5707 旌旗　スイン ギイ：ハタ
5708 旗號　ギイ ア○ウ：ハタジルシ
5709 藤牌　デン バイ：トウノタテ
5710 防牌　バン ハイ：タテ
5711 兵糧　ピン リヤン：ヒヤウロウ
5712 兵費　ピン フイ：ヒヤウロウ
5713 三把連銃　サン パアー レン チヨン：ボウビヤ
5714 百子　ペ ツウ：ボウビヤ
5715 鳥銃　ニヤ○ウ チヨン：テツポウ
5716 銃子　チヨン ツウ：テツポウ
5717 放銃　ハン チヨン：テツホウウツ
5718 通火藥　トン ホヲ、ヨ：クチグスリ

巻4　25葉b

5719 火藥　ホヲ、ヨ：エンセウ
5720 火藥包　ホヲ、ヨ パ○ウ：ドウラン
5721 火索　ホヲ、ソ：ヒナハ
5722 火箭　ホヲ、ツエン：ヒヤ
5723 炮兒　パ○ウ ルウ：イシビヤ
5724 火砲　ホヲ、パ○ウ：イシビヤ
5725 放炮　ハン パ○ウ：イシヒヤウツ
5726 炮子　パ○ウ ツウ：タマ
5727 彈子　ダン ツウ：タマ
5728 丸子包　ワン ツウ パ○ウ：タマイレ
5729 弓兒　コン ルウ：ユミ

5730	箭兒	ツエン ルウ：ヤ
5731	射弓	ジエー コン：ユミイル
5732	射箭	ジエー ツエン：ユミイル
5733	帮指	パン ツウ：ユカケ
5734	箭鏃	ツエン ヅヲ：ヤノ子
5735	弓弦	コン ヒエン：ユミツル
5736	射垜	ジエー トヲ：アヅチ
5737	射圃	ジエー プウ：マトバ
5738	靶子	パアー ツウ：マト
5739	鎗刀	ツアン タ○ウ：ヤリ

巻4　26葉a

5740	干戈	カン コヲ：タテ○ホコ
5741	劍戟	ケン キ：ケンゲキ
5742	月斧	イエ フウ：マサカリ
5743	銕鞭	テ ベン：テツムチ
5744	着鞭	チヨ ベン：ムチウツ
5745	長刀	ヂヤン タ○ウ：ナギナタ
5746	使長刀	ズウ ヂヤン タ○ウ：ナギナタツカフ
5747	使槍刀	スウ ツアン タ○ウ：ヤリヲツカフ
5748	使雙刀	スウ シヨワン タ○ウ：二刀ヲツカフ
5749	鎗架	ツアン キヤア：ヤリカケ
5750	使棍子	スウ クイン ツウ：ボウヲツカフ
5751	甲冑	キヤ チウ：ヨロヒカブト
5752	甲兒	キヤ ルウ：ヨロヒ
5753	衣甲	イー キヤ：ヨロヒ
5754	鎧兒	クイ ルウ：ヨロヒ {語釈をJのカムトより変更}
5755	鎧甲	クイ キヤア：ヨロヒ {語釈をJのグソクより変更}
5756	頭盔	デ○ウ クイ：カフト
5757	銀盔	イン クイ：ギンカフト
5758	戴盔的	タイ クイ テ：カフトキタモノ
5759	銕甲	テ キヤ：テツヨロヒ
5760	皮甲	ビイ キヤ：カワグソク

巻4　26葉b

5761	穿甲	チエン キヤ：ヨロヒキル
5762	帶甲的	タイ キヤア テ：ヨロウタモノ
5763	甲盔箱	キヤ クイ シヤン：クソクバコ
5764	圍住他	ヲイ チユイ タアー：カレヲトリカコム
5765	反起来	ハン キイ ライ：ムホンヲオコス
5766	戰得勝	チエン テ シン：タヽカヒカツタ
5767	打取他	タア、ツイー タアー：カレヲウチトル
5768	戰不勝	チエン ポ シン：タヽカヒマケタ
5769	不中計	ポ チヨン キイ：ハカリコトニアタラヌ
5770	中了計	チヨン リヤ○ウ キイ：ハカリコトニアタツタ
5771	堅固的	ケン クウ テ：カタヒ丈夫ナ
5772	殺退了	サトイ リヤ○ウ：キリチラス
5773	調兵馬好去打	デヤ○ウ ピン マアヽ ハ○ウ キユイ タアー：セイヲソロヘテヨクセムル
5774	打滅了	タアー メ リヤ○ウ：ウチツブシタ
5775	披挂馬	ピイ クワア マアヽ：ヨロヒキタウマ
5776	百子炮有幾門	ペ ツウ バ○ウ イウ キイ メン：コテツポウカナンテウアル
5777	不離刀	ポ リイ タ○ウ：カタナヲハナサヌ
5778	射不中	ジエー ポ チヨン：イアテヌ
5779	射得中	ジエー テ チヨン：イアテル

巻4　27葉a

5780	難中的	ナン チヨン テ：アテニクヒ
5781	射過来	ジエー コヲ ライ：イマシタ
5782	他中了	タア、チヨン リヤ○ウ：アレガアテタ
5783	我中了	ゴヲ チヨン リヤ○ウ：ワレガアテタ
5784	射弓的	ジエー コン テ：ユミヲイル
5785	冷箭	レン ツエン：ソレヤ
5786	飛箭	ヒイ ツエン：ソレヤ
5787	快得狠	クワイ テ ヘン：刀ノヨクキレル⌒
5788	投降了	テ○ウ キヤン リヤ○ウ：コウサンシタ
5789	不肯降	ポ ゲン キヤン：コウサンセヌ
5790	頭盔衣甲請卸下来	デ○ウ クイ イ、キヤ ツイン スエー ヒヤア ライ：ヨロヒカフトヌキタマエ
5791	射中了	ジエー チヨン リヤ○ウ：イアテタ
5792	肚兜	トウ テ○ウ：ムナアテ

巻4 疾病部

疾病瘡瘍類

巻4　28葉a

5793 噯飽　アイ パ○ウ：オクヒ
5794 噯富　アイ フウ：オクヒ
5795 打噯　タア丶 アイ：オクヒスル
5796 打鵲喧　タアー コ ヒエン：オクヒスル
5797 打呵欠　タア丶 ヲー ケン：アクビスル
5798 打噴嚔　タアー フン デイ：クシヤミスル
5799 打嚔　タア丶 デイ：クシヤミスル
5800 打噎　タアー イ：ムセル
5801 打呃　タア丶 ゲ：シヤクリスル
5802 打飽氣　タア丶 ゲ ギイ：シヤクリスル
5803 呃逆　ゲ 子：シヤクリ
5804 麻木　マアー モ：シビリ
5805 麻了　マアー リヤ○ウ：シヒレル
5806 羞痒　スイ○ウ ヤン：コソハヒ
5807 怕痒　ハアー ヤン：コソハヒ

巻4　28葉b

5808 打鼻雷　タアー ビイ ルイ：イビキスル
5809 説夢話　シエ モン ワアー：子ゴト
5810 打夢話　タアー モン ワアー：子コトイフ
5811 狐臭　ウー チウ：ワキカ
5812 腋下臭　ヘ ヒヤア チウ：ワキカ
5813 體氣　デイ キイ：ワキカ
5814 疕靨　ビイ エ：ホヤケ
5815 癭瘤　イン リウ：コブ
5816 雀斑　ツヤ パン：ソハカス
5817 壽斑　ジウ パン：アサ
5818 黒痣　ヘ ツウ：ホクロ
5819 汗斑　ハン パン：アセナマツ
5820 白癜風　ベ デエン ホン：シロナマツ
5821 小瘰兒　スヤ○ウ ルイ ルウ：イボ
5822 鵝掌風　ゴヲ ヂヤン ホン：ミヅムシ
5823 白禿瘡　ベ ト ツアン：シラクモ
5824 頑癬　ワン スエン：タムシ
5825 癬瘡　スエン ツアン：タムシ
5826 石疱　ジ パ○ウ：ウヲノメ

巻4　29葉a (continued from top)

5827 倒剥　タ○ウ ポ：サカムケ
5828 上升　ジヤン シン：ノボセ

巻4　29葉a

5829 頭痛　テ○ウ トン：ツヽウ
5830 頭風　デ○ウ ホン：ツヽウ
5831 半頭風　ポワン テ○ウ ホン：ヘンツヽウ
5832 眩暈　ヒエン イユン：メマヒ
5833 爛眼睛　ラン エン ツイン：タヽレメ
5834 鼻紅　ビイ ホン：ハナヂ
5835 鼻瀉　ビイ スエー：コトモハナヂ
5836 傷寒　シヨワン ハン：シヤウカン
5837 傷風　シヨワン ホン：カセヒキ
5838 傷食　シヨワン ジ：シヨクシヤウ
5839 咳嗽　カ スエ○ウ：タンセキ
5840 蠱脹　クウ チヤン：コチヤウ
5841 隔食　ゲ ジ：カク
5842 關格　クワン ゲ：カク
5843 翻胃病　ハン ヲイ ヒン：カク
5844 内傷　ヌイ シヨワン：ナヒソン
5845 寒熱病　ハン ゼ ピン：オコリ
5846 瘧疾　ニヤ ヅイ：オコリ
5847 皮寒病　ビイ ハン ビン：オコリ
5848 秘結　ピイ キ：ヒケツ
5849 痢疾　リイ ヅイ：リシツ

巻4　29葉b

5850 癰疽　ヨン ツイー：ヨウソ
5851 疔瘡　デン ツアン：テウ
5852 肺癰　ホイ ヨン：ハイヨウ
5853 癰瘡　ヨン ツアン：ヨウ
5854 疽瘡　ツイー ツアン：ソ
5855 黄疸　ワン タン：ワウタン
5856 血淋　ヒエ リン：ケツリン
5857 沙淋　スアー リン：シヤリン
5858 尿硬病　ニヤ○ウ ゲン ビン：リンヒヤウ
5859 白濁病　ペ チヨ ビン：リンヒヤウ
5860 小便閉　スヤ○ウ ベン ピイ：シヤウヘンツマリ
5861 小便不通　スヤ○ウ ベン ポトン：シヤウヘンツマリ

5862 大便不通　タアー ベン ポトン：タイベンツマリ
5863 大便閉　ダアー ベン ピイ：タイベンツマリ
5864 絞腸　キヤ○ウ チヤン：カンクハクラン
5865 脱肛　ト カン：タツコウ
5866 痔瘡　ズウ ツアン：ヂ
5867 痔漏　ズウ レ○ウ：チロウ
5868 白痢　ペ リイ：ヒヤクリ
5869 赤痢　チ リイ：シヤクリ
5870 下痢　ヒヤア リイ：リビヤウ

巻4　30葉a

5871 淋證　リン シヤウ：リンシヤウ
5872 痘　デ○ウ：ホウソウ
5873 出痘　チユ デ○ウ：ホウソウスル
5874 出珠　チユ チユイ：ホウソウヲホメル
5875 出天花　チユ テエン ハア、：ホウソウノテキタヲ小児ニ云トキノコトハ
5876 出痘過去　チユ デ○ウ コヲ、キユイ：ホウソウシタ
5877 麻臉　マアー レン：イモカホ
5878 痘風瘡　デ○ウ ホン ツアン：モツマリ
5879 疹　チン：ハシカ
5880 麻疹　マアー チン：ハシカ
5881 出瘖兒　チユ ツウ ルウ：ハシカ
5882 虚腫　ヒイ チヨン：ハレヤマヒ
5883 水腫　シユイ チヨン：ハレヤマヒ
5884 浮腫　ウエ○ウ チヨン：ハレヤマヒ
5885 帶下　タイ ヒヤア：コシケ
5886 白帶　ペ タイ：コシケ
5887 赤帶　チ タイ：コシケ
5888 消渇　スヤ○ウ カ：カワキ
5889 中暑　チヨン シユイ：シヨキアタリ
5890 吐血　ドウ ヘ：トケツ

巻4　30葉b

5891 下血　ヒヤア ヘ：ゲツ
5892 半身不遂　ポワン シン ポ ヅ○イ：チウキ
5893 痰症　タン チン：タンシヤウ
5894 痰結　タン キ：タンケツ
5895 痰火　タン ホヲ、：タンクハ
5896 牙疼　ヤアー デン：ハノイタミ
5897 腸痛　チヤン トン：ハラノイタミ

5898 心痛　スイン トン：ム子ノイタミ
5899 中風　チヨン ホン：チウブ
5900 怔忡　チン チヨン：ムナサワキ
5901 嘔吐　ヲエ○ウ ドウ：ハク
5902 金瘡　キン ツアン：キンソウ
5903 刀傷　タ○ウ ショワン：キンソウ
5904 勞咳　ラ○ウ ハイ：ロウカヒ
5905 虚勞　ヒイ ラ○ウ テ：キヨロウ
5906 房勞　ワン ラ○ウ：キヨロウ
5907 虚熱　ヒイ ゼ：キヨ子ツ
5908 潮熱　ヂヤ○ウ ゼ：オコリサメノスル子ツ
5909 發熱　ハ ゼ：子ツカオコル
5910 悪熱　ウ、 ゼ：ヲ子ツ
5911 悪寒　ウ、 ハン：ヲカン

巻4　31葉a

5912 盗汗　タ○ウ ハン：子アセ
5913 霍亂　ホ ロワン：クワクラン
5914 急驚風　キ キン ホン：ツリ
5915 慢驚風　マン キン ホン：ツリ
5916 乳癰　ジユイ ヨン：チニテキタヨウ
5917 瘰癧　ルイ レ：ルイレキ
5918 楊梅瘡　ヤン ムイ ツアン：ヤウハイソウ
5919 癩風　ライ ホン：ライヒヤウ
5920 癩病　ライ ビン：ライヒヤウ
5921 疥瘡　キヤイ ツアン：ヒセンカサ
5922 癬疥　スエン キヤイ：ヒセンカサ
5923 黄豆瘡　ワン デ○ウ ツアン：ヒセンカサ
5924 中毒　チヨン ド：トクアタリ
5925 中寒　チヨン ハン：カンアタリ
5926 中濕　チヨン シ：シツアタリ
5927 失聲　シ シン：コエノカル⎡
5928 膿血　ノン ヘ：ウミチ
5929 膿起来　ノン キイ ライ：ウム
5930 時疫　ズウ ヨ：ハヤリエキレイ
5931 脱歯　ト ツウ：ハノヌクル⎡
5932 撒酒風　サ ツイ○ウ ホン：エヒクルヒ　{巻39葉bにもあり。重複掲載}

巻4　31葉b

5933 宿酒　ソ ツイ○ウ：フツカエヒ
5934 健忘　ゲン ワン：モノワスレ
5935 抽筋　チウ キン：スヂツル⎡

5936 閃了脚　シエン　リヤ○ウ　キヤ：アシフミタカヘ
5937 腰閃了　ヤ○ウ　シエン　リヤ○ウ：コシノタカヘ
5936 頭頸閃了　デ○ウ　キン　シエン　リヤ○ウ：クヒノタカヘ
5939 惛倒　ホイン　タ○ウ：キヲウシナフ
5940 暈倒　イユン　タ○ウ：メマヒシテタヲル
5941 沙子　サアー　ツウ：スナ　{K'はホロシ}
5942 痱子　フエ　ツウ：アセホ
5943 手痺　シウ　ピイ：テノシビリ
5944 脳漏　ナ○ウ　レ○ウ：ジルミ丶
5945 爛耳聧　ラン　ルウ　トウ：ジルミ丶
5946 染病　ジエン　ビン：ヤマヒスル
5947 不染　ポ　ジエン：エキレヒナトウツラヌ丁
5948 過了瘡　コヲ、リヤ○ウ　ツアン：カサウツル丁
5949 聲喚　シン　ハン：ウナル
5950 叫喊　キヤ○ウ　ハン：コエタツル
5941 刀疤　タ○ウ　パアー：カタナキス
5952 刀痕　タ○ウ　ヘエン：カタナキス
5953 氣喘　キイ　チエン：スタク

巻4　32葉a

5954 喘息　チエン　スイー：スタク
5955 毛病　マ○ウ　ビン：クセ
5956 凍裂　トン　レ：アカキレ
5957 凍風　トン　ホン：シモヤケ
5958 凍瘡　トン　ツアン：ヒビ
5959 癖塊　ピイ　クワイ：カタマリ
5960 痞塊　ピイ　クワイ：ツカヘ
5961 痞滿　ビイ　マン：ツカヘ
5962 噎塞　イ　スエ：ムナツマリ
5963 時氣　ズウ　キイ：ヤマヒノハヤル丁
5964 羊鬚瘡　ヤン　スイー　ツアン：ミツカサ
5965 膿裏瘡　ノン　コヲ　ツアン：ミツカサ
5966 羊嘴瘡　ヤン　ヅイ　ツアン：ミツカサ
5967 怕寒　パアー　ハン：フルヒツク
5968 怕冷　パアー　レン：サムキラヒ
5969 腰痛　ヤ○ウ　トン：コシイタミ
5970 脅痛　ヒエ　トン：ワキハライタミ
5971 臂痛　ピ　トン：ケンヘキノイタミ丁
5972 脚氣　キヤ　キイ：カツケ
5973 痿躄　ヲイ　ピ：ナユル
5974 癲狂　テエン　クワン：クルヒ病

巻4　32葉b

5975 呑酸　ドイン　スワン：ミ、ツバリ○オクビ
5976 嘈雜　ツア○ウ　ヅア：ム子ヤクル
5977 鼓脹　クウ　チヤン：チヤウマン
5978 積聚　チ　ヅイー：シヤク
5979 積氣　チ　キイ：シヤク
5980 燕窩瘡　エン　ヲウ　ツアン：カンノウ　{K'はカンカサ}
5981 汗證　ハン　チン：カンシヤウ
5982 便毒　ベン　ト：ベンドク
5983 癲癇病　テエン　ケン　ビン：テンカン
5984 羊癲風　ヤン　テエン　ホン：テンカン
5985 猪癲風　チユイ　テエン　ホン：テンカン
5986 大麻風　ダアー　マアー　ホン：テンカン
5987 起星　キイ　スイン：メボシ
5988 鶴膝風　ホ　スイ　ホン：クワクシツフウ
5989 眠瘡　メン　ツアン：トコツメ
5990 泄瀉　スイー　スエー：セツシヤ
5991 疳疾　カン　ヅイ：カンケ
5992 吐瀉　ドヲ　スエー：トシヤ
5993 夜啼　エー　デイ：ヨナキ
5994 見點　ケン　テエン：ホミセ
5995 飽悶　パ○ウ　メン：ムナフクレ

巻4　33葉a

5996 寒戰　ハン　チエン：フルフ
5997 惡心　ウ　シン：ムツケ
5998 疼痛　テン　トン：イタム
5999 刺痛　ツウ　トン：シム
6000 酸疼　スワン　デン：スビク
6001 作酸　ツヲ　スワン：ム子ノワルイ丁
6002 癱瘓　ダン　ワン：ナユル
6003 疲倦　ビイ　ギエン：クタヒレ
6004 昏悶　ホイン　メン：メマヒ
6005 恍惚　クワン　ホ：ウツカリトシタ丁　{恍字,音誤り}
6006 憂鬱　ユウ　イ：キオモ
6007 譫語　チエン　イー：ウワコト
6008 消痰　スヤ○ウ　タン：タンヲケス
6009 去濕　キユイ　シ：シツヲハラフ
6010 熱退　ゼ　トイ：子ツカサメタ
6011 口乾　ゲ○ウ　カン：クチノカワラク
6012 口渇　ゲ○ウ　カ：カワク

6013 口氣臭　ゲウ　キイ　チウ：イキノクサイ
6014 暴病　バ○ウ　ビン：ニワカヤマヒ
6015 發疼　ハ　デン：イタミカテタ
6016 開口　カイ　ゲウ：クチノアイタ

巻4　33葉b

6017 收口　シウ　ゲウ：クチカイヘタ
6018 出膿　チユ　ノン：ウミカテタ
6019 轉染了　チエン　ジエン　リヤ○ウ：ヤマヒカウツリタ
6020 瘖啞了　イン　ヤアー　リヤ○ウ：コエノカレタ
6021 灸疤子　キウ　パアー　ツウ：キウノアト
6022 脚軟了　キヤ　ジエン　リヤ○ウ：アシナユル
6023 腿軟了　トイ　ジエン　リヤ○ウ：モノノナユル
6024 脾胃虚　ヒイ　ヲイ　ヒイ：ヒ井キヨ
6025 血風瘡　ヘ　ホン　ツアン：ウチミ
6026 坏了腸　ワイ　リヤ○ウ　ヂヤン：ハラヲソンシタ
6027 生了疔　スエン　リヤ○ウ　デン：テウカテキタ
6028 生了癰　スエン　リヤ○ウ　ヨン：ヨウカテキタ
6029 貫膿了　クワン　ノン　リヤ○ウ：カサノウミタル⌐
6030 打寒嗪　タアー　ハン　キン：サムケ
6031 脚直了　キヤ　ヂ　リヤ○ウ：スクレタ
6032 脚硬了　キヤ　ゲン　リヤ○ウ：スクレタ
6033 暈舩　イユン　ヂエン：フナエヒ
6034 火燙了　ホヲ、ダン　リヤ○ウ：ヤケトシタ
6035 受胎　ジウ　ダイ：クワヒニン
6036 懷胎　ワイ　タイ：クワヒニン
6037 胎衣　ダイ　イ：イヤ

巻4　34葉a

6038 生産　スエン　ツアン：サンヲシタ
6039 生子　スエン　ヅウ：サンヲシタ
6040 雙生　ショワン　スエン：フタコ
6041 坐産　ヅヲ、ツアン：ウフヤニ井ル
6042 産前　ツアン　ヅエン：サンセン
6043 産後　ツアン　ヘ○ウ：サンゴ
6044 小産　スヤ○ウ　ツアン：シヤウサン
6045 大産　ダアー　ツアン：タイサン
6046 堕胎　トヲ　ダイ：ルサン
6047 傷産　ショワン　ツアン：ルサン
6048 正産　チン　ツアン：ヘイサン
6049 赤帶病　チ　タイ　ビン：ナガチ
6050 分娩了　フイン　ウエン　リヤ○ウ：産スル

6051 胎衣不下　ダイ　イー　ポ　ヒヤア：エナノオリヌ⌐
6052 胎毒　ダイ　ド：タイドク
6053 血崩　ヘ　ペン：ナガチ
6054 經閉　キン　ピイ：月水不通也
6055 月經不通　イエ　キン　ポ　トン：月水不通也
6056 着狐狸　チヨ　ウー　リイ：キツ子ツキ
6057 一向有病　イ　ヒヤン　イウ　ビン：コノホトヒヤウキ
6058 病好了　ビン　ハ○ウ　リヤ○ウ：クハヒキシタ

巻4　34葉b

6059 未全好　ウイー　ツエン　ハ○ウ：マタスキトナヒ
6060 肚裏疼痛　ドウ　リイ　デン　トン：ハラカイタム
6061 手上痛　シウ　ジヤン　トン：テカイタム
6062 頭裏疼　デ○ウ　リイ　デン：カシラカイタム
6063 眼睛起了星　エン　ツイン　キイ　リヤ○ウ　スイン：メニホシカイツタ
6064 頭上痛　デ○ウ　ジヤン　トン：ヅヽウガスル
6065 痛得兇　トン　テ　ヒヨン：イカフイタヒ
6066 疼得狠　デン　テ　ヘン：イカフイタヒ
6067 生疼的　スエン　デン　テ：イタミカデタ
6068 疼不止　デン　ポ　ツゥ：イタミカヤマヌ
6069 只是疼　ツエ　ズウ　デン：タビイタヒ
6070 疼得兇　テン　テ　ヒヨン：ツヨクイタヒ
6071 不服土　ポ　ホ　ドウ：トチニアハヌ
6072 燋得大　ウヲン　テ　ダアー：キウノイホリカオホキナ
6073 驅疫符貼過門上了　キユイ　ヨ　アウ　テ　コヲ、メン　ジヤン　リヤ○ウ：エキレヒハラヒノ札ヲ門ニウツタ
6074 熱退了　ゼ　トイ　リヤ○ウ：子ツカサメタ
6075 不肯保　ポ　ゲン　パ○ウ：ヨウセウシカ子ル
6076 點點穴　テエン　テエン　イエ：テンヲオロセ
6077 保養保養　パ○ウ　ヤン　〰：ヨウゼウナサレヒ

巻4　35葉a

6078 不保養　ポ　パ○ウ　ヤン：ブヨウゼウ
6079 生了疸　スエン　リヤ○ウ　ツイ：ソカテキタ
6080 鼻紅出　ビイ　ホン　チユ：ハナヂガイヅル
6081 腎虚了　シン　ヒユイ　リヤ○ウ：ジンキヨシタ
6082 出了痘　チユ　リヤ○ウ　デ○ウ：ホウソウヲスル
6083 熱心腸　セ　スイン　チヤン：シンニ子ツカアル

6084	消下去	スヤ○ウ ヒヤア キユイ：ハレカヘリタ
6085	出些汗	チユ スイ、ハン：アセカイツル
6086	出了汗	チユ リヤ○ウ ハン：アセカテタ
6087	有汗出	イウ ハン チユ：アセカアル
6088	不出汗	ポ チユ ハン：アセ、ヌ
6089	汗不出	ハン ホ チユ：アセハテヌ
6090	汗染了	ハン ジエン リヤ○ウ：アセニヒタツタ
6091	汗出来	ハン チユ ライ：アセカイツル
6092	渾身汗	ヲイン シン ハン：ソウシンアセスル
6093	周身汗	チウ シン ハン：ソウシンアセスル
6094	出盜汗	チユ タウ ハン：子アセイヅル
6095	風癱了	ホン タン リヤ○ウ：シビレタ
6096	滑腸的	ワ チヤン テ：クダシバラ
6097	怕風的	パア、ホン テ：カセヲキラフ
6098	傷了酒	ショワン リヤ○ウ ツイ○ウ：サケイタミ

巻4　35葉b

6099	腫滿了	チヨン マン リヤ○ウ：ハレミツル
6100	火忒炡	ホヲ、テ ワン：火カタカブル {火太炡と併記し2行に}
6101	火太炡	ホヲ、タイ ワン：火カタカブル
6102	痒起来	ヤン キイ ライ：カユヒ
6103	快氣	クワイ キイ：クハイキシタ
6104	起了疱	キイ リヤ○ウ パ○ウ：ウヲノメカデキタ
6105	生箇瘤	スイン コ○ウ、リウ：コブガデキタ
6106	頭暈了	デ○ウ イン リヤ○ウ：メマヒカスル
6107	頭眩了	デ○ウ ヒエン リヤ○ウ：メマヒカスル
6108	火旺了	ホヲ、ワン リヤ○ウ：ヒガタカフル
6109	張緊的	チヤン キン テ：ハレツマツタ
6110	發脹的	ハ チヤン テ：ハレカデタ
6111	爛開了	ラン カイ リヤ○ウ：ハレクサレヒロガル
6112	虎狼病	フウ ヘン ビン：キビシヒヤマヒ
6113	虛脹了	ヒイ チヤン リヤ○ウ：ハレタ
6114	脹起来	チヤン キイ ライ：ハレタ
6115	悪心起来口裏生水	ウ、スイン キイ ケ○ウ リイ スエン シユイ：ム子カワルフテクチミツカテル
6116	染過了	ジエン コ○ウ、リヤ○ウ：カサナトウツリタ○
6117	手掌痒	シウ ヂヤン ヤン：テノヒラガ、ユヒ
6118	不痒麼	ポ ヤン マア：カユクハナヒカ
6119	喘沫風	チエン メ フヲン：ヨタレヤミ

巻4　36葉a

6120	生痰不好	スエン タン ホ ハ○ウ：タンカオコツテヨクナヒ
6121	消不下	スヤ○ウ ポ ヒヤア：ハレカヘラヌ
6122	消掉了	スヤ○ウ デヤ○ウ リヤ○ウ：ハレカヘリタ
6123	吐出来	トヲ チユ ライ：ハキタス
6124	不吐麼	ポ トヲ マア：ハカヌカ
6125	噴出来	ペン チユ ライ：フキタス

醫療類

巻4　37葉a

6126	診脉	チン メ：ミヤクミル
6127	看脉	カン メ：ミヤクヲミル
6128	配藥	ポイ ヨ：ハヒサヒ
6129	製藥	ツイー ヨ：クスリコシラヘル○
6130	藥性	ヨ スイン：ヤクシヤウ
6131	鍼	チン：ハリ
6132	灸	キウ：キウ
6133	點穴道	テエン ヒエ ダ○ウ：テンヲオロス
6134	藥渣	ヨ ヅアー：クスリノセンシカス
6135	復渣	ホ ヅアー：ニハンセンシ
6136	加減	キヤア ケン：カケン
6137	有引	イウ イン：クワヘモノアル○
6138	另煎	リン ツエン：ベツニセンスル
6139	服藥	ホ ヨ：フクヤク
6140	有効	イウ ヤ○ウ：シルシアル
6141	水煎	シユイ ツエン：ミツセンシ
6142	加薑一片	キヤア キヤン イ ペン：シヤウカヒトヘキクワエル

巻4　37葉b

6143	煎法照前	ツエン ハ チヤ○ウ ヅエン：センジヤウマエノトホリ
6144	吃藥	チヨ：クスリノム
6145	菓子藥	コフ ツウ ヨ：クワシクスリ
6146	茅根汁	マ○ウ ゲン チ：カヤノ子ノシル
6147	清水煎	ツイン シユイ ツエン：ミツセンシ
6148	煎干了	ツエン カン リヤ○ウ：センツメタ
6149	煎滾了	ツエン クイン リヤ○ウ：センワキ

カヘル
6150 搓艾圓　ツアー　ガイ　イエン：モクサヲヒ子ル
6151 打火罐　タアー　ホヲ、　クワン：スヤキノツボニ火ヲイレテハラニアツルコ
6152 討鹽生　タ〇ウ　エン　スエン：子ノ生ル、時塩ヲニキルコ
6153 乳製的　ジユイ　ツイ　テ：チヲトヽノエル
6154 精製的　キン　ツイ　テ：ヨキセイホフ
6155 土藥材　ドウ　ヨ　ヅアイ：製法セヌアラクスリ
6156 熬童便成了鹽秋石丹勞病吃　ガ〇ウ　ドン　ヘエン　ヂン　リヤ〇ウ　エン　ツイ〇ウ　ジ　タン　ラ〇ウ　ビン　チ：童便ヲイリ鹽ニセヘ秋石丹ト云テ勞咳ノ藥ニナル
6157 麻雀屎白丁香　マアー　ツヤ　スウ　ペ　デイン　ヒヤン：スヾメノフンヲ白丁香ト云
6158 王道藥　ワン　タ〇ウ　ヨ：ヤワラカナ藥〇ホヤク

巻4　38葉a
6159 只用葉不用花　ツエ　ヨン　エ　ホ　ヨン　ハアー：ハバカリモチヒテハナハモチヒヌ
6160 止血了　ツウ　ヘ　リヤ〇ウ：チヲトムル
6161 蘇合丸功能大　スウ　ハ　ワン　コン　子　ダアー：ソゴフグワンハ功能カヨイ
6162 覇道藥　パアー　タ〇ウ　ヨ：シヤク〇ツヨクスリ
6163 這個藥效得快　チエー　コ　ヨ　ヤ〇ウ　テ　クワイ：コノクスリハシルシカハヤヒ
6164 方子好　ハン　ツウ　ハ〇ウ：ヤクホフカヨヒ
6165 馬子鉛　マアー　ツウ　エン：小便ノカタマリ
6166 打針兒　タアー　チン　ルウ：ハリヲスル
6167 百草丸　ペツ　アウ　ワン：百草ヲ子ツテ丸スル
6168 小便閉住了大便不通　スヤ〇ウ　ベエン　ピイ　ヂユイ　リヤ〇ウ　ダアー　ベエン　ポ　トン：大小便閉
6169 錠子藥　テイン　ツウ　ヨ：カタニイレタクスリ
6170 弄些藥把你吃　ロン　スイ　ヨ　パア　ニイ　チ：クスリヲモリテソナタニノマスル
6171 紫金錠　ツウ　キン　デイン：シキシテヒ
6172 折錠子　ツエ　テイン　ツウ：カタノクスリヲオル
6173 醫得来　イ、　テ　ライ：リヤウチセラル、
6174 髙麗參　カ〇ウ　リイ　スエン：カウライニンシン

巻4　38葉b
6175 五倍子醋調搽　ウ、　ポイ　ツウ　ツウ　デヤ〇ウ　ヅアー：コバイシヲスデトキテツケル

6176 起陽的　キイ　ヤン　テ：キヲオコスクスリ
6177 解藥的　キヤイ　ヨ　テ：トクケシ
6178 當藥吃　タン　ヨ　チ：クスリグヒ
6179 補血的　プウ　ヘ　テ：チヲ、キナフ
6180 這件藥行血的　チエー　ゲン　ヨ　イン　ヘ　テ：コノクスリハチヲメクラス
6181 養血的　ヤン　ヘ　テ：チヲヤシナフ
6182 生血的　スエン　ヘ　テ：チヲヤシナフ
6183 不好醫　ポ　ハ〇ウ　イ、：レウヂカセラレヌ
6184 消食的　スヤ〇ウ　シ　テ：食ヲケス
6185 清火的　ツイン　ホヲ、　テ：火ヲケス
6186 消積的　スヤ〇ウ　チ　テ：シヤクヲオスコ
6187 貼膏藥　テ　カ〇ウ　ヨ：カウヤクヲハル
6188 攤膏藥　タン　カ〇フ　ヨ：カウヤクヲノヘル
6189 不腫的　ポ　チヨン　テ：ハレヌ
6190 消腫的　スヤ〇ウ　チヨン　テ：ハレヲヘラスコ
6191 抄藥方　ツア〇ウ　ヨ　ハン：ホフヲウツス
6192 抄醫書　ツア〇ウ　イー　シユイ：イシヨヲウツス
6193 烏鬚方　ウー　スイー　ハン：ヒケクロムルホフ

巻4　39葉a
6194 三叉頭　サン　ツアー　デ〇ウ：ミツマタ
6195 忌銅銕　ギイ　トン　テ：テツアカ、子ヲイム
6196 吃參湯　チ　スエン　ダン：ニンジントウヲノム
6197 将養些　ツヤン　ヤン　スイー：ヤウセウセヨ
6198 調将些　テヤ〇ウ　ツヤン　スイー：ヤウセウセヨ
6199 撮煎藥　ツヲ　ツエン　ヨ：センヤクヲモル
6200 末子藥　メ　ツウ　ヨ：コクスリ
6201 醫道興　イー　ダ〇ウ　ヒン：イトウカハヤル
6202 認藥的　ジン　ヨ　テ：クスリメキ、
6203 止嗽的　ツウ　スエ〇ウ　テ：セキヲヤムル
6204 會修養　ホイ　スイ〇ウ　ヤン：ヨクアンマヲトル
6205 撮藥　ツヲ　ヨ：クスリヲモル
6206 消痰好　スヤ〇ウ　ダン　ハ〇ウ：タンヲケシテヨヒ
6207 頭痛好　デ〇ウ　トン　ハ〇ウ：ヅ、ウカヤム
6208 病愈故吾有願心　ビン　イー　クウ　ウー　イウ　イエン　スイン：ヤマヒスキトヨヒユヘクワンカアル

巻4 舩部

舩件具名類

巻4　40葉a

6209　船主　　　ヂエン　チイ：センシユ
6210　財副　　　ツアイ　フウ：サイフ
6211　夥長　　　ホヲ、　チヤン：ハリノヤク
6212　總管　　　ツヲン　クワン：ソウクワン
6213　香供　　　ヒヤン　コン：ホサノヤク
6214　舵工　　　ドヲー　コン：カチトリ
6215　亞班　　　アー　パン：ホハシラノホリ
6216　杉板工　　サン　バン　コン：テンマバン
6217　押工　　　ヤ　コン：フナタイク
6218　工社　　　コン　シエー：スイシユ
6219　水梢　　　シユイ　スヤ○ウ：スイシユ
6220　水手　　　シユイ　シウ：スイシユ
6221　弟兄門　　デイ　ヒヨン　メン：スイシユトモ
6222　客長　　　ゲ　チヤン：キヤク
6223　正船主　　チン　ヂエン　チイ：ホンセンドウ

巻4　40葉b

6224　舩家長　　ヂエン　キヤア　チヤン：セントウ
6225　洋舩主　　ヤン　ヂエン　チイ：オキセンドウ
6226　副舩主　　フウ　チエン　チイ：ワキセンドウ
6227　梢公　　　スヤ○ウ　コン：ワタシモリ○水手ノ丁
6228　板主　　　パン　チイ：ハンシユ
6229　舩頭　　　ヂエン　デ○ウ：フ子ノカシラ
6230　舩後　　　ヂエン　ヘ○ウ：トモ
6231　脚舩　　　キヤ　ヂエン：ハシフ子
6232　迎賓舩　　ニン　ビン　ヂエン：ゲンクワンフ子
6233　小舩　　　スヤ○ウ　ヂエン：ツカヒフ子
6234　執事舩　　チ　ズウ　ヂエン：トウグフ子
6235　哨舩　　　サ○ウ　ヂエン：マワリバンセン
6236　釣魚舩　　テヤ○ウ　イー　ヂエン：ツリフ子
6237　龍舩　　　ロン　ヂエン：御舩
6238　官舩　　　クワン　ヂエン：クワンセン
6239　貢舩　　　コン　ヂエン：子ングフ子
6240　粮舩　　　リヤン　ヂエン：コメフ子
6241　商舩　　　シヤン　ヂエン：シヤウセン
6242　賊舩　　　ヅエ　ヂエン：ソクセン
6243　河舩　　　ホウ　ヂエン：カワフ子
6244　沙舩　　　サアー　ヂエン：カワフ子

巻4　41葉a

6245　渡舩　　　ドウ　ヂエン：ワタシフ子
6246　番舩　　　ハン　ヂエン：バンセン
6247　鳥船　　　ニヤ○ウ　ヂエン：海船
6248　杉板　　　サン　パン：テンマ
6249　牽舩　　　ケン　ヂエン：ヒキフ子
6250　揺舩　　　ヤ○ウ　ヂエン：コギフ子
6251　遊舩　　　ユウ　ヂエン：アソヒフ子
6252　僱舩　　　クウ　ヂエン：ヤトヒフ子
6253　搭舩　　　タ　ヂエン：ビンセン
6254　上舩　　　ジヤン　ヂエン：フ子ニノル
6255　下舩　　　ヒヤア　ヂエン：フ子ニノル
6256　過舩　　　コヲ、　ヂエン：フ子ニノリウツル
6257　跟了舩　　ゲン　リヤ○ウ　ヂエン：トモフ子
6258　放舩　　　ハン　ヂエン：フ子ヲウケタテル
6259　開舩　　　カイ　チエン：出帆
6260　開港　　　カイ　キヤン：ノリタス
6261　放洋　　　ハン　ヤン：ノリタス
6262　開駕　　　カイ　キヤア：ノリタス
6263　開棹　　　カイ　ツア○ウ：ノリダス
6264　撐舩　　　ヅエン　ヂエン：フ子ヲツキタス
6265　駕駛　　　キヤア　スウ：舟ヲノリマワス

巻4　41葉b

6266　轉舩　　　チエン　ヂエン：フ子ヲマワス
6267　正篷　　　チン　ポン：マトモ
6268　八字繚　　パ　ヅウ　リヤ○ウ：マトモ
6269　緊繚　　　キン　リヤ○ウ：ヒラキ
6270　片蓬　　　ペン　ボン：ヒラク
6271　打槳　　　タア、　ツヤン：マキル
6272　右轉　　　ユウ　チエン：オモカチ
6273　放　　　　ハン：オモカチ
6274　左舩　　　ツヲ、　ヂエン：トリカチ｛左轉の誤り｝
6275　扯　　　　チエン：トリカチ
6276　進港　　　ツイン　キヤン：入津
6277　入港　　　ジ　キヤン：入津
6278　泊舩　　　ホ　ヂエン：トマリフ子

6279 點舩	テエン ヂエン：フ子アラタムル
6280 囬棹	ホイ ツア○ウ：カエリフ子
6281 燂舩	タン ヂエン：フ子ヲタヅル
6282 燻舩	ヒイン ヂエン：フ子ヲタヅル
6283 洗舩	スイン ヂエン：フ子ヲアロフ
6284 攏舩	ロン ヂエン：フ子ヲコキヨスル
6285 元舵	イエン トウ：イマノカヂ
6286 副舵	フウ トウ：ソヘカヂ

巻4 42葉a

6287 偏舵	ペン トウ：ワキカヂ○沙舩ニアリ {Jは偏船。語の差し替え}
6288 舵牙	トウ ヤアー：カチヅカ
6289 柁甲	トウ キヤ：カヂノサン {Jは舵甲}
6290 柁閃	ドウ シエン：カヂノワキイタ {Jは舵閃}
6291 柁欛	トウ パン：カヂノソヘギ {Jは舵欛}
6292 駕舵	キヤア トウ：カヂヲイル丶
6293 吊柁	テヤ○ ドウ：カヂヲヒキアグル
6294 失柁	シー ドウ：カヂヲウシナフ {Jは失舵}
6295 車圈	チエー キエン：マルキ
6296 下金	ヒヤア キン：シタトコ
6297 上金	ジャン キン：ウワドコ
6298 金口	キン ゲ○ウ：ハセクチ
6299 金箸	キン チユイ：カナハサミ
6300 夾板	キヤ パン：カナハサミ
6301 木椗	モ デン：キイカリ
6302 鋳錨	テ マ○ウ：カナイカリ
6303 椗齒	デン ツウ：イカリノツメ
6304 椗箸	デン チユイ：イカリノヨコキ
6305 椗擔	デン タン：イカリノヨコキ
6306 椗身	デン シン：イカリノスドウ
6307 下碇	ヒヤアー デン：イカリイル丶

巻4 42葉b

6308 抛錨	パ○ウ マ○ウ：イカリイル丶
6309 八字抛	パヅウ パ○ウ：イカリニボウニテカヽルトキ八ノ字ナリニイル丶ヿ
6310 起錨	キイ マ○ウ：イカリクル
6311 走了錨	ツエ○ウ リヤ○ウ マ○ウ：イカリノカ丶ヌヿ
6312 桅桿	ヲイ カン：ホハシラ
6313 篷擔	ボン タン：ホケタ
6314 大桅	タア丶 ヲイ：ホンホハシラ

6315 頭桅	テ○ウ ヲイ：ヤホハシラ
6316 頭帆	デ○ウ ハン：ヤホ
6317 頭篷	デ○ウ ボン：ヤホ
6318 布篷兒	フウ ボン ルウ：シラホ
6319 布帆	プウ ハン：モメンホ
6320 篾帆	メ ハン：タカボ
6321 頭巾頂	テ○ウ キン デン：タカホ
6322 帆筋	ハン キン：ホスヂ
6323 帆裙	ハン キイン：ホバカマ
6324 挿花	ツア ハアー：マキリホ
6325 頭揖	デ○ウ チ：ヤリダシ
6326 尾送	ウイ ソン：オクリホ
6327 甲篙	キヤ カ○ウ：ホモタセ

巻4 43葉a

6328 帆架	ハン キヤア：ホモタセ
6329 桅架	ヲイ キヤア：タツキ
6330 桅尾尖	ヲイ ウイ ツエン：ハサミ
6331 幇桅尖	パン ヲイ ツエン：ハサミ
6332 桅箍	ヲイ クウ：ハシラノワ
6333 銕箍	テ クウ：テコ
6334 桅栓	ヲイ ツエン：ハシラノセン
6335 竪桅	ジイ ヲイ：ハシラヲタツル
6336 打桅	タアー ヲイ：ハシラヲタツル
6337 眠桅	メン ヲイ：ハシラヲ子スル
6338 爬桅	バアー ヲイ：ハシラニノホル
6339 棄桅	キイ ヲイ：ホヲスツル
6340 斷桅	ドワン ヲイ：ハシラキル
6341 挂帆	クワ ハン：ホカクル
6342 巻篷	キエン ボン：ホヲマク
6343 扯篷	チエー ボン：ホヲマキアクル
6344 減篷	ケン ボン：ホヲサグル
6345 下篷	ヒヤア ボン：ホヲサグル
6346 放下来	ハン ヒヤア ライ：ホヲサグル
6347 車起来	チエー キイ ライ：ホアクル {車は扯の誤りか}
6348 滿篷	モワン ボン：ホヲ十分ニモツ

巻4 43葉b

6349 減篷五合	ケン ホン ウーカ：ホヲ半分サケル
6350 落帆	ロ ハン：ホヲオロス
6351 絳井	リ ツイン：ホスリイタ
6352 檠兒	ツヤン ルウ：カヒ

6353	竹篙	チヨ カ○ウ：ミサホ
6354	槳葉	ツヤン エ：ロノハ
6355	把篙子掙過去	ハア カ○ウ ツウ ツエン コウ キユイ：ミサホデハツテユク
6356	撑篙	ツエン カ○ウ：サホサス
6357	撑開	ツエン カイ：サホデハル
6358	櫓椎	ルウ ツ○イ：ログヒ
6359	櫓人頭	ルウ ジン デ○ウ：ログヒ
6360	櫓麻	ルウ マア：ロドコ
6361	櫓棚	ルウ ペン：ロタナ○ワキヤマトモ
6362	櫓聲	ルウ シン：ロゴエ
6363	揺櫓節奏	ヤ○ウ ルウ ツイ ツエ○ウ：ロヒヤウシ
6364	揺櫓	ヤ○ウ ルウ：ロヲコグ
6365	快櫓走	クワイ ルウ ツエ○ウ：ロヲオシキツテユク
6366	尾吊索	ウイ テヤ○ウ ソ：柱ヲ引ハルツナ
6367	羅頭索	ロヲ デ○ウ ソ：柱ヲ引上ルツナ
6368	繚索	リヤ○ウ ソ：ミナワ

巻4　44葉a

6369	繚母	リヤ○ウ ムウ：ミナワ
6370	櫓索	ルウ ソ：ロツナ
6371	椗索	デン ソ：イカリツナ
6372	麻索	マアー ソ：イチヒツナ
6373	大麻縄	ダアー マアー デン：オホイチヒツナ
6374	棕索	ツヲン ソ：ツクヅナ
6375	纜索	ラン ソ：トモツナ
6376	蹈索	タ○ウ ソ：トヅナ
6377	虎尾	フウ ウイ、：カチヒカヘヅナ
6378	鉤索	ドウ ソ：ツルベツナ
6379	帆鉤索	ハン テヤ○ウ ソ：ホツリツナ
6380	勒肚索	レドウ ソ：ロクトヅナ
6381	舵鉤	ドウー テヤ○イ：カヂノカシラツナ {Jは舵鉤}
6382	打索路	タアー ソルウ：ツナウツ
6383	舩幔	ヂエン マン：フナマク
6384	巻幔	キエン マン：マクアクル
6385	下幔	ヒヤア マン：マクオロス
6386	草扇	ツア○ウ シエン：トマ
6387	油布	ユウ プウ：ラウドマ
6388	遮油布	チエー ユウ プウ：トマヲカクル
6389	遮盖	チエー カイ：トマスル

巻4　44葉b

6390	収油布	シウ ユウ プウ：トマヲトル
6391	號帶	ア○ウ タイ：フキナカシ
6392	一條龍	イ デヤ○ウ ロン：フキナカシ
6393	順風旗	シユン ホン ギイ：カサキリ
6394	清風旗	ツイン ホン ギイ：ホンバシラノオホハタ
6395	媽祖旗	マアー ツウ ギイ：トモノオホハタ
6396	三色旗	サン スエ ギイ：オランタハタ
6397	七星旗	ツイ スイン ギイ：七ツホノシノハタ
6398	蜈蚣旂	ウー コン ギン：ムカデハタ
6399	望斗	ワン テ○ウ：バランタ
6400	旗竿	ギイ カン：ハタサホ
6401	頭樓	デ○ウ レ○ウ：オモテヤクラ
6402	尾樓	ウイ レ○ウ：トモヤクラ
6403	梁頭	リヤン デ○ウ：トモノマ
6404	潮艙	ヂヤ○ウ ツアン：アカマ
6405	水櫃	シユイ グイ：ミツセコ
6406	貨艙	ホヲ、 ツアン：ニモツカウリ
6407	灶櫃	ツア○ウ クイ：ヒトコ
6408	牛欄	ニウ ラン：トモノランカン
6409	弓篷	コン ボン：トモノヤ子
6410	水仙門	シユイ スエン メン：ドウノマノモン

巻4　45葉a

6411	拜棚頂	パイ ペン デン：トモノニカヒ
6412	日月窓	ジイエ チヨワン：センドウノヘヤ
6413	蝦蛄心	ヒヤア クウ スイン：オモテカフリ
6414	波邊	ポヲ ペエン：カヘイタノマ
6415	梁	リヤン：ドウキ
6416	嚙檀	ハン ダン：ドウキ
6417	車盤	チエー ボワン：マキトウ
6418	車子	チエー ツウ：キツテウ
6419	車手	チエー シウ：キツテウ
6420	狡轆	キヤ○ウ ロ：セミ
6421	糟抽	ツア○ウ チウ：アカトホシ
6422	龍骨	ロン コ：カワラ
6423	樑頭	リヤン デ○ウ：セキイタ
6424	堵頭	トヲ デ○ウ：セキイタ
6425	撼面	カン メエン：カメノカウ
6426	陸耳	ロ ルウ：ハサミ
6427	梡猪	ヲイ チイ：メクラツエ
6428	水蛇	シユイ ジエー：サウヒキ

6429 埒子　ラ　ツウ：サウヒキ
6430 波掬　ホヲー　キヨ：カベイタノマツラ
6431 馬面　マアー　メエン：上ハサミノ下小スリイタ

巻4　45葉b

6432 桅板　ヲイ　パン：大スリイタ
6433 木履　モリ　イイ：モリ
6434 絞車　キヤ○ウ　チエー：マキド
6435 桅尖　ヲイ　ツエン：上ハサミ
6436 桅笠　ヲイ　リ：カサ
6437 桅帽　ヲイ　マ○ウ：カサ
6438 桅門　ヲイ　シエン：ハシラノセン
6439 繚升　リヤ○ウ　シン：ミナワトヲシ
6440 篷唇　ボン　ツウ：舩中ノコヤ
6441 雞捍　キイ　カン：ウチマワシ
6442 撲子　ポ　ツウ：ウチマワシ
6443 無底井　ウー　デイ　ツイン：ウチマワシ
6444 車脚　チエー　キヤ：ヲリイタ
6445 跳板　テヤ○ウ　パン：船ニノルトキワタルイタ
6446 走馬　ツエ○ウ　マアー：アマオサヘ
6447 抱掬　パ○ウ　キヨ：マツラ
6448 車板　チエー　パン：マキイタ
6449 車動　チエー　ドン：ホマキ　○イカリツナクル時ノロクロ
6450 羊頭　ヤン　デ○ウ：ナカダチ
6451 橛托　カン　ト：カフリノシタジキ
6452 水鉤　シユイ　ドウ：ナマリツルベ

巻4　46葉a

6453 扂斗　フウ　テ○ウ：ツルヘ
6454 重底　ヂヨン　テイ：フタヘソコ
6455 車路板　チエー　ルウ　パン：テツカウイタ
6456 狹轆餅　キヤ○ウ　ロ　ビン：セミノモチ
6457 桅餅　ヲイ　ビン：セミノモチ
6458 打水　タアー　シユイ：アカヲトル
6459 燀洗　ダン　スイ○：スリタデスル
6460 修補　スイ○ウ　プウ：シユフク
6461 淺閣　ツエン　コ：ソコツク
6462 頭搦頭　デ○ウ　ボン　テ○ウ：舩ノカシラドシツキ合フ
6463 跳過去　テヤ○ウ　コウ　キユイ：ノリウツル
6464 針路　チン　ルウ：ハリスチ
6465 到岸　タ○ウ　ガン：チヤクセンスル

6466 游水　ユウ　シユイ：ヲヨク
6467 下水　ヒヤア　シユイ：スイリ
6468 撈起来　ラ○ウ　キイ　ライ：カツキアクル
6469 打過来　タアー　コウ　ライ：トリアクル
6470 浮起来　ウエ○ウ　キイ　ライ：ウキアカル
6471 漂風　ヒヤ○ウ　ホン：カセニタヽヨフ
6472 漂到　ピヤ○ウ　タ○ウ：ヒヤウチヤク
6473 離山　リイ　サン：ヤマヲハナルヽ

巻4　46葉b

6474 見山　ケン　サン：山カミエル
6475 使神棒　スウ　シン　ポン：ボサノホウヲツカフ
6476 使神棍　スウ　シン　クイン：ボサノホウヲツカフ
6477 舩上去　ヂエン　ジヤン　キユイ：フ子カラユク
6478 舩到了　ヂエン　タ○ウ　リヤ○ウ：フ子カツイタ
6479 水路来　シユイ　ルウ　ライ：フナヂヲキタ
6480 唱個棹歌　チヤン　コ　ツア○ウ　コヲヽ：フナウタヲウタフ
6481 舩底打破了　ヂエン　テイ　タアー　ポヲ　リヤ○ウ：フナソコヲウチヤフツタ
6482 過舩来　コウ　ヂエン　ライ：ビンセンシテキタ
6483 搭舩来　タ　ヂエン　ライ：ビンセンシテキタ
6484 不上舩　ポ　ジヤン　ヂエン：フ子ニノラヌ
6485 上厓了　ジヤン　ヤイ　リヤ○ウ：リクニアカル
6486 上岸了　ジヤン　ガン　リヤ○ウ：リクニアカル
6487 舩開了　ヂエン　カイ　リヤ○ウ：フ子ガテタ
6488 了不得揺排　リヤ○ウ　ポ　テ　ヤ○ウ　パイ：フ子カユツテトフモナラヌ　{排は摆の誤り}
6489 積得多　チ　テ　トフ：オオクツンタ
6490 舩上多少人　ヂエン　ジヤン　トフ　シヤ○ウ　シン：センチウイク人ソ
6491 攏起来　ロン　キイ　ライ：ヨスレ

巻4　47葉a

6492 攏過去　ロン　コヲヽ　キユイ：ヨセテユク
6493 攏過来　ロン　コヲヽ　ライ：ヨセテクル○コキヨスル
6494 放開来　ハン　カイ　ライ：フ子ヲウケタスㄱ
6495 積不得　チプ　テ：ツミエヌ
6496 装得起　チヨワン　テ　キイ：ツミ得ル
6497 還未開　ワン　ウイー　カイ：マタ出舩セヌ
6498 揺舩去　ヤ○ウ　ヂエン　キユイ：ロヲオシテフ子ヲヤルㄱ

6499 外江舩　ワイ　キヤン　ヂエン：ナンキンダシノフ子
6500 江浙發　キヤン　ツエ　ハ：クチシダシ
6501 出唐舩　チユ　ダン　ヂエン：オクダシ
6502 州府發　チウ　フウ　ハ：オクシダシ
6503 發洋舩　ハ　ヤン　ヂエン：コキタシタフ子
6504 搭載錢　タ　ヅアイ　ヅエン：ビンコヒチン
6505 有個舩　イウ　コ　ヂエン：フ子カアル
6506 別舩上　ベ　ヂエン　ジヤン：ベツフ子
6507 撐過去　ツエン　コヲ、　キユイ：ミザホテハツテユク
6508 紅毛舩開了去　ホン　マ○ウ　ヂエン　カイ　リヤ○ウ　キユイ：オランダブ子ガ出舩シタ
6509 點舩去　テエン　ヂエン　キユイ：フ子アラタメニユク
6510 押行李　ヤ　ヒン　リイ：テマハリドウグノサイレウ
6511 定隻舩　デン　チ　ヂエン：フ子イツソウヤクソクスル

巻4　47葉b

6512 囬馬戯　ホイ　マア　ツアン：行カヘル
6513 行頭多　ヒン　デ○ウ　トフ：テマワリドウグガオホヒ
6514 划龍舩　ウワ、　ロン　ヂエン：オフ子ヲコグ
6515 揺舩来　ヤ○ウ　ヂエン　ライ：フ子ヲコイテクル
6516 左邊風　ツヲ、　ベン　フヲン：ヒダリノワキカゼ
6517 右邊風　イウ　ペン　フヲン：ミキノワキカセ
6518 上岸各處去看　ジヤン　ガン　コ　チユイ　キユイ　カン：クガニオリテシヨ〜ケンフツスル
6519 清石頭　ツイン　ジ　デ○ウ：カルイシヲオロス
6520 順風相送　ジユイン　フヲン　スヤン　ソン：イトマコヒノコトハ
6521 下頭擺　ヒヤア　デ○ウ　パイ：出舩マヘサキノリスル⌐
6522 補盖行李　フウ　カイ　ヒン　リイ：ヨギフトンテマワリトウク
6523 下尾擺　ヒヤア　ウイ丶　パイ：出舩スル⌐
6524 我的迎舩　コヲ　テ　ニン　ヂエン：オレカムカヒフ子
6525 浮槎　ウエ○ウ　ツアー：イカダ

巻4 居處部

居室坊店類

巻4　48葉a

- 6526 客堂　ゲ ダン：キヤクタイトコロ
- 6527 客廳　ゲ デイン：キヤクタイトコロ
- 6528 官廳　クワン デイン：ザシキ
- 6529 外頭　ワイ デ○ウ：ソトムキ
- 6530 裏頭　リイ デ○ウ：ナイシヤウ
- 6631 内裏　ヌイ リイ：ナイシヤウ
- 6532 書房　シユイ ブワン：シヨモツミルトコロ
- 6533 私房　スウ ブワン：イトコロ
- 6534 客房　ゲ ブワン：客ノ子ヤ
- 6535 睡房　ジユイ ブワン：子トコロ
- 6536 睡樓　ジユイ レ○ウ：ニカヒノ子マ
- 6537 臥房　ゴヲ、ブワン：子ヤ
- 6538 閨房　クイ ブワン：{語釈なし}
- 6539 粧樓　チヨワン レ○ウ：ニカヒノケシヤウノマ
- 6540 粧房　チヨワン ブワン：ケシヤウノマ

巻4　48葉b

- 6541 浴堂　ヨ ダン：ユヤ
- 6542 混堂　ヲイン ダン：ユヤ
- 6543 高樓　カ○ウ レ○ウ：タカキニカヒ
- 6544 涼亭　リヤン デイン：スヾミトコロ
- 6545 土庫　ドウ クウ：ドゾウ
- 6546 米庫　ミイ クウ：コメクラ
- 6547 貨庫　ホヲ、クウ：クラ
- 6548 毛坑　マ○ウ カン：セツイン
- 6549 馬槽　マアー ツア○ウ：ウマヤ
- 6550 草寮　ツア○ウ リヤ○ウ：コヤ
- 6551 戲臺　ヒイ ダイ：ブタヒ
- 6552 戲房　ヒイ ブワン：ガクヤ
- 6553 看臺　カン ダイ：サジキ
- 6554 庭心　デイン スイン：ニワノマンナカ
- 6555 花園　ハアー イエン：ハナソノ
- 6556 樓上　レ○ウ ジヤン：ニカヒ
- 6557 樓下　レ○ウ ヒヤア：ニカヒシタ
- 6558 厨下　チウ ヒヤア：タヒトコロ
- 6559 緊隔壁　キン ゲ ピ：マトナリ
- 6560 貼隔壁　テ ゲ ピ：マトナリ
- 6561 緊隣的　キン リン テ：マトナリ

巻4　49葉a

- 6562 隣舍　リン セエー テ：トナリ
- 6563 對門　トイ メン：ムカヒ
- 6564 貴家　クイ キヤア：キタク
- 6565 舍下　セエー ヒヤア：シタク
- 6566 修葺　スイ○ウ ジ：シユフクスル
- 6567 修理　スイ○ウ リイ：シユフクスル
- 6568 上間　ジヤン ラン：カモ井
- 6569 下間　ヒヤア ラン：シキ井
- 6570 裙板　キン パン：コシイタ
- 6571 仰塵　ニヤン ヂン：天井
- 6572 天花板　テエン ハアー パン：天井板
- 6573 亮隔　リヤン ゲ：レンジ
- 6574 板屋　パン ヲ：イタヤ
- 6575 瓦屋　ウワー ヲ：カハラヤ
- 6576 屋瓦　ヲ ウワー：ヤ子カハラ
- 6577 陰陽瓦　イン ヤン ウワー：ヤ子カハラ
- 6578 獸頭　スイ○ウ デ○ウ：ヲニカハラ
- 6579 瓯瓦　トン ウワー：マルカハラ
- 6580 方磚　ハン ポ：カクカハラ {磚字, 音誤り}
- 6581 磚瓦　ポ ウワー：シキカハラ
- 6582 地板　デイ パン：イタシキ

巻4　49葉b

- 6583 鋪板　プウ パン：イタシキ
- 6584 相思縫　スヤン スウ ウヲン：シキ板双方ノアハセメ
- 6585 檻槽　ハン ツア○ウ：シキイタ
- 6586 壁子　ビ ツウ：カベ
- 6587 粉壁　フイン ピ：ヌリカベ
- 6588 泥壁　ニイ ヒ：ツチカベ
- 6589 花架　ハアー キヤア：ハナタナ
- 6590 屋上　ヲ ジヤン：ヤ子
- 6591 井欄　ツイン ラン：井ゲタ
- 6592 角落頭　コロ デ○ウ：ヤ子ノカド
- 6593 角落裏　コロ リイ：ヤ子ノカド
- 6594 簷前　イエン ヅエン：ノキ

6595	四壁角	スウ ピ コ：シヘキノスミ	
6596	兩廊	リヤン ラン：リヤウハウノラウカ	
6597	紙窗	ツウ チヨワン：マト	
6598	柱子	チイ ツウ：ハシラ	
6599	石礫	ジ サン：イシズエ	
6600	遮闌	チエー タ：ヒオヒ	
6601	張篷	チヤン ボン：ヒオヒ	
6602	梁	リヤン：ムナキ	
6603	甑	ツ○イ：ウタツ	

巻4　50葉a

6604	椽	イエン：タルキ
6605	桁	ハン：ケタ
6606	泡釘	パウ デン：クキカクシ
6607	水槽	シユイ ツア○ウ：トヒ
6608	水筧	シユイ ケン：カケヒ
6609	石墶	ジ キヤイ：イシノダン
6610	門路	メン ルウ：ロヂ
6611	門庭	メン デイン：ロヂ {「門路」の語釈と「同上」としたための誤り。Jはニハ}
6612	門道	メン ダ○ウ：ロヂ
6613	柵門	ツエ メン：サクモン
6614	墻門	ヅヤン メン：カキノモン
6615	門扇	メン シエン：トビラ
6616	門閂	メン シエン：クワンヌキ
6617	鐐釣	リヤ○ウ デヤ○ウ：クワンヌキ {釣は誤字，Jは鐐鈎}
6618	門樞	メン チユイ：クロヽ
6619	築墻	チヨ ヅヤン：子リベイ
6620	砌墻	ツイー ヅヤン：カキヲツクル
6621	砌路	ツイー ルウ：ミチヲツクル
6622	盖瓦	カイ ウワー：ムネアゲ
6623	上梁	ジヤン リヤン：ムネアゲ
6624	盖屋	カイ ヲ：イエフク⁊

巻4　50葉b

6625	翻盖	ハン カイ：フキカヘスル
6626	盖草	カイ ツア○ウ：フキクサ
6626	開天窗	カイ テエン チヨワン：ソラニマトアケル
6627	盖幾椽	カイ キイ イエン：イヘヲイクシキフキタツルカト云⁊
6628	掃塵	サ○ウ デン：スヽハラヒ

6629	彈塵	ダン デン：スヽハラヒ
6630	起工	キイ コン：コヤイリ
6631	動工	ドン コン：コヤイリ
6632	興工	ヒン コン：コヤイリ
6633	勞歌	ラ○ウ コヲー：キヤリ○ハタラクトキノウタ
6635	工數	コン スウ：テマカズ
6636	起房子	キイ ブワン ツウ：イヘヲタツル
6637	折房子	ツエ ブワン ツウ：イヘヲトク {折は拆の誤り}
6638	坦塌了	ダン タ リヤ○ウ：カキナトヲツキタヲス⁊
6639	牽繩	ケン デン：スミヒク
6640	鑿空	ヅヲ コン：アナホル
6641	朽壞	ヒウ ワイ：クチタ
6642	皇宮	ワン コン：キウチウ
6643	朝廷	チヤ○ウ デイン：テウテイ
6644	王府裏	ワン フウ リイ：ヤカタ

巻4　51葉a

6645	衙門	ヤアー メン：ヤシキ
6646	官府	クワン フウ：クワンフ
6647	小官府	スヤ○ウ クワン フウ：小ヤクシヨ
6648	公館	コン クワン：ヤクシヨ
6649	城裏頭	ヂン リイ デ○ウ：シロノウチ
6650	城樓	ヂン レ○ウ：シヤウロウ
6651	理刑廳	リイ イン デイン：ヒヤウデウシヨ
6652	宗廟	ツヲン ミヤ○ウ：ソウビヤウ
6653	祠堂	ズウ タン：シダウ
6654	聖廟	シン ミヤ○ウ：セイビヤウ
6655	大伽藍	ダアー キヤア ラン：大ガラン
6656	鳥門	ニヤ○ウ メン：トリ井
6657	華表	ハアー ピヤ○ウ：トリ井
6658	藥胡廬	ヨ ウー ルウ：ギボウシ
6659	唐人館	ダン ジン クワン：タウシンヤシキ
6660	紅毛庫	ホン マ○ウ クウ：オランタクラ
6661	綢緞鋪	ヂウ トワン プウ：タンモノミセ
6662	盆兒店	ホウ テエン：マケモノミセ
6663	生藥店	スエン ヨ テエン：キクスリヤ
6664	裱褙店	ピヤ○ウ ギユイ テエン：ヒヤウクヤ
6665	書坊店	シユイ ブワン テエン：シヨモツミセ

巻4　51葉b

6666	染坊店	ジエン ブワン テエン：コンヤ
6667	招商店	チヤ○ウ シヤン テエン：トヒヤ
6668	行家	ハン キヤア：ニモツドヒヤ
6669	糕餅店	カ○ウ ピン テエン：クハシミセ
6670	豆腐店	デ○ウ フウ テエン：トウフヤ
6671	開酒店	カイ ツイ○ウ テエン：サカヤヲタツル「ク
6672	冤家	イエン キヤア：アゲヤ
6673	開行的	カイ ハン テ：トヒヤヲスル「
6674	客店	ケ テエン：キヤクヤ
6675	歇客的	ヘ ゲ テ：タヒヤト
6676	飯店	ワン テエン：ハタゴヤ
6677	歇店	ヘ テエン：ヤスミトコロ
6678	驛亭	イエ デイン：バシヤクトコロ
6679	驛店	イエ テエン：バシヤクトコロ
6680	本亭	ペン デイン：ホンヂン
6681	兌換店	トイ ワン テエン：リヤウガヘ
6682	舖子上	プウ ツウ ジヤン：ミセ
6683	牢固	ラ○ウ クウ：デウブ
6684	曠大	クワン タアー：ヒロヒ
6685	寛大	クワン タアー：ヒロヒ
6686	漫大	マン タアー：ヒロヒ

巻4　52葉a

6687	狹窄	ヤ ツエ：セマヒ
6688	有鑰匙鎖好了	イウ ヤ ズウ ソフ ハ○ウ リヤ○ウ：カギアリ○ジヤウマヘヨシ
6689	大門子	タアー メン ツウ：モンバン
6690	鎖了門	ソヲ リヤ○ウ メン：モンヲトサス
6691	鎖庫門	ソヲ クウ メン：クラヲトサス
6692	鎖肅門	ソヲ ソメ：シヲリド
6693	壁子邉	ビ ツウ ベエン：カヘノホトリ
6694	紙門邉	ツウ メン ベエン：カラカミノホトリ
6695	板門邉	パン メン ペエン：戸ノホトリ
6696	有個門	イウ コ メン：モンガアル
6697	扇上了	シエン ジヤン リヤ○ウ：トヲタテル
6698	没有門	ム イウ メン：モンカナヒ
6699	舖石頭	プウ シ デ○ウ：シキイシ
6700	砌石坑	ツイ丶 ジ カン：イシカキヲツク
6701	春石頭	チヨン ジ デ○ウ：イシツキスル
6702	打石頭	タアー ジ デ○ウ：イシヅキスル
6703	搪壁子	ダン ピ ツウ：カヘヲヌル
6704	席子上	ヅイ ツウ ジヤン：タヽミノウヘ
6705	打個竈	タアー コ ツア○ウ：カマトヲヌル
6706	砌個竈	ツイ コ ツア○ウ：カマトヲヌリタツル

巻4　52葉b

6707	開個慫	カイ コ チヨワン：マトヲアクル
6708	開大門	カイ ダアー メン：オホモンヲアクル
6709	打了墻	タアー リヤ○ウ ヅヤン：子リヘヒヲツク
6710	障門壞破了貼一貼	チヤン メン ワイ ポヲ リヤ○ウ テイ テ：シヤウジカフレタハリカヘヨ
6711	障子邊	チヤン ツウ ペエン：シヤウジノホトリ
6712	紙障破了補一補好	ツウ チヤン ホヲ丶 リヤ○ウ プウ イ プウ ハ○ウ：シヤウシガヤフ■(空格)タハリツクロヘ
6713	挖壁孔	ワ ピ コン：カベヲクジル
6714	下分石	ヒヤア ブワン ジ：ハシラクチノイシ
6715	鋪藤席	プウ デン ヅイ：トウムシロヲシク
6716	布草席	プウ ツア○ウ ヅイ：ムシロヲシク
6717	布紅氈	プウ ホン チエン：モウセンヲシク
6718	鋪青氈	フウ ツイン チエン：アヲモウセンシク
6719	家伙多	キヤア ホヲ丶 トヲ：ドウグガオホヒ
6720	片板老了雨水漏下来	ペン パン ラ○ウ リヤ○ウ イ シユイ レ○ウ ヒヤア ライ：ヤ子イタカフルヒデアメガモル
6721	搭着雲梯	タ ヂヤ イユン デイ：ハシコヲカクル
6722	冷壁子靠不得	レン ピ ツウ カ○ウ ポ テ：ナマカベニハヨラレヌ

巻4　53葉a

6723	脱了門	ト リヤ○ウ メン：モンヲノソイタ
6724	除了門	ツイ リヤ○ウ メン：モンヲノソイタ
6725	好欵式	ハ○ウ クワン シ：ヨキカクシキ
6726	屋簷上	ヲ エン ジヤン：ノキノウヘ
6727	小亭子	スヤ○ウ テイン ツウ：小キ亭
6728	補一補	プウ イ プウ：シユフクスル
6729	鎮住了	チン デユイ リヤ○ウ：シツマツタ
6730	房門后	フアン メン ヘ○ウ：ナイシヤウノウシロ
6731	搪粗泥	ダン ツウ ニイ：アラヌリ
6732	搪細泥	ダン スイ丶 ニイ：ウワヌリ
6733	兩柱間	リヤン チユイ ケン：フタハシラノアイ
6734	賣房子	マイ ブワン ツウ：ウリイヘ

104

6735 碎石頭　ス○イ ジ デ○ウ：コマイシ
6736 搭凉篷　タ リヤン ポン：ヒヲヒスル
6737 上梁文　ジヤン リヤン ウエン：ムナフダ
6738 關上了　クワン シヤン リヤ○ウ：セキマシタ
6739 關了門　クワン リヤ○ウ メン：モンヲセイタ
6740 扇了門　シエン リヤ○ウ メン：ヒラキドヲアクル
6741 開了關　カイ リヤ○ウ クワン：アケタ
6742 開了門　カイ リヤ○ウ メン：モンヲアケタ
6743 敲門　キヤ○ウ メン：モンヲタヽク

巻4　53葉b

6744 關得攏　クワン テ ロン：サヘキラルヽ
6745 且關着　ツエヽ クワン ヂヤ：マツタテヨ
6746 推得開　トイ テ カイ：オシヒラク
6747 套得上　タ○ウ テ ジヤン：ハメラルヽ
6748 配不上　ホイ ポ ジヤン：ハメラレヌ
6749 配得着　ポイ テ ヂヤ：カキナトノ合タ⌐
6750 配不着　ポイ ポ ヂヤ：アワヌ⌐
6751 放得進　ハン テ ツイン：ハメコム
6752 倒托了　タ○ウ ト リヤ○ウ：サカサマニハメタ
6753 把門兒上一上　パア メン ルウ ジヤン イジヤン：トシヤウシヲハメヨト云⌐
6754 光亮的　クワン リヤン テ：ヒカリカアル
6755 發亮的　ハ リヤン テ：ヒカリカテタ
6756 殿面前　デエン メン ヅエン：コテンノマヘ
6757 殿後頭　デエン ペ○ウ デ○ウ：コテンウシロ
6758 透明的　テウ ミン テ：スキトホル
6759 亮快唎　リヤン クワイ リイ：ヨキアカリ
6760 魆地裡　エ デイ リイ：クラガリ
6761 黒魆魆　ヘ エヽ：クラヒ
6762 闇闇地　アン ヽ デイ：クラガリ
6763 洗厨　スイ チウ：アラヒモノスルトコロ

巻5 食物部

菜蔬類凡

巻5　1葉a

- 6764 菠稜菜　ポウ リン ツアイ：ホウレンソウ
- 6765 蔓青菜　マン ツイン ツアイ：カブナ
- 6766 諸葛菜　チイ カ ツアイ：カブナ
- 6767 仙人掌　スエン ジン チヤン：センニンシヤウ
- 6768 萵苣菜　ヲウ ギユイ ツアイ：チサ
- 6769 箔菜　ベ ツアイ：タウナ
- 6770 金針菜　キン チン ツアイ：クワンサウ
- 6771 海苔菜　ハイ タイ ツアイ：ノリ
- 6772 蓬萵菜　ボン カ○ウ ツアイ：ハギナ
- 6773 蒿菜　カ○ウ ツアイ：シユンギク
- 6774 芹菜　キン ツアイ：セリ
- 6775 薺菜　ヅイ ツアイ：ナツナ

巻5　1葉b

- 6776 韮菜　キウ ツアイ：ニラ
- 6777 葱菜　ツヲン ツアイ：ヒトモジ
- 6778 蕨菜　キエ ツアイ：ワラビ
- 6779 芥菜　キヤイ ツアイ：タカナ
- 6780 青菜　ツイン ツアイ：ミヅナ
- 6781 甜菜　デエン ツアイ：ミヅナ
- 6782 豆芽菜　デウ ヤアー ツアイ：モヤシ
- 6783 芥蘭菜　キヤイ ラン ツアイ：ガイラン
- 6784 薤菜　ヨン ツアイ：和ニナシ {Jハフダンソウ}
- 6785 猪母菜　チユイ ムウ ツアイ：ミ、ナ
- 6786 素菜　スウ ツアイ：シヤウジン
- 6787 倒柏菜　タウト ツアイ：アチヤラヅケ
- 6788 裴翁菜　ボイ ウヲン ツアイ：アチヤラヅケ
- 6789 天花菜　テエン ハアー ツアイ：マヒタケ
- 6790 筆頭菜　ビ デ○ウ ツアイ：ツク〲シ
- 6791 霉乾菜　ムイ カン ツアイ：ホシナ
- 6792 石花菜　ジ ハアー ツアイ：トコロテン
- 6793 大頭菜　ダアー デ○ウ ツアイ：カブナ
- 6794 馬蘭菜　マアー ラン ツアイ：ヨメナ
- 6795 燕窩菜　エン ヲウ ツアイ：エンス
- 6796 海苔菜　ハイ ベ ツアイ：ワカメ

巻5　2葉a

- 6797 紫菜　ツウ ツアイ：アマノリ
- 6798 鹿角菜　ロ コ ツアイ：ヒヂキ
- 6799 水芥菜　シユイ キヤイ ツアイ：カハタカナ
- 6800 鹿尾菜　ロ ウイ、 ツアイ：ヲゴ
- 6801 水苔菜　シユイ タイ ツアイ：カハノリ
- 6802 抜菜　バ ツアイ：ツミナ
- 6803 藜菜　リイ ツアイ：アカザ
- 6804 蒪菜　シ○エン ツアイ：シユンサイ
- 6805 紅菜　ホン ツアイ：トサカノリ
- 6806 蓼菜　リヤ○ウ ツアイ：タデ
- 6807 水蓼　シユイ リヤ○ウ：イヌタデ
- 6808 菜梗　ツアイ ゲン：ナノクキ
- 6809 蕗菜　ルウ ツアイ：フキ
- 6810 野蓮　エ、 レン：ツハ
- 6811 天荷葉　テエン ホウ エイ：ツハ
- 6812 莧菜　ケン ツアイ：ヒユ
- 6813 香菰　ヒヤン クウ：シヒタケ
- 6814 白菰　ベ クウ：シメチ
- 6815 茨菰　ツウ クウ：クワ井
- 6816 松菰　ソン クウ：マツタケ
- 6817 天花菰　テエン ハア クウ：マイタケ

巻5　2葉b

- 6818 香瓜　ヒヤン クワア：クワシウリ
- 6819 甜瓜　デエン クワア：クワシウリ
- 6820 黄瓜　ワン クワア：キウリ
- 6821 胡瓜　ウ、 クワア：キウリ
- 6822 菜瓜　ツアイ クワア：マルヅケウリ
- 6823 生瓜　スエン クワア：マルヅケウリ
- 6824 苦瓜　クウ クワア：ツルレイシ
- 6825 絲瓜　スウ クワア：イトウリ
- 6826 老絲瓜　ラ○ウ スウ クワア：オヒヘチマ
- 6827 東瓜　トン クワア：トウグワ
- 6828 西瓜　スイ、 クワア：スイクワ
- 6829 南瓜　ナン クワア：ボウブラ
- 6830 北瓜　ポ クワア：イウガホ
- 6831 白瓜　ベ クワア：シロウリ
- 6832 白蘿蔔　ベ ロウ ブウ：タイコン
- 6833 胡蘿蔔　ウ、 ロウ ブウ：ニンジン

6834	黄蘿葍	ワン ロウ ブウ：ニンジン	6872	蒟蒻	キイ ジヤ：コンニヤク
6835	紅蘿葍	ホン ロウ ブ：ニンジン	6873	香蕈	ヒヤン ヅイン：シヒタケ
6836	黒蘿葍	ヘ ロウ ブウ：ゴボウ	6874	海蘊	ハイ イン：モヅク
6837	干蘿葍	カン ロウ フウ：ホシダイコン	6875	海絲	ハイ スウ：モヅク
6838	糟蘿葍	ツア○ウ ロウ ブウ：カスヅケダイコン	6876	海帶	ハイ タイ：コンフ
			6877	海帶根	ハイ タイ ゲン：メカブ
			6878	水松	シユイ ソン：ミル
			6879	石耳	ジルウ：イハタケ
			6880	活蕈	ウヲ ヅイン：ハツダケ

■ 巻5　3葉a

6839	長竿豆	ヂヤン カン デ○ウ：ナガサヽゲ
6840	羊眼豆	ヤン エン デ○ウ：八升豆
6841	刀豆	タウ デ○ウ：ナタマメ
6842	龍爪豆	ロン ツア○ウ デ○ウ：ナタマメ
6843	蚕豆	ツアン テ○ウ：ソラマメ
6844	白扁豆	ベ ペエン デ○ウ：シロサヽゲ
6845	緑豆	ロ デ○ウ：フタナリ
6846	黄豆	ワン デ○ウ：ダイヅ
6847	豇豆	カン デ○ウ：サヽゲ
6848	金銀豆	キン イン テ○ウ：オニマメ
6849	赤豆	チ デ○ウ：アヅキ
6850	蘭花豆	ラン ハアー デ○ウ：イリマメ
6851	芋艿	イー ナイ：イモ
6852	山茹	サン ジイ：ヤマイモ
6853	薯預	ジイー イー：ヤマイモ
6854	萆薢	ピイ キヤイ ドワン：トコロ
6855	番蔗	ハン シイ：リウキウイモ
6856	甘藷	カン チユー：サトウキヒ {誤訳，別に「甘蔗」あり，Jはカライモとする}
6857	白芋	ベ イー：トウイモ
6858	芋頭	イー デ○ウ：イモカシラ
6859	芋魁	イー クワイ：イモカシラ

■ 巻5　3葉a

6860	芋茎	イー キン：イモカラ
6861	番椒	ハン ツヤ○ウ：トウガラシ
6862	花椒	ハアー ツヤ○ウ：トウガラシ
6863	胡椒	ウー ツヤ○ウ：コシヤウ
6864	山椒	サン ツヤ○ウ：サンシヤウ
6865	芥辣	キヤイ ラ：カラシ
6866	生薑	スエン キヤン：ハシカミ
6867	老薑	ラ○ウ キヤン：シヤウガ
6868	冬笋	トン スイン：モウソウタケノコ
6869	竹笋	チヨ スイン：タケノコ
6870	防風	バン フヲン：ハマキリ
6871	白薺	ベ ツイー：クロクワイ

■ 巻5　4葉a

6881	木耳	モ ルウ：キクラケ
6882	松露	ソン ルウ：シヨウロ
6883	蕈菌	クワン キン：シメヂ
6884	肉蕈	ジヨ ヅイン：ニクタケ
6885	草石蠶	ツア○ウ ジ ツアン：チヨロキ
6886	甘露子	カン ルウ ツウ：チヨロキ
6887	地瓜子	デイ クワア ツウ：チヨロキ
6888	五加	ウ、キヤア：ウコギ
6889	山漆	サン ツイ：クサキ
6890	胡葱	ウー ツヲン：アサツキ
6891	大蒜	タアー ソワン：ニンニク
6892	蒜頭	ソワン テ○ウ：ニンニク
6893	青蒜	ツイン ソワン：ヒル
6894	山葱	サン ツヲン：ノヒル
6895	水晶葱	シユイ ツイン ツヲン：ラツキヤウ
6896	薤薙	ルウ カイ：ラツキヤウ
6897	野蜀葵	エー チヨ クイ：ミツバセリ
6898	天花粉	テエン ハアー フイン：テンクワフン
6899	蘩蔞	ハン レ○ウ：ハコビラ
6900	八角刺	ハ コウ ツウ：アサミ {巻5 30葉bにもあり。重複掲載}
6901	薊	クイ：アサミ

■ 巻5　4葉b

6902	芝麻	ツウ マアー：コマ
6903	黒脂麻	ヘ ツウ マアー：クロゴマ
6904	苧子	チユイ ツウ：アサノミ
6905	罌粟	イン ツヲー：ケシ
6906	涼笋	リヤン スイン：メウガ
6907	良姜	リヤン キヤン：クマタケラン {語釈誤り。Jはメウガ，Kは「杜若」をクマタケランとする}
6908	蒲英	ブ イン：タンポヽ

6909	狗脊	ゲ○ウ スイ：ゼンマイ {脊字，音誤り}		6946	稗子	ボイ ツウ：ヒエ
6910	款冬	クワン トン：フキ		6947	稷子	チ ツウ：キビ
6911	紫蘇	ツウ スウ：シソ		6948	觀音粟	クワン イン ツヲ：トウモロコシ
6912	百合	ベ カ：ユリ		6949	甘蔗	カン ジユイ：サトウキビ
6913	獨活	ト ウヲ：ウド				
6914	枸杞	キユイ キイ：クコ				
6915	慈姑	ヅウ クウ：クハ井				
6916	瓢兒	ピヤ○ウ ルウ：ヒサゴ				
6917	匾蒱	ペエン ホ：ユウガホ				
6918	葫蘆瓢	ウー ルウ ピヤ○ウ：ヒヤウタン				
6919	葫匏	ウウ パ○ウ：ヒヤウタン				
6920	茄子	キヤア ツウ：ナスビ				
6921	落蘇	ロ スウ：ナスビ				
6922	老茄兒	ラ○ウ キヤア ルウ：オヒナスビ				

巻5　5葉a

6923	蓮根	レン ゲン：レンコン
6924	藕	ゲ○ウ：レンコン
6925	蕨心干	キエ スイン カン：ホシワラヒ
6926	干菜葉	カン ツアイ エー：ホシナ
6927	莫大海	モ ダアー ハイ：バクダイカイ
6928	萁子	ギイ ツウ：マメガラ
6929	山葵	サン クイ：ワサビ
6930	萆麻子	ピイ マア ツウ：ヒマシ
6931	芥辣拌	キヤイ ラ ボワン：カラシアエ

飯肉菜穀茶菓造醸類凡

巻5　6葉a

6932	稻米	ダ○ウ ミイ：イ子
6933	早稻	ツア○ウ ダ○ウ：ワセ
6934	殼兒	コルウ：モミ
6935	大冬	ダアヽ トン：タイトウゴメ
6936	稻穗	ダ○ウ ヅ○イ：イ子ノホ
6937	糙米	ツア○ウ ミイ：クロゴメ
6938	糯米	ノ○ウ ミイ：モチゴメ
6939	粳米	ゲン ミイ：マゴメ
6940	黃米	ワン ミイ：フルゴメ
6941	碎米	ス○イ ミイ：コゞメ
6942	栖米	スイー ミイ：コゞメ
6943	米粒	ミイ リ：コメツブ
6944	米糠	ミイ カン：コヌカ
6945	糠粃	カン ビイ：コヌカ

巻5　6葉b

6950	粟子	ツヲ ツウ：アハ {粟字，音誤り}
6951	小米	スヤ○ウ ミイ：アハ
6952	黃粱	ワン リヤン：アハ
6953	大麥	ダアー メ：オホムキ
6954	小麥	スヤ○ウ メ：コムギ
6955	麴米	キヨ ミイ：カウヂ
6956	白麴	ベ キヨ：シロカウヂ
6957	草麴	ツア○ウ キヨ：クロカウヂ
6958	粗糠	ツウ カン：アラヌカ
6959	麵粉	メエン フイン：ムギコ
6960	蕎麥	ギヤ○ウ メ：ソバ
6961	番麥	バン メ：ムギ
6962	麥麩	メ フウ：フ
6963	麵筋	メエン キン：フ
6964	索麵	ソ メエン：サウメン
6965	米粉乾	ミイ フイン カン：コメザウメン
6966	切麵	ツイ メエン：ウドン
6967	灰麵	ホイ メエン：ウドンノコ
6968	水麵	シユイ メエン：ヒヤシザウメン
6969	餛飩	ヲイン トイン：ウドンモチ
6970	平麵	ヒン メエン：ヒラウドン

巻5　7葉a

6971	蕎麥麵	ギヤ○ウ メエン：ソバキリ
6972	麵	メエン：ニウメン
6973	甜醬	テエン ツヤン：ヒシヲ
6974	炒麵筋	ツア○ウ メエン キン：アケフ
6975	西國米	スイー クヲ ミイ：サイコクベイ
6976	粽子	ツヲン ツウ：チマキ
6977	葛粉	カ フイン：クズ
6978	蕨粉	ケ フイン：ワラヒノカ子
6979	藕粉	ゲ○ウ フイン：グウフン
6980	早飯	ツア○ウ ワン：アサメシ
6981	中飯	チヨン ワン：ヒルメシ
6982	午飯	ウー ワン：ヒルメシ
6983	晩飯	ワン ワン：ユフメシ
6984	夜飯	エー ワン：ユフメシ

6985	粟米飯	ツヲ ミイー ワン：アハメシ
6986	黄粱飯	ワン リヤン ワン：アハメシ
6987	茶澆飯	ヅアー キャ○ウ ワン：チヤヅケ
6988	稀飯	ヒイ ワン：カユ
6989	乾飯	カン ワン：コハメシ
6990	便飯児	ベン ワン ルウ：デキアヒノメシ
6991	現成飯	ヒエン ヂン ワン：デキアヒノメシ

巻5　7葉b

6992	素飯児	スウ ハン ルウ：ソハン
6993	淡飯児	ダン ワン ルウ：ソハン
6994	菜粥	ツアイ チョ：サウスヒ
6995	脱粟飯	ト ツヲ ワン：クロゴメシ
6996	雞蛋糕	キイ ダン カ○ウ：カステイラ
6997	泡糖	パ○ウ ダン：カルメラ
6998	饅頭	マン デ○ウ：マンヂウ
6999	麻糕	マア カ○ウ：ゴマモチ
7000	橘餅	キエ ピン：キツヒヤン○唐音ノナマリコトバ
7001	人參糖	ジン スエン ダン：ニンジントウ
7002	糍粑	ヅウ パアー：ツキモチ
7003	糖餡	ダン エン：サトウアン
7004	肉餡	ショ エン：モチニイルニクノアン
7005	餅児	ピン ルウ：モチ
7006	糕餅	カ○ウ ピン：菓子ノ摠名
7007	粉圓	フイン イエン：ダンゴ
7008	團子	トワン ツウ：ダンゴ
7009	印糕的	イン カ○ウ テ：オシタルクワシ
7010	湯圓	タン イエン：スヽリタンコ○冬至ダンゴノコトモ
7011	麥芽糖	メ ヤアー ダン：キヤウセン
7012	雲片糕	イヽン ペン カ○ウ：ウンペンカウ

巻5　8葉a

7013	葛粉糕	カ フイン カ○ウ：クヅモチ
7014	艾葉糕	ガイ エ カ○ウ：クサモチ
7015	牛皮糖	ニ○ウ ビイ ダン：ギウヒ
7016	茶點	ヅアー テン：チヤクワシ
7017	糖絿	ダン ギ○ウ：サトウツクリノクワシ
7018	洗沙	スイー スアー：モチノアン
7019	梨糕	リイ カ○ウ：ナシデツクルモチ
7020	印糕	イン カ○ウ：ラクガンノルイ
7021	酥餅	スウ ピン：ペンシンノルイ

7022	麵桃	メエン ダ○ウ：モヽマンヂウ
7023	麵龜	メエン クイ：カメマンヂウ
7024	麵糕	メエン カ○ウ：ムギモチ
7025	月餅	イエ ピン：オホゴマモチ
7026	包子	パ○ウ ツウ：ペンシンノルイ
7027	菜包	ツアー パ○ウ：ペンシンノルイ
7028	肉包	ショ パ○ウ：ブタマンヂウ
7029	餃子	キャ○ウ ツウ：ペンシン
7030	壽桃	ジ○ウ ダ○ウ：賀ニモチユルモヽマンヂウ
7031	炊餅	チユイ ピン：センベイ
7032	年糕	子エン カ○ウ：正月ノモチ
7033	炒米	ツア○ウ ミイ：ヲコシ

巻5　8葉b

7034	一口香	イゲ○ウ ヒヤン：イツコウコウ
7035	瓜片	クワア ペン：冬瓜ツケ
7036	梨片	リイ ペン：ナシツケ
7037	薑片	キャン ペン：セウカツケ
7038	蜜梅	ミ ムイ：ムメノミツケ
7039	蜜餞	ミ ツエン：ミツヅケ
7040	糖醃的	ダン エン テ：サトウヅケ
7041	白糖	ペ ダン：シロザトウ
7042	冰糖	ピン ダン：コホリサトウ
7043	黒糖	ヘ ダン：クロザトウ
7044	糖圓	ダン イエン：タマザトウ
7045	三盆糖	サン ペン ダン：サンボントウ
7046	鏡糖	キン ダン：大白
7047	清糖	ツイン ダン：シミ
7048	盆糖	ベン ダン：タイハク
7049	香豆	ヒヤン デ○ウ：ナツトウ
7050	江南出	キャン ナン チエ：ツクリミソ
7051	乾醤	カン ツヤン：ミソ
7052	醤油	ツヤン ユ○ウ：シヤウユ
7053	豆油	デ○ウ ユウ：シヤウユ
7054	醤	ツヤン：ヒシホ

巻5　9葉a

7055	脂麻鹽	ツウ マアー エン：ゴマシヲ
7056	姜醋児	キャン ツウ ルウ：シヤウガズ
7057	醤湯	ツヤン タン：シヤウノスイモノ
7058	豆腐	デ○ウ フウ：トウフ
7059	煎豆腐	ツエン デ○ウ フウ：アゲドウフ
7060	豆腐醤	デ○ウ フウ ツヤン：ヨセドウフ

7061 蔴腐　マアー　フウ：ゴマドウフ
7062 豆腐皮　デ○ウ　フウ　ビイ：ユバ
7063 搖豆腐　ルイ　デ○ウ　フウ：スリドウフ
7064 鏖豆腐　ア○ウ　デ○ウ　フウ：クヅレドウフ
7065 豆腐渣　デ○ウ　フウ　ツアイ：トウフノカラ
7066 雪花菜　スイ　ハアー　ツアイ：トウフノカラ
7067 鬼豆腐　クイ　デ○ウ　フウ：コンニヤク
7068 豆豉　デ○ウ　ツウ：ナツトウ
7069 津醋　クワン　ツウ：スヲサス
7070 津酒　クワン　ツイ○ウ：サケヲサス
7071 酸湯　スワン　タン：スノスイモノ
7072 醋糟　ツウ　ツア○ウ：スノミ
7073 酒糟　ツイ○ウ　ツア○ウ：サケノカス
7074 眞麻油　チン　マアー　ユウ：ゴマノアブラ
7075 樹子油　ジユイ　ツウ　ユウ：キノミノアブラ

巻5　9葉b

7076 榧子油　ヒイー　ツウ　ユウ：カヤノミアブラ
7077 菜油　ツアイ　ユウ：夕子ノアブラ
7078 紅糟　ホン　ツア○ウ：サケノアカガス
7079 酒娘　ツイ○ウ　ニヤン：サケノムルミ
7080 糟瓜　ツア○ウ　クアワ：カスツケノウリ
7081 糟茄兒　ツア○ウ　キヤア　ルウ：カスヅケノナスビ
7082 鹽茄子　エン　キヤア　ツウ：シヲヅケナスビ
7083 鹽蘿葡　エン　ロウ　ブウ：ツケタイコン
7084 糟蘿葡　ツア○ウ　ロウ　ブウ：ナラヅケダイコン
7085 糟魚　ツア○ウ　イー：カスヅケウヲ
7086 鹹菜　アン　ツアイ：ツケナ
7087 酢菜　ツウ　ツアイ：スサイ
7088 鹹蛋　アン　ダン：シヲヅケタマゴ
7089 炒些菜　ツア○ウ　スイー　ツアイ：イリナ
7090 鹽螺　エン　ルウ：シヲカラ
7091 乾味　カン　ウイー：カンブツ
7092 時新　ズウ　スイン：ハツモノ
7093 鮮菜　スエン　ツアイ：ナマヤサイ
7094 鮮魚　スエン　イー：ナマウヲ
7095 魚鯗　イー　スエン：シヲホシノウヲ
7096 風魚　ホン　イー：ヒウヲ

巻5　10葉a

7097 乾魚　カン　イー：ホシウヲ
7098 鹹魚　アン　イー：シヲウヲ
7099 白鯗魚　ヘ　スエン　イー：ナマホシノウヲ
7100 魚糕　イ、　カアウ：カマボコ
7101 煎油　ツエン　ユウ：アフラアゲ
7102 油膩　ユウ　ニイ：アブラアゲ
7103 炒油　ツア○ウ　ユウ：アブラアゲ
7104 炒魚　ツア○ウ　イー：アブラアゲノウヲ
7105 燒鵝　シヤ○ウ　ゴヲー：ヤキガ
7106 燒鴨　シヤ○ウ　ヤ：ヤキアヒル
7107 燒炒肉　シヤ○ウ　ツア○ウ　ジョ：イリブタ
7108 東坡肉　トン　ポウ　ジョ：トウバニク○ブタノニモノ
7109 醃肉　エン　ジョ：シヲブタ
7110 海羊肉　ハイ　ヤン　ジヨ：クジラノアカミ
7111 好過飯　ハウ　コウ　ワン：ヨキメシノサイ
7112 好過酒　ハウ　コウ　ツイ○ウ：ヨキサケノサカナ
7113 好過茶　ハウ　コウ　ツアー：ヨキチヤウケ
7114 酒肴　ツイ○ウ　ヤ○ウ：サケノサカナ
7115 火腿　ホヲー　トイ：ラカン○フタノモ、ヲセイホフシタモノ
7116 牛乳　ニウ　ジユイ：ボウトル
7117 爛汚雞　ラン　ウー　キイ：ニスゴシタルニハトリ

巻5　10葉b

7118 酢魚　ツウ　イー：ナマス
7119 拌菜　ボワン　ツアイ：アヘモノ
7120 細茶　スイー　ヅアー：コマカナチヤ
7121 粗茶　ツウ　ヅアー：アラキチヤ
7122 磨茶　モウ　ツアー：ヒキチヤ
7123 泡茶　パ○ウ　ヅアー：ダシヂヤ
7124 冲茶　チヨン　ヅアー：ダシヂヤ
7125 煎茶　ツエン　ヅアー：センシチヤ
7126 雀舌茶　ツヤ　ゼ　ヅアー：ヨキチヤ
7127 三點水　サン　テエン　シユイ：サケ
7128 狼燒酒　ヘン　シヤ○ウ　ツイ○ウ：キツイシヤウチウ
7129 火酒　ホヲー　ツイ○ウ：アワモリ
7130 氣酒　キイ　ツイ○ウ：アワモリ
7131 甜酒　デエン　ツイ○ウ：アマザケ
7132 老酒　ラ○ウ　ツイ○ウ：三年酒
7133 陳酒　ヂン　ツイ○ウ：フルザケ
7134 新酒　スイン　ツイ○ウ：シンシユ
7135 饅了　スエ○ウ　リヤ○ウ：スヘル

7136 爛了　ラン　リヤ○ウ：クサル
7137 焙燥　ポイ　スア○ウ：アブリカワカス
7138 切菜　ツイ　ツアイ：ヤサイヲキル

巻5　11葉a

7139 釺皮　ツエン　ビイ：カワムク
7140 煎　ツエン：アグル
7141 炊　チユイ：ムス
7142 煮　チユイ：ニル
7143 炒　ツア○ウ：イリツケ
7144 燒　シヤ○ウ：ヤク
7145 烘　ホン：アブル
7146 割　カ：キル
7147 剔　テ：ケヅル
7148 蒸　チン：ムス
7149 煉　レン：子ル
7150 酸　スワン：スヒ
7151 辣　ラ：カラヒ
7152 澀　スエ：シブヒ
7153 甜　デエン：アマヒ
7154 苦　クウ：ニガヒ
7155 鹹　アン：シヲハヒ
7156 鹼　レン：エグヒ　{Jは「俭」を用いる}
7157 鐫了皮　ツエン　リヤ○ウ　ビイ：カワヲムイタ
7158 去掉皮　キユイ　デヤ○ウ　ビイ：カワヲサツタ
7159 當菓子　タン　コヲ、ツウ：クハシニスル

巻5　11葉b

7160 請柿子　ツイン　ズウ　ツウ：カキマイレ
7161 請西瓜　ツイン　スイー　クワー：スイクハマイレ
7162 請香瓜　ツイン　ヒヤン　クワー：ウリヲマイレ
7163 担菓子　タン　コヲー　ツウ：クハシヲモテコイ
7164 没有菜　ム　イウ　ツアイ：サイカナイ
7165 好美菜　ハ○ウ　ムイ　ツアイ：ヨキヤサイ
7166 請菓子　ツイン　コヲー　ツウ：クハシマイレ
7167 請年菓　ツイン　子エン　コヲー：トシクハシマイレ
7168 好菓子　ハ○ウ　コヲー　ツウ：ヨキクタモノ
7169 送笋来　ソン　スイン　ライ：タカンナヲクラレタ
7170 切西瓜　ツイ　スイー　クワア：スイクハヲキル
7171 解粽子　キヤイ　ツヲン　ツウ：チマキヲトク
7172 只有魚　ツエ　イウ　イー：ウヲバカリアル

7173 春年糕　チヨン　子エン　カ○ウ：トシモチツク
7174 好大栗　ハ○ウ　ダアー　リイ：イコフヲ、グリ
7175 栗子熟了自己脱了肉　リ　ツウ　ジヨ　リヤ○ウ　ヅウ　キイ　トリヤ○ウ　ジヨ：クリガジユクシテオノツカラミガデタ
7176 請糕餅　ツイン　カ○ウ　ピン：クハシマイレ
7177 春餈飵　チヨン　ヅウ　パアー：モチヲツク
7178 做餫飩　ツヲー　ヲイン　ドイン：ウドンツクル

巻5　12葉a

7179 做包子　ツヲー　パ○ウ　ツウ：マンヂフツクル
7180 搯搯麵　ニヨ、メン：ムキエヲコヌル　{搯字，音誤り}
7181 打油餅　タアー　ユウ　ピン：モチヲアケル
7182 飯屑兒　ワン　スイ　ルウ：メシノリ
7183 好菜蔬　ハ○ウ　ツアイ　スウ：ヨキヤサイ
7184 抜抜草　バ、ツア○ウ：クサヲヌク
7185 麵磨磨　メン　モフ、：ムギヲヒク
7186 碎炒豆　ス○イ　ツア○ウ　デ○ウ：マメヲクタイテイル
7187 辦素菜　バン　スウ　ツアイ：シヤフジンサイヲト丶ノユル
7186 辦葷菜　バン　ウヲン　ツアイ：キヨニクノサイヲト丶ノユル
7188 買年肉　マイ　子エン　ジヨ：トシトリニクヲカフ
7189 装菓子　チヨワン　コヲ、ツウ：クハシヲツヽム
7190 兒孫福　ルウ　スイン　ホ：ミヤケヲツヽム
7192 經霜的　キン　シヨワン　テ：シモヲヘタモノ
7193 哺的殼　プウ　テ　コ：カエシタカラ
7194 請栗子　ツイン　リ　ツウ：クリマイレ

煮煎燒炒類

巻5　13葉a

7195 蘸火来　ツアン　ホフ　ライ：ヒヲスクフテコイ
7196 不經火　ポ　キン　ホフ：ヒニアテヌ
7197 退火来　トイ　ホフ　ライ：火ヲヒケ
7198 退了火　トイ　リヤ○ウ　ホフ：火ヲヒク
7199 退了柴　トイ　リヤ○ウ　ヅアイ：タキヽヲヒケ
7200 起火来　キイ　ホフ　ライ：火ヲオコセ
7201 爆起来　バ○ウ　キイ　ライ：火ガハシル
7202 向火　ヒヤン　ホフ：火ニアタル
7203 焙燥了　ポイ　サ○ウ　リヤ○ウ：アブリホシタ

7204	烘干了	ホン カン リヤ○ウ：アブリカハカス	
7205	火燥的	ホウ サ○ウ テ：アブリホシタ	
7206	燙嘴的	ダン ツ○イ テ：クチヤヒタ	
7207	熱騰騰	ジエ デン 丶：子ツキガアル	
7208	燒存性	シヤ○ウ ヅ○イン スイン：クロヤキ	
7209	照前煎	チヤ○ウ ヅエン ツエン：マヘノコトクセンズル	
7210	没有火	ムイウ ホフ：火ガナヒ	
7211	淘了米好煮飯	ダ○ウ リヤ○ウ ミイ ハ○ウ チイ ワン：コメユリテメシヲタクニヨキジブン	

巻5　13葉b

7212	煮不透	チイ ポ テ○ウ：ニヘトヲラヌ
7213	薫黒了	ヒン ヘ リヤ○ウ：クスメタ
7214	拿水来	ナア シユイ ライ：ミヅモテコヒ
7215	這個魚煮得熟脱了肉	チエー カ イー チユ イ テ ジヨ ト リヤ○ウ ジヨ：コノウヲハニシユクシテニクハナルヽ
7216	燒一鍋	シヤ○ウ イ コヲ：ヒトナベタク
7217	悶燒的	メン シヤ○ウ テ：ムシヤキ
7218	化熟了	ハアー ジヨ リヤ○ウ：トケジユクシタ
7219	文文兒的火煎	ウエン 丶 ルウ テ ホヲー ツエン：ユルビテセンスル
7220	只有火	ツエ イウ ホヲー：火バカリアル
7221	隔湯兒頓一頓	ゲ タン ルウ トイン イ トイン：ユセンニスル
7222	烘烘手	ホン 丶 シウ：手ヲアタヽメル
7223	熰一滚	ツア イ クイン：ヒトユビキ
7224	煮進去	チイ ヅイン キユイ：ニコム
7225	煮得熟	チイ テ ジヨ：ニテジユクシタ
7226	煮也難得爛	チイ エー ナン テ ラン：ニテモヤハラカニナラヌ
7227	白水煮	ベ シユイ チイ：シロミヅデニル

巻5　14葉a

7228	放些水	ハン スイー シユイ：ミツヲツケ
7229	放水	ハン シユイ：ミツヲツケ
7230	放點水	ハン テエン シユイ：ミツヲツケ
7231	添水添水	テエン シユイ テエン シユイ：ミツヲツケ
7232	再添水	ツアイ テエン シユイ：マタミヅヲツケ
7233	打水	タアー シユイ：ミツヲクム
7234	挹水来	テ○ウ シユイ ライ：ミツヲスクフテコイ
7235	不見水	ポ ケン シユイ：ミツエツケヌ
7236	統是水	トン ズウ シユイ：スキト水
7237	只有水	ツエ イウ シユイ：ミヅハカリアル
7238	没有湯	ム イウ タン：ユガナイ
7239	白滚湯	ベ クイン タン：シラニヘノユ
7240	澄下去	チン ヒヤア キユイ：ミツガスム
7241	没有水	ム イウ シユイ：ミツカナイ
7242	陰陽水	イン ヤン シユイ：アツイユニミヅヲサセ
7243	熱湯	ジエ タン：ニヘユ
7244	醤拌了	ツヤン ボワン リヤ○ウ：シヨフユニマゼル
7245	醮醤油	ツア ツヤン ユウ：シヤフユヲスマス
7246	有腥氣	イウ スイン キイ：ナマクサヒキガアル
7247	有渣的	イウ ヅアー テ：カスカアル
7248	硬硬的	ゲン 〜 テ：カタイ

巻5　14葉b

7249	硬起来	ケン キイ ライ：カタクナツタ
7250	生硬的	スエン ゲン テ：コワクナツタ
7251	軟軟的	ジエン 丶 テ：ヤワラカナ
7252	不肯軟	ポ ゲン ジエン：ヤワラカニナラヌ
7253	軟起来	ジエン キイ ライ：ヤワラカニナツタ
7254	軟柔柔	ジエン ジウ 丶：ヤワラカナ
7255	糝上去	ツアン ジヤン キユイ：フルイカクル
7256	不去渣	ポ キユイ ヅアー：カスヲステヌ
7257	洗得掉麽	スイー テ テヤ○ウ マアー：アラヒオトサルヽカ
7258	洗不掉	スイー ポ デヤ○ウ：アライヲトサレヌ

巻5 鱗介部

魚鼈蚌蛤類

巻5　15葉a

7259 海翁魚　ハイ ウヲン イー：クヂラ
7260 海鰍魚　ハイ ツイ○ウ イー：クヂラ
7261 鰐魚　　コヲ イー：ワニ
7262 龍魚　　ロン イー：シヤチホコ
7263 鯉魚　　リイ イー：コイ
7264 紅魚　　ホン イー：タヒ
7265 黄山魚　ワン サン イー：タヒ
7266 烏頬魚　ウー キヤ イー：スミヤキタヒ
7267 黄穚　　ワン シヨ：ハナヲレタヒ
7268 尨魚　　バン イー：クロダヒ
7269 金線魚　キン スエン イー：イトヨリ
7270 老級郎　ラ○ウ キ ラン：カナガシラ
7271 金翅魚　キン ツウ イー：ハシビ
7272 鮪魚　　イウ イヽ：シビ
7273 金鎗魚　キン ツアン イー：シビ

巻5　15葉b

7274 厘等魚　リイ テン イー：アンコウ
7275 鱄魚　　ツヤン イヽ：マナカツヲ
7276 江猪　　キヤン チユイ：イルカ
7277 烏翅魚　ウー ツウ イー：マグロ
7278 鱸魚　　ルウ イヽ：スヾキ
7279 鱵魚　　チン イー：サヨリ
7280 鰩魚　　ヤ○ウ イー：トビウヲ
7281 鯝魚　　ズウ イー：ハス
7282 鯌魚　　ウー イー：コチ
7283 鯒魚　　ヅウ イー：コチ
7284 石首魚　ジ シウ イー：イシモチ
7285 鮸魚　　ミン イー：マグチ
7286 鰭魚　　ヅイ イー：タチノウヲ
7287 帶魚　　タイ イー：タチノウヲ
7288 鱖魚　　ケ イー：サケ
7289 鮭魚　　クイ イー：サケ
7290 鮋魚　　ヒヨン イー：エヒ
7291 鍋蓋魚　コウ カイ イー：エヒ
7292 海鰻魚　ハイ マン イー：ハモ

巻5　16葉a

7293 比目魚　ピイ モイ イー：カレヒ
7294 烏賊魚　ウー ヅエ イー：イカ
7295 墨魚　　メ イー：マイカ
7296 鱆魚　　チヤン イー：タコ
7297 鯖魚　　ツイン イー：サバ
7298 鯵魚　　ツアン イー：アヂ
7299 沙魚　　サア イー：サメ
7300 鱓魚　　シエン イー：キダカ
7301 鮑魚　　バ○ウ イー：アハビ
7302 脚魚　　キヤ イー：スツポン
7303 團魚　　トワン イー：スツポン
7304 鯽魚　　ツイ イー：フナ
7305 銀魚　　イン イー：シラウヲ
7306 麺條魚　メ エン デヤ○ウ イー：シラウヲ
7307 鰻魚　　マン イー：イハシ
7308 乙日示　イ ワ スウ：イハシ
7309 石斑魚　シ パン イー：イシブシ
7310 鞋底魚　ヒヤイ デイ イー：クツゾコ
7311 鰡魚　　ツウ イー：ボラ
7312 油魚　　ユウ イー：スルメイカ
7313 鮧魚　　イー イー：ナマヅ
7314 鯳魚　　テイ イー：サンシヨウウヲ
7315 金口魚　キン ゲ○ウ イー：アユ

巻5　16葉b

7316 年魚　　子エン イー：アユ
7317 梭魚　　ソウ イー：カマス
7318 錫魚　　スイ イー：スルメ
7319 鰾魚　　スウ イー：エソ
7320 鱠殘　　ホイ ヅアン：キス
7321 河㹠　　ホウ ドイン：フク
7322 鱒魚　　ツ○イン イー：マス
7323 鮃魚　　ツウ イー：エブナ
7324 緋魚　　ヒイ イー：アコ
7325 鱈魚　　スエ イー：タラ
7326 老魚　　ラ○ウ イー：ブリ
7327 魚膘　　イー ヒヤ○ウ：ニベ
7328 魚虎　　イー フウ：ヲコシ

7329 馬鮫　マアー キヤウ：サハラ
7330 黄魚　ワン イー：コノシロ
7331 臁魚　テン イー：アメノウヲ
7332 海牛　ハイ ニウ：スヽメウヲ
7333 馬面魚　マアー メエン イー：クマビキ
7334 河鰻　ホウ マン：ウナギ
7335 鱣魚　ヅエン イー：ウナギ
7336 泥鰍　ニイ ツイ○ウ：ドヂヨウ

巻5　17葉a

7337 金魚　キン イー：キンキヨ
7338 人魚　ジン イー：ニンギヨ
7339 乾梭魚　カン ソウ イー：ホシガマス
7340 夏子魚　カ ツウ イー：カツヲ
7341 魚翅　イー ツウ：フカノヒレ
7342 魚鰓　イー サイ：ヲサ
7343 魚尾　イー <u>ウイ</u>：ウヲノヲ
7344 鰭兒　<u>キイ</u> ルウ：ウヲノヒレ
7345 鱗兒　リン ルウ：ウロコ
7346 魚刺　イー ツウ：ウヲフトゲ
7347 龍蝦　ロン ヒヤア：エビ
7348 醬蝦　ツヤン ヒヤア：アミ
7349 蝦子　ヒヤア ツウ：アミ
7350 蝦米　ヒヤア ミイ：アミ
7351 海参　ハイ スエン：イリコ
7352 海鼠　ハイ チイ：ナマコ
7353 鮮海参　スエン ハイ スエン：ナマコ
7354 海燕　ハイ エン：タコノマクラ
7355 海膽　ハイ タン：ウニ
7356 蠟子　ラ ツウ：カラスミ
7357 海蜇　ハイ チ：クラゲ

巻5　17葉b

7358 蟹　ヒヤイ：カニ
7359 小蟹　スヤ○ウ ヒヤイ：モガニ
7360 毛蟹　マ○ウ ヒヤイ：ヅガニ
7361 蟹殻　ヒヤイ コ：カニノカラ
7362 蟹介　ヒヤイ キヤイ：カニノカラ
7363 蟹鉗　ヒヤイ ゲン：カニノハサミ
7364 鱟兒　ヘ○ウ ルウ：カブトガニ
7365 水龜　シユイ クイ：イシガメ
7366 龜兒　クイ ルウ：カメノコ
7367 龜甲　クイ キヤ：カミノカウ

7368 毛龜　マ○ウ クイ：ミノガメ
7369 龜鱉　クイ ベ：カメ
7370 鼈甲　ベ キヤ：ベツカフ
7371 蜊魚　リイ イー：カキ
7372 蛤螺　カ ルウ：貝ノ摠名
7373 拳螺　キエン ルウ：サヾエ
7374 鬼拳頭　クイ キエン デ○ウ：サヾエ
7375 車螯　チエー ガ○ウ：ハマグリ
7376 法螺　ハ ルウ：ホラガヒ
7377 香螺　ヒヤン ルウ：コウカヒ
7378 白蜆　ベ ケン：シヾミ

巻5　18葉a

7379 青螺　ツイン ルウ：サヽノハ
7380 蚌子　ホン ツウ：シヽガヒ
7381 蚶子殻　カン ツウ コ：シヽガヒノカラ
7382 蛤蜊　カ リイ：アサリ
7383 蛤蜊殻　カ リイ コ：アサリノカラ
7384 蟶　シン：マテ
7385 田螺　デエン ルウ：タニシ
7386 螺螄　ルウ スウ：ニシ
7387 玉珧　ヨ ヤ○ウ：タヒラギ
7388 江瑶柱　キヤン ヤ○ウ <u>チユイ</u>：タイラギノハシラ
7389 車渠　チエー <u>キユイ</u>：シヤコ
7390 鹽螺　エン ルウ：カヒノホシモノ
7391 螺殻　ルウ コ：カヒノカラ
7392 蠣蟥殻　リイ ワン コ：シヤクシカヒノカラ
7393 海螵蛸　ハイ ビヤ○ウ スヤ○ウ：イカノホ子

巻5 昆蟲部

卵生化生淫生蟲類

巻5　19葉a

7394 龍兒　ロン ルウ：リウ
7395 蛟兒　キヤ○ウ ルウ：ミツチ
7396 螭兒　リイ ルウ：アマリヤウ
7397 蛇兒　ジエー ルウ：ジヤ
7398 烏蛇　ウー ジエー：カラスヘビ
7399 毒蛇　トジエー：マムシ
7400 地扁蛇　デイ ペエン ジエー：マムシ
7401 四脚蛇　スウ キヤ ジエー：トカゲ
7402 蜘蛛　ツウ チイ：クモ
7403 蜈蚣　ウ コン：ムカデ
7404 壁虎　ビ フウ：ハイトリクモ
7405 蒼蠅老虎　ツアン イン ラ○ウ フウ：ハイトリクモ
7406 土龍　ドヲ、ロン：ミ、ズ
7407 夜猫　エー マ○ウ：モクラ
7408 白螞　ベ マアー：タウトヲシ

巻5　19葉b

7409 癩蝦蟆　ライ ヒヤア マアー：ヒキガエル
7410 蝦蟇　ヒヤア マアー：ヒキガエル
7411 田雞　テエン キイ：アヲガヘル
7412 蛙兒　ワアー ルウ：アヲガヘル {Jはカワヅ}
7413 蝌斗　コウ テヲ：カヘルノコ
7414 馬蜂　マアー ホン：クマバチ
7415 細腰蜂　スイー ヤ○ウ ホン：ハチ
7416 螳螂　ダン ラン：カマギリ
7417 蜻蛉　ツイン リン：トンボウ
7418 秋蟬　ツイ○ウ ヅエン：セミ
7419 蜜蜂　ミ ホン：ミツバチ
7420 虻兒　マン ルウ：アブ
7421 胡蝶兒　ウ、デルウ：テウ
7422 蝙蝠　ペエン ホ：カハホリ {Jはコウムリ}
7423 蟋蟀　シ シエ：キリ〴〵ス
7424 蚋蟲　ジユイ チヨン：ブト
7425 蝱蟲　チヨン チヨン：イナゴ

7426 蒼蠅　ツアン イン：ハイ
7427 蚊蟲　ウエン チヨン：カ
7428 螢光蟲　ヨン ホヲ、チヨン：ホタル
7429 螞蟻　マアー ニイ：アリ

巻5　20葉a

7430 蛭子　ヂツウ：ヒル
7431 芋燭　イー チヨ：イモムシ
7432 蚰蜒　チウ デイン：ナメクジ {蚰字，音誤り。Jのエンが正しい}
7433 蓑蟲　ソウ チヨン：ミノムシ
7434 蛅蟴　チエン スウ：ケムシ
7435 水鼈蟲　シユイ ベ チヨン：フナアマメ
7436 土狗　ドヲ、ゲ○ウ：ケラ
7437 蚯蚓　キウ イン：ミ、ズ
7438 火蛾　ホヲ、ゴヲ：ヒトリムシ
7439 燈蛾　テン ゴヲ：ヒトリムシ
7440 蠶蛾　ツアン ゴヲ：カヒコ
7441 蜥蜴　ツエ テ：井モリ
7442 絡線娘　ロ スエン ニヤン：ハタヲリメ
7443 守宮　シウ コン：ヤモリ
7444 月鈴兒　イエ リン ルウ：ス、ムシ
7445 金鐘　キン チヨン：ス、ムシ
7446 金龜　キン クイ：コガメムシ
7447 蝨子　スエ ツウ：シラミ
7448 跳蚤　テヤ○ウ ツア○ウ：ノミ
7449 蛇脱　ジエート：ヘビノヌケガラ
7450 蟬脱　ヅエント：セミノヌケガラ

巻5　20葉b

7451 蛔蟲　ホイ チヨン：ハラノムシ
7452 蛆蟲　ツイー チヨン：ウジ
7453 糞蟲　フイン チヨン：ヲナガムシ
7454 米蟲　ミイ チヨン：コメムシ
7455 五穀蟲　ウ、コ チヨン：ウナコジ
7456 薰蚊子　ヒン ウエン ツウ：蚊ヲイブス
7457 胡蜂窩　ウー ホン ヲウ：ハチノス
7458 窩子裏　ヲウ ツウ リイ：スノウチ

巻5 走獣部

畜獣鼠類

巻5　21葉a

7459 麒麟　キイ リン：キリン
7460 獅子　スウ ツウ：シヽ
7461 象兒　ヅヤン ルウ：ザウ
7462 老虎　ラ○ウ フウ：トラ
7463 山猫　サン マ○ウ：トラ
7464 大蟲　ダアー チヨン：トラ
7465 山狗　サン ゲ○ウ：ヤマイヌ
7466 野猫　エヽ マ○ウ：ヤマ子コ
7467 牛兒　ニウ ルウ：ウシ
7468 馬兒　マアー ルウ：ウマ
7469 牡牛　メ○ウ ニウ：オウシ
7470 牝牛　ピン ニウ：メウシ
7471 公馬　コン マアー：コマ
7472 母馬　ムウ マアー：ダウマ
7473 水牛　シユイ ニウ：スイギウ

巻5　21葉b

7474 驢馬　ルウ マアー：ロバ
7475 豹子　パ○ウ ツウ：ヒヨフ
7476 熊兒　ヨン ルウ：クマ
7477 老犬　ラ○ウ ケエン：ラウケン
7478 大狗　ダアー ゲ○ウ：オホイヌ
7479 獵狗　ラ ゲ○ウ：カリイヌ
7480 狗兒　ゲ○ウ ルウ：イヌ
7481 守犬　シウ ケエン：マモリイヌ
7482 犀牛　スイー ニウ：サイ
7483 通天犀　トン テエン スイ：ウニコウル
7484 豺狼　ツアイ ラン：オホカミ
7485 羊羔　ヤン カ○ウ：ヒツジ
7486 羊兒　ヤン ルウ：ヒツジノコ
7487 狐狸　ウヽ リイ：キツ子
7488 狸兒　リイ ルウ：タヌキ
7489 野猪　エー チユイ：イ■シヽ　(空格)
7490 猪兒　チユイ ルウ：ブタ
7491 綿羊　メエン ヤン：メンヤウ
7492 貉子　ウヲ ツウ：ムジナ

巻5　22葉a

7493 驛馬　イ マアー：テンマ
7494 鹿兒　ロ ルウ：シカ
7495 兎兒　トウ ルウ：ウサキ
7496 貓兒　マ○ウ ルウ：子コ
7497 花猫　ハアー マ○ウ：ミケ子コ
7498 老鼠　ラ○ウ チイ：子ヅミ
7499 松鼠　ソン チイ：リス
7500 貂鼠　デヤ○ウ チイ：テン
7501 黄鼠狼　ワン チイ ラン：テン
7502 田鼠　デエン チイ：タ子ヅミ
7503 猿猴　エン ヘ○ウ：エンコウ
7504 猴子　ヘ○ウ ツウ：サル
7505 胡鼠　ウー チイ：イタチ
7506 海獺　ハイ ダ：ウミウソ
7507 水獺　シユイ ダ：カハウソ
7508 麋兒　ミイ ルウ：ヲシカ
7509 海狗　ハイ ゲ○ウ：ヲツトセイ
7510 猩猩　スイン 〃：シヤウ〳〵
7511 狒狒　ヘヽ：ヒヽ
7512 海龍　ハイ ロン：ラツコ
7513 貘兒　モ ルウ：バク
7514 麝香　ジエー ヒヤン：ジヤカウ
7515 香狸猫　ヒヤン リイ マ○ウ：シヤカウ子コ

巻5　22葉b

7516 老狐狸　ラ○ウ ウー リイ：功ヘルキツ子
7517 老鼠炒　ラ○ウ チイ ツヤ○ウ：子ツミガアルヽ
7518 有尾巴　イウ ウイ パアー：ヲガアル
7519 有嘴的　イウ ツ○イ テ：クチノアルモノ

巻5 飛禽部

林山水原禽類

巻5　23葉a

7520	鳳凰	ホン　ワン：ホウワウ
7521	孔雀	コン　ツヤ：クジヤク
7522	大鵬	ダアー　ボン：タイホウ
7523	仙鶴	スエン　ホ：ツル
7524	鶴兒	ホ　ルウ：ツルノコ
7525	鴻鳥	ホン　ニヤ○ウ：ヒシクヒ
7526	雁兒	エン　ルウ：カリ
7527	鷲鳥	ジユウ　ニヤ○ウ：ワシ
7528	鷹鳥	イン　ニヤ○ウ：タカ
7529	鷂鷹	ヤ○ウ　イン：ハシタカ
7530	皂鵰	ツア○ウ　デヤ○ウ：クマタカ
7531	鶻鳥	スイン　ニヤ○ウ：ハヤブサ
7532	鳶鳥	イエン　ニヤ○ウ：トビ
7533	鷂子	ヤ○ウ　ツウ：トビノコ
7534	烏鴉	ウー　ヤアー：カラス

巻5　23葉b

7535	老鴉	ラ○ウ　ヤアー：オヒガラス
7536	鶩鴉	メ○ウ　ヤアー：ウノトリ
7537	鸕鶿	ルウ　ツウ：ウノトリ
7538	鴠鶘	チエー　クウ：ミサゴ
7539	鸛鳥	クワン　ニヤ○ウ：コウノトリ
7540	鷗鳥	ヲエ○ウ　ニヤ○ウ：カモメ
7541	鷺鷥	ルウ　ツウ：サギ
7542	鵁鶄	キヤ○ウ　ツイン：ゴ井サギ
7543	野雞	エ、　キイ：キジ
7544	野鴨	エ、　ヤ：カモ
7545	雞兒	キイ　ルウ：ニハトリ
7546	報雞	ハ○ウ　キイ：トキヲツクルニハトリ
7547	烏骨雞	ウ、コ　キイ：ヲコツケイ
7548	鬪雞	テ○ウ　キイ：ケトリ
7549	矮雞	ヤイ　キイ：チヤボ
7550	雛兒	ツエ○ウ　ルウ：ヒヨコ
7551	卵兒	ラン　ルウ：タマゴ
7552	公雞	コン　キイ：ヲトリ
7553	母雞	ムウ　キイ：メトリ
7554	水鴨	シユイ　ヤ：カモ
7555	鴨子	ヤ　ツウ：アヒル

巻5　24葉a

7556	家鴨	キヤア　ヤ：アヒル
7557	雞蛋	キイ　ダン：ニハトリノタマゴ
7558	鴨蛋	ヤ　ダン：アヒルノタマゴ
7559	鵝鳥	ゴヲ、ニヤ○ウ：ガ
7560	番鴨	ハン　ヤ：バルケンアヒル
7561	番雞	ハン　キイ：カラクン
7562	錦雞	キン　キイ：キンケイ
7563	鸚鵡	イン　ウー：アウム
7564	鸚哥	イン　コウ：インコ
7565	鸜鵒	キヨイ　ヨ：ハツカテウ
7566	唎唎鳥	ハ、ニヤ○ウ：ハツカテウ
7567	八哥	バ　コウ：ハツカテウ
7568	八八兒	バ、ルウ：ハツカテウ
7569	秦吉了	ツイン　キ　リヤ○ウ：キウクハン
7570	碧鳥	ビ　ニヤ○ウ：ヘキテウ
7571	文鳥	ウエン　ニヤ○ウ：ブンテフ
7572	鳩鳥	キウ　ニヤ○ウ：ハト
7573	班鳩	パン　キウ：ヤマハト
7574	鴿兒	コ　ルー：イエハト
7575	鴛鴦	イエン　ヤン：ヲシ
7576	燕子	エン　ツウ：ツバメ

巻5　24葉b

7577	黄鶯	ワン　イン：ウクヒス
7578	鶯兒	イン　ルウ：ウクヒス
7579	鵯鳥	ピイ　ニヤ○ウ：ヒヨドリ
7580	鷽鳥	イー　ニヤ○ウ：ウソ
7581	鵪鶉	エン　チユイン：ウヅラ
7582	鶴鶉	アン　シユイン：ウヅラ
7583	鵲鳥	ツヤ　ニヤ○ウ：カサヽギ
7584	梟鳥	ヒヤ○ウ　ニヤ○ウ：フクロウ
7585	鵂鶹	ツウ　ヒヤ○ウ：フクロウ
7586	長尾雉雞	ヂヤン　ウイ、　ツウ　キイ：ヤマトリ
7587	杜鵑	ドウ　ケン：ホトヽギス
7588	子規	ツウ　クイ：ホトヽギス
7589	麻雀	マアー　ツヤ：スヽメ

7590	梅花雀	ムイ ハアー ツヤ：ベンガラスゞメ	7628	理毛衣 リイ マ○ウ イー：ハ子ソロエル
7591	紅雀	ホン ツヤ：ベンガラスゞメ	7629	飛 <u>ヒイ</u>：トブ
7592	十姉妹	シウ スウ ムイゝ：シウシマヒ	7630	宿 ソ：トマル
7593	倒挂鳥	タ○ウ クワア ニヤ○ウ：サトウテウ	7631	做巣 ツヲー ツア○ウ：スツクル
7594	白頭翁	ベ デ○ウ ウヲン：ホウジロ	7622	咬 ヤ○ウ：クイツク
7595	魚虎	イー フウ：カイツムリ	7633	哺 プウ：ハム
7596	鸊鷉	ビ デイ：カイツムリ	7634	啼 <u>デイ</u>：ナク
7597	隨水鳥	ヅ○イ シユイ ニヤウ：チドリ	7635	啄 チヨ：ツイバム
			7636	粘竿 子エン カン：トリモチザヲ
			7637	煮膠 チイ キヤ○ウ：トリモチ
			7638	大鳥 ダアー ニヤ○ウ：オホトリ
			7639	小鳥 スヤ○ウ ニヤ○ウ：コトリ

巻5　25葉a

7598 翡翠　ポイ ツ○イ：ヒスヒ {語釈，Jのカワセミから変更}
7599 鶺鴒　<u>スイ</u> リン：セキレヒ
7600 鴉鳥　ウフ ニヤ○ウ：シトゝ
7601 鷁鳥　ジヨ ニヤ○ウ：ヒワ
7602 蒿雀　カ○ウ ツヤ：シトゝ
7603 鴣鳥　クワ ニヤ○ウ：ヒガラ
7604 雲雀　イユン ツヤ：ヒバリ
7605 告天子　カ○ウ テエン ツウ：ヒバリ
7606 伯勞　ペ ラ○ウ：モズ
7607 鵙鳥　ポイ ニヤ○ウ：モズ {鵙字，音誤り}
7608 百舌鳥　ペ ゼ ニヤ○ウ：モズ
7609 壽帯鳥　ジウ タイ ニヤ○ウ：ヲナガトリ
7610 翠鳥　ツ○イ ニヤ○ウ：ルリ
7611 鵁鶄　ツヤ○ウ リヤ○ウ：サゞイ
7612 鶇鳥　トン ニヤ○ウ：ツグミ
7613 啄木鳥　チヨ モ ニヤ○ウ：キツゝキ
7614 鵠鳥　コ ニヤ○ウ：クゞヒ
7615 練鵲　レン ツヤ：レンジヤク
7616 鷸鳥　イ ニヤ○ウ：シギ
7617 火雞　ホヲ キイ：クハケイ
7618 畫眉　ワアー ムイ：グワビチヨウ

巻5　25葉b

7619 比狭鳥　ヒイ イ ニヤ○ウ：ヒヨク
7620 蠟嘴鳥　ラ ツ○イ ニヤ○ウ：マメドリ
7621 姑獲鳥　クウ ウヲ ニヤ○ウ：ウブメドリ
7622 秧雞　ヤン キイ：クイナ
7623 鳥媒　ニヤ○ウ ムイ：ヲトリ
7624 鳥嘴　ニヤ○ウ ツイ：トリノクチバシ
7625 鳥翼　ニヤ○ウ イ：ツバサ
7626 羽毛　イゝ マ○ウ：ハ子
7627 鳥尾　ニヤ○ウ ウイ：トリノヲ

巻5　26葉a

7640 飛去了　ヒイ キユイ リヤ○ウ：トビサツタ
7641 鶴兒舞　ホ ルウ ウー：ツルガマウ
7642 孔雀舞　コン ツヤ ウー：クジヤクガマウ
7643 雞叫了　キイ キヤ○ウ リヤ○ウ：ニハトリガナイタ
7644 鳥兒飛　ニヤ○ウル ウ ヒイ：トリガトブ
7645 有翅翼　イウ ツウイ：ハ子ガアル

巻5 草木部

樹竹類

巻5　27葉a

7646 松樹　ソン ジユイ：マツノキ
7647 杉樹　サン ジユイ：スギノキ
7648 梅樹　ムイ ジユイ：ウメノキ
7649 栩樹　ヒイ ジユイ：トチノキ
7650 樟樹　チヤン ジユイ：クス
7651 檜樹　ホイ ジユイ：ヒノキ
7652 柏樹　ペ ジユイ：ヒノキ
7653 梔樹　ヅウ ジユイ：クチナシノキ
7654 桑樹　サン ジユイ：クハノキ
7655 槐樹　クワイ ジユイ：エンジユノキ
7656 楓樹　ホン ジユイ：カヘデノキ
7657 榧樹　ヒイ ジユイ：カヤノキ
7658 篠兒　デヤ○ウ ルウ：サヽ　{篠字, 音誤り}
7659 籜兒　ツエ ルウ：タケノカワ
7660 竹殻　チヨ コ：タケノカワ

巻5　27葉b

7661 淡竹　ダン チヨ：ハチク
7662 苦竹　クウ ツウ：マダケ
7663 椶竹　ツヲン チヨ：シユロチク
7664 栴檀　ヅエン タン：センダンノキ
7665 梧桐　ウー トン：キリノキ
7666 五針松　ウー チン ソン：ゴヨウ
7667 五尖松　ウー ツエン ソン：ゴヨウ
7668 楊柳　ヤン リウ：ヤナギ
7669 鐵梨木　テ リ イモ：タカヤサン
7670 櫻桃　イン ダ○ウ：ユスラウメ
7671 雀梅　ツヤ メイ：ユスラウメ
7672 躑躅　テ チヨ：ツヽジ
7673 杜鵑　ドウ キエン：サツキ
7674 木犀　モ スイ：モクセイ
7675 楊櫨　ヤン ロウ：ニワトコ
7676 黃楊　ワン ヤン：ツゲノキ
7677 椶樹　ツヲン ジユイ：シユロ
7678 鐵樹　テ ジユイ：ソテツ
7679 盆樹　ベン ジユイ：ハチキ

巻5　28葉a

7680 皂莢　ツア○ウ キヤ：サイカシ
7681 烏桓　ウー タン：コクタン
7682 烏木　ウー モ：コクタン
7683 紫檀　ツウ タン：シタン
7684 紫木　ツウ モ：シタン
7685 花梨木　ハアー リイ モ：クワリン
7686 鋸刀草　キユイ タ○ウ ツア○ウ：モロムキ
7687 肉痒樹　ニヨ ヤン ジユイ：サルスベリ
7588 怕痒樹　バアー ヤン ジユイ：サルスベリ
7689 羅漢樹　ロウ ハン ジユイ：ラカンシユ
7690 扁柏葉　ペン ベ エ：コノデガシハ
7691 樹條兒　シユイ デヤ○ウ ルウ：キノエダ
7692 冬青樹　トン ツイン ジユイ：モチノキ
7693 楓樹葉　ホン ジユイ エ：モミヂ
7694 銀杏葉　イン ヒン エ：イチヤウノハ
7695 白菓葉　ペ コヽ エ：イチヤウノハ
7696 椶樹皮　ツヲン ジユイ ビイ：シユロノカハ
7697 漆樹　ツイ ジユイ：ウルシノキ
7698 槲樹　コ ジユイ：カシハノキ
7699 檗樹　ピ ジユイ：キワタノキ
7700 厚朴　ペ○ウ ポ：ホウノキ {厚字, 音誤り}
7701 蜀漆　チヨ ツイ：コクサキ
7702 圓柏　イエン ペ：イブキ

巻5　28葉b

7703 仙柏　スエン ベ：イヌマキノキ
7704 椋樹　リヤン ジユイ：ムクノキ
7705 樹梢　ジユイ スヤ○ウ：コズヘ
7706 幹兒　カン ルウ：カラ
7707 枝兒　ツウ ルウ：エダ
7708 葉兒　エ ルウ：コノハ
7709 炭兒　タン ルウ：スミ
7710 柴火　ヅアイ ホヲー：タキバ
7711 竹頭　チヨ デ○ウ：タケ
7712 木頭　モ デ○ウ：キ
7713 猫竹　マ○ウ チヨ：オホダケ
7714 蘆竹　ルウ チヨ：ヨシ
7715 觀音柳　クワン イン リウ：ギヨリウ

花卉類

巻5　29葉a

7716 梅花　ムイ　ハアー：ウメノハナ
7717 桃花　ダ○ウ　ハアー：モヽノハナ
7718 李花　リイ　ハアー：スモヽノハナ
7719 櫻桃花　イン　ダ○ウ　ハアー：ユスラウメ
7720 桂花　クイ　ハア：モクサイ
7721 木犀花　モ　スイ　ハアー：モクサイ
7722 石榴花　ジ　ソウ　ハアー：ザクロ
7723 綉毬花　スイウ　ギウ　ハアー：アヅサイ
7724 海棠花　ハイ　ダン　ハアー：カイドウクハ
7725 山茶花　サン　ヅアー　ハアー：ツバキ
7726 芙蓉花　フウ　ヨン　ハアー：フヨウ
7727 瑞香花　ヅイ　ヒヤン　フアー：ヂンチヨウゲ
7728 茉莉花　メ　リイ　ハアー：マツリクワ
7729 薔薇花　ヅヤン　ウイー　ハアー：イバラ
7730 長春花　チヤン　チエン　ハア：チヤウシユン
7731 月月紅　イエ、ホン：チヤウシユン
7732 月季花　イエ　キイー　ハアー：チヤウシユン
7733 六月雪　ロ　イエ　スエ：スヽカケ

巻5　29葉b

7734 紫藤花　ツウ　デン　ハアー：フヂノハナ
7735 白藤花　ヘ　デン　ハアー：シロフヂ
7736 木筆花　モ　ピ　ハアー：コブシ
7737 木蓮花　モ　レン　ハアー：モクレン
7738 屠蘼花　ドウ　ミイ　ハアー：ヤマブキ
7739 棣棠花　デイ　ダン　ハアー：ヤマブキ
7740 杜鵑花　ドウ　ケン　ハアー：ツヽジ
7741 滿山紅　モワン　サン　ホン：ヨトカワ
7742 郁李花　ヨ　リイー　ハアー：ニハウメ
7743 山梔花　サン　ツウ　ハアー：クチナシ
7744 垂絲桃　ヅ○イ　スウ　ダ○ウ：シダリモヽ
7745 碧桃花　ピ　ダ○ウ　ハアー：西王母ノルイ
7746 海石榴　ハイ　ジ　リウ：ケラマ
7747 藍天竹　ラン　テエン　チヨ：ナンテン
7748 南天竹　ナン　テエン　チヨ：ナンテン
7749 夾竹桃　キヤ　チヨ　ダ○ウ：キヤフチクトフ
7750 木槿花　モ　ギン　ハアー：ムクゲ
7751 牡丹花　メ○ウ　タン　ハアー：ボタン
7752 芍藥花　ツヤ　ヤ　ハアー：シヤクヤク

巻5　30葉a

7753 百合花　ペ　カ　ハアー：ユリ
7754 菊花　キヨ　ハアー：キク
7755 洋菊花　ヤン　キヨ　ハアー：オホギク
7756 雞冠花　キイ　クワン　ハア：ケイトウ
7757 罌粟花　イン　ツヲ　ハア：ケシノハナ
7758 米嚢花　ミイ　ノン　ハアー：ケシ
7759 葵花　クイ　ハアー：アフヒ
7760 蜀葵花　チヨ　クイ　ハアー：カラアフヒ
7761 錦葵花　キン　クイ　ハアー：コアフヒ
7762 一丈紅　イヂヤン　ホン：ヒアフヒ
7763 向日葵　ヒヤン　ジ　クイ：ヒウガアフヒ
7764 金錢花　キン　ツエン　ハアー：ギンセンクワ
7765 藍花　ラン　ハアー：ア井ノハナ
7766 水仙花　シユイ　スエン　ハアー：スイセン
7767 鳳仙花　ホン　スエン　ハアー：ツマ子
7768 蓮花　レン　ハアー：ハス
7769 荷花　ホウ　ハアー：ハス
7770 菖蒲　チワン　フウ：シヨウブ
7771 石菖蒲　シ　チワン　プフ：セキシヤウ
7772 杜若　ドウ　ジヤ：クマタケラン {語釈誤り，Jはカキツバタ}
7773 紫燕花　ツウ　エン　ハアー：カキツハタ
7774 蓼花　リヤ○ウ　ハアー：タデ
7775 麗春花　リイ　チユイン　ハアー：ヒジンサウ

巻5　30葉b

7776 虞美人　イユイ　ムイ　ジン：ヒジンサウ
7777 金燈籠　キン　テン　ロン：ホヽヅキ
7778 玉簪花　ヨ　ツアン　ハアー：キボウシ
7779 牽牛花　ケン　ニウ　ハアー：アサガホ
7780 石竹花　ジ　チヨ　ハアー：セキチク
7781 洛陽花　ロ　ヤン　ハアー：セキチク
7782 剪羅花　ツエン　ロウ　ハアー：ガンビ
7783 胡蝶花　ウー　デ　ハアー：シヤガ
7784 老少年　ラ○ウ　シヤ○ウ　子エン：ハケイトウ
7785 漢宮秋　ハン　コン　チ○ウ：ハケイトウ
7786 雁来紅　エン　ライ　ホン：ハケイトウ
7787 萬年青　ワン　子エン　ツイン：オモト
7788 八角刺　パ　コウ　ツウ：アザミ {重複掲載あり}
7789 蒲公英　プウ　コン　イン：タンホ
7790 雪下紅　スイ　ヒヤアー　ホン：ユキノシタ

7791 金絲荷葉　キン スウ ホウ エ：ユキノシタ
7792 水紅花　シユイ ホン ハアー：オホケタデ
7793 紫羅蘭　ツウ ロウ ラン：アラセイトウ
7794 菜子花　ツアイ ツウ ハアー：ナタ子ノハナ
7795 蘭花　ラン ハアー：ラン
7796 楓樹　ホン ジユイ：モミヂ

巻5　31葉a

7797 落帚花　ロ チウ ハアー：ハヽキバ
7798 陵苕花　リン ヂヤ○ウ ハアー：ノウゼンカヅラ
7799 滿天星　マン テエン スイン：コギク
7800 僧鞋菊　スエン ヒヤイ キヨ：キヽヨウ
7801 蕊頭　ヅ○イ デ○ウ：シベ
7802 花蕊　ハアー ヅ○イ：ハナシベ
7803 花開　ハアー カイ：ヒラク
7804 花落　ハアー ロ：ヲツル
7805 花謝　ハアー ヅエー：ヲツル
7806 垂墜　ヅ○イ ヅ○イ：シタバル
7807 蔓延　マン エン：ハヒマハル
7808 間色　ケン スエ：サキマゼ
7809 間紅　ケン ホン：コウマジリ
7810 間白　ケン ベ：ハクマシリ
7811 葩兒　パアー ルウ：ハナビラ
7812 莖兒　キン ルウ：クキ
7813 蔓兒　マン ルウ：ツル
7814 結子　キ ツウ：ミナル
7815 交加　キヤ○ウ キヤア：マサル
7816 桂花心　クイ ハアー スイン：キクノシン
7817 起樓　キイ レ○ウ：キクノナカノタチサキ

巻5　31葉b

7818 挿花　ツア ハアー：イケバナ
7819 折花　ツエ　ハアー：ハナヲル
7820 交枝　キヤ○ウ ツウ：エダヲマジユル
7821 椄花　ツイ ハアー：ハナツグ
7822 栽花　ツアイ ハアー：ウユル
7823 栽培　ツアイ ボイ：ツチカウ
7824 澆水　ギヤ○ウ シユイ：ミヅソヽク
7825 千葉的　ツエン エ テ：ヤヘザキ
7826 單葉的　タン エ テ：ヒトヘ
7827 鴛鴦色　イエン ヤン スエ：サキワケ
7828 通紅了　トン ホン リヤ○ウ：ミナクレナイ
7829 青了些　ツイン リヤ○ウ スイー：ウスアヲイロ

7830 白色的　ペ スエ テ：シロ
7831 紅色的　ホン スエ テ：クレナ井
7832 淡紅的　ダン ホン テ：ウスクレナ井
7833 緑色的　ロ スエ テ：ミドリ
7834 黄色的　ワン スエ テ：キイロ
7835 寶藍色　パウ ラン スエ：コンイロ
7836 紫色的　ツウ スエ テ：ムラサキ
7837 淡黄色　ダン ワン スエ：ウスキイロ
7838 兩瓣的　リヤ○ン バン テ：一根兩花

巻5　32葉a

7839 採山花　ツアイ サン ハアー：ハナヲトル
7840 菰草　クウ ツア○ウ：マコモ
7841 夏枯草　ヤアー クウ ツア○ウ：ウツボクサ
7842 薜草　スイ ツア○ウ：スゲ
7843 萍草　ピン ツア○ウ：ウキクサ
7844 茜草　ツエン ツア○ウ：アカ子
7845 燈草　テン ツア○ウ：トウシン
7846 茅草　マ○ウ ツア○ウ：カヤ
7847 艾草　カイ ツア○ウ：モグサ
7848 荊棘　キン キ：イバラ
7849 牛膝　ニウ スイ：イノコヅチ
7850 紫草　ツウ ツア○ウ：ムラサキ
7851 蓬萍草　ポン ピン ツア○ウ：カハホ子
7852 愼火草　チン ホヲー ツア○ウ：イキクサ
7853 景天草　キン テン ツア○ウ：イキクサ
7854 薏苡仁　イ イー ジン：ツチダマ
7855 鼠麴草　チイ キヨ ツア○ウ：ハヽコグサ
7856 木賊　モ ヅエ：トクサ
7857 蘆葦　ルウ ヲイ：アシ
7858 藤兒　デン ルウ：トウ
7859 薀藻　ヲエン ツア○ウ：モバ

巻5　32葉b

7860 小茅草　スヤ○ウ マ○ウ ツア○ウ：シバ
7861 稻草　ダウ ツア○ウ：ワラ
7862 麥藁　メ カ○ウ：ムギワラ
7863 薄草　ポ ツア○ウ：スヽキ
7864 賽陽春　サイ ヤン チユイン：バラ

菓蓏類

巻5　33葉a

『南山俗語考』翻字【巻5　草木部】　　121

7865	栗子	リ ツウ：クリ-		7904	無花果	ウ、 ハアー コウ：タウタブ
7866	栗子殻	リ ツウ コ：クリノカラ		7905	椹樹子	チン ジユイ ツウ：クハノミ
7867	柿子	ズウ ツウ：カキ		7906	桑樹子	サン ジユイ ツウ：クハノミ
7868	澁柿	スエ ズウ：シブカキ		7907	椎子	ツ○イ ツウ：シヒ
7869	柿餅	ズウ ピン：クシガキ		7908	枳具	ツウ ギユイ：ケンホノナシ
7870	梨子	リイ ツウ：ナシ		7909	松子	ソン ツウ：マツノミ
7871	雪梨	スエ リイ：ナシ		7910	石榴	ジ ソウ：ザクロ
7872	梅子	ムイ ツウ：ウメ		7911	茱萸	デイ イー：グミ
7873	生梅	スエン ムイ：ナマウメ		7912	胡頽	ウー ドイ：ナハシログミ
7874	桃子	ダタウ ツウ：モヽ		7913	楊梅	ヤン ムイ：ヤマモヽ
7875	王母桃	ワン ムウ タ○ウ：西王母		7914	枇杷	ピイ バアー：ビハ
7876	花紅	ハアー ホン：リンゴ		7915	紫藤子	ツウ デン ツウ：フヂノミ
7877	杏子	ヒン ツウ：アンズ		7916	蓮子	レン ツウ：ハスノミ
7878	李子	リイ ツウ：スモヽ		7917	蓮肉	レン シヨ：レンニク
7879	天門冬	テエン メン ドン：テンモンドウ		7918	菱角	リン コ：ヒシ
7880	白菓	ベ コウ：ギンナン		7919	白葡萄	ベ ブウ ダ○ウ：シロブタウ
7881	橄欖	カン ラン：カンラン		7920	紫葡萄	ツウ ブウ ダ○ウ：ムラサキブタウ
7882	青菓	ツイン コウ：カンラン		7921	覆盆子	ホ ベン ツウ：イチゴ
				7922	零餘子	リン イー ツウ：ヌカゴ
				7923	落花生	ロ ハアー スエン：ラククワセイ

巻5　33葉b

7883	橙子	テン ツウ：ダイダイ
7884	橙子乾	テン ツウ カン：ホシダイダイ
7885	佛手柑	フエ シウ カン：ブシユカン
7886	橘子	キエ ツウ：タチバナ
7887	柑子	カン ツウ：ミカン
7888	柚子	ユウ ツウ：ユズ
7889	香柚	ヒヤン ユウ：ユズ
7890	香圓	ヒヤン イエン：ザボン
7891	金柑	キン カン：キンカン
7892	龍眼	ロン エン：リウガン
7893	桂圓	クイ イエン：リウガン
7894	圓眼	イエン エン：リウガン
7895	胡桃	ウ、 ダ○ウ：クルミ
7896	核桃	ウヲ ダ○ウ：クルミ
7897	梧桐子	ウー ドン ツウ：アヲギリノミ
7898	榎子	キヤア ツウ：エノミ
7899	棗子	ツア○ウ ツウ：ナツメ
7900	椋	リヤン ツウ：ムクノミ
7901	榧子	ヒイ ツウ：カヤノミ
7902	荔枝	リ ツウ：レイシ
7903	荔枝殻	リ ツウ コ：レイシノカラ

7924　核兒　ウヲ ルウ：タ子

巻5　34葉b

7925	剥皮殻	ポ ビイ コ：カハムク
7926	去核	キユイ ウヲ：タ子サル

種藝類

巻5　35葉a

7927	種得活	チヨン テ ウヲ：ウエモノヨクツイタ⏋
7928	種活了	チヨン ウヲ リヤ○ウ：ウエモノヽヨクツイタ⏋
7929	種得死	チヨン テ スウ：カレタ
7930	挿得活	ツア テ ウヲ：サシタテタ
7931	榕熟了	ツイ シヨ リヤ○ウ：ツギキカヨクツイタ
7932	榕不活	ツイ ポ ウヲ：ツギタテヌ
7933	下得好	ヒヤアー テ ハ○ウ：タ子ヲマク
7934	下得出	ヒヤアー テ チユ：マイテハエタ
7935	有種的	イウ チヨン テ：タ子ガアル
7936	榕起来	ツイ キイ ライ：木ヲツク⏋
7937	枯朽了	クウ ヒウ リヤ○ウ：カレクチタ
7938	下得種	ヒヤアー テ チヨン：タ子ヲマイタ

巻5　34葉a

7939	下不得	ヒヤア ポ テ：マカレヌ
7940	有花卉	イウ ハアー ホイ：ハナガアル
7941	結子的	キ ツウ テ：ミノナルモノ
7942	正茂盛	チン メ○ウ ヂン：マツサカリ
7943	茂盛花	メ○ウ ヂン ハアー：ハナザカリ
7944	花開了	ハアー カイ リヤ○ウ：ハナガヒライタ

巻5　35葉b

7945	花謝了	ハアー ヅエー リヤ○ウ：ハナガヲチタ
7946	好個花	ハ○ウ コ ハアー：ヨキハナ
7947	散開来	サン カイ ライ：チル
7948	開紅花	カイ ホン ハアー：アカバナガヒライタ
7949	開白花	カイ ベ ハアー：シロハナガヒライタ
7950	盛出来	ヂン チユ ライ：ハナザカリ
7951	花瓣大	ハアー バン ダア：花シベガオホキナ
7952	一起生	イ キイ スエン：イツショニデタ
7953	有刺的	イウ ツウ テ：トゲノアル┐
7954	没有刺	ム イウ ツウ：トゲノナイ┐
7955	挿了刺	ツア リヤ○ウ ツウ：トゲヲタテタ
7956	刺了刺	ツウ リヤ○ウ ツウ：トゲヲタテタ
7957	竪了刺	シユイ リヤ○ウ ツウ：トゲヲタテタ
7958	發出来	ハ チユ ライ：メダツタ
7959	包起来	パ○ウ キイ ライ：フクミデタ
7960	出了芽	チユ リヤ○ウ ヤアー：メガデタ

巻5　衣飾部

衣服布帛紡織采色類

巻5　36葉a

- 7961 袞龍袍　クイン ロン バ○ウ：コンリヤウノウハギ
- 7962 禮衣　リイ イー：レイフク
- 7963 袴子　クウ ツウ：ハカマ
- 7964 外套　ワイ タ○ウ：ハオリ
- 7965 綿襖　メン ア○ウ：ワタイレ
- 7966 夾襖　キヤア ア○ウ：アハセ
- 7967 袍衣　バ○ウ イー：アハセ
- 7968 單衣　タン イー：ヒトヘ
- 7969 夏衣　ヤアー イー：カタビラ
- 7970 紬綿襖　ヂウ メン ア○ウ：サヤノワタイレ
- 7971 紗綿襖　サアー メエン ア○ウ：チリメンノワタイレ
- 7972 綾綿襖　リン メエン ア○ウ：リンスノワタイレ
- 7973 浴衣　ヨ イー：ユカタ
- 7974 雨衣　イー イー：カツパ
- 7975 袍子　バ○ウ ツウ：ウハギ

巻5　36葉b

- 7976 衫児　サン ルウ：ハタキ
- 7977 緊身　キン シン：ハダキ
- 7978 便服　ベン ホ：フダンキ
- 7979 裙子　キン ツウ：マヒダレ
- 7980 褊衫　ペエン サン：ミシカソデ
- 7981 長袖子　ヂヤン ヂウ ツウ：ナガソデ
- 7982 開袖子　カイ ヂウ ツウ：アキソデ
- 7983 短袖子　トワン ヂウ ツウ：ツメソデ
- 7984 綢衣服　ヂウ イー ホ：サヤノイフク
- 7985 服飾　ホ シ：イシヤウノカサリ
- 7986 薫衣服　ヒン イー ホ：イシヤウニ香ヲトムル
  {巻3　43葉aにもあり。重複掲載}
- 7987 蓑衣　ソウ イー：ミノ
- 7988 被褥　ビイ ジヨ：ヨギフトン
- 7989 被窩　ヒイ ヲー：ヨギ
- 7990 褥子　ジヨ ツウ：フトン
- 7991 坐褥　ヅヲー ジヨ：ザブトン
- 7992 胸叉　ヒヨン ツアイ：ムネアテ
- 7993 腰帶　ヤ○ウ タイ：ヲビ
- 7994 腰片　ヤ○ウ ペン：ヨフベン
- 7995 腰緶　ヤ○ウ ヘン：ヨフベン
- 7996 帶子　タイ ツウ：ヲビ

巻5　37葉a

- 7997 裏袴　リイ クウ：シタオヒ
- 7998 絲條　スウ タ○ウ：イトウチノヲビ
- 7999 襁褓　ギヤン ハ○ウ：ムツキ
- 8000 虎文的　フウ ウエン テ：トラフガタ
- 8001 裁　ツアイ：タツ
- 8002 剪　ツエン：ハサム
- 8003 量　リヤン：尺トル
- 8004 比　ピイ：クラブル
- 8005 縫　ウヲン：ヌウ
- 8006 圓領　イエン リン：エリ
- 8007 襟　キン：エリ
- 8008 表　ピヤ○ウ：ヲモテ
- 8009 裏　リイ：ウラ
- 8010 裾　キユイ：スソ
- 8011 袖　ヂウ：ソデ
- 8012 宋錦　ソヲン キン：ニシキ
- 8013 金緞　キン ドワン：キンダン
- 8014 緞子　ドワン ツウ：ドンス
- 8015 綾子　リン ツウ：リンズ
- 8016 滑綾　ワ リン：ヌメリンズ
- 8017 縐紗　ツエ○ウ サアー：チリメン

巻5　37葉b

- 8018 紅紗　ホン サアー：ヒヂリメン
- 8019 白紗　ペ サアー：シロチリメン
- 8020 錦紗　キン サアー：モンチリメン
- 8021 大花紬　ダアー ハアー チウ：オホトヒザヤ
- 8022 花綢　ハアー ヂウ：トヒザヤ
- 8023 湖羅　ウー ロヲー：ロ
- 8024 花羅　ハアー ロヲー：モンロ
- 8025 潞紬　ルウ チウ：サヤ
- 8026 花綾　ハアー リン：モクリンズ
- 8027 紗綾　サアー リン：サヤ

8028	素光紬	スウ クワン ヂウ：モンナシ
8029	錦紬	キン チウ：ナミサヤ
8030	線緞	スエン ドワン：マカヒヲリ
8031	花紗	ハアー サアー：モンシヤ
8032	雲布	イユイン プウ：ウンフ
8033	袘子	パアー ツウ：ハス
8034	褐子	カツウ：ハス
8035	木綿	モ メエン：モメン
8036	葛布	カ プウ：クヅヌノ
8037	苧布	チユイ プウ：サヨミ
8038	夏布	ヤアー プウ：ヌノ

巻5　38葉a

8039	蕉布	ツヤ○ウ プウ：バセウフ
8040	麻布	マア プウ：アサヌノ
8041	白布	ペ プウ：シロヌノ
8042	色布	スエ プウ：ソメヌノ
8043	西洋布	スイー ヤン プウ：カナキヌ
8044	斜文布	シエー ウエン プウ：ヨコアヤ
8045	永春布	ヨン チユイン プウ：エイシユンサイ
8046	柳條布	リウ デヤ○ウ プウ：タテジマ
8047	印花布	イン フアー プウ：カタツキ
8048	花布	ハアー プウ：ハナヌノ
8049	青布	ツイン プウ：コロハカシ
8050	金錦	キン キン：キン入ニシキ
8051	套紗	タ○ウ サアー：オホチリメン
8052	尺長紗	チ ヂヤン サアー：尺長チリメン
8053	三套紗	サン タ○ウ サアー：ミキモノ大チリメン
8054	閃緞	シエン ドワン：玉蟲イロノドンス
8055	五絲緞	ウー スウ ドワン：シユチン
8056	花線緞	ハアー スエン ドワン：モンドンス
8057	羽毛緞	イー マ○ウ ドワン：コロフクリン
8058	畢機緞	ピ キイ ドワン：ヘルヘトワン ○ ラセイタ
8059	鎖伏緞	ソウ ホ ドワン：チヨロケン

巻5　38葉b

8060	七絲緞	ツイ スウ ドワン：ムリヤウ
8061	八絲緞	パス ドワン：シユス
8062	蒙絲緞	モン スウ ドワン：シユチン
8063	萬字紬	ワン ヅウ ヂウ：ヒガキサヤ
8064	錦綢	キン チウ：ヒガキサヤ
8065	多羅呢	トウ ロウ ニイ：ラシヤ
8066	繭綢	キエン ヂウ：ケンチウ
8067	紅毛綢	ホン マ○ウ ヂウ：カイキ
8068	紫梗緞	ツウ ゲン ドワン：ムラサキドンス
8069	全紬袍紗	ツエン ヂウ バ○ウ サアー：上チリメン
8070	加長錦紬	キヤア ヂヤン キン ヂウ：尺長ナミザヤ
8071	西洋柳條	スイー ヤン リウ デヤ○ウ：オクジマ
8072	絲頭	スウ デ○ウ：フシイト
8073	針線	チン スエン：ヌイソ
8074	苧麻線	チユイ マアー セン：アサイト
8075	辮條	ベン テヤ○ウ：クミイト
8076	絲線	スウ スエン：マガヒ
8077	胡絲	ウー スウ：シライト
8078	屑線	スイ スエン：イトクヅ
8079	黄絲	ワン スウ：キイト
8080	綿絮頭	メエン シ○イ デ○ウ：ワタ

巻5　39葉a

8081	絲綿	スウ メエン：マワタ
8082	綿花	メン ハアー：モメンワタ
8083	棊盤	キー ボワン：ゴバンシマ
8084	染花的	ジエン ハアー テ：モヨウツキ
8085	青色的	ツイン スエ テ：アヲイロ
8086	黒色的	ヘ スエ テ：クロ
8087	藍色的	ラン スエ テ：ア井イロ
8088	緑色的	ロ スエ テ：モエキ
8089	黄色的	ワン スエ テ：キイロ
8090	紅色的	ホン スエ テ：モミ
8091	赤色的	チ スエ テ：アカ
8092	白色的	ペ スエ テ：シロ
8093	茶色的	ヅアー スエ テ：チヤ
8094	醬色的	ツヤン スエ テ：トビイロ○カバイロ
8095	絳色的	キヤン スエ テ：アカイロ○トビイロ
8096	烏黒的	ウー ヘ テ：ビンラウシ
8097	灰色的	ホイ スエ テ：子ツミ
8098	油色的	ユウ スエ テ：シブイロ
8099	皂白的	ツア○ウ ベ テ：ヨシヲカソメノルイ
8100	紫色的	ツウ スエ テ：ムラサキ
8101	月白色	イエ ベ スエ：ウスアサギ

巻5　39葉b

8102	粉紅色	フイン ホン スエ	ウスモミ
8103	淡紅色	ダン ホン スエ	ウスモミ
8104	大紅色	ダアー ホン スエ	オホモヽイロ
8105	淡緑色	ダン ロ スエ	ウスモエキ
8106	鵞黄色	ゴヲー ワン スエ	タマゴイロ
8107	桃紅色	ダ○ウ ホン スエ	モヽイロ
8108	茄花色	キヤア ハアー スエ	フヂイロ
8109	水墨色	シユイ メ スエ	ウス子ヅミ
8110	小花様	スヤ○ウ ハアー ヤン	小モンツキ
8111	鴨蛋黄	ヤ ダン ワン	ウスタマゴ
8112	雞蛋黄	キイ ダン ワン	コイタマゴ
8113	乾臙脂	カン エン ツウ	カタベニ
8114	綿胭脂	メエン エン ツウ	シヤウエンシ
8115	五爪龍	ウー ツア○ウ ロン	イツヽツメリウモン
8116	白絲	ペ スウ	シロイト
8117	紡綿紗	ハン メン サアー	ワタヲツム
8118	織成的	チ ヂン テ	ヲリツケタ
8119	繡花的	スイ○ウ ハアー テ	ヌヒノアルモノ
8120	染成的	ジエン ヂン テ	ソメツケタ
8121	染深了	ジエン シン リヤ○ウ	ソメコンタ
8122	着染衣	ヂヨ ジエン イー	イシヤウヲソムル

巻5　40葉a

8123	煉成的	レン ヂン テ	子リタモノ
8124	摻練兒	ツアン レン ルウ	子ルヽ
8125	經緯的	キン ヲイ テ	タテヨコ
8126	穿了来	チエン リヤ○ウ ライ	イフクヲヤクシタ
8127	穿着好	チエン ヂヤ ハ○ウ	キツキガヨイ
8128	穿得好	チエン テ ハ○ウ	キテヨヒ
8129	穿暖些	チエン ノワン スイー	アツギ
8130	穿不暖	チエン ポ ノワン	ウスギ
8131	穿得薄	チエン テ ボ	ウスギ
8132	穿外套	チエン ワイ タ○ウ	ハオリヲキル
8133	灰過了	ホイ コヲー リヤ○ウ	キヌナドヲ子ルヿ
8134	有斑的	イウ ハン テ	シミガアル
8135	白水浸	ベ ジユイ チン	シロミヅニヒタス
8136	有個縫	イウ コ ウヲン	ハギメノアルヿ
8137	縫起来	ウヲン キイ ライ	ハグ○ヌウ
8138	正好穿	チン ハ○ウ チエン	ヨフキタ
8139	摺好了	ヅイ ハ○ウ リヤ○ウ	ヨクタヽンタ
8140	摺起来	ヅイ キイ ライ	タヽメ
8141	開襠袴	カイ タン クウ	ハカマヲトル
8142	搭了衣	タ リヤ○ウ イー	キヌヲウチカケル
8143	不搭衣	ポ タ イー	キヌヲカケヌ

巻5　40葉b

8144	花衣服	ハアー イー ホ	ハナヤカナルキルモノ
8145	穿綿襖	チエン メン ア○ウ	ワタイレヲキル
8146	穿裌衣	チエン キヤ イー	アワセヲキル
8147	穿夏衣	チエン ヤア イー	カタビラヲキル
8148	穿單衣	チエン タン イー	ヒトヘヲキル
8149	穿袴子	チエン クウ ツウ	ハカマヲキル
8150	穿海青	チエン ハイ ツイン	ソテナシシタギヲキル
8151	穿袍子	チエン ハ○ウ ツウ	ウハギヲキル
8152	穿衫兒	チエン サン ルウ	ハダギヲキル
8153	穿褊衫	チエン ペエン サン	ハダギヲキル
8154	穿裙子	チエン キン ツウ	マイタレヲキル
8155	穿靴子	チエン ハアー ツウ	ベスヲハク
8156	穿鞋子	チエン ヒヤイ ツウ	クツヲハク
8157	錯穿了	ツヲー チエン リヤ○ウ	ハキチカエタ
8158	束腰鞭	ソ ヤ○ウ ベン	コシヲビヲスル
8159	束好了	ソ ハ○ウ リヤ○ウ	ヲビヲヨクシタ
8160	戴着歇	タイ ヂヤ ヘ	カブツテイヨ
8161	戴冠子	タイ クワン ツウ	カンムリカブル
8162	戴紗帽	タイ サアー マ○ウ	シヤノボフシヲカブル
8163	戴僧帽	タイ ツエン マ○ウ	モフスヲカブル
8164	戴方巾	タイ ハン キン	カクツキンヲカブル

巻5　41葉a

8165	戴幅巾	タイ ホ キン	ハバツキンヲカブル
8166	戴斗笠	タイ テ○ウ リ	スゲカサヲカブル
8167	穿禮衣	チエン リイ イー	レイフクヲキル
8168	經穿的	キン チエン テ	キルモノヽツヨイヿ
8169	不經穿	ポ キン チエン	キルモノヽヨハイ
8170	抽	チウ	シハヲヨスル
8171	會透汗	ホイ テ○ウ ハン	アセヲハジク
8172	經布	キン プウ	ヌノハユル
8173	經緯	キン ヲイ	タテヨコ
8174	刺繡	ツウ スイ○ウ	ヌイモノスルヿ
8175	紡綿	ハン メン	モメンヒク

8176 績苧　チ　チユイ：ヲウム
8177 織機　チ　キイ：オリハタ
8178 撚麻　子エン　マアー：ヲヨル
8179 蘆管　ルウ　クワン：クダ
8180 彈綿　ダン　メエン：ワタウツ
8181 打綿　タアー　メエン：ワタウツ

巻5 馬匹鞍轡部

馬鞍具毛色類

巻5 42葉a

8182 鞍轎　アン キヤ○ウ：クラ
8183 套子　タ○ウ ツウ：ハセンノ下ノクラオホヒ
8184 座子　ヅヲヽ ツウ：バセン
8185 嚼口　ツヤ ゲ○ウ：クツワ
8186 扯手　チエー シウ：タヅナ
8187 攀胸　ハン ヒヨン：ムナガヒ
8188 肚帶　ドウ タイ：ハラヲビ
8189 後鞦　ヘ○ウ ツイ○ウ：シリガヒ
8190 馬韀　マアヽ ツエン：アヲリ
8191 踏鐙　タ テン：アブミ
8192 鞭子　ベン ツウ：ムチ
8193 鋕鞋　テ ヒヤイ：クツ
8194 烙　ロ：ヤキカ子
8195 馬鐮　マアー バ○ウ：カナクシ
8196 馬刷　マアー セ：バレン

巻5 42葉b

8197 刷鐮　セ バ○ウ：バレンニテオシカナグシカケル
8198 馬房　マアー ワン：ムマヤ
8199 馬槽　マアー ツア○ウ：ハミイレ
8200 鍘草刀　ヅア ツア○ウ タ○ウ：クサキリ庖丁
8201 喂馬　ヲイ マアー：馬ニカイ料ノクサヲカフ
8202 備馬　ボイ マアー：クソクスルウマ
8203 腮胸　サイ ヒヨン：ヲモカヒニカクル赤熊ノフサ
8204 貼胸　テ ヒヨン：ムナカヒニカクル赤熊ノフサ
8205 鞍轡　アン ポイ：皆具
8206 馬包箱　マアー パ○ウ スヤン：馬ニックツコヲリ
8207 韁繩　キヤン ジン：トリナワ
8208 烙印　ロ イン：ヤキイン
8209 烙鋕　ロ テ：ヤキカ子
8210 轡頭　ポイ テ○ウ：ヲモカヒ
8211 判官頭　パン クワン デ○ウ：マエワ
8212 草料　ツア○ウ リヤ○ウ：ハミ
8213 馬料豆　マアー リヤ○ウ デ○ウ：馬ノカヒ料

マメ
8214 打針　タアー チン：ハリウツ
8215 放血　ハン ヒエ：血トル
8216 修蹄甲　スイウ デイ キヤ：ツメウツ
8217 削蹄心　スヤ デイ スイン：ツメウラヲスク

巻5 43葉a

8218 洗馬　スイー マアー：馬ヲアロウ
8219 退縮　トイ シヨ：馬ヤニ馬ヲイル
8220 撒歡　サ ホワン：ハナチアソハスル
8221 打滾馬　タアー クイン マアー：ハナチナクサムル
8222 走　ツエ○ウ：ハシル○今云カケオフ
8223 小踮　スヤ○ウ テエン：ヂミチ
8224 大踮　ダアヽ テエン：コノリ
8225 跑　バ○ウ：カケ
8226 收　シウ：トヾムル
8227 發脿　ハ ヒヤ○ウ：コユル
8228 發性　ハ スイン：怒ル
8229 性大　スイン ダアー：上肝
8230 性小　スイン スヤ○ウ：下肝
8231 痩　スエ○ウ：ヤスル
8232 騍馬　コウ マアー：メムマ
8233 兒馬　ルウ マアー：ヲムマ
8234 果下馬　コウ ヒヤア マアー：トサゴマノ類
8235 小馬　スヤ○ウ マアー：自分馬ヲ人ニ云トキノ詞
8236 黃馬　ワン マアー：クリゲ
8237 黃棗　ワン ツアウ：カゲ
8238 淡黑　ダン ヘ：アオゲ

巻5 43葉b

8239 天生白　テエン スエン ベ：サメ
8240 鋕青　テ ツイン：アシゲ
8241 糖鶴　ダン ホ：カワラゲ
8242 泥驄馬　ニイ ツヲン マアー：カスゲ
8243 紅沙馬　ホン サアー マアー：鹿カスゲ
8244 花馬　ハアー マアー：ブチケ
8245 桃花馬　ダ○ウ ハア マアー：ブチケ
8246 大花馬　ダアー ハアー マアー：大ブチゲ
8247 兩張皮　リヤン チヤン ビイ：大ブチゲ

8248 菊花青　キヨ ハアー ツイン：レンゼンアシゲ
8249 連錢驄　レン ヅエン ツヲン：レンゼンアシゲ
8250 金錢豹　キン ヅエン パ○ウ：クロホンツキケ
8251 粉青　フイン ツイン：シロアシケ
8252 滿架葡萄　マン キヤア ブウ ダ○ウ：月毛惣
　身ニ黒小星アリ
8253 墨裏蔵針　メ リイ ヅアン チン：アヲカスゲ

「長短雑話」(『南山俗語考』附録)・「君臣唐話」(『南山考講記』附録) の対照

左に『南山俗語考』附録「長短雑話」、右に『南山考講記』附録「君臣唐話」を載せ対照させる。
1　本文は段落ごとに通し番号を付す。
2　本文と訳文のみを載せ、カナの唐音表記は省く。
3　「君臣唐話」は点を付していないが、読み難いため、加える。
4　「長短雑話」異本(盛文堂)の異同部分は、当該段落に収める。
5　「君臣唐話」異本(内閣文庫)の異同部分は、当該箇所のみを載せる。

「長短雑話」	「君臣唐話」
1　今日天色好。不知發駕到什麽所在去。 　　今日ハ天気モヨロシケレハ何方ニ出遊アルベキヤ	1　今日天色好。不知發駕到什広所在去。 　　今日天氣ヨシ何處ヘカ御遊行アルヘキ 　　(＊)次の2と併せ一段落とするが「長短雑話」に合わせる。以下同様。
2　這兩天不比日前。路上乾了。騎馬去頑頑也好。 　　此兩日ハ前日トチガヒ路モスヘテ乾キシホドニ馬上ニテ出遊シテヨロシカルベシ	2　況且這兩天不比日前。路上乾了。好走馬頑々也好。 　　且此兩日ハ前日ニ違ヒ路上モ乾キシホトニ御馬ニテ御出宜カルヘシ
3　正是儞們説得是了。天色最好。騎馬到什麽所在去。 　　ナルホド僉云如ク好天氣馬上ニテ何方ニ往テヨロシカルベキヤ	3　正是你們説得是了。天色最好。騎馬到什広所在去。 　　成程云トヲリ天氣最好シ馬ニテ何レノ處ヘカ遊ン
4　好好儞們已曾説過。要到花園去。因此今日依你所説上舩去罷。 　　ヨシヨシ僉曾テ別業ニ遊ント云シコトアリシホトニ今日ミナノ言ニシタガヒ舟ニノリテユクベシ	4　但是你們已曾説過。要到花園去。下船。 　　サリナカラ先日別業ニ行カント云シホトニ其通リ致シ舟ニテ行ヘシ
5　陪侍的老人是各隨其便。叫那後生的海邉出去撒網打魚。一發有趣。騎馬遠出不如近遊。少停出去。大家打點打點。 　　陪從ノ老人ハ各々勝手タルベシ若キ輩ヲヒキテ海邉ニ出テ網ヲ打チ魚ヲ取ラバ格別興アルヘシ馬ニノリ遠方ニ出ンヨリ近キ處ノ遊ニシカシ(＊)程ナク出ン各々支度セヨ 　　(＊)シカシ：シカズの誤りか	5　同伴的老人留在那里。後生的海邉出去撒網打魚。一發有趣。騎馬遠出去不如近遊。少停出去。大家打點々々。 　　供ノ老人ハ別業マテ行キ若キ輩ハ夫ヨリ海邉ニ出テ網ヲ打チ魚ヲ取ラハ是一涯ノ佳興ナラン馬ニ乗リ遠方ニ出ルハ近キ所ノ遊ヒニシクヘカラス最早程ナク出ント思フ各支度セヨ

「長短雑話」	「君臣唐話」
6　曉得曉得。舩是要樓舩呢。還是小舩。陪伴的幾個人去好麼。 　　ガテンガテン舩ハ樓舩カ又ハ小舩ニイタサンヤ從フモノ幾人バカリヨロシカランヤ	6　曉得〃〃。船是要樓船呢。還是小船呢。陪伴的幾個人去麼。 　　カシコマリタリ御舩ハ樓舩カ又ハ小船ニ召スベキカ御供ハ幾人マイルヘキヤ
7　下了小快舩出去。若是風大去不得。坐了轎子旱路去。水路去呢。在舩上看些風景。談談笑話。這個也是有趣。看那風信。略大些也要舩上去。伴當的十來個人去罷。 　　小早舟ニノリ出ヅベシ若シ風ツヨクユキカタケレバ駕籠ニテ陸ヲ行ベシ若シナラバ風景ヲ見談笑シテ行ホトニ是興アラン風信ヲ見テ大抵ナラハ舟ヨリセン同伴ハ十人バカリニテヨロシカルベシ	7　下了小快舩出去。若是風大。坐個轎子下路。水路去呢。在船上看〃些風景。談〃笑話。這個也是有趣。看那風信。略大些也要船上去。伴當的十來個人去罷。 　　小早舟ニノリテ行カン若風強クハ駕籠ニテ陸ヨリ行ヘシ舟ハ風景ヲ見談笑〆テ行ホトニ是面白シ風信ヲ見テ大抵ナラバ舟ヨリセン供ハ十人計ニテヨカルベシ
8　舩也來了。管舩的上來報説。侍從相伴的也都齊了。請隨便起身。 　　舩モキタレリ舩支配ノ者來リ告テ云ク從フ輩モスベテソロヘリマサニ出テ給ヘ	8　船也來了管船的上來報了侍從相伴的也都齊了隨便起身。 　　御船マハリタルヨシ船役報シ來レリ近習陪伴モ亦皆ソロヘリ御勝手ニ御出アルベシ
9　好去麼。拿出衣服來穿穿。 　　ハヤ出テヨ衣服ヲ持來リ我ニ着セヨ	9　好去広。拿出衣服來穿〃。 　　出テヨカルヘキヤ衣裳ヲ持テ來テ着セヨ
10　今日不大冷。穿了單衣便了。但是舩上不比家裏。預備遮冷。帶了一件裌衣一件外套。裝在駞箱裏頭拿去。 　　今日アマリ寒カラス單物ヲ着テヨカラン去ナガラ舩中ハ家ノ内トカハレリ寒クモアルヘシ件ノ裌ヒトツ羽織ヒトツヲハサミ箱ニ入レテ持セ行クベシ	10　今日不大冷。穿了單衣便了。船上不比家裏。預備遮冷。帶了一件裌衣一件外套。裝在駞箱裏頭拿去。 　　今日ハアマリ寒カラジ御單物ヲ召テヨカラン去ナカラ家ノ内トカハレシホトニ御用心ニ御裌御羽織御箱ニ入レテ持行クベシ
11　好好早些打點(*)。今日風恬浪静。舩上穩得狠。山明水秀。十分有趣。叫水手唱個棹歌。尊意如何。 　　今日ハ風浪静ナリ舩モコトノホカ穩ナリ山水ノ風景甚面白シ舟人等ニ棹歌ヲ歌ハシメテハイカ〉 　　(*)冒頭6字分の訳文を欠く	11　好〃早些打點。今日風恬浪静。船上穩得狠。山明水秀。十分有趣。叫水手唱個棹歌。尊意如何。 　　ヨシ〉ハヤク用意セヨ今日ハ風浪静ニ御船モイコウ穩ナリ山水ノ風景殊ニ面白シ水手共ニ棹歌ヲナサシメン思召イカヽアラン

「長短雜話」	「君臣唐話」
12　棹歌也好。先将酒来添興。走到江心。叫他唱唱也好。 　　棹歌モヨカルベシ先酒ヲ行ヒ興ヲ添江心ニノリ出シタルトキカレ等ニウタハシメヨロシカルベシ	12　棹歌也好。先將酒来添興。走到江心叫他唱〻也好。 　　棹歌モ亦好シ然シ先酒ヲ行ヒ興ヲ添ヘ江心ニ至ル此ヲイ歌ハシメヨカラント思フソ
13　箇麼排出酒肴恩公請吃了三盃。他那陪伴的。也請給他吃。他們多少感激了。 　　サアラバ酒肴ヲ持出恩公モ一盃ヲ預ケラレホカノ付従輩ニモアタヘテ吃セシメバイカバカリ有リガタガルベシ	13　箇広排出酒肴恩公也吃了三盃。賞他陪伴的。他們多少感激了。 　　サアラハ酒肴ヲ出シ御前ニモ召上ラレ陪伴ニモ下タサラバ幾クカ有リ難カラン
14　有什麼肴饌。只管排出来。有糕餅。也要拿出来賞他小伴當。越發有趣。 　　何ソ肴カアラバ出スベシ菓子アラバ持来リテ子共ニアタヘヨ愈〻面白カラン	14　有什広肴饌。只管排出來。有糕餅。也要拿出來賞他小伴當。越發有趣。 　　何ソ肴カアラハ出セ亦菓子アラハ持来テ子共等ニ與ヘヨ是一涯面白カラン
15　舩已到了。不知一直到那所在去打魚呢。還是先到園裏。穿換了衣服。等他安排的好了出去看看如何。 　　舩モハヤ着セリ魚ヲ取ル所ニイタルヘキカ又ハ別業ニイタリ着換ヲイタサレ獵場ノ按排ヨロシキ時ヲ見合見物セバイカヽ	15　船已到了。不知一直到那所在去打魚呢。還是先到園裏。穿換了衣服。等他安排的好了出去看〻如何。 　　御船已ニ至ル直ニ御獵場ニ御越シアランカ先別墅ニテ御着換ノ後チ彼ノ安排宜キ時キ御出御覧アツテイカヽアラン
16　前有命諭。老人家。留在那里。不用同去。是好麼。 　　先命ノ如ク老人共ハ別業ニノコシオキヨロシキヤ	16　前有命諭。老人家。留在那里。不用同去広。 　　先命ノ如ク老人共ハ別墅ニ召ヲカルベキヤ
16′《異本（盛文堂）》　前有命諭。老人家。随他的便不必同去。是好麼。 　　先命ノ如ク老人共ハ勝手ニイタシ参ラズシテモ宜キヤ	
17　是是。且先到園裏坐坐。歇息之間。那里按排好了。別人来通知也好。老的不消同去。留在那裏。祭了龍神。吃吃祭神的福酒。求他得采也好。 　　ナルホドマヅ別業ニ入リ暫ク休息シ其間彼ノ所按排ヨキ時分ヲ告知スベシ老人ハ同道ニオヨバズ別業ニ残シ置キ龍神ヲ祭ラシメ今日ノ仕合ヲ禱リ神酒デモ飲テイルカヨシ	17　是。先到園裏坐〻。歇息之間那里排好了。叫人通知也好。老的不消同去。留在那裏。祭了龍神。吃〻祭酒。求他得采也好。 　　先ツ別墅ニ入リシバラク休息シ其間彼ノ場所ノ安排好キ時分ヲ知ラスヘシ老人共ハツレヌホトニヤハリ別墅ニイテ龍神ヲ祭リ酒ヲノミ仕合ヲ禱テヨカラン

132

「長短雑話」	「君臣唐話」
17′《異本（盛文堂）》 是是。且先到園裏坐坐。歇息之間。那里按排好了。叫人来通知也好。老的不消強他同去。只留在那裏。祭了龍神。求他得采散福飲酒也好。 　ナルホトマヅ別業ニ入リ暫ク休息シ其間彼ノ場所按排ヨキ時分ヲ告知スベシ老人ハシ井テ同道ニオヨバズ彼ニ残リ居テ龍神ヲ祭リ今日ノ仕合ヲ祈リ神酒テモ飲テイルガヨカラン	
18　纔斯那裏有人来報説。安排得便了。好出去看看。 　只今猟場ヨリ人アリ来リ按排已整タリト報ス見物ニ出ラレヨロシキナリ	18　就那裏有人來報説。安排得都便了。好出去看〃。 　只今獵場ヨリ人アリ来リ安排已ニ整タリト報ス御у御覽アツテヨカルヘシ
19　個麼出去看看。不用帯了食劑。只拿水火爐去吃茶罷。 　サアラバ出テ一見スベシ弁當ヲ持ニハ及マジ野風呂ヲ持セ茶ヲ飲ムバカリニテスマサン	19　個広出去看〃頑要。不用帯食劑。只拿水火爐去吃茶罷。 　サラハ出テ一見セン弁當ニハ及ブマシ野風爐マテヲ持セ茶ヲ吃テスマサント思フゾ
20　打漁的打了許多各様的魚。従来没有這様好采頭。打来的紅魚兩三尾。拿回去。送人事可好麼。 　魚ヲ取ルモノ種〃ノ魚ヲ沢山取リ得タリ此ノ程ヨリ(＊)今日ホトノ仕合ヨキフハナカリキ此魚ノ内鯛ヲ両三尾ミヤケニモタセカヘラハイカヽ 　（＊）ヨリ：原文はヨ一	20　打漁的收了許多各様的魚。従來没有這様好采頭。打來的紅魚兩三尾。拿回去送人事可好広。 　御獵ニツクハリ(＊)様々ノ魚ミヘタリ此程ヨリカヨフノ御幸ハナカリキ此魚ノ中チ鯛両三尾ハ御土産ニヨカルベキヤ 　（＊）リではなく各の誤りか
21　難得打了這許多黄山魚把活的幾尾分送某府裏去。我也燒来吃吃。餘下的。大家各随其便。嘗嘗滋味。酒也多吃些。助了高興。各人作詩的作詩。唱曲的唱曲。開懐暢飲頑頑好。 　キドクニ是ホドノ鯛ヲ取得タリ此生タルヲ數尾某ノ屋舗ニ送リツカハスベシ我モ炙テ食スベシ其餘ハ勝手ニ各賞味スベシ詩ヲ作ル者ハ詩ヲ作リ歌ヲ歌フモノハ歌ヲ歌フベシ思ヒ思ヒ興ニイリテ胸ウチアケテ随分飲ムベシ 21′《異本（盛文堂）》　難得打了這許多黄山魚把生的幾尾分送某府……（以下省略）	21　難得打了這許多黄山魚。生的分送某府。我也燒来吃。餘下的。大家各随其便。嘗〃滋味。酒也多吃些。助了高興。各人作詩的作詩。唱曲的唱曲。開懐暢飲頑頑。 　キドクニ是程ノアマタノ鯛ヲ取得タリ成程鯛ハ生ナカラ見合セテ某ノ屋舗ニツカワシ我モ燒テ食スベシ其餘ハ皆ヽ勝手ニ賞翫セヨ此ノ肴ニテ酒ヲ多クタベ興ヲ助ケ詩ヲ作リ歌ヲ謡ヒ思ヽ興ニ入リ胸打アケテ隨分飲テ樂メ

「長短雑話」・「君臣唐話」の対照　　133

「長短雜話」	「君臣唐話」
22　感得恩公好意。有了這樣好過酒的肴饌。酒也放量吃。謝謝主恩。做詩的做一首。會唱的唱了時曲。以酬今日的佳會。 　　恩公ノ志ヲ感ス此ノ様ナル酒ノスヽム肴アレハ酒モヨクノマルヽナリ主恩ヲ謝センガ為ニ詩人ハ詩ヲ作リ唱曲(*)者ハ時曲ノハヤリウタヲトナヘ今日ノ佳會ニムクベシ 　　（*）唱曲：原文は返り点を付す	22　感得恩公好意。有了這好過酒的肴饌。酒也放量吃。謝々主恩。做詩的做一首。會唱的唱了時曲。以酬今日的佳會。 　　御意アリカタシ此御肴デハ酒量ヲ盡シ命ノ如ク詩人ハ詩ヲ作リ唱曲者ハ時曲(*)ヲトナヘ今日ノ佳會ニ報ヒタテマツラン 　　（*）時曲：原文ハハヤリブシトルビを付す
23　許你豁拳。會豁的把大盃來放在那里。憑着贏輸豪飲。討我的歡心。大家陪我陪我。 　　ミナ拳ヲハジメヨ拳ノ出来ルモノハ大盃ヲアレニ置キ勝負次第ニ豪飲シテ我タメニ歡ヲツクサン各々コチラヘ出ベシ	23　許你豁拳。會豁的把大盃來在那裏豪飲。討我的歡心。大家陪我陪我。 　　你等拳ヲモセヨ能ク為ス者ハ大盃ヲ把テアレニ置キ勝負ノ上ニテ大飲メ為我(*)ニ歡ヒヲツクセ皆々アレニ出ヨ 　　（*）為我：原文は返り点を付す
24　昔時漢武帝在汾河。同群臣飲宴的高興。也不過如此。因爲小人等唱秋風辭一曲。寬慰恩公的歡心。如何。秋風起兮白雲飛。草木黃兮鴈南歸。蘭有秀兮菊有芳。懷佳人兮不能忘。 　　昔漢ノ武帝汾河ニ群臣ト飲宴セシ高興モ此ニハ過クベカラズコレ小人等恩公ノ慰ノタメニ秋風ノ辭ヲ唱ヘハイカヽアルベキヤ秋風起兮云々	24　昔時漢武帝在汾河。同群臣飲宴的高興。也不過如此。因爲小人等唱秋風辭一曲。寬慰恩公的歡心。如何。秋風起兮白雲飛。草木黃兮鴈南歸。蘭有秀兮菊有芳。懷佳人兮不能忘。 　　昔シ漢ノ武帝汾河ニテ群臣ト飲宴シタマヒシ高興モ是ニハスクベカラスコレ小人等御慰ニ秋風ノ辞ヲ唱ヘハイカヽアルヘキヤ秋風起ツテ白雲飛ト云々
25　唱得好唱得好。有趣有趣。歡樂極兮哀情多。少壯幾時兮奈老何。這一篇文章正真通得狠。天未靠晚的時候。收拾回去也好。打魚的後生們。再賞他吃酒。許他灌醉也罷。 　　唱ヨウ甚タヨシ面白シ面白シ歡樂云々ノ此一篇文章誠ニ道理至極モツトモナリ天ノ暮サルウチニ仕舞テ歸ルモヨロシカラン魚ヲ取リシ若者共ヘ再ヒ酒ヲ飲セ十分酔ヲ盡サスベシ	25　唱得好々々。有趣々々。歡樂極兮哀情多。少壯幾時兮奈老何。這一篇文章正真通得狠。天未靠晚的時候。收拾回去也好。打魚的後生們。再賞他吃酒許他灌醉也罷。 　　唱ヘ得テヨシ面白々々歡樂極兮ト云々此一篇ノ文章誠ニヨク叶フタリ扨暮サルウチニ仕舞テ歸モヨカラン魚トリノ若キ者共ヘ再ヒ酒ヲ飲マセ十分ニ酔ヲ盡サスヘシ
26　領命領命打魚的後生伴當們。及手下的人等。一同賞他魚酒。各各感激恩情了。到晚還有一歇歸府尚早。再坐寬慰寬慰。 　　命ノ如ク魚ヲ取リシ若者及手下ノ者等一同ニ酒肴ヲ給サセテ大ニアリガタカリシナリ暮マテハマダスコシ間モアリ歸リハマタ早シ今少シユルリトナサレヨロシ	26　領命々々。打魚的後生伴當們。同手下的人。賞他魚酒。各々感激恩情。到晚還有一歇。歸府尚早。再坐寬慰々々。 　　御意ノトヲリ魚取ノ若キ面々同ク手下ノ者共ヘ酒肴ヲ給サセシニ甚ダ有リ難カレリ暮マテハ暫ク御休息アレカシ御歸ハマダハヤカラン今少シ居給ヒテ御慰アルヘシ

134

「長短雑話」	「君臣唐話」
27　箇麼再坐一歇。叫他舩也攏在那里。陪伴人等是慢慢打點収拾。汝等要騎馬遠行也不如今日這個頑耍有興有興。 　　サアラバ今少シ留リ居ルヘキナリ舩ハコキ寄セ置キ従フ人〻ソロソロシマヘヨミナ馬ニノリテ遠行セント云シガ今日ノ此ノ遊ニハ及フマシ面白面白	27　箇広再坐一歇。叫他船也攏過來。伴來的人等慢〻打點収拾。汝等要騎馬遠行也不如今日這個戲耍有興〻〻。 　　サアラハ今サシ居テ休マス船ハ漕寄セ置キ供廻リハ静ニシマヘヨ先ニ你等馬ニ乗リテ遠行カント云シガ今日此ノ遊ニハ及フマシ面白〻〻
28　今日多蒙恩公楽情歡心。在小臣等。多少感戴恩情。是一生的歡楽也。于今舩也攏来。陪伴的都齊了。但是風信不好。只是頂頭風。波浪略大些。却也不妨的。這些話。舩家長報来。不知意下怎麼様。 　　今日恩公ノタノシミニヨリテミナ一生ノ楽ナリ只今舩モキタレリ侍従ノ人モ揃タリシカシナカラ向ヒ風ニテ浪スコシ高シナニソ大事ハアルマシキト舩頭申スナイカヽイタスベキヤ	28　今日多蒙恩公楽情歡心。在小臣等多少感戴恩情是一生的歡楽也。于今船也攏来。陪伴的都齊了。但是風信不好只是頂頭風。波浪略大些。却也不妨的。這些話。船家長報明。不知意下怎麼様。 　　今日小人等御恩公ニテ相樂ミ甚有リ難シ誠ニ一生ノ歡楽ナリ只今御舟モ参リ御供モ揃フタリシカシナカラ風向ヒ浪スコシ高シサレモ(*)御障ハナカルヘシト船頭申セリイカヽシ給フベキヤ （*）トモ：原文は合字
29　舩有揺擺。這個倒不妨。寧可水路去罷。若有暈舩的。叫他旱路去。舩遇打頭風。憑你多揺幾支櫓。也却遲慢。岸路去的在那裏等一等。 　　舩ウゴヒテモ大事ナシイツソ舩ヨリ行ベシ舟ニ酔者アラバ陸ヨリスベシ風ニ向ハバタトヒ櫓ヲ増テモ舩ハヲソカルベシ陸ヨリノ者ハ先ニ着テ待ベシ	29　舩有揺擺。這個倒不妨。水路去罷。若有暈船的。叫他旱路去。船遇打頭風。憑你多揺幾支櫓。也却遲慢。岸路去的在那裏等一等。 　　舟ウコイテモ妨ケナシ舟ニテ行カン舟酔ノ者ハ陸ヲヤラン風向ハ縦令櫓ヲ増テモ船ハ却テヲソカリナン陸地ノ者ハ先ニ着テ待居ヨ
30　栗子柿子梨子白蘿葡黒蘿葡番茄芋芀海菜等様。有在那裏。不知帶在舩上拿回去。送送人事也好。 　　栗柿梨子大根牛房唐芋里芋海菜等ハアレニアリ舩ニノセテ持カヘリ土産ノ物トセハヨカランヤ	30　栗子柿子梨子白蘿葡黒蘿葡番茄芋芀海菜等様。有在那裏。不知帶在船上拿回去送〻人事也好。 　　栗柿梨子大根午房唐芋里芋海菜等ハアレニアリ御船ニノセテ御土産トナシヨカルベキヤ
31　這等東西留在後舩。叫他拿回来。菓子等様。今日留在府裏的人給散他。魚菜是送進内裏。給他婆娘子。買他的歡心也好。 　　此等ノ物ハ後舩ニノセテ歸リ菓子類ハ留主ニ居タル者ニアタヘヨロコバシメテヨカラン魚菜ハ内ノ女共ヘアタヘヨロコバシメヨカランナリ	31　這等東西留在後船。叫他拿回來。菓子等様。今日留在府裏的人給散他。魚菜送進内裏。給他婆娘子。買他的歡心也好。 　　此品々ハ後船ニノセテ歸リ菓子類ハ留守ニ居タル者ニ與ヘヨ魚菜ハ女共ヘ與ヘテ歡シメテヨカラン

「長短雜話」	「君臣唐話」
32　暈舩的旱路去。舩上陪伴的人少。恐怕冷靜些。唱一曲好詞。奉陪如何。 　　舩醉ノ者ハ陸ヨリ去ラバ舩中ニ相從フモノスクナクメ(*)サミシカルベシ何ゾ一曲ヲ唱ヘテ慰ヲ催サハイカゞ 　　（*）シテ：原文は合字	32　暈船的旱路去。舩上陪伴的人少。恐怕冷靜些。唱一曲好詞。奉陪如何。 　　船醉ノ者ハ陸ヨリマイリタレハ御船陪伴ノ人數スクナク御サヒシクナレリ何ソ面白一曲ヲ唱テ御伽ヲナサハイカヽアラン
33　好好。我也同吟。少焉月出東山。徘徊于斗牛之間的時候。唱個赤壁之章。多添興頭。這個是一時的高興。也覺有趣。 　　ヨシヨシ我モ同シク吟スベシヤガテ東山ニ月出テヽ斗牛ノ間ニ徘徊ノ時分ニ赤壁ノ賦ヲ唱興ヲ一時ソヘナバ高興ナラン又面白ク覺ユ	33　好〻。我也同吟。少停月出東山。徘徊于斗牛之間的時候。唱個赤壁之章。多添興頭。這個是一時的高興。也覺有趣。 　　ヨシヽ我レモ同ク吟センヤガテ東山ニ月出テヽ斗牛ノ間ニ徘徊ノ時分赤壁ノ賦ヲトナヘテ興ヲソヘナハ此一時ノ高興ナラン又面白ク覺ユヘシ
34　舩已到了。旱路来的幾個人。都齊在岸邊專等在那裏。 　　舩ハ早着岸セリ陸ヨリ數人スベテ揃テアレニマチ居タリ	34　船已到了。旱路來的幾個人。都齊在岸邊專等在那裏。 　　御船已ニ至レリ陸マハリノ者ハ皆揃テアレニ待得テ居レリ
35　天色雖是黑了。未曾一更天氣。正好回府的時候了。 　　夜ニハ入タレトモマタ五時ニハイタルマシ丁ドヨキカヘリ時分ナリ	35　天色雖是黑了。未曾一更天氣。正好回府的時候了。 　　夜ニハ入タレモマダ五ツ時ニハナルマイテウドヨイカヘリジブンジャ
36　今日恩公歡樂無涯。連小臣等同伴。多蒙恩惠感激不淺。夜更将近戌時五點。貴體疲倦。就寢也好。小人等也要告辭。穩便穩便。 　　今日恩公ニモ至極ノ樂アリシナリ我等マデ同伴シテ大ニ恩惠ヲ蒙レリ夜ノ時刻ハヤ五時半ニモ近カラン公ハツカレモアルヘシ休息ニツキ給テヨロシカルベシ小人等モイトマイタスヘシユルリトナサレ	36　今日恩公歡樂無涯。連小臣等同伴。多蒙恩惠感激不淺。夜更將近戌時五點。貴體疲倦。就寢也好。小人輩暫別了。穩便〻〻。 　　今日ハ限リナキ御歡樂小人等ニモ御恩惠ヲ以テ相樂ミ甚タ有難シ最早初更半天ニ近シ御劳倦モアルヘケレハ御休ミアツテヨカルヘシ小人等モ亦御暇ヲ乞ヒ奉ラン
37　是説不盡的歡樂。有趣有趣。更已深了。正好睡去。大家退去。将息将息。 　　ナルホト今日ハカキリナキ面白キコトナリ夜モフケタルベシチヤウド好キヤスミ時分ナリミナミナ退テ休息スベシ	37　是説不盡的歡樂。有趣〻〻。更到已深。正好睡去。大家退去。將息將息〻〻。 　　成程今日ハ限リナキ歡樂面白〻〻今宵モ已ニ更ケ行テ能キイ子時分皆〻退去シテ休息セヨ
38　明晚是中秋賞月的會期。今夜十四。天色晴明的好。明夜陰晴難料。今晚先賞好月。大家陪賞陪賞。	38　明晚是中秋賞月的會期。今夜十四。天色清明的好。明夜陰晴難料。今晚先賞好月。大家陪賞〻〻。

「長短雑話」	「君臣唐話」
明晩ハ中秋月見ノ時ナリ今夜十四夜天氣晴タリ明晩ノ陰晴アラカジメ料リガタシ先ツ今夜ノ好月ヲ賞セン皆〻同シク賞スベシ	明夜ハ中秋月ヲ賞スルノ佳節此夜十四夜天氣清明タリ明夜ノ陰晴料リカタシ先ツ今夜ノ好月ヲ賞翫セン皆々出テ賞セヨ
39 正是天晴月明。先爲良夜之飲。倒也有興小的們。承命承命。 ナルホ(*)天晴月明ナリ先良夜ノ飲ヲナサバ却テ面白カラント小人等モ心得タリ ＊ナルホ：原文はナルホー、ナルホドの誤り	39 正是天晴月明。先爲良夜之飲。倒也有興小的們。承命〻〻。 ナルホド今夜ハ天晴レ月明ラカナリ先良夜ノ飲ヲナシタマワバ却テ是レ高興ナラン小人等ニモカシコマリ奉レリ
40 中秋賞月。唐山日本是一樣的。料想都有弄月戲耍的了。 中秋月ヲ賞ズルハ和漢都テ同シ多クハ月ヲ弄ブノアソビゴト有ベキナリ	40 中秋賞月。唐山日本料想都有弄月戲耍的了。(*) 中秋ニ月ヲ賞スルコハ和漢都テ同シカルベシ (*) 後半の訳文欠如
41 聞得唐山是不消説。日本各國土。不論富貴貧賤。有心的人。都有賞月。或者登樓。或者湖上泛舟。弄月吟詩。管絃之樂。各有這個道理。 唐ハ云ニヲヨバス日本ノ諸國富貴モ貧賤モ心アル者ハ皆月ヲ賞シテ或ハ樓ニノボリ或ハ舟ヲ浮詩ヲ吟シ管絃ヲナシ樂ヲナスイツレモ此等ノコトアルナリ	41 聞得唐山是不消説。日本各國土。不論富貴貧賤。有心的人。都有賞月。或者登樓。或者湖上泛舟。弄月吟詩。管絃之樂。各有這個道理。 承ワルニ漢ハ申スニ及バス日本諸國富貴モ貧賤モ心アル者ハ皆ナ月ヲ賞シテ樂ミ或ハ樓ニノホリ或ハ船ヲ浮ヘ詩ヲ吟シ管絃ヲナシ興ヲ催スルコハ何方モ同シカリキ
42 今日十五佳節。某府送我酒肴并食盒来作賀。因叫你們大家嘗嘗。況且晩上中秋賞月。大家不要退去。直坐到晩陪我罷了。 今日中秋ノ佳節サル方ヨリ我ヲ賀シ酒肴并ビニ重詰ヲ贈レリ汝等共ニ賞味スベシ晩ニハ月見ヲナスベシ各退出セズ晩マテ尼(*)ルベシ (*) 尼：原文のまま。「居」の誤りか	42 今日十五佳節。什広府賀我送過酒肴并食盒来。因叫你們大家嘗味。況且晩上中秋賞月。大家不要退去。直在到晩陪〻罷了。 今日中秋ノ佳節サルカタヨリ我ヲ賀シテ酒肴并ニ食盒〔重ノ内ノ〕(*)ヲ贈レリ你等是ヲ賞味スヘシ其上今夜ハ月ヲ賞ス各退出ナク直ニ侍坐セヨ (*)〔重ノ内ノ〕：小字2行の注記
43 感蒙厚意。自然領命。奉陪賞月。年年中秋之夜。陰晴難定。但是今日。這樣天色晴得好。今晩必有明月。正好弄月賞翫的佳會可喜可賀。 厚意ヲ蒙ルオノツカラ陪賞セント欲ス年〻中秋陰晴不定ナリシカルニ今日如此天氣晴タリ晩来キハメテ明月ナルベシ正ニ月ヲ賞スル佳會得ヤスカラザルコトナリ喜ビ賀スベキナリ	43 感蒙厚意。自然領命。奉陪賞月。年〻中秋之夜。陰晴難定。但是今日。這樣天色晴得好。今晩必有明月。正好弄月賞翫的佳會可喜可賀。 有リ難キ御意ヲ蒙ムリカシコマレリ直ニ賞月ノ宴ニ侍ルヘシ年〻中秋陰晴定メカタシ今日晴天晩来キワメテ明月ナランサレハ誠ニ月ヲ賞スルノ佳會ナリ喜テ賀シ奉レリ

「長短雑話」	「君臣唐話」
44　你們大家日裏不可大醉。若是醉了。到晚間賞月的時節。不大高興。少吃酒。留些賞月的酒興罷。 　　汝等皆〻晝ノ内ハ大醉スベカラズ夜来月ヲ見ル時アマリ興モアルマジ少シ飲テ賞月ノ興ニ殘スベシ	44　你們大家日裏不可大醉。若是醉了。到晚間賞月的時節。不大高興。少吃酒留些賞月的酒興罷。 　　你等皆〻大ニ醉ハヾ夜来月ヲ賞スルニ當テ却テ大興ナカラン少飲シテ賞月ノ興ニ殘スベシ
45　説得有理。日裏醉倒。有違賞月。於理不通。日裏少吃些。晚間来吃得酩酊。以謝玉兔擔薬。桂子生香。正好佳會了。 　　尤ナルコトヲ申サルヽモノカナ晝ノ内ニ醉倒シテハ賞月ノ約ニソムクト云モノナリ晝ノ内ハ少シ飲テ夜来十分醉ヲ盡シ明月ニ酬ベシ	45　説得有理。日裏醉倒。有違賞月。於理不通。日裏少吃些。晚間來吃得酩酊。以謝玉兔桂子生香。正好佳會了。 　　御意究テ理有リ日ノ内ニ醉倒シテ賞月ノ興ニ違ヒナハ誠ニ無益ナルヘシ先少ナク飲テ夜来醉ヲ盡シ明月ノ佳興ヲ謝シ奉ン
46　此遭園亭的紙門。要糊換一換。把印錦紙爲邊中間要畫一畫。不知畫什麼樣子。 　　今度別墅ノ園亭ノ唐紙ヲ張換ント思フ縁ノカラカミニイタシ中間ハ繪ヲ画キナハナニヲ画テヨカランヤ	46　此遭花園的紙門。要糊換一換。把印錦紙爲邊中間要畫一畫。不知畫什広樣子。 　　此度ヒ別墅ノ唐紙ヲ張リ換ルソ縁ハ唐紙ニイタシ中間ハヽ畫ヲ書キナハ何ヲ書テヨカラン
47　畫什麼好呢。只是花園裏畫得山水。太拘縮了。花鳥便覺有趣。吩咐畫師。叫他體量。畫畫也好。 　　ナルホト何ノ繪ニテヨカルベキヤ山水ハアマリカタスキタリ花鳥イトオモシロカラン画工ニ云付彼ノ趣向ニマカセ画サバヨカラン	47　是畫什広好呢。只是花園裏畫得山水。太拘縮了。花鳥便覺有趣。吩咐畫師叫他體量。畫〻也好。 　　是ハ何畫ニテヨカルヘキヤ山水ハアリカタスギヌ花鳥ヨカルベキヤ去ナガラ畫工ニ命シ彼カ趣向ニマカセタマワハ然ルヘシ
48　依他畫畫時。只怕自己會畫的畫過去。那時候。不適我的意也有的唎。或是花。或是鳥。或竹頭。這三樣的畫。叫他畫了。就這幾張畫底揀揀如何。 　　画工ニマカセバ自己ノ得手ノ繪ヲ画テ主人ノ意ニ叶ハヌコトモアルベシ花鳥竹三通リ下繪ヲカヽセ此ノ内ヨリ撰ナハイカヽアランヤ	48　依他畫〻的。只會自己畫畫過去。這樣的時候。不適我的意也有得唎。或是花或是鳥或是竹頭。這三樣的畫叫他寫了幾張畫底揀〻如何。 　　畫工ニマカセテハ得手ノ繪ヲ書テ主人ノ意ニ叶ハヌモアルコトナリ花鳥竹三通リニ下繪ヲカヽセテ夫ヲ撰ナハイカヽアラン
49　如此則最好。只揀好的。但請尊便。 　　サアレバ甚タ好シ善ナルヲ撰テ勝手ニ申付タガヨロシ	49　如此則最好。只揀好的。但請尊便。 　　左様ナレハ甚タ好シ御勝手ニ御撰ヒアルヘシ
50　昨晚作大風。今朝聽見。各處損壞的所在也多。你的住房。可是平安麼。 　　昨夜ハ大風ナリ今朝キケハ吹損タル所多シトナリ汝等ノ家ハ無事ナリヤ	50　昨晚作大風。今朝聽見。各處損壞的所在也多。你的住房。可是平安広。 　　昨晚ハ大風ナリ今朝聴ケバ吹損タル所多シトナリ你等カ住居ハ平安ナルヤ

「長短雑話」	「君臣唐話」
51　正是。昨晩的風也筭得大風。小的茅屋。雖是壊了一點。也没有什麼大壊。説是難爲了河下的大舩。但是没有破傷。可喜可喜。 　　ナルホド昨晩ノ風ハ大風ト申サルヘベシ小人等茅屋少シハ損シタレトモ大破ニハ及バズ聞バミナトニ繋ルトコロノ大舩難義イタシタルヨシ然トモ破損ニハイタラサリシヨシ仕合ナリ	51　正是。昨晩的風也筭得大風。小的茅屋雖是壊了一點。也没有什広大壊。説是難爲了河下的大船。也没有破傷。可喜〻〻。 　　ナルホト昨晩ノ風ハ大風ト申スモノナリ幸ニ小人等茅屋少シハ損シタレモ大破ニハ及ハス承レハ港内ノ大船難義イタシタルヨシ然レトモ破船ハ是ナク各仕合ナリ
52　你看庭中樹木。這様枝折葉落。據他看来。只怕田稲也有傷了。 　　彼ノ庭樹ヲ見ルベシカホドニ枝モ折レ葉落タリ是ヲ以テ見レバ田地ノ稲モ傷ミ損タルナルベシ	52　你看庭中樹木。這様枝掉葉落。據他看來。只怕田稲也有傷了。 　　彼ノ庭樹ヲ見ヨ箇様ニ枝折レ葉落ツ是ヲ以テ見レハ稲粱モ傷ンテアルヘシ
53　田稲也略覺有傷。但是米粟之類。正好結實的時候了。況且風也筭不得十分的大風。想是不到傷損的田地了。 　　稲モスコシハ傷アルベシシカシナカラ米粟ノ類最早實成リタル時節ナリ其上十分ノ大風ト申ニハイタラズ五穀ノ傷トナルホドニハ到ラサルベシ	53　米稲也略覺有傷。但是米粟之類正好結實的時候了。況且風也筭不得十分的大風。想是不到傷損的田地了。 　　稲モ少シハ傷ミアルヘケレトモ米穀ノ類最早實成リタル時節其上十分ノ大風ト申ニテハナシ依テ考ルニサマテ田地ノ傷ミニハアラシ （＊）「田地」語釈誤り
54　今晩家裏最熱。蚊蟲也狠多。着實難過。池塘那邉放箇涼床。乘涼如何。 　　今夜家ノ内尤熱ス蚊最多シ實ニタヘガタシ池ノホトリニ涼臺ヲ設ケスヽミナバイカヽ	54　今晩家裏最熱。蚊蟲也狠多。着實難過。池塘那邉放箇涼床。乘涼如何。 　　今夜家ノ内尤熱ス蚊モ亦甚タ多シ實ニスキカタシ池頭ニ涼床ヲ置キスヽミナハイカヽアラン
55　池塘那邉。涼風也有得来。蚊子也少。叫他拿過涼床出去。乘涼乘涼。小的們也奉陪納涼。 　　池ノホトリハ風モアリ蚊モスクナシ涼床ヲ持来シメ納涼アルベシ小人等モ陪スベシ	55　池塘那邉。涼風也有得來。蚊子也少。叫他拿過涼床出去。乘涼〻〻。小的們也奉陪納涼。 　　（＊）池頭ハ風清ク蚊スクナシ涼床ヲ拿來ラシメ御納涼アラハ小人等ニモ亦陪シ奉ラン （＊）影印本は語釈冒頭の８字分が消える。関西大学長澤本により補う。
56　石燈點起火来。却有爽快。 　　石燈籠ニ火ヲ點セバマタオモシロカラン	56　石燈點起火來。却有爽快。 　　石燈籠ニ火ヲ點シ来レハ甚タ爽快ナリ

「長短雑話」	「君臣唐話」
57　正是。點起石燈。火光映水。越覺凉快些。但是夜深了。一件夏衣。凉氣襲人。恩公是隨便換了衣服也好。小的們是怕了風凉。感冒了不便。因請多賞些酒吃吃。奉陪奉陪。 ナルホト燈火水ニ映シイヨイヨスヽシキ心地ナリ夜ノ深ルニシタガヒ夏衣凉氣ニタヘカタシ恩公勝手ニ衣服着換ナサルベシ小人等モ感冒イタシテハナルマイカラ酒ヲタントクタサレテ侍坐スベシ	57　正是。點起石燈。火光映水。越覺凉快些。但是夜深了。一件夏衣。凉氣襲人。恩相是隨便換了衣服也好。小的們是怕了風凉。感冒了不便。因懇多賞些酒吃〃。奉陪〃〃。 ナルホト燈火水ニ映シ一涯ノ凉氣アリ夜ノ深ルニ從テ夏衣冷氣ニタヘカタシ御前ニハ御勝手ニ御衣服ヲ召シ換ヘ給フベシ小人等モ風邪ノ怕レアレハ酒ヲ願ヒ一杯ヲ吃テ陪シ奉ラン
58　昨日你出門。不知到那裏去。 昨日ソチハ他行ノヨシ何方ヘマイリタルゾ	58　昨日你出門。不知到那裏去。 昨日ソチハ他行ノヨシ何方エマイリタルゾ
59　昨日拜墓。又拜拜那寺裏的住持和尚。恰好間空在那裏。請我方丈去。叙説久濶的間話。排出酒来。請我。所以小的也添些春色。坐久。囘来遲了。有違呼喚。恕罪恕罪。 昨日ハ墓参イタシ又住持ノ和尚ニ見舞タル處ニ折フシ和尚ヒマニテ方丈ニ案内シテ久濶ノ情ヲ述酒ヲ進ムルニヨリ些ト醉ヲナシテ歸リモ遲カリシナリ召サルヽコトモアリツラン甚タオソレイリシナリ罪ヲ恕セヨ	59　昨日拜墓。又拜〃那寺裏的住持和尚。恰好閑空在那裏。請我方丈去。叙説久濶的閑話。排出酒來。請我。所以小的也添些春色。坐久。囘来遲了。有違呼喚。恕罪〃〃。 昨日ハ墓参イタシ序ニ和尚ニマミヘシニ折節シ閑アツテ方丈ニ請ヒ入レ久濶ノ情ヲ述ヘ酒ヲ出シ進ムルニヨツテ些醉ヲ成シ覺ヘス長坐イタシ遲ク歸リ召ノ間ニアハス請フ罪ヲ恕シ給ヘ
60　如此則囘来遲了。但是那寺裏立碑禁酒。昨因你去以酒相待。豈非亂了清規啊。 シカラハ歸リモ遲カリタルハヅナリ彼ノ寺ハ禁酒ノ石碑アリ昨日汝ノモテナシニ酒ヲ出セシハ寺法ヲミタリタルニアラズヤ	60　如此則囘来遲了。但是那寺裏立碑禁酒。昨因你去以酒相待。豈非亂了清規啊。 然ラハ歸リコト遲カランシカシ彼ノ寺ハ禁酒道場ナリソチニ酒ヲ許スハ清規ヲミタリタルニアラスヤ
61　説得極是。本是禁戒的。但是愛酒的和尚。照依那碑上的字熟不過那想酒的念頭。因爲取名濃茶。許他吃些兒。小的昨日吃過的。説是用藥的殘酒。故用兩盃了。 仰セモツトモナリ本来禁酒ナレトモ酒スキノ和尚禁碑ノトホリヲ守リエズ濃茶ト名ヅケ飲ムコトヲ許ス小人昨日給タルモ藥用ノ殘リト申タルユエスコシ給シナリ	61　説得極是。本是禁戒的。但是愛酒的和尚。照依那碑上的字熟不過那想酒的念頭。因爲取名濃茶。許他吃些兒。小的昨日吃過的。説是用藥的殘酒。故用兩盃了。 御最ノ仰セナリ酒ハモト禁スル寺ナレトモ元来愛酒ノ住持ナレハ禁碑ヲ守リ得ス濃茶ト名ツケ常ニ藥用トセリ小人昨日給タルモ藥用ノ殘ト申セシナリ
62　明日在新造堂上請客。吩咐管堂的打掃乾淨。正面壁上。挂的古筆的字軸。瓶裏挿花。書架上排着古畫的卷帖。同香爐一起排式得好看。刀架也放在底下。地爐起了火炭。安	62　明日在新造堂上請客。吩咐管堂的打掃乾淨。正面壁上挂的古筆的字軸。瓶裏挿花。書架上排着古畫的卷帖。同香爐一起排式得好看。刀架也放在底下。地爐起了火炭。安

「長短雑話」	「君臣唐話」
排磨茶的家伙。毛坑也掃乾淨。又要洗手的水。都要打點端正。菜蔬要三湯七碗菜。至于盃子酒盃等件。一総都要吩咐齊備就是。 　明日ハ新シク出來タル宅ニ客ヲ招クベシカヽリノ者ニ命シキヨラニ掃除スベシ正面ノ床ニハ古畫ヲ掛ケ花瓶ニ花ヲ生ケ書架上ニ古画ノ巻物並ニ香炉一(*)共ニツバニカザリツケ刀架モ下ニオキ炉ニ火ヲ起シ茶具ヲカサリオキ雪隠モ掃除シテ手洗水マデモスベテ用意スベシ料理ハ三汁七菜ヲ出シ酒盃酒壺等ノ類マデモスベテマウケオクベキナリ （*）一：漢数字ではなく縦棒か？	排磨茶的家伙。毛坑也掃乾淨。又要洗手的水。都要打點端正。菜蔬要三湯七碗菜。至于盃子酒壺等件(*)。一総都要吩咐齊備就是。 　明日ハ新宅ニ客ヲ招ケリカヽリノ者エ申シツケサツハリト掃除シ正面ノ床ニハ古筆ノ字ヲ挂ケ瓶ニハ花ヲ挿シ棚ニハ古畫ノ巻物香爐ヲカサリ刀掛ハ下ニヲキ爐ニ火ヲ起シ茶具ヲ安排シ雪隠ノ掃除又ハ手水マテモ都テタシカニコシラヘ料理ハ三汁七菜ヲ出シ酒盃酒壺等ノ類ヒマテモ手當申ツケヨ （*）《異本（内閣文庫）》 至于盃子酒盃等件
63　領命領命。堂上各項事體都已曉得。磨茶一事。吩咐管書院的。烹調是吩咐管宴的。淨手洗手等事。吩咐管脩理的。餘外各樣事情。預備打點。不致有誤。承命承命。 　畏レリ座敷ノ義ナニコトモ心得タリ茶ノ湯一件ハ書院カヽリニ命スベシ料理ハ庖厨役ヘ命ズベシ雪隠手水カマヘノコトハ作事方ヘ命ズベシ其外ノコラス前以テ用意イタシマチガヒナキヨウニイタスベキナリ	63　領命〃〃。堂上各項事體都已曉得。磨茶一事。吩咐管書院的烹調是吩咐管宴的。淨手洗手等事。吩咐管脩理的。餘外各樣事情。預備打點。不致有誤承命〃〃。 　畏レリ内外御手當心得タリ茶道ノ事ハ御書院方ヘ申付ケ御料理ノ事ハ御振舞方ヘ申付ケ御用所御手水構ヘノ事ハ作事方エ申シ付ケ其外様々ノ事ハ前以テコシラヘ置キ都テ便宜ク致シ置カン
64　聞説某家的牡丹花開得茂盛。明日初一。見朝後。一直到他那裏去看花。你明朝到他家裏通知。不必生受。初到他家。不過吃些酒兒。賀一賀罷。 　何某ノ家ノ牡丹花サカリノヨシ明朔日退朝後彼ノ處ニイタリ花ヲ見ルベシ汝明朝彼ニイタリ告知セヨ馳走ハ無用ニスベシ初テ彼ニ行ナレバタヽ酒ノミヲ祝シテ進ムベキナリ	64　聞説某家的牡丹花開得茂盛。明日初一。見朝後。退過一直到他那裏去看花。你明朝到他家裏通知。不必生受。初到他家不過吃些酒兒。賀一賀罷。 　何某所ノ牡丹花盛リノヨシ明朔日退朝後直ニ彼ノ所ヘユキ花ヲ看ン你明早朝彼方ヘ通知セヨ馳走ハ無用ニシ初テ彼ニ行クコトナレハ祝シテ酒マテヲ進メテヨカルヘシ
65　承命承命。明日早去通知光降。但是初次屈駕。只有酒盃也做主的過意不去。辦些晚飯。奉請如何。 　カシコマリマシタ明早朝マカルコトヲ知スベシ但初テ屈駕ナレバ酒バカリ亭主タルモノ心ニススムマジ晩飯ヲ供ヘシメバイカヽ	65　承命〃〃。明日早去通知光降。但初次屈駕。只有酒盃也做主的過意不去。辦些晚飯。奉請如何。 　カシコマリタリ明早天光儀ノ事ヲ知ラスヘシ但シ初テ駕ヲ屈セラルレハ御酒計デハ亭主ノ心ニタルマシケレハ御飯ヲ調ヘ供ヘテハイカヽアルヘキソ

「長短雑話」・「君臣唐話」の対照

「長短雑話」	「君臣唐話」
66　也罷了。寡飯就勾了。餘外不用費心。你吩咐他。不要多饒。 　　ソレナラハヨシ飯ノミテスムナリホカノコトハ世話ニ及バス汝コレヲ申シ造作ニナラザルヨウニスベシ	66　也罷了。寡飯就勾了。餘外不用費心。你吩咐他。不要多饒。 　　サヨウナラバ飯マデヲ進メヨ其外世話ニ及ハス造作ナキヤウニ申シツケヨ
67　曉得曉得。不敢違命。餘外不敢奉請。只要寬心坐坐賞花。則家裏的人都歡喜。感不盡了。 　　合点合点命ノ通リニイタスベシ外ニ何モ進メサセマシ只ユルリト花ヲ賞シ玉ハヽ彼ノ家人等ハナハタヨロコフベシ	67　曉得〃〃。不敢違命。餘外不敢奉請。只要寬心坐〃賞花。則家裏的人都歡喜。感不盡了。 　　心得タリ御意ノ通リイタシ其外ハ何モ差上マジ只御ユルリト花ヲ御賞覽アラハ家人等有リ難ク喜ヒ奉ラン
68　昨夜下了大雪。這樣下雪。罕得有的。連山連野。一色淨白。今朝開戸賞之不盡。乘着高興。煎湯泡茶。汝等吃盃茶兒。賞翫美景罷。 　　昨夜大雪フレリ此ホトノ雪ハマレナルコトナリ野モ山モ一面ニ真白ナリ今朝戸ヲ開キ賞シ盡サヽルナリオモシロサニ茶ヲ煎シタリ汝等此茶ヲ飲テ此美景ヲ賞スベキナリ	68　昨夜下了大雪。這樣下雪罕得有的。連山連野。一色淨白。今朝開戸賞之不盡。乘着高興。煎湯泡茶。汝等吃盃茶兒。賞翫美景罷。 　　昨夜大雪降レリ箇様ノ雪ハ珍シ連山連野一色淨白ナリ今朝戸ヲ開ケ是ヲ賞スレハ不盡ノ興アリ依テ湯ヲ煎シ茶ヲ泡ス你等茶ヲ吃シテ此美景ヲ賞セヨ
69　多感恩恵。正是這幾年没有這樣大雪。家屋都變做瓊樓玉臺。庭樹像似珠林玉樹。白淨景致。賞之不已。今朝領茶賞翫之間。如坐仙郷。別有一箇天地了。昔時王子猷。乘興而訪問剡渓的戴安道。也有這樣的高興了。有理有理。 　　恩恵ヲ感スナルホト此數年此ホトノ大雪ハナカリシ人家スベテ玉ニテコシラヘタル樓臺トナレリ庭樹モ玉ノ林トナリシ真白ナル景氣賞テモアマリアリ今朝茶ヲノンテ賞翫スレバ仙郷ニアル意地ナリ別ニ天地ガアルヨウヂヤムカシ王子猷興ニ乘シテ剡渓ノ戴安道ヲ訪ヒシモ此等ノ高興アリツランナルホトソノハヅヂヤ	69　多感恩恵。正是這幾年没有這樣大雪。家屋都變做玉臺。庭樹像個珠林玉樹。白淨景致。賞之不已。今朝領茶賞翫之間。如坐仙郷。別有一箇天地了。昔時王子猷。乘興訪問剡渓的戴安道。也有這樣的高興了。有理〃〃。 　　思召有リ難シ此近年箇様ノ大雪ナシ家屋ハ都テ玉臺トナリ庭樹ハ珠林玉樹ト變シ淨白ノ景氣賞翫止ス今朝茶ヲ戴キ雪ニ對スルノ間タ恍トシテ仙郷ニ坐シテ別ニ天地ノ有ルヲ覺ユ昔シ王子猷力剡渓ノ戴安道ヲ訪ヒカヤウノ高興アルモコトワリナリ

『南山俗語考』・『南山考講記』跋

1 『南山俗語考』特本　跋

跋
余好華言。粗通其音。故燕居無事之間。常與侍臣。更互談話以華音也。然唐話多端。不暇曲通遍辨而枚挙。惟蒐集所記若干言。以為巻。名曰南山俗語考。非素為他人。置是座右。以自備遺忘耳。
明和丁亥仲冬日南山老人識
　　　【懋昭之章】　　　【聖訓】

【蓬山蔵書】
　　　　和譯　臣　曽　槃校
　　　　華音　臣　石塚崔高校

----

2 『南山俗語考』上本　跋

跋
余好華言。粗通其音。故燕居無事之間。常與侍臣。更互談話以華音也。然唐話多端。不暇曲通遍辨而枚挙。惟蒐集所記若干言。以為巻。名曰南山俗語考。非素為他人。置是座右。以自備遺忘耳。
明和丁亥仲冬日南山主人識

----

3 『南山考講記』跋

跋
余好華言。粗通其音。故燕居無事之間。常與侍臣。更互談話以華音也。然唐話多端。不暇曲通遍辨而枚挙。惟蒐集所記若干言。以為巻。名曰南山考講記。非素為他人。置是座右。以自備遺忘耳。
明和丁亥仲冬日南山自跋
　　　【懋昭之章】　　　【聖訓】

注
・【　】内は印記である。上本は印記を欠く。特本には【聖訓】印を上にするものもある。

『南山俗語考』・『南山考講記』・『漢語跬歩』
ピンイン対照索引

『南山俗語考』・『南山考講記』・『漢語跬歩』
ピンイン対照索引

　本索引は『南山俗語考』・『南山考講記』・『漢語跬歩』の「見出し語」をピンイン順に配列したものである。この３種の資料における収録語彙を併記することで、収録の有無、増補、削除、改訂、交替、語釈の変更などの改編の実態を、各語について明示することが可能となり、改訂の当否を含めた更なる検討材料ともなる。今後、唐話資料、琉球資料をはじめ、同時代資料の全般的な語彙の調査遂行のための、基礎作業となることを期するものである。

　『南山俗語考』・『南山考講記』・『漢語跬歩』を成立順に示すと、以下の順となる。

　　　『南山考講記』
　　　　↓
　　　『南山俗語考』
　　　　↓
　　　『漢語跬歩』

1　本索引は『南山俗語考』（１～５巻）の「見出し語」からの検索を主眼とするため、成立順の記載とはせず、まず『南山俗語考』の収録語彙を挙げ、その語（あるいは対応する語）の稿本『南山考講記』段階での収録状況を示す。見出し語、掲載箇所、唐音表記、語釈の順に載せる。
　　《例１》
　　　阿伯
　　　　Ｋ Ⅰ 33b　ア、ぺ：伯父（親族）
　　　　J278　ア、ぺ：伯父

　掲載箇所は次のような略号を用いる。
　　Ｋ Ⅰ 33b：『南山俗語考』特本　巻１　33葉　裏
　　J278　：『南山考講記』「唐話辞書類集」第５集影印本（＝長澤本）278ページ

　この例のように、『南山俗語考』・『南山考講記』の見出し語が一致する場合は、『南山俗語考』の見出し語のみを挙げる。また『南山俗語考』は収めず『南山考講記』のみが収録する語は、それを見出し語として挙げる。

　なお、『南山俗語考』・『南山考講記』それぞれに異本が存在し、収録状況が異なる場合は次のように略号を用いて示す。
　　Ｋ'：『南山俗語考』上本
　　筑・地・４・33b：『南山考講記』筑波大学本　地冊　４巻　33葉　裏

2　『南山俗語考』の分類項目名は略称を用いて「（親族）」のように示す。『南山考講記』の巻５～巻７の収録語彙は分類項目名が付されており、略称により示す。

【『南山俗語考』分類項目名と略称一覧】

巻1	天部	天文時令類	天文
	地部	地理名稱類	地理
	人部	人品類	人品
		身體類	身體
		親族類	親族
		性情類	性情
		視聽動作坐立趨走出入去来類	動作
巻2	人部	賓友往来逢迎尋訪類	賓友
		通用言語類	通用
		干求請託類	干求
		患難類	患難
		疎慢欺哄驕奢類	疎慢
		德藝類	德藝
		盟約儆戒類	盟約
		遊眺登覽類	遊眺
巻3	人部	筵宴飲饌類	筵宴
		祭祀寺廟類	祭祀
		慶弔死生類	慶弔
		寄贈拜謝類	寄贈
		婚姻女工類	婚姻
		官府政刑獄訟類	官府
	器財部	寶貨器用服飾香奩玩具類	寶貨
	文學部	讀書寫文字類	讀書
巻4	營造部	製作破壞斷折膠粘燥溼類	製作
		數量多少大小長短厚薄類	數量
		諸物形狀類	諸物
	産業部	財産有無筭計帳簿類	財産
	兵部	兵法軍器類	兵法
	疾病部	疾病瘡瘍類	疾病
		醫療類	醫療
	舡部	舡件具名類	舡件
	居處部	居室坊店類	居室
巻5	食物部	菜蔬類	菜蔬
		飯肉菜殽茶菓造釀類	飯肉
		煮煎燒炒類	煮煎
	鱗介部	魚鼈蚌蛤類	魚鼈
	昆蟲部	卵生化生溼生蟲類	蟲類
	走獸部	畜獸鼠類	畜獸
	飛禽部	林山水原禽類	禽類
	草木部	樹竹類	樹竹
		花卉類	花卉
		菓蓏類	菓蓏
		種藝類	種藝
	衣飾部	衣服布帛紡織采色類	衣服
	馬匹鞍轡部	馬鞍具毛色類	馬鞍

【『南山考講記』長澤本の構成】

巻1	pp.3-52	部門わけなし	題箋なし
巻2	pp.57-115	部門わけなし	題箋「二」
巻3	pp.119-177	部門わけなし	題箋なし
巻4	pp.181-239	部門わけなし	題箋「四」
巻5	pp.243-325	天文地理時令　pp.243-258　略称：天文 人品　pp.259-275 親族　pp.277-284 身體　pp.285-291 器用　pp.293-325	題箋なし
巻6	pp.329-376	兵法並軍器　pp.329-334　略称：兵法 感動　pp.335-347 療養　pp.349-350 舩件　pp.351-364 婚姻並女工　pp.365-368　略称：婚姻 家居　pp.369-376	題箋なし
巻7	pp.381-450	菜蔬　pp.381-389 魚介　pp.391-398 虫　pp.399-402 獸　pp.403-405 樹竹　pp.407-410 菓　pp.411-414 馬具並毛色　pp.415-418　略称：馬具 飛禽　pp.419-425 衣服並疋頭絲綿花様　pp.425-432　略称：衣服 花艸　pp.433-440 飲食　pp.441-450	題箋なし
巻8	pp.455-492	「君臣唐話」	題箋「八」

3　『漢語跬歩』は『南山俗語考』の巻1～4に対応するもので、語釈・唐音表記は付されていない。本索引においては、見出し語が『南山俗語考』と一致するものは掲載せず、見出し語として新たに増補された語彙と、異なる見出し語に差し替えられたもののみを挙げる。また、『漢語跬歩』が『南山俗語考』を継承せず、削除した語はその旨を明記する。換言すると、『漢語跬歩』の見出し語が『南山俗語考』巻1～4と一致している箇所は、本索引には収録していない。六角恒廣編『中国語教本類集成』第1集第1巻（不二出版、1991年）所収の影印本によっている。

　《例2》　百子
　　　　　KIV25a ペ ツウ：ボウビヤ（兵法）
　　　　　J331 ベ ツウ：ボウヒヤ

　　　　百子炮
　　　　　歩IV 36b

　《例3》　打點打點
　　　　　KⅡ37a タアー テン 丶丶：シタクヲセヨ（遊眺）

　　　　打點〜
　　　　　J220 タア テン 〜：シタクセヨ
　　　　　歩 削除

4　文字、カナ表記は、できる限り原文に忠実におこなうよう努めたが、俗字が多く、一部は通行の字体に改める。また、原文表記の判読不能箇所や脱字は■で示す。唐音表記が当該字の左右に付されている場合は、次のように示す。

《例4》

鑑工

　　J275　［右カン・左ケン］コン：フシンブギヤウ

5　『南山俗語考』・『南山考講記』原文は、いずれも同義語・類義語をグループにまとめて掲載しており、語釈はグループ内の先頭語にのみ付され、以下は「同上」とのみ記す。本索引は、同一グループ内の先頭語の語釈を各語に付す。

6　見出し語の頭字の現代中国語の発音により並べ、親字方式で配列する。「種」、「行」のように複数の発音をもつ文字については、それぞれのピンインに応じた箇所に収める。相互参照の記号は付していない。

7　その他、注記事項は｛　｝内に加える。

8　原文の見出し語を忠実に反映させた索引であり、見出し語に包含される語のレベルにまで分析した上での索引ではない。例えば、見出し語「不往来」は収録するが、否定詞を除外した語「往来」を単独で取り上げることはない。

9　『南山俗語考』・『南山考講記』それぞれの附録部分「長短雑話」・「君臣唐話」の語彙は索引には収録していない。

10　『南山俗語考』を改編の後、換題本として1895（明治28）年に刊行された『支那南部会話――一名南京官話』（波多野太郎編『中国語学資料叢刊』第4篇、不二出版）所収語彙との対照は、この索引には反映させていない。

A

阿伯
　ＫⅠ33b　ア、ペ：伯父（親族）
　J278　ア、ペ：伯父（親族）

阿爹
　ＫⅠ33a　アーテエー：父上（親族）
　J277　ア、テエ、：父上（親族）

阿娘
　ＫⅠ33a　アーニヤン：母上（親族）
　J278　ア、ニヤン：母上（親族）

阿嫂
　ＫⅠ34a　アースエ○ウ：アニヨメ（親族）
　J279　ア、スエ○ウ：アニヨメ（親族）

阿叔
　ＫⅠ33b　ア、ショ：叔父（親族）
　J278　ア、ショ：叔父（親族）

阿姉
　ＫⅠ34a　ア、ツイ、：姉（親族）
　J279　ア、ツウ：御姉（親族）

AI

挨日
　ＫⅠ5b　ヤイ ジ：ヒヲノブル（天文）
　J251　ヤイ ジ：ヒヲノブル⌐（天文）

挨日子
　歩Ⅰ7b

挨阿擠
　ＫⅠ32a　ヤイ アー ツイー：オシタリセヒタリ（身體）
　J225　ヤイ アー ツイー：ヲシタリセイタリ

挨不過
　ＫⅠ44a　ヤイ ポ コヲー：ケワシヒ（動作）
　J239　ヤイ ポ コウ：ケワシイ

挨倒了
　ＫⅣ4b　ヤイ タ○ウ リヤ○ウ：オシタヲス（製作）
　J225　ヤイ タ○ウ リヤ○ウ：ヲシタヲス

挨得去
　ＫⅣ9a　ヤイ テ キユイ：エンニンスル⌐（製作）
　J225　ヤイ テ キユイ：エンニンスル⌐

挨緊他
　ＫⅠ32a　ヤイ キン タアー：アレニセキヨル（身體）
　J225　ヤイ キン タア：アレニセキヨル

挨一挨
　ＫⅡ22a　ヤイ イ ヤイ：延引（通用）
　J20　ヤイ イ ヤイ：延引

矮雞
　ＫⅤ23b　ヤイ キイ：チヤボ（禽類）
　J420　ヤイ キイ：チヤボ（飛禽）

矮了去
　ＫⅣ12a　ヤイ リヤ○ウ キユイ：ミシカクナツタ（數量）
　J213　ワイ リヤ○ウ キユイ：ミシカクナツタ

矮子
　ＫⅠ29a　ヤイ ツウ：セイヒクキモノ（身體）
　J266　ヤイ ツウ：チクダ（人品）

艾草
　ＫⅤ32a　カイ ツア○ウ：モグサ（花卉）

艾岫
　J439　ガイ ツア○ウ：モグサ（花岫）

艾葉糕
　ＫⅤ8a　ガイ エ カ○ウ：クサモチ（飯肉）
　J444　ガイ エ カ○ウ：クサモチ（飲食）

愛讀書
　ＫⅢ44b　アイ ド シユイ：トクシヨヲスク（讀書）
　J119　アイ ド シユイ：トクシヨヲスク

愛護他
　ＫⅡ9b　アイ ウー タアー：アレヲメデラル、（賓友）
　J73　アイ ウ、タア：アレヲアイラル、

愛喜他
　ＫⅡ9b　アイ ヒイ タアー：アレヲシトフ（賓友）
　J73　アイ ヒイ タア：アレヲシトフ

靉靆
　ＫⅠ1a　アイ ダイ：クモノタナビク（天文）
　J243　アイ タイ：タナビク⌐（天文）

噯飽
　ＫⅣ28a　アイ パ○ウ：オクヒ（疾病）

愛飽
　J335　アイ パ○ウ：ヲクビ（感動）

噯富
　ＫⅣ28a　アイ フウ：オクヒ（疾病）

愛富
　J335　アイ フウ：ヲクビ（感動）

AN

安頓我
　ＫⅡ27a　アン トイン ゴヲ、：ワレヲアンドサスル（干求）
　J93　アン ドイン ゴウ：ワレヲアンドサスル

安氣
　ＫⅠ39b　アン　キイ：アンドシタ（性情）
　J9　アン　キイ：アンドシタ

安泰
　ＫⅠ39b　アン　タイ：ヤスラカナ（性情）
　J9　アン　タイ：ヤスラカナ

安童
　歩Ⅰ23a　{茶童のあとに補う}

鞍驕
　ＫⅤ42a　アン　キヤウ：クラ（馬鞍）
　J415　アン　ギヤ○ウ：クラ（馬具）

鞍轡
　ＫⅤ42b　アン　ポイ：皆具（馬鞍）
　J416　アン　ピイ：皆具（馬具）

鵪鶉
　ＫⅤ24b　アン　シュイン：ウヅラ（禽類）
　J422　アン　チユン：ウヅラ（飛禽）

岸觀音
　KⅢ11a　ガン　クワン　イン：キシクワンオン（祭祀）
　J34　ガン　クハン　イン：キシクハンヲン

按察使
　ＫⅠ18b　アン　ツア　スウ：メツケ（人品）
　J268　アン　サツ　スウ：メツケ（人品）

暗地裡
　ＫⅡ26a　アン　デイ　リイ：ナイセフデ（干求）

暗地裡
　J65　アン　リイ　リイ：ナイセウデ

暗溝
　ＫⅠ11b　アン　ゲ○ウ：水道（地理）
　J256　アン　ゲ○ウ：水道（天文）

暗令
　ＫⅣ25a　アン　リン：軍中アヒヅ（兵法）
　J330　アン　リン：軍中ノアイヅ（兵法）

闇闇地
　ＫⅣ53b　アン　アン　デイ：クラカリ（居室）

闇々地
　J206　アン　、　リイ：クラガリ

岸路去
　J191　ガン　ルウ　キユイ：クガヂヲユク｛Ｋは収録せず｝

AO

熬來吃
　KⅢ7a　カウ　ライ　チ：イリテタベル（筵宴）
　J167　ガ○ウ　ライ　チ：子ツテタベル

熬一熬
　ＫⅡ22a　ガ○ウ　イ　ガ○ウ：子ル（通用）
　J20　ガ○ウ　イ　ガ○ウ：子ル

熬童便成了鹽秋石丹勞病吃
　ＫⅣ37b　ガ○ウ　ドン　ヘエン　ヂン　リヤ○ウ　エン　ツイ○ウ　ジ　タン　ラ○ウ　ビン　チ：童便ヲイリ鹽ニセハ秋石丹ト云テ勞咳ノ薬ニナル（醫療）

熬童便成了塩秋石丹勞病吃
　J43　ガ○ウ　ドン　ベン　ヂン　リヤ○ウ　エン　チウ　ジ　タン　ラ○ウ　ビン　チ：ドウベンヲイリシヲニナセハ秋石丹ト云テロウガイノクスリニナル

敖得去
　ＫⅠ45a　ガ○ウ　テ　キユイ：コラエラル丶（動作）
　J239　ガ○ウ　テ　キユイ：コラエラル丶

敖了夜
　ＫⅠ2b　ガ○ウ　リヤ○ウ　エー：ヨヲアカス（天文）
　J246　ガ○ウ　リヤ○ウ　エ丶：ヨヲアカス（天文）

鏖豆腐
　ＫⅤ9a　ア○ウ　デ○ウ　フウ：クヅシドウフ（飯肉）
　J382　ア○ウ　デ○ウ　フウ：クヅシトウフ（菜蔬）

拗蠻的
　ＫⅠ37b　ア○ウ　マン　テ：ワカマヽナ（性情）
　J103　ア○ウ　マン　テ：ワガマヽナ

BA

八八兒
　ＫⅤ24a　バ丶　ルウ：ハツカテウ（禽類）

八ヶ兒
　J421　パ丶　ル丶：ハツカチヤウ（飛禽）

八寶的
　ＫⅣ19b　パ　パ○ウ　テ：タカラツクシ（財産）
　J198　パ　パ○ウ　テ：タカラツクシ

八臂的
　ＫⅣ16a　パ　ピ　テ：ヤツアシノモノ（諸物）
　J232　パ　ピイ　テ：ヤツアシノモノ

八分
　KⅢ32a　パ　フイン：八フン（寶貨）
　J304　パ　フイン：八フジ（器用）

八分書
　歩Ⅲ42b　「八分書」に変更

八哥
　ＫⅤ24a　バ　コウ：ハツカテウ（禽類）
　J421　パ　コウ：ハツカチヤウ（飛禽）

八股頭
　ＫⅣ16a　パ　クウ　デ○ウ：ヤツマタ（諸物）

J232 パ クウ デ○ウ：ヤツマタ

八角刺
　ＫⅤ4a ハ コウ ツウ：アサミ（菜蔬）
　J388 パ コウ ツウ：アザミ（菜蔬）

八角刺
　ＫⅤ30b パ コウ ツウ：アザミ（花卉）｛別項目で重複掲載｝
　J436 パ コウ ツウ：アザミ（花艸）｛別項目で重複掲載｝

八九個
　ＫⅣ14a パ キウ コ：ヤツコ、ノツ（數量）
　J27 パ キウ コ：ヤツコ、ノツ

八九様
　ＫⅣ14a パ キウ ヤン：ヤツコ、ノツノモノ（數量）
　J27 パ キウ ヤン：ヤツコ、ノツノモノ

八絲緞
　ＫⅤ38b パス ドワン：シユス（衣服）
　J429 パス ドハン：シユス（衣服）

八仙卓
　ＫⅢ26a パスエン チヨ：八人マエシツホク（寳貨）
　J293 パスエン チヨ：八人マエシツホク（器用）

八字繚
　ＫⅣ41b パ ヅウ リヤ○ウ：マトモ（舩件）
　J352 パ ヅウ リヤ○ウ：マトモ（舩件）

八字抛
　ＫⅣ42b パ ヅウ パ○ウ：イカリニボウニテカヽルトキ八ノ字ナリニイル、｢（舩件）
　J355 パ ヅウ パ○ウ：イカリニボウニテカヽルトキ（舩件）

唎唎鳥
　ＫⅤ24a ハヽ ニヤ○ウ：ハツカテウ（禽類）

唎ヽ鳥
　J421 ハヽ ニヤ○ウ：ハツカチヤウ（飛禽）

抜菜
　ＫⅤ2a バ ツアイ：ツミナ（菜蔬）
　J383 バ ツアイ：ツミナ（菜蔬）

抜抜草
　ＫⅤ12a バヽ ツア○ウ：クサヲヌク（飯肉）

抜ヽ草
　J236 バヽ ツア○ウ：クサヲヌク

抜出来
　ＫⅢ49a バ チユ ライ：ヌキダス（讀書）

抜出來
　J220 バ チユ ライ：ヌキダス

抜一抜

ＫⅡ22b バイ バ：ヒキヌク（通用）
J22 バイ バ：ヒキヌケ

靶子
　ＫⅣ25b パアー ツウ：マト（兵法）
　J332 パア ツウ：マト（兵法）

把柄的
　ＫⅢ43b パア、 ピン テ：トリエノアル（寳貨）
　J205 パア ピン テ：トリエノアルモノ

把得定
　ＫⅡ21a パア、 テ デン：トリサダムル（通用）
　J114 パア テ デン：トリサダムル

把篙子掙過去
　ＫⅣ43b ハア カ○ウ ツウ ツエン コウ キユイ：ミサホデハツテユク（舩件）
　J358 パア カ○ウ ツウ ヅエン コウ キユイ：ミサヲデ ハツテユク（舩件）｛Jは3字で分割｝

把官路當人情
　ＫⅢ24b ハアー クワン ルウ タン ジン ツイン：人ノモノテジフンノコ、ロイレニシテヤル｢（官府）
　J52 パア クハン ルウ タン ジン チン：マイナイスル

把将来
　ＫⅣ2a パア、 ツヤン ライ：取テモチテコヒ（製作）

把将來
　J60 パア、 チヤン ライ：取テモテコヒ

把箋兒指指字
　ＫⅢ44b ハアー ツエン ルウ ツウ、 ヅウ：ジサシデジヲサセ（讀書）

把箋兒指ヽ字
　J120 パア セン ルヽ ツウ、 ヅウ：ジサシデジヲサセ

把鏡子照照看
　ＫⅠ29b パア、 キン ツウ チヤウ、 カン：カヾミテミル（身體）

把鏡子照ヽ看
　J201 パア キン ツウ ツヤ○ウ、 カン：カヾミデミル

把了你
　ＫⅢ14a ハアー リヤ○ウ ニイ：ソコモトニ（慶弔）
　J84 パア リヤ○ウ ニイ：ソコモトニ

送把你
　歩Ⅲ18b ｛｢送把你｣に変更｝

把門兒上一上
　ＫⅣ53b パア メン ルウ ジヤン イ ジヤン：トシ

ヤウシヲハメヨト云⏋（居室）
J196 パア メン ル丶 ジヤン イ ジヤン：トセウ ジヲハメヨ

把木梳掠一掠
ＫⅠ29a バア モ スウ リヤ イ リヤ ｛原文は把を杷に誤る｝：クシニテケツリソロエヨ（身體）
J201 パア モ スウ レ イ レ：梳リソロエヨ

把木頭
歩Ⅳ2b ｛抬木頭のあとに補う｝

把你呷
ＫⅢ8b バア丶 ニイ ハ：ソナタニナメサスル（筵宴）

把你哈
J170 パア ニイ ハ：ナメサスル

把人看
ＫⅠ43a バア丶 ジン カン：人ニミスル（動作）
J177 パア ジン カン：人ニミスル

把手搭凉篷
ＫⅠ42b パア丶 シウ タ リヤン ボン：テニテマカケヲスル（動作）｛「搭凉篷」はⅣ53葉bにあり｝

手打凉篷
J175 シウ タ リヤン ボン：マカゲサス ｛∪の二箇所に類似表現を掲載｝

搭凉篷
J196 タ リヤン ボン：ヒヲイ

把我看
ＫⅠ43a バア丶 ゴヲ丶 カン：ヲレニミセヨ（動作）
J176 パア ゴウ カン：ヲレニミセヨ

把住了
ＫⅡ7b パア ヂイ リヤ○：往来ヲカタムル（賓友）
J150 パア ヂユイ リヤ○ウ：往来ヲカタムル

罷罷罷
ＫⅡ19a バアー 丶 丶：ヨシ 〰 （通用）

罷丶丶
J69 バア 丶 丶：ヤメ 〰

罷了
ＫⅡ19b パアー リヤ○ウ：スンダ（通用）
J71 バア リヤ○ウ：スンダ

罷休唎
ＫⅠ44b パイ ヒユウ リイ：ヤメタ（動作）
J38 バア ヒユウ リイ：ヤメテヨイ

覇道薬
ＫⅣ38a パアー タ○ウ ヨ：シヤク○ツヨクスリ（醫療）
J44 パア ダ○ウ ヨ：シヤヤク

袯子
ＫⅤ37b パアー ツウ：ハス（衣服）
J428 パア ツウ：トロメン（衣服）

BAI

白白兒
ＫⅢ9a ベ ベ ルウ：タゞ（筵宴）

白ゞ兒
J66 ベ 丶 ル丶：タゞ

白白送
ＫⅢ14a ベ 丶 ソン：タゞニオクル（慶弔）

白ゞ送
J84 ベ ベ ソン：タゞヲクル

白扁豆
ＫⅤ3a ベ ペエン デ○ウ：シロサヽゲ（菜蔬）
J385 ベ ペン デ○ウ：シロサヽケ（菜蔬）

白布
ＫⅤ38a ベ プウ：シロヌノ（衣服）
J428 ベ フウ：モメン（衣服）

白吃的
ＫⅢ8b ペ チ テ：タヾニクウ（筵宴）
J170 ペ チ テ：スリクライ

白帶
ＫⅣ30a ペ タイ：コシケ（疾病）

白帶
J339 ベ タイ：コシケ（感動）

白帶
歩Ⅳ43a／Ⅳ49a ｛重複掲載｝

白得的
ＫⅢ17a ペ テ 丶：タゞニエタ（寄贈）
J85 ベ テ テ：タゞエタ

白癜風
ＫⅣ28b ベ デエン ホン：シロナマツ（疾病）
J336 ベ デン ホン：シロナマツ（感動）

白菰
ＫⅤ2a ベ クウ：シメチ（菜蔬）
J384 ベ クウ：シメヂ（菜蔬）

白瓜
ＫⅤ2b ベ クワア：シロウリ（菜蔬）
J384 ベ クハア：シロウリ（菜蔬）

白滾湯
ＫⅤ14a ベ クイン タン：シラニヘノユ（煮煎）
J163 ベ クイン タン：シラニヘノユ

白菓

ＫⅤ33a　ベ　コウ：ギンナン（菓蓏）
　　Ｊ411　ベ　コウ：ギンナン（菓）
白菓葉
　　ＫⅤ28a　ペ　コヲ、エ：イチヤウノハ（樹竹）
　　Ｊ409　ベ　コウ　エ：イチヤウノハ（樹竹）
白毫筆
　　ＫⅢ30a　ベ　ア○ウ　ピ：シロケフデ（寶貨）
　　Ｊ301　ベ　ア○ウ　ピ：シロケフデ（器用）
白虎山
　　歩Ⅱ48b
白薺
　　ＫⅤ3b　ベ　ツイー：クロクワイ（菜蔬）
　　Ｊ386　ベ　ツイー：クロクワイ（菜蔬）
白淨的
　　ＫⅠ30a　ペ　ヅイン　デ：マツシロナ（身體）
　　Ｊ88　ベ　ヅイン　デ：イサギヨイ
白鯗魚
　　ＫⅤ10a　ヘ　スエン　イー：ナマホシノウヲ（飯肉）
　　Ｊ395　ベ　チン　イ：ナマホシノウヲ（魚介）
白儻儻送掉了
　　ＫⅢ17a　ペ　ラ、ソン　デヤ○ウ　リヤ○ウ　：タヾオクリテヤル（寄贈）
白儻〻送掉了
　　Ｊ85　ベ　ラ、ソン　デヤ○ウ　リヤ○ウ：タヾヲクリテヤル
白痢
　　ＫⅣ29b　ペ　リイ：ヒヤクリ（疾病）
　　Ｊ338　ベ　リイ：ビヤクリ（感動）
白龍掛
　　ＫⅠ18a　ペ　ロン　クワア：ヤ子ヲヤブルヌスビト（人品）
　　Ｊ267　ベ　ロン　グハア：ヤ子ヲヤブルヌスヒト（人品）
白蘿葍
　　ＫⅤ2b　ベ　ロウ　ブウ：タイコン（菜蔬）
　　Ｊ384　ベ　ロウ　ブウ：ダイコン（菜蔬）
白螞
　　ＫⅤ19a　ベ　マアー：タウトヲシ（蟲類）
　　Ｊ399　ベ　マア：ドウトヲシ（虫）
白葡萄
　　ＫⅤ34a　ベ　ブウ　ダ○ウ：シロブタウ（菓蓏）
　　Ｊ413　ベ　ブウ　ダ○ウ：シロブトウ（菓）
白鉛
　　ＫⅢ39b　ベ　エン：トタン（寶貨）
　　Ｊ320　ベ　エン：トタン（器用）

白麯
　　ＫⅤ6b　ベ　キヨ：シロカウヂ（飯肉）
　　Ｊ442　ベ　キヨ：シロコウジ（飲食）
白日鬼
　　ＫⅠ22a　ペ　ジ　クイ：ヒルヌスビト（人品）
白食鬼
　　Ｊ99　ベ　ジ　クイ：ヒルヌスヒト
白肉
　　ＫⅠ25b　ベ　ジョ：シロメ（身體）
　　Ｊ286　ベ　ジョ：シロメ（身體）
白珠
　　歩Ⅰ36a　{「白肉」を「白珠」に変更}
白色的
　　ＫⅤ31b　ペ　スエ　テ：シロ（花艸）
　　Ｊ438　ペ　スエ　テ：シロ（花卉）
白色的
　　ＫⅤ39a　ペ　スエ　テ：シロ（衣服）{重複掲載}
　　Ｊ431　ペ　スエ　テ：シロ（衣服）{重複掲載}
白沙
　　ＫⅠ10b　ペ　サアー：シラスナ（地理）
　　Ｊ253　ペ　サア、：シラスナ（天文）
白紗
　　ＫⅤ37b　ペ　サアー：シロチリメン（衣服）
　　Ｊ427　ペ　サア：シロチリメン（衣服）
白水浸
　　ＫⅤ40a　ベ　ジユイ　チン：シロミヅニヒタス（衣服）
　　Ｊ224　ベ　ジユイ　ツイン：シロミヅニヒタス
白水煮
　　ＫⅤ13b　ベ　シユイ　チイ：シロミヅデニル（煮煎）
　　Ｊ161　ベ　シユイ　チユイ：シロミヅデニル
白絲
　　ＫⅤ39b　ペ　スウ：シロイト（衣服）
　　Ｊ432　ベ　スウ：シロイト（衣服）
白送的
　　ＫⅢ17a　ペ　ソン　テ：タヾニオクル（寄贈）
　　Ｊ85　ベ　ソン　テ：タヾノヲクリモノ
白糖
　　ＫⅤ8b　ペ　グン：シロザトウ（飯肉）{グンはダンの誤り}
　　Ｊ446　ベ　ダン：シロサトウ（飲食）
白藤花
　　ＫⅤ29b　ヘ　デン　ハアー：シロフヂ（花卉）
　　Ｊ434　ベ　デン　ハア：シロフチ（花艸）
白頭翁
　　ＫⅤ24b　ベ　デ○ウ　ウヲン：ホウジロ（禽類）

【BAI】

J422　ベ　デ○ウ　ヲン：ホウジロ（飛禽）

白禿瘡
　KⅣ28b　ベ　ツアン：シラクモ（疾病）
　J336　ベ　ツアン：シラクモ（感動）

白蜆
　KⅤ17b　ベ　ケン：シゞミ（魚鼈）
　J397　ベ　ケン：シゞミ（魚介）

白牙齒
　KⅠ30b　ベ　ヤアー　ツウ：シラハ（身體）

白牙歯
　J114　ベ　ヤア　ツウ：シラハ

白纓
　KⅢ40b　ベ　イン：ハグマ（寶貨）
　J322　ベ　イン：ハグマ（器用）

白芋
　KⅤ3a　ベ　イー：トウイモ（菜蔬）
　J386　ベ　イヽ：トウイモ（菜蔬）

白濁病
　KⅣ29b　ペ　チヨ　ビン：リンヒヤウ（疾病）
　J42　ベ　ヂヨ　ビン：リン病

百草丸
　KⅣ38a　ペ　ツアウ　ワン：百草ヲ子ツテ丸スル（醫療）

百艸丸
　J44　ベ　ツア○ウ　ワン：百草ヲ子ツテ丸スル

百骸
　KⅠ25a　ペ　ハイ：ヒヤクガヒ（身體）
　J285　ペ　ハイ：ヒヤクガイ（身體）

百合
　KⅤ4b　ベ　カ：ユリ（菜蔬）
　J388　ベ　ハ：ユリ（菜蔬）

百合花
　KⅤ29b　ベカ　ハアー：ユリ（花卉）
　J434　ベ　ハ　ハア：ユリ（花艸）

百舌鳥
　KⅤ25a　ペ　ゼ　ニヤ○ウ：モズ（禽類）
　J423　ペ　ゼ　ニヤ○ウ：モズ（飛禽）

百子
　KⅣ25a　ペ　ツウ：ボウビヤ（兵法）
　J331　ベ　ツウ：ボウヒヤ（兵法）

百子炮
　歩Ⅳ36b　｛「百子炮」に変更｝

百子炮有幾門
　KⅣ26b　ペ　ツウ　バ○ウ　イウ　キイ　メン：コテツポウカナンテウアル（兵法）

J197　ペ　ツウ　パ○ウ　イウ　キイ　メン：コテツポウガナンテウアル

柏樹
　KⅤ27a　ペ　ジユイ：ヒノキ（樹竹）｛檜樹と同義とする｝
　J407　ペ　ジユイ：カシハ（樹竹）

擺佈他
　KⅡ11a　パイ　プウ　タアー：アレヲアツコフ（賓友）
　J96　パイ　プウ　タアー：アレハドウモナラヌ

擺定了
　KⅣ5b　パイ　デン　リヤ○ウ：ナラベタ（製作）
　J59　パイ　デン　リヤ○ウ：ナラブル

敗軍
　KⅣ24a　バイ　ギイン：ハヒクン（兵法）
　J329　パイ　ギユン：ハイグン（兵法）

敗子
　KⅠ18a　バイ　ツウ：フコウモノ（人品）
　J267　パイ　ツウ：フコウモノ（人品）

拜拜節
　KⅠ9a　パイ　ヽ　ツイ：セツクノレイ（天文）

拜ゝ節
　J187　パイ　ヽ　チエ：セツクノレイ

拜拜你
　KⅢ18a　パイ　ヽ　ニイ：ソナタニオレヒモフス（寄贈）

拜ゝ你
　J111　パイ　ヽ　ニイ：ゴレイモウス

拜遲了
　KⅡ1b　パイ　ヅウ　リヤ○ウ：オメニカヽル⌐ガヲソヒ（賓友）
　J139　パイ　ヅウ　リヤ○ウ：ヲメニカヽルコトガヲソイ

拜過的
　KⅡ2a　パイ　コヲヽ　テ：ヲガミマシタ○オメニカヽリタ（賓友）
　J139　パイ　コウ　テ：ヲガミマシタ又ヲメニカヽリタ

拜過年
　KⅠ9a　パイ　コフ　子エン：セイボノレイ（天文）
　J187　パイ　コウ　子ン：セイボノレイ

拜墓去
　KⅢ15a　パイ　モウ　キユイ：ハカマ井リ（慶弔）
　J50　パイ　ムウ　キユイ：ハカマイリ

拜棚頂
　KⅣ45a　パイ　ペン　デン：トモノニカヒ（舩件）
　J360　パイ　ボン　デン：トモノニカイ（舩件）

拜托拜托
KⅡ 26b パイ ト 丶丶：ヒトヘニタノム（干求）

拜托ゝゝ
J93 パイ ト 〜：ヒトエニタノム

稗子
KⅤ 6a ボイ ツウ：ヒエ（飯肉）
J441 パイ ツウ：ヒヘ（飲食）

BAN

板害你
KⅢ 24b バン ハイ ニイ：ムリニクジヲイヒカクル（官府）
J39 パン ハイ ニイ：ムリニクジヲイ、カクル

扳害你
歩Ⅲ 32a ｛K J とも板に誤る｝

班鳩
KⅤ 24a パン キウ：ヤマハト（禽類）
J421 ハン キウ：ヤマハト（飛禽）｛班は斑の誤り｝

搬不倒
KⅢ 37a ボワン ホ タ○ウ：オキアガリ（寶貨）
J315 バン ポ タ○ウ：ヲキヤガリ（器用）

搬不到
KⅣ 5b ボワン ポ タ○ウ：ハコバレヌ（製作）
J60 バン ポ タ○ウ：ハコヒエヌ

搬茶的
KⅠ 16b ブワン ヅアー テ：サドウ（人品）
J262 バン ヅア、 テ：サドウ（人品）

搬出来
KⅣ 5b ボワン チユ ライ：ハコヒダス（製作）

搬出來
J60 バン チユ ライ：ハコヒタス

搬得到
KⅣ 5b ボワン テ タ○ウ：ハコバレル（製作）
J60 バン テ タ○ウ：ハコビエタ

板床
KⅢ 26a ハン ヂヤン：スバミダヒ（寶貨）
J293 パン ヂヤン：スバミタイ（器用）

板斧
KⅢ 33b パン フウ：テオノ（寶貨）
J308 パン フウ：テウノ（器用）

板門
KⅢ 26b パン メン：イタド（寶貨）
J294 パン メン：ト（器用）

板門邊
KⅣ 52a パン メン ペエン：戸ノホトリ（居室）

J193 パン メン ペン：戸ノホトリ

板門縫
KⅢ 26b パン メン ウヲン：戸ノハキメ（寶貨）
J294 パン メン ヲン：戸ノハギメ（器用）

板屋
KⅣ 49a パン ヲ：イタヤ（居室）
J371 パン ヲ：イタヤ（家居）

板印的
KⅢ 43b パン イン テ：ハンコウモノ（寶貨）
J208 パン イン テ：ハンコウモノ

板主
KⅣ 40b パン チイ：ハンシユ（舩件）
J352 パン チユイ：ハンシユ（舩件）

板子
KⅢ 42a パン ツウ：マナイタ（寶貨）
J325 パン ツウ：マナイタ（器用）
歩 ｛削除｝

半尺把
KⅣ 14b ポワン チ パアー：五寸バカリ（数量）
J28 パン チ パア：五寸バカリ

半個兒
KⅣ 13b ポワン コ ルウ：ハンブン（数量）
J26 ポワン コ ル丶：ハンブン

半個月
KⅠ 9a ポワン コ イエ：半ヶ月（天文）
J186 パン コ エ：半ヶ月

半明半滅你去挑一挑
KⅢ 4b ポワン ミン ポワン メ ニイ キユイ チヤ○ウ イ チヤ○ウ：トモシヒカキエントスルカキタテヨ（筵宴）
J160 パン ミン パン メ ニイ キユイ テヤ○ウ イ テヤ○ウ：トモシビガキエントスル カキタテヨ

燈火半明半滅你去挑一挑
歩Ⅲ 6a ｛「燈火半明半滅你去挑一挑」に変更｝

半片頭
KⅣ 12b ポワン ペエン デ○ウ：カタヒラ（数量）
J30 パン ペン デ○ウ：カタヒラ

半身不遂
KⅣ 30b ポワン シン ポヅ○イ：チウキ（疾病）
J339 パン シン プ ツイ：ハンシンカナハヌ（感動）

半頭風
KⅣ 29a ポワン テ○ウ ホン：ヘンツ丶ウ（疾病）
J336 パン デ○ウ ホン：ヘンヅ丶ウ（感動）

半夜裏
KⅠ 2a ポワン エー リイ：ヤハン（天文）

【BAI～BAO】

半夜裡
　　J245　パン エ、 リイ：ヤハン（天文）

半中間
　　ＫⅣ18b　ポワン チヨン ケン：マンナカ（諸物）
　　J229　パン チヨン ケン：マンナカ

伴當
　　ＫⅠ19a　ポワン タン：コシヤウ（人品）
　　J269　パン タン：小シヤウ（人品）

伴房
　　ＫⅢ19b　ポワン ワン：セウバン女房（婚姻）
　　J366　パン ワン：セウバン女房（婚姻）

拌菜
　　ＫⅤ10b　ポワン ツアイ：アヘモノ（飯肉）
　　J449　バン ツアイ：アエモノ（飲食）

拌轉来
　　ＫⅣ5a　ポワン チエン ライ：スリマワス（製作）

拌轉來
　　J226　バン チエン ライ：スリマワス

扮一扮
　　ＫⅡ23a　パン イ パン：シヤウゾクセヨ（通用）
　　J22　パン イ パン：シヤウゾクセヨ

扮做事
　　ＫⅡ33b　パン ツア ズウ：ヨソホフ（德藝）
　　J13　パン ツヲ、 ズウ：ヨソヲ、

扮故事
　　歩Ⅱ44a　{「扮故事」に変更}

辦菜
　　ＫⅠ19a　バン ツアイ：庖丁人（人品）

辦菜
　　J269　バン ツアイ：包丁人

辦菜的
　　歩Ⅰ27b　{「辦菜的」に変更}

辦葷菜
　　ＫⅤ12a　バン ウヲン ツアイ：キヨニクノサイヲ
　　　　トヽノユル（飯肉）

办葷菜
　　J236　バン ホン ツアイ：ギヨニクサイ

辦素菜
　　ＫⅤ12a　バン スウ ツアイ：シヤフジンサイヲ
　　　　トヽノユル（飯肉）

办素菜
　　J236　バン スウ ツアイ：セウジンサイ

辦一卓
　　ＫⅢ6b　バン イ チヨ：シツポクコシラエル（筵宴）

办一卓
　　J166　バン イ チヨ：シツポクヲコシラエル

BANG

幇襯他
　　ＫⅡ27a　パン ツイン タアヽ：アレニカセヒスル（干求）
　　J93　パン ツイン タア：アレニカセイスル

幇桅尖
　　ＫⅣ43a　パン ヲイ ツエン：ハサミ（舩件）
　　J357　ハン ヲイ セン：ハサミ（舩件）

幇指
　　ＫⅣ25b　パン ツウ：ユカケ（兵法）
　　J332　ハン ツウ：ユカケ（兵法）

幇竹
　　ＫⅢ42a　パン チヨ：マセダケ（寶貨）
　　J324　ハン チヨ：マセタケ（器用）

掤掤扭的扭
　　ＫⅢ22b　パン テ パン ニウ テ ニウ：シハルモノ
　　　　ハシハル子ヂルモノハ子ヂル（官府）
　　J210　ハン テ ハン ニウ テ ニウ：シバルモノハ
　　　　シバル子ヂルモノハ子ヂル

掤了他
　　ＫⅢ22b　パン リヤ○ウ タア：アレヲシバル（官府）
　　J210　ハン リヤ○ウ タア：アレヲシバル

掤起来
　　ＫⅢ22b　パン キイ ライ：シバル（官府）

掤起來
　　J210　ハン キイ ライ：シバル

蚌子
　　ＫⅤ18a　ホン ツウ：シヽガヒ（魚鼈）
　　J397　ボン ツウ：シヽカイ（魚介）

棒子
　　ＫⅢ34b　パン ツウ：ボウ（寶貨）
　　J310　ハン ツウ：ボウ（器用）

BAO

包兒
　　ＫⅢ42a　パ○ウ ルウ：タハラ（寶貨）
　　J325　パ○ウ ルヽ：タハラ（器用）

包袱
　　ＫⅢ41a　パ○ウ ホ：フロシキ（寶貨）
　　J323　パ○ウ ホ：フロシキ（器用）

包裹

ＫⅢ 41a パ○ウ コウ：フロシキ（寶貨）
　　Ｊ323 パ○ウ コウ：フロシキ（器用）
包起来
　　ＫⅤ 35b パ○ウ キイ ライ：フクミデタ（種藝）
包起來
　　Ｊ62 パ○ウ キイ ライ：フクミデタ
包他做
　　ＫⅣ 1a パ○ウ タアー ツヲー：アレニアツラヘテックル（製作）
　　Ｊ133 パ○ウ タア ツヲヽ：アレニアツラエテックル
包一包
　　ＫⅡ 22a パ○ウ イ パ○ウ：ツヽム（通用）
　　Ｊ20 パ○ウ イ パ○ウ：ツヽメ
包子
　　ＫⅤ 8a パ○ウ ツウ：ペンシンノルイ（飯肉）
　　Ｊ445 パ○ウ ツウ：ペンシンノルイ（飲食）
包做的
　　ＫⅣ 1a ハ○ウ ツヲー テ：ウケ合シゴト（製作）
　　Ｊ133 パ○ウ ツヲヽ テ：ウケ合シゴト
剥皮殻
　　ＫⅤ 34b ポ ビイ コ：カハムク（菓蓏）
剥皮穀
　　Ｊ414 ポ ビイ コ：カハムク（菓）
薄草
　　ＫⅤ 32b ポ ツア○ウ：スヽキ（花卉）
　　Ｊ440 ポ ツア○ウ：スヽキ（花艸）
薄些兒
　　ＫⅣ 12b ポ スイヽ ルウ：テウスヒ（數量）
　　Ｊ231 ポ スイ ルヽ：テウスヒ
飽悶
　　ＫⅣ 32b パ○ウ メン：ムナフクレ（疾病）
　　Ｊ344 パ○ウ メン：ムナフクルヽ（感動）
寶盖頭
　　ＫⅢ 52a パ○ウ カイ デ○ウ：ウカムリ（讀書）
寶蓋頭
　　Ｊ33 パ○ウ カイ デ○ウ：ウカムリ
寶劍
　　ＫⅢ 33a パ○ウ ケン：ホウケン（寶貨）
　　Ｊ307 パ○ウ ケン：ホウケン（器用）
寶藍色
　　ＫⅤ 31b パ○ウ ラン スエ：コンイロ（花卉）
　　Ｊ438 パ○ウ ラン スエ：コンイロ（花艸）
保養保養
　　ＫⅣ 34b パ○ウ ヤン 〳 〵：ヨウゼウナサレヒ（疾病）

保養〻〻
　　Ｊ40 パ○ウ ヤン 〻〻：ヤウゼウナサレイ
報難
　　ＫⅤ 23b パ○ウ キイ：トキヲツクルニハトリ（禽類）
　　Ｊ420 パ○ウ キイ：トキヲツグルニハトリ（飛禽）
抱虎睡
　　ＫⅡ 21a パ○ウ フウ ジユイ：アフナヒヽ（通用）
　　Ｊ219 パ○ウ フウ ジユイ：アブナイ
抱進去
　　ＫⅠ 45a パ○ウ ツイン キユイ：イタキテ入ル（動作）
　　Ｊ205 パ○ウ チン キユイ：皮ノクリコミテアルヽ
抱掬
　　ＫⅣ 45b パ○ウ キヨ：マツラ（舩件）
　　Ｊ362 パ○ウ キヨ：マツラ（舩件）
抱柱
　　ＫⅢ 33a バ○ウ ヂユイ：ブンマハシ（寶貨）
　　Ｊ307 パ○ウ チユイ：ブンマハシ（器用）
抱住了
　　ＫⅡ 11b パ○ウ ヂユイ リヤ○ウ：イタキトムル（賓友）
　　Ｊ96 パ○ウ ヂユイ リヤ○ウ：イダキトムル
鮑魚
　　ＫⅤ 16a バ○ウ イー：アハビ（魚鼈）
　　Ｊ393 パ○ウ イヽ：アハビ（魚介）
豹子
　　ＫⅤ 21b パ○ウ ツウ：ヒヨフ（畜獸）
　　Ｊ403 パ○ウ ツウ：ヘウ（獸）
暴病
　　ＫⅣ 33a バ○ウ ビン：ニワカヤマヒ（疾病）
　　Ｊ345 パ○ウ ビン：ニワカヤマイ（感動）
暴雨
　　ＫⅠ 2b パ○ウ イー：ニワカアメ（天文）
　　Ｊ246 パ○ウ イヽ：ニワカアメ（天文）
爆起来
　　ＫⅤ 13a バ○ウ キイ ライ：火ガハシル（煮煎）
爆起來
　　Ｊ159 バ○ウ キイ ライ：火ガハシル
鑤光了
　　ＫⅣ 3b バ○ウ クワン リヤ○ウ：ケツリヒカラカス（製作）
　　Ｊ205 バ○ウ クハン リヤ○ウ：ケヅリヒカラカス
鑤子
　　ＫⅢ 34a バ○ウ ツウ：カンナ（寶貨）

J308 バ◯ウ ツウ：カンナ（器用）

鐁子来鐁一鐁

K Ⅳ 3b バ◯ウ ツウ ライ バ◯ウイ バ◯ウ：カンナモテキテケヅレ（製作）

鐁子來鐁一鐁

J205 バ◯ウ ツウ ライ バ◯ウイ バ◯ウ：カンナモテキテケツレ

BEI

杯臺
 K Ⅲ 29a ポイ ダイ：サカヅキダイ（寶貨）
 J299 ポイ タイ：サカツキダイ（器用）

鵯鳥
 K Ⅴ 24b ピイ ニヤ◯ウ：ヒヨドリ（禽類）
 J421 ピイ ニヤ◯ウ：ヒヨトリ（飛禽）

悲惨的
 K Ⅰ 37b ポイ ツアン テ：カナシヒ（性情）
 J102 ヒイ チヤン テ：カナシイ

悲惨
 歩Ⅰ 52b　｛「悲惨」に変更｝

北方人
 K Ⅰ 15a ポ ハン ジン：キタノ人（人品）
 J259 ポ ハン ジン：キタノヒト（人品）

北瓜
 K Ⅴ 2b ポ クワア：イウガホ（菜蔬）
 J384 ポ クハア：イウガヲ（菜蔬）

北恒山
 歩Ⅱ 48a　｛増補｝

貝字旁
 K Ⅲ 51b ポイ ツウ バン：コガヒヘン（讀書）
 J32 ボイ ツウ パン：コガイヘン

背不出
 K Ⅲ 47a ポイ ポ チユ：ソラニオボエカヌル（讀書）
 J126 ボイ プ チユ：ヲボエカヌル

背得出
 K Ⅲ 47a ポイ テ チユ：ソラニオボエダス（讀書）
 J126 ボイ テ チユ：ヲボエダシタ

背得熟
 K Ⅲ 47a ポイ テ ジヨ：ソラニオボエジユクシタ（讀書）
 J126 ボイ テ ジヨ：ヲホエジユクシタ

背脊
 K Ⅰ 26a ボイ スイ：セナカ（身體）
 J287 ポイ チ：セナカ（身體）

備酒来
 K Ⅲ 2a ポイ ツイ◯ウ ライ：サケヲイタセ（筵宴）
 J154 ボイ チウ ライ：サケヲイタセ

備馬
 K Ⅴ 42b ボイ マアー：クソクスルウマ（馬鞍）
 J416 ボイ マア：皆具ヲク（馬具）

備三牲去祭他
 K Ⅲ 12a ボイ サン スエン キユイ ツイ タアヽ：サンセイヲソナエテカレヲマツル（祭祀）
 J51 ボイ サン スイン キユイ ツイ タア：ニエヲソナエテカレヲマツル

憊頼的
 K Ⅰ 22b ポイ ライ テ：ヤクタヒナシ（人品）
 J102 ボイ ライ テ：ヤクタイナシ

焙一焙
 K Ⅱ 23b ポイ イ ポイ：アブル（通用）
 J23 ポイ イ ポイ：アブレ

焙燥
 K Ⅴ 10b ポイ スア◯ウ：アブリカワカス（飯肉）
 J449 ポイ サ◯ウ：アブリカワカス（飲食）

焙燥了
 K Ⅴ 13a ポイ サ◯ウ リヤ◯ウ：アブリホシタ（煮煎）
 J159 ポイ サ◯ウ リヤ◯ウ：アブリホシタ

被髪的
 K Ⅰ 28a ビイ ハ テ：カツソウ（身體）｛被は披の誤り｝
 J263 ビイ ハ テ：ガツソウ（人品）

被告的
 K Ⅲ 24a ピイ カ◯ウ テ：クシヲウクル⌐（官府）
 J38 ビイ カ◯ウ テ：クジヲウクル⌐

被褥
 K Ⅴ 36b ビイ ジヨ：ヨギフトン（衣服）
 J426 ビイ ジヨ：ヨギフトン（衣服）

被窩
 K Ⅴ 36b ヒイ ヲー：ヨギ（衣服）
 J426 ビイ ヲヽ：ヨギ（衣服）

BEN

本地人
 K Ⅰ 22b ペン デイ ジン：ヂケノ人（人品）
 J140 ペン リイ ジン：ヂケノ人

本地有
 K Ⅳ 19a ペン デイ イウ：ヂケニアル（財産）
 J137 ペン リイ イウ：ヂケニアル

本亭

ＫⅣ 51b　ペン デイン：ホンヂン（居室）
　Ｊ376　ペン デン：ホンヂン（家居）
本音甚
　ＫⅡ 16a　ペン イン シヤア：ホンインハナニカ
　　（通用）
　Ｊ131　ペン イン シヤア：ホンインハナニカ
笨倒笨
　ＫⅠ 37b　ペン タ○ウ ペン：ドンナコトハドンナ
　　（性情）
　Ｊ101　ペン タ○ウ ペン：ドンナコトハドンナ
笨東西
　ＫⅠ 37a　ペン トン スイー：ドンナモノ（性情）
　Ｊ100　ペン トン スイ：ドンナモノ

BENG

搙造化
　ＫⅢ 13a　ポン ヅア○ウ ノアア：ゾンクワイニシ
　　アワセ（慶弔）
　Ｊ83　ポン ヅア○ウ ハア：ゾングワイニシヤワセ
没造化
　步Ⅲ 17a　｛「没造化」に変更｝
迸出来
　ＫⅣ 5a　ピン チユ ライ：ハシリデタ（製作）
迸出來
　Ｊ62　ビン チユ ライ：ハシリデタ

BI

逼勒他
　ＫⅡ 27b　ピレ タアー：アレニツメカクル（干求）
　Ｊ95　ピレ タアー：ツメカクル
鼻骨
　ＫⅠ 25a　ビイ コ：コバナ（身體）
　Ｊ285　ビイ コ：コバナ（身體）
鼻紅
　ＫⅣ 29a　ビイ ホン：ハナヂ（疾病）
　Ｊ337　ビイ ホン：ハナチ（感動）
鼻紅出
　ＫⅣ 35a　ビイ ホン チユ：ハナヂガイヅル（疾病）
　Ｊ41　ビイ ホン チユ：ハナヂガイヅル
鼻尖
　ＫⅠ 25a　ビイ ツエン：ハナノトガリ（身體）
　Ｊ285　ビイ セン：ハナノトガリ（身體）
鼻孔
　ＫⅠ 25a　ビイ コン：ハナノアナ（身體）
　Ｊ285　ビイ コン：ハナノス（身體）

鼻梁
　ＫⅠ 25b　ビイ リヤン：ハナノワキ（身體）
　Ｊ286　ビイ リヤン：ハナノワキ（身體）
鼻毛
　ＫⅠ 25b　ビイ マ○ウ：ハナゲ（身體）
　Ｊ286　ビイ マ○ウ：ハナゲ（身體）
鼻屎
　ＫⅠ 25b　ビイ スウ：ハナシル（身體）
　Ｊ286　ビイ スウ：ハナシル（身體）
鼻涕
　ＫⅠ 25a　ビイ デイ：ハナシル（身體）
　Ｊ286　ビイ デイ：ハナシル（身體）
鼻瀉
　ＫⅣ 29a　ビイ スエー：コトモハナヂ（疾病）
　Ｊ337　ビイ スエヽ：コドモノハナヂ（感動）
鼻柱
　ＫⅠ 25b　ビイ ヂユイ：ハナバシラ（身體）
　Ｊ286　ビイ ヂユイ：ハナバシラ（身體）
鼻子
　ＫⅠ 25a　ビイ ツウ：ハナ（身體）
　Ｊ285　ビイ ツウ：ハナ（身體）
比
　ＫⅤ 37a　ピイ：クラブル（衣服）
　Ｊ427　ピイ：クラブルコ（衣服）
比比看
　ＫⅠ 41b　ピイ ピイ カン：クラベテミヨ（動作）
　Ｊ174　ピイ ヽ カン：クラベテミヨ
比目魚
　ＫⅤ 15b　ピイ モ イー：カレヒ（魚鼈）
　Ｊ392　ピイ モ イヽ：カレイ（魚介）
比丘尼
　ＫⅠ 17b　ヒイ キウ ニイ：ビクニ（人品）
　Ｊ266　ピイ キウ ニイ：ビクニ（人品）
　步　｛削除｝
比狹鳥
　ＫⅤ 25b　ヒイ イ ニヤ○ウ：ヒヨク（禽類）
　Ｊ423　ピイ イ ニヤ○ウ：ヒヨク（飛禽）
彼時
　ＫⅠ 6a　ピイ ズウ：ソノトキ（天文）
　Ｊ252　ポイ ズウ：ソノトキ（天文）
筆船
　ＫⅢ 32b　ピ ヂエン：フデアラヒ（寶貨）
　Ｊ306　ピ ヂエン：フデ洗（器用）
　步　｛削除｝
筆兒

【BEN～BI】

　　ＫⅢ30a　ピ ルウ：フデ（寳貨）
　　Ｊ301　ピ ルヽ：フデ（器用）
筆法
　　ＫⅢ32a　ピ ハ：ヒツパフ（寳貨）
　　Ｊ305　ピ ハ：ヒツホウ（器用）
筆閣
　　ＫⅢ30b　ピ コ：フデカケ（寳貨）
　　Ｊ302　ピ コ：フデタテ（器用）
筆管
　　ＫⅢ30b　ピ クワン：フデノヂク（寳貨）
　　Ｊ301　ピ クハン：ヂク（器用）
筆畫多
　　ＫⅢ51b　ピ ワアー トヲ：ヒツカクガオホヒ（讀書）
筆画多
　　Ｊ31　ヒ ワア トヲ：ヒツクハクガヲイ
筆尖上
　　ＫⅢ30b　ピ ツエン ジヤン：フデノサキ（寳貨）
　　Ｊ302　ピ セン ジヤン：フデノサキ（器用）
筆架
　　ＫⅢ30b　ピ キヤア：フデカケ（寳貨）
　　Ｊ302　ピ キヤア：フデカケ（器用）
筆力壯
　　ＫⅢ47a　ピ リ チヨワン：ヒツセイガツヨヒ（讀書）
　　Ｊ124　ピ リ チハン：ヒツセイガヨイ
筆帽管
　　ＫⅢ30b　ピ マ○ウ クワン：フデノボウシ（寳貨）
　　Ｊ302　ピ マ○ウ クハン：フデノボウシ（器用）
筆套
　　ＫⅢ30b　ピ タ○ウ：フデノボウシ（寳貨）
　　Ｊ301　ピ タ○ウ：ボウシ（器用）
筆頭菜
　　ＫⅤ1b　ビ デ○ウ ツアイ：ツクゾシ（菜蔬）
　　Ｊ382　ビ デ○ウ ツアイ：ツクゾシ（菜蔬）
筆筒
　　ＫⅢ30b　ピ トン：フデタテ（寳貨）
　　Ｊ302　ピ ドン：フデタテ（器用）
筆洗
　　ＫⅢ30b　ピ スイー：フデアラヒ（寳貨）
　　Ｊ302　ピ スイー：フデアライ（器用）
敝妹夫
　　ＫⅠ34b　ビイ ムイ フウ：イモトムコ（親族）
　　Ｊ280　ビイ ムイ フウ：イモトムコ（親族）
畢機緞
　　ＫⅤ38a　ピ キイ ドワン：ヘルヘトワン ○ ラセイタ（衣服）

　　Ｊ429　ピ キイ ドハン：ヘルヘトワン 又 ラセイタ（衣服）
畢姻
　　ＫⅢ19a　ピ イン：トリアハセスム（婚姻）
　　Ｊ365　ピ イン：女房モツ（婚姻）
畢圓的
　　ＫⅣ12a　ビ <u>イエン</u> テ：ヒラタクシテマルイモノ（數量）
　　Ｊ213　ビ エン テ：マンマルナモノ
畢直的
　　ＫⅣ11a　ピ チ テ：マツスグナ（數量）
　　Ｊ211　ピ ヂ テ：マツスグナ
疕癉
　　ＫⅣ28b　ビイ エ：ホヤケ（疾病）
　　Ｊ336　ピイ エン：ホヤケ（感動）
閉住了
　　ＫⅣ8b　ピイ <u>ヂユイ</u> リヤ○ウ：トヂフサク（製作）
　　Ｊ222　ピイ ヂユイ リヤ○ウ：トヂフサグ
草薢
　　ＫⅤ3a　ピイ キヤイ：トコロ（菜蔬）｛Ｊの文字の変更・改正｝
黃薢
　　Ｊ385　ワン キヤイ：トコロ（菜蔬）
草麻子
　　ＫⅤ5a　ピイ マア ツウ：ヒマシ（菜蔬）
蓖麻子
　　Ｊ389　［右ピイ・左ポイ］マア ツウ：ヒマシ（菜蔬）
箆頭髮
　　ＫⅠ29a　ビイ デ○ウ ハ：カミヲサバク（身體）
　　Ｊ201　ピイ デ○ウ ハ：カミヲサバク
壁燈
　　ＫⅢ27b　ピ テン：カケアントウ（寳貨）
　　Ｊ295　ピ テン：カケアンドン（器用）
壁虎
　　ＫⅤ19a　ビ フウ：ハイトリクモ（蟲類）
　　Ｊ399　ビ フウ：ヤモリ（虫）
壁子
　　ＫⅣ49b　ピ ツウ：カベ（居室）
　　Ｊ372　ピ ツウ：カベ（家居）
壁子邉
　　ＫⅣ52a　ピ ツウ ベエン：カベノホトリ（居室）
　　Ｊ193　ピ ツウ ペン：カベノホトリ
臂痛
　　ＫⅣ32a　ピ トン：ケンヘキノイタム┐（疾病）
　　Ｊ343　ピイ トン：ケンヘキノイタム┐（感動）

避絶他
  ＫⅡ11a ピイ ヅエ タアー：アレヲサクル（賓友）
  J95 ピイ ヅエ タア：カレヲヨケタ
避他走
  ＫⅡ10b ピイ タアー ツエ○ウ：アレヲヨケテユク（賓友）
  J95 ピイ タア ツエ○ウ：アレヲヨケテユク
避我走
  ＫⅡ11a ピイ コヲー ツエ○ウ：ワレヲヨケル（賓友）
  J95 ピイ ゴウ ツエ○ウ：ワレヲヨケル
避雨了
  ＫⅠ7a ピイー リヤ○ウ：アメヲヨケル（天文）
  J182 ピイ、リヤ○ウ：アメヲヨケル
碧鳥
  ＫⅤ24a ビ ニヤ○ウ：ヘキテウ（禽類）
  J421 ピ ニヤ○ウ：ヘキチヤウ（飛禽）
碧桃花
  ＫⅤ29b ピ ダ○ウ ハアー：西王母ノルイ（花卉）
  J434 ピ ダ○ウ ハア：西王母ノルイ（花艸）

BIAN

編笠
  ＫⅢ37a ペエン リ：アミガサ（寶貨）
  J315 ヘン リ：アミガサ（器用）
蝙蝠
  ＫⅤ19b ペエン ホ：カハホリ（蟲類）
  J400 ヘン ホ：コウムリ（虫）
鞭子
  ＫⅤ42a ベン ツウ：ムチ（馬鞍）
  J415 ベン ツウ：ムチ（馬具）
扁柏葉
  ＫⅤ28a ペエン ベ エ：コノデガシハ（樹竹）
  J409 ペン ペ エ：コノテカシハ（樹竹）
扁扁的
  ＫⅣ11b ペエン ペエン テ：ヒラタヒ（數量）
扁々的
  J214 ペエン、テ：ヒラタイ
匾額
  ＫⅢ32b ペエン ゲ：ガク（寶貨）
  J306 ヘン ゲ：ガク（器用）
匾蒲
  ＫⅤ4b ペエン ホ：ユウガホ（菜蔬）
  J388 ペン フウ：ユウガヲ（菜蔬）
匾鍋
  ＫⅢ36b ペエン コウ：ヒラナベ（寶貨）
  J314 ヘン コウ：ヒラナベ（器用）
褊衫
  ＫⅤ36b ペエン サン：ミシカソデ（衣服）
  J426 ヘン サン：ミシカソデ（衣服）
便當的人
  ＫⅠ15b ベン タン テ ジン：チヤウホフナ人（人品）
  J260 ベン タン テ ジン：チヤウホウナ人（人品）
便當些
  ＫⅡ9a ベン タン スイ、：カツテニナル（賓友）
  J72 ベン タン スイ：カツテニナル
便道
  ＫⅢ42a ベン ダ○ウ：ベントウ（寶貨）
  J325 ベン ダ○ウ：ベントウ（器用）
便得緊
  ＫⅡ9a ベン テ キン：イカフカツテ（賓友）
  J72 ベエン テ キン：イコウベンズル
便毒
  ＫⅣ32b ベント：ベンドク（疾病）
  J343 ベン ド：ベンドク（感動）
便飯兒
  ＫⅤ7a ベン ワン ルウ：デキアヒノメシ（飯肉）
  J443 ベン ハン ル、：デキアイノメシ（飲食）
便服
  ＫⅤ36b ベン ホ：フダンキ（衣服）
  J425 ベン ホ：フダンキ（衣服）
便路了走去見
  ＫⅡ2a ベエン ルウ リヤ○ウ ツエ○ウ キユイ ケン：モヨリガヨヒユイテミヨウ（賓友）
  J139 ベン ルウ リヤ○ウ ツエ○ウ キユイ ケン：ムヨリガヨイユイテミヨウ
辨不清
  ＫⅢ23a ベエン ポ ツイン：ベンジエヌ（官府）
  J228 ベエン プ チン：ベンジエヌ
辮帶
  ＫⅢ38a ベン タイ：ヒボヲノルイ（寶貨）
  J317 ベン タイ：ヒボヲノルイ（器用）
辮條
  ＫⅤ38b ベン テヤ○ウ：クミイト（衣服）
  J430 ベン テヤ○ウ：クミイト（衣服）

BIAO

標
  ＫⅢ35a ピヤ○ウ：タモト、ケヒナド子ツケニシ

タルヲ云（寶貨）
J311 ピヤ○ウ：タモトトケイナド子ツケニシタルヲ云（器用）

標致的
　ＫⅠ17a ピヤ○ウ ツウ テ：ムマレツキノヨイモノ（人品）
　J263 ピヤ○ウ チイ テ：ムマレツキノヨイモノ（人品）

表
　ＫⅤ37a ピヤ○ウ：ヲモテ（衣服）
　J427 ピヤ○ウ：ヲモテ（衣服）

表弟
　ＫⅠ35a ピヤ○ウ テイ：母方ノイトコ（親族）
　J281 ヒヤ○ウ デイ：母方ノイトコ（親族）

表妹
　ＫⅠ35a ピヤ○ウ ムイ：母方女イトコ（親族）
　J281 ピヤ○ウ ムイ：母方ノ女イトコ（親族）

表兄
　ＫⅠ35a ピヤ○ウ ヒヨン：母方ノイトコ（親族）
　J281 ヒヤ○ウ ヒヨン：母方ノイトコ（親族）

表姉
　ＫⅠ35a ピヤ○ウ ツイー：母方女イトコ（親族）
　J281 ピヤ○ウ ツウ：母方ノ女イトコ（親族）

婊子
　ＫⅠ17b ピヤ○ウ ツウ：ケイセヒ（人品）
　J265 ピヤ○ウ ツウ：ケイセイ（人品）

裱褙
　ＫⅠ20b ピヤ○ウ ポイ：ヒヨウクシ（人品）
　J272 ピヤ○ウ ポイ：ヒヤウグシ（人品）

裱褙店
　ＫⅣ51a ピヤ○ウ ギユイ テエン：ヒヤウクヤ（居室）
　J376 ピヤ○ウ ギユイ テン：ヒヤウグヤ（家居）

BIE

鼈甲
　ＫⅤ17b ベ キヤ：ベツカフ（魚鼈）
　J396 ペ キヤ：ベツカウ（魚介）

別處人
　ＫⅠ23b ベ チユイ ジン：タシヨノ人（人品）
　J140 ペ チユイ ジン：タシヨノ人

別舩上
　ＫⅣ47a ベ ヂエン ジヤン：ベツフ子（舩件）
　J192 ベ ヂエン ジヤン：ベツフ子

別島来的人
　ＫⅠ23b ベ タ○ウ ライ テ ジン：タシヨノ人（人品）
　J140 ベ タ○ウ ライ テ ジン：タシヨノ人

別様的
　ＫⅣ16a ベ ヤン テ：ベツモノ（諸物）
　J234 ベ ヤン テ：ベツモノ

BIN

鬢毛
　ＫⅠ27b ビン マ○ウ：ビンノケ（身體）
　J290 ビン マ○ウ：ビンノケ（身體）

BING

冰筋
　ＫⅠ3a ピン キン：ツラヽ（天文）

氷筋
　J247 ピン キン：ツラヽ（天文）

冰冷的
　ＫⅠ7b ピン レン テ：氷ノ如クツメタヒ（天文）

氷冷的
　J184 ピン レン テ：氷ノ如クツメタイ

冰糖
　ＫⅤ8b ピン ダン：コホリサトウ（飯肉）

氷糖
　J446 ピン ダン：コウリサトウ（飲食）

冰條
　ＫⅠ3a ピン デヤ○ウ：ツラヽ（天文）

氷條
　J247 ピン デヤ○ウ：ツラヽ（天文）

冰紋
　ＫⅢ29b ピン ウエン：クワンニウ（寶貨）

氷紋
　J299 ピン ウエン：クハンニウ（器用）

兵費
　ＫⅣ25a ピン フイ：ヒヤウロウ（兵法）
　J331 ピン フイ：ヒヤウロウ（兵法）

兵粮
　ＫⅣ25a ピン リヤン：ヒヤウロウ（兵法）
　J331 ピン リヤン：ヒヤウロウ（兵法）

餅兒
　ＫⅤ7b ピン ルウ：モチ（飯肉）
　J444 ピン ル、：モチ（飲食）

禀朝廷
　ＫⅢ25a ピン チヤ○ウ デイン：テウテイニモモフス（官府）

禀朝庭
　K'Ⅲ 25a　ピン　チヤ○ウ　デイン：テウテイニモウス
禀朝庭
　J39　ピン　ヂヤ○ウ　デン：テウテイニモウス
禀将軍
　KⅢ 25a　ピン　ツヤン　グイン：シヤウクンニ申シアクル（官府）
禀將軍
　J39　ピン　チヤン　ギユン：シヤウグンニ申シアグル
併攏来
　KⅡ 9a　ピン　ロン　ライ：トリアツメテコヒ（賓友）
併攏來
　J61　ビン　ロン　ライ：トリアツメテコイ
並排寫
　KⅢ 45b　ビン　パイ　スエー：ナラベテカク（讀書）
　J 121　ビン　パイ　スエ：ナラベテカク
並頭寫
　KⅢ 45b　ビン　デ○ウ　スエー：カシラヲソロヘテカク（讀書）
　J 122　ビン　デ○ウ　スエ、：カシラヲソロヘテカク
病好了
　KⅣ 34a　ビン　ハ○ウ　リヤ○ウ：クハヒキシタ（疾病）
　J39　ビン　ハ○ウ　リヤ○ウ：クハイキシタ
病愈故吾有願心
　KⅣ 39a　ビン　イー　クウ　ウー　イウ　イエン　スイン：ヤマヒスキトヨヒユヘクワンカアル（疾病）
病愈故吾
　J46　ビン　イ、　クウ　ウ、：ヤマヒスキトヨイ｛2語に分け掲載｝
有願心
　J46　イウ　エン　スイン：グハンガアル

BO

波邊
　KⅣ 45a　ポヲ　ペエン：カヘイタノマ（舩件）
　J361　ポウ　ペン：カベイタノマ（舩件）
波掬
　KⅣ 45a　ホヲー　キヨ：カベイタノマツラ（舩件）
　J361　ポウ　キヨ：カベイタノマツラ（舩件）
波浪
　KⅠ 11a　ホヲー　ラン：ナミ（地理）
　J255　ポウ　ラン：ナミ（天文）
波浪大
　KⅠ 13b　ポヲー　ラン　ダアー：ナミガフトヒ（地理）
　J190　ホウ　ラン　ダア：ナミガフトヒ

玻璃
　KⅢ 39b　ポウ　リイ：ビイドロ（寶貨）
　J320　ポウ　リイ：ビイドロ（器用）
玻璃瓶
　KⅢ 39b　ポ　リイ　ヒン：フラスコ（寶貨）
　J320　ポリイ　ビン：フラスコ（器用）
菠稜菜
　KⅤ 1a　ポウ　リン　ツアイ：ホウレンソウ（菜蔬）
　J381　ポウ　リン　ツアイ：ホウレンソウ（菜蔬）
鉢盂
　KⅢ 36a　ポイー：ハチ（寶貨）
　J312　ポイ、：ハチ（器用）
播一播
　KⅡ 22a　ボウ　イ　ボウ：ヒル（通用）
　J21　ポウ　イ　ポウ：ヒダス⌐
伯勞
　KⅤ 25a　ペ　ラ○ウ：モズ（禽類）
　J423　ペ　ラ○ウ：モズ（飛禽）
泊舩
　KⅣ 41b　ホヂエン：トマリフ子（舩件）
　J354　ポ　ヂエン：トマリフ子（舩件）
苩菜
　KⅤ 1a　ベ　ツアイ：タウナ（菜蔬）
　J381　ベ　ツアイ：トウナ（菜蔬）
博學的
　KⅢ 50a　ホ　ヒヨ　テ：ハクガクナ（讀書）
　J14　ポ　ヒヨ　テ：ハクガクシヤ
檗樹
　KⅤ 28a　ピ　ジユイ：キワタノキ（樹竹）
　J409　ペ　ジユイ：キワタノキ（樹竹）

BU

卜卦
　KⅠ 20a　ポ　クワア：ウラナヒシヤ（人品）
　J271　ポ　クハア：ウラカタシ（人品）
　步　｛削除「起課的」,「賣卜的」に変更｝
卜得吉
　KⅢ 14b　ポ　テキ：ウラナヒ吉（慶弔）
　J47　ポ　テキ：ウラナイ吉
補補兒
　KⅣ 3a　プウ　プウ　ルウ：ツクロフ（製作）
補ゝ兒
　J204　プウ、　ル：シク｛Jは鋪鋪児に対する訳語｝
補一補
　步Ⅳ 4b　｛「補一補」に変更｝

補多少
　　ＫⅣ 10b　プウ　トウ　シヤ○ウ：ナニホドタスカ
　　　　（數量）
　　Ｊ171　プウ　トウ　スヤ○ウ：ナニホドタスカ
補盖行李
　　ＫⅣ 47b　フウ　カイ　ヒン　リイ：ヨギフトンテマワ
　　　　リトウク（舩件）
　　Ｊ193　プウ　キヤイ　ヒン　リイ：ヨギフトンテマワ
　　　　リドウグ
鋪盖行李
　　歩Ⅳ 66a　｛「鋪盖行李」に訂正｝
補血的
　　ＫⅣ 38b　プウ　ヘ　テ：チヲヽキナフ（醫療）
　　Ｊ45　プウ　ヘ　テ：チヲヲギナフ
補一補
　　ＫⅣ 53a　プウ　イ　プウ：シユフクスル（居室）
補一家
　　Ｊ195　プウ　ヘ　キヤア：シユフクスル
哺
　　ＫⅤ 25b　プウ：ハム（禽類）
　　Ｊ424　プウ：ハム（飛禽）
哺的殻
　　ＫⅤ 12a　プウ　テ　コ：カエシタカラ（飯肉）
　　Ｊ236　プウ　テ　コ：カエシタカラ
不把你看
　　ＫⅠ 42a　ポ　パアヽ　ニイ　カン：ソナタニハミセヌ
　　　　（動作）
　　Ｊ175　プ　パア　ニイ　カン：ソコモトニハミセヌ
不保養
　　ＫⅣ 35a　ポ　パ○ウ　ヤン：ブヨウゼウ（疾病）
　　Ｊ40　プ　パ○ウ　ヤン：ブヨウゼウ
不必得
　　ＫⅢ 8b　ポ　ピ　テ：ソレニオヨハヌ（筵宴）
　　Ｊ66　プ　ピ　テ：ソレニヲヨバヌ
不必讀
　　ＫⅢ 44a　ポ　ピ　ド：ヨムニオヨバヌ（讀書）
　　Ｊ119　プ　ピ　ド：ヨムナ
不必改
　　ＫⅢ 48b　ポ　ピ　カイ：カユルニオヨバヌ（讀書）
　　Ｊ80　プ　ピ　ド：カナラスカユルナ
不必論
　　ＫⅡ 16a　ポ　ピ　ルイン：ロンズルニヲヨバヌ（通用）
　　Ｊ130　プ　ピ　ルイン：ロンズルニヲヨバヌ
不便講
　　ＫⅡ 16b　ポ　ベエン　キヤン：イハレヌ（通用）

　　Ｊ131　プ　ベン　キヤン：イワレヌ
不便来
　　ＫⅡ 4a　ポ　ベン　ライ：コラレヌ（賓友）
不便來
　　Ｊ144　プ　ベン　ライ：コラレヌ
不便去
　　ＫⅡ 4a　ポ　ベエン　キユイ：ユカレヌ（賓友）
　　Ｊ144　プ　ベン　キユイ：ユカレヌ
不不不
　　ＫⅡ 19a　ポ　ヽ　ヽ：イヤ　〜　（通用）
不〜〜
　　Ｊ69　プッヽ：イヤ　〜
不採我
　　ＫⅡ 28a　ポ　ツアイ　ゴヲヽ：ワレニカマウナ（干求）
　　Ｊ97　プ　ツアイ　ゴウ：ワレニカマウナ
不曾定
　　ＫⅡ 24b　ポ　ヅエン　デン：マダケツセヌ（通用）
　　Ｊ62　プ　ツエン　デン：マダケツセヌ
不曾講
　　ＫⅡ 16b　ポ　ヅエン　キヤン：マダトカヌ（通用）
　　Ｊ132　プ　ツエン　キヤン：マダトカヌ
不曾揩
　　ＫⅢ 10a　ポ　ヅエン　キヤイ：マタフカヌ（筵宴）
　　Ｊ223　プ　ツエン　キヤイ：マダノグワヌ
不曾看
　　ＫⅠ 40b　ポ　ヅエン　カン：マダミヌ（動作）
　　Ｊ172　プ　ツエン　カン：マダミヌ
不曾看盡了
　　ＫⅠ 42b　ポ　ヅエン　カン　ヅイン　リヤ○ウ：マダ
　　　　ミツクサヌ（動作）
不曾看不盡
　　Ｊ175　プ　ツエン　カン　プ　ヂン：マダミツクサヌ
不曾来
　　ＫⅡ 4a　ポ　ヅエン　ライ：マダコヌ（賓友）
不曾來
　　Ｊ144　プ　ツエン　ライ：マダコヌ
不曾了
　　ＫⅡ 18b　ポ　ヅエン　リヤ○ウ：マダシヤ（通用）
　　Ｊ68　プ　ツエン　リヤ○ウ：マダジヤ
不曾陪
　　ＫⅡ 2b　ポ　ヅエン　ボイ：マダイチザヲ申サヌ（賓友）
　　Ｊ141　プ　ツエン　ボイ：マダイチザヲ申サヌ
不曾起

KⅠ43a ポ ヅエン キイ：マタヲキヌ（動作）
J108 プ ツエン キイ：マダヲキヌ

不曾去
KⅡ4a ポ ヅエン キユイ：マダユカヌ（賓友）
J144 プ ツエン キユイ：マダユカヌ

不曾殺
KⅢ24a ポ ヅエン サ：マダコロサヌ（官府）
J11 プ ツエン サ：マダコロサヌ

不曾燒
KⅡ29b ポ ヅエン シヤ○ウ：マダヤケヌ（患難）
J51 プ ツエン シヤ○ウ：マダヤケヌ

不曾收
KⅣ21b ポ ヅエン シウ：マダウケトラヌ（財産）
J19 プ ツエン シウ：マダウケトラヌ

不成裏
KⅡ18a ポ ヂン リイ：ナラヌ（通用）

不成裡
J67 プ ヂン リイ：ナラヌ

不成的
歩Ⅱ24a ｛「不成的」に変更｝

不成器
KⅣ20b ポ ヂン キイ：モノニナラヌ（財産）
J12 プ ヂン キイ：モノニナラヌ

不吃酒
KⅢ2b ポ チ ツイ○ウ：サケハタベヌ（筵宴）
J155 プ チ チウ：サケハタベヌ

不吃糧
KⅣ20b ポ チ リヤン：チギヨウトラヌ（財産）
J13 プ チ リヤン：チギヤウトラヌ

不吃烟
KⅢ4b ポ チ エン：タハコヘタ（筵宴）
J158 プ チ エン：タバコヘタ

不吃魚
KⅢ5b ポ チ イー：ウヲヽクハヌ（筵宴）
J164 プ チ イー：ウヲヽクワヌ

不出的
KⅠ40a ポ チユ テ：デヌ（動作）
J237 プ チユ テ：デヌ

不出汗
KⅣ35a ポ チユ ハン：アセヽヌ（疾病）
J41 プ チユ ハン：アセセヌ

不出家
KⅢ11b ポ チユ キヤア：出家ニナラヌ（祭祀）
J35 プ チユ キヤア：出家ニナラヌ

不出来

KⅡ5b ポ チユ ライ：イデキタラヌ（賓友）

不出來
J147 プ チユ ライ：イデキタラヌ

不出力
KⅢ48a ポ チユ リ：セイガデヌ（讀書）
J79 プ チユ リ：セイガデヌ

不出門
KⅡ6b ポ チユ メン：ソトニテヌ（賓友）
J149 プ チユ メン：ソトニデヌ

不出氣
KⅠ38a ポ チユ キイ：イカリヲダサヌ（性情）
J88 プ チユ キイ：イカリヲダサヌ

不出聲
KⅠ30b ポ チユ シン：ダマル（身體）
J108 プ チユ スイン：ダマル

不錯記
KⅢ47b ポ ツヲー キイ：オボエチカワヌ（讀書）
J127 ポ ツヲウ キイ：オホエチカワヌ

不記錯
歩Ⅲ65a ｛「不記錯」に変更｝

不搭衣
KⅤ40a ポ タ イー：キヌヲカケヌ（衣服）
J209 プ タ イヽ：キヌヲカケヌ

不打緊
KⅡ26a ポ タアー キン：ダイシナヒ（干求）
J65 プ タア キン：ダイジナヒ

不大好
KⅡ17b ポ ダアー ハ○ウ：アマリヨクナヒ（通用）
J136 プ タア ハ○ウ：アマリヨクナイ

不大用
KⅡ25a ポ ダアー ヨン：アマリイラヌ（干求）
J63 プ ダア ヨン：アマリイラヌ

不大有
KⅣ19a ポ ダアー イウ：オホクナヒ（財産）
J137 ポ ダア イウ：ヲヽクナイ

不淡的
KⅣ3a ポ ダン テ：ウスクナヒ（製作）
J202 プ トハン テ：ウスクナイ

不到手
KⅡ32b ポ タ○ウ シウ：テニイラヌ（徳藝）
J75 プ タ○ウ シウ：テニイラヌ

不得好
KⅡ17a ポ テ ハ○ウ：ヨクナヒ（通用）
J135 プ テ ハ○ウ：ヨクナイ

不得已

【BU】

不
　　KⅠ44b　ポ テ イー：ヤメラレヌ（動作）
　　J38　プ テ イヽ：ヤメラレヌ
不點的
　　KⅢ48b　ポ テエン テ：アラタメヌ（讀書）
　　J80　プ テン テ：アラタメヌ
不丟掉
　　KⅠ45a　ポ テ○ウ デヤ○ウ：ステヌ（動作）
　　J219　プ テ○ウ デヤ○ウ：ステヌ
不動葷
　　KⅢ8a　ポ ドン ホン：セウジンアケヌ（筵宴）
　　J169　プ ドン ホン：セウジンアゲヌ
不動手
　　KⅣ2a　ポ ドン シウ：マダトリツカヌ（製作）
　　J134　プ ドン シウ：マダトリツカヌ
不凍的
　　KⅠ8b　ポ トン テ：コホラヌ（天文）
　　J186　プ トン テ：コフラヌ
不斷的
　　KⅣ6b　ポ ドワン テ：キレヌ（製作）
不断的
　　J216　プ ドハン テ：キレヌ
不多大
　　KⅣ11b　ポ トフ ダアー：アマリフトクナヒ（数量）
　　J212　プ トウ ダア：アマリフトクナヒ
不大的
　　歩Ⅳ16b　{「不大的」に変更}
不多了
　　KⅣ10a　ポ トフ リヤ○ウ：オホクナヒ（数量）
　　J170　プ トウ リヤ○ウ：ヲヽクナイ
不多時
　　KⅣ13b　ポ トフ ズウ：ホドヽホカラス（数量）
　　J26　ポ トウ ズウ：ホドヲカラヌ
不多時就到了
　　KⅡ7a　ポ トフ ズウ ツイ○ウ タ○ウ リヤ○ウ：ホドナクツキマシタ（賓友）
　　J150　プ トウ ズウ ヂ○ウ タ○ウ リヤ○ウ：ホドナクツキマシタ
不多時就要起身下囬去
　　KⅡ7a　ポ トフ ズウ ツイ○ウ ヤ○ウ キ シン ホ イ キユイ：ホドナク發足ソカヘリマス：ホドナクツキマシタ（賓友）
　　J150　プ トウ ズウ ヂウ ヤ○ウ キ シン ホイ キユイ：ホドナク發足シテカヘリマス
不二價
　　KⅣ22a　ポ ルウ キヤア：カケ子ナシ（財産）

J17　プ ルヽ キヤア：カケ子ナシ
不發達
　　KⅢ13b　ポ ハタ：シタサヌ（慶弔）
　　J83　プ ハタ：シダサヌ
不發跡
　　KⅢ13b　ポ ハ チ：シタサヌ（慶弔）
　　J83　プ ハ チ：シダサヌ
不發米
　　KⅣ20a　ポ ハ ミイ：コメガデヌ（財産）
　　J237　プ ハ ミイ：コメガデヌ
不放你
　　KⅢ21b　ポ ハン ニイ：ソナタヲユルサヌ（官府）
　　J104　プ ハン ニイ：ユルサヌ
不妨的
　　KⅡ26a　ポ ハン テ：タイシナイ（干求）
　　J65　プ ハン テ：ダイジナイ
不費心
　　KⅠ38a　ポ フイー スイン：セワヲセヌ（性情）
　　J90　プ フイ スイン：セワヲセヌ
不風流
　　KⅠ23a　ポ フヲン リウ：フウリウニナイ（人品）
　　J110　プ ホン リウ：フウリウニナイ
不奉承
　　KⅡ13a　ポー ウヲン ツイン：フケイ（賓友）
　　J72　プ ヲン チン：フケイナ﹁
不敷用
　　KⅣ10b　ポ フウ ヨン：ユキワタラヌ（数量）
　　J171　プ プウ ヨン：ユキワタラヌ
不服土
　　KⅣ34b　ポ ホ ドウ：トチニアハヌ（疾病）
不伏土
　　J40　ポ ホ ドウ：トチニアワヌ
不該的
　　KⅡ11b　ポ カイ テ：アタラヌ（賓友）
　　J113　プ カイ テ：アタラヌ
不干的
　　KⅣ9a　ポ カン テ：ヒヌ（製作）
　　J223　プ カン テ：ヒヌ
不乾淨
　　KⅣ2a　ポ カン ヅイン：サツハリトナヒ（製作）
　　J87　プ カン ヅイン：サツハリトナイ
不甘心
　　KⅠ38b　ホ カン スイン：スマサヌ（性情）
　　J67　プ カン スイン：スマサヌ
不敢白受

167

KⅢ 17b ポ カン ペ ジウ：ユヘナクモノヲモロフ
トキノジキ（寄贈）
J85 プ カン ペ ジウ：ユヘナクモノヲモロフトキ
ノジキ

不敢吃
KⅢ 7a ポ カン チ：ドウモタヘラレヌ（筵宴）
J167 プ カン チ：ドウモタベラレヌ

不敢當
KⅢ 8b ホ カン タン：イタミイル（筵宴）
J66 プ カン タン：ナニガサテ

不敢来
KⅡ 4b ポ カン ライ：ドウモコラレヌ（賓友）

不敢來
J145 プ カン ライ：ドウモコラレヌ

不敢懶惰
KⅢ 52b ポ カン ラン トヲ：ブセウハイタサヌ
（讀書）
J16 プ カン ラン トウ：ブセウヲスルナ

不公道
KⅢ 23a ポ コン タ○ウ：ヒヤウトウニナヒ（官府）
J9 プ コン ダ○ウ：ビヤウドウニナイ

不關心
KⅡ 28a ポ クワン シン：カマワヌ（干求）
J97 プ クハン シン：カモワヌ

不管不管
KⅡ 27b ポ クワン ポ クワン：カマワヌ（干求）

不管〜〜
J97 プ クハン ゝゝ：カマワヌ

不管的
KⅡ 27b ポ クワン テ：カマワヌ（干求）
J97 プ クハン テ：カモワヌ

不果決
KⅡ 36a ポ カヲ、ケ：ケツセヌ（盟約）
J47 プ コウ ゲ：ケツセヌ

不過来
KⅡ 4a ポ コー ライ：コラレヌ（賓友）

不過來
J144 プ コウ ライ：コラレヌ

不害人
KⅢ 24a ポ ハイ ジン：人ヲガヒセヌ（官府）
J11 プ ハイ ジン：人ヲガイセヌ

不好的
KⅡ 18a ポ ハ○ウ テ：ヨクナヒ（通用）
J136 プ ハ○ウ テ：ヨクナイ

不好會
KⅡ 1b ポ ハ○ウ ホイ：アハレヌ（賓友）
J139 プ ハ○ウ ホイ：アワレヌ

不好講
KⅡ 16b ポ ハ○ウ キヤン：イハレヌ（通用）
J131 プ ハ○ウ キヤン：イワレヌ

不好解
KⅡ 21b ポ ハ○ウ キヤイ：トカレヌ（通用）
J8 プ ハ○ウ キヤイ：トカレヌ

不好救
KⅡ 29a ポ ハ○ウ キウ：スクワレヌ（患難）
J106 プ ハ○ウ ギウ：スクワレヌ

不好看
KⅠ 40b ポ ハ○ウ カン：ミコトニナヒ（動作）
J172 プ ハ○ウ カン：ミトフナイ

不好来
KⅡ 4a ポ ハ○ウ ライ：コラレヌ（賓友）

不好來
J144 プ ハ○ウ ライ：コラレヌ

不好領
KⅣ 21b ポ ハ○ウ リン：ウケニクイ（財産）
J19 プ ハ○ウ リン：ウケニクイ

不好取
KⅣ 21b ポ ハ○ウ ツイー：トラレヌ（財産）
J19 プ ハ○ウ チユイ：トラレヌ

不好去
KⅡ 4a ポ ハ○ウ キユイ：ユカレヌ（賓友）
J144 プ ハ○ウ キユイ：ユカレヌ

不好省
KⅣ 23a ポ ハ○ウ スエン：ハブカレヌ（財産）
J48 プ ハ○ウ スイン：シマツガシニクイ

不好説
KⅡ 15a ポ ハ○ウ セ：イハレヌ（通用）
J128 プ ハ○ウ セ：イワレヌ

不好醫
KⅣ 38b ポ ハ○ウ イー：レウヂカセラレヌ（醫療）
J45 プ ハ○ウ イ丶：レウヂガセラレヌ

不好做
KⅣ 1a ポ ハ○ウ ツヲー：ツクリニクヒ（製作）
J132 プ ハ○ウ ツヲ丶：シヨウガワルイ

不還俗
KⅢ 11b ポ ワン ヅヲ：ケンゾクセヌ（祭祀）
J35 プ ワン ゾヲ：ケンゾクセヌ

不回去
KⅡ 6a ポ ホイ キユイ：カヘラヌ（賓友）
J148 プ ホイ キユイ：カヘラヌ

【BU】

不會抄
　KⅢ46a ポ ホイ ツア○ウ：エウツサズ（讀書）
　J122 プ ホイ ツヤ○ウ：エカヽヌ

不會餓
　KⅢ7b ポ ホイ ゴヲヽ：ヒダルクハナヒ（筵宴）
　J169 プ ホイ ゴウ：ヒダルクハナイ

不會講
　KⅡ16b ポ ホイ キヤン：イハレヌ（通用）
　J131 プ ホイ キヤン：イワレヌ

不會念
　KⅢ44a ポ ホイ 子エン：ヨミエズ（讀書）
　J119 プ ホイ 子ン：ヨミエヌ

不會暖
　KⅢ2a ポ ホイ ノワン：アタヽマラヌ（筵宴）
　J154 プ ホイ ノワン：アタヽマラヌ

不會説
　KⅡ15a ポ ホイ セ：エイハヌ（通用）
　J128 プ ホイ セ：イヽエヌ

不會筭
　KⅣ22b ポ ホイ ソワン：ブサンナ（財産）
　J18 プ ホイ ソハン：ブサンナ

不會寫
　KⅢ45a ポ ホイ スエー：エカヽン（讀書）
　J121 ポ ホイ スエヽ：カキエヌ

不會做
　KⅣ1a ポ ホイ ツヲー：ヨクセヌ（製作）
　J132 プ ホイ ツヲヽ：イタシエヌ

不及送
　KⅡ2b ポ キー ソン：オクルニヲヨバヌ（賓友）
　J141 プ キー ソン：ヲクルニヲヨバヌ

不吉利
　KⅢ13a ホ キ リイ：シアワセカナヒ（慶弔）
　J83 ポ キ リイ：シヤワセガナイ

不記的
　KⅢ47b ポ キイ テ：オボエヌ（讀書）
　J128 プ キイ テ：ヲボエヌ

不記號
　KⅣ17a ポ キイ ア○ウ：シルシヲセヌ（諸物）
　J5 プ キイ ハ○ウ：名ヲシルサヌ

不記名
　KⅣ17a ポ キイ ミン：名ヲシルサヌ（諸物）
　J5 プ キイ ミン：名ヲシルサヌ

不記帳
　KⅣ22a ポ キイ チヤン：チヤウニシルサヌ（財産）
　J17 プ キイ チヤン：チヤウニシルサヌ

不濟事
　KⅠ37a ツイー ズウ：ラチノアカヌモノ（性情）
　J100 プツイ ズウ：ラチノアカヌモノ

不見面
　KⅡ1b ポ ケン メエン：ゲンゾウセヌ（賓友）
　J139 プ ケン メエン：ゲンゾウセヌ

不見你
　KⅡ1b ポ ケン ニイ：ソナタニアヒマセヌ（賓友）
　J138 プ ケン ニイ：アイマセヌ

不見人
　KⅡ2a ポ ケン ジン：人ニアハヌ（賓友）
　J139 プ ケン ジン：人ニアワヌ

不見水
　KⅤ14a ポ ケン シユイ：ミツエツケヌ（煮煎）
　J162 プ ケン シユイ：ミヅニツケヌ

不健的
　KⅠ31b ポ ゲン テ：ソクサイニナヒ（身體）
　J88 プ ケン テ：ソクサイニナイ

不潔淨
　KⅣ2a ポ キ ヅイン：サツハリトナヒ（製作）
　J87 プ ケ ヅイン：サツハリトナイ

不謹勤
　KⅡ30b ポ キン キン：ツトメヌ（疎慢）
　J74 プ キン キン：ツトメヌ

不進場
　KⅠ13b ポ ツイン ヂヤン：アシキバシヨ（地理）
　J189 プ チン ヂヤン：アシキバシヨ

不進門
　KⅡ7b ポ ツイン メン：マタイデヌ（賓友）
　J151 プ チン メン：マカリイデヌ

不經穿
　KⅤ41a ポ キン チエン：キルモノヽヨハイ（衣服）
　J231 プ キン チエン：テノワルイヲリモノ

不經火
　KⅤ13a ポ キン ホフ：ヒニアテヌ（煮煎）
　J159 プ キン ホヲ：ヒニアテヌ

不經用
　KⅢ43b ポ キン ヨン：キブツノツカハヌモノ（寶貨）
　J231 プ キン ヨン：ヨワテノモノ

不具貼
　KⅣ3b ポ ギユイ テ：ウラウツテナヒ（製作）
　J204 プ ギユイ テ：ウラウツテナイ

不倦的
　KⅠ31a ポ ギエン テ：クタビレヌ（身體）

J88　プ ケン テ：クタビレヌ

不覺的
　　ＫⅠ43a　ポ キヤ テ：サメヌ（動作）
　　J108　プ キヤ テ：サメヌ

不絶聲
　　ＫⅠ31a　ポ ヅエ シン：コエカタヘヌ（身體）
　　J108　プ ヂエ シン：コエガタエヌ

不楷端
　　ＫⅡ20a　ポ キヤイ トワン：タヾシフナイ（通用）
　　J73　プ キヤイ タン：タヾシフナイ

不端正
　　歩Ⅱ26b　｛「不端正」に変更｝

不看書
　　ＫⅢ45a　ポ カン シユイ：シヨモツミズ（讀書）
　　J120　プ カン シユイ：シヨモツミズ

不肯保
　　ＫⅣ34b　ポ ゲン パ○ウ：ヨウセウシカ子ル（疾病）
　　J40　プ ゲン パ○ウ：ヤウゼウシカ子ル

不肯不肯
　　ＫⅡ18b　ポ ゲン ポ ゲン：ウケアワヌ（通用）

不肯〃
　　J68　プ ゲン 〃 〃：ウケガハヌ

不肯出
　　ＫⅠ40a　ポ ゲン チユ：ツントデヌ（動作）
　　J237　プ ゲン チユ：ツントデヌ

不肯傳
　　ＫⅢ48a　ポ ゲン ヂエン：ヨフツタヘヌ（讀書）
　　J79　プ ゲン ヂエン：ヨクツタヘヌ

不肯服
　　ＫⅡ21b　ポ ゲン ホ：キフクセヌ（通用）
　　J8　プ ゲン ホ：キフクセヌ

不肯教
　　ＫⅢ48a　ポ ゲン キヤ○ウ：オシヘヌ（讀書）
　　J79　プ ゲン キヤ○ウ：ヲシヘヌ

不肯進
　　ＫⅡ11b　ポ ゲン ツイン：スヽミカヌル（賓友）
　　J217　プ ゲン チン：スヽミカヌル

不肯来
　　ＫⅡ5a　ポ ゲン ライ：コヌ（賓友）｛「没有来」の
　　　　直後に位置し語釈は同上＜コヌ＞｝

不肯來
　　J146　プ ゲン ライ：キニクイ

不肯軟
　　ＫⅤ14b　ポ ゲン ジエン：ヤワラカニナラヌ（煮煎）
　　J206　プ ゲン ジエン：ヤワラカニナラヌ

不肯聽
　　ＫⅠ41a　ポ ゲン <u>デイン</u>：キカヌ（動作）
　　J173　プ ゲン デン：キカヌ

不肯退
　　ＫⅡ11b　ポ ゲン トイ：ノキカヌル（賓友）
　　J217　プ ゲン トイ：ノキカヌル

不肯降
　　ＫⅣ27a　ポ ゲン キヤン：コウサンセヌ（兵法）
　　J7　プ ゲン ヤン：コウサンセヌ

不肯歇
　　ＫⅠ44a　ポ ゲン ヘ：ヤメヌ（動作）
　　J37　プ ゲン ヘ：ヤメヌ

不肯學
　　ＫⅢ47b　ポ ゲン ヒヨ：ヨクナラハヌ（讀書）
　　J128　プ ゲン ヒヨ：ヨクナラワヌ

不快活
　　ＫⅢ9a　ポ クワイ ウヲ：コ、ロヨクナイ（筵宴）
　　J71　プ クハイ ヲ：コ、ロヨクナイ

不来阿
　　ＫⅡ4b　ポ ライ アー：コヌ（賓友）

不來阿
　　J145　プ ライ ア、：コヌ

不来催
　　ＫⅡ27b　ポ ライ ツ○イ：サイソクニコラレヌ
　　　　（干求）

不來催
　　J94　プ ライ ツイ：サイソクニコラレヌ

不来管
　　ＫⅡ27b　ポ ライ クワン：カマワヌ（干求）

不來管
　　J141　プ ライ クハン：カモワヌ

不来陪
　　ＫⅡ2b　ポ ライ ホイ：セウバンセヌ（賓友）

不來陪
　　J141　プ ライ ボイ：セウバンセヌ

不来求
　　ＫⅡ8b　ポ ライ ギウ：子ガイニコヌ（賓友）

不來求
　　J153　プ ライ ギウ：子ガイニコヌ

不来頑
　　ＫⅡ8a　ポ ライ ワン：アソビニコヌ（賓友）

不來頑
　　J153　プ ライ ワン：アソビニコヌ

不牢的

ＫⅡ24b　ポ　ラ○ウ　テ：カタクナヒ（通用）
　　Ｊ113　プ　ラ○ウ　テ：カタクナイ

不離刀
　　ＫⅣ26b　ポ　リイ　タ○ウ：カタナヲハナサヌ（兵法）
　　Ｊ198　プ　リイ　タ○ウ：カタナヲハナサヌ

不離卓子傍邊看書
　　ＫⅢ45a　ポ　リイ　チヨ　ツウ　パン　ペエン　カン　シユイ：ツクヱヲハナレズシヨヲミル（讀書）
　　Ｊ120　プ　リイ　チヨ　ツウ　パン　ペン　カン　シユイ：ツクヱヲハナレズシヨヲミル

不連的
　　ＫⅣ17a　ポ　レン　テ：ツヾカヌ（諸物）
　　Ｊ207　プ　レン　テ：ツヾカヌ

不靈聡
　　ＫⅢ11b　ポ　リン　子エン：シルシカナヒ（祭祀）
　　Ｊ46　プ　リン　子ン：シルシガナイ

不領的
　　ＫⅣ21b　ポ　リン　テ：ウケトラヌ（財産）
　　Ｊ19　プ　リン　テ：ウケトラヌ

不露跡
　　ＫⅢ22a　ポ　ロウ　チ：アトカシレタ（官府）{誤訳}
　　Ｋ'Ⅲ22a　ポ　ロウ　チ：アトカシレヌ
　　Ｊ104　プ　ルウ　チ：アトガシレヌ

不囉唣
　　ＫⅡ20a　ポ　ロフ　ソフ：ヤカマシフナヒ（通用）
　　Ｊ89　プ　ロウ　ソウ：ヤカマシフナイ

不落雪
　　ＫⅠ8b　ポ　ロ　スヱ：ユキハフラヌ（天文）
　　Ｊ186　プ　ロ　スエ：ユキハフラヌ

不落雨
　　ＫⅠ2b　ポ　ロ　イー：アメガフラヌ（天文）
　　Ｊ246　プ　ロ　イヽ：フラヌ（天文）

不買来
　　ＫⅣ21a　ポ　マイ　ライ：カワヌ（財産）

不買來
　　Ｊ16　プ　マイ　ライ：カワヌ

不滿的
　　ＫⅢ3b　ポ　モワン　テ：ミチヌ（筵宴）
　　Ｊ157　プ　マン　テ：ミチヌ

不忙的
　　ＫⅡ20b　ポ　マン　テ：イソガシウナヒ（通用）
　　Ｊ90　プ　マン　テ：イソガシウナイ

不明白
　　ＫⅡ20a　ポ　ミン　ベ：ラチガアカヌ（通用）
　　Ｊ73　プ　ミン　ベ：タシカナラヌ

不能好
　　ＫⅡ17a　ポ　子ン　ハ○ウ：ヨクナラヌ（通用）
　　Ｊ135　プ　子ン　ハ○ウ：ヨクナラヌ

不能進學
　　ＫⅢ50b　ポ　子ン　ツイン　ヒヨ：カクモンハナラヌ（讀書）
　　Ｊ16　プ　子ン　チン　ヒヨ：ガクモンハナラヌ

不能已
　　ＫⅠ44b　ポ　子ン　イー：ヤメラレヌ（動作）
　　Ｊ38　プ　子ン　イヽ：ヤメガナラヌ

不粘的
　　ＫⅣ8a　ポ　子ン　テ：子バツカヌ（製作）
　　Ｊ221　プ　子ン　テ：子バツカヌ

不弄鬼
　　ＫⅡ32b　ポ　ロン　クイ：テガヱセヌ（德藝）
　　Ｊ99　プ　ロン　クイ：テガヘセヌ

不弄権
　　ＫⅢ23a　ポ　ロン　ギエン：ケンペイニナヒ（官府）
　　Ｊ6　プ　ロン　ケン：ケンヘイニナイ

不破財
　　ＫⅣ23a　ポ　ポヲ　ツアイ：ツカイツクサヌ（財産）
　　Ｊ48　プ　ポウ　ツアイ：ツカイツクサヌ

不平的
　　ＫⅢ23a　ポ　ピン　テ：ヒヤウトウニナヒ（官府）
　　Ｊ9　プ　ピン　テ：ビヤウドウニナイ

不起稿
　　ＫⅢ46a　ポ　キイ　カ○ウ：マダソウアンニトリツカヌ（讀書）
　　Ｊ123　プ　キイ　カ○ウ：マダソウアンニトリツカヌ

不起身
　　ＫⅡ7a　ポ　キイ　シン：出立セヌ（賓友）
　　Ｊ150　プ　キイ　シン：出立セヌ

不遷移
　　ＫⅢ9b　ポ　スエン　イヽ：ヤウツリセヌ（筵宴）
　　Ｊ203　プ　チエン　イヽ：ヤウツリセヌ

不清利
　　ＫⅠ32a　ポ　ツイン　リイ：キブンガヨクナイ（身體）
　　Ｊ87　プ　チン　リイ：キブンガヨウナイ

不求人
　　ＫⅢ41b　ポ　ギウ　ジン：マコノテ（寶貨）
　　Ｊ324　プ　ギウ　ジン：マゴノテ（器用）

不去催
　　ＫⅡ27b　ホ　キユイ　ツ○イ：サイソクニユカレヌ（干求）
　　Ｊ94　プ　キユイ　ツイ：サイソクニユカレヌ

不去定
　ＫⅡ 3a ポ <u>キユイ</u> デン：行テモケツセヌ（賓友）
　Ｊ143 プ キユイ デン：行テモケツセヌ

不去接
　ＫⅡ 12b ポ <u>キユイ ツイ</u>：ムカヒニユカヌ（賓友）
　Ｊ38 プ キユイ チ：ムカイニユカヌ

不去領
　ＫⅣ 21b ポ キユイ リン：ユヒテハウケラレヌ（財産）
　Ｊ20 プ キユイ リン：ユイテハウケラレヌ

不去討
　ＫⅡ 26b ポ キユイ タ○ウ：モラヒニユカヌ（干求）
　Ｊ82 プ キユイ ダ○ウ：モライニユカヌ

不去渣
　ＫⅤ 14b ポ キユイ ヅアー：カスヲステヌ（煮煎）
　Ｊ220 プ キユイ ヅア丶：カスヲステヌ

不全的
　ＫⅣ 12b ポ ヅエン テ：ハシタモノ（數量）
　Ｊ30 プ ヂエン テ：ハシタモノ
　歩Ⅳ 18a 〔「兼全的」と併記〕

不全了
　ＫⅣ 12b ポ ヅエン リヤ○ウ：マツトウナヒ（數量）
　Ｊ30 プ ヂエン リヤ○ウ：マツトウナイ

不染
　ＫⅣ 31b ポ ジエン：エキレヒナトウツラヌ⌐（疾病）
　Ｊ342 プ ゼン：エキレイナトヲウツラヌ⌐（感動）

不容易
　ＫⅡ 21b ポ ヨン イ：心ヤスクナヒ（通用）
　Ｊ9 プ ヨン イ丶：心ヤスクナイ

不如你
　ＫⅡ 10b ポ <u>ジユイ</u> ニイ：ソチニハヲヨバヌ（賓友）
　Ｊ95 プ ジユイ ニイ：ソチニハヲヨバヌ

不如他
　ＫⅡ 11a ポ <u>ジユイ</u> タアー：カレニハヲヨバヌ（賓友）
　Ｊ95 プ ジユイ タア：カレニヲヨバヌ

不如我
　ＫⅡ 11b ポ <u>ジユイ</u> ゴヲ丶：ワレニハヲヨバヌ（賓友）
　Ｊ95 プ ジユイ ゴウ：ワレニハヲヨバヌ

不入箱
　ＫⅣ 17a ポ ジ スヤン：ハコニイレヌ（諸物）
　Ｊ199 プ ジ スヤン：ハコニイレヌ

不潤的

不去定
　ＫⅣ 8a ポ <u>ジユイン</u> テ：ウルホワヌ（製作）
　Ｊ222 プ ジユン テ：ウルヲワヌ

不殺人
　ＫⅢ 24a ポ サ ジン：ヒトヲコロサヌ（官府）
　Ｊ11 プ サ ジン：コロサヌ

不上舩
　ＫⅣ 46b ポ ジヤン ヂエン：フ子ニノラヌ（舩件）
　Ｊ191 プ ジヤン ヂエン：フ子ニノラヌ

不上帳
　ＫⅣ 22b ポ ジヤン チヤン：チヤウニノセヌ（財産）
　Ｊ18 プ ジヤン チヤン：チヤウニノセヌ

不捨的
　ＫⅣ 7b ポ セエー テ：ステラレヌ（製作）
　Ｊ219 プ シエ、テ：ステラレヌ

不甚遠
　ＫⅣ 11a ポ ジン イエン：アマリトホクナヒ（數量）
　Ｊ211 プ ジン エン：アマリトヲクナイ

不滲的
　ＫⅢ 46b ポ <u>スイン</u> テ：スミナドノチラヌ⌐（讀書）
　Ｊ123 プ スエン テ：スミナトノチラヌ⌐

不實的
　ＫⅡ 14a ポ ジ テ：ジツテナヒ（通用）
　Ｊ125 プ ジ テ：ジツデナヒ

不是不是
　ＫⅡ 19a ポ ズウ ポ ズウ：ソフデハナヒ（通用）

不是〜
　Ｊ69 プ スウ 〃〃：ソウデハナイ

不是話
　ＫⅡ 14a ポ ズウ ワアー：コノハナシデハナヒ（通用）
　Ｊ125 プ ズウ ワア：コノハナシデハナイ

不是客
　ＫⅡ 1a ポ ズウ ゲ：カクデハナヒ（賓友）
　Ｊ138 プ ズウ ゲ：キヤクデハナイ

不是了
　ＫⅡ 14b ポ ズウ リヤ○ウ：ソウデナヒ（通用）
　Ｊ127 プ ズウ リヤ○ウ：ソウデナイ

不是輕拳頭重
　ＫⅡ 32b ポ ズウ キン ギエン デ○ウ チヨン：ケンガカルクナヒ（德藝）
　Ｊ111 ポ ズウ キン ケン デ○ウ チヨン：ケンガカルクナイ

不是人
　ＫⅡ 11a ポ ズウ ジン：人デハナヒ（賓友）
　Ｊ96 プ ズウ ジン：人デハナイ

【BU】

不是他
　　ＫⅡ 11a　ポ ズウ タアー：アレテハナヒ（賓友）
　　J96　ポ ズウ タア：アレデハナイ

不是虛
　　ＫⅡ 14a　ポ ズウ ヒイ：ウソデナヒ（通用）
　　J125　プ ズウ ヒイ：ウソデナイ

不受氣
　　ＫⅠ 38a　ポ ジウ キ：カンニンスル（性情）
　　J88　プ ジウ キ：カンニンスル

不爽利
　　ＫⅠ 31b　ポ シヤン リイ：キブンガヨクナイ（身體）
　　J87　プ スヤン リイ：キブンカヨウナイ

不送了
　　ＫⅡ 2b　ポ ソン リヤ○ウ：オクリマセヌ（賓友）
　　J141　プ ソン リヤ○ウ：ヲクリマセヌ

不餿的
　　ＫⅣ 8b　ポ スエ○ウ テ：クサラヌ（製作）
　　J222　プ スエ○ウ テ：クサラヌ

不第的
　　ＫⅣ 22b　ポ ソワン テ：カソエヌ⌐（財産）
　　J18　プ ソハン テ：カソエヌ⌐

不遂意
　　ＫⅠ 38b　ポ ズ○イ イー：オチツカヌ（性情）
　　J72　プ ツイ イ、：ヲチツカヌ

不如意
　　歩Ⅰ 53a　｛「不如意」に変更｝

不提起
　　ＫⅡ 27a　ポ デイ キイ：トリアゲヌ（干求）
　　J95　プ デイ キイ：トリアゲヌ

不貼褊
　　ＫⅣ 3b　ポ テ ペエン：ヘリヲツケヌ（製作）
　　J204　プ テ ペン：ヘリヲツケヌ

不同的
　　ＫⅣ 16b　ポ ドン テ：オナジウナヒ（諸物）
　　J234　プ ドン テ：ヲナジウナイ

不吐麼
　　ＫⅣ 36a　ポ トヲ マア：ハカヌカ（疾病）

不吐広
　　J62　プ ドウ マア：ハカヌカ

不退的
　　ＫⅡ 11b　ポ トイ テ：ノカヌ（賓友）
　　J218　プ トイ テ：ノカヌ

不往来
　　ＫⅡ 7a　ポ ワン ライ：ワウライセヌ（賓友）

不往來
　　J150　プ ワン ライ：ヲヽライセヌ

不忘本
　　ＫⅠ 37b　ポ ワン ペン：モトヲワスレヌ（性情）
　　J101　プ ワン ペン：モトヲワスレヌ

不爲遲
　　ＫⅣ 12b　ポ ヲイ ヅウ：ヲソクナヒ（數量）
　　J238　プ ヲイ ヅウ：ヲソクナイ

不爲早
　　ＫⅣ 12b　ポ ヲイ ツア○ウ：ハヤクナヒ（數量）
　　J238　プ ヲイ ツア○ウ：ハヤクナイ

不文的
　　ＫⅠ 23a　ポ ウエン テ：フウカニナイ（人品）
　　J110　プ ウエン テ：ヤサシクナイ

不惜費
　　ＫⅣ 23a　ポ スイ ヒイ：ツイエヲオシマヌ（財産）
　　J48　プ スイ ヒイ：ツイエヲヲシマヌ

不下雨
　　ＫⅠ 8b　ポ ヒヤア イー：アメハフラヌ（天文）
　　J185　プ ヒヤア イヽ：アメハフラヌ

不相對
　　ＫⅡ 10a　ポ スヤン トイ：ソフトフセヌ（賓友）
　　J78　プ スヤン トイ：ソウトウセヌ

不相見
　　ＫⅡ 1b　ポ スヤン ケン：アヒマセヌ（賓友）
　　J138　プ スヤン ケン：アイマセヌ

不相近
　　ＫⅡ 12a　ポ スヤン ギン：チカヨラヌ（賓友）
　　J225　プ スヤン キン：チカヨラヌ

不相投
　　ＫⅡ 10a　ポ スヤン テ○ウ：中ヨクナヒ（賓友）
　　J77　プ スヤン デ○ウ：ナカヨクナイ

不響亮
　　ＫⅠ 43a　ポ ヒヤン リヤン：ヒゞカヌ（動作）
　　J108　プ ヒヤン リヤン：ヒゞカヌ

不象樣
　　ＫⅣ 16a　ポ ヅヤン ヤン：ニヌ（諸物）
　　J234　プ ヂヤン ヤン：ニヌ

不像樣
　　歩Ⅳ 23b　｛「不像樣」に変更｝

不消改
　　ＫⅢ 48b　ポ スヤ○ウ カイ：カユルニオヨバヌ（讀書）
　　J80　プ シヤ○ウ カイ：カユルニヲヨバヌ

不消化

ＫⅠ44b ポ スヤ○ウ ハアー：食ガ消セヌ（動作）
Ｊ51 プ シヤ○ウ ハア：食ガ消セヌ

不消的
ＫⅢ8b ホ スヤ○ウ テ：ソレニオヨハヌ（筵宴）
Ｊ66 プ シヤ○ウ テ：ソレニヲヨバヌ

不消他
ＫⅢ8b ホ スヤ○ウ タアヽ：アレニヲヨハヌ（筵宴）
Ｊ66 プ シヤ○ウ タア：アレニヲヨバヌ

不曉的
ＫⅡ14b ポ ヒヤ○ウ テ：ガテンセヌ（通用）
Ｊ126 プ ヒヤ○ウ テ：ガテンセヌ

不孝的
ＫⅠ24b ポ ヒヤ○ウ テ：フカウモノ（人品）
Ｊ37 プ ヒヤ○ウ テ：フカウモノ

不孝順
ＫⅠ24b ポ ピヤ○ウ シユイン：フカウナ（人品）
Ｊ37 プ ヒヤ○ウ ジイン：フカウナ

不歇得
ＫⅠ44a ポ ヘ テ：ヤスミガナラヌ（動作）
Ｊ37 プ ヘ テ：ヤスミガナラヌ

不信佛
ＫⅢ11b ホ スイン ウエ：ホトケヲシンコウセヌ（祭祀）
Ｊ35 プ スイン ウエ：ホトケヲシンコウセヌ

不朽的
ＫⅣ8b ポ ヒウ テ：クチヌ（製作）
Ｊ222 プ ヒウ テ：クチヌ

不秀的
ＫⅠ23b ポ スイ○ウ テ：スクレヌ（人品）
Ｊ231 プ シウ テ：スグレヌ

不須手
ＫⅣ1b ポ スイン シウ：テハイラヌ（製作）
Ｊ133 プ シユイ シウ：テハイラヌ

不學他
ＫⅢ48a ポ ヒヨ タアー：アレハナラハヌ（讀書）
Ｊ79 プ ヒヨ タア：アレハナラハヌ

不學字
ＫⅢ46a ポ ヒヨ ヅウ：ムヒツ（讀書）
Ｊ123 プ ヒヨ ヅウ：ムヒツ

不雅淡
ＫⅠ23a ポ ヤアー ダン：キヤシヤニナイ（人品）
Ｊ110 プヤアヽ トハン：キヤシヤニナイ

不雅相
ＫⅠ23a ポ ヤアー スヤン：フウカニナイ（人品）
Ｊ110 ヤアヽ スヤン：フウガニナイ

不嚴的
ＫⅢ22a ポ 子エン テ：キヒシクナヒ（官府）
Ｊ105 プ 子ン テ：キビシクナイ
歩 ｛削除｝

不厭的
ＫⅠ38b ポ エン テ：メンドウニナヒ○アカヌ「（性情）
Ｊ88 プ エン テ：メンドウニナイ又アカヌ

不痒麼
ＫⅣ35b ポ ヤン マア：カユクハナヒカ（疾病）

不痒広
Ｊ43 プ ヤン マア：カユクハナイカ

不要變
ＫⅢ48b ポ ヤ○ウ ペエン：カユルナ（讀書）
Ｊ80 プ ヤ○ウ ペン：カユルナ

不要撥出来
ＫⅡ36a ポ ヤ○ウ ポ チユ ライ：ユリコボスナ（盟約）

不要撥出來
Ｊ62 プ ヤ○ウ ホ チユ ライ：ユリコボスナ

不要吃
ＫⅢ8b ポ ヤ○ウ チ：クウナ（筵宴）
Ｊ170 プ ヤ○ウ チ：クウナ

不要吹
ＫⅡ35a ポ ヤ○ウ チユイ：フクナ（盟約）
Ｊ221 プ ヤ○ウ チユイ：フクナ

不要打
ＫⅡ35b ポ ヤ○ウ タアー：ウツナ（盟約）
Ｊ217 プ ヤ○ウ タア：ウツナ

不要打扇
ＫⅡ35b ポ ヤ○ウ タアー シエン：アフギツカフナ（盟約）
Ｊ199 プ ヤ○ウ タア セン：ヲヽギツカフナ

不要倒
ＫⅡ35b ポ ヤ○ウ タ○ウ：タヲスナ（盟約）
Ｊ217 プ ヤ○ウ タ○ウ：タヲスナ

不要的
ＫⅡ25a ポ ヤ○ウ テ：イラヌ（干求）
Ｊ64 プ ヤ○ウ テ：イラヌ

不要低聲響些説
ＫⅡ15b ポ ヤ○ウ デイ シン ヒヤン スイー セ：ヒキクイフナタカクイヘ（通用）
Ｊ130 プ ヤ○ウ デイ シン ヒヤン スイ セ：ヒクイフナタカクイエ

不要動

【BU】

不要
　KⅡ36a　ポ ヤ○ウ ドン：ウゴクナ（盟約）
　J221　プ ヤ○ウ ドン：ウゴクナ

不要多
　KⅣ11a　ポ ヤ○ウ トフ：オホクハイラヌ（數量）
　J63　プ ヤ○ウ トウ：ヲヽクハイラヌ

不要改
　KⅢ48b　ポ ヤ○ウ カイ：カユルナ（讀書）
　J80　プ ヤ○ウ カイ：カユルナ

不要干係所在去
　KⅡ35b　ポ ヤ○ウ カン ヒイ ソウ ヅアイ キユイ：アブナイトコロヘユクナ（盟約）
　J219　プ ヤ○ウ カン ヒイ ソウ ヅアイ キユイ：アブナイトコロヘユクナ

不要高聲輕些説
　KⅡ15b　ポ ヤ○ウ カ○ウ シン キン スイー セ（通用）：コワダカニイフナヒクヽイヘ
　J129　プ ヤ○ウ カ○ウ スイン キン スイ セ：コワダカニイフナヒクヽイエ

不要高聲低低説
　歩Ⅱ20b　｛「不要高聲低低説」に変更｝

不要管
　KⅡ27b　ポ ヤ○ウ クワン：カマフナ（干求）
　J97　プ ヤ○ウ クハン：カマフナ

不要慌
　KⅠ37b　ポ ヤ○ウ ホワン：ヲドロクナ（性情）
　J105　プ ヤ○ウ ハン：ヲトロクナ

不要緊
　KⅡ26a　ポ ヤ○ウ キン：カンヤウナ⁀デナヒ（干求）
　J65　プ ヤ○ウ キン：カンヨウノコトテナイ

不要靠
　KⅡ7a　ポ ヤ○ウ カ○ウ：ヨリカヽルナ（賓友）
　J150　プ ヤ○ウ カ○ウ：ヨリカヽルナ

不要哭
　KⅢ14a　ポ ヤ○ウ コ：ナクナ（慶弔）
　J89　プ ヤ○ウ コ：ナクナ

不要唎
　KⅡ25a　ポ ヤ○ウ リイ：イラヌ（干求）
　J63　プ ヤ○ウ リイ：イラヌ

不要賣
　KⅣ21a　ポ ヤ○ウ マイ：ウルナ（財産）
　J16　プ ヤ○ウ マイ：ウルナ

不要描
　KⅢ49a　ポ ヤ○ウ ミヤ○ウ：ダムナ（讀書）｛ダムは方言か｝
　J230　プ ヤ○ウ ミヤ○ウ：ダムナ

不要悩
　KⅠ38a　ポ ヤ○ウ ナ○ウ：ハラタツナ（性情）
　J88　プ ヤ○ウ ナ○ウ：ハラタツナ

不要弄手
　KⅡ35b　ポ ヤ○ウ ロン シウ：アツカフナ（盟約）
　J218　プ ヤ○ウ ロン シウ：テンカウスルナ

不要去
　KⅡ4b　ポ ヤ○ウ キユイ：ユクナ（賓友）
　J145　プ ヤ○ウ キユイ：ユクナ

不要飾
　KⅢ3b　ポ ヤ○ウ シヤイ：ツクナ（筵宴）
　J157　プ ヤ○ウ シヤイ：ツグナ

不要省
　KⅣ23a　ポ ヤ○ウ スエン：ハブクナ（財産）
　J48　プ ヤ○ウ スイン：シマツスルナ

不要跳
　KⅡ35b　ポ ヤ○ウ テヤ○ウ：ヲドルナ（盟約）
　J217　プ ヤ○ウ テヤ○ウ：ドタ〜 ヲドルナ

不要響
　KⅠ43a　ポ ヤ○ウ ヒヤン：サタスルナ（動作）
　J108　プ ヤ○ウ ヒヤン：サタスルナ

不要寫
　KⅢ45a　ポ ヤ○ウ スエー：カクナ（讀書）
　J121　プ ヤ○ウ スエヽ：カクナ

不要壓
　KⅣ4a　ポ ヤ○ウ ー ヤ：オスナ（製作）
　J217　プ ヤ○ウ ヤ：ヲスナ

不要野
　KⅠ23a　ポ ヤ○ウ エー：ゲビルナ（人品）
　J110　プ ヤ○ウ エヽ：ゲビヌ

不要撞
　KⅡ35b　ポ ヤ○ウ ジヤン：ツクナ（盟約）
　J217　プ ヤ○ウ チヤン：ツクナ

不要縱
　KⅢ22b　ポ ヤ○ウ ツヲン：ユルカセニスルナ（官府）
　J207　プ ヤ○ウ ヅヲン：ユルカセニスルナ

不要放
　歩Ⅲ29a　｛「不要放」に変更｝

不宜遲
　KⅣ12b　ポ ニイ ヅウ：ヲソヒハヨクナヒ（數量）
　J238　プ ニイ ヅウ：ヲソイハヨクナイ

不宜早
　KⅣ12b　ポ ニイ ツア○ウ：ハヤヒハヨクナヒ

（數量）
　　J238　プ ニイ ツア○ウ：ハヤイハヨクナイ

不疑心
　　ＫⅠ39b　ポ ニイ スイン：ウタガハヌ（性情）
　　J47　プ ニイ スイン：ウタガワヌ

不隱瞞
　　ＫⅢ22a　ポ イン マン：カクサレヌ（官府）
　　J105　プ イン マン：カクサレヌ

不應驗
　　ＫⅢ11b　ポ イン 子エン：シルシカナヒ（祭祀）
　　J46　プ イン 子ン：シルシガナイ

不用了
　　ＫⅡ25a　ポ ヨン リヤ○ウ：イラヌ（干求）
　　J64　プ ヨン リヤ○ウ：イラヌ

不用麼
　　ＫⅡ25a　ポ ヨン マアー：イラヌカ（干求）

不用広
　　J64　プ ヨン マア：イラヌカ

不用他
　　ＫⅡ25b　ポ ヨン タアー：アレハイラヌ（干求）
　　J64　プ ヨン タア：アレハイラヌ

不在行
　　ＫⅡ32a　ポ ツアイ ハン：フコフシヤ（德藝）
　　J74　プ ヅアイ ハン：ブコウシヤ

不在家
　　ＫⅡ2a　ポ ヅアイ キヤア：ウチニ井ヌ（賓友）
　　J140　プ ヅアイ キヤア：ウチニイヌ

不燥的
　　ＫⅣ9a　ポ サ○ウ テ：カワカヌ（製作）
　　J223　プ サ○ウ テ：カワカヌ

不長的
　　ＫⅠ37b　ポ チヤン テ：ヲトナシクシナヒ（性情）
　　J101　プ ヂヤン テ：ヲトナシクシナイ

不長俊
　　ＫⅠ37b　ポ チヤン チユン：ラチモナヒモノ（性情）
　　J101　プ ヂヤン チン：ラチモナイモノ

不着的
　　ＫⅡ1b　ポ ヂヤ テ：アハヌ（賓友）
　　J139　プ ヂヤ テ：アワヌ

不照顧
　　ＫⅡ2a　ポ チヤ○ウ クウ：メヲカケヌ（賓友）
　　J139　プ ツヤ○ウ クウ：メヲカケヌ

不知了
　　ＫⅡ10b　ホ ツウ リヤ○ウ：シラヌ（賓友）
　　J94　プ ツウ リヤ○ウ：シラヌ

不中吃
　　ＫⅢ7b　ポ チヨン チ：クヒアテヌ（筵宴）
　　J168　プ チヨン チ：クイアテヌ

不中計
　　ＫⅣ26b　ポ チヨン キイ：ハカリコトニアタラヌ（兵法）
　　J112　プ チヨン キイ：ハカリコトアタラヌ

不中看
　　ＫⅠ40b　ポ チヨン カン：シルホトモナヒ（動作）
　　J172　プ チヨン カン：ミアタラヌ

不中用
　　ＫⅡ25b　ポ チヨン ヨン：ヨフニタヽヌ（干求）
　　J65　プ チヨン ヨン：ヨフニタヽヌ

不腫的
　　ＫⅣ38b　ポ チヨン テ：ハレヌ（醫療）
　　J45　プ チヨン テ：ハレヌモノ

不准的
　　ＫⅢ13b　ポ チユイン テ：カナワヌ（慶弔）
　　J83　プ ヂユン テ：カナワヌ

不罪過
　　ＫⅢ21b　ポ ヅ○イ コヲヽ：ツミハナヒ（官府）
　　J103　プ ヅイ コウ：ツミハナイ

布包
　　ＫⅢ41a　プウ パ○ウ：フロシキ（寶貨）
　　J323　フウ パ○ウ：フロシキ（器用）

布草席
　　ＫⅣ52b　プウ ツア○ウ ヅイ：ムシロヲシク（居室）

布岬席
　　J195　プウ ツア○ウ チ：ムシロヲシク

布帆
　　ＫⅣ42b　プウ ハン：モメンホ（舩件）
　　J357　フウ ハン：モメンボ（舩件）

布紅氊
　　ＫⅣ52b　プウ ホン チエン：モウセンヲシク（居室）
　　J195　プウ ホン チエン：モウセンシク

布簾子
　　ＫⅢ27a　プウ レン ツウ：ノレン（寶貨）
　　J295　フウ レン ツウ：ノレン（器用）

布了被褥
　　ＫⅢ43a　プウ リヤ○ウ ビイ ジヨ：ヨキフトンヲシク（寶貨）
　　J198　フウ リヤ○ウ ピイ ジヨ：ヨギフトンヲシク（器用）

布篷兒
　　ＫⅣ42b　フウ ボン ルウ：シラホ（舩件）

J356　フウ　ボン　ル、：シラホ（舩件）

簿簡
　　KⅢ31a　ブウ　ケン：ヒヤウシ（寶貨）
　　J302　プウ　ケン：ヒヤウシ（器用）

CA

擦擦背
　　KⅠ31b　ツア　、　ポイ：セナカヲスレ（身體）

擦〻背
　　J162　ツア　、　ボイ：セナカヲスレ

擦光了
　　KⅣ3b　ツア　クワン　リヤ○ウ：スリヒカラス（製作）
　　J205　ツア　クハン　リヤ○ウ：スリヒカラス

擦牙齒
　　KⅠ30b　ツア　ヤアー　ツウ：ハヲスル（身體）
　　J115　ツア　ヤア　ツウ：ハヲスル

擦一擦
　　KⅡ22a　ツア　イ　ツア：コスル（通用）
　　J21　ツア　イ　ツア：コスル

CAI

猜猜看
　　KⅠ41b　チヤイ　、　カン：スヒレウシテミヨ（動作）

猜〻看
　　J174　チヤイ　、　カン：スイレウシテミヨ

猜得着
　　KⅠ39a　チヤイ　テ　ヂヤ：スイレフシアツル（性情）
　　J233　チヤイ　テ　ヂヤ：スイレフシアツル

猜夢的
　　KⅠ16b　チヤイ　モン　テ：ユメハンジ（人品）
　　J262　チヤイ　モン　テ：ユメハンジ（人品）

猜唖謎
　　KⅠ39a　チヤイ　ヤアー　ミイ：ナゾヲトク（性情）
　　J 233　チヤイ　ヤア　ミイ：ナゾヲトク

纔拜見
　　KⅡ1b　ヅアイ　パイ　ケン：ハシメテオメニカヽル（賓友）
　　J138　ツアイ　パイ　ケン：ハシメテヲメニカヽル

纔斯
　　KⅠ5b　ヅアイ　スウ：センコク（天文）
　　J188　ヅアイ　スウ：センコク

纔通了
　　KⅡ26b　ヅアイ　トン　リヤ○ウ：ハジメテツウジタ（干求）
　　J93　ツアイ　トン　リヤ○ウ：ハジメテツウジタ

纔醒了
　　KⅢ3a　ツアイ　スイン　リヤ○ウ：イマサメタ（筵宴）
　　J156　ツアイ　スイン　リヤ○ウ：イマサメタ

財副
　　KⅣ40a　ツアイ　フウ：サイフ（舩件）
　　J351　ツアイ　フウ：サイフ（舩件）

裁
　　KⅤ37a　ツアイ：タツ（衣服）
　　J427　ツアイ：タツ（衣服）

裁刀
　　KⅢ33b　ツアイ　タ○ウ：モノタチ（寶貨）
　　J308　ツアイ　タ○ウ：モノタチ（器用）

裁掉了
　　KⅣ6b　ツアイ　テヤ○ウ　リヤ○ウ：タチキツタ（製作）
　　J216　ツアイ　デヤ○ウ　リヤ○ウ：タチキツタ

裁縫
　　KⅠ20a　ヅアイ　ウヲン：シタテヤ（人品）
　　J271　ツアイ　ヲン：シタテヤ（人品）

裁好了
　　KⅣ7a　ツアイ　ハ○ウ　リヤ○ウ：タチヨフガヨヒ（製作）
　　J217　ツアイ　ハ○ウ　リヤ○ウ：タチヨウガヨイ

栽花
　　KⅤ31b　ツアイ　ハアー：ウユル（花卉）
　　J438　ツアイ　ハア：ウユル⌐（花艸）

栽培
　　KⅤ31b　ツアイ　ボイ：ツチカウ（花卉）
　　J438　ツアイ　ボイ：ツチカウ（花艸）

裁一裁
　　KⅡ23a　ツアイ　イ　ヅアイ：キヌナドヲタツ⌐（通用）
　　J22　ツアイ　イ　ツアイ：キヌナドヲタツ

採寶廲
　　KⅢ13a　ツアイ　パ○ウ　マアー：シアワセカ（慶弔）

採寶広
　　J83　ツアイ　パ○ウ　マア：シアワセカ

採山花
　　KⅤ32a　ツアイ　サン　ハアー：ハナヲトル（花卉）
　　J439　ツアイ　サン　ハア：ハナヲトル⌐（花艸）

彩画
　　KⅢ32b　ツアイ　ワアー：サイシキ（寶貨）
　　J306　ツアイ　ワア：サイシキエ（器用）

彩漆的
　　KⅣ3a　ツアイ　ツイ　テ：サイシキノウルシヌリ

（製作）
　　J202　ツアイ ヂ テ：サイシキ
菜包
　　ＫⅤ8a　ツアー パ○ウ：ペンシンノルイ（飯肉）
　　J445　ツアイ パ○ウ：ペンシンノルイ（飲食）
菜擦
　　ＫⅢ36b　ツアイ ツア：大コンオロシ（寶貨）
　　J314　ツアイ ツア：大コンヲロシ（器用）
菜単
　　ＫⅢ33a　ツアイ タン：コンダテ（寶貨）
　　J307　ツアイ タン：コンダテ（器用）
菜刀
　　ＫⅢ33b　ツアイ タ○ウ：サイトウ（寶貨）
　　J308　ツアイ タ○ウ：ホウテウ（器用）
菜碟
　　ＫⅢ37a　ツアイ デ：サラ（寶貨）
菜楪
　　J314　ツアイ デ：サラ（器用）
菜梗
　　ＫⅤ2a　ツアイ ゲン：ナノクキ（菜蔬）
　　J383　ツアイ ゲン：ナノクキ（菜蔬）
菜瓜
　　ＫⅤ2b　ツアイ クワア：マルヅケウリ（菜蔬）
　　J384　ツアイ クハア：ヤサイウリ（菜蔬）
菜鍋
　　ＫⅢ36b　ツアイ コウ：サイナベ（寶貨）
　　J314　ツアイ コウ：サイナベ（器用）
菜碗
　　ＫⅢ36b　ツアイ ワン：トンフリ（寶貨）
　　J314　ツアイ コウ：ドンブリ（器用）
菜油
　　ＫⅤ9b　ツアイ ユウ：ヤ子ノアブラ（飯肉）
　　J447　ツアイ イウ：ヤ子ノアブラ（飲食）
菜粥
　　ＫⅤ7b　ツアイ チヨ：サウスヒ（飯肉）
　　J443　ツアイ ヂヨ：ゾウスイ（飲食）
菜子花
　　ＫⅤ30b　ツアイ ツウ ハアー：ナタ子ノハナ（花卉）
　　J436　ツアイ ツウ ハア：ナタ子ノハナ（花艸）

CAN

蠶豆
　　ＫⅤ3a　ツアン テ○ウ：ソラマメ（菜蔬）
　　J385　ツアン デ○ウ：ソラマメ（菜蔬）
蠶蛾
　　ＫⅤ20a　ツアン ゴヲ、：カヒコ（蟲類）
蚕蛾
　　J401　ツアン ゴウ：カイゴ（虫）
殘疾人
　　ＫⅠ15a　ヅアン ツイ ジン：カタワモノ（人品）
　　J259　ヅアン シ ジン：カタワモノ（人品）

CANG

蒼蠅
　　ＫⅤ19b　ツアン イン：ハイ（蟲類）{Jの蚕字を変更}
蚕蠅
　　J400　ツアン イン：ハイ（虫）
蒼蠅老虎
　　ＫⅤ19a　ツアン イン ラ○ウ フウ：ハイトリクモ（蟲類）
　　J399　ツアン イン ラ○ウ フウ：ハイトリクモ（虫）
滄浪之客
　　ＫⅠ17b　ツアン ラン ツウ ゲ：ラウニンモノ（人品）
　　J266　ツアン ラン ツウ ゲ：ラウニン（人品）
蔵過了
　　ＫⅢ22a　ヅアン コヲ、リヤ○ウ：カクシタ（官府）
　　J105　ツアン コウ リヤ○ウ：カクシタ

CAO

操練兵馬
　　ＫⅣ24a　ツア○ウ レン ピン マア、：ヘイバヲナラス（兵法）
　　J329　ツア○ウ レン ピン マア：グンビヤウヲナラス（兵法）
糙米
　　ＫⅤ6a　ツア○ウ ミイ：クロゴメ（飯肉）
　　J441　ヅア○ウ ミイ：クロコメ（飲食）
槽抽
　　ＫⅣ45a　ツア○ウ チウ：アカトホシ（舩件）
　　J361　ツア○ウ ヂウ：アカトヲシ（舩件）
饢雜
　　ＫⅣ32b　ツア○ウ ヅア：ム子ヤクル（疾病）
　　J343　ツア○ウ ヅア：ム子ノヤクル⁊（感動）
草盖頭
　　ＫⅢ52a　ツア○ウ カイ デ○ウ：サウカウ（讀書）
艸盖頭
　　J32　ツア○ウ カイ デ○ウ：サウカウ
草稿

草薦
　Ｋ Ⅲ 32b　ツア○ウ　カ○ウ：シタガキ（寶貨）
　Ｊ305　ツア○ウ　カ○ウ：シタカキ（器用）

草薦
　Ｋ Ⅲ 27a　ツア○ウ　ツエン：コモ（寶貨）
　Ｊ294　ツア○ウ　チエン：コモ（器用）

草寮
　Ｋ Ⅳ 48b　ツア○ウ　リヤ○ウ：コヤ（居室）
　Ｊ370　ツア○ウ　リヤ○ウ：コヤ（家居）

草料
　Ｋ Ⅴ 42b　ツア○ウ　リヤ○ウ：ハミ（馬鞍）
　Ｊ416　ツア○ウ　リヤ○ウ：コヤ（馬具）

草麪
　Ｋ Ⅴ 6b　ツア○ウ　キヨ：クロカウヂ（飯肉）
　Ｊ442　ツア○ウ　キヨ：クロコウジ（飲食）

草扇
　Ｋ Ⅳ 44a　ツア○ウ　シエン：トマ（舩件）
　Ｊ359　ツア○ウ　セン：トマ（舩件）

草石蠶
　Ｋ Ⅴ 4a　ツア○ウ　ジ　ツアン：チヨロキ（菜蔬）
　Ｊ387　ツア○ウ　ジ　ツアン：チヨロキ（菜蔬）

草書
　Ｋ Ⅲ 52a　ツア○ウ　シユイ：{語釈なし}（讀書）
　Ｊ304　ツア○ウ　シユイ：ソウ（器用）

草索
　Ｋ Ⅲ 41b　ソア○ウ　ソ：ナワ（寶貨）

艸索
　Ｊ323　ツア○ウ　ソ：ナワ（器用）

草頭黄
　Ｋ Ⅲ 49b　ツア○ウ　デ○ウ　ワン：サウコウノ黄ノ字（讀書）
　Ｊ5　ツア○ウ　デ○ウ　ワン：ソウカウノ黄ノ字

草鞋
　Ｋ Ⅲ 41a　ツア○ウ　ヒヤイ：サウリ（寶貨）

艸鞋
　Ｊ322　ツア○ウ　ヒヤイ：ザウリ（器用）

CE

冊子
　Ｋ Ⅲ 32a　ツエ　ツウ：ヲリホン（寶貨）{訳変更，Ｊは梵本を〈ヲリホン〉とする}
　Ｊ305　ツエ　ツウ：タンザク（器用）

側目看
　Ｋ Ⅰ 41a　ヅエ　モ　カン：メヲヒソメテミル（動作）
　Ｊ173　ヅエ　モ　カン：メヲヒソメテミル

CHA

叉口袋
　Ｋ Ⅲ 38a　ツアー　ゲ○ウ　タイ：ミスミブクロ（寶貨）
　Ｊ317　ツア、　ゲ○ウ　タイ：バンフクロ（器用）

挿刀手
　Ｋ Ⅰ 19a　ツア　タ○ウ　シウ：アシガル（人品）
　Ｊ269　サ　タ○ウ　シウ：アシガル（人品）

挿得活
　Ｋ Ⅴ 35a　ツア　テ　ウヲ：サシタテタ（種藝）
　Ｊ203　サ　テ　ヲ：サシタテタ

挿鈎
　Ｋ Ⅲ 34b　ツア　ゲ○ウ：カキカ子（寶貨）
　Ｊ310　サ　ゲ○ウ：カキガ子（器用）

挿花
　Ｋ Ⅴ 31b　ツア　ハアー：イケバナ（花卉）
　Ｊ438　サ　ハア：ハナイクル冖（花艸）

挿花
　Ｋ Ⅳ 42b　ツア　ハアー：マキリホ（舩件）{重複掲載}
　Ｊ356　サ　ハア：マギリホ（舩件）{重複掲載}

挿花瓶
　Ｋ Ⅲ 29b　ツア　ハアー　ビン：ハナイケ（寶貨）
　Ｊ300　サ　ハア　ビン：ハナイケ（器用）

挿了刺
　Ｋ Ⅴ 35b　ツア　リヤ○ウ　ツウ：トゲヲタテタ（種藝）
　Ｊ232　サ　リヤ○ウ　ツウ：トゲヲタテタ

茶點
　Ｋ Ⅴ 8a　ヅアー　テン：チヤクワシ（飯肉）
　Ｊ445　ヅア、　テン：チヤクハシ（飲食）

茶多了
　Ｋ Ⅲ 1a　ヅア、　トヲ　リヤ○ウ：チヤヲオホクタヘタ（筵宴）
　Ｊ57　ヅア、　トウ　リヤ○ウ：チヤヲヽクタベタ

茶壺
　Ｋ Ⅲ 29a　ヅアー　ウ、：チヤツボ（寶貨）
　Ｊ299　ヅア、　ウ、：チヤビン（器用）

茶澆飯
　Ｋ Ⅴ 7a　ヅアー　キヤ○ウ　ワン：チヤヅケ（飯肉）
　Ｊ443　ヅア、　ギヤ○ウ　ワン：チヤツケ（飲食）

茶冷了
　Ｋ Ⅲ 1a　ヅア、　レン　リヤウ：チヤカヒエタ（筵宴）

茶冷來
　Ｊ57　ヅア、　レン　ライ：チヤガヒヘタ

茶瓶
　Ｋ Ⅲ 29a　ヅアー　ビン：チヤビン（寶貨）

J299　ツア、ビン：チヤビン（器用）

茶色的
　ＫⅤ39a　ヅアー スエ テ：チヤ（衣服）
　J431　ツア、スエ テ：チヤ（衣服）

茶童的
　ＫⅠ16b　ヅアー ドン テ：チヤノキウシ（人品）
　J262　ヅア、ドン テ：チヤノキウジ（人品）

茶童
　歩Ⅰ23a　｛「茶童」に変更｝

茶托
　ＫⅢ29a　ヅアー ト：チヤダヒ（寶貨）
　J299　ヅア、ト：チヤダイ（器用）

茶碗
　ＫⅢ29b　ヅアー ワン：チヤワン（寶貨）
　J299　ツア、ワン：チヤワン（器用）

茶仙人
　ＫⅢ2a　ヅアー スエン ジン：チヤハシラ（筵宴）
　J58　ヅア、スエン ジン：チヤハシラ

茶也有
　ＫⅢ1b　ヅアー エー イウ：チヤモアル（筵宴）
　J58　ヅア、エ、イウ：チヤモアル

搽搽粉
　ＫⅠ29b　ヅアー 、フイン：ヲシロヒツケル（身體）

搽〻粉
　J202　ヅア、、フイン：ヲシロイツケル

搽粉
　ＫⅢ42b　ヅアー フイン：ヲシロイツクル（寶貨）
　J368　ヅア、フイン：ヲシロイヌル（婚姻）

搽粉的
　ＫⅠ29b　ヅアー フイン テ：ヲシロヒツケル（身體）
　J202　ヅア、フイン テ：ヲシロイツケル

搽了些
　ＫⅠ29b　ヅアー リヤ○ウ スイー：スコシツケヨ（身體）
　J201　ヅア、リヤ○ウ スイ：スコシツケヨ

搽香油
　ＫⅠ29b　ヅアー ヒヤン ユウ：ニホヒアブラヲツクル（身體）
　J201　ヅア、ヒヤン ユウ：ビンツケヲツケル

査査看
　ＫⅠ41b　ヅア、カン：キンミシテミヨ（動作）

査〻看
　J174　ツア 、カン：ギンミシテミヨ

査査字
　ＫⅢ47a　ヅア、ヅウ：ジヲギンミスル（讀書）

査〻字
　J125　ツア ■（判読不能） ヅウ：ジヲギンミスル

査出来
　ＫⅢ22b　ヅア、チユ ライ：キンミシタ（官府）

査出來
　J227　ツア チユ ライ：ギンミシタ

査得出
　ＫⅢ22b　ヅア、テ チユ：キンミシタ（官府）
　J227　ツア テ チユ：キンミシダイタ

査得清
　ＫⅢ23b　ツアー テ ツイン：キンミスンタ（官府）
　J227　ツア、テ チン：ギンミセラル、

査得嚴
　ＫⅢ22a　ツアー テ 子エン：センギガキヒシヒ（官府）
　J105　ツア、テ 子ン：センギガキビシイ

査明白
　ＫⅢ22b　ヅア、ミン ペ：クワシクキンミシタ（官府）
　J227　ツア、ミン ベ：クワシクギンミシタ

査清了
　ＫⅢ22b　ヅア、ツイン リヤ○ウ：キンミスンダ（官府）
　J227　ツア、チン リヤ○ウ：ギンミスンダ

差不多
　ＫⅣ11a　ツアー ポ トフ：オホカタ（數量）
　J66　ツア、ポ トウ：ヲ、カタ

差得多
　ＫⅡ19b　ツア、テ トフ：イコフチガツタ（通用）
　J70　ツア、テ トウ：イカフチガツタ

CHAI

差使去
　ＫⅡ6b　チヤイ スウ キユイ：ツカヒニユク（賓友）
　J149　チヤイ スウ キユイ：ツカイニユク

差我来
　ＫⅡ7a　チヤイ ゴヲ、ライ：ツカヒニキタ（賓友）

差我來
　J150　チヤイ ガウ ライ：ツカイニキタ

柴火
　ＫⅢ28a　ヅアイ ホヲ、：タキゞ（寶貨）
　J297　ツアイ ホウ：タキゞ（器用）

柴架
　ＫⅢ28b　ヅアイ キヤア：タキゞタナ（寶貨）

180

J298 ツアイ キヤア：タキゞヲヲク⅂（器用）

柴薪
　ＫⅢ28a ヅアイ スイン：タキゞ（寶貨）
　J297 ツアイ スイン：タキゞ（器用）

豺狼
　ＫⅤ21b ツアイ ラン：オホカミ（畜獸）
　J404 ツアイ ラン：ヲヽカミ（獸）

CHAN

摻練兒
　ＫⅤ40a ツアン レン ルウ：子ルヽ（衣服）
　J207 ツアン レン ルヽ：子ルヽ

摻一摻
　ＫⅡ22a ツアン イ ツアン：ヒ子リカクル（通用）
　J21 スエン イ スエン：ヒ子リカクル

蟬脱
　ＫⅤ20a ヅエン ト：セミノヌケガラ（蟲類）

蟬脱
　J401 チエン ト：セミノヌケカラ（虫）

讒臣
　ＫⅠ18a ヅアン ヂン：ザンシン（人品）
　J267 ヅアン チン：ザンシン

纏不清
　ＫⅡ29a ヂエン ポ ツイン：サツパリトナヒ（患難）
　J88 テン ポ チン：サツハリトナイ

纏起来
　ＫⅡ9a チエン キイ ライ：マトフ（賓友）

纏起來
　J61 テン キイ ライ：マトフ

産前
　ＫⅣ34a ツアン ヅエン：サンセン（疾病）
　J347 ツアン ヂエン：サンゼン（感動）

産後
　ＫⅣ34a ツアン ヘ○ウ：サンゴ（疾病）
　J347 ツアン ヘ○ウ：サンゴ（感動）

諂媚人
　ＫⅠ22b チエン ムイ ジン：ヘツラヒモノ（人品）
　J102 テン ムイ ジン：ヘツライモノ

諂媚的
　歩Ⅰ31b 　｛「諂媚的」に変更｝

嚵唾
　ＫⅠ26a ツアン トウ：ツバキ（身體）
　J287 サン ドゥウ：ツバキ（身體）

CHANG

菖蒲
　ＫⅤ30a チアン フウ：シヨウブ（花卉）
　J435 チアン プウ：シヨウブ（花艸）

娼蛾
　J397 チヤン ゴウ：ハマグリ（魚介）

娼妓
　ＫⅠ17b チヤン ギイ：ケイセヒ（人品）
　J265 チヤン ギイ：ケイセイ（人品）

長長的
　ＫⅣ11b ヂヤン ヂヤン テ：ナカヒモノ（數量）

長ヾ的
　J213 ヂヤン ヽ テ：ナガイモノ

長春花
　ＫⅤ29a チヤン チエン ハアー：チヤウシユン（花卉）
　J433 ヂヤン チエン ハア：チヤウシユン（花艸）

長刀
　ＫⅣ26a ヂヤン タ○ウ：ナギナタ（兵法）
　J333 ヂヤン タ○ウ：ナキナタ（兵法）

長竿豆
　ＫⅤ3a ヂヤン カン デ○ウ：ナガサヽケ（菜蔬）
　J385 ヂヤン カン デ○ウ：ナガサヽゲ（菜蔬）

長流水
　ＫⅠ13b ヂヤン リウ シユイ：ナカキナガレノミヅ（地理）
　J189 ヂヤン リウ シユイ：ナガキナガレノミヅ

長屁股
　ＫⅡ3b ヂヤン ビイ グウ：ナガ井スル（賓友）
　J143 ヂヤン ビイ クウ：ナガイスル

長崎
　ＫⅠ12b ヂヤン ギイ：ナガサキ（地理）
　J258 ヂヤン ギイ：ナガサキ（天文）

長尾雉雞
　ＫⅤ24b ヂヤン ウイヽ ツウ キイ：ヤマトリ（禽類）
　J422 ヂヤン ウイ ツウ キイ：ヤマトリ（飛禽）

長袖子
　ＫⅤ36b ヂヤン デウ ツウ：ナガソデ（衣服）
　J426 ヂヤン デウ ツウ：ナガソデ（衣服）

長樣的
　ＫⅣ11b ヂヤン ヤン テ：ナガヒ（數量）
　J213 ヂヤン ヤン テ：ナガイ

長樣些

ＫⅣ11b ヂヤン ヤン スイヽ：ナガヒ（數量）
　　Ｊ213 ヂヤン ヤン スイ：ナガイ
長遠心
　　ＫⅠ38b ヂヤン イエン スイン：キノナカヒ┐
　　　（性情）
　　Ｊ211 ヂヤン エン スイン：キノナガイ┐
腸痛
　　ＫⅣ30b チヤン トン：ハラノイタミ（疾病）
　　Ｊ339 ヂヤン トン：ハラノイタミ（感動）
嘗嘗看
　　ＫⅠ42a チヤン ヽ カン：ナメテミヨ（動作）
嘗ゞ看
　　Ｊ176 ヂヤン ヽ カン：ナメテミヨ
嘗嘗新的
　　ＫⅢ5b チヤン ヽ スイン テ：ハツモノ（筵宴）
嘗ゞ新的
　　Ｊ164 ヂヤン ヽ スイン テ：ハツモノヲタベル
嘗嘗新
　　歩Ⅲ7a ｛「嘗嘗新」に変更｝
嘗新
　　ＫⅢ5b ヂヤン スイン：ハツモノ（筵宴）
　　Ｊ164 ヂヤン スイン：ハツモノ
時新
　　歩Ⅲ7a ｛「時新」に変更｝
償命的
　　ＫⅢ24a シヤン ミン テ：ゲシ人（官府）
　　Ｊ11 シヤン ミン テ：ゲシ人
唱唱看
　　ＫⅠ41b チヤン ヽ カン：ウタフテミヨ（動作）
唱ゞ看
　　Ｊ174 チヤン ヽ カン：ウトウテミヨ
唱㘉
　　ＫⅣ24a チヤン カン：トキノコエ（兵法）｛㘉字
　　　は音誤り｝
　　Ｊ329 チヤン カン：トキノコヘ（兵法）
唱歌兒
　　ＫⅡ34a チヤン コウ ルウ：ウタヲウタヘ（德藝）
　　Ｊ13 ヂヤン コウ ルヽ：ウタエ
唱個棹歌
　　ＫⅣ46b チヤン コ ツアо コヽ：フナウタヲ
　　　ウタフ（舩件）
　　Ｊ191 チヤン コ ヅアо コウ：フナウタヲウタフ
唱曲子
　　ＫⅡ34a チヤン キヨ ッ：ウタヲウタヘ（德藝）
　　Ｊ13 ヂヤン キヨ ッ：ウタエ

CHAO

抄不来
　　ＫⅢ46a ツアо ポ ライ：ウツシハナラヌ（讀書）
抄不來
　　Ｊ122 ツヤо プ ライ：カヽレヌ
抄的有
　　ＫⅢ46b ツアо テ イウ：ウツシタノカアル
　　　（讀書）
　　Ｊ124 ツヤо テイウ：カイタノガアル
抄得来
　　ＫⅢ45a ツアо テ ライ：ウツサルヽ（讀書）
抄得來
　　Ｊ122 ツヤо テ ライ：カイタ
抄起来
　　ＫⅢ46a ツアо キイ ライ：ウツシカルヽ（讀書）
抄起來
　　Ｊ122 ツヤо テ ライ：カケ
抄寫
　　ＫⅢ32b ツヤо スエヽ：ウツス（寶貨）
　　Ｊ306 ツヤо スエ：ウツス（器用）
抄藥方
　　ＫⅣ38b ツアо ヨ ハン：ヤクホフヲウツス
　　　（醫療）
　　Ｊ45 ツアо ヨ ハン：ヤクホウヲカク
抄醫書
　　ＫⅣ38b ツアо イー シユイ：イシヨヲウツス
　　　（醫療）
　　Ｊ45 ツアо イヽ シユイ：イシヨヲカク
超過人
　　ＫⅡ11a チヤо コウ ジン：ヒトニコヘタ（賓友）
　　Ｊ96 チヤо コウ ジン：人ニコエタ
朝你説
　　ＫⅡ15b ヂヤо ニイ セ：ソナタニムカツテイ
　　　フ（通用）
　　Ｊ130 ヂヤо ニイ セ：ソナタニムカツテイフ
朝天的
　　ＫⅣ17b ヂヤо テエン テ：アヲヌク（諸物）
　　Ｊ226 ヂヤо テン テ：アヲヌク
朝廷
　　ＫⅣ50b チヤо デイン：テウテイ（居室）
　　Ｊ375 ヂヤо デン：テウテイ（家居）
潮艙
　　ＫⅣ44b ヂヤо ツアン：アカマ（舩件）
　　Ｊ360 ヂヤо ツアン：アカマ（舩件）

潮進
　　ＫⅠ11a　ヂヤ○ウ　ツイン：ミチシホ（地理）
　　Ｊ255　ヂヤ○ウ　チン：ミチシヲ（天文）
潮来了
　　ＫⅠ11a　ヂヤ○ウ　ライ　リヤ○ウ：ミチシホ（地理）
潮來了
　　Ｊ255　ヂヤ○ウ　ライ　リヤ○ウ：ミチシヲ（天文）
潮滿
　　ＫⅠ11a　ヂヤ○ウ　マン：ミチシホ（地理）
　　Ｊ254　ヂヤ○ウ　マン：ミチシヲ（天文）
潮熱
　　ＫⅣ30b　ヂヤ○ウ　ゼ：オコリサメノスル子ツ（疾病）
　　Ｊ340　ヂヤ○ウ　ゼ：ヲコリサメノスル子ツ（感動）
潮潤的
　　ＫⅣ8a　ヂヤ○ウ　ジユイン　テ：シメル（製作）
　　Ｊ222　ヂヤ○ウ　ジユン　テ：シトリノアルモノ
潮水
　　ＫⅠ11a　ヂヤ○ウ　シユイ：ウシホ（地理）
　　Ｊ255　ヂヤ○ウ　シユイ：シヲ（天文）
潮退了
　　ＫⅠ11a　ヂヤ○ウ　トイ　リヤ○ウ：ヒシホ（地理）
　　Ｊ255　チヤ○ウ　トイ　リヤ○ウ：ヒシヲ（天文）
潮信
　　ＫⅠ11a　ヂヤ○ウ　スイン：シホイキ（地理）
　　Ｊ254　ヂヤ○ウ　スイン：シホトキ（天文）
潮長了
　　ＫⅠ11a　ヂヤ○ウ　チヤン　リヤ○ウ：ミチシホ（地理）
　　Ｊ255　ヂヤ○ウ　ヂヤン　リヤ○ウ：ミチシヲ（天文）
炒
　　ＫⅤ11a　ツア○ウ：イリツケ（飯肉）
　　Ｊ450　ツヤ○ウ：イリツケル（飲食）
炒米
　　ＫⅤ8a　ツア○ウ　ミイ：ヲコシ（飯肉）
　　Ｊ445　ツヤ○ウ　ミイ：ヲコシ
炒麵筋
　　ＫⅤ7a　ツア○ウ　メエン　キン：アケフ（飯肉）
　　Ｊ389　ツア○ウ　メン　キン：アゲフ（菜蔬）
炒些菜
　　ＫⅤ9b　ツア○ウ　スイー　ツアイ：イリナ（飯肉）
　　Ｊ447　ツヤ○ウ　スイ　ツアイ：ナヲアグルコ（飲食）
炒一炒
　　ＫⅡ23b　ツア○ウ　イ　ツア○ウ：火ニテイル（通用）
　　Ｊ23　ツア○ウ　イ　ツア○ウ：イレ

炒油
　　ＫⅤ10a　ツア○ウ　ユウ：アブラアゲ（飯肉）
　　Ｊ448　ツヤ○ウ　ユウ：アブラアゲ（飲食）
炒魚
　　ＫⅤ10a　ツア○ウ　イー：アブラアゲノウヲ（飯肉）
　　Ｊ448　ツヤ○ウ　イ丶：アブラアゲノウヲ（飲食）

CHE

車螯
　　ＫⅤ17b　チエー　ガ○ウ：ハマグリ（魚鱉）
　　Ｊ397　チエ丶　ハ○ウ：ハマグリ（魚介）
車板
　　ＫⅣ45b　チエー　パン：マキイタ（舩件）
　　Ｊ362　チエ丶　パン：マキイタ（舩件）
車動
　　ＫⅣ45b　チエー　ドン：ホマキ　○イカリツナクル時ノロクロ（舩件）
　　Ｊ362　チエ丶　ドン：ホマキ又イカリツナクルトキノロクロ（舩件）
車脚
　　ＫⅣ45b　チエー　キヤ：ヲリイタ（舩件）
　　Ｊ362　チエ丶　キヤ：ヲリイタ（舩件）
車路板
　　ＫⅣ46a　チエー　ルウ　パン：テツカウイタ（舩件）
　　Ｊ362　チエ丶　ルウ　パン：テツカウイタ（舩件）
車盤
　　ＫⅣ45a　チエー　ボワン：マキトウ（舩件）
　　Ｊ361　チエ丶　ボン：マキドウ（舩件）
車起来
　　ＫⅣ43a　チエー　キイ　ライ：ホアクル（舩件）{扯の誤りか}
　　Ｊ356　チエ丶　キイ　ライ：帆アグル（舩件）
車渠
　　ＫⅤ18a　チエー　キユイ：シヤコ（魚鱉）
　　Ｊ397　チエ丶　キユイ：ホタテカイ（魚介）
車圏
　　ＫⅣ42a　チエー　キエン：マルキ（舩件）
　　Ｊ354　チエ丶　ケン：マルキ（舩件）
車手
　　ＫⅣ45a　チエー　シウ：キツテウ（舩件）
　　Ｊ362　チエ丶　シウ：ギツテウ（舩件）
車字旁
　　ＫⅢ51b　チエー　ヅウ　バン：クルマヘン（讀書）
　　Ｊ32　チエ丶　ヅウ　バン：クルマヘン
車子

扯

KⅣ45a <u>チエー</u> ツウ：キッテウ（舩件）

J361 チエヽ ツウ：ギッテウ（舩件）

扯

KⅣ41b <u>チエヽ</u>：トリカヂ（舩件）

J355 チエヽ：トリカヂ（舩件）

扯舵

歩Ⅳ57b ｛「扯舵」に変更｝

扯不破

KⅣ6a チエー ポ ホヲヽ：ヒキヤブラヌ（製作）

J217 チエヽ プ ホウ：ヤブレヌ

扯緊了

KⅣ7a チエー キン リヤ○ウ：ヒツハル（製作）

J215 チエヽ キン リヤ○ウ：ヒツハル

扯了来

KⅣ5a <u>チエー</u> リヤ○ウ ライ：ヒイテコヒ（製作）

扯了來

J59 チエヽ リヤ○ウ ライ：ヒイテコイ

扯篷

KⅣ43a チエー ボン：ホヲマキアクル（舩件）

J356 チエヽ ボン：ホヲマキアグル（舩件）

扯破了

KⅣ6a チエー ホヲヽ リヤ○ウ：ヒキヤブツタ（製作）

J217 チエヽ ポウ リヤ○ウ：ヒキヤブツタ

扯伸了

KⅣ7a チエヽ シン リヤ○ウ：ヒキノベル（製作）

J215 チエヽ シン リヤ○ウ：ヒキノベル

扯手

KⅤ42a チエー シウ：タヅナ（馬鞍）

J415 チエヽ シウ：タツナ（馬具）

扯一扯

KⅡ22a チエー イ チエー：ヒク（通用）

J20 チエヽ イ チエヽ：ヒケ

CHEN

辰時

KⅠ3b ジン ズウ：五ツトキ（天文）

J248 ジン ズウ：五ツドキ（天文）

塵埃

KⅠ12a ヂン ヤイ：チリ（地理）

J257 ヂン アイ：チリ（天文）

沉酣了

KⅢ3a チン ハン リヤ○ウ：ヨウタ（筵宴）

J156 チン カン リヤ○ウ：ヨツタ

沈香

KⅢ37b ヂン ヒヤン：ヂンカウ（寶貨）

J316 ヂン ヒヤン：ヂンカウ（器用）

陳茶葉

KⅢ1b チン ツアー エ：フルチヤ（筵宴）

J58 チン ヅアヽ エ：コチヤ

陳酒

KⅤ10b ヂン ツイ○ウ：フルザケ（飯肉）

J449 ヂン チイ○ウ：フルサケ（飲食）

CHENG

蟶

KⅤ18a シン：マテ（魚鼈）

J397 チン：マテ（魚介）

撐把傘

KⅢ43a ツエン パアー サン：カサヲサス（寶貨）

J61 チエン パア サン：カサヲサス

撐舩

KⅣ41a ヅエン ヂエン：フ子ヲツキタス（舩件）

J353 ヅエン ヂエン：ツキダス（舩件）

撐篙

KⅣ43b ツエン カ○ウ：サホサス（舩件）

J358 ヅエン カ○ウ：サヲサス（舩件）

撐過去

KⅣ47a ツエン コヲヽ キユイ：ミザホテハツテユク（舩件）

J192 チエン コウ キユイ：ミサヲデハツテ行ク

撐開

KⅣ43b ツエン カイ：サホデハル（舩件）

J358 ヅエン カイ：サヲデハル（舩件）

撐開来

KⅢ43a ツエン カイ ライ：カサヲヒロゲル（寶貨）

撐開來

J60 ヅエン カイ ライ：カサヲヒロクル

撐落来

KⅢ43a ツエン ロ ライ：カサヲサシカクル（寶貨）

撐落來

J60 ヅエン ロ ライ：カサヲサシカクル

撐傘的

KⅠ16b ヅエン サン テ：カサヽシ（人品）

J261 ツエン サン テ：カササシ（人品）

撐雨傘

KⅢ43a ツエン イヽ サン：カサヲサス（寶貨）

J60 ヅエン イヽ サン：カサヲサス

成不成

KⅡ18a ヂン ポ ヂン：ナルカナラヌカ（通用）

J67 ヂン プ ヂン：ナルカナラヌカ

成就你
　ＫⅡ27a ヂン ヅイ○ウ ニイ：ソナタヲトリタテル（干求）
　J95 ヂン ヂウ ニイ：コナタヲトリタテル

成了精
　ＫⅡ20b ヂン リヤ○ウ ツイン：コフシヤニナツタ（通用）
　J101 ヂン リヤ○ウ チン：コヲシヤニナツタ

成了神
　ＫⅢ11a ヂン リヤ○ウ ジン：カミニナツタ（祭祀）
　J34 ヂン リヤ○ウ ジン：カミニナツタ

成器的
　ＫⅠ24a ヂン キイ テ：モノニナル（人品）
　J12 ヂン キイ テ：モノニナル

成全我
　ＫⅡ27a ヂン ツエン ゴヲ、：ワレヲトリタテル（干求）
　J95 ヂン ヂエン ゴウ：ワレヲトリタテル

城隍廟
　ＫⅢ11a ヂン ワン ミヤ○ウ：土神（祭祀）
　J34 ヂン ワン ミヤ○ウ：土神

城裡頭
　ＫⅠ13b ヂン リイ デ○ウ：シロノウチ（地理）
　J190 ヂン リイ デ○ウ：シロノウチ

城裏頭
　ＫⅣ51a ヂン リイ デ○ウ：シロノウチ（居室）
　｛Ｋは裡，裏と別字を使用｝

城裡頭
　J375 ヂン リイ デ○ウ：シロ（家居）｛Ｊは別項目で重複掲載｝

城樓
　ＫⅣ51a ヂン レ○ウ：シヤウロウ（居室）

城楼
　J375 ヂン レ○ウ：シロカマヘ（家居）

盛飯来
　ＫⅢ5b ヂン ワン ライ：メシモリテコヒ（筵宴）

盛飯來
　J164 ヂン ハン ライ：メシモリテコイ

盛碗飯
　ＫⅢ6a ヂン ワン ワン：メシモル（筵宴）
　J165 ヂン ワン ハン：メシモル

承露
　ＫⅢ26b ヂイン ルウ：ウケ樋（寳貨）
　J294 ヂン ルウ：ウケ樋（器用）

承命了
　ＫⅣ20b ヅイン ミン リヤ○ウ：カシヨマツタ（財産）
　Ｋ'Ⅳ20b ヅイン ミン リヤ○ウ：カシコマツタ
　J12 ヂン ミン リヤ○ウ：カシコマツタ

承順他
　ＫⅡ9b ヅイン ジユイン タアー：アレニシタガフ（賓友）
　J73 チン ジユン タア：アレニシタガフ

乘乘涼
　ＫⅠ7b ヅイン、リヤン：スヾム（天文）

乘々涼
　J184 チン、リヤン：スヾミマス

乘熱吃
　ＫⅢ7b ヂン ジエ チ：アツヒウチニクウ（筵宴）
　J168 ヂン ゼ チ：アツイウチニクウ

澄下去
　ＫⅤ14a チン ヒヤア キユイ：ミツガスム（煮煎）
　J163 ヂン ヒヤア キユイ：ミヅカスム

橙子
　ＫⅤ33b テン ツウ：ダイダイ（菓蓏）
　J412 テン ツウ：タイ〜（菓）

橙子乾
　ＫⅤ33b テン ツウ カン：ホシダイダイ（菓蓏）
　J412 テン ツウ カン：フシユカン（菓）

秤秤看
　ＫⅠ41b チン、カン：ハカリテミヨ（動作）
　J174 チン、カン：ハカリデカケテミヨ

秤得輕
　ＫⅣ21a チン テ キン：カケメカヽルヒ（財産）
　J19 チン テ キン：カケメカカルヒ

秤得重
　ＫⅣ21a チン テ ヂヨン：カケメカオモヒ（財産）
　J19 チン テ チヨン：カケメカヲモイ

秤釣
　ＫⅢ39b チン ゲ○ウ：キンリヤウチキリノカギ（寳貨）
　J319 チン ゲ○ウ：キンリヤウチキリノカギ（器用）

秤過了
　ＫⅣ22b チン コヲー リヤ○ウ：ハカリニカケタ（財産）
　J18 チン コウ リヤ○ウ：ハカリニカケタ

秤還我
　ＫⅣ21b チン ワン コヲ、：カケテカヘス（財産）
　J19 チン ワン ゴウ：カケテカエス

秤跎
    KⅢ39b　チン　ドウ：チキリノコ（寶貨）
    J319　チン　ドゥ：チキリノコ（器用）

秤銀子
    KⅣ22b　チン　イン　ツウ：ギンスヲカケル（財産）
    J18　チン　イン　ツウ：ギンスヲカケル

稱兩分好買書
    KⅣ21a　チン　リヤン　フイン　ハ○ウ　マイ　シユ　イ：ハツカノモウケテ書ヲ買タ（財産）
    J16　チン　リヤン　フイン　ハ○ウ　マイ：ワツカノモウケデ書ヲ買タ

稱兩分
    歩Ⅳ31a　｛「稱兩分」に短縮｝

CHI

吃不起
    KⅢ7b　チ　ポ　キイ：クヒアマス（筵宴）
    J168　チ　プ　キイ：クイアマス

吃不完這許多
    KⅢ6a　チ　ポ　ワン　チエ　ヒイ　トヲ：コレホトハタヘヌ（筵宴）
    J165　チ　プ　ワン　チエ、ヒイ　トフ：コレホドハタベヌ

吃殘的
    KⅢ7b　チ　ヅアン　テ：クヒノコシ（筵宴）

吃残的
    J168　チ　ヅアン　テ：クイノコシ

吃茶去
    KⅢ1a　チ　ツァ、キユイ：チヤノミニユク（筵宴）
    J57　チ　ヅァ、キユイ：チヤノミニユク

吃長齋
    KⅢ8a　チ　ヂヤン　チヤイ：ナガセウジン（筵宴）
    J169　チ　ヂヤン　チヤイ：ナガセウジン

吃吃兒
    KⅢ7b　チ、ルウ：タヘル（筵宴）

吃〻兒
    J168　チ、ル、：タベル

吃得好
    KⅢ7a　チ　テ　ハ○ウ：ヨキクヒモノ（筵宴）
    J168　チテ　ハ○ウ：ヨキクイモノ

吃得扣
    KⅢ5a　チ　テ　ケ○ウ：タヘマシタ（筵宴）
    J163　チ　テ　ゲ○ウ：タベマシタ

吃得勾
    歩Ⅲ6b　｛「吃得勾」に変更｝

吃得了
    KⅢ7a　チ　テ　リヤ○ウ：タベマシタ（筵宴）
    J167　チ　テ　リヤ○ウ：タベマシタ

吃乾了
    KⅢ2b　チ　カン　リヤ○ウ：ノミホシタ（筵宴）
    J155　チ　カン　リヤ○ウ：ノミホシタ

吃箇驚
    KⅠ37b　キ　コ　キン：ヲドロク（性情）
    J105　キ　コ　キン：ヲトロク

吃寡酒
    KⅢ2a　チ　クワア　ツイ○ウ：サケハカリノム（筵宴）
    J154　チ　クハア　チウ：サケバカリノム

吃鍋巴
    KⅢ5b　チ　コヲ、パア：コケメシタヘル（筵宴）
    J165　チ　コウ　パア：コゲメシタベル

吃菓子
    KⅢ5a　チ　コヲ　ツウ：クワシヲクウ（筵宴）
    J164　チ　コウ　ツウ：クハシヲクウ

吃過恩
    KⅢ13b　チ　コフ　ヲエン：オンヲウクル（慶弔）
    J84　チ　コウ　ウエン：ヲンヲウクル

吃過了
    KⅢ6b　チ　ヲ、リヤ○ウ：タベマシタ（筵宴）
    J166　チ　コウ　リヤ○ウ：タベマシタ

吃寒食
    KⅢ7a　チ　ハン　ジ：ヒヘメシクウ（筵宴）
    J167　チ　ハン　シ：ヒエメシクウ

吃冷飯
    歩Ⅲ9a　｛「吃冷飯」に変更｝

吃花燭
    KⅢ20a　チ　ハアー　チョ：コンレイノサケヲノム（婚姻）
    J155　チ　ハア　チョ：コンレイノサケヲノム

吃幾頓
    KⅢ7a　チ　キイ　トイン：イクタヒクフタカ（筵宴）
    J167　チ　キイ　ドイン：イクワンクツタカ

吃扣了
    KⅢ7a　チ　ゲ○ウ　リヤ○ウ：タヘアヒタ（筵宴）
    J168　チ　ゲ○ウ　リヤ○ウ：タベアイタ

吃勾了
    歩Ⅲ9b　｛「吃勾了」に変更｝

吃了驚
    KⅠ37b　キ　リヤ○ウ　キン：ヲドロク（性情）
    J104　キ　リヤ○ウ　キン：ヲトロク

吃了酒好解愁

KⅢ2b　チ リヤ○ウ ツイ○ウ ハ○ウ キヤイ ヅエ
　　　　○ウ：サケヲノンテウレヒヲトク（筵宴）
　　　J156　チ リヤ○ウ チウ ハ○ウ キヤイ ツエ○ウ：
　　　　サケヲノンテウレイヲトク

吃了去
　　　KⅢ5a　チ リヤ○ウ キユイ：クフテユケ（筵宴）
　　　J163　チ リヤ○ウ キユイ：クツテユケ

吃了他
　　　KⅢ8a　チ リヤ○ウ タアー：アレヲタベル（筵宴）
　　　J169　チ リヤ○ウ タア：アレヲタベル

吃了他生病的
　　　KⅢ7b　チ リヤ○ウ タアー スエン ビン テ：ア
　　　　レヲクヘハヤマヒガデル（筵宴）
　　　J168　チ リヤ○ウ タア スエン ビン テ：アレヲク
　　　　エバヤマイガデル

吃鹿肉
　　　KⅢ7a　チ ロ ジヨ：ロクニクヲタベル（筵宴）
　　　J167　チ ロ ジヨ：ロクニクヲタベル

吃錢糧
　　　KⅠ19a　チ ヅエン リヤン：チキヤウトリ（人品）
　　　J269　チ ヂエン リヤン：チギヤウトリ（人品）

吃錢糧
　　　KⅣ20b　チ ヅエン リヤン：チギヨウヲトル（財
　　　　産）｛重複掲載｝
　　　J12　チ ヂエン リヤン：チギヤウヲトル｛重複掲載｝

吃乳麼
　　　KⅢ14a　チ ジユイ マア：チヲノムカ（慶弔）

吃乳広
　　　J4　チ ジユイ マア：チヲノムカ

吃焼菜
　　　KⅢ7a　チ シヤ○ウ ツアイ：イリナヲタヘル（筵宴）
　　　J167　チ シヤ○ウ ツアイ：イリナヲタベル

吃参湯
　　　KⅣ39a　チ スエン ダン：ニンジントウヲノム
　　　　（醫療）
　　　J45　チ スエン タン：ニンジントウヲノム

吃柿子
　　　KⅢ7a　チ ズウ ツウ：カキヲタヘル（筵宴）
　　　J167　チ ズウ ツウ：カキヲタベル

吃壽酒
　　　KⅢ3b　チ ジウ ツイ○ウ：子ンカノサケヲノム
　　　　（筵宴）
　　　J157　チ ジウ チウ：子ンガノサケヲノム

吃水煙
　　　歩Ⅲ5b　｛増補｝

吃湯兒
　　　KⅢ5a　チ タン ルウ：スヒモノタヘル（筵宴）
　　　J163　チ タン ルヽ：スイモノタベル

吃田螺
　　　KⅢ6b　チ デエン ルウ：タニシヲタヘル（筵宴）
　　　J166　チ デン ロウ：タニシヲタベル

吃碗飯
　　　KⅢ6a　チ ワン ワン：メシタヘル（筵宴）
　　　J165　チ ワン ハン：メシタベル

吃些酒好消憂
　　　KⅢ3a　チ スイー ツイ○ウ ハ○ウ スヤ○ウ ユ
　　　　ウ：サケヲタベテウツヲハラス（筵宴）
　　　J155　チ スイ チウ ハ○ウ シヤ○ウ ユウ：サケヲ
　　　　タベテウツキハラス

吃楊梅
　　　KⅢ7a　チ ヤン ムイ：ヤマモヽヲタヘル（筵宴）
　　　J167　チ ヤン ムイ：ヤマモヽヲタベル

吃藥
　　　KⅣ37b　チ ヨ：クスリノム（醫療）
　　　J350　チ ヨ：クスリノム（療養）

吃／服藥
　　　歩Ⅳ52b　｛「吃／服藥」（併記）に変更｝

吃斎
　　　KⅢ6a　チ チヤイ：セウシンスル（筵宴）
　　　J165　チ チヤイ：セウジンスル

鴟鴉
　　　KⅤ24b　ツウ ヒヤ○ウ：フクロウ（禽類）
　　　J422　ズウ キヤ○ウ：フクロウ（飛禽）

痴獣的
　　　KⅠ22a　ツウ タイ テ：バカモノ（人品）
　　　J99　ツウ ガイ テ：バカモノ

痴狂子
　　　KⅠ17a　ツウ グワン ツウ：キチガヒ（人品）
　　　J263　ツウ グハン ツウ：キチガイ（人品）

痴子
　　　歩Ⅰ24a　｛「痴子」に変更｝

蝻兒
　　　KⅤ19a　リイ ルウ：アマリヤウ（蟲類）
　　　J399　リイ ルヽ：アマリヤウ（虫）

池塘
　　　KⅠ10b　ツウ ダン：ツヽミ（地理）
　　　J254　ツウ タン：ツヽミ（天文）

遅貨
　　　KⅣ22a　ヅウ ホウ：ハヤラヌニモツ（財産）
　　　J17　ツウ ホウ：ハヤラヌニモツ

遲漫了
　KⅣ11a ヅウ マン リヤ○ウ：オソヒ（數量）
　J238 ツウ マン リヤ○ウ：ヲソイ

匙子
　KⅢ36b ズウ ツウ：サシ（寶貨）
　J314 ズウ ツウ：サジ（器用）

尺把長
　KⅣ14b チ パアー ヂヤン：一尺バカリ（數量）
　J28 チ パア ヂヤン：一尺バカリ

尺長紗
　KⅤ38b チ チヤン サアー：尺長チリメン（衣服）
　J429 チ ヂヤン サア：尺長チリメン（衣服）

赤帶
　KⅣ30a チ タイ：コシケ（疾病）

赤帯
　J339 チ タイ：イロモノ下ルコシケ（感動）

赤帶病
　KⅣ34a チ タイ ビン：ナガチ（疾病）
　J347 チ タイ ビン：ナガチ（感動）

赤豆
　KⅤ3a チ デ○ウ：アヅキ（菜蔬）
　J385 チ デ○ウ：サヽゲ（菜蔬）

赤脚走
　KⅡ6a チ キヤ ツエ○ウ：スアシテユク（賓友）
　J148 チ キヤ ツエ○ウ：ハダシデユク

赤痢
　KⅣ29b チ リイ：シヤクリ（疾病）
　J338 チ リイ：シヤクリ（感動）

赤色的
　KⅤ39a チ スエ テ：アカ（衣服）
　J431 チ スエ テ：アカ（衣服）

赤條條
　KⅠ30b チ デヤ○ウ ヽ：マルハダカ（身體）

赤條ヽ
　J115 チ テヤ○ウ ヽ：マルハダカ

CHONG

冲茶
　KⅤ10b チヨン ヅアー：ダシヂヤ（飯肉）
　J449 チヨン ヅアヽ：ダシヂヤ（飲食）

冲茶来
　KⅢ1a チヨン ツアー ライ：チヤニミツサシテコヒ（筵宴）

冲茶來
　J57 チヨン ヅアヽ ライ：チヤニミヅサシテコイ

冲水的
　KⅢ1b チヨン シユイ テ：ミツヲサス（筵宴）
　J57 チヨン シユイ テ：ミヅヲサス

冲湯吃
　KⅢ8a チヨン タン チ：ユニツケテタベル（筵宴）
　J169 チヨン タン チ：ユニツケテタベル

冲些水
　KⅢ1b チヨン スイー シユイ：ミツスコシサス（筵宴）
　J57 チヨン スイ シユイ：ミヅスコシサス

冲一冲
　KⅡ23b チヨン イ チヨン：ミヅヲツク（通用）
　J23 チヨン イ チヨン：ミヅヲツゲ

充得去
　KⅢ43a チヨン テ キユイ：ハメテヤル（寶貨）
　J60 チヨン テ キユイ：ハメテヤル

舂碓
　KⅢ40a チヨン トイ：ウス（寶貨）

舂椎
　J320 チヨン ツイ：ウス（器用）

舂臼
　KⅢ40a チヨン キウ：ツキウス（寶貨）
　J321 チヨン ギウ：ウス（器用）

舂米
　KⅠ20b チヨン ミイ：コメツキ（人品）
　J272 チヨン ミイ：コメウチ（人品）
　歩 ｛削除、「舂米的」に一元化｝

舂米的
　KⅠ20b チヨン ミイ テ：コメツキ（人品）
　J198 チヨン ミイ テ：コメツキ

舂年糕
　KⅤ11b チヨン 子エン カ○ウ：トシモチツク（飯肉）
　J235 チヨン 子ン カ○ウ：トシモチツク

舂石頭
　KⅣ52a チヨン ジ デ○ウ：イシツキスル（居室）
　J194 チヨン ジ デ○ウ：イシヅキスル

舂碎了
　KⅣ7a チヨン ス○イ リヤ○ウ：ウスニテツキクタヒタ（製作）
　J214 チヨン スイ リヤ○ウ：ツキクダイタ

舂一舂
　KⅡ22a チヨン イ チヨン：ウスヅク（通用）
　J21 チヨン イ チヨン：ウスヅク

舂餈粑

ＫⅤ11b　チヨン　ヅウ　パアー：モチヲツク（飯肉）
　　Ｊ236　チヨン　ヅウ　パア：モチヲツク

重底
　　ＫⅣ46a　ヂヨン　テイ：フタヘソコ（舩件）
　　Ｊ362　ヂヨン　デイ：フタヘソコ（舩件）

重複了
　　ＫⅢ49a　チヨン　フ　リヤ○ウ：カサナツタ（讀書）
　　Ｊ227　ヂヨン　ホ　リヤ○ウ：カサナツタ

重眶
　　ＫⅠ25b　ヂヨン　クワン：マブタ（身體）
　　Ｊ286　ヂヨン　キヤン：マブタ（身體）

重娶的
　　ＫⅢ19b　ヂヨン　ツイ　テ：コウサイヲメトル（婚姻）
　　Ｊ365　ヂヨン　チユイ　テ：コウサイヲメトル（婚姻）

重童
　　ＫⅠ25b　チヨン　ドン：フタヘヒトミ（身體）
　　Ｊ286　ヂヨン　ドン：ヒトミ（身體）

重興
　　ＫⅣ24b　チヨン　ヒン：カサ子テオコル（兵法）
　　Ｊ330　ヂヨン　ヒン：カサ子テヲコル（兵法）

重陽
　　ＫⅠ5a　チヨン　ヤン：九月九日（天文）
　　Ｊ251　ヂヨン　ドン：九月九日（天文）

九月九是重陽
　　歩Ⅰ7a　｛「九月九是重陽」に変更｝

銃子
　　ＫⅣ25a　チヨン　ツウ：テツポウ（兵法）
　　Ｊ331　チヨン　ツウ：テツホウ（兵法）

衝上来
　　ＫⅣ5b　チヨン　ジヤン　ライ：ツキアグル（製作）

衝上來
　　Ｊ59　チヨン　ジヤン　ライ：ツキアグル

CHOU

抽
　　ＫⅤ41a　チウ：シハヲヨスル（衣服）
　　Ｊ62　ヂウ：シハヲヨスル

抽出来
　　ＫⅣ3b　チウ　チユ　ライ：ヒキダシタ（製作）

抽出來
　　Ｊ62　ヂウ　チユ　ライ：ヒキタシタ

抽㧜
　　ＫⅢ30a　チウ　テ○ウ：ヒキダシ（寶貨）
　　Ｊ301　チウ　テ○ウ：ヒキダシ（器用）

抽筋
　　ＫⅣ31b　チウ　キン：スヂツル┐（疾病）
　　Ｊ341　ヂウ　キン：スチノツル┐（感動）

紬綿襖
　　ＫⅤ36a　ヂウ　メン　ア○ウ：サヤノワタイレ（衣服）
　　Ｊ425　ヂウ　メン　ア○ウ：サヤノワタイレ（衣服）

疇
　　ＫⅠ10b　チウ：ウ子（地理）
　　Ｊ254　チウ：ウ子（天文）

菜園
　　歩Ⅰ14b　｛「菜園」に変更｝

綢緞鋪
　　ＫⅣ51a　ヂウ　トワン　プウ：タンモノミセ（居室）
　　Ｊ375　チウ　ドハン　プウ：タンモノミセ（家居）

綢衣服
　　ＫⅤ36b　ヂウ　イー　ホ：サヤノイフク（衣服）
　　Ｊ426　ヂウ　イ、　ホ：サヤノイフク（衣服）

愁苦了
　　ＫⅠ38b　ヅエ○ウ　クウ　リヤ○ウ：ウレヒクルシム（性情）
　　Ｊ82　ツエ○ウ　クウ　リヤ○ウ：ウレイクルシム

愁帽兒
　　ＫⅡ29a　ツエ○ウ　マ○ウ　ルウ：セワヲカクル（患難）
　　Ｊ81　ツエ○ウ　マ○ウ　ル、：セハヲウクル

愁歎
　　ＫⅠ38a　ヅエ○ウ　タン：ナゲク（性情）
　　Ｊ89　ツエ○ウ　タン：ナゲク

醜話的
　　ＫⅡ14b　チウ　ワアー　テ：キ、ニクヒハナシ（通用）
　　Ｊ127　ヂウ　ワア　テ：キ、ニクイハナシ

醜臉兒
　　ＫⅠ29b　チウ　レン　ルウ：ミニクヒヅラ（身體）
　　Ｊ86　ヂウ　レン　ル、：ミニクイツラ

臭不臭
　　ＫⅡ34a　チウ　ポ　チウ：クサイカクサクナイカ（德藝）
　　Ｊ200　チウ　プ　チウ：クサイカクサクナイカ

臭氣
　　ＫⅢ43a　チウ　キイ：クサヒ（寶貨）
　　Ｊ201　チウ　キイ：クサイ

臭氣難當
　　ＫⅠ29a　チウ　キイ　ナン　タン：クサクテコタヘヌ（身體）
　　Ｊ201　チウ　キイ　ナン　タン：クサクテコタエヌ

CHU

出醜了
　KⅠ30a　チユ　チウ　リヤ○ウ：ハチヲカク（身體）
　J86　チユ　ヅウ　リヤ○ウ：ハヂヲカク

出瘄兒
　KⅣ30a　チユ　ツウ　ルウ：ハシカ（疾病）
　J345　チウ　ツウ　ル丶：ハシカ（感動）

出瘄
　歩Ⅳ43a　{「出瘄」に変更}

出盜汗
　KⅣ35a　チユ　タ○ウ　ハン：子アセイヅル（疾病）

出盜汗
　J41　チユ　ダ○ウ　ハン：子アセ

出痘
　KⅣ30a　チユ　デ○ウ：ホウソウスル（疾病）
　J338　チユ　デ○ウ：ホウソウスル（感動）

出痘過去
　KⅣ30a　チユ　デ○ウ　コヲ丶　キユイ：ホウソウシタ（疾病）
　J338　チユ　デ○ウ　コウ　キユイ：ホウソウシタ（感動）

出箇頭
　KⅢ25b　チユ　コ　デ○ウ：リッシン（官府）
　J11　チユ　コ　デ○ウ：リッシン

出恭去
　KⅠ40a　チユ　コン　キユイ：ヨフジニユク（動作）
　J238　チユ　コン　キユイ：ヨウジニユク

出尖的
　KⅣ16a　チユ　ツエン　テ：トガリノデタ⌐（諸物）
　J232　チユ　セン　テ：トガリノデタ⌐

出了痘
　KⅣ35a　チユ　リヤ○ウ　デ○ウ：ホウソウヲスル（疾病）
　J41　チユ　リヤ○ウ　デ○ウ：ホウソウヲスル

出了汗
　KⅣ35a　チユ　リヤ○ウ　ハン：アセカテタ（疾病）
　J41　チユ　リヤ○ウ　ハン：アセガデタ

出了家
　KⅢ11b　チユ　リヤ○ウ　キヤア：出家スル（祭祀）
　J35　チユ　リヤ○ウ　キヤア：出家スル

出了仕
　KⅢ25b　チユ　リヤ○ウ　ズウ：ツカユル（官府）
　J11　チユ　リヤ○ウ　ズウ：ツカユル

出了芽
　KⅤ35b　チユ　リヤ○ウ　ヤアー：メガデタ（種藝）
　J62　チユ　リヤ○ウ　ヤア：メガデタ

出門
　KⅡ2b　チユ　メン：ホカニデタ（賓友）
　J141　チユ　メン：ホカニデタ

出門去
　KⅡ6b　チユ　メン　キユイ：ソトニデタ（賓友）
　J149　チユ　メン　キユイ：ソトニデタ

出門賣俏
　KⅡ25a　チユ　メン　マイ　ツヤ○ウ：オンナノカトニデ丶イル⌐（干求）
　J151　チユ　メン　マイ　ツヤ○ウ：ヲンナノカドニデ丶イル⌐

倚門賣俏
　歩Ⅱ34a　{「倚門賣俏」に変更}

出名的
　KⅣ20a　チユ　ミン　テ：メイブツ（財産）
　J231　チユ　ミン　テ：メイブツ

出膿
　KⅣ33b　チユ　ノン：ウミカデタ（疾病）
　J345　チユ　ノン：ウミガデタ（感動）

出奇的
　KⅣ20a　チユ　ギイー　テ：メツラシキモノ（財産）
　J231　チユ　ギイ　テ：メツラシキモノ

出唐舩
　KⅣ47a　チユ　ダン　ヂエン：オクダシ（舩件）
　J192　チユ　ダン　ヂエン：ヲクダシ

出天花
　KⅣ30a　チユ　テエン　ハア丶（疾病）：ホウソウノテキタヲ小兒ニ云トキノコトハ
　J341　チユ　テン　ハア：ホウソウノデキタヲ小兒ニ云トキ（感動）

出頭了
　KⅢ25b　チユ　デ○ウ　リヤ○ウ：リッシンシタ（官府）
　J11　チユ　デ○ウ　リヤ○ウ：リッシンシタ

出圖的
　KⅢ49a　チユ　ドヲ　テ：ヅニイヅル（讀書）
　J230　チユ　ド○ウ　テ：ヅニイヅル

出外
　KⅡ2b　チユ　ワイ：タビニデタ（賓友）
　J141　チユ　ワイ：タビニデタ

出相的
　KⅣ18a　チユ　スヤン　テ：ソウニイヅル（諸物）
　J7　チユ　スヤン　テ：ソウニイヅル

【CHU～CHUAN】

出象的
　ＫⅣ18a　チユ ヅヤン テ：ソウニイヅル（諸物）
　Ｊ7　チユ ヂヤン テ丶：ソウニイヅル
出些汗
　ＫⅣ35a　チユ スイ丶 ハン：アセカイツル（疾病）
　Ｊ41　チユ スイ ハン：アセガデル
出征
　ＫⅣ24b　チユ チン：イデヽセムル（兵法）
　Ｊ329　チユ チン：イデヽセムル
出珠
　ＫⅣ30a　チユ チユイ：ホウソウヲホメル（疾病）
　Ｊ341　チユ チユイ：ホウソウヲホメル¬
初更
　ＫⅠ4a　ツウ ゲン：夜ノ五ツドキ（天文）
　Ｊ248　ツウ ゲン：夜ノ五ツドキ（天文）
初晴了
　ＫⅠ2b　ツウ ツイン リヤ○ウ：ハシメテノハル（天文）
　Ｊ246　ツウ ヂン リヤ○ウ：ハシメテハル丶（天文）
初頭
　ＫⅠ9a　ツウ デ○ウ：ハジメ（天文）
　Ｊ186　ツウ デ○ウ：ハシメ
初相見
　ＫⅡ1b　ツウ スヤン ケン：ハシメテオメニカヽル（賓友）
　Ｊ138　ツウ スヤン ケン：ハシメテヲメニカヽル
初學的
　ＫⅢ50a　ツウ ヒヨ テ：ショグワクノヒト（讀書）
　Ｊ14　ツウ ヒヨ テ：ショグワクシヤ
初二三
　ＫⅣ14b　ツウルー サン：一二三（數量）
　Ｊ28　ツウル丶 サン：一二三
雛兒
　ＫⅤ23b　ツエ○ウ ルウ：ヒヨコ（禽類）
　Ｊ420　ツエ○ウ ル丶：ヒヨコ（飛禽）
除多少
　ＫⅣ10b　ヅイー トフ シヤ○ウ：イカホドノゾクカ（數量）
　Ｊ171　ジユイ トウ スヤ○ウ：イカホドノゾクカ
除了門
　ＫⅣ53a　ツイ リヤ○ウ メン：モンヲノゾイタ（居室）
　Ｊ195　ヂユイ リヤ○ウ ペン：モンヲノソイタ
除了他再没有好的
　ＫⅡ18a　ヅイ リヤ○ウ ダアー ツアイ ムイウ

ハ○ウ テ：アレヲノケテハヨヒノハナヒ（通用）
　Ｊ136　ジユイ リヤ○ウ タア ツアイ モイウ ハ○ウ テ：アレヲノケテハヨイノハナイ
厨下
　ＫⅣ48b　チウ ヒヤア：タヒトコロ（居室）
　Ｊ370　ヂユイ ヒヤア：ダイドコロ（家居）
厨子
　ＫⅠ15b　チウ ツウ：テウリ人（人品）
　Ｊ265　ヂユイ ツウ：リヤウリ人（人品）
鋤頭
　ＫⅢ34b　ヅウ デ○ウ：クハ（寶貨）
　Ｊ310　ツウ デ○ウ：クハ（器用）
杵子
　ＫⅢ40a　チイ ツウ：キ子（寶貨）
　Ｊ321　チユイ ツウ：キ子（器用）
杵子
　Ｊ316　チユイ ツウ：キヌタノコ（器用）｛Ｊは重複掲載，Ｋは砧子に変更｝
搊搊麵
　ＫⅤ12a　ニヨ丶 メン：ムキコヲコヌル（飯肉）｛搊字は音誤り｝
搊々麵
　Ｊ236　ニヨ丶 メン：ムギコヲコヌル
搊一搊
　ＫⅡ22a　ニヨ イ ニヨ：粉ヲコヌル（通用）｛搊字は音誤り｝
　Ｊ21　ニヨ イ ニヨ：粉ヲコヌル
触着了
　ＫⅠ44b　チヨ ヂヤ リヤ○ウ：サワル（動作）
　Ｊ35　チヨ ヂヤ リヤ○ウ：サワル

CHUAN

穿褊衫
　ＫⅤ40b　チエン ペエン サン：ハダギヲキル（衣服）
　Ｊ209　チエン ペン サン：ハダギヲキル
穿不暖
　ＫⅤ40a　チエン ポ ノワン：ウスギ（衣服）
　Ｊ208　チエン プ ノハン：ウスギ
穿單衣
　ＫⅤ40b　チエン タン イー：ヒトヘヲキル（衣服）
　Ｊ209　チエン タン イ丶：ヒトエヲキル
穿得薄
　ＫⅤ40a　チエン テ ボ：ウスギ（衣服）
　Ｊ208　チエン テ ポ：ウスギ
穿得好

K Ⅴ 40a　チエン テ ハ○ウ：キテヨヒ（衣服）
　　J208　チエン テ ハ○ウ：キテヨイ
穿海青
　　K Ⅴ 40b　チエン ハイ ツイン：ソテナシシタギヲ
　　　キル（衣服）
　　J209　チエン ハイ ツイン：ソテナシシタキヲキル
穿袷衣
　　K Ⅴ 40b　チエン キヤ イー：アワセヲキル（衣服）
　　J209　チエン キヤ イヽ：アワセヲキル
穿甲
　　K Ⅳ 26b　チエン キヤ：ヨロヒキル（兵法）
　　J333　チエン キヤ：ヨロイキル（兵法）
穿袴子
　　K Ⅴ 40b　チエン クウ ツウ：ハカマヲキル（衣服）
　　J209　チエン クウ ツウ：ハカマヲキル
穿禮衣
　　K Ⅴ 41a　チエン リイ イー：レイフクヲキル（衣服）
　　J210　チエン リイ イヽ：カミシモヲキル
穿了来
　　K Ⅴ 40a　チエン リヤ○ウ ライ：イフクヲチヤク
　　　シタ（衣服）
穿了來
　　J208　チエン リヤ○ウ ライ：イフクヲチヤクシタ
穿綿襖
　　K Ⅴ 40b　チエン メン ア○ウ：ワタイレヲキル
　　　（衣服）
　　J209　チエン メン ア○ウ：ワタイレヲキル
穿暖些
　　K Ⅴ 40a　チエン ノワン スイー：アツギ（衣服）
　　J208　チエン ノハン スイ：アツギ
穿袍子
　　K Ⅴ 40b　チエン ハ○ウ ツウ：ウハギヲキル（衣服）
　　J209　チエン パ○ウ ツウ：ウハギヲスル
穿裙子
　　K Ⅴ 40b　チエン キン ツウ：マイタレヲキル
　　　（衣服）
　　J209　チエン キユン ツウ：マイタレヲキル
穿衫兒
　　K Ⅴ 40b　チエン サン ルウ：ハダギヲキル（衣服）
　　J209　チエン サン ルヽ：ハダギヲキル
穿外套
　　K Ⅴ 40a　チエン ワイ タ○ウ：ハオリヲキル（衣服）
　　J210　チエン ワイ タ○ウ：ハヲリヲキル
穿夏衣
　　K Ⅴ 40b　チエン ヤア イー：カタビラヲキル（衣服）

　　J209　チエン ヒヤア イヽ：カタビラヲキル
穿鞋子
　　K Ⅴ 40b　チエン ヒヤイ ツウ：クツヲハク（衣服）
　　J209　チエン ヒヤイ ツウ：クツヲハク
穿靴子
　　K Ⅴ 40b　チエン ハアー ツウ：ベスヲハク（衣服）
　　J209　チエン ハア ツウ：ベツヲハク
穿一穿
　　K Ⅱ 23b　チエン イ チエン：イフクヲキル（通用）
　　J24　チエン イ チエン：イフクヲキル
穿着好
　　K Ⅴ 40a　チエン デヤ ハ○ウ：キツキガヨイ（衣服）
　　J208　チエン デヤ ハ○ウ：キツキガヨイ
傳把人
　　K Ⅲ 48a　チエン パアヽ ジン：ヒトニツトフ（讀書）
　　J79　チエン パア ジン：ヒトニツトフ
傳單
　　K Ⅲ 33a　ヂエン タン：クワヒジヤウ（寶貨）
　　J307　ヂエン タン：クハイジヤウ（器用）
傳了去
　　K Ⅲ 48a　ヂエン リヤ○ウ キユイ：ツタヘテユイ
　　　タ（讀書）
　　J79　ヂエン リヤ○ウ キユイ：ツタエテユイタ
傳受的
　　K Ⅲ 48a　ヂエン ジウ テ：デンジユモノ（讀書）
　　J79　チエン ジウ テ：デンジユモノ
傳帖
　　K Ⅲ 33a　ヂエン テ：クワヒジヤウ（寶貨）
　　J307　ヂエン テ：クハイジヤウ（器用）
傳諭
　　K Ⅲ 33a　ヂエン イー：オフレ（寶貨）
　　J307　ヂエン イヽ：ヲフレ（器用）
舩到了
　　K Ⅳ 46a　ヂエン タ○ウ リヤ○ウ：フ子カツイタ
　　　（舩件）
船到了
　　J191　ヂエン タ○ウ リヤ○ウ：フ子ガツイタ
舩底打破了
　　K Ⅳ 46b　ヂエン テイ タアー ポヲ リヤ○ウ：フ
　　　ナソコヲウチヤフツタ（舩件）
船底打破了
　　J191　ヂエン デイ タア ポウ リヤ○ウ：フナソコ
　　　ヲウチヤブル
舩後
　　K Ⅳ 40b　ヂエン ヘ○ウ：トモ（舩件）

船後
　J352 ヂエン ヘ○ウ：トモ（舩件）
舩家長
　KⅣ40b ヂエン キヤア チヤン：セントウ（舩件）
　J351 ヂエン キヤア ヂヤン：船ドウ（舩件）
舩開了
　KⅣ46b ヂエン カイ リヤ○ウ：フ子ガテタ（舩件）
　J191 ヂエン カイ リヤ○ウ：フ子ガデタ
舩幔
　KⅣ44a ヂエン マン：フナマク（舩件）
　J359 ヂエン マン：フナマク（舩件）
舩上多少人
　KⅣ46b ヂエン ジヤント フ シヤ○ウ シン（舩件）：センチウイク人ソ
船上多少人
　J192 ヂヤン ジヤン トフ スヤ○ウ ジン：センチウイク人ゾ
舩上去
　KⅣ46b ヂエン ジヤン キユイ：フ子カラユク（舩件）
船上去
　J191 ヂエン ジヤン キユイ：フ子カラユク
舩頭
　KⅣ40b ヂエン デ○ウ：フ子ノカシラ（舩件）
船頭
　J352 ヂエン デ○ウ：フ子ノカシラ（舩件）
舩主
　KⅣ40a ヂエン チイ：センシユ（舩件）
舩主
　J351 ヂエン ヂユイ：センシユ（舩件）
船塢
　KⅠ11a ヂエン ウー：フ子スエバ（地理）
　J255 ヂエン ウ、：フ子スエバ（天文）
喘沫風
　KⅣ35b チエン メ フヲン：ヨタレヤミ（疾病）
　J43 ヂエン メ ホン：ヨダレクル病
喘息
　KⅣ32a チエン スイ―：スタク（疾病）
　J342 チエン スイ：スタク（感動）

CHUANG

闖進去
　KⅡ6b チヤン ツイン キユイ：ヒヨツトハイツタ（賓友）
　J150 チヤン チン キユイ：ヒヨツトハイツタ

CHUI

吹不斷
　KⅡ21b チユイ ポ ドワン：フキタエヌ（通用）
吹不斷
　J221 チユイ プ ドハン：フキタエヌ
吹笛兒
　KⅡ33a チユイ デルウ：フエヲフク（德藝）
　J199 チユイ デル、：フエヲフク
吹風
　KⅠ3a チユイ フヲン：カゼカフク（天文）
　J247 チユイ ホン：カゼガフク（天文）
風吹
　歩Ⅰ4a {「風吹」に変更}
吹火筒
　KⅢ27b チユイ ホヲ、ドン：ヒフキ（寶貨）
　J296 チユイ ホウ ドン：ヒフキ（器用）
吹木屑
　KⅡ28a チユイ モ スイ：キゲンヲトル⌐（干求）
　J102 チユイ モ スエ：キゲンヲトル⌐
吹上去
　KⅠ8a チユイ ジヤン キユイ：フキアゲタ（天文）
　J184 チユイ ジヤン キユイ：フキアゲタ
吹一吹
　KⅡ21b チユイ イ チユイ：フケ〜（通用）
　J20 チユイ イ チユイ：フケ〜
炊
　KⅤ11a チユイ：ムス（飯肉）
　J450 チユイ：ムス（飲食）
炊餅
　KⅤ8a チユイ ピン：センベイ（飯肉）
　J445 チユイ ピン：センベイ（飲食）
垂落来
　KⅣ2a ヅ○イ ロ ライ：タレヲツル（製作）
垂落來
　J105 ヅイ ロ ライ：タレヲツル
垂絲桃
　KⅤ29b ヅ○イ スウ ダ○ウ：シダリモ、（花卉）
　J434 ヅイ スウ ダ○ウ：シダリモ、（花艸）
垂下去
　KⅣ2a ヅ○イ ヒヤア キユイ：タレヲチタ（製作）
　J105 ヅイ ヒヤア キユイ：タレヲチタ
垂墜
　KⅤ31a ヅ○イ ヅ○イ：シタバル（花卉）
　J437 ヅイ ツイ：シタバル（花艸）

椎子
　ＫⅤ34a　ツ○イ　ツウ：シヒ（菓蔬）
　J413　ツイ　ツウ：シイ（菓）

CHUN

春天好
　ＫⅠ8a　チユイン　テエン　ハ○ウ：ヨクハル、テンキ（天文）
　J185　チユン　テン　ハ○ウ：ヨキハルテンキ

春天暖
　ＫⅠ5b　チユン　テエン　ノワン：春アタヽカ（天文）
　J251　チユン　テン　ノハン：春天アタヽカナ（天文）

蓴菜
　ＫⅤ2a　シ○エン　ツアイ：シユンサイ（菜蔬）
　J383　チユン　ツアイ：ジユンサイ（菜蔬）

蠢東西
　ＫⅠ37a　チユン　トン　スイー：ドンナモノ（性情）
　J100　チユン　トン　スイ：シブトイ

CI

祠堂
　ＫⅣ51a　ズウ　タン：シダウ（居室）
　J375　ヅウ　タン：祭ノダウ（家居）

茨菰
　ＫⅤ2a　ツウ　クウ：クワ井（菜蔬）
　J384　ヅウ　クウ：クハイ（菜蔬）

慈姑
　ＫⅤ4b　ヅウ　クウ：クハ井（菜蔬）
　J388　ヅウ　クウ：クハイ（菜蔬）

磁器
　ＫⅢ41b　ヅウ　キイ：ヤキモノ（寶貨）
　J324　ヅウ　キイ：ヤキモノ（器用）

餈粑
　ＫⅤ7b　ヅウ　パアー：ツキモチ（飯肉）
　J444　ヅウ　パア：ツキモチ（飲食）

辭得脱
　ＫⅡ3a　ヅウ　テト：ジタヒスル（賓友）
　J142　ヅウ　テト：ジタイスル

辭年去
　ＫⅠ9a　ヅウ　子エン　キユイ：トシヲトリタ（天文）
　J187　ヅウ　子ン　キユイ：トシヲトリタ

此時
　歩Ⅰ8a　{「彼時」の後に補ふ}

此所以爲之妙
　ＫⅡ17b　ツウ　ソウ イヽ　ヲイ　ツウ　ミヤ○ウ：コレユエニメウトス（通用）
　J135　ヅウ　ソウ　イ、ヲイ　ツウ　ミヤ○ウ：コレユエニメウトス

刺了刺
　ＫⅤ35b　ツウ　リヤ○ウ　ツウ：トゲヲタテタ（種藝）
　J232　ツウ　リヤ○ウ　ツウ：トゲヲタテタ

刺破了
　ＫⅣ6b　ツウ　ポヲ、リヤ○ウ：サシヤフツタ（製作）
　J216　ツウ　ポウ　リヤ○ウ：サシヤブツタ

刺破了
　ＫⅣ7b　ツウ　ポヲー　リヤ○ウ：サシヤブツタ（製作）{同項目内に重複掲載}
　J232　ツウ　ポウ　リヤ○ウ：サシヤブツタ{重複掲載}

刺痛
　ＫⅣ33a　ツウ　トン：シム（疾病）
　J344　ツウ　トン：シム（感動）

刺襪
　ＫⅠ21a　ツウ　ワ：タビサシ（人品）
　J273　ツウ　ワ：タビサシ（人品）

刺襪的
　歩Ⅰ29b　{「刺襪的」に変更}

刺網
　ＫⅠ21a　ツウ　ワン：アミスキ（人品）
　J273　ツウ　マン：アミスキ（人品）

刺網的
　歩Ⅰ29b　{「刺網的」に変更}

刺繡
　ＫⅤ41a　ツウ　スイ○ウ：ヌイモノスルコ（衣服）
　J367　ツウ　シ○ウ：ヌイモノスルコ（婚姻）

刺一刺
　ＫⅡ22a　ツウ　イ　ツウ：蜂ナドノサスコ（通用）
　J20　ツウ　イ　ツウ：蜂ナドノサスコ

次等兒
　ＫⅣ19b　ツウ　テン　ルウ：ツギノシナ（財産）
　J211　ツウ　テン　ルヽ：ツギノシナ

CONG

葱菜
　ＫⅤ1b　ツヲン　ツアイ：ヒトモジ（菜蔬）
　J382　ツヲン　ツアイ：ヒトモジ（菜蔬）

聰明得狠
　ＫⅢ50b　ツヲン　ミン　テ　ヘン：イコウソウメイナ（讀書）
　J16　ツヲン　ミン　テ　ヘン：イコウソウメイナ

聰明人

【CHUI～CUI】

ＫⅠ15a ツヲン ミン ジン：ソウメイナル人（人品）
Ｊ259 ツヲン ミン ジン：ハツメイナ人（人品）

従容他
ＫⅢ24a ツヲン ヨン タアー：カレヲユルス（官府）

従容他
Ｊ10 ヅヲン ヨン タア：カレヲユルス

従容些
ＫⅢ24a ツヲン ヨン スイー：ユルヤカナ（官府）

従容些
Ｊ10 ヅヲン ヨン スイ：ユルヤカナ

従幼児
ＫⅢ15b ツヲン イウ ルウ：ヨウシヤウノウチヨ リ（慶弔）
Ｊ76 ヅヲン イウ ル丶：ヨウセウヨリ

従幼結婚
ＫⅢ19b ツヲン イウ キ ホン：ヤウセウノウチヨ リエンヲクム（婚姻）
Ｊ366 ヅヲン イウ キ フイン：ヤウセウヨリエン ヲクム（婚姻）

COU

湊口吃
ＫⅢ5b ツエ○ウ ケ○ウ チ：クチツケニノム（筵宴）
Ｊ164 スエ○ウ ゲ○ウ チ：クチツケニノム

CU

麁笨的
ＫⅠ37b ツウ ペン テ：ソ丶フモノ（性情）
Ｊ101 ツウ ベン テ：ソ丶フモノ

粗粗的
ＫⅠ39a ツウ 丶 テ：ソ丶フナ（性情）

粗々的
Ｊ212 ツウ 丶 テ：ソ丶ウナ

粗茶
ＫⅤ10b ツウ ヅアー：アラキチヤ（飯肉）
Ｊ449 ツウ ヅア丶：アライチヤ（飲食）

粗蠢的
ＫⅠ37a ツウ チユイン テ：ウスドンナ（性情）
Ｊ100 ツウ チエン テ：ウスドンナ

粗大的
ＫⅠ39a ツウ ダア丶 テ：オホキナ（性情）
Ｊ212 ツウ ダア テ：ソ丶ウナ

粗得緊
ＫⅠ39a ツウ テ キン：ツンドソ丶フナ（性情）
Ｊ212 ツウ テ キン：ヅンドソ丶ウナ

粗貨
ＫⅢ39a ツウ ホウ：アラモノ（寶貨）
Ｊ319 ツウ ホウ：アラモノ（器用）

粗糠
ＫⅤ6b ツウ カン：アラヌカ（飯肉）
Ｊ442 ツウ カン：アラヌカ（飲食）

粗魯的人
ＫⅠ15b ツウ ルウ テ ジン：ソ丶ウナ人（人品）
Ｊ260 ツウ ルウ テ ジン：ソ丶ウモノ（人品）

粗俗的人
ＫⅠ15b ツウ ヅヲ テ ジン：イヤシキイナカ人（人品）
Ｊ260 ツウ ゾ テ ジン：イヤシキイナカモノ（人品）

酢菜
ＫⅤ9b ツウ ツアイ：スサイ（飯肉）
Ｊ447 ツウ ツアイ：スサイ（飲食）

酢魚
ＫⅤ10b ツウ イー：ナマス（飯肉）
Ｊ449 ツウ イ丶：ナマス（飲食）

醋糟
ＫⅤ9a ツウ ツア○ウ：スノミ（飯肉）
Ｊ447 ツウ ツア○ウ：スノミ（飲食）

簇新的
ＫⅣ18b ヅヲ スイン テ：アタラシヒ（諸物）
Ｊ230 ツヲ スイン テ：アタラシイ

CUAN

余落来
ＫⅣ2b トイン ロ ライ：ミツニスム（製作）

余落來
Ｊ106 ドイン ロ ライ：ミツニスム

CUI

催不過
ＫⅡ35b ツ○イ ポ コフ：サイソクシテナラヌ（盟約）
Ｊ92 ツイ ポ コウ：キツウサイソクスル⌐

催促他
ＫⅡ35a ツ○イ ツヲ タアー：カレヲサヒソクス ル（盟約）
Ｊ92 ツイ ソ タア：カレヲサイソクスル

催人来
ＫⅡ35a ツ○イ ジイ ライ：人ヲサヒソクスル（盟約）

催人來

J92 ツイ ジン ライ：人ヲサイソクスル

催他来
　K Ⅱ 5a ツ○イ タアー ライ：カレヲモヨシキタレ
　　（賓友）｛Jの「催他來」から変更｝

催他來
　J146 クウ タア ライ：カレヲヤトウテコイ

脆脆的
　K Ⅳ 8a ツ○イ ツ○イ テ：ハギリノアル○モロシ
　　（製作）

脆ヾ的
　J221 ツイ 丶 テ：ハギリノアル⌐又ボロボロスル⌐

脆得緊
　K Ⅳ 8a ツ○イ テ キン：イカフハギリノヨイ⌐
　　（製作）
　J221 ツイ テ キン：イカフハギリノヨイ⌐

翠鳥
　K Ⅴ 25a ツ○イ ニヤ○ウ：ルリ（禽類）
　J423 ツイ ニヤ○ウ：ルリ（飛禽）

CUN

存箇體
　K Ⅰ 29b ヅイン コ デイ：メンボクヲタツル（身體）

存箇躰
　J86 スエン コ デイ：メンボクヲタツル

寸錦筆
　K Ⅲ 30a ツイン キン ピ：カザリフデ（寶貨）
　J301 スエン キン ピ：カザリフテ（器用）

CUO

搓艾圓
　K Ⅳ 37b ツアー ガイ イエン：モクサヲヒ子ル
　　（醫療）
　J198 ツヲ丶 ガイ エン：モクサヲヒ子ル

搓搓手
　K Ⅰ 31a ツアー 丶 シウ：テヲモム（身體）

搓ヾ手
　J162 ツア丶 丶 シウ：テヲモム

搓蠟燭
　K Ⅲ 43b ツアー ラ チヨ：スリガケラウヲツクル
　　（寶貨）
　J199 ツヲ丶 ラ チヨ：ラウヲツクル

搓熟了
　K Ⅳ 4a ツアー ジヨ リヤウ：ヨクモンタ（製作）
　J221 ツア丶 ジヨ リヤウ：ヨリスマシタ

搓一搓

K Ⅱ 22b ツアー イ ツアー：モノヲエル⌐（通用）
J22 ツヲ丶 イ ツヲ丶：モノヲヨル

搓紙捻
　K Ⅲ 41b ツアー ツウ 子ン：コヨリヲスル（寶貨）
　J324 ツヲ丶 ツウ 子ン：コヨリ（器用）

撮煎藥
　K Ⅳ 39a ツヲ ツエン ヨ：センヤクヲモル（醫療）
　J46 ツヲ チエン ヨ：センヤクヲモル

撮藥
　K Ⅳ 39a ツヲ ヨ：クスリヲモル（醫療）
　J46 ツヲ ヨ：クスリヲモル

錯穿了
　K Ⅴ 40b ツヲー チエン リヤ○ウ：ハキチカエタ
　　（衣服）
　J209 ツヲ丶 チエン リヤ○ウ：ハキチガツタ

鑢子
　K Ⅲ 34a ヅヲ丶 ツウ：ヤスリ（寶貨）
　J309 ツヲ丶 ツウ：ヤスリ（器用）

DA

搭舩
　K Ⅳ 41a タ ヂエン：ビンセン（舩件）
　J353 タ ヂエン：ビンセン（舩件）

搭舩来
　K Ⅳ 46b タ ヂエン ライ：ビンセンシテキタ（舩件）

搭船來
　J 191 タ ヂエン ライ：便船シテ来タ

搭凉篷
　K Ⅳ 53a タ リヤン ポン：ヒヲヒスル（居室）
　J196 タ リヤン ポン：ヒヲイ

搭了衣
　K Ⅴ 40a タ リヤ○ウ イー：キヌヲウチカケル
　　（衣服）
　J209 タ リヤ○ウ イ丶：キヌヲウチカケル

搭落末
　K Ⅳ 20b タ ロ メ：スヘヨリイチバン（財産）
　J12 タ ロ メ：スエヨリイチバン

搭載錢
　K Ⅳ 47a タ ヅアイ ヅエン：ビンコヒチン（舩件）
　J192 タ ツアイ ヂエン：ビンコイチン

搭着雲梯
　K Ⅳ 52b タ ヂヤ イユン デイ：ハシコヲカクル
　　（居室）
　J195 タ ヂヤ ユン デイ：ハシコヲカクル

搭住了

KⅣ4a　タ ヂユイ　リヤ○ウ：ウチカケル（製作）
　　J224　タ ヂユイ　リヤ○ウ：ウチカクル
打噯
　　KⅣ28a　タアヽ　アイ：オクヒスル（疾病）
　　J335　タア　アイ：アクビ（感動）
打扮
　　KⅢ42b　タアー　パン：ヨソヲフ（寶貨）
　　J368　タア　フイン：ヨソヲフ（婚姻）
打扮好
　　KⅡ33b　タアー　パン　ハ○ウ：シヤウゾクガヨヒ（德藝）
　　J13　タア　パン　ハ○ウ：シヤウゾクガヨイ
打梆子
　　KⅢ12a　タアヽ　パン　ツウ：イタヲウツ（祭祀）
　　J51　タア　ハン　ツウ：イタヲウツ
打鼻雷
　　KⅣ28b　タアー　ビイ　ルイ：イビキスル（疾病）
　　J335　タア　ビイ　ルイ：イビキ（感動）
打繃子
　　KⅠ29b　タアー　ベン　ツウ：カミヲミツグミニスル⌐（身體）
　　J202　タア　ベン　ツウ：カミヲクム
打不死
　　KⅢ38b　タアー　ポ　スウ：ウチゴマ（寶貨）{囲碁の用語か}
　　J317　タア　ポ　スウ：ウチコマ（器用）
打茶的
　　KⅢ1b　タアヽ　ヅアー　テ：チヤヲタテル（筵宴）
　　J58　タア　ヅアヽ　テ：チヤヲタテル
打赤膊
　　KⅠ30b　タアヽ　チ　ポ：ハダヌギスル（身體）
　　J115　タア　チ　ポ：ハダヌキ
打刀盤
　　KⅢ43b　タアー　タ○ウ　ボワン：ツバヲウツ（寶貨）
　　J199　タア　タ○ウ　バン：ツバヲウツ
打得淺
　　KⅣ5a　タアヽ　テ　ツエン：アサクナシタ（製作）
　　J227　タア　テ　ヂエン：アサクナシタ
打得深
　　KⅣ5a　タアヽ　テ　シン：フカクナシタ（製作）
　　J227　タア　テ　シン：フカクナシタ
打點打點
　　KⅡ37a　タアー　テン　ヽ　ヽ：シタクヲセヨ（遊眺）
打點ゝゝ
　　J220　タア　テン　〰：シタクセヨ

　　歩　{削除}
打點了
　　KⅡ37a　タアー　テン　リヤ○ウ：コシラヘタ（遊眺）
　　J220　タア　テン　リヤ○ウ：コシラエタ
　　歩　{削除}
打掉了
　　KⅣ7a　タアヽ　デヤ○ウ　リヤ○ウ：ウチステタ（製作）
　　J216　タア　デヤ○ウ　リヤ○ウ：ウチキツタ
打東道
　　KⅢ9b　タアー　トン　ダ○ウ：テヒシユフリニナル（筵宴）
　　J101　タア　トン　ダ○ウ：フルマイカケ
打動我
　　KⅡ26b　タアヽ　ドン　ゴヲー：ワレヲオコス（干求）
　　J94　タア　ドン　ゴウ：ヲコス
打斷了
　　KⅣ6b　タアヽ　ドワン　リヤ○ウ：ウチキル（製作）
打断了
　　J216　タア　ドハン　リヤ○ウ：ウチキル
打呃
　　KⅣ28a　タアヽ　ゲ：シヤクリスル（疾病）
　　J335　タア　ゲ：シヤクリ（感動）
打飽氣
　　KⅣ28a　タアヽ　ゲ　ギイ：シヤクリスル（疾病）
　　J335　タア　ゲ　ギイ：シヤクリ（感動）
打稿兒
　　KⅢ46a　タアー　カ○ウ　ルウ：シタガキスル（讀書）
　　J123　タアヽ　カ○ウ　ルヽ：シタガキ
打個拱
　　KⅢ9b　タアヽ　コ　コン：イツレヒスル（筵宴）
　　J111　タア　コ　コン：イツレイスル
打個竈
　　KⅣ52a　タアー　コ　ツア○ウ：カマトヲヌル（居室）
　　J194　タア　コ　ツア○ウ：カマドヲツクル
打關節
　　KⅢ18b　タアー　クワン　ツイ：テイレヲスル（寄贈）
　　J52　タア　クハン　チエ：テイレヲスル
打官司
　　KⅢ24a　タアー　クワン　スウ：クジヲオコス（官府）
　　J38　タア　クハン　スウ：クジヲヲコス
打滾馬
　　KⅤ43a　タアー　クイン　マアー：ハナチナクサムル（馬鞍）
　　J417　タア　クイン　マア：馬ヲハナシナクサムル⌐

（馬具）

打過來
　ＫⅣ 46a　タアー　コウ　ライ：トリアクル（舩件）

打過來
　Ｊ363　タア　コウ　ライ：ウチヨスル（舩件）
　步　{削除}

打寒噤
　ＫⅣ 33b　タアー　ハン　キン：サムケ（疾病）
　Ｊ346　タア　ハン　キン：サムケ（感動）

打號子
　ＫⅣ 15b　タアー　ア○ウ　ツウ：オンドヲトル（數量）
　Ｊ33　タア　ハ○ウ　ツウ：シルシヲツケル

打呵欠
　ＫⅣ 28a　タア、ヲー　ケン：アクビスル（疾病）
　Ｊ335　タア　ホウ　ヘン：アクビ（感動）

打鶴喧
　ＫⅣ 28a　タアー　コ　ヒエン：オクヒスル（疾病）
　Ｊ335　タア　ホ　ヘン：アクビ（感動）

打花押
　ＫⅢ 31a　タアー　ハアー　ヤ：カキバンスル（寶貨）
　Ｊ303　タア　ハア　ヤア：カキバンスルコ（器用）

打歡喜
　ＫⅢ 9a　タア、フワン　ヒイ：ナクサミヲスル（筵宴）
　Ｊ71　タア　ハア　ヒイ：ナクサミヲスル

打火罐
　ＫⅣ 37b　タアー　ホヲ　クワン：スヤキノツホニ火ヲイレテハラニアツルコ（醫療）
　Ｊ198　タア　ホウ　クハン：スヤキノツボニ火ヲイレテハラニアツル
　步　{削除}

打幾頓
　ＫⅣ 15a　タア、キイ　トイン：イクウチ（數量）
　Ｊ29　タア　キイ　ドイン：イクウチ

打漿糊
　ＫⅣ 8a　タア、ツヤン　ウ：シヤウフヲ子ル（製作）

打漿糊
　Ｊ222　タア　チヤン　ウ：セウフヲ子ル

打槳
　ＫⅣ 41b　タアー　ツヤン：マキル（舩件）
　Ｊ352　タア　ヂヤン：マギル（舩件）

打攪了
　ＫⅡ 20b　タアー　キヤ○ウ　リヤ○ウ：ゴザフサニナリマシタ（通用）

　Ｊ89　タア　キヤ○ウ　リヤ○ウ：ゴザウサニナリマシタ

打開來
　ＫⅣ 6b　タア、カイ　ライ：ウチアケタ（製作）

打開來
　Ｊ216　タア　カイ　ライ：ウチアケタ

打雷
　ＫⅠ 3a　タアー　ルイ：カミナリ（天文）
　Ｊ246　タア　ルイ：ライノナルコ（天文）

打了墻
　ＫⅣ 52b　タアー　リヤ○ウ　ヅヤン：子リヘヒヲツク（居室）
　Ｊ194　タア　リヤ○ウ　ツヤン：子リヘイヲツク

打獵去
　ＫⅡ 6a　タアー　レ　キユイ：カリニユク（賓友）
　Ｊ148　タア　レ　キユイ：カリニユク

打夢話
　ＫⅣ 28b　タアー　モン　ワアー：子コトイフ（疾病）
　Ｊ335　タア　モン　ワア：子ゴトスル（感動）

打眠顛
　ＫⅠ 43b　タアー　ミン　テエン：イ子ムリスル（動作）
　Ｊ109　タア　メン　テン：イ子ムリスル

打綿
　ＫⅠ 20b　タア、メン：ワタウチ（人品）
　Ｊ272　タア　メン：ワタウチ（人品）
　步　{削除}

打綿
　ＫⅤ 41a　タアー　メエン：ワタウツ（衣服）{重複掲載}
　Ｊ367　タア　メン：ワタウツ（婚姻）{重複掲載}

打麺吃
　ＫⅢ 7a　タア、メエン　チ：メンルヒウツテタヘル（筵宴）
　Ｊ167　タア　メン　チ：メンルイウツテタベル

打滅了
　ＫⅣ 26b　タアー　メ　リヤ○ウ：ウチツブシタ（兵法）
　Ｊ114　タア　ペ　リヤ○ウ：ウチツブシタ

打磨茶
　ＫⅡ 33b　タア、モー　ヅア、：ヒキチヤヲタツル（德藝）
　Ｊ200　タア　モウ　ヅア、：ヒキチヤヲタツル

打磨茶
　ＫⅢ 1b　タア、モフ　ヅアー：ヒキチヤヲタテル（筵宴）{重複掲載}
　Ｊ58　タア　モウ　ヅア、：ヒキチヤヲタテル{重複掲載}

198

【DA】

打噴嚔
　ＫⅣ28a　タアー　フン　デイ：クシヤミスル（疾病）
　J335　タア　フイン　デイ：クシヤミ（感動）

打平了
　ＫⅣ3b　タア、ビン　リヤ○ウ：ナラムル（製作）
　J214　タア　ビン　リヤ○ウ：ナラムル

打起来
　ＫⅠ43b　タア、キイ　ライ：ウチカヽル（動作）

打起來
　J109　タア　キイ　ライ：ヲコシタ

打取他
　ＫⅣ26b　タア、ツイ、タアー：カレヲウチトル（兵法）
　J113　タア　チユイ　タア：カレヲウチトル

打擾了
　ＫⅡ20b　タア、ジヤ○ウ　リヤ○ウ：ゴザフサニナリマシタ（通用）
　J89　タア　ジヤ○ウ　リヤ○ウ：ゴザウサニナリマシタ

打掃打掃
　ＫⅡ12a　タア、サ○ウ　タア、サ○ウ：ソヲヂスル（賓友）

打掃〻〻
　J221　ダア　サ○ウ　〜：ソウヂスル

打扇打扇
　ＫⅣ3a　タア、シエン　タア、シエン：アヲゲ（製作）

打扇〻〻
　J197　タア　セン　〜：アヲゲ

打扇
　歩Ⅳ4a　{「打扇」に変更}

打縄索
　ＫⅡ33a　タアー　ヂン　ソ：ツナヲウツ（徳藝）
　J198　タア　チン　ソ：ツナヲウツ

打石頭
　ＫⅣ52a　タアー　ジ　デ○ウ：イシツキスル（居室）
　J194　タア　ジ　デ○ウ：イシツキスル

打雙陸
　ＫⅡ33a　タアー　シヨワン　ロ：スゴロクヲウツ（徳藝）
　J200　タア　シハン　ロ：スゴロクヲウツ

打水
　ＫⅤ14a　タアー　シユイ：ミツヲクム（煮煎）
　J162　タア　シユイ：ミヅヲクム

打水
　ＫⅣ46a　タアー　シユイ：アカヲトル（舩件）{重複掲載, 別の語義}
　J363　タア　シユイ：アカヲトル（舩件）{重複掲載}

打筭看
　ＫⅠ41b　タアー　ソワン　カン：サンシテミヨ（動作）
　J174　タア　ソワン　カン：サンシテミヨ

打筭盤
　ＫⅣ22a　タアー　ソワン　ポワン：サンヨウスル⌐（財産）
　J17　タア　ソハン　バン：サンヨウスル⌐

打索
　ＫⅠ20b　タアー　ソ：ツナウチ（人品）
　J272　タア　ソ：ツナウチ（人品）

打索兒的
　歩Ⅰ29a　{「打索兒的」に変更}

打索路
　ＫⅣ44a　タアー　ソ　ルウ：ツナウツ（舩件）
　J359　タア　ソ　ルウ：ツナウツ（舩件）

打嚔
　ＫⅣ28a　タア、デイ：クシヤミスル（疾病）
　J335　タア　デイ：クシヤミ（感動）

打聽見
　ＫⅠ41a　タア、デイン　ケン：キヽツクロウ（動作）
　J173　タア　デン　ケン：キヽツクロウテミヨ

打聽看
　歩Ⅰ57b　{「打聽看」に変更}

打銅鑼
　ＫⅡ33a　タアー　ドン　ロヲ：ドラヲウツ（徳藝）
　J199　タア　ドン　ロウ：ドラヲタヽク

打金鑼　敲鑼鼓
　歩Ⅱ43b　{「打金鑼」「敲鑼鼓」に変更, 増補}

打頭風
　ＫⅠ3b　タアー　デ○ウ　フヲン：ムカフカゼ（天文）
　J248　タア　デ○ウ　ホン：ムカフカゼ（天文）

打頭走
　ＫⅡ8a　タアー　テ○ウ　ツエ○ウ：サキニユク（賓友）
　J152　タア　デ○ウ　ツエウ：サキニユク

打圖書
　ＫⅡ33b　タアー　ドウ　シユイ：インヲオス（徳藝）
　J200　タ　ド○ウ　シユイ：インヲオス

打妄想
　ＫⅠ39a　タア、ワン　スヤン：ムダオモヒヲスル⌐（性情）
　J233　タア　ワン　スヤン：ムダヲモイヲスル⌐

打桅
　ＫⅣ43a　タアー　ヲイ：ハシラヲタツル（舩件）

J357　タア　ヲイ：ハシラタツル（舩件）
打尾走
　　ＫⅡ 8a　タア、　ウイ、　ツエ○ウ：アトニユク（賓友）
　　J152　タア　ウイ　ツエ○ウ：アトニユク
打噎
　　ＫⅣ 28a　タアー　イ：ムセル（疾病）
　　J335　タア　イ：ムセル（感動）
打一次
　　ＫⅣ 15a　タアー　イ　ツウ：イチドウツ（數量）
　　J29　タア　イ　ツウ：イチドウツ
打油的
　　ＫⅡ 33a　タアー　ユウ　テ：アブラヒキ（德藝）
　　J198　タア　ユウ　テ：アブラヒキ
打油餅
　　ＫⅤ 12a　タアー　ユウ　ピン：モチヲアケル（飯肉）
　　J236　タア　イウ　ピン：モチヲアゲル
打魚的
　　ＫⅠ 21a　タアー　イ、　テ：ウヲトリ（人品）
　　J197　タア　イ、　テ：ウヲトリ
打竈
　　ＫⅠ 20b　タアー　ツア○ウ：カマヌリ（人品）
　　J272　タア　ツア○ウ：カマヌリ（人品）
打竈的
　　歩Ⅰ 29a　｛「打竈的」に変更｝
打張来
　　ＫⅡ 9a　タア、　チヤン　ライ：来ントシタレバ（賓友）
　　J67　タア　チヤン　ライ：来トシタレバ
打丈鼓
　　ＫⅡ 33a　タア、　ヂヤン　クウ：オホダヒコヲウツ（德藝）
　　J197　タア　ヂヤン　クウ：ヲ、ダイコヲウツ
打針
　　ＫⅠ 19b　タア、　チン：ハリウチ（人品）
　　J270　タア　チン：ハリウチ（人品）
打針
　　ＫⅤ 42b　タアー　チン：ハリウツ（馬鞍）｛重複掲載｝
　　J416　タア　チン：ハリウツ（馬具）｛重複掲載｝
打針兒
　　ＫⅣ 38a　タアー　チン　ルウ：ハリヲスル（醫療）
　　J44　タア　チン　ル、：ハリヲスル
打紙牌
　　ＫⅡ 32b　タアー　ツウ　パイ：カルタヲウツ（德藝）
　　J112　タア　ツウ　バイ：カルタヲウツ
打轉来

　　ＫⅡ 6b　タアー　チエン　ライ：ヒツカヘシテクル（賓友）
打轉來
　　J149　タア　チエン　ライ：ヒキクリカエシテクル
大阿姉
　　ＫⅠ 24b　ダアー　ア、　ツイ、：オ、ア子（人品）
　　J4　ダア　ア、　ツウ：ヲ、ア子
大阿姉
　　ＫⅠ 34a　ダアー　アー　ツイー：オホア子（親族）
　　　｛重複掲載｝
　　J279　ダア　ア、　ツウ：ヲ、ア子（親族）｛重複掲載｝
大坂
　　ＫⅠ 12a　ダアー　パン：オホサカ（地理）
　　J258　ダア　パン：ヲ、サカ（天文）
大夂頭
　　ＫⅣ 15b　ダアー　バン　デ○ウ：オホクハリ（數量）
　　J33　ダア　バン　デ○ウ：ヲ、クハリ
大番頭
　　歩Ⅳ 22b　｛「大番頭」に変更｝
大便閉
　　ＫⅣ 29b　ダアー　ベン　ピイ：タイベンツマリ（疾病）
　　J338　ダア　ベン　ピイ：ダイベンツマリ（感動）
大便不通
　　ＫⅣ 29b　タアー　ベン　ポトン：タイベンツマリ（疾病）
　　J338　ダア　ベン　ポトン：ダイベンツマリ（感動）
大鼻頭
　　ＫⅠ 25b　ダアー　ビイ　デ○ウ：オホバナ（身體）
　　J286　ダア　ビイ　デ○ウ：ヲ、バナ（身體）
大財主
　　ＫⅣ 22a　ダアー　ツアイ　チユイ：タヒジンノモノ（財産）
　　J17　ダア　ヅアイ　チユイ：タイシンノモノ
大産
　　ＫⅣ 34a　ダアー　ツアン：タイサン（疾病）
　　J347　ダア　ツアン：ダイサン（感動）
大腸
　　ＫⅠ 27b　ダアー　ヂヤン：ダイチヤウ（身體）
　　J290　ダア　ヂヤン：ダイチヤウ（身體）
大稱呼
　　ＫⅣ 20b　ダアー　チン　フウ：オホヒニタツトンデヨブ（財産）
　　J12　ダア　チン　フウ：ヲ、イニタツトンデヨブ
大秤
　　ＫⅢ 39a　ダアー　チン：キンリヤウ（寶貨）

【DA】

J319 ダア チン：キンリヤウ（器用）

大尺
　KⅢ39a ダアー チ：クジラザシ（寳貨）
　J318 ダイ チ：クジラザシ（器用）

大蟲
　KⅤ21a ダアー チヨン：トラ（畜獸）

大虫
　J403 ダア チヨン：トラ（獸）

大出頭
　KⅢ25b ダア、チユ デ○ウ：オホリツシン（官府）
　J11 ダア チユ デ○ウ：ヲ、リツシン

大大的
　KⅣ11b ダアー ダアー テ：オホキナ（數量）

大〻的
　J212 ダア 、 テ：ヲ、キナ

大得緊
　KⅣ11b ダア、テ キン：ヅントフトヒ（數量）
　J212 ダア テ キン：ヅンドフトイ

大踮
　KⅤ43a ダア、テエン：コノリ（馬鞍）
　J417 ダア テン：コノリ（馬具）

大冬
　KⅤ6a ダア、トン：タイトウゴメ（飯肉）
　J441 ダア トン：タイトウ（飲食）

大度量
　KⅠ24a ダア、ドウ リヤン：レフガヒロヒ（人品）
　J9 ダア ドウ リヤン：レウガヒロイ

大發跡
　KⅢ13a ダアー ハ チ：オホヒニシアワセ（慶弔）
　J83 ダア ハ チ：ヲ、イニシヤワセ

大封皮
　KⅢ46b ダア、ホン ビイ：ホウジメ（讀書）
　J124 ダア ホン ビイ：ホウジメ

大夫人
　KⅠ34b タアー フウ ジン：オクサマ（親族）
　J280 ダア フウ ジン：ヲクサマ（親族）

大斧柯
　KⅢ19a タアー フウ コヲ：ナカタチ（婚姻）
　J365 ダア フウ コウ：ナカダチ（婚姻）

大公事
　KⅢ21a ダアー コン ズウ：コヨウ（官府）
　J65 ダア コン ズウ：コウギ

大恭去
　KⅠ40a ダアー コン キユイ：ヨフジニユク（動作）
　J239 ダア コン キユイ：ヨウジニユク

大溝兒
　KⅠ11b ダアー ゲ○ウ ルウ：大ミゾ（地理）
　J256 ダア ゲ○ウ ル、：大ミゾ（天文）

大狗
　KⅤ21b ダアー ゲ○ウ：オホイヌ（畜獸）
　J404 ダア ゲ○ウ：大イヌ（獸）

大過了
　KⅣ10b タイ コウ リヤ○ウ：スギマシタ（數量）

太過了
　J171 タイ コウ リヤ○ウ：スギマシタ

大和尚
　KⅠ21b タアー ホヲ、ジヤン：タイヲシヤウ（人品）
　J274 ダア ホウ ジヤン：ダイヲシヤウ（人品）

大紅色
　KⅤ39b ダアー ホン スエ：オホモ、イロ（衣服）
　J432 ダア ホン スエ：ヲ、モモイロ（衣服）

大花馬
　KⅤ43b ダアー ハアー マアー：大ブチゲ（馬鞍）
　J418 ダア ハア マア：大ブチ毛（馬具）

大花紬
　KⅤ37b ダアー ハアー チウ：オホトヒザヤ（衣服）
　J428 ダア ハア チウ：ヲ、トビサヤ（衣服）

大吉利
　KⅢ13a タア、キ リイ：オホヒナルサイワイ（慶弔）
　J82 ダア キ リイ：ヲ、イナルサイワイ

大伽藍
　KⅣ51a タアー キヤア ラン：大ガラン（居室）
　J375 ダア キヤア ラン：大ガラン（家居）

大家来
　KⅡ5b タアー キヤア ライ：ミナキタレ（賓友）

大家來
　J147 ダア キヤア ライ：ミナキタレ

大監
　KⅠ19a タイ ケン：奄官（人品）{「太監」の誤り}
　J269 ダア ケン：奄官ノ⌐（人品）

大街上
　KⅠ13b ダアー キヤイ ジヤン：ホンマチ（地理）
　J190 ダア キヤイ ジヤン：ホンマチ

大節日
　KⅠ5b ダアー ツイ ジ：セクジツ（天文）
　J188 ダア チエ ジ：セクジツ

大解去
　KⅠ40a ダアー キヤイ キユイ：ダイヨフニユク

（動作）
　　J239 ダア キヤイ キユイ：ダイヨウニユク
大禁的
　　KⅢ23b ダアー キン テ：タヒハツト（官府）
　　J10 ダア キン テ：ダイハツト
大舅
　　KⅠ33b ｛唐音表記なし｝：母方ノ叔父（親族）
　　J279 ダア キウ：叔父
大口氣
　　KⅠ44a タアー ゲ〇ウ キイ：オホクチノモノ
（動作）
　　J7 ダア ゲ〇ウ キイ：ヲヽクチノモノ
大快活
　　KⅢ9a タアヽ クワイ ウヲ：オホヒニタノシミナ（筵宴）
　　J71 ダア クワイ ヲ：タノシミナ
大来頭
　　KⅢ23a タアー ライ デ〇ウ：オホヒニワケカアル（官府）
大來頭
　　J228 ダア ライ デ〇ウ：ヲヽイニワケガアル
大老官
　　KⅠ18b タアヽ ラ〇ウ クワン：タイジン（人品）
　　J268 ダア ラ〇ウ クハン：ダイジン（人品）
大老爺
　　KⅢ25a ダアー ラ〇ウ エヽ：タヒラウヤ（官府）
　　J36 ダア ラ〇ウ エヽ：タイラウヤ
大禮
　　KⅢ19b ダアー リイ：タヒレヒ（婚姻）
大礼
　　J366 ダア リイ：タイレイ（婚姻）
大臉孔
　　KⅠ29b ダアー レン コン：オホヘイナ（身體）
　　J86 ダア レン コン：ヲヽヘイナ
大麻風
　　KⅣ32b ダアー マアー ホン：テンカン（疾病）
　　｛訳誤り、「猪癲風」等数語の語義と同上とする｝
　　J343 ダア マア ホン：ライビヤウ（感動）
大麻縄
　　KⅣ44a ダアー マアー ヂン：オホイチヒツナ（舩件）
　　J359 ダア マア チン：ヲヽイチビツナ（舩件）
大馬頭
　　KⅠ11b ダアー マアー デ〇ウ：オホイチバ（地理）
　　J256 ダア マア デ〇ウ：ヲヽイチバ（天文）

大麥
　　KⅤ6b ダアー メ：オホムキ（飯肉）
　　J442 ダア メ：ヲヽムキ（飲食）
大門子
　　KⅣ52a タアー メン ツウ：モンバン（居室）
　　J197 ダア メン ツウ：モンバン
大母指
　　KⅠ26b ダアー ムウ ツウ：ヲヽユビ（身體）
　　J288 ダア ムウ ツウ：ヲヽユビ（身體）
大年紀
　　KⅠ15b ダアー 子エン キイ：トシカオホヒ（人品）
　　J260 ダア 子ン キイ：トシガヲヽイ（人品）
大鳥
　　KⅤ25b ダアー ニヤ〇ウ：オホトリ（禽類）
　　J424 ダア ニヤ〇ウ：ヲヽトリ（飛禽）
大女兒
　　KⅠ34b ダアー ニイ ルウ：オホムスメ（親族）
　　J280 ダア ニイ ルウ：ヲヽムスメ（親族）
大鵬
　　KⅤ23a ダアー ボン：タイホウ（禽類）
　　J419 ダア ポン：ヲヽトリ（飛禽）
大屏風
　　KⅢ26b ダアー ビン フヲン：ヲヽツヒタテ（寶貨）
　　J294 ダア ビン ホン：ヲヽツイタテ（器用）
大前程
　　KⅢ13a タアヽ ツエン チン：大ナル立身（慶弔）
　　J83 タアヽ ヂエン デン：ヲヽイナルゼンピヤウ
大前日
　　KⅠ4a ダアー ヅエン ジ：サキヲトヽヒ（天文）
　　J249 ダア ヂエン ジ：サキヲトヽイ（天文）
大曲子
　　KⅡ33b ダアー キヨ ツウ：ウタヒ（徳藝）
　　J13 ダア キヨ ツウ：ウタイ
大人家
　　KⅢ25a ダアー ジン キヤア：大人（官府）
　　J37 ダア ジン キヤア：大人
大嫂嫂
　　KⅠ34a ダアー スエ〇ウ ヽ：アニヨメ（親族）
大嫂々
　　J279 ダア スエ〇ウ ヽ：アニヨメ（親族）
嫂嫂
　　歩Ⅰ47b ｛「嫂嫂」に変更｝
大生日
　　KⅢ14a ダアー スエン シ：正タンセウ日（慶弔）
　　J3 ダア スエン ジ：正タンゼウ日

大生意

KⅣ21a ダアー スエン イー：オホアキナヒ（財産）

J16 ダア スエン イ、：ヲ、（以下判読不能）■

筑・地・4・6a ヲ、アキナイ

大蒜

KⅤ4a タアー ソワン：ニンニク（菜蔬）

J387 ダア ソハン：ニンニク（菜蔬）

大檀越

KⅢ11a ダア、 タン エ：ダイタンナ（祭祀）

J51 ダイ ダン エ：ダイダンナ

大天亮

KⅠ7b ダアー テエン リヤン：ヲ、イニアケタ（天文）

J183 ダア テン リヤン：ヲ、イニアケタ

大頭菜

KⅤ1b ダアー デ○ウ ツアイ：カブナ（菜蔬）

J383 ダア デ○ウ ツアイ：カブナ（菜蔬）

大頭目

KⅠ19a タアー テ○ウ モ：ヲモヤクニン（人品）

J268 ダア デ○ウ モ：ヲモヤクニン（人品）

大頭脳

KⅠ18b タアー デ○ウ ナ○ウ：モノカシラ ○オホガシラ（人品）

J268 ダア デ○ウ ナ○ウ：モノカシラ 又ヲ、ガシラ（人品）

大腿

KⅠ27a タアー トイ：モ、（身體）

J289 ダア トイ：モ、（身體）

大桅

KⅣ42b タア、 ヲイ：ホンホハシラ（舩件）

J357 ダア ヲイ：ホンホバシラ（舩件）

大相熟

KⅡ10a ダアー スヤン ジヨ：大ニ中ヨシ（賓友）

J77 ダア スヤン ジヨ：ヲ、イニ中ヨシ

大相公

KⅠ18b タアー スヤン コン：タイクワンニン（人品）

J268 ダア スヤン コン：タイクハンニン（人品）

大孝的

KⅠ24a タアー ヒヤ○ウ テ：タイコウノモノ（人品）

J37 ダア ヒヤ○ウ テ：タイカウノモノ

大興頭

KⅡ21b ダア ヒン デ○ウ：オホヒニハンゼウ（通用）

J9 ダア ヒン デ○ウ：ヲ、イニハンゼウ

大鬚子

KⅠ28a タアー スイー ツウ：ヒゲツラ（身體）

J263 ダア シユイ ツウ：ヒゲヅラ（人品）

大學生

KⅢ49b ダアー ヒヨ スエン：ダイガクセイ（讀書）

J14 ダア ヒヨ スエン：ガクトウ

大洋

KⅠ10b ダアー ヤン：オホオキ（地理）

J254 ダア ヤン：ヨウ中（天文）

大勇得

KⅠ24a タアー ヨン テ：タイユウノモノ（人品）

J9 ダア ヨン テ：ダイイウノモノ

大有才

KⅢ50a ダアー イウ ヅアイ：ザヱガアル（讀書）

J14 ダア イウ ツアイ：サイガアル

大有力

KⅠ32a ダアー イウ リ：ダイリキ（身體）

J238 ダア イウ リ：ダイリキ

大有年

KⅠ9b ダアー イウ 子エン：ホフ子ン（天文）

J253 ダア イウ 子ン：ホウ子ン（天文）

大有趣

KⅢ9a ダー イウ ツイ、：オホヒニオモシロヒ（筵宴）

J71 ダア イウ チユイ：ヲ、イニヲモシロイ

大有興

KⅢ9a ダア、 イウ ヒン：オホヒニオモシロヒ（筵宴）

J71 ダア イウ ヒン：ヲ、イニヲモシロイ

大丈夫

KⅠ18b ダアー ヂヤン フウ：タイヂヤウブ（人品）

J268 ダア ヂヤン フウ：ダイヂヤウブ（人品）

大正室

KⅠ35b ダアー チン シ：ヲヘヤ（親族）

J282 ダア チン シ：ヲヘヤ（親族）

正室

歩Ⅰ50a ｛「正室」に変更｝

大鐘

KⅢ36a ダアー チヨン：ツキガ子（寶貨）

J313 ダア チヨン：ツキカ子（器用）

大醉了

KⅢ3a タアー ツ○イ リヤ○ウ：オホヒニヨウタ（筵宴）

J155 ダア ツイ リヤ○ウ：ヲ、イニヨツタ

大篆
  步Ⅲ 42b ｛「隷書」の後に補う｝

大罪過
  ＫⅢ 21a ダアー ヅ○イ コヲ、：オホヒナルツミ（官府）
  J103 ダア ツイ コウ：ヲヽイナルツミ

DAI

呆木了
  ＫⅠ 37a ハイ モ リヤ○ウ：アキルヽ（性情）
  J100 ガイ モ リヤ○ウ：アキルヽ

呆子
  ＫⅠ 17a ハイ ツウ：タワケ（人品）
  J266 ガイ ツウ：タワケ（人品）

獃和尚
  ＫⅠ 22a タイ ホヲヽ ジヤン：バカボウズ（人品）
  J101 ガイ ホウ ジヤン：バカボウス

獃老實
  ＫⅠ 22a タイ ラ○ウ ジ：バカシヤウヂキ（人品）
  J99 ガイ ラ○ウ ジ：バカシヤウジキ

獃娃子
  ＫⅠ 22a タイ ワアヽ ツウ：バカモノ（人品）
  J101 ガイ ワア ツウ：バカモノ

歹的人
  ＫⅠ 37b タイ テ ジン：ワルモノ（性情）
  J101 タイ テ ジン：ワルモノ

歹東西
  ＫⅠ 22a タイ トン スイ：ワルモノ（人品）
  J99 タイ ドン スイ：バカモノ

歹些兒
  ＫⅡ 17b タイ スイー ルウ：チトワルヒ（通用）

歹些児
  J135 タイ スイ ルヽ：チトワルイ

歹字旁
  ＫⅢ 51b タイ ヅウ バン：歹ノ字ヘン（讀書）
  J32 ヤ ヅウ パン：歹ノ字ヘン

代你寫
  ＫⅢ 45a タイ ニイ スエー：ソナタニカワリテカク（讀書）
  J121 タイ ニイ スエヽ：ソコモトノタメニカク

玳瑁釵
  ＫⅢ 30a タイ ムイ ツアー：ベツカフノカンザシ（寶貨）
  J301 タイ ムイ チヤイ：ベツカウノカンザシ（器用）

怠慢得狠
  ＫⅡ 2b タイ マン テ ヘン：ブアヒサツ（賓友）
  J142 ダイ マン テ ヘン：ブチヤウホウナ

怠慢你
  ＫⅡ 2b タイ マン ニイ：ソナタニブチヤフホウナ（賓友）
  J142 ダイ マン ニイ：ブテウホウナ

怠慢他
  ＫⅡ 2b タイ マン タアー：カレニブチヤフホウナ（賓友）
  J142 ダイ マン タア：カレニブチヤウホウナ

帶花来
  ＫⅡ 9a タイ ハアー ライ：ハナヲモチテコヒ（賓友）

帶花來
  J61 ダイ ハア ライ：ハナヲモチテキタ

帶甲的
  ＫⅣ 26b タイ キヤア テ：ヨロウタモノ（兵法）

帶甲的
  J333 タイ キヤア テ：ヨロフタモノ（兵法）｛重複掲載｝
  J113 タイ キヤア テ：ヨロイキタ ｛重複掲載｝

帶来
  ＫⅡ 8b タイ ライ：モチテコヒ（賓友）

帶來
  J61 タイ ライ：モチキタル

帶下
  ＫⅣ 30a タイ ヒヤア：コシケ（疾病）

帶下
  J339 タイ ヒヤア：コシケ（感動）

帶魚
  ＫⅤ 15b タイ イー：タチノウヲ（魚鱉）

帶魚
  J392 タイ イヽ：タチノウヲ（魚介）

帶子
  ＫⅤ 36b タイ ツウ：ヲビ（衣服）

帶子
  J426 タイ ツウ：小ヲビ（衣服）

待冷吃
  ＫⅢ 7b ダイ レン チ：サメテカラクウ（筵宴）
  J168 タイ レン チ：サメテカラクウ

待詔
  ＫⅠ 21a ダイ チヤ○ウ：カミユヒ（人品）
  J273 タイ ツヤ○ウ：カミユイ（人品）

【DA～DAN】

戴斗笠
　ＫⅤ41a　タイ　テ○ウ　リ：スゲカサヲカブル（衣服）
　J210　タイ　デ○ウ　リ：スゲカサヲカブル
戴方巾
　ＫⅤ40b　タイ　ハン　キン：カクツキンヲカブル
　　（衣服）
　J210　タイ　ハン　キン：カクヅキンカブル
戴幅巾
　ＫⅤ41a　タイ　ホ　キン：ハバツキンヲカブル（衣服）
　J210　タイ　ホ　キン：ハバヅキンヲカブル
戴冠子
　ＫⅤ40b　タイ　クワン　ツウ：カンムリカブル（衣服）
　J210　タイ　クハン　ツウ：カンムリカブル
戴盔的
　ＫⅣ26a　タイ　クイ　テ：カフトキタモノ（兵法）
　J333　タイ　クイ　テ：カムトキタモノ（兵法）｛重
　　複掲載｝
　J113　タイ　クイ　テ：カムトキタ　｛重複掲載｝
戴僧帽
　ＫⅤ40b　タイ　ツエン　マ○ウ：モフスヲカブル
　　（衣服）
　J210　タイ　スエン　マ○ウ：モウスヲカブル
戴紗帽
　ＫⅤ40b　タイ　サアー　マ○ウ：シヤノボフシヲカ
　　ブル（衣服）
　J210　タイ　サア　マ○ウ：シヤノボウシヲカブル
戴孝
　ＫⅢ14b　タイ　ヒヤ○ウ：イミヲウクル（慶弔）
　J49　タイ　ヒヤ○ウ：イミヲウケル
戴着歇
　ＫⅤ40b　タイ　ヂヤ　ヘ：カブツテイヨ（衣服）
　J210　タイ　ヂヤ　ヘ：カブツテイヨ

DAN

擔閣了
　ＫⅡ2b　タン　コ　リヤ○ウ：タヒザ井シタ（賓友）
　J141　タン　コ　リヤ○ウ：タイザイシタ
担菓子
　ＫⅤ11b　タン　コヲー　ツウ：クハシヲモテコイ
　　（飯肉）
　J235　タン　コウ　ツウ：クハシヲモテコイ
担過来
　ＫⅣ5b　タン　コフ　ライ：モチテコイ（製作）
担過來
　J58　タン　コウ　ライ：モテコイ

担酒来
　ＫⅢ2a　タン　ツイ○ウ　ライ：サケモチテコヒ（筵宴）
担酒來
　J154　タン　チウ　ライ：サケモテコイ
担来用
　ＫⅡ25b　タン　ライ　ヨン：モチキテツカフ（干求）
担來用
　J65　タン　ライ　ヨン：モチキテツカウ
担去用
　ＫⅡ25b　タン　キュイ　ヨン：モチユキテツカフ
　　（干求）
　J65　タン　キュイ　ヨン：モチユキテツカウ
担湯来
　ＫⅢ5a　タン　タン　ライ：ユモチテコヒ（筵宴）
担湯來
　J162　タン　丶　ライ：ユモテコイ
担烟来
　ＫⅢ4a　タン　エン　ライ：タハコモチテコヒ（筵宴）
担烟來
　J158　タン　エン　ライ：タバコモテコイ
擔些来
　ＫⅣ5b　タン　スイ丶　ライ：チトモチテコヒ（製作）
擔些來
　J58　タン　スイ　ライ：チトモテコイ
單北風
　ＫⅠ3b　タン　ポ　フヲン：マキタ（天文）
　J248　タン　ポ　ホン：マキタ（天文）
單東風
　ＫⅠ3b　タン　トン　フヲン：マコチ（天文）
　J247　タン　トン　ホン：マコチ（天文）
單南風
　ＫⅠ3b　タン　ナン　フヲン：マハヘ（天文）
　J247　タン　ナン　ホン：マハヘ（天文）
單條
　ＫⅢ31a　タン　デヤ○ウ：カケモノ（賓貨）
單条
　J303　タン　テヤ○ウ：カケモノ（器用）
單西風
　ＫⅠ3b　タン　スイー　フヲン：マニシ（天文）
　J248　タン　スイ　ホン：マニシ（天文）
單葉的
　ＫⅤ31b　タン　エ　テ：ヒトヘ（花卉）
　J438　タン　エ　テ：ヒトヘ（花艸）
單衣

ＫⅤ36a　タン　イー：ヒトヘ（衣服）
J425　タン　イヽ：ヒトエ（衣服）

但憑你
ＫⅡ9a　タン　ビン　ニイ：ゴカツテシダヒ（賓友）
J72　タン　ビン　ニイ：ゴカツテシダイ

但是
ＫⅡ19b　ダン　ズウ：タヾシ（通用）
J70　タン　スウ：タヾシ

淡泊些
ＫⅡ17a　ダン　ポ　スイー：タンハクナ（通用）
J207　トハン　ペ　スイ：カンソナ

淡淡的
ＫⅢ7b　ダン　ヽ　テ：ナンノ味モナヒ○ウスヒ┐（筵宴）

淡々的
J168　トハン　ヽ　テ：ナンノアヂモナイ又ウスイ

淡飯兒
ＫⅤ7b　ダン　ワン　ルウ：ソハン（飯肉）

淡飯児
J444　トハン　ハン　ルヽ：ソハン（飲食）

淡黒
ＫⅤ43a　ダン　ヘ：アヲゲ（馬鞍）
J417　トハン　ヘ：アヲゲ（馬具）

淡紅的
ＫⅤ31b　タン　ホン　テ：ウスクレナ井（花卉）
J438　トハン　ホン　テ：ウスクレナイ（花艸）

淡紅色
ＫⅤ39b　タン　ホン　スエ：ウスモミ（衣服）
J431　トハン　ホン　スエ：ウスモミ（衣服）

淡黄色
ＫⅤ31b　タン　ワン　スエ：ウスキイロ（花卉）
J438　トハン　ワン　スエ：ウスキイロ（花艸）

淡緑色
ＫⅤ39b　ダン　ロ　スエ：ウスモエキ（衣服）
J432　トハン　ワン　スエ：ウスモエキ（衣服）

淡水
ＫⅠ11a　ダン　シユイ：マミヅ（地理）
J255　トハン　シユイ：マミヅ

淡水生
ＫⅠ13a　ダン　シユイ　スエン：カハノモノ（地理）
J189　トハン　シユイ　スエン：カワノモノ

淡竹
ＫⅤ27b　ダン　チヨ：ハチク（樹竹）
J407　トハン　チヨ：ハチク（樹竹）

澹泊飯
ＫⅢ7a　ダン　ポ　ワン：アチノナヒメシ（筵宴）
J167　トハン　ペ　ハン：アヂナキメシ

DANG

當初
ＫⅠ4b　タン　ツウ：ムカシ（天文）
J250　タン　ツウ：ムカシ（天文）

當初人
ＫⅠ15a　タン　ツウ　ジン：ムカシノ人（人品）
J259　タン　ツウ　ジン：ムカシノ人（人品）{重複掲載}
J141　タン　ツウ　ジン：ムカシノ人{重複掲載}

當初有
ＫⅣ19a　タン　ツウ　イウ：ムカシアツタ（財産）

端初有
J137　タン　ツウ　イウ：ムカシアツタ

當對的
ＫⅡ10a　タン　トイ　テ：タイ〜スル（賓友）
J78　タン　トイ　テ：タイ〜スル

當飯吃
ＫⅢ6b　タン　ワン　チ：メシニシテタヘル（筵宴）
J166　タン　ハン　チ：メシニシテタベル

當官的
ＫⅣ20b　タン　クワン　テ：クガヒ（財産）
J12　タン　クハン　テ：クガイ

當官做
ＫⅣ1b　タン　クワン　ツヲー：アラハニスル（製作）
J133　タン　クワン　ツヲヽ：アラハニスル

當菓子
ＫⅤ11a　タン　コヲヽ　ツウ：クハシニスル（飯肉）
J235　タン　コウ　ツウ：クハシニスル

當年的
ＫⅠ16b　タン　子エン　テ：子ンバンノモノ（人品）
J262　タン　子ン　テ：子ンバンノモノ（人品）

當頭
ＫⅠ21b　タン　デ○ウ：トウヂウ（人品）
J274　タン　デ○ウ：トウヂウ（人品）

當心的
ＫⅠ38b　タン　スイン　テ：心ニカクル（性情）
J73　タン　スイン　テ：タシカナ

當藥吃
ＫⅣ38b　タン　ヨ　チ：クスリグヒ（醫療）
J44　タン　ヨ　チ：クスリクイ

當真有
ＫⅣ19a　タン　チン　イウ：マコトニアル（財産）

J137　タン　チン　イウ：マコトニアル

當正的
　Ｋ Ⅱ 20a　タン　チン　テ：マコトノコト（通用）
　J73　タン　チン　テ：タシカナ

荡落来
　Ｋ Ⅳ 2b　ダン　ロ　ライ：ヲチスシテサガルヿ（製作）

荡落來
　J105　タン　ロ　ライ：ヲチスシテサガルヿ

DAO

刀疤
　Ｋ Ⅳ 31b　タ○ウ　パアー：カタナキス（疾病）
　J342　タ○ウ　パアー：カタナキズ（感動）

刀柄
　Ｋ Ⅲ 33b　タ○ウ　ビン：ツカ（寶貨）
　J308　タ○ウ　ビン：ツカ（器用）

刀豆
　Ｋ Ⅴ 3a　タ○ウ　デ○ウ：ナタマメ（菜蔬）
　J385　タ○ウ　デ○ウ：ナタマメ（菜蔬）

刀痕
　Ｋ Ⅳ 31b　タ○ウ　ヘエン：カタナキス（疾病）
　J342　タ○ウ　ホヘン：カタナキズ（感動）

刀架
　Ｋ Ⅲ 33b　タ○ウ　キヤア：カタナカケ（寶貨）
　J308　タ○ウ　キヤア：カタナカケ（器用）

刀尖
　Ｋ Ⅲ 33b　タ○ウ　ツエン：カタナノキツサキ（寶貨）
　J308　タ○ウ　セン：キツサキ（器用）

刀盤
　Ｋ Ⅲ 33b　タ○ウ　ボワン：ツバ（寶貨）
　J308　タ○ウ　バン：ツバ（器用）

刀鞘
　Ｋ Ⅲ 33b　タ○ウ　スヤ○ウ：サヤ（寶貨）
　J308　タ○ウ　シヤ○ウ：サヤ（器用）

刀刃
　Ｋ Ⅲ 33b　タ○ウ　シン：カタナノハ（寶貨）
　J308　タ○ウ　ジン：ハ（器用）

刀傷
　Ｋ Ⅳ 30b　タ○ウ　ショワン：キンソウ（疾病）
　J339　タ○ウ　シヤン：キンソウ（感動）

刀銹了
　J308　タ○ウ　シ○ウ　リヤ○ウ：サビタ（器用）｛Ｋ Ⅲ 33bは銹了とする｝

刀子
　Ｋ Ⅲ 33a　タ○ウ　ツウ：カタナ（寶貨）

J307　タ○ウ　ツウ：カタナ（器用）

島嶼
　Ｋ Ⅰ 10b　タ○ウ　シユイ：シマ（地理）
　J254　タ○ウ　シユイ：シマ（天文）

搗碎了
　Ｋ Ⅳ 7a　タ○ウ　ス○イ　リヤ○ウ：ツキクタヒタ（製作）
　J214　ダ○ウ　ス○イ　リヤ○ウ：コマカニツキクダイタ

搗一搗
　Ｋ Ⅱ 22b　タ○ウ　イ　タ○ウ：コヅク（通用）
　J22　ダ○ウ　イ　ダ○ウ：コヅク

搗砧
　Ｋ Ⅲ 38a　タ○ウ　チン：キヌタ（寶貨）
　J316　ダ○ウ　チン：キヌタ（器用）

倒倒兒
　Ｋ Ⅳ 4a　タウ　タウ　ルウ：タヲル丶（製作）

倒〻兒
　J217　タ○ウ　丶　ル丶：タヲル丶

倒一倒
　歩Ⅳ 5b　｛「倒一倒」に変更｝

禱雨
　Ｋ Ⅰ 2b　ダ○ウ　イー：アメヲイノル（天文）
　J246　タ○ウ　イ丶：アメヲモトムル（天文）

蹈索
　Ｋ Ⅳ 44a　タ○ウ　ソ：トヅナ（舩件）
　J359　タ○ウ　ソ：トツナ（舩件）

蹈住了
　Ｋ Ⅳ 4b　タ○ウ　ヂユイ　リヤ○ウ：フミツメル（製作）
　J225　タ○ウ　ヂユイ　リヤ○ウ：フミツメル

到岸
　Ｋ Ⅳ 46a　タ○ウ　ガン：チヤクセンスル（舩件）
　J363　タ○ウ　ガン：チヤクセンスル（舩件）

到底
　Ｋ Ⅱ 19a　タ○ウ　デイ：ツマリ（通用）
　J69　タ○ウ　デイ：ツマリ

到底好
　Ｋ Ⅱ 17a　タ○ウ　デイ　ハウ：ツイニハヨヒ（通用）
　J134　タ○ウ　デイ　ハウ：ツマリヨイ

到了手
　Ｋ Ⅱ 32b　タ○ウ　リヤ○ウ　シウ：テニイツタ（德藝）
　J75　タ○ウ　リヤ○ウ　シウ：テニイツタ

到齊了
　Ｋ Ⅱ 7b　タ○ウ　ヅイー　リヤ○ウ：キソロフタ（賓友）
　J151　タ○ウ　ヅイ　リヤ○ウ：キソロウタ

到手了

ＫⅡ32b　タウ　シウ　リヤ○ウ：テニイツタ（德藝）
　　Ｊ75　タウ　シウ　リヤ○ウ：テニイツタ
到着了
　　ＫⅡ7b　タウ　ヂヤ　リヤ○ウ：ツヒタ（賓友）
　　Ｊ151　タウ　ヂヤ　リヤ○ウ：ツイタ
到這所在讀斷了
　　ＫⅢ44b　タウ　チエー　ソウ　ヅアイ　ド　トワン　リヤ○ウ：コヽマテヨミオハル（讀書）
到這所在讀斷了
　　Ｊ119　タウ　チエ、ソ○ウ　ヅアイ　ド　ドハン　リヤ○ウ：コヽマテヨミキツタ
倒剝
　　ＫⅣ28b　タウ　ポ：サカムケ（疾病）
　　Ｊ336　タウ　ポ：サカムケ（感動）
倒便宜
　　ＫⅡ9a　タウ　ベエン　ニイ：カヘツテカツテヾゴザル（賓友）
　　Ｊ72　タウ　ベン　ニイ：カエツテカツテヾコサル
倒不来
　　ＫⅡ6b　タウ　ポ　ライ：カヘツテコヌ（賓友）
倒不来
　　Ｊ149　タウ　プ　ライ：カヘツテコヌ
倒不難
　　ＫⅡ29a　タウ　ポ　ナン：カヘツテカタクナヒ（患難）
到不難
　　Ｊ82　タウ　プ　ナン：ケツクテカタクナイ
倒出来
　　ＫⅣ2a　タウ　チユ　ライ：サカサマニデタ（製作）
倒出來
　　Ｊ63　タウ　チユ　ライ：サカサマニデタ
倒吊塵
　　ＫⅣ16b　タウ　テヤ○ウ　ヂン：サガリスヽ（諸物）
　　Ｊ239　タウ　テヤ○ウ　ヂン：サガリスヽ
倒放了
　　ＫⅣ5a　タウ　ハン　リヤ○ウ：サカサマニオイタ（製作）
　　Ｊ229　タウ　ハン　リヤ○ウ：サカサマニヲイタ
倒挂鳥
　　ＫⅤ24b　タウ　クワア　ニヤ○ウ：サトウテウ（禽類）
倒掛鳥
　　Ｊ422　タウ　クハア　ニヤ○ウ：サトウトリ（飛禽）
倒好吃
　　ＫⅢ8a　タウ　ハウ　チ：カヘツテタヘヨヒ（筵宴）

　　Ｊ169　タウ　ハウ　チ：カエツテタベヨイ
倒好看
　　ＫⅠ42a　タウ　ハウ　カン：カヘツテミヨヒ（動作）
　　Ｊ175　タウ　ハウ　カン：カエツテミヨイ
倒是
　　ＫⅡ20a　タウ　ズウ：カヘツテ（通用）
　　Ｊ70　タウ　ズウ：カエツテ
倒是好
　　ＫⅡ17b　タウ　ズウ　ハウ：カヘツテヨイ（通用）
　　Ｊ136　タウ　ズウ　ハウ：カエツテヨイ
倒托了
　　ＫⅣ53b　タウト　リヤ○ウ：サカサマニハメタ（居室）
　　Ｊ196　タウ　ト　リヤ○ウ：サカサマニハメタ
倒戲他
　　ＫⅡ30a　タウ　ヒイ　タアー：却テアレヲナブル（疎慢）
　　Ｊ97　タウ　ヒイ　タア：却テアレヲナブル
倒寫了
　　ＫⅢ45b　タウ　スエー　リヤ○ウ：サカサマニカヒタ（讀書）
　　Ｊ121　タウ　スエ、　リヤ○ウ：サカサマニカイタ
倒柘菜
　　ＫⅤ1b　タウト　ツアイ：アチヤラヅケ（菜蔬）
　　Ｊ382　タウ　ト　ツアイ：アチヤラツケ（菜蔬）
盗汗
　　ＫⅣ31a　タウ　ハン：子アセ（疾病）
盗汗
　　Ｊ340　ダウ　ハン：子アセ（感動）
盗賊
　　ＫⅠ18a　タウ　ヅエ：トウゾク（人品）
盗賊
　　Ｊ267　ダウ　ヅエ：トウゾク（人品）
道姑
　　ＫⅠ21b　ダウ　クウ：ミコ（人品）
　　Ｊ274　ダウ　クウ：ミコ（人品）
道理
　　ＫⅡ19b　ダウ　リイ：ダウリ（通用）
　　Ｊ70　ダウ　リイ：トウリ
道路
　　ＫⅠ11b　ダウ　ルウ：ミチ（地理）
　　Ｊ256　ダウ　ルウ：ミチ（天文）
道師
　　ＫⅠ21b　ダウ　スウ：ヤマブシ（人品）

J274　ダ○ウ　スウ：ヤマブシ（人品）
道童
　　КⅠ22a　ダ○ウ　ドン：小山伏（人品）
　　J274　ダ○ウ　ドン：小山伏（人品）
稲草
　　КⅤ32b　ダ○ウ　ツア○ウ：ワラ（花卉）
稲艸
　　J440　ダ○ウ　ツア○ウ：ワラ（花艸）
稲米
　　КⅤ6a　ダ○ウ　ミイ：イ子（飯肉）
稲米
　　J441　ダ○ウ　ミイ：イ子（飲食）
稲穂
　　КⅤ6a　ダ○ウ　ヅ○イ：イ子ノホ（飯肉）
稲穂
　　J441　ダ○ウ　ヅ○イ：イ子ノホ（飲食）

DE

得愛的
　　КⅢ13b　テ　アイ　テ：アヒヲエル（慶弔）
　　J84　テ　アイ　テ：アイヲエル
得寵的
　　КⅢ13b　テ　チヨン　テ：チヨウヲエル（慶弔）
　　J84　テ　チヨン　テ：テウヲエル
得他的
　　КⅢ17a　テ　タ　テ：アレヲエマ■タ（脱字）（寄贈）
　　J85　テ　タア　テ：アレヲエマシタ
得些閑
　　КⅡ20b　テ　スイ､　ヒエン：スコシヒマヲエタ（通用）
　　J90　テ　スイ　ヘン：スコシヒマヲエタ
得幸的
　　КⅢ13a　テ　ヒン　テ：サイワイナ（慶弔）
　　J82　テイン　テ：サイワイナ
得一夢
　　КⅠ43b　テイ　モン：ヒトユメミタ（動作）
　　J109　テイ　モン：ヒトユメミタ
得一日過一日
　　КⅠ8a　テイ　ジ　コフ　イ　ジ：ケフハケフアスハアス（天文）
　　J184　テイ　ジ　コウ　イ　ジ：ケウハケウアスハアス
得知他
　　КⅡ35a　テツウ　タアー：アレニシラスル（盟約）
　　J92　テ　ツウ　タア：アレニシラスル
得罪得罪
　　КⅢ8b　テ　ヅイ　〜　〜：リョグワイ　〜（筵宴）
得罪〻〻
　　J66　テ　ヅイ　〜：リョグハイ　〜
徳不孤必有隣
　　КⅢ50b　テ　ポ　クウ　ピ　イウ　リン：トクコナラズカナラズトナリアリ（讀書）
　　J15　テ　プ　クウ　ピ　イウ　リン：トクコナラスカナラストナリアリ

DENG

登位
　　КⅣ24b　テン　ヲイ：クラ井ニツク（兵法）
　　J329　テン　ヲイ：クライニツク（兵法）
燈草
　　КⅤ32a　テン　ツア○ウ：トウシン（花卉）
燈艸
　　J439　テン　ツア○ウ：イ､（花艸）
燈蛾
　　КⅤ20a　テン　ゴヲ：ヒトリムシ（蟲類）
　　J401　テン　ゴウ：アブラムシ　ヒトリムシ（虫）
燈火
　　КⅢ27b　テン　ホヲ､：トモシビ（寶貨）
　　J295　テン　ホウ：トモシビ（器用）
燈籠
　　КⅢ27b　テン　ロン：トウロウ（寶貨）
　　J295　テン　ロン：トウロウ（器用）
燈臺
　　КⅢ27b　テン　ダイ：トウダヒ（寶貨）
　　J295　テン　タイ：トウダイ（器用）
燈臺自不照
　　КⅢ4b　テン　タイ　ヅウ　ポ　チャ○ウ：トウタイモトクラシ（筵宴）
　　J160　テン　タイ　ヅウ　ポ　ツヤ○ウ：トウタイモトクラシ
燈心草
　　КⅢ28a　テン　スイン　ツア○ウ：トウシミ（寶貨）
　　J296　テン　スイン　ツア○ウ：トウシミ（器用）
燈心
　　歩Ⅲ36b　｛「燈心」に変更｝
燈盞
　　КⅢ27b　テン　ツアン：ス､キ　○　アフラザラ（寶貨）
　　J296　テン　ツアン：ス､キ（器用）
等盤
　　КⅢ39a　テン　ボアン：ハカリザラ（寶貨）

J319 テン バン：ハカリノサラ（器用）

等他来
KⅡ8a テン タア、ライ：アレヲマチマシタ（賓友）

等他來
J152 テン タア ライ：アレヲマチマシタ

等一等
KⅡ23b テン イ テン：マテ（通用）
J24 テン イ テン：マテ

等着用
KⅡ25a テン ヂヤ ヨン：オシツケイリマス（干求）
J63 テン ヂヤ ヨン：ヲツヽケイリマス

凳子
KⅢ26a テン ツウ：コシカケ（寶貨）
J293 デン ツウ：コシカケ（器用）

瞪開了眼睛看
KⅠ42b テン カイ リヤ○ウ エン ツイン カン：メヲミヒラヒテミヨ（動作）
J176 デン カイ リヤ○ウ エン チン カン：メヲヒツハツテミヨ

DI

低一箇字
KⅢ46a デイ イ コ ヅウ：イチジサクル（讀書）
J123 デイ イ コ ヅウ：イチジサグル

低頭看
歩Ⅱ49a ｛増補｝

滴出来
KⅣ17a デ チユ ライ：シタバリデル（諸物）

滴出來
J62 テ チユ ライ：シタバリデル

滴透了
KⅣ2a テ テ○ウ リヤ○ウ：モリトホル（製作）
J63 テ テ○ウ リヤ○ウ：モリトヲル

滴一滴
KⅡ23b テイ テ：シタバル（通用）
J24 テイ テ：シタバル

笛兒
KⅢ35b デルウ：フエ（寶貨）
J312 テルヽ：フエ（器用）

的確的
KⅡ20a テコ テ：タシカナ（通用）
J74 テ キヤ テ：タシカナ

鏑鑼
KⅢ30a テ 子：ケヌキ（寶貨）

J300 テ 子：ケヌキ（器用）
歩 ｛削除｝

底邊
歩Ⅰ12a ｛「尾頭」を削除し，差し替え｝

地板
KⅣ49a デイ パン：イタシキ（居室）
J371 リイ パン：イタシキ（家居）

地扁蛇
KⅤ19a デイ ペエン ジエー：マムシ（蟲類）
J399 リイ ペン ジエヽ：マムシ（虫）

地動
KⅠ14a デイー ドン：ヂシン（地理）
J253 リイ ドン：ヂシン（天文）

地方
KⅠ10b デイ ハン：ヂカタ（地理）
J254 リイ ハン：ヂカタ（天文）

地瓜子
KⅤ4a デイ クワア ツウ：チヨロキ（菜蔬）
J387 リイ クハア ツウ：チヨロキ（菜蔬）

地滑澾
KⅠ13a デイ ワタ：ヌメ〜スル（地理）
J189 リイ ワタ：ヌメ〜スル

地基
KⅠ10a デイ ギイ：ヤシキ（地理）
J253 リイ キイ：ヤシキ（天文）

地字號
KⅣ15b デイ ヅウ ア○ウ：地ノ字ノシルシ（數量）
J33 リイ ヅウ ハ○ウ：地ノ字ノシルシ

弟兄門
KⅣ40a デイ ヒヨン メン：スイシユトモ（舩件）
J351 デイ ヒヨン メン：スイシユトモ（舩件）

弟子的
KⅢ50b デイ ツウ テ：デシノモノ（讀書）
J15 デイ ツウ テ：デシノモノ

遞過来
KⅢ24b デイ コヲヽ ライ：トリツヒテキタ（官府）

遞過來
J39 デイ コウ ライ：トリツイテキタ

遞口辭
KⅢ24b デイ ゲ○ウ ツウ：口上書ヲトリツヒテダス（官府）
J39 デイ ゲ○ウ ツウ：口上書ヲトリツイテダス

遞狀子
KⅢ24b デイ ヂヤン ツウ：子カヒノカキツケヲテツギニタス（官府）

【DENG～DIAN】

J39 デイ チヤン ツウ：子ガイノカキツケヲテツギニダス

第二番
　ＫⅣ15b デイ ルウ ハン：ダイニバン（數量）
　J33 デイル、パン：ダイニバン

第二號
　ＫⅣ15b デイ ルウ ア○ウ：ニバンノシルシ（數量）
　J33 デイル、ハ○ウ：ニバンノシルシ

第二級
　ＫⅣ15b デイ ルウ キ：ニバンメ（數量）
　J33 デイル、キ：ニバンメ

第二句
　ＫⅢ47a デイ ルウ キイ：ダヒニノ句（讀書）
　J126 デイル、キユイ：ダヒニノク

第二名
　ＫⅣ15b デイ ルウ ミン：ニバンメノ人（數量）
　J33 デイル、ミン：ニバンメノ人

第二着
　ＫⅣ15b デイ ルウ チヨ：タイフタツニハ（數量）
　J33 デイル、ヂヤ：タイニニハ

第二著
　歩Ⅳ22b 〔「第二著」に変更〕

帝郷
　ＫⅠ10a デイ ヒヤン：ミヤコ（地理）
　J253 デイ ヒヤン：ミヤコ（天文）

棣棠花
　ＫⅤ29b デイ ダン ハアー：ヤマブキ（花卉）
　J434 デイ ダン ハア：ヤマフキ（花艸）

DIAN

顚一顚
　ＫⅡ24a テエン イ テエン：ヒダス（通用）
　J25 テエン イ テエン：ヒダセ

癲狂
　ＫⅣ32a テエン クワン：クルヒ病（疾病）
　J343 テエン クハン：クルイ病（感動）

癲癇病
　ＫⅣ32b テエン ケン ビン：テンカン（疾病）
　J346 テエン ヘン ビン：テンカン（感動）

點把我
　ＫⅢ21a テエン パアー ゴヲ、：ワレヲアラタメヨ（官府）
　J81 テエン パア ゴウ：ワレヲ改メヨ
　歩 〔削除〕

點不来

　ＫⅢ48b テエン ポ ライ：アラタメラレヌ（讀書）

點不來
　J80 テエン プ ライ：アラタメヌ

點菜油
　ＫⅢ4b テエン ツアイ ユウ：タ子ノアブラヲツゲ（筵宴）
　J160 テエン ツアイ イウ：タ子ノアブラヲツケ

點舩
　ＫⅣ41b テエン ヂエン：フ子アラタムル（舩件）

点舩
　J354 テエン ヂエン：フ子アラタムル（舩件）

點舩去
　ＫⅣ47a テエン ヂエン キユイ：フ子アラタメニユク（舩件）

點船去
　J192 テエン ヂエン キユイ：フ子アラタメニユク

點得斷
　ＫⅢ48b テエン テ ドワン：アラタメオハツタ（讀書）

點得断
　J80 テエン テ ドハン：アラタメヲワツタ

點得来
　ＫⅢ48b テン テ ライ：アラタメラルル（讀書）

點得來
　J80 テン テ ライ：アラタメタ

點點過
　ＫⅢ48b テエン ～ コウ：アラタメタ（讀書）

點々過
　J80 テン 、 コウ：アラタメタ

點點頭
　ＫⅠ31b テエン 、 デ○ウ：ウナヅク（身體）

點々頭
　J69 テン 、 デ○ウ：ウナツク

點點穴
　ＫⅣ34b テエン テエン イエ：テンヲオロセ（疾病）

點々穴
　J40 テン 、 ヘ：テンヲオロセ

點好了
　ＫⅢ21a テエン ハ○ウ リヤ○ウ：ヨクアラタメタ（官府）
　J81 テン ハ○ウ リヤ○ウ：ヨク改タ

點化他
　ＫⅡ21b テエン ハアー タアー：イケンスル（通用）
　J8 テン ハア タア：イケンスル

點火来照照看
　　KⅢ4b テエン ホヲ、ライ チヤ○ウ 、カン（筵宴）：火ヲトホシテテラシテミヨ

點火來照ゝ看
　　J159 テン ホウ ライ ツヤ○ウ 、カン：火ヲトボシテテラシテミヨ

點蝋燭
　　KⅢ4b テエン ラ チヨ：ロフソクヲトボス（筵宴）
　　J160 テン ラ チヨ：ロウソクヲトボス

點了火
　　KⅢ4b テエン リヤ○ウ ホヲ、：火ヲトボシタ（筵宴）
　　J159 テン リヤ○ウ ホウ：火ヲトボシタ

點麻油
　　KⅢ4b テエン マアー ユウ：ゴマノアフラヲツケ（筵宴）
　　J159 テン マア イウ：ゴマノアフラヲツゲ

點完了
　　KⅢ48b テエン ワン リヤ○ウ：アラタメオハツタ（讀書）
　　J80 テン ワン リヤ○ウ：アラタメヲワツタ

點線香
　　KⅢ12a テエン スエン ヒヤン：センカウタク（祭祀）
　　J50 テン セン ヒヤン：センカウタク

點穴道
　　KⅣ37a テエン ヒエ ダ○ウ：テンヲオロス（醫療）

点穴道
　　J349 テン ヘ ダ○ウ：テンヲロス（療養）

點一點
　　KⅡ23b テエン イ テエン：アラタムル（通用）
　　J23 テン イ テン：アラタメヨ

點枝香
　　KⅢ12a テエン ツウ ヒヤン：香一ホンタク（祭祀）
　　J50 テン ツウ ヒヤン：香イツホンタク

點脂
　　KⅢ42b テエン ツウ：ベニツクル（寶貨）

点脂
　　J367 テン ツウ：ベニツクル（婚姻）

電光
　　KⅠ3a デエン クワン：イナヅマ（天文）{Jの雷光より改める}

雷光
　　J247 ルイ クハン：イナヅマ（天文）

電母
　　KⅠ3a デエン ムウ：イナヅマ（天文）
　　J247 テン ムウ：イナヅマ（天文）

店主人
　　KⅠ21b テエン チイ ジン：ミセヌシ（人品）
　　J273 テン チユイ ジン：ミセヌシ（人品）

殿後頭
　　KⅣ53b デエン ペ○ウ デ○ウ：コテンウシロ（居室）
　　J39 デン ヘ○ウ デ○ウ：ゴテンノウシロ

殿面前
　　KⅣ53b デエン メン ヅエン：コテンノマヘ（居室）
　　J39 デン メン ヂエン：コテンノマエ

DIAO

雕刀
　　KⅢ33b テヤ○ウ タ○ウ：ホリモノ小刀（寶貨）
　　J308 テヤ○ウ タ○ウ：ホリモノ小刀

雕佛
　　KⅠ20a テヤ○ウ ウエ：佛師（人品）
　　J271 テヤ○ウ ウエ：佛師（人品）

雕佛的
　　歩Ⅰ28b　{「彫佛的」に変更}

雕花的
　　KⅢ43b テヤ○ウ ハアー テ：ハナノホリモノ（寶貨）
　　J208 テヤ○ウ ハア テ：ハナノホリモノ

彫漆的
　　KⅣ3a テヤ○ウ ツイ テ：ツヒシユ（製作）
　　J202 デヤ○ウ ヂ テ：ツイシユ

貂鼠
　　KⅤ22a デヤ○ウ チイ：テン（畜獸）
　　J405 テヤ○ウ チユイ：リス（獸）

吊柁
　　KⅣ42a テヤ○ウ ドウ：カチヲヒキアグル（舩件）
　　J354 テヤ○ウ ドウ：カヂヲ引アグル（舩件）

吊上来
　　KⅣ5a テヤ○ウ シヤン ライ：ツリアケル（製作）

吊上來
　　J59 チヤ○ウ ジヤン ライ：ツリアゲル

吊死了
　　KⅢ15a テヤ○ウ スウ リヤウ：クヽリシンタ（慶弔）
　　J49 テヤ○ウ スウ リヤウ：クヽリシンタ

吊桶
　　KⅢ37a テヤ○ウ トン：ツルベ（寶貨）

J315 テヤ○ウ ドン：ツルベ（器用）

吊一吊
KⅡ24a テヤ○ウ イ テヤ○ウ：サガル（通用）
J24 テヤ○ウ イ テヤ○ウ：サガル

釣魚舩
KⅣ40b テヤ○ウ イー ヂエン：ツリフ子（舩件）
J352 テヤ○ウ イ、ヂエン：ツリフ子（舩件）

釣魚去
KⅡ6a テヤ○ウ イー キユイ：ウヲツリニユク（賓友）
J148 テヤ○ウ イ、キユイ：ツリニユク

調兵馬好去打
KⅣ26b テヤ○ウ ピン マア、ハ○ウ キユイ タアー：セイヲソロヘテヨクセムル（兵法）
J114 テヤ○ウ ピン マア ハ○ウ キユイ タア：ソロヱテヨクセムル

DIE

爹爹
KⅠ33a テエー：父上（親族）

爹々
J277 テエ、、：父上（親族）

跌倒了
KⅣ7b テ タ○ウ リヤ○ウ：ケツマツヒテタヲレタ（製作）
J219 テ タ○ウ リヤ○ウ：ケツマツイテタヲレタ

跌一交
KⅣ7a テイ キヤ：ヒトケツマツキ（製作）
J218 テイ キヤ：ヒトケツマツキ

碟兒
KⅢ37a デルウ：サラ（寶貨）｛Jの文字の變更｝

楪児
J314 デル、：小皿（器用）

DING

叮一叮
KⅡ22a デイン イ デイン：蜂ナドノサスコ（通用）
J23 デン イ デン：蜂ナトノサシタ

釘鉗
KⅢ34a デイン ゲン：クギヌキ（寶貨）
J308 デン ゲン：クギヌキ（器用）

疔瘡
KⅣ29b デン ツアン：テウ（疾病）
J337 デン ツアン：テウ（感動）

頂冒的
KⅡ12b テイン モ○ウ テ：ナヲヲカスモノ（賓友）
J5 デン マ○ウ テ：ナヲヲカスモノ

頂頭風
KⅠ3b デン テ○ウ フヲン：ムカフカゼ（天文）
J248 デン デ○ウ ホン：ムカウカゼ（天文）

頂頭寫
KⅢ45b デン デ○ウ スエー：カシラヲソロヘテカク（讀書）
J122 デン デ○ウ スエヽ：ツキアゲテカク

頂針
KⅢ42b テン チン：ユビヌキ（寶貨）
J367 デン チン：ユビヌキ（婚姻）

訂一訂
KⅡ21b デイン イ デイン：ウチツケル○トヂル（通用）
J20 デン イ デン：ウチツケル又トヂヨ

釘起来
KⅣ4a デン キイ ライ：トヂル（製作）

釘起来
J217 デン キイ ライ：トヂル

定睛看
歩Ⅱ49a ｛増補｝

定聘
KⅢ19a デン ピン：ユヒノフトリカハシ（婚姻）
J366 デン ピン：シウゲンシタ（婚姻）

定期
KⅣ24b デン キイ：トキサタムル（兵法）
J330 デン キイ：トキヲサダムル（兵法）

定其交而後求
KⅡ10b デン ギイ キヤ○ウル ヘ○ウ ギウ：マシハリヲサダメテノチニモトム（賓友）
J78 デン ギイ キヤ○ウル、ヘ○ウ ギウ：マシハリヲサダメテノチニモトム

定親
KⅢ19a デイン ツイン：シウゲンシタ（婚姻）
J366 デン チン：シウゲンシタ（婚姻）

定日
KⅠ5b デイン ジ：ヒヲサタムル（天文）
J251 デン ジ：ヒヲサダムル（天文）

定日子
歩Ⅰ7b ｛「定日子」に変更｝

定他来
KⅡ35a デン タアー ライ：ヤクソクシタ（盟約）

定他来
J91 デン タア ライ：ヤクソクシタ

定隻舩
　ＫⅣ 47a　デン チ ヂエン：フ子イッソウヤクソク
　　スル（舩件）
定隻船
　J192　デン チ ヂエン：フ子一ソウヤクソクスル
椗齒
　ＫⅣ 42a　デン ツウ：イカリノツメ（舩件）
椗歯
　J355　デン ツウ：イカリツメ（舩件）
椗擔
　ＫⅣ 42b　デン タン：イカリノヨコキ（舩件）
椗檐
　J356　デン タン：イカリノヨコキ（舩件）
椗身
　ＫⅣ 42b　デン シン：イカリノスドウ（舩件）
　J356　デン シン：イカリノスドウ（舩件）
椗索
　ＫⅣ 44a　デン ソ：イカリツナ（舩件）
　J358　デン ソ：イカリツナ（舩件）
椗箸
　ＫⅣ 42a　デン チユイ：イカリノヨコキ（舩件）
　J355　デン チユイ：イカリノヨコキ（舩件）
錠子藥
　ＫⅣ 38a　テイン ツウ ヨ：カタニイレタクスリ
　　（醫療）
　J44　デン ツウ ヨ：カタニイレタクスリ

DIU

丟掉罷
　ＫⅡ 28a　テ○ウ デヤ○ウ バアー：ステヨ（干求）
　J220　デ○ウ デヤ○ウ バア：ステヨ
丟掉了
　ＫⅣ 7b　テ○ウ デヤ○ウ リヤ○ウ：ステタ（製作）
　J219　デ○ウ デヤ○ウ リヤ○ウ：ステタ
丟掉渣
　ＫⅣ 7b　テ○ウ デヤ○ウ ヅアー：カスヲツル
　　（製作）
　J220　デ○ウ デヤ○ウ ツア、：カスヲツル
丟開了
　ＫⅣ 7b　テ○ウ カイ リヤ○ウ：ステキタ（製作）
　J220　デ○ウ カイ リヤ○ウ：ステキタ
丟棄了
　ＫⅣ 7b　テ○ウ キイ リヤ○ウ：ステタ（製作）
　J219　デ○ウ キイ リヤ○ウ：ステタ
丟着歇

　ＫⅣ 7b　テ○ウ チヤ ヘ：ステヨ（製作）
　J220　デ○ウ ヂヤ ヘ：ステヨ

DONG

東北風
　ＫⅠ 3b　トン ポ フヲン：キタコチ（天文）
　J247　トン ポ ホン：キタゴチ（天文）
東方人
　ＫⅠ 15a　トン ハン ジン：ヒガシノ人（人品）
　J259　トン ハン ジン：ヒガシノ人（人品）
東瓜
　ＫⅤ 2b　トン クワア：トウグワ（菜蔬）
　J384　トン クハア：トウグハ（菜蔬）
東南風
　ＫⅠ 3a　トン ナン フヲン：コチハヘ（天文）
　J247　トン ナン ホン：コチハヘ（天文）
東坡肉
　ＫⅤ 10a　トン ポウ ジョ：トウバニク○ブタノニ
　　モノ（飯肉）
　J448　トン ポウ ジョ：大キリブタ（飲食）
東泰山
　歩Ⅱ 48a　｛増補｝
東洋
　ＫⅠ 12b　トン ヤン：日本（地理）
　J257　トン ヤン：日本（天文）
東也送西也送一担子送完了
　ＫⅢ 17b　トン エー ソン スイー エー ソン イ タ
　　ン ツウ ソン ワン リヤ○ウ：アチコチオクレハ
　　ヒトカツキノブンハオクリシマフタ（寄贈）
　J85　トン エ、ソン スイ エ、ソン イ タン ツウ
　　ソン ワン リヤ○ウ：ニシヒガシニヲクレバヒト
　　カツキノブンハヲクリシマツタ
東也邀
　ＫⅡ 12b　トン エー ヤ○ウ：コチラヘモムカエル
　　（賓友）
　J38　トン エ、ヤ○ウ：ヒガシニムカエル
東一堆西一簇
　ＫⅣ 18b　トン イ トイ スイー イ ヅヲ：ヒカシニ
　　ヒトハエニシニヒトハエ（諸物）
　J34　トン イ タイ スイ イ ツヲ：ヒガシニヒトハ
　　エニシニヒトハエ
東張西望
　歩Ⅱ 49a　｛増補｝
東照
　ＫⅠ 1a　トン チヤ○ウ：アサヒ（天文）
　J243　トン ツヤ○ウ：アサヒ（天文）

【DING〜DOU】

鶇鳥
　ＫⅤ25a　トン ニヤ○ウ：ツグミ（禽類）
　Ｊ423　トン ツヤ○ウ：ツグミ（飛禽）

冬瓜臉
　ＫⅠ30a　トン クワアー レン：トフグワガホ（身體）
　Ｊ87　トン クハア レン：トウグハカヲ

冬青樹
　ＫⅤ28a　トン ツイン ジユイ：モチノキ（樹竹）
　Ｊ409　トン ツイン ジユイ：モチノキ（樹竹）

冬笋
　ＫⅤ3b　トン スイン：モウソウタケノコ（菜蔬）
　Ｊ386　トン スエン：モウソウタケノ子（菜蔬）

冬天冷
　ＫⅠ5b　トン テエン レン：冬サムシ（天文）
　Ｊ251　トン テン レン：冬天サムシ（天文）

冬至
　ＫⅠ5a　トン ツウ：トフジ（天文）
　Ｊ251　トン ツウ：トウジ（天文）

動工
　ＫⅣ50b　ドン コン：コヤイリ（居室）
　Ｊ374　トン コン：コヤイリ（家居）

動葷
　ＫⅢ6a　ドン ホン：セウシンアゲ（筵宴）
　Ｊ165　トン ホン：セウシンアゲ

動口辭
　ＫⅢ24b　ドン ゲ○ウ ヅウ：口上書ヲタス（官府）
　Ｊ39　ドン ゲ○ウ ヅウ：口上書ヲダス

動念頭
　ＫⅠ39a　ドン 子エン デ○ウ：フンベツスル⌐（性情）
　Ｊ233　ドン 子ン テ○ウ：フンベツスル⌐

動身去
　ＫⅡ7a　ドン シン キユイ：ホツソクスル（賓友）
　Ｊ150　ドン シン キユイ：ホツソクスル

動文章
　ＫⅢ50a　ドン ウエン チヤン：ブンシヤウヲシタヽム
　Ｊ15　ドン ウエン チヤン：ブンセウヲシタヽム

凍瘡
　ＫⅣ32a　トン ツアン：ヒヾ（疾病）
　Ｊ342　トン ツアン：ヒヾ（感動）

凍風
　ＫⅣ32a　トン ホン：シモヤケ（疾病）
　Ｊ342　トン ホン：シモヤケ（感動）

凍壞了
　ＫⅠ8b　トン ワイ リヤ○ウ：コホリヲワツタ（天文）
　Ｊ186　トン ワイ リヤ○ウ：コウリヲワツタ

凍裂
　ＫⅣ32a　トン レ：アカキレ（疾病）
　Ｊ342　トン レ：アカガレ（感動）

DOU

都不来
　ＫⅡ5a　ドフ ポ ライ：ミナコヌ（賓友）

都不來
　Ｊ146　ドウ プ ライ：ミナコラレヌ

都改了
　ＫⅢ48b　ドヲー カイ リヤ○ウ：ミナカエタ（讀書）
　Ｊ80　ドウ カイ リヤ○ウ：ミナカヘタ

都没有
　ＫⅣ19b　トウ ム イウ：ミナヽヒ（財産）
　Ｊ137　ドウ モ イウ：ミナヽイ

都是
　ＫⅡ19b　トウ ズウ：トモニ○スベテ（通用）
　Ｊ71　ドウ ズウ：トモニ

都是好
　ＫⅡ17b　ド○ウ ズウ ハ○ウ：ミナヨヒ（通用）
　Ｊ135　ド○ウ ズウ ハ○ウ：ミナヨイ

都是命
　ＫⅢ14b　ドウ ズウ ミン：ミナ天命ナリ（慶弔）
　Ｊ47　ドウ ズウ ミン：ミナ天命ナリ

都有的
　ＫⅣ19b　ドウ イウ テ：ミナアル（財産）
　Ｊ137　ドウ イウ テ：ミナアル

兜搭的
　ＫⅣ4b　テウ タ テ：カヽリタガル（製作）
　Ｊ224　テ○ウ タ テ：カヽリタガル

兜住了
　ＫⅣ4b　テウ ヂユイ リヤ○ウ：ヒキカクル（製作）
　Ｊ224　テ○ウ チユイ リヤ○ウ：ヒキカクル

挏水来
　ＫⅤ14a　テ○ウ シユイ ライ：ミツヲスクツテコイ（煮煎）

挏水來
　Ｊ162　テ○ウ シユイ ライ：ミヅヲスクウテコイ

斗膽了
　ＫⅢ8b　テ○ウ タン リヤ○ウ：キモカフトヒ（筵宴）
　Ｊ66　テ○ウ タン リヤ○ウ：リヨグハイナガラ

斗笠
　ＫⅢ37a　テ○ウ リ：スケガサ（賓貨）

J315 テ○ウ リ：スケガサ（器用）

闘出来
　KⅣ3b テ○ウ チユ ライ：タヽカヒダシタ（製作）

闘出來
　J62 デ○ウ チユ ライ：ダシアハスル

闘雞
　KⅤ23b テ○ウ キイ：ケトリ（禽類）
　J420 デ○ウ キイ：ケトリ（飛禽）

闘勢
　KⅣ24b テ○ウ スウ：セイヲクラブル（兵法）
　J330 デ○ウ スイ：セイヲクラブル（兵法）

豆豉
　KⅤ9a デ○ウ ツウ：ナツトウ（飯肉）
　J385 テ○ウ ツウ：ナツトウ（菜蔬）

豆腐
　KⅤ9a デ○ウ フウ：トウフ（飯肉）
　J381 テ○ウ フウ：トウフ（菜蔬）

豆腐店
　KⅣ51b デ○ウ フウ テエン：トウフヤ（居室）
　J376 デ○ウ フウ テン：トウフヤ（家居）

豆腐醬
　KⅤ9a デ○ウ フウ ツヤン：ヨセドウフ（飯肉）
　J381 デ○ウ フウ チヤン：ヨセトウフ（菜蔬）

豆腐皮
　KⅤ9a デ○ウ フウ ビイ：ユバ（飯肉）
　J381 デ○ウ フウ ビイ：ユバ（菜蔬）

豆腐渣
　KⅤ9a デ○ウ フウ ツアイ：トウフノカラ（飯肉）
　J381 デ○ウ フウ ツアヽ：トウフノカラ（菜蔬）

豆芽菜
　KⅤ1b デ○ウ ヤアー ツアイ：モヤシ（菜蔬）
　J382 デ○ウ ヤア ツアイ：モヤシ（菜蔬）

豆油
　KⅤ8b デ○ウ ユ○ウ：シヤウユ（飯肉）
　J446 デ○ウ イウ：シヨウユ（飲食）

痘
　KⅣ30a テ○ウ：ホウソウ（疾病）
　J338 デ○ウ：ホウソウ（感動）

痘種
　歩Ⅳ42b　{「痘種」に変更}

痘風瘡
　KⅣ30a デ○ウ ホン ツアン：モツマリ（疾病）
　J342 デ○ウ ホン ツアン：モヅマリ（感動）

DU

毒蛇
　KⅤ19a ト ジエー：マムシ（蟲類）
　J399 ド ジエヽ：マムシ（虫）

獨活
　KⅤ4b ト ウヲ：ウド（菜蔬）
　J388 ド ヲ：ウド（菜蔬）

獨木橋
　KⅠ13a ド モ ギヤ○ウ：ヒトツバシ（地理）
　J189 ド モ キヤ○ウ：ヒトツバシ

讀不得
　KⅢ44b ド ポ テ：ヨメヌ（讀書）
　J120 ド プ テ：ヨメヌ

讀得麼
　KⅢ44b ド テ マアー：ヨメタカ（讀書）

讀得広
　J120 ド テ マア：ヨメタカ

讀得下
　KⅢ44a ド テ ヒヤア：ヨマルヽ（讀書）
　J119 ド テ ヒヤア：ヨマルヽ

讀讀看
　KⅠ41b ド ヽ カン：ヨンデミヨ（動作）

讀々看
　J174 ド ヽ カン：ヨンデミヨ

讀讀書
　KⅢ44a ド ト シユイ：シヨヲヨム（讀書）

讀々書
　J119 ド ヽ シユイ：シヨヲヨム

讀幾張
　KⅢ44b ド キイ チヤン：ナンマヒヨンダカ（讀書）
　J120 ド キイ チヤン：ナンマイヨンダカ

讀前頭
　KⅢ44a ド ヅエン デ○ウ：マヘノ方ヲヨメ（讀書）
　J119 ド ヅエン デ○ウ：マエノ方ヲヨメ

讀上孟
　KⅢ44b ド ジヤン モン：モウシノ上ヲヨム（讀書）
　J119 ド ジヤン モン：モウジノ上ヲヨム

讀完了
　KⅢ44a ド ワン リヤ○ウ：ヨミオワル（讀書）
　J119 ド ワン リヤ○ウ：ヨミオワッタ

讀下論
　KⅢ44a ド ヒヤア ロン：ロンゴノ下ヲヨム（讀書）
　J119 ド ヒヤア ルイン：ロンゴノ下ヲヨム

讀一遍
　　歩Ⅲ 60b　{「讀上孟」の後に補う}
篤實的
　　KⅠ 16a　トヂテ：トクジツナモノ（人品）
　　J261　ドヂテ：ジツナモノ（人品）
堵頭
　　KⅣ 45a　トヲ デ○ウ：セキイタ（舩件）
　　J361　ドゥ デ○ウ：セキイタ（舩件）
賭東道
　　KⅣ 19b　トフ トン タ○ウ：フルマヒカケ（財産）
　　J101　ドゥ トン ダ○ウ：フルマイカケ
杜鵑
　　KⅤ 24b　ドウ ケン：ホト丶ギス（禽類）
　　J422　ドゥ ケン：ホト丶キス（飛禽）
杜鵑
　　KⅤ 27b　ドウ キエン：サツキ（樹竹）{重複掲載，別項目}
　　J408　ドゥ ケン：サツキ（樹竹）{重複掲載，別項目}
杜鵑花
　　KⅤ 29b　ドウ ケン ハアー：ツンジ（花卉）
　　J434　ドゥ ケン ハア：ツンシ（花艸）
杜謾撰
　　KⅡ 30a　ドウ マン ヅアン：マキラカシ（疎慢）
　　J98　ドゥ マン ズアン：マキラカシ
杜若
　　KⅤ 30a　ドウ ジヤ：クマタケラン（花卉）{語釈誤り，「良姜」に〈クマタケラン〉}
　　J435　ドゥ ジヤ：カキツバタ（花艸）
肚帶
　　KⅤ 42a　ドウ タイ：ハラヲビ（馬鞍）
　　J415　ドゥ タイ：ハロビ（馬具）
肚兜
　　KⅣ 27a　トウ テ○ウ：ムナアテ（兵法）
　　J333　ドゥ テ○ウ：ム子アテ（兵法）
肚裡
　　KⅠ 26a　ドヲー リイ：ハラ（身體）
肚裏
　　J287　ドゥ リイ：ハラ（身體）
肚裡餓了拿飯来把我吃
　　KⅢ 5b　ドウ リイ ゴヲー リヤ○ウ ナア ハン ライ ハア丶 ゴヲ丶 チ：ハラカスヒタ メシモチテキテクワセヨ（筵宴）
肚裏餓了拿飯來把我吃
　　J164　ドゥ リイ ゴウ リヤ○ウ ナア ハン ライ パア ゴウ チ：ハラガスイタ メシモテキテクワ

セヨ
肚裡飢
　　KⅢ 5b　トヲ リイ キイ：ハラカスヒタ（筵宴）
肚裏飢
　　J164　ドゥ リイ キイ：ハラガスイタ
　　歩 {削除}
肚裏疼痛
　　KⅣ 34a　ドウ リイ デン トン：ハラカイタム（疾病）
　　J40　ドゥ リイ デン トン：ハラガイタム
肚裏疼通
　　歩Ⅳ 49b　{「肚裏疼痛」に変更}
肚臍
　　KⅠ 26a　ドヲ ツイー：ホソ（身體）
　　J287　ドゥ ツイー：ホゾ（身體）
渡舩
　　KⅣ 41a　ドウ ヂエン：ワタシフ子（舩件）
　　J353　ドゥ ヂエン：ワタシフ子（舩件）
渡頭
　　KⅠ 11a　ドウ デ○ウ：ワタシバ（地理）
　　J255　ドゥ デ○ウ：ワタシバ（天文）

DUAN

端楷的
　　KⅡ 20a　トワン キヤイ テ：タヾシヒ（通用）
　　J73　タン キヤイ テ：タヾシイ
端午
　　KⅠ 5a　トワン ウー：五月五日（天文）
　　J250　タン ウ丶：五月五日（天文）
五月五是端午
　　歩Ⅰ 7a　{「五月五是端午」に変更}
端正的
　　KⅡ 20a　トワン チン テ：タヾシヒ（通用）
　　J73　タン チン テ：タヾシイ
短短的
　　KⅣ 11b　トワン トワン テ：ミシカヒモノ（數量）
短々的
　　J213　トハン 丶 テ：ミシカイモノ
短視鏡
　　KⅢ 35b　トワン ズウ キン：チカメカ子（寶貨）
　　J312　トハン ズウ キン：チカメガ子（器用）
短袖子
　　KⅤ 36b　トワン ヂウ ツウ：ツメソデ（衣服）
　　J426　トハン ヂウ ツウ：ツメソデ（衣服）
緞子

断
 ＫⅤ37a　ドワン　ツウ：ドンス（衣服）
 Ｊ427　ドハン　ツウ：ドンス（衣服）

断得出
 ＫⅡ36a　ドワン　テ　チユ：ウラナヒダス（盟約）
 Ｊ47　トハン　テ　チユ：ウラナイダス

断桅
 ＫⅣ43a　ドワン　ヲイ：ハシラキル（舩件）
 Ｊ357　ドハン　ヲイ：ハシラキル（舩件）

斷五穀
 ＫⅢ7a　ドワン　ウ　コ：コクモノヲタツ（筵宴）

断五穀
 Ｊ167　ドハン　ウ、コ：ダンジキ

断一断
 ＫⅡ22b　ドワン　イ　ドワン：ケツダンスル（通用）
 Ｊ22　ドハン　イ　ドハン：ウラナイスル又ケツダンスル

断縁
 ＫⅢ19b　ドワン　イエン：エンヲキル（婚姻）
 Ｊ365　ドハン　エン：エンヲキル（婚姻）

DUI

隊伍
 ＫⅣ24a　トイ　ウー：ソナヘ（兵法）
 Ｊ329　トイ　ウ、：ソナヘ（兵法）

對ゝ看
 ＫⅠ41b　トイ、カン：ヒキアハセテミヨ（動作）

對々看
 Ｊ174　トイ　トイ　カン：ヒキアワセテミヨ

對分罷
 ＫⅣ12b　トイ　フイン　バア、：フタツニワクル（数量）
 Ｊ226　トイ　フイン　バア、：フタツニワケル
 歩Ⅳ17b　{『有分徳』「分一分」のあとに位置を移動}

對門
 ＫⅣ49a　トイ　メン：ムカヒ（居室）
 Ｊ370　トイ　メン：ムカヘ（家居）

對首的
 ＫⅡ10a　トイ　シウ　テ：アイテ（賓友）
 Ｊ78　トイ　シウ　テ：アイテ

對他約定了一個事情
 ＫⅡ35a　トイ　タアー　ヤ　デン　リヤ○ウ　イ　コズ　ウ　ヅイン：アレニヤクソクシテヲヒタ⁊ガアル（盟約）
 Ｊ91　トイ　タア　ヤ　デン　リヤ○ウ　イ　コ　スウヂン：アレニヤクソクシテヲイタコトガアル

兌兌看
 ＫⅠ41b　ドイ、カン：テンビンテウツテミヨ（動作）

兌々看
 Ｊ174　ドイ、カン：テンビンテウツテミヨ

兌還我
 ＫⅣ21b　ドイ　ワン　ゴヲ、：カケテカヘス（財産）
 Ｊ19　ドイ　ワン　ゴウ：カケテカヘス

兌換店
 ＫⅣ51b　トイ　ワン　テエン：リヤウガヘ（居室）
 Ｊ376　ドイ　ワン　テン：リヤウカエヤ（家居）

碓頭
 ＫⅢ40a　トイ　デ○ウ：カラウス（寳貨）
 Ｊ321　ドイ　デ○ウ：カラウス（器用）

DUN

墩一墩
 ＫⅡ22b　ドイン　イ　ドイン：カゞメ（通用）
 Ｊ22　ドﾟン　イ　ドﾟン：カゞメ

頓戒他
 ＫⅢ22a　トイン　キヤイ　タアー：アレヲオシコメテオケ（官府）
 Ｊ104　ドイン　キヤイ　タア：アレヲヲシコメテヲケ

頓時
 ＫⅠ5b　トイン　ズウ：ニハカ（天文）
 Ｊ252　トイン　ズウ：ニワカ（天文）

DUO

多拜上
 ＫⅢ18a　トヲ　パイ　ジヤン：コトツテイタス（寄贈）
 Ｊ91　トウ　パイ　シヤン：コトツテイタス

多办些
 ＫⅢ7a　トフ　バン　スイ、：チトタクサント、ノヘヨ（筵宴）
 Ｊ167　トウ　バン　スイ：チトタクサント、ノエヨ

多辦些
 歩Ⅲ9a

多吃飯
 ＫⅠ17a　トヲ、チ　ワン：オホメシクヒ（人品）
 Ｊ264　トウ　チ　ワン：ヲ、メシクイ（人品）
 歩　{削除}

多吃些
 ＫⅢ8b　トヲ　チ　スイ、：タントマイレ（筵宴）
 Ｊ170　トウ　チ　スイ：タントマイレ

多得狠

多
K Ⅳ 10a トフ テ ヘン：ヅントオホヒ（數量）
J170 トフ テ ヘン：ツンドヲ丶イ

多得緊
K Ⅳ 10a トフ テ キン：ヅンドオホヒ（數量）
J170 トフ テ キン：ツントヲ丶イ

多多拜上老翁致意致意
K Ⅲ 18a トフ 丶 ハイ ジヤン ラ○ウ ウヲン ツウ イ 丶 丶：コシンフサマヘヨロシクオツタヘナサレヒ（寄贈）

多ゝ拜上老翁致意ゝゝ
J91 トフ パイ シヤン ラ○ウ アエン ツウ イ ツウ イ：ゴシンブサマエヨロシクヲツタヱナサレイ

多多拜上老翁
歩Ⅲ 23b ｛「多多拜上老翁」に変更｝

多多納福
K Ⅲ 13a トウ 丶 ナ ホ：メデタヒ（慶弔）

多ゝ納福
J83 トウ 丶 ナ ホ：メデタイ

多多納福
歩Ⅲ 17a

多兩點
K Ⅳ 10b トフ リヤン テエン：チトオホヒ（數量）

多両點
J170 トウ リヤン テン：チトヲ丶イ

多兩分
K Ⅳ 10a トフ リヤン フイン：ニフンホトオホヒ（數量）

多両分
J170 トウ リヤン フイン：ニフンホトヲ丶イ

多兩錢
K Ⅳ 10a トフ リヤン ヅエン：ニモンメホトオホヒ（數量）

多両錢
J170 トウ リヤン ヂエン：ニモンメホトヲ丶イ

多羅呢
K Ⅴ 38b トウ ロウ ニイ：ラシヤ（衣服）
J430 トウ ロウ ニイ：ラシヤ（衣服）

多慢阿
K Ⅱ 2b トヲ マン アー：ブアヒサツ（賓友）
J142 トウ マン ア丶：ブテヤウホウナ

多呢少
K Ⅳ 10a トフ ニイ シヤ○ウ：オホヒカスクナヒカ（數量）
J170 トウ ニイ スヤ○ウ：ヲ丶イカスクナイカ

多年的
K なし
J75 トウ 子ン テ：トシノヲ丶イモノ

多年相與的
K Ⅱ 9b トウ 子エン スヤン イー テ：タ子ンコ丶ロヤスヒ（賓友）
J77 トウ 子ン スヤン イ丶 テ：タ子ンコ丶ロヤスイ

多起来
K Ⅳ 10a トフ キイ ライ：オホクナツタ（數量）

多起來
J170 トフ キイ ライ：ヲ丶クナツタ

多賞些
K Ⅲ 17a トフ シヤン スイ：ホウヒカオホヒ（寄贈）
J85 トウ シヤン スイ：ホウビガヲ丶イ

多些呀
K Ⅳ 10a トフ スイ サア丶：チトオホヒ（數量）
J170 トウ スイ サア：チトヨ丶ヒ

多一些
歩Ⅳ 14b ｛「多一些」に変更｝

多謝多謝
K Ⅲ 17a トウ ヅエ丶 丶 丶：カタシケナヒ（寄贈）

多謝ゝゝ
J68 トウ ヅエ丶 〜：カタシケナシ

多學些
K Ⅲ 47b トウ ヒヨ スイ丶：オホクナラフタ（讀書）
J128 ：ヲ丶クナラフタ

多心的
K Ⅰ 38a トフ スイン テ：心ガオホヒ（性情）
J90 トフ スイン テ：心ガヲ丶イ

多一點
K Ⅲ 51a トヲ イ テエン：一点オホヒ（讀書）
J31 トウ イ テン：一点ヲ丶イ

多一へ
K Ⅲ 51a トヲ イ ［右ヘ・左ホツ］：ヒトホツオホヒ（讀書）
J31 トウ イ フエ：ヒトヘヲ丶イ ｛ヘは右に「ホツ」と注記｝
筑地・4・12b トウ イ ヘ：ヒトホウヲ丶イ

多一畫
K Ⅲ 50b トウ イ ワアー：一クワクオホヒ（讀書）
J30 トウ イ ワア：一クハクヲ丶イ

多一ノ
K Ⅲ 51a トヲ イ ピ：ヒトヘツオホヒ（讀書）

J30 トウイ ペ：ヒトノヲ、イ ｛丿は右に「ヘツ」と注記｝

多一直
　KⅢ51a トヲ イ チ：ヒトヒキオホヒ（讀書）
　J31 トウイ イ チ：ヒトヒキヲ、イ

多致意
　KⅢ18a トウ ツウ イー：コトツテイタス（寄贈）
　J91 トウ ツウ イ、：コトツテイタス

多嘴的
　KⅠ16a トヲ、ツ○イ テ：モノ⼅云モノ（人品）
　J261 トウ ツイ テ：モノゴト云モノ（人品）

撥轉来
　KⅣ17b ト チエン ライ：ヒキナヲス（諸物）

撥轉來
　J226 ト チエン ライ：ヒキナヲス

躱過去
　KⅡ11a トウ コウ キユイ：サケカクル、（賓友）
　J95 トウ コウ キユイ：サケカクル、

躱雨了
　KⅠ7a トウ イー リヤ○ウ：アメヲヨケル（天文）
　J182 トウ イ、リヤ○ウ：アメヲヨケル

柁甲
　KⅣ42a トウ キヤ：カヂノサン（舩件）

舵甲
　J355 ドウ キヤ：カヂノサン（舩件）

柁欛
　KⅣ42a トウ パン：カヂノソヘギ（舩件）

舵欛
　J355 ドウ パン：カヂノソヘキ（舩件）

柁閃
　KⅣ42a ドウ シエン：カヂノワキイタ（舩件）

舵閃
　J355 ドウ セン：カヂノワキイタ（舩件）

舵鈎
　KⅣ44a ドウ テヤ○ウ：カヂノカシラツナ（舩件）

舵鈎
　J359 ドウ ゲ○ウ：カヂノカシラツナ（舩件）

舵工
　KⅣ40a ドヲー コン：カヂトリ（舩件）
　J351 トウ コン：カヂトリ（舩件）

舵牙
　KⅣ42a トウ ヤアー：カヂツカ（舩件）
　J354 ドウ ヤアー：カヅツカ（舩件）

堕胎
　KⅣ34a トヲー ダイ：ルサン（疾病）
　J347 トウ タイ：ルサン（感動）

E

鵞黃色
　KⅤ39b ゴヲー ワン スエ：タマゴイロ（衣服）

鵞黄色
　J432 ゴウ ワン スエ：タマゴイロ（衣服）

鵞鳥
　KⅤ24a ゴヲ、ニヤ○ウ：ガ（禽類）
　J421 ゴウ ニヤ○ウ：ガ（飛禽）

鵞鴨脚
　KⅠ28b ゴヲ、ヤ キヤ：カモアシ（身體）
　J264 ゴウ ヤ キヤ：カモアシ（人品）

鵞掌風
　KⅣ28b ゴヲ ヂヤン ホン：ミツムシ（疾病）｛Jの語釈変更｝
　J336 ゴウ ヂヤン ホン：ハタケ（感動）

蛾眉月
　KⅠ2b ゴヲー ムイ イエ：ミカヅキ（天文）

娥眉月
　J245 ゴウ ムイ エ：ミカツキ（天文）

峩眉山
　歩Ⅱ48b ｛増補｝

額領
　KⅠ25a ケ コ：ヒタヒ（身體）
　J285 ヘ コ：ヒタイ（身體）

額領上有痣的
　KⅠ30a ゲコ シヤン イウ ツウ テ：ヒタヒニホクロノアルモノ（身體）
　J86 ヘ コ ジヤン イウ ツウ テ：ヒタイニホクロノアルモノ

悪心
　KⅣ33a ウ、シン：ムツケ（疾病）

悪心
　J344 ウ、スイン：ムツケ（感動）

悪心起來口裏生水
　KⅣ35b ウ、スイン キイ ライ ケ○ウ リイ スエン シユイ：ム子カワルフテクチミツカテル（疾病）

悪心起來口裏生水
　J42 ヲ スイン キイ ライ ゲ○ウ リイ スエン シユイ：ム子カワルフテクチミヅガデル

呃逆
　KⅣ28a ゲ 子：シヤクリ（疾病）

【DUO～FA】

J339 ゲ 子：ツキモドス（感動）

悪毒的
KⅢ21a ヲ ド テ：ムコヒモノ（官府）

悪毒的
J102 ヲ ド テ：ムゴイモノ

悪肚腸
KⅡ31a ヲ ドウ チヤン：ワル心ノモノ（疎慢）

悪肚腸
J99 ヲ ドウ ヂヤン：ワル心ノモノ

悪寒
KⅣ30b ウ、 ハン：ヲカン（疾病）

悪寒
J340 ウ、 ハン：ヲカン（感動）

悪熱
KⅣ30b ウ、 セ：ヲ子ツ（疾病）

悪熱
J340 ウ、 ゼ：ヲ子ツ（感動）

鰐魚
KⅤ15a コヲ イー：ワニ（魚鼈）
J391 子 イヘ：ワニ（魚介）

EN

恩公
KⅠ18a ヲエン コン：主君（人品）
J267 アエン コン：主君ノ┐（人品）

主公
歩Ⅰ25b 〔「主公」に変更〕

ER

兒馬
KⅤ43a ルウ マアー：ヲムマ（馬鞍）
J417 ル、 マア：ヲムマ（馬具）

兒孫福
KⅤ12a ルウ スイン ホ：ミヤケヲツヽム（飯肉）
J236 ル、 スエン ホ：ミヤヲツヽム

兒子
KⅠ34b ルウ ツウ：ムスコ（親族）
J280 ル、 ツウ：ムスコ（親族）

鯉魚
KⅤ15b ズウ イー：ハス（魚鼈）

鯉魚
J392 ズウ イヘ：ハス（魚介）

耳邊風
KⅠ37a ルウ ペエン ホン：トワヌ（性情）

J100 ル、 ペン ホン：トワヌ

耳東陳
KⅢ49b ルウ トン ヂン：冂東トカイタル陳ノ字（讀書）

J6 ル、 トン ヂン：耳東トカイタ陳ノ字

耳聯
KⅠ25a ルウ トウ：ミヽ（身體）
J285 ル、 トウ：ミヽ（身體）

耳聯尖眼睛快
KⅠ42a ルウ トウ ツエン エン ツイン クワイ：ミヽモメモハヤヒ（動作）
J175 ル、 トウ セン エン チン クハイ：ミヽモメモハヤイ

耳糠
KⅠ25a ルウ カン：ミヽアカ（身體）
J285 ル、 カン：ミヽアカ（身體）

耳孔
KⅠ25a ルウ コン：ミヽノアナ（身體）
J285 ル、 コン：ミヽノアナ（身體）

耳聾
KⅠ28b ルウ ロン：ツンボウ（身體）
J265 ル、 ロン：ツンボ（人品）

耳要聰眼要明
KⅠ42b ルウ ヤ○ウ ツヲン エン ヤ○ウ ミン：ミヽハトクメハアキラカニナケレバナラヌ（動作）
J176 ル、 ヤ○ウ ツヲン エン ヤ○ウ ミン：ミヽハトクメハアキラカニナケレバナラヌ

二更
KⅠ4a ルウ ゲン：夜ノ四ツドキ（天文）
J248 ル、 ゲン：夜ノ四ツ時（天文）

二三錢
KⅣ14b ルウ サン ヅエン：二三モンメ（數量）

二三錢
J28 ル、 サン ヂエン：二三モンメ

FA

發膘
KⅤ43a ハ ヒヤ○ウ：コユル（馬鞍）
J417 ハ ピヤ○ウ：馬コユル（馬具）

發出来
KⅤ35b ハ チユ ライ：メダツタ（種藝）

發出来
J62 ハ チユ ライ：メダツタ

發焠
KⅢ28a ハ ソエ：ツケキ（寶貨）

J296 ハ ツエ：ツケキ（器用）

發福些
K Ⅲ 13a ハ ホ スイヽ：シアワセガアル（慶弔）
J82 ハ ホ スイ：シアワセガアル
歩　{削除}

發狼學
K Ⅲ 47b ハ ヘン ヒヨ：セイダシテナラフ（讀書）
J128 ハ ヘン ヒヨ：セイダシテナラフ

發誨我
K Ⅱ 10b ハ ホイ ゴヲヽ：ワレニオシヘナサレヒ（賓友）
J78 ハ ホイ ゴウ：ヲヽシヘナサレイ

教誨我
歩 Ⅱ 14a 　{「教誨我」に変更}

發亮的
K Ⅳ 53b ハ リヤン テ：ヒカリカテタ（居室）
J205 ハ リヤン テ：ヒカリガテタ

發了潮
K Ⅳ 8a ハ リヤ○ウ ヂヤ○ウ：シメリノテル「（製作）
J222 ハ リヤ○ウ ヂヤ○ウ：シトリガデタ

發了惱狠的阿
K Ⅰ 38a ハ リヤ○ウ ナ○ウ ヘン テ アー：ハラヲタテタラキツカロフ（性情）
J88 ハ リヤ○ウ ナ○ウ ヘン テ アー：ハラヲタテタラキツカラフ

發熱
K Ⅳ 30b ハ ゼ：子ツカオコル（疾病）
J340 ハ ゼ：子ツガヲコル（感動）

發人来
K Ⅱ 7b ハ ジン ライ：人ガキタ（賓友）

發人來
J152 ハ ジン ライ：人ガキタ

發疼
K Ⅳ 33a ハ デン：イタミカテタ（疾病）
J345 ハ デン：イタミガテタ（感動）

發文書
K Ⅲ 23b ハ ウェン シユイ：オカキツケカデル（官府）
J10 ハ ウェン シユイ：ヲカキツケダデル

發性
K Ⅴ 43a ハ スイン：怒ル（馬鞍）
J417 ハ スイン：馬怒ル（馬具）

發洋舩
K Ⅳ 47a ハ ヤン ヂエン：コキタシタフ子（舩件）

J192 ハ ヤン ヂエン：コギダシタ

發一發
K Ⅱ 22b ハ イ ハ：ヲコス（通用）
J22 ハ イ ハ：ヲコス

發脹的
K Ⅳ 35b ハ チヤン テ：ハレカデタ（疾病）
J42 ハ ヂヤン テ：ハラガハツタ

法度好
K Ⅲ 23b ハ ドウ ハ○ウ：ハツトガヨヒ（官府）
J10 ハ ドウ ハ○ウ：ハツトガヨイ

法螺
K Ⅴ 17b ハ ルウ：ホラガヒ（魚鼈）
J397 ハ ラウ：ホラノカイ（魚介）

法馬
K Ⅲ 39b ハ マアー：フンドウ（寶貨）
J319 ハ マア：フンドウ（器用）

法帖
K Ⅲ 32a ハ テ：テカヾミ（寶貨）
J305 ハ テ：テカヾミ（器用）

FAN

帆鈎索
K Ⅳ 44a ハン テヤ○ウ ソ：ホツリツナ（舩件）
J359 ハン テヤ○ウ ソ：ホツリツナ（舩件）

帆架
K Ⅳ 43a ハン キヤア：ホモタセ（舩件）
J357 ハン キヤア：ホヲモタスル（舩件）

帆筋
K Ⅳ 42b ハン キン：ホスチ（舩件）
J356 ハン キン：ホスヂ（舩件）

帆裙
K Ⅳ 42b ハン キイン：ホバカマ（舩件）
J356 ハン キユン：ホバカマ（舩件）

番舩
K Ⅳ 41a ハン ヂエン：バンセン（舩件）
J353 ハン ヂエン：バンセン（舩件）

番雞
K Ⅴ 24a ハン キイ：カラクン（禽類）
J421 ハン キイ：カラクン（飛禽）

番椒
K Ⅴ 3b ハン ツヤ○ウ：トウガラシ（菜蔬）
J386 ハン ツア○ウ：トウカラシ（菜蔬）

番麥
K Ⅴ 6b バン メ：ムギ（飯肉）
J442 ハン ㇺ：ムギ（飲食）

番鴨
　ＫⅤ24a　バン　ヤ：バルケンアヒル（禽類）
　J421　ハン　ヤ：バルケンアヒル（飛禽）
番薯
　ＫⅤ3a　ハン　シイ：リウキウイモ（菜蔬）{Jの文字変更}
番茹
　J386　ハン　ジユイ：カライモ（菜蔬）
翻出来
　ＫⅣ17b　ハン　チユ　ライ：ヒツクリカヘシタ（諸物）
翻出來
　J226　ハン　チユ　ライ：ヒツクリカエシタ
翻翻書
　ＫⅢ49a　ハン　〳〵　シユイ：書ヲ解ㇰ（讀書）
翻ゝ書
　J226　ハン　ヽ　シユイ：書ヲ解ㇰ
翻盖
　ＫⅣ50b　ハン　カイ：フキカヘスル（居室）
　J374　ハン　カイ：フキカヘスル（家居）
翻過来
　ＫⅣ17b　ハン　コヲー　ライ：ウチカヘス（諸物）
翻過來
　J226　ハン　コウ　ライ：ウチカエス
翻綿的
　ＫⅠ16b　ハン　メン　テ：ワタツミ（人品）
　J262　ハン　メン　テ：ワタツミ（人品）
翻胃病
　ＫⅣ29a　ハン　ヲイ　ヒン：カク（疾病）
　J339　ハン　ヲイ　ビン：カクノヤマイ（感動）
翻一翻
　ＫⅡ23b　ハン　イ　ハン：カヘセ（通用）
　J24　ハン　ヲイ　ビン：カヱセ
翻轉来
　ＫⅣ17b　ハン　チエン　ライ：アヲヌケタ（諸物）
翻轉來
　J226　ハン　チエン　ライ：アヲヌケタ
攀枝綿
　ＫⅢ28a　パン　ツウ　メン：パンヤ○木綿ノㇰ（寶貨）
　J297　パン　ツウ　メン：パンヤ（器用）
煩難的
　ＫⅡ29a　ワン　ナン　テ：ムツカシヒ（患難）
　J81　ワン　ナン　テ：ムツカシイ
煩擾了
　ＫⅡ20a　ワン　ジヤ○ウ　リヤ○ウ：ヤカマシヒ（通用）
　J89　ワン　ジヤ○ウ　リヤ○ウ：ヤカマシイ
蘩蔞
　ＫⅤ4a　ハン　レ○ウ：ハコビラ（菜蔬）
　J388　ハン　レ○ウ：ハコベ（菜蔬）
反起来
　ＫⅣ26b　ハン　キイ　ライ：ムホンオコス（兵法）
反起來
　J114　ハン　キイ　ライ：ムホンヲヲコス
犯禁
　ＫⅢ23b　ワン　キン：ハツトヲソムク（官府）
　J10　ハン　キン：法度ヲソムク
犯了法
　ＫⅢ23b　ワン　リヤ○ウ　ハ：ハフヲソムク（官府）
　J10　ハン　リヤ○ウ　ハ：ソムク
飯匙
　ＫⅢ36a　ワン　ズウ：メシガヒ（寶貨）
　J313　ハン　ズウ：メシカイ（器用）
飯出来
　ＫⅢ6a　ワン　チユ　ライ：メシイダセ（筵宴）
飯出來
　J165　ハン　チユ　ライ：メシイタセ
飯店
　ＫⅣ51b　ワン　テエン：ハタゴヤ（居室）
　J376　ハン　テン：ハタゴヤ（家居）
飯鍋
　ＫⅢ36b　ワン　コウ：メシナベ（寶貨）
　J314　ハン　［唐音なし］：メシナヘ（器用）
飯漿
　ＫⅢ40b　ワン　ツヤン：ヒメノリ（寶貨）
飯漿
　J322　ハン　チヤン：ノリ（器用）
飯粘
　ＫⅢ40b　ワン　子エン：ヒメノリ（寶貨）
　J322　ハン　子ン：ノリ（器用）
飯糝
　ＫⅢ40b　ワン　ツアン：メシツブ（寶貨）
　J322　ハン　サン：メシツブ（器用）
飯杓
　ＫⅢ36b　ワン　ツヤ：イヒカヒ（寶貨）
　J313　ハン　チヤ：メシガヒ（器用）
飯是有了麼
　ＫⅢ5b　ハン　ズウ　イウ　リヤ○ウ　マアー：メシガテキタカ（筵宴）

飯是有了広
  J164 ハン ズウ イウ リヤ○ウ マアー：メシガデキタカ

飯桶
  KⅢ36a ワン トン：メシオケ（寶貨）
  J313 ハン ドン：メシツギ（器用）

飯碗
  KⅢ36a ワン ワン：メシワン（寶貨）
  J313 ハン ワン：メシワン（器用）

飯屑
  KⅢ40b ワン スイ：メシツブ（寶貨）
  J322 ハン スエ：メシツブ（器用）

飯屑兒
  KⅤ12a ワン スイ ルウ：メシノリ（飯肉）
  J236 ハン セルヽ：メシノリ

梵本
  KⅢ32a ワン ペン：ブツショ（寶貨）{Jの語釈変更}
  J305 ハン ペン：ヲリホン（器用）

梵字
  KⅢ32a ワン ヅウ：ボンジ（寶貨）
  J305 ハン ヅウ：ボンジ（器用）

FANG

方便些
  KⅡ9b ハン ベエン スイー：カツテナ（賓友）
  J72 ハン ベン スイ：カツテナ

方纔
  KⅠ5b ハン ヅアイ：今サキ○タゞイマ（天文）
  J252 ハン ヅアイ：今サキ又タゞイマ（天文）

方燈
  KⅢ27b ハン テン：カクトウロウ（寶貨）
  J296 ハン テン：カクトウロ（器用）

方方的
  KⅣ12a ハン ハン テ：カクナモノ（數量）

方ゞ的
  J213 ハン ヽ テ：カクナモノ

方臉的
  KⅠ28a ハン レン テ：カクヲモテ（身體）
  J262 ハン レン テ：カクヲモテ（人品）

方針
  KⅢ35a ハン チン：ホウバリ（寶貨）
  J311 ハン チン：ホウハリ（器用）

方磚
  KⅣ49a ハン ポ：カクカハラ（居室）{磚音，改悪}

  J372 ハン チエン：カクカワラ（家居）

方子好
  KⅣ38a ハン ツウ ハ○ウ：ヤクホフカヨヒ（醫療）
  J43 ハン ツウ ハ○ウ：ヤクホウガヨイ

防風
  KⅤ3b バン フヲン：ハマキリ（菜蔬）
  J386 ワン ホン：ハマキリ（菜蔬）

防牌
  KⅣ25a バン バイ：タテ（兵法）
  J331 ハン パイ：タテ

房勞
  KⅣ30b ワン ラ○ウ：キヨロウ（疾病）
  J339 ワン ラ○ウ：キヨロウノシヤウ（感動）

房門后
  KⅣ53a フアン メン ヘ○ウ：ナイシヤウノウシロ（居室）
  J195 ワン メン ヘ○ウ：ナイシヤウノウシロ

房頭僧
  KⅢ11b ワン デ○ウ スエン：寮カシラ（祭祀）
  J35 ワン デ○ウ スエン：寮ガシラ

房下
  KⅠ35b ワン ヒヤア：サ井（親族）
  J282 ワン ヒヤア：サイ（親族）

訪不出
  KⅡ12a ハン ポ チユ：タヅ子ダサヌ（賓友）
  J233 ハン プ チユ：タヅ子ダサヌ

訪得出
  KⅡ12a ハン テ チユ：タヅ子ダシタ（賓友）
  J233 ハン テ チユ：タヅ子ダシタ

紡車
  KⅢ42b ハン チエー：モメン引クルマ（寶貨）
  J368 ハン チエヽ：モメン引クルマ（婚姻）

紡綿
  KⅤ41a ハン メエン：モメンヒク（衣服）
  J367 ハン メン：モメンヒク（婚姻）

紡綿紗
  KⅤ39b ハン メエン サアー：ワタヲツム（衣服）
  J197 ハン メン サア：ワタヲツム

放
  KⅣ41b ハン：オモカチ（舩件）
  J355 ハン：オモカヂ（舩件）

放舵
  歩Ⅳ57a {「放舵」に変更}

放銃
  KⅣ25a ハン チヨン：テツホウウツ（兵法）

【FAN～FANG】

　　J332　ハン　チヨン：イシビヤウツ（兵法）

放出来
　　KⅢ21b　ハン　チユ　ライ：ユルシタス（官府）

放出來
　　J104　ハン　チユ　ライ：ユルシダス

放出去
　　KⅢ22a　ハン　チユ　キユイ：ユルシヤル（官府）
　　J104　ハン　チユ　ライ：ユルシヤル

放舩
　　KⅣ41a　ハン　ヂエン：フ子ヲウケタテル（舩件）
　　J352　ハン　ヂエン：フ子ヲウケタテル（舩件）

放倒了
　　KⅣ4b　ハン　タ○ウ　リヤ○ウ：サカサマニオイタ（製作）
　　J229　ハン　タ○ウ　リヤ○ウ：サカサマニヲイタ

放得進
　　KⅣ53b　ハン　テ　ツイン：ハメコム（居室）
　　J196　ハン　テ　チン：ハメラルヽ

放點水
　　KⅤ14a　ハン　テエン　シユイ：ミツヲツケ（煮煎）
　　J162　ハン　テン　シユイ：ミツヲツゲ

放告牌
　　KⅢ24a　ハン　コ○ウ　バイ：セイサツヲタツル（官府）
　　J10　ハン　カ○ウ　パイ：セイサツヲタツル

放開来
　　KⅣ47a　ハン　カイ　ライ：フ子ヲウケタスコ（舩件）

放開來
　　J192　ハン　カイ　ライ：ウケダス

放了火
　　KⅡ29b　パン　リヤ○ウ　ホヲー：火ヲツケタ（患難）
　　J51　ハン　リヤ○ウ　ホウ：火ヲツケタ

放攏些
　　KⅡ9a　ハン　ロン　スイー：ヨセテオク（賓友）
　　J61　ハン　ロン　スイ：トリアツムル

放炮
　　KⅣ25b　ハン　パ○ウ：イシヒヤウツ（兵法）
　　J332　ハン　パ○ウ：イシビヤウツ（兵法）

放輕些
　　KⅣ4b　ハン　キン　スイー：オシガヽルヒ（製作）
　　J229　ハン　キン　スイ：ヲシガヽルイ

放上頭
　　KⅣ18a　ハン　ジヤン　デ○ウ：ウヘニヲク（諸物）
　　J228　ハン　ジヤン　デ○ウ：ウヘニヲク

放什麽屁
　　KⅡ14b　ハン　シモ　ピイ：ナニヲ云カ（通用）
　　J126　ハン　シモ　ピイ：ナニヲ云カ

放生池
　　KⅠ13a　ハン　スエン　スウ：カヒモノイケ（地理）
　　J189　ハン　スエン　ヅウ：カイモノイケ

放水
　　KⅤ14a　ハン　シユイ：ミツヲツケ（煮煎）
　　J161　ハン　シユイ：ミヅヲヅケ

放他去
　　KⅢ22a　ハン　タアー　キユイ：アレヲユルシテヤッタ（官府）
　　J104　ハン　タア　キユイ：カレヲユルシテヤッタ

放下来
　　KⅣ43a　ハン　ヒヤア　ライ：ホヲサグル（舩件）

放下來
　　J356　ハン　ヒヤア　ライ：ホヲサグル（舩件）

放下了
　　KⅣ18a　ハン　ヒヤア　リヤ○ウ：シタニオヒタ（諸物）
　　J228　ハン　ヒヤア　リヤ○ウ：シタニオイタ

放些水
　　KⅤ14a　ハン　スイー　シユイ：ミツヲツケ（煮煎）
　　J161　ハン　スイ　シユイ：ミヅヲツゲ

放血
　　KⅤ42b　ハン　ヒエ：血トル（馬鞍）
　　J416　ハン　ヘ：血トル（馬具）

放洋
　　KⅣ41a　ハン　ヤン：ノリタス（舩件）
　　J354　ハン　ヤン：ノリダス（舩件）

放鷂子
　　KⅢ37b　ハン　ヤ○ウ　ツウ：イカノボリヲアゲル（寶貨）
　　J316　ハン　ヤ○ウ　ツウ：イカノボリ（器用）

放在底下
　　KⅣ18a　ハン　ヅアイ　テイ　ヒヤア：シタニオケ（諸物）
　　J228　ハン　ヅアイ　デイ　ヒヤア：シタニヲケ

放在那裡
　　KⅢ10a　ハン　ヅアイ　ナアヽ　リイ：アレニオケ（筵宴）
　　J229　ハン　ヅアイ　ナア　リイ：アレヲヲケ

放在這裡
　　KⅢ10a　ハン　ヅアイ　チエヽ　リヤ：ココニオケ（筵宴）
　　J229　ハン　ヅアイ　チア　リイ：コヽニオケ

放重些
　ＫⅣ 4b　ハン ヂヨン スイー：オシガオモヒ（製作）
　Ｊ229　ハン ヂヨン スイ：ヲシガオモイ

FEI

飛
　ＫⅤ 25b　ヒイ：トブ（禽類）
　Ｊ424　フイ：トブ（飛禽）

飛白字
　ＫⅢ 32b　ヒイ ベ ヅウ：ウツロジ（寶貨）
　Ｊ306　フイ ベ ツウ：ウツロジ（器用）

飛過的
　ＫⅢ 43b　フイー コヲ、テ：スイヒシタモノ（寶貨）
　Ｊ224　フイ コウ テ：スイヒシタモノ

飛箭
　ＫⅣ 27a　ヒイ ツエン：ソレヤ（兵法）
　Ｊ204　フイ ヂエン：ソレヤ

飛鸞島
　ＫⅠ 12b　ヒイ ラン タ○ウ：ヒラド（地理）
　Ｊ258　フイ ラン ダ○ウ：ヒラト（天文）
　步　｛削除｝

飛跑的
　ＫⅠ 17a　ヒイ パ○ウ テ：ヒキヤクノモノ（人品）
　Ｊ263　フイ バ○ウ テ：ヒキヤクモノ（人品）

飛輕的
　ＫⅣ 12a　ヒイ キン テ：ヅンドカルヒ（數量）
　Ｊ226　フイ キン テ：ヅントカルイ

飛去了
　ＫⅤ 26a　ヒイ キユイ リヤ○ウ：トビサツタ（禽類）
　Ｊ35　フイ キユイ リヤ○ウ：トビサツタ

妃嬪
　ＫⅠ 18a　ヒイ ピン：二バンノキサキ（人品）
　Ｊ267　フイ ピン：二バンノキサキ（人品）

非同小可
　ＫⅡ 19a　ヒイー ドン スヤウ コフー：ナミタヒテイノ⌐デナヒ（通用）
　Ｊ69　フイ ドン スヤ○ウ コウ：ナミタイテイノコトデナイ

緋魚
　ＫⅤ 16b　ヒイ イー：アコ（魚鼈）
　Ｊ394　ヒイ イ、：アコ（魚介）

肥地
　ＫⅠ 10a　ウイー デイ：コエツチ（地理）
　Ｊ253　ウイ リイ：コヘツチ（天文）

肥一肥
　ＫⅡ 22b　ウイー イ ウイー：コユル（通用）
　Ｊ22　ウイ イ ウイ：コユル

肥皂
　ＫⅢ 42b　ウイー ツア○ウ：アラヒコ（寶貨）
　Ｊ368　ウイ ツア○ウ：アライコ（婚姻）

榧樹
　ＫⅤ 27a　ヒイ ジユイ：カヤノキ（樹竹）
　Ｊ407　フイ ジユイ：カヤノキ（樹竹）

榧子
　ＫⅤ 33b　ヒイ ツウ：カヤノミ（菓蓏）
　Ｊ412　フイ ツウ：カヤノミ（菓）

榧子油
　ＫⅤ 9b　ヒイ ツウ ユウ：カヤノミアブラ（飯肉）
　Ｊ447　フイ ツウ イウ：カヤノミアブラ（飲食）

翡翠
　ＫⅤ 25a　ポイ ツ○イ：ヒスヒ（禽類）｛Ｊの語釈カワセミから変更｝
　Ｊ422　フイ ツイ：カワセミ（飛禽）

肺
　ＫⅠ 27b　ポイ：ハ井（身體）
　Ｊ290　ポイ：ハイ（身體）

肺家
　步Ⅰ 39a　｛「肺家」に変更｝

肺癰
　ＫⅣ 29b　ホイ ヨン：ハイヨウ（疾病）
　Ｊ337　ポイ ヨン：ハイヨウ（感動）

狒狒
　ＫⅤ 22a　ヘ、：ヒ、（畜獸）

狒〃
　Ｊ405　ホ、：ヒ、（獸）

費工夫
　ＫⅣ 2b　フイー コン フウ：ヒマヲツイヤス（製作）
　Ｊ91　ヒイ コン フウ：ヒマヲツイヤス

費盤纏
　ＫⅣ 20a　フイ ボワン ヂエン：ロキンヲツヒヤス（財産）
　Ｊ48　ヒイ バン テン：ロキンヲツイヤス

費力些
　ＫⅣ 2b　フイー リ スイー：テマガイル（製作）
　Ｊ91　ヒイ リ スイ：テマガイル

費心
　ＫⅣ 2b　フイー スイン：セワヲスル（製作）
　Ｊ91　ヒイ スイン：セワヲスル

費這心
　ＫⅠ 38a　フイー チエー スイン：セワスル（性情）

【FANG～FENG】

費心
 歩Ⅰ52b　{「費心」に変更}
痱子
 KⅣ31b　フエ　ツウ：アセホ（疾病）
 J341　フイ　ツウ：アセボ（感動）

FEN

分辨了
 KⅢ23b　フイン　ベエン　リヤ○ウ：ワカツタ（官府）
 J228　フイン　ベン　リヤ○ウ：云ワケタ
分得来
 KⅣ12a　フイン　テ　ライ：ワケラル丶（數量）
分得來
 J226　フイン　テ　ライ：ワケラル丶
分定了
 KⅡ21a　ウエン　デン　リヤ○ウ：ブンガサダマル（通用）
 J114　ウエン　デン　リヤ○ウ：ブンガサダマル
分付你
 KⅡ35a　フイン　フウ　ニイ：ソチニイヒツクル（盟約）
 J92　フイン　フウ　ニイ：ソチニイ丶ツクル
吩咐你　吩咐我
 歩Ⅱ46a　{文字を「吩咐你」に変更，「吩咐我」を増補}
分付他
 KⅡ35a　フイン　フウ　タアー：カレニイヒツクル（盟約）
 J92　フイン　フウ　タア：カレニイ丶ツクル
 歩　{削除}
分来送
 KⅢ14a　フイン　ライ　ソン：ワケテオクル（慶弔）
分來送
 J84　フイン　ライ　ソン：ワケテヲクル
分娩了
 KⅢ14a　フイン　ウエン　リヤ○ウ：サンスル（慶弔）
分娩了
 J3　フイン　ムイ　リヤ○ウ：サンスル
分娩了
 KⅣ34a　フイン　ウエン　リヤ○ウ：産スル（疾病）
 {重複掲載}
分娩了
 J347　フイン　トイ　リヤ○ウ：産スル（感動）{重複掲載}

歩　{削除}
分頭寫
 KⅢ45a　フイン　デ○ウ　スエー：テハケシテカク（讀書）
 J121　フイン　デ○ウ　スエ丶：テワケシテカク
分外好
 KⅡ17a　ウエン　ワイ　ハ○ウ：カクベツヨヒ（通用）
 J134　ウエン　ワイ　ハ○ウ：カクベツヨイ
分一分
 歩Ⅳ17b　{「一分一」を削除し差し替え}
粉壁
 KⅣ49b　フイン　ピ：ヌリカベ（居室）
 J372　フイン　ピ：シラカベ（家居）
粉盒
 KⅢ42b　フイン　ホ：ケセウバコ（寶貨）
 J367　フイン　ホ：ケセウバコ（婚姻）
粉紅色
 KⅤ39b　フイン　ホン　スエ：ウスモミ（衣服）
 J431　フイン　ホン　スエ：ウスモミ（衣服）
粉嫩的
 KⅣ8a　フイン　ソン　テ：ボロ〜スル（製作）
 J221　フイン　スエ○ウ　テ：ボロ〜スル
粉撲兒
 KⅣ8a　フイン　ホウ：ボロ〜スル（製作）
 J221　フイン　ボル丶：ボロ〜スル
薄鬆鬆
 歩Ⅳ11b　{「薄鬆鬆」に変更}
粉青
 KⅤ43b　フイン　ツイン：シロアシケ（馬鞍）
 J417　フイン　ツイン：ツキゲ（馬具）
 J418　フイン　ツイン：シロアシゲ（馬具）{重複掲載}
粉鬆的
 KⅢ22b　フイン　ソン　テ：ユルヒ（官府）
 J206　フイン　ソン　テ：ユルイ
粉圓
 KⅤ7b　フイン　イエン：ダンゴ（飯肉）
 J444　フイン　エン：ダンゴ（飲食）
糞蟲
 KⅤ20b　フイン　チヨン：ヲナガムシ（蟲類）
 J402　フイン　チヨン：ヲナガムシ（虫）

FENG

風車
 KⅢ40a　ホン　チエー：センゴクドホシ（寶貨）

J321 ホン チエヽ：センゴクトヲシ（器用）
風和
　ＫⅠ2a フヲン ホヲー：ノドカ（天文）
　J244 ホン ホウ：ノドカ（天文）
風和尚
　ＫⅠ22a ホン ホヲヽ ジヤン：キチカヒボウズ（人品）
　J101 ホン ホウ ジヤン：キチガイボウズ
風進来
　ＫⅠ7a フヲン ツイン ライ：カゼガイル（天文）
風進來
　J182 ホン チン ライ：カゼガイル
風静
　ＫⅠ2a フヲン ヅイン：ノドカ（天文）
　J244 ホン ツイン：ノドカ（天文）
風靜了
　歩Ⅰ2b ｛「風靜了」に変更｝
風浪
　ＫⅠ11a フヲン ラン：カゼナミ（地理）
　J255 ホン ラン：ナミ（天文）
風涼
　ＫⅠ3b フヲン リヤン：スヾシヒ（天文）
　J248 ホン リヤン：スヾシイ（天文）
風流人
　ＫⅠ15a フヲン リウ ジン：フウリウジン（人品）
　J259 ホン リウ ジン：フウリウ人（人品）
風爐子
　ＫⅢ28a フヲン ルウ ツウ：フロ（寶貨）
　J297 ホン ルウ ツウ：フロ（器用）
風飄
　ＫⅠ3a フヲン ピヤ○ウ：ヒルガヘル（天文）
　J247 ホン リウ ピヤ○ウ：ヒルガヘル（天文）
風起来
　ＫⅠ7a フヲン キイ ライ：カゼカタツ（天文）
風起來
　J182 ホン キイ ライ：カゼガタツ
風水好
　ＫⅠ13b フヲン シユイ ハ○ウ：フウスイガヨイ（地理）
　J190 ホン シユイ ハ○ウ：フウスイガヨイ
風癱了
　ＫⅣ35a ホン タン リヤ○ウ：シビレタ（疾病）
　J41 ホン タン リヤ○ウ：シビレタ
風頭地不要困
　ＫⅠ43b フヲン デ○ウ テイ ポ ヤ○ウ クイン：カセノフクトコロヘ子ルナ（動作）
　J109 ホン デ○ウ リイ プ ヤ○ウ クイン：カゼノフクトコロニ子ルナ
風洋了
　ＫⅠ8b フヲン ヤン リヤ○ウ：カゼガヤンダ（天文）
　J185 ホン ヤン リヤ○ウ：カゼガヤンタ
風魚
　ＫⅤ9b ホン イー：ヒウヲ（飯肉）
　J395 ホン イヽ：ヒウヲ（魚介）
風燥了
　ＫⅠ7a フヲン サ○ウ リヤ○ウ：カワク（天文）
　J183 ホン サ○ウ リヤ○ウ：カワク
風轉了
　ＫⅠ7a フヲン チエン リヤ○ウ：カゼガカワシタ（天文）
　J182 ホン チエン リヤ○ウ：カゼガカワス
楓樹
　ＫⅤ27a ホン ジユイ：カヘデノキ（樹竹）
　J407 ホン ジユイ：カイデ（樹竹）
楓樹
　ＫⅤ30b ホン ジユイ：モミヂ（花卉）｛重複掲載｝
　｛J 風蘭より，語の差し替え｝
風蘭
　J436 ホン ラン：フウラン（花艸）
楓樹葉
　ＫⅤ28a ホン ジユイ エ：モミヂ（樹竹）
　J409 ホン ジユイ エ：モミヂ（樹竹）
烽火
　ＫⅣ25a ホン ホヲヽ：ホウクワ（兵法）
　J331 ホン ホウ：ホウクハ（兵法）
縫
　ＫⅤ37a ウヲン：ヌウ（衣服）
　J427 ヲン：ヌフ（衣服）
縫起来
　ＫⅤ40a ウヲン キイ ライ：ハグ○ヌフ（衣服）
縫起來
　J34 ヲン キイ ライ：ハグ又ヌウ
犩得大
　ＫⅣ34b ウヲン テ ダアー：キウノイホリカオホキナ（疾病）
　J40 ヲン テ ダア：デキモノノヒロガル˥
鳳凰
　ＫⅤ23a ホン ワン：ホウワウ（禽類）
　J419 ホン ワン：ホウワウ（飛禽）
鳳仙花

奉承他
　K Ⅱ 9b　ウヲン ツイン タアー：カレヲトリモツ
　　（賓友）
　J72　ヲン チン タア：カレヲトリモツ

奉個禮
　K Ⅲ 17b　ウヲン コ リイ：レヒヲスル（寄贈）
　J111　ヲン コ リイ：レイヲスル

奉賀奉賀
　K Ⅲ 13a　ウヲン ホウ 、、：キヤウエツ（慶弔）

奉賀〜〜
　J83　ヲン ホウ 〜：ケウエツ

奉侯奉侯
　K Ⅱ 4a　ウヲン ヘ○ウ ウヲン ヘ○ウ：オミマヒ申
　　アゲル（賓友）

奉侯〜〜
　J144　ヲン ヘ○ウ 、、：ヲミマイ申シアケル

奉敬奉敬
　K Ⅲ 3a　ウヲン キン 、、：盃ヲス丶ムル（筵宴）

奉敬〜〜
　J156　ヲン キン 〜：盃ヲシンスル

奉請他
　K Ⅱ 13a　ウヲン ツイン タアー：ソナタニカシコ
　　マル（賓友）{語釈は誤り，「肯服你」の訳と同上と
　　する}
　J72　ヲン ツイン タア：カレヲトリモツ

FO

佛手柑
　K Ⅴ 33b　フエ シウ カン：ブシユカン（菓蓏）
　J412　ウエ シウ カン：ブシユカン（菓）

佛書
　K Ⅲ 32a　ウエ シユイ：ブツシヨ（寶貨）
　J305　ウエ シユイ：ブツシヨ（器用）

FOU

缶字旁
　K Ⅲ 51b　ペ○ウ ヅウ バン：ホトキヘン（讀書）
　J32　フエ○ウ ヅウ パン：ホトギヘン

FU

夫婦
　K Ⅰ 35a　フウ フー：フウフ（親族）
　J281　フウ ウ丶：フウフ（親族）

夫妻
　K Ⅰ 35a　フウ ツイー：フウフ（親族）
　J281　フウ ツイ：フウフ（親族）

扶持我
　K Ⅱ 27b　フー ヅウ ゴヲ丶：ワレヲタスクル（干求）
　J94　フウ ヅウ ゴウ：ワレヲタスクル

扶竹
　K Ⅲ 42a　フー チヨ：マセダケ（寶貨）
　J324　フウ チヨ丶：マセタケ（器用）

芙蓉花
　K Ⅴ 29a　フウ ヨン ハアー：フヨウ（花卉）
　J433　フウ ヨン ハア：フヨウ（花艸）

拂子
　K Ⅲ 41a　ヘ ツウ：ホツス（寶貨）
　J323　フエ ツウ：ホツス（器用）

伏兵
　K Ⅳ 24a　フヲ ピン：フゼヘヒ（兵法）
　K'Ⅳ 24a　フヲ ピン：フセヾヒ（兵法）
　J329　ホ ピン：フセヘイ（兵法）

浮槎
　K Ⅳ 47b　ウエ○ウ ツアー：イカダ（舩件）
　J353　ウエ○ウ ツア丶：イカダ（舩件）

浮浪的
　K Ⅰ 22b　ウエ○ウ ラン テ：ウカレモノ（人品）
　J102　アエ○ウ ラン テ：ウカレモノ

浮浪之弟
　K Ⅰ 17b　ウエ○ウ ラン ツウ デイ：フラチモノ
　　（人品）{「浮浪子弟」の誤りか}
　J266　フエ○ウ ラン ツウ デイ：ヤラウ（人品）

浮起来
　K Ⅳ 2b　ウエ○ウ キイ ライ：ウキアガル（製作）

浮起来
　J107　アエ○ウ キイ ライ：ウキアガル

浮起来
　K Ⅳ 46a　ウエ○ウ キイ ライ：ウキアガル（舩件）
　　{重複掲載}

浮起来
　J363　ウエ○ウ キイ ライ：ウキアガル（舩件）{重
　　複掲載}

浮石
　K Ⅰ 12a　ウエ○ウ ジ：カルイシ（地理）
　J257　ウエ○ウ ジ：カルイシ（天文）

浮腫
　K Ⅳ 30a　ウエ○ウ チヨン：ハレヤマヒ（疾病）
　J345　ウエ○ウ チヨン：ミヅバレ（感動）

服事你
　　ＫⅡ13a　ホ ズウ ニイ：ソナタニシタガフ（賓友）
　　Ｊ8　ホ ズウ ニイ：ソナタニシタガフ
服飾
　　ＫⅤ36b　ホ シ：イシヤウノカサリ（衣服）
　　Ｊ426　ホ シ：イシヤウノカザリ（衣服）
服藥
　　ＫⅣ37a　ホ ヨ：フクヤク（醫療）
　　Ｊ349　ホ ヨ：フクヤク（療養）
　　歩Ⅳ52b　｛「吃薬」と併記｝
福禄壽頭長的
　　ＫⅢ12b　ホ ロ ジウ デ○ウ ヂヤン テ：フクロクジュハヅガナカヒ（祭祀）
　　Ｊ34　ホ ロ ジウ デ○ウ ヂヤン テ：フクロクジュハヅガナカイ
福禄壽
　　歩Ⅲ16a　｛「福禄壽」に変更｝
福壽香
　　ＫⅢ37b　ホ ジウ ヒヤン：フクジュカウ（寶貨）
　　Ｊ316　ホ ジウ ヒヤン：フクジュコウ（器用）
福壽香琉球出
　　ＫⅢ43b　ホ ジウ ヒヤン リウ キウ チユ：フクジュＪウハリウキウデ（寶貨）
　　Ｊ200　ホ ジウ ヒヤン リウ キウ チユ：フクジュカウハリウキウデ
斧頭
　　ＫⅢ33b　フウ デ○ウ：ヨキ（寶貨）
　　Ｊ308　フウ デ○ウ：ヨキ（器用）
腐書獸
　　ＫⅢ50b　フウ シユイ タイ：クサレジユシヤ（讀書）｛獸字，Ｊと字音の違い｝
　　Ｊ15　フウ シユイ ガイ：クサレジユシヤ
父母
　　ＫⅠ35b　フウ ムウ：チヽハヽ（親族）
　　Ｊ282　フウ ムウ：チヽハヽ（親族）
父母在不遠遊
　　ＫⅠ24a　フウ ムウ ヅアイ ホ イエン ユウ：フボイマストキハトヲクアソバズ（人品）
　　Ｊ37　フウ ムウ ヅアイ プ エン イウ：フボイマストキハトヲクアソバズ
付法的
　　ＫⅢ23b　フウ ハ テ：ハフヲサツケタ（官府）
　　Ｊ10　フウ ハ テ：ホウヲサツケタ
赴壽席
　　ＫⅢ13a　フウ ジウ ヅイ：子ンカニユク（慶用）

Ｊ76　フウ ジウ チ：子ンガニユク
負了来
　　ＫⅣ5a　ウー リヤ○ウ ライ：セアフテキタ（製作）
負了來
　　Ｊ59　フエ○ウ リヤ○ウ ライ：セヲヽテキタ
負一負
　　ＫⅡ24a　ウー イ ウー：セアフ（通用）
　　Ｊ25　ウ、 イ ウヽ：セヲヽ
復渣
　　ＫⅣ37a　ホ ヅアー：ニハンセンシ（醫療）
　　Ｊ349　ホ ツアヽ：ニバンセンジ（療養）
覆盆子
　　ＫⅤ34a　ホ ベン ツウ：イチゴ（菓蓏）｛覆字，Ｊと字音の違い｝
　　Ｊ413　アエ○ウ ベン ツウ：イチゴ（菓）
覆着的
　　ＫⅣ17b　ホ ヂヤ テ：フセタ（諸物）
　　Ｊ226　ホ ヂヤ テ：フセテ
覆著的
　　歩Ⅳ25a　｛「覆著的」に変更｝
覆轉来
　　ＫⅣ17b　ホ チエン ライ：ウツムケタ（諸物）
覆轉來
　　Ｊ226　ホ チエン ライ：ウツムケタ
副舩主
　　ＫⅣ40b　フウ チエン チイ：ワキセンドウ（舩件）
副船主
　　Ｊ351　フウ ヂエン チユイ：ワキセンドウ（舩件）
副船主
　　歩Ⅳ55b
副舵
　　ＫⅣ41b　フウ トウ：ソヘカチ（舩件）
　　Ｊ354　フウ ドウ：カヘカヂ（舩件）
副啓
　　ＫⅢ31a　フウ キイ：フクケヒ（寶貨）
　　Ｊ303　フウ キイ：ショカンカミ（器用）
縛起来
　　ＫⅢ22b　プヲ キイ ライ：クヽル（官府）｛縛字，Ｊと字音の違い｝
縛起來
　　Ｊ210　ホ キイ ライ：クヽル
縛一縛
　　ＫⅡ22a　ウヲ イ ウヲ：クヽル（通用）
　　Ｊ20　ホ イ ホ：クヽレ

縛住了
　Ｋ Ⅲ 22b　プヲ ヂイ リヤ○ウ：シハリタ（官府）
　J210　ホ ヂユイ リヤ○ウ：ク丶リツケル

GA

夏子魚
　Ｋ Ⅴ 17a　カ ツウ イー：カツヲ（魚鼈）
　J395　カ ツウ イ丶：カツヲ又カツヲフシ
　長崎ハタリノ唐人ノ云トコロ（魚介）

GAI

該當的
　Ｋ Ⅱ 11b　カイ タン テ：ソノハヅ（賓友）
　J113　カイ タン テ：ソノハヅ

該涼些
　Ｋ Ⅰ 7b　カイ リヤン スイー：ス丶シイハツ（天文）
　J183　カイ リヤン スイ：ス丶シイハズジヤ

該死的奴才
　Ｋ Ⅰ 22b　カイ スウ テ ヌウ ヅアイ：コロサ子バナラヌヤツ（人品）
　J105　カイ スウ テ ヌウ ツアイ：コロサ子バナラヌヤツ

該有的
　Ｋ Ⅳ 19a　カイ イウ テ：アルハツシヤ（財産）
　J137　カイ イウ テ：アルハツジヤ

改不来
　Ｋ Ⅲ 48b　カイ ポ ライ：カエラレヌ（讀書）

改不來
　J80　カイ ポ ライ：カヘラレヌ

改得轉
　Ｋ Ⅲ 48b　カイ テ チエン：トリナヲサルル（讀書）
　J80　カイ テ チエン：トリナヲサル丶

改改詩
　Ｋ Ⅲ 50a　カイ 〳〵 スウ：シヲナホス（讀書）

改々詩
　J14　カイ 丶 スウ：シヲナヲス

改改字
　Ｋ Ⅱ 12b　カイ カイ ヅウ：アザナヲカヘタ（賓友）

改々字
　J5　カイ 丶 ヅウ：アザナヲカエタ

改了號
　Ｋ Ⅱ 12b　カイ リヤ○ウ ア○ウ：ガウヲカヘタ（賓友）
　J5　カイ リヤ○ウ ハ○ウ：ガウヲカエタ

改了名
　Ｋ Ⅱ 12b　カイ リヤ○ウ ミン：ナヲカヘタ（賓友）
　J5　カイ リヤ○ウ ミン：ナヲカエタ

改了姓
　Ｋ Ⅱ 12b　カイ リヤ○ウ スイン：セイヲカヘタ（賓友）
　J5　カイ リヤ○ウ スイン：セイヲカエタ

改日
　Ｋ Ⅰ 4a　カイ ジ：ゴジツ（天文）
　J249　カイ シ：カサ子テ（天文）

改日相見
　Ｋ Ⅱ 2a　カイ ジ スヤン ケン：カサ子テオメニカ、ラン（賓友）
　J139　カイ ジ スヤン ケン：カサ子テヲメニカ、ラン

改文章
　Ｋ Ⅲ 50a　カイ ウエン チヤン：ブウセウヲナホス（讀書）
　J14　カイ ウエン チヤン：ブウセウヲナヲス

改一改
　Ｋ Ⅱ 24a　カイ イ カイ：アラタムル（通用）
　J25　カイ イ カイ：カエヨ

芥菜
　Ｋ Ⅴ 1b　キヤイ ツアイ：タカナ（菜蔬）
　J382　キヤイ ツアイ：タカナ（菜蔬）

芥辣
　Ｋ Ⅴ 3b　キヤイ ラ：カラシ（菜蔬）{「芥辣」に変更}

芥子
　J386　キヤイ ツウ：カラシ（菜蔬）

芥辣拌
　Ｋ Ⅴ 5a　キヤイ ラ ボワン：カラシアエ（菜蔬）
　J389　キヤイ ラ バン：カラシアヘ（菜蔬）

芥蘭菜
　Ｋ Ⅴ 1b　キヤイ ラン ツアイ：ガイラン（菜蔬）
　J382　キヤイ ラン ツアイ：カイラン（菜蔬）

盖草
　Ｋ Ⅳ 50b　カイ ツア○ウ：フキクサ（居室）

盖岬
　J374　カイ ツア○ウ：フキクサ（家居）

盖幾橡
　Ｋ Ⅳ 50b　カイ キイ イエン：イヘヲイクシキフキタツルト云７（居室）

盖氣橡
　J374　カイ キイ エン：イクシキ（家居）

蓋幾橡
　歩Ⅳ 70b　{「蓋」に変更}

盖瓦
　ＫⅣ50a　カイ　ウワー：ムネアゲ（居室）
　Ｊ372　カイ　ワア：ムネアケ（家居）

盖碗
　ＫⅢ29a　カイ　ワン：フタヂヤワン（寶貨）
　Ｊ299　カイ　ワン：フタチヤワン（器用）

蓋碗
　歩Ⅲ38b　｛「蓋碗」に変更｝

盖屋
　ＫⅣ50a　カイ　ヲ：イエフクㇿ（居室）
　Ｊ372　カイ　ヲ：イエフクㇿ（家居）

盖好了
　ＫⅣ4a　カイ　ハ○ウ　リヤ○ウ：ヨフアフタ（製作）
　Ｊ218　カイ　ハ○ウ　リヤ○ウ：ヨフカブセタ

GAN

干菜葉
　ＫⅤ5a　カン　ツアイ　エー：ホシナ（菜蔬）｛原文「千」に誤る｝
　Ｊ389　カン　ツアイ　エ：ホシナ（菜蔬）

干戈
　ＫⅣ26a　カン　コヲ：タテ○ホコ（兵法）
　Ｊ332　カン　コウ：ホコ（兵法）

干蘿蔔
　ＫⅤ2b　カン　ロウ　フウ：ホシダイコン（菜蔬）

于蘿蔔
　Ｊ385　カン　ロウ　プウ：ホシダイコン（菜蔬）｛「于」は誤字｝

干係的
　ＫⅡ35b　カン　ヒイ　テ：アフナイ（盟約）

于係的
　Ｊ219　カン　ヒイ　テ：アブナイ｛「于」は誤字｝

乾巴巴
　ＫⅣ9a　カン　ハア、パア、：ホシカワカレテガワ〜スルㇿ（製作）

乾巴ゝ
　Ｊ223　カン　パア、、：ホシカワカシテガワ〜スルㇿ

乾兒子
　ＫⅠ33b　カン　ルウ　ツウ：子分（親族）
　Ｊ278　カン　ル、　ツウ：子分（親族）

乾飯
　ＫⅤ7a　カン　ワン：コハメシ（飯肉）
　Ｊ444　カン　ハン：コワメシ（飲食）

乾醬
　ＫⅤ8b　カン　ツヤン：ミソ（飯肉）
　Ｊ446　カン　チヤン：ミソ（飲食）

乾淨得狠
　ＫⅢ9b　カン　ヅイン　テ　ヘン：サツハリトナツタ（筵宴）
　Ｊ110　カン　ヅイン　テ　ヘン：サツパリトナツタ

乾娘
　ＫⅠ33b　カン　ニヤン：母分（親族）
　Ｊ278　カン　ニヤン：母分（親族）

乾梭魚
　ＫⅤ17a　カン　ソウ　イー：ホシガマス（魚鱉）
　Ｊ395　カン　ソウ　イ、：ホシカマス（魚介）

乾味
　ＫⅤ9b　カン　ウイー：カンブツ（飯肉）
　Ｊ448　カン　ウイ：カンブツ（飲食）

乾胭脂
　ＫⅢ42b　カン　エン　ツウ：カタベニ（寶貨）

乾臙脂
　Ｊ201　カン　エン　ツウ：カタベニ

乾臙脂
　ＫⅤ39b　カン　エン　ツウ：カタベニ（衣服）｛重複掲載｝
　Ｊ432　カン　エン　ツウ：カタベニ（衣服）｛重複掲載｝

乾爺
　ＫⅠ33b　カン　エー：父分（親族）
　Ｊ278　カン　エ、：父分（親族）

乾魚
　ＫⅤ10a　カン　イー：ホシウヲ（飯肉）
　Ｊ395　カン　イ、：ホシウヲ（魚介）

幹兒
　ＫⅤ28b　カン　ルウ：カラ（樹竹）
　Ｊ410　カン　ル、：カラ（樹竹）

肝
　ＫⅠ27b　カン：カン（身體）
　Ｊ290　カン：カン（身體）

肝家
　歩Ⅰ38a　｛「肝家」に変更｝

甘霖
　ＫⅠ2b　カン　リン：ヨイアメ（天文）
　Ｊ246　カン　リン：ヨイアメ（天文）

甘露子
　ＫⅤ4a　カン　ルウ　ツウ：チヨロキ（菜蔬）
　Ｊ387　カン　ルウ　ツウ：チヨロキ（菜蔬）

甘藷
　ＫⅤ3a　カン　チユー：サトウキヒ（菜蔬）｛誤訳，別に「甘蔗」あり｝

J386　カン　チユイ：カライモ（菜蔬）

甘心的
　ＫⅠ38b　カン　スイン　テ：スマス（性情）
　J67　カン　スイン　テ：スマス

甘蔗
　ＫⅤ6a　カン　ジユイ：サトウキビ（飯肉）
　J441　カン　ツエヽ：サトウキビ（飲食）

柑子
　ＫⅤ33b　カン　ツウ：ミカン（菓蓏）
　J412　カン　ツウ：カウシ　ク子ンボモ（菓）

疳疾
　ＫⅣ32b　カン　ヅイ：カンケ（疾病）
　J344　カン　シ：カンゲ（感動）

趕不上
　ＫⅠ44b　カン　ポ　ジヤン：オヒツカヌ（動作）
　J107　カン　プ　ジヤン：ヲイツカヌ

趕出去
　ＫⅠ44b　カン　チユ　キユイ：オヒダセ（動作）
　J106　カン　チユ　キユイ：ヲイダセ

趕得及
　ＫⅠ44b　カン　テ　ギ：オヒツイタ（動作）
　J107　カン　テ　ギ：ヲイツイタ

趕得来
　ＫⅠ44b　カン　テ　ライ：オヒツイタ（動作）

趕得來
　J106　カン　テ　ライ：ヲイツイタ

趕落来
　ＫⅠ44b　カン　ロ　ライ：オヒヲトス（動作）

趕落來
　J106　カン　ロ　ライ：ヲイヲトス

趕散了
　ＫⅠ44b　カン　サン　リヤ○ウ：オヒチラス（動作）
　J106　カン　サン　リヤ○ウ：ヲイチラス

趕上来
　ＫⅠ44b　カン　シヤン　ライ：オヒアゲル（動作）

趕上來
　J106　カン　ジヤン　ライ：ヲイアゲル

趕下去
　ＫⅠ44b　カン　ヒヤア　キユイ：オヒクダシタ（動作）
　J106　カン　ヒヤア　キユイ：ヲイクダシタ

趕早學
　ＫⅢ47b　カン　ツア○ウ　ヒヨ：ハヤクナラヘ（讀書）
　J128　カン　ツア○ウ　ヒヨ：ハヤクナラヘ

感激不盡
　ＫⅢ17a　カン　キ　ポ　ヅイン：シコクアリカタヒ（寄贈）
　J66　カン　キ　プ　ヅン：シゴクアリカタイ

感激感激
　ＫⅢ17a　カン　キ　ヽ　ヽ：アリカタヒ（寄贈）

感激〜
　J68　カン　ヒイ　〃〃：アリカタイ

橄欖
　ＫⅤ33a　カン　ラン：カンラン（菓蓏）
　J411　カン　ラン：カンラン（菓）

幹不来
　ＫⅡ25b　カン　ポ　ライ：コレハナラヌ（干求）

幹不來
　J64　カン　プ　ライ：コレハナラヌ

幹成馬
　ＫⅠ12b　カン　デン　マアー：カバシマ（地理）
　J258　カン　デン　マア：カバシマ（天文）
　歩　{削除}

幹得来
　ＫⅡ25b　カン　テ　ライ：コレハナル（干求）

幹得來
　J64　カン　テ　ライ：コレハナル

幹事體
　ＫⅡ25b　カン　ズウ　デイ：コトヲナス（干求）
　J64　カン　ズウ　デイ：コトヲナス

GANG

岡嶺
　ＫⅠ12a　カン　リン：ヲカミ子（地理）
　J256　カン　リン：ヲカミ子（天文）
　歩　{削除}

剛纔
　ＫⅠ9b　キヤン　ヅアイ：タヾイマ（天文）
　J188　カン　ヅアイ：タヾイマ

剛剛
　ＫⅠ6a　キヤン　キヤン：チヨフトソノトキ○只今（天文）

剛〃
　J188　カン　ヽ：タヾイマ

剛剛好
　ＫⅡ17a　キヤン　キヤン　ハ○ウ：チヨフトヨヒ（通用）

剛〃好
　J134　カン　ヽ　ハ○ウ：ヨウヤクヨイ

剛強的

ＫⅠ38a カン ギヤン テ：テヅヨヒ（性情）
Ｊ113 カン キヤン テ：テツヨイ

港口
ＫⅠ10b キヤン ケ○ウ：ミナトグチ（地理）
Ｊ254 キヤン ゲ○ウ：ミナトグチ（天文）

港門
ＫⅠ10b キヤン メン：ミナト（地理）
Ｊ254 キヤン メン：ミナト（天文）

港灣
ＫⅠ11a キヤン ワン：イリワ（地理）
Ｊ255 キヤン ワン：セト（天文）

GAO

高高低低
ＫⅣ11a カ○ウ カ○ウ デイ テイ：タカヒクノ┐（數量）

高ヾ底ヾ
Ｊ211 カ○ウ ヾ デイ ヾ：タカヒクノ┐

有高低
歩Ⅳ15b ｛「有高低」に変更｝

高尖尖
歩Ⅱ48b ｛増補｝

高麗参
ＫⅣ38a カ○ウ リイ スエン：カウライニンシン（醫療）

高麗参
Ｊ44 カ○ウ リイ スエン：カウライニンジン

高楼
ＫⅣ48b カ○ウ レ○ウ：タカキニカヒ（居室）
Ｊ370 カ○ウ レ○ウ：タカキロウ（家居）

高年的
ＫⅢ15a カ○ウ 子エン テ：トシタケタ人（慶弔）
Ｊ75 カ○ウ 子ン テ：トシタケタ人

高盤
ＫⅢ36b カ○ウ ボワン：タカバン（寶貨）
Ｊ314 カ○ウ バン：タカバン（器用）

高起来
ＫⅣ11a カ○ウ キイ ライ：タカクナツタ（數量）

高起來
Ｊ211 カ○ウ キイ ライ：タカクナツタ

高山上
ＫⅠ14a カ○ウ サン ジヤン：カウザンノゼツテウ（地理）
Ｊ229 カ○ウ サン ジヤン：カウザンノゼツテウ

高一等

ＫⅣ11a カ○ウ イ テン：イツトフタカヒ（數量）
Ｊ211 カ○ウ イ テン：ヒトキハタカイ

高一箇字
ＫⅢ46a カ○ウ イ コ ヅウ：イチシアクル（讀書）
Ｊ123 カ○ウ イ コ ヅウ：イチジアグル

高子
ＫⅠ29a カ○ウ ツウ：セイタカキモノ（身體）
Ｊ266 カ○ウ ツウ：セイタカキモノ（人品）

糕餅
ＫⅤ7b カ○ウ ピン：菓子ノ摠名（飯肉）
Ｊ444 カ○ウ ピン：クハシノソウ名 糕ハ米粉 餅ハ麥ノコ（飲食）

糕餅店
ＫⅣ51b カ○ウ ピン テエン：クハシミセ（居室）
Ｊ376 カ○ウ ピン テン：クハシミセ（家居）

告別了
ＫⅡ3a カ○ウ ベ リヤ○ウ：イトマモフス（賓友）
Ｊ142 カ○ウ ベ リヤ○ウ：イトマモウス

告不下
ＫⅢ24b カ○ウ ポ ヒヤア：ツケラレヌ（官府）
Ｊ39 カ○ウ プ ヒヤア：ツゲラレヌ

告辭了
ＫⅡ3a カ○ウ ヅウ リヤ○ウ：オイトマ申ス（賓友）
Ｊ142 カ○ウ ヅウ リヤ○ウ：ヲイトマ申ス

告得下
ＫⅢ24b カ○ウ テ ヒヤア：ツケラル丶（官府）
Ｊ39 カ○ウ テ ヒヤア：ツゲラル丶

告官司
ＫⅢ24b カ○ウ クワン スウ：ヒロウスル（官府）
Ｊ39 カ○ウ クハン スウ：ヒロウスル

告過去
ＫⅢ24b カ○ウ コヲ丶 キユイ：ツケタ（官府）
Ｊ39 カ○ウ コウ キユイ：ツゲタ

告示
ＫⅢ24a コ○ウ スウ：ハツトガキノ高札（官府）
Ｊ10 カ○ウ ズウ：ハツトガキノ高札

告天子
ＫⅤ25a カ○ウ テエン ツウ：ヒバリ（禽類）
Ｊ423 カ○ウ テエン ツウ：ヒバリ（飛禽）

GE

肐腊臉
ＫⅠ30a キタ レン：キタナヒカホ（身體）
Ｊ87 ゲタ レン：キタナイカヲ

閣過了

KⅡ11b コ カフ リヤ○ウ：ステラレタ（賓友）
J113 コ コウ リヤ○ウ：ステヲイタ

閣過一邉
　歩Ⅱ16a 　{「閣過一邉」に変更}

閣老
　KⅠ18b コ ラ○ウ：カラフ（人品）
　J268 コ ラ○ウ：カラウ（人品）

擱得定
　KⅡ21a コ テ デン：スエラルヽ（通用）
　J114 コ テ デン：スエラルヽ

擱起来
　KⅣ5b コ キイ ライ：ナギワタス（製作）

擱起來
　J59 コ キイ ライ：ナギハタス

鴿兒
　KⅤ24a コ ルー：イエハト（禽類）

鴿兒
　J421 カ ルヽ：イエハト（飛禽）

割
　KⅤ11a カ：キル（飯肉）
　J450 カ：キル（飲食）

割斷了
　KⅣ6b カ ドワン リヤ○ウ：大キナモノテキルヿ（製作）

割斷了
　J216 カ ドハン リヤ○ウ：大キナモノデキル

割捨的
　KⅣ7b カ セエー テ：ステタ（製作）
　J219 カ シエヽ テ：ステタ

割一刀
　KⅣ6b カイ タ○ウ：ヒトワリ（製作）
　J216 カイ タ○ウ：ヒトワリ

蛤蜊
　KⅤ18a カ リイ：アサリ（魚鼈）
　J397 カ リイ：アサリ（魚介）

蛤蜊殼
　KⅤ18a カ リイ コ：アサリノカラ（魚鼈）
　J397 カ リイ コ：アサリノカラ（魚介）

蛤螺
　KⅤ17a カ ルウ：貝ノ摠名（魚鼈）
　J396 カ ロウ：貝ノ摠名（魚介）

格外
　KⅡ20a ゲ ワイ：カクベツ（通用）
　J70 ゲ ワイ：カクベツ

格眼
　KⅢ31b ゲ エン：罫カミ（寶貨）
　J304 ゲ エン：卦カミ（器用）

隔漏
　KⅢ26b ゲ レ○ウ：トヒ（寶貨）
　J294 ゲ レ○ウ：トイ（器用）

隔食
　KⅣ29a ゲ ジ：カク（疾病）
　J337 ゲ ジ：カク（感動）

隔湯兒頓一頓
　KⅤ13b ゲ タン ルウ トイン イ トイン：ユセンニスル（煮煎）
　J161 ゲ タン ルヽ ドイン イ ドイン：ユセンニスルコト

隔住的
　KⅣ4a ゲ ヂユイ テ：タテヘダツル（製作）
　J218 ゲ ヂユイ テ：タテシキル

葛布
　KⅤ37b カ プウ：クヅヌノ（衣服）
　J428 カ フウ：クヅヌノ（衣服）

葛粉
　KⅤ7a カ フイン：クヅ（飯肉）
　J443 カ フイン：クズ（飲食）

葛粉糕
　KⅤ8a カ フイン カ○ウ：クヅモチ（飯肉）
　J444 カ フイン カ○ウ：クヅモチ（飲食）

箇把日
　KⅠ4a コー パアー ジ：イチジツホド（天文）
　J249 コ パア ジ：イチジツホト（天文）

箇把月
　KⅠ4a コー パアー イエ：一ヶ月ホド（天文）
　J249 コ パア エ：一ヶ月ホド（天文）

各別的
　KⅣ16a コ ベ テ：カクベツナ○フウノチガフタヿ（諸物）
　J234 コ ベ テ：カクベツナ又フウノチガツタヿ

各國土
　KⅠ14a コ クヲ ドヲー：クニ〜（地理）
　J191 コ クヲ ドウ：クニ〜

各人分
　KⅣ12a コ ジン フイン：メイ〜ニワカツ（數量）
　J227 コ ジン フイン：メイ〜ニワカツ

各是各
　KⅡ12a コ ズウ コ：メイ〜（賓友）
　J227 コ ズウ コ：メイ〜

各様的
　KⅣ16a コヤンテ：ベツヨフナ（諸物）
　J234 コヤンテ：ベツヨウナ

各自各
　KⅡ12a コヅウコ：メイ〜（賓友）
　J227 コヅウコ：メイ〜

GEI

給與他
　KⅢ14a キイ、タアー：アレニアタエタ（慶弔）
　J84 キイ、タア：アレニアタエタ

給与他
　筑・天・2・34a キウイータア：アレニアタヘタ
　　{「討飯的」のあとに移動}

GEN

跟了舩
　KⅣ41a ゲンリヤ○ウヂエン：トモフ子（舩件）

跟了船
　J352 ゲンリヤ○ウヂエン：トモフ子（舩件）

跟随
　KⅠ19b ゲンヅ○イ：トモ（人品）

跟随
　J269 ゲンヅ○イ：トモ（人品）

跟随的
　歩Ⅰ27b　{「跟随的」に変更}

GENG

更深
　KⅠ2a ケンシン：ヨノフクル（天文）
　J245 ゲンシン：ヨノフクル（天文）

更有趣
　KⅢ9a ゲンイウツイヽ：ヒトキワオモシロヒ（筵宴）
　J71 ゲンイウチユイ：ヒトキワヲモシロイ

GONG

工社
　KⅣ40a コンシエー：スイシユ（舩件）
　J351 コンジエヽ：スイシユ（舩件）

工數
　KⅣ50b コンスウ：テマカズ（居室）
　J374 コンスウ：テマカズ（家居）

功名遲
　KⅣ20b コンミンヅウ：リツシンガオソヒ（財産）

　J12 コンミンヅウ：コウノ名ガヲソイ

攻城
　KⅣ24b コンチン：シロヲセムル（兵法）
　J330 コンヂン：シロヲセムル（兵法）

弓兒
　KⅣ25b コンルウ：ユミ（兵法）
　J332 コンルヽ：ユミ（兵法）

弓篷
　KⅣ44b コンボン：トモノヤ子（舩件）
　J360 コンボン：トモノヤ子（舩件）

弓弦
　KⅣ25b コンヒエン：ユミツル（兵法）
　J332 コンヘン：ユミツル（兵法）

公道的
　KⅢ23a コンタ○ウテ：ヒヨウドウナ（官府）
　J9 コンダ○ウテ：ビヤウドウナ

公幹
　KⅢ21a コンカン：コヨウ（官府）
　J65 コンカン：ゴヨウ

公公
　KⅠ33a コン、：御祖父（親族）
　J277 コン、：御祖父（親族）

公館
　KⅣ51a コンクワン：ヤクシヨ（居室）
　J375 コンクハン：座方ノコ（家居）

公雞
　KⅤ23b コンキイ：ヲトリ（禽類）
　J420 コンキイ：ヲトリ（飛禽）

公馬
　KⅤ21a コンマアー：コマ（畜獸）
　J403 コンマア：コマ（獸）

公卿大夫
　KⅠ18a コンキンダアーフウ：クギヤウタヒフ（人品）
　J267 コンキンタイフウ：コウケイタイフ（人品）

公事忙不得閑
　KⅢ21a コンズウマンポテヒエン：コヨウカ多クテヒマカナヒ（官府）
　J90 コンズウマンポテヘン：ゴヨウガ多テヒマガナイ

公主
　KⅠ18a コンチユイ：ヒメミヤ（人品）
　J267 コンチユイ：ヒメミヤ（人品）

宮燈
　KⅢ27b コンテン：キレハリノトウロウ（寶貨）

J296　コン　テン：キレハリノトウロ（器用）

宮娥
　ＫⅠ18a　コン　ゴヲ、：キウヂヨ（人品）
　J267　コン　ゴウ：キウヂヨ（人品）

恭敬你
　ＫⅡ13a　コン　キン　ニイ：アナタヲウヤマフ（賓友）
　J72　コン　キン　ニイ：アナタヲウヤモフ

恭喜恭喜
　ＫⅢ13a　コン　ヒイ、、：オメテタヒ（慶弔）

恭喜ゝゝ
　J83　コン　ヒイ〜：メデタイ

拱拱手
　ＫⅢ9b　コン、、シウ：イツレヒスル（筵宴）

拱ゝ手
　J111　コン、、シウ：イツレイスル

共總
　ＫⅡ20a　ゴン　ツヲン：スベテ（通用）
　J70　コン　ツヲン：スベテ

供出來
　ＫⅢ22a　コン　チユ　ライ：ハクシヤウスル（官府）

供出來
　J105　コン　チユ　ライ：ハクゼウスル

貢舩
　ＫⅣ40b　コン　ヂエン：子ングフ子（舩件）
　J353　コン　ヂエン：子ングフ子（舩件）

GOU

鈎住了
　ＫⅣ4a　ケ○ウ　ヂユイ　リヤ○ウ：ヒキカクル（製作）
　J224　ゲ○ウ　ヂユイ　リヤ○ウ：ヒキカクル

鈎子
　ＫⅢ27a　ゲ○ウ　ツウ：カギ（寶貨）
　J295　ゲ○ウ　ツウ：カギ（器用）

狗兒
　ＫⅤ21b　ゲ○ウル：イヌ（畜獸）
　J404　ゲ○ウル、：イヌ（獸）

狗脊
　ＫⅤ4b　ゲ○ウ　スイ：ゼンマイ（菜蔬）{脊字は音誤り}
　J388　ゲ○ウ　チ：ゼンマイ（菜蔬）

狗奴才
　ＫⅠ23b　ゲ○ウ　ヌウ　ヅアイ：人ヲシカルコトバ（人品）
　J99　ゲ○ウ　ヌウ　ツアイ：人ヲシカルコトバ

狗入的
　ＫⅠ23a　ゲ○ウ　ジ　テ：人ヲシカルコトバ（人品）
　J99　ゲ○ウ　ジ　テ：人ヲシカルコトバ

枸杞
　ＫⅤ4b　キユイ　キイ：クコ（菜蔬）

拘杞
　J388　ゲ○ウ　キイ：クコ（菜蔬）

殻不殻
　ＫⅣ10a　ゲ○ウ　ポ　ゲ○ウ：タツタカタラヌカ（數量）
　J170　ゲ○ウ　プ　ゲ○ウ：タツタカタラヌカ

GU

估定了
　ＫⅣ23a　クウ　デイン　リヤ○ウ：考ヘサタメタ（財産）
　J48　クウ　デイン　リヤ○ウ：考ヘサンシタ

估估看
　ＫⅠ42a　クウ、、カン：モクロンテミル（動作）

估ゝ看
　J175　クウ、、カン：モクロンテミル

箍起来
　ＫⅣ2a　クウ　キイ　ライ：ワヲイル、（製作）

箍起來
　J60　クウ　キイ　ライ：ワヲイル、

箍桶的
　ＫⅠ16b　クウ　トン　テ：ヲケユイ（人品）
　J262　クウ　ドン　テ：ヲケユイ（人品）

箍一箍
　ＫⅡ22b　クウ　イ　クウ：ワヲ井ル、（通用）
　J21　クウ　イ　クウ：ワヲイル、

菰草
　ＫⅤ32a　クウ　ツア○ウ：マコモ（花卉）
　J439　クウ　ツア○ウ：マコモ（花艸）

姑獲鳥
　ＫⅤ25b　クウ　ウヲ　ニヤ○ウ：ウブメドリ（禽類）
　J423　クウ　ウヲ　ニヤ○ウ：ウブメドリ（飛禽）

姑娘
　ＫⅠ34a　クウ　ニヤン：伯母（親族）
　J279　クウ　ニヤン：伯母（親族）

辜負你
　ＫⅡ10a　クウ　ウー　ニイ：ソナタニソムヒタ（賓友）
　J77　クウ　ウ　ニイ：ソナタニソムイタ

古板的
　ＫⅠ16a　クウ　バン　テ：カタヒモノ（人品）
　J261　クウ　パン　テ：カタイモノ（人品）

古板的人
　　ＫⅠ15b　クウ　バン　テ　ジン：カタキ人（人品）
　　J260　クウ　パン　テ　ジン：コテイナ人（人品）
古款式
　　ＫⅢ23b　クウ　クワン　シ：フルキオキテ（官府）
　　J10　クウ　クハン　シ：フルキヲキテ
古月胡
　　ＫⅢ49b　クウ　イエ　ウー：古月トカイタル胡ノ字（讀書）
　　J5　クウ　エ　ウ、：古月トカイタル胡ノ字
古執的
　　ＫⅠ16a　クウ　チ　テ：カタヒモノ（人品）
　　J261　クウ　チ　テ：カタイモノ（人品）
　歩　{削除}
殻兒
　　ＫⅤ6a　コ　ルウ：モミ（飯肉）
　　J441　コ　ル、：モミ（飲食）
骨骼大
　　ＫⅠ27b　コ　ロ　タアー：ホ子フト（身體）
骨絡大
　　J290　コ　ロ　ダア：ホ子フトイ（身體）
骨髄
　　ＫⅠ27b　コ　ヅ○イ：ホ子（身體）
　　J290　コ　ヅイ：ホ子（身體）
蠱脹
　　ＫⅣ29a　クウ　チヤン：コチヤウ（疾病）
　　J337　クウ　チヤン：コテウ（感動）
鼓槌
　　ＫⅢ36a　クウ　ヅ○イ：タヒコノバチ（寶貨）
　　J313　クウ　ツイ：タイコノバチ（器用）
鼓架
　　ＫⅢ36a　クウ　キヤア：タヒコノダヒ（寶貨）
　　J313　クウ　キヤア：タイコノダイ（器用）
鼓面皮
　　ＫⅠ30a　クウ　メエン　ビイ：ツラノカワノアツヒ（身體）
　　J87　クウ　メン　ビイ：ツラノカワノアツイ
鼓脹
　　ＫⅣ32b　クウ　チヤン：チヤウマン（疾病）
　　J343　クウ　チヤン：チヤウマン（感動）
故人
　　ＫⅠ21b　クウ　ジン：コジン（人品）
　　J274　クウ　ジン：コジン（人品）
故意説
　　ＫⅡ15b　クウ　イー　セ：ワザトイフ（通用）

J130　クウ　イ、　セ：ワザトイフ
捆捆看
　　ＫⅠ42a　クウ　、　カン：モクロンテミル（動作）
捆〃看
　　J175　クウ　、　カン：モクロンテミル
僱舩
　　ＫⅣ41a　クウ　ヂエン：ヤトヒフ子（舩件）
　　J353　クウ　ヂエン：ヤトイフ子（舩件）
僱箇人
　　ＫⅡ27a　クウ　コ　ジン：ヒトヲヤトフ（干求）
　　J93　クウ　コ　ジン：人ヲヤトフ
顧得来
　　ＫⅠ42b　クウ　テ　ライ：ミラル、（動作）
顧得来
　　J176　クウ　テ　ライ：ミラル、
　歩　{削除}

GUA

瓜片
　　ＫⅤ8b　クワア　ペン：冬瓜ツケ（飯肉）
　　J445　クハア　ペン：冬瓜ツケ（飲食）
瓜子
　　ＫⅢ39a　クワア　ツウ：イチブキン（寶貨）
　　J319　クハア　ツウ：イチブキン（器用）
瓜子金
　　歩Ⅲ53a　{「瓜子金」に変更}
瓜子臉
　　ＫⅠ30a　クワアー　ツウ　レン：ウリカホ（身體）
　　J87　クハア　ツウ　レン：ウリカヲ
刮落来
　　ＫⅣ2b　クワ　ロ　ライ：コソケオトス（製作）
刮落來
　　J106　クハ　ロ　ライ：コソゲヲトス
刮一刮
　　ＫⅡ22b　クワ　イ　クワ：エグル○コソケル┐（通用）
　　J21　クハ　イ　クハ：エグル又コソケル┐
鴰鳥
　　ＫⅤ25a　クワ　ニヤ○ウ：ヒガラ（禽類）
　　J423　クハ　ニヤ○ウ：ヒガラ
寡婦
　　ＫⅠ36a　クワア　フウ：ヤモメ（親族）
　　J283　クハア　ウ、：ヤモメ（親族）
寡公
　　ＫⅠ36a　クワア　コン：ヤモメ（親族）
　　J283　クハア　コン：ヤモメ（親族）

【GU～GUAN】

寡酒兒
　　ＫⅢ 2a　クワア ツイ○ウ ルウ：サケバカリ（筵宴）
　　J154　クハア チウ ル丶：サケバカリ

挂帆
　　ＫⅣ 43a　クワア ハン：ホカクル（舩件）

掛帆
　　J357　グハア ハン：ホカクル（舩件）

挂挂畫
　　ＫⅢ 49b　クワー 丶 ワアー：エヲカクル（讀書）

掛〻畫
　　J229　グワア 丶 ワア：エヲカクル

挂好了
　　ＫⅢ 49b　クワア ハ○ウ リヤ○ウ：ヨクカケタ（讀書）

掛好了
　　J229　グハア ハ○ウ リヤ○ウ：ヨクカケタ

挂紅罷
　　ＫⅢ 13b　クワア ホン バアー：カチイワヒ（慶弔）

掛紅罷
　　J156　クハア ホン バアー：カチイワイ

挂紅酒
　　ＫⅢ 3a　クワア ホン ツイ○ウ：ホウビノサケ（筵宴）

掛紅酒
　　J156　クハア ホン チウ：ホウビノサケ

挂畫
　　ＫⅢ 31a　クワアー ワアー：カケエ（寶貨）

掛画
　　J303　グハア ワア：カケエ（器用）

挂聯
　　ＫⅢ 31a　クワアー レン：カケレン（寶貨）

掛聯
　　J303　クハア レン：カケレン（器用）

挂落来
　　ＫⅢ 49a　クワア ロ ライ：カクル（讀書）

掛落来
　　J230　グハア ロ ライ：カクル

挂念
　　ＫⅠ 38a　クワア 子ン：キガ丶リ（性情）

掛念
　　J90　クハア 子ン：キガ丶リ

挂帳子
　　ＫⅢ 43a　クワア チヤン ツウ：カヤヲハル（寶貨）

掛帳子
　　J198　グハア チヤン ツウ：カヤヲハル

罣礙
　　ＫⅡ 19b　クワア ガイ：サワリ（通用）
　　J70　クハア ガイ：サワリ

GUAI

乖倒乖
　　ＫⅠ 37b　クワイ タ○ウ クワイ：カシコヒ⌐ハカシコヒ（性情）
　　J101　クハイ タ○ウ クハイ：ビロウナ⌐ビロウナ

乖巧的人
　　ＫⅠ 15b　クワイ キヤウ テ ジン：ワルタクミナ人（人品）
　　J260　クハイ キヤ○ウ テ ジン：ワルダクミナ人（人品）

枴杖
　　ＫⅢ 40b　クワイ ヂヤン：ツエ（寶貨）
　　J322　クハイ チヤン：ツエ（器用）

怪風
　　ＫⅠ 3b　クワイ フヲン：ツジカゼ（天文）
　　J248　クハイ ホン：ツジカゼ（天文）

GUAN

關得攏
　　ＫⅣ 53b　クワン テ ロン：サヘキラル丶（居室）
　　J196　クハン テ ロン：サヘキラル丶

關格
　　ＫⅣ 29a　クワン ゲ：カク（疾病）
　　J343　クハン ゲ：カクノヤマイ（感動）

關老爺
　　ＫⅢ 11a　クワン ラ○ウ：エー：関羽（祭祀）
　　J34　クハン ラ○ウ：エ丶：関羽ノ⌐

關了門
　　ＫⅣ 53a　クワン リヤ○ウ メン：モンヲセイタ（居室）
　　{Kセイタ，Jタテタは方言か？}
　　J196　クハン リヤ○ウ メン：モンヲタテタ

關捩子
　　ＫⅢ 40a　クワン リイ ツウ：ワナ（寶貨）
　　J321　クハン レツウ：ワナ（器用）

關上了
　　ＫⅣ 53a　クワン シヤン リヤ○ウ：セキマシタ（居室）
　　J196　クハン シヤン リヤ○ウ：トヲタテタ

關涉大
　　ＫⅡ 20b　クワン ヅイ ダアー：カ丶リガオホキナ

（通用）
　　J98　クハン ヂ ダア：カヽリガヲヽキナ
闗通他
　　KⅡ26b　クワン トン タアー：アレニシラスル
　　（干求）
　　J93　クハン トン タア：カレニナイツウスル
闗一闗
　　KⅡ24a　クワン イ クワン：タツル（通用）
　　J24　クハン イ クハン：タテヨ
觀察使
　　KⅠ18b　クワン ツア スウ：メツケ（人品）
　　J268　クハン サツ スウ：メツケ（人品）
觀音柳
　　KⅤ28b　クワン イン リウ：ギヨリウ（樹竹）
　　J410　クハン イン リウ：エリウ（樹竹）
觀音粟
　　KⅤ6a　クワン イン ツヲ：トウモロコシ（飯肉）
　　J441　クハン イン ソ：トウモロコシ（飲食）
官尺
　　KⅢ39a　クワン チヽ：カ子ザシ（寶貨）
　　J318　クハン チ：カ子ザシ（器用）
官舩
　　KⅣ40b　クワン ヂエン：クワンセン（舩件）
　　J353　クハン ヂエン：クワンセン（舩件）
官府
　　KⅣ51a　クワン フウ：クワンフ（居室）
　　J375　クハン フウ：クハンフ（家居）
官吏
　　KⅠ18b　クワン リー：ツカサ（人品）
　　J268　クハン リー：ツカサ（人品）
官廳
　　KⅣ48a　クワン デイン：ザシキ（居室）
　　J369　クハン デン：ザシキ（家居）
冠
　　KⅢ41b　クワン：カンムリ（寶貨）
　　J323　クハン：カンムリ（器用）
冠兒
　　歩Ⅲ56b　{「冠兒」に変更}
冠冕些
　　KⅠ30a　クハン メン スイー：モツタヒノアル⌐
　　（身體）
　　J87　クハン メン スイ：モツタイノアル⌐
管店的
　　KⅢ25b　クワン テン テ：ミセヤクニン（官府）
　　J36　クハン テン テ：ミセヤクニン

管家
　　KⅠ18b　クワン キヤア：ヤクニン（人品）
　　J268　クハン キヤア：ヤクニン（人品）
管庫的
　　KⅠ17a　クワン クウ テ：クラノバン（人品）
　　J263　クハン クウ テ：クラノバン（人品）
管盔甲
　　KⅠ18b　クワン クイ キヤ：兵具奉行（人品）
　　J268　クハン クイ キヤ：兵具奉行（人品）
管牢的
　　KⅠ22b　クワン ラ○ウ テ：ロウバン（人品）
　　J104　クハン ラ○ウ テ：ロウバン
管牢
　　歩Ⅰ23b　{「管牢」に変更}
管馬
　　KⅠ19a　クワン マアヽ：ムマカタ（人品）
　　J269　クハン マアヽ：ムマカタ（人品）
管廟的
　　KⅠ16b　クワン ミヤ○ウ テ：ザス（人品）
　　J262　クハン ミヤ○ウ テ：ザス（人品）
管器械
　　KⅠ18b　クワン キイ キヤイ：兵具奉行（人品）
　　J268　クハン キイ キヤイ：兵具奉行（人品）
管神道
　　KⅠ17a　クワン ジン タ○ウ：ミヤモリ（人品）
　　J263　クハン ジン タ○ウ：ミヤモリ（人品）
管寺廟
　　KⅠ18b　クワン ズウ ミヤ○ウ：ジンヤブギヤウ
　　（人品）
　　J268　クハン ズウ ミヤ○ウ：ヂンヤブギヤウ（人品）
管天下
　　KⅢ25b　クワン テエン ヒヤア：テンカヲサバク
　　（官府）
　　J11　クハン テエン ヤア：テンカヲサバク
管一管
　　KⅡ23b　クワン イ クワン：アツカレ（通用）
　　J24　クハン イ クハン：アツカレ
管張的
　　KⅡ28a　クワン チヤン テ：カマウ（干求）
　　J97　クハン チヤン テ：カマウ
貫膿了
　　KⅣ33b　クワン ノン リヤ○：カサノウミタル⌐
　　（疾病）
　　J346　クハン ノン リヤ○：ウミモツタ（感動）
藋菌

【GUAN～GUI】

　　ＫⅤ 4a　クワン　キン：シメヂ（菜蔬）
　　Ｊ387　クハン　ギン：シメヂ（菜蔬）
鸛鳥
　　ＫⅤ 23b　クワン　ニヤ○ウ：コウノトリ（禽類）
　　Ｊ420　クハン　ニヤ○ウ：コウノトリ（飛禽）
沸醋
　　ＫⅤ 9a　クワン　ツウ：スヲサス（飯肉）
　　Ｊ447　チヨン　ツウ：スヲサス┐（飲食）
沸酒
　　ＫⅤ 9a　クワン　ツイ○ウ：サケヲサス（飯肉）
　　Ｊ447　チヨン　チウ：サケヲサス┐（飲食）

GUANG

光葫蘆
　　ＫⅠ 28b　クワン　ウー　ルウ：ハゲアタマ（身體）
　　Ｊ264　クハン　ウ丶　ルウ：ハゲアタマ（人品）
光臉兒
　　ＫⅠ 29b　クワン　レン　ルウ：面目ガアル○髭ノナイモノ（身體）
　　Ｊ85　クハン　レン　ル丶：メンボクカアル又ヒゲナイモノ
光亮
　　ＫⅠ 1b　クワン　リヤン：アカル（天文）
　　Ｊ244　クハン　リヤン：アカル（天文）
光亮的
　　ＫⅣ 53b　クワン　リヤン　テ：ヒカリカアル（居室）
　　Ｊ205　クハン　リヤン　テ：ヒカル
光頭
　　ＫⅠ 28b　クワン　デ○ウ　テ：ボウズ（身體）
　　Ｊ263　クハン　デ○ウ　テ：ボウズ（人品）
廣交的
　　ＫⅡ 10b　クワン　キヤ○ウ　テ：マシハリカヒロイ（賓友）
　　Ｊ78　クハン　キヤ○ウ　テ：マジハリガヒロイ

GUI

歸依他
　　ＫⅡ 27a　クイ　イ丶　タアー：カレニキエスル（干求）
　　Ｊ94　クイ　イ丶　タア：カレニキエスル
閨房
　　ＫⅣ 48a　クイ　ブワン：{語釈なし}（居室）
　　Ｊ369　クイ　ワン：子ヤ（家居）
閨閣
　　ＫⅢ 19b　クイ　コ：イマダ嫁セサルムスメ（婚姻）
　　Ｊ366　クイ　コ：イマダカセザルムスメ（婚姻）

閨女
　　ＫⅠ 35b　クイ　ニイ：ムスメノ┐（親族）
　　Ｊ282　クイ　ニイ：處女（親族）
鮭魚
　　ＫⅤ 15b　クイ　イー：サケ（魚鼈）
　　Ｊ392　ハイ　イ丶：サケ（魚介）
龜鼈
　　ＫⅤ 17b　クイ　ベ：カメ（魚鼈）
亀鼈
　　Ｊ396　クイ　ペ：カメ（魚介）
龜兒
　　ＫⅤ 17b　クイ　ルウ：カメノコ（魚鼈）
亀兒
　　Ｊ396　クイ　ル丶：カメ（魚介）
龜甲
　　ＫⅤ 17b　クイ　キヤ：カメノカウ（魚鼈）
亀甲
　　Ｊ396　クイ　キヤ：カメノカウ（魚介）
鬼豆腐
　　ＫⅤ 9a　クイ　デ○ウ　フウ：コンニヤク（飯肉）
　　Ｊ381　クイ　デ○ウ　フウ：コンニヤク（菜蔬）
鬼夫婦
　　ＫⅠ 36a　クイ　フウ　フウ：ソロハヌフウフ（親族）
　　Ｊ283　クイ　フウ丶：ソロハヌフウフ（親族）
鬼話胡
　　ＫⅡ 14b　クイ　ワアー　ウー：エシレヌハナシ（通用）
　　Ｊ126　クイ　ワア　ウ丶：エシレヌハナシ｛原文で，次の見出し語となる「説什麽話」と語の区切れの誤りで，「鬼話」「胡説……」とすべきもの｝
鬼話頭
　　歩Ⅱ 18b　｛「鬼話頭」に変更｝
鬼面
　　ＫⅢ 41a　クイ　メン：メン（寶貨）
　　Ｊ323　クイ　メン：メン（器用）
鬼拳頭
　　ＫⅤ 17b　クイ　キエン　デ○ウ：サザエ（魚鼈）
　　Ｊ397　クイ　ケン　デ○ウ：サザイ（魚介）
櫃子
　　ＫⅢ 43a　グイ　ツウ：ヒツ（寶貨）
　　Ｊ325　クイ　ツウ：ヒツ（器用）
劊子手
　　ＫⅠ 17a　クイ　ツウ　シウ：ヒトキリヤク（人品）
　　Ｊ263　クハイ　ツウ　シウ：エツタ（人品）
檜樹
　　ＫⅤ 27a　ホイ　ジユイ：ヒノキ（樹竹）

J407 クハイ ジユイ：ヒノキ（樹竹）

貴得緊
ＫⅣ21a クイ テ キン：イカウ高値（財産）
J16 クイ テ キン：イカウ高値

貴庚多少
ＫⅢ15b クイ ゲン トフ シヤ○ウ：オトシハイクッ（慶弔）
J75 クイ ゲン トウ スヤ○ウ：ヲトシハイクツ

貴家
ＫⅣ49a クイ キヤア：キタク（居室）
J371 クイ キヤア：キタク（家居）

貴年呢
ＫⅢ15b クイ 子エン ニイ：オトシハ（慶弔）
J76 クイ 子ン ニイ：ヲトシハ

貴宗呢
ＫⅠ24b クイ ツヲン ニイ：コセンゾハ（人品）
J5 クイ ツヲン ニイ：ゴセンソハ

桂花
ＫⅤ29a クイ ハア：モクサイ（花卉）
J433 クイ ハア：モクセイ（花艸）

桂花心
ＫⅤ31a クイ ハアー スイン：キクノシン（花卉）
J437 クイ ハア スイン：キクノシン（花艸）

桂圓
ＫⅤ33b クイ イエン：リウガン（菓蓏）
J412 クイ エン：リウガンニク（菓）

跪一跪
ＫⅡ24a グイ イ グイ：ヒザマヅク（通用）
J25 クイ イ クイ：ヒザマツケ

跪着的
ＫⅡ3b クイ ヂヤ テ：ヒサマヅク（賓友）
J143 クイ ヂヤ テ：ヒサマツク

鱖魚
ＫⅤ15b ケーイ：サケ（魚鱉）
J392 ケイ、：サケ（魚介）

GUN

衮龍袍
ＫⅤ36a クイン ロン バ○ウ：コンリヤウノウハギ（衣服）
J425 クエン ロン パ○ウ：コンレウノウワギ（衣服）

滾大
ＫⅣ11b クイン ダアー：ヅントフトヒ（数量）
J212 クイン ダア：ヅントフトイ

滾壯的

ＫⅠ30b クイン チヨワン テ：コエフトル（身體）
J114 クイン チハン テ：コエフトル

棍子
ＫⅢ34b クイン ツウ：ボウ（寶貨）
J310 クエン ツウ：ボウ（器用）

GUO

鍋盖
ＫⅢ36b コウ カイ：ナベノフタ（寶貨）
J314 コウ カイ：ナベノフタ（器用）

鍋盖魚
ＫⅤ15b コウ カイ イー：エヒ（魚鱉）
J393 コウ カイ イ、：エイノウヲ（魚介）

鍋煤
ＫⅢ36b コウ ホイ：ナベノスミ（寶貨）{煤字は音誤り}
J314 コウ マイ イ、：ナベノクロ（器用）

鍋子
ＫⅢ36b コウ ツウ：ナベ（寶貨）
J314 コウ ツウ：ナベ（器用）

嘓嘓口
ＫⅢ5a クヲ、 ゲ○ウ：クチヲソク（筵宴）

嘓ヶ口
J163 コ、 ゲ○ウ：クチヲソク

國戚
ＫⅠ18a クヲ チ：キサキノシンルイ（人品）
J267 クヲ チ：キサキノシンルイ（人品）

國師
ＫⅠ18b クヲ スウ：コクシ（人品）
J267 クヲ スウ：コクシ（人品）

國字殻
ＫⅢ52a クヲ ヅウ コ：クニカマヘ（讀書）
J33 クヲ ヅウ コ：クニガマエ

果下馬
ＫⅤ43a コウ ヒヤア マアー：トサゴマノ類（馬鞍）
J417 コウ ヒヤア マア：トサコマ小馬ノ⎡（馬具）

菓子酒
ＫⅢ4a コフ ツウ ツイ○ウ：クワシサケ（筵宴）
J158 カウ ツウ チウ：クハシサケ

菓子藥
ＫⅣ37b コヲ ツウ ヨ：クワシクスリ（醫療）
J350 コウ ツウ ヨ：クワシクスリ（療養）

過舩
ＫⅣ41a コヲ、 ヂエン：フ子ニノリウツル（舩件）
J353 コウ ヂエン：カヨイフ子（舩件）

過舩来
　Ｋ Ⅳ 46b　コウ ヂエン ライ：ビンセンシテキタ
　　（舩件）

過舩來
　Ｊ191　コウ ヂエン ライ：便舩シテ来

過得快
　Ｋ Ⅰ 7b　コフ テ クワイ：ハヤクスクル（天文）
　Ｊ184　コウ テ クハイ：ハヤクスグル

過飯請請
　Ｋ Ⅲ 6b　コヲ、ワン ツイン ツイン：メシノサイ
　　マヒレ（筵宴）

過飯請々
　Ｊ166　コウ ハン ツイン 、：メシノサイマイレ

請過飯
　歩 Ⅲ 8b　｛「請過飯」に変更｝

過房兒子
　Ｋ Ⅰ 36a　コヲー ワン ルウ ツウ：養子（親族）
　Ｊ283　コウ ワン ル、ツウ：養子（親族）

過河
　Ｋ Ⅰ 13a　コヲー ホフ：カハヲワタル（地理）
　Ｊ189　コウ ホウ：カワヲワタル

過河水
　歩 Ⅰ 18b　｛「過河水」に変更｝

過了瘡
　Ｋ Ⅳ 31b　コヲ、リヤ○ウ ツアン：カサウツル⎡
　　（疾病）
　Ｊ342　コウ リヤ○ウ ツアン：カサウツル⎡（感動）

過路的
　Ｋ Ⅰ 23b　コヲ、ルウ テ：ミチユク人（人品）
　Ｊ141　コウ ルウ テ：ミチユク人

過門
　Ｋ Ⅲ 19b　コヲ、メン：女夫ニユク⎡（婚姻）
　Ｊ365　コウ メン：女夫ニユク⎡（婚姻）

過世了
　Ｋ Ⅲ 15a　コヲ、スウ リヤ○ウ ツアン：スキラレ
　　タ（慶弔）
　Ｊ49　コウ スウ リヤ○ウ ツアン：スギラレタ

HA

蝦蟆
　Ｋ Ⅴ 19b　ヒヤア マアー：ヒキガエル（蟲類）
　Ｊ400　ヒヤア マア：ヒキカイル（虫）

HAI

還不妙
　Ｋ Ⅱ 17b　ワン ポ ミヤ○ウ：マダヨクナヒ（通用）
　Ｊ135　ワン プ ミヤ○ウ：マタヨクナイ

還不醒
　Ｋ Ⅲ 3a　ワン ホ スイン：マタサメヌ（筵宴）
　Ｊ156　ワン プ スイン：マダサメヌ

還不止
　Ｋ Ⅱ 18a　ワン ポ ツウ：マダヤマヌ（通用）
　Ｊ67　ワン ポ ツウ：マダスマヌ

還好救
　Ｋ Ⅱ 29a　ワン ハ○ウ キウ：マタスクワルル（患難）
　Ｊ106　ワン ハ○ウ ギウ：マダスクワル、
　歩　｛削除｝

還好些
　Ｋ Ⅱ 17a　ワン ハ○ウ スイー：マタヨヒ（通用）
　Ｊ134　ワン ハ○ウ スイ：マダヨイ

還後生
　Ｋ Ⅲ 15a　ワン ヘ○ン スエン：マタワカヒ｛後字，
　　音誤り｝（慶弔）
　Ｊ75　ワン ヘ○ウ エン：マダワカイ

還記的
　Ｋ Ⅲ 47b　ワン キイ テ：マタオボエテオル（讀書）
　Ｊ127　ワン キイ テ：マタヲボエタ

還少唎
　Ｋ Ⅳ 10b　ワン シヤ○ウ リイ：マダスクナヒ（數量）
　Ｊ171　ワン スヤ○ウ リイ：マダスクナイ

還是
　Ｋ Ⅱ 19b　ワン ズウ：マタ（通用）
　Ｊ71　ワン ズウ：マタ

還未見
　Ｋ Ⅱ 1b　ワン ウイ、ケン：マダアハヌ（賓友）
　Ｊ138　ワン ウイ ケン：マダアワヌ

還未開
　Ｋ Ⅳ 47b　ワン ウイー カイ：マタ出舩セヌ（舩件）
　Ｊ192　ワン ウイ カイ：マダ出舩ナイ

還未肯
　Ｋ Ⅱ 27b　ワン ウイ、ゲン：マダウケ合ヌ（干求）
　Ｊ97　ワン ウイ ゲン：マダウケ合ヌ

還未唎
　Ｋ Ⅱ 18b　ワン ウイー リイ：イマダ（通用）
　Ｊ68　ワン ウイ リイ：イマダ

還未説
　Ｋ Ⅱ 15b　ワン ウイ セ：マダイヒマセヌ（通用）
　Ｊ129　ワン ウイ セ：マダイ、マセヌ

還未退
　Ｋ Ⅱ 11b　ワン ウイー トイ：マダノカヌ（賓友）

J218 ワン ウイ トイ：マダノカヌ

還未醒
　ＫⅢ3a ワン ウイー スイン：マタサメヌ（筵宴）
　J156 ワン ウイ スイン：マダサメヌ

還要抄
　ＫⅢ45b ワン ヤ○ウ ツア○ウ：マダウツサ子バナラヌ（讀書）
　J122 ワン ヤ○ウ ツヤ○ウ：マタカケ

還要選
　ＫⅢ48b ワン ヤ○ウ スエン：マダエラベ（讀書）
　J80 ワン ヤ○ウ セン：マタエラベ

還要做
　ＫⅣ1b ワン ヤ○ウ ツヲー：マタツクラ子ハナラヌ（製作）
　J134 ワン ヤ○ウ ツヲ、：マタセヨ

還有箇半張把
　ＫⅢ47a ワン イウ コ ポワン チヤン パア、：マダハンマヒバカリアル（讀書）
　J124 ワン イウ コ パン チヤン パア：マダハンマイアル

還在的
　ＫⅡ2b ワン ツアイ テ：マダ井ル（賓友）
　J140 ワン ヅアイ テ：マダイル

孩兒氣
　ＫⅢ15b ハイ ルウ キイ：初心ナ（慶弔）
　J75 ハイ ル、キイ：初心ナ

海邊
　ＫⅠ10b ハイ ペエン：カイヘン（地理）
　J254 ハイ ペン：カイヘン（天文）

海苔菜
　ＫⅤ1b ハイ ベ ツアイ：ワカメ（菜蔬）
　J381 ハイ ベ ツアイ：ワカメ（菜蔬）

海帶
　ＫⅤ3b ハイ タイ：コンフ（菜蔬）
　J386 ハイ タイ：コンブ（菜蔬）

海帶根
　ＫⅤ3b ハイ タイ ゲン：ワカメカブ（菜蔬）
　J387 ハイ タイ ゲン：メカブ（菜蔬）

海膽
　ＫⅤ17a ハイ タン：ウニ（魚鼈）
　J395 ハイ タン：ウニ（魚介）

海狗
　ＫⅤ22a ハイ ゲ○ウ：ヲットセイ（畜獸）
　J405 ハイ ゲ○ウ：ヲットセイ（獸）

海涵些
　ＫⅢ24a ハイ ハン スイー：オホヤケニナサレ（官府）
　J10 ハイ ハン スイ：ヲヽヤケニナサレ

海口子
　ＫⅠ11a ハイ ゲ○ウ ツウ：セト（地理）
　J255 ハイ ゲ○ウ ツウ：セト（天文）

海量
　ＫⅢ2b ハイ リヤン：ダヒゼウゴ（筵宴）
　J155 ハイ リヤン：ダイゼウゴ

海龍
　ＫⅤ22a ハイ ロン：ラッコ（畜獸）
　J405 ハイ ロン：ラッコ（獸）

海鰻魚
　ＫⅤ15b ハイ マン イー：ハモ（魚鼈）
　J392 ハイ マン イ、：ハモ（魚介）

海牛
　ＫⅤ16b ハイ ニウ：スヽメウヲ（魚鼈）
　J394 ハイ ニウ：スヽメウヲ（魚介）

海票蛸
　ＫⅤ18a ハイ ビヤ○ウ スヤ○ウ：イカノホ子（魚鼈）
　J398 ハイ ピヤ○ウ シヤ○ウ：イカノホ子（魚介）

海鰍魚
　ＫⅤ15a ハイ ツイ○ウ イー：クヂラ（魚鼈）
　J391 ハイ チウ イ、：クジラ（魚介）

海上
　ＫⅠ10b ハイ ジヤン：ウミ（地理）
　J254 ハイ ジヤン：ウミ（天文）

海參
　ＫⅤ17a ハイ スエン：イリコ（魚鼈）

海參
　J396 ハイ スエン：イリコ（魚介）

海石榴
　ＫⅤ29b ハイ ジ リウ：ケラマ（花卉）
　J434 ハイ ジ リウ：ケラマ（花卉）

海鼠
　ＫⅤ17a ハイ チイ：ナマコ（魚鼈）
　J395 ハイ チユイ：ナマコ（魚介）

海絲
　ＫⅤ3b ハイ スウ：モズク（菜蔬）
　J386 ハイ スウ：モック（菜蔬）

海獺
　ＫⅤ22a ハイ ダ：ウミウソ（畜獸）
　J405 ハイ ダ：ウミウソ（獸）

海苔菜

ＫⅤ 1a　ハイ　タイ　ツアイ：ノリ（菜蔬）
　Ｊ381　ハイ　タイ　ツアイ：ノリ（菜蔬）
海棠花
　ＫⅤ 29a　ハイ　ダン　ハアー：カイドウクハ（花卉）
　Ｊ433　ハイ　ダン　ハア：カイドウクハ（花卉）
海翁魚
　ＫⅤ 15a　ハイ　ウヲン　イー：クヂラ（魚鼈）
　Ｊ391　ハイ　ヲン　イヽ：クジラ（魚介）
海燕
　ＫⅤ 17a　ハイ　エン：タコノマクラ（魚鼈）
　Ｊ395　ハイ　エン：タコノマクラ（魚介）
海羊肉
　ＫⅤ 10a　ハイ　ヤン　ジョ：クジラノアカミ（飯肉）
　Ｊ448　ハイ　ヤン　ジョ：クジラノアカミ（飲食）
海蘊
　ＫⅤ 3b　ハイ　イン：モヅク（菜蔬）
　Ｊ386　ハイ　アエン：モツク（菜蔬）
海蜇
　ＫⅤ 17a　ハイ　チ：クラゲ（魚鼈）
　Ｊ396　ハイ　チエ：クラゲ（魚介）
害了眼
　ＫⅠ 42a　ハイ　リヤ○ウ　エン：メヲソンジタ（動作）
　Ｊ175　ハイ　リヤ○ウ　エン：メヲソンジタ
害人的
　ＫⅢ 24a　ハイ　ジン　テ：人ヲガイシタ（官府）
　Ｊ10　ハイ　ジン　テ：人ヲガイシタ

HAN

蚶子殼
　ＫⅤ 18a　カン　ツウ　コ：シヽガヒノカラ（魚鼈）
　Ｊ397　ハン　ツウ　コ：シヽガイノカラ
寒冷的
　ＫⅠ 7b　ハン　レン　テ：サムイ（天文）
　Ｊ183　ハン　レン　テ：サムイ
寒熱痛
　ＫⅣ 29a　ハン　ゼ　ピン：オコリ（疾病）
　Ｊ340　ハン　ゼ　ビン：オコリ（感動）
寒戰
　ＫⅣ 33a　ハン　チエン：フルフ（疾病）
　Ｊ344　ハン　チエン：フルイツク（感動）
寒淅淅
　ＫⅠ 7b　ハン　ツエヽ：サムイ（天文）
寒淅々
　Ｊ183　ハン　チエヽ：サムイ
罕得有的

　ＫⅣ 20a　ハン　テ　イウ　テ：メツラシキモノ（財産）
　Ｊ231　ハン　テ　イウ　テ：メツラシキモノ
罕得有
　歩Ⅳ 29b　｛「罕得有」に変更｝
撼托
　ＫⅣ 45b　カン　ト：カブリノシタジキ（舩件）
撼托
　Ｊ362　ハン　ト：コウリノシタシキ（舩件）
漢宮秋
　ＫⅤ 30b　ハン　コン　チ○ウ：ハケイトウ（花卉）
　Ｊ436　ハン　コン　チウ：ハケイトウ（花卉）
汗斑
　ＫⅣ 28b　ハン　パン：アセナマヅ（疾病）
　Ｊ336　ハン　パン：アセナマツ（感動）
汗不出
　ＫⅣ 35a　ハン　ホ　チユ：アセハテヌ（疾病）
　Ｊ41　ハン　プ　チユ：アセハデヌ
汗出来
　ＫⅣ 35a　ハン　チユ　ライ：アセカイツル（疾病）
汗出來
　Ｊ42　ハン　チユ　ライ：アセガデタ
汗染了
　ＫⅣ 35a　ハン　ジエン　リヤ○ウ：アセニヒタツタ（疾病）
　Ｊ41　ハン　ゼン　リヤ○ウ：アセニヒタツタ
汗證
　ＫⅣ 32b　ハン　チン：カンシヤウ（疾病）
　Ｊ343　ハン　チン：カンシヤウ（感動）
撼面
　ＫⅣ 45a　カン　メエン：カメノカウ（舩件）｛撼字は音誤り｝
　Ｊ361　ハン　メン：カメノカウ（舩件）

HANG

行家
　ＫⅣ 51b　ハン　キヤア：ニモツドヒヤ（居室）
　Ｊ376　ハン　キヤア：ニモツトイヤ（家居）
杭阿呆
　ＫⅠ 22a　ハン　アー　タイ：バカモノ（人品）
　Ｊ99　ハン　アヽ　ガイ：バカモノ

HAO

蒿菜
　ＫⅤ 1a　カ○ウ　ツアイ：シユンキク（菜蔬）
　Ｊ382　ハ○ウ　ツアイ：シユンキク（菜蔬）

蒿雀
 ＫⅤ25a カ○ウ ツヤ：シトヽ（禽類）
 J423 ハ○ウ ヂヤ：シトヽ（飛禽）

號一號
 ＫⅡ23a ア○ウ イ ア○ウ：サケブ（通用）
 J23 ハ○ウ イ ハ○ウ：サケブ

貉子
 ＫⅤ21b ウヲ ツウ：ムジナ（畜獣）
 J404 メツウ：ムジナ（獣）

豪傑漢
 ＫⅠ24a ア○ウ キ ハン：スクレタヲトコ（人品）
 J9 ハ○ウ ケ ハン：スクレタヲトコ

好不多
 ＫⅣ10a ハ○ウ ポ トフ：イコウオホクナヒ（數量）{語釈誤り}
 J170 ハ○ウ プ トフ：イコフヲ、イ

好不好
 ＫⅡ17a ハ○ウ ポ ハ○ウ：ヨヒカヨクナヒカ（通用）
 J134 ハ○ウ プ ハ○ウ：ヨイカヨクナイカ

好不苦
 ＫⅡ29a ハ○ウ ポ クウ：イカフナンキナ（患難）
 J81 ハ○ウ プ クウ：イカフナンギナ

好菜蔬
 ＫⅤ12a ハ○ウ ツアイ スウ：ヨキヤサイ（飯肉）
 J236 ハ○ウ ツアイ ツウ：ヨキヤサイ

好吃的
 ＫⅢ7a ハ○ウ チ テ：ヨキクヒモノ（筵宴）
 J167 ハ○ウ チ テ：ヨキクイモノ

好出去
 ＫⅡ5b ハ○ウ チユ キユイ：ヨキデジブン（賓友）
 J147 ハ○ウ チユ キユイ：ヨキデジブン

好大的
 ＫⅣ11b ハ○ウ ダアー テ：ヅンドフトヒ（數量）
 J212 ハ○ウ ダアー テ：ヅンドフトイ

好大風
 ＫⅠ6b ハ○ウ ダアー フヲン：イコフヲ、カゼ（天文）
 J182 ハ○ウ ダア ホン：イコウヲ、カゼ

好大旱
 ＫⅠ9b ハ○ウ ダアー ハン：オホヒデリ（天文）
 J253 ハ○ウ ダア ハン：ヲ、ヒデリ（天文）

好大冷
 ＫⅠ6a ハ○ウ タアー レン：イカフサムヒ（天文）
 J181 ハ○ウ ダア レン：イカフサムイ

好大栗
 ＫⅤ11b ハ○ウ ダアー リ：イコフヲ、グリ（飯肉）
 J235 ハ○ウ ダア リ：イコウヲ、クリ

好大熱
 ＫⅠ6a ハ○ウ ダアー ジエ：イカフアツヒ（天文）
 J181 ハ○ウ ダア ゼ：イカフアツイ

好大雪
 ＫⅠ6b ハ○ウ タアー スエ：イコフオホユキ（天文）
 J181 ハ○ウ ダア スエ：イコウヲ、ユキ

好大雨
 ＫⅠ6b ハ○ウ タアー イー：イカフヲ、アメ（天文）
 J181 ハ○ウ ダア イ、：イコウヲ、アメ

好大醉
 ＫⅢ2b ハ○ウ ダアー ツ○イ：ダイブンヨウタ（筵宴）

好大酔
 J156 ハ○ウ ダア ツイ：ダイブヨウタ

好獸阿
 ＫⅠ37a ハ○ウ タイ ア：イカフバカナ（性情）
 J101 ハ○ウ ガイ ア：イカウバカナ

好到好
 ＫⅡ17b ハ○ウ タ○ウ ハ○ウ：ヨヒ「ハカエツテヨヒ（通用）
 J136 ハ○ウ タウ ハ○ウ：ヨイコトハヨケレ𛀁

好倒好
 歩Ⅱ23b {「好倒好」に変更}

好得緊
 ＫⅡ17a ハ○ウ テ キン：シゴクヨヒ（通用）
 J134 ハ○ウ テ キン：イカフヨイ

好弟兄
 ＫⅠ24b ハ○ウ デイ ヒヨン：ヨキケウダイ（人品）
 J4 ハ○ウ デイ ヒヨン：ヨキケウダイ

好東西
 ＫⅡ18a ハ○ウ トン スイー：ヨイモノ（通用）
 J136 ハ○ウ トン スイ：ヨイモノ

好對的
 ＫⅡ10a ハ○ウ トイ テ：ヨキアヒテ（賓友）
 J78 ハ○ウ トイ テ：ヨキアイテ

好法則
 ＫⅢ23b ハ○ウ ハ ツエ：ハツトカヨヒ（官府）
 J10 ハ○ウ ハ ツエ：ヨキシヨサ

好福相
 ＫⅢ13b ハ○ウ ホ スヤン：ヨキフクソウ（慶弔）
 J84 ハ○ウ ホ スヤン：ヨキフクソウ

好個花

【HAO】

好
 K V 35b ハ○ウ コ ハアー：ヨキハナ（種藝）
 J208 ハ○ウ コ ハア：ヨキハナ

好官司
 K Ⅲ 25a ハ○ウ クワン スウ：ヨキヤクニン（官府）
 J36 ハ○ウ クハン スウ：ヨキヤクニン

好光景
 K Ⅱ 37a ハ○ウ クワン キン：ヨイケシキ○ヨキヨウス（遊眺）
 J6 ハ○ウ クハン キン：ヨキヨウス
 歩 ｛削除｝

好滾湯
 K Ⅲ 5a ハ○ウ クイン タン：イカフアツユ（筵宴）
 J162 ハ○ウ クイン タン：イコウアツイユ

好菓子
 K V 11b ハ○ウ コヲー ツウ：ヨキクタモノ（飯肉）
 J235 ハ○ウ コウ ツウ：ヨキクタモノ

好過茶
 K V 10a ハ○ウ コウ ツアー：ヨキチヤウケ（飯肉）
 J448 ハ○ウ コウ ヅアヽ：ヨキチヤウケ（飲食）

好過飯
 K V 10a ハ○ウ コウ ワン：ヨキメシノサイ（飯肉）
 J448 ハ○ウ コウ ワン：ヨキメシノサイ（飲食）

好過酒
 K V 10a ハ○ウ コウ ツイ○ウ：ヨキサケノサカナ（飯肉）
 J448 ハ○ウ コウ チウ：ヨキサカナ（飲食）

好過来
 K Ⅱ 4a ハ○ウ コー ライ：ヨウコラレタ（賓友）

好過來
 J144 ハ○ウ コウ ライ：ヨウコラレタ

好漢子
 K Ⅰ 24a ハ○ウ ハン ツウ：ヨヒキリヤウノヲトコ（人品）
 J8 ハ○ウ ハン ツウ：ヨイキレウノヲトコ

好好好
 K Ⅱ 17b ハ○ウ ヽ ヽ：ヨシ 〜（通用）

好ヽヽ
 J136 ハ○ウ ヽ ヽ：ヨシ 〜

好狼烟
 K Ⅲ 4a ハ○ウ ヘン エン：ツントキツヒタハコ（筵宴）
 J158 ハ○ウ ヘン エン：ヅンドキツイタバコ

好話頭
 K Ⅱ 15a ハ○ウ ワアー デウ：ヨヒハナシ（通用）
 J128 ハ○ウ ワア デウ：ヨウハナシダス

好幾等
 K Ⅳ 15a ハ○ウ キイ テン：チヤフドイクシナ（數量）
 J29 ハ○ウ キイ テン：テウドイクシナ

好幾個
 K Ⅳ 14b ハ○ウ キイ コ：ヨシイクツアル（數量）
 J28 ハ○ウ キイ コ：テウドイクツアル

好幾件
 K Ⅳ 14b ハ○ウ キイ ゲン：ヨホトノイロカス（數量）
 J28 ハ○ウ キイ ゲン：ヨホドノイロカズ

好幾項
 K Ⅳ 13a ハ○ウ キイ ハン：テウドイクイロ（數量）
 J30 ハ○ウ キイ ゲン：テウドイクイロ

好嫁你
 K Ⅲ 20a ハ○ウ キヤア ニイ：ソチニヨヒエンクミ（婚姻）
 J4 ハ○ウ キヤア ニイ：ソチニヨイエングミ

好薦人
 K Ⅱ 27b ハ○ウ ツエン ジン：ヨクヒトヲススムル（干求）
 J94 ハ○ウ セン ジン：ヨクヒトヲスヽムル

好解的
 K Ⅱ 21a ハ○ウ キヤイ テ：ヨクトク（通用）
 J8 ハ○ウ キヤイ テ：ヨクトク

好進場
 K Ⅰ 13b ハ○ウ ツイン ヂヤン：ヨキバシヨ（地理）
 J8 ハ○ウ チン ヂヤン：ヨキバシヨ

好進去
 K Ⅱ 5b ハ○ウ ツイン キユイ：ヨキハ井リジブン（賓友）
 J147 ハ○ウ チン キユイ：ヨキヒキジブン

好京酒燙一燙拿来吃
 K Ⅲ 2b ハ○ウ キン ツイ○ウ ダン イ ダン ナアー ライ チ：ヨキカミサケヲカンシテモチテキテノメ（筵宴）
 J155 ハ○ウ キン チウ ダン イ ダン ナア ライ チ：ヨキカミサケヲカンシテモテキテノメ

好景致
 K Ⅰ 13a ハ○ウ キン ツウ：ヨキケイキ（地理）
 J188 ハ○ウ キン ツウ：ヨキケイキ

好快拳
 K Ⅱ 32b ハ○ウ クワイ ギエン：ヨヒケン（德藝）
 J111 ハ○ウ クハイ ケン：ヨイケン

好款式

ＫⅣ 53a　ハ○ウ　クワン　シ：ヨキカクシキ（居室）
　Ｊ195　ハ○ウ　クハン　シ：ヨキスマイ

好冷的
　ＫⅢ 5a　ハ○ウ　レン　テ：イカフヒヘタ（筵宴）
　Ｊ164　ハ○ウ　レン　テ：イカフヒエタ

好理會
　ＫⅢ 47a　ハ○ウ　リイ　ホイ：ヨクガテンシタ（讀書）
　Ｊ126　ハ○ウ　リイ　ホイ：ヨクガテンシタ

好理張
　ＫⅣ 20b　ハ○ウ　リイ　チヤン：ヨクトリハカロウタ（財産）
　Ｊ12　ハ○ウ　リイ　チヤン：ヨクトリハカラフタ

好臉皮
　ＫⅠ 30a　ハ○ウ　レン　ビイ：ヨキツラデ（身體）
　Ｊ86　ハ○ウ　レン　ビイ：ヨキツラデ

好量
　ＫⅢ 2a　ハ○ウ　リヤン：ヨキリヤウ（筵宴）
　Ｊ155　ハ○ウ　リヤン：ヨキシユレウ

好了些
　ＫⅡ 17a　ハ○ウ　リヤ○ウ　スイー：スコシヨヒ（通用）
　Ｊ134　ハ○ウ　リヤ○ウ　スイ：ヨイ

好美菜
　ＫⅤ 11b　ハ○ウ　ムイ　ツアイ：ヨキヤサイ（飯肉）
　Ｊ235　ハ○ウ　ムイ　ツアイ：ヨキヤサイ

好惱怒
　ＫⅠ 38a　ハ○ウ　ナ○ウ　ヌウ：キツウハラタツタ（性情）
　Ｊ88　ハ○ウ　ナ○ウ　ヌウ：キツウハラダツタ

好濃茶
　ＫⅢ 1b　ハ○ウ　ノン　ヅアー：イカフコキチヤ（筵宴）
　Ｊ58　ハ○ウ　ノン　ヅアヽ：イコウコキチヤ

好朋友
　ＫⅡ 10a　ハ○ウ　ボン　ユウ：ヨキトモタチ（賓友）
　Ｊ78　ハ○ウ　ボン　ユウ：ヨキトモ

好熱的
　ＫⅢ 5a　ハ○ウ　ジエ　テ：イカフアツヒ（筵宴）
　Ｊ164　ハ○ウ　ゼ　テ：イカウアツヒ

好人品
　ＫⅡ 32a　ハ○ウ　ジン　ピン：ヨキジンピン（徳藝）
　Ｊ74　ハ○ウ　ジン　ピン：ヨキジンヒン

好人呀
　ＫⅡ 32a　ハ○ウ　ジン　ヤアー：ヨヒ人ジヤ（徳藝）
　Ｊ74　ハ○ウ　ジン　ヤア：ヨイヒトジヤ

好瑞夢
　ＫⅠ 43b　ハ○ウ　ヅ○イ　モン：ヨキユメ（動作）
　Ｊ109　ハ○ウ　ツイ　モン：ヨキユメ

好煞野
　ＫⅠ 37b　ハ○ウ　サ　エー：ワカマヽノモノ（性情）
　Ｊ101　ハ○ウ　サ　エヽ：ワガマヽナモノ

好晒的
　ＫⅣ 8b　ハ○ウ　シヤイ　テ：ヨイサラシ日（製作）
　Ｊ223　ハ○ウ　シヤイ　テ：ヨイサラシ日

好山水
　ＫⅠ 13b　ハ○ウ　サン　シユイ：ヨキサンスイ（地理）
　Ｊ190　ハ○ウ　サン　シユイ：ヨキサンスイ

好上手
　ＫⅡ 32b　ハ○ウ　ジヤン　シウ：ヨクテニイル（徳藝）
　Ｊ75　ハ○ウ　ジヤン　シユ：ヨクテニイル

好省的
　ＫⅣ 23a　ハ○ウ　スエン　テ：ハブカルヽ（財産）
　Ｊ48　ハ○ウ　スイン　テ：シマツガヨイ

好是好
　ＫⅡ 17b　ハ○ウ　ズウ　ハ○ウ：ヨヒコトハヨケレトモ（通用）
　Ｊ136　ハ○ウ　ズウ　ハ○ウ：ヨイコトハヨケレモ

好収割
　ＫⅣ 21b　ハ○ウ　シウ　カ：ヨクシユノウスル（財産）
　Ｊ20　ハ○ウ　シウ　カ：ヨクシユナフスル

好受用
　ＫⅢ 14b　ハ○ウ　シウ　ヨン：ヨキ天命（慶弔）
　Ｊ47　ハ○ウ　ジウ　ヨン：ヨキ天命

好似他
　ＫⅡ 17b　ハ○ウ　ズウ　タアー：アレヨリヨヒ（通用）
　Ｊ135　ハ○ウ　ズウ　タア：アレヨリヨイ

好探子
　ＫⅠ 17a　ハ○ウ　タン　ツウ：カクシメツケ（人品）
　Ｊ263　ハ○ウ　タン　ツウ：カクシメツケ（人品）

探子
　歩Ⅰ 24a　｛「探子」に変更｝

好天氣
　ＫⅠ 6a　ハ○ウ　テエン　キイ：ヨキテンキ（天文）
　Ｊ181　ハ○ウ　テン　キイ：ヨキテンキ

好田地
　ＫⅣ 3a　ハ○ウ　デエン　デイ：ヨキバシヨ（製作）
　Ｊ113　ハ○ウ　デン　リイ：ヨキバシヨ

好通了
　ＫⅡ 15a　ハ○ウ　トン　リヤ○ウ：ヨクツウシタ（通用）
　Ｊ128　ハ○ウ　トン　リヤ○ウ：ヨクツウスル

好文章
K Ⅲ 50a ハ○ウ ウエン チヤン：ヨキブンシヤウ（讀書）
J14 ハ○ウ ウエン チヤン：ヨキブンシヤウ

好相與
K Ⅱ 9b ハ○ウ スヤン イ丶：ヨキトモダチ（賓友）
J77 ハ○ウ スヤン イ丶：ヨキトモダチ

好香阿
K Ⅱ 34a ハ○ウ ヒヤン アー：ヨキニホヒ（德藝）
J200 ハ○ウ ヒヤン ア丶：ヨキニヲイ

好笑的
K Ⅰ 43b ハ○ウ スヤ○ウ テ：イヤオカシヒ（動作）
J7 ハ○ウ スヤ○ウ テ：イコウヲカシイ

好烟的
K Ⅲ 4a ハ○ウ エン テ：ヨキタハコ（筵宴）
J158 ハ○ウ エン テ：ヨキタバコ

好顏色
K Ⅰ 32a ハ○ウ エン スエ：ヨキイロ（身體）
J6 ハ○ウ エン スエ：ヨキヨウス

好演路
K Ⅰ 13a ハ○ウ エン ルウ：ナレタミチ（地理）
J189 ハ○ウ エン ルウ：ナレタミチ

好養老
K Ⅰ 24a ハ○ウ ヤン ラ○ウ：ヨクオヒヲヤシナフ（人品）
J37 ハ○ウ ヤン ラ○ウ：ヨクヲイヲヤシナフ

好様式
K Ⅳ 16b ハ○ウ ヤン シ：ヨキテホン（諸物）
J234 ハ○ウ ヤン シ：ヨキテホン

好肴饌
K Ⅲ 3b ハ○ウ ヤ○ウ ヅアン：ヨキサカナ（筵宴）
J157 ハ○ウ ヤ○ウ ヅアン：ヨキサカナ

好一陪
K Ⅱ 2b ハ○ウ イ ポイ：ヨキトリモチ（賓友）
J141 ハ○ウ イ ボイ：ヨキトリモチ

好雨阿
K Ⅰ 6b ハ○ウ イー アー：ヨキアメ（天文）
J181 ハ○ウ イ丶 ア丶：ヨイ雨ジヤ

好圓了
K Ⅳ 12a ハ○ウ イエン リヤ○ウ：ヨクマルメタ（數量）
J213 ハ○ウ エン リヤ○ウ：ヨクマルメタ

好月亮
K Ⅰ 2a ハ○ウ イエン リヤ○ウ：ヨイツキヨ（天文）
J245 ハ○ウ エン リヤ○ウ：ヨイツキヨ（天文）

好造化
K Ⅲ 13a ハ○ウ ツア○ウ ハアー：ヨヒシヤワセ（慶弔）
J82 ハ○ウ ヅア○ウ ハア：ヨイシヤワセ

好周旋
K Ⅳ 20b ハ○ウ チウ ツエン：ヨクトリナシヲスル（財産）
J12 ハ○ウ チウ チエン：ヨクトリシマイ

好自高
K Ⅱ 30b ハ○ウ ヅウ カ○ウ：イコフジマンスル（疎慢）
J8 ハ○ウ ヅウ カ○ウ：イコウジマンスル

好做的
K Ⅳ 1a ハ○ウ ツヲー テ：ヨクツクル（製作）
J132 ハ○ウ ツヲ丶 テ：ヨキシヨウ

號帶
K Ⅳ 44b ア○ウ タイ：フキナカシ（舩件）

號帯
J359 ハ○ウ タイ：フキナカシ（舩件）

號甚麼
K Ⅱ 12b ア○ウ シ モウ：ゴウハナニ（賓友）

號甚庅
J4 ハ○ウ シ モウ：ゴウハナニ

好茶的
K Ⅲ 1a ハ○ウ ツアー テ：チヤスキ（筵宴）
J57 ハ○ウ ヅア丶 テ：チヤスキ

好吃茶
K Ⅲ 1a ハ○ウ チ ヅアー：チヤスキ（筵宴）
J57 ハ○ウ チ ▩（判読不能）：チヤスキ

好吃葷
K Ⅲ 8a ハ○ウ チ ホン：ギヨニクスキ（筵宴）
J169 ハ○ウ チ ホン：ギヨニクスキ

好吃酒
K Ⅲ 2a ハ○ウ チ ツイ○ウ：サケスキ（筵宴）
J154 ハ○ウ チ チウ：サケスキ

好吃肉
K Ⅲ 6a ハ○ウ チ ジヨ：ニクモノスキ（筵宴）
J165 ハ○ウ チ ジヨ：ニクモノスキ

好吃水
K Ⅲ 5a ハ○ウ チ シユイ：ミツズキ（筵宴）
J162 ハ○ウ チ シユイ：ミヅスキ

好吃湯
K Ⅲ 5a ハ○ウ チ タン：ユスキ（筵宴）
J162 ハ○ウ チ タン：ユスキ

好吃烟

KⅢ4a ハ○ウ　キ　エン：タハコスキ（筵宴）
　　　J158 ハ○ウ　チ　エン：タバコスキ
好吃齋
　　　KⅢ8a ハ○ウ　チ　ヂヤイ：セウシンズキ（筵宴）
　　　J169 ハ○ウ　チ　チヤイ：セウジンスキ
好賭的
　　　KⅠ16a ハ○ウ　ドウ　テ：バクチスキ（人品）
　　　J261 ハ○ウ　ドウ　テ：バクチスキ（人品）
好接客
　　　KⅡ1a ハ○ウ　ツイ　ゲ：カクズキ（賓友）
　　　J138 ハ○ウ　チ　ゲ：キヤクスキ
好看書
　　　KⅢ44b ハ○ウ　カン　シユイ：シヨモツスキ（讀書）
　　　J120 ハ○ウ　カン　シユイ：シヨモツスキ
好困的
　　　KⅠ43a ハ○ウ　クイン　テ：子ムリスキ（動作）
　　　J108 ハ○ウ　クイン　テ：子ムリスキ
好嫖的
　　　KⅠ16a ハ○ウ　ビヤ○ウ　テ：ケイセイスキ（人品）
　　　J261 ハ○ウ　ビヤ○ウ　テ：ケイセイスキ（人品）
好殺人
　　　KⅢ24a ハ○ウ　サ　ジン：人コロシ（官府）
　　　J11 ハ○ウ　サ　ジン：人コロシ
好生事
　　　KⅠ37a ハ○ウ　スエン　ズウ：モノスキ（性情）
　　　J100 ハ○ウ　スエン　ズウ：コトスキ
好睡的
　　　KⅠ43a ハ○ウ　ジユイ　テ：子ムリスキ（動作）
　　　J109 ハ○ウ　ジユイ　テ：子ムリスキ

　　　　　　　　　HE

禾木程
　　　KⅢ49b ホウ　モ　デン：ノキヘンノ程ノ字（讀書）
　　　J6 ホウ　モ　デン：ノキヘンノ程ノ字
禾木傍
　　　KⅢ52a ホウ　モ　バン：ノギヘン（讀書）
　　　J33 ホウ　モ　パン：ノギヘン
和睦
　　　KⅣ24b ホウ　モ：ワボク（兵法）
　　　J330 ホウ　モ：ワボク（兵法）
和氣的
　　　KⅠ8a ホフ　キイ　テ：テンキノヤハラク⌐（天文）
　　　J185 ホウ　キイ　テ：テンキノヤワラク⌐
和起來
　　　歩Ⅱ14a　{「化起來」から変更}

和尚
　　　KⅠ21b ホヲヽ　ジヤン：ボウス（人品）
　　　J274 ホウ　ジヤン：ボウス（人品）
合房
　　　KⅢ19b カ　ワン：夫婦ヒトツヘヤニナル（婚姻）
　　　J366 ハ　ワン：夫婦ヒトツヘヤニナル（婚姻）
合界
　　　KⅠ10a カ　キヤイ：サカヒ（地理）
　　　J253 ハ　キヤイ：サカイ（天文）
合攏来
　　　KⅡ9a カ　ロン　ライ：アツメル（賓友）
合攏來
　　　J61 ホ　ロン　ライ：ヒトツニアツムル
盒兒
　　　KⅢ29b ホ　ルウ：ワゲモノ（寶貨）
　　　J300 ホ　ルヽ：ワゲモノ（器用）
盒兒店
　　　KⅣ51a ホ　ルウ　テエン：マケモノミセ（居室）
盒兒店
　　　J375 ホ　ルヽ　テン：マゲモノミセ（家居）
何必得来
　　　KⅡ8a ホフ　ピ　テ　ライ：クルニヲヨバヌ（賓友）
何必得來
　　　J153 ホウ　ピ　テ　ライ：クルヌヲヨバヌ
何必來
　　　歩Ⅱ11a　{「何必來」に変更}
何曽見
　　　KⅡ1b ホヲヽ　ヅエン　ケン：マダアハヌ（賓友）
何曾見
　　　J138 ホウ　ヅエン　ケン：マダアワヌ
何苦得
　　　KⅡ29a ホフ　クウ　テ：ナンゾクルシマン（患難）
　　　J82 ホウ　クウ　テ：ナンゾクルシマン
何消得来
　　　KⅡ8a ホウ　スヤ○ウ　テ　ライ：クルニヲヨバヌ（賓友）
何消得來
　　　J153 ホウ　シヤ○ウ　テ　ライ：クルニヲヨバヌ
何消來
　　　歩Ⅱ11a　{「何消來」に変更}
何消説
　　　KⅡ15a ホフ　スヤ○ウ　セ：イフニヲヨバヌ（通用）
　　　J128 ホウ　スヤ○ウ　セ：イフニヲヨバヌ
何晏也

【HAO〜HEI】

ＫⅣ12b ホヲー アン エー：ナゼオソヒカ（數量）
Ｊ238 ホウ エン エ丶：ナゼヲソイカ

河舩
ＫⅣ40b ホウ ヂエン：カワフ子（舩件）
Ｊ353 ホウ ヂエン：カワフ子（舩件）

河鰻
ＫⅤ16b ホウ マン：ウナギ（魚鼈）
Ｊ394 ホウ マン：ウナギ（魚介）

河水出
歩Ⅱ49a ｛増補｝

河魨
ＫⅤ16b ホウ ドイン：フク（魚鼈）
Ｊ394 ホウ ドヲン：フグ（魚介）

河下
ＫⅠ11a ホヲー ヒヤア：カハシモ（地理）
Ｊ255 ホウ ヒヤア：ミナト（天文）

荷包
ＫⅢ38a ホウ パ〇ウ：キンチヤク（寶貨）
Ｊ317 ホウ パ〇ウ：ハナカミ袋（器用）

荷花
ＫⅤ30a ホウ ハアー：ハス（花卉）
Ｊ435 ホウ ハア：ハス（花卉）

荷花池
ＫⅠ13a ホフ ハアー スウ：ハスイケ（地理）
Ｊ189 ホウ ハア ヅウ：ハスイケ

核兒
ＫⅤ34a ウヲ ルウ：タ子（菓蓏）
Ｊ413 ヲ ル丶：タ子（菓）

核桃
ＫⅤ33b ウヲ ダ〇ウ：クルミ（菓蓏）
Ｊ412 ヲ ダ〇ウ：クルミ（菓）

褐子
ＫⅤ37b カ ツウ：ハス（衣服）
Ｊ428 エ ツウ：トロメン（衣服）

賀偶
ＫⅢ32a ホウ ケ：イワイノゲ（寶貨）
Ｊ305 ホウ ケ：イワイノゲ（器用）

賀你賀
ＫⅢ14a ホフ ニイ ホフ：ソナタヲイワヒマス（慶弔）
Ｊ83 ホウ ニイ ホウ：イワイマス

賀喜你
歩Ⅲ18a ｛「賀喜你」に変更｝

鶴兒
ＫⅤ23a ホ ルウ：ツルノコ（禽類）

鶴兒
Ｊ419 ホル丶：ツル（飛禽）

鶴兒舞
ＫⅤ26a ホ ルウ ウー：ツルガマウ（禽類）
Ｊ36 ホル丶 ウ：ツルガマウ

鶴膝風
ＫⅣ32b ホ スイ ホン：クワクシツフウ（疾病）
Ｊ344 クヲ シ ホン：クハクシツフウ（感動）｛鶴字は音誤り｝

HEI

黒鬼
ＫⅠ17b ヘ クイ：クロボフ（人品）
Ｊ265 ヘ グイ：クロボウ（人品）

黒蘿葡
ＫⅤ2b ヘ ロウ ブウ：ゴボウ（菜蔬）
Ｊ384 ヘ ロウ プウ：ゴボウ（菜蔬）

黒漆的
ＫⅣ3a ヘ ツイ テ：クロヌリ（製作）
Ｊ202 ヘ ヂ テ：クロヌリ

黒色的
ＫⅤ39a ヘ スエ テ：クロ（衣服）
Ｊ431 ヘ スエ テ：クロ（衣服）

黒糖
ＫⅤ8b ヘ ダン：クロザトウ（飯肉）
Ｊ446 ヘ ダン：クロサトウ（飲食）

黒魆魆
ＫⅣ53b ヘ エ丶：クラヒ（居室）

黒魆〃
Ｊ206 ヘ エ丶：クライ

黒夜
ＫⅠ2a ヘ エー：ヤミヨ（天文）
Ｊ245 ヘ エ丶：ヤミヨ（天文）

黒纓
ＫⅢ40b ヘ イン：コグマ（寶貨）
Ｊ322 ヘ イン：コグマ（器用）

黒早
ＫⅠ1b ヘ ツア〇ウ：アケガタ（天文）
Ｊ243 ヘ ツア〇ウ：マダアケヌウチ（天文）

黒脂麻
ＫⅤ4b ヘ ツウ マアー：クロゴマ（菜蔬）
Ｊ388 ヘ ツウ マア：クロゴマ（菜蔬）

黒痣
ＫⅣ28b ヘ ツウ：ホクロ（疾病）
Ｊ336 ヘ ツウ：ホクロ（感動）

HEN

狠得緊
　KⅢ 21b ヘン テ キン：キビシヒ（官府）
　J103 ヘ テ キン：キビシイ

狠好
　KⅡ 18a ヘン ハ○ウ：イカフヨヒ（通用）
　J136 ヘン ハ○ウ：イカフヨイ

狠日頭
　KⅠ 5b ヘン ジ デ○ウ：キツイ日○夏ノ日（天文）
　J251 ヘン ジ デ○ウ：キツイ日 夏ノ日トモ（天文）

狠燒酒
　KⅤ 10b ヘン シヤ○ウ ツイ○ウ：キツイシヤウチウ（飯肉）
　J449 ヘン シヤ○ウ チウ：キツイシヤウチウ（飲食）

狠燒酒只管吃
　KⅢ 2b ヘン シヤ○ウ ツイ○ウ ツエ クワン チ：キツセウチウヲヒタスラニノム（筵宴）

狠燒酒只管吃
　J155 ヘン シヤ○ウ チウ チエ クハン チ：キツセウチウヲヒタスラニノム

狠頭腔
　KⅡ 33b ヘン デ○ウ キヤン：ツヨヒフシ（德藝）
　J13 ヘン デ○ウ キヤン：ツヨイフウギ

狠烟
　KⅢ 28b ヘン エン：キツタバコ（寶貨）

狠煙
　J298 ヘン エン：キツタバコ（器用）

恨不得
　KⅡ 18a ヘン ポ テ：ドフシテモ（通用）

狠不得
　J67 ヘン プ テ：ドウシテモ

HENG

桁
　KⅣ 50a ハン：ケタ（居室）
　J374 ヘン：ケタ（家居）

橫放的
　KⅣ 18a ウヲン ハン テ：ヨコニオヒタ（諸物）
　J228 ヲン ハン テ：ヨコニヲイタ

橫街上
　KⅠ 13b ウヲン キヤイ ジヤン：ヨコマチ（地理）
　J190 ヲン キヤイ ジヤン：ヨコマチ

橫披
　KⅢ 32b ウヲン ピイ：ヨコモノ（寶貨）

橫被
　J306 ヲン ビイ：ヨコモノ（器用）{被は誤字}

橫寫了
　KⅢ 45b ウヲン スエー リヤ○ウ：ヨコニカヒタ（讀書）
　J121 ヲン スエ、リヤ○ウ：ヨコニカイタ

橫死了
　KⅢ 15b ウヲン スウ リヤ○ウ：ワウシヽタ（慶弔）
　J49 ヲン スウ リヤ○ウ：イヌジニ

HONG

烘
　KⅤ 11a ホン：アブル（飯肉）
　J450 ホン：アブル（飲食）

烘干了
　KⅤ 13a ホン カン リヤ○ウ：アブリカハカス（煮煎）
　J159 ホン カン リヤ○ウ：アブリカワカス

烘烘手
　KⅤ 13b ホン ヽ シウ：手ヲアタヽメル（煮煎）

烘ヶ手
　J161 ホン ヽ シウ：手ヲアタヽメル

紅菜
　KⅤ 2a ホン ツアイ：トサカノリ（菜蔬）
　J383 ホン ツアイ：トサカ（菜蔬）

紅單兒
　KⅢ 31a ホン タン ルウ：アカゞミ（寶貨）
　J303 ホン タン ル、：アカゞミ（器用）

紅箋兒
　KⅢ 31a ホン ツエン ルウ：アカイロノシヨカンガミ（寶貨）
　J303 ホン チエン ル、：アカイロノシヨカンガミ（器用）

紅蘿葡
　KⅤ 2b ホン ロウ ブ：ニンジン（菜蔬）
　J385 ホン ロウ ブウ：ニンジン（菜蔬）

紅毛綢
　KⅤ 38b ホン マ○ウ ヂウ：カイキ（衣服）
　J430 ホン マ○ウ ヂウ：カイキ（衣服）

紅毛舩開了去
　KⅣ 47a ホン マ○ウ ヂエン カイ リヤ○ウ キユイ：オランダブ子ガ出舩シタ（舩件）

紅毛船開了去
　J192 ホン マ○ウ ヂエン カイ リヤ○ウ キユイ：ヲランダフ子ガ出舩シタ

紅毛庫
 ＫⅣ51a ホン マ○ウ クウ：オランダクラ（居室）
 J375 ホン マ○ウ クウ：ヲランダヤシキ（家居）
紅漆的
 ＫⅣ3a ホン ツイ テ：アカヌリ（製作）
 J202 ホン ヂ テ：アカヌリ
紅雀
 ＫⅤ24b ホン ツヤ：ベンガラスズメ（禽類）
 J422 ホン ヂヤ：ベンガラスズメ（飛禽）
紅色的
 ＫⅤ31b ホン スエ テ：クレナ井（花卉）
 J438 ホン スエ テ：クレナイ（花艸）
紅色的
 ＫⅤ39a ホン スエ テ：モミ（衣服）{重複掲載，別意義}
 J431 ホン スエ テ：モミ（衣服）{重複掲載，別意義}
紅沙馬
 ＫⅤ43b ホン サアー マアー：鹿カスゲ（馬鞍）
 J418 ホン サア マア：鹿カスゲ（馬具）
紅紗
 ＫⅤ37b ホン サアー：ヒヂリメン（衣服）
 J427 ホン サア：ヒチリメン（衣服）
紅纓
 ＫⅢ40b ホン イン：シヤグマ（寶貨）
 J322 ホン イン：シヤグマ（器用）
紅魚
 ＫⅤ15a ホン イー：タヒ（魚鼈）
 J391 ホン イヽ：タイ（魚介）
紅氈
 ＫⅢ27a ホン チエン：アカモウセン（寶貨）
氈紅
 J295 ホン チエン：アカモウセン（器用）
紅朱
 ＫⅢ30b ホン チイ：シユ（寶貨）
 J302 ホン チユイ：シユ（器用）
紅糟
 ＫⅤ9b ホン ツア○ウ：サケノアカガス（飯肉）
 J447 ホン ツア○ウ：サケノアカヾス（飲食）
虹蜺
 ＫⅠ3a ホン ニイ：ニジ（天文）
 J247 ホン ニイ：ニシ（天文）
鴻鳥
 ＫⅤ23a ホン ニヤ○ウ：ヒシクヒ（禽類）
 J419 ホン ニヤ○ウ：ヒシクイ（飛禽）
哄騙你
 ＫⅡ30a ゴン ペエン ニイ：ソナタヲダマス（疎慢）
 J98 ホン ペン ニイ：コナタヲタマス

HOU

喉嚨
 ＫⅠ26a ヘ○ウ ロン：ノド（身體）
喉嚨
 J287 ヘ○ウ ロン：ノド（身體）
猴子
 ＫⅤ22a ヘ○ウ ツウ：サル（畜獸）
 J405 ヘ○ウ ツウ：サル（獸）
猴子臉
 ＫⅠ30a ヘ○ウ ツウ レン：サルヅラ（身體）
 J87 ヘ○ウ ツウ レン：サルツラ
後年
 ＫⅠ4b ヘ○ウ 子エン：コウ子ン（天文）
 J250 ヘ○ウ 子ン：サライ子ン（天文）
後鞦
 ＫⅤ42a ヘ○ウ ツイ○ウ：シリガヒ（馬鞍）
 J415 ヘ○ウ チウ：シリカイ（馬具）
後日
 ＫⅠ4a ヘ○ウ ジ：ゴジツ（天文）
 J249 ヘ○ウ ジ：カサ子テ（天文）
後日来
 ＫⅡ4a ベ○ウ ジ ライ：ゴジツコイ（賓友）
後日来
 J145 ヘ○ウ ジ ライ：ゴジツコイ
後生家
 ＫⅠ17b ヘ○ウ スエン キヤア：ワカヒモノ（人品）
 J265 ヘ○ウ スエン キヤア：ワカイモノ（人品）
後生起来
 ＫⅢ15b ヘ○ウ スエン キイ ライ：ワカクナツタ（慶弔）
後生起来
 J75 ヘ○ウ スエン キイ ライ：ワカクナツタ
後生家
 歩Ⅲ20b {「後生家」に変更，歩Ⅰ24b（ＫⅠ17b）と重複}
厚朴
 ＫⅤ28a ペ○ウ ポ：ホウノキ（樹竹）
 J409 ヘ○ウ ポ：ホウノキ（樹竹）
厚些兒
 ＫⅣ12b ヘ○ウ スイヽ ルウ：テアツヒ（數量）
 J231 ヘ○ウ スイルヽ：テアツイ
候冷吃

ＫⅢ 7b ヘ○ウ レンチ：サメテカラクウ（筵宴）
　　Ｊ168 ヘ○ウ レンチ：サメテカラタベル
鱟兒
　　ＫⅤ 17b ヘ○ウ ルウ：カブトガニ（魚鼈）
　　Ｊ396 ヘ○ウ ル、：カブトカニ（魚介）

HU

呼喚他
　　ＫⅡ 5a フウ ワン タアー：アレヲヨベ（賓友）
　　Ｊ146 フウ ハン タア：アレヲヨベ
囫圇呑
　　ＫⅢ 8b ホルイン トイン：グイノミ（筵宴）
　　Ｊ63 ホルイン ド゜ン：グイノミ
狐臭
　　ＫⅣ 28b ウー チウ：ワキカ（疾病）
　　Ｊ335 ウ、 チウ：ワキカ（感動）
狐狸
　　ＫⅤ 21b ウ、 リイ：キツ子（畜獸）
　　Ｊ404 ウ、 リイ：キツ子（獸）
狐狸炒困不着
　　ＫⅠ 43b ウー リイ ツア○ウ クイン ポ ヂヤ：キツ子ガアレテ子ラレヌ（動作）
　　Ｊ109 ウ、 リイ ツア○ウ クイン プ ヂヤ：キツ子ガアレテ子ガナラヌ
胡葱
　　ＫⅤ 4a ウー ツヲン：アサツキ（菜蔬）
　　Ｊ387 ウ、 ツヲン：アサツキ（菜蔬）
胡蝶兒
　　ＫⅤ 19b ウ、 デルウ：テウ（蟲類）
　　Ｊ400 ウ、 デル、：テウ（虫）
胡蝶花
　　ＫⅤ 30b ウー デ ハアー：シヤガ（花卉）
蝴蝶花
　　Ｊ436 ウ、 デ ハア：シヤガ（花艸）
胡蜂窩
　　ＫⅤ 20b ウー ホン ヲウ：ハチノス（蟲類）
　　Ｊ35 ウ、 ホン ヲ、：ハチノス
胡瓜
　　ＫⅤ 2b ウ、 クワア：キウリ（菜蔬）
　　Ｊ384 ウ、 クハア：キウリ（菜蔬）
胡椒
　　ＫⅤ 3b ウ、 ツヤ○ウ：コシヤウ（菜蔬）
　　Ｊ386 ウ、 ツア○ウ：コシヨウ（菜蔬）
胡蘿葡
　　ＫⅤ 2b ウ、 ロウ ブウ：ニンジン（菜蔬）

　　Ｊ385 ウ、 ロウ プウ：ゴボウ（菜蔬）
胡七亂八
　　ＫⅡ 18b ウー <u>ツイ</u> <u>ロワン</u> パ：トリツカレヌ（通用）
　　Ｊ69 ウ、 チ ロハン パ：トリツカレヌ
蠻七蠻八
　　歩Ⅱ 25a ｛「蠻七蠻八」に変更｝
胡琴
　　ＫⅢ 35b ウ、 キン：コキウ（寶貨）
　　Ｊ312 ウ、 キン：コキウ（器用）
胡鼠
　　ＫⅤ 22b ウー チイ：イタチ（畜獸）
　　Ｊ405 ウ、 チユイ：イタチ（獸）
胡絲
　　ＫⅤ 38b ウー スウ：シライト（衣服）
　　Ｊ430 ウ、 スウ：シライト（衣服）
胡桃
　　ＫⅤ 33b ウ、 ダ○ウ：クルミ（菓蓏）
　　Ｊ412 ウ、 ダ○ウ：クルミ（菓）
胡梯
　　ＫⅢ 26b ウー <u>デイ</u>：ハコハシゴ（寶貨）
　　Ｊ294 ウ、 デイ：ハコハシゴ（器用）
胡頹
　　ＫⅤ 34a ウー ドイ：ナハシログミ（菓蓏）
　　Ｊ413 ウ、 ドイ：グミ（菓）
葫蘆瓢
　　ＫⅤ 4b ウー ルウ ピヤ○ウ：ヒヤウタン（菜蔬）
　　Ｊ389 ウ、 ルウ ピヤ○ウ：ヒヤウタン（菜蔬）
葫匏
　　ＫⅤ 4b ウウ パウ：ヒヤウタン（菜蔬）
　　Ｊ389 ウ、 パ○ウ：ヒヤウタン（菜蔬）
湖地多
　　ＫⅠ 13b ウ、 <u>デイ</u> トフ：ミツウミガオホヒ（地理）
　　Ｊ190 ウ、 リイ トウ：ミヅウミガヲ、イ
湖羅
　　ＫⅤ 37b ウー ロヲー：ロ（衣服）
　　Ｊ428 ウ、 ロウ：ロ（衣服）
蝴蜨
　　ＫⅢ 26b ウー テ：テウツガヒ（寶貨）
蝴蝶
　　Ｊ294 ウ、 デ：テウツガイ（器用）
　　歩 ｛削除｝
糊糙糙
　　ＫⅡ 30b ウーヅア○ウ 、：ラチモナヒ（疎慢）
糊糙、

【HOU〜HUA】

J98 ウ、 ツア○ウ、：ラチモナイ

糊刷
　KⅢ40b ウ、 セ：ハケ（寶貨）
　J321 ウ、 スエ：ハケ（器用）

糊筒
　KⅢ40b ウ、 トン：ノリツヽ（寶貨）
　J321 ウ、 ドン：ノリツヽ（器用）

糊塗了
　KⅡ30b ウー ドウ リヤ○ウ：ラチモナヒ（疎慢）
　J98 ウ、 ドゥ リヤ○ウ：ラチモナイ

糊匣
　KⅢ40b ウ、 ヤー：ノリ入（寶貨）
　J321 ウ、 ヤ：ノリ入（器用）

糊帚
　KⅢ40b ウ、 チウ：ハケ（寶貨）
　J322 ウ、 チウ：ハケ（器用）

鬍鬚
　KⅠ27b ウー スイー：ヒゲ（身體）
　J290 ウ、 シュイ：ヒケ（身體）

槲樹
　KⅤ28a コ ジユイ：カシハノキ（樹竹）
　J409 ヲ ジユイ：カシハ（樹竹）

鵠鳥
　KⅤ25a コ ニヤ○ウ：クヾヒ（禽類）
　J423 コ ニヤ○ウ：クヾイ（飛禽）

虎骨酒
　歩Ⅲ5a 　{「菓子酒」のあとに補う}

虎狼病
　KⅣ35b フウ ヘン ビン：キヒシヒヤマヒ（疾病）
　{Jの「虎狼病」より変更}

虎狼病
　J42 フウ ラン ビン：キビシイヤマイ

虎頸頭
　KⅠ28a フウ キン デ○ウ：イクビ（身體）
　J264 フウ キン デ○ウ：イクビ（人品）

虎口
　KⅠ26b フウ ゲ○ウ：大ユビトヒトサシノアイダ
　　　　ノヽ（身體）
　J288 フウ ゲ○ウ：ヲヽユヒヒトサシノアイ（身體）

虎尾
　KⅣ44a フウ ウイヽ：カチヒカヘヅナ（舩件）
　J359 フウ ウイ：カヂノヒカヘツナ（舩件）

虎文的
　KⅤ37a フウ ウエン テ：トラフガタ（衣服）
　J427 フウ ウエン テ：トラフカタ（衣服）

琥珀
　KⅢ40a フウ ペ：コハク（寶貨）
　J320 フウ ペ：コハク（器用）

戽斗
　KⅣ46a フウ テ○ウ：ツルヘ（舩件）
　J362 フウ デ○ウ：ツルベ（舩件）

HUA

花板
　KⅢ34b ハア、 パン：鎖マヘカナク（寶貨）
　J310 ハア パン：鎖マヘ（器用）

花瓣大
　KⅤ35b ハア、 バン ダア：花シベガオホキナ（種藝）
　J212 ハア バン ダア：花葉ガヲヽキナ

花布
　KⅤ38a ハアー プウ：ハナヌノ（衣服）
　J429 ハア フウ：サラシ（衣服）

花綢
　KⅤ37b ハアー デウ：トヒザヤ（衣服）

花紬
　J428 ハア チウ：トビサヤ（衣服）

花燈
　KⅢ27b ハアー テン：ハナヲカキタルトウロウ（寶貨）
　J296 ハア テン：ハナヲカキタルトウロ（器用）

花粉
　KⅢ30a ハアー フイン：ヲシロヒ（寶貨）
　J301 ハア フイン：ヲシロイ（器用）

花紅
　KⅤ33a ハアー ホン：リンゴ（菓蓏）
　J411 ハア ホン：リンゴ（菓）

花花緑緑
　KⅢ9b ハア、、 ロ、：ミコトナヿ（筵宴）

花ヾ緑ヾ
　J111 ハア、 ロ、：ミゴトナヿ

花火
　KⅢ42b ハアー ホヲヽ：ハナビ（寶貨）
　J325 ハア ホウ：ハナビ（器用）

花架
　KⅣ49b ハアー キヤア：ハナタナ（居室）
　J372 ハア キヤア：ハナヲキタナ（家居）

花椒
　KⅤ3b ハアー ツヤ○ウ：トウガラシ（菜蔬）
　J386 ハア ツア○ウ：トウカラシ（菜蔬）

花街
    ＫⅠ11b　ハアー　キヤイ：遊所（地理）
    J256　ハア　キヤイ：遊所（天文）

花開
    ＫⅤ31a　ハアー　カイ：ヒラク（花卉）
    J437　ハア　カイ：ヒラク（花艸）

花開了
    ＫⅤ35a　ハアー　カイ　リヤ○ウ：ハナガヒライタ（種藝）
    J208　ハア　カイ　リヤ○ウ：ハナガヒライタ

花梨木
    ＫⅤ28a　ハアー　リイ　モ：クワリン（樹竹）
    J408　ハア　リイ　モ：クハリン（樹竹）

花綾
    ＫⅤ37b　ハアー　リン：モクリンズ（衣服）
    J428　ハア　リン：モクリンズ（衣服）

花羅
    ＫⅤ37b　ハアー　ロヲー：モンロ（衣服）
    J428　ハア　ロウ：モンロ（衣服）

花落
    ＫⅤ31a　ハアー　ロ：ヲツル（花卉）
    J437　ハア　ロ：ヲツル（花艸）

花馬
    ＫⅤ43a　ハアー　マアー：ブチケ（馬鞍）
    J418　ハア　マア：ブチ毛（馬具）

花猫
    ＫⅤ22a　ハアー　マ○ウ：ミケ子コ（畜獸）
    J405　ハア　マア：ミケ子コ（獸）

花炮
    ＫⅢ42a　ハアー　パ○ウ：ハナビ（寶貨）
    J325　ハア　パ○ウ：ハナビ（器用）

花蕊
    ＫⅤ31a　ハアー　ヅ○イ：ハナシベ（花卉）

花蕋
    J437　ハア　ジユイ：ツボミ（花艸）

花紗
    ＫⅤ37b　ハアー　サアー：モンシヤ（衣服）
    J428　ハア　サア：モンシヤ（衣服）

花線緞
    ＫⅤ38a　ハアース　スエン　ドワン：モンドンス（衣服）
    J429　ハア　センドハン：モンドンス（衣服）

花謝
    ＫⅤ31a　ハアー　ヅエー：ヲツル（花卉）
    J437　ハア　ヅエヽ：ヲツル（花艸）

花謝了
    ＫⅤ35b　ハアー　ヅエー　リヤ○ウ：ハナガヲチタ（種藝）
    J208　ハア　ヅエヽ　リヤ○ウ：ハナガヲチタ

花衣服
    ＫⅤ40b　ハアー　イー　ホ：ハナヤカナルキルモノ（衣服）
    J209　ハア　イヽ　ホ：ハナヤカナルキルモノ

花園
    ＫⅣ48b　ハアー　イエン：ハナソノ（居室）
    J370　ハア　エン：ノヤシキ（家居）

划龍舡
    ＫⅣ47b　ウワヽ　ロン　ヂエン：オフ子ヲコグ（舩件）
    J193　ワア　ロン　ヂエン：ヲフ子ヲコグ

華表
    ＫⅣ51a　ハアー　ピヤ○ウ：トリ井（居室）
    J370　ハア　ピヤ○ウ：トリイ（家居）

滑腸的
    ＫⅣ35a　ワ　チヤン　テ：クダシバラ（疾病）
    J41　ワア　ヂヤン　テ：クダシハラ

滑綾
    ＫⅤ37a　ワ　リン：ヌメリンズ（衣服）
    J427　ワア　リン：ヌメリンズ（衣服）

滑膩膩
    ＫⅣ8b　ワ　ニイ　ニイ：ヌメ〜スル（製作）

滑膩〃
    J222　ワア　ニイ　ヽ：ヌメ〜スル

化起来
    ＫⅡ10a　ハアー　キイ　ライ：中タガフタヲナヲスㄱ（賓友）

化起來
    J78　ハア　キイ　ライ：中タカウタヲナヲス

和起來
    歩Ⅱ14a　｛「和起來」に変更｝

化錢箔
    ＫⅢ12a　ハア　ヅエン　ポ：カミヤキ（祭祀）
    J50　ハア　ヂエン　ポ：カミヤキ

化熟了
    ＫⅤ13b　ハアー　ジヨ　リヤ○ウ：トケジユクシタ（煮煎）
    J161　ハア　ジヨ　リヤ○ウ：トケジユクシタ

画筆
    ＫⅢ30b　ワアー　ピ：エフデ（寶貨）
    J302　ワア　ピ：エフデ（器用）

畫尺
    ＫⅢ39a　ワアー　チ：ヒデウキ（寶貨）

画尺
　J318　ワア　チ：ヒデウギ（器用）
畫得工
　KⅢ49a　ワアー　テ　コン：エカタクミナ（讀書）
画得工
　J230　ワア　テ　コン：エガタクミナ
畫得古
　KⅢ49a　ワアヽ　テ　クウ：エカフルヒ（讀書）
画得古
　J230　ワア　テ　クウ：エガフルイ
畫箇符
　KⅢ33a　ワアー　コ　フウ：ゴフヲカク（寶貨）
　J307　ワア　コ　フウ：ゴフ（器用）
畫工
　KⅠ20a　ワアー　コン：エカキ（人品）
　J271　ワア　コン：エカキ（人品）
畫畫的
　KⅢ49a　ワア　〳〵　テ：エカヒタモノ（讀書）
画〃的
　J230　ワア　ヽ　テ：エカイタモノ
画絹
　KⅢ32b　ワアー　キエン：エギヌ（寶貨）
　J306　ワア　ケン：エギヌ（器用）
画眉
　KⅢ36a　ワアー　ムイ：ヒイ〜（寶貨）
　J313　ワア　ムイ：ヒイ〜（器用）
畫眉
　KⅤ25a　ワアー　ムイ：グワビチヨウ（禽類）｛重複掲載，異義語｝
画眉
　J422　ワア　ムイ：ホウシロ（飛禽）｛重複掲載｝
画心紙
　KⅢ31a　ワアー　スイン　ツウ：白ダウシ（寶貨）
　J303　ワア　スイン　ツウ：白トウシ（器用）
畫一幅
　KⅢ49b　ワアー　イ　ホ：エイツプク（讀書）
　J229　ワア　イ　ホ：エイツプク
画軸
　KⅢ31a　ワアー　ギヨ：カケモノ（寶貨）｛軸字，音誤り｝
　J303　ワア　ヂヨ：カケモノ（器用）
話不對
　KⅡ10a　ワアー　ポ　トイ：ハナシガアワヌ（賓友）
　J77　ワア　プ　トイ：ハナシカアハヌ

話不通
　KⅡ15a　ワアー　ポ　トン：コトバガツウゼヌ（通用）
　J128　ワア　プ　トン：コトバガツウジヌ
話不投
　KⅡ10a　ワアー　ポ　テ○ウ：ハナシガアワヌ（賓友）
　J77　ワア　プ　デ○ウ：ハナシカアハヌ
話長哩
　KⅡ14a　ワアヽ　ヂヤン　リイ：ハナシガナガヒ（通用）
　J125　ワア　ヂヤン　リイ：ハナシガナガイ
話頭多
　KⅡ16a　ワアー　デ○ウ　トヲ：ハナシカオホヒ（通用）
　J130　ワア　デ○ウ　トウ：ハナシガヲヽイ
話相投
　KⅡ10a　ワアー　スヤン　テ○ウ：ハナシガアフタ（賓友）
　J77　ワア　スヤン　デ○ウ：ハナシガアフタ

HUAI

懷胎
　KⅣ33b　ワイ　タイ：クワヒニン（疾病）
　J346　ワイ　タイ：クワイタイ（感動）
懷孕的
　KⅢ14a　ワイ　イン　テ：ハランタ（慶弔）
　J3　ワイ　イン　テ：ハランタ
槐樹
　KⅤ27a　クワイ　ジユイ：エンジユノキ（樹竹）
　J407　ヲイ　ジユイ：エンジユ（樹竹）
坏了腸
　KⅣ33b　ワイ　リヤ○ウ　ヂヤン：ハラヲソンシタ（疾病）
　J346　ワイ　リヤ○ウ　ヂヤン：ハラヲソンシタ（感動）
壞了腸
　歩Ⅳ48a　｛「壞了腸」に文字を変更｝

HUAN

還了我
　KⅡ11a　ワン　リヤ○ウ　ゴヲー：ワレニカエサレタ（賓友）
　J96　ワン　リヤ○ウ　ゴウ：ワレニカエサレタ
還了願
　KⅢ11a　ワン　リヤ○ウ　イエン：グワンホドキ（祭祀）
　J46　ワン　リヤ○ウ　エン：グハンホドキ

完了願
 歩Ⅲ 14b　{「完了願」に変更}
換把你
 KⅢ 14a　ワン パアー ニイ：ソチニカヘテヤル（慶弔）
 J84　ワン パア ニイ：ソチニカワル
換換過
 KⅣ 21a　ワン ワン コヲー：カヘタ（財産）
換〻過
 J19　ワン 〻 コウ：カエタ
喚你来
 KⅡ 5a　ワン ニイ ライ：ソチヲヨビニキタ（賓友）
喚你來
 J146　ハン ニイ ライ：ソチヲヨビニキタ
喚他来
 KⅡ 5a　ワン タアー ライ：アレヲヨンテコヒ（賓友）
喚他來
 J146　ハン タア ライ：アレヲヨンデコイ

HUANG

皇都
 KⅠ 10a　ワン ドウ：ミヤコ（地理）
 J253　ワン ドウ：ミヤコ（天文）
皇宮
 KⅣ 50b　ワン コン：キウチウ（居室）
 J375　ハン コン：キンチウ（家居）
黄疸
 KⅣ 29b　ワン タン：ワウタン（疾病）
 J337　ハン タン：ヲウダン（感動）
黄豆
 KⅤ 3a　ワン デ○ウ：ダイヅ（菜蔬）
 J385　ワン デ○ウ：ダイヅ（菜蔬）
黄豆瘡
 KⅣ 31a　ワン デ○ウ ツアン：ヒセンカサ（疾病）
 J344　ワン デ○ウ ツアン：ヒゼンカサ（感動）
黄瓜
 KⅤ 2b　ワン クワア：キウリ（菜蔬）
 J384　ワン クハア：キウリ（菜蔬）
黄昏
 KⅠ 4a　ワン ホヲン：クレ（天文）
 J248　ワン フイン：クレトキ（天文）
黄昏星
 KⅠ 8b　ワン ホヲン スイン：ヨヒノ明星（天文）
 J185　ワン フイン スイン：ヨイノ明星

黄蘿葡
 KⅤ 2b　ワン ロウ ブウ：ニンジン（菜蔬）
 J384　ワン ロウ プウ：ニンジン（菜蔬）
黄馬
 KⅤ 43a　ワン マアー：クリゲ（馬鞍）
 J417　ワン マア：クリゲ（馬具）
黄盲
 KⅠ 29a　ワン マン：ウワヒ（身體）
 J266　ワン マン：ウワヒ（人品）
黄梅
 KⅠ 2b　ワン ムイ：ツユノアメ（天文）
 J246　ワン ムイ：ツユノアメ（天文）
黄米
 KⅤ 6a　ワン ミイ：フルゴメ（飯肉）
 J441　ワン ミイ：フルコメ（飲食）
黄粱
 KⅤ 6b　ワン リヤン：アハ（飯肉）
黄梁
 J442　ワン リヤン：アハ（飲食）{梁字は誤り}
黄粱飯
 KⅤ 7a　ワン リヤン ワン：アハメシ（飯肉）
黄梁飯
 J443　ワン リヤン ハン：アハメシ（飲食）
黄色的
 KⅤ 31b　ワン スエ テ：キイロ（花卉）
 J438　ワン スエ テ：キイロ（花艸）
黄色的
 KⅤ 39a　ワン スエ テ：キイロ（衣服）{重複掲載}
 J431　ワン スエ テ：キイロ（衣服）{重複掲載}
黄鱔
 KⅤ 15a　ワン ショ：ハナヲレタヒ（魚鼈）
 J391　ワン ヅヤン：ハナヲレタイ（魚介）{鱔に牆の音をあてる誤り}
黄山魚
 KⅤ 15a　ワン サン イー：タヒ（魚鼈）
 J391　ワン サン イゝ：タイ（魚介）
黄鼠狼
 KⅤ 22a　ワン チウ ラン：テン（畜獸）
 J405　ワン チユイ ラン：テン（獸）
黄絲
 KⅤ 38b　ワン スウ：キイト（衣服）
 J430　ワン スウ：キイト（衣服）
黄銅
 KⅢ 39b　ワン ドン：シンチウ（寶貨）
 J320　ワン ドン：シンチウ（器用）

黄楊
　ＫⅤ 27b　ワン　ヤン：ツゲノキ（樹竹）
　Ｊ408　ワン　ヤン：ツゲノキ（樹竹）
黄鶯
　ＫⅤ 24b　ワン　イン：ウクヒス（禽類）
　Ｊ421　ワン　イン：ウグイス（飛禽）
黄魚
　ＫⅤ 16b　ワン　イー：コノシロ（魚鼈）
　Ｊ394　ワン　イヽ：コノシロ（魚介）
黄棗
　ＫⅤ 43a　ワン　ツアウ：カゲ（馬鞍）
　Ｊ417　ワン　ツア○ウ：カゲ（馬具）
恍惚
　ＫⅣ 33a　クワン　ホ：ウツカリトシタゝ（疾病）
　　｛恍字，音誤り｝
　Ｊ345　ハン　ホ：ウツカリトシタゝ（感動）

HUI

灰塵
　ＫⅠ 12a　ホイ　ヂン：チリ（地理）
　Ｊ257　ホイ　ヂン：チリ（天文）
灰過了
　ＫⅤ 40a　ホイ　コヲー　リヤ○ウ：キヌナドヲ子ル
　　ゝ（衣服）
　Ｊ224　ホイ　コウ　リヤ○ウ：キヌナトヲ子ル
灰麵
　ＫⅤ 6b　ホイ　メエン：ウドンノコ（飯肉）
灰麵
　Ｊ442　ホイ　メン：ウドンノコ（飲食）
灰色的
　ＫⅤ 39a　ホイ　スエ　テ：子ツミ（衣服）
　Ｊ431　ホイ　スエ　テ：子ツミ（衣服）
回拜他
　ＫⅢ 17b　ホイ　パイ　タアー：カレニハイス（寄贈）
　Ｊ95　ホイ　パイ　タア：カレニハイス
回避他
　ＫⅡ 10b　ホイ　ピイ　タアー：アレヲヨケル（賓友）
　Ｊ95　ホイ　ピイ　タア：アレヲヨケル
回覆他
　ＫⅡ 11a　ホイ　ホ　タアー：アレニヘントフヲヌル（賓友）
回覆他
　Ｊ96　ホイ　ホ　タア：アレニカエス
回還他
　ＫⅡ 11a　ホイ　ワン　タアー：アレニカヘス（賓友）

　Ｊ96　ホイ　ワン　タア：アレニカエス
回敬回敬
　ＫⅢ 3a　ホイ　キン　ヽヽ：ヘンハイ申ス（筵宴）
回敬ゝゝ
　Ｊ156　ホイ　キン　〜：ヘンハイ申ス
回馬䭾
　ＫⅣ 47b　ホイ　マア　ツアン：行カヘル（舩件）
回馬䭾
　Ｊ192　ホイ　マア　ツアン：行カヘル
回唐
　Ｊ354　ホイ　ダン：クワイトウ｛Ｋは削除｝
回頭多
　ＫⅢ 18a　ホイ　デ○ウ　トフ：ヘンレヒカオホヒ（寄贈）
　Ｊ111　ホイ　デ○ウ　トウ：ヘンレイガヲヽイ
回味好
　ＫⅢ 1b　ホイ　ウイヽ　ハ○ウ：アトクチカヨヒ（筵宴）
　Ｊ57　ホイ　ウイ　ハ○ウ：アトクチガヨイ
回信
　ＫⅢ 32a　ホイ　スイン：ヘンジ（寶貨）
　Ｊ305　ホイ　シン：ヘンジ（器用）
回樟
　ＫⅣ 41b　ホイ　ツア○ウ：カエリフ子（舩件）
　Ｊ354　ホイ　ヅア○ウ：カエリフ子（舩件）
回字兒
　ＫⅢ 47a　ホイ　ヅウ　ルウ：ヘンショ（讀書）
囘字兒
　Ｊ124　ホイ　ヅウル、：ヘンショ
蚘蟲
　ＫⅤ 20b　ホイ　チヨン：ハラノムシ（蟲類）
蚘虫
　Ｊ401　ホイ　チヨン：ハラノムシ（虫）
悔氣臉
　ＫⅠ 29b　ホイ　キイ　レン：クヤミヅラ（身體）
　Ｊ86　ホイ　チヨン：ハラノムシ
毀壞的
　ＫⅣ 6a　ポイ　ワイ　テ：ソンジタ（製作）
　Ｊ215　ホイ　ワイ　テ：ソンジタ
會挿花
　ＫⅡ 33a　ホイ　ツア　ハアー：ヨクハナヲイケル（德藝）
會挿花
　Ｊ197　ホイ　サ　ハア：ヨクハナヲイケル
會吃飯

ＫⅠ16a　ホイ　チ　ワン：メシヲヨククウ（人品）
　　Ｊ261　ホイ　チ　ワン：メシヲヨククフ（人品）
會吃酒
　　ＫⅠ16a　ホイ　チ　ツイ○ウ：サケスキ（人品）
　　Ｊ261　ホイ　チ　チウ：サケスキ（人品）
會吃烟
　　ＫⅢ4a　ホイ　［唐音なし］　エン：タハコヲヨウノム（筵宴）
　　Ｋ'Ⅲ4a　ホイ　チ　エン：タハコヲヨウノム
　　Ｊ158　ホイ　チ　エン：タバコヨウノム
會打包
　　ＫⅣ20a　ホイ　タアー　パ○ウ：ヨクヒヤフヲツクル（財産）
　　Ｊ197　ホイ　タア　パ○ウ：ヨクヒヤウヲツクル
會打鼓
　　ＫⅡ33a　ホイ　タアー　クウ：ヨクツゞミヲウツ（德藝）
　　Ｊ199　ホイ　タア　クウ：ヨクツゞミヲウツ
會得裁
　　ＫⅢ43a　ホテ　ヅアイ：イルヒナドヨクタツ⌐（寳貨）
　　Ｋ'Ⅲ43a　ホイ　テ　ヅアイ：イルヒナドヨクタツ⌐（寳貨）
　　Ｊ198　ホイ　テ　ツアイ：イルイナドヨクタツ
會得抄
　　ＫⅢ46a　ホイ　テ　ツア○ウ：ヨウウツス（讀書）
　　Ｊ122　ホイ　テ　ツヤ○ウ：ヨフカク
會得講
　　ＫⅡ16b　ホイ　テ　キヤン：ヨクイフ（通用）
　　Ｊ131　ホイ　テ　キヤン：ヨクイフ
會得念
　　ＫⅢ44b　ホイ　テ　子エン：ヨクヨム（讀書）
　　Ｊ120　ホイ　テ　子ン：ヨクヨム
會得説
　　ＫⅡ15a　ホイ　テ　セ：ヨクイフ（通用）
　　Ｊ128　ホイ　テ　セ：ヨクイフ
會得做
　　ＫⅣ1a　ホイ　テ　ツヲー：ヨクスル（製作）
　　Ｊ132　ホイ　テ　ツヲヽ：ヨクスル
會過了
　　ＫⅡ1b　ホイ　コヲー　リヤ○ウ：アフタ（賓友）
　　Ｊ139　ホイ　コウ　リヤ○ウ：アフタ
會畫畫
　　ＫⅢ49a　ホイ　ワアー　〜：ヨクエヲカク（讀書）
會画〃

　　Ｊ230　ホイ　ワア　ヽ：ヨクエヲカク
會計較
　　ＫⅣ11a　ホイ　キイ　キヤ○ウ：サイカクガヨイ（數量）
　　Ｊ82　ホイ　キイ　キヤ○ウ：サイカクガヨイ
會講唐話
　　ＫⅡ17a　ホイ　キヤン　ダン　ワアー：ヨクトウワヲ云（通用）
　　Ｊ132　ホイ　キヤン　ダン　ワアー：ヨクトウワヲ云
會哭的
　　ＫⅠ16a　ホイ　コ　テ：ナキヤスキモノ（人品）
　　Ｊ261　ホイ　コ　テ：ナキヤスキモノ（人品）
會念經
　　ＫⅢ45a　ホイ　子エン　キン：ヨクキヨウヲヨム（讀書）
　　Ｊ120　ホイ　子ン　キン：ヨクキヨウヲヨム
會跑的
　　ＫⅠ16a　ホイ　バ○ウ　テ：カケマワリスキ（人品）
　　Ｊ261　ホイ　バ○ウ　テ：カケマワリスキ（人品）
會騙人
　　ＫⅡ30a　ホイ　ペエン　ジン：人ダマシ（疎慢）
　　Ｊ98　ホイ　ペン　ジン：人ダマシ
會騎馬
　　ＫⅡ34a　ホイ　ギイ　マアー：ヨクムマニノル（德藝）
　　Ｊ36　ホイ　ギイ　マア：ヨクムマニノル
會筭的
　　ＫⅣ22b　ホイ　ソワン　テ：サンジヤ（財産）
　　Ｊ18　ホイ　ソハン　テ：サンジヤ
會他来
　　ＫⅡ1b　ホイ　タアー　ライ：アレニアフテキタ（賓友）
會他來
　　Ｊ139　ホイ　タア　ライ：アレニアフテキタ
會談説
　　ＫⅡ15a　ホイ　ダン　セ：ヨクカタル（通用）
　　Ｊ129　ホイ　ドハン　セ：ヨクカタル
會談談
　　歩Ⅱ19b　｛「會談談」に変更｝
會通的人
　　ＫⅠ15b　ホイ　トン　テ　ジン：カテンヨキ人（人品）
　　Ｊ260　ホイ　トン　テ　ジン：トヲリモノ（人品）
會通話
　　ＫⅡ14b　ホイ　トン　ワアー：ヨクツウスル（通用）
　　Ｊ128　ホイ　トン　ワア：ヨクツウスル
會透汗

【HUI～HUO】

　ＫⅤ 41a　ホイ　テ○ウ　ハン：アセヲハジク（衣服）
　Ｊ115　ホイ　テ○ウ　ハン：アセヲハシク

會頑的
　ＫⅠ 16a　ホイ　ワン　テ：アソビスキ（人品）
　Ｊ261　ホイ　ワン　テ：アソビスキ（人品）

會寫的
　ＫⅢ 45a　ホイ　スエー　テ：ノフジヨ（讀書）
　Ｊ121　ホイ　スエ、　テ：ノウジヨ

會寫字
　ＫⅢ 45a　ホイ　スエー　ツウ：ヨクシヲカク（讀書）
　Ｊ121　ホイ　スエ、　ヅウ：ヨフカク

會修養
　ＫⅣ 39a　ホイ　スイ○ウ　ヤン：ヨクアンマヲトル（醫療）
　Ｊ46　ホイ　シウ　ヤン：ヨクアンマヲトル

會一會
　ＫⅡ 24a　ホイ　イ　ホイ：ガテンスル（通用）
　Ｊ24　ホイ　イ　ホイ：ガテンセヨ

會意了
　ＫⅢ 47a　ホイ　イー　リヤ○ウ：ノミコンダ（讀書）
　Ｊ126　ホイ　イ、　リヤ○ウ：ノミコム

會走的
　ＫⅠ 16a　ホイ　ツエ○ウ　テ：アルキスキ（人品）
　Ｊ261　ホイ　ツエ○ウ　テ：アルキスキ（人品）

會做人
　ＫⅡ 32a　ホイ　ツヲフ　ジン：シマツガヨヒ（德藝）
　Ｊ74　ホイ　ツヲ、　ジン：シマツガヨイ

會做詩
　ＫⅢ 50a　ホイ　ツヲー　スウ：ヨクシヲツクル（讀書）
　Ｊ14　ホイ　ツヲ、　スウ：ヨクシヲツクル

會做文
　ＫⅢ 50a　ホイ　ツヲー　ウエン：ヨク文ヲツクル（讀書）
　Ｊ14　ホイ　ツヲ、　ウエン：ヨク文ヲツクル

會做戲
　ＫⅡ 34a　ホイ　ツヲー　ヒイ：ヨフヲトル（德藝）
　Ｊ13　ホイ　ツヲ、　ヒイ：ヨクヲドル

賄賂他
　ＫⅢ 18b　ホイ　ルウ　タアー：カレニワイロスル（寄贈）
　Ｊ52　ホイ　ルウ　タアー：カレニワイロスル

HUN

昏悶
　ＫⅣ 33a　ホイン　メン：メマヒ（疾病）
　Ｊ345　ホイ　メン：クラ〜トナルフ（感動）

惛倒
　ＫⅣ 31b　ホイン　タ○ウ：キヨウシナフ（疾病）
　Ｊ341　フイン　タ○ウ：キヨウシナフタフ（感動）

婚書
　ＫⅢ 19b　ホン　シユイ：コンレイノシヨ（婚姻）
　Ｊ366　フイン　シユイ：コンレイノシヨ（婚姻）

婚札
　ＫⅢ 19b　ホン　ツア：コンレイノシヨ（婚姻）
　Ｊ366　フイン　ツア：コンレイノシヨ（婚姻）
步　｛削除｝

渾身汗
　ＫⅣ 35a　ヲイン　シン　ハン：ソウシンアセスル（疾病）
　Ｊ41　フイン　シン　ハン：ソウシンアセスル

餛飩
　ＫⅤ 6b　ヲイン　トイン：ウドンモチ（飯肉）
　Ｊ442　ウエン　ド゛ン：ウドン（飲食）

魂魄
　ＫⅠ 27b　ウヲン　ペ：コンハク（身體）
　Ｊ290　フイン　ペ：コンハク（身體）

混過去
　ＫⅡ 21a　ヲイン　コフ　キユイ：トリマゼタ（通用）
　Ｊ107　ウエン　コウ　キユイ：トリマゼタ

混淪的
　ＫⅢ 8b　クイン　ルイン　テ：マルナカラ（筵宴）
　Ｊ63　コ　ルイン　テ：マルナガラ

混起来
　ＫⅡ 21a　ヲイン　キイ　ライ：コンザツスル（通用）

混起來
　Ｊ107　ウエン　キイ　ライ：コンザツスル

混堂
　ＫⅣ 48a　ヲイン　ダン：ユヤ（居室）
　Ｊ369　クイン　ダン：ユヤ（家居）

涽糊糊
　ＫⅡ 30b　ヲイン　ツア○ウ　ヽ：ラチモナヒ（疎慢）

涽糊〃
　Ｊ98　フイン　ツア○ウ　ヽ：ラチモナイ
步　｛削除｝

涽張的
　ＫⅠ 22b　ウヲン　チヤン　テ：マキラハシヒ（人品）
　Ｊ102　フイン　チヤン　テ：ヲ、チヤクモノ

HUO

活扯淡

ＫⅠ17a ウヲ チエー タン：ヤクタヒモナヒモノ
　　（人品）
　Ｊ265 ヲ チエ、 トハン：ヤクタイモナイモノ（人
　　品）

活獸的
　ＫⅠ22a ウヲ タイ テ：イキバカ（人品）
　Ｊ99 ヲ ガイ テ：イキバカ

活動的
　ＫⅠ37b ウヲ ドン テ：リコフニハタラク（性情）
　Ｊ113 ヲ ドン テ：リコウニハタラク

活古怪
　ＫⅠ17a ウヲ クウ クワイ：キクワイモノ（人品）
　Ｊ265 ヲ クウ クハイ：キクハイモノ（人品）

活光棍
　ＫⅠ17a ウヲ クワン クイン：ヲヽチヤクモノ
　　（人品）
　Ｊ265 ヲ クハン クイン：ヲヽチヤクモノ（人品）

活結
　ＫⅣ3b ウヲ キ：ヒキトキニムスブ┐（製作）
　Ｊ211 ヲ キ：ヒキトキニムスブ┐

活騙人
　ＫⅠ15a ウヲ ペエン ジン：ヒトダマシ（人品）
　Ｊ259 ヲ ペン ジン：ヒトダマシ（人品）

活強盜
　ＫⅠ22a ウヲ ギヤン ダ○ウ：ヲホチヤクモノ
　　（人品）

活強盜
　Ｊ99 ヲ ギヤン ダ○ウ：ヲヽチヤクモノ

活水
　ＫⅠ11a ウヲ シユイ：デミヅ（地理）
　Ｊ255 ヲ シユイ：デミヅ（天文）

活蕈
　ＫⅤ3b ウヲ ヅイン：ハツダケ（菜蔬）
　Ｊ387 ヲ ヅイン：ハツタケ（菜蔬）

活造化
　ＫⅠ17a ウヲ ツア○ウ ハアー：仕合モノ（人品）
　Ｊ265 ヲ ヅア○ウ ハア：シヤワセモノ（人品）

活着鬼
　ＫⅡ30a ウヲ チヤ クイ：オホチヤクモノ（疎慢）
　Ｊ103 ヲ ヂヤ グイ：イキヲニ

白日鬼
　歩Ⅱ40a ｛「白日鬼」に変更｝

活作怪
　ＫⅠ17a ウヲ ツヲ クワイ：ワルモノ（人品）
　Ｊ265 ヲ ツヲ クハイ：ワルモノ（人品）

火艾
　ＫⅢ28a ホヲ ガイ：パンヤ○ホクチ（寶貨）
　Ｊ297 ホウ ガイ：パンヤ（器用）

火刀
　ＫⅢ28a ホヲ、 タ○ウ：ヒウチ（寶貨）
　Ｊ297 ホウ タ○ウ：ヒウチ（器用）

火刀石
　ＫⅢ28a ホヲ、 タ○ウ ジ：火打石（寶貨）
　Ｊ297 ホウ タ○ウ ジ：火打石（器用）

火蛾
　ＫⅤ20a ホヲ、 ゴヲ、：ヒトリムシ（蟲類）

火娥
　Ｊ401 ホウ ゴウ：ヒトリムシ（虫）

火雞
　ＫⅤ25a ホヲ キイ：クハケイ（禽類）
　Ｊ423 ホウ キイ：火クイトリ（飛禽）

火箭
　ＫⅣ25b ホヲ、 ツエン：ヒヤ（兵法）
　Ｊ331 ホウ チエン：ヒヤ（兵法）

火鏡
　ＫⅢ35a ホヲ、 キン：ヒトリメガ子（寶貨）
　Ｊ311 ホウ キン：ヒトリメガ子（器用）

火酒
　ＫⅤ10b ホヲー ツイ○ウ：アワモリ（飯肉）
　Ｊ449 ホウ チウ：アワモリノルイ（飲食）

火爐
　ＫⅢ28a ホヲ、 ルウ：ヒイレ（寶貨）
　Ｊ297 ホウ ルウ：ヒイレ（器用）

火滅了
　歩Ⅲ5b ｛「滅了火」のあとに増補｝

火砲
　ＫⅣ25b ホヲ、 パ○ウ：イシビヤ（兵法）
　Ｊ332 ホウ パ○ウ：イシビヤ（兵法）

火盆
　ＫⅢ28b ホヲ、 ペン：ヒバチ（寶貨）
　Ｊ297 ホウ ペン：ヒバチ（器用）

火鉗
　ＫⅢ27b ホヲ、 ゲン：ヒバシ（寶貨）
　Ｊ296 ホウ ゲン：ヒバシ（器用）

火熱的
　ＫⅠ7b ホヲ ジエ テ：火ノ如クアツヒ（天文）
　Ｊ184 ホウ ゼ テ：火ノ如クアツイ

火燒了
　ＫⅡ29b ポヲ、 シヤ○ウ リヤ○ウ：ヤケタ（患難）
　Ｊ51 ホウ シヤ○ウ リヤ○ウ：ヤケタ

火石
　KⅢ28a　ホヲヽ ジ：火打石（寶貨）
　J297　ホウ ジ：火打石（器用）

火食籃
　KⅢ42a　ホヲヽ ジ ラン：クヒモノカゴ（寶貨）
　J325　ホウ ジ ラン：クイモノヽカゴ（器用）

火索
　KⅢ28b　ホヲヽ ソ：ヒナハ（寶貨）
　J298　ホウ ソ：ヒナワ（器用）

火索
　KⅣ25b　ホヲヽ ソ：ヒナハ（兵法）{重複掲載}
　J331　ホウ ソ：ヒナワ（兵法）{重複掲載}

火太汪
　KⅣ35b　ホヲヽ タイ ワン：火カタカブル（疾病）
　　{「火忒汪」と併記２行に}
　J41　ホウ タイ グハン：火ガタカブル

火燙了
　KⅣ33b　ホヲヽ ダン リヤ○ウ：ヤケトシタ（疾病）
　J42　ホウ ダン リヤ○ウ：ヤケドスル

火忒汪
　KⅣ35b　ホヲヽ テ ワン：火カタカブル（疾病）
　J41　ホウ テ グハン：火ガタカブル

火腿
　KⅤ10a　ホヲートイ：ラカン○フタノモヽヲセイホフシタモノ（飯肉）
　J448　ホウ トイ：ラカン（飲食）

火旺了
　KⅣ35b　ホヲヽ ワン リヤ○ウ：ヒガタカフル（疾病）
　J42　ホウ グハン リヤ○ウ：ヒガタカブル

火藥
　KⅣ25b　ホヲヽ ヨ：エンセウ（兵法）
　J331　ホウ ヨ：エンシヤウ（兵法）

火藥包
　KⅣ25b　ホヲヽ ヨ パ○ウ：ドウラン（兵法）
　J331　ホウ ヨ パ○ウ：ドウラン（兵法）

火引
　KⅢ28a　ホヲヽ イン：ツケキ（寶貨）
　J296　ホウ イン：ツケキ（器用）

火燥的
　KⅤ13a　ホウ サ○ウ テ：アブリホシタ（煮煎）
　J159　ホウ サ○ウ テ：アブリホシタ

火珠
　KⅢ35a　ホヲヽ チイ：ヒトリダマ（寶貨）
　J311　ホウ チユイ：ヒトリダマ（器用）

夥記
　KⅠ21b　ホウ キイ：アキンドナカマ（人品）
　J273　ホウ キイ：アキンドナカマ（人品）

夥計
　歩Ⅰ30a {文字の変更}

夥長
　KⅣ40a　ホヲヽ チヤン：ハリノヤク（舩件）
　J351　ホウ ヂヤン：ハリノヤク（舩件）

貨包
　KⅢ38a　ホウ パ○ウ：キンチャク（寶貨）
　J317　ホウ パ○ウ：キンチャク（器用）

貨艙
　KⅣ44b　ホヲヽ ツアン：ニモツカウリ（舩件）
　J360　ホウ ツアン：ニモツコウリ（舩件）

貨庫
　KⅣ48b　ホヲヽ クウ：クラ（居室）
　J370　ホウ クウ：クラ（家居）

貨馬頭
　KⅠ13b　ホフ マアー デ○ウ：ニモツノイチバ（地理）
　J190　ホウ マア デ○ウ：ニノイチバ
　歩 {削除}

霍亂
　KⅣ31a　ホ ロワン：クワクラン（疾病）

瘧乱
　J337　クヲ ロハン：クハクラン（感動）

JI

幾乎裡燒掉了
　KⅡ29b　キイ ウー リイ シヤ○ウ デヤ○ウリヤ○ウ：アブナクヤケタ（患難）
　J51　キイ ウヽ リイ シヤ○ウ デヤ○ウ リヤ○ウ：アブナクヤケタ

機子
　KⅢ37b　キイ ツウ：オリハタ（寶貨）
　J316　キイ ツウ：ヲリハタ（器用）

雞蛋
　KⅤ24a　キイ ダン：ニハトリノタマゴ（禽類）
　J420　キイ ダン：ニハトリノタマゴ（飛禽）

雞蛋糕
　KⅤ7b　キイ ダン カ○ウ：カステイラ（飯肉）
　J444　キイ ダン カ○ウ：カステイラ（飲食）

雞蛋黃
　KⅤ39b　キイ ダン ワン：コイタマゴ（衣服）
　J432　キイ ダン ワン：コイタマゴ（衣服）

雛兒
　　ＫⅤ23b　キイ　ルウ：ニハトリ（禽類）
雛児
　　J420　キイ　ルヽ：ニハトリ（飛禽）
雞冠花
　　ＫⅤ30a　キイ　クワン　ハア：ケイトウ（花卉）
　　J435　キイ　クハン　ハア：ケイトウ（花艸）
雞捍
　　ＫⅣ45b　キイ　カン：ウチマワシ（舩件）
　　J362　キイ　ハン：ウチマワシ（舩件）
雞叫了
　　ＫⅤ26b　キイ　キヤ○ウ　リヤ○ウ：ニハトリガナイタ（禽類）
　　J36　キイ　キヤ○ウ　リヤ○ウ：トリガナイタ
雞叫時
　　ＫⅠ8b　キイ　キヤ○ウ　ズウ：ニハトリナクジブン（天文）
　　J185　キイ　キヤ○ウ　ズウ：トリナク時分
雞叫天
　　ＫⅠ1b　キイ　キヤ○ウ　テエン：ヨアケ（天文）
　　J245　キイ　キヤ○ウ　テン：ヨアケ（天文）
雞蒙眼
　　ＫⅠ28b　キイ　モン　エン：トリメ（身體）
　　J264　キイ　モン　エン：トリメ（人品）
積不得
　　ＫⅣ47a　チ　プ　テ：ツミエヌ（舩件）
　　J192　チ　プ　テ：ツミエヌ
積得多
　　ＫⅣ46b　チ　テ　トフ：オホクツンタ（舩件）
　　J191　チ　テ　トウ：ヲヽクツンダ
裝得多
　　歩Ⅳ65a　｛「裝得多」に變更｝
積聚
　　ＫⅣ32b　チ　ヅユイ：シヤク（疾病）
　　J343　チ　チユイ：シヤクジュ（感動）
積氣
　　ＫⅣ32b　チ　キイ：シヤク（疾病）
　　J43　ヂ　キイ：シヤクキ
　　J344　チ　キイ：シヤッキ（感動）｛重複掲載｝
積雪
　　ＫⅠ3a　チ　スエ：ユキガツモル（天文）
　　J247　チ　スエ：ユキガツモル（天文）
積陰功
　　ＫⅡ34a　チ　イン　コン：イントクヲツム（德藝）
　　J47　チ　イン　コン：イントクヲツム

績桶
　　ＫⅢ42b　チ　トン：ヲゴケ（寶貨）
　　J368　チ　トン：ヲゴケ（婚姻）
績苧
　　ＫⅤ41a　チ　チユイ：ヲウム（衣服）
　　J367　イ　チユイ：ヲ○ウムヿ（婚姻）
極好的
　　ＫⅡ17a　ギ　ハ○ウ　テ：キハメテヨヒ（通用）
　　J135　キ　ハ○ウ　テ：キハメテヨイ
極利害
　　ＫⅡ31a　ギ　リイ　パイ：イカフムゴヒ（疎慢）
　　J99　キ　リイ　パイ：イカウムゴイ
極清廉
　　ＫⅡ32a　キ　ツイン　レン：イコフスナホナ（德藝）
　　J74　キ　チン　レン：イコフスナヲナ
極穩的
　　ＫⅡ20a　キ　ヲイン　テ：タシカナ（通用）
　　J73　キ　ウエン　テ：タシカナ
極有趣
　　ＫⅢ9a　ギ　イウー　ツイー：シゴクオモシロヒ（筵宴）
　　J71　キイウ　チユイ：シゴクヲモシロイ
吉利砲
　　ＫⅢ13b　キ　リイ　パ○ウ：吉利ノイシビヤ（慶弔）
　　J84　キ　リイ　パ○ウ：吉事ノイシヒヤ
即位
　　ＫⅣ24b　ツイ　ヲイ：ソク井（兵法）｛Jの「簒位」を避け，語を差し替え｝
簒位
　　J330　ツアン　ヲイ：クライヲウバフ（兵法）
急驚風
　　ＫⅣ31a　キ　キン　ホン：ツリ（疾病）
　　J340　キ　キン　ホン：ツリ（感動）
急用的
　　ＫⅡ25b　キ　ヨン　テ：キウ用ノモノ（干求）
　　J65　キ　ヨン　テ：キウ用ノモノ
疾字頭
　　ＫⅢ52a　ヅイ　ヅウ　デ○ウ：ヤマイダレ（讀書）
　　J32　シ　ヅウ　デ○ウ：ヤマイダレ
鶺鴒
　　ＫⅤ25a　スイ　リン：セキレヒ（禽類）
　　J422　スエリン：セキレイ（飛禽）
幾百換
　　ＫⅣ15a　キイ　ペ　ワン：ナン百トウカヘ（數量）
　　J29　キイ　ペ　ワン：ナン百トウカエ

264

幾百句
 ＫⅣ14b　キイ ペ キイ：ナン百句（数量）
 J28　キイ ペ キユイ：ナン百句

幾分好
 ＫⅡ17b　キイ フウン ハ○ウ：イカホドヨヒカ（通用）
 J135　キイ フイン ハ○ウ：イカホトヨイカ

幾個人
 ＫⅣ13a　キイ カ ジン：イク人カ（数量）
 J30　キイ コ ジン：イク人カ

幾個月
 ＫⅠ9a　キイ コ イエ：何ヶ月（天文）
 J186　キイ コ エ：何ヶ月

幾年
 ＫⅠ4b　キイ 子エン：イクトシ（天文）
 J250　キイ 子ン：イクトシ（天文）

幾日
 ＫⅠ4a　キイ ジ：イツカ（天文）
 J249　キイ ジ：イツカ（天文）

幾日起身麼
 ＫⅡ7b　キイ ジ キイ シン マアー：イツシユツタチナサル丶カ（賓友）

幾日起身広
 J151　キイ ジ キイ シン マアー：イツシユツタツナレタカ

幾十換
 ＫⅣ15a　キイ シ ワン：ナンジツトウガヘ（数量）
 J29　キイ シ ワン：ナンジツトウガエ

幾時到
 ＫⅡ8a　キイ ズウ タ○ウ：イツツイタカ（賓友）
 J153　キイ ズウ タ○ウ：イツツイタカ

幾時来
 ＫⅡ8a　キイ ズウ ライ：イツクルカ（賓友）

幾時來
 J153　キイ ズウ ライ：イツクルカ

幾天
 ＫⅠ4a　キイ テエン：イツカ（天文）
 J249　キイ テン：イツカ（天文）

脊骨
 ＫⅠ28a　スイ コ：セボ子（身體）｛脊字は音誤り｝
 J291　チ コ：セボ子（身體）

擠出来
 ＫⅣ17a　ツイー チユ ライ：セキタス（諸物）

擠出來
 J61　ヅイ チユ ライ：セキダス

擠得開
 ＫⅠ32a　ツイ丶 テ カイ：人ノ中ヲオシワクル（身體）
 J225　ヅイ テ カイ：人ノ中ヲシワクル

擠過去
 ＫⅠ32a　ツイー コフ キユイ：セキワクル（身體）
 J226　ヅイ コウ キユイ：セキワクル

擠緊的
 ＫⅠ32a　ツイー キン テ：セキ合タ（身體）
 J225　ヅイ キン テ：セキ合タ

計挂你
 ＫⅡ26a　キイ クワア ニイ：ソナタヲ心ニカケテ井ル（干求）
 J93　キイ クハア ニイ：コナタヲコ丶ロニカケテイル

記挂你
 歩Ⅱ36b　｛「記挂你」に変更｝

記不多
 ＫⅢ47b　キイ ポ トウ：オホクハオボエヌ（讀書）
 J127　キイ プ トウ：ヲ丶クハヲボエヌ

記得了
 ＫⅢ47b　キイ テ リヤ○ウ：オボエタ（讀書）
 J127　キイ テ リヤ○ウ：ヲボエタ

記得麼
 ＫⅢ47a　キイ テ マアー：オボエタカ（讀書）

記得広
 J127　キイ テ マア：ヲボエタカ

記號的
 ＫⅣ17a　キイ ア○ウ：シルシヲスル（諸物）
 J5　キイ ハ○ウ：名ヲシルシタ

記記號
 ＫⅡ12b　キイ 丶 ア○ウ：シルシヲスル（賓友）

記ゞ號
 J4　キイ 丶 ハ○ウ：ナヲシルセ

記記名
 ＫⅡ12b　キイ 丶 ミン：ナヲシルセ（賓友）

記ゞ名
 J4　キイ 丶 ハ○ウ：ナヲシルセ

記名的
 ＫⅡ12b　キイ ミン テ：名ヲシルシタ（賓友）
 J5　キイ ミン テ：名ヲシルシタ

記事
 ＫⅠ19a　キイ ズウ：キロクホウ（人品）
 J269　キイ ズウ：キロクホウ（人品）

書手
  歩Ⅰ27a {「書手」に変更}
記心好
  KⅢ47b キイ スイン ハ〇ウ：オボエガヨヒ（讀書）
  J127 キイ スイン ハ〇ウ：ヲボエガヨイ
記帳的
  KⅣ22a キイ チヤン テ：チヤウニシルス（財産）
  J17 キイ チヤン テ：チヤウニシルス
忌口
  KⅢ5b キイ ケ〇ウ：クチヲイム（筵宴）
  J165 キイ ゲ〇ウ：クチヲイム
忌銅銕
  KⅣ39a ギイ トン テ：テツアカヽ子ヲイム（醫療）
  J45 ギイ ドン テ：テツアカヽ子ヲイム
妓女
  KⅠ17b ギイ ニイ：ギヂヨ（人品）
  J265 ギイ ニイ：ギヂヨ（人品）
薺菜
  KⅤ1a ヅイ ツアイ：ナツナ（菜蔬）
  J382 ヅイ ツアイ：ナヅナ（菜蔬）
鱭魚
  KⅤ15b ヅイー イー：タチノウヲ（魚鱉）
  J392 ヅイ ヽ イ：タチノウヲ（魚介）
既如此就不妨
  KⅢ8b キイ ジユイ ツウ ヅイウ ポ ハン：コフアツテモタヒシナヒ（筵宴）
  J66 キイ シユイ ツウ チウ プ ハン：コウアツテモダイシナイ
繼父
  KⅠ35b キイ フウ：マヽオヤ（親族）
継父
  J282 キイ フウ：マヽヲヤ（親族）
繼母
  KⅠ35b キイ ムウ：マヽハヽ（親族）
継母
  J282 キイ ムウ：マヽハヽ（親族）
寄把我
  KⅢ18a キイ パアー コヲ：ワレニコトヅテシタ（寄贈）
  J91 キイ パア ゴウ：ワレニコトヅテシタ
寄上去
  KⅢ18a キイ ジヤン キユイ：コトヅテシテヤル（寄贈）
  J91 キイ ジヤン キユイ：コトヅテシテヤル
寄信
  KⅢ32a ギイ スイン：シヨジヤウヲヤルヿ（寶貨）
  J305 キイ シン：状ヤルヿ（器用）
寄轉去
  KⅢ18a ギイ チエン キユイ：コトツテシテヤル（寄贈）
  J91 キイ チエン キユイ：コトツテスル
祭奠他
  KⅢ15a ツイ テエン タアヽ：アレヲマツル（慶弔）
  J50 ツイ テン タア：アレヲマツル
祭媽祖
  KⅢ11a ツイヽ マアー ツウ：バソヲマツル（祭祀）
  J34 ヅイ マア ツウ：バソヲマツル
祭文
  KⅢ32a ヅイヽ ウエン：サイモン（寶貨）
  J305 ヅイ ウエン：サイモン（器用）
薊
  KⅤ4a クイ：アサミ（菜蔬）
  J388 ギイ：アザミ（菜蔬）
稷子
  KⅤ6a チ ツウ：キビ（飯肉）
  J441 チ ツウ：キビ（飲食）
鯽魚
  KⅤ16a ツイ イー：フナ（魚鱉）
  J393 ツエイヽ：フナ（魚介）

JIA

加長錦紬
  KⅤ38b キヤア ヂヤン キン ヂウ：尺長ナミザヤ（衣服）
  J430 キヤア ヂヤン キン ヂウ：尺長ナミサヤ（衣服）
加減
  KⅣ37a キヤア ケン：カケン（醫療）
  J349 キヤア ケン：カゲン（療養）
加薑一片
  KⅣ37a キヤア キヤン イ ペン：シヤウカヒトヘキクワエル（醫療）
  J349 キヤア キヤン イ ペン：シヤウガヒトヘギ（療養）
加起来
  KⅣ10a キヤア キイ ライ：クハユル（數量）
加起來
  J171 キヤア キイ ライ：クワユル
夾板
  KⅣ42a キヤ パン：カナハサミ（舩件）

J355 キヤ パン：カヂハサミ（舩件）

夾橙
　KⅢ26b キヤ マン：ヒツ（寶貨）
　J293 キヤ マン：ヒツ（器用）

夾殺了
　KⅢ15b キヤ サ リヤ○ウ：ハサミコロシタ（慶弔）
　J218 キヤ サ リヤ○ウ：ヘリキル

夾一夾
　KⅡ23a キヤ イ キヤ：ハサム（通用）
　J22 キヤ イ キヤ：ハサム

夾竹桃
　KⅤ29b キヤ チヨ ダ○ウ：キヤフチクトウ（花卉）
　J434 キヤ チヨ ダ○ウ：キヤウチクトウ（花卉）

夾住了
　KⅣ4b キヤ ヂユイ リヤ○ウ：ハサム（製作）
　J224 キヤ ヂユイ リヤ○ウ：ハサム

佳節
　KⅠ5a キヤア ツイ：セツク（天文）
　J188 キヤア チエ：セツク

家産有無
　KⅢ20a キヤア ツアン イウ ウー：シンシヤウノヨシアシ（婚姻）
　J366 キヤア ツアン イウ ウ、：シンダイノヨシアシ（婚姻）

家弟
　KⅠ34a キヤア デイ：ヲト〜（親族）
　J279 キヤア デイ：ヲト〜（親族）

家父
　KⅠ33b キヤア フウ：チ、（親族）
　J278 キヤア フウ：チ、（親族）

家伙
　KⅢ26a キヤア ホウ：カザヒ（寶貨）
　J293 キヤア ホウ：カザイ（器用）

家伙多
　KⅣ52b キヤア ホヲ、トヲ：ドウグガオホヒ（居室）
　J195 キヤア ホウトウ：ドウグガヲ、イ

家家有
　KⅣ19a キヤア キヤア イウ：イエ〜ニアル（財産）

家〻有
　J137 キヤア、イウ：イエ〜ニアル

家眷門
　KⅠ36a キヤア キエン メン：シンルヒ（親族）
　J283 キヤア ケン メン：シンルイ（親族）

家眷們
　歩Ⅰ50b 　{「家眷們」に変更}

家口單
　KⅢ31b キヤア ゲ○ウ タン：カナイヅケ（寶貨）
　J304 キヤア ゲ○ウ タン：カナイツケ（器用）

家裡人
　KⅠ23b キヤア リイ ジン：カナイノ人（人品）

家裡人
　J140 キヤア リイ ジン：カナイノ人

家裡人
　KⅠ36a キヤア リイ ジン：家内ノ人（親族）{重複掲載}

家裡人
　J283 キヤア リイ ジン：家内ノヒト（親族）{重複掲載}

家妹
　KⅠ34a キヤア ムイ：イモト（親族）
　J280 キヤア ムイ：イモト（親族）

家母
　KⅠ33b キヤア ムウ：ハ、（親族）
　J278 キヤア ムウ：ハ、（親族）

家叔
　KⅠ34a キヤア シヨ：ヲチキ（親族）
　J279 キヤア シヨ：ヲヂキ（親族）

家兄
　KⅠ34a キヤア ヒヨン：アニ（親族）
　J279 キヤア ヒヨン：アニ（親族）

家鴨
　KⅤ24a キヤア ヤ：アヒル（禽類）
　J420 キヤア ヤ：アヒル（飛禽）

家姉
　KⅠ34a キヤア ツイー：ア子（親族）
　J279 キヤア ツウ：ア子（親族）

家祖
　KⅠ33a キヤア ツウ：祖父（親族）
　J277 キヤア ツウ：祖父（親族）

夾襖
　KⅤ36a キヤア ア○ウ：アハセ（衣服）
　J425 キヤア ア○ウ：アワセ（衣服）

甲兒
　KⅣ26a キヤ ルウ：ヨロヒ（兵法）

甲兒
　J333 キヤル、：ヨロイ（兵法）

甲篙
　KⅣ42b キヤ カ○ウ：ホモタセ（舩件）

J356 キヤ カ○ウ：ホヲモタスル（舩件）

甲盔箱
  KⅣ26b キヤ クイ スヤン：クソクバコ（兵法）
  J334 キヤ クイ スヤン：グソクハコ（兵法）

甲冑
  KⅣ26a キヤ チウ：ヨロヒカブト（兵法）
  J333 キヤ チウ：ヨロイ（兵法）

假敵清
  KⅣ16b キヤア ビイ ツイン：ニセモノ（諸物）
  J235 キヤア ビイ チン：ニセモノ

假撒清
  歩Ⅳ24a {「假撒清」に変更}

假才子
  KⅢ50a キヤア ヅアイ ツウ：ニセガクシヤ（讀書）
  J14 キヤア ツアイ ツウ：ニセガクシヤ

假髪
  KⅢ41b キヤア ハ：カツラ（寶貨）
  J323 キヤア ハ：カヅラ（器用）

假活兒粧箇好臉
  KⅠ29b キヤア ウヲ ルウ チヨワン コ ハ○ウ レン：ワサトニセヅラスル（身體）
  J86 キヤア ヲル、チハン コ ハ○ウ レン：ワサトニセツラスル

假金的
  KⅢ35a キヤア キン テ：ニセキン（寶貨）
  J310 キヤア キン テ：ニセキン（器用）

假瑠璃
  KⅢ39b キヤア リウ リイ：ビイドロ（寶貨）
  J320 キヤア ルウ リイ：ビイドロ（器用）

假意説
  KⅡ16a キヤア イー セ：ワザトイフ（通用）
  J130 キヤア イー セ：ワザトイフ

假粧臉
  KⅠ29b キヤア チヨワン レン：ニセヅラ（身體）
  J86 キヤア チヤン レン：ニセツラ

假字眼
  KⅢ51b キヤア ヅウ エン：ウソ字（讀書）
  J31 キヤア ヅウ エン：キヨジガン {「虚字眼」をさす}

榎子
  KⅤ33b キヤア ツウ：エノミ（菓蓏）
  J412 キヤア ツウ：エノミ（菓）

駕舵
  KⅣ42a キヤア トウ：カチヲイル、（舩件）

駕柁

J354 キヤア ドウ：カヂヲ入ル（舩件）

駕駛
  KⅣ41a キヤア スウ：舟ヲノリマワス（舩件）
  J352 キヤア スウ：舟ヲノリマワス（舩件）

架起来
  KⅣ3a キヤア キイ ライ：クミタツル（製作）

架起來
  J107 キヤア キイ ライ：クミタツル

嫁好人
  KⅢ20a キヤア ハ○ウ ジン：ヨキヒトニ嫁シタ（婚姻）
  J4 キヤア ハ○ウ ジン：ヨキ人ニ嫁シタ

嫁粧
  KⅢ19b キヤア チヨワン：ヨメイリドウク（婚姻）
  J366 キヤア チハン：ヨメイリドウグ（婚姻）

JIAN

箋頭
  KⅢ31a ツエン テ○ウ：ケダイ（寶貨）
  J302 チエン デ○ウ：ケダイ（器用）

箋紙
  KⅢ31a ツエン ツウ：書翰紙（寶貨）
  J303 チエン ツウ：書翰紙（器用）

尖刀
  KⅢ42b ツエン タ○ウ：トガリ小刀（寶貨）
  J367 セン タ○ウ：トカリ小刀（婚姻）

尖尖的
  KⅣ16a ツエン ツエン テ：トガル（諸物）

尖ゝ的
  J232 セン、テ：トガル

尖角的
  KⅣ16a ツエン コ テ：トカリツノ（諸物）
  J232 セン コ テ：トガリツノ

尖頭筆
  KⅢ30a ツエン デ○ウ ピ：トガリフデ（寶貨）
  J301 セン デ○ウ ピ：トガリフデ（器用）

奸臣
  KⅠ18a カン ヂン：カンシン（人品）
  J267 セン チン：カンシン（人品）

姦許的
  KⅠ16a ケン ツアー テ：ワルモノ（人品）
  J261 ケン ツアヽ テ：ワルモノ（人品）

堅固的
  KⅣ26b ケン クウ テ：カタヒ丈夫ナ（兵法）
  J113 ケン クウ テ：カタイ

肩背
    ＫⅠ26b　ケン　ポイ：カタ（身體）
    J288　ケン　ポイ：カタ（身體）

肩膊上
    ＫⅠ26b　ケン　ポ　ジヤン：カタサキ（身體）
    J288　ケン　ポ　ジヤン：カタサキ（身體）

肩頭
    ＫⅠ26b　ケン　デ○ウ：カタ（身體）
    J288　ケン　デ○ウ：（身體）

兼全的
    ＫⅣ12b　ケン　ヅエン　テ：全キモノ（數量）
    J231　ケン　チエン　テ：全キモノ
    歩Ⅳ18a　{「不全的」と併記}

煎
    ＫⅤ11a　ツエン：アグル（飯肉）
    J450　チエン：アグル（飲食）

煎茶
    ＫⅤ10b　ツエン　ヅアー：センチチヤ（飯肉）
    J449　チエン　ヅアヽ：センジチヤ（飲食）

煎豆腐
    ＫⅤ9a　ツエン　デ○ウ　フウ：アゲドウフ（飯肉）
    J381　チエン　デ○ウ　フウ：アゲドウフ（菜蔬）

煎法照前
    ＫⅣ37b　ツエン　ハ　チヤ○ウ　ヅエン：センジヤウマヘノトホリ（醫療）
    J349　ツエン　ハ　ツヤ○ウ　ヂエン：センジヤウマエノゴトシ（療養）

煎干了
    ＫⅣ37b　ツエン　カン　リヤ○ウ：センシツメタ（醫療）
    J160　チエン　カン　リヤ○ウ：センジツメタ

煎滾了
    ＫⅣ37b　ツエン　クイン　リヤ○ウ：センシワキカヘル（醫療）
    J160　チエン　クイン　リヤ○ウ：センシワキカヘル

煎油
    ＫⅤ10a　ツエン　ユウ：アフラアゲ（飯肉）
    J448　チエン　イウ：アブラアゲ（飲食）

揀一揀
    ＫⅡ23b　ケン　イ　ケン：エラム（通用）
    J23　レン　イ　レン：エラベ

繭綢
    ＫⅤ38b　キエン　ヂウ：ケンチウ（衣服）
    J430　ケン　ヂウ：山マイツムキ（衣服）

儉省些
    ＫⅣ23a　ケン　スエン　スイー：チトケンヤクセヨ（財産）
    J48　ケン　スイン　スイ：チトカンリヤクセヨ

鹻
    ＫⅤ11a　レン：エグヒ（飯肉）{Jの「險」を変更}

險
    J450　ヘン：エグイ（飲食）

減篷
    ＫⅣ43a　ケン　ボン：ホヲサグル（舩件）
    J356　ケン　ボン：ホヲスラスル（舩件）

減篷五合
    ＫⅣ43b　ケン　ホン　ウー　カ：ホヲ半分サケル（舩件）
    J356　ケン　ポン　ウヽ　ハ：ホヲハンブンサゲル（舩件）

減下来
    ＫⅣ10b　ケン　ヒヤア　ライ：ヘリマシタ（數量）

減下來
    J171　ケン　ヒヤア　ライ：ヘリタ

剪
    ＫⅤ37a　ツエン：ハサム（衣服）
    J427　チエン：ハサム（衣服）

剪刀
    ＫⅢ29b　ツエン　タ○ウ：ハサミ（寳貨）
    J300　チエン　タ○ウ：ハサミ（器用）

剪羅花
    ＫⅤ30b　ツエン　ロウ　ハアー：ガンビ（花卉）
    J436　チエン　ロウ　ハア：ガンヒ（花艸）

剪一剪
    ＫⅡ23a　ツエン　イ　ツエン：ハサミキル（通用）
    J22　チエン　イ　チエン：ハサミキレ

剪指甲
    ＫⅠ27a　ツエン　ツウ　キヤ：ツメヲハサム（身體）
    J289　チエン　ツウ　キヤ：ツメヲハサム（身體）

簡便些
    ＫⅣ23a　ケン　ヘエン　スイー：ケンヤクナ（財産）
    J48　ケン　ベン　スイ：カンリヤクナ

見不徹
    ＫⅠ38b　ケン　ポ　テ：ミトフサレヌ（性情）
    J206　ケン　プ　テ：ミトヲサレヌ

見不到
    歩Ⅰ53b　{「見不到」に変更}

見得徹
    ＫⅠ38b　ケン　テ　テ：ミトヲサルヽ（性情）
    J206　ケン　テ　テ：ミトヲサルヽ

見得到
　歩Ⅰ53b　{「見得到」に変更}

見黠
　KⅣ32b　ケン　テエン：ホミセ（疾病）

見点
　J344　ケン　テン：ホミセ（感動）

見怪阿
　KⅡ30b　ケン　クワイ　アー：ウラメシクアロフ（疎慢）
　J97　ケン　クハイ　アー：ウラメシクアラフ

見見的
　KⅠ40b　ケン　ヽ　テ：ミタモノジヤ（動作）

見ヾ的
　J172　ケン　ヽ　テ：ミタノシヤ

見了風
　KⅠ7a　ケン　リヤ○ウ　フヲン：カゼニアタリタ（天文）
　J183　ケン　リヤ○ウ　ホン：カゼニアハスル

見面過
　KⅡ1b　ケン　メエン　コヲー：ゲンゾウシタ（賓友）
　J139　ケン　メン　コウ：ゲンゾウシタ

見山
　KⅣ46b　ケン　サン：山カミエル（舩件）
　J363　ケン　サン：山カミユル（舩件）

見識高
　KⅢ50b　ケン　シ　カ○ウ：ケンシキカタカヒ（讀書）
　J15　ケン　シ　カ○ウ：ケンシキガタカイ

見識好
　KⅢ49a　ケン　シ　ハ○ウ：ケンシキカヨヒ（讀書）
　J15　ケン　シ　ハ○ウ：ケンシキガヨイ

間白
　KⅤ31a　ケン　ベ：ハクマシリ（花卉）
　J437　ケン　ベ：ハクマシリ（花艸）

間紅
　KⅤ31a　ケン　ホン：コウマジリ（花卉）
　J437　ケン　ホン：コウマジリ（花艸）

間色
　KⅤ31a　ケン　スエ：サキマゼ（花卉）
　J437　ケン　スエ：サキマゼ（花艸）

賤得緊
　KⅣ21a　ヅエン　テ　キン：イカウ下直（財産）
　J16　ヂエン　テ　キン：イカフ下直

賤貨
　KⅢ39a　ヅエン　ホウ：ヤスモノ（寶貨）
　J319　ヂエン　ホウ：ヤスモノ（器用）

賤妾
　KⅠ36a　ヅエン　ツイ：妾○又婦ノ自稱ノコトバ（親族）
　J283　ヂエン　チエ：妾（親族）

賤煞極
　KⅠ23a　ヅエン　サ　ギ：ツントカチヨクナモノ（人品）
　J110　ヂエン　サ　キ：ヅントゲビタ

健忘
　KⅣ31b　ゲン　ワン：モノワスレ（疾病）
　J341　ケン　ワン：モノワスレ（感動）

劍戟
　KⅣ26a　ケン　キ：ケンゲキ（兵法）
　J332　ケン　キエ：ケンゲキ（兵法）

鑑工
　KⅠ22a　ケン　コン：フシンブギヤウ（人品）
　J275　［右カン・左ケン］　コン：フシンブギヤウ（人品）

借了去
　KⅡ8a　ツエン　リヤ○ウ　キユイ：センヲコシテユク（賓友）
　J152　ツエン　リヤ○ウ　キユイ：センヲコシテユク

箭兒
　KⅣ25b　ツエン　ルウ：ヤ（兵法）
　J332　ヂエン　ルヽ：ヤ（兵法）

箭鏃
　KⅣ25b　ツエン　ヅヲ：ヤノ子（兵法）
　J332　チエン　ゾ：ヤジリ（兵法）

檻槽
　KⅣ49b　ハン　ツア○ウ：シキイタ（居室）
　J374　ハン　ツア○ウ：シキイタ（家居）

JIANG

江戸
　KⅠ12b　キヤン　ウー：エド（地理）
　J258　キヤン　ウヽ：エド（天文）

東京
　歩Ⅰ17b　{「東京」に変更}

江南出
　KⅤ8b　キヤン　ナン　チユ：ツクリミソ（飯肉）
　J446　キヤン　ナン　チユ：ツクリミソ（飲食）

江瑤柱
　KⅤ18a　キヤン　ヤ○ウ　チユイ：タイラギノハシラ（魚鼈）
　J397　キヤン　ヤ○ウ　チユイ：タイラキ（魚介）

【JIAN～JIANG】

江浙發
　ＫⅣ47a　キヤン　ツエ　ハ：クチシダシ（船件）
　Ｊ193　キヤン　チエ　ハ：クチシダシ

江浙貨
　ＫⅣ22a　キヤン　ツエ　ホウ：クチニモツ○ナンキンシタシノ◌（財産）
　Ｊ17　キヤン　チエ　ホウ：クチニモツ　南京仕出シノ◌

江豬
　ＫⅤ15b　キヤン　チユイ：イルカ（魚鼈）
　Ｊ391　キヤン　チユイ：イルカ（魚介）

豇豆
　ＫⅤ3a　カン　デ○ウ：サヽゲ（菜蔬）
　Ｊ385　カン　デ○ウ：サヽゲ（菜蔬）

将軍
　ＫⅠ18b　ツヤン　ギユイン：シヤウグン（人品）

將軍
　Ｊ268　チヤン　ギユン：シヤウグン（人品）

将就罷了
　ＫⅡ19a　ツヤン　ヅイ○ウ　バアー　リヤ○ウ：アラアラニシテヲケ（通用）

將就罷了
　Ｊ69　チヤン　ヂウ　バア　リヤ○ウ：アラ〳〵ニシテヲケ

将来
　ＫⅠ9b　ツヤン　ライ：イゴ（天文）

將來
　Ｊ188　チヤン　ライ：ヤガテ

将息些
　ＫⅠ44a　ツヤン　スイ　スイー：キウソクセヨ（動作）
　Ｊ37　ヂヤン　スイ　スイー：キウソクセヨ

将養些
　ＫⅣ39a　ツヤン　ヤン　スイー：ヤウセウセヨ（醫療）

將養些
　Ｊ45　ヂヤン　ヤン　スイ：ヤウゼウセヨ

漿糊
　ＫⅢ40b　ツヤン　ウヽ：ノリ（寶貨）

槳糊
　Ｊ322　チヤン　ウヽ：ノリ（器用）

漿衣服
　ＫⅢ43a　ツヤン　イ　ホ：イルヒナドニノリスル◌（寶貨）

槳衣服
　Ｊ198　チヤン　イヽ　ホ：ノリスル

鱂魚
　ＫⅤ15b　ツヤン　イヽ：マナカツヲ（魚鼈）

　Ｊ391　チヤン　イヽ：マナカツヲ（魚介）

姜醋兒
　ＫⅤ9a　キヤン　ツウ　ルウ：シヤウガズ（飯肉）

姜醋兒
　Ｊ446　キヤン　ツウ　ルヽ：シヤウガス（飲食）

薑擦
　ＫⅢ36b　キヤン　ツア：ワサヒオロシ（寶貨）
　Ｊ314　キヤン　ツア：カナオロシ（器用）

薑片
　ＫⅤ8b　キヤン　ペン：セウカツケ（飯肉）
　Ｊ446　キヤン　ペン：セウガツケ（飲食）

韁繩
　ＫⅤ42b　キヤン　ジン：トリナワ（馬鞍）
　Ｊ416　キヤン　ヂン：トリナワ（馬具）

講不出來
　ＫⅡ16b　キヤン　ポ　チユ　ライ：イヒダサヌ（通用）

講不出來
　Ｊ132　キヤン　プ　チユ　ライ：イヽダサヌ

講出來
　ＫⅡ16b　キヤン　チユ　ライ：イヒダス（通用）

講出來
　Ｊ132　キヤン　チユ　ライ：イヽダス

講錯了
　ＫⅡ16b　キヤン　ツヲー　リヤ○ウ：云チガエタ（通用）
　Ｊ131　キヤン　ツヲウ　リヤ○ウ：イヽチガエタ

講得入港
　ＫⅡ16b　キヤン　テ　ジ　キヤン：ハナシノシム◌（通用）
　Ｊ132　キヤン　テ　ジ　キヤン：ハナシノシム

講過的
　ＫⅡ16b　キヤン　コウ　テ：イフタ（通用）
　Ｊ133　キヤン　コ　テ：云イトク

講講講
　ＫⅡ16b　キヤン　キヤン　キヤン：イエ〳〵（通用）

講ヽヽ
　Ｊ131　キヤン　ヽ　ヽ：イエ〳〵

講講談談
　ＫⅡ16b　キヤン　ヽ　ダン　ヽ：ハナシ（通用）

講ヽ談ヽ
　Ｊ132　キヤン　ヽ　ドハン　ヽ：ハナシ

講明白
　ＫⅡ16b　キヤン　ミン　ベ：イフテラチアケタ（通用）
　Ｊ132　キヤン　ミン　ベ：タシカナトキヨフ

講什麼
　　ＫⅡ16b　キヤン　シ　モフ：ナニヲイフカ（通用）
講什広
　　J131　キヤン　シ　モウ：ナニヲイフカ
講是講聽不来
　　ＫⅡ17a　キヤン　ズウ　キヤン　デイン　ポ ライ（通用）：イフコトハイエトモキクコトハナラヌ
講是講聽不來
　　J132　キヤン　ズウ　キヤン　デン　プ ライ：イウコトハイエドモキクコトハナラヌ
講完了
　　ＫⅡ16b　キヤン　ワン　リヤ○ウ：イヒシモフタ（通用）
　　J131　キヤン　ワン　リヤ○ウ：イヽトッタ
講這話
　　ＫⅡ17a　キヤン　チエー　フアー：コウイエ（通用）
　　J132　キヤン　チエヽ　ワアー：コウイエ
槳兒
　　ＫⅣ43b　ツヤン　ルウ：カヒ（舩件）
槳兒
　　J358　チヤン　ルヽ：カイ（舩件）
槳葉
　　ＫⅣ43b　ツヤン　エ：ロノハ（舩件）
槳葉
　　J358　チヤン　エ：ロノハ（舩件）
絳色的
　　ＫⅤ39a　キヤン　スエ　テ：アカイロ○トビイロ（衣服）
　　J431　キヤン　スエ　テ：アカイロ　トビイロ（衣服）
醬
　　ＫⅤ8b　ツヤン：ヒシホ（飯肉）
　　J446　チヤン：ヒシホ（飲食）
醬拌了
　　ＫⅤ14a　ツヤン　ボワン　リヤ○ウ：ショフユニマゼル（煮煎）
　　J197　チヤン　バン　リヤ○ウ：セウユニマゼル
醬色的
　　ＫⅤ39b　ツヤン　スエ　テ：トビイロ○カバイロ（衣服）
　　J431　ヂヤン　スエ　テ：トビイロ又カバイロ（衣服）
醬湯
　　ＫⅤ9a　ツヤン　タン：シヤウユノスイモノ（飯肉）
　　J446　チヤン　タン：セウユノスイモノ（飲食）
醬蝦
　　ＫⅤ17a　ツヤン　ヒヤア：アミ（蟲類）

J396　チヤン　ヒヤア：アミ（魚介）
醬油
　　ＫⅤ8b　ツヤン　ユ○ウ：シヤウユ（飯肉）
　　J446　チヤン　イウ：シヤウユ（飲食）
強東西
　　ＫⅠ37a　ギヤン　トン　スイ：ジフトヒ（性情）
　　J100　キヤン　トン　スイ：シブトイ
強舌頭
　　ＫⅠ17a　ギヤン　ゼ　デ○ウ：シタノマワルモノ（人品）
　　J264　キヤン　ゼ　デ○ウ：シタノマワルモノ（人品）

JIAO

交把你
　　ＫⅢ13b　キヤ○ウ　パア、　ニイ：ソナタニワタシマス（慶弔）
　　J84　キヤ○ウ　パア　ニイ：ワタシマス
交把他
　　ＫⅢ13b　キヤ○ウ　パア、　タア、：アレニワタシタ（慶弔）
　　J84　キヤ○ウ　パア　タア、：アレニワタシタ
交把我
　　ＫⅢ13b　キヤ○ウ　パア、　ゴヲ、：ワレニオワタシナサレイ（慶弔）
　　J84　キヤ○ウ　パア　ゴウ：ヲワタシナサレイ
交加
　　ＫⅤ31a　キヤ○ウ　キヤア：マサル（花卉）
　　J437　キヤ○ウ　キヤア：マジル⌐（花艸）
交連
　　ＫⅢ26b　キヤ○ウ　レン：屏風ノツカイ（寶貨）
　　J294　キヤ○ウ　レン：屏風ノツガイ（器用）
交了春
　　ＫⅠ6a　キヤ○ウ　リヤ○ウ　チュイン：ハルニナル（天文）
　　J252　キヤ○ウ　リヤ○ウ　チュン：ハルニナッタ（天文）
交了春得了暖和凍開了
　　ＫⅠ9b　キヤ○ウ　リヤ○ウ　チュイン　テ　リヤ○ウ　ノワン　ホウ　トン　カイ　リヤ○ウ：ハルニナッテアタヽカデコホリガトケタ（天文）
　　J187　キヤ○ウ　リヤ○ウ　チュン　テ　リヤ○ウ　ノワン　ホウ　トン　カイ　リヤ○ウ：ハルニナッテコウリガトケタ
交了冬
　　ＫⅠ6a　キヤ○ウ　リヤ○ウ　トン：フユニナル（天文）
　　J252　キヤ○ウ　リヤ○ウ　トン：フユニナッタ（天文）

交了秋
　ＫⅠ6a　キヤ○ウ　リヤ○ウ　ツイ○ウ：アキニナル（天文）
　J252　キヤ○ウ　リヤ○ウ　チウ：アキニナツタ（天文）

交了夏
　ＫⅠ6a　キヤ○ウ　リヤ○ウ　ヤアー：ナツニナル（天文）
　J252　キヤ○ウ　リヤ○ウ　ヒヤア：ナツニナツタ（天文）

交枝
　ＫⅤ31b　キヤ○ウ　ツウ：エタヲマジユル（花卉）
　J438　キヤ○ウ　ツウ：エダヲマジユルヿ（花卉）

膠住了
　ＫⅣ8a　キヤ○ウ　ヂユイ　リヤ○ウ：ヒツ、ヒタ（製作）
　J221　キヤ○ウ　ヂユイ　リヤ○ウ：ヒツツイタ

鵁鶄
　ＫⅤ23b　キヤ○ウ　ツイン：ゴ井サギ（禽類）
　J420　キヤ○ウ　ツイン：ゴイサギ（飛禽）

蛟兒
　ＫⅤ19a　キヤ○ウ　ルウ：ミツチ（蟲類）
　J399　キヤ○ウ　ル丶：リヤウノルイ（虫）

澆蠟燭
　ＫⅢ43b　キヤ○ウラ　チョ：イツカケラウヲツクル（寶貨）
　J199　ギヤ○ウ　ラ　チョ：イカケラウヲツクル

澆水
　ＫⅤ31b　ギヤ○ウ　シユイ：水ヲソ丶ク（花卉）
　J438　ギヤ○ウ　シユイ：ミヅカクルヿ（花卉）

澆一澆
　ＫⅡ23a　キヤ○ウイ　キヤ○ウ：水ヲソ丶ク（通用）
　J22　ギヤ○ウイ　ギヤ○ウ：カクル

嬌養他
　ＫⅡ10b　ギヤ○ウ　ヤン　タアー：アマヤカス（賓友）
　J95　ギヤ○ウ　ヤン　タア：アマヤカス

驕傲不過
　ＫⅡ30b　ギヤ○ウ　ガ○ウ　ポ　コヲ丶：ヲゴリテナラヌ（疎慢）
　J7　ギヤ○ウ　ハ○ウ　ポ　コウ：ヲゴリテナラヌ

教你看
　ＫⅠ41a　キヤ○ウ　ニイ　カン：ソナタニミスル（動作）
　J173　ギヤ○ウ　ニイ　カン：ソコモトニミスル

教熟了
　ＫⅡ10b　キヤ○ウ　ジヨ　リヤ○ウ：ヲシヘジユクス（賓友）
　J78　ギヤ○ウ　ジヨ　リヤ○ウ：ヲシエジユクスル

焦心
　ＫⅠ38a　ツヤ○ウ　スイン：アセガル（性情）
　J89　ツヤ○ウ　スイン：アセガル

焦燥
　ＫⅠ38b　ツヤ○ウ　サア○ウ：アセガル（性情）
　J90　ツヤ○ウ　サウ：アセガル

蕉布
　ＫⅤ38a　ツヤ○ウ　プウ：バセウフ（衣服）
　J428　ツヤ○ウ　フウ：バセヲ（衣服）

鷦鷯
　ＫⅤ25a　ツヤ○ウ　リヤウ：サヾイ（禽類）
　J423　ツヤ○ウ　リヤウ：サヾイ（飛禽）

嚼嚼兒
　ＫⅢ8b　ツヤ丶　ルウ：カム（筵宴）

嚼〻兒
　J63　ヅヤ丶　ル丶：カム

嚼口
　ＫⅤ42a　ツヤ　ゲ○ウ：クツワ（馬鞍）
　J415　ヅア　ゲ○ウ：クツハ（馬具）

角落裏
　ＫⅣ49b　コロ　リイ：ヤ子ノカド（居室）

角落裡
　J372　コロ　リイ：イエノスミ（家居）

角落頭
　ＫⅣ49b　コロ　テ○ウ：ヤ子ノカド（居室）
　J372　コロ　デ○ウ：イエノスミ（家居）

狡鞭
　ＫⅣ45a　キヤ○ウ　ロ：セミ（舩件）
　J361　キヤ○ウ　ロ：セミ（舩件）

狡鞭餅
　ＫⅣ46a　キヤ○ウ　ロ　ビン：セミノモチ（舩件）

佼鞭餅
　J363　キヤ○ウ　ロ　ビン：セミノモチ（舩件）

餃子
　ＫⅤ8a　キヤ○ウ　ツウ：ペンシン（飯肉）
　J445　キヤ○ウ　ツウ：ペンシン（飲食）

絞不干
　ＫⅣ9a　キヤ○ウ　ポ　カン：シボリカワカサヌ（製作）
　J223　キヤ○ウ　プ　カン：シボリカワカヌ

絞腸
　ＫⅣ29b　キヤ○ウ　チヤン：カンクハクラン（疾病）
　{Jの釈変更}
　J42　キヤ○ウ　ヂヤン：身ガシボル{重複掲載}

J338 キヤ○ウ ヂヤン：ミガシボル（感動）

絞車
 KⅣ45b キヤ○ウ チエー：マキド（舩件）
 J361 キヤ○ウ チエヽ：マキド（舩件）

絞得干
 KⅣ9a キヤ○ウ テ カン：シボリカワカス（製作）
 J223 キヤ○ウ テ カン：シボリカワカス

絞乾了
 KⅢ10a キヤ○ウ カン リヤ○ウ：シホリカワカス（筵宴）
 J223 キヤ○ウ テ リヤ○ウ：シボリカワカシタ

矯了去
 KⅣ2b ギヤ○ウ リヤ○ウ キユイ：ソツタ（製作）
 J107 ギヤ○ウ リヤ○ウ キユイ：ソツタ

矯起来
 KⅣ2b ギヤ○ウ キイ ライ：ソリアカツタ（製作）

矯起來
 J107 ギヤ○ウ キイ ライ：ソリアカツタ

脚背
 KⅠ27a キヤ ポイ：アシノカウ（身體）
 J289 キヤ ポイ：アシノカウ（身體）

脚舩
 KⅣ40b キヤ ヂエン：ハシフ子（舩件）
 J352 キヤ ヂエン：ハシフ子（舩件）

脚底
 KⅠ27a キヤ デイ：アシノウラ（身體）
 J289 キヤ デイ：アシノウラ（身體）

脚底板
 KⅠ28a キヤ デイ パン：アシノハラ（身體）
 J291 キヤ デイ パン：アシウラ（身體）

脚股
 KⅠ27a キヤ クウ：ツト（身體）
 J289 キヤ クウ：ツト（身體）

脚爐
 KⅢ28a キヤ ルウ：キヤクロ（寶貨）
 J297 キヤ ルウ：キヤクロ（器用）
 歩 ｛削除｝

脚盆
 KⅢ41a キン ベン：アシダラヒ（寶貨）
 J323 キヤ ペン：アシダライ（器用）

脚氣
 KⅣ32a キヤ キイ：カツケ（疾病）
 J343 キヤ キイ：カツケ（感動）

脚軟了
 KⅣ33b キヤ ジエン リヤ○ウ：アシナユル（疾病）

J345 キヤ ゼン リヤ○ウ：アシナユル（感動）
歩Ⅳ48a ｛「腿軟了」のあとに移動｝

脚桶
 KⅢ41a キヤ トン：アシダラヒ（寶貨）
 J323 キヤ ドン：アシダライ（器用）

脚彎
 KⅠ27a キヤ ワン：アシノヒツカヾミ（身體）
 J289 キヤ ワン：アシノヒツカゞミ（感動）

脚硬了
 KⅣ32b キヤ ゲン リヤ○ウ：スクレタ（疾病）
 J346 キヤ ゲン リヤ○ウ：スクレタ（感動）

脚魚
 KⅤ16a キヤ イー：スツポン（魚鱉）
 J393 キヤ イヽ：スツポン（魚介）

脚直了
 KⅣ33b キヤ ヂ リヤ○ウ：スクレタ（疾病）
 J346 キヤ ヂ リヤ○ウ：スクレタ（感動）

攪饒了
 KⅡ20b キヤ○ウ ジヤ○ウ リヤ○ウ：ゴザフサニナリマシタ（通用）
 J89 キヤ○ウ ジヤ○ウ リヤ○ウ：ゴザウサニナリマシタ（感動）

攪撓了
 歩Ⅱ27a ｛「攪撓了」に変更，改悪｝

撓一撓
 KⅡ22b キヤ○ウ イ キヤ○ウ：マズル（通用）
 ｛撓は攪の誤り｝
 J22 キヤ○ウ イ キヤ○ウ：マズル

叫得出
 KⅡ8a キヤ○ウ テ チユ：ヨビダシタ（賓友）
 J152 キヤ○ウ テ チユ：ヨビタイタ

叫喊
 KⅣ31b キヤ○ウ ハン：コエタツル（疾病）
 J342 キヤ○ウ ハン：ウナル（感動）

叫化子
 KⅠ17a キヤ○ウ ハアー ツウ：コジキ（人品）
 J263 キヤ○ウ ハア ツウ：ヒニン（人品）

叫你去
 KⅡ5a キヤ○ウ ニイ キユイ：ソチヲヨビニユイタ（賓友）
 J146 キヤ○ウ ニイ キユイ：ソチヲヨビニユイタ

叫他来
 KⅡ5a キヤ○ウ タアー ライ：アレヲヨンテコヒ（賓友）

叫他來

J146 キヤ○ウ タア ライ：アレヲヨンテコイ

叫一聲
　ＫⅠ30b キヤ○ウ イ シン：ヒトコヱサケブ（身體）
　J108 キヤ○ウ イ スイン：ヒトコヱサケブ

叫做某名
　ＫⅡ12b キヤ○ウ ツヲ、ムウ ミン：名ヲナニト モフス（賓友）
　J5 キヤ○ウ ツヲ、ムウ ミン：名ヲナニトモウスカ

轎夫
　ＫⅠ19b ギヤ○ウ フウ：カゴカキ（人品）
　J270 ギヤ○ウ フウ：カゴカキ（人品）

教師
　ＫⅠ21b キヤ○ウ スウ：シシヤウ（人品）
　J274 キヤ○ウ スウ：シセウ（人品）

JIE

結子
　ＫⅤ31a キ ツウ：ミナル（花卉）
　J437 キ ツウ：ミノナルヿ（花艸）

結子的
　ＫⅤ35a キ ツウ テ：ミノナルモノ（種藝）
　J208 キ ツウ テ：ミノナルモノ

接髪板
　ＫⅢ30a ツイ ハ パン：ソリケ入（寶貨）

髪板
　J300 ハ パン：ソリケ入レ（器用）｛脱字か｝

接嫁
　ＫⅢ19b ツイ キヤア：マチヨメ（婚姻）
　J366 チ キヤア：マチヨメ（婚姻）

接口説道
　ＫⅡ15a ツイ ゲ○ウ セ ダ○ウ：ワキカラトツテ云（通用）
　J129 チ ゲ○ウ セ ダ○ウ：ワキカラトツテ云

接連的
　ＫⅣ17a ツイ レン テ：ツバイタ（諸物）
　J207 チ レン テ：ツバイタ

接他的
　ＫⅡ12b ツイ タアー テ：カレヲムカエル（賓友）
　J38 チ タア テ：カレヲムカエル

接王家
　ＫⅡ12b ツイ ワン キヤア：オムカヒニマ井ル（賓友）
　J38 チ ワン キヤア：ヲムカイニマイル

接不活
　ＫⅤ35a ツイ ポ ウヲ：ツギタテヌ（種藝）

接不活
　J203 デ プ ヲ：ツギタテヌ

桜花
　ＫⅤ31b ツイ ハアー：ハナツグ（花卉）

接花
　J438 チ ハア：ハナツグ（花艸）

接起来
　ＫⅤ35a ツイ キイ ライ：木ヲツクヿ（種藝）

接起來
　J203 チ キイ ライ：ツグ

桜熟了
　ＫⅤ35a ツイ シヨ リヤ○ウ：ツギキカヨクツイタ（種藝）

接熟了
　J203 デ ジヨ リヤ○ウ：ツギキカヨクツイタ

揭不開
　ＫⅣ6a カ ポ カイ：ハガレヌ（製作）
　J215 カ ポ カイ：ハガレヌ

揭得底
　ＫⅣ6a カ テ デイ：シタマデハヒダ（製作）
　J215 ［唐音なし］ テ デイ：シタマデハイダ
　筑・天3・14b カ テ デイ

揭得開
　ＫⅣ6a カ テ カイ：ハガルヽ（製作）
　J215 カ テ カイ：ハガルヽ

揭開来
　ＫⅣ9a カ カイ ライ：ヒキハグ（製作）

揭開來
　J215 カ カイ ライ：ヒキハク

街上
　ＫⅠ11b キヤイ ジヤン：マチ（地理）
　J256 キヤイ ジヤン：マチ（天文）

節用的
　ＫⅡ25a ツイ ヨン テ：ヲリフシイル（干求）
　J64 チエ ヨン テ：ヲリフシイレ

結冰了
　ＫⅠ8b キ ピン リヤ○ウ：コホリヲムスブ（天文）

結氷了
　J185 キ ピン リヤ○ウ：コウリヲムスブ

結好了
　ＫⅢ22b キ ハ○ウ リヤ○ウ：ヨククヽツタ（官府）
　J210 キ ハ○ウ リヤ○ウ：ヨククヽツタ

結喉
　ＫⅠ26a キ ヘ○ウ：ノトフエ（身體）

J287 キ ヘ○ウ：ノドフエ（身體）

結婚
  ＫⅢ19a キ ホン：エンクミ（婚姻）
  J365 キ ホン：エンクミ（婚姻）

結交社
  ＫⅡ10a キ キヤ○ウ シエー：ヨリアイニクミスル（賓友）
  J77 キ キヤ○ウ ジエ、：ヨリアイニクミスル

結結帳
  ＫⅣ22b キ キ チヤン：ケツサンスル（財産）

結ヶ帳
  J18 キ 、チヤン：ケツサンスル

結界
  ＫⅠ10a キ キヤイ：サカヒ（地理）
  J253 キ キヤイ：サカイ（天文）

結了冰
  ＫⅠ8a キ リヤ○ウ ピン：コホリヲムスブ（天文）

結了氷
  J185 キ リヤ○ウ ピン：コウリヲムスブ

結了封
  ＫⅢ18a キ リヤ○ウ ホン：ホウシタ（寄贈）
  J211 キ リヤ○ウ ホン：ホウジタ

結尾頭
  ＫⅢ22a キ ウイ デ○ウ：アトサラエ（官府）
  J104 キ ウイ デ○ウ：アトサラエ

結一結
  ＫⅡ24a キ イ キ：ムスブ（通用）
  J24 キ イ キ：ムスベ

結縁
  ＫⅢ19a キ イエン：エンクミ（婚姻）
  J365 キ エン：エンクミ（婚姻）

解不来
  ＫⅡ21b キヤイ ポ ライ：トカレヌ（通用）

解不來
  J8 キヤイ プ ライ：トカレヌ
  步 ｛削除｝

解不清
  ＫⅣ19b キヤイ ポ ツイン：スマヌ（財産）
  J67 キヤイ プ チン：スマヌ

解得解
  ＫⅡ21b キヤイ テ カイ：トカル、（通用）｛3字め解は開の誤り｝

解得開
  J8 キヤイ テ カイ：トカル、

解一解
  步Ⅱ28b ｛「解一解」に変更｝

解得来
  ＫⅡ21b キヤイ テ ライ：トカレタ（通用）

解得來
  J8 キヤイ テ ライ：トカル、

解開来
  ＫⅡ29a キヤイ カイ ライ：トケタ（患難）

解開來
  J106 キヤイ カイ ライ：トケタ

解勸他
  ＫⅡ21a キヤイ キエン タアー：カレヲトキス、ムル（通用）
  J8 キヤイ ケン タア：カレヲトキス、ムル

解手去
  ＫⅠ40a キヤイ シウ キユイ：ダイヨフニユク（動作）
  J239 キヤイ シウ キユイ：ダイヨウニユク

解藥的
  ＫⅣ38b キヤイ ヨ テ：トクケシ（醫療）
  J44 キヤイ ヨ テ：トキクスリ

解頤話
  ＫⅡ16a キヤイ イー ワアー：ヲトシハナシ（通用）
  J131 キヤイ イ、ワア：ヲトシバナシ

解粽子
  ＫⅤ11b キヤイ ツヲン ツウ：チマキヲトク（飯肉）
  J235 キヤイ ツヲン ツウ：チマキヲトク

芥菜 ⇨ GAIを見よ。

界尺
  ＫⅢ31b キヤイ チ：ケサンノ┐（寶貨）
  J303 キヤイ チ：ケサン（器用）

疥瘡
  ＫⅣ31a キヤイ ツアン：ヒセンカサ（疾病）
  J340 キヤイ ツアン：ヒセンカサ（感動）

戒懼他
  ＫⅢ23b キヤイ ギユイ タア：アレニオソル、（官府）
  J6 キヤイ ギユイ タア：アレニヲソル、

借把你
  ＫⅣ20b ツエー パアー ニイ：ソナタニカシマス（財産）
  J237 ツエ パア ニイ：カシマス

借兵
  ＫⅣ24b ツエー ピン：ヘイヲカル（兵法）
  J330 ツエ ピン：ヘイヲカル（兵法）

借借用
　ＫⅣ20a ツエー ツエー ヨン：カリテツカフ（財産）
借ヶ用
　J237 ツエ 、 ヨン：カリテツカフ
借去了
　ＫⅣ20a ツエー キユイ リヤ○ウ：カリテユヒタ（財産）
　J237 ツエ キユイ リヤ○ウ：カリテイツタ
借問你
　ＫⅡ12a ツエー ウエン ニイ：ソナタニオタツ子モフス（賓友）
　J233 ツエヽ ウエン ニイ：モシヲタツ子モウス
借重你
　ＫⅡ27a ツエー ヂヨン ニイ：ソナタニタノミマス（干求）
　J91 ツエ ヂヨン ニイ：タノミマス
解糧官
　ＫⅢ25b キヤイ リヤン クワン：カテヲオクルクワン（官府）
　J37 キヤイ リヤン クハン：カテヲオクルクハン

JIN

巾字旁
　ＫⅢ51b キン ヅウ バン：キンヘン（讀書）
　J32 キン ヅウ バン：キンヘン
釿兒
　ＫⅢ33b キン ルウ：テオノ（寳貨）
　J309 キン ルウ：テウノ（器用）
今年
　ＫⅠ4b キン 子エン：コトシ（天文）
　J250 キン 子ン：コトシ（天文）
今日
　ＫⅠ4a キン ジ：コンニチ（天文）
　J249 キン ジ：コンニチ（天文）
今日暖起来
　ＫⅠ7a キン ジ ノワン キイ ライ：コンニチアタヽカニナツタ（天文）
今日暖起來
　J182 キン ジ ノワン キイ ライ：コンニチアタヽカニナツタ
今日熱起来
　ＫⅠ6b キン ジ ジエ キイ ライ：コンニチハアツイ（天文）
今日熱起來

　J182 キン ジ ゼ キイ ライ：今日ハアツイ
今日天氣不好
　ＫⅠ6a キン ジ テエン キイ ポ ハ○ウ：コンニチテンキヨカラズ（天文）
　J181 キン ジ テン キイ プ ハ○ウ：コンニチテンキヨカラズ
今日天氣好
　ＫⅠ6a キン ジ テエン キイ ハ○ウ：ケウハテンキヨシ（天文）
　J181 キン ジ テン キイ ハ○ウ：ケウハテンキヨシ
今日天陰了
　ＫⅠ6b キン ジ テエン イン リヤ○ウ：コンニチテンキクモル（天文）
　J181 キン ジ テン イン リヤ○ウ：コンニチテンキクモル
今日霞起来
　ＫⅠ6b キン ジ ヤアー キイ ライ：コンニチカスミタツ（天文）
今日霞起來
　J182 キン ジ ヒヤア キイ ライ：コンニチカスミタツ
今日下霧
　ＫⅠ6b キン ジ ヒヤア ウー：コンニチキリフル（天文）
　J181 キン ジ ヒヤア ムウ：コンニチキリ下ル
今日下雪
　ＫⅠ6a キン ジ ヒヤア スエ：コンニチユキフル（天文）
　J181 キン ジ ヒヤア スエ：コンニチユキフル
今日下雨
　ＫⅠ6a キン ジ ヒヤア イー：コンニチアメフル（天文）
　J181 キン ジ ヒヤア イヽ：コンニチアメフル
今日有風
　ＫⅠ6b キン ジ イウ フヲン：コンニチカゼガアル（天文）
　J182 キン ジ イウ ホン：コンニチカゼガアル
今日子
　ＫⅠ9a キン ジ ツウ：ケフ（天文）
　J186 キン ジ ツウ：ケフ
今晩涼
　ＫⅠ7b キン ワン リヤン：コンバンハス ■（判読不能） シヒ（天文）
　J184 キン ワン リヤン：コンハンハスヽシイ
今夜頭
　ＫⅠ2a キン エー デ○ウ：コンヤ（天文）

J245　キン　エ、　デ○ウ：コンヤ（天文）
金箔
　　ＫⅢ39b　キン　ホ：キンバク（寶貨）
　　J320　キン　ポ：ハクカミ（器用）
金翅魚
　　ＫⅤ15a　キン　ツウ　イー：ハシビ（魚鼈）
　　J391　キン　ツウ　イヽ：ハシビ（魚介）
金瘡
　　ＫⅣ30b　キン　ツアン：キンソウ（疾病）
　　J342　キン　ツアン：キンソウ（感動）
金打的
　　ＫⅢ34b　キン　タアー　テ：キンカナモノ（寶貨）
　　J310　キン　タア　テ：キンカナモノ（器用）
金燈籠
　　ＫⅤ30b　キン　テン　ロン：ホヽヅキ（花卉）
　　J436　キン　テン　ロン：ホウツキ（花艸）
金緞
　　ＫⅤ37a　キン　ドワン：キンダン（衣服）
　　J427　キン　ドハン：キンダン（衣服）
金柑
　　ＫⅤ33b　キン　カン：キンカン（菓蓏）
　　J412　キン　カン：キンカン（菓）
金鼓
　　ＫⅣ24a　キン　クウ：カ子タヒコ（兵法）
　　J329　キン　クウ：カ子タイコ（兵法）
金瓜槌
　　ＫⅢ34a　キン　クワア　ツイ：カナヅチ（寶貨）
金爪槌
　　J309　キン　ザ○ウ　ツイ：カ子ノツチ（器用）｛爪字は誤りか｝
金龜
　　ＫⅤ20a　キン　クイ：コガメムシ（蟲類）
金亀
　　J401　キン　クイ：コガ子ムシ（虫）
金花表裡
　　ＫⅢ19b　キン　ハアー　ピヤ○ウ　リイ：女ノ井ルトコロ（婚姻）
　　J366　キン　ハア　ピヤ○ウ　リイ：女ノイルトコロ（婚姻）
金箋
　　ＫⅢ32b　キン　ツエン：キンガミ（寶貨）
　　J306　キン　チエン：キンヂガミ（器用）
金錦
　　ＫⅤ38a　キン　キン：キン入ニシキ（衣服）
　　J429　キン　キン：キン入ニシキ（衣服）

金口
　　ＫⅣ42a　キン　ゲ○ウ：ハセクチ（舩件）
　　J355　キン　ゲ○ウ：ハセクチ（舩件）
金口魚
　　ＫⅤ16a　キン　ゲ○ウ　イー：アユ（魚鼈）
　　J393　キン　ゲ○ウ　イヽ：アユ（魚介）
金錢豹
　　ＫⅤ43b　キン　ヅエン　パ○ウ：クロホンツキケ（馬鞍）
金錢豹
　　J418　キン　チエン　パ○ウ：月毛惣身ニ黒大星有ハ千疋ニ一二疋（馬具）
金錢花
　　ＫⅤ30a　キン　ツエン　ハアー：ギンセンクワ（花卉）
　　J435　キン　チエン　ハア：ギンセンクワ（花艸）
金鎗魚
　　ＫⅤ15a　キン　ツアン　イー：シビ（魚鼈）
　　J391　キン　ツアン　イヽ：シビ（魚介）
金絲荷葉
　　ＫⅤ30b　キン　スウ　ホウ　エ：ユキノシタ（花卉）
　　J436　キン　スウ　ホウ　エ：キジンソウ（花艸）
金線魚
　　ＫⅤ15a　キン　スエン　イー：イトヨリ（魚鼈）
　　J391　キン　セン　イヽ：イトヨリ（魚介）
金銀錠
　　ＫⅣ22a　キン　イン　デイン：キンギンノ丁イタ（財産）
　　J17　キン　イン　デイン：キンギンノ丁イタ
金銀豆
　　ＫⅤ3a　キン　イン　デ○ウ：オニマメ（菜蔬）
　　J385　キン　イン　デ○ウ：オニマメ（菜蔬）
金魚
　　ＫⅤ17a　キン　イー：キンキヨ（魚鼈）
　　J394　キン　イヽ：キンギヨ（魚介）
金針菜
　　ＫⅤ1a　キン　チン　ツアイ：クワンサウ（菜蔬）
　　J381　キン　チン　ツアイ：クハンサウ（菜蔬）
金鐘
　　ＫⅤ20a　キン　チヨン：スヽムシ（蟲類）
　　J401　キン　チヨン：スズムシ（虫）
金箸
　　ＫⅣ42a　キン　チユイ：カナハサミ（舩件）
　　J355　キン　チユイ：カヅハサミ（舩件）
筋節
　　ＫⅠ27b　キン　ツイ：スヂ○フシ（身體）

【JIN】

J290　キン　チエ：スヂフシ（身體）

筋骨
　歩Ⅰ38b　｛「筋骨」に変更｝

襟
　ＫⅤ37a　キン：エリ（衣服）
　J427　キン：エリ（衣服）

儘勾了
　ＫⅣ10a　ヅイン　ゲ○ウ　リヤ○ウ：スベテタリマシタ（数量）
　J170　ヂン　ゲ○ウ　リヤ○ウ：スベテタリマシタ

儘這些
　ＫⅡ18a　ヅイン　チエー　スイー：コノマヽ（通用）
　J67　ヂン　チエヽ　スイ：コノマヽ

緊隔壁
　ＫⅣ48b　キン　ゲ　ピ：マトナリ（居室）
　J370　キン　ゲ　ピ：マトナリ（家居）

緊繚
　ＫⅣ41b　キン　リヤ○ウ：ヒラキ（舩件）
　J352　キン　リヤ○ウ：ヒラキ（舩件）

緊隣的
　ＫⅣ48b　キン　リン　テ：マトナリ（居室）
　J371　キン　リン　テ：マトナリ（家居）

緊身
　ＫⅤ36b　キン　シン：ハダキ（衣服）
　J426　キン　シン：ハダキ（衣服）

錦紬
　ＫⅤ37b　キン　チウ：ナミサヤ（衣服）
　J428　キン　チウ：ナミサヤ（衣服）

錦綢
　ＫⅤ38b　キン　チウ：ヒガキサヤ（衣服）
　J430　キン　ヂウ：ヒガキサヤ（衣服）

錦雞
　ＫⅤ24a　キン　キイ：キンケイ（禽類）
　J421　キン　キイ：キンケイ（飛禽）

錦葵花
　ＫⅤ30a　キン　クイ　ハアー：コアフヒ（花卉）
　J435　キン　グイ　ハアー：小アヲイ（花艸）

錦紗
　ＫⅤ37b　キン　サアー：モンチリメン（衣服）
　J427　キン　サア：モンチリメン（衣服）

進得入
　ＫⅡ5b　ツイン　テジ：ハイッタ（賓友）
　J147　チン　テジ：ハイッタ

進得去
　歩Ⅱ7a　｛「進得去」に変更｝

進港
　ＫⅣ41b　ツイン　キヤン：入津（舩件）
　J352　チン　キヤン：入津（舩件）

進閣了
　ＫⅢ25b　ツイン　コ　リヤ○ウ：上官ニスヽム（官府）
　J11　チン　コ　リヤ○ウ：上官ニスヽム

進山林
　歩Ⅱ48b　｛増補｝

進一歩退一歩
　ＫⅡ7b　ツイン　イ　ブウ　トイ　イ　ブウ：ヒトアシスヽミヒトアシシリゾク（賓友）
　J152　チン　イ　プウ　トイ　イ　プウ：ヒトアシスヽミヒトアシシリゾク

進又少用又大
　ＫⅡ25b　ツイン　ユウ　シヤ○ウ　ヨン　ユウ　ダアー：イルコトハスクナツカフコトガオホヒ（干求）
　J64　チン　イウ　スヤ○ウ　ヨン　イウ　ダア：イルコトハスクナツカフコトガヲヽイ

近了年
　ＫⅠ5a　ギン　リヤ○ウ　子エン：セツキニイタル（天文）
　J251　キン　リヤ○ウ　チン：セツキニナツタ（天文）

近視鏡
　ＫⅢ35b　ギン　スウ　キン：チカメガ子（寶貨）
　J312　キン　ズウ　キン：チカメガ子（器用）

近視眼
　ＫⅠ28b　ギン　ズウ　エン：チカメ（身體）
　J264　キン　ズウ　エン：チカメ（人品）

近所在
　ＫⅠ12b　キン　ソウ　ヅアイ：キンジョ（地理）
　J188　キン　ソウ　ヅアイ：キンジョ

浸不爛
　ＫⅣ8b　チン　ポ　ラン：ヨクシメラヌ（製作）
　J222　ツイン　プ　ロハン：ヨクシメラヌ

禁出来
　ＫⅣ17a　キン　チユ　ライ：オシダス（諸物）

禁出來
　J61　キン　チユ　ライ：ヲシダス

禁幾天
　ＫⅢ23b　キン　キイ　テエン：キンセヒイクカヽ（官府）
　J10　キン　キイ　テン：キンゼイイツカヽ

禁口
　ＫⅢ41b　キン　ゲ○ウ：ウバクチ（寶貨）
　J324　キン　ゲ○ウ：ウバクチ（器用）

禁了烟
　ＫⅢ 4a　キン リヤ○ウ エン：タバコキンセヒ（筵宴）
　J158　キン リヤ○ウ エン：タバコキンセイ
禁子的
　ＫⅠ 16b　キン ツウ テ：カタメノモノ（人品）
　J262　キン ツウ テ：カタメノモノ（人品）
禁子
　歩Ⅰ 23b　｛「禁子」に変更｝

JING

茎兒
　ＫⅤ 31a　キン ルウ：クキ（花卉）
　J437　ヘエン ルヽ：クキ（花艸）
經閉
　ＫⅣ 34a　キン ピイ：月水不通也（疾病）
　J347　キン ピイ：月水不通也（感動）
經布
　ＫⅤ 41a　キン プウ：ヌノハユル（衣服）
　J367　キン フウ：ヌノハユル（婚姻）
經穿的
　ＫⅤ 41a　キン チエン テ：キルモノヽツヨイ「
　　（衣服）
　J231　キン チエン テ：テノヨイヲリモノ
經過的
　ＫⅡ 32a　キン コヲ テ：テドツタコトジヤ（德藝）
　J74　キン コウ テ：テドツタコトジヤ
經過手
　ＫⅡ 32b　キン コヲ、シウ：テドツタコトジヤ
　　（德藝）
　J75　キン コウ シユ：テドツタコトジヤ
經紀的
　ＫⅠ 16b　キン キイ テ：タシカナ人（人品）
　J262　キン キイ テ：タシカナ人（人品）
經手過
　ＫⅡ 32a　キン シウ コヲ、：テドツタコトジヤ
　　（德藝）
　J74　キン シウ コウ：テドツタコトジヤ
經書
　ＫⅢ 32a　キン シユイ：ケイショ（寶貨）
　J305　キン シユイ：ケイショ（器用）
經霜的
　ＫⅤ 12a　キン シヨワン テ：シモヲヘタモノ（飯肉）
　J236　キン シハン テ：シモヲヘタモノ
經緯
　ＫⅤ 41a　キン ヲイ：タテヨコ（衣服）

　J367　キン ヲイ：タテヨコ（婚姻）
經緯的
　ＫⅤ 40a　キン ヲイ テ：タテヨコ（衣服）
　J207　キン ヲイ テ：タテヨコ
經用的
　ＫⅢ 43b　キン ヨン テ：キブツノツカウタモノ
　　（寶貨）
　J231　キン ヨン テ：ショウカタシカナ
京上
　ＫⅠ 10a　キン ジヤン：キヤフト（地理）
　J257　キン ジヤン：キヤフト（天文）
荊棘
　ＫⅤ 32a　キン キ：イバラ（花卉）
　J439　キン ケ：イバラ（花艸）
精製的
　ＫⅣ 37b　キン ツイ テ：ヨキセイホフ（醫療）
　J43　チン ツウ テ：ヨキセイホウ
旌旗
　ＫⅣ 25a　スイン ギイ：ハタ（兵法）
　J331　ツイン キイ：ハタ（兵法）
粳米
　ＫⅤ 6a　ゲン ミイ：マゴメ（飯肉）
　J441　カン ミイ：マコメ（飲食）
井欄
　ＫⅣ 49b　ツイン ラン：井ゲタ（居室）
　J372　チン ラン：イゲタ（家居）
井索
　ＫⅢ 41b　ツイン ソ：ツルベナハ（寶貨）
　J324　ヂン ソ：ツルベナハ（器用）
景天草
　ＫⅤ 32a　キン テン ツア○ウ：イキクサ（花卉）
景天艸
　J439　キン テン ツア○ウ：イワレンゲ（花艸）
浄浄浴
　ＫⅠ 31b　ヅイン ヽ ヨ：ユアビル（身體）
浄ヽ浴
　J163　ヂン ヽ ヨ：行水スル
浄手去
　ＫⅠ 40a　ヅイン シウ キユイ：小用ニユク（身體）
　J239　ヅイン シウ キユイ：小用ニユク
竟不象
　ＫⅣ 16a　キン ポ ヅヤン：ツントニヌ（諸物）
　J234　ヅイン プ ヅヤン：ツントニヌ
竟不像
　歩Ⅳ 23b　｛「竟不像」に変更｝

【JIN～JIU】

竟不要
　ＫⅡ25b　キン　ポ　ヤ○ウ：スキトイラヌ（干求）
　J64　ヅイン　プ　ヤ○ウ：スキトイラヌ

竟吃完
　ＫⅢ7b　キン　チ　ワン：スキトクヒシマフタ（筵宴）
　J168　キン　チ　ワン：クイトツタ

竟好了
　ＫⅡ17b　キン　ハ○ウ　リヤ○ウ：ツヒニヨクナツタ（通用）
　J136　キン　ハ○ウ　リヤ○ウ：ツイニヨクナツタ

竟開了
　ＫⅣ6a　キン　カイ　リヤ○ウ：ツヒニハケタ（製作）
　J215　キン　カイ　リヤ○ウ：ツイニハケタ

竟象的
　ＫⅣ16b　キン　ヅヤン　テ：ツントニタ（諸物）
　J234　キン　ヂヤン　テ：ツントニタ

竟像的
　歩Ⅳ23b　｛「竟像的」に変更｝

境界
　ＫⅠ10a　キン　キヤイ：サカヒ（地理）
　J253　キン　キヤイ：サカイ（天文）

鏡糖
　ＫⅤ8b　キン　ダン：大白（飯肉）
　J446　キン　ダン：大白（飲食）

鏡子
　ＫⅢ30a　キン　ツウ：カヾミ（寶貨）
　J301　キン　ツウ：カヾミ（器用）

静静兒
　ＫⅡ24b　ヅイン　ヽ　ルウ：サビシヒ（通用）

静々兒
　J207　ヂン　ヽ　ル、：サビシイ

敬佛的
　ＫⅢ11b　キン　ウエ　テ：ホトケヲウヤマフ（祭祀）
　J35　キン　ウエ　テ：ホトケシンコウジヤ

JIU

鳩鳥
　ＫⅤ24a　キウ　ニヤ○ウ：ハト（禽類）
　J421　キウ　ニヤ○ウ：ハト（飛禽）

究問他
　ＫⅢ21b　キウ　ウエン　タアヽ：トヒツケル（官府）
　J103　ギウ　ウエン　タア：トイツケル

九使廟
　ＫⅢ11a　キウ　スウ　ミヤ○ウ：スワシヤ（祭祀）
　J34　キウ　サイ　ミヤ○ウ：スワシヤ

九賽廟
　歩Ⅲ14b　｛「九賽廟」に変更｝

九月九
　ＫⅠ5a　キウ　イエ　キウ：九月九日（天文）
　J187　キウ　エ　キウ：九月九日

九月九是重陽
　歩Ⅰ7a　｛「九月九是重陽」に変更｝

久雨
　ＫⅠ2b　キウ　イー：ナガアメ（天文）
　J246　キウ　イ、：ナガアメ（天文）

灸
　ＫⅣ37a　キウ：キウ（醫療）
　J349　キウ：キウ（療養）

灸火
　歩Ⅳ52a　｛「灸火」に変更｝

灸疤子
　ＫⅣ33b　キウ　パアー　ツウ：キウノアト（疾病）
　J345　キウ　パア　ツウ：キウノアト（感動）

灸一灸
　ＫⅡ23a　キウ　イ　キウ：灸ヲスル（通用）
　J23　キウ　イ　キウ：灸ヲセヨ

韮菜
　ＫⅤ1b　キウ　ツアイ：ニラ（菜蔬）
　J382　キウ　ツアイ：ニラ（菜蔬）

酒杯
　ＫⅢ29a　ツイ○ウ　ホイ：サカツキ（寶貨）
　J299　チウ　ポイ：サカツキ（器用）

酒糟
　ＫⅤ9a　ツイ○ウ　ツア○ウ：サケノカス（飯肉）
　J447　チウ　ツア○ウ：サケノカス（飲食）

酒糟鼻
　ＫⅠ28b　ツイ○ウ　ツア○ウ　ビイ：アカバナ（身體）
　J264　チウ　ツア○ウ　ビイ：アカハナ（人品）

酒缸
　ＫⅢ29a　ツイ○ウ　カン：サカヾメ（寶貨）
　J298　チウ　カン：サカヾメ（器用）

酒量好
　ＫⅢ2a　ツイ○ウ　リヤン　ハ○ウ：シユレウカヨヒ（筵宴）
　J154　チウ　リヤ○ン　ハ○ウ：シユレウカヨイ

酒量淺
　ＫⅢ2a　ツイ○ウ　リヤン　ツエン：シユレウカアサヒ（筵宴）
　J155　チウ　リヤン　ヂエン：シユレウガアサイ

酒能成事酒能敗事

ＫⅢ 3a　ツイ○ウ 子ン ヂン ズウ ツイ○ウ 子ン
　　　パイ ズウ：サケハヨクコトヲナシヨクコトヲヤブ
　　　ル（筵宴）
　　Ｊ157　チウ 子ン チン ズウ チウ 子ン パイ ズウ：
　　　サケハヨクコトヲナシヨクコトヲヤブル

酒娘
　　ＫⅤ 9b　ツイ○ウ ニヤン：サケノムルミ（飯肉）
　　Ｊ447　チウ ニヤン：ムルミ（飲食）

酒瓶
　　ＫⅢ 29a　ツイ○ウ ビン：サケビン（寶貨）
　　Ｊ298　チウ ビン：ビン（器用）

酒熱了
　　ＫⅢ 2a　ツイ○ウ ゼ リヤ○ウ：サケノカンカアツ
　　　ヒ（筵宴）
　　Ｊ154　チウ ゼ リヤ○ウ：サケノカンガアツイ

酒太多
　　ＫⅢ 2a　ツイ○ウ タイー トウ：サケカタイブンオ
　　　ホヒ（筵宴）
　　Ｊ154　チウ タイ トウ：サケガタイブンヲヽイ

酒壜
　　ＫⅢ 29a　ツイ○ウ ダン：サカゞメ（寶貨）
　　Ｊ299　チウ タン：サカヽメ

酒桶
　　ＫⅢ 29a　ツイ○ウ トン：サカヲケ（寶貨）
　　Ｊ299　チウ ドン：サカヲケ（器用）

酒肴
　　ＫⅤ 10a　ツイ○ウ ヤ○ウ：サケノサカナ（飯肉）
　　Ｊ448　チウ ヤ○ウ：サケノサカナ（飲食）

酒盞
　　ＫⅢ 29a　ツイ○ウ ツアン：ヒラサカヅキ（寶貨）
　　Ｊ299　チウ ツアン：ヒラサカヅキ（器用）

酒鍾
　　ＫⅢ 29a　ツイ○ウ チヨン：チヨク（寶貨）
　　Ｊ299　チウ チヨン：チヨク（器用）

酒醉肉飽
　　ＫⅢ 6b　ツイ○ウ ツ○イ ジョ パ○ウ：サケニヨヒ
　　　ニクニアク（筵宴）
　　Ｊ166　チウ ツイ ジョ パ○ウ：サケニヨイニクニアク

酒樽
　　ＫⅢ 29a　ツイ○ウ ツイン：サカタル（寶貨）
　　Ｊ298　チウ ツエン：サカダル（器用）

舊本子
　　ＫⅢ 31b　ギウ ペン ツウ：フルホン（寶貨）
　　Ｊ304　キウ ペン ツウ：フルホル（器用）

舊交友
　　ＫⅡ 10b　ギウ キヤ○ウ ユウ：フルキトモタチ
　　　（賓友）
　　Ｊ78　ギウ キヤ○ウ イウ：フルキトモタチ

舊街官
　　ＫⅠ 19a　ギウ キヤイ クワン：フルマチヲトナ
　　　（人品）
　　Ｊ269　ギウ キヤイ クハン：フルマチヲトナ（人品）

舊舊的
　　ＫⅣ 18b　ギウ ギウ テ：フルヒ（諸物）

舊ゝ的
　　Ｊ230　ギウ ヽ テ：フルイ

舊年
　　ＫⅠ 4b　ギウ 子エン：キヨ子ン（天文）
　　Ｊ250　ギウ 子ン：キヨ子ン（天文）

救兵
　　ＫⅣ 24a　ギウ ピン：タスケノセヒ（兵法）
　　Ｊ329　キウ ピン：タスケセイ（兵法）

救活了
　　ＫⅡ 29a　キウ ワヲ リヤ○ウ：スクヒイカス（患難）
　　Ｊ106　ギウ ヲ リヤ○ウ：スクイイカス

救火的
　　ＫⅠ 16b　ギウ ホヲヽ テ：火ケシノモノ（人品）
　　Ｊ262　ギウ ホヲ テ：火ケシノモノ（人品）

救上来
　　ＫⅣ 2b　ギウ ジヤン ライ：スクヒアクル（製作）

救上來
　　Ｊ106　ギウ ジヤン ライ：スクイアクル

就罷休
　　ＫⅠ 44b　ヅイ○ウ パアイ ヒユウ：モフヤメタ
　　　（動作）
　　Ｊ38　ヂウ バア ヒウ：モウヤメテヨイ

就差了
　　ＫⅢ 21b　ヅイ○ウ ツアー リヤ○ウ：ステニタカフタ
　　　（官府）
　　Ｊ104　ヂウ ツアヽ リヤ○ウ：タガフタ

就担来
　　ＫⅣ 6a　ツイ○ウ タン ライ：イマモチテコヒ（製作）

就担來
　　Ｊ58　ヂウ タン ライ：イマモテコイ

就會作
　　ＫⅣ 1b　ヅイ○ウ ホイ ツヲ：ソノマヽヨクナス
　　　（製作）
　　Ｊ133　ヂウ ホイ ツヲヽ：ソノマヽヨフナス

就跑哩
　　ＫⅡ 6b　ヅイ○ウ バ○ウ リイ：ソノマヽカケル

【JIU～JU】

　　（賓友）
　J149　ヂウ　バ○ウ　リイ：ソノマヽカケル

就晴了
　KⅠ7a　ツイ○ウ　ツイン　リヤ○ウ：ソノマヽハレタ（天文）
　J183　ヂウ　ヂン　リヤ○ウ：ソノマヽハレタ

就去了
　KⅡ7a　ヅイウ　キユイ　リヤ○ウ：ヂキニ行タ（賓友）
　J150　ヂウ　キユイ　リヤ○ウ：ヂキニ行タ

就是你
　KⅡ11a　ツイウ　ズウ　ニイ：スナハチソナタ（賓友）
　J96　ヂウ　ズウ　ニイ：スナハチソコモト

就下来
　KⅡ8a　ヅイ○ウ　ヒヤア　ライ：スクニヲリタ（賓友）

就下來
　J152　ヂウ　ヒヤア　ライ：スクニヲリタ

就要用
　KⅡ25a　ヅイ○ウ　ヤ○ウ　ヨン：イマイリマス（干求）
　J63　ヂウ　ヤ○ウ　ヨン：イマイリマス

就醉了
　KⅢ3a　ヅイ○ウ　ツイ　リヤ○ウ：ソノマヽヨウタ（筵宴）
　J156　ヂウ　ツイ　リヤ○ウ：ソノマヽヨウタ

鷲鳥
　KⅤ23a　ジユウ　ニヤ○ウ：ワシ（禽類）
　J419　ヂウ　ニヤ○ウ：ワシ（飛禽）

JU

疽瘡
　KⅣ29b　ツイ　ツアン：ソ（疾病）
　J337　ツイ　ツアン：ソ（感動）

拘定的
　KⅣ4b　キユイ　デン　テ：ヒツカヽル（製作）
　J224　キユイ　デン　テ：ヒツカヽル

拘定了
　KⅣ4b　キユイ　デン　リヤ○ウ：ヒツカヽル（製作）
　J224　キユイ　デン　リヤ○ウ：ヒツカヽル

裾
　KⅤ37a　キユイ：スソ（衣服）
　J427　キユイ：スソ（衣服）

局面好
　KⅡ34a　ギヨ　メエン　ハ○ウ：ヨウスガヨイ（德藝）
　J7　ギヨ　メエン　ハ○ウ：ヨウスガヨイ

菊花
　KⅤ29b　キヨ　ハアー：キク（花卉）
　J434　キヨ　ハア：キク（花艸）

菊花青
　KⅤ43b　キヨ　ハアー　ツイン：レンゼンアシゲ（馬鞍）
　J418　キヨ　ハア　ツイン：レンゼンアシゲ（馬具）

鵙鳥
　KⅤ25a　ポイ　ニヤ○ウ：モズ（禽類）{鵙字は音誤り}
　J423　ポイ　ニヤ○ウ：モズ（飛禽）

橘餅
　KⅤ7b　キエ　ピン：キツヒヤン○唐音ノナマリコトバ（飯肉）
　J444　キヨ　ピン：キツモチ（飲食）

橘子
　KⅤ33b　キエ　ツウ：タチバナ（菓蔬）
　J412　キヨ　ツウ：タチハナ　ミカン㲽（菓）

蒟蒻
　KⅤ3b　キイ　ジヤ：コンニヤク（菜蔬）
　J381　キユイ　ジヤ：コンニヤク（菜蔬）

拒絶他不相與
　KⅡ10a　キユイ　ヅエ　タアー　ポ　スヤン　イヽ：アレトタツテアヒクミセヌ（賓友）
　J77　ギユイ　ヂエ　タア　ブ　スヤン　イヽ：アレトタツテクミセヌ

颶風
　KⅠ3b　ポイ　フヲン：四方カセ○海上ノ大風トモ（天文）{颶字は音誤り}
　J248　ギユイ　ホン：四方カセ　海上ノ大風トモ（天文）

據佗看来
　KⅠ42a　キイ　タアヽ　カン　ライ：アレヲ以ミレハ（動作）

據他看來
　J175　キユイ　タア　カン　ライ：アレヲモツテミレバ

鋸刀
　KⅢ34a　キユイ　タ○ウ：ノコギリ（寶貨）
　J309　キユイ　タ○ウ：ノコギリ（器用）

鋸刀草
　KⅤ28a　キユイ　タ○ウ　ツア○ウ：モロムキ（樹竹）

鋸刀艸
　J409　キユイ　タ○ウ　ツア○ウ：モロムキ（樹竹）

鋸一鋸
　KⅡ22a　キユイ　イ　キユイ：ノコギリデヒク（通用）
　J21　キユイ　イ　キユイ：ノコギリテヒケ

鋸子眼
 KⅢ34a キユイ ツウ エンシ：ノコノハ（寶貨）
  {眼字は音誤り}
 J309 キユイ ツウ エン：ノコノハ（器用）

JUAN

鐫了皮
 KⅤ11a ツエン リヤ○ウ ビイ：カワヲムイタ
  （飯肉）
 J215 チエン リヤ○ウ ビイ：カワヲムイタ

巻幔
 KⅣ44a キエン マン：マクアクル（舩件）
 J359 ケン マン：マクアクル（舩件）

巻篷
 KⅣ43a キエン ボン：ホヲマク（舩件）
 J356 ケン ポン：ホヲマク（舩件）

捲了来
 KⅣ5a ギエン リヤ○ウ ライ：マヒテクル（製作）

捲了來
 J59 ケン リヤ○ウ ライ：マイテクル

捲起袖子
 KⅣ2b ギエン キイ ヂウ ツウ：ソテヲマキアク
  ル（製作）
 J107 ケン キイ チウ ツウ：ウデマクリ

捲着了
 KⅣ4a キエン ヂヤ リヤ○ウ：マイタ
 J218 ケン ヂヤ リヤ○ウ：マク

捲著了
 歩Ⅳ5b {「捲著了」に改める}

倦了些
 KⅠ31a ギエン リヤ○ウ スイー：チトクタビレ
  タ（身體）
 J89 ケン リヤ○ウ スイ：チトクタビレタ

JUE

決不可
 KⅡ17a キエ ポ コヲ：キワメテヨクナヒ（通用）
 J135 ケプ カウ：キワメテヨクナイ

絶好吃
 KⅢ5b ヅエ ハ○ウ チ：ハナハタウマヒ（筵宴）
 J164 ヅエ ハ○ウ チ：クイモノヽコノミガナイ

絶妙的
 KⅡ17b ヅエ ミヤ○ウ テ：ゾンドキメウナ（通用）
 J135 ヅエ ミヤ○ウ テ：ツントキミヤウナ

絶早
 KⅠ1b ヅエ ツア○ウ：ソフテン（天文）
 J244 ヂエ ツア○ウ：ソウテン（天文）

絶早来
 KⅡ5b ヅエ ツア○ウ ライ：アケ〜ニコヒ（賓友）

絶早來
 J147 ツエ ツア○ウ ライ：アケ〜ニコイ

掘井
 KⅠ12a キエ ツイン：イドヲホル（地理）

堀井
 J257 ケ ヂン：イドホル（天文）

掘筒井
 歩Ⅰ17a {「掘筒井」に変更}

掘井
 KⅠ20b ギエ ツイン：イドホリ（人品）{重複掲載}

堀井
 J272 ケ ヂン：イドホリ{重複掲載}

掘井的
 歩Ⅰ29a {「掘井的」に変更}

掘開来
 KⅣ4b キエ カイ ライ：ホリアケタ（製作）

掘開來
 J225 ゲ カイ ライ：ホリアゲタ

蕨菜
 KⅤ1b キエ ツアイ：ワラビ（菜蔬）
 J382 ゲ ツアイ：ワラビ（菜蔬）

蕨粉
 KⅤ7a ケ フイン：ワラヒノカ子（飯肉）
 J443 ゲ フイン：ワラビノカ子（飲食）

蕨心干
 KⅤ5a キエ スイン カン：ホシワラヒ（菜蔬）
 J389 ゲ スイン カン：ホシワラビ（菜蔬）

爵位高
 KⅢ25a ツヤ ヲイ カ○ウ：クラ井カタカヒ（官府）
 J11 ヂヤ ヲイ カ○ウ：クラ井ガタカイ

JUN

軍兵
 KⅠ18b ギユイン ピン：グンヘイ（人品）
 J268 ギユン ピン：グンヘイ（人品）

軍馬
 KⅣ25a ギイン マアヽ：クンバ（兵法）
 J331 ギユン マア：グンバ（兵法）

軍師
 KⅠ18b ギユイン スウ：イクサダイシヤウ（人品）

J268 ギユン スウ：イクサダイシヤウ（人品）

均平的
　KⅢ23a キン ピン テ：ヒヨウドウナ（官府）
　J9 キユン ピン テ：ヒヤウドウナ

KAI

開白花
　KⅤ35b カイ ベ ハアー：シロハナガヒライタ
　　（種藝）
　J208 カイ ベ ハア：シロハナガヒライタ

開梛子
　KⅢ12a カイ パン ツウ：テラノカケイタ（祭祀）
　J51 カイ ハン ツウ：テラノカケイタ

開舩
　KⅣ41a カイ チエン：出帆（舩件）

開船
　J352 カイ ヂエン：出帆（舩件）

開大門
　KⅣ52b カイ ダアー メン：オホモンヲアクル
　　（居室）
　J194 カイ ダア メン：ヲヽモンヲアクル

開襠袴
　KⅤ40a カイ タン クウ：ハカマヲトル（衣服）
　J209 カイ タン クウ：ハカマヲトル

開港
　KⅣ41a カイ キヤン：ノリタス（舩件）
　J354 カイ キヤン：ノリタス（舩件）

開個愡
　KⅣ52b カイ コ チヨワン：マトヲアクル（居室）
　J194 カイ コ ツワン：マドヲアクル

開個井
　KⅠ12a カイ コ ツイン：イドヲホル（地理）

開箇井
　J257 カイ コ ヂン：イヲホル（天文）

開過了
　KⅣ6a カイ コフ リヤ○ウ：アケマシタ（製作）
　J215 カイ コウ リヤ○ウ：アケシマツタ

開行的
　KⅣ51b カイ ハン テ：トヒヤヲスルヿ（居室）
　J376 カイ ハン テ：トイヤヲスルヿ（家居）

開紅花
　KⅤ35b カイ ホン ハアー：アカバナガヒライタ
　　（種藝）
　J208 カイ ホン ハア：アカバナガヒライタ

開懷暢飲
　KⅢ3b カイ ワイ チヤン イン：ムヶウチアケテ
　　サケヲノム（筵宴）
　J157 カイ ワイ チヤン イン：ムヶウチアケテサ
　　ケヲノムヿ

開荒
　KⅠ10b カイ ワン：ヒラキチ（地理）
　J253 カイ ハン：ヒラキ地（天文）

開葷
　KⅢ6a カイ ホン：セウシンアゲ（筵宴）
　J165 カイ ホン：セウシンアゲ

開駕
　KⅣ41a カイ キヤア：ノリダス（舩件）
　J354 カイ キヤア：ノリダス（舩件）

開講的
　KⅡ16a カイ キヤン テ：イヒヒラク（通用）
　J131 カイ キヤン テ：イヽヒライタ

開金口啓玉言
　KⅢ50b カイ キン ゲ○ウ キイ ヨ エン：キンコ
　　ウギヨクゲンヲヒラク（讀書）
　J15 カイ キン ゲ○ウ キイ ヨ エン：キンコウギ
　　ヨクゲンヲヒラク

開井
　KⅠ20b カイ ツイン：イドホリ（人品）
　J272 カイ ヂン：イドホリ（人品）

開井的
　歩Ⅰ29a 　｛「開井的」に変更｝

開酒店
　KⅣ51b カイ ツイ○ウ テエン：サカヤヲタツル
　　ヿ（居室）
　J376 カイ チウ テン：サカヤヲタツルヿ（家居）

開掘
　KⅠ12a カイ キエ：アナホル（地理）

開堀
　J257 カイ ケ：アナホル（天文）

開開眼
　KⅠ42b カイ 、 エン：メヲアケヨ（動作）

開ヽ眼
　J177 カイ 、 エン：メヲアケヨ

開口
　KⅣ33a カイ ゲ○ウ：クチノアイタ（疾病）
　J345 カイ ゲ○ウ：クチノアイタ（感動）

開了關
　KⅣ53a カイ リヤ○ウ クワン：アケタ（居室）
　J196 カイ リヤ○ウ クハン：アケタ

開了門

KⅣ53a カイ リヤ○ウ メン：モンヲアケタ（居室）
J196 カイ リヤ○ウ メン：モンヲアケタ

開梳
KⅠ21a カイ スウ：クシヒキ（人品）
J273 カイ スウ：クシヒキ（人品）

開梳的
歩Ⅰ29b ｛「開梳的」に変更｝

開天窓
KⅣ50b カイ テエン チヨワン：ソラニマトアケル（居室）
J374 カイ テン ツワン：ソラマトヲアケル（家居）

開五指
KⅠ27a カイ ウー ツウ：ユビヒロクル（身體）
J289 カイ ウ丶 ツウ：ユビヒログ（身體）

開袖子
KⅤ36a カイ ヂウ ツウ：アキソデ（衣服）
J426 カイ ヂウ ツウ：アキソデ（衣服）

開一開
KⅡ24a カイ イ カイ：アクル（通用）
J24 カイ イ カイ：アケヨ

開棹
KⅣ41a カイ ツア○ウ：ノリダス（舩件）
J354 カイ ツア○ウ：ノリダス（舩件）

揩鼻涕
KⅠ30b キヤイ ビイ デイ：ハナシルヲフク（身體）
J115 カイ ビイ デイ：ハナシルヲトル

揩過了
KⅢ10a キヤイ コヲ丶 リヤ○ウ：フヒタ（筵宴）
J223 キヤイ コウ リヤ○ウ：ヌグツタ

揩一揩
KⅡ21b キヤイ イ キヤイ：フキンデフケ（通用）
J20 キヤイ イ キヤイ：ヌグエ

鎧兒
KⅣ26a クイ ルウ：ヨロヒ（兵法）｛Jの語釈を変更｝
J333 カイ ル丶：カムト（兵法）

鎧甲
KⅣ26a クイ キヤア：ヨロヒ（兵法）｛Jの語釈を変更｝
J333 カイ キヤア：グソク（兵法）

楷書
KⅢ31b キヤイ シユイ：シンモジ（寶貨）
J304 キヤイ シユイ：シン（器用）

KAN

看蠶的
KⅠ17a カン ヅアン テ：カイコカヒ（人品）

看蚕的
J263 カン ツアン テ：カイゴカイ（人品）

看茶去
KⅢ1b カン ヅアー キユイ：チヤノバンニユク（筵宴）
J58 カン ヅア丶 キユイ：チヤヲイル、ヲミニイツタ

看馬的
KⅠ17a カン マアー テ：ムマカヒ（人品）
J263 カン マアー テ：ムマカイ（人品）

看牛的
KⅠ17a カン ニウ テ：ウシカヒ（人品）
J263 カン ニウ テ：ウシカイ（人品）

砍柴去
KⅣ19b カン ヅアイ キユイ：タキ、トリニユク（財産）
J149 カン ツアイ キユイ：マキトリニユク

看不得
KⅠ40b カン ポ テ：ミル丁カナラヌ（動作）
J172 カン プ テ：ミガナラヌ

看半空
歩Ⅱ49a ｛増補｝

看不見
KⅠ40b カン ポ ケン：ミレドモミヘス（動作）
J172 カン プ ケン：ミレドモミエヌ

看呆了
KⅠ37a カン ハイ リヤ○ウ：アキル丶（性情）
J100 カン ガイ リヤ○ウ：アキル丶

看得出
KⅠ40b カン テ チユ：ミダシタ（動作）
J172 カン テ チユ：ダシタ

看得好
KⅠ40b カン テ ハ○ウ：ヨクミヘタ（動作）
J172 カン テ ハ○ウ：ヨクミエタ

看得見有限的
KⅠ41a カン テ ケン イウ ヘン テ：タカバシレタコト（動作）
J173 カン テ ケン イウ ヘン テ：ミレバキリガシレタ

看得麼
KⅠ42a カン テ マア丶：ミタカ（動作）

看得広
J175 カン テ マア：ミタカ

看耳聾
　　ＫⅠ42b　カン　ルウ　トウ：ミヽヲカク（動作）
　　J176　カン　ルヽ　トウ：耳ヲカク
看慣了
　　ＫⅠ41a　カン　クワン　リヤ○ウ：ミナレタ（動作）
　　J173　カン　クハン　リヤ○ウ：ミナレタ
看光景
　　ＫⅡ37a　カン　クワン　キン：ヨウスヲミル（遊眺）
　　J7　カン　クハン　キン：ヨウスヲミル
看風景
　　歩Ⅱ48b　{「看風景」に変更}
看過的
　　ＫⅠ40b　カン　コフ　テ：ミタモノジヤ（動作）
　　J172　カン　コフ　テ：ミタノジヤ
看花去
　　ＫⅡ6a　カン　ハアー　キユイ：ハナミニユク（賓友）
　　J148　カン　ハア　キユイ：ハナミニユク
看會了
　　ＫⅠ41a　カン　ホイ　リヤ○ウ：ミテカテンシタ（動作）
　　J173　カン　ホイ　リヤ○ウ：ミルトガテンスル
看鏡
　　ＫⅢ42b　カン　キン：カヽミル（寶貨）
　　J367　カン　キン：カヽミル（婚姻）
看酒来
　　ＫⅢ2a　カン　ツイ○ウ　ライ：サケノカンヲミテコヒ（筵宴）
看酒來
　　J154　カン　チウ　ライ：カンヲミテコイ
看看吵
　　ＫⅠ40b　カン　ヽ　サアー：ミル（動作）
看ゝ吵
　　J172　カン　ヽ　サア：ミル
看裡頭
　　ＫⅠ40b　カン　リイ　デ○ウ：ウチヲミヨ（動作）
看裡頭
　　J172　カン　リイ　デ○ウ：ウチヲミヨ
看脉
　　ＫⅣ37a　カン　メ：ミヤクヲミル（醫療）
　　J349　カン　メ：ミヤクヲミル（療養）
看命
　　ＫⅠ20a　カン　ミン：ニンソウミ（人品）
　　J271　カン　ミン：ニンソウミ（人品）
看你們又来了
　　ＫⅡ7b　カン　ニイ　メン　イウ　ライ　リヤ○ウ：ソナタカ又クルヲミタ（賓友）
看你們又來了
　　J151　カン　ニイ　メン　イウ　ライ　リヤ○ウ：ソコモトガ又クルヲミタ
你們又来了
　　歩Ⅱ10a　{「看」を削除}
看破了
　　ＫⅠ41a　カン　ポウ　リヤ○ウ：ミカギツタ（動作）
　　J173　カン　ポウ　リヤ○ウ：ミカギツタ
看氣色
　　ＫⅠ32a　カン　キイ　スエ：キシヨクヲミル（身體）
　　J6　カン　キイ　スエ：キシヨクヲミル
看山色
　　歩Ⅱ48a　{増補}
看少的
　　ＫⅠ40b　カン　シヤ○ウ　テ：スコシミタ（動作）
　　J172　カン　シヤ○ウ　テ：チツトミタ
看臺
　　ＫⅣ48b　カン　ダイ：サジキ（居室）
　　J370　カン　ダイ：サシキ（家居）
看透了
　　歩Ⅱ49b　{増補}
看完了
　　ＫⅠ41b　カン　ワン　リヤ○ウ：ミオハツタ（動作）
　　J174　カン　ワン　リヤ○ウ：ミトツタ
看戲去
　　ＫⅠ44a　カン　ヒイ　キユイ：ヲトリミニユク（動作）
　　J13　カン　ヒイ　キユイ：ヲトリミニユク
看閑書
　　ＫⅢ45a　カン　ヘエン　シユイ：ソフシヲミル（讀書）
看閒書
　　J120　カン　ヘン　シユイ：ソフシヲミル
看樣子
　　ＫⅣ16b　カン　ヤン　ツウ：テホンヲミヨ（諸物）
　　J234　カン　ヤン　ツウ：テホンヲミヨ
看一折
　　ＫⅡ33b　カン　イ　ツエ：ヒトシキリミル（德藝）
　　J13　カン　イ　チエ：ヒトシキリミル
看准風色
　　歩Ⅱ49a　{増補}

KANG

糠粃
　　ＫⅤ6a　カン　ビイ：コヌカ（飯肉）

J441　カン　ピイ：コヌカ（飲食）

扛了来
　KⅣ2a　カン　リヤ○ウ　ライ：相ニナヒシテキタ
　　（製作）

扛了來
　J60　［右カン・左ゲン］リヤ○ウ　ライ：相ニナヒシテキタ
　筑・天・2・26a　カン　リヤ○ウ　ライ：相ニナヒシテキタ

KAO

考得快
　KⅣ12b　カ○ウ　テ　クワイ：ハヤクカンカヘタ（数量）
　J237　カ○ウ　テ　クハイ：ハヤクカンカエタ

考試官
　KⅢ25a　カウ　スウ　クワン：ゲイノウヲココロミル官人（官府）
　J36　カ○ウ　スウ　クハン：クハンヲカンカフルヤク

靠櫃酒
　KⅢ3b　カ○ウ　グイ　ツイ○ウ：井ザケ（筵宴）
　J157　カ○ウ　クイ　チウ：イザケ

靠靠兒
　KⅡ7a　カ○ウ　カ○ウ　ルウ：ヨリカカル（賓友）

靠ゞ兒
　J150　カ○ウ　ゝ　ル、：ヨリカヽル

靠着的
　歩Ⅱ9b　{「靠着的」に変更}

靠晩時候
　KⅠ7b　カ○ウ　ワン　ズウ　ヘ○ウ：クレジブン（天文）
　J184　カ○ウ　ワン　ズウ　ヘ○ウ：クレジフン

KE

蝌斗
　KⅤ19b　コウ　テ○ウ：カヘルノコ（蟲類）
　J400　コウ　デ○ウ：カイルノコ（虫）

咳嗽
　KⅣ29a　カ　スエ○ウ：タンセキ（疾病）
　J337　ハイ　スエ○ウ：タンセキ（感動）

可賀可賀
　KⅢ13a　コフ　ホフ　〜　〜：オメテタヒ（慶弔）

可賀ゞゞ
　J83　コウ　ホウ　〜　〜：メデタイ

可恨佗
　KⅠ22b　コヲ、ヘン　タアー：ニクヒヤツ（人品）

可狠他
　J101　カウ　ヘン　タア：ムゴイヤツ

可憐可憐
　KⅢ14b　コヲ、レン　〜　〜：カワイヒ（慶弔）

可憐ゞゞ
　J49　カウレン　〜　〜：カワイヽ

可悪佗
　KⅠ22b　コヲウ、タアー：ニクヒヤツ（人品）

可悪他
　J101　カウ　ウ、タア：ニクイヤツ

可惜可惜
　KⅣ23a　コヲ、スイ　コヲ、スイ：ヲシム⁊（財産）

可惜ゞゞ
　J48　コウ　スイ　〜　〜：ヲシム⁊

可羨
　KⅡ19b　コフ　ヅエン：ウラヤマシヒ（通用）
　J70　コウ　スエン：ウラヤマシイ

可笑可笑
　KⅠ44a　コヲー　スヤ○ウ　、、：ヲカシヒ（動作）

可笑ゞゞ
　J7　コウ　スヤ○ウ　、、：ヲカシイ

刻板
　KⅠ20a　ゲ　パン：ハンギシ（人品）
　J271　ゲ　パン：ハンカウヤ（人品）

刻板
　KⅢ33a　ゲ　パン：ハンカウ（寶貨）{重複掲載}

刻版
　J307　ゲ　ハン：ハンカウ（器用）
　歩　{削除}

刻錯了
　KⅣ7a　ゲ　ツヲ、リヤ○ウ：キザミソコノフタ（製作）
　J218　ゲ　ツヲ、リヤ○ウ：キザミソコナツタ

刻坡兒
　KⅠ12a　ゲ　ポヲー　ルウ：サカヲキヅク（地理）
　J257　ゲ　ポウ　ル、：キザサカ（天文）

刻書
　KⅠ20a　ゲ　シユイ：ハンギシ（人品）
　J271　ゲ　シユイ：ハンカウヤ（人品）
　歩　{削除}

刻一刻
　KⅡ22b　ゲイゲ：ホル（通用）
　J21　ゲイ　ゲ：ホル

【KANG～KONG】

刻字
　ＫⅠ20a　ゲヅウ：ハンギシ（人品）
　Ｊ271　ゲヅウ：ハンカウヤ（人品）{重複掲載}

刻字的
　歩Ⅰ28b　{「刻字的」に変更}

刻字
　ＫⅢ32b　ゲヅウ：ジホル（寶貨）{重複掲載}
　Ｊ306　ゲヅウ：ジホル（器用）

客店
　ＫⅣ51b　ケテエン：キヤクヤ（居室）
　Ｊ376　ゲテン：アゲヤ（家居）

客房
　ＫⅣ48a　ゲブワン：客ノ子ヤ（居室）
　Ｊ369　ゲワン：客ノ子ヤ（家居）

客客客
　ＫⅡ1a　ゲゲゲ：客来（賓友）

客〃〃
　Ｊ138　ゲ、、：客来

客人多
　ＫⅡ1a　ゲジントヲ：カクガオホイ（賓友）
　Ｊ138　ゲジン　トウ：キヤクガヲヽイ

客人来
　ＫⅡ1a　ゲジン　ライ：客ガ来（賓友）

客人來
　Ｊ137　ゲジン　ライ：客ガ来

客堂
　ＫⅣ48a　ゲダン：キヤクタイトコロ（居室）
　Ｊ369　ゲダン：キヤクタイドコロ（家居）

客廳
　ＫⅣ48a　ゲデイン：キヤクタイトコロ（居室）
　Ｊ369　ゲデン：キヤクタイドコロ（家居）

客長
　ＫⅣ40a　ゲチヤン：キヤク（舩件）
　Ｊ351　ゲヂヤン：キヤクトウジン（舩件）

課文章
　ＫⅢ50b　コウ　ウエン　チヤン：及第ノ文章（讀書）
　Ｊ15　コウ　ウエン　チヤン：及第ノ文章

駻馬
　ＫⅤ43a　コウ　マアー：メムマ（馬鞍）
　Ｊ417　コウ　マア：メムマ（馬具）

KEN

肯不肯
　ＫⅡ18b　ゲン　ポ　ゲン：ウケヨフガウケアワヌガ（通用）

　Ｊ68　ゲン　プ　ゲン：ウケヨウカウケヤワヌカ

肯出的
　ＫⅠ40a　ゲン　チユ　テ：ツントデタ（動作）
　Ｊ237　ゲン　チユ　テ：ツントテタ

肯傳的
　ＫⅢ48a　ゲン　デエン　テ：ヨクツタヘル（讀書）
　Ｊ79　ゲン　チエン　テ：ヨクツタヘル

肯服的
　ＫⅡ21b　ゲン　ホ　テ：キフクスル（通用）
　Ｊ8　ゲン　ホ　テ：キフクスル

肯服你
　ＫⅡ13a　ゲン　ホ　ニイ：ソナタニカシコマル（賓友）
　Ｊ8　ゲン　ホ　ニイ：ソコモトニカシコマル

肯薦人
　ＫⅡ27b　ゲン　ツエン　ジン：ハマツテ人ヲスヽムル（干求）
　Ｊ94　ゲン　センジン：ハマツテ人ヲスヽム

肯教的
　ＫⅢ48a　ゲン　キヤ○ウ　テ：ヨフオシユル（讀書）
　Ｊ79　ゲン　キヤ○ウ　テ：ヨフヲシヘル

肯来的
　ＫⅡ5a　ゲン　ライ　テ：ハマツテキタ（賓友）

肯來的
　Ｊ146　ゲン　ライ　テ：ハマツテキタ

肯留的
　ＫⅢ9b　ゲン　リウ　テ：トヽマル（筵宴）
　Ｊ225　ゲン　リウ　テ：トムル

肯聽説
　ＫⅠ41a　ゲン　デイン　セ：ヨクウケタマハル（動作）
　Ｊ173　ゲン　デン　セ：ヨクウケタマワル

肯學的
　ＫⅢ47b　ゲン　ヒヨ　テ：ヨクナラフ（讀書）
　Ｊ128　ゲン　ヒヨ　テ：ヨクナラフ

肯依了
　ＫⅡ21b　ゲン　イー　リヤ○ウ：ナツトクシタ（通用）
　Ｊ8　ゲン　イヽ　リヤ○ウ：ナツトクシタ

KONG

空身来
　ＫⅣ6a　コン　シン　ライ：ナニモタスニコヒ（製作）

空身來
　Ｊ58　コン　シン　ライ：ナニモモタズニコイ

空着好
　ＫⅢ46b　コン　ヂヤ　ハ○ウ：アケテオイテヨヒ

（讀書）
　　J124　コン　ヂヤ　ハ○ウ：アケテヲイテヨイ
孔雀
　　ＫⅤ23a　コン　ツヤ：クジヤク（禽類）
　　J419　コン　ヂヤ：クジヤク（飛禽）
孔雀舞
　　ＫⅤ26a　コン　ツヤ　ウー：クジヤクガマウ（禽類）
　　J36　コン　ヂヤ　ウ、：クジヤクガマウ
空地
　　ＫⅠ10a　コン　デイ：アキチ（地理）
　　J253　コン　リイ：アキチ（天文）
空時節好去抄
　　ＫⅢ47a　コン　ヅウ　ツイ　ハ○ウ　キユイ　ツア○ウ：ヒマノトキユイテウッスガヨヒ（讀書）
　　J125　コン　ズウ　チエ　ハ○ウ　キユイ　ツヤ○ウ：ヒマノトキユイテウカクガヨイ
空所在
　　ＫⅠ13b　コン　ソウ　ヅアイ：クウチ（地理）
　　J190　コン　ソウ　ヅアイ：クウチ
空心字
　　ＫⅢ32b　コン　スイン　ヅウ：カゴジ（寶貨）｛Ｊの語釈を変更｝
　　J306　コン　スイン　ヅウ：ウツロジ（器用）
空一箇字
　　ＫⅢ46a　コン　イ　コ　ヅウ：イチジカク（讀書）
　　J123　コン　イ　コ　ヅウ：イチジカグ

KOU

摳不着
　　ＫⅣ2b　エ○ウ　ポ　ヂヤ：テカト、カヌ（製作）｛摳字は音誤り｝
　　J107　アエ○ウ　プ　ヂヤ：テガト、カヌ
摳得着
　　ＫⅣ2b　エ○ウ　テ　ヂヤ：テカト、カヌ（製作）｛訳誤り｝
　　J107　アエ○ウ　テ　ヂヤ：テガトゞイタ
口
　　ＫⅠ25b　ゲ○ウ：クチ（身體）
　　J286　ゲ○ウ：クチ（身體）
口兒
　　歩Ⅰ36a　｛「口兒」に変更｝
口吃
　　ＫⅠ28b　ゲ○ウ　キ：ドモリ（身體）
　　J266　ゲ○ウ　キ：ドモリ（人品）
口吃冷

　　ＫⅠ28b　ゲ○ウ　キ　レン：クチゴモリ（身體）
　　J264　ゲ○ウ　キ　レン：クチゴモリ（人品）
口吃令
　　歩Ⅰ40a　｛「口吃令」に変更｝
口吃令
　　ＫⅡ16b　ゲ○ウ　キ　リン：ドモリ（通用）
　　J132　ゲ○ウ　キ　リン：クチキ、
　　歩Ⅱ21b　｛歩Ⅰ40aと重複掲載｝
口乾
　　ＫⅣ33a　ゲ○ウ　カン：クチノカワラク（疾病）
　　J345　ゲ○ウ　カン：カワラグ（感動）
口渇
　　ＫⅣ33a　ゲ○ウ　カ：カワク（疾病）
　　J345　ゲ○ウ　カ：カワク（感動）
口渇了拿一盃茶来
　　ＫⅢ1b　ゲ○ウ　カ　リヤ○ウ　ナア　イ　ポイ　ヅアー　ライ：クチガ、ワイター一ハイノチヤヲモチテコヒ（筵宴）
口渇了拿一盃茶來
　　J57　ゲ○ウ　カ　リヤ○ウ　ナア　イ　ポイ　ヅア、ライ：クチガカハク茶モテコイ
口裏説
　　ＫⅡ15b　ゲ○ウ　リイ　セ：クチニテトク（通用）
口裡説
　　J129　ゲ○ウ　リイ　セ：クチニテトク
口氣臭
　　ＫⅣ33a　ゲ○ウ　キイ　チウ：イキノクサイ（疾病）
　　J345　ゲ○ウ　キイ　チウ：イキノクサイｺ（感動）
口天呉
　　ＫⅢ49b　ゲ○ウ　テエン　ウー：口天トカイタル呉ノ字（讀書）
　　J5　ゲ○ウ　テン　ウ、：口天トカイタル呉ノ字
口頭話
　　ＫⅡ14b　ゲ○ウ　デ○ウ　ワアー：クチバカリ（通用）
　　J126　ゲ○ウ　デ○ウ　ワア：クチバカリ
口子上邊
　　ＫⅠ13a　ゲ○ウ　ツウ　ジヤン　ペエン：イリクチドコロ（地理）
　　J188　ゲ○ウ　ツウ　ジヤン　ペン：イリクチ
口子邊
　　歩Ⅰ18b　｛「口子邊」に変更｝
口字旁
　　ＫⅢ52a　ゲ○ウ　ヅウ　バン：クチヘン（讀書）
　　J32　ゲ○ウ　ヅウ　パン：クチヘン

KU

枯朽了
　　KⅤ35a　クウ ヒウ リヤ○ウ：カレクチタ（種藝）
　　J203　クウ ヒウ リヤ○ウ：カレクチタ

窟籠
　　KⅠ14a　キエ ロン：アナ（地理）
　　J191　コ ロン：アナ

苦
　　KⅤ11a　クウ：ニガヒ（飯肉）
　　J450　クウ：ニガイ（飲食）

苦得緊
　　KⅡ29a　クウ テ キン：イコフナンギナ（患難）
　　J81　クウ テ キン：イカウナンキナ

苦得緊
　　KⅢ6b　クウ テ キン：イカフニカヒ（筵宴）{重複掲載，ただし別の意義の語}
　　J166　クウ テ キン：イカウニガイ{重複掲載}

苦東西
　　KⅢ6a　クウ トン スイヽ：ニカキモノ（筵宴）
　　J165　クウ トン スイ：ニガキモノ

苦瓜
　　KⅤ2b　クウ クワア：ツルレイシ（菜蔬）
　　J384　クウ クハア：ニガウリ（菜蔬）

苦命的
　　KⅢ14b　クウ ミン テ：ナンギヲウクル（慶弔）
　　J47　クウ ミン テ：ナンギヲウクル

苦惱子
　　KⅡ29a　クウ ナ○ウ ツウ：メイワクナ（患難）
　　J81　クウ ナ○ウ ツウ：メイワクナ

苦殺人
　　KⅢ24a　クウ サ ジン：人ヲクルシム（官府）
　　J11　クウ サ ジン：人ヲクルシムル

苦心酒
　　KⅢ3b　クウ スイン ツイ○ウ：シンクノサケ（筵宴）
　　J157　クウ スイン ツウ：クザケ

苦竹
　　KⅤ27b　クウ チョ：マダケ（樹竹）
　　J407　クウ チョ：マダケ（樹竹）

袴子
　　KⅤ36a　クウ ツウ：ハカマ（衣服）
　　J425　クウ ツウ：ハカマ（衣服）

KUA

誇嘴的

KⅡ30b　クワア ツ○イ テ：ジマンスル（疎慢）
J8　クハア ツイ テ：ジマンスル

跨馬釘
　　KⅢ34a　クワア マアヽ デイン：カスガヒ（寳貨）
　　J309　クハア マア デン：カスガイ（器用）

跨馬印
　　KⅢ35a　クワア マアー イン：ツギイン（寳貨）
　　J311　クハア マア イン：ツギイン（器用）

跨些醋
　　KⅢ6b　クワア スイ ツウ：スヲカクル（筵宴）
　　J166　クハア スイ ツウ：スヲカクル

KUAI

鱠殘
　　KⅤ16b　ホイ ヅアン：キス（魚鼈）

鱠残
　　J394　ヲ ヅアン：キス（魚介）

快得狠
　　KⅣ12b　クワイ テ ヘン：イコフハヤヒ（数量）
　　J237　クハイ テ ヘン：イコウハヤイ

快得狠
　　KⅣ27a　クワイ テ ヘン：刀ノヨクキレルヿ（兵法）{重複掲載だが異義語}
　　J217　クハイ テ ヘン：刀ノヨフキレルヿ{重複掲載}

快活人
　　KⅢ13b　クワイ ウヲ ジン：ラクナヒト（慶弔）
　　J84　クハイ ヲ ジン：ラクナモノ

快櫓走
　　KⅣ43b　クワイ ルウ ツエ○ウ：ロヲオシキツテユク（舩件）
　　J358　クハイ ルウ ツエ○ウ：ロヲシキツテユク（舩件）

快氣
　　KⅣ35b　クワイ キイ：クハイキシタ（疾病）
　　J42　クハイ キイ：クハイキシタ

快晴了
　　KⅠ7a　クワイ ツイン リヤ○ウ：ヨクハレタ（天文）
　　J183　クハイ ヂン リヤ○ウ：ヨクハレタ

快些快些
　　KⅣ12b　クワイ スイヽ クワイ スイヽ：ハヤクハヤ■（数量）
　　（脱字）

快些ヽヽ
　　J238　クハイ スイ ヽヽ：ハヤク〜

快些来
　　KⅡ5b　クワイ スイー ライ：ハヤクコヒ（賓友）

快些來
  J147 クハイ スイ ライ：ハヤクコイ
快子
  KⅢ36a クワイ ツウ：ハシ（寶貨）
  J313 クハイ ツウ：ハシ（器用）

KUAN

寬大
  KⅣ51b クワン タアー：ヒロヒ（居室）
  J373 クハン ダア：ヒロイ（家居）
寬大的
  KⅣ11b クワン ダアヽ テ：ヒロヒ（數量）
  J214 クハン ダア テ：ヒロイ
寬寬的
  KⅡ21a クワン ヽ テ：ヒロイ（通用）
寬〻的
  J214 クハン ヽ テ：ヒロイ
寬容你
  KⅡ3a クワン ヨン ニイ：ソナタヲユルス（賓友）
  J142 クハン ヨン ニイ：ユルシトナサレイ
寬肆些
  KⅢ22a クワン スウ スイー：ユルヤカナ（官府）
  J206 クハン スウ スイ：ユルガセナ
寬鬆些
  歩Ⅲ29a {「寬鬆些」に変更}
款冬
  KⅤ4b クワン トン：フキ（菜蔬）
  J388 クハン ドン：フキ（菜蔬）

KUANG

狂風
  KⅠ3b グワン フヲン：アガリカゼ（天文）
  J248 ［右キヤン・左グハン］ホン：アガリカゼ（天文）
  筑・地・5・23b クハン ホン：アガリカゼ
曠大
  KⅣ51b クワン タアー：ヒロヒ（居室）
  J373 クハン ダア：ヒロイ（家居）
廣大
  歩Ⅳ72b {「廣大」に変更}
曠野
  KⅠ12a クワン エー：ヒロノバラ（地理）
  J257 クハン エヽ：ヒロノバラ（天文）
況且
  KⅡ19b フワン ツエー：ソノウヘ（通用）

J70 ハン チエヽ：ソノウエ

KUI

葵花
  KⅤ30a クイ ハアー：アフヒ（花卉）
  J435 グイ ハア：アヲイ（花艸）

KUN

梱一梱
  KⅡ23a クイン イ クイン：クヽル（通用）{梱は誤字}
捆一捆
  J23 クイン イ クイン：クヽレ
困一困
  KⅡ24a クイン イ クイン：ウタヽ子（通用）
  J25 クイン イ クイン：ウタヽ子

LA

拉他来
  KⅡ5a ラ タアー ライ：アレヲサソフテコヒ（賓友）
拉他來
  J146 ラ タア ライ：サソウテコイ
喇叭
  KⅢ35b ラ パ：ラッパ（寶貨）
  J312 ラ パ：ラッパ（器用）
毿毿的
  KⅣ16b ラ サテ：キタナヒ（諸物）
  J239 ラ サテ：キタナイ
喇𪢅的
  KⅣ16b ラ サテ：キタナヒ（諸物）
  J239 レ サテ：キタナイ
辣
  KⅤ11a ラ：カラヒ（飯肉）
  J450 ラ：カライ（飲食）
辣鼻頭
  KⅢ7a ラ ビイ デ○ウ：ハナヲハジク（筵宴）
  J167 ラ ビイ デ○ウ：ハナヲハジク
辣得狠
  KⅢ6a ラ テ ヘン：イコフカラヒ（筵宴）
  J165 ラ テ ヘン：イコフカライ
蝋燭
  KⅢ27b ラ チョ：ロウソク（寶貨）
  J296 ラ チョ：ロウソク（器用）
蝋燭涙了

ＫⅢ 4b　ラ チヨ ルイ リヤ○ウ：ロフカナカレル
　　（筵宴）
Ｊ159　ラ チヨ ルイ リヤ○ウ：ロウガナガル丶

蠟燭流涙
　歩Ⅲ 5b　{「蠟燭流涙」に変更}

蠟子
　ＫⅤ 17a　ラ ツウ：カラスミ（魚鼈）
　Ｊ396　ラ ツウ：カラスミ（魚介）

蠟嘴鳥
　ＫⅤ 25b　ラ ツ○イ ニヤ○ウ：マメドリ（禽類）
　Ｊ423　ラ ツ○イ ニヤ○ウ：マメトリ（飛禽）

LAI

来拜我
　ＫⅡ 27a　ライ パイ ゴヲ丶：ワレヲハイス（干求）

來拜我
　Ｊ95　ライ パイ ゴウ：ワレヲハイス

来不得
　ＫⅡ 4b　ライ ポ テ：コラレヌ（賓友）

來不得
　Ｊ145　ライ ポ テ：コラレヌ

来得遅
　ＫⅡ 4b　ライ テ ヅウ：キヨウガヲソヒ（賓友）

來得遅
　Ｊ144　ライ テ ヅウ：キヨウガヲソイ

来得多
　ＫⅡ 5b　ライ テ トヲ：オホクキタ（賓友）

來得多
　Ｊ147　ライ テ トウ：ヲ丶クキタ

来得好
　ＫⅡ 4a　ライ テ ハ○ウ：ヨヒトキキタ（賓友）

來得好
　Ｊ144　ライ テ ハ○ウ：ヨイトキキタ

来得曁
　ＫⅡ 4b　ライ テ ギイ：マニアフタ（賓友）

來得曁
　Ｊ145　ライ テ キ：マニアフタ

来得妙
　ＫⅡ 4a　ライ テ ミヤ○ウ：ヨウコラレタ（賓友）

來得妙
　Ｊ144　ライ テ ミヤ○ウ：ヨウヲイデナサレタ

来得奇
　ＫⅡ 4b　ライ テ ギイ：フシギニキタ（賓友）

來得奇
　Ｊ145　ライ テ キイ：フシギニキタ

来得巧
　ＫⅡ 4b　ライ テ キヤ○ウ：ヨフキアハセタ（賓友）

來得巧
　Ｊ145　ライ テ キヤ○ウ：ヨフキヤワセタ

来得早
　ＫⅡ 4b　ライ テ ツア○ウ：キヨウガハヤヒ（賓友）

來得早
　Ｊ145　ライ テ ツア○ウ：キヨフガハヤイ

来救他
　ＫⅡ 29a　ライ キウ タアー：キテカレヲスクフ
　　（患難）

來救他
　Ｊ106　ライ ギウ タア：キテカレヲスクフ

来哩呀
　ＫⅡ 4b　ライ リイ ヤアー：マ井リマシタ（賓友）

來哩呀
　Ｊ145　ライ リイ ヤア：マイリマシタ

来請飯
　ＫⅢ 5a　ライ ツイン ワン：キテメシマヒレ（筵宴）

來請飯
　Ｊ163　ライ ツイン ハン：メシマイレ

癩病
　ＫⅣ 31a　ライ ビン：ライヒヤウ（疾病）
　Ｊ340　ライ ビン：ライビヤウ（感動）

癩風
　ＫⅣ 31a　ライ ホン：ライヒヤウ（疾病）
　Ｊ340　ライ ホン：ライビヤウ（感動）

癩蝦蟇
　ＫⅤ 19b　ライ ヒヤア マアー：ヒキガエル（蟲類）
　Ｊ399　ライ ヒヤア マア：ライガマ（虫）

LAN

蘭花
　ＫⅤ 30b　ラン ハアー：ラン（花卉）
　Ｊ436　ラン ハア：ラン（花艸）

蘭花豆
　ＫⅤ 3a　ラン ハアー デ○ウ：イリマメ（菜蔬）
　Ｊ385　ラン ハア デ○ウ：イリマメ（菜蔬）

藍花
　ＫⅤ 30a　ラン ハアー：ア井ノハナ（花卉）
　Ｊ435　ラン ハア：アイノハナ（花艸）

藍色的
　ＫⅤ 39a　ラン スエー テ：ア井イロ（衣服）

J431　ラン　スエ　テ：アイイロ（衣服）

藍天竹
　ＫⅤ29b　ラン　テエン　チヨ：ナンテン（花卉）
　J434　ラン　テン　チヨ：ナンテン（花艸）

纜索
　ＫⅣ44a　ラン　ソ：トモツナ（舩件）
　J359　ラン　ソ：トモツナ（舩件）

懶得見
　ＫⅠ42a　ラン　テ　ケン：ミトウナヒ（動作）
　J175　ラン　テ　ケン：ミトウナイ

懶得聽
　ＫⅠ42a　ラン　テ　デイン：キ丶トウナヒ（動作）
　J175　ラン　テ　デン：キ丶トウナヒ

懶得寫
　ＫⅢ46b　ラン　テ　スエー：カキタクナヒ（讀書）
　J124　ラン　テ　スエ丶：カキタクナイ

懶得學
　ＫⅢ48a　ラン　テ　ヒヨ：ナラヒタクナヒ（讀書）
　J79　ラン　テ　ヒヨ：ナライタムナイ

懶東西
　ＫⅠ37a　ラン　トン　スイー：ブセフモノ（性情）
　J100　ラン　トン　スイ：ブセウモノ

懶讀書
　ＫⅢ44a　ラン　ド　シユイ：ヨムニモノウシ（讀書）
　J119　ラン　ド　シユイ：ヨムダクナイ

懶了去
　ＫⅠ37a　ラン　リヤ○ウ　キユイ：ブセフヲスル（性情）

嬾了去
　J100　ラン　リヤ○ウ　キユイ：ブセウヲスル
　　步　｛削除｝

懶書的
　ＫⅢ46b　ラン　シユイ　テ：カキタクナヒ（讀書）
　J124　ラン　シユイ　テ：カキタクナイ

懶梳頭
　ＫⅠ29a　ラン　スウ　デ○ウ：カミガユヒトモナヒ（身體）
　J201　ラン　スウ　デ○ウ：トリアゲカミ

懶物事
　ＫⅠ37a　ラン　ウエ　ズウ：ブセフヲスル（性情）
　J100　ラン　ウエ　ズウ：ブセウヲスル

爛溚溚
　ＫⅣ8b　ラン　タ　タ：クサツタ（製作）

爛溚々
　J222　ロハン　タ　丶：クサツタ

爛掉了
　ＫⅣ7b　ラン　デヤ○ウ　リヤ○ウ：クサレスタル（製作）
　J219　ロハン　デヤ○ウ　リヤ○ウ：クサレスタル

爛耳聯
　ＫⅣ31b　ラン　ルウ　トウ：ジルミ丶（疾病）
　J342　ロハン　ル丶　トウ：ジルミ丶（感動）

爛開了
　ＫⅣ35b　ラン　カイ　リヤ○ウ：ハレクサレヒロガル（疾病）
　J42　ロハン　カイ　リヤ○ウ：ハレクサレヒロガル

爛了
　ＫⅤ10b　ラン　リヤ○ウ：クサル（飯肉）
　J449　ロハン　リヤ○ウ：クサル（飲食）

爛膩膩
　ＫⅣ8b　ラン　ニイ　ニイ：クサツタ（製作）

爛膩々
　J222　ロハン　ニイ　丶：クサツタ

爛汚難
　ＫⅤ10a　ラン　ウー　キイ：ニスゴシタルニハトリ（飯肉）
　J449　ロハン　ウ丶　キイ：ニジユクシタニハトリ（飲食）

爛眼睛
　ＫⅠ42b　ラン　エン　ツイン：メガクサツタ（動作）
　J176　ロハン　エン　チン：メガクサツタ

爛眼睛
　ＫⅣ29a　ラン　エン　ツイン：タ丶レメ（疾病）｛重複掲載｝
　J337　ロハン　エン　チン：メガタ゛レタ（感動）｛重複掲載｝

LANG

郎中
　ＫⅠ19b　ラン　チヨン：イシヤ（人品）
　J270　ラン　チヨン：イシヤ（人品）

狼藉了
　ＫⅡ20b　ラン　ヅイ　リヤ○ウ：トリミダス（通用）
　J89　ラン　チ　リヤ○ウ：トリミダス

LAO

撈起来
　ＫⅣ2b　ラ○ウ　キイ　ライ：スクヒアクル（製作）

撈起来
　J106　ラ○ウ　キイ　ライ：スクイアケル

撈起来
　KⅣ46a　ラ◯ウ　キイ　ライ：カツキアクル（舩件）
　　{重複掲載}

撈起來
　J363　ラ◯ウ　キイ　ライ：カツギアクル（舩件）{重複掲載}

勞動你
　KⅢ17a　ラ◯ウ　ドン　ニイ：ソナタニコクロウカケマス（寄贈）
　J81　ラ◯ウ　ドン　ニイ：ゴクロウカケマス

勞歌
　KⅣ50b　ラ◯ウ　コヲー：キヤリ◯ハタラクトキノウタ（居室）
　J374　ラ◯ウ　コウ：キヤリ又ハタラク時ノウタ（家居）

勞咳
　KⅣ30b　ラ◯ウ　ハイ：ロウカヒ（疾病）
　J340　ラ◯ウ　ハイ：ロウガイ（感動）

牢固
　KⅣ51b　ラ◯ウ　クウ：デウブ（居室）
　J373　ラ◯ウ　クウ：デウブナ（家居）

老安人
　KⅠ36a　ラ◯ウ　アン　ジン：老夫人（親族）
　J283　ラ◯ウ　アン　ジン：老夫人（親族）

老成的
　KⅠ23a　ラ◯ウ　ヂン　テ：シヤフトフナモノ（人品）
　J73　ラ◯ウ　ヂン　テ：タシカナ

老大人
　KⅠ15a　ラ◯ウ　ダアー　ジン：ラウタヒノ人（人品）
　J259　ラ◯ウ　ダア　ジン：ラウタイノ人（人品）

老道人
　KⅢ11b　ラ◯ウ　ダ◯ウ　ジン：功アルドウシヤ（祭祀）
　J35　ラ◯ウ　ダ◯ウ　ジン：功アルドウシヤ

老公
　KⅠ35a　ラ◯ウ　コン：コテイス（親族）
　J281　ラ◯ウ　コン：ゴテイ（親族）

老骨頭
　KⅠ24b　ラ◯ウ　コ　デ◯ウ：オヒボレ（人品）
　J76　ラ◯ウ　コ　デ◯ウ：ヲイボレ

老和尚
　KⅠ21b　ラ◯ウ　ホヲ、ジヤン：ラフヲシヤウ（人品）
　J274　ラ◯ウ　ホウ　ジヤン：ラフオシヤウ（人品）

老狐狸
　KⅤ22b　ラ◯ウ　ウー　リイ：功ヘルキツ子（畜獣）
　J35　ラ◯ウ　ウ、リイ：功ヘルキツ子

老虎
　KⅤ21a　ラ◯ウ　フウ：トラ（畜獣）
　J403　ラ◯ウ　フウ：トラ（獣）

老級郎
　KⅤ15a　ラ◯ウ　キ　ラン：カナガシラ（魚鼈）
　J391　ラ◯ウ　キ　ラン：カナガシラ（魚介）

老薑
　KⅤ3b　ラ◯ウ　キヤン：シヤウガ（菜蔬）
　J386　ラ◯ウ　キヤン：シヨウガ（菜蔬）

老經紀
　KⅣ21a　ラ◯ウ　キン　キイ：アキナイコウシヤ（財産）
　J16　ラ◯ウ　キン　キイ：アキナイコウシヤ

老酒
　KⅤ10b　ラ◯ウ　ツイ◯ウ：三年酒（飯肉）
　J449　ラ◯ウ　チウ：三年酒（飲食）

老萊子大孝的舞斑衣
　KⅠ24a　ラ◯ウ　ライ　ツウ　ダアー　ヒヤ◯ウ　テ、パン　イー：ラフライシ大孝アツテヲヤノタメニイロエデマウ（人品）
　J37　ラ◯ウ　ライ　ツウ　ダア　ヒヤ◯ウ　テ　ウ、パン　イ、：ラウライシ大孝アツテヲヤノタメニイロエテマウ

老媽
　KⅠ33b　ラ◯ウ　マアー：ウバ（親族）
　J278　ラ◯ウ　マア：ウバ

老蠻子
　KⅠ30b　ラ◯ウ　マン　ツウ：トシヲシナヒ◯老人ヲシカル詞ナリ（身體）
　J100　ラ◯ウ　マン　ツウ：コヲシヤナ⏋

老母
　KⅠ33b　ラ◯ウ　ムウ：ハゴ（親族）
　J278　ラ◯ウ　ムウ：ハゴ（親族）

老婆
　KⅠ35b　ラ◯ウ　ボヲー：ニヤウボウ（親族）
　J282　ラ◯ウ　ボウ：ニヤウボウ（親族）

老茄兒
　KⅤ4b　ラ◯ウ　キヤア　ルウ：オヒナスビ（菜蔬）
　J389　ラ◯ウ　ギヤア　ルウ：ヲイナスビ（菜蔬）

老權勢
　KⅢ23a　ラ◯ウ　ギエン　スウ：キヒシイセイ（官府）
　J6　ラ◯ウ　ケン　スイ：ケンイガタカイ

老權的

歩Ⅲ 30a 　{「老權的」に變更}

老犬
　ＫⅤ 21b　ラ○ウ　ケエン：ラウケン（畜獸）
　Ｊ404　ラ○ウ　ケン：ラウケン（獸）

老人家
　ＫⅠ 17b　ラ○ウ　ジン　キヤア：トシヨリ（人品）
　Ｊ265　ラ○ウ　ジン　キヤア：トシヨリ（人品）

老少年
　ＫⅤ 30b　ラ○ウ　シヤ○ウ　子エン：ハケイトウ（花卉）
　Ｊ436　ラ○ウ　スヤ○ウ　子ン：ハケイトウ（花艸）

老師父
　ＫⅠ 21b　ラ○ウ　スウ　フウ：和尚ノ尊稱（人品）
　Ｊ274　ラ○ウ　スウ　フウ：和尚ヲタツトンテ云トキ（人品）

老師太
　ＫⅠ 21b　ラ○ウ　スウ　タイ：和尚ノ尊稱（人品）

老師大
　Ｊ274　ラ○ウ　スウ　ダア：和尚ヲタツトンテ云（人品）

老詩人
　ＫⅢ 50b　ラ○ウ　スウ　ジン：詩ノ巧者（讀書）
　Ｊ15　ラ○ウ　スウ　ジン：詩ノ巧者

老實的
　ＫⅠ 23a　ラ○ウ　ジ　テ：セフヂキナ（人品）
　Ｊ73　ラ○ウ　ジ　テ：セウヂキナ

老實人
　ＫⅠ 15a　ラ○ウ　ジ　ジン：ジツギアル人（人品）
　Ｊ259　ラ○ウ　ジ　ジン：リツギナ人（人品）

老鼠
　ＫⅤ 22a　ラ○ウ　チイ：子ヅミ（畜獸）
　Ｊ405　ラ○ウ　チユイ：子ズミ（獸）

老鼠炒
　ＫⅤ 22b　ラ○ウ　チイ　ツヤ○ウ：子ツミガアルヽ（畜獸）
　Ｊ36　ラ○ウ　チユイ　ツヤ○ウ：子ヅミガアルヽ

老絲瓜
　ＫⅤ 2b　ラ○ウ　スウ　クワア：オヒヘチマ（菜蔬）
　Ｊ384　ラ○ウ　スウ　クハア：ヲイヘチマ（菜蔬）

老天阿
　ＫⅠ 8b　ラ○ウ　テエン　アー：天（天文）
　Ｊ185　ラ○ウ　テン　アヽ：天ノ丆

老頭兒
　ＫⅠ 33b　ラ○ウ　デウ　ルウ：オヤゴ（親族）
　Ｊ278　ラ○ウ　デウ　ルヽ：ヲヤゴ（親族）

老鴉
　ＫⅤ 23b　ラ○ウ　ヤアー：オヒガラス（禽類）
　Ｊ419　ラ○ウ　ヤア：カラス（飛禽）

老銀子
　ＫⅢ 39a　ラ○ウ　イン　ツウ：コギン（寶貨）
　Ｊ319　ラ○ウ　イン　ツウ：古ギン（器用）

老魚
　ＫⅤ 16b　ラ○ウ　イー：ブリ（魚鼈）
　Ｊ394　ラ○ウ　イヽ：ブリ（魚介）

老遠的
　ＫⅣ 11a　ラ○ウ　イエン　テ：ヅントヽホヒ（數量）
　Ｊ211　ラ○ウ　エン　テ：ヅンドトヲイ

老岳母
　ＫⅠ 35a　ラ○ウ　ヤ　ムウ：シウトメ（親族）
　Ｊ281　ラ○ウ　ヤ　ムウ：シウトメ（親族）

老在行
　ＫⅡ 32a　ラ○ウ　ヅアイ　ハン：老功ノモノ（德藝）
　Ｊ74　ラ○ウ　ヅアイ　ハン：老功ノモノ

老早
　ＫⅠ 5b　ラ○ウ　ツア○ウ：トクニ（天文）
　Ｊ251　ラ○ウ　ツア○ウ：トウニ（天文）

老長兄
　ＫⅠ 24b　ラ○ウ　チヤン　ヒヨン：キコフサマ（人品）
　Ｊ76　ラ○ウ　ヂヤン　ヒヨン：キコウサマ

烙
　ＫⅤ 42a　ロ：ヤキカ子（馬鞍）
　Ｊ415　ロ：ヤキカ子アツル丆（馬具）

烙鐵
　ＫⅤ 42b　ロ　テ：ヤキカ子（馬鞍）

烙鉄
　Ｊ416　ロ　テ：ヤキカ子（馬具）

烙印
　ＫⅤ 42b　ロ　イン：ヤキイン（馬鞍）
　Ｊ416　ロ　イン：馬ノヤキイン（馬具）

LE

勒子
　ＫⅢ 38a　レ　ツウ：ヲジメ（寶貨）
　Ｊ317　レ　ツウ：ヲジメ（器用）

LEI

勒肚索
　ＫⅣ 44a　レ　ドウ　ソ：ロクトヅナ（舩件）
　Ｊ359　レ　ドウ　ソ：ロクドツナ（舩件）

勒下来

KⅣ2b　レ ヒヤア ライ：シゴキオトス（製作）
勒下來
　　　J106　レ ヒヤア ライ：シゴキヲトス
雷公
　　　KⅠ3a　ルイ コン：イカヅチ（天文）
　　　J246　ルイ コン：イカツチ（天文）
雷響
　　　KⅠ3a　ルイ ヒヤン：カミナリ（天文）
　　　J247　ルイ ヒヤン：カミナリ（天文）
擂槌
　　　KⅢ36b　ルイ ツ○イ：スリギ（寶貨）
　　　J314　ルイ ツ○イ：スリギ（器用）
擂豆腐
　　　KⅤ9a　ルイ デ○ウ フウ：スリドウフ（飯肉）
　　　J381　ルイ デ○ウ フウ：スリトウフ（菜蔬）
擂了鼓
　　　KⅡ33a　ルイ リヤ○ウ クウ：タヒコヲタヽク（德藝）
　　　J198　ルイ リヤ○ウ クウ：タイコヲタヽク
擂盤
　　　KⅢ36b　ルイ ボワン：スリバチ（寶貨）
　　　J314　ルイ ボワン：スリバチ（器用）
擂盆
　　　歩Ⅲ49b　{「擂盆」に変更}
擂碎了
　　　KⅣ7a　ルイ スイ リヤ○ウ：スリクダヒタ（製作）
　　　J214　ルイ スイ リヤ○ウ：スリクダイタ
羸瘦了
　　　KⅠ31a　ルイ スエ○ウ リヤ○ウ：ヤセツカレタ（身體）
　　　J89　ルイ スエ○ウ リヤ○ウ：ヤセツカレタ
累起来
　　　KⅣ5b　ルイ キイ ライ：カサ子ル（製作）
累起來
　　　J59　ルイ キイ ライ：カサ子ル
累了墨
　　　KⅣ9a　ルイ リヤ○ウ メ：スミガツヒタ（製作）
　　　J223　ルイ リヤ○ウ メ：スミガツイタ
累了泥
　　　KⅣ9a　ルイ リヤ○ウ ニイ：ドロカツヒタ（製作）
　　　J224　ルイ リヤ○ウ ニイ：ドロガツイタ
累了油
　　　KⅣ9a　ルイ リヤ○ウ ユウ：アフラカツヒタ（製作）
　　　J224　ルイ リヤ○ウ ユウ：アブラカツイタ
肋下
　　　KⅠ26b　レ ヒヤア：ワキノ下（身體）
　　　J288　レ ヒヤア：ワキノ下（身體）

LENG

冷壁子靠不得
　　　KⅣ52b　レン ピ ツウ カ○ウ ポ テ：ナマカベニハヨラレヌ（居室）
　　　J182　レン ピ ツウ カ○ウ プ テ：ナマカベニハヨラレヌ
冷不過
　　　KⅠ7b　レン ポ コフ：サムクテナラヌ（天文）
　　　J182　レン ポ コウ：サムクテナラヌ
冷得緊
　　　KⅠ5b　レン テ キン：イカフサムヒ（天文）
　　　J251　レン テ キン：イカフサムイ（天文）
冷箭
　　　KⅣ27a　レン ツエン：ソレヤ（兵法）
　　　J204　レン ヂエン：ソレヤ
冷静些
　　　KⅡ24b　レン ヅイン スイー：サビシヒ（通用）
　　　J207　レン ヅイン スイ：サビシイ
冷起来
　　　KⅠ7a　レン キイ ライ：サムクナツタ（天文）
冷起來
　　　J182　レン キイ ライ：サムクナツタ
冷是冷
　　　KⅠ8a　レン スウ レン：サムサハサムケレモ（天文）
　　　J185　レン ズウ レン：サムサハサムケレトモ
冷些呢
　　　KⅠ7b　レン スイー ニイ：サムクハナイカ（天文）
　　　J183　レン スイ ニイ：サムクハナイカ

LI

厘等
　　　KⅢ39a　リイ テン：ハカリ（寶貨）
　　　J319　リイ テン：ハカリ（器用）
厘等魚
　　　KⅤ15b　リイ テン イー：アンコウ（魚鼈）
戥等魚
　　　J391　リイ テン イヽ：アンコウ（魚介）{厘戥魚の誤りか}
狸兒
　　　KⅤ21a　リイ ルウ：タヌキ（畜獸）
狸兒

ＫⅠ404 レン ル、：タヌキ（獣）

離海的
ＫⅠ13a リイ ハイ テ：ウミナキトコロ（地理）
Ｊ189 リイ ハイ テ：ウミナキトコロ

離山
ＫⅣ46a リイ サン：ヤマヲハナル、（舩件）
Ｊ363 レン サン：ヤマヲハナル（舩件）

藜菜
ＫⅤ2a リイ ツアイ：アカザ（菜蔬）
Ｊ383 リイ ツアイ：アカザ（菜蔬）

梨糕
ＫⅤ8a リイ カ○ウ：ナシデツクルモチ（飯肉）
Ｊ445 リイ カ○ウ：ナシデツクルモチ（飲食）

梨片
ＫⅤ8b リイ ペン：ナシツケ（飯肉）
Ｊ445 リイ ペン：ナシツケ（飲食）

梨子
ＫⅤ33a リイ ツウ：ナシ（菓蓏）
Ｊ411 リイ ツウ：ナシ（菓）

黎明
ＫⅠ1b リイ ミン：ホノ〴〵アケ（天文）
Ｊ244 リイ ミン：ホノ〳〵アケ（天文）

蜊魚
ＫⅤ17b リイ イー：カキ（魚鼈）
Ｊ396 リイ イ、：カキ（魚介）

禮衣
ＫⅤ36a リイ イー：レイフク（衣服）
Ｊ425 リイ イ、：レイフク 上下ソルイ（衣服）

李花
ＫⅤ29a リイ ハアー：スモ、ノハナ（花卉）
Ｊ433 リイ ハア：スモ、（花艸）

李子
ＫⅤ33a リイ ツウ：スモ、（菓蓏）
Ｊ411 リイ ツウ：スモ、（菓）

里長
ＫⅠ19a リイ チヤン：シヤウヤ（人品）
Ｊ269 リイ チヤン：シヤウヤ（人品）

里正
歩Ⅰ27a ｛「里正」に変更｝

裏
ＫⅤ37a リイ：ウラ（衣服）
Ｊ427 リイ：ウラ（衣服）

裏邊坐
ＫⅡ3b リイ ペエン ヅヲウ：ウチニスハレ（賓友）

裡邊坐

Ｊ143 リイ ペン ヅヲ、：ウチニスワレ

裏袴
ＫⅤ37a リイ クウ：シタオビ（衣服）
Ｊ426 リイ クウ：シタヲビ（衣服）

裏頭
ＫⅣ48a リイ デ○ウ：ナイシヤウ（居室）
Ｊ369 リイ デ○ウ：ナイシヤウ（家居）

理不清
ＫⅣ19b リイ ポ ヅイン：スマヌ（財産）
Ｊ67 リイ プ チン：スマヌ

理得来
ＫⅣ20b リイ テ ライ：サバカル（財産）

理得來
Ｊ12 リイ テ ライ：サバカル、

理好了
ＫⅢ24b リイ ハ○ウ リヤ○ウ：ヨクシラベタ（官府）
Ｊ13 リイ ハ○ウ リヤ○ウ：ヨクシラベタ

理毛衣
ＫⅤ25b リイ マ○ウ イー：ハ子ソロエル（禽類）
Ｊ424 リイ マ○ウ イ、：ハ子ソロエル⌐（飛禽）

理刑廳
ＫⅢ25a リイ イン テイン：ヒヤウデウシヨ（官府）
Ｊ39 リイ イン デン：ヒヤウデウシヨ

理刑廳
ＫⅣ51a リイ イン デイン：ヒヤウデウシヨ（居室）｛重複掲載｝
Ｊ375 リイ イン デン：ヒヤウデウシヨ（家居）｛重複掲載｝

理一理
ＫⅡ22b リイ イ リイ：サバク○シラブル○モノヲソロエル（通用）
Ｊ21 リイ イ リイ：サバク又シラブル モノヲソロエル

鯉魚
ＫⅤ15a リイ イー：コイ（魚鼈）
Ｊ391 リイ イ、：コイ（魚介）

力薄的
ＫⅣ17b リ ポ テ：チカラノウスヒ⌐（諸物）
Ｊ238 リ ポ テ：チカラノウスイ⌐

力大的
ＫⅣ17b リ ダアー テ：チカラノオホヒナ⌐（諸物）
Ｊ238 リ ダア テ：チカラノヲ、イナル⌐

力多的
ＫⅣ17b リ トヲー テ：チカラノオホヒナ⌐（諸物）

【LI～LIAN】

J238　リ　トウ　テ：チカラノヲヽイ⏋

力厚的
　KⅣ17b　リ　ヘ○ウ　テ：チカラノアツイ⏋（諸物）
　J238　リ　ヘ○ウ　テ：チカラノアツイ⏋

力牢阿
　KⅣ17b　リ　ラ○ウ　アー：チカラノタシカナ⏋（諸物）
　J238　リ　ラ○ウ　アヽ：チカラノタシカナ⏋

力輕的
　KⅣ17b　リ　キン　テ：チカラノカルヒ⏋（諸物）
　J238　リ　キン　テ：チカラノカルイ⏋

力弱的
　KⅣ17b　リ　ジヨ　テ：チカラノヨワイ⏋（諸物）
　J238　リ　ジヨ　テ：チカラノヨワイ⏋

力少的
　KⅣ18a　リ　シヤ○ウ　テ：チカラノスクナヒ⏋（諸物）
　J238　リ　スヤ○ウ　テ：チカラノスクナイ⏋

力旺的
　KⅣ17b　リ　ワン　テ：チカラノサカリ（諸物）
　J238　リ　グハン　テ：チカラノサカリ

力重的
　KⅣ17b　リ　ヂヨン　テ：チカラノオモヒ⏋（諸物）
　J238　リ　ヂヨン　テ：チカラノヲモイ⏋

荔枝
　KⅤ33b　リ　ツウ：レイシ（菓蓏）
　J412　リ　ツウ：レイシ（菓）

荔枝殻
　KⅤ33b　リ　ツウ　コ：レイシノカラ（菓蓏）
　J412　リ　ツウ　コ：レイシノカラ（菓）

暦本
　KⅢ31b　レ　ペン：コヨミ（寶貨）
　J304　リ　ペン：コヨミ（器用）

蠣蝗殻
　KⅤ18a　リイ　ワン　コ：シヤクシカヒノカラ（魚鼈）
　J397　リイ　ワン　コ：シヤクシカイノカラ（魚介）

痢疾
　KⅣ29a　リイ　ヅイ：リシツ（疾病）
　J337　リイ　シ：リシツ（感動）

立個碑
　KⅣ3a　リ　コ　ブヲイ：セキヒヲタツル（製作）
　J199　リ　コ　ピイ：セキヒヲタツル

立起来
　KⅡ7b　リ　キイ　ライ：タテ（賓友）

立起來
　J152　リ　キイ　ライ：タテ

立人旁
　KⅢ51b　リ　ジン　バン：ニンベン（讀書）
　J31　リ　ジン　バン：ニンベン

麗春花
　KⅤ30a　リイ　チユイン　ハアー：ヒジンサウ（花卉）
　J435　リイ　チユン　ハア：ビジンソウ（花艸）

隷書
　KⅢ32a　リイ　シユイ：レイシヨ（寶貨）
　J305　リイ　シユイ：レイシヨ（器用）

栗子
　KⅤ33a　リ　ツウ：クリ（菓蓏）
　J411　リ　ツウ：クリ（菓）

栗子殻
　KⅤ33a　リ　ツウ　コ：クリノカラ（菓蓏）
　J411　リ　ツウ　コ：クリノカラ（菓）

栗子熟了自己脱了肉
　KⅤ11b　リ　ツウ　ジヨ　リヤ○ウ　ヅウ　キイ　ト　リヤ○ウ　ジヨ：クリガジユクシテオノツカラミガデタ（飯肉）
　J236　リ　ツウ　ジヨ　リヤ○ウ　ヅウ　キイ　ト　リヤ○ウ　ジヨ：クリガジユクシテヲノツカラミガデタ

LIAN

連環
　KⅢ34b　レン　クワン：クサリ（寶貨）
　J310　レン　クハン：クサリ（器用）

連界
　KⅠ10b　レン　キヤイ：サカヒツヾキ（地理）
　J253　レン　キヤイ：サカイツヾキ（天文）

連襟
　KⅠ35b　レン　キン：アヒムコ（親族）
　J282　レン　キン：アヒムコ（親族）

連攊来
　KⅣ17a　レン　ロン　ライ：ツラナツタ（諸物）

連攊來
　J207　レン　ロン　ライ：ツラナツタ

連錢驄
　KⅤ43b　レン　ヅエン　ツヲン：レンゼンアシゲ（馬鞍）

連錢驄
　J418　レン　チエン　ツヲン：レンゼンアシゲ（馬具）

連我也多饒得狠

ＫⅢ17b　レン　コヲ　エー　トヲ　シヤ○ウ　テ　ヘン：
　　　　ワタクシトモアテコサフサナ（寄贈）
　　Ｊ90　レン　ゴウ　エ、　トヲ　ジヤ○ウ　テ　ヘン：ワタ
　　　　クシドモマデコゾウサナ

連郷
　　ＫⅠ10a　レン　ヒヤン：サトツヾキ（地理）
　　Ｊ253　レン　ヒヤン：サトツヾキ（天文）
連着的
　　ＫⅣ17a　レン　ヂヤ　テ：ツバイタ（諸物）
　　Ｊ207　レン　ヂヤ　テ：ツバイタ
連著的
　　步Ⅳ24b　{「連著的」に変更}
蓮根
　　ＫⅤ5a　レン　ゲン：レンコン（菜蔬）
　　Ｊ389　レン　ゲン：レンコン（菜蔬）
蓮花
　　ＫⅤ30a　レン　ハアー：ハス（花卉）
　　Ｊ435　レン　ハア：ハス（花艸）
蓮肉
　　ＫⅤ34a　レン　シヨ：レンニク（菓蔬）
　　Ｊ413　レン　ジヨ：レンニク（菓）
蓮社會
　　ＫⅢ11a　レン　シエー　ホイ：観音マツリ（祭祀）
　　Ｊ34　レン　ジエ、　ホイ：観音マツリ
蓮子
　　ＫⅤ34a　レン　ツウ：ハスノミ（菓蔬）
　　Ｊ413　レン　ツウ：レンノミ（菓）
憐憫他
　　ＫⅡ9b　レン　ミン　タアー：アレヲアハレム（賓友）
　　Ｊ73　レン　ミン　タア：アレヲアワレム
簾鈎
　　ＫⅢ27a　レン　ゲ○ウ：スダレノカギ（寶貨）
　　Ｊ295　レン　ゲ○ウ：スダレノカギ（器用）
聯接的
　　ＫⅣ17a　レン　ツイ　テ：ツバイタ（諸物）
　　Ｊ207　レン　チ　テ：ツバイタ
鎌刀
　　ＫⅢ34a　レン　タ○ウ：カマ（寶貨）
　　Ｊ309　レン　タ○ウ：カマ（器用）
臉孔
　　ＫⅠ26a　レン　コン：ヲモテ（身體）
　　Ｊ287　レン　コン：ヲモテ（身體）
臉皮
　　ＫⅠ28a　レン　ビイ：オモテ（身體）
　　Ｊ291　レン　ビイ：ヲモテ（身體）

臉上
　　ＫⅠ26a　レン　ジヤン：ヲモテ（身體）
　　Ｊ287　レン　ジヤン：ヲモテ（身體）
練過的
　　ＫⅡ32b　レン　コヲ、　テ：シユクレンシタ˥（德藝）
　　Ｊ75　レン　コウ　テ：シユレンシタ˥
練鵲
　　ＫⅤ25a　レン　ツヤ：レンジヤク（禽類）
　　Ｊ423　レン　ツヤ：レンジヤク（飛禽）
煉
　　ＫⅤ11a　レン：子ル（飯肉）
　　Ｊ450　レン：子ル（飲食）
煉成的
　　ＫⅤ40a　レン　ヂン　テ：子リタモノ（衣服）
　　Ｊ207　レン　ヂン　テ：子リタモノ
殮過了
　　ＫⅢ15a　レン　コヲ　リヤ○ウ：トリオキシタ（慶甲）
　　Ｊ49　レン　コウ　リヤ○ウ：トリヲキシタ
入殮過了
　　步Ⅲ20a　{「入殮過了」に変更}

LIANG

良姜
　　ＫⅤ4b　リヤン　キヤン：クマタケラン（菜蔬）{語
　　　　釈誤り．「杜若」にも〈クマタケラン〉}
　　Ｊ388　リヤン　キヤン：メウカ（菜蔬）
粮舩
　　ＫⅣ40b　リヤン　ヂエン：コメフ子（舩件）
　　Ｊ353　リヤン　ヂエン：コメフ子（舩件）
凉得緊
　　ＫⅠ5b　リヤン　テ　キン：イカフス、シヒ（天文）
　　Ｊ251　リヤン　テ　キン：イカフスヾシイ（天文）
凉笠
　　ＫⅢ37a　リヤン　リ：キガサ（寶貨）
　　Ｊ315　リヤン　リ：キガサ（器用）
凉起来
　　ＫⅠ7a　リヤン　キイ　ライ：ス、シクナツタ（天文）
凉起來
　　Ｊ182　リヤン　キイ　ライ：ス、シクナツタ
凉傘
　　ＫⅢ37a　リヤン　サン：ヒガサ（寶貨）
　　Ｊ315　リヤン　サン：ヒガサ（器用）
凉笋
　　ＫⅤ4b　リヤン　スイン：メウガ（菜蔬）
凉笋

【LIAN～LIANG】

J388　リヤン　スエン：メウガ（菜蔬）

涼亭
　KⅣ 48b　リヤン　デイン：ス、ミトコロ（居室）
　J370　リヤン　デン：スミジヨ（家居）

涼烟
　KⅢ 4a　リヤン　エン：ウスヒタバコ（筵宴）
　J158　リヤン　エン：ウスイタバコ

涼烟
　KⅢ 28a　リヤン　エン：ウスタバコ（宝貨）{重複掲載}

涼煙
　J298　リヤン　エン：ウスタバコ（器用）{重複掲載}

椋樹
　KⅤ 28b　リヤン　ジユイ：ムクノキ（樹木）
　J409　リヤン　ジユイ：ムク（樹竹）

椋子
　KⅤ 33b　リヤン　ツウ：ムクノミ（菓蓏）
　J412　リヤン　ツウ：ムクノミ（菓）

梁
　KⅣ 45a　リヤン：ドウキ（舩件）
　J361　リヤン：ドウギ（舩件）

梁頭板
　歩Ⅳ 62a　{「梁頭板」に変更}

梁
　KⅣ 49b　リヤン：ムナキ（居室）{重複掲載}
　J374　リヤン：ムナキ（家居）{重複掲載}

梁頭
　KⅣ 44b　リヤン　デ○ウ：トモノマ（舩件）
　J360　リヤン　デ○ウ：ドウノマ（舩件）

樑頭
　KⅣ 45a　リヤン　デ○ウ：セキイタ（舩件）
　J361　リヤン　デ○ウ：セキイタ（舩件）

量
　KⅤ 37a　リヤン：尺トル（衣服）
　J427　リヤン：尺トル（衣服）

量不来
　KⅢ 9b　リヤン　ポ　ライ：ハカラレヌ（筵宴）

量不來
　J102　リヤン　プ　ライ：ハカラレヌ

量得来
　KⅠ 38b　リヤン　テ　ライ：ハカラレル（性情）

量得來
　J103　リヤン　テ　ライ：ハカラレル

量量看
　KⅠ 41b　リヤン　、　カン：キンリヤウテカケテミヨ（動作）

量々看
　J174　リヤン　、　カン：キンレウデカケテミヨ

量一量
　KⅡ 21b　リヤン　イ　リヤン：ハカル（通用）
　J20　リヤン　イ　リヤン：ハカレ

兩辨的
　KⅤ 31b　リヤ○ン　バン　テ：一根両株（花卉）
　J438　リヤン　ペン　テ：一根リヤウクハ（花艸）

兩邊好
　KⅡ 10a　リヤン　ペ○ン　ハ○ウ：ソフホウヨイ（賓友）

兩邊好
　J78　リヤン　ペン　ハ○ウ：ソウハウヨイ

兩分好
　KⅡ 17b　リヤン　フゥン　ハ○ウ：スコシハヨヒ（通用）

両分好
　J135　リヤン　フイン　ハ○ウ：スコシハヨイ

兩個人
　KⅣ 13a　リヤン　ケ　ジン：フタリ（数量）

兩個人
　J30　リヤン　コ　ジン：フタリ

兩個月
　KⅠ 9a　リヤン　コ　イエ：両月（天文）

兩個月
　J186　リヤン　コ　エ：両月

兩家便
　KⅡ 10a　リヤン　キヤア　ベエン：ソフホウトモニカツテナ（賓友）

両家便
　J78　リヤン　キヤア　ベン：ソウホウトモニカツテナ

兩脚
　KⅠ 27a　リヤン　キヤ：リヤウノアシ（身體）
　J289　リヤン　キヤ：リヤウノアシ（身體）

兩廊
　KⅣ 49b　リヤン　ラン：リヤウハウノラウカ（居室）

両廊
　J372　リヤン　ラン：ロウカ（家居）

兩三個
　KⅣ 14a　リヤン　サン　コ：フタツミツ（数量）
　J27　リヤン　サン　コ：フタツミツ

兩三托

K Ⅳ 14b リヤン サン ト：フタヒロミヒロ（數量）

两三托

J28 リヤン サン ト：フタヒロミヒロ

兩三様

K Ⅳ 14a リヤン サン ヤン：フタツミツノモノ（數量）

J27 リヤン サン ヤン：フタツミツノモノ

兩頭低

K Ⅳ 11a リヤン デ○ウ デイ：リヤフホフカヒクヒ（數量）

両頭低

J211 リヤン デ○ウ デイ：ソウホウガヒクイ

兩頭高

K Ⅳ 11a リヤン デ○ウ カ○ウ：リヤフホフガタカヒ（數量）

両頭高

J211 リヤン デ○ウ カ○ウ：：ソウホウガタカイ

兩腿生肉

K Ⅰ 30b リヤン トイ スエン ジヨ：兩ノ腿カフトツタ（身體）

J115 リヤン トイ スエン ジヨ：レウノモヽガフト■ ■（判読不能）

筑・天・2・21a リヤン トイ スエン ジヨ：レウノモヽガフトツタ

兩托深

K Ⅳ 14b リヤン ト シン：フカサフタヒロ（數量）

两托深

J28 リヤン ト シン：フカサフタヒロ

兩袖清風

K Ⅳ 19b リヤン ヂウ ツイン フヲン：ナニモナヒト云フ（財産）

两袖清風

J137 リヤン チウ チン ホン：ナニモナイト云フ

兩眼涙了

K Ⅰ 42b リヤン エン ルイ リヤ○ウ：兩ガンカラナンダガ出ル（視聴）

J176 リヤン エン ルイ リヤ○ウ：ナンダガ出ル

兩眼流涙

歩Ⅰ 59b ｛「兩眼流涙」に変更｝

兩張皮

K Ⅴ 43b リヤン チヤン ビイ：大ブチゲ（馬鞁）

両張皮

J418 リヤン チヤン ビイ：大ブチ毛（馬具）

兩柱間

K Ⅳ 53a リヤン チユイ ケン：フタハシラノアイ（居室）

两柱間

J195 リヤン チユイ ケン：フタハシラノアイ

亮隔

K Ⅳ 49a リヤン ゲ：レンジ（居室）

J371 リヤン ゲ：レンジ（家居）

亮快唎

K Ⅳ 53b リヤン クワイ リイ：ヨキアカリ（居室）

J206 リヤン クハイ リイ：ヨキアカリ

諒得来

K Ⅱ 4b リヤン テ ライ：タブンクルデアロフ（賓友）

諒得來

J145 リヤン テ ライ：タブンクルデアラフ

量尺

K Ⅲ 39a リヤン チ：シヤクザシ（寶貨）

J318 リヤン チ：シヤクサシ（器用）

量高

K Ⅲ 2b リヤン カ○ウ：シユレウカタカヒ（筵宴）

J155 リヤン カ○ウ：シユレウガタカイ

量好的

K Ⅲ 2a リヤン パ○ウ テ：レウカヨヒ（筵宴）

J155 リヤン ハ○ウ テ：シユレウガヨイ

LIAO

撩起来

K Ⅳ 2b リヤ○ウ キイ ライ：カギアクル（製作）

撩起來

J107 リヤ○ウ キイ ライ：カキアグル

寮草冩

K Ⅲ 45b リヤ○ウ ツア○ウ スエー：サフトカク（讀書）

J122 リヤ○ウ ツア○ウ スエヽ：ザツトカケ

繚母

K Ⅳ 44a リヤ○ウ ムウ：ミナワ（舩件）

J359 リヤ○ウ ムウ：ミナハ（舩件）

繚升

K Ⅳ 45b リヤ○ウ シン：ミナワトヲシ（舩件）

J362 リヤ○ウ スイン：ミナワトヲシ（舩件）

繚索

K Ⅳ 43b リヤ○ウ ソ：ミナワ（舩件）

J358 リヤ○ウ ソ：ミナワ（舩件）

暸望臺

歩Ⅱ 49a ｛増補｝

了不得大醉

ＫⅢ 2b　リヤ○ウ　ホテ　ダアー　ツ○イ：ヨウテド
　　　ウモナラヌ（筵宴）
　　Ｊ156　リヤ○ウ　プテ　ダアー　ツイ：ヨツテドウモ
　　　ナラヌ
　　筑・天・1・16a　リヤ○ウ　プテ　ダアー　ツイ：ヨ
　　　ツテトウモナラヌ　{朱で記載}

了不得揺排
　　ＫⅣ 46b　リヤ○ウ　ポテ　ヤ○ウ　パイ：フ子ガユツ
　　　テトフモナラヌ（舩件）{排字は摆の誤り}
　　Ｊ191　リヤ○ウ　プテ　ヤ○ウ　パイ：フ子ガユツテ
　　　ドウモナラヌ

了哩麼
　　ＫⅣ 20b　リヤ○ウ　リイ　マアー：トリハカラフタ
　　　カ（財産）

了哩広
　　Ｊ12　リヤ○ウ　リイ　マア：トリハカラフタカ
　　歩 {削除}

蓼菜
　　ＫⅤ 2a　リヤ○ウ　ツアイ：タデ（菜蔬）
　　Ｊ383　リヤ○ウ　ツアイ：タデ（菜蔬）

蓼花
　　ＫⅤ 30a　リヤ○ウ　ハアー：タデ（花卉）
　　Ｊ435　リヤ○ウ　ハア：タデ（花艸）

料理的
　　ＫⅣ 20b　リヤ○ウ　リイー　テ：トリサバク（財産）
　　Ｊ12　リヤ○ウ　リイ　テ：トリサバク

鐐釣
　　ＫⅣ 50a　リヤ○ウ　デヤ○ウ：クワンヌキ（居室）
　　　{釣字は誤り}

鐐鈎
　　Ｊ372　リヤ○ウ　ゲ○ウ：クハンヌキ（家居）

LIE

烈女
　　ＫⅠ 18a　レ　ニイ：レツヂヨ（人品）
　　Ｊ266　レ　ニイ：レツヂヨ（人品）

劣癩的
　　ＫⅣ 16b　レ　ライ　テ：キタナヒ（諸物）
　　Ｊ239　レ　ライ　テ：キタナイ

劣癩貨
　　ＫⅣ 22a　レ　ライ　ホウ：キタナヒニモツ（財産）
　　Ｊ17　レ　ライ　ハウ：キタナイニモツ

埒子
　　ＫⅣ 45a　ラ　ツウ：サウヒキ（舩件）
　　Ｊ361　レ　ツウ：サウビキ（舩件）

獵狗
　　ＫⅤ 21b　ラ　ゲ○ウ：カリイヌ（畜獸）
　　Ｊ404　レ　ゲ○ウ：カリイヌ（獸）

LIN

隣舍
　　ＫⅣ 49a　リン　セエー　テ：トナリ（居室）

隣舍
　　Ｊ371　リン　シエヽ　テ：トナリ（家居）

淋證
　　ＫⅣ 30a　リン　シヤウ：リンシヤウ（疾病）
　　Ｊ338　リン　チン：リンシヤウ（感動）

痳證
　　歩Ⅳ 42b　{「痲證」に変更}

臨泉水
　　歩Ⅱ 48b　{増補}

臨時
　　ＫⅠ 5b　リン　ズウ：ニハカ（天文）
　　Ｊ252　リン　ズウ：ニワカ（天文）

臨寫的
　　ＫⅢ 45b　リン　スエー　テ：ミウツシ（讀書）
　　Ｊ122　リン　スエヽ　テ：スキウツシ

鱗兒
　　ＫⅤ 17a　リン　ルウ：ウロコ（魚鼈）
　　Ｊ395　リン　ルヽ：ウロコ（魚介）

LING

怜悧的
　　ＫⅠ 37a　リン　リイ　テ：レイリナ（性情）{怜字は
　　　誤り，伶として扱う}
　　Ｊ113　リン　リイ　テ：レイリナ

怜悧得狠
　　ＫⅠ 37b　リン　リイ　テ　ヘン：ヅンドレイリナ（性
　　　情）{怜字は伶の誤り}
　　Ｊ113　リン　リイ　テ　ヘン：ヅントレイリナ

鈴子
　　ＫⅢ 36a　リン　ツウ：スヾ（寶貨）
　　Ｊ312　リン　ツウ：スヾ（器用）

零餘子
　　ＫⅤ 34a　リン　イー　ツウ：ヌカゴ（菓蔬）{語釈誤
　　　り}
　　Ｊ413　リン　イヽ　ツウ：ムカゴ（菓）

靈感的
　　ＫⅢ 11b　リン　カン　テ：レイカンカアル（祭祀）
　　Ｊ47　リン　カン　テ：レイゲンガアル

凌辱他
    KⅡ30b リン ジヨ タアー：アレヲハヂシムル（疎慢）
    J95 リン ジヨ タア：アレヲハヂシムル
陵苕花
    KⅤ31a リン ヂヤ○ウ ハアー：ノウゼンカヅラ（花卉）
    J437 リン チヤ○ウ ハア：ノウゼンカツラ（花艸）
菱角
    KⅤ34a リン コ：ヒシ（菓蓏）
    J413 リン コ：ヒシ（菓）
綾綿襖
    KⅤ36a リン メエン ア○ウ：リンズノワタイレ（衣服）
    J425 リン メン ア○ウ：リンズノワタイレ（衣服）
綾子
    KⅤ37a リン ツウ：リンズ（衣服）
    J427 リン ツウ：リンズ（衣服）
領了来
    KⅣ21b リン リヤ○ウ ライ：ウケトル（財産）
領了來
    J19 リン リヤ○ウ ライ：ウケトル
領票
    KⅢ31b リン ピヤ○ウ：ウケトリ（寶貨）
    J304 リン ピヤ○ウ：ウケドリ（器用）
領他的
    KⅣ21b リン タアー テ：アレヲウケトツタ（財産）
    J19 リン タア テ：アレヲウケトツタ
另煎
    KⅣ37a リン ツエン：ベツニセンスル（醫療）
    J349 リン チエン：ベツニセンズル（療養）
另賞你
    KⅢ14a リン シヤン ニイ：ソチニハベツニヤル（慶弔）
    J84 リン シヤン ニイ：ソチニハベツニヤル
另外做
    KⅣ1b リン ワイ ツヲー：ベツニツクル（製作）
    J134 リン ワイ ツヲヽ：ベツニツクレ
令愛
    KⅠ34b リン アイ：ゴソク女（親族）
    J280 リン アイ：ゴソク女（親族）
令弟
    KⅠ34a リン デイ：御舎弟（親族）
    J279 リン デイ：御舎弟（親族）
令郎

令郎
    KⅠ34b リン ラン：ゴソク（親族）
    J280 リン ラン：ゴソク（親族）
令妹
    KⅠ34a リン ムイ：御妹（親族）
    J280 リン ムイ：御妹（親族）
令叔
    KⅠ33b リン シヨ：御叔父（親族）
    J278 リン シヨ：御叔父（親族）
令堂
    KⅠ33b リン ダン：ヲフクロ（親族）
    J278 リン ダン：ヲフクロ（親族）
令兄
    KⅠ34a リン ヒヨン：御舎兄（親族）
    J279 リン ヒヨン：御舎兄（親族）
令壻
    KⅠ34b リン シー：オムコ（親族）
    J281 リン スイ：ヲムコ（親族）
令岳父
    KⅠ35a リン ヤ フウ：ヲシウト（親族）
    J281 リン ヤ フウ：ヲシウトヲ（親族）
令岳丈
    歩Ⅰ49b 〔「令岳丈」に変更〕
令曾祖父
    KⅠ33a リン ヅエン ツウ フウ：御ゾヽ父（親族）
    J277 リン ツエン ツウ フウ：御ソヽ父（親族）
令曾祖母
    KⅠ33a リン ヅエン ツウ ムウ：御ゾヽ母（親族）
    J277 リン ツエン ツウ ムウ：御ソヽ母（親族）
令姉
    KⅠ34a リン ツイヽ：御姉（親族）
    J279 リン ツウ：御姉（親族）
令姉夫
    KⅠ34a リン ツイー フウ：御姉ムコ（親族）
    J279 リン ツウ フウ：御姉（親族）
令祖
    KⅠ33a リン ツウ：御祖父（親族）
    J277 リン ツウ：御祖母（親族）〔語釈は誤り〕
    歩 〔削除〕
令祖父大人
    KⅠ33a リン ツウ フウ ダアー ジン：御祖父（親族）
    J277 リン ツウ フウ ダア ジン：御祖父（親族）
令祖父
    歩Ⅰ46a 〔「令祖父」に変更〕
令祖母大人

【LING〜LONG】

ＫⅠ33a　リン　ツウ　ムウ　ダアー　ジン：御祖母
　　（親族）
Ｊ277　リン　ツウ　フウ　ダア　ジン：御祖母（親族）

令祖母
　歩Ⅰ46a　｛「令祖母」に変更｝

LIU

溜了来
　ＫⅡ6b　リウ　リヤ○ウ　ライ：コツソリトユク（賓友）

溜了來
　Ｊ149　リウ　リヤ○ウ　ライ：コツソリト

溜了去
　ＫⅡ6b　リウ　リヤ○ウ　キユイ：コツソリトユク
　　（賓友）

溜了去
　Ｊ149　リウ　リヤ○ウ　キユイ：コツソリト

溜水讀
　ＫⅢ44b　リウ　シユイ　ド：ザラ〜ヨメ（讀書）

溜水讀
　Ｊ119　リウ　シユイ　ド：ザラ〜ヨメ

溜水走
　ＫⅡ8b　リウ　シユイ　ツエ○ウ：ハヤクアルケ（賓友）

溜水走
　Ｊ153　リウ　シユイ　ツエ○ウ：ハヤクアリケ
　歩　｛削除｝

留不住
　ＫⅢ9b　リウ　ポ　ヂユイ：トメテモトマラヌ（筵宴）
　Ｊ225　リウ　プ　ヂユイ：トメテモトマラヌ

留心讀
　ＫⅢ44a　リウ　スイン　ド　〜゛　シユイ：セイヲダ
　　シテヨム（讀書）｛Ｊの「用心讀」より変更｝

用心讀
　Ｊ120　ヨン　スイン　ド：セイヲダシテヨム

留心學
　ＫⅡ10b　リウ　スイン　ヒヨ：心ニトメテナラフ
　　（賓友）
　Ｊ78　リウ　スイン　ヒヨ：心ニトメテナラヘ

瑠璃礶
　ＫⅢ39b　リウ　リイ　クワン：フラスコ（寶貨）
　Ｊ320　リウ　リイ　クハン：フラスコ（器用）

硫黄
　ＫⅢ28a　リウ　ワン：イワウ（寶貨）

硫磺
　Ｊ297　リウ　ワン：イヲ、（器用）

柳條布
　ＫⅤ38a　リウ　デヤ○ウ　プウ：タテジマ（衣服）
　Ｊ429　リウ　テヤ○ウ　フウ：タテシマモメン（衣服）

六臂的
　ＫⅣ16a　ロ　ピ　テ：ムツアシノモノ（諸物）
　Ｊ232　ロ　ピイ　テ：ムツアシノモノ

六尺竿
　ＫⅢ42a　ロ　チ　カン：ケンザホ（寶貨）
　Ｊ325　ロ　チ　カン：ケンサヲ（器用）

六腑
　ＫⅠ25a　ロ　フウ：ロツフ（身體）
　Ｊ285　ロ　フウ：ロツフ（身體）

六七個
　ＫⅣ14a　ロ　ツイ　コ：ムツナヽツ（數量）
　Ｊ27　ロ　チ　コ：ムツナヽツ

六七樣
　ＫⅣ14a　ロ　ツイ　ヤン：ムツナヽツノモノ（數量）
　Ｊ27　ロ　チ　ヤン：ムツナヽツノモノ

六月雪
　ＫⅤ29a　ロ　イエ　スエ：スヽカケ（花卉）
　Ｊ433　ロ　エ　スエ：コメ〜（花艸）

LONG

龍舩
　ＫⅣ40b　ロン　ヂエン：御舩（舩件）
　Ｊ353　ロン　ヂエン：御舩（舩件）

龍兒
　ＫⅤ19a　ロン　ルウ：リウ（蟲類）
　Ｊ399　ロン　ルヽ：リヤウ（虫）

龍骨
　ＫⅣ45a　ロン　コ：カワラ（舩件）
　Ｊ361　ロン　コ：カワラ（舩件）

龍脳
　Ｊ297　ロン　ナ○ウ：リウナウ（器用）｛Ｋは収録せず｝

龍蝦
　ＫⅤ17a　ロン　ヒヤア：エビ（魚鼈）
　Ｊ395　ロン　ヒヤア：エビ（魚介）

龍眼
　ＫⅤ33b　ロン　エン：リウガン（菓蓏）
　Ｊ412　ロン　エン：リウガンニク（菓）

龍魚
　ＫⅤ15a　ロン　イー：シヤチホコ（魚鼈）
　Ｊ391　ロン　イヽ：シヤチホコ（魚介）

龍爪豆
　ＫⅤ3a　ロン　ツア○ウ　デ○ウ：ナタマメ（菜蔬）

J385　ロン　ツア○ウ　デ○ウ：ナタマメ（菜蔬）
籠竹
　　KⅢ42a　ロン　チヨ：地ドヒ（寶貨）
　　J324　ロン　チヨ：地ドイ（器用）
攏舩
　　KⅣ41b　ロン　ヂエン：フ子ヲコキヨスル（舩件）
　　J354　ロン　ヂエン：フ子ヲコグ（舩件）
攏過来
　　KⅣ47a　ロン　コヲヽ　ライ：ヨセテクル○コキヨ
　　　スル（舩件）
攏過來
　　J193　ロン　コウ　ライ：コイデクル又コキヨスル
攏過去
　　KⅣ47a　ロン　コヲヽ　キユイ：ヨセテユク（舩件）
　　J193　ロン　コウ　キユイ：コイデユク
攏起来
　　KⅣ46b　ロン　キイ　ライ：ヨスレ（舩件）
攏起來
　　J192　ロン　キイ　ライ：コギダス

LOU

簍子
　　KⅢ42a　レ○ウ　ツウ：テゴ（寶貨）
　　J325　レ○ウ　ツウ：テル（器用）
樓上
　　KⅣ48b　レ○ウ　ジヤン：ニカヒ（居室）
　　J370　レ○ウ　ジヤン：ニカイ（家居）
樓上／下
　　歩Ⅳ68a　｛「樓上」「樓下」と併記｝
樓上去
　　KⅡ6a　レ○ウ　ジヤン　キユイ：ニカヒニユク（賓友）
　　J148　レ○ウ　ジヤン　キユイ：ニカイニユク
　　歩　｛削除｝
樓下
　　KⅣ48b　レ○ウ　ヒヤア：ニカヒシタ（居室）
楼下
　　J370　レ○ウ　ヒヤア：ニカイシタ（家居）
樓上／下
　　歩Ⅳ68a　｛「樓上」「樓下」と併記｝
漏斗
　　KⅢ29a　レ○ウ　テ○ウ：ジヨウゴ（寶貨）
　　J299　レ○ウ　テ○ウ：ジヤウゴ（器用）
漏落来
　　KⅣ5a　レ○ウ　ロ　ライ：モル（製作）

漏落來
　　J62　レ○ウ　ロ　ライ：モル
露出馬脚
　　KⅢ22a　ロウ　チユ　マア　キヤ：ハケカアラワルヽ
　　　（官府）
　　J105　ルウ　チユ　マア　キヤ：バケアラワルヽ
露了阿
　　KⅢ22a　ロウ　リヤ○ウ　アー：アラワレタ（官府）
　　J105　ルウ　リヤ○ウ　アヽ：アラワレタ

LU

鷺鷀
　　KⅤ23b　ルウ　ツウ：ウノトリ（禽類）
　　J419　ルウ　ヅウ：ウノトリ（飛禽）
鱸魚
　　KⅤ15b　ルウ　イヽ：スヾキ（魚鼈）
　　J392　ルウ　イヽ：スヾキ（魚介）
蘆管
　　KⅢ38a　ルウ　クワン：クダ（寶貨）
芦管
　　J316　ルウ　クハン：クダ（器用）
蘆管
　　KⅤ41a　ルウ　クワン：クダ（衣服）｛重複掲載｝
　　J367　ルウ　クハン：クダ（婚姻）｛重複掲載｝
蘆簾
　　KⅢ27a　ルウ　レン：ヨシミス（寶貨）
　　J295　ルウ　レン：ヨシミス（器用）
蘆葦
　　KⅤ32a　ルウ　ヲ　■（判読不能）：アシ（花卉）
　　J439　ルウ　ヲイ：アシ（花卉）
蘆竹
　　KⅤ28b　ルウ　チヨ：ヨシ（樹竹）
　　J410　ルウ　チヨ：ヨシ（樹竹）
擄起来
　　KⅢ24b　ルウ　キイ　ライ：ヒツタクル（官府）
擄起來
　　J112　ルウ　キイ　ライ：ヒツタクル
擄一擄
　　KⅡ23a　ルー　イ　ルー：ヒツタクル（通用）
　　J23　チユイ　イ　チユイ：ヒツタクル｛擄字は音誤り｝
櫓麻
　　KⅣ43b　ルウ　マア：ロドコ（舩件）
　　J358　ルウ　マア：ロトコ（舩件）
櫓床
　　歩Ⅳ60b　｛「櫓床」に変更｝

櫓棚
　ＫⅣ43b　ルウ　ペン：ロタナ○ワキヤマトモ（舩件）
　Ｊ358　ルウ　ボン：ロタナ又ワキヤマトモ（舩件）

櫓人頭
　ＫⅣ43b　ルウ　ジン　デ○ウ：ログヒ（舩件）
　Ｊ358　ルウ　ジン　デ○ウ：ログイ（舩件）

櫓聲
　ＫⅣ43b　ルウ　シン：ロゴエ（舩件）
　Ｊ358　ルウ　スイン：ロゴエ（舩件）

櫓索
　ＫⅣ44a　ルウ　ソ：ロツナ（舩件）
　Ｊ359　ルウ　ソ：ロツナ（舩件）

櫓椎
　ＫⅣ43b　ルウ　ツイ：ログヒ（舩件）
　Ｊ358　ルウ　ツイ：ログイ（舩件）

陸耳
　ＫⅣ45a　ロ　ルウ：ハサミ（舩件）
　Ｊ361　ロ　ル丶：ハサミ（舩件）

鹿耳
　歩Ⅳ62b　｛「鹿耳」に変更｝

陸海國
　ＫⅠ13b　ロ　ハイ　クヲ：ハンジヤウノクニ（地理）
　Ｊ190　ロ　ハイ　クヲ：ハンゼウノクニ
　歩　｛削除｝

録出来
　ＫⅢ48b　ロ　チユ　ライ：カキイダス（讀書）

録出來
　Ｊ198　ロ　チユ　ライ：カキイダス

鹿兒
　ＫⅤ21b　ロ　ルウ：シカ（畜獸）
　Ｊ404　ロ　ル丶：シカ（獸）

鹿角菜
　ＫⅤ2a　ロ　コ　ツアイ：ヒヂキ（菜蔬）
　Ｊ383　ロ　コ　ツアイ：ヒヂキ（菜蔬）

鹿角膠
　ＫⅢ40b　ロ　コ　キヤ○ウ：ニゾノ（寶貨）
　Ｊ322　ロ　コ　キヤ○ウ：シカノツノ丶ニベ（器用）

鹿尾菜
　ＫⅤ2a　ロ　ウイ丶　ツアイ：ヲゴ（菜蔬）
　Ｊ383　ロ　ウイー　ツアイ：ヲゴ（菜蔬）

路不通
　ＫⅠ12b　ルウ　ポ　トン：トホリカナヒ（地理）
　Ｊ188　ルウ　プ　トン：トヲリガナイ

路程遠
　ＫⅠ13b　ルウ　デン　イエン：ミチノリカトホヒ（地理）
　Ｊ190　ルウ　デン　エン：ミチノリカトヲイ

路好的
　ＫⅠ13b　ルウ　ハ○ウ　テ：ヨキミチ（地理）
　Ｊ190　ルウ　ハ○ウ　テ：ヨキミチ

路好了
　ＫⅠ13b　ルウ　ハ○ウ　リヤ○：ミチガヨイ（地理）
　Ｊ190　ルウ　ハ○ウ　リヤ○：ミチガヨイ

路爛了
　ＫⅠ13b　ルウ　ラン　リヤ○：ミチガワルイ（地理）
　Ｊ190　ルウ　ロハン　リヤ○：ミチガヌカル

路上不好石塊狠多
　ＫⅠ14a　ルウ　ジャン　ポ　ハ○ウ　ジ　クワイ　ヘン　トヲー：ミチガワルイ　イシガシゴク多イ（地理）

路上不好石塊有多
　Ｊ191　ルウ　ジャン　プ　ハ○ウ　ジ　クハイ　ヘン　トヲー：イシガヲ、クテミチガワルイ

路通的
　ＫⅠ12b　ルウ　トン　テ：トホリカアル（地理）
　Ｊ188　ルウ　トン　テ：トヲリガアル

蕗菜
　ＫⅤ2a　ルウ　ツアイ：フキ（菜蔬）
　Ｊ383　ルウ　ツアイ：フキ（菜蔬）

蕗薤
　ＫⅤ4a　ルウ　カイ：ラツキヤウ（菜蔬）
　Ｊ387　ルウ　キヤイ：ラツキヤウ（菜蔬）

潞紬
　ＫⅤ37b　ルウ　チウ：サヤ（衣服）
　Ｊ428　ルウ　チウ：サヤ（衣服）

鷺鷥
　ＫⅤ23b　ルウ　ツウ：サギ（禽類）

鷺鷀
　Ｊ420　ロウ　ヅウ：サキ（飛禽）

露水多
　ＫⅠ8b　ルウ　シユイ　トウ：ツユカオホヒ（天文）
　Ｊ186　ルウ　シユイ　トウ：ツユガヲヽイ

露一宿
　ＫⅠ3b　ルウ　イ　ソ：イチヤ夜ツユニサラス（天文）
　Ｊ248　ルウ　イ　ソ：一夜ヨツユトル丨（天文）

LÜ

驢馬
　ＫⅤ21b　ルウ　マアー：ロバ（畜獸）
　Ｊ403　ロウ　マア：ロバ（獸）

濾一濾

Ｋ Ⅱ 22a　リイ　イ　リイ：モノヲコス（通用）
　　Ｊ21　リイ　イ　リイ：モノヲコス
縡井
　　Ｋ Ⅳ 43b　リ　ツイン：ホスリイタ（舩件）
　　Ｊ357　リ　ヂン：ホスリイタ（舩件）
緑豆
　　Ｋ Ⅴ 3a　ロ　デ○ウ：フタナリ（菜蔬）
　　Ｊ385　ロ　デ○ウ：フタナリ（菜蔬）
緑色的
　　Ｋ Ⅴ 31b　ロ　スエ　テ：ミドリ（花卉）
　　Ｊ438　ロ　スエ　テ：ミドリ（花艸）
緑色的
　　Ｋ Ⅴ 39b　ロ　スエ　テ：モエキ（衣服）{重複掲載}
　　Ｊ431　ロ　スエ　テ：モエキ（衣服）{重複掲載}

LUAN

卵兒
　　Ｋ Ⅴ 23b　ラン　ルウ：タマゴ（禽類）
　　Ｊ420　ロハン　ル丶：タマゴ（飛禽）
亂傳人
　　Ｋ Ⅲ 48a　ロワン　ヂエン　ジン：メッタニツタヘル（讀書）
　　Ｊ79　ロハン　チエン　ジン：メッタニツタエル
亂費的
　　Ｋ Ⅳ 23a　ロワン　ヒイ　テ：メッタニツカフ（財産）
　　Ｊ48　ロハン　ヒイ　テ：メッタニツカフ
亂弄的
　　Ｋ Ⅰ 32a　ロワン　ロン　テ：マゼカヘス（身體）
　　Ｊ218　ロハン　ロン　テ：マゼカエス
亂蓬蓬
　　Ｋ Ⅰ 13a　ロワン　ボン　丶：ハエシゲリ（地理）
亂蓬〻
　　Ｊ189　ロハン　ホン　丶：ハエシゲリタ

LÜE

掠一掠
　　Ｋ Ⅱ 23a　リヤ　イ　リヤ：カスムル（通用）
　　Ｊ23　リヨ　イ　リヨ：カスムル
略覺些
　　Ｋ Ⅱ 24b　リヨ　キヤ　スイ：スコシ（通用）{Ｊの2字めを変更}
略寛些
　　Ｊ206　リヨ　クハン　スイ：ユルガセナ
略覺早
　　Ｋ Ⅳ 12b　リヨ　キヤ　ツア○ウ：大概ハヤヒ（數量）

　　Ｊ237　リヨ　キヤ　ツア○ウ：大概ハヤイ

LUN

論包數
　　Ｋ Ⅳ 22a　ルイン　パ○ウ　スウ：俵カズヲギンミスル（財産）
論包数
　　Ｊ17　ルイン　パ○ウ　スウ：貨物ノㇷ
論不得
　　Ｋ Ⅱ 16a　ルイン　ポ　テ：ヒヤウロンガセラレヌ（通用）
　　Ｊ130　ルイン　プ　テ：ヒヤフロンガセラレヌ
論根脚
　　Ｊ227　ルイン　ゲン　キヤ：モトヲロンズル{Ｋには対応する語なし}
論斤數
　　Ｋ Ⅳ 22a　ルイン　キン　スウ：キンメノギンミ（財産）
論斤数
　　Ｊ17　ルイン　キン　スウ：キンメノギンミ
論起来
　　Ｋ Ⅱ 16a　ルイン　キイ　ライ：ロンジタ（通用）
論起來
　　Ｊ130　ルイン　キイ　ライ：ロンジタ
論起這箇根脚来大有不好
　　Ｋ Ⅲ 22b　ルイン　キイ　チエイ　コ　ケン　キヤ　ライ　ダア　イウ　ポ　ハ○ウ：コノモトヲロンスレハイカフワルヒ（官府）
論起這箇根脚來大有不好
　　Ｊ227　ルイン　キイ　チエ丶　コ　ゲン　キヤ　ライ　ダア　イウ　プ　ハ○ウ：コノモトヲロンズレハイカフワルイ
輪到了
　　Ｋ Ⅳ 5b　ルイン　タ○ウ　リヤ○ウ：マワツテキタ（製作）
　　Ｊ60　リン　タ○ウ　リヤ○ウ：マワツテキタ
輪過去
　　Ｋ Ⅳ 5b　ルイン　コフ　キユイ：マワツタ（製作）
　　Ｊ60　リン　コウ　キユイ：マワシタ

LUO

捋虎鬚
　　Ｋ Ⅱ 21a　ラ　フウ　スイ丶：アフナヒㇰ（通用）
　　Ｊ219　ラ　フウ　スイ：アブナイ
羅漢樹
　　Ｋ Ⅴ 28a　ロウ　ハン　ジユイ：ラカンシユ（樹竹）

J409 ロウ ハン ジユイ：ラカンジユ（樹竹）

羅経
　K Ⅲ 35a ロンウ キン：ジヽヤク○ホウバリ（寶貨）
　　{羅字は音誤り}
　J311 ロウ キン：ハリ又ジジヤク（器用）

羅頭索
　K Ⅳ 43b ロヲ デ○ウ ソ：柱ヲ引上ルツナ（舩件）
　J358 ロウ デ○ウ ソ：柱ヲ引上ルツナ（舩件）

鑼槌
　K Ⅲ 36a ロウ ツ○イ：ドラノバチ（寶貨）
　J313 ロウ ツイ：ドラノバチ（器用）

囉唣的
　K Ⅱ 20a ロウ ソフ テ：ヤカマシヒ（通用）
　J89 ロウ ソウ テ：ヤカマシイ

螺殻
　K Ⅴ 18a ルウ コ：カヒノカラ（魚鼈）

螺売
　J397 ラウ コ：カヒノカラ（魚介）

螺師
　K Ⅴ 18a ルウ スウ：ニシ（魚鼈）
　J397 ラウ スウ：ニシ（魚介）

瘰癧
　K Ⅳ 31a ルイ レ：ルイレキ（疾病）
　J340 ルイ レ：ルイレキ（感動）

洛陽花
　K Ⅴ 30b ロヤン ハアー：セキチク（花卉）
　J436 ロ ヤン ハア：セキチク（花艸）

絡線娘
　K Ⅴ 20a ロ スエン ニヤン：ハタヲリメ（蟲類）
　J401 ロ セン ニヤン：ハタヲリ（虫）

落帆
　K Ⅳ 43b ロ ハン：ホヲオロス（舩件）
　J357 ロ ハン：ホヲロス（舩件）

落花生
　K Ⅴ 34a ロ ハアー スエン：ラククワセイ（菓蓏）
　J413 ロ ハア スエン：ラクハセイ（菓）

落蘇
　K Ⅴ 4b ロ スウ：ナスビ（菜蔬）
　J389 ロ スウ：ナスヒ（菜蔬）

落雪
　K Ⅰ 3a ロ スエ：ユキノフル（天文）
　J247 ロ スエ：ユキノフルヿ（天文）

落雪麈
　K Ⅰ 8b ロ スエ マアー：ユキガフルカ（天文）

落雪広
　J186 ロ スエ マア：ユキガフルカ

落一陳
　K Ⅰ 6b ロイ ヂン：ヒトシキリフル（天文）{陳は陣の誤り}
　J182 ロイ ヂン：ヒトシキリフル

落雨
　K Ⅰ 2b ロ イー：アメノフル（天文）
　J246 ロ イヽ：アメカフル（天文）

落帯花
　K Ⅴ 31a ロ チウ ハアー：ハヽキヾ（花卉）
　J437 ロ チウ ハアー：ハヽキヽ（花艸）

MA

媽媽
　K Ⅰ 33a マアー ヽ：御祖母（親族）
　J277 マアヽ：御祖母（親族）

媽祖娘娘
　K Ⅲ 11a マアー ツウ ニヤン ヽ：ボサ（祭祀）

媽祖娘々
　J34 マア ツウ ニヤン ヽ：ボサ

媽姐娘娘
　歩 Ⅲ 14a 「媽姐娘娘」に変更，改悪}

媽祖旗
　K Ⅳ 44b マアー ツウ ギイ：トモノオホハタ（舩件）
　J360 マア ツウ キイ：トモノヽハタ（舩件）

媽姐旗
　歩 Ⅳ 61b 「媽姐旗」に変更，改悪}

抹布
　K Ⅲ 41a メ プウ：フキン（寶貨）
　J323 メ フウ：フキン（器用）

麻布
　K Ⅴ 38a マア プウ：アサヌノ（衣服）
　J428 マア フウ：アサヌノ（衣服）

麻糕
　K Ⅴ 7b マア カ○ウ：ゴマモチ（飯肉）
　J444 マア カ○ウ：ゴマモチ（飲食）

麻臉
　K Ⅳ 30a マアー レン：イモカホ（疾病）
　J338 マア レン：イモガヲ（感動）

麻臉的
　K Ⅰ 30a マアー レン テ：イモガホ（身體）
　J87 マア レン テ：イモカヲ

麻了
　K Ⅳ 28a マアー リヤ○ウ：シヒレル（疾病）
　J335 マア リヤ○ウ：シビリ（感動）

麻木
    K IV 28a　マアー　モ：シビリ（疾病）
    J335　マア　モ：シビリ（感動）

麻雀
    K V 24b　マアー　ツヤ：スヾメ（禽類）
    J422　マア　ヂヤ：スヽメ（飛禽）

麻雀屎白丁香
    K IV 37b　マアー　ツヤ　スウ　ペ　デイン　ヒヤン：スヾメノフンヲ白丁香ト云（醫療）
    J43　マア　ヂヤ：スヾメ　スウ　ベ　デン　ヒヤン：スヾメノフンハ白丁香ニナル

麻縄
    K III 41b　マアー　ヂン：ホソビキ（寶貨）
    J323　マアー　ヂン：ホソビキ（器用）

麻索
    K IV 44a　マアー　ソ：イチヒツナ（舩件）
    J359　マア　ソ：イチビツナ（舩件）

麻疹
    K IV 30a　マアー　チン：ハシカ（疾病）
    J338　マア　チン：ハシカ

蔴腐
    K V 9a　マアー　フウ：ゴマドウフ（飯肉）
    J381　マア　フウ：ゴマトウフ（菜蔬）

馬包箱
    K V 42b　マアー　パ〇ウ　スヤン：馬ニツクツコヾリ（馬鞍）
    J416　マア　パ〇ウ　スヤン：ムマニツクコリ（馬具）

馬保兒
    K I 19b　マアヽ　パ〇ウ　ルウ：マゴ（人品）
    J270　マア　パ〇ウ　ル、：マゴ（人品）

馬鐐
    K V 42a　マアー　バ〇ウ：カナクシ（馬鞍）
    J415　マア　バ〇ウ：カナグシ（馬具）

馬槽
    K IV 48b　マアー　ツア〇ウ：ウマヤ（居室）
    J370　マア　ツア〇ウ：ムマヤ（家居）

馬槽
    K V 42b　マアー　ツア〇ウ：ハミイレ（馬鞍）｛重複掲載｝
    J415　マア　ツア〇ウ：ハミ入（馬具）｛重複掲載｝

馬兒
    K V 21a　マアー　ルウ：ウマ（畜獸）
    J403　マア　ル、：ムマ（獸）

馬房
    K V 42b　マアー　ワン：ムマヤ（馬鞍）

    J415　マア　ワン：ムマヤ（馬具）

馬蜂
    K V 19b　マアー　ホン：クマバチ（蟲類）
    J400　マア　ホン：クマハチ（虫）

馬夫
    K I 19b　マアヽ　フウ：チウゲン（人品）
    J270　マア　フウ：チウゲン（人品）

馬韉
    K V 42a　マアヽ　ツエン：アヲリ（馬鞍）
    J415　マア　チエン：アヲリ（馬具）

馬鮫
    K V 16b　マアー　キヤウ：サハラ（魚鼈）
    J394　マア　キヤ〇ウ：サハラ（魚介）

馬蘭菜
    K V 1b　マアー　ラン　ツアイ：ヨメナ（菜蔬）
    J383　マア　ラン　ツアイ：ハギナ（菜蔬）

馬料豆
    K V 42b　マアー　リヤ〇ウ　デ〇ウ：馬ノカヒ料マメ（馬鞍）
    J416　マア　リヤ〇ウ　デ〇ウ：クロマメ（馬具）

馬面
    K IV 45a　マアー　メエン：上ハサミノ下小スリイタ（舩件）
    J361　マア　メン：上バサミノ下小スリイタ（舩件）

馬面魚
    K V 16b　マアー　メエン　イー：クマビキ（魚鼈）
    J394　マア　メン　イ、：クマヒキ（魚介）

馬刷
    K V 42a　マアー　セ：バレン（馬鞍）
    J415　マア　スエ：バレン（馬具）

馬蹄金
    K III 39a　マアー　デイ　キン：コバンキン（寶貨）
    J319　マア　デイ　キン：コバンキン（器用）

馬子鉛
    K IV 38a　マアヽ　ツウ　エン：小便ノカタマリ（醫療）｛鉛字は音誤り｝
    J44　マア　ツウ　ケン：小便ノカタマリ

瑪瑙
    K III 39b　マアー　ナ〇ウ：メノウ（寶貨）
    J320　マア　ナ〇ウ：メノウ（器用）

螞蟻
    K V 19b　マアー　ニイ：アリ（蟲類）
    J400　マア　ニイ：アリ（虫）

埋没了
KⅣ 4b マイ メ リヤ〇ウ：ウツンタ（製作）
J225 マイ モ リヤ〇ウ：ウヅンタ

埋頭讀
歩Ⅲ 61a ｛増補｝

買年肉
KⅤ 12a マイ 子エン ジヨ：トシトリニクヲカフ（飯肉）
J236 マイ 子ン ジヨ：トシトリニクヲカフ

買他吃
KⅢ 8a マイ タアー チ：アレヲカフテタヘタ（筵宴）
J169 マイ タア チ：アレヲカフテタベタ

麥麸
KⅤ 6b メ フウ：フ（飯肉）
J442 メ゜フウ：フ（飲食）

麥藁
KⅤ 32b メ カ○ウ：ムギワラ（花卉）
J440 メ゜カ○ウ：ムギワラ（花艸）

麥芽糖
KⅤ 7b メ ヤアー ダン：キヤウセン（飯肉）
J444 メ゜ヤア ダン：ギヤウセン（飲食）

賣把你
KⅣ 21a マイ パアー ニイ：ソチニウル（財産）
J16 マイ パア ニイ：ソチニウル

賣卜的
歩Ⅰ 28b ｛「卜卦」より変更｝

賣柴的
KⅣ 22a マイ ヅアイ テ：タキヽウリ（財産）
J17 マイ ツアイ テ：マキウリ

賣房子
KⅣ 53a マイ ブワン ツウ：ウリイヘ（居室）
J195 マイ ワン ツウ：ウリイエ

賣弄
KⅡ 30a マイ ロン：ジマンスル（疎慢）
J8 マイ ロン：ジマンスル

脉道
KⅠ 27a メ ダ○ウ：ミヤク（身體）
J290 メ゜ダ○ウ：ミヤク（身體）

血脈
歩Ⅰ 38b ｛「血脈」に変更｝

MAN

蔓青菜
KⅤ 1a マン ツイン ツアイ：カブナ（菜蔬）
J381 マン ツイン ツアイ：カブナ（菜蔬）

饅頭
KⅤ 7b マン デ○ウ：マンヂウ（飯肉）
J444 マン デ○ウ：マンヂウ（飲食）

鰻魚
KⅤ 16a マン イー：イハシ（魚鼈）
J393 マン イヽ：イハシ（魚介）

滿地水
歩Ⅱ 49a ｛増補｝

滿肚皮
KⅢ 5a マン ドウ ピイ：マンフク（筵宴）
J163 マン ド゛ウ ピイ：マンフク

滿架葡萄
KⅤ 43a マン キヤア ブウ ダ○ウ：月毛惣身ニ黒小星アリ（馬鞍）
J418 マン キヤア ブウ ダ○ウ：月毛物身ニ黒小星有ハ千疋ニ一疋（馬具）

滿口香
KⅠ 29a モハン ゲ○ウ ヒヤン：クチイツハヒニホフ（身體）
J200 マン ゲ○ウ ヒヤン：クチイツハヒニヲ ■（判読不能）
筑・天・3・9a マン ゲ○ウ ヒヤン：クチイツハヒニヲヽ

滿滿的
KⅢ 3b モワン 〜 テ：一盃ミチタ（筵宴）

滿〃的
J157 マン ヽ テ：一盃ミチタ

滿篷
KⅣ 43a モワン ボン：ホヲ十分ニモツ（舩件）
J356 マン ボン：ホヲ十分ニモツ（舩件）

滿山紅
KⅤ 29b モワン サン ホン：ヨトカワ（花卉）
J434 マン サン ホン：ヨドカワ（花艸）

滿身香
KⅠ 29a モハン シン ヒヤン：ソヲシンニホフ（身體）
J200 マン シン ヒヤン：ソウシンニヲヽ

滿天星
KⅤ 31a マン テエン スイン：コギク（花卉）
J437 マン テン スイン：小ギク（花艸）

蔓延
KⅤ 31a マン エン：ハヒマハル（花卉）
J437 マン エン：ハイマワル（花艸）

幔幕
KⅢ 27a マン メ゜：マク（寶貨）

J294 マン メ：マク（器用）

漫大
　K Ⅳ 51b マン タアー：ヒロヒ（居室）
　J373 マン ダア：ヒロイ（家居）

漫大的
　K Ⅳ 11b マン タアー テ：フトヒ（數量）
　J212 マン ダア テ：フトイ

漫高
　K Ⅳ 11a マン カ○ウ：タカクナル（數量）
　J211 マン カ○ウ：タカクナル

漫高的
　步Ⅳ 15b 　{「漫高的」に変更}

漫漫讀
　K Ⅲ 44b マン 、 ド：シツカニヨメ（讀書）

漫ゝ讀
　J120 マン 、 ド：シツカニヨメ

漫澀的
　K Ⅲ 6b マン スエ テ：イカフシブヒ（筵宴）

漫渋的
　J166 マン スエ テ：イカウシブイ

漫一漫
　K Ⅱ 23b マン イ マン：マテ（通用）{漫は慢の誤り}
　J24 マン カ○ウ：マテ

漫重的
　K Ⅳ 12a マン ヂヨン テ：イカフヲモヒ（數量）
　J226 マン ヂヨン テ：イカフヲモイ

慢驚風
　K Ⅳ 31a マン キン ホン：ツリ（疾病）
　J340 マン キン ホン：ツリ（感動）

慢慢讀
　K Ⅲ 44b マン 、 ド：シツカニヨメ（讀書）

慢ゝ讀
　J120 マン 、 ド：シツカニヨメ

慢慢走
　K Ⅱ 8b マン マン ツエ○ウ：シツカニアルケ（賓友）

慢ゝ走
　J153 マン ■⁽脱字⁾ ツエ○ウ：シツカニアルケ

慢些慢些
　K Ⅲ 9a マン スイ 、 、：マタシヤレ（筵宴）

慢些ゝゝ
　J66 マン スイ 〜：マタシヤレ

MANG

忙得狠

　K Ⅱ 20b マン テ ヘン：キツフイソガシヒ（通用）
　J90 マン テ ヘン：キツウイソガシイ

忙急急
　K Ⅱ 20b マン キ 、：キツフイソガシヒ（通用）

忙急ゝ
　J90 マン キ 、：キツウイソガシイ

MAO

貓兒
　K Ⅴ 22a マ○ウ ルウ：子コ（畜獸）
　J404 マ○ウ ル、：子コ（獸）

猫竹
　K Ⅴ 28b マ○ウ チヨ：オホダケ（樹竹）
　J410 マ○ウ チヨ：ヲヽタケ（樹竹）

毛邊紙
　K Ⅲ 31a マ○ウ ベエン ツウ：ダウシ（寶貨）
　J303 マ○ウ ペン ツウ：トウシ（器用）

毛病
　K Ⅳ 32a マ○ウ ビン：クセ（疾病）
　J42 マ○ウ ビン：クセ
　J342 マ○ウ ビン：クセ（感動）{重複掲載}

毛龜
　K Ⅴ 17b マ○ウ クイ：ミノガメ（魚鱉）

毛亀
　J396 マ○ウ クイ：ミノカメ（魚介）

毛坑
　K Ⅳ 48b マ○ウ カン：セツイン（居室）
　J370 マ○ウ カン：セツチン（家居）

毛坑去
　K Ⅰ 44a マ○ウ カン キユイ：セツ井ンニユク（動作）
　J239 マ○ウ カン キユイ：セツインニユク

毛厮去
　K Ⅰ 44a マ○ウ スウ キユイ：セツ井ンニユク（動作）
　J239 マ○ウ スウ キユイ：セツインニユク

毛禿了
　K Ⅰ 29b マ○ウ ト リヤ○ウ：ハゲタ（身體）
　J202 マ○ウ ト リヤ○ウ：ハゲタ

毛蟹
　K Ⅴ 17b マ○ウ ヒヤイ：ヅガニ（魚鱉）
　J396 マ○ウ ヒヤイ：ツガニ（魚介）

毛錐子
　K Ⅲ 30b マ○ウ ツ○イ ツウ：フデ（寶貨）
　J302 マ○ウ ツイ ツウ：フデ（器用）

茅草
　　ＫⅤ32a　マ○ウ　ツア○ウ：カヤ（花卉）
茅艸
　　J439　マ○ウ　ツア○ウ：カヤ（花艸）
茅根汁
　　ＫⅣ37b　マ○ウ　ゲン　チ：カヤノ子ノシル（醫療）
　　J350　マ○ウ　ゲン　チ：チトメ（療養）
卯金刀
　　ＫⅢ49b　マ○ウ　キン　タ○ウ：劉ノ字（讀書）
　　J5　マ○ウ　キン　タ○ウ：劉ノ字
卯時
　　歩Ⅰ5a　｛増補｝
茂盛花
　　ＫⅤ35a　メ○ウ　ヂン　ハア―：ハナザカリ（種藝）
　　J208　メ○ウ　ヂン　ハア：ハナサカリ
冒鼓面
　　ＫⅠ30a　マ○ウ　クウ　メエン：ツラノカワノアツヒ（身體）
　　J87　マ○ウ　クウ　メン：ツラノカワノアツイ
冒面皮
　　ＫⅠ30a　マ○ウ　メエン　ビイ：ツラノカワノアツヒ（身體）
　　J87　マ○ウ　メン　ビイ：ツラノカワノアツイ
冒失鬼
　　ＫⅠ22a　マ○ウ　シ　クイ：ウロタヘモノ（人品）
　　J99　マ○ウ　シ　クイ：ウロタエモノ
帽子
　　ＫⅢ40b　マ○ウ　ツウ：ボウシ（寶貨）
　　J322　マ○ウ　ツウ：ボウシ（器用）

MEI

没本事
　　ＫⅡ32a　ム　ペン　ズウ：ハタラキガナヒ（德藝）
　　J75　モ　ペン　ズウ：ヘタ
没柄的
　　ＫⅣ17b　ム　ピン　テ：トリエノナキモノ（諸物）
　　J204　モ　ビン　テ：トリエノナイモノ
没布擺
　　ＫⅡ26a　ム　プウ　パイ：セフコトガナヒ（干求）
　　J66　モ　プウ　パイ：セウコトガナイ
没道理
　　ＫⅡ30b　ム　ダ○ウ　リイ：ドウリガナヒ（疎慢）
　　J70　モ　ダ○ウ　リイ：ドウリガナイ
没得空
　　ＫⅡ20b　ム　テ　コン：ヒマヲエヌ（通用）
　　J90　モ　テ　コン：ヒマヲエヌ
没得来
　　ＫⅠ40a　ム　テ　ライ：モノヲトリエヌ「（動作）
没得來
　　J237　モ　テ　ライ：モノヲトリエヌ
没干了
　　ＫⅡ25b　ム　カン　リヤ○ウ：ヤクニタヽヌ（干求）
　　J64　ム　カン　リヤ○ウ：ヤクニタヽヌ
没吉淑
　　ＫⅢ13a　ム　キ　シヨ：シアワセカナヒ（慶弔）
　　J83　ム　キ　シヨ：シアワセガナイ
　　歩　｛削除｝
没交渉
　　ＫⅡ20b　ム　キヤ○ウ　ヅイ：カマワヌコト（通用）
　　J98　ム　キヤ○ウ　ヂ：コトニアツカラヌ
没盡極
　　ＫⅡ21a　ム　ヅイン　キ：ハテガナヒ（通用）
　　J202　モ　ヂン　キ：ハテガナイ
没臉嘴
　　ＫⅢ17b　ム　レン　ツ○イ：メンホクカナヒ（寄贈）
　　J85　モ　レン　ツイ：メンボクナイ
没良心
　　ＫⅠ39b　ム　リヤン　スイン：ドウヨクナ（性情）
　　J13　モ　リヤン　スイン：ドウヨクナ
没糧吃
　　ＫⅣ20b　ム　リヤン　チ：チギヨウナシ（財産）
　　J13　モ　リヤン　チ：チギヤウナシ
没奈何
　　ＫⅡ26a　ム　ナイ　ホフ：セフコトガナヒ（干求）
　　J66　モ　ナイ　ホウ：セフコトガナイ
没悩子
　　ＫⅡ29a　ム　ナ○ウ　ツウ：メイワクナ（患難）
　　J81　モ　ナ○ウ　ツウ：メイワクナ
　　歩　｛削除｝
没情意
　　ＫⅠ39b　ム　ヅイン　イー：ドウヨクナ（性情）
　　J12　モ　ヂン　イヽ：ドウヨクナ
没甚客
　　ＫⅡ1a　ム　シヤア　ゲ：ナニカクモナヒ（賓友）
　　J138　モ　シヤア　ゲ：ナニキヤクモナヒ
没事幹
　　ＫⅡ25b　ム　ズウ　カン：用カナヒ（干求）
　　J64　モヽ　ズウ　カン：用ガナイ
没體面
　　ＫⅠ29b　ム　デイ　メエン：メンボクナヒ（身體）

没体面
　　J86　モ デイ メン：メンボクナイ
没天理
　　ＫⅣ20b　ム テエン リイ：モツタヒナヒ（財産）
　　J12　モ テン リイ：モツタイナイ
没下落
　　ＫⅠ44b　ム ヒヤア ロ：ヲチツキトコロガナヒ
　　（動作）
　　J38　モ ヒヤア ロ：ヲチツキトコロガナイ
没相干
　　ＫⅡ25b　ム スヤン カン：ヤクニタヽヌ（干求）
　　J64　モ スヤン カン：ヤクニタヽヌ
没鬚的
　　ＫⅠ28a　ム スイー テ：ヒゲナシ（身體）
　　J263　モ シユイ テ：ヒゲナシ（人品）
没有菜
　　ＫⅤ11b　ム イウ ツアイ：サイカナヒ（飯肉）
　　J235　モ イウ ツアイ：サイガナイ
没有刺
　　ＫⅤ35b　ム イウ ツウ：トゲノナイ┐（種藝）
　　J232　モ イウ ツウ：トゲノナイ┐
没有茶
　　ＫⅢ1b　ム イウ ヅアー：チヤカナヒ（筵宴）
　　J57　モ イウ ヅアヽ：チヤガナイ
没有風
　　ＫⅠ6b　ム イウ フヲン：火ガナヒ（天文）
　　J181　モ イウ ホン：火ガナイ
没有火
　　ＫⅤ13a　ム イウ ホフ：カゼガナヒ（煮煎）
　　J160　モ イウ ホウ：カゼガナイ
没有角
　　ＫⅣ16a　ム イウ コ：ツノガナヒ（諸物）
　　J232　モ イウ コ：ツノガナイ
没有精神
　　ＫⅠ31a　ム イウ ツイン シン：キコンガヨクナヒ
　　（身體）
　　J87　モ イウ チン シン：キブンガヨクナイ
没有酒
　　ＫⅢ3b　ム イウ ツイ○ウ：サケガナヒ（筵宴）
　　J157　モ イウ コ：サケガナイ
没有来
　　ＫⅡ5a　ム イウ ライ：コヌ（賓友）
没有來
　　J146　モ イウ コ：コラレヌ
没有了

没有リヤ○ウ
　　ＫⅣ19a　ム イウ リヤ○ウ：ナヒ（財産）
　　J136　モ イウ リヤ○ウ：ナイ
没有露
　　ＫⅠ8b　ム イウ ルウ：ツユガナヒ（天文）
　　J186　モ イウ ルウ：ツユガナイ
没有門
　　ＫⅣ52a　ム イウ メン：モンカナヒ（居室）
　　J194　モ イウ メン：モンガナイ
没有圏
　　ＫⅢ49a　ム イウ キエン：ホシガナヒ（讀書）
　　J220　モ イウ ケン：ケンガナイ
没有什麼過酒
　　ＫⅢ3b　ム イウ シモ コヲヽ ツイ○ウ：ナニモ
　　サカナモナシ（筵宴）
没有什広過酒
　　J157　モ イウ シモ コウ チウ：ナンノサカナモ
　　ナシ
没有収
　　ＫⅣ21b　ム イウ シウ：ウケトラヌ（財産）
　　J19　モ イウ シウ：ウケトラヌ
没有水
　　ＫⅤ14a　ム イウ シユイ：ミツカナイ（煮煎）
　　J163　モ イウ シユイ：ミヅガナイ
没有湯
　　ＫⅤ14a　ム イウ タン：ユガナイ（煮煎）
　　J163　モ イウ タン：ユガナイ
没有雨
　　ＫⅠ8a　ム イウ イー：アメハナヒ（天文）
　　J185　モ イウ イヽ：アメハナイ
没有子
　　ＫⅢ14b　ム イウ ツウ：コカナヒ（慶弔）
　　J3　モ イウ ツウ：コガナイ
没嘴的
　　ＫⅣ3b　ム ツ○イ テ：クチノナイモノ（製作）
　　J204　モ ツ○イ テ：クチノナイモノ
眉毛
　　ＫⅠ25b　ムイ マ○ウ：マユゲ（身體）
　　J286　ムイ マ○ウ：マユゲ（身體）
梅花
　　ＫⅤ29a　ムイ ハアー：ウメノハナ（花卉）
　　J433　ムイ ハア：ムメ（花艸）
梅花雀
　　ＫⅤ24b　ムイ ハアー ツヤ：ベンガラスヾメ（禽類）
　　J422　ムイ ハア ヂヤ：ベンガラスヾメ（飛禽）
梅樹

【MEI～MI】

　ＫⅤ 27a ムイ ジュイ：ウメノキ（樹竹）
　Ｊ407 ムイ ジュイ：ウメノキ（樹竹）

梅雨
　ＫⅠ 2b ムイ イー：ツユノアメ（天文）
　Ｊ246 ムイ イヽ：ツユウチ（天文）

梅子
　ＫⅤ 33a ムイ ツウ：ウメ（菓蓏）
　Ｊ411 ムイ ツウ：ウメ（菓）

霉乾菜
　ＫⅤ 1b ムイ カン ツアイ：ホシナ（菜蔬）
　Ｊ382 ムイ カン ツアイ：ホシナ（菜蔬）

霉景的
　ＫⅠ 2b ムイ キン テ：ツユゲシキ（天文）
　Ｊ246 ムイ キン テ：ナガシノケシキ（天文）

霉爛了
　ＫⅣ 8b ムイ ラン リヤ○ウ：カビ付テクサツタ
　　（製作）
　Ｊ222 ムイ ロハン リヤ○ウ：カビ付テクサツタ

媒婆
　ＫⅢ 19a ムイ ボヲヽ：ナカタチ（婚姻）
　Ｊ365 ムイ ボウ：ナカダチメ（婚姻）

媒人
　ＫⅢ 19a ムイ シン：ナカタチ（婚姻）
　Ｊ365 ムイ ジン：ナカダチ（婚姻）

妹夫
　ＫⅠ 34b ムイ フウ：イモトムコ（親族）
　Ｊ280 ムイ フウ：イモトムコ（親族）

MEN

悶燒的
　ＫⅤ 13b メン シヤ○ウ テ：ムシヤキ（煮煎）
　Ｊ161 ペン シヤ○ウ テ：ムシヤキ

門道
　ＫⅣ 50a メン ダ○ウ：ロヂ（居室）
　Ｊ373 ペン ダ○ウ：ニハ（家居）

門簾
　ＫⅢ 27a メン レン：ノレン（寶貨）
　Ｊ295 ペン レン：ノレン（器用）

門路
　ＫⅣ 50a メン ルウ：ロヂ（居室）
　Ｊ373 ペン ルウ：ニハ（家居）

門扇
　ＫⅣ 50a メン シエン：トビラ（居室）
　Ｊ372 ペン セン：トビラ（家居）

門樞
　ＫⅣ 50a メン チユイ：クロヽ（居室）
　Ｊ372 ペン チユイ：クロヽ（家居）

門閂
　ＫⅣ 50a メン シエン：クワンヌキ（居室）

門閃
　Ｊ372 ペン セン：クハンヌキ（家居）

門庭
　ＫⅣ 50a メン デイン：ロヂ（居室）｛門路の語釈と
　　「同上」としたための誤り｝
　Ｊ373 ペン デン：ニハ（家居）

捫蝨子
　ＫⅠ 45b メン スエ ツウ：シラミヲヒ子ル（動作）

捫虱子
　Ｊ199 メン スエ ツウ：シラミヲヒ子ル

悶死了
　ＫⅠ 38b メン スウ リヤ○ウ：キノツマル（性情）
　Ｊ87 ペン スウ リヤ○ウ：キノツマル

MENG

蒙絲緞
　ＫⅤ 38b モン スウ ドワン：シユチン（衣服）
　Ｊ429 モン スウ ドハン：シユチン（衣服）

蛋兒
　ＫⅤ 19b マン ルウ：アブ（蟲類）
　Ｊ400 マン ルヽ：アブ（虫）

朦朧月
　ＫⅠ 2b モン ロン イエ：オボロヅキ（天文）
　Ｊ245 モン ロン エ：ヲボロツキ（天文）

猛不過
　ＫⅢ 21b モン ポ コヲヽ：ツントハケシヒ（官府）
　Ｊ104 マン プ コウ：ヅンドハケシイ

猛得狠
　ＫⅢ 21b モン テ ヘン：イカフハケシヒ（官府）
　Ｊ104 マン テ コウ：イカフハゲシイ

夢見你
　ＫⅠ 43b モン ケン ニイ：ソチヲユメニミタ（動作）
　Ｊ109 モン ケン ニイ：ソチヲユメニミタ

MI

迷子訣
　ＫⅠ 39a ミイ ツウ ケ：ナソトク（性情）
　Ｊ234 ミイ ツウ ケ：ナゾトク
　歩　｛削除｝

麋兒
　ＫⅤ 22a ミイ ルウ：ヲシカ（畜獸）

J405 ミイ ルヽ：ヲシカ（獸）

米蟲
　ＫⅤ20b ミイ チヨン：コメムシ（蟲類）

米虫
　J402 ミイ チヨン：コメムシ（虫）

米粉乾
　ＫⅤ6b ミイ フイン カン：コメザウメン（飯肉）
　J442 ミイ フイン カン：コメソウメン（飲食）

米糠
　ＫⅤ6a ミイ カン：コヌカ（飯肉）
　J441 ミイ カン：コヌカ（飲食）

米庫
　ＫⅣ48b ミイ クウ：コメクラ（居室）
　J370 ミイ クウ：コメクラ（家居）

米粒
　ＫⅤ6a ミイ リ：コメツブ（飯肉）
　J441 ミイ リ：コメツブ（飲食）

米囊花
　ＫⅤ30a ミイ ノン ハアー：ケシ（花卉）
　J435 ミイ ナン ハア：ケシ（花艸）

米篩
　ＫⅢ40a ミイ シヤイ：コメフルヒ（寶貨）
　J321 ミイ シヤイ：コメフルイ（器用）

米字體
　ＫⅢ15b ミイ ヅウ デイ：八十八（慶弔）
　J76 ミイ ヅウ デイ：八十八
　歩　｛削除｝

秘結
　ＫⅣ29a ピイ キ：ヒケツ（疾病）
　J337 ヒイ キ：ケツスル（感動）

蜜蜂
　ＫⅤ19b ミ ホン：ミツバチ（蟲類）
　J400 ミ ホン：ミツバチ（虫）

蜜餞
　ＫⅤ8b ミ ツエン：ミツヾケ（飯肉）
　J446 ミ チエン：ミツヽケ（飲食）

蜜梅
　ＫⅤ8b ミ ムイ：ムメノミツツケ（飯肉）
　J446 ミ ムイ：ムメノミツヽケ（飲食）

蜜甜的
　ＫⅢ6b ミ デエン テ：ミツアマモノ（筵宴）
　J166 ミ レン テ：ミツアマモノ

MIAN

眠瘡

ＫⅣ32b メン ツアン：トコツメ（疾病）
　J344 メン ツアン：トコツメ（感動）

眠桅
　ＫⅣ43a メン ヲイ：ハシラヲ子スル（舩件）
　J356 メン ヲイ：ハシラヲ子スル（舩件）

眠着的
　ＫⅣ17b メン ヂヤ テ：子ツイタ（諸物）
　J226 メン ヂヤ テ：子セテ

眠著的
　歩Ⅳ25a ｛「眠著的」に変更｝

綿襖
　ＫⅤ36a メン ア○ウ：ワタイレ（衣服）
　J425 メン ア○ウ：ワタイレ（衣服）

綿花
　ＫⅤ39a メン ハアー：モメンワタ（衣服）
　J430 メン ハア：モメンワタ（衣服）

綿絮頭
　ＫⅤ38b メエン シ○イ デ○ウ：ワタ（衣服）
　J430 メン ジユイ デ○ウ：ワタ（衣服）

綿胭脂
　ＫⅤ39b メエン エン ツウ：シヤウエンシ（衣服）
　J432 メン エン ツウ：シヤウエンジ（衣服）

綿羊
　ＫⅤ21b メエン ヤン：メンヤウ（畜獸）
　J404 メン ヤン：ヒツジ（獸）

免不得
　ＫⅡ18a メン ホ テ：ドフテモ（通用）
　J67 メン プ テ：ドウデモ

免了我
　ＫⅢ21b メン リヤ○ウ ゴヲヽ：ワレヲユルサレタ（官府）
　J104 メン リヤ○ウ ゴウ：ワレヲユルサレタ

面頰
　ＫⅠ26a メエン キヤ：ホウ（身體）
　J287 メン キヤ：ホウ（身體）

面貌
　ＫⅠ26a メエン マ○ウ：ヲモテ（身體）
　J287 メン マ○ウ：ヲモテ（身體）

面盤
　ＫⅢ41a メエン ボワン：チヤウヅダラヒ（寶貨）
　J323 メエン パン：ギヤウズイタライ（器用）

面盆
　歩Ⅲ56a ｛「面盆」に変更｝

面生的
　ＫⅡ1b メ■ スエン テ：ミナレヌ人（賓友）
　　　（脱字）

【MI〜MING】

J138 ﾒ スエン テ：ミナレヌ人

面熟的
ＫⅡ1b メエン ジヨ テ：ヨクミシル（賓友）
J138 メン ジヨ テ：ヨクミシル

麵
ＫⅤ7a メエン：ニウメン（飯肉）
J443 メン：ニウメン（飲食）

麵粉
ＫⅤ6b メエン フイン：ムギコ（飯肉）
J442 メン フイン：ムギコ（飲食）

麵糕
ＫⅤ8a メエン カ○ウ：ムギモチ（飯肉）
J445 メン カ○ウ：ムギモチ（飲食）

麵龜
ＫⅤ8a メエン クイ：カメマンヂウ（飯肉）

麵亀
J445 メン クイ：カメマンヂウ（飲食）

麵筋
ＫⅤ6b メエン キン：フ（飯肉）
J389 メン キン：フ（菜蔬）

麵漿
ＫⅢ40b メン ツヤン：ショウフノリ（寶貨）

麵槳
J322 メン チヤン：シヤウフノリ（器用）

麵磨磨
ＫⅤ12a メン モフ ヽ：ムギヲヒク（飯肉）

麵磨〃
J236 メン モウ ヽ：ムギヲヒク

麵桃
ＫⅤ8a メエン ダ○ウ：モヽマンヂウ（飯肉）
J445 メン ダ○ウ：モヽマンヂウ（飲食）

麵條魚
ＫⅤ16a メエン デヤ○ウ イー：シラウヲ（魚鼈）
J393 メン テヤ○ウ イ ヽ：シロウヲ（魚介）

MIAO

描金的
ＫⅢ35a ミヤ○ウ キン テ：ナシチ○マキエ（寶貨）
J311 ミヤ○ウ キン テ：ナシチ又マキエ（器用）

描他来
ＫⅢ49a ミヤ○ウ タア ヽ ライ：アレヲダメ（讀書）{ダメは方言か}

描他來
J230 ミヤ○ウ タア ライ：アレヲダメ

眇視我
ＫⅡ30a ミヤ○ウ ズウ ゴヲ ヽ：ワレヲカロシムル（疎慢）
J97 ミヤ○ウ ズウ ゴウ：ワレヲカロシムル

眇一目
ＫⅠ28b ミヤ○ウイモ：カタメ（身體）
J264 ミヤ○ウイモ：カタメ（人品）

妙得緊
ＫⅡ17b ミヤ○ウ テ キン：ヅンドキメウナ（通用）
J135 ミヤ○ウ テ キン：ツントキミヤウナ

MIE

滅版
ＫⅢ33a メ パン：タ、レバン（寶貨）{Ｊの語釈変更}
J307 メ パン：ゼッハン（器用）

滅火
ＫⅢ4b メ ホヲ ヽ：火カキヘタ（筵宴）
J159 ペ ホウ：火ガキエタ

滅了火
歩Ⅲ5b {「滅了火」に変更}

篾帆
ＫⅣ42b メ ハン：タカボ（舩件）
J357 ペ ハン：タカボ（舩件）

篾簾子
ＫⅢ27a メ レン ツウ：ミス（寶貨）
J295 ペ レン ツウ：ミス（器用）

MIN

刡子
ＫⅢ29b ミン ツウ：クシハラヒ（寶貨）
J300 ミン ツウ：クシハライ（器用）

MING

名甚麼
ＫⅡ12b ミン シ モフ：ナハナニ（賓友）

名甚広
J4 ミン シ モウ：ナハナニ

名聲大
ＫⅡ12b ミン シン ダアー：ナガタカヒ（賓友）
J5 ミン スイン ダア：ナガタカイ

明白的
ＫⅡ20a ミン ペ テ：メヒハクナ（通用）
J73 ミン ペ テ：メイハクナ

明白的人

ＫⅠ15b ミン ペ テ ジン：ラチノアヒタ人（人品）
Ｊ260 ミン ベ テ ジン：ラチノアイタヒト

明白了
　ＫⅡ9b ミン ペ リヤ○ウ：ラチガアヒタ（賓友）
　Ｊ73 ミン ベ リヤ○ウ：タシカナ

明朝人
　ＫⅠ15b ミン ヂヤ○ウ ジン：ミンテウノ人（人品）
　Ｊ259 ミン チヤ○ウ ジン：ミンチヤウノ人（人品）

明秤罷
　ＫⅣ22a ミン チン バアー：シヤウミカケ（財産）
　Ｊ17 ミン チン ハア：シヤウミカケ

明後日
　ＫⅠ4a ミン ヘ○ウ ジ：ミヤフゴニチ（天文）
　Ｊ249 ミン ヘ○ウ ジ：アサツテ（天文）

明年
　ＫⅠ4b ミン 子エン：ミヤウ子ン（天文）
　Ｊ250 ミン 子エン：ミヤウ子ン（天文）

明年来
　ＫⅡ7b ミン 子エン ライ：ライ子ンキタレ（賓友）

明年來
　Ｊ154 ミン 子ン：ライ子ンキタレ

明日
　ＫⅠ4a ミン ジ：アス（天文）
　Ｊ249 ミン ジ：アス（天文）

明日来
　ＫⅡ8a ミン シ ライ：アスキタレ（賓友）

明日來
　Ｊ152 ミン ジ ライ：アスキタレ

螟蛉之子
　ＫⅠ36a ミン リン ツウ ツウ：養子（親族）
　Ｊ283 ミン リン ツウ ツウ：養子（親族）

命好的
　ＫⅢ14b ミン ハ○ウ テ：天命ノヨヒ｢（慶弔）
　Ｊ47 ミン ハ○ウ テ：天命ヨイ｢

命門
　ＫⅠ27b ミン メン：メイモン（身體）
　Ｊ290 ミン メン：メイモン（身體）

鯯魚
　ＫⅤ15b ミン イー：マグチ（魚鼈）
　Ｊ392 ミン イ、：マクチ（魚介）

MO

摸摸看
　ＫⅠ41b モー 、 カン：サグリテミヨ（動作）

摸〃看
　Ｊ174 モ 、 カン：サクリテミヨ

摩摩看
　ＫⅠ41b モウ 、 カン：ナデ、ミヨ（動作）

摩〃看
　Ｊ174 モウ 、 カン：ナデ、ミヨ

磨刀
　ＫⅠ20b モウ タ○ウ：トギシ（人品）
　Ｊ271 モウ タ○ウ：トギ（人品）

磨刀的
　歩Ⅰ29a ｛「磨刀的」に変更｝

磨鏡
　ＫⅠ20b モウ キン：カ、ミトキ（人品）
　Ｊ272 モウ キン：カガミトギ（人品）

磨鏡的
　歩Ⅰ29a ｛「磨鏡的」に変更｝

磨一磨
　ＫⅡ23a モウ イ モウ：ウスデヒケ○トゲ（通用）
　Ｊ22 モウ イ モウ：ウスデヒケ又トゲ

抹得掉
　ＫⅢ10a メ テ デヤ○ウ：フヒテトツタ（筵宴）
　Ｊ223 メテ デヤ○ウ：フイテトツタ

抹過了
　ＫⅢ10a メ コヲ、リヤ○ウ：フヒタ（筵宴）
　Ｊ223 メ コウ リヤ○ウ：フイタ

抹一抹
　ＫⅡ21a メイ メ：フキンデフケ（通用）
　Ｊ20 メイ メ：フキンデフケ

抹油
　ＫⅢ42b メ ユウ：アフラツクル（寶貨）
　Ｊ367 メイウ：アブラツクル（婚姻）

末子藥
　ＫⅣ39a メ ツウ ヨ：ユクスリ（醫療）
　Ｊ46 メ ツウ ヨ：ユクスリ

茉莉花
　ＫⅤ29a メ リイ ハアー：マツリクワ（花卉）

茉梨花
　Ｊ433 メリイ ハア：モリクハ（花艸）

莫大海
　ＫⅤ5a モ ダアー ハイ：バクダイカイ（菜蔬）
　｛「海大麦」より変更｝

海大麦
　Ｊ389 ハイ ダア メ：ブツ〜（菜蔬）

莫非
　ＫⅡ18b モ フイー：コフテモゴザロフカ（通用）

【MING～MU】

J68 モ フイ：コフデモゴザロウカ

莫逆之友
　KⅡ10b モ 子 ツウ ユウ：バクゲキノトモ（賓友）
　J78 モ 子 ツウ ユウ：バクゲキノトモ

莫逆之交
　歩Ⅱ14a ｛「莫逆之交」に変更｝

貘兒
　KⅤ22a モ ルウ：バク（畜獣）
　J405 メ ルヽ：バク（獣）

墨筆
　KⅢ34a メ ピ：スミサシ（寶貨）
　J309 メ ピ：スミサシ（器用）

墨淡了
　KⅢ46a メ ダン リヤ○ウ：スミガウスヒ（讀書）
　J123 メトハン リヤ○ウ：スミカウスイ

墨淡了再要磨得濃些罷
　KⅢ46b メ ダン リヤ○ウ ツアイ ヤ○ウ モー テ ノン スイー バアー：スミガウスヒモスコシコクスレ（讀書）

墨淡了再磨ヽ還要研得濃
　J123 メトハン リヤ○ウ ツアイ モウ ヽ ワン ヤ○ウ 子 テ ノン：スミカウスイモットコクスレ

墨淡了再要磨濃些罷
　歩Ⅲ63b ｛「墨淡了再要磨濃些罷」に変更｝

墨淡些
　KⅢ46b メ ダン スイー：スミガウスヒ（讀書）
　J124 メトハン スイ：スミカウスイ

墨兒
　KⅢ30a メ ルウ：スミ（寶貨）

黒兒
　J301 メ ルヽ：スミ（器用）｛黒は墨の誤り｝

墨兒
　筑・地・5・50a メ ルヽ：スミツボ

墨斗
　KⅢ34a メ テ○ウ：スミツボ（寶貨）
　J309 メ デ○ウ：スミツボ（器用）

墨裏蔵針
　KⅤ43b メ リイ ヅアン チン：アヲカスゲ（馬鞍）

墨裏藏針
　J418 メ リイ ヅアン チン：青カスケ（馬具）

墨濃了
　KⅢ46a メ ノン リヤ○ウ：スミガコクアル（讀書）
　J123 メ ノン リヤ○ウ：スミガコクアル

墨濃些
　KⅢ46b メ ノン スイー：スミガコクアル（讀書）
　J124 メ ノン スイ：スミガコクアル

墨汚了
　KⅣ9a メ ウー リヤ○ウ：スミツケタ（製作）
　J224 メウ、リヤ○ウ：スミツケタ

墨一墨
　KⅡ23b メ イ メ：スミスル（通用）
　J24 メ イ メ：スミスレ

墨魚
　KⅤ16a メ イー：マイカ（魚鼈）
　J392 メ イ、：コブイカ（魚介）

磨茶
　KⅤ10b モウ ヅアー：ヒキチヤ（飯肉）
　J449 モウ ヅア、：ヒキチヤ（飲食）

磨成粉
　KⅣ8b モフ ヂン フイン：ヒヒテコニナス（製作）
　J222 モウ ヂン フイン：ヒイテコニナス

磨糊了
　KⅣ8a モフ ウ、リヤ○ウ：ラチモナクスツタ（製作）
　J221 モウ ウ、リヤ○ウ：ラチモナクスツタ

磨一磨
　KⅡ23a モウ イ モウ：ウスデヒケ○トゲ（通用）
　J22 モウ イ モウ：ウスデヒケ又トゲ

磨子
　KⅢ40a モウ ツウ：ヒキウス（寶貨）
　J321 モウ ツウ：ヒキウス（器用）

MOU

某人好
　KⅡ32a ムウ ジン ハ○ウ：ドナタガヨヒカ（德藝）
　J74 ムウ ジン ハ○ウ：トナタガヨイカ

某人是完了帳
　KⅢ16a ムウ ジン ズウ ワン リヤ○ウ チヤン：何某ハシナレタ（慶弔）
　J49 ムウ ジン ズウ ワン リヤ○ウ チヤン：ナニガシハシナレタ

MU

母雞
　KⅤ23b ムウ キイ：メトリ（禽類）
　J420 ムウ キイ：メトリ（飛禽）

母舅
　KⅠ33b ｛唐音なし｝：母方ノ叔父（親族）
　J278 ムウ キウ：叔父（親族）

母馬
　ＫⅤ21a　ムウ　マアー：ダウマ（畜獣）
　J403　ムウ　マア：ダムマ（獣）

母難日
　ＫⅢ14a　ムウ　ナン　ジ：タンゼウ日（慶弔）
　J3　ムウ　ナン　ジ：タンゼウ日

牡丹花
　ＫⅤ29b　メウ　タン　ハアー：ボタン（花卉）
　J434　メ○ウ　タン　ハア：ボタン（花艸）

牡牛
　ＫⅤ21a　メ○ウ　ニウ：オウシ（畜獣）
　J403　メ○ウ　ニウ：ヲウシ（獣）

畝
　ＫⅠ10b　メ○ウ：クロ（地理）
　J254　メ○ウ：クロ（天文）

田畝
　歩Ⅰ15a　{「田畝」に変更}

木筆花
　ＫⅤ29b　モ　ピ　ハアー：コブシ（花卉）
　J434　モ　ピ　ハア：モクフヨウ（花艸）

木尺
　ＫⅢ39a　モ　テ：デウキ（寳貨）
　J318　モ　チ：デウギ（器用）

木椗
　ＫⅣ42a　モ　デン：キイカリ（舩件）
　J355　モ　デン：キイカリ（舩件）

木耳
　ＫⅤ4a　モ　ルウ：キクラケ（菜蔬）
　J387　モ　ル丶：キクラゲ（菜蔬）

木槿花
　ＫⅤ29b　モ　ギン　ハアー：ムクゲ（花卉）
　J434　モ　キン　ハア：ムクケ（花艸）

木匠
　ＫⅠ20a　モ　ツヤン：ダイク（人品）
　J271　モ　ヂヤン：ダイク（人品）

木匠頭
　ＫⅠ17a　モ　ヅヤン　デ○ウ：大工カシラ（人品）
　J264　モ　ヂヤン　デ○ウ：大工ガシラ（人品）

木刻的
　ＫⅢ43b　モ　ゲテ：キニキザム（寳貨）
　J208　モ　ゲテ：キニキザム

木蓮花
　ＫⅤ29b　モ　レン　ハアー：モクレン（花卉）
　J434　モ　レン　ハア：モクフヨウ（花艸）

木履
　ＫⅣ45b　モ　リイ：モリ（舩件）{日本語語彙のあて字か}
　J361　モ　リイ：モリ（舩件）

木馬
　ＫⅢ35a　モ　マアー：チヨウノウチノスケギ（寳貨）{J「騎木馬」の1字を除く}

騎木馬
　J311　ギイ　モ　マア：テウノウチノスケキ（器用）

木卯柳
　ＫⅢ49b　モ　マ○ウ　リウ：木卯トカイタル柳ノ字（讀書）
　J5　モ　マ○ウ　リウ：木卯トカイタル柳ノ字

木綿
　ＫⅤ37b　モ　メエン：モメン（衣服）
　J428　モ　メン：モメン（衣服）

木偶人
　ＫⅢ37b　モ　ゲ○ウ　ジン：木人形（寳貨）
　J316　モ　ゲ　○ウ　ジン：人形（器用）

木梳
　ＫⅢ29b　モ　スウ：クシ（寳貨）
　J300　モ　スウ：クシ（器用）

木塑人物
　ＫⅢ37b　モ　スウ　ジン　ウエ：木人形（寳貨）
　J315　モ　ソ　ジン　ウエ：人形（器用）

木套
　ＫⅢ40b　モ　タ○ウ：ボクリ（寳貨）
　J322　モ　タ○ウ：ボクリ（器用）

木梃
　ＫⅢ34b　モ　デエン：テコ（寳貨）
　J309　モ　デン：テコ（器用）

木頭
　ＫⅤ28b　モ　デ○ウ：キ（樹竹）
　J410　モ　デ○ウ：キ（樹竹）

木犀
　ＫⅤ27b　モ　スイ：モクセイ（樹竹）
　J408　モ　スヱ丶：モクセイ（樹竹）

木犀花
　ＫⅤ29a　モ　スイ　ハアー：モクサイ（花卉）
　J434　モ　スヱ丶　ハア：モクセイ（花艸）

木屑兒
　ＫⅢ35a　スイ　ルウ：ノコクヅ（寳貨）

木屑児
　J311　モ　スイ　ル丶：ノコクツ（器用）

木魚
　ＫⅢ36a　モ　イー：モクギヨ（寳貨）

J312 モ イ丶：モクギヨ（器用）

木賊
　ＫⅤ32a モ ヅエ：トクサ（花卉）
　J439 モ ヅエ：トクサ（花卉）

木子李
　ＫⅢ49b モ ツウ リイ：木子トカイタル李ノ字（讀書）
　J6 モ ツウ リイ：木子トカイタ李ノ字

目今
　ＫⅠ4b モ キン：イマ（天文）
　J249 モ キン：イマ（天文）

目下
　ＫⅠ4b モ ヒヤア：イマ（天文）
　J249 モ ヒヤア：イマ（天文）
　歩 ｛削除｝

目下的
　ＫⅠ9a モ ヒヤア テ：タヾイマ（天文）
　J187 モ ヒヤア テ：タヾイマ

墓牌
　ＫⅢ27a マヲ丶 パイ：セキトフ（寶貨）｛牌字は誤り｝

墓碑
　J295 ムウ ピイ：セキトウ（器用）

慕名的都接他
　ＫⅡ13a モフ丶 ミン テ ドヲ丶 ツイ タアー：ナヲシトフテミナアレニチカヨル（賓友）
　J38 ムウ ミン テ ドウ チ タア：シトフモノガミナアレニチカヨル

NA

拿盃来
　ＫⅢ2a ナア ポイ ライ：サカツキモチテコヒ（筵宴）

拿盃來
　J154 ナア ポイ ライ：サカツキモテコイ

拿筆来
　ＫⅢ47a ナアー ピ ライ：フデモチテコヒ（讀書）

拿筆來
　J124 ナア丶 ピ ライ：フデモテコイ

拿不起
　ＫⅣ5a ナアー ポ キイ：モチアカラヌ（製作）
　J59 ナア プ キイ：アガラヌ

拿茶的
　ＫⅠ16b ナア ヅアー テ：サドウ（人品）
　J261 ナア ヅア丶 テ：サドウ（人品）

拿茶来
　ＫⅢ1a ナア ヅア丶 ライ：チヤモチテコヒ（筵宴）

拿茶來
　J57 ナア ヅア丶 ライ：チヤモテコイ

拿秤来
　ＫⅣ22b ナアー チン ライ：ハカリモテコヒ（財産）

拿秤來
　J18 ナア チン ライ：ハカリモテコイ

拿尺来量量看
　ＫⅠ43a ナアー チ ライ リヤン丶 カン：尺ヲモツテツモリテミヨ（動作）

拿尺來量ヶ看
　J177 ナア チ ライ リヤン丶 カン：尺ヲモツテツモリテミヨ

拿出去
　ＫⅣ5b ナアー チユ キユイ：モチダセ（製作）
　J59 ナア チユ キユイ：モチダセ

拿得定
　ＫⅡ21a ナアー テ デン：トリサダムル（通用）
　J114 ナア テ デン：トリサダムル

拿得起
　ＫⅣ6a ナアー テ キイ：モチアゲル（製作）
　J58 ナア テ キイ：モチアケル

拿掉了
　ＫⅢ24b ナアー デヤ○ウ リヤ○ウ：ヒツタクル（官府）
　J112 ナア テヤ○ウ リヤ○ウ：ヒツタクル

拿過来
　ＫⅣ5b ナア コフ ライ：モチテコヒ（製作）

拿過來
　J58 ナア コウ ライ：モチテコイ

拿火来
　ＫⅢ4a ナア ホヲ丶 ライ：ヒモチテコヒ（筵宴）

拿火來
　J158 ナア ホウ ライ：ヒモテコイ

拿将来
　ＫⅣ6a ナアー ツヤン ライ：モチテコヒ（製作）

拿將來
　J58 ナア チヤン ライ：モツテコイ

拿進来
　ＫⅣ5b ナアー ツイン ライ：モチイレヨ（製作）

拿進來
　J59 ナア チン ライ：モチイレヨ

拿究他

拿
　ＫⅢ21b　ナアー　キウ　タアー：アレヲトラエテセ
　　メル（官府）
　Ｊ104　ナア　キウ　タア：アレヲトラエテセメル
拿酒来
　ＫⅢ2b　ナアー　ツイ○ウ　ライ：サケモチテコヒ
　　（筵宴）
拿酒來
　Ｊ154　ナア　チウ　ライ：サケモテコイ
拿開手
　ＫⅡ8b　ナアー　カイ　シウ：テヲノケヨ（賓友）
　Ｊ153　ナア　カイ　シウ：テヲノケヨ
拿攏来
　ＫⅡ9a　ナアー　ロン　ライ：モチアツムル（賓友）
拿攏來
　Ｊ61　ナア　ロン　ライ：モチアツムル
拿槍
　ＫⅠ19b　ナアー　ツアン：ヤリモチ（人品）
　Ｊ270　ナア　ツアン：ヤリモチ（人品）
拿槍的
　歩Ⅰ27b　{「拿槍的」に変更}
拿去讀
　ＫⅢ44b　ナアー　キユイ　ド：モツテユイテヨメ
　　（讀書）
　Ｊ120　ナア、キユイ　ド：モツテユイテヨメ
拿傘来
　ＫⅢ43a　ナアー　サン　ライ：カラカサモチテコヒ
　　（寶貨）
拿傘來
　Ｊ60　ナア　サン　ライ：カラカサモテコイ
拿水来
　ＫⅤ13b　ナア　シユイ　ライ：ミヅモテコヒ（煮煎）
拿水來
　Ｊ161　ナア　シユイ　ライ：ミヅモテコイ
拿湯来
　ＫⅢ5a　ナア　タン　ライ：ユモチテコヒ（筵宴）
拿湯來
　Ｊ162　ナア　タン　ライ：ユモテコイ
拿烟来
　ＫⅢ4a　ナアー　エン　ライ：タハコモチテコヒ（筵宴）
拿烟來
　Ｊ158　ナア　エン　ライ：タバコモテコイ
那裏象
　ＫⅣ16b　ナアー　リイ　ヅヤン：ドフシテニヤフカ
　　（諸物）
那裡象
　Ｊ234　ナア　リイ　ヂヤン：ドウシテニヨウカ
那裏像
　歩Ⅳ23b　{「那裏像」に変更}
那裏去
　ＫⅡ3b　ナア　リイ　キユイ：ドコヘユクカ（賓友）
那裡去
　Ｊ143　ナア　リイ　キユイ：ドコヘユクカ
那裡肯
　ＫⅡ27b　ナア　リイ　ゲン：ドフシテウケアフカ
　　（干求）
那裡肯
　Ｊ97　ナア　リイ　ゲン：ナンノウケ合カ
那裡呢
　ＫⅡ19a　ナア　リイ　ニイ：ドコカ（通用）
那裡呢
　Ｊ69　ナア　リイ　ニイ：ドコカ
那裡人
　ＫⅠ22b　ナア　リイ　ジン：ドコノ人（人品）
那裡人
　Ｊ140　ナア　リイ　ジン：ドコノ人カ
那裡暁的
　ＫⅠ38b　ナア　リイ　ヒヤ○ウ　テ：ゾンシガケモナク（性情）
那裏暁的
　Ｊ67　ナア　リイ　ヒヤ○ウ　テ：ゾンシガケモナクナニカヨカロウゾ
那怕他
　ＫⅢ23b　ナア、パアー　タアー：ナンノアレヲオソルヘカ（官府）
　Ｊ6　ナア　パア　タア：ナンノアレヲ恐カ
那去了
　ＫⅡ4a　ナア、キユイ　リヤ○ウ：アレニユイタ
　　（賓友）
　Ｊ144　ナア　キユイ　リヤ○ウ：アレニユイタ
　歩　{削除}
那班人
　ＫⅠ23b　ナア、パン　ジン：アノツレノモノ（人品）
　Ｊ141　ナア　パン　ジン：アノツレノモノ
那箇人
　ＫⅠ23b　ナアー　コ　ジン：アノ人（人品）
　Ｊ140　ナア　コ　ジン：アノ人
那兩本

【NA～NAO】

　ＫⅣ15a　ナア　リヤン　ペン：アノレウサツ（數量）
　Ｊ29　ナア　リヤン　ペン：アノレウサツ

那一個
　ＫⅣ15a　ナアヽ　イ　コ：アノヒトツ（數量）
　Ｊ29　ナア　イ　コ：アノヒトツ

那一家
　ＫⅣ13a　ナアー　イ　キヤア：アノヒトツノイヘ（數量）
　Ｊ30　ナア　イ　キヤア：アノヒトツノイエ

那一件
　ＫⅣ13a　ナアヽ　イ　ゲン：アノヒトマル（數量）
　Ｊ30　ナア　イ　ゲン：アノヒトクダン

納聘
　ＫⅢ19a　ナ　ビン：ユヒノフトリカハシ（婚姻）
　Ｊ366　ナ　ピン：シウゲンシタ（婚姻）

納税錢
　ＫⅣ21a　ナ　シユイ　ヅエン：ウン上ヲオサムル（財産）
　Ｊ16　ナ　スイ　ヂエン：ウン上ヲヲサムル

NAI

奶奶
　ＫⅠ35b　ナイ　ヽ：自分ノサ井ヲヨブトキノコトバ（親族）

奶〃
　Ｊ282　ナイ　ヽ：自分ノ妻ヲヨブトキ（親族）

奶娘
　ＫⅠ19b　ナイ　ニヤン：乳母（人品）
　Ｊ270　ナイ　ニヤン：乳母（人品）

奶乳
　ＫⅠ26a　ナイ　ジイ：チ（身體）
　Ｊ287　ナイ　ジユイ：チ（身體）

耐得久
　ＫⅣ18b　ナイ　テ　キウ：ヒサシクモテル（諸物）
　{Ｊの奈を耐に変更}

奈得久
　Ｊ230　ナイ　テ　ギウ：ヒサシクモテル

NAN

男兒
　ＫⅠ34b　ナン　ルウ：ヲトコ（親族）
　Ｊ280　ナン　ル、：ヲトコ（親族）

南方人
　ＫⅠ15a　ナン　ハン　ジン：ミナミノ人（人品）
　Ｊ259　ナン　ハン　ジン：ミナミノ人（人品）

南瓜
　ＫⅤ2b　ナン　クワア：ボウブラ（菜蔬）
　Ｊ384　ナン　クハア：ボウブラ（菜蔬）

南瓜臉
　ＫⅠ30a　ナン　クワアイ　レン：カボチヤガホ（身體）
　Ｊ87　ナン　クハア　レン：カボチヤカヲ（身體）

南天竹
　ＫⅤ29b　ナン　テエン　チヨ：ナンテン（花卉）
　Ｊ409　ナン　テン　チヨ：ナンテンチク（樹竹）｛重複掲載｝
　Ｊ434　ナン　テン　チヨ：ナンテン（花艸）

難得過來
　ＫⅡ4a　ナン　テ　コー　ライ：キドクニコラレタ（賓友）

難得過來
　Ｊ144　ナン　テ　コウ　ライ：キドクニヲイデナサレタ

難記的
　ＫⅢ47b　ナン　キ　テ：オボエニクイ（讀書）
　Ｊ127　ナン　キ　テ：ヲボエニクイ

難解的
　ＫⅡ21b　ナン　キヤイ　テ：トキニクヒ（通用）
　Ｊ8　ナン　キヤイ　テ：トキニクイ

難爲難爲
　ＫⅡ29a　ナン　ヲイ　ヽ、：ゴタヒギ　〜（患難）

難爲〃〃
　Ｊ82　ナン　ヲイ　〜：ゴタイギ　〜

難爲你
　ＫⅢ17a　ナン　ヲイ　ニイ：ソナタニゴダヒギ（寄贈）
　Ｊ81　ナン　ヲイ　ニイ：ゴタイギ

難中的
　ＫⅣ27a　ナン　チヨン　テ：アテニクヒ（兵法）
　Ｊ203　ナン　チヨン　テ：アテニクイ

難殺人
　ＫⅢ17a　ナン　サ　ジン：人ニナンキカクル（寄贈）
　Ｊ81　ナン　サ　ジン：人ニナンギカクル

NAO

撓鈎
　ＫⅢ34a　キヤ〇ウ　ゲ〇ウ：クマデ（寶貨）｛撓字は音誤り｝
　Ｊ309　ニヤ〇ウ　ゲ〇ウ：クマテ（器用）

撓傷的
　ＫⅣ8a　キヤ〇ウ　シヨワン　テ：カキヤフル（製作）｛撓字は音誤り｝
　Ｊ232　ニヤ〇ウ　シヤン　テ：カキヤフル

鐃鈸
　　ＫⅢ36a　ナ○ウ　パ：ニヤウハチ（寶貨）
　　J312　ニヤ○ウ　パ：ニヤウ（器用）
悩死他
　　ＫⅠ38b　ナ○ウ　スウ　タアー：アレニキツウハラ
　　　　　タ、スル（性情）
　　J88　ナ○ウ　スウ　タア：アレニキツウハラタ、サスル
脳後
　　ＫⅠ26a　ナ○ウ　ヘ○ウ：エリクビ（身體）
　　J287　ナ○ウ　ヘ○ウ：ウナジ（身體）
脳漏
　　ＫⅣ31b　ナ○ウ　レ○ウ：ジルミ、（疾病）
　　J342　ナ○ウ　レ○ウ：ジルミ、（感動）
脳氣
　　ＫⅠ38a　ナ○ウ　キイ：ハラタツ（性情）
　　J88　ナ○ウ　キイ：ハラタツ
鬧熱的
　　ＫⅡ20b　ナアウ　ジエ　テ：ニギヤカナ（通用）
鬧熱的
　　J89　ナ○ウ　ゼ：テ：ニギヤカナ

NEI

内河
　　ＫⅠ11a　ヌイ　ホヲー：ウチウミ（地理）
　　J254　ヌイ　ホウ：ウチウミ（天文）
内眷門
　　ＫⅠ36a　ヌイ　キエン　メン：シンルヒ（親族）
　　J283　ヌイ　ケン　メン：シンルイ（親族）
内眷們
　　歩Ⅰ50b　｛「内眷門」に変更｝
内科
　　ＫⅠ19b　ヌイ　コヲ、：ホンドフ（人品）
　　J270　ヌイ　コウ：ホンドウ（人品）
内裏
　　ＫⅣ48a　ヌイ　リイ：ナイシヤウ（居室）
　　J369　ヌイ　リイ：ナイシヤウ（家居）
内裡
　　ＫⅠ35b　ヌイ　リイ：サ井（親族）
内裡
　　J282　ヌイ　リイ：サイ（親族）
　　歩　｛削除｝
内傷
　　ＫⅣ29a　ヌイ　ショワン：ナヒソン（疾病）
　　J337　ヌイ　ショワン：ナイソン（感動）
内外相應

　　ＫⅣ24a　ヌイ　ワイ　スヤン：アヒヅ（兵法）
　　J329　ヌイ　ワイ　スヤン：アイヅ（兵法）

NI

尼姑
　　ＫⅠ17b　ニイ　クウ：アマ（人品）
　　J266　ニイ　クウ：アマ（人品）
泥壁
　　ＫⅣ49b　ニイ　ヒ：ツチカベ（居室）
　　J373　ニイ　ピ：ツチカベ（家居）
泥茶壺
　　ＫⅢ29b　ニイ　ヅアー　ワ、：ヤキモノ、ツヤツボ
　　　　　（寶貨）
　　J300　ニイ　ヅア、　ウ、：ヤキモノチヤダシ（器用）
泥驄馬
　　ＫⅤ43b　ニイ　ツヲン　マアー：カスゲ（馬鞍）
　　J418　ニイ　ツヲン　マア：カスゲ（馬具）
泥刀
　　ＫⅢ34b　ニイ　タ○ウ：カナベラ（寶貨）
　　J310　ニイ　唐音なし：カナベラ（器用）
泥定了
　　ＫⅣ9a　ニイ　デン　リヤ○ウ：トヾコフル（製作）
　　J225　ニイ　デン　リヤ○ウ：トヾコウル
泥工
　　ＫⅠ21a　ニイ　コン：シヤクワン（人品）
　　J273　ニイ　コン：シヤクハン（人品）
泥罐
　　ＫⅢ29b　ニイ　クワン：ドビン（寶貨）
　　泥鑵
　　J300　ニイ　クハン：ドビン（器用）
泥孩兒
　　ＫⅢ37b　ニイ　ハイ　ルウ：土人形（寶貨）
泥孩兒
　　J315　ニイ　ハイ　ル、：土ニンギヨウ（器用）
泥鰍
　　ＫⅤ16b　ニイ　ツイ○ウ：ドヂヨウ（魚鼈）
　　J394　ニイ　チウ：ドヂヨウ（魚介）
泥水匠
　　ＫⅠ21a　ニイ　シユイ　ヅヤン：シヤクワン（人品）
　　J273　ニイ　シユイ　ヂヤン：シヤクハン（人品）
泥塑人物
　　ＫⅢ37b　ニイ　スウ　ジン　ウエ：土人形（寶貨）
　　J315　ニイ　スウ　ジン　ウエ：土人形（器用）
泥土
　　ＫⅠ10b　ニイ　ドウ：ツチ（地理）

【NAO～NI】

J253 ニイ ドウ：ツチ（天文）

泥丸宮
　ＫⅠ25a ニイ ワン コン：イタヾキ（身體）
　J285 ニイ ワン コン：カシラノテヘン（身體）

泥汚了
　ＫⅣ9a ニイ ウー リヤ○ウ：ドロノツイタ⎡（製作）
　J224 ニイ ウ、 リヤ○ウ：ドロノツイタ⎡

你不是
　ＫⅡ11a ニイ ポ ズウ：ソナタハワルヒ（賓友）
　{Jの語釈の変更}
　J96 ニイ ポ ズウ：ソチデナイ

你不要氣苦
　ＫⅡ35b ニイ ポ ヤ○ウ キイ クウ：ソナタセクナ（盟約）
　J112 ニイ プ ヤ○ウ キイ クウ：セクナ

你餓不餓
　ＫⅢ8a ニイ ゴヲ、 ポ コヲ、：ソナタヒタルクハナヒカ（筵宴）
　J169 ニイ ゴウ プ ゴウ：ヒダルクハナイカ

你放心
　ＫⅠ38b ニイ ハン スイン：ソナタオチツキナサレ（性情）
　J72 ニイ ハン スイン：ソチノウチツキ

你該来
　ＫⅡ11b ニイ カイ ライ：ソナタガクルハツ（賓友）

你該來
　J113 ニイ カイ ライ：ソチガクルハヅ

你該去
　ＫⅡ11b ニイ カイ キユイ：ソナタガユクハヅ（賓友）
　J113 ニイ カイ キユイ：ソチガユクハヅ

你會得
　ＫⅢ47a ニイ トイ テ：ソチハヨウガテンセラレタ（讀書）
　J126 ニイ ホイ テ：ソナタハヨウガテンセラレタ

你来點一點先要點把我的
　ＫⅢ21a ニイ ライ テエン イ テエン スエン ヤ○ウ テエン パア、 ゴヲ、 テ：ソナタキテアラタメタマヘマツワレヨリアラタメヨ（官府）

你来點一點先要點把我的
　J81 ニイ ライ テン イ テン セン ヤ○ウ テン パア ゴウ テ：ソコモト改タマエマヅワレヨリ改メタイ

先要點把我
　歩Ⅲ27a ｛前半を削除，「的」を削除｝

你来拿
　ＫⅣ6a ニイ ライ ナアー：ソナタキテモテ（製作）

你來拿
　J58 ニイ ライ ナア：キテモテ

你臉皮厚正真好臉皮
　ＫⅠ30a ニイ レン ビイ ペ○ウ チン チン ハ○ウ レン ビイ：ソチノツラノカワアツヒヨヒツラデ（身體）
　J86 ニイ レン ビイ ヘ○ウ チン チン ハ○ウ レン ビイ：ソチノツラノカワハアツイヨイツラデ

你門
　ＫⅠ22a ニイ メン：ソコモトガタ（人品）
　J274 ニイ ペン：ソコモトカタ（人品）

你們
　歩Ⅰ31a ｛『你們』に変更｝

你騙他
　ＫⅡ30a ニイ ペン タアー：ソチガアレヲダマシタ（疎慢）
　J98 ニイ ペン タア：ソチガアレヲダマシタ

你騙我
　ＫⅡ30a ニイ ペン ゴヲー：ソチガヲレヲタマシタ（疎慢）
　J98 ニイ ペン ゴウ：ソチガヲレヲタマシタ

你去催
　ＫⅡ27a ニイ キユイ ツ○イ：ソナタ行テサイソクセヨ（干求）
　J94 ニイ キユイ ツイ：ソコモトユイテサイソクセヨ

你屬什麼
　ＫⅠ31a ニイ チヨ シ モフ：ナニノトシカ（身體）

你屬什広
　J76 ニイ ゾ シ モウ：ナニノトシカ

你説来看
　ＫⅡ15a ニイ セ ライ カン：ソナタ云テミヤレ（通用）

你説来看
　J129 ニイ セ ライ カン：ソコモト云テミヤレ

你説甚
　ＫⅡ15a ニイ セ シア：ソナタハナニヲイフカ（通用）
　J129 ニイ セ シヤア：ナニヲイフカ

你先去
　ＫⅡ8b ニイ スエン キユイ：ソナタマヅ御出（賓友）
　J153 ニイ セン キユイ：ソコモトマヅ御出

你先去我就要来
　ＫⅡ8b ニイ スエン キユイ コヲ、ヅイ○ウ ヤ○ウ ライ：ソナタマヅ御出 ワレモヂキニマ井ル（賓友）

你先去我就要来
　Ｊ153 ニイ セン キユイ ゴウ ヂウ ヤ○ウ ライ：ソコモトマヅ御出 手前モヂキニマイル

你想他
　ＫⅢ9b ニイ スヤン タア：ソナタハアレヲノソマル、（筵宴）
　Ｊ85 ニイ スヤン タア：アレヲノゾマル、

你要来
　ＫⅡ4b ニイ ヤ○ウ ライ：ソチガコ子バナラヌ（賓友）

你要來
　Ｊ145 ニイ ヤ○ウ ライ：ソチガコ子バナラヌ

你自點
　ＫⅢ48b ニイ ヅウ テエン：ソナタジフンニアラタメヨ（讀書）
　Ｊ80 ニイ ヅウ テン：ジブンニアラタメヨ

你做甚
　ＫⅣ1a ニイ ツヲー シヤア：ソチハナニヲスルカ（製作）
　Ｊ133 ニイ ツヲ、シヤア：ソチハナニヲスルカ

NIAN

拈拈鬮
　ＫⅢ11b 子エン、キウ：ミクシヲトル（祭祀）

拈ゝ鬮
　Ｊ46 子ン、ギウ：クジヲトル

年邉
　ＫⅠ5a 子エン ペエン：シハス（天文）
　Ｊ251 子ン ペエン：シワス（天文）

年成好
　ＫⅠ9b 子エン ヂン ハ○ウ：トシガヨイ（天文）
　Ｊ253 子ン ヂン ハ○ウ：トシカヨイ（天文）

年初一
　ＫⅠ5a 子エン ツウ イ：元日（天文）
　Ｊ187 子ン ツウ イ：元日

年底
　ＫⅠ5a 子エン デイ：シハス（天文）
　Ｊ187 子ン デイ：シワス {重複掲載}
　Ｊ251 子ン デイ：シワス（天文）

年高的
　ＫⅠ16a 子エン カ○ウ テ：トシタケタ人（人品）
　Ｊ260 子ン カ○ウ テ：トシタケタ人（人品）

年糕
　ＫⅤ8a 子エン カ○ウ：正月ノモチ（飯肉）
　Ｊ445 子ン カ○ウ：正月ノモチ（飲食）

年庚八字
　ＫⅢ19b 子エン ゲン パ ツウ：トシパヒ（婚姻）
　Ｊ366 子ン ゲン パ ヅウ：トシバイ（婚姻）

年紀大
　ＫⅠ15b 子エン キイー ダアー：トシカオホヒ（人品）
　Ｊ260 子ン キイ ダア：トシガヲ、イ（人品）

年紀多少
　ＫⅢ15a 子エン キイ トフ シヤ○ウ：トシハイクツ（慶弔）
　Ｊ75 子ン キイ トウ スヤ○ウ：トシハイクツ

年經的
　ＫⅠ15b 子エン キン テ：ジヤクハイ（人品） {經は輕の誤り}

年輕的
　Ｊ260 子ン キイ テ：ジヤクハイ（人品）

年久的
　ＫⅢ15a 子エン キウ テ：トシヒサシヒモノ（慶弔）
　Ｊ75 子ン ギウ テ：トシヒサシイモノ

年老的
　ＫⅠ15b 子エン ラ○ウ テ：トシヨリ（人品）
　Ｊ260 子ン ラ○ウ テ：トシヨリ（人品）

年老心不老
　ＫⅢ15b 子エン ラ○ウ スイン ポ ラ○ウ：トシハヨリテモコ、ロハワカヒ（慶弔）
　Ｊ75 子ン ラ○ウ スイン プ ラ○ウ：トシハヨリテモコ、ロハワカイ

年裡
　ＫⅠ5a 子エン リイ：トシウチ（天文）

年裡
　Ｊ251 子ン リイ：トシウチ（天文）

年三十
　ＫⅠ5a 子エン サン シ：大トシノ夜（天文）
　Ｊ187 子ン サン シ：大トシノ夜

年幼的
　ＫⅠ15b 子エン ユウ テ：ヨウ子ン（人品）
　Ｊ260 子ン イウ テ：ヨウシヤウ（人品）

年魚
　ＫⅤ16b 子エン イー：アユ（魚鼈）
　Ｊ393 子ン イ、：アユ（魚介）

年尊的

【NI～NIAO】

　ＫⅠ15b　子エン　ツ○イン　テ：トシタケタ人（人品）
　Ｊ260　子ン　ツエン　テ：トシタケタ人（人品）

粘竿
　ＫⅢ42a　子エン　カン：エサシサホ（寶貨）
　Ｊ325　子ン　カン：エサシサヲ（人品）

粘竿
　ＫⅤ25b　子エン　カン：トリモチザヲ（禽類）{重複掲載}
　Ｊ424　子ン　カン：トリモチサヲ（飛禽）{重複掲載}

粘膩的
　ＫⅣ8a　子エン　ニイ　テ：子ハ〜スル（製作）
　Ｊ221　子ン　ニイ　テ：子バ〜スル

粘膩膩
　ＫⅣ8a　子エン　ニイ　ニイ：子ハ〜スル（製作）

粘膩〻
　Ｊ221　子ン　ニイ　、：子バ〜スル

粘粘的
　ＫⅣ8a　子エン　子エン　テ：子ハル○ツク（製作）

粘〻的
　Ｊ221　子ン　、　テ：子バル又ツクコ

粘住了
　ＫⅣ8a　子エン　ヂユイ　リヤ○ウ：ヒツ、ヒタ（製作）
　Ｊ221　子ン　ヂユイ　リヤ○ウ：ヒツツイタ

撚蔴
　ＫⅤ41a　子エン　マアー：ヲヨル（衣服）
　Ｊ367　子ン　マア：ヲヨルコ（婚姻）

念不下
　ＫⅢ44a　子エン　ポ　ヒヤア：ヨマレヌ（讀書）
　Ｊ119　子ン　プ　ヒヤア：ヨミエヌ

念得来
　ＫⅢ44a　子エン　テ　ライ：ヨマル、（讀書）

念得來
　Ｊ119　子ン　テ　ライ：ヨメタ

念得下
　ＫⅢ44a　子エン　テ　ヒヤア：ヨマル、（讀書）
　Ｊ119　子ン　テ　ヒヤア：ヨマル、

念念看
　ＫⅠ41b　子エン　、　カン：ヨンデミヨ（動作）
　Ｊ174　子ン　、　カン：ヨンテミヨ

念頭好
　ＫⅠ39a　子エン　デ○ウ　ハ○ウ：フンベツガヨヒ（性情）
　Ｊ233　子ン　デ○ウ　ハ○ウ：フンベツガヨイ

念下去
　ＫⅢ44b　子エン　ヒヤア　キユイ：ヨメル（讀書）

　Ｊ120　子ン　ヒヤア　キユイ：ヨメタ

NIANG

娘娘
　ＫⅠ33a　ニヤン　、：母上（親族）

娘〻
　Ｊ277　ニヤン　、：母上（親族）

娘子
　ＫⅠ34b　ニヤン　ツウ：ナヒギ（親族）
　Ｊ280　ニヤン　ツウ：ナイギ（親族）

NIAO

鳥杯
　ＫⅢ29a　ニヤ○ウ　ポイ：トリノエサカヅキ（寶貨）
　Ｊ299　ニヤ○ウ　ポイ：トリノエノチヨク（器用）

鳥銃
　ＫⅣ25a　ニヤ○ウ　チヨン：テツポウ（兵法）{Ｊの鎗を銃に変更}

鳥鎗
　Ｊ331　ニヤ○ウ　ツアン：テツホウ（兵法）

鳥舩
　ＫⅣ41a　ニヤ○ウ　ヂエン：海船（舩件）
　Ｊ353　ニヤ○ウ　ヂエン：海船（舩件）

鳥兒飛
　ＫⅤ26a　ニヤ○ウル　ヒイ：トリガトブ（禽類）
　Ｊ36　ニヤ○ウル、フイ：トリガトブ

鳥罟
　ＫⅢ40a　ニヤ○ウ　クウ：小トリアミ（寶貨）
　Ｊ321　ニヤ○ウ　クウ：小トリアミ（器用）

鳥籠
　ＫⅢ40a　ニヤ○ウ　ロン：トリカゴ（寶貨）
　Ｊ321　ニヤ○ウ　ロン：トリカコ（器用）

鳥媒
　ＫⅤ25b　ニヤ○ウ　ムイ：ヲトリ（禽類）
　Ｊ424　ニヤ○ウ　ムイ：ヲトリ（飛禽）

鳥門
　ＫⅣ51a　ニヤ○ウ　メン：トリ井（居室）
　Ｊ370　ニヤ○ウ　メン：トリイ（家居）

烏鉛
　ＫⅢ39b　ニヤ○ウ　エン：ナマリ（寶貨）{烏を鳥に誤り音を表記する}
　Ｋ'Ⅲ39b　ウ、エン：ナマリ

烏鉛
　Ｊ320　ウ、エン：ナマリ（器用）

鳥腔

ＫⅢ40a　ニヤ○ウ　キヤン：トリノオドシ（寶貨）
　Ｊ321　ニヤ○ウ　キヤン：トリノヲドシ（器用）
鳥尾
　ＫⅤ25b　ニヤ○ウ　ウイ：トリノヲ（禽類）
　Ｊ424　ニヤ○ウ　ウイ：ヲ（飛禽）
鳥翼
　ＫⅤ25b　ニヤ○ウ　イ：ツバサ（禽類）
　Ｊ424　ニヤ○ウ　イ：ツバサ（飛禽）
鳥嘴
　ＫⅤ25b　ニヤ○ウ　ツイ：トリノクチバシ（禽類）
　Ｊ424　ニヤ○ウ　ツイ：クチバシ（飛禽）
尿硬病
　ＫⅣ29b　ニヤ○ウ　ゲン　ビン：リンヒヤウ（疾病）
　Ｊ338　ニヤ○ウ　ゲン　ビン：リン症ノヤマイ（感動）

NIE

捏把扇
　ＫⅡ11b　ニヤ　パアー　シエン：アフギヲニギル
　　（賓友）
　Ｊ199　ニヤ　パア　セン：ヲヽギヲニギル
捏狗皮
　ＫⅠ23b　ニヤ　ゲ○ウ　ピイ：人ヲシカルコトバ
　　（人品）
　Ｊ99　ニヤ　ゲ○ウ　ビイ：人ヲシカルコトバ
　步　｛削除｝
捏上去
　ＫⅣ4a　ニヤ　ジヤン　キユイ：ニギリアクル（製作）
　Ｊ218　子　ジヤン　キユイ：ニギリアグル
捏一捏
　ＫⅡ22b　ニヤ　イ　ニヤ：ニキル（通用）
　Ｊ21　子　イ　子：ニギル
鑷鑷鬚
　ＫⅠ30b　子　ヽ　スイー：ヒゲヲヌク（身體）
鑷ゞ鬚
　Ｊ115　子　ヽ　スイ：ヒゲヲヌク
鑷子
　ＫⅢ29b　子　ツウ：ケヌキ（寶貨）
　Ｊ300　子　ツウ：ケヌキ（器用）
孼報了
　ＫⅢ21b　子　パウ　リヤ○ウ：ワルヒムクヒ（官府）
　Ｊ104　子　パ○ウ　リヤ○ウ：ワルイムクイ

NIU

牛兒
　ＫⅤ21a　ニウ　ルウ：ウシ（畜獸）

　Ｊ403　ニウルヽ：ウシ（獸）
牛笨的
　ＫⅠ16a　ニウ　ベン　テ：ドンナモノ（人品）
　Ｊ260　ニウ　ペン　テ：ドンナモノ（人品）
牛口
　ＫⅢ38a　ニウ　ゲ○ウ：コハジ（寶貨）
　Ｊ317　ニウ　ゲ○ウ：小ハシ（器用）
　步　｛削除｝
牛欄
　ＫⅣ44b　ニウ　ラン：トモノランカン（舩件）
　Ｊ360　ニウ　ラン：トモノランカン（舩件）
牛皮膠
　ＫⅢ40b　ニウ　ビイ　キヤ○ウ：ニカハ（寶貨）
　Ｊ322　ニウ　ビイ　キヤ○ウ：ニカハ（器用）
牛皮糖
　ＫⅤ8a　ニ○ウ　ビイ　ダン：ギウヒ（飯肉）
　Ｊ444　ニウ　ピイ　ダン：ギウヒ（飲食）
牛乳
　ＫⅤ10a　ニウ　ジユイ：ボウトル（飯肉）
　Ｊ448　ニウ　ジユイ：ボウトル（飲食）
牛膝
　ＫⅤ32a　ニウ　スイ：イノコヅチ（花卉）
　Ｊ439　ニウ　シ：ゴシツ（花艸）
牛字旁
　ＫⅢ51b　ニウ　ツウ　バン：ウシヘン（讀書）
　Ｊ32　ニウ　ヅウ　パン：ウシヘン
扭阿扭扭斷了
　ＫⅢ22b　ニウ　アー　ニウ　ヽ　ドワン　リヤ○ウ：子チタレハ子チオツタ（官府）
扭阿扭扭断了
　Ｊ210　ニウ　ア　ニウ　ニウ　ドハン　リヤ○ウ：子ヂタレハ子ヂオツタ
鈕鉤
　ＫⅢ38a　ニウ　ゲ○ウ：ボタン（寶貨）
　Ｊ317　ニウ　ゲ○ウ：ボタン（器用）

NONG

農得過
　ＫⅡ30a　ノン　テ　コウ：マギラカス（疎慢）
　Ｊ98　ノン　テ　コウ：マキラカス
膿裏瘡
　ＫⅣ32a　ノン　コヲ　ツアン：ミツカサ（疾病）
膿裏瘡
　Ｊ343　ノン　コウ　ツアン：ミツカサ
膿起来

ＫⅣ31a ノン キイ ライ：ウム（疾病）

膿起來
　Ｊ341 ノン キイ ライ：ウミモツタ（感動）

膿血
　ＫⅣ31a ノン ヘ：ウミチ（疾病）
　Ｊ341 ノン ヘ：ウミチ（感動）

弄得出
　ＫⅣ7a ロン テ チュ：イシリダシタ（製作）
　Ｊ214 ロン テ チユ：イジリダシタ

弄斷了
　ＫⅣ6b ロン ドワン リヤ○ウ：イジリキツタ（製作）

弄断了
　Ｊ216 ロン ドハン リヤ○ウ：イジリキツタ

弄箇法
　ＫⅢ23b ロン コ ハ：ハウヲオコナフ（官府）
　Ｊ10 ロン コ ハ：ホウヲオコナフ

弄鬼的
　ＫⅠ16a ロン クイ テ：ワルモノ（人品）
　Ｊ261 ロン クイ テ：ワルモノ（人品）

弄好了
　ＫⅣ7a ロン ハ○ウ リヤ○ウ：イシリテヨクナツタ（製作）
　Ｊ214 ロン ハ○ウ リヤ○ウ：イジツテヨクナシタ

弄破了
　ＫⅣ7a ロン ポフ リヤ○ウ：イシリテヤブツタ（製作）
　Ｊ214 ロン ポウ リヤ○ウ：イジツテヤブツタ

弄権的
　ＫⅢ23a ロン ギエン テ：ケンペイナ（官府）
　Ｊ6 ロン ケン テ：ケンヘイナ

弄手勢
　ＫⅠ32a ロン シウ スウ：手ヨウスル（身體）
　Ｊ218 ロン シウ スイ：テンガウスル

弄碎了
　ＫⅣ7a ロン ス○イ リヤ○ウ：イジリクダヒタ（製作）
　Ｊ214 ロン スイ リヤ○ウ：イジリクダイタ

弄獻茶
　ＫⅢ1b ロン ヒエン ヅアー：チヤヲダシテアケル（筵宴）
　Ｊ58 ロン ヘン ヅア、：チヤヲダシテアケル

弄些藥把你吃
　ＫⅣ38a ロン スイ ヨ パアー ニイ チ：クスリヲモリテソナタニノマスル（醫療）
　Ｊ44 ロン スイ ヨ パア ニイ チ：クスリヲモリテ

ソコモトニノマスル

弄一弄
　ＫⅡ23a ロン イ ロン：モテアソブ（通用）
　Ｊ23 ロン イ ロン：モテアソベ

弄璋呢弄瓦
　ＫⅢ14b ロン チヤン ニイ ロン ワアー：男子カ女子カ（慶弔）

弄璋呢瓦璋
　Ｊ3 ロン ヂヤン ニイ ワア ヂヤン：男子カ女子カ

NU

奴丫頭
　ＫⅠ19b ヌウ ヤア、デ○ウ：ツカハレ女（人品）
　Ｊ270 ヌウ ヤア デ○ウ：ツカハレ女（人品）

丫頭
　歩Ⅰ27b ｛「丫頭」に変更｝

NÜ

女兒
　ＫⅠ34b ニイ ルウ：ヲンナ（親族）
　Ｊ280 ニイ ル、：ヲンナ（親族）

女婿
　ＫⅠ34b ニイ シイ：ムコ（親族）
　Ｊ281 ニイ スイ：ムコ（親族）

NUAN

暖得緊
　ＫⅠ5b ノワン テ キン：イカフアタ、カ（天文）
　Ｊ251 ノハン テ キン：イカフアタ、カナ（天文）

NÜE

瘧疾
　ＫⅣ29b ニヤ ヅイ：オコリ（疾病）
　Ｊ337 ニヤ シ：ヲコリ（感動）

NUO

糯米
　ＫⅤ6a ノ○ウ ミイ：モチゴメ（飯肉）
　Ｊ441 ジユイ ミイ：モチコメ（飲食）

OU

鷗鳥
　ＫⅤ23b ヲエ○ウ ニヤ○ウ：カモメ（禽類）
　Ｊ420 アエ○ウ ニヤ○ウ：カモメ（飛禽）

嘔吐
　ＫⅣ30b ヲエ○ウ ドウ：ハク（疾病）

J339 アエ○ウ ドウ：ハク（感動）

偶然間
　ＫⅣ 13b ゲ○ウ ジエン ケン：チヨツトノマ（數量）
　J26 ゲ○ウ ゼン ケン：チヨツトノマ

偶然来
　ＫⅡ 4a ゲ○ウ ジエン ライ：チヨツトキタ（賓友）

偶然來
　J144 ゲ○ウ ゼン ライ：チヨツトキタ

藕
　ＫⅤ 5a ゲ○ウ：レンコン（菜蔬）
　J389 ゲ○ウ：レンコン（菜蔬）

藕粉
　ＫⅤ 7a ゲ○ウ フイン：グウフン（飯肉）
　J443 ゲ○ウ フイン：グウフン（飲食）

PA

葩兒
　ＫⅤ 31a パアー ルウ：ハナビラ（花卉）
　J437 パアル丶：ハナビラ（花卉）

爬得動
　ＫⅡ 7a バアー テ ドン：ハヒウゴク（賓友）
　J150 パア テ ドン：ハイウゴク

爬得上
　ＫⅡ 7a バアー テ ジヤン：ハイノボラル丶（賓友）

把得上
　J151 パア テ ジヤン：ハイノボラル丶 ｛把字は誤り｝

爬得起
　ＫⅠ 31b バアー テ キイ：ハヒオキル（身體）
　J151 パア テ キイ：ハヒヲキル

爬耳聛
　Ⅰ 42b バア丶 ルウ トウ：ミ丶ヲカク（動作）
　J176 パア ル丶 トウ：耳ヲクジル
　歩 ｛削除｝

爬上来
　ＫⅠ 31b バアー ジヤン ライ：ハヒオキル（身體）

爬上來
　J151 パア シヤン ライ：ハイヲキル

爬桅
　ＫⅣ 43a バアー ヲイ：ハシラニノホル（舩件）
　J357 パア ヲイ：ハシラ上ル（舩件）

怕風的
　ＫⅣ 35a パア丶 ホン テ：カセヲキラフ（疾病）
　J41 パア ホン テ：カゼキライ

怕寒
　ＫⅣ 32a パアー ハン：フルヒツク（疾病）

J343 パア ハン：フルイツク（感動）

怕苦的
　ＫⅠ 37a パアー クウ テ：クヲイヤガル（性情）
　J102 パア クウ テ：クヲイヤカル

怕冷
　ＫⅣ 32a パアー レン：サムキラヒ（疾病）
　J343 パア レン：サムサキライ（感動）

怕羅婆
　ＫⅡ 20a パアー ロフ ソフ：ヤカマシヒ丁キラヒ（通用）
　J89 パア ロウ サウ：ヤカマシイ丁キライ

怕囉唣
　歩Ⅱ 27a ｛「怕囉唣」に変更｝

怕没有
　ＫⅣ 19a パアー ム イウ：タブンアルマヒ（財産）
　J136 パア モ イウ：ナニガナクテイヨウカ ｛誤訳｝

怕権勢
　ＫⅢ 23b パアー ギエン スウ：イセヒヲオソル（官府）
　J6 パア ケン スイ：イセイヲヲソル丶

怕死死
　ＫⅠ 37b パアー スウ 丶：イカフヲソロシヒ（性情）

怕死々
　J105 パア スウ 丶：イカウヲソロシイ

怕威勢
　ＫⅢ 23b パアー ヲイ スウ：イセヒヲオソル（官府）
　J7 パア ヲイ スイ：イセイヲヲソル丶

怕痒
　ＫⅣ 28a ハアー ヤン：コソハヒ丶（疾病）
　J335 パア ヤン：コソハイ丶（感動）

怕痒樹
　ＫⅤ 28a バアー ヤン ジユイ：サルスベリ（樹竹）
　J409 パア ヤン ジユイ：ヒヤクジツクハ（樹竹）

怕用力
　ＫⅢ 48a パアー ヨン リ：ツトメイヤカリ（讀書）
　J79 パア ヨン リ：ツトメイヤガリ

怕怎的
　ＫⅡ 26a パア丶 ツエン テ：ソレガナントアロフカ（干求）
　J65 バア ツエン テ：ソレガナントアラフカ

PAI

柏板
　ＫⅢ 36a ポ パン：ハクハン（寶貨）｛柏は誤り｝

拍板

【OU～PAO】

J313 ペ パン：ヒヤウシキ（器用）

拍板
　歩Ⅲ 48b ｛「拍板」に変更｝

排筆
　KⅢ 30b ハイ ピ：エバケ（寶貨）
　J302 パイ ピ：エバケ（器用）

排開来
　KⅣ 5b パイ カイ ライ：ナラフル（製作）

排開来
　J59 パイ カイ ライ：ナラブル

排攏来
　KⅡ 9a パイ ロン ライ：ナラヘアツムル（賓友）

排攏来
　J61 パイ ロン ライ：ナラベアツムル

排陣
　KⅣ 24a パイ ヂン：ヂンヲシク（兵法）

排陳
　J329 パイ ヂン：ヂンヲシク（兵法）｛「陳」は誤り｝

牌匾
　KⅢ 32b バイ ペエン：ガク（寶貨）
　J306 パイ ヘン：ガク（器用）

牌兒名
　KⅡ 12b バイ ルウ ミン：ハヒノナ（賓友）
　J4 パイル、ミン：ハイノナ
　歩　｛削除｝

派不多
　KⅣ 10a パイ ポ トウ：ワリツケガスクナヒ（數量）
　J171 パイ プ トウ：ワリツケガスクナイ

PAN

攀上去
　KⅡ 8b ハン ジヤン キユイ：ヨチノボル（賓友）
　J153 ハン ジヤン キユイ：ヨヂノボル

攀胸
　KⅤ 42a ハン ヒヨン：ムナガヒ（馬鞍）
　J415 パン ヒヨン：ムナガイ（馬具）

盤剝他
　KⅢ 21b ボワン ポ タアー：トヒツケル（官府）
　J103 バン ポ タア：トイツケル

盤過来
　KⅢ 9b ボワン コヲ、ライ：ハコヒテクル（筵宴）

盤過来
　J203 バン コウ ライ：ヤウツリスル ｛「搬」の訳｝

搬過来

歩Ⅲ 13a ｛「搬過来」に変更｝

盤龍的
　KⅣ 18a ホワン ロン テ：マキレウ（諸物）
　J204 バン ロン テ：マキレウ

盤問他
　KⅢ 21b ボワン ウエン タアー：トヒツケル（官府）
　J103 バン ウエン タア：トイツケル

盤子
　KⅢ 36b ボワン ツウ：八寸（寶貨）
　J313 バン ツウ：八寸（器用）

判官頭
　KⅤ 42b パン クワン デ○ウ：マエワ（馬鞍）
　J416 パン クハン デ○ウ：マエワ（馬具）

叛臣
　KⅠ 18a ハン デン：ギヤクシン（人品）
　J266 ハン デン：ギヤクシン（人品）

PANG

尨魚
　KⅤ 15a バン イー：クロダヒ（魚鼈）
　J391 バン イヽ：クロタイ（魚介）

旁邊的
　KⅣ 18a パン ペエン テ：カタワラ（諸物）
　J228 パン ペン テ：カタワラ

胖大的
　KⅠ 28a パン タアー テ：コヘフトリタモノ（身體）
　J262 パン ダア テ：コヘフトリタモノ（人品）

胖了些
　KⅠ 28b パン リヤ○ウ スイー：チトフトツタモノ（身體）
　J264 パン リヤ○ウ スイ：チトフトツタモノ（人品）

胖胖的
　KⅠ 28b パン パン テ：コヘタルモノ（身體）

胖々的
　J262 パン 、 テ：コエタルモノ（人品）

PAO

抛錨
　KⅣ 42b パ○ウ マ○ウ：イカリイルヽ（舩件）
　J355 パ○ウ マ○ウ：イカリ入ル（舩件）

跑
　KⅤ 43a バ○ウ：カケ（馬鞍）
　J417 バ○ウ：カケ（馬具）

跑囘来
　KⅡ 5b バ○ウ ホイ ライ：カケモドル（賓友）

跑回來
　　J147　パ○ウ　ホイ　ライ：カケモドル
跑了来
　　KⅡ5b　パ○ウ　リヤ○ウ　ライ：カケリクル（賓友）
跑了來
　　J147　パ○ウ　リヤ○ウ　ライ：カケリクル
泡茶
　　KⅤ10b　パ○ウ　ヅアー：ダシヂヤ（飯肉）
　　J449　パ○ウ　ヅア、：ダシチヤ（飲食）
泡出来
　　KⅢ1a　パ○ウ　チユ　ライ：チヤヲタシテコヒ（筵宴）
泡出來
　　J57　パ○ウ　チユ　ライ：チヤヲダシテコイ
泡釘
　　KⅣ50a　パ○ウ　デン：クキカクシ（居室）
　　J374　パ○ウ　デン：クキカクシ（家居）
包釘
　　歩Ⅳ69b　{「包釘」に変更}
泡湯吃
　　KⅢ8a　パ○ウ　ダン　チ：ユニタシテタベル（筵宴）
　　J169　パ○ウ　ダン　チ：ユニダシテタベル
泡糖
　　KⅤ7b　パ○ウ　ダン：カルメラ（飯肉）
　　J444　パ○ウ　ダン：カルメラ（飲食）
泡些茶
　　KⅢ1a　パ○ウ　スイー　ヅア：チヤスコシイレヨ（筵宴）
　　J57　パ○ウ　スイ　ヅア、：チヤスコシイレヨ
炮兒
　　KⅣ25b　パ○ウ　ルウ：イシビヤ（兵法）
　　J331　パ○ウ　ル、：イシビヤ（兵法）
炮子
　　KⅣ25b　パ○ウ　ツウ：タマ（兵法）
　　J331　パ○ウ　ツウ：タマ（兵法）
袍衣
　　KⅤ36a　パ○ウ　イー：アハセ（衣服）
　　J425　パ○ウ　イ、：アハセ（衣服）
袍子
　　KⅤ36a　パ○ウ　ツウ：ウハギ（衣服）
　　J425　パ○ウ　ツウ：ウワキ（衣服）

PEI

陪伴
　　KⅠ19a　ボイ　ポワン：トモノモノ（人品）
　　J269　ボイ　バン：トモノモノ（人品）

陪還他
　　KⅡ3a　ボイ　ワン　タアー：トリモチスル（賓友）
　　J142　ボイ　ワン　タア：トリモチスル
陪客
　　KⅠ17b　ボイ　ゲ：相伴人（人品）
　　J265　ボイ　ゲ：相伴人（人品）
陪客的
　　歩Ⅰ25a　{「陪客的」に変更}
陪我吃
　　KⅡ2b　ボイ　ゴヲ、　チ：ワレニセウバンセヨ（賓友）
　　J141　ボイ　ゴウ　チ：セウバンセヨ
賠還我
　　KⅡ11a　ボイ　ワン　コヲ、：ワレニツクノフテヤル（賓友）
　　J96　ボイ　ワン　ゴウ：ワレニアタエタ
裴翁菜
　　KⅤ1b　ボイ　ウヲン　ツアイ：アチヤラヅケ（菜蔬）
　　J382　バイ　ヲン　ツアイ：アチヤラッケ（菜蔬）
配不上
　　KⅣ53b　ホイ　ポ　ジヤン：ハメラレヌ（居室）
　　J196　ポイ　プ　ジヤン：ハメラレヌ
配不着
　　KⅣ53b　ポイ　ポ　ヂヤ：アワヌ⌐（居室）
　　J196　ポイ　プ　ヂヤ：カギアワヌ
配得着
　　KⅣ53b　ポイ　テ　ヂヤ：カイナトノ合タ⌐（居室）
　　J196　ポイ　テ　ヂヤ：カギガ合タ
配藥
　　KⅣ37a　ポイ　ヨ：ハヒサヒ（醫療）
　　J349　ポイ　ヨ：ハイザイ（療養）
轡頭
　　KⅤ42b　ポイ　テ○ウ：ヲモカヒ（馬鞍）
　　J416　ピイ　デ○ウ：ヲモカイ（馬具）

PEN

噴出来
　　KⅣ36a　ペン　チユ　ライ：フキタス（疾病）
噴出來
　　J62　ペン　チユ　ライ：ハキダス
盆景
　　KⅢ41b　ベン　キン：ボン石（寶貨）
　　J324　ベン　キン：ボン石（器用）
盆樹
　　KⅤ27b　ベン　ジユイ：ハチキ（樹竹）

J408 ペン ジユイ：ハチウエ（樹竹）

盆糖
　ＫⅤ8b ベン ダン：タイハク（飯肉）
　J446 ブエン ダン：タイハク（飲食）

盆子
　ＫⅢ36b ベン ツウ：ボン（寶貨）
　J313 ペン ツウ：ボン（器用）

噴香的
　ＫⅢ43a ペン ヒヤン テ：ヅンドカフバシイ（寶貨）
　J200 フイン ヒヤン テ：ヅンドカウバシイ

PENG

烹了吃
　ＫⅢ7b ペン リヤ○ウ チ：レウリテタヘル（筵宴）
　J168 ヘン リヤ○ウ チ：レウリテタベル

烹調的人
　ＫⅠ15b ペン デヤ○ウ テ ジン：テウリ人（人品）
　J260 ヘン テヤ○ウ テ ジン：リヤウリ人（人品）

蓬蒿菜
　ＫⅤ1a ボン カ○ウ ツアイ：ハギナ（菜蔬）
　J382 ヲン ハ○ウ ツアイ：ハギナ（菜蔬）

蓬萍草
　ＫⅤ32a ポン ピン ツア○ウ：カハホ子（花卉）

蓬萍艸
　J439 ヲン ピン ツア○ウ：カウホ子（花艸）

篷厝
　ＫⅣ45b ボン ツウ：舩中ノコヤ（舩件）
　J362 ボン ツウ：舩中ノコヤ（舩件）

篷擔
　ＫⅣ42b ボン タン：ホケタ（舩件）
　J356 ボン タン：ホケタ（舩件）

PI

批過的
　ＫⅣ20b ピイ コヲ、テ：シラベノスンタ⌐（財産）
　J12 ピイ コウ テ：シラベノスンダ⌐

披挂馬
　ＫⅣ26b ピイ クワア マア丶：ヨロヒキタウマ（兵法）
　J114 ビイ クハア マア：ヨロイキタムマ

披口
　ＫⅢ41b ピ ゲ○ウ：ハタソリ（寶貨）
　J324 ビイ ゲ○ウ：ハタソリ（器用）

被髪的
　ＫⅠ28a ビイ ハ テ：カツソウ（身體）｛被は披の誤り｝
　J263 ビイ ハ テ：ガツソウ（人品）

劈開来
　ＫⅣ6b ピ カイ ライ：木ヲワル（製作）

劈開來
　J216 ピカイ ライ：木ヲワル

劈劈柴
　ＫⅣ4a ピ ピ ヅアイ：タキヾヲワル（製作）

劈ヾ柴
　J217 ピ、ツアイ：マキヲワル

皮膚
　ＫⅠ27b ビイ フウ：カワ○ハダヘ（身體）
　J290 ビイ フウ：カワ ハダヘ（身體）

皮寒病
　ＫⅣ29a ビイ ハン ビン：オコリ（疾病）
　J340 ビイ ハン ビン：オコリ（感動）

皮甲
　ＫⅣ26a ビイ キヤ：カワグソク（兵法）
　J333 ビイ キヤ：カワグソク（兵法）

皮匠
　ＫⅠ20a ビイ ヅヤン：カワサイクニン（人品）
　J271 ビイ ヂヤン：カワサイク人（人品）

皮箱
　ＫⅢ26b ビイ スヤン：カハバコ（寶貨）
　J293 ビイ スヤン：カワバコ（器用）

皮鞋
　ＫⅢ41a ビイ ヒヤイ：セツタ（寶貨）
　J322 ビイ ヒヤイ：セツタ（器用）

皮枕頭
　ＫⅢ38b ビイ チン デ○ウ：カハマクラ（寶貨）
　J318 ビイ チン デ○ウ：カハマクラ（器用）

疲倦
　ＫⅣ33a ビイ ギエン：クタヒレ（疾病）
　J344 ビイ ケン：クタビレタ（感動）

疲倦了
　ＫⅠ31a ビイ キエン リヤ○ウ：クタビレタ（身體）
　J88 ビイ ケン リヤ○ウ：クタビレタ

枇杷
　ＫⅤ34a ピイ バアー：ビハ（菓蓏）
　J413 ピイ バア：ビハ（菓）

琵琶
　ＫⅢ35b ビイ パアー：ビハ（寶貨）
　J312 ピイ パア：ビハ（器用）

脾
　ＫⅠ27b ピイ：ヒ（身體）

J290 ビイ：ヒ（身體）

脾胃
　歩Ⅰ39a　｛「脾胃」に変更｝

脾胃虚
　ＫⅣ33b ヒイ ヲイ ヒイ：ヒイキヨ（疾病）
　J346 ビイ ヲイ ヒイ：ヒイガヨハイ（感動）

聲鼓
　ＫⅣ25a ピイ クウ：ヂンタヒコ（兵法）
　J331 ピイ クウ：チンタイコ（兵法）

痞滿
　ＫⅣ32a ビイ マン：ツカヘ（疾病）
　J344 ピイ マン：ツカヘル（感動）

痞塊
　ＫⅣ32a ピイ クワイ：ツカヘ（疾病）
　J342 ピイ クハイ：ツカヘ（感動）

癖塊
　ＫⅣ32a ピイ クワイ：カタマリ（疾病）
　J342 ピイ クハイ：カタマリ（感動）

屁股
　ＫⅠ27a ピイ クウ：イシキ（身體）
　J289 ビイ クウ：イシキ（身體）

鷿鷉
　ＫⅤ24b ビ デイ：カイツムリ（禽類）
　J422 ピ デイ：カイツブリ（飛禽）

PIAN

偏舵
　ＫⅣ42a ペン トウ：ワキカチ○沙舩ニアリ（舩件）｛Jの「舩」を「舵」に変更｝

偏舩
　J355 ペン ヂエン：ワキカヂ 沙舩ニアリ（舩件）

偏房
　ＫⅠ36a ペン ワン：妾（親族）
　J283 ヘン ワン：妾（親族）

片板老了雨水漏下来
　ＫⅣ52b ペン パン ラ○ウ リヤ○ウ イ、シユイ レ○ウ ヒヤア ライ：ヤ子イタカフルヒデアメガモル（居室）

片板老了雨水漏下來
　J194 ペン パン ラ○ウ リヤ○ウ イ、シユイ レ○ウ ヒヤア ライ：ヤ子イタガフルヒデ雨ガモル

片篷
　ＫⅣ41a ペン ボン：ヒラク（舩件）
　J352 ペン ポン：ヒラク（舩件）

騙不動
　ＫⅡ30a ペン ポトン：タマサレヌ（疎慢）
　J98 ペン プドン：ダマシエヌ

騙話
　ＫⅡ14a ペエン ワアー：ウソノハナシ（通用）
　J125 ペン ワア：ダマス

騙他收
　ＫⅡ30a ペエン タアー シウ：アレヲタマシテトル（疎慢）
　J98 ペン タア シウ：アレヲダマシテトル

PIAO

漂白的
　ＫⅣ9a ピヤ○ウ ベ テ：サラス（製作）
　J223 ピヤ○ウ ベ テ：サラス

漂白了
　ＫⅣ9a ピヤ○ウ ベ リヤ○ウ：サラシタ（製作）
　J223 ピヤ○ウ ベ リヤ○ウ：サラシタ

漂到
　ＫⅣ46a ピヤ○ウ タ○ウ：ヒヤウチヤク（舩件）

飄到
　J363 ピヤ○ウ タ○ウ：ヒヤウチヤク（舩件）

漂風
　ＫⅣ46a ピヤ○ウ ホン：カセニタヽヨフ（舩件）

飄風
　J363 ピヤ○ウ ホン：ヒヤウチヤク（舩件）

漂死他
　ＫⅢ21a ピヤ○ウ スウ タアー：シオキスル（官府）
　J103 ピヤ○ウ スウ タア：シヲキスル

飄行吏
　ＫⅠ21a ピヤ○ウ ハン リイ：カミユヒ（人品）
　J273 ピヤ○ウ イン リイ：カミユイ（人品）

飄落来
　ＫⅣ2b ピヤ○ウ ロ ライ：ハナノオツル○雪ノフル⌉（製作）

飄落來
　J106 ピヤ○ウ ロ ライ：ハナノヲツル⌉又ユキノフル⌉

瓢兒
　ＫⅤ4b ピヤ○ウ ルウ：ヒサゴ（菜蔬）

瓢児
　J388 ピヤ○ウ ル、：ヒサゴ（菜蔬）

PIE

瞥脱的
　ＫⅢ8b ピト テ：ヒヨット（筵宴）

【PI～POU】

J66 ピ ト テ：ヒヨツト

ノ出去
　ＫⅢ 51a ピ チユ キユイ：ハ子ダス（讀書）
　J31 ピ チユ キユイ：ハ子ダス

PIN

貧病老
　ＫⅠ 22b ビン ビン ラ○ウ：ヒンビヤフモノ（人品）
　J103 ピン ビン ラ○ウ：ヒンビヤウモノ

品級大
　ＫⅢ 25a ピン キ ダアー：品オホヒナリ（官府）
　J36 ピン キ ダア：品ヲ、イナリ

品級小
　ＫⅢ 25a ピン キ スヤ○ウ：ヒンカヒクヒ（官府）
　J36 ピン キ スヤ○ウ：ヒンガヒクイ

牝牛
　ＫⅤ 21a ピン ニウ：メウシ（畜獸）
　J403 ピン ニウ：メウシ（獸）

PING

平安的
　ＫⅢ 23b ビン アン テ：ヘイアンナ（官府）
　J9 ピン アン テ：ヘイアンナ

平常
　ＫⅠ 4b ビン ヂヤン：ヘイゼイ（天文）
　J250 ピン ジヤン：ヘイゼイ（天文）

平常話
　ＫⅡ 14a ビン ヂヤン ワアー：ツ子ノハナシ（通用）
　J125 ピン ジヤン ワア：ツ子ノハナシ

平坦々
　歩Ⅱ 48b {増補}

平等的
　ＫⅢ 23a ビン テン テ：ヒヨウドウナ（官府）
　J9 ピン テン テ：ヒヤウドウナ

平地
　ＫⅠ 10b ビン デイ：ヒラチ（地理）
　J254 ピン リイ：ヒラチ（天文）

平和的
　ＫⅠ 31a ビン ホフ テ：キコンノヨヒ（身體）
　J87 ピン ホウ テ：キブンノヨイ⌐

平静了
　ＫⅡ 17a ビン ヅイン リヤ○ウ：シヅマツタ（通用）
　J207 ビン ヂン リヤ○ウ：シヅマツタ

平麺
　ＫⅤ 6b ヒン メエン：ヒラウドン（飯肉）

平麺
　J442 ピン メン：ヒラウドン（飲食）

平平的
　ＫⅢ 23a ビン 、 テ：ヒヨウドウナ（官府）

平ゞ的
　J9 ピン 、 テ：ヒヤウドウナ

平日間
　ＫⅠ 4b ビン ジ ケン：ヘイジツ（天文）
　J250 ピン ジ ケン：ヘイジツ

平日間
　ＫⅠ 9a ビン ジ ケン：ヘイゼイ（天文）{重複掲載}
　J187 ビン ジ ケン：ヘイゼイ（天文）{重複掲載}

瓶嘴
　ＫⅢ 29a ピン ソ○イ：ヒンノクチ（寶貨）
　J299 ビン ツイ：ビンノクチ（器用）

萍草
　ＫⅤ 32a ピン ツア○ウ：ウキクサ（花卉）
　J439 ビン ツア○ウ：ウキクサ（花艸）

PO

坡兒長
　ＫⅠ 14a ポヲー ルウ チヤン：サカガナガヒ（地理）
　J190 ポウ ル、 ヂヤン：サカヾナガイ

坡路
　ＫⅠ 11b ポヲー ルウ：ツ、ミヽチ（地理）
　J256 ポウ ルウ：イシダンサカ（天文）

跛一足
　ＫⅠ 28b ポウ イ ツヲ：ビツコ（身體）
　J264 ポウ イ ソ：ビツコ（人品）

破柴
　ＫⅠ 20b ポヲ、 ヅアイ：タキヽワリ（人品）
　J272 ポウ ツアイ：マキワリ（人品）
　歩 {削除}

破開来
　ＫⅣ 6a ポヲ、 カイ ライ：ヤフレタ（製作）

破開來
　J215 ポウ カイ ライ：キリアクル

破落戸
　ＫⅠ 17b ポヲ、 ロ ウ、：トフラクモノ（人品）
　J264 ポウ ロ ウ、：ドウラクモノ（人品）

POU

剖開来
　ＫⅣ 6b ヘ○ウ カイ ライ：木ヲワル（製作）

剖開來

J216 ペ○ウ カイ ライ：木ヲワル

PU

撲粉
　Ｋ Ⅲ 42b ポ フイン：ヲシロイツクル（寶貨）
　J367 ポ フイン：ヲシロイツクル（婚姻）

撲子
　Ｋ Ⅳ 45b ポ ツウ：ウチマワシ（舩件）
　J362 ポ ツウ：ウチマワシ（舩件）

鋪板
　Ｋ Ⅳ 49b プウ パン：イタシキ（居室）
　J373 プウ パン：イタシキ（家居）

鋪好了
　Ｋ Ⅳ 3a プウ ハ○ウ リヤ○ウ：シキヨフガヨヒ（製作）
　J204 プウ ハ○ウ リヤ○ウ：シキヨウガヨイ

鋪青氈
　Ｋ Ⅳ 52b フウ ツイン チエン：アヲモウセンシク（居室）
　J195 プウ ツイン チエン：アヲモウセンシク

鋪石頭
　Ｋ Ⅳ 52a プウ シ デ○ウ：シキイシ（居室）
　J194 プウ ジ デ○ウ：イシヲシク

鋪藤席
　Ｋ Ⅳ 52b プウ デン ヅイ：トウムシロヲシク（居室）
　J194 プウ デン チ：トウムシロヲシク

僕
　Ｋ Ⅰ 19b ボ：ボク（人品）
　J269 モ：ボク（人品）

奴僕
　歩Ⅰ 27b 〔「奴僕」に変更〕

蒲包兒
　Ｋ Ⅳ 20a プウ パ○ウ ルウ：カマツヽミ（財産）
　J197 プウ パ○ウ ル、：ガマツヽミ

蒲公英
　Ｋ Ⅴ 30a プウ コン イン：タンホ（花卉）
　J436 プウ コン イン：タンホ（花艸）

蒲英
　Ｋ Ⅴ 4b ブウ イン：タンポ゜（菜蔬）
　J388 プウ イン：タンホ（菜蔬）

圃
　Ｋ Ⅰ 10b プウ：ハタ（地理）
　J254 プウ：ハタ（天文）

田圃
　歩Ⅰ 14b 〔「田圃」に変更〕

鋪子上
　Ｋ Ⅳ 51b プウ ツウ ジヤン：ミセ（居室）
　J376 フウ ツウ ジヤン：ミセ（家居）

瀑布
　Ｋ Ⅰ 11b ポ プウ：タキ（地理）
　J256 ポ フウ：タキ（天文）

瀑泉
　Ｋ Ⅰ 11b ポ ヅエン：タキ（地理）
　J256 ポ チエン：タキ（天文）

QI

七八個
　Ｋ Ⅳ 14b ツイ パ コ：ナヽツヤツ（數量）
　J27 チ パ コ：ナヽツヤツ

七八様
　Ｋ Ⅳ 14a ツイ パ ヤン：ナヽツヤツノモノ（數量）
　J27 チ パ ヤン：ナヽツヤツノモノ

七手八脚
　Ｋ Ⅱ 19a ツイ シウ パ キヤ：テンテニトル⎡（通用）
　J69 チ シウ パ キヤ：テンデニトル⎡

七絲緞
　Ｋ Ⅴ 38a ツイ スウ ドワン：ムリヤウ（衣服）
　J429 チ スウ ドハン：ムリヤウ（衣服）

七星旗
　Ｋ Ⅳ 44b ツイ スイン ギイ：七ツホノシノハタ（舩件）
　J360 チ スイン キイ：七ツホノシノハタ（舩件）

七月七
　Ｋ Ⅰ 5a ツイ イエ ツイ：七夕（天文）
　J187 チ エ チ：七夕

七月七是七夕
　歩Ⅰ 7a 〔「七月七是七夕」に変更〕

妻子
　Ｋ Ⅰ 35a ツイー ツウ：サ井（親族）
　J282 ヅイ ツウ：サイ（親族）

欺凌他
　Ｋ Ⅱ 30a キイ リン タアー：アレヲアサムク（疎慢）
　J97 ギイ リン タア：アレヲアザムク

欺嘴説
　Ｋ Ⅱ 15b キイ ツ○イ セ：アナドリテイフ（通用）
　J129 ギイ ツイ セ：アナトリテイフ

誇嘴説
　歩Ⅱ 20a 〔「誇嘴説」に変更〕

漆黒的

KⅣ3a ツイ ヘ テ：ウルシヌル（製作）
J202 ヂ ヘ テ：ウルシヌリ

漆器
　KⅢ41b ツイ キイ：ヌリモノ（寶貨）
　J324 シ キイ：ヌリモノ（器用）

漆樹
　KⅤ28a ツイ ジユイ：ウルシノキ（樹竹）
　J409 ツエ ジユイ：ウルシ（樹竹）

齊到麼
　KⅡ7b ヅイー タ○ウ マアー：キソロフタカ（賓友）

齊到広
　J151 ヅイ タ○ウ マア：キソロツタカ

齊齊的
　KⅣ20a ツイー ツイー テ：ソロフタ（財産）

齊々的
　J231 ツイ 、 テ：ソロフタ

齊聲讀
　KⅢ44b ヅイー シンド：ツレヨミ（讀書）
　J120 ツイ スイン ド：ツレヨミ

齊整的
　KⅣ20a ヅイー チン テ：カザリノウツクシイ（財産）
　J231 ヅイ ヂン テ：カザリノウツクシイ

齊整得狠
　KⅢ9b ヅイ チン テ ヘン：ヨクソロフタ（筵宴）
　J110 ヅイ ヂン テ ヘン：カザリノミゴトナ

祈晴
　KⅠ2a キイ ツイン：ヒヨリマツリ（天文）
　J244 キイ ヂン：ヒヨリマツリ（天文）

祇園廟
　KⅢ11a ギイ イエン ミヤ○ウ：キヲンシヤ（祭祀）
　J34 ギイ エン ミヤ○ウ：ギヲンシヤ

箕子
　KⅤ5a ギイ ツウ：マメガラ（菜蔬）
　J389 ギイ ツウ：マメカラ（菜蔬）

旗竿
　KⅣ44b ギイ カン：ハタサホ（舩件）
　J360 ギイ カン：ハタサヲ（舩件）

旗號
　KⅣ25a ギイ ア○ウ：ハタジルシ（兵法）

旗号
　J331 ギイ ハ○ウ：ハタシルシ（兵法）

碁盤
　KⅢ38a キイ ボワン：ゴバン（寶貨）
　J317 ギイ バン：ゴバン（器用）

棋盤
　KⅤ39a キー ボワン：ゴバンシマ（衣服）{重複掲載}

碁盤
　J431 ギイ バン：ゴハンシマ（衣服）{重複掲載}

麒麟
　KⅤ21a キイ リン：キリン（畜獸）
　J403 ギイ リン：キリン（獸）

奇妙得狠
　KⅡ18a キイ ミヤ○ウ テ ヘン：ヅンドキメウナ（通用）
　J136 ギイ ミヤ○ウ テ ヘン：ヅントキミヤウナ

妙得緊
　歩Ⅱ23b 【「妙得緊」に変更】

奇楠
　KⅢ37b ギイ ナン：キヤラ（寶貨）

椅楠
　J316 ギイ ナン：キヤラ（器用）{「椅」は誤り}

崎嶇
　KⅠ10b ギイ キユイ：ケワシ（地理）
　J254 ギイ キユイ：ケワシイ（天文）

騎縫釘
　KⅢ34a ギイ ウヲン デイン：カスガヒ（寶貨）
　J309 ギイ ヲン デン：カスガイ（器用）

騎縫印
　KⅢ35a キイ ウヲン イン：アヒモメンノイン（寶貨）
　J311 ギイ ヲン イン：アイモン（器用）

騎馬去
　KⅡ6a ギイ マア、キユイ：キバデユク（賓友）
　J148 ギイ マア キユイ：ムマデユク

騎木馬
　J311 ギイ モ マア：テウノウチノスケキ（器用）{Kは「木馬」に変更}

鰭兒
　KⅤ17a キイ ルウ：ウヲノヒレ（魚鼈）
　J395 ズウ ル、：ヒレ（魚介）

豈敢豈敢
　KⅢ8b キイ カン 、 、：ナニカサテ（筵宴）

豈敢々々
　J66 キイ カン 〳〵：ナニカサテ

豈有此理
　KⅡ19b キイ イウ ツウ リイ：ナニガサテ（通用）
　J70 キイ イウ ツウ リイ：ナニガサテ

起得遅

```
      KⅠ43a キイ テ ツウ：ヲキヨフガヲソヒ（動作）
起得遅
      J108 キイ テ ヅウ：ヲキヨウガヲソイ
起得早
      KⅠ43a キイ テ ツア○ウ：ハヤクヲキタ（動作）
      J108 キイ テ ツア○ウ：ハヤクヲキタ
起房子
      KⅣ50b キイ ブワン ツウ：イヘヲタツル（居室）
      J375 キイ ワン ツウ：イエヲタツル（家居）
起工
      KⅣ50b キイ コン：コヤイリ（居室）
      J374 キイ コン：コヤイリ（家居）
起過了
      KⅠ43a キイ コフ リヤ○ウ：ヲキタ（動作）
      J108 キイ コウ リヤ○ウ：ヲキタ
起火来
      KⅤ13a キイ ホフ ライ：火ヲオコセ（煮煎）
起火來
      J159 キイ ホウ ライ：火ヲヲコセ
起課的
      歩Ⅰ28b 〖「卜卦」を削除し変更〗
起稜的
      KⅣ12a キイ リン テ：カドタツタモノ（数量）
      J213 ［唐音なし］リン テ：カドタツタモノ
      筑・天・3・59a キイ リン テ：カトタツタモノ
起了吼
      KⅠ8b キイ リヤ○ウ ホヲン：天ガヤケタ（天文）
      K'8b キイ リヤ○ウ ホヲン：天ガアケタ（天文）
      J185 キイ リヤ○ウ フエ○ウ：天ガヤケタ〖重複掲載〗
      J243 キイ リヤ○ウ フエ○ウ：天ノヤケタ⌐（天文）
起了毛
      KⅣ8b キイ リヤ○ウ マ○ウ：ケバタツタ（製作）
      J222 キイ リヤ○ウ マ○ウ：ケバタツタ
起了疱
      KⅣ35b キイ リヤ○ウ パ○ウ：ウヲノメガデキタ（疾病）
      J42 キイ リヤ○ウ パ○ウ：ウヲノメガデキタ
起樓
      KⅤ31a キイ レウ：キクノナカノタチサキ（花卉）
      J437 キイ レウ：キクノ中ノタチサキ（花卉）
起錨
      KⅣ42b キイ マ○ウ：イカリクル（舩件）
      J355 キイ マ○ウ：イカリクル（舩件）
起身了

      KⅡ7a キイ シン リヤ○ウ：出立シタ（賓友）
      J150 キイ シン リヤ○ウ：出立シタ
起身去
      KⅡ7a キイ シン キユイ：ホツソクスル（賓友）
      J150 キイ シン キユイ：ホツソクスル
起石塔
      KⅣ3a キイ ジ タ：セキタウタツル（製作）
      J199 キイ ジ タ：セキトウタツル
起頭寫
      KⅢ45b キイ デ○ウ スエー：ツキアゲテカク（讀書）
      J122 キイ デ○ウ スエー：ツキアゲテカク
起霧
      KⅠ1a キイ ウー：キリノカヽル（天文）
      J243 キイ ムウ：キリノカヽルⸯ（天文）
起霞
      KⅠ1a キイ ヤアー：カスミノカヽル（天文）
      J243 キイ ヒヤア：カスミノカヽルⸯ（天文）
起先
      KⅣ24b キイ スエン：サキガケ（兵法）
      J330 キイ セン：サキカケ（兵法）
起星
      KⅣ32b キイ スイン：メボシ（疾病）
      J343 キイ スイン：メニホシノイルⸯ（感動）
起陽的
      KⅣ38b キイ ヤン テ：キヲオコスクスリ（醫療）
      J44 キイ ヤン テ：キヲオコスクスリ
氣不順
      KⅠ8a キイ ポ ジュイン：キガフジュン（天文）
      J184 キイ プ ジイン：キガフジュンナ
氣喘
      KⅣ31b キイ チエン：スタク（疾病）
      J342 キイ チエン：スタク（感動）
氣得過
      KⅠ38a キイ テ コフ：カンニンカナル（性情）
      J88 キイ テ コウ：カンニンガナル
氣不過
      歩Ⅰ53b 〖「氣不過」に変更〗
氣呼呼
      KⅠ38a キイ フウ ヽ：ハラタチテフク～スルⸯ（性情）
氣呼々
      J88 キイ ウ ヽヽ：ハラタチテフク～スルⸯ
氣酒
      KⅤ10b キイ ツイ○ウ：アワモリ（飯肉）
```

【QI～QIAN】

J449　キイ　チウ：アワモリノルイ（飲食）

氣色好
　ＫⅠ32a　キイ　スエ　ハ○ウ：ガンショクノヨヒ
　　　（身體）
　J6　キイ　スエ　ハ○ウ：ガンショクヨイ

棄掉了
　ＫⅣ7b　キイ　デヤ○ウ　リヤ○ウ：ステタ（製作）
　J219　キイ　デヤ○ウ　リヤ○ウ：ステタ

棄椗
　ＫⅣ43a　キイ　ヲイ：ホヲスツル（舩件）
　J357　キイ　ヲイ：ホヲスツル（舩件）

砌個竈
　ＫⅣ52a　ツイ　コ　ツア○ウ：カマトヲヌリタツル
　　　（居室）
　J194　ツイ　コ　ツア○ウ：カマトヲヌリタツル

砌路
　ＫⅣ50a　ツイー　ルウ：ミチヲツクル（居室）
　J374　ヅイ　ルウ：ミチヲツクル

砌墻
　ＫⅣ50a　ツイー　ヅヤン：カキヲツクル（居室）
　J373　ヅイ　ツヤン：カキヲツクル

砌石坑
　ＫⅣ52a　ツイヽ　ジ　カン：イシカキヲツク（居室）
　J194　ツイ　ジ　カン：イシカキヲツク

QIA

掐一掐
　ＫⅡ22a　ダ○ウ　イ　ダ○ウ：ツマム（通用）｛掐は
　　　掐の誤り，音は掐による｝

掐一掐
　J21　キヤ　イ　キヤ：ツマム｛掐は誤り，音は掐による｝

掐一掐
　歩Ⅱ30a　｛文字を改める｝

恰好有
　ＫⅣ19a　キヤ　ハ○ウ　イウ：チヤウドアル（財産）
　J137　キヤ　ハ○ウ　イウ：チヤウドアル

QIAN

千斤
　ＫⅢ34a　ツエン　キン：クキヌキ○マンリキ（寶貨）
　J309　チエン　キン：クキヌキ又マンリキ（器用）

千里鏡
　ＫⅢ35b　ツエン　リイ　キン：トホメガ子（寶貨）
　J311　チエン　リイ　キン：トウメガ子（器用）

千里眼
　ＫⅢ11a　ツエン　リイ　エン：媽祖ノワキダチ（祭祀）
　J34　チエン　リイ　エン：媽祖ノワキダチ

千萬你
　ＫⅡ27a　ツエン　ワン　ニイ：ソナタニタノミマス
　　　（干求）
　J91　チエン　ワン　ニイ：タノミマス

千葉的
　ＫⅤ31b　ツエン　エテ：ヤヘザキ（花卉）
　J438　チエン　エ　テ：カサナル⌐（花艸）

遷都
　ＫⅣ24b　スエン　ドウ：ミヤコヲウツス（兵法）
　J330　チエン　ドウ：ミヤコヲウツス（兵法）

牽不得
　ＫⅣ5b　ケン　ポ　テ：ヒカレヌ（製作）
　J60　ケン　プ　テ：ヒカレヌ

牽舩
　ＫⅣ41a　ケン　ヂエン：ヒキフ子（舩件）
　J353　ケン　ヂエン：ヒキフ子（舩件）

牽混了
　ＫⅡ21a　ケン　ヲイン　リヤ○ウ：マジリ（通用）
　J107　ケン　ウエン　リヤ○ウ：マジル

牽来了
　ＫⅣ5b　ケン　ライ　リヤ○ウ：ヒイテキタ（製作）

牽來了
　J60　ケン　ライ　リヤ○ウ：ヒイテキタ

牽牢了
　ＫⅢ21a　ケン　ラ○ウ　リヤ○ウ：牢ニイル（官府）
　J103　ケン　ラ○ウ　リヤ○ウ：牢ニイル

牽裡綿
　ＫⅢ2b　ケン　リイ　メン：ウチカラアタタメル（筵
　　　宴）｛牽裡は語順転倒，ただし「天氣冷吃箇兩盃裡牽
　　　綿」（ＫⅢ4a）ではＪを踏襲｝

裡牽綿
　J155　リイ　ケン　メン：ウチカラアタヽメル

牽牛花
　ＫⅤ30b　ケン　ニウ　ハアー：アサガホ（花卉）
　J436　ケン　ニウ　ハア：アサガヲ（花艸）

牽繩
　ＫⅣ50b　ケン　ヂン：スミヒク（居室）
　J373　ケン　ヂン：スミヒク（家居）

牽一牽
　ＫⅡ24a　ケン　イ　ケン：ヒク（通用）
　J24　ケン　イ　ケン：ヒク

慳吝的
　ＫⅠ37b　ケン　リン　テ：シワヒ（性情）

J102 ケン ヒイ テ：シワイ

謙虚的
　ＫⅠ38a ケン ヒイ テ：ヘリクタル（性情）
　J93 ケン ヒイ テ：ヘリクダル

前門来後門去
　ＫⅡ7b ヅエン メン ライ ペ○ウ メン キユイ：マヘカラ入テウシロヘユク（賓友）

前門來後門去
　J151 ヅエン メン ライ ヘ○ウ メン キユイ：マエカラ入テウシロエユク

前年
　ＫⅠ4b ヅエン 子エン：ゼン子ン（天文）
　J250 ヂエン 子ン：ヲトドシ（天文）

前日来
　ＫⅡ4b ヅエン ジ ライ：センジツキタ（賓友）

前日來
　J145 ヅエン ジ ライ：センジツキタ

前頭有
　ＫⅣ19b ヅエン デ○ウ イウ：マヘニアル（財産）
　J137 ヂエン デ○ウ イウ：マエニアル

錢半把
　ＫⅣ14b ツエン ポワン パアー：イチモンメゴフンハカリ（数量）
　J28 ヂエン パン パア：イチモンメゴフンバカリ

錢塘江
　歩Ⅱ49a　{増補}

錢紙
　ＫⅢ39b ヅエン ツウ：唐人祭用ノハクガミ（寶貨）
　J320 ヂエン ツウ：唐人祭用ノハクカミ（器用）

鉗木梢
　ＫⅡ28a ゲン モ サ○ウ：オヨハヌ⌈ヲノゾム⌉（干求）{掯木梢の誤りか}

扛木梢
　J102 ゲン モ サ○ウ：カタモツ

乾坤
　ＫⅠ1a ケン クイン：アメツチ（天文）
　J243 ケン クイン：テンチ（天文）

淺閣
　ＫⅣ46a ツエン コ：ソコツク（舩件）
　J363 ヂエン コ：ソコツク（舩件）

淺量
　ＫⅢ2b ツエン リヤン：ゲコ（筵宴）

浅量
　J155 ヂエン リヤン：ゲコ

遣遣興
　ＫⅢ9a ケン 〜 ヒン：キバラシ（筵宴）

遣〃興
　J71 ケン 、 ヒン：キバラシ

欠了債
　ＫⅣ20b ケン リヤ○ウ チヤイ：シヤクキンガアル（財産）
　J237 ケン リヤ○ウ ツアイ：シヤクキンガアル

欠情欠情
　ＫⅢ9b ケン ツイン 〜：コフサタ（筵宴）

欠情〃〃
　J111 ケン チン 〜：ゴブサタ

茜草
　ＫⅤ32a ツエン ツア○ウ：アカ子（花卉）

茜艸
　J439 チエン ツア○ウ：アカ子（花艸）

刊圖書
　ＫⅡ33a ツエン ドウ シユイ：インヲホル（德藝）
　J198 チエン ドウ シユイ：インヲホル

刊一刊
　ＫⅡ24a ツエン イ ツエン：皮ヲムク（通用）
　J20 チエン イ チエン：皮ヲムク

釬皮
　ＫⅤ11a ツエン ビイ：カワムク（飯肉）
　J450 チエン ビイ：カワムク（飲食）

針皮吃
　ＫⅢ7a チン ビイ チ：カハムヒテクウ（筵宴）
　{針は釬の誤り}

釬皮吃
　J167 チエン ビイ チ：カワムイテクウ

刊皮吃
　歩Ⅲ9a　{「刊皮吃」に変更}

釬釬皮
　ＫⅣ7a ツエン ツエン ビイ：カワヲムク（製作）

釬〃皮
　J214 チエン 、 ビイ：カワヲムク

QIANG

鎗刀
　ＫⅣ25b ツアン タ○ウ：ヤリ（兵法）
　J332 ツアン タ○ウ：ヤリ（兵法）

鎗架
　ＫⅣ26a ツアン キヤア：ヤリカケ（兵法）
　J333 ツアン キヤア：ヤリカケ（兵法）

腔調兒
　KⅡ33a　キヤン　ヂヤ○ウ　ルウ：ウタヒモノノフシ（德藝）
　J14　キヤン　テヤ○ウ　ル、：フシ

墻門
　KⅣ50a　ヅヤン　メン：カキノモン（居室）
　J373　ツヤン　メン：カキノモン（家居）

強暴的
　KⅠ39a　キヤン　バ○ウ　テ：ソバフナ（性情）
　J212　ツヤン　バ○ウ　テ：アラクタマシイ

強盜
　KⅠ18a　ギヤン　ダ○ウ：ゴウドウ（人品）

強盜
　J267　キヤン　ダ○ウ：ゴウドウ（人品）

薔薇花
　KⅤ29a　ヅヤン　ウイー　ハアー：イバラ（花卉）
　J433　ヂヤン　ウイ　ハア：バラ（花卉）

搶白你
　KⅡ11b　ツアン　ベ　ニイ：ソナタヲイヒツムル（賓友）
　J96　ツアン　ベ　ニイ：イ、ツムル

搶了来
　KⅢ24b　ツアン　リヤ○ウ　ライ：ヌスミモノ（官府）

搶了來
　J112　ツアン　リヤ○ウ　ライ：ヒツタクル

搶先
　KⅣ24b　ツアン　スエン：サキガケ（兵法）
　J330　ツアン　セン：サキカケ（兵法）

強得来
　KⅡ24b　ギヤン　テ　ライ：シ井ラレル○ムリニイタシカケル（通用）

強得來
　J113　キヤン　テ　ライ：イ、カケル「

襁褓
　KⅤ37a　ギヤン　ハ○ウ：ムツキ（衣服）
　J426　ギヤン　パ○ウ：ムツキ（衣服）

QIAO

鍬
　KⅢ34b　ツイ○ウ：クハ（寶貨）
　J310　ツヤ○ウ：クハ（器用）

劃鍬
　歩Ⅲ46a　{「剷鍬」に変更}

敲扁了
　KⅣ4a　キヤ○ウ　ペエン　リヤ○ウ：タ、キヒラメ

タ（製作）
　J214　キヤ○ウ　ペン　リヤ○ウ：タ、キヒラメタ

敲出来
　KⅣ5a　キヤ○ウ　チユ　ライ：タ、キダシタ（製作）

敲出來
　J62　キヤ○ウ　チユ　ライ：タ、キダシタ

敲鐺鐺念念佛
　KⅢ12a　キヤ○ウ　タン、子エン、ウエ：カ子ウヲウチ子ンフツヲ申ス（祭祀）

敲鐺〻念〻佛
　J50　キヤ○ウ　タン、子ン、ウエ：カ子ウヲウチ子ンブツヲ申ス

敲得碎
　KⅣ7a　キヤ○ウ　テ　ス○イ：タ、キクダヒタ（製作）
　J215　キヤ○ウ　テ　ス○イ：タ、キクダイタ

敲進去
　KⅣ3b　キヤ○ウ　ツイン　キユイ：タ、キコム（製作）
　J62　キヤ○ウ　チン　キユイ：タ、キコム

敲攏来
　KⅡ9a　キヤ○ウ　ロン　ライ：タ、キアツムル（賓友）

敲攏來
　J61　キヤ○ウ　ロン　ライ：タ、キアツムル

敲鑼鼓
　歩Ⅱ43b　{増補}

敲門
　KⅣ53a　キヤ○ウ　メン：モンヲタ、ク（居室）
　J196　キヤ○ウ　メン：モンヲタ、ク

敲木魚誦誦經
　KⅢ12a　キヤ○ウ　モ　イー　ヅヲン、キン：モクギヨヲウツテキヤウヲヨム（祭祀）

敲木魚誦〻經
　J50　キヤ○ウ　モイ、ヅヲン、キン：モクギヨヲウツテキヨウヲヨム

敲敲看
　KⅠ41b　キヤ○ウ、カン：タ、ヒテミヨ（動作）

敲〻看
　J174　キヤ○ウ、カン：タ、イテミヨ

敲碎了
　KⅣ4a　キヤ○ウ　スイ　リヤ○ウ：ウチクダヒタ（製作）
　J214　キヤ○ウ　スイ　リヤ○ウ：ウチコワシタ

敲彎了
　KⅣ4a　キヤ○ウ　ワン　リヤ○ウ：タ、キマゲタ（製作）
　J214　キヤ○ウ　ワン　リヤ○ウ：タ、キマゲタ

敲一敲
　ＫⅡ22a　キヤ○ウ イ キヤ○ウ：タヽク（通用）
　Ｊ20　キヤ○ウ イ キヤ○ウ：タヽケ

敲鉦
　ＫⅡ33b　キヤ○ウ チン：カ子ヲウツ（德藝）
　Ｊ50　キヤ○ウ チン：カ子ヲウツ
　步　{削除}

敲鉦念佛
　ＫⅢ12a　キヤ○ウ チン 子エン ウエ：カ子打テ念佛申ス（祭祀）
　Ｊ51　キヤ○ウ チン 子ン ウエ：カ子ヲウツテ子ンブツヲ申ス

敲直了
　ＫⅣ4a　キヤ○ウ チ リヤ○ウ：タヽキスクメタ（製作）
　Ｊ214　キヤ○ウ ヂ リヤ○ウ：タヽキスグメタ

蕎麥
　ＫⅤ6b　ギヤ○ウ メ：ソバ（飯肉）
　Ｊ442　キヤ○ウ〆：ソバ（飲食）

蕎麥麵
　ＫⅤ7a　ギヤ○ウ メ メエン：ソバキリ（飯肉）
　Ｊ442　ギヤ○ウ〆メン：ソバキリ（飲食）

橋
　ＫⅠ11b　ギヤ○ウ：ハシ（地理）
　Ｊ256　キヤ○ウ：ハシ（天文）

石橋／板橋
　步Ⅰ16b　{「石橋」「板橋」に変更，増補}

巧妙的
　ＫⅡ17b　キヤ○ウ ミヤ○ウ テ：タクミノメウナ（通用）
　Ｊ135　キヤ○ウ ミヤ○ウ テ：タクミノメフナ

橇開了
　ＫⅣ6a　ヅ○イ カイ リヤ○ウ：コ子アケタ（製作）
　{橇字は音誤り}
　Ｊ215　ギヤ○ウ カイ リヤ○ウ：コ子アケタ

QIE

切菜
　ＫⅤ10b　ツイ ツアイ：ヤサイヲキル（飯肉）
　Ｊ450　チエ ツアイ：ヤサイヲキル（飲食）

切斷了
　ＫⅣ6b　ツイ ドワン リヤ○ウ：小刀ナトテキルヿ（製作）

切断了
　Ｊ216　チエ ドハン リヤ○ウ：小刀デキル

切麵
　ＫⅤ6b　ツイ メエン：ウドン（飯肉）
　Ｊ442　チエ メン：ウドン（飲食）

切片的
　ＫⅣ6b　ツイ ペン テ：キリキサミノモノ（製作）
　Ｊ216　チエ ペン テ：キリキザミノモノ

切片烟
　ＫⅢ4a　ツイ ペエン エン：キサミタハコ（筵宴）
　Ｊ158　チエ ヘン エン：キザミタバコ

切齊了
　ＫⅣ6b　ツイ ツイー リヤ○ウ：キリソロエル（製作）
　Ｊ216　チエ ヅイ リヤ○ウ：キリソロエル

切西瓜
　ＫⅤ11b　ツイ スイー クワア：スイクハヲキル（飯肉）
　Ｊ235　チエ スイ クハア：スイクハヲキル

切些来
　ＫⅣ6b　ツイ スイヽ ライ：オシキレ（製作）

切些來
　Ｊ216　チエ スイ ライ：ヲシキレ

切一切
　ＫⅡ24a　ツイヽ イ ツイヽ：キル（通用）
　Ｊ25　チエ イ チエ：キレ

茄花色
　ＫⅤ39b　キヤア ハアー スエ：フヂイロ（衣服）
　Ｊ432　キヤア ハアー スエ：フヂイロ（衣服）

茄子
　ＫⅤ4b　キヤア ツウ：ナスビ（菜蔬）
　Ｊ389　ギヤア ツウ：ナスビ（菜蔬）

且關着
　ＫⅣ53b　ツエヽ クワン ヂヤ：マツタテヨ（居室）
　Ｊ196　チエヽ クハン ヂヤ：マツタテヨ

且緩些
　ＫⅡ3a　ツエー ワン スイー：マツユルリト（賓友）
　Ｊ142　チエ クハン スイ：マヅユルリト

且慢些
　步Ⅱ4a　{「且慢些」に変更}

且囘去
　ＫⅡ6a　ツエー ホイ キユイ：マツカヘラフ（賓友）

且回去
　Ｊ148　チエヽ ホイ キユイ：マツカエラフ

且開去
　ＫⅣ6a　ツエー カイ キユイ：マタアヒタ（製作）
　Ｊ215　チエヽ カイ キユイ：マタアイタ

342

【QIAO～QING】

旦開去
 歩Ⅳ 8b　{「旦開去」に変更，「旦」は誤り}
旦看看
 KⅠ 40b ツエー カン 丶：マヅミヨ（動作）
旦看〻
 J172 チエ丶 カン 丶：マタミヨ
旦切了
 KⅣ 6b ツエ丶 ツイ リヤ○ウ：マヅキレ（製作）
 J216 チエ丶 チエ リヤ○ウ：マヅキレ
旦請問
 KⅡ 12a ツエ丶 ツイン ウエン：マヅオトヒナサレヒ（賓友）
 J233 チエ丶 ツイン ウエン：マヅヲトイナサレイ
旦是哩
 KⅡ 14b ツエ丶 ズウ リイ：マヅソウデゴザル（通用）
 J127 チエ丶 ズウ リイ：マヅソウデゴザル
旦收了
 KⅣ 21b ツエー シウ リヤ○ウ：マウツウケトル（財産）
 J19 チエ丶 シウ リヤ○ウ：マウツウケトル
怯了暑
 KⅠ 32a キエ リヤ○ウ シイ：シヨヲヲソル（身體）
 J103 キ リヤ○ウ シユイ：シヨヲヲソレ
怯暑的
 KⅠ 32a キエ シイ テ：シヨヲヲソル丶モノ（身體）
 J103 キ シユイ テ：シヨヲヲソル丶モノ

QIN

欽差王
 KⅢ 25a キン チヤイ ワン：チヨクシ（官府）
 J36 キン チヤイ ワン：チヨクシ
侵早来
 KⅡ 5b チン ツア○ウ ライ：ソウテンニクル（賓友）
侵早來
 J147 シン ツア○ウ ライ：ソウテンニクル
侵早去
 KⅡ 5b チン ツア○ウ キユイ：ソウテンニユク（賓友）
 J147 ジン ツア○ウ キユイ：ソウテンニユク
親父
 KⅠ 33b ツイン フウ：ヲヤ（親族）
 J278 チン フウ：ヲヤ（親族）
父親
 歩Ⅰ 46b　{「父親」に変更}

親近他
 KⅡ 12a ツイン ギン タアー：アレニチカヨル（賓友）
 J225 チン キン タア：アレニチカヨル
親母
 KⅠ 33b ツイン ムウ：ハヽ（親族）
 J278 チン ムウ：ハヽ（親族）
母親
 歩Ⅰ 46b　{「母親」に変更}
親生兒子
 KⅠ 35b ツイン スエン ルウ ツウ：直子（親族）
 J283 チン スエン ル丶 ツウ：直子（親族）
親生女兒
 KⅠ 35b ツイン スエン ニイ ルウ：直女（親族）
 J283 チン スエン ニイル丶：直女（親族）
芹菜
 KⅤ 1a キン ツアイ：セリ（菜蔬）
 J382 キン ツアイ：セリ（菜蔬）
琴兒
 KⅢ 35b キン ルウ：キン（寶貨）
琴児
 J312 キン ル丶：コト（器用）
琴師
 KⅠ 21a ギン スウ：コトノシヽヤウ（人品）
 J273 キン スウ：コトノシセウ（人品）
琴柱
 KⅢ 36a ギン ヂユイ：コトチ（寶貨）
 J313 キン チユイ：コトヂ（器用）
秦吉了
 KⅤ 24a ツイン キ リヤ○ウ：キウクハン（禽類）
 J421 ツイン キ リヤ○ウ：キウクハン（飛禽）
勤行
 KⅢ 12a ギン ヒン：ゴンギヤウ（祭祀）
 J50 キン ヒン：ゴンギヤウ
勤做工夫
 KⅢ 20a キン ツヲ丶 コン フウ：シゴトニセヒイル丶（婚姻）
 J366 キン ツヲ丶 コン フウ：シゴトニセイイル丶（婚姻）

QING

青布
 KⅤ 38a ツイン プウ：コロハカシ（衣服）
 J429 ツイン フウ：コロバカシ（衣服）
青菜

ＫⅤ1b　ツイン　ツアイ：ミヅナ（菜蔬）
　　Ｊ382　ツイン　ツアイ：ミヅナ（菜蔬）

青春多少
　　ＫⅢ15a　ツイン　チユイン　トウ　シヤ○ウ：トシハイクツ○女ニイフコトハ（慶弔）
　　Ｊ75　ツイン　チユン　トウ　スヤ○ウ：歳ハイクツ　女ニ云コトハ

青翠平安
　　ＫⅢ15a　ツイン　ツ○イ　ニン　アン　{平字は音誤り,「青翠寧安」への音注}：ソウレヒカヘリノキヨメノコトハ（慶弔）
　　Ｊ50　ツイン　ツイ　ピン　アン：ソウレイカエリノミイワイ

青菓
　　ＫⅤ33a　ツイン　コウ：カンラン（菓蓏）
　　Ｊ411　ツイン　コウ：カンラン（菓）

青花白地
　　ＫⅢ29b　ツイン　ハアー　ベ　デイ：ソメツケノチヤワン（寶貨）
　　Ｊ299　ツイン　ハア　ベ　リイ：ソメツケノチヤワン（器用）

青了些
　　ＫⅤ31a　ツイン　リヤ○ウ　スイー：ウスアヲイロ（花卉）
　　Ｊ438　ツイン　リヤ○ウ　スイ：チト青色（花艸）

青螺
　　ＫⅤ18a　ツイン　ルウ：サヽノハ（魚鼈）
　　Ｊ397　ツイン　ラウ：コウカイ（魚介）

青盲
　　ＫⅠ29a　ツイン　マン：ソコヒ（身體）
　　Ｊ266　ツイン　マン：ソコヒ（人品）

青色的
　　ＫⅤ39a　ツイン　スエ　テ：アヲイロ（衣服）
　　Ｊ431　ツイン　スエ　テ：アヲイロ（衣服）

青蒜
　　ＫⅤ4a　ツイン　ソワン：ヒル（菜蔬）
　　Ｊ387　ツイン　ソハン：ヒル（菜蔬）

青氈
　　ＫⅢ27a　ツイン　チエン：アヲモウセン（寶貨）
　　Ｊ295　ツイン　チエン：アヲモウセン（器用）

清朝人
　　ＫⅠ15b　ツイン　ヂヤ○ウ　ジン：セイテウノ人（人品）
　　Ｊ259　チン　チヤ○ウ　ジン：セイチヤウノ人（人品）

清風旗
　　ＫⅣ44b　ツイン　ホン　ギイ：ホンバシラノオホハタ（舩件）
　　Ｊ360　チン　ホン　キイ：ホンハシラノヲヽハタ（舩件）

清高的
　　ＫⅠ24a　ツイン　カ○ウ　テ：イサキヨキ人（人品）
　　Ｊ9　チン　カ○ウ　テ：イサキヨキ人

清火的
　　ＫⅣ38b　ツイン　ホヲヽ　テ：火ヲケス（醫療）
　　Ｊ45　チン　ホウ　テ：火ヲケス

清減些
　　ＫⅣ10b　ツイン　ケン　スイー：ゲンジタ（數量）
　　Ｊ171　チン　ケン　スイ：ゲンジタ

清健清健
　　ＫⅠ32a　ツイン　ゲン　ヽ　ヽ：キジヤフナ（身體）

清健〜
　　Ｊ89　チン　ケン　〜　〜：キジヤウナ

壯健的
　　歩Ⅰ45a　{「壯健的」に変更, 歩Ⅰ22bと重複}

清空的
　　ＫⅡ20b　ツイン　コン　テ：ヒマデアル（通用）
　　Ｊ90　チン　コン　テ：ヒマデアル

清利些
　　ＫⅣ2a　ツイン　リイ　スイー：スコシキレイニナツタ（製作）
　　Ｊ87　チン　リイ　スイ：スコシキレイニナツタ

清石頭
　　ＫⅣ47b　ツイン　ジ　デ○ウ：カルイシヲオロス（舩件）
　　Ｊ193　チン　ジ　デ○ウ：カルイシヲヲロス

清水煎
　　ＫⅣ37b　ツイン　シユイ　ツエン：ミツセンシ（醫療）
　　Ｊ160　チン　シユイ　チエン：ミヅセンジ

清糖
　　ＫⅤ8b　ツイン　ダン：シミ（飯肉）
　　Ｊ446　チン　ダン：シミ（飲食）

清早
　　ＫⅠ1b　ツイン　ツア○ウ：ソフテン（天文）
　　Ｊ244　チン　ツア○ウ：ソウテン（天文）

蜻蛉
　　ＫⅤ19b　ツイン　リン：トンボウ（蟲類）
　　Ｊ400　チン　リン：トンバウ（虫）

鯖魚
　　ＫⅤ16a　ツイン　イー：サバ（魚鼈）
　　Ｊ393　チン　イヽ：サバ（魚介）

輕薄兒

【QING】

　ＫⅡ30b　キン　ポ　ルウ：ケヒハク（疎慢）
　Ｊ74　キン　ポ　ル丶：ケイハクナ

輕蔑我
　ＫⅡ11b　キン　メ　ゴヲ丶：ワレヲカロシムル（賓友）
　Ｊ96　キン　メ　ゴウ：ワレヲカロシムル

輕些説
　ＫⅡ15b　キン　スイー　セ：ヒク丶イヘ（通用）
　Ｊ130　キン　スイ　セ：ヒククイエ
　歩　｛削除，「不要高聲低低説」歩Ⅱ20bに統一｝

傾出来
　ＫⅣ5a　キン　チユ　ライ：カタムケイダス（製作）

傾出來
　Ｊ62　キン　チユ　ライ：カタムケイダス

情願来
　ＫⅠ39b　ヅイン　イエン　ライ：マ井リタヒ（性情）

情願來
　Ｊ47　チン　エン　ライ：タンノウスル

晴得好
　ＫⅠ6b　ツイン　テ　ハ○ウ：ヨフハレタ（天文）
　Ｊ181　ヂン　テ　ハ○ウ：ヨウハレタ

頃刻
　ＫⅠ5b　キン　ゲ：シバラク（天文）
　Ｊ252　キン　ゲ：シバラク（天文）

請便罷
　ＫⅢ9b　ツイ　ペエン　バア丶：オカッテニナサレヒ（筵宴）
　Ｊ72　ツイン　ベン　バア：ヲカッテニナサレイ

請茶
　ＫⅢ1b　ツイン　ツアー：チヤマイレ（筵宴）
　Ｊ57　ツイン　ヅア丶：チヤヲマイレ

請改改
　ＫⅢ48b　ツイン　カイ　丶：オアラタメナサレイ(讀書)

請改〻
　Ｊ80　ツイン　カイ　丶：ヲアラタメナサレイ

請乾了
　ＫⅢ3a　ツイン　カン　リヤ○ウ：オホシナサレヒ（筵宴）
　Ｊ156　ツイン　カン　リヤ○ウ：ヲホシナサレイ

請乾盃
　歩Ⅲ4a　｛「請乾盃」に変更｝

請糕餅
　ＫⅤ11b　ツイン　カ○ウ　ピン：クハシマイレ（飯肉）
　Ｊ236　ツイン　カ○ウ　ピン：クハシマイレ

請菓子
　ＫⅤ11b　ツイン　コヲー　ツウ：クハシマイレ（飯肉）
　Ｊ235　ツイン　コウ　ツウ：クハシマイレ

請過菜
　ＫⅢ3a　ツイン　コヲ丶　ツアイ：サカナマヒレ（筵宴）
　Ｊ156　ツイン　コウ　ツアイ：サカナマイレ

請菜蔬
　歩Ⅲ3b　｛「請菜蔬」に変更｝

請過酒
　ＫⅢ2a　ツイン　コヲ　ツイ○ウ：サカナマヒレ（筵宴）
　Ｊ154　ツイン　コウ　チウ：サカナマイレ

請教我
　ＫⅡ10b　ツイン　キヤ○ウ　ゴヲ丶：ワレニオシヘタマヘ（賓友）
　Ｊ78　ツイン　キヤ○ウ　ゴウ：ワレニヲシエタマヘ

請酒請酒
　ＫⅢ2a　ツイン　ツイ○ウ　〰：サケマヒレ（筵宴）

請酒〻〻
　Ｊ154　ツイン　チウ　〰：サケマイレ

請看看
　ＫⅠ40b　ツイン　カン　丶：ミタマヘ（動作）

請看〻
　Ｊ172　ツイン　カン　丶：ミタマエ

請客人
　ＫⅡ1a　ツイン　ゲジン：カクヲウクル（賓友）
　Ｊ138　ツイン　ゲ　シン：キヤクヲウクル

請寛刀
　ＫⅡ3b　ツイン　クワン　タ○ウ：オカタナヲオトリナサレヒ（賓友）
　Ｊ143　ツイン　クハン　タ○ウ：ヲカタナヲオトリナサレイ

請寛袴子
　ＫⅡ3b　ツイン　クワン　クウ　ツウ：ハカマヲオトリナサレヒ（賓友）
　Ｊ143　ツイン　クハン　クウ　ツウ：ハカマヲトリナサレイ

請寛禮衣
　ＫⅡ3b　ツイン　クワン　リイ　イ：上下ヲオトリナサレヒ（賓友）
　Ｊ143　ツイン　クハン　リイ　イ：上下ヲトリナサレイ

請寛吵
　ＫⅡ3a　ツイン　クワン　サアー：ユルリトナサレヒ（賓友）
　Ｊ142　ツイン　クハン　サア：ユルリトナサレイ

請寛外套

KⅡ3b ツイン クワン ワイ タ○ウ：ハヲリヲオト
　　　リナサレヒ（賓友）
　　J143 ツイン クハン ワイ タ○ウ：ハヲリヲトリナ
　　　サレイ
請寛坐
　　KⅡ3b ツイン クワン ヅヲウ：ゴアンザナサレヒ
　　　（賓友）
　　J143 ツイン クハン ヅヲ丶：ユルリトナサレイ
請来看
　　KⅠ40b ツイン ライ カン：キテミタマヘ（動作）
請來看
　　J172 ツイン ライ カン：キテミタマエ
請栗子
　　KⅤ12a ツイン リ ツウ：クリマイレ（飯肉）
　　J235 ツイン リ ツウ：クリマイレ
請了来
　　KⅡ5a ツイン リヤ○ウ ライ：コヒマシタ（賓友）
請了來
　　J145 ツイン リヤ○ウ ライ：コイマシタ
請留歩
　　KⅡ3a ツイン リウ ブウ：ソレニゴザレ（賓友）
　　J142 ツイン リウ プウ：ソレニゴザレ
請你吃
　　KⅢ5a ツイン ニイ チ：マヒレ（筵宴）
　　J163 ツイン ニイ チ：マイレ
請年菓
　　KⅤ11b ツイン 子エン コヲー：トシクハシマイ
　　　レ（飯肉）
　　J235 ツイン 子ン コウ：トシクハシマイレ
請年酒
　　KⅢ3b ツイン 子エン ツイ○ウ：子ンシユマヒレ
　　　（筵宴）
　　J157 ツイン 子ン チウ：子ンシユマイレ
請請請
　　KⅢ5a ツイン 丶 丶：マイレ 〜（筵宴）
請〃〃
　　J163 ツイン 丶 丶：マイレ 〜
請去看
　　KⅠ40b ツイン キユイ カン：ユキテミタマヘ
　　　（動作）
　　J172 ツイン キユイ カン：ユキテミタマエ
請上来
　　KⅡ3a ツイン ジヤン ライ：アガリタマヘ（賓友）
請上來
　　J143 ツイン ジヤン ライ：アガリタマエ

請上請上
　　KⅡ3b ツイン ジヤン ツイン ジヤン：アカリタ
　　　マヘ（賓友）
請上〃〃
　　J143 ツイン ジヤン 〜：アガリタマエ
請上坐
　　KⅡ3b ツイン ジヤン ヅヲー：上ニザシタマヘ
　　　（賓友）
　　J143 ツイン ジヤン ヅヲ丶：上ニスワリタマエ
請焼酒
　　KⅢ2a ツイン シヤ○ウ ツイ○ウ：セイチウマイ
　　　レ（筵宴）
　　J154 ツイン スヤ○ウ チウ：セイチウマイレ
請柿子
　　KⅤ11b ツイン ズウ ツウ：カキマイレ（飯肉）
　　J235 ツイン ズウ ツウ：カキマイレ
請説説
　　KⅡ15a ツイン セ 丶：アフセラレヒ（通用）
請説〃
　　J128 ツイン セ 丶：ヲ丶セラレイ
請他茶
　　KⅢ1a ツイン タア丶 ツアー：アレニチヤヲス丶
　　　メヨ（筵宴）
　　J57 ツイン タア ヅア丶：アレニチヤヲス丶メヨ
請他来
　　KⅡ4b ツイン タアー ライ：アレヲコヒキタレ
　　　（賓友）
請他來
　　J145 ツイン タア ライ：アレヲコイキタレ
請他用
　　KⅡ25b ツイン タアー ヨン：アレヲオモチヒナ
　　　サレヒ（干求）
　　J64 ツイン タア ヨン：アレニヲモチイナサレイ
請談談
　　KⅡ16a ツイン ダン ダン：カタリタマヘ（通用）
請談〃
　　J130 ツイン ドハン 丶：カタリタマヘ
請湯請湯
　　KⅢ6b ツイン タン 〜：スヒモノマヒレ（筵宴）
請湯〃〃
　　J166 ツイン タン 〜：スイモノマイレ
請湯
　　歩Ⅲ8b ｛「請湯」に変更｝
請聽聽

【QING〜QIU】

　　ＫⅠ40b ツイン デイン 丶：キ丶タマヘ（動作）
請聽々
　　J172 ツイン デン 丶：キ丶タマヱ
請我吃
　　ＫⅢ8a ツイン コヲ丶 チ：オクワセナサレ（筵宴）
　　J169 ツイン ゴウ チ：ヲクワセナサレイ
請西瓜
　　ＫⅤ11b ツイン スイー クワー：スイクハマイレ（飯肉）
　　J235 ツイン スイ クハア：スイクハマイレ
請下去
　　ＫⅡ3b ツイン ヒヤア キユイ：オサガリナサレヒ（賓友）
　　J143 ツイン ヒヤア キユイ：ヲサガリナサレイ
請先嘗
　　ＫⅢ7b ツイン スエン ヂヤン：マツマヒレ（筵宴）
　　J168 ツイン セン ヂヤン：マヅマイレ
請先生
　　ＫⅡ3a ツイン スエン スエン：センセイニス丶ム ル（賓友）
　　J142 ツイン セン スエン：センセイニス丶ムル
請先行
　　ＫⅡ5a ツイン スエン イン：サキヘゴザレ（賓友）
　　J146 ツイン セン イン：サキヱゴザレ
請香瓜
　　ＫⅤ11b ツイン ヒヤン クワー：ウリヲマイレ（飯肉）
　　J235 ツイン ヒヤン クハア：ウリヲマイレ
請歇息
　　ＫⅠ44a ツイン ヘ スイ：ヲヤスミナサレヒ（動作）
　　J37 ツイン ヘ スイ：ヲヤスミナサレイ
請烟請烟
　　ＫⅢ4a ツイ○ン エン 〻：タハコマヒレ（筵宴）
請烟々
　　J158 ツイン エン 〻：タバコマイレ
請一塊
　　ＫⅣ15a ツイン イ クワイ：ヒトキレマヒレ（數量）
　　J29 ツイン イ クハイ：クワシナトヒトツ
請用請用
　　ＫⅢ6a ツイン ヨン 〻：オモチヒナサレヒ（筵宴）
請用々
　　J165 ツイン ヨン 〻：ヲモチイナサレイ
請止唎
　　ＫⅠ44b ツイン ツウ リイ：ヲヤメナサレヒ（動作）
　　J38 ツイン ツウ リイ：ヲヤメナサレイ

請走開
　　ＫⅡ6a ツイン ツエ○ウ カイ：オノキナサレヒ（賓友）
　　J148 ツイン ツエ○ウ カイ：ヲノキナサレイ
請尊裁
　　ＫⅡ9a ツイン ツ○イン ヅアイ：ゴカツテニナサ レヒ（賓友）
　　J72 ツイン ツエン ツアイ：ゴカツテニナサレイ
請坐之
　　ＫⅡ3b ツイン ヅヲー ツウ：ザシタマヘ（賓友）
　　J143 ツイン ヅヲ丶 ツウ：ザシタマヱ
請坐坐
　　ＫⅡ3b ツイン ヅヲー 丶：スハリタマヘ（賓友）
請坐々
　　J143 ツイン ヅヲ丶 丶：スワリタマヱ
親家公
　　ＫⅠ35b ツイン キヤア コン：アヒアケ（親族）
　　J282 チン キヤア コン：アイアケ（親族）
親家母
　　ＫⅠ35b ツイン キヤア ムウ：アヒアケ（親族）
　　J282 チン キヤア ムウ：アイアケ（親族）

QIONG

窮到底
　　ＫⅡ29a ギヨン タ○ウ デイ：イコフコンキウ（患難）
　　J81 ギヨン タ○ウ デイ：イカウコンキウ

QIU

蚯蚓
　　ＫⅤ20a キウ イン：ミ丶ズ（蟲類）
　　J401 キウ イン：ミ丶ズ（虫）
秋蟬
　　ＫⅤ19b ツイ○ウ ヅエン：セミ（蟲類）
　　J400 チウ ヂエン：セミ（虫）
秋霖
　　ＫⅠ2b ツイ○ウ リン：アキノナガアメ（天文）
　　J246 チウ リン：アキナガシ（天文）
秋天涼
　　ＫⅠ5b ツイ○ウ テエン リヤン：秋ス丶シ（天文）
　　J251 チウ テン リヤン：秋天ス丶シ（天文）
求活計
　　ＫⅣ21a ギウ ウヲ キイ：スキワヒヲモトムル（財産）
　　J16 ギウ ヲ キイ：スギワイヲモトムル

求親
　ＫⅢ 19a　ギウ　ツイン：エンダン（婚姻）
　Ｊ365　ギウ　チン：エンクミ（婚姻）

求求看
　ＫⅠ 41b　キウ　ヽ　カン：子ガツテミヨ（動作）

求ヾ看
　Ｊ174　ギウ　ヽ　カン：子ガツテミヨ

求求籤
　ＫⅢ 11b　ギウ　ヽ　ツエン：ミクシヲトル（祭祀）

求ヾ籤
　Ｊ46　ギウ　ヽ　チエン：センヲトル

QU

驅疫符貼過門上了
　ＫⅣ 34b　キユイ　ヨ　アウ　テ　コフ、　メン　ジヤン　リヤ○ウ：エキレヒハラヒノ札ヲ門ニウツタ（疾病）

驅疫鬼貼門人
　Ｊ40　キユイ　イ　クイ　テ　メン　ジン：エキレイハライノ札ヲ門ニウツタ

曲尺
　ＫⅢ 34a　キヨ　チ：マガリカ子（寶貨）
　Ｊ309　キヨ　チ：ハン上金（器用）

屈尺
　ＫⅢ 34a　ケ　チ：マガリカ子（寶貨）
　Ｊ309　ゲ　チ：バン上金（器用）

屈膝坐
　ＫⅡ 7b　キエ　スイ　ヅヲー：ヒザヲマゲテザス（賓友）
　Ｊ151　ケ　スイツ　ヅヲヽ：ヒザヲマゲテザス

趨奉人
　ＫⅡ 9b　ツエウ　ウヲン　ジン：ウヤモフコト（賓友）
　Ｊ73　スエウ　ヲン　ジン：ウヤモフコト

趨奉他
　歩Ⅱ 12b　{「趨奉他」に変更}

麹米
　ＫⅤ 6b　キヨ　ミイ：カウヂ（飯肉）
　Ｊ442　キヨ　ミイ：コウジ（飲食）

蛆蟲
　ＫⅤ 20b　ツイー　チヨン：ウジ（蟲類）

蛆虫
　Ｊ401　チユイ　チヨン：ウジ（虫）

鸜鵒
　ＫⅤ 24a　キユイ　ヨ：ハツカテウ（禽類）
　Ｊ421　キユイ　ヨ：ハツカチヤウ（飛禽）

曲師
　ＫⅠ 21b　キヨ　スウ：ウタノシ、ヤウ（人品）
　Ｊ274　キヨ　スウ：ウタノシセウ（人品）

取燈兒
　ＫⅢ 27b　ツイー　テン　ルウ：ツ■キ（寶貨）〔脱字〕
　Ｋ'Ⅲ 27b　ツイー　テン　ルウ：ツケキ（寶貨）

取灯兒
　Ｊ296　チユイ　テン　ルヽ：ツケキ（器用）

發燭兒
　歩Ⅲ 36b　{「發燭兒」に変更}

取耳聯
　ＫⅠ 42b　ツイ、　ルウ　トウ：ミヽヲカク（動作）
　Ｊ176　チユイル、　トウ：ミヽヲカク

取耳糠
　ＫⅠ 30b　ツイ、　ル、　カン：ミヽヲカク（身體）
　Ｊ115　チユイル、　カン：ミヽヲカク

取個號
　ＫⅣ 16b　ツイー　コ　ア○ウ：名ヲツケル（諸物）
　Ｊ5　チユイ　コ　ハ○ウ：名ヲツケル

取箇巧
　ＫⅠ 38a　ツイ　コ　キヤ○ウ：トンチナ（性情）
　Ｊ113　チユイ　コ　キヤ○ウ：トンチナ

取笑的
　ＫⅠ 44a　ツイー　スヤ○ウ　テ：ヲドケヲイフ（動作）
　Ｊ7　チユイ　スヤ○ウ　テ：ヲドケヲイフ

去拜年
　ＫⅠ 9b　キユイ　パイ　子エン：子ンレイニユク（天文）
　Ｊ187　キユイ　パイ　子ン：子ンレイニユク

去不去
　ＫⅡ 4b　キユイ　ポ　キユイ：ユクカユカヌカ（賓友）
　Ｊ145　キユイ　プ　キユイ：ユクカユカヌカ

去辭年
　ＫⅠ 9a　キユイ　ヅウ　子エン：トシオトル（天文）
　Ｊ187　キユイ　ヅウ　子ン：トシヲトル

去得成
　ＫⅡ 28b　キユイ　テ　ヂン：ノゾカルヽ（干求）
　Ｊ220　キユイ　テ　ヂン：ノゾカルヽ

去得掉
　ＫⅣ 8a　キユイ　テ　デヤ○ウ：ノケラルヽ（製作）
　Ｊ220　キユイ　テ　デヤ○ウ：ノケラルヽ

去弔他
　ＫⅢ 15a　キユイ　チヤ○ウ　タアー：アレヲトムラフ（慶弔）

去吊他

【QIU～QUAN】

　　J50　キユイ　テヤ○ウ　タア：アレヲトムラフ
去掉皮
　　ＫⅤ11a　キユイ　デヤ○ウ　ビイ：カワヲサツタ
　　　（飯肉）
　　J215　キユイ　デヤ○ウ　ビイ：カワヲサツタ
去核
　　ＫⅤ34b　キユイ　ウヲ：タ子サル（菓蔬）
　　J414　キユイ　ヲ：タ子サル（菓）
去救他
　　ＫⅡ29a　キユイ　キウ　タアー：ユイテアレヲスク
　　　フ（患難）
　　J106　キユイ　ギウ　タア：ユイテアレヲスクフ
去了麼
　　ＫⅡ4a　キユイ　リヤ○ウ　マアー：行タカ（賓友）
去了広
　　J144　キユイ　リヤ○ウ　マア：行タカ
去了銹
　　ＫⅢ33b　キユイ　リヤ○ウ　スイ○ウ：サヒヲオトス
　　　（寶貨）
　　J308　キユイ　リヤ○ウ　シ○ウ：サビヲヲトス（器用）
去年
　　ＫⅠ4b　キユイ　子エン：キヨ子ン（天文）
　　J250　キユイ　子エン：キヨ子ン（天文）
去賞花
　　ＫⅡ6b　キユイ　シヤン　ハアー：ユイテハナミスル
　　　（賓友）
　　J149　キユイ　シヤン　ハア：ユイテハナミスル
去賞雪
　　歩Ⅱ48b　　｛増補｝
去濕
　　ＫⅣ33a　キユイ　シ：シツヲハラフ（疾病）
　　J345　キユイ　シ：シツヲハラフ（感動）
去送別
　　ＫⅡ3a　キユイ　ソン　ベ：ワカレヲオクル（賓友）
　　J142　キユイ　ソン　ベ：ワカレヲオクル
去一點
　　ＫⅢ51a　キユイ　イ　テエン：一点サレ（讀書）
　　J31　キユイ　イ　テエン：一点トレ
去一畫
　　ＫⅢ51a　キユイ　イ　ワアー：一クワクサレ（讀書）
　　J30　キユイ　イ　ワア：一クワクトレ
去一ヘ
　　ＫⅢ51a　キユイ　イ　ヘ：ヒトホツサレ（讀書）
　　J31　キユイ　イ　フエ：ヒトホツトレ
去一ノ

　　ＫⅢ51a　キユイ　イ　ピ：ヒトヘツサレ（讀書）
　　J31　キユイ　イ　ペ：ヒトノトレ｛ノは右に「ヘツ」
　　　と注記｝
去一直
　　ＫⅢ51a　キユイ　イ　チ：ヒトビキサレ（讀書）
　　J30　キユイ　イ　チ：ヒトヒキトレ
去走走
　　ＫⅡ8b　キユイ　ツエ○ウ　、：アルク（賓友）
去走々
　　J153　キユイ　ツエ○ウ　、：アルク

QUAN

圏出来
　　ＫⅢ49a　キエン　チユ　ライ：ホシヲカクル（讀書）
圏出来
　　J220　ケン　チユ　ライ：ケンカクル
圏套
　　ＫⅢ40a　キエン　タ○ウ：カケワナ（寶貨）
　　J321　ケン　タ○ウ：カケワナ（器用）
圏一圏
　　ＫⅡ22b　キエン　イ　キエン：ケンヲカクル（通用）
　　J22　ケン　イ　ケン：ケンカクル
全備了
　　ＫⅣ20a　ヅエン　ポイ　リヤ○ウ：ソロフタ（財産）
　　J231　チエン　ポイ　リヤ○ウ：ソロフタ
全紬袍紗
　　ＫⅤ38b　ツエン　ヂウ　バ○ウ　サアー：上チリメン
　　　（衣服）
全細袍紗
　　J430　チエン　スイ　パ○ウ　サアー：上チリメン（衣
　　　服）
全是糖竟不苦
　　ＫⅢ6b　ヅエン　ズウ　ダン　キン　ポクウ：サトウ
　　　ハカリテニカクナヒ（筵宴）
全是糖竟不苦
　　K'Ⅲ6b　ヅエン　ズウ　ダン　キン　ポクウ：サトウ
　　　ハカリテニガクナヒ（筵宴）
　　J167　チエン　ズウ　ダン　キン　ポクウ：サトウハ
　　　カリニテニガクナイ
泉水
　　ＫⅠ11b　ヅエン　シユイ：ワキイツル　カハミツ
　　　（地理）
　　J256　チエン　シユイ：ワキイヅル　カハミヅモ（天
　　　文）
泉眼兒

ＫⅠ11b ヅエン エン ルウ：ミヅノ出口（地理）
Ｊ256 チエン エン ルウ：ミツノ出口（天文）

拳螺
ＫⅤ17b キエン ルウ：サゾエ（魚鱉）
Ｊ396 ケン ロウ：サビイ（魚介）

拳頭
ＫⅠ26b ギエン デ○ウ：コブシ（身體）
Ｊ288 ケン デ○ウ：コブシ（身體）

拳頭重
ＫⅡ32b ギエン デ○ウ ヂヨン：ケンガヲモヲモシク上手ナ（德藝）
Ｊ111 ケン デ○ウ チヨン：ケンガヲモ〜シク上手ナ

畎
ＫⅠ10b ケン：アゼ（地理）
Ｊ254 ケン：アゼ（天文）

田畎
歩Ⅰ15a ｛「田畎」に変更｝

勸和了
ＫⅡ21a キエン ホヲ リヤ○ウ：ナカナヲシヲスル（通用）
Ｊ8 ケン ホウ リヤ○ウ：中ナヲシヲスル

勸解佗
ＫⅡ21b キエン キヤイ タアー：ナカナヲリサスル（通用）

勸解他
Ｊ8 ケン キヤイ タア：中カナヲリサスル

勸解他
歩Ⅱ28b ｛文字を変更｝

QUE

缺唇
ＫⅠ25b ケジン：イグチ（身體）
Ｊ286 ゲ チン：イグチ（身體）
歩 ｛削除｝

缺嘴
ＫⅠ25b ケ ツ○イ：イグチ（身體）
Ｊ286 ケツイ：イグチ（身體）｛重複掲載｝
Ｊ266 ケツイ：イグチ（人品）

確門路
ＫⅢ24b コ メン ルウ：タシカナヒイキ（官府）
Ｊ52 キヤ メン ルウ：タシカナヒイキ

雀斑
ＫⅣ28b ツヤ パン：ソバカス（疾病）

雀班
Ｊ336 ヂヤ パン：シラクモ（感動）｛「班」は「斑」の誤り｝

雀梅
ＫⅤ27b ツヤ ムイ：ユスラウメ（樹竹）
Ｊ409 ヂヤ ムイ：ユスラ（樹竹）

雀朦眼
ＫⅠ28b ツヤ モン エン：トリメ（身體）
Ｊ264 ヂヤ モン エン：トリメ（人品）
歩 ｛削除，「雀朦眼」のみ残す｝

雀舌茶
ＫⅢ2a ツヤ ゼ ヅアー：茶ノ名（筵宴）
Ｊ58 ヂヤ ゼ ヅア丶：ワカバノチヤ

雀舌茶
ＫⅤ10b ツヤ ゼ ヅアー：ヨキチヤ（飯肉）｛重複掲載｝
Ｊ449 ヅア ゼヅア丶：ワカハノチヤ（飲食）｛重複掲載｝

鵲鳥
ＫⅤ24b ツヤ ニヤ○ウ：カサヽギ（禽類）
Ｊ422 ツヤ ニヤ○ウ：カサヽキ（飛禽）

鵲舌
ＫⅢ38a ツヤ ゼ：コハジ（寶貨）
Ｊ317 ヂヤ セ：小ハシ（器用）

醋醬油
ＫⅤ14a ツア ツヤン ユウ：シヤフユヲスマス（飯肉）
Ｊ198 ホ チヤン ユウ：シヤウユヲスマス

榼一瀋
ＫⅤ13b ツア イ クイン：ヒトユビキ（煮煎）
Ｊ161 ツア イ クイン：ヒトユビキ

QUN

裙板
ＫⅣ49a キイン パン：コシイタ（居室）
Ｊ371 キイン パン：コシイタ（家居）

裙子
ＫⅤ36b キイン ツウ：マヒダレ（衣服）
Ｊ425 キユン ツウ：マイダレ（衣服）

RAN

髯
ＫⅠ28a ジエン：ワキヒケ（身體）
Ｊ291 ゼン：ワキヒゲ（身體）

髯毛
歩Ⅰ39a ｛「髯毛」に変更｝

染病

【QUAN〜REN】

　ＫⅣ31b　ジエン　ビン：ヤマヒスル（疾病）
　Ｊ342　ゼン　ビン：ヤマヒスル（感動）
染成的
　ＫⅤ39b　ジエン　ヂンテ：ソメツケタ（衣服）
　Ｊ207　ゼン　ヂン　テ：ソメツケタ
染坊店
　ＫⅣ51b　ジエン　ブワン　テエン：コンヤ（居室）
　Ｊ376　ゼン　ワン　テン：コンヤ（家居）
染過了
　ＫⅣ35b　ジエン　コヲ、リヤ○ウ：カサナトウツリタ┐（疾病）
　Ｊ42　ゼン　コウ　リヤ○ウ：カサナトウツ、タ┐
染花的
　ＫⅤ39a　ジエン　ハアー　テ：モヨウツキ（衣服）
　Ｊ431　ゼン　ハア　テ：モヨウツキ（衣服）
染匠
　ＫⅠ21b　シエン　ヅヤン：ソメヤ（人品）
　Ｊ272　ゼン　ヂヤン：ソメヤ（人品）
染工
　歩Ⅰ29b　｛「染工」に変更｝
染深了
　ＫⅤ39b　ジエン　シン　リヤ○ウ：ソメコンタ（衣服）
　Ｊ207　ゼン　シン　リヤ○ウ：ソメコンダ

RANG

讓他做
　ＫⅣ1b　ジヤン　タアー　ツヲー：カレニユツリテスル（製作）
　Ｊ133　ジヤン　タア　ツヲ、：カレニユツリテスル
讓我説
　ＫⅡ16a　ジヤン　ゴヲヽ　セ：ワレニユツリテトク（通用）
　Ｊ131　ジヤン　ゴウ　セ：ワレニユツリテトク

RAO

饒恕我
　ＫⅢ21b　シヤ○ウ　シユイ　ゴヽ：ワレヲユルシテクタサレ（官府）
　Ｊ104　ジヤ○ウ　ジユイ　ゴウ：ユルシクダサレ
饒他罷
　ＫⅢ24a　ジヤ○ウ　タアー　バアー：アレハユルスカヨヒ（官府）
　Ｊ10　ジヤ○ウ　タア　バア：アレハユルスガヨイ

RE

熱得緊
　ＫⅠ5b　ジエ　テ　キン：イカフアツヒ（天文）
　Ｊ251　ゼ　テ　キン：イカフアツイ（天文）
熱了難當
　ＫⅠ7b　ジエ　リヤ○ウ　ナン　タン：アツクテコタエヌ（天文）
　Ｊ183　ゼリヤ○ウ　ナン　タン：アツクテコタエヌ
熱呢冷
　ＫⅠ8a　ジエ　ニイ　レン：アツヒカサムヒカ（天文）
　Ｊ185　ゼ　ニイ　レン：アツイカサムイカ
熱湯
　ＫⅤ14a　ジエ　タン：ニヘユ（煮煎）
　Ｊ163　ゼ　タン：アツユ
熱騰騰
　ＫⅤ13a　ジエ　デン　ヽ：子ツキガアル（煮煎）
熱騰々
　Ｊ160　ゼ　テン　ヽ：子ツキノアル┐
熱退
　ＫⅣ33a　ゼ　トイ：子ツカサメタ（疾病）
　Ｊ345　セ　トイ：子ツガサメタ（感動）
熱退了
　ＫⅣ34b　ゼ　トイ　リヤ○ウ：子ツカサメタ（疾病）
　Ｊ40　ゼ　トイ　リヤ○ウ：子ツガサメタ
熱心腸
　ＫⅣ35a　セ　スイン　チヤン：シンニ子ツカアル（疾病）
　Ｊ43　ゼ　スイン　ヂヤン：シンニ子ツガアル

REN

人可何
　ＫⅢ49b　ジ■（脱字）　コヲ、ホウ：人可トカイタル何ノ字（讀書）
　Ｊ6　ジン　コウ　ホウ：人可トカイタ何ノ字
人馬頭
　ＫⅠ13b　ジン　マアー　デ○ウ：イチバ（地理）
　Ｊ190　ジン　マア　デ○ウ：人ノイチバ
　歩　｛削除｝
人參糖
　ＫⅤ7b　ジン　スエン　ダン：ニンジントウ（飯肉）
人参糖
　Ｊ444　ジン　スエン　ダン：ニンジントウ（飲食）
人魚
　ＫⅤ17a　ジン　イー：ニンギヨ（魚鼈）
　Ｊ394　ジン　イヽ：ニンギヨ（魚介）
人指
　ＫⅠ26b　ジン　ツウ：ヒトサシ（身體）

J288 ジン ツウ：ヒトサシ（身體）

人中
ＫⅠ25a ジン チヨン：ニンチウ（身體）
J285 ジン チヨン：ニンチウ（身體）

認得的
ＫⅠ42b ジン テ テ：ミシツテイル（動作）
J176 ジン テ テ：ミシツテイル

認得清
ＫⅠ42b ジン テ ツイン：ヨクミワクル（動作）
J176 ジン テ チン：ヨクミワクル

認認看
ＫⅠ41b ジン 丶 カン：ミワケヨ（動作）

認々看
J174 ジン 丶 カン：ミワケヨ

認藥的
ＫⅣ39a ジン ヨ テ：クスリメキ丶（醫療）
J46 ジン ヨ テ：クスリメキ丶

認真讀
ＫⅢ45a ジン チント：氣ヲイレテヨム（讀書）
J120 ジン チント：氣ヲイレテヨム

RENG

仍舊貫如之何
ＫⅣ18b ジン ギウ クワン ジユイ ツウ ホヲー：モトノヨフニシテハイカ丶（諸物）
J230 ジン ギウ クハン ジユイ ツウ ホウ：モトノヨウニシテドウアロカ

RI

日常
ＫⅠ4b ジ ヂヤン：ヘイゼイ（天文）
J250 ジ ジヤン：ヘイゼイ（天文）

日常裡
ＫⅠ9a ジ ヂヤン リイ：平常（天文）

日常裡
J186 ジ ジヤン リイ：平常

日乾
ＫⅠ2a シ カン：ヒテリ（天文）
J244 ジ カン：ヒデリ（天文）

日高
ＫⅠ1a ジ カ○ウ：ヒダカイ（天文）
J243 ジ カ○ウ：ヒダカイ（天文）

日落
ＫⅠ1a ジ ロ：ヒノサガル（天文）
J243 ジ ロ：ヒノサガル⌐（天文）

日暖
ＫⅠ1b ジ ノワン：アタ丶カ（天文）
J243 ジ ノハン：アタ丶カナ（天文）

日日来
ＫⅡ4b ジ 丶 ライ：マヒジツクル（賓友）

日々來
J145 ジ 丶 ライ：マイジツクル

日蝕
ＫⅠ1a ジ チ：ニツシヨク（天文）
J243 ジ シ：ニツシヨク（天文）

日頭
ＫⅠ1a ジ デ○ウ：ニチリン（天文）
J243 ジ デ○ウ：ヒ（天文）

日頭落山
ＫⅠ8b ジ デ○ウ ロ サン：日ノクレ（天文）
J186 ジ デ○ウ ロ サン：日ノクレ

日午
ＫⅠ1b ジ ウー：ヒル

日午
J244 ジ ウ丶：ヒル（天文）

日中
歩Ⅰ2a ｛「日中」に変更｝

日斜
ＫⅠ2a ジ シエー：ヒグレ（天文）
J244 ジ シエ丶：ヒグレ（天文）

日月窓
ＫⅣ45a ジ イエ チヨワン：センドウノヘヤ（舩件）
J360 ジ エ ツワン：センドウベヤ（舩件）

日暈
ＫⅠ2a ジ イユイン：ヒノカサ（天文）
J244 シ イユン：ヒノカサ丶ス（天文）

日照
ＫⅠ1b ジ チヤ○ウ：ヒノテル（天文）
J243 シ ツヤ○ウ：ヒノテル⌐（天文）

日子長好讀書
ＫⅢ44b ジツウ ヂヤン ハ○ウド［唐音なし］：日ガナガクシテショガヨミヨヒ（讀書）
J119 シ ツウ ヂヤン ハ○ウ ド シユイ：日カナガクシテショガヨミヨイ

日子短
ＫⅠ7b ジツウ トワン：日ガミジカヒ（天文）
J184 シ ツウ トワン：日カミジカイ

日子好
ＫⅠ7b ジ ツウ ハ○ウ：ヒガラガヨヒ（天文）
J183 シ ツウ ハ○ウ：ヒガラガヨイ

RONG

榮歸了
　　ＫⅡ6a　ヨン　クイ　リヤ○ウ：ニシキヲキテカヘル
　　　　ト云フ（賓友）
　　J148　ヨン　クイ　リヤ○ウ：ニシキヲキテカエル

容貌
　　ＫⅠ27b　ヨン　マ○ウ：カタチ（身體）
　　J290　ヨン　マ○ウ：カタチ（身體）

容易的
　　ＫⅡ21b　ヨン　イー　テ：心ヤスヒ（通用）
　　J9　ヨン　イ、　テ：心ヤスイ

ROU

揉得碎
　　ＫⅣ7a　ジウ　テ　スイ：モミクダヒタ（製作）
　　J214　ジウ　テ　スイ：モミクダイタ

肉包
　　ＫⅤ8a　ショ　パ○ウ：ブタマンチウ（飯肉）
　　J445　ジウ　パ○ウ：ブタマンヂウ（飲食）

肉餡
　　ＫⅤ7b　ショ　エン：モチニイルニクノアン（飯肉）
　　J444　ジョ　エン：モチニイルニクノアン（飲食）

肉蕈
　　ＫⅤ4a　ジョ　ヅイン：ニクタケ（菜蔬）
　　J387　ジョ　ヅイン：ニクタケ（菜蔬）

肉痒樹
　　ＫⅤ28a　ニヨ　ヤン　ジユイ：サルスベリ（樹竹）
　　J409　ニヨ　ヤン　ジユイ：百日クハ（樹竹）

RU

如何
　　ＫⅢ9a　ジユイ　ホフ：イカンソ（筵宴）
　　J66　シユイ　ハウ：イカンゾ

如何好
　　ＫⅡ26a　ジユイ　ホフ　ハ○ウ：ナントシテヨカロ
　　　　フヤ（干求）
　　J66　ジユイ　ホフ　ハ○ウ：ナントシテヨカロフヤ

如今
　　ＫⅠ4b　ジユイ　キン：イマ（天文）
　　J249　ジユイ　キン：イマ（天文）

儒書
　　ＫⅢ32a　ジイ　シユイ：ジユショ（寶貨）
　　J305　ジユイ　シユイ：ジユショ（器用）

汝等
　　ＫⅠ22a　ジユイ　テン：ナンヂラ（人品）
　　J274　ジユイ　テン：ナンヂラ（人品）

乳癰
　　ＫⅣ31a　ジユイ　ヨン：チニテキタヨウ（疾病）
　　J340　ジユイ　ヨン：チニデキタヨウ（感動）

乳製的
　　ＫⅣ37b　ジユイ　ツイ　テ：チテトヽノエル（醫療）
　　J43　ジユイ　ツウ　テ：チデトヽノエル

入港
　　ＫⅣ41b　ジ　キヤン：入津（舩件）
　　J191　ジ　キヤン：ミナトニイル

入閣的
　　ＫⅢ25a　ジ　コ　テ：オモヤクニン（官府）
　　J36　ジ　コ　テ：ヲモヤクニン

入套
　　ＫⅢ41b　ジ　タ○ウ：イレコ（寶貨）
　　J324　ジ　タ○ウ：イレコ（器用）

入套的
　　ＫⅢ43a　ジ　タ○ウ　テ：ソトエノアルモノ（寶貨）
　　J205　ジ　タ○ウ　テ：ソトエノアルモノ

入贅女婿
　　ＫⅠ36a　ジ　ソ○イ　ニイ　シイ：イリムコ（親族）
　　J283　ジ　ツ○イ　ニイ　スイ：イリムコ（親族）

褥子
　　ＫⅤ36b　ジョ　ツウ：フトン（衣服）
　　J426　ジョ　ツウ：フトン（衣服）

RUAN

軟起来
　　ＫⅤ14b　ジエン　キイ　ライ：ヤワラカニナツタ
　　　　（煮煎）

臑起来
　　J206　ジエン　キイ　ライ：ヤワラカニナツタ

軟柔柔
　　ＫⅤ14b　ジエン　ジウ、：ヤワラカナ（煮煎）

軟柔〻
　　J206　ジエン　シウ、：ヤワラカナ

軟軟的
　　ＫⅤ14b　ジエン、テ：ヤワラカナ（煮煎）

軟〻的
　　J206　ジエン、テ：ヤワラカナ

RUI

蕊頭
　　ＫⅤ31a　ヅ○イ　デ○ウ：シベ（花卉）

蕤頭
　J437 ジユイ デ○ウ：シベ（花卉）
蚋蟲
　ＫⅤ 19b ジユイ チヨン：ブト（蟲類）
蚋虫
　J400 ズイ チヨン：ブト（虫）
瑞香花
　ＫⅤ 29a ヅイ ヒヤン フアー：ヂンチヨウゲ（花卉）
　J433 ヅイ ヒヤン ハア：リンテウ（花卉）

RUN

潤潤的
　ＫⅣ 8a ジユイン ヅユイン テ：ウルホフ（製作）
潤ゞ的
　J222 ジユン 、 テ：ウルヲ、

RUO

若是
　ＫⅡ 19a ジヨ ズウ：モシ（通用）
　J70 ジヨ スウ：モシ
箬笠
　ＫⅢ 37a ニヤ リ：タケガサ（寶貨）
　J315 ジヤ リ：タケガサ（器用）
鶸鳥
　ＫⅤ 25a ジヨ ニヤ○ウ：ヒワ（禽類）
　J423 ジヤ ニヤ○ウ：ヒワ（飛禽）

SA

撒箇屎
　ＫⅠ 40a サ コ スウ：ダイヨフスル（動作）
　J238 サ コ スウ：ダイヨウスル
撒歡
　ＫⅤ 43a サ ホワン：ハナチアソハスル（馬鞍）
　J416 サ ハン：馬ヲハナシアソハスル丁（馬具）
撒酒風
　ＫⅢ 9b サ ツイ○ウ フヲン：ヨヒクルヒ（筵宴）
　J102 サ ヅウ ホン：ヨイクルイ
撒酒風
　ＫⅣ 31a サ ツイ○ウ ホン：エヒクルヒ（疾病）
　　｛重複掲載｝
　J341 サ チウ ホン：ヨイクルイ（感動）｛重複掲載｝
　　歩 ｛削除｝
撒開来
　ＫⅢ 22a サ カイ ライ：トリスツル（官府）
撒開來

　J105 サ カイ ライ：イリクミヲヲサムル
撒落去
　ＫⅣ 5b サロ キユイ：ナゲヤル（製作）
　J59 サロ キユイ：ナゲヤル
撒屎撒尿
　ＫⅠ 45a サ スウ サ ニヤ○ウ：大小用スル（動作）
　J238 サ スウ サ ニヤ○ウ：大小用スル
撒骰子
　ＫⅡ 32b サ デ○ウ ツウ：双六ノサヒフル（徳藝）
　J112 サ デ○ウ ツウ：双六ノサイフル
撒網
　ＫⅢ 40a サ ワン：投アミ（寶貨）
　J321 サ ワン：抛アミ（器用）
撒網打魚
　ＫⅡ 33b サ ワン タア丶 イー：アミヲウツテウ
　　ヲトル（徳藝）
　J199 サ ワン タア イ丶：アミヲウツテウヲトル
洒金
　ＫⅢ 32b シヤイ キン：チラシキン（寶貨）
　J306 シヤイ キン：チラシキン（器用）
灑流的
　ＫⅠ 23a シヤイ リウ テ：シヤレタ（人品）
　J110 シヤイ リウ テ：シヤレタ
灑落的
　ＫⅠ 23a シヤイ ロ テ：サツハリトシタ（人品）
洒落的
　J110 シヤイ ロ テ：サツハリトシタ

SAI

腮
　ＫⅠ 26a サイ：ホウサキ（身體）
　J287 サイ：ホウサキ（身體）
腮胸
　ＫⅤ 42b サイ ヒヨン：ヲモカヒニカクル赤熊ノ
　　フサ（馬鞍）
　J416 サイ ヒヨン：ヲモカイニ掛ル赤熊ノフサ
　　（馬具）
塞縫
　ＫⅢ 42a スエ ウヲン：イレモノヽツメ（寶貨）
　J325 ヅエ ウヲン：イレモノヽツメ（器用）
塞進去
　ＫⅣ 4b スエ ツイン キユイ：モノヲツメル（製作）
　J224 ヂエ チン キユイ：モノヲツメル
塞落肚
　ＫⅢ 5a スエ ロ ドウ：ハラノハツタ丁（筵宴）

塞住了
　Ｋ Ⅳ 4b　スエ　ヂユイ　リヤ○ウ：ツマツタ（製作）
　J224　ヂエ　ヂユイ　リヤ○ウ：ツマツタ

賽了願
　Ｋ Ⅲ 11a　サイ　リヤ○ウ　イエン：グワンホトキ
　　（祭祀）
　J46　サイ　リヤ○ウ　エン：グワンホドキ

賽陽春
　Ｋ Ⅴ 32b　サイ　ヤン　チユイン：バラ（花卉）
　J440　サイ　ヤン　チユン：バラ（花卉）

SAN

三把連銃
　Ｋ Ⅳ 25a　サン　パアー　レン　チヨン：ボウビヤ（兵法）
　J329　サン　パア　レン　チヨン：ボウビヤ（兵法）

三匁頭
　Ｋ Ⅳ 15b　サン　バン　デ○ウ：ミクヽリ（数量）
　J33　サン　バン　デ○ウ：ミクヽリ

三叉路
　Ｋ Ⅰ 13a　サン　ツアー　ルウ：ミツマタノミチ（地理）
　J189　サン　ツアヽ　ルウ：ミツマタノミチ

三叉頭
　Ｋ Ⅳ 39a　サン　ツアー　デ○ウ：ミツマタ（醫療）
　｛「三ノ頭」から別語に変更｝

三ノ頭
　J45　サン　［右ピ・左ペ］　デ○ウ：ニンジン

三°ソ頭
　筑・地・4・17b　サン　ピ　デ○ウ：ニンジン

三點水
　Ｋ Ⅲ 52a　サン　テエン　シユイ：サンズヒ（讀書）
　J32　サン　テン　シユイ：サンズイ

三點水
　Ｋ Ⅴ 10a　サン　テエン　シユイ：サケ（飯肉）｛重複掲載、ただし別語｝

三点水
　J449　サン　テン　シユイ：サケノ⌐（飲食）｛重複掲載｝

三更
　Ｋ Ⅰ 4a　サン　ゲン：夜ノ九ツドキ（天文）
　J248　サン　ゲン：夜ノ九ツドキ（天文）

三畫王
　Ｋ Ⅲ 49b　サン　ワアー　ワン：三クワクノ王ノ字（讀書）

三畫王
　J5　サン　ワア　ワン：三クワクノ王ノ字

三焦
　Ｋ Ⅰ 27b　サン　ツヤ○ウ：サンシヨウ（身體）
　J290　サン　ツア○ウ：サンシヤウ（身體）

三盆糖
　Ｋ Ⅴ 8b　サン　ペン　ダン：サンボントウ（飯肉）
　J446　サン　ブエン　ダン：ゴクジヤウサトウ（飲食）

三色旗
　Ｋ Ⅳ 44a　サン　スエ　ギイ：オランタハタ（舩件）
　J360　サン　スエ　キイ：ヲランダハタ（舩件）

三四個
　Ｋ Ⅳ 14a　サン　スウ　コ：ミツヨツ（数量）
　J27　サン　スウ　コ：ミツヨツ

三四様
　Ｋ Ⅳ 14a　サン　スウ　ヤン：ミツヨツノモノ（数量）
　J27　サン　スウ　ヤン：ミツヨツノモノ

三套紗
　Ｋ Ⅴ 38a　サン　タウ　サアー：ミキモノ大チリメン（衣服）
　J428　サン　タウ　サア：ミキモノ大チリメンノ⌐（衣服）

三月三
　Ｋ Ⅰ 5a　サン　イエ　サン：三月三日（天文）
　J187　サン　エ　サン：三月三日

三月三是上巳
　歩 Ⅰ 7a　｛「三月三是上巳」に変更｝

散開来
　Ｋ Ⅴ 35b　サン　カイ　ライ：チル（種藝）

散開来
　J208　サン　カイ　ライ：チル

散散悶
　Ｋ Ⅲ 9a　サン　ヽ　メン：キバラシ（筵宴）

散ヽ悶
　J71　サン　ヽ　メン：キバラシ

散散悶
　歩 Ⅱ 48b　｛Kとの対応では本来Ⅲ 12aだが，Ⅱ 48b「遊眺登覽類」に新たに加える｝

散生日
　Ｋ Ⅲ 14b　サン　スエン　ジ：ツキナミノタンゼウ日（慶弔）
　J3　サン　スエン　ジ：ツキナミノタンゼウ日

SANG

桑樹
　Ｋ Ⅴ 27a　サン　ジユイ：クハノキ（樹竹）

J407　サン　シユイ：クハ（樹竹）
桑樹子
　ＫⅤ34a　サン　ジユイ　ツウ：クハノミ（菓蓏）
　J413　サン　シユイ　ツウ：クハノミ（菓）

SAO

繰索
　ＫⅠ20b　ツア○ウ　ソ：ナハナヒ（人品）
　J272　ツア○ウ　ソ：ナハナイ（人品）
　歩　{削除}
搔傷的
　ＫⅣ8a　ツア○ウ　シヨウワン　テ：カキヤブツタ（製作）
　J232　サ○ウ　シヤン　テ：カキヤブツタ
搔傷了
　ＫⅣ7b　ツアウ　ショウワン　リヤ○ウ：カキヤフツタ（製作）
　J232　サ○ウ　シヤン　リヤ○ウ：カキヤブツタ
騷髐了
　ＫⅠ23b　サ○ウ　ウ、　リヤ○ウ：シカルコトバ（人品）
　J99　サ○ウ　ウ、　リヤ○ウ：シカルコトバ
騷髐子
　歩Ⅰ33a　{「騷髐子」に変更}
騷物事
　ＫⅠ22a　サ○ウ　ウエ　ズウ：イタヅラモノ（人品）
　J99　サ○ウ　ウエ　ズウ：イタヅラモノ
掃塵
　ＫⅣ50b　サ○ウ　ヂン：スヽハラヒ（居室）
　J374　サ○ウ　ヂン：スヽトリ（家居）
掃一掃
　ＫⅡ23b　サ○ウイ　サ○ウ：ハヽク（通用）
　J24　サ○ウイ　サ○ウ：ハケ
掃帚
　ＫⅢ41a　サ○ウ　チウ：ホウキ（寶貨）
　J322　サ○ウ　チウ：ホウキ（器用）

SE

色布
　ＫⅤ38a　スエ　プウ：ソメヌノ（衣服）
　J429　スエ　プウ：ソメモメン（衣服）
色紙捻
　ＫⅢ41b　スエ　ツウ　子エン：ミヅヒキ（寶貨）
　J324　スエ　ツウ　子ン：ミヅヒキ（器用）
澁
　ＫⅤ11a　スエ：シブヒ（飯肉）

J450　スイ：シブイ（飲食）
澁舌頭
　ＫⅠ28a　スエ　セ　デ○ウ：シタノニブイモノ（人品）
　J264　スエ　ゼ　デ○ウ：ドモリ（人品）
澁柿
　ＫⅤ33a　スエ　ズウ：シブカキ（菓蓏）
渋柿
　J411　シ　ズウ：シブカキ（菓）

SENG

僧家
　ＫⅠ17b　スエン　キヤア：テラガタ（人品）
　J266　スエン　キヤア：テラガタ（人品）
僧錄司
　ＫⅢ12a　スエン　ロ　スウ：ソウノロクシヨ（祭祀）
　J50　スエン　ロ　スウ：ソウノロクシヨ
僧鞋菊
　ＫⅤ31a　スエン　ヒヤイ　キヨ：キ、ヨウ（花卉）
　J437　スエン　ヒヤイ　キヨ：キ、ヤウ（花艸）

SHA

殺不得
　ＫⅢ24a　サ　ポ　テ：コロサレヌ（官府）
　J11　サ　プ　テ：コロサレヌ
殺了人
　ＫⅢ24a　サ　リヤ○ウ　ジン：人ヲコロシタ（官府）
　J11　サ　リヤ○ウ　ジン：コロシタ
殺死了
　ＫⅢ16a　サ　スウ　リヤ○ウ：コロス（慶弔）
　J49　サ　スウ　リヤ○ウ：コロス
殺退了
　ＫⅣ26b　サ　トイ　リヤ○ウ：キリチラス（兵法）
　J114　サ　トイ　リヤ○ウ：キリチラス
沙舩
　ＫⅣ40　サアー　ヂエン：カワフ子（舩件）
　J353　サア　ヂエン：川船（舩件）
沙量
　ＫⅢ2b　サアー　リヤン：ゲコ（筵宴）
　J155　サア　リヤン：ゲコ
沙淋
　ＫⅣ29b　スアー　リン：シヤリン（疾病）
　J338　サア　リン：スナクダルリンビヤウ（感動）
沙麻
　歩Ⅳ42a　{「沙麻」に変更}
沙漏

Ｋ Ⅲ 35b　サアー　レ○ウ：スナドケヒ（寶貨）
　Ｊ311　サア　レ○ウ：スナトケイ（器用）
沙木腿
　Ｋ Ⅰ 28b　サアー　モ　トイ：足フト（身體）
　Ｊ264　サア　モ　トイ：足フト（人品）
沙糖氣
　Ｋ Ⅲ 7a　サアー　タン　キイ：サトウケカアル（筵宴）
　Ｊ167　サア　ダン　キイ：サトウケガアル
沙魚
　Ｋ Ⅴ 16a　サア　イー：サメ（魚鱉）
　Ｊ393　サア　イ、：サメ（魚介）
沙子
　Ｋ Ⅳ 31b　サアー　ツウ：スナ（疾病）
　Ｋ'Ⅳ 31b　サアー　ツウ：ホロシ（疾病）｛語釈を訂正｝
　Ｊ341　サア　ツウ：カシイ（感動）
砂兒
　Ｋ Ⅰ 12a　サアー　ルウ：スナ（地理）
　Ｊ257　サア　ル、：スナ（天文）
紗綾
　Ｋ Ⅴ 37b　サアー　リン：サヤ（衣服）
　Ｊ428　サア　リン：サヤ（衣服）
紗綿襖
　Ｋ Ⅴ 36a　サアー　メエン　ア○ウ：チリメンノワタイレ（衣服）
　Ｊ425　サア　メン　ア○ウ：チリメンノワタイレ（衣服）
煞尾
　Ｋ Ⅲ 10a　サ　ウイ、：オホアト（筵宴）
　Ｊ229　サ　ウイ：ヲ、アト
煞尾寫起来
　Ｋ Ⅲ 46b　サ　ウイ　スエー　キイ　ライ：アトカラカケ（讀書）
煞尾寫起來
　Ｊ122　サ　ウイ　スエ、　キイ　ライ：アトカラカケ
霎時
　Ｋ Ⅰ 6a　サ　ズウ：シハシサキ（天文）
　Ｊ252　サ　ズウ：モイツトキ（天文）

SHAI

篩出来
　Ｋ Ⅲ 3a　シヤイ　チユ　ライ：ツゲ（筵宴）
篩出來
　Ｊ156　シヤイ　チユ　ライ：ツゲ
篩箕
　筑・地・5・36b　シヤイ　ギイ：ザル｛筑波本のみ収載｝

篩一篩
　Ｋ Ⅱ 23b　シヤイ　イ　シヤイ：サケナドツグ⺂（通用）
　Ｊ23　シヤイ　イ　シヤイ：サケナドツゲ
篩子
　Ｋ Ⅲ 40a　シヤイ　ツウ：フロヒ（寶貨）
　Ｋ'Ⅲ 40a　シヤイ　ツウ：フルヒ（寶貨）
　Ｊ321　シヤイ　ツウ：フルイ（器用）
晒不燥
　Ｋ Ⅳ 8b　シヤイ　ポ　サ○ウ：サラシカワカズ（製作）
　Ｊ223　シヤイ　プ　サ○ウ：サラシカワカヌ
晒乾了
　Ｋ Ⅳ 8b　シヤイ　カン　リヤ○ウ：ホシカワカシタ（製作）
　Ｊ222　シヤイ　カン　リヤ○ウ：ホシカワカシタ
晒過的
　Ｋ Ⅳ 8b　シヤイ　コヲ、　テ：サラシタモノ（製作）
　Ｊ223　シヤイ　コウ　テ：サラシタモノ
晒黒了
　Ｋ Ⅳ 8b　シヤイ　ヘ　リヤ○ウ：サラシクロメタ（製作）
　Ｊ223　シヤイ　ヘ　リヤ○ウ：サラシクロメタ
晒完了
　Ｋ Ⅳ 9a　シヤイ　ワン　リヤ○ウ：ホシ、マフタ（製作）
　Ｊ223　シヤイ　ワン　リヤ○ウ：ホシトツタ
晒一晒
　Ｋ Ⅱ 23a　シヤイ　イ　シヤイ：サラス（通用）
　Ｊ22　シヤイ　イ　シヤイ：サラセ
晒燥了
　Ｋ Ⅳ 8b　シヤイ　サ○ウ　リヤ○ウ：ホシカワカシタ（製作）
　Ｊ223　シヤイ　サ○ウ　リヤ○ウ：ホシカワカシタ

SHAN

山凹裡
　歩 Ⅱ 48b　｛増補｝
山茶花
　Ｋ Ⅴ 29a　サン　ヅアー　ハアー：ツバキ（花卉）
　Ｊ433　サン　ヅア、　ハア：ツバキ（花艸）
山葱
　Ｋ Ⅴ 4a　サン　ツヲン：ノヒル（菜蔬）
　Ｊ387　サン　ツヲン：ノヒル（菜蔬）
山頂
　歩 Ⅰ 17a　｛増補｝
山脚
　歩 Ⅰ 17a　｛増補｝
山峰

ＫⅠ12a　サン　ホン：ヤマミ子（地理）
　Ｊ256　サン　ホン：ヤマミ子（天文）
山狗
　ＫⅤ21a　サン　ゲ○ウ：ヤマイヌ（畜獸）
　Ｊ403　サン　ゲ○ウ：ヤマイヌ（獸）
山椒
　ＫⅤ3b　サン　ツヤ○ウ：サンシヤウ（菜蔬）
　Ｊ386　サン　ツア○ウ：サンショウ（菜蔬）
山葵
　ＫⅤ5a　サン　クイ：ワサビ（菜蔬）
　Ｊ389　サン　クイ：ワサビ（菜蔬）
山猫
　ＫⅤ21a　サン　マ○ウ：トラ（畜獸）
　Ｊ403　サン　マ○ウ：トラ（獸）
山漆
　ＫⅤ4a　サン　ツイ：クサキ（菜蔬）
　Ｊ387　サン　ヅエ：クサキ（菜蔬）
山茹
　ＫⅤ3a　サン　ジイ：ヤマイモ（菜蔬）
　Ｊ385　サン　ジユイ：ヤマイモ（菜蔬）
山上
　ＫⅠ12a　サン　ジャン：ヤマノウヘ（地理）
　Ｊ257　サン　ジャン：ヤマノウヘ（天文）
山勢嶮惡
　歩Ⅱ48a　｛増補｝
山水幽雅
　歩Ⅱ48b　｛増補｝
山頭
　ＫⅠ14a　サン　デ○ウ：ヤマノウヘ（地理）
　Ｊ190　サン　デ○ウ：ヤマノウエ
　歩　｛削除｝
山凸上
　歩Ⅱ48b　｛増補｝
山下
　ＫⅠ12a　サン　ヒヤア：ヤマノシタ（地理）
　Ｊ257　サン　ヒヤア：フモト（天文）
山梔花
　ＫⅤ29b　サン　ツウ　ハアー：クチナシ（花卉）
　Ｊ434　サン　ツウ　ハア：クチナシ（花卉）
山字頭
　ＫⅢ52a　サン　ヅウ　デ○ウ：ヤマカムリ（讀書）
　Ｊ32　サン　ツウ　デ○ウ：ヤマカムリ
杉板
　ＫⅣ41a　サン　パン：テンマ（舩件）
　Ｊ353　サン　パン：テンマ（舩件）

杉板工
　ＫⅣ40a　サン　バン　コン：テンマバン（舩件）
　Ｊ351　サン　パン　コン：テンマバン（舩件）
杉樹
　ＫⅤ27a　サン　ジユイ：スギノキ（樹竹）
　Ｊ407　サン　ジユイ：スギ（樹竹）
衫児
　ＫⅤ36b　サン　ルウ：ハタキ（衣服）
　Ｊ425　サン　ルヽ：ハダギ
刪掉了
　ＫⅣ7a　サン　デヤ○ウ　リヤ○ウ：ケヅル（製作）
　Ｊ218　サン　デヤ○ウ　リヤ○ウ：ケヅル
珊瑚
　ＫⅢ39b　サン　ウ：サンゴ（寶貨）
　Ｊ320　サン　ウヽ：サンゴ（器用）
扇了門
　ＫⅣ53a　シエン　リヤ○ウ　メン：ヒラキドヲアクル（居室）
　Ｊ196　セン　リヤ○ウ　メン：モンヲタテタ
扇上了
　ＫⅣ52a　シエン　ジヤン　リヤ○ウ：トヲタテル（居室）
　Ｊ196　セン　ジヤン　リヤ○ウ：トヲタテル
扇一扇
　ＫⅡ21b　シエン　イ　シエン：アヲグ（通用）
　Ｊ20　セン　イ　セン：アヲゲ
閃電
　ＫⅠ3a　シエン　デエン：イナヅマ（天文）
　Ｊ247　セン　デン：イナヅマ（天文）
閃緞
　ＫⅤ38a　シエン　ドワン：玉蟲イロノドンス（衣服）
　Ｊ429　セン　ドハン：玉虫イロノドンス（衣服）
閃了脚
　ＫⅣ31a　シエン　リヤ○ウ　キヤ：アシフミタカヘ（疾病）
　Ｊ341　シエン　リヤ○ウ　キヤ：アシフミタガヘタ「（感動）
閃眼間
　歩Ⅱ49a　｛増補｝
扇骨
　ＫⅢ38b　シエン　コ：センスノホ子（寶貨）
　Ｊ318　セン　コ：ホ子（器用）
扇門
　ＫⅢ26b　シエン　メン：トビラ（寶貨）
　Ｊ293　セン　メン：トビラ（器用）

門扇
　　歩Ⅲ 34b　{「門扇」に変更}
扇眼
　　ＫⅢ 38b　シエン エン：カナメ（寶貨）
　　J318　セン エン：カナメ（器用）
扇墜
　　ＫⅢ 38b　シエン ヅ○イ：扇ノカザリ（寶貨）
　　J318　セン ツイ：扇ノカザリ（器用）
扇子
　　ＫⅢ 38b　シエン ツウ：アフギ（寶貨）
　　J318　セン ツウ：センス（器用）
鱔魚
　　ＫⅤ 16a　シエン イー：キダカ（魚鼈）
　　J393　ゼン イヽ：キダカ（魚介）
鱓魚
　　ＫⅤ 16b　ヅエン イー：ウナギ（魚鼈）
　　J394　ゼン イヽ：ウナギノルイ（魚介）

SHANG

傷産
　　ＫⅣ 34a　シヨワン ツアン：ルサン（疾病）
　　J347　シヤン ツアン：ルサン（感動）
傷風
　　ＫⅣ 29a　シヨワン ホン：カセヒキ（疾病）
　　J337　シヤン ホン：カゼヒキ（感動）
傷寒
　　ＫⅣ 29a　シヨワン ハン：シヤウカン（疾病）
　　J337　シヤン ハン：シヤウカン（感動）
傷了酒
　　ＫⅣ 35a　シヨワン リヤ○ウ ツイ○ウ：サケイタミ（疾病）
　　J41　シヤン リヤ○ウ チウ：サケイタミ
傷食
　　ＫⅣ 29a　シヨワン ジ：シヨクシヤウ（疾病）
　　J337　シヤン ジ：シヨクシヤウ（感動）
商舩
　　ＫⅣ 40b　シヤン ヂエン：シヤウセン（舩件）
　　J353　シヤン ヂエン：シヤウセン（舩件）
商議見
　　ＫⅡ 16a　シヤン ニイ ケン：キロンシテミル（通用）
　　J131　シヤン ニイ ケン：ギロンスル
商量看
　　歩Ⅱ 21a　{「商量看」に変更}
賞花去
　　ＫⅡ 6a　シヤン ハアー キユイ：ハナミニユク（賓友）
　　J149　シヤン ハア キユイ：ハナミニユク
賞他
　　ＫⅢ 17b　シヤン タアー：アレニクタサル（寄贈）
　　J85　シヤン タア：アレニクダサル
上岸各處去看
　　ＫⅣ 47b　ジヤン ガン コ チユイ キユイ カン：クガニオリテショ〜ケンフツスル（舩件）
　　J193　シヤン ガン コ チユイ キユイ カン：クガニヲリテショ〜ケンブツスル
上岸了
　　ＫⅣ 46b　ジヤン ガン リヤ○ウ：リクニアガル（舩件）
　　J191　シヤン ガン リヤ○ウ：リクニアガル
上半日
　　ＫⅠ 9a　ジヤン ポワン ジ：アサハンジツ（天文）
　　J186　シヤン パン ジ：アサハンジツ
上舩
　　ＫⅣ 41a　ジヤン ヂエン：フ子ニノル（舩件）
　　J353　シヤン ヂエン：フ子ニノル（舩件）
上等的
　　ＫⅠ 16b　ジヤン テン テ：上ヒンノモノ（人品）
　　J251　シヤン テン テ：上ヒンノモノ（天文）
上好的
　　ＫⅡ 17b　ジヤン ハ○ウ テ：シゴクヨヒ（通用）
　　J135　ジヤン ハ○ウ テ：ケツカウナ
上金
　　ＫⅣ 42a　ジヤン キン：ウワドコ（舩件）
　　J355　ジヤン キン：ウワトコ（舩件）
上金／下金
　　歩Ⅳ 58a　{「上金　下金」を併記}
上来
　　ＫⅡ 6b　ジヤン ライ：アガル（賓友）
上來
　　J149　ジヤン ライ：アガル
上来快
　　ＫⅡ 8a　ジヤン ライ クワイ：ハヤクアガレ（賓友）
上来快
　　J152　ジヤン ライ クワイ：ハヤクアガレ
上闌
　　ＫⅣ 49a　ジヤン ラン：カモ井（居室）
上闌
　　J371　ジヤン ヘン：カモイ（家居）
上梁

KⅣ50a　ジヤン　リヤン：ム子アゲ（居室）
　　　J372　ジヤン　ヘン：ム子アケ（家居）
上梁文
　　　KⅣ53a　ジヤン　リヤン　ウエン：ムナフダ（居室）
　　　J196　ジヤン　リヤン　ウエン：ムナフダ
上了門
　　　KⅡ7b　ジヤン　リヤ○ウ　メン：マカリイデタ（賓友）
　　　J151　ジヤン　リヤ○ウ　メン：マカリイデタ
上馬杯
　　　KⅢ3b　ジヤン　マアー　ポイ：イトマコヒノサケ
　　　（筵宴）
上馬盃
　　　J157　ジヤン　マア　ポイ：イトマゴイノサケ
上毛坑
　　　KⅠ40a　ジヤン　マ○ウ　カン：セツ井ンニユク
　　　（動作）
　　　J239　ジヤン　マ○ウ　カン：セツインニユク
上攀
　　　KⅢ33a　ジヤン　パン：ヂスル┐（寶貨）
　　　J307　ジヤン　パン：ヂスル┐（器用）
上升
　　　KⅣ28b　ジヤン　シン：ノボセ（疾病）
　　　J336　ジヤン　スイン：ジヨウキ（感動）
上首的
　　　KⅣ18a　ジヤン　シウ　テ：カミノ方（諸物）
　　　J228　ジヤン　シウ　テ：カミノ方
上巳
　　　KⅠ5a　ジヤン　ズウ：三月三日（天文）
　　　J250　ジヤン　スウ：三月三日（天文）
三月三是上巳
　　　歩Ⅰ7a　｛「三月三是上巳」に変更｝
上頭的
　　　KⅣ18a　ジヤン　デ○ウ　テ：ウヘ（諸物）
　　　J229　ジヤン　デ○ウ　テ：ウエ
上頭来
　　　KⅡ8a　ジヤン　デ○ウ　ライ：ウヘニコヒ（賓友）
上頭來
　　　J152　ジヤン　デ○ウ　ライ：ウエニコイ
上頭去
　　　KⅡ8a　ジヤン　デ○ウ　キユイ：ウヘニユケ（賓友）
　　　J152　ジヤン　デ○ウ　キユイ：ウエニユケ
上午
　　　KⅠ1b　シヤン　ウー：ヒルマヘ（天文）
　　　J244　ジヤン　ウ､：ヒルマヘ（天文）
上學堂

　　　KⅢ50a　ジヤン　ヒヨ　タン：入學スル（讀書）
　　　J14　ジヤン　ヒヨ　ダン：入學スル
上胭脂
　　　KⅢ42b　ジヤン　エン　ツウ：ベニツクル（寶貨）
上臙脂
　　　J368　ジヤン　エン　ツウ：ベニツクル（婚姻）
上崖了
　　　KⅣ46b　ジヤン　ヤイ　リヤ○ウ：リクニアカル
　　　（舩件）
　　　J191　ジヤン　ヤイ　リヤ○ウ：リクニアガル
　　　歩　｛削除．「上岸了」のみ残す｝
上一段
　　　KⅣ15a　ジヤン　イ　ドワン：カミノイチタン（數量）
　　　J29　ジヤン　イ　ドハン：カミノイチダン
上一截
　　　KⅣ15a　ジヤン　イ　ツエ：カミノイチタン（數量）
　　　J29　ジヤン　イ　ツエ：カミノイチダン
上油的
　　　KⅡ33a　ジヤン　ユウ　テ：アブラヒキ（德藝）
　　　J198　ジヤン　ユウ　テ：アブラヒキ
上帳的
　　　KⅣ22b　ジヤン　チヤン　テ：チヤウニソセタ（財産）
　　　K'Ⅳ22b　ジヤン　チヤン　テ：チヤウニノセタ（財産）
　　　J18　ジヤン　チヤン　テ：チヤウニノセタ
上帳了
　　　KⅣ22b　ジヤン　チヤン　リヤ○ウ：チヤウニカキ
　　　ノスル（財産）
　　　J18　ジヤン　チヤン　リヤ○ウ：チヤウニカキノスル

SHAO

梢公
　　　KⅣ40b　スヤ○ウ　コン：ワタシモリ○水手ノ┐
　　　（舩件）
　　　J352　シヤ○ウ　コン：ワタシモリ（舩件）
筲箕
　　　KⅢ40a　サ○ウ　ギイ：サウキ（寶貨）
　　　J321　シヤ○ウ　キイ：サウキ（器用）
燒
　　　KⅤ11a　シヤ○ウ：ヤク（飯肉）
燒
　　　J450　シヤ○ウ：ヤク（飲食）
燒炒肉
　　　KⅤ10a　シヤ○ウ　ツア○ウ　ジヨ：イリブタ（飯肉）
燒炒肉
　　　J448　シヤ○ウ　ツヤ○ウ　ジヨ：イリブタ（飲食）

燒存性
　ＫⅤ13a　シヤ○ウ　ヅ○イン　スイン：クロヤキ（煮煎）
　Ｋ'Ⅴ13a　シヤ○ウ　ヅ○イン　スイ：クロヤキ（煮煎）

燒存性
　Ｊ160　シヤ○ウ　スエン　スイン：クロヤキ

燒鵝
　ＫⅤ10a　シヤ○ウ　ゴヲー：ヤキガ（飯肉）

燒鵝
　Ｊ448　シヤ○ウ　ゴウ：ヤキガ（飲食）

燒灰
　ＫⅠ20b　シヤ○ウ　ホイ：ハヒヤキ（人品）

燒灰
　Ｊ271　シヤ○ウ　ホイ：ハイヤキ（人品）

燒灰的
　歩Ⅰ29a　{「燒灰的」に変更}

燒進去
　ＫⅡ29b　シヤ○ウ　ツイン　キユイ：ヤケ行⁊（患難）

燒進去
　Ｊ52　シヤ○ウ　チン　キユイ：焼ケ行⁊

燒清香吃苦茶
　ＫⅢ10a　シヤ○ウ　ツイン　ヒヤン　チ　クウ　ヅア丶：カウヲタキニカチヤヲノム（筵宴）

燒清香吃苦茶
　Ｊ50　シヤ○ウ　チン　ヒヤン　チ　クウ　ヅア丶：カウヲタキクチヤヲノム

燒燒茶
　ＫⅢ1a　シヤ○ウ　〃　ヅア丶：チヤヲニル（筵宴）

燒々茶
　Ｊ57　シヤ○ウ　〃　ヅア丶：チヤヲセンスル

燒死了
　ＫⅢ15b　シヤ○ウ　スウ　リヤ○ウ：ヤケジニ（慶弔）

燒死了
　Ｊ49　シヤ○ウ　スウ　リヤ○ウ：ヤケジニ

燒炭
　ＫⅠ20b　シヤｖウ　タン：スミヤキ（人品）

燒炭
　Ｊ271　シヤ○ウ　タン：スミヤキ（人品）

燒炭的
　歩Ⅰ29a　{「燒炭的」に変更}

燒瓦
　ＫⅠ20a　シヤ○ウ　ウワア：カハラヤキ（人品）

燒瓦
　Ｊ271　シヤ○ウ　ワア：カワラヤキ（人品）

燒瓦的
　歩Ⅰ29a　{「燒瓦的」に変更}

燒香去
　ＫⅢ15a　シヤ○ウ　ヒヤン　キユイ：テラマ井リ（慶弔）

燒香去
　Ｊ49　シヤ○ウ　ヒヤン　キユイ：テラマイリ

燒鴨
　ＫⅤ10a　シヤ○ウ　ヤ：ヤキアヒル（飯肉）

燒鴨
　Ｊ448　シヤ○ウ　ヤ：ヤキアヒル（飲食）

燒窰的
　ＫⅠ16b　シヤ○ウ　ヤ○ウ　テ：ヤキモノシ（人品）

燒窰的
　Ｊ262　シヤ○ウ　ヤ○ウ　テ：ヤキモノシ（人品）

燒一鍋
　ＫⅤ13b　シヤ○ウイ　コヲ：ヒトナベタク（煮煎）

燒一鍋
　Ｊ161　シヤ○ウ　イ　コヲ：ヒトカマワカス

燒一燒
　ＫⅡ24a　シヤ○ウ　イ　シヤ○ウ：ヤク（通用）

燒一燒
　Ｊ25　スヤ○ウ　イ　スヤ○ウ：ヤケ

芍藥花
　ＫⅤ29b　ツヤ　ヤ　ハアー：シヤクヤク（花卉）

芍藥花
　Ｊ434　チヤ　ヨ　ハア：シヤクヤク（花艸）

少不得
　ＫⅡ18a　シヤ○ウ　ポ　テ：トフデモ（通用）
　Ｊ67　シヤ○ウ　ポ　テ：ドウデモ

少不得要學了
　ＫⅢ50b　シヤ○ウ　ポ　テ　ヤ○ウ　ヒヨ　リヤ○ウ：ドウデモナラハ子バナラヌ（讀書）
　Ｊ15　スヤ○ウ　プ　テ　ヤ○ウ　ヒヨ　リヤ○ウ：トウテモナラハ子ハナラヌ

少到少
　ＫⅣ10b　シヤ○ウ　タ○ウ　シヤ○ウ：スクナヒ⁊ハスクナヒ（數量）
　Ｊ171　スヤ○ウ　タ○ウ　スヤ○ウ：スクナイ⁊ハスクナイ

少倒少
　歩Ⅳ15a　{「少倒少」に変更}

少得底
　ＫⅡ18a　シヤ○ウ　テ　テイ：ドフデモ（通用）
　Ｊ67　スヤ○ウ　テ　テイ：トウデモ

少得的
  歩Ⅱ24a　{「少得的」に変更}

少多少
  ＫⅣ10b　シヤ○ウ　トウ　シヤ○ウ：ナニホトタラヌ
    カ（數量）
  J171　スヤ○ウ　トウ　スヤ○ウ：ナニホトタラヌカ

少幾分
  ＫⅣ10b　シヤ○ウ　キイ　フイン：ナンプンタラヌ
    カ（數量）
  J171　スヤ○ウ　キイ　フイン：ナンプンタラヌカ

少陪少陪
  ＫⅡ2b　ジヤ○ウ　ボイ　ジヤ○ヲ　ボイ：ブアヒサツ
    （賓友）

少陪〃〃
  J141　スヤ○ウ　ボイ　〳〵：ゴブアイサツ

少頃
  ＫⅠ6a　シヤ○ウ　キン：オシツケ（天文）
  J188　スヤ○ウ　キン：ヲツヽケ {重複掲載}
  J252　スヤ○ウ　キン：ヲツツケ（天文）
  歩　{削除}

少送哩
  ＫⅡ3a　シヤ○ウ　ソン　リイ：モフオクリマセヌ
    （賓友）
  J142　スヤ○ウ　ソン　リイ：モフヲクリマセヌ

少停
  ＫⅠ6a　シヤ○ウ　デン：オシツケ（天文）
  J188　スヤ○ウ　デン：ヲツヽケ {重複掲載}
  J252　スヤ○ウ　デン：ヲツツケ（天文）

少些讀
  ＫⅢ44b　シヤ○ウ　スイ―　ド：スコシヨメ（讀書）
  J120　スヤ○ウ　スイ　ド：スコシヨメ

少一點
  ＫⅢ51a　シヤ○ウ　イ　テン：一点スクナヒ（讀書）
  J31　スヤ○ウ　イ　テン：一点タラヌ

少一點
  ＫⅣ10b　シヤ○ウ　イ　テン：チトスクナヒ（數
    量）{重複掲載}
  J171　スヤ○ウ　イ　テン：チトスクナイ {重複掲載}

少一ヘ
  ＫⅢ51a　シヤ○ウ　イ　ヘ：ヒトホツスクナヒ（讀書）
  J31　スヤ○ウ　イ　フエ：ヒトヘ {右に「ホツ」と注
    記}　タラヌ

少一畫
  ＫⅢ50b　シヤ○ウ　イ　ワアー：一クワクスクナヒ
    （讀書）

  J30　スヤ○ウ　イ　ワア：一クハクタラヌ

少一ノ
  ＫⅢ51a　シヤ○ウ　イ　ピ：ヒトヘツスクナヒ（讀書）
  J31　スヤ○ウ　イ　ペ：ヒトノ {右に「ヘツ」と注記}
    タラヌ

少一直
  ＫⅢ51a　シヤ○ウ　イ　チ：ヒトヒキスクナヒ（讀書）
  J30　スヤ○ウ　イ　チ：ヒトヒキタラヌ

哨舩
  ＫⅣ40b　サ○ウ　ヂエン：マワリバンセン（舩件）
  J352　シヤ○ウ　ヂエン：マワリバンセン（舩件）

SHE

奢華的
  ＫⅡ30b　シエ、ハアーテ：ヲゴリモノ（疎慢）
  J7　シエ、ハア　テ：ヲゴリモノ

舌根
  ＫⅠ25b　セゲン：シタノ子（身體）
  J286　ゼ　ゲン：シタノ子（身體）

舌頭
  ＫⅠ25b　セ　デ○ウ：シタ（身體）
  J286　ゼ　デ○ウ：シタ（身體）

蛇兒
  ＫⅤ19a　ジエール　ルウ：ジヤ（蟲類）
  J399　ジエ、ルウ：ジヤ（虫）

蛇日子
  ＫⅠ28a　ジエー　ジ　ツウ：シロコ（身體）
  J263　ジエ、ジ　ツウ：シロコ（人品）
  歩　{削除}

蛇脱
  ＫⅤ20a　ジエート：ヘヒノヌケガラ（蟲類）
  J401　ジエ、ト：ヘビノヌケカラ（虫）

捨死力戰
  ＫⅣ24a　セエー　スウ　リ　チエン：イノチヲステ、
    タ、カフ（兵法）
  J329　セエ、スウ　リ　チエン：イノチヲハメテ
    タ、カフ（兵法）

舍下
  ＫⅣ49a　セエー　ヒヤア：シタク（居室）
  J371　シエ、ヒヤア：シタク（家居）

舍下来
  ＫⅡ4b　セー　ヒヤア　ライ：シタクニコザレ（賓友）

舍下來
  J145　シエ、ヒヤア　ライ：シタクニコザレ

射不中

【SHAO〜SHEN】

　ＫⅣ26b ジエー ポ チヨン：イアテヌ（兵法）
　Ｊ203 ジエヽ プ チヨン：イアテヌ
射得中
　ＫⅣ26b ジエー テ チヨン：イアテル（兵法）
　Ｊ203 ジエヽ テ チヨン：イアテル
射垜
　ＫⅣ25b ジエー トヲ：アヅチ（兵法）
　Ｊ332 ヂエヽ トウ：アツチ（兵法）
射弓
　ＫⅣ25b ジエー コン：ユミイル（兵法）
　Ｊ332 ヂエヽ コン：ユミイル（兵法）
射弓的
　ＫⅣ27a ジエー コン テ：ユミヲイル（兵法）
　Ｊ204 ジエヽ コン テ：エドウグ
射過来
　ＫⅣ27a ジエー コヲ ライ：イマシタ（兵法）
射過來
　Ｊ204 ジエヽ コウ ライ：イトツタ
射箭
　ＫⅣ25b ジエー ツエン：ユミイル（兵法）
　Ｊ332 ヂエヽ チエン：ユミイル（兵法）
射圃
　ＫⅣ25b ジエー プウ：マトバ（兵法）
　Ｊ332 ヂエヽ プウ：マトバ（兵法）
射射看
　ＫⅠ42b ジエー ヽ カン：イテミヨ（動作）
射ゞ看
　Ｊ175 ヅエ ヽ カン：イテミヨ
射中了
　ＫⅣ27a ジエー チヨン リヤ○ウ：イアテタ（兵法）
　Ｊ203 ジエヽ チヨン リヤ○ウ：イアテタ
麝香
　ＫⅤ22a ジエー ヒヤン：ジヤカウ（畜獸）
　Ｊ405 ジエヽ ヒヤン：ジヤコウ（獸）
赦了他
　ＫⅢ21a セエ リヤ○ウ タアー：アレヲユルス（官府）
　Ｊ95 シエヽ リヤ○ウ タア：アレヲユルス

SHEN

申時
　ＫⅠ3b シン ズウ：七ツドキ（天文）
　Ｊ248 シン ズウ：七ツドキ（天文）
伸不得
　歩Ⅳ16a ｛伸得直のあとに補う｝

伸得直
　ＫⅣ11a シン テ ヂ：スクヽノベタ（數量）
　Ｊ211 シン テ ヂ：スグヽノベタ
伸脚睡
　ＫⅠ43b シン キヤ ジユイ：アシヲノベテ子ル（動作）
　Ｊ109 シン キヤ ジユイ：アシヲノベテ子ル
身體大
　ＫⅠ30b シン デイ ダアヽ：ヲヽガラナ┐（身體）
　Ｊ114 シン デイ ダア：ヲヽガラナ┐
糝上去
　ＫⅤ14b ツアン ジヤン キユイ：フルイカクル（煮煎）
摻上去
　Ｊ218 サン ジヤン キユイ：フルイカクル
摻上去
　筑・天・3・15b スエン ジヤン キユイ：フルイカクル
鯵魚
　ＫⅤ16a ツアン イー：アヂ（魚鼈）
　Ｊ392 サン イヽ：アヂ（魚介）
深奧的
　ＫⅢ49a シン ア○ウ テ：オクフカヒ（讀書）
　Ｊ227 シン ア○ウ テ：ヲクフカイ
深山
　ＫⅠ12a シン サン：ミヤマ（地理）
　Ｊ257 シン サン：ミヤマ（天文）
什麽
　ＫⅢ9a シ モ：ナニカ（筵宴）
什広
　Ｊ66 シ モウ：ナニカ
什麽東西
　ＫⅡ19b シ モ トン スイー：ナニモノカ（通用）
什広東西
　Ｊ70 シ モ トン スイ：ナニモノカ
什麽人起端的
　ＫⅣ1b シ モ ジン キイ トワン テ：タレガハジメタカ（製作）
什広人興起的
　Ｊ133 シ モ ジン ヒン キイ テ：タレガハシメタカ
甚麽人做起的
　ＫⅣ1b シ モ ジン ツヲー キイ テ：ナニビトガシタテタカ（製作）
甚広人做起的

J134 シ モ ジン ツヲ、キイ テ：ナニヒトガシ
  タテタカ
甚麼話
  ＫⅡ14a シ モ ワアー：ナニコトバカ（通用）
甚広話
  J127 シ モ ワア：ナニコトバカ
甚麼忙
  ＫⅡ20b シ モ マン：ナニガイソガシイカ（通用）
甚広忙
  J90 シ モ マン：ナニガイソガシイカ
甚麼腔
  ＫⅡ33b シ モー キヤン：ナニブシカ（德藝）
甚広腔
  J13 シ モ キヤン：ナニブシカ
甚麼人
  ＫⅠ23b シ モ ジン：ナニ人カ（人品）
甚広人
  J140 シ モ ジン：ナニ人カ
甚麼字
  ＫⅢ46b シ モ ヅウ：ナニジカ（讀書）
甚広字
  J123 シ モ ヅウ：ナニジカ
甚名件
  ＫⅡ18b シヤア ミン ゲン：ナニシナカ（通用）
  J68 シヤア ミン ゲン：ナニノナノモノカ
甚事件
  歩Ⅱ24b 〔「甚事件」に変更〕
甚事體
  ＫⅡ18b シヤア ズウ デイ：ナニコトソ（通用）
甚事躰
  J68 シヤア ズウ デイ：ナニコトゾ
神手段
  ＫⅡ32b ジン シウ ドワン：モノヽ上手（德藝）
  J75 ジン シウ トワン：モノヽ上手
神仙竈
  ＫⅢ28a ジン スエン ツア○ウ：イロリノ┐（寶貨）
神仙皂
  J297 ジン スエン ザ○ウ：イロリノ┐（器用）
  筑・地・5・27b ジン スヘン ツア○ウ：イロリノ┐
審了来
  ＫⅢ23a シン リヤ○ウ ライ：キンミシタ（官府）
審了來
  J227 シン リヤ○ウ ライ：ギンミシタ
審一審
  ＫⅡ23a シン イ シン：ギンミヲスル（通用）
  J23 シン イ シン：ギンミヲスル
嬸嬸
  ＫⅠ34b シン ヽ：ヲトヽヨメ（親族）
嬸ヽ
  J280 シン ヽ：ヲトヽヨメ（親族）
腎
  ＫⅠ27b シン：ジン（身體）
  J290 ジン：ジン（身體）
腎家
  歩Ⅰ38b 〔「腎家」に変更〕
腎虚了
  ＫⅣ35a シン ヒユイ リヤ○ウ：ジンキヨシタ
    （疾病）
  J41 ジン ヒイ リヤ○ウ：キヨシタ
甚足的
  ＫⅡ32a シン ツヲ テ：申シブンナヒモノ（德藝）
  J74 ジン ソ テ：申シブンナイモノ
慎火草
  ＫⅤ32a チン ホヲー ツア○ウ：イキクサ（花卉）
慎火岬
  J439 ジン ホウ ツア○ウ：イワレンゲ（花岬）

SHENG

昇官圖
  ＫⅢ38b シン クワン トヲー：クワンニンスゴロ
    ク（寶貨）
  J317 スイン クハン ドゥウ：クハンニンスゴロク
    （器用）
昇上去
  ＫⅢ25b シン ジヤン キユイ：セウシンスル（官府）
  J11 スイン ジヤン キユイ：セウシンスル
生産
  ＫⅣ34a スエン ツアン：サンヲシタ（疾病）
  J346 スエン ツアン：サン（感動）
生成的
  ＫⅠ39b スエン ヂン テ：ウマレツキ（性情）
  J3 スエン ヂン テ：ウマレツキ
生誕日子
  ＫⅢ14a スエン ダン ジ ツウ：タンゼウ日（慶弔）
  J3 スエン タン ジ ツウ：タンゼウ日
生兒子
  ＫⅢ14a スエン ルウ ツウ：子ヲウンダ（慶弔）
  J3 スエン ルヽ ツウ：子ヲウンダ
生筒法

【SHEN～SHI】

　　ＫⅢ23b　スイン　コ　ハ：ハフヲシダス（官府）
　　Ｊ10　スエン　コ　ハ：ホウヲシダス
生筒瘤
　　ＫⅣ35b　スイン　コヲヽ　リウ：コブガデキタ（疾病）
　　Ｊ42　スイン　コ　リウ：コブガデキタ
生瓜
　　ＫⅤ2b　スエン　クワア：マルヅケウリ（菜蔬）
　　Ｊ384　スエン　クハア：ヤサイウリ（菜蔬）
生冷的
　　歩Ⅲ7a　｛増補｝
生梅
　　ＫⅤ33a　スエン　ムイ：ナマウメ（菓蓏）
　　Ｊ411　スエン　ムイ：ナマムメ（菓）
生薑
　　ＫⅤ3b　スエン　キヤン：ハシカミ（菜蔬）
　　Ｊ386　スエン　キヤン：ハシカミ（菜蔬）
生了疔
　　ＫⅣ33b　スエン　リヤ○ウ　デン：テウカテキタ
　　　（疾病）
　　Ｊ346　スエン　リヤ○ウ　デン：テウカデキタ（感動）
生了疽
　　ＫⅣ35a　スエン　リヤ○ウ　ツイ：ソカテキタ（疾病）
　　Ｊ41　スエン　リヤ○ウ　ツウ：ソカテキタ
生了癰
　　ＫⅣ33b　スエン　リヤ○ウ　ヨン：ヨウカテキタ
　　　（疾病）
　　Ｊ346　スエン　リヤ○ウ　ヨン：ヨウガデキタ（感動）
生女兒
　　ＫⅢ14b　スエン　ニイ　ルウ：ムスメヲモツ（慶弔）
　　Ｊ3　スエン　ニイルヽ：ムスメヲモツ
生擒
　　ＫⅣ24b　スエン　キン：イケドリ（兵法）
　　Ｊ330　スエン　キン：イケドリ（兵法）
生痰不好
　　ＫⅣ36a　スエン　タン　ホ　ハ○ウ：タンカオコツテ
　　　ヨクナヒ（疾病）
　　Ｊ43　スエン　タンプ　ハ○ウ：タンカヲコツテヨク
　　　ナイ
生疼的
　　ＫⅣ34b　スエン　デン　テ：イタミカテタ（疾病）
　　Ｊ40　スエン　デン　テ：イタミガデタ
生血的
　　ＫⅣ38b　スエン　ヘ　テ：チヲヤシナフ（疾病）
　　Ｊ45　スエン　ヘ　テ：チヲヤシナフ
生藥店

　　ＫⅣ51a　スエン　ヨ　テエン：キクスリヤ（居室）
　　Ｊ375　スエン　ヨ　テン：キクスリヤ（家居）
生硬的
　　ＫⅤ14b　スエン　ゲン　テ：コワクナツタ（煮煎）
　　Ｊ206　スエン　ゲン　テ：コワクナツタ
生子
　　ＫⅣ34a　スエン　ヅウ：サンヲシタ（疾病）
　　Ｊ346　スエン　ツウ：サン（感動）
聲喚
　　ＫⅣ31b　シン　ハン：ウナル（疾病）
　　Ｊ342　スイン　ハン：ウナル（感動）
聲音啞了些
　　ＫⅠ31a　シン　イン　ヤアー　リヤ○ウ　スイー：コ
　　　エカスコシカレタ（身體）
　　Ｊ108　スイン　イン　ヤアー　リヤ○ウ　スイ：コエカ
　　　スコシカレタ
省得疑
　　ＫⅡ36a　スエン　テ　ニイ：ウタガヒヲハブク（盟約）
　　Ｊ47　スイン　テ　ニイ：ウタガイヲハブク
省得疑心
　　歩Ⅱ47a　｛「省得疑心」に変更｝
省力些
　　ＫⅣ2a　スエン　リ　スイー：テマヲハブク（製作）
　　Ｊ90　スイン　リ　スイ：カセイニ合ㄱ
省事些
　　ＫⅣ23a　スエン　ズウ　スイー：コトヲハブク（財産）
　　Ｊ48　スイン　ズウ　スイ：カンリヤクヲセヨ
聖廟
　　ＫⅣ51a　シン　ミヤ○ウ：セイビヤウ（居室）
　　Ｊ375　スイン　ミヤ○ウ：セイドウ（家居）
勝過你
　　ＫⅡ11a　シン　コフ　ニイ：ソチニマサリタ（賓友）
　　Ｊ96　シン　コウ　ニイ：ソチニマサリタ
盛出來
　　ＫⅤ35b　ヂン　チユ　ライ：ハナザカリ（種藝）
盛出來
　　Ｊ208　ヂン　チユ　ライ：サカリマシタ
剰下來
　　ＫⅣ10b　ヂン　ヒヤア　ライ：アマル（數量）
剰下來
　　Ｊ171　ヂン　ヒヤア　ライ：アマツタ

SHI

失柁
　　ＫⅣ42a　シー　ドウ：カヂヲウシナフ（舩件）

失舵
　　J355　シー　ドウ：カチヲウシナウ（舩件）
失脚了
　　KⅣ7b　シー　キヤ　リヤ○ウ：フミハヅシタ（製作）
　　J218　シー　キヤ　リヤ○ウ：フミハツシタ
失禮失禮
　　KⅢ9b　シ　リイ　ヽ　ヽ：ブレイシタ（筵宴）
失禮〻
　　J111　シ　リイ　〳〵：ブレイシタ
失陪阿
　　KⅡ2b　シ　ボイ　アー：ブアヒサツ（賓友）
　　J141　シ　ボイ　アヽ：ブアイサツ
失聲
　　KⅣ31a　シ　シン：コエノカルヽ｢（疾病）
　　J341　シ　スイン：コエノカルヽ｢（感動）
失手了
　　KⅣ7b　シ　シウ　リヤ○ウ：トリオトシタ（製作）
　　J219　シ　シウ　リヤ○ウ：トリヲトシタ
失體面
　　KⅠ29b　シ　デイ　メエン：メンボクナヒ（身體）
失体面
　　J86　シ　デイ　メン：メンボクナイ
失心風
　　KⅠ28b　シ　スイン　フヲン：キチガイ（身體）
　　J264　シ　スイン　ホン：キチガイ（人品）
失信的
　　KⅡ35a　シ　スイン　テ：ヤクソクニタガフタ（盟約）
　　J92　シ　シン　テ：ヤクソクニタガフタ
師要嚴
　　KⅢ50b　スウ　ヤ○ウ　子エン：師ハ嚴敷ナケレハナラヌ（讀書）
　　J15　スウ　ヤ○ウ　子ン：シセウハキビシクナケレハナラヌ
獅子
　　KⅤ21a　スウ　ツウ：シヽ（畜獸）
　　J403　スウ　ツウ：シヽ（獸）
詩稿
　　KⅢ32b　スウ　カ○ウ：シカウ（寶貨）
　　J305　スウ　カ○ウ：シカウ（器用）
詩箋
　　KⅢ31a　スウ　ツエン：モヨウカミ（寶貨）
　　J303　スウ　チエン：モヨウカミ（器用）
蝨子
　　KⅤ20a　スエ　ツウ：シラミ（蟲類）

虱子
　　J401　スエ　ツウ：シラミ（虫）
施食臺
　　KⅢ12a　スウ　シ　ダイ：セカキタナ（祭祀）
　　J51　スウ　ジ　ダイ：セガキタナ
濕漉漉
　　KⅣ8b　シ　タ　タ：ヌレテクサツタ（製作）
濕漉〻
　　J222　シ　タ　ヽ：ヌレテクサツタ
十把兒
　　KⅣ13b　シ　パアヽ　ルウ：十把（數量）
　　J26　シ　パア　ルヽ：十本
十二街頭
　　KⅠ12b　シウル　キヤイ　デ○ウ：ヨツヽジ（地理）
　　J258　シル　キヤイ　デ○ウ：ヨツヽジ（天文）
　　歩　｛削除｝
十来個
　　KⅣ14a　シ　ライ　コ：トフバカリ（數量）
十來個
　　J27　シ　ライ　コ：十ヲ
十姉妹
　　KⅤ24b　シウ　スウ　ムイヽ：シウシマヒ（禽類）
　　J422　シツ　ウ　ムイ：メシロ（飛禽）
十字頭
　　KⅠ12b　シ　ツウ　デ○ウ：ヨツヽジ（地理）
　　J256　シ　ヅウ　デ○ウ：ツジ（天文）
石斑魚
　　KⅤ16a　シ　パン　イー：イシブシ（魚鼈）
　　J393　シ　パン　イヽ：イシフシ（魚介）
石壁
　　KⅠ12a　ジ　ピ：イシカキ（地理）
　　J257　シ　ピ：イシカキ（天文）
石菖蒲
　　KⅤ30a　ジ　チワン　プフ：セキシヤウ（花卉）
　　J436　ジ　チヤン　プウ：セキシヤウブ（花艸）
石燈
　　KⅢ27a　ジ　テン：イシドウロウ（寶貨）
　　J295　ジ　テン：イシドウロ（器用）
石耳
　　KⅤ3b　ジ　ルウ：イハタケ（菜蔬）
　　J387　ジ　ルヽ：イワタケ（菜蔬）
石孩兒
　　KⅢ37b　ジ　ハイ　ルウ：石人形（寶貨）
　　J315　ジ　ハイ　ルヽ：ラウ石人形（器用）

【SHI】

石花菜
　ＫⅤ1b　ジ　ハアー　ツアイ：トコロテン（菜蔬）
　Ｊ383　ジ　ハア　ツアイ：トコロテン（菜蔬）
石灰
　ＫⅢ28b　ジ　ホイ：イシバヒ（寶貨）
　Ｊ298　ジ　ホイ：イシハイ（器用）
石匠
　ＫⅠ21a　ジ　ヅヤン：イシキリ（人品）
　Ｊ273　ジ　ヂヤン：イシキリ（人品）
石礁
　ＫⅠ11b　ジ　ツヤ○ウ：セ（地理）
　Ｊ255　ジ　ツヤ○ウ：セ（天文）
石塔
　ＫⅣ50a　ジ　キヤイ：イシノダン（居室）
　Ｊ374　ジ　キヤイ：イシダン（家居）
石刻的
　ＫⅢ43b　ジ　ゲテ：イシニキザム（寶貨）
　Ｊ208　ジ　ゲテ：イシニキザム
石榴
　ＫⅤ34a　ジ　リウ：ザクロ（菓蓏）
柘榴
　Ｊ413　ジ　リウ：ザクロ（菓）
石榴花
　ＫⅤ29a　ジ　リウ　ハアー：ザクロ（花卉）
柘榴花
　Ｊ433　ジ　リウ　ハア：ザクロ（花艸）
石盤
　ＫⅠ12a　ジ　ボワン：ヒライシ（地理）
　Ｊ257　ジ　バン：ヒライシ（天文）
石疱
　ＫⅣ28b　ジ　パ○ウ：ウヲノメ（疾病）
　Ｊ336　ジ　パ○ウ：ウヲノメ（感動）
石磉
　ＫⅣ49b　ジ　サン：イシズヱ（居室）
　Ｊ372　ジ　サン：イシスヱ（家居）
石首魚
　ＫⅤ15b　ジ　シウ　イー：イシモチ（魚鼈）
　Ｊ392　ジ　シウ　イヽ：ゴチ（魚介）
石塔
　ＫⅢ27b　ジ　タ：イシノトフ（寶貨）
　Ｊ295　ジ　タ：トウ（器用）
石頭
　ＫⅠ12a　ジ　デ○ウ：イシ（地理）
　Ｊ257　ジ　デ○ウ：イシ（天文）

石竹花
　ＫⅤ30b　ジ　チヨ　ハアー：セキチク（花卉）
　Ｊ436　ジ　チヨ　ハア：セキチク（花艸）
時刻去
　ＫⅡ7b　ズウ　ゲ　キユイ：チヨツ～トユク（賓友）
　Ｊ151　ズウ　ゲ　キユイ：チヨツ～トユク
時氣
　ＫⅣ32a　ズウ　キイ：ヤマヒノハヤル⏋（疾病）
　Ｊ342　ズウ　キイ：ヤマヒノハヤル⏋（感動）
時新
　ＫⅤ9b　ズウ　スイン：ハツモノ（飯肉）
　Ｊ448　ズウ　スイン：ハツモノ（飲食）
時行的
　ＫⅡ32b　ズウ　ヒン　テ：ハヤリモノ（德藝）
　Ｊ111　ズウ　ヒン　テ：ハヤリモノ
時雨
　ＫⅠ2b　ズウ　イー：ヨイトキノアメ（天文）
　Ｊ246　ズウ　イヽ：ヨイトキノアメ（天文）
時疫
　ＫⅣ31a　ズウ　ヨ：ハヤリエキレイ（疾病）
　Ｊ341　ズウ　イ：ハヤリエキレイ（感動）
時運好
　ＫⅠ8b　ズウ　ユイン　ハ○ウ：ジウンガヨヒ（天文）
　Ｊ185　ズウ　ユイン　ハ○ウ：ジブンガヨイ
　歩　｛削除｝
鰤魚
　ＫⅤ16b　スウ　イー：エソ（魚鼈）
　Ｊ394　ズウ　イヽ：エソ（魚介）
實心圈
　ＫⅢ49a　シ　スイン　キエン：ヌリマルボシ（讀書）
　Ｊ220　ジ　スイン　ケン：ヌリマルホシ
實字眼
　ＫⅢ51b　ジ　ヅウ　エン：ジツジガン（讀書）
　Ｊ31　ジ　ヅウ　エン：ジツジガン
拾到的
　ＫⅡ24b　ジ　タ○ウ　テ：ヒロフタ（人品）
　Ｊ221　ジ　タ○ウ　テ：ヒロウタ
収到了
　歩Ⅱ33a　｛「収到了」に変更｝
食劑多
　ＫⅢ5a　ジ　ツイー　トヲ：クヒモノカオホヒ（筵宴）
　Ｊ163　ジ　ズイ　トウ：クイモノガヽイ
豸字傍
　ＫⅢ51b　ズウ　ツウ　バン：豸ノ字ヘン（讀書）
　Ｊ31　ツウ　ヅウ　バン：豸｛右に「チ」と記す｝ノ字

ヘン

使不得
　ＫⅡ18a　スウ　ポ　テ：ソレハナラヌ（通用）
　Ｊ67　スウ　プ　テ：ソレハナラヌ

使差的
　ＫⅠ16b　スウ　チヤイ　テ：使者（人品）
　Ｊ262　スウ　チヤイ　テ：使者（人品）

差使的
　歩Ⅰ23b　｛「差使的」に変更｝

使長刀
　ＫⅣ26a　スウ　ヂヤン　タ○ウ：ナキナタツカフ
　　（兵法）
　Ｊ333　ズウ　ヂヤン　タ○ウ：ナキナタツカフ（兵法）

使費
　ＫⅣ23a　スウ　ヒイ：モノイリ（財産）
　Ｊ48　スウ　ヒイ：モノイリ

使費多
　ＫⅣ23a　スウ　ヒイ　トヲ丶：ソフヨフカオホヒ
　　（財産）
　Ｊ48　スウ　ヒイ　トウ：ゾウヨウガヲ丶イ

使棍子
　ＫⅣ26a　スウ　クイン　ツウ：ボウヲツカフ（兵法）
　Ｊ333　スウ　クイン　ツウ：ボウヲツカフ（兵法）

使槍刀
　ＫⅣ26a　スウ　ツアン　タ○ウ：ヤリヲツカフ（兵法）
　Ｊ333　スウ　ツアン　タ○ウ：ヤリヲツカフ（兵法）

使雙刀
　ＫⅣ26a　スウ　ショワン　タ○ウ：二刀ヲツカフ
　　（兵法）
　Ｊ333　スウ　シハン　タ○ウ：二刀ヲツカフ（兵法）

使神棒
　ＫⅣ46b　スウ　ジン　ポン：ボサノボウヲツカフ
　　（舩件）
　Ｊ363　スウ　ジン　ポン：ボサノボウヲツカフ（舩件）

使神棍
　ＫⅣ46b　スウ　シン　クイン：ボサノホウヲツカフ
　　（舩件）
　Ｊ364　スウ　ジン　クイン：ボサノボウヲツカフ（舩件）

仕滿了
　ＫⅢ25b　ズウ　マン　リヤ○ウ：デカワリ（官府）
　Ｊ11　ズウ　マン　リヤ○ウ：デカハリ

示字旁
　ＫⅢ51b　スウ　ヅウ　バン：シメスヘン（讀書）
　Ｊ32　ズウ　ヅウ　パン：シメスヘン

世上人
　ＫⅠ23b　スウ　ジヤン　ジン：セジヤウノ人（人品）
　Ｊ141　スウ　ジヤン　ジン：セジヤウノ人

世子
　ＫⅠ18a　スウ　ツウ：大名ノコ（人品）
　Ｊ267　スウ　ツウ：大名ノコ（人品）

柿餅
　ＫⅤ33a　ズウ　ピン：クシガキ（菓蓏）
　Ｊ411　ズウ　ピン：クシカキ（菓）

柿漆紙
　ＫⅢ27a　ズウ　ツイ　ツウ：シフカミ（寶貨）
　Ｊ295　ズウ　シ　ツウ：シブカミ（器用）

柿子
　ＫⅤ33a　ズウ　ツウ：カキ（菓蓏）
　Ｊ411　ズウ　ツウ：カキ（菓）

事體大
　ＫⅣ11b　ズウ　デイ　ダア丶：コトガオホキナ（数量）
　Ｊ212　ズウ　デイ　ダア：コトガヲ丶キナ

是不是
　ＫⅡ14b　ズウ　ポ　ズウ：ソウカソウデナヒカ（通用）
　Ｊ127　ズウ　プ　ズウ：ソウカソウデナイカ

是個大
　ＫⅣ11b　ズウ　コ　タアー：コレガフトヒ（数量）
　Ｊ212　ズウ　カ　ダア：コレガフトイ

是個的
　ＫⅡ19b　ズウ　コ　テ：コレハ（通用）
　Ｊ70　ズウ　コ　テ：コレハ

是箇的
　ＫⅡ14b　ズウ　コ　テ：コレハ（通用）
　Ｊ127　ズウ　コ　テ：コレハ

是箇説
　ＫⅡ15b　ズウ　コ　セ：コノハナシ（通用）
　Ｊ129　ズウ　コ　セ：コノハナシ

是幾箇
　ＫⅣ14a　ズウ　キイ　コ：イクハデゴザル（数量）

是幾個
　Ｊ27　ズウ　キイ　コ：イクツカ

是幾位
　ＫⅣ14a　ズウ　キイ　ヲイ：イクニンデゴザル（数量）
　Ｊ27　ズウ　キイ　ヲイ：イクニンカ

是假話
　ＫⅡ14a　ズウ　キヤア　ワアー：ソラゴト（通用）
　Ｊ125　ズウ　キヤア　ワア：ソラコト

是哩麼
　ＫⅡ14b　ズウ　リイ　マアー：ソウデゴザルカ（通用）

是哩広

J127　ズウ　リイ　マア：コレカ
是了是了
　　KⅡ19a　ズウ　リヤ○ウ　ズウ　リヤ○ウ：ソレ〜
　　（通用）
是了〃
　　J69　ズウ　リヤ○ウ　〃、〃：ソレ〜
是那個
　　KⅡ18b　スウ　ナアヽ　コ：コレナニカ（通用）
　　J68　ズウ　ナアヽ　コ：コレハナニカ
是甚麼
　　KⅡ18b　ズウ　シ　モウ：コレハナニカ（通用）
是甚広
　　J68　ズウ　シ　モウ：コレハナニカ
是甚事
　　KⅡ18b　ズウ　シヤア　ズウ：コレナニコトゾ（通用）
　　J68　ズウ　シヤア　ズウ：コレナニコトゾ
是是是
　　KⅡ19a　ズウ　ヽ、ヽ：モツトモ、（通用）
是〃〃
　　J69　ズウ　〜：コレ〜又モツトモ〜
是我的
　　KⅡ11a　ズウ　コヲヽ　テ：コレハテマヘノモノ
　　（賓友）
　　J96　ズウ　ゴウ　テ：コレハテマエモノ
適人了
　　KⅢ20a　セジン　リヤ○ウ：ムスメヲ人ニヤツタ
　　（婚姻）
　　J4　セ　ジン　リヤ○ウ：ムスメヲヨソニヤツタ

SHOU

収
　　KⅤ43a　シウ：トヾムル（馬鞍）
　　J417　シウ：トヽムル（馬具）
収被窩
　　KⅢ43a　シウ　ビイ　ヲウ：子トコヲアクル（寶貨）
収被窩
　　J198　シウ　ビイ　ヲヽ：子ドコヲアグル
収得好
　　KⅣ21b　シウ　テ　ハ○ウ：ヨウシマツタ（財産）
　　J19　シウ　テ　ハ○ウ：ヨフシマツタ
収進来
　　KⅣ5b　シウ　ツイン　ライ：トリイレタ（製作）
収進來
　　J60　シウ　チン　ライ：トリイレタ

収口
　　KⅣ33b　シウ　ゲ○ウ：クチカイヘタ（疾病）
収口
　　J345　シウ　ゲ○ウ：クチガイエタ（感動）
収殮了
　　KⅢ15a　シウ　レン　リヤ○ウ：トリオキシタ（慶弔）
収殮了
　　J49　シウ　レン　リヤ○ウ：トリヲキシタ
収了来
　　KⅣ21b　シウ　リヤ○ウ　ライ：ウケトツタ（財産）
収了來
　　J19　シウ　リヤ○ウ　ライ：ウケトツタ
収了唦
　　KⅣ21b　シウ　リヤ○ウ　サアー：ウケトツタ（財産）
　　J19　シウ　リヤ○ウ　サア：ウケトツタ
収了我
　　KⅣ21b　シウ　リヤ○ウ　ゴヲヽ：ウケトツタ（財産）
　　J19　シウ　リヤ○ウ　ゴウ：ウケトツタ
収票
　　KⅢ31b　シウ　ピヤ○ウ：ウケトリ（寶貨）
収票
　　J304　シウ　ピヤ○ウ：ウケドリ（器用）
収起来
　　KⅣ21b　シウ　キイ　ライ：オサムル○タヽム（財産）
収起來
　　J20　シウ　キイ　ライ：オサムル又タヽム
収生婆
　　KⅠ20a　シウ　スエン　ボフ：トリアゲバヽ（人品）
　　J270　シウ　スエン　ボウ：トリアゲバヽ（人品）
収拾得
　　KⅣ21b　シウ　ジ　テ：トリアツメタ（財産）
　　J19　シウ　ジ　テ：トリアツメタ
収拾得好
　　KⅢ9b　シウ　シ　テ　ハ○ウ：トリアツメテヨヒ
　　（筵宴）
収拾得好
　　J111　シウ　ジ　テ　ハ○ウ：トリアツメテヨイ
収一把
　　KⅣ14b　シウ　イ　パアー：イチハウケトル（数量）
　　J28　シウ　イ　パア：イチワウケトル
収油布
　　KⅣ44b　シウ　ユウ　プウ：トマヲトル（船件）
収油布
　　J359　シウ　イウ　プウ：トマヲトル（船件）

手背
 ＫⅠ26b　シウ　ポイ：テノコウ（身體）
 Ｊ288　シウ　ポイ：テノコウ（身體）

手痺
 ＫⅣ31b　シウ　ピイ：テノシビリ（疾病）
 Ｊ341　シウ　ピイ：テノシビリ（感動）

手臂
 ＫⅠ26b　シウ　ピ：ヒヂ（身體）
 Ｊ288　シウ　ヒイ：ヒヂ（身體）

手段好
 ＫⅡ34a　シウ　トワン　ハ○ウ：テナミガヨイ（德藝）
 Ｊ135　シウ　トハン　ハ○ウ：テナミガヨイ

手脚
 ＫⅠ26b　シウ　キヤ：テアシ（身體）
 Ｊ288　シウ　キヤ：テアシ（身體）

手巾
 ＫⅢ41a　シウ　キン：テヌクヒ（寶貨）
 Ｊ323　シウ　キン：テヌグイ（器用）

手卷
 ＫⅢ31a　シウ　キエン：マキモノ（寶貨）
 Ｊ302　シウ　ケン：マキモノ（器用）

手爐
 ＫⅢ28a　シウ　ルウ：シユロ（寶貨）
 Ｊ297　シウ　ルウ：シユロ（器用）
 歩　{削除}

手上痛
 ＫⅣ34b　シウ　ジヤン　トン：テカイタム（疾病）
 Ｊ40　シウ　ジヤン　トン：テガイタム

手頭好
 Ｊ134　シウ　デ○ウ　ハ○ウ：テマエノヨイ｢{Kには収載なし}
 筑・天・1・7a　ジウ　デ○ウ　ハ○ウ：テマエノヨイコト

手腕
 ＫⅠ26b　シウ　ワン：ウデ（身體）
 Ｊ288　シウ　ワン：ウデ（身體）

手紋
 ＫⅠ26b　シウ　ウエン：テノスヂ（身體）
 Ｊ288　シウ　ウエン：テノスヂ（身體）

手下人
 ＫⅢ25a　シウ　ヒヤア　ジン：テシタノ人（官府）
 Ｊ37　シウ　ヒヤア　ジン：テシタノ人

手掌
 ＫⅠ26b　シウ　ヂヤン：テノハラ（身體）
 Ｊ288　シウ　ヂヤン：テノヒラ（身體）

手掌痒
 ＫⅣ35b　シウ　ヂヤン　ヤン：テノヒラガヽユヒ（疾病）
 Ｊ43　シウ　ヂヤン　ヤン：テノヒラノカユイ

手炪
 ＫⅢ27b　シウ　チヤ○ウ：テショク（寶貨）
 Ｊ296　シウ　ツア○ウ：テシヨク（器用）

手指
 ＫⅠ26b　シウ　ツウ：ユビ（身體）
 Ｊ288　シウ　ツウ：ユビ（身體）

守番的
 ＫⅠ16b　シウ　バン　テ：バンノモノ（人品）

守夘的
 Ｊ262　シウ　バン　テ：バンノモノ（人品）

守宮
 ＫⅤ20a　シウ　コン：ヤモリ（蟲類）
 Ｊ401　シウ　コン：ヤモリ（虫）

守犬
 ＫⅤ21b　シウ　ケエン：マモリイヌ（畜獸）
 Ｊ404　シウ　ケン：門ヲ守ルイヌ（獸）

守孝
 ＫⅢ14b　シウ　ヒヤ○ウ：イミガヽリ（慶弔）
 Ｊ49　シウ　ヒヤ○ウ：イミカヽリ

受百菓
 ＫⅢ42a　シウ　ベ　コヲー：ヂウバコ（寶貨）
 Ｊ325　シウ　ベ　コウ：ヂウハコ（器用）
 歩　{削除}

受過恩
 ＫⅢ13b　シウ　コフ　ヲエン：オンヲウクル（慶弔）
 Ｊ83　シウ　コウ　ウエン：ヲンヲウクル

受湿的
 ＫⅣ8b　ジウ　シ　テ：シツケウケタ（製作）
 Ｊ222　ジウ　シ　テ：シツケウケタ

受胎
 ＫⅣ33b　ジウ　ダイ：クワヒニン（疾病）
 Ｊ346　ジウ　ダイ：クワイタイ（感動）

壽斑
 ＫⅣ28b　ジウ　パン：アサ（疾病）

壽班
 Ｊ336　ジウ　パン：アザ（感動）{「班」は誤り}

壽帶鳥
 ＫⅤ25a　ジウ　タイ　ニヤ○ウ：ヲナガトリ（禽類）

壽帶鳥
 Ｊ423　ジウ　タイ　ニヤ○ウ：尾ナガトリ（飛禽）

【SHOU～SHU】

壽桃
　ＫⅤ 8a　ジ○ウ　ダ○ウ：賀ニモチユルモゝマンヂウ
　　　（飯肉）
　Ｊ445　ジウ　ダウ：賀ニモチユルモゝマンヂウ（飲食）

壽字香
　ＫⅢ 37b　ジウ　ヅウ　ヒヤン：ジユノ字カウ（寶貨）
　Ｊ200　ジウ　ヅウ　ヒヤン：壽ノ字カウ

獸頭
　ＫⅣ 49a　スイ○ウ　デ○ウ：ヲニカハラ（居室）
　Ｊ371　ジウ　デウ：ヲニカハラ（家居）

瘦
　ＫⅤ 43a　スエ○ウ：ヤスル（馬鞍）
　Ｊ417　スエウ：ヤスル（馬具）

瘦地
　ＫⅠ 10a　スエ○ウ　デイ：ヤセツチ（地理）
　Ｊ253　スエ○ウ　リイ：ヤセツチ（天文）

SHU

書案
　ＫⅢ 30b　シユイ　アン：ツクエ（寶貨）
　Ｊ302　シユイ　アン：ツクエ（器用）

書包
　ＫⅢ 31b　シユイ　パ○ウ：ショモツヅゝミ（寶貨）
　Ｊ304　シユイ　パ○ウ：ショモツツゝミ（器用）

書本
　ＫⅢ 31b　シユイ　ペン：ショモツ（寶貨）
　Ｊ304　シユイ　ペン：ショモツ（器用）

書坊店
　ＫⅣ 51a　シユイ　ブワン　テエン：ショモツミセ（居室）
　Ｊ376　シユイ　ワン　テエン：ショモツミセ（家居）

書房
　ＫⅣ 48a　シユイ　ブワン：ショモツミルトコロ（居室）
　Ｊ369　シユイ　ワン：ショモツミルトコロ（家居）

書函
　ＫⅢ 30b　シユイ　ハン：ショモツバコ（寶貨）
　Ｊ302　シユイ　ハン：ショモツバコ（器用）

書翰
　ＫⅢ 32a　シユイ　ハン：ショカン（寶貨）
　Ｊ305　シユイ　カン：ショカン（器用）

書記
　ＫⅠ 19a　シユイ　キイ：ユウヒツ（人品）
　Ｊ269　シユイ　キイ：イウヒツ（人品）

書架画
　ＫⅢ 31b　シユイ　キヤア　ワアー：ウキエ（寶貨）
　Ｊ304　シユイ　キヤア　ワア：ウキエ（器用）

書架
　歩Ⅲ 41b　｛「書架」に変更｝

書皮
　ＫⅢ 30b　シユイ　ヒイ：ヒヤウシ（寶貨）
　Ｊ302　シユイ　ビイ：ヒヨウシ（器用）

書啓
　ＫⅢ 32a　シユイ　キイ：ショカン（寶貨）
　Ｊ305　シユイ　キイ：ショカン（器用）

書套
　ＫⅢ 30b　シユイ　タ○ウ：ショモツノチツ（寶貨）
　Ｊ302　シユイ　タ○ウ：ショモツノチツ（器用）

書箱
　ＫⅢ 30b　シユイ　スヤン：ショモツバコ（寶貨）
　Ｊ302　シユイ　スヤン：ショモツバコ（器用）

書信
　ＫⅢ 32a　シユイ　スイン：フミ（寶貨）
　Ｊ305　シユイ　スイン：フミ（器用）

書札
　ＫⅢ 31b　シユイ　ツア：ショサツ（寶貨）
　Ｊ304　シユイ　ツア：ショサツ（器用）

書枕
　ＫⅢ 31b　シユイ　チン：ケサン（寶貨）
　Ｊ304　シユイ　チン：ケサン（器用）

叔叔
　ＫⅠ 33b　ショゝ：叔父○妻ヨリ夫ノ男兄弟ヲ呼コトバ（親族）

叔ゞ
　Ｊ279　ショゝ：伯父（親族）

梳盒
　ＫⅢ 29b　スウ　ホ：クシバコ（寶貨）
　Ｊ300　スウ　ホ：クシバコ（器用）

梳梳頭
　ＫⅠ 29a　スウ　スウ　デ○ウ：カミヲソロユル（身體）

梳ゞ頭
　Ｊ201　スウ　ゝ　デ○ウ：カミヲソロユル

梳頭
　ＫⅠ 29a　スウ　テ○ウ：カミヲソロユル（身體）
　Ｊ201　スウ　デ○ウ：カミヲソロユル

輸急了
　ＫⅡ 32b　シユイ　キ　リヤ○ウ：マケテセキセキスル⏋（德藝）
　Ｊ112　シユイ　キ　リヤ○ウ：マケテセキ〜スル⏋

熟皮
　ＫⅠ21a　ショ　ビイ：カハナメシ（人品）
　J273　ショ　ビイ：カワナメシ（人品）
熟皮的
　歩Ⅰ29b　{「熟皮的」に変更}
薯預
　ＫⅤ3a　ジイー　イー：ヤマイモ（菜蔬）
　J385　ジョイ　ユイ：ヤマイモ（菜蔬）
属狗的
　ＫⅠ31b　チョ　ゲ○ウ　テ：戌ノトシ（身體）
　J77　ゾ　ゲ○ウ　テ：イヌノトシ
属猴的
　ＫⅠ31a　チョ　ヘ○ウ　テ：申ノトシ（身體）
　J76　ゾ　ヘ○ウ　テ：申ノトシ
属虎的
　ＫⅠ31a　チョ　フウ　テ：寅ノトシ（身體）
　J76　ゾ　フウ　テ：寅ノトシ
属雞的
　ＫⅠ31b　チョ　キイ　テ：酉ノトシ（身體）
　J77　ゾ　キイ　テ：酉ノトシ
属龍的
　ＫⅠ31a　チョ　ロン　テ：辰ノトシ（身體）
　J76　ゾ　ロン　テ：辰ノトシ
属馬的
　ＫⅠ31a　チョ　マアヽ　テ：午ノトシ（身體）
　J76　ゾ　マア　テ：午ノトシ
属牛的
　ＫⅠ31a　チョ　ニウ　テ：丑ノトシ（身體）
　J76　ゾ　ニウ　テ：丑ノトシ
属蛇的
　ＫⅠ31a　チョ　ジエー　テ：己ノトシ（身體）
　J76　ゾ　ジエヽ　テ：己ノトシ
属鼠的
　ＫⅠ31a　チョ　チイ　テ：子ノトシ（身體）
　J76　ゾ　チユイ　テ：子ノトシ
属兎的
　ＫⅠ31a　チョ　ドヲヽ　テ：卯ノトシ（身體）
　J76　ゾ　ドウ　テ：卯ノトシ
属羊的
　ＫⅠ31a　チョ　ヤン　テ：未ノトシ（身體）
　J76　ゾ　ヤン　テ：未ノトシ
属猪的
　ＫⅠ31b　チョ　チユイ　テ：亥ノトシ（身體）
　J77　ゾ　チユイ　テ：亥ノトシ
蜀府扇
　ＫⅢ38b　チョ　フウ　シエン：シブセンス（寶貨）
　J318　ヂョ　フウ　セン：シブセンス（器用）
蜀葵花
　ＫⅤ30a　チョ　クイ　ハアー：カラアフヒ（花卉）
　J435　ヂョ　グイ　ハアー：カラアヲイ（花艸）
蜀漆
　ＫⅤ28a　チョ　ツイ：コクサキ（樹竹）
　J409　ジョ　ヅエ：クサキ（樹竹）
鼠麹草
　ＫⅤ32a　チイ　キヨ　ツア○ウ：ハヽコグサ（花卉）
鼠麹艸
　J439　チユイ　キヨ　ツア○ウ：ハヽコクサ（花艸）
數念珠
　ＫⅢ12a　スウ　子エン　チイ：シユスクル⌐（祭祀）
　J51　スウ　子ン　チユイ：ジユズクル⌐
束好了
　ＫⅤ40b　ソ　ハ○ウ　リヤ○ウ：ヲビヲヨクシタ（衣服）
　J210　ソ　ハ○ウ　リヤ○ウ：ヲビヲヨクシタ
束腰鞭
　ＫⅤ40b　ソ　ヤ○ウ　ベン：コシヲビヲスル（衣服）
　J209　ソ　ヤ○ウ　ベン：コシヲビヲスル
樹林
　ＫⅠ12a　ジユイ　リン：モリ（地理）
　J257　ジユイ　リン：モリ（天文）
樹木葱籠
　歩Ⅱ48b　{増補}
樹梢
　ＫⅤ28b　ジユイ　スヤ○ウ：コズヘ（樹竹）
　J410　ジユイ　シヤ○ウ：コズヘ（樹竹）
樹條兒
　ＫⅤ28a　シユイ　デヤ○ウ　ルウ：キノエダ（樹竹）
　J409　ジユイ　テヤ○ウ　ルウ：エダ（樹竹）
樹子油
　ＫⅤ9a　ジユイ　ツウ　ユウ：キノミノアブラ（飯肉）
　J447　ジユイ　ツウ　イウ：キノミノアブラ（飲食）
竪了刺
　ＫⅤ35b　シユイ　リヤ○ウ　ツウ：トゲヲタテタ（種藝）
　J232　ジユイ　リヤ○ウ　ツウ：トゲヲタテタ
竪起来
　ＫⅡ7b　シユイ　キイ　ライ：タツル（賓友）
竪起來
　J151　ジユイ　キイ　ライ：タツ
竪起来

372

【SHU～SHUI】

KⅣ 4a シユイ キイ ライ：タツル（製作）{重複掲載}

竪起來
　J217 ジユイ キイ ライ：タツル {重複掲載}

竪人傍
　KⅢ 51b シイ ジン ハン：ニンベン（讀書）

竪人旁
　J32 ジユイ ジン パン：ニンベン

竪桅
　KⅣ 43a ジイ ヲイ：ハシラヲタツル（舩件）

竪桅
　J356 シユイ ヲイ：柱ヲ立ル（舩件）

樹危
　J357 ジユイ ヲイ：ハシラタツル（舩件）{異なる字で重複掲載}

恕送你
　KⅡ 3a シイ ソン ニイ：ソナタヲオクリマセヌヲユルシナサレヒ（賓客）
　J142 ジユイ ソン ニイ：ヲクリマセヌヲユルシナサレイ

恕罪恕罪
　KⅡ 19b シユイ ヅイ シユイ ヅイ：オユルシナサレヒ（通用）

恕罪〻
　J70 シユイ ヅイ 〜：ヲユルシナサレイ

庶夫人
　KⅠ 36a シユイ フウ ジン：御妾（親族）
　J283 ジユイ フウ ジン：御妾（親族）

SHUA

刷鏒
　KⅤ 42b セ バ○ウ：バレンニテオシカナグシカケル（馬鞍）
　J415 スエ バ○ウ：バレンニテヲシカナクシカケルヿ（馬具）

耍子兒
　KⅢ 9a シヤア ツウ ルウ：アソフ（筵宴）
　J71 シヤア ツウ ル丶：アソブ

耍子
　歩Ⅲ 12a {「耍子」に変更}

SHUAI

衰了些
　KⅢ 15b シヤイ リヤ○ウ スイ丶：オトロエタ（慶弔）

　J76 スイ リヤ○ウ スイ：ヲトロエタ

甩掉了
　KⅣ 7b グワン デヤ○ウ リヤ○ウ：ウチカヘシタ（製作）{第1字は別字の可能性あり}
　J218 グハン デヤ○ウ リヤ○ウ：ウチカエシタ

SHUANG

雙立人
　KⅢ 51b ショワン リ ジン：行人ヘン（讀書）
　J31 シハン リ ジン：ニンベン

雙六
　KⅢ 38b ショワン ロ：スゴロク（寶貨）
　J317 シハン ロ：スゴロク（器用）

雙木林
　KⅢ 49b ショワン モ リン：木ヲナラベタル林ノ字（讀書）
　J6 シハン モ リン：木ヲナラベタ林ノ字

雙生
　KⅣ 34a ショワン スエン：フタコ（疾病）

双生
　J346 シハン スエン：フタゴ（感動）

雙生的養不大
　KⅢ 15b ショワン スエン テ ヤン ポ タアー：フタゴハソタチニクヒ（慶弔）
　J4 シハン スエン テ ヤン ポ ダア：フタゴハソタチニクイ

雙手
　KⅠ 26b ショワン シウ：リヤウノテ（身體）
　J288 シハン シウ：リヤウノテ（身體）

SOU

餿了
　KⅤ 10b スエ○ウ リヤ○ウ：スヘル（飯肉）
　J449 スエ○ウ リヤ○ウ：スエタ（飲食）

餿了去
　KⅣ 8b スエ○ウ リヤ○ウ キユイ：クサツタ（製作）
　J222 スエ○ウ リヤ○ウ キユイ：クサツタ

嗽嗽口
　KⅢ 5a スエ○ウ 丶 ケ○ウ：クチヲソク（筵宴）

嗽〻口
　J163 スエ○ウ 丶 ゲ○ウ：クチヲソク

SHUI

水鼈蟲
　KⅤ 20a シユイ ベ チヨン：フナアマメ（蟲類）

J401　シユイ　ペ　チヨン：フナアマメ（虫）

水車
　KⅢ42a　シユイ　チエー：ミツクルマ（寶貨）
　J325　シユイ　チエヽ：ミツクルマ（器用）

水底
　KⅠ11b　シユイ　デイ：ミナソコ（地理）
　J255　シユイ　デイ：ミナソコ（天文）

水缸
　KⅢ37a　シユイ　カン：ミヅガメ（寶貨）
　J315　シユイ　カン：水サシ大壺（器用）

水觀音
　KⅢ11b　シユイ　クワン　イン：ミヅクワンオン（祭祀）
　J35　シユイ　クハン　イン：ミヅクハンヲン

水鏽
　KⅢ37a　シユイ　クワン：ミヅイレ（寶貨）
　J315　シユイ　クハン：ミツイレ（器用）

水龜
　KⅤ17b　シユイ　クイ：イシガメ（魚鼈）

水亀
　J396　シユイ　クイ：イシカメ（魚介）

水櫃
　KⅣ44b　シユイ　グイ：ミツセコ（舩件）
　J360　シユイ　グイ：ミツセコ（舩件）

水紅花
　KⅤ30b　シユイ　ホン　ハアー：オホケタデ（花卉）
　J436　シユイ　ホン　ハア：カブテカウブラ（花卉）

水火爐
　KⅢ28a　シユイ　ホヲヽ　ルウ：ノブロ（寶貨）
　J296　シユイ　ホウ　ルウ：ノブロ（器用）

水煎
　KⅣ37a　シユイ　ツエン：ミツセンジ（醫療）
　J349　シユイ　ツエン：ミヅセンジ（療養）

水筧
　KⅣ50a　シユイ　ケン：カケヒ（居室）
　J373　シユイ　ケン：カケヒ（家居）

水芥菜
　KⅤ2a　シユイ　キヤイ　ツアイ：カハタカナ（菜蔬）
　J383　シユイ　キヤイ　ツアイ：カハタカナ

水盡頭
　KⅠ11b　シユイ　ヅイン　デ○ウ：ミヅノハキバ（地理）
　J256　シユイ　ヂン　デ○ウ：ミヅノハキバ（天文）

水晶
　KⅢ40a　シユイ　ツイン：スイシヤウ（寶貨）

J320　シユイ　チン：スイセウ（器用）

水晶葱
　KⅤ4a　シユイ　ツイン　ツヲン：ラツキヤウ（菜蔬）
　J387　シユイ　チン　ツヲン：ラツキヤウ（菜蔬）

水蓼
　KⅤ2a　シユイ　リヤ○ウ：イヌタデ（菜蔬）
　J383　シユイ　リヤ○ウ：イヌタデ（菜蔬）

水路来
　KⅣ46b　シユイ　ルウ　ライ：フナヂヲキタ（舩件）

水路來
　J191　シユイ　ルウ　ライ：フナヂヲキタ

水落石出
　KⅢ22a　シユイ　ロ　ジ　チユ：ハケカアラワルヽ（官府）
　J105　シユイ　ロ　ジ　チユ：バケアラワルヽ

水麺
　KⅤ6b　シユイ　メエン：ヒヤシザウメン（飯肉）

水麺
　J442　シユイ　メン：ヒヤシソウメン（飲食）

水墨
　KⅢ32b　シユイ　メ：スミエ（寶貨）
　J306　シユイ　メ：スミエ（器用）

水墨色
　KⅤ39b　シユイ　メ　スエ：ウス子ヅミ（衣服）
　J432　シユイ　ㇺ　スエ：ウス子ヅミ　ミヅイロ（衣服）

水牛
　KⅤ21a　シユイ　ニウ：スイギウ（畜獸）
　J403　シユイ　ニウ：スイギウ（獸）

水泡
　KⅠ11b　シユイ　パ○ウ：ミヅノアハ（地理）
　J256　シユイ　パ○ウ：アハ（天文）

水瓢
　KⅢ37a　シユイ　ピヤ○ウ：ヒシヤク（寶貨）
　J314　シユイ　ピヤ○ウ：ヒシヤク（器用）

水梢
　KⅣ40a　シユイ　スヤ○ウ：スイシユ（舩件）
　J351　シユイ　シヤ○ウ：スイシユ（舩件）

水杓
　KⅢ37a　シユイ　ツヤ：ヒシヤク（寶貨）
　J314　シユイ　チヤ：ヒシヤク（器用）

水蛇
　KⅣ45a　シユイ　ジエー：サウビキ（舩件）
　J361　シユイ　ジエヽ：サウビキ（舩件）

水手
　KⅣ40a　シユイ　シウ：スイシユ（舩件）

【SHUI～SHUO】

J351　ジユイ　シウ：スイシユ（舩件）

水松
　ＫⅤ 3b　シユイ　ソン：ミル（菜蔬）
　J387　シユイ　ソン：ミル（菜蔬）

水獺
　ＫⅤ 22a　シユイ　ダ：カハウソ（畜獣）
　J405　シユイ　ダ：カハウソ（獸）

水苔菜
　ＫⅤ 2a　シユイ　タイ　ツアイ：カハノリ（菜蔬）
　J383　シユイ　タイ　ツアイ：カハノリ（菜蔬）

水鋾
　ＫⅣ 45b　シユイ　ドウ：ナマリツルベ（舩件）
　J362　シユイ　ダ○ウ：ナマリツルベ（舩件）

水桶
　ＫⅢ 37a　シユイ　トン：ミツオケ（寶貨）
　J315　シユイ　ドン：ミツヲケ（器用）

水紋
　ＫⅠ 11a　シユイ　ウエン：サヾナミ（地理）
　J255　シユイ　ウエン：サザナミ

水仙花
　ＫⅤ 30a　シユイ　スエン　ハアー：スイセン（花卉）
　J435　シユイ　スエン　ハア：スイセン（花艸）

水仙門
　ＫⅣ 44b　シユイ　スエン　メン：ドウノマノモン（舩件）
　J360　シユイ　スエン　メン：ドウノマノモン（舩件）

水漩渦
　ＫⅠ 11a　シユイ　ヅエン　ヲウ：ウヅマク（地理）
　J255　シユイ　チエン　ヲヽ：ウツマク（天文）

水鴨
　ＫⅤ 23b　シユイ　ヤ：カモ（禽類）
　J420　シユイ　ヤ：カモ（飛禽）

水也秀山也明
　ＫⅠ 13a　シユイ　エー　スイ○ウ　サン　エー　ミン：ミツモヒイデヤマモアキラカナリ（地理）

水也秀山也秀
　J189　シユイ　エヽ　シウ　サン　エヽ　ミン：ミヅモヤマモヒイデタ

水盃
　ＫⅢ 30b　シユイ　イー：ミツイレ（寶貨）
　J302　シユイ　ユイ：ミツイレ（器用）

水槽
　ＫⅣ 50a　シユイ　ツア○ウ：トヒ（居室）
　J373　シユイ　ツア○ウ：トイ（家居）

水戰
　ＫⅣ 24a　シユイ　チエン：フナイクサ（兵法）
　J329　シユイ　チエン：フナイクサ（兵法）

水腫
　ＫⅣ 30a　シユイ　チヨン：ハレヤマヒ（疾病）
　J339　シユイ　チヨン：ミヅハレ（感動）

睡不着
　ＫⅠ 43b　ジユイ　ポ　ヂヤ：子イラヌ（動作）
　J109　シユイ　プ　ヂヤ：子イラヌ

睡床
　ＫⅢ 26a　ジユイ　ヂヤン：子トコ（寶貨）
　J293　シユイ　ヂヤン：子ドコ（器用）

睡房
　ＫⅣ 48a　ジユイ　ブワン：子トコロ（居室）
　J369　シユイ　ワン：子ドコロ（家居）

睡楼
　ＫⅣ 48a　ジユイ　レ○ウ：ニカヒノ子マ（居室）
　J369　シユイ　レウ：ニカイノ子マ（家居）

睡一覺
　ＫⅠ 43a　ジユイ　イ　キヤ○ウ：ヒトイキ子ル（動作）
　J109　シユイ　イ　キヤ：ヒトイキ子ル

SHUN

順風
　ＫⅠ 3b　ジユン　フヲン：ジユンフウ（天文）
　J248　シイン　ホン：シユンフウ（天文）

順風耳
　ＫⅢ 11a　ジユン　フヲン　ルウ：媽祖ノワキダチ（祭祀）
　J34　ジユン　ホン　ルヽ：媽祖ノワキダチ

順風旗
　ＫⅣ 44b　シユン　ホン　ギイ：カサキリ（舩件）
　J360　ジユン　ホン　キイ：カサキリ（舩件）

順風相送
　ＫⅣ 47b　ジユイン　フヲン　スヤン　ソン：イトマコヒノコトハ（舩件）
　J193　ジユン　ホン　スヤン　ソン：イトマゴイノ詞

瞬息
　ＫⅠ 5b　チユイン　スイ：マタヽキノマ（天文）
　J252　チユン　スエ：マタヽキノマ（天文）
　歩　｛削除｝

SHUO

説不盡
　ＫⅡ 15b　セ　ポ　ヅイン：トキツクサヌ（通用）
　J129　セ　ポ　ヂン：トキツクサヌ

説大話
　ＫⅡ14a　セ ダアー ワアー：オホクチ云（通用）
　J125　セ ダア ワア：ヲヽグチ云
説道
　ＫⅡ15a　セ ダ○ウ：イフ（通用）
　J129　セ ダ○ウ：イフ
説得好
　ＫⅡ16a　セ テ ハ○ウ：ヨウトカレタ（通用）
　J130　セ テ ハ○ウ：ヨウトカレタ
説得盡
　ＫⅡ15b　セ テ ヅイン：トキツクス（通用）
　J129　セ テ ヂン：トキツクス
説得来
　ＫⅡ9b　シエ テ ライ：中ノヨヒ（賓友）
説得來
　J77　セ テ ライ：中ノヨイ
説得是
　ＫⅡ15b　セ テ ズウ：ソノイヒヨフジヤ（通用）
　J129　セ テ ズウ：ソノイヽヨウシヤ
説壊了
　ＫⅡ15b　セ ワイ リヤ○ウ：イヒヤブツタ（通用）
　J129　セ ワイ リヤ○ウ：イヽヤブツタ
説将来
　ＫⅡ17a　セ ツヤン ライ：イフテキタ（通用）
説將來
　J129　セ チヤン ライ：イフテキタ
説夢話
　ＫⅣ28a　シエ モン ワアー：子ゴト（疾病）
　J335　セ モン ワア：子ゴト（感動）
説明白
　ＫⅡ15b　セ ミン ベー：メイハクニイフ（通用）
　J130　セ ミン ベー：タシカナイヽヨフ
説人情
　ＫⅢ18a　セ シン ヅイン：マヒナヒ（寄贈）
　J52　セ ジン チン：マイナイ
説什麼話
　ＫⅡ14b　セ シ モ ワアー：ナニハナシカ（通用）
説什広話
　J126　セ シ モ ワア：ナニハナシカ
説説看
　ＫⅠ41b　シエヽ カン：イウテミヨ（動作）
説ゝ看
　J174　セヽ カン：イフテミヨ
説説説
　ＫⅡ15a　セヽヽ：イエ〜（通用）
説ゝゝ
　J128　セヽヽ：イエ〜
説一番
　ＫⅡ15a　セイ ハン：ヒトヽフリイフ（通用）
　J129　セイ パン：ヒトヽヲリイフ
説一句是一句
　ＫⅡ16b　セイ キイ ズウ イ キイ：イツクイツク モツトモ（通用）
　J131　セイ キイ ズウ イ キイ：イツク〜モツトモ
説一句聽一句
　歩Ⅱ21b　{「説一句聽一句」に変更}
説一句笑話兒散散悶
　ＫⅡ15a　セイ キイ スヤ○ウ ワアール サンヽ メン：ヒトクチノオトシバナシガキバラシニナル（通用）
説一句笑話兒散ゝ悶
　J128　セイ キイ スヤ○ウ ワア ルヽ サンヽ メン：ヒトクチノヲトシハナシガキバラシニナル
説一説
　ＫⅡ23b　セイ セ：イヘ（通用）
　J24　セイ セ：イヘ
説着了
　ＫⅡ15b　セ ヂヤ リヤ○ウ：イヒアテタ（通用）
　J130　セ ヂヤ リヤ○ウ：イヽアテタ
搠破了
　ＫⅣ6b　チヨ ポヲ リヤ○ウ：ツキヤブル（製作）{「搠」は「戳」の誤りか}
　J215　チヨ ポウ リヤ○ウ：ツキヤブル

SI

私房
　ＫⅣ48a　スウ ブワン：イトコロ（居室）
　J369　スウ ワン：イトコロ（家居）
私下去
　ＫⅡ5a　スウ ヒヤア キユイ：シノビテユク（賓友）
　J146　スウ ヒヤヽ キユイ：シノビアルキ
私下做
　ＫⅣ2a　スウ ヒヤア ツヲー：ナイセウデスル（製作）
　J134　スウ ヒヤア ツヲヽ：ナイシヤウデスル
私走
　ＫⅡ5a　スウ ツエ○ウ：ワレ〜ニアルク（賓友）
　J146　スウ ツエ○ウ：ヤツレテアルク
私下走

歩Ⅱ 6b 　{「私下走」に変更}
司馬
　KⅢ 26b　スウ　マアー：フスマ　○長崎渡来ノ唐人
　　和語マ子テ云コトバナリ（寶貨）
　J294　スウ　マアー：フスマ（器用）
　歩　{削除}
絲瓜
　KⅤ 2b　スウ　クワア：イトウリ（菜蔬）
　J384　スウ　クハア：イトウリ（菜蔬）
絲綿
　KⅤ 39a　スウ　メエン：マワタ（衣服）
　J430　スウ　メン：マワタ（衣服）
絲條
　KⅤ 37a　スウ　タ○ウ：イトウチノヲビ（衣服）
絲條
　J426　スウ　テヤ○ウ：イトウチノヲビ（衣服）
絲頭
　KⅤ 38b　スウ　デ○ウ：フシイト（衣服）
　J430　スウ　デ○ウ：フシイト（衣服）
絲線
　KⅤ 38b　スウ　スエン：マガヒ（衣服）
　J430　スウ　セン：マガイ（衣服）
斯文話
　KⅡ 14a　スウ　ウエン　ワアー：ヤサカタナハナシ
　　（通用）
　J125　ズウ　ウエン　ワア：ヤサカタナハナシ
斯須
　KⅠ 5b　スウ　スイー：シバラク（天文）
　J252　スウ　シユイ：シバラク（天文）
撕破了
　KⅣ 6a　スウ　ポヲ　リヤ○ウ：ヒキサヒタ（製作）
　J215　スウ　ポウ　リヤ○ウ：ヒキサイタ
死結
　KⅣ 3b　スウ　キ：マムスビ（製作）
　J211　スウ　キ：マムスビ
死心蹈地
　KⅡ 29b　スウ　スイン　タ○ウ　デイ：ミヲハハメテ
　　スル７（患難）
死心踏地
　J113　スウ　スイン　タ　リイ：ハマツテスルコト
死心踏地
　歩Ⅱ 39a　{「死心踏地」に変更}
死心的
　KⅠ 39b　スウ　スイン　テ：ハマツタ（性情）
　J47　スウ　スイン　テ：ハマツタ

死戰
　KⅣ 24b　スウ　チエン：シニイクサ（兵法）
　J330　スウ　チエン：シニイクサ（兵法）
巳時
　KⅠ 3b　ズウ　ズウ：四ツトキ（天文）
　J248　ズウ　ズウ：四ツドキ（天文）
四壁角
　KⅣ 49b　スウ　ピコ：シヘキノスミ（居室）
　J372　スウ　ピコ：シヘキノスミ（家居）
四方的
　KⅣ 12a　スウ　ハン　テ：マシカク（數量）
　J213　スウ　ハン　テ：マシカク
四更
　KⅠ 4a　スウ　ゲン：夜ノハツドキ（天文）
　J248　スウ　ゲン：夜ノハツドキ（天文）
四脚蛇
　KⅤ 19a　スウ　キヤ　ジエー：トカゲ（蟲類）
　J399　スウ　キヤ　ジエ：トカゲ（虫）
四稜的
　KⅣ 12a　スウ　リン　テ：シカクナ（數量）
　J213　スウ　リン　テ：シカクナ
四五個
　KⅣ 14a　スウ　ウー　コ：ヨツイツヽ（數量）
　J27　スウ　ウ、　コ：ヨツイツヽ
四五樣
　KⅣ 14a　スウ　ウ、　ヤン：ヨツイツヽノモノ（數量）
　J27　スウ　ウ、　ヤン：ヨツイツヽノモノ
四肢
　KⅠ 25a　スウ　ツウ：シヒシ（身體）
　J285　スウ　ツウ：シイシ（身體）
四隻脚
　KⅣ 16a　スウ　チ　キヤ：ヨツアシ（諸物）
　J233　スウ　チ　キヤ：ヨツアシ
寺場
　KⅠ 12a　ズウ　ヂヤン：テラ（地理）
　J257　ズウ　ヂヤン：テラ（天文）
寺場去
　KⅢ 15a　ズウ　ヂヤン　キユイ：テラニユク（慶弔）
　J50　スウ　ヂヤン　キユイ：テラニユク

SONG

松菰
　KⅤ 2a　ソン　クウ：マツタケ（菜蔬）
　J384　ソン　クウ：マツタケ（菜蔬）
松露

ＫⅤ4a　ソン　ルウ：ショウロ（菜蔬）
　　　J387　ソン　ルウ：ショウロ（菜蔬）
松鼠
　　　ＫⅤ22a　ソン　チイ：リス（畜獣）
　　　J405　ソン　チユイ：リス（獣）
松樹
　　　ＫⅤ27a　ソン　<u>ジユイ</u>：マツノキ（樹竹）
　　　J407　ソン　ジユイ：マツノキ（樹竹）
松子
　　　ＫⅤ34a　ソン　ツウ：マツノミ（菓蓏）
　　　J413　ソン　ツウ：マツノミ（菓）
鬆鬆的
　　　ＫⅢ22b　ソン　丶　テ：ユルヒ（官府）
鬆々的
　　　J206　ソン　丶　テ：ユルイ
竦動人
　　　ＫⅡ35a　ソヲン　ドン　ジン：ソヽナカス（盟約）
　　　J92　ソン　ドン　ジン：ソヽナカス
宋錦
　　　ＫⅤ37a　ソヲン　キン：ニシキ（衣服）
　　　J427　ソン　キン：ニシキ（衣服）
送把你
　　　ＫⅢ13b　ソン　ハア　ニイ丶：ソナタニシンセル（慶弔）
　　　J84　ソン　パア　ニイ：シンジマス
送出来
　　　ＫⅡ3a　ソン　<u>チユ</u>　ライ：オクラレタ（賓友）
送出來
　　　J142　ソン　チユ　ライ：ヲクラレタ
送礼来
　　　ＫⅢ14a　ソン　リイ　ライ：レイモツヲオクル（慶弔）
送礼來
　　　J84　ソン　リイ　ライ：レイモツヲオクル
送禮物
　　　ＫⅢ14a　ソン　リイ　<u>ウエ</u>：レイモツヲオクル（慶弔）
送礼物
　　　J84　ソン　リイ　ウエ：レイモツヲオクル
送人事
　　　ＫⅢ17a　ソン　ジン　ズウ：ミヤモノ（寄贈）
　　　J85　ソン　ジン　ズウ：ミヤ物
送喪去
　　　ＫⅢ15a　ソン　サン　<u>キユイ</u>：ソウレヒニユク（慶弔）
　　　J49　ソン　サン　キユイ：ソウレイニユク
送笋来

　　　ＫⅤ11b　ソン　スイン　ライ：タカンナヲヲクラレタ（飯肉）
送笋來
　　　J235　ソン　スエン　ライ：タカンナヲヲクラレタ
送他
　　　ＫⅢ17b　ソン　タアー：アレニツカハス（寄贈）
　　　J85　ソン　タア：アレニツカワス
送我
　　　ＫⅢ17b　ソン　コヲ丶：ワレニタマワル（寄贈）
　　　J85　ソン　ゴウ：ワレニタマワル
送一送
　　　ＫⅡ23b　ソン　イ　ソン：オクル（通用）
　　　J24　ソン　イ　ソン：ヲクル
送與他
　　　ＫⅢ13b　ソン　イ丶　タア丶：アレニヤル（慶弔）
　　　J84　ソン　イ丶　タア：アレニヤル

SU

蘇合丸功能大
　　　ＫⅣ38a　スウ　ハ　ワン　コン　子ン　ダアー：ソゴフグワンハ功能カヨイ（醫療）
　　　J43　スウ　ハ　ワン　コン　子ン　ダア：ソゴウグワンハ功能ガヨイ
酥餅
　　　ＫⅤ8a　スウ　ピン：ペンシンノルイ（飯肉）
　　　J445　スウ　ピン：ペンシンノルイ（飲食）
酥得好
　　　ＫⅢ3b　スウ　テ　ハ○ウ：シユミカヨヒ（筵宴）
　　　J157　スウ　テ　ハ○ウ：シコミガヨイ
俗得狠
　　　ＫⅠ23a　<u>ツヲ</u>　テ　ヘン：ゲビタリ（人品）
　　　J110　ゾ　テ　ヘン：イカフゲヒタ
俗氣些
　　　ＫⅠ23a　<u>ツヲ</u>　キイ　<u>スイ丶</u>：ゾクナ（人品）
　　　J110　ゾ　キイ　スイ：ゾクナ
俗字眼
　　　ＫⅢ51a　ヅヲ　ヅウ　エン：ゾクジガン（讀書）
　　　J31　ゾ　ヅウ　エン：ゾクジガン
素菜
　　　ＫⅤ1b　スウ　ツアイ：シヤウジン（菜蔬）
　　　J382　スウ　ツアイ：シヤウジンモノ（菜蔬）
素飯兒
　　　ＫⅤ7b　スウ　ハン　ルウ：ソハン（飯肉）
　　　J443　スウ　ハン　ル丶：ソハン（飲食）
素光紬

【SONG〜SUI】

　ＫⅤ37b　スウ　クワン　ヂゥ：モンナシ（衣服）
　Ｊ428　スウ　クハン　チウ：モンナシ（衣服）
速疾的
　ＫⅣ12b　ソ ヅイ テ：ハヤイモノ（數量）
　Ｊ238　ソ　シ　テ：ハヤイモノ
宿
　ＫⅤ25b　ソ：トマル（禽類）
　Ｊ424　ソ：トマル（飛禽）
宿酒
　ＫⅣ31b　ソ　ツイ○ウ：フツカエヒ（疾病）
　Ｊ341　ソ　チウ：フツカヨイ（感動）
宿酒未醒
　ＫⅢ3b　ソ　ツイ○ウ　ウイ、　スイン：フツカヨヒ カマタサメヌ（筵宴）
　Ｊ157　ソ　チウ　ウイ　スイン：フツカヨイ
宿田翁
　ＫⅢ40b　スイヨ　デン　ウヲン：オドシ（寶貨）
　Ｊ321　ソ　デン　ヲン：ヲドシ（器用）
宿一宿
　ＫⅡ21b　ソイ　ソ：トマル（通用）
　Ｊ20　ソイ　ソ：トマレ
粟米飯
　ＫⅤ7a　ツヲ　ミイー　ワン：アハメシ（飯肉）
　Ｊ443　ソ　ミイー　ハン：アハメシ（飲食）
粟子
　ＫⅤ6b　ツヲ　ツウ：アハ（飯肉）
　Ｊ442　ソ　ツウ：アハ（飲食）
塑像
　ＫⅠ21a　スウ　ヅヤン：ザウツクリ（人品）
　Ｊ272　スウ　ヂヤン：ゾウツクリ（人品）
塑像的
　歩Ⅰ29b　{「塑像的」に變更}

SUAN

酸
　ＫⅤ11a　スワン：スヒ（飯肉）
　Ｊ450　サン：スイ（飲食）
酸湯
　ＫⅤ9a　スワン　タン：スノスイモノ（飯肉）
　Ｊ447　サン　タン：スノスイモノ
酸疼
　ＫⅣ33a　スワン　デン：スビク（疾病）
　Ｊ344　サン　デン：スビク（感動）
蒜頭
　ＫⅤ4a　ソワン　テ○ウ：ニンニク（菜蔬）

　Ｊ387　ソハン　デ○ウ：ニンニク（菜蔬）
筭不来
　ＫⅣ22b　ソワン　ポ　ライ：サンガナラヌ（財産）
筭不來
　Ｊ18　ソハン　プ　ライ：サンガナラヌ
筭差了
　ＫⅣ22b　ソワン　ツアー　リヤ○：カゾエチガフタ（財産）
　Ｊ18　ソハン　ツア、　リヤ○ウ：カゾエチガフタ
筭得定
　ＫⅣ21a　ソワン　テ　デン：サンシサダメタ（財産）
　Ｊ16　ソハン　テ　デン：サンシサダメタ
筭得来
　ＫⅣ22b　ソワン　テ　ライ：サンシエタ（財産）
筭得來
　Ｊ18　ソハン　テ　ライ：サンシエタ
筭計好
　ＫⅣ23a　ソワン　キイー　ハ○ウ：ミコミノヨヒ⌐（財産）
　Ｊ48　ソハン　キイ　ハ○ウ：ミコミノヨイ⌐
筭計你
　ＫⅡ30b　ソワン　キイ　ニイ：ソナタヲニ計⌐ニノスル（疎慢）
　Ｊ94　ソハン　キイ　ニイ：ソナタヲハカリコトニノスル
算命
　ＫⅠ20a　ソワン　ミン：ニンソウミ（人品）
筭命
　Ｊ271　ソハン　ミン：ニンソウミ（人品）
筭命的
　ＫⅠ24b　ソワン　ミン　テ：メイカンジヤ（人品）
　Ｊ48　ソハン　ミン　テ：メイカンジヤ
算盤
　ＫⅢ39a　ソワン　ボワン：ソロバン（寶貨）
筭盤
　Ｊ319　ソハン　バン：ソロバン（器用）
筭起来
　ＫⅣ22b　ソワン　キイ　ライ：カゾユル（財産）
筭起來
　Ｊ18　ソハン　キイ　ライ：カゾユル

SUI

雖然如此
　ＫⅡ20a　スイ　ジエン　ジユイ　ツウ：サレドモ（通用）

J70 スイ ゼン ジユイ ツウ：サレトモ

随便随便
　KⅡ9a ヅ○イ ベエン ヅ○イ ベエン：御勝手ニナサレ（賓友）

隨便ゞゞ
　J72 ヅイ ベン 〜：ヲカツテニナサレイ

隨手来
　KⅣ5a ヅ○イ シウ ライ：テニツヒテクル（製作）

隨手來
　J59 ヅイ シウ ライ：テニツイテクル

隨水鳥
　KⅤ24b ヅ○イ シユイ ニヤウ：チドリ（禽類）
　J422 ヅイ シユイ ニヤ○ウ：チトリ（飛禽）

隨喜見
　KⅢ12a ヅ○イ ヒイ ケン：勤行ナトヲ見物スル⁊（祭祀）

隨喜見
　J51 ヅイ ヒイ ケン：勤行ナトヲ見物スル⁊

隨意吃
　KⅢ5a ヅ○イ イー チ：カツテニタヘマス（筵宴）

隨意吃
　J163 ヅイ イ､ チ：カツテニタベマス

歲數呢
　KⅢ15b ス○イ スウ ニイ：トシハ（慶弔）
　J76 ス○イ スウ ニイ：トシハ

碎炒豆
　KⅤ12a ス○イ ツア○ウ デ○ウ：マメヲクタイテイル（飯肉）
　J236 スイ ツヤ○ウ デ○ウ：マメヲクダイテイル

碎路
　KⅢ41b ス○イ ルウ：ヤキモノヽヒゞキノアル⁊（寶貨）
　J324 スイ ルウ：ヤキモノヽヒゞキノアル⁊（器用）

碎米
　KⅤ6a ス○イ ミイ：コゞメ（飯肉）
　J441 スイ ミイ：コヽメ（飲食）

碎石頭
　KⅣ53a ス○イ ジ デ○ウ：コマイシ（居室）
　J196 スイ ジ デ○ウ：コマイシ

SUN

孫女
　KⅠ35b スーン ニイ：マゴムスメ（親族）
　J282 スエン ニイ：マゴムスメ（親族）

孫子
　KⅠ35b スーン ツウ：マゴ（親族）
　J282 スエン ツウ：マゴ（親族）

損目的
　KⅠ42b ス○イン モ テ：メヲソンジタ（動作）
　J176 スエン モ テ：メヲソンジタ

笋湯兒
　KⅢ6b ス○イン タン ルウ：タカンナノシル（筵宴）
　J166 スエン タン ル丶：タカンナノシル

鵆鳥
　KⅤ23a スイン ニヤ○ウ：ハヤブサ（禽類）
　J419 ［右スイン・左スエン］ニヤ○ウ：ハヤブサ（飛禽）

SUO

梭魚
　KⅤ16b ソウ イー：カマス（魚鼈）
　J393 ソウ イ､：カマス（魚介）

蓑蟲
　KⅤ20a ソウ チヨン：ミノムシ（蟲類）

蓑虫
　J401 ソウ チヨン：ミノムシ（虫）

蓑衣
　KⅤ36b ソウ イー：ミノ（衣服）
　J426 ソウ イ､：ミノ（衣服）

所在好
　KⅠ12b ソウ ヅアイ ハ○ウ：バショガヨヒ（地理）
　J188 ソウ ヅアイ ハ○ウ：バショガヨイ

索麵
　KⅤ6b ソ メエン：サウメン（飯肉）

索麵
　J442 ソ メン：ソウメン（飲食）

索性
　KⅡ18b ソ スイン：イツソ（通用）
　J68 ソ スイン：イツコウニ

索性吃
　KⅢ7b ソ スイン チ：ソノマヽタヘル（筵宴）
　J168 ソ メン：イツカウニクウ

索子
　KⅢ41b ソ ツウ：ナワ（寶貨）
　J324 ソ ツウ：ナワ（器用）

嗩吶
　KⅢ35b ソウ ナ：チヤルメラ（寶貨）
　J312 ソウ ナ：チヤルメラ（器用）

鎖兒
　KⅢ34b ソウ ルウ：ジヤウマヘ（寶貨）

【SUI～TA】

　J310 ソウ ル ヽ：ジヤウマエ（器用）

鎖伏緞
　KⅤ38a ソウ ホ ドワン：チヨロケン（衣服）
　J429 ソウ ホ ドハン：チヨロケン（衣服）

鎖庫門
　KⅣ52a ソヲ クウ メン：クラヲトサス（居室）
　J197 ソウ クウ メン：クラヲトザス

鎖了門
　KⅣ52a ソヲ リヤ○ウ メン：モンヲトサス（居室）
　J197 ソウ リヤ○ウ メン：モンヲトザス

鎖肅門
　KⅣ52a ソヲ ソ メン：シヲリド（居室）
　J197 ソウ ソ メン：シヲリド

鎖碎的
　KⅡ20a ソフ ス○イ テ：ヤカマシヒ（通用）
　J89 ソウ スイ テ：ヤカマシイ

TA

他安排
　KⅡ12a タアー アン バイ：アノアンバイ（賓友）
　J221 タア アン パイ：アノアンバイ

他不来
　KⅡ4b タアー ポ ライ：アレハコヌ（賓友）

他不來
　J145 タア プ ライ：アレハコラレヌ

他不要
　KⅡ25a タアー ポ ヤ○ウ：アレハイラヌ（干求）
　J63 タア プ ヤ○ウ：アレハイラヌ

他不依我
　KⅡ35b タアー ポ イー ゴヲー：アレガワレニマカセヌ（盟約）
　J92 タア プ イ、ゴウ：アレカワレニマカセヌ

他倒有
　KⅣ19b タアー タ○ウ イウ：アレハカヘツテアル（財産）
　J137 タア タ○ウ イウ：アレハカエツテアル

他薦我
　KⅡ27b タア、ツエン ゴヲ、：アレガワレヲス、ムル（干求）
　J94 タア セン ゴウ：アレガワレヲス、ムル

他教你
　KⅡ10b タアー キヤ○ウ ニイ：カレガソチニオシユル（賓友）
　J78 ダア キヤ○ウ ニイ：カレガソチニヲシユル

他敬你
　KⅢ3a タア、キン ニイ：アレガソレニアケマス（筵宴）
　J156 タアー キン ニイ：アレガソレニアゲマス

他騙你
　KⅡ30a タアー ペエン ニイ：アレガソチヲダマシタ（疎慢）
　J98 タア ペン ニイ：アレガソチヲダマシタ

他騙我
　KⅡ30a タアー ペエン ゴヲ、：アレガヲレヲダマシタ（疎慢）
　J98 タア ペン ゴウ：アレガヲレヲダマシタ

他説道
　KⅡ16a タア、セ ダ○ウ：アレカイフニハ（通用）
　J130 タア セ ダ○ウ：アレカイフハ

他先進
　KⅡ8b タアー スエン ツイン：カレガサキニハヒル（賓友）
　J153 タア セン チン：カレガサキニハイル

他中了
　KⅣ27a タア、チヨン リヤ○ウ：アレガアテタ（兵法）
　J204 タア チヨン リヤ○ウ：アレガアタツタ

他自斟
　KⅡ12a タア、ツウ チン：アレカミツカラクム（賓友）
　J221 タア ヅウ チン：アレガシンシヤクスル
歩　{削除}

他做甚
　KⅣ1a タアー ツヲー シヤア：アレハナニヲスルカ（製作）
　J132 タア ツヲ、シヤア：アレハナニヲスルカ

踏鐙
　KⅤ42a タ テン：アブミ（馬鞍）
　J415 タ テン：アブミ（馬具）

踏踏面
　KⅢ27a タウ 、メエン：タヽミ ○長崎ワタリノ唐人ノコトバ（寶貨）

踏ヶ面
　J294 タ、メン：長崎ワタリノ唐人タ、ミヲ云（器用）

蹈住了
　KⅣ4b タ ヂユイ リヤ○ウ：フミツメル（製作）
　{蹈字は「踏」の誤りか}

蹈住了
　J225 タ ヂユイ リヤ○ウ：フミツメル

踏住了
  歩Ⅳ6a　{「踏住了」に変更}

TAI

胎毒
  ＫⅣ34b　ダイ　ド：タイドク（疾病）
  Ｊ347　ダイ　ド：タイドク（感動）

胎衣
  ＫⅣ33b　ダイ　イ：イヤ（疾病）
  Ｊ346　ダイ　イ丶：イヤ（感動）

胎衣不下
  ＫⅣ34a　ダイ　イー　ポ　ヒヤア：エナノオリヌ⌐
    （疾病）{Ｊより語釈の変更}
  Ｊ347　ダイ　イ丶　プ　ヒヤア：イヤノオリヌ⌐（感動）

擡轎
  ＫⅠ19b　ダイ　ギヤ○ウ：カゴカキ（人品）
  Ｊ270　ダイ　ギヤ○ウ：カゴカキ（人品）

擡轎的
  歩Ⅰ27b　{「擡轎的」に変更}

抬進来
  ＫⅣ5a　ダイ　ツイン　ライ：カ丶ケコム（製作）

抬進來
  Ｊ59　ダイ　チン　ライ：カ丶ゲコム

抬舉你
  ＫⅡ27b　ダイ　キユイ　ニイ：ソチヲヒキアクル（干求）
  Ｊ94　ダイ　キユイ　ニイ：ソコモトヲヒキアグル

抬木頭
  ＫⅣ2a　ダイ　モ　デ○ウ：サイモクヲモチアクル（製作）
  Ｊ60　ダイ　モ　デ○ウ：ザイモクヲモチアグル

抬石頭
  ＫⅣ2a　ダイ　ジ　デ○ウ：イシヲモチアクル（製作）
  Ｊ60　ダイ　ジ　デ○ウ：イシヲモチアグル

擡頭
  ＫⅢ33a　ダイ　デ○ウ：一字アグル（寶貨）
  Ｊ307　ダイ　デ○ウ：一字アゲテカク（器用）

抬頭寫
  ＫⅢ45b　ダイ　デ○ウ　スエー：ツキアゲテカク（讀書）
  Ｊ122　ダイ　デ○ウ　スエ丶：ツキアゲテカク

太多了
  ＫⅣ10a　ダイ　トウ　リヤ○ウ：ハナハタオホヒ（数量）
  Ｊ170　タイ　トウ　リヤ○ウ：ハナハタヲヽイ

太放鬆
  ＫⅢ22b　タイ　ハン　ソン：ユルヤカナ（官府）
  Ｊ206　タイ　ハン　ソン：ユルガセナ

大過了
  ＫⅣ10b　タイ　コウ　リヤ○ウ：スギマシタ（数量）
    {大は太の誤り}

太過了
  Ｊ171　タイ　コウ　リヤ○ウ：スギマシタ

太后
  ＫⅠ18a　タイ　ヘ○ウ：タイコウ（人品）
  Ｊ267　タイ　ヘ○ウ：キサキ（人品）

太簡了
  ＫⅡ24b　タイ　ケン　リヤ○ウ：アマリコトスクナヒ（通用）
  Ｊ207　タイ　ケン　リヤ○ウ：アマリコトスクナイ

太満了
  ＫⅢ3b　タイ　モワン　リヤ○ウ：ハナハタミチタ（筵宴）
  Ｊ157　タイ　マン　リヤ○ウ：ハナハタミチタ

太平的
  ＫⅢ23b　タイ　ビン　テ：タイヘイナ（官府）
  Ｊ9　タイ　ピン　テ：タイヘイナ

太平了
  ＫⅢ23b　タイ　ヒン　リヤ○ウ：タイヘイナ（官府）
  Ｊ9　タイ　ピン　リヤ○ウ：タイヘイナ

太輕暴
  ＫⅠ39a　タイ　ケン　バウ：ヅンドソコツナ（性情）
  Ｊ212　タイ　キン　バ○ウ：ヅンドソコツナ

太上皇
  ＫⅠ18a　タイ　ジャン　ワン：ホフワウ（人品）
  Ｊ267　タイ　ジャン　ハン：ホフヲウ（人品）

太醎了
  ＫⅢ6b　タイ　アン　リヤ○ウ：アマリシホガカラヒ（筵宴）

大醎了
  Ｊ166　ダア　エン　リヤ○ウ：イコウシヲガカラヒ

太辛苦
  ＫⅢ17a　タイ　スイン　クウ：ハナハタシンクスル（寄贈）
  Ｊ81　タイ　スイン　クウ：ハナハダシンクスル

太性急
  ＫⅠ17b　タイ　スイン　キ：タンキモノ（人品）
  Ｊ264　タイ　スイン　キ：タンキモノ（人品）

太陽大
  ＫⅠ7b　タイ　ヤン　ダアー：日カツヨヒ（天文）

J184　タイ　ヤン　ダア：日ガナガイ
太陽晒進来
　　ＫⅠ8a　タイ　ヤン　シヤイ　ツイン　ライ：日カテリコム（天文）
太陽晒進來
　　J184　タイ　ヤン　シヤイ　チン　ライ：日ガテリコム
太子
　　ＫⅠ18a　タイ　ツウ：皇子（人品）
　　J267　タイ　ツウ：皇子（人品）
汰一汰
　　ＫⅡ22a　タイ　イ　タイ：ユル（通用）
　　J21　タイ　イ　タイ：ユル

TAN

貪心重
　　ＫⅡ31a　タン　スイン　ヂヨン：ムサボリカツヨヒ（疎慢）
　　J13　タン　スイン　ヂヨン：ムサボル
貪嘴的
　　ＫⅠ16a　タン　ツ○イ　テ：クヒタカルモノ（人品）
　　J261　タン　ツイ　テ：クヒタカルモノ（人品）
攤敗了
　　ＫⅣ6a　ダン　ハイ　リヤ○ウ：クヅレタ（製作）
　　J215　ダン　パイ　リヤ○ウ：クヅレタ
攤膏薬
　　ＫⅣ38b　タン　カ○フ　ヨ：カウヤクヲノヘル（醫療）
　　J45　ダン　カ○ウ　ヨ：カウヤクヲノベル
攤落来
　　ＫⅣ6a　ダン　ロ　ライ：クヅレタ（製作）
攤落來
　　J215　ダン　ロ　ライ：クヅレタ
攤頭話
　　ＫⅡ14a　ダン　デ○ウ　ワアー：マクラコトバ（通用）
　　J125　ダン　デ○ウ　ワア：マクラコトバ
癱瘓
　　ＫⅣ33a　ダン　ワン：ナユル（疾病）
難瘓
　　J344　ナン　タン：ナユル（感動）｛1字め，字・音ともに誤り｝
談一談
　　ＫⅡ23b　ダン　イ　ダン：カタル（通用）
　　J23　ドハン　イ　ドハン：カタレ
痰鑵
　　ＫⅢ28b　タン　クワン：ヤ子ウチ（寳貨）
　　Ｋ'Ⅲ28b　タン　クワン：ヤニウチ（寳貨）
　　J298　ドハン　クハン：ハイフキ（器用）
痰火
　　ＫⅣ30b　タン　ホヲヽ：タンクハ（疾病）
　　J339　タン　ホウ：タンクハ（感動）
痰結
　　ＫⅣ30b　タン　キ：タンケツ（疾病）
　　J339　タン　キ：タンケツ（感動）
痰症
　　ＫⅣ30b　タン　チン：タンシヤウ（疾病）
　　J339　タン　ツイン：タンシヤウ（感動）
彈塵
　　ＫⅣ50b　ダン　ヂン：スヽハラヒ（居室）
　　J374　タン　ヂン：スヽトリ（家居）
彈了他
　　ＫⅣ3b　ダン　リヤ○ウ　タアー：アレヲハシク（製作）
　　J106　タン　リヤ○ウ　タア：ハライオトス
彈落来
　　ＫⅣ2b　ダン　ロ　ライ：ハジキオトス（製作）
彈落來
　　J106　タン　ロ　ライ：ハライヲトス
彈綿
　　ＫⅠ20b　ダン　メン：ワタウチ（人品）
　　J272　タン　メン：ワタウチ（人品）
彈綿的
　　歩Ⅰ29b　｢彈綿的｣に変更
彈綿
　　ＫⅤ41a　ダン　メエン：ワタウツ（衣服）｛重複掲載｝
　　J367　タン　メン：ワタウツ（婚姻）｛重複掲載｝
彈琵琶
　　ＫⅡ33a　ダン　ピイ　パアー：ヒワヲダンズ（德藝）
　　J199　ダン　ピイ　パア：ビワヲタンズ
彈一彈
　　ＫⅡ22b　ダン　イ　ダン：ハジク○ダンスル（通用）
　　J21　ダン　イ　ダン：ハラフ又ダンズル
彈弦子
　　ＫⅡ33a　ダン　ヒエン　ツウ：イトヲナラス（德藝）
　　J199　ダン　ヘン　ツウ：イトヲナラス
彈月琴
　　ＫⅡ33a　ダン　イエ　ギン：ゲツキンヲダンズ（德藝）
　　J199　ダン　エ　キン：ゲツキンヲタンズ
彈子
　　ＫⅣ25b　ダン　ツウ：タマ（兵法）
　　J332　ダン　ツウ：タマ（兵法）
潭
　　ＫⅠ11b　タン：フチ（地理）

J255　タン：フチ（天文）

龍潭
歩Ⅰ16a　｛「龍潭」に変更｝

燂舩
ＫⅣ41b　タン　ヂエン：フ子ヲタヅル（舩件）
J354　タン　ヂエン：タヅル（舩件）

燂洗
ＫⅣ46a　ダン　スイ丶：スリタデスル（舩件）
J363　ダン　スイ：スリタデスル（舩件）

坦塌了
ＫⅣ50b　ダン　タ　リヤ○ウ：カキナトヲツキタヲスコ（居室）
J374　ダン　タ　リヤ○ウ：カキナトヲフキタヲスコ（家居）

嘆口氣
ＫⅠ31a　ダン　ゲ○ウ　キイ：タメイキツク（身體）
J89　ダン　ゲ○ウ　キイ：タメイキツク

炭餅
ＫⅢ28a　タン　ビン：タドン（寳貨）
J297　タン　ビン：タドン（器用）

炭兒
ＫⅢ28b　タン　ルウ：スミ（寳貨）
J297　タン　ル丶：スミ（器用）

炭盤
ＫⅢ28b　タン　フワン：スミトリ（寳貨）
J297　タン　バン：スミトリ（器用）

炭盆
ＫⅢ28b　タン　ベン：スミトリ（寳貨）
J297　タン　ベン：スミトリ（器用）

TANG

湯匙子
ＫⅢ36b　タン　ヅウ　ツウ：汁サジ（寳貨）
J314　タン　ズウ　ツウ：シルサジ（器用）

湯瓢
ＫⅢ36b　タン　ピヤ○ウ：サジ（寳貨）
J314　タン　ピヤ○ウ：サジ（器用）

湯婆
ＫⅢ29a　タン　ボウ：タンポ（寳貨）
J299　タン　ポウ：タンポ（器用）

湯碗
ＫⅢ36a　タン　ワン：スヒモノワン（寳貨）
J313　タン　ワン：スイモノワン（器用）

湯圓
ＫⅤ7b　タン　イエン：ス丶リタンコ○冬至ダンゴノコトモ（飯肉）
J444　タン　エン：ス丶リダンゴ　冬至ダンゴノコモ（飲食）

唐人館
ＫⅣ51a　ダン　ジン　クワン：タウシンヤシキ（居室）

唐人舘
J375　タン　ジン　クハン：トウジンヤシキ（家居）

搪壁子
ＫⅣ52a　ダン　ピ　ツウ：カヘヲヌル（居室）
J194　ダン　ピ　ツウ：カベヲヌル

搪粗泥
ＫⅣ53a　ダン　ツウ　ニイ：アラヌリ（居室）
J195　ダン　ツウ　ニイ：アラヌリ

塘塞他
ＫⅣ4b　ダン　スエ　タア丶：アレニハムル（製作）
{塘は搪の誤り}

搪塞他
J225　タン　ヅエ　タア：アレニハムル

搪細泥
ＫⅣ53a　ダン　スイ丶　ニイ：ウワヌリ（居室）
J195　ダン　スイ　ニイ：ウワヌリ

糖好吃
ＫⅢ8a　ダン　ハ○ウ　チ：サトウテタヘテヨヒ（筵宴）
J169　タン　ハ○ウ　チ：サトウデタベテヨイ

糖鶴
ＫⅤ43b　ダン　ホ：カワラゲ（馬鞍）
J418　タン　ホ：カハラゲ（馬具）

糖絲
ＫⅤ8a　ダン　ギ○ウ：サトウツクリノクワシ（飯肉）
J445　タン　キ○ウ：サトウツクリノクワシ（飲食）

糖餡
ＫⅤ7b　ダン　エン：サトウアン（飯肉）
J444　タン　エン：サトウツケルコ（飲食）

糖醃的
ＫⅤ8b　ダン　エン　テ：サトウヅケ（飯肉）
J446　タン　エン　テ：サトウヅケ（飲食）

糖圓
ＫⅤ8b　ダン　イエン：タマザトウ（飯肉）
J446　タン　エン：タマサトウ（飲食）

堂弟
ＫⅠ35a　ダン　デイ：イトコ（親族）
J281　タン　デイ：イトコ（親族）

堂妹
ＫⅠ35a　ダン　ムイ：女イトコ（親族）
J281　ダン　ムイ：女イトコ（親族）

堂兄
　ＫⅠ35a　ダン　ヒヨン：イトコ（親族）
　Ｊ281　ダン　ヒヨン：イトコ（親族）
堂姉
　ＫⅠ35a　ダン　ツイー：女イトコ（親族）
　Ｊ281　ダン　ツウ：女イトコ（親族）
螳螂
　ＫⅤ19b　ダン　ラン：カマギリ（蟲類）
　Ｊ400　ダン　ラン：カマキリ（虫）
燙燙酒
　ＫⅢ2a　タン、ツイ○ウ：サケノカンヲセヨ（筵宴）
燙個酒
　Ｊ154　ダン　コ　チウ：サケカンヲセヨ
燙嘴的
　ＫⅤ13a　ダン　ツ○イ　テ：クチヤヒタ（煮煎）
　Ｊ160　ダン　ツイ　テ：クチヤイタ

TAO

叨擾了
　ＫⅡ19b　ダ○ウ　ジヤ○ウ　リヤ○ウ：マタ（通用）
　　{還是の語釈と同上とする}
　Ｊ89　ダ○ウ　ジヤ○ウ　リヤ○ウ：ゴザウサニナリマシタ
逃開去
　ＫⅡ6a　ダ○ウ　カイ　キユイ：ニゲサル（賓友）
　Ｊ147　ダ○ウ　カイ　キユイ：ニゲサル
逃去了
　ＫⅡ6a　ダ○ウ　キユイ　リヤ○ウ：カケオチシタ（賓友）
　Ｊ148　ダ○ウ　キユイ　リヤ○ウ：カケオチシタ
逃走
　ＫⅢ21b　ダ○ウ　ツエ○ウ：カケヲチ（官府）
　Ｊ103　ダ○ウ　ツエ○ウ：カケヲチ
桃紅色
　ＫⅤ39b　ダ○ウ　ホン　スエ：モヽイロ（衣服）
　Ｊ432　ダ○ウ　ホン　スエ：モヽイロ（衣服）
桃紅紙
　ＫⅢ31a　ダ○ウ　ホン　ツウ：モヽイロカミ（寶貨）
　Ｊ303　ダ○ウ　ホン　ツウ：モヽイロカミ（器用）
桃花
　ＫⅤ29a　ダ○ウ　ハアー：モヽノハナ（花卉）
　Ｊ433　ダ○ウ　ハア：モヽ（花艸）
桃花馬
　ＫⅤ43b　ダ○ウ　ハア　マアー：ブチケ（馬鞍）
　Ｊ418　ダ○ウ　ハア　マア：ブチ毛（馬具）

桃子
　ＫⅤ33a　ダ○ウ　ツウ：モヽ（菓蓏）
　Ｊ411　ダ○ウ　ツウ：モヽ（菓）
淘了米好煮飯
　ＫⅤ13a　ダ○ウ　リヤ○ウ　ミイ　ハ○ウ　チイ　ワン：コメユリテメシヲタクニヨキジブン（煮煎）
淘了米好煮飯
　Ｊ160　ダ○ウ　リヤ○ウ　ミイ　ハ○ウ　チユイ　ハン：コメユツテメシヲタクニヨキジブン
淘一淘
　ＫⅡ22a　ダ○ウ　イ　ダ○ウ：ユル（通用）
　Ｊ21　ダ○ウ　イ　ダ○ウ：ユル
錨索
　ＫⅣ44a　ドウ　ソ：ツルベツナ（舩件）
　Ｊ359　ダ○ウ　ソ：ツルベツナ（舩件）
討不得
　ＫⅡ26a　タ○ウ　ポ　テ：モラヒエヌ（干求）
　Ｊ82　ダ○ウ　プ　テ：モライエヌ
討得的
　ＫⅡ26a　タ○ウ　テ、：モロフタ（干求）
　Ｊ82　ダ○ウ　テ　テ：モロツタノ
討飯的
　ＫⅡ26b　タ○ウ　ワン　テ：メシモラヒ（干求）
　Ｊ82　ダ○ウ　ワン　テ：メシモラヒ
討箇火
　ＫⅡ26b　タ○ウ　コ　ホヲー：火ヲモラフ（干求）
　Ｊ82　ダ○ウ　コ　ホウ：火ヲモラフ
討箇火吃吃烟
　ＫⅢ4a　タ○ウ　コ　ホヲ、　チ　チ　エン：火ヲモラフテタバコヲノム（筵宴）
討箇火吃ゝ烟
　Ｊ158　ダ○ウ　コ　ホウ　チ、　エン：ヒヲモラフテタバコヲノム
討還你
　ＫⅡ26b　タ○ウ　ワン　ニイ：トリカエス（干求）
　Ｊ82　ダ○ウ　ワン　ニイ：ソコモトニヤル
討回話
　ＫⅡ26b　タ○ウ　ホイ　ワアー：ヘンジヲトル（干求）
討回話
　Ｊ82　ダ○ウ　ホイ　ワア：ヘンジヲトル
討回来
　ＫⅡ26b　タ○ウ　ホイ　ライ：ヘンジヲトツテキタ（干求）
討回來
　Ｊ82　ダ○ウ　ホイ　ライ：ヘンジヲトリテキタ

討老婆
　ＫⅢ19a　タ○ウ　ラ○ウ　ボウ：ニヤウホウモラフ
　　（婚姻）
　J365　ダ○ウ　ラ○ウ　ボウ：ニヤウボウモロフ（婚姻）
討囉啅
　ＫⅡ20a　タフ　ロフ　ソフ：ヤカマシヒ（通用）
討囉嗉
　J89　ダ○ウ　ロウ　ソウ：ヤカマシイメニアフ
討壽
　ＫⅢ13a　タ○ウ　ジウ：アヤカル（慶弔）
　J76　ダ○ウ　ジウ：アヤカル
討討看
　ＫⅠ42a　タ○ウ　ヽ　カン：モロフテミヨ（動作）
討ヽ看
　J175　ダ○ウ　ヽ　カン：モラッテミヨ
討厭了
　ＫⅡ26b　タ○ウ　エン　リヤ○ウ：トリアヒタ（干求）
　J82　ダ○ウ　エン　リヤ○ウ：トリアイタ
討鹽生
　ＫⅣ37b　タ○ウ　エン　スエン：子ノ生ル丶時塩ヲ
　　ニキル⁊（醫療）
討塩生
　J4　ダ○ウ　エン　スエン：子ノ生ル丶トキシヲニギ
　　ル⁊
討些来
　ＫⅡ26a　タ○ウ　スイー　ライ：スコシモロフテコ
　　ヒ（干求）
討些來
　J82　ダ○ウ　スイ　ライ：スコシモラッテコイ
討轉来
　ＫⅡ25a　タ○ウ　チエン　ライ：トリカエシテコヒ
　　（干求）
討轉來
　J149　ダ○ウ　チエン　ライ：トリカエシテコイ
套得上
　ＫⅣ53b　タ○ウ　テ　ジヤン：ハメラル丶（居室）
　J196　ダ○ウ　テ　ジヤン：ハメラル丶
套進去
　ＫⅣ2b　タ○ウ　ツイン　キユイ：オシコム（製作）
　J107　ダ○ウ　チン　キユイ：オシコム
套馬
　ＫⅢ27a　タ○ウ　マアー：トマ○長崎ワタリノ唐人
　　ノコトバ（寶貨）
　J294　タ○ウ　マア：トマ（器用）
　歩　｛削除｝

套紗
　ＫⅤ38a　タ○ウ　サアー：オホチリメン（衣服）
　J429　タ○ウ　サアー：ヲヽチリメン（衣服）
套子
　ＫⅤ42a　タ○ウ　ツウ：ハセンノ下ノクラオホヒ
　　（馬鞍）
　J415　タ○ウ　ツウ：馬センノ下ノクラヲヽイ（馬具）

TE

特特来
　ＫⅡ4b　デヽ　ライ：ワザトクル（賓友）
特ヽ來
　J145　テヽ　ライ：ワザトクル

TENG

疼不止
　ＫⅣ34b　デン　ポ　ツウ：イタミカヤマヌ（疾病）
　J40　デン　プ　ツウ：イタミガヤマヌ
疼得狠
　ＫⅣ34b　デン　テ　ヘン：イカフイタヒ（疾病）
　J40　デン　テ　ヘン：イカフイタイ
疼得凶
　ＫⅣ34b　テン　テ　ヒヨン：ツヨクイタヒ（疾病）
　J40　トン　テ　ヒヨン：イカフイタイ
疼痛
　ＫⅣ33a　テン　トン：イタム（疾病）
　J344　デン　トン：イタム（感動）
騰得多
　ＫⅢ2b　テン　テ　トヲ：タントサス（筵宴）
滕得多
　J155　テン　テ　トウ：タントサス
謄得完
　ＫⅢ45b　デン　テ　ワン：セイシヨスンダ（讀書）
　J122　テン　テ　ワン：セイジヨスンダ
謄清
　歩Ⅲ63b　｛増補｝
謄寫
　ＫⅢ32b　デン　スエヽ：セイシヨ（寶貨）
騰寫
　J306　デン　スエ：セイシヨ（器用）
謄寫
　ＫⅢ45b　デン　スエー　テ：スキウツシ（讀書）
　J122　テン　スエヽ　テ：スキウツシ
謄寫的
　ＫⅢ45b　デン　スエー　テ：セイシヨシ（讀書）

【TAO～TI】

J122 テン スエ、テ：セイシヨシ

騰些酒
　K Ⅲ 2b デン <u>スイー</u> ツイ○ウ：サケヲサシクハエル（筵宴）

溏些酒
　J155 テン スイ チウ：サケヲサシクワエル

藤床
　K Ⅲ 26a デン ヂヤン：トフドコ（寳貨）
　J293 デン ヂヤン：トドコ（器用）

藤兒
　K Ⅴ 32b デン ルウ：トウ（花卉）
　J439 デン ル丶：トウ（花艸）

藤牌
　K Ⅳ 25a デン バイ：トウノタテ（兵法）
　J331 デン パイ：トウノタテ（兵法）

騰魚
　K Ⅴ 16b テン イー：アメノウヲ（魚鼈）
　J394 チン イ丶：アメノウヲ（魚介）

TI

剔
　K Ⅴ 11a テ：ケヅル（飯肉）
　J450 テ：ケツル（飲食）

剔才旁
　K Ⅲ 51b テ ヅアイ バン：サイヘン（讀書）
　J32 テ ツアイ バン：才｛右に「サイ」｝ヘン

剔灯火
　K Ⅲ 4b テ チン ホヲ丶：トモシ火ヲカキタテル（筵宴）

剔燈火
　J159 テ テン ホウ：カキタテル

剔燈火
　歩Ⅲ 6a ｛「剔燈火」に変更｝

剔牙櫼
　K Ⅰ 29a テ ヤアー ヅヤン：ヤフジヲツカフ（身體）
　J200 テ ヤア ヂヤン：ヤウジヲケツル

剔一剔
　K Ⅱ 22a テイ テ：ケヅル（通用）
　J21 テイ テ：ケヅル

剔指爪
　K Ⅰ 27a テ ツウ ツア○ウ：ツメトル（身體）
　J289 テ ツウ ツア○ウ：ツメトル（身體）

捌捌看
　K Ⅰ 42b テ、カン：ヒカラカシテミヨ（動作）

捌〻看
　J176 テ、カン：ヒカラカシテミヨ

踢翻了
　K Ⅳ 7b テ ハン リヤ○ウ：ケカヘシタ（製作）
　J218 テ パン リヤ○ウ：ケカヤシタ

踢落去
　K Ⅳ 7b テ ロ キユイ：ケヲトシタ（製作）
　J219 テ ロ キユイ：ケヲトシタ

踢氣毬
　K Ⅲ 38b テ キイ ギウ：ケマリケル（寳貨）

踢氣毬
　J318 テ キイ ギウ：ケマリ（器用）

踢下来
　K Ⅳ 7b テ ヒヤ○ウ ライ：ケヲトシタ（製作）

踢下來
　J219 テ ヒヤア ライ：ケヲトシタ

踢一脚
　K Ⅳ 7a テイ テ：ヒトアシケル（製作）｛「踢一踢」への音注｝
　J218 テ イ キヤ：ヒトケツマツキ

梯子
　K Ⅲ 26b <u>デイ</u> ツウ：ハシゴ（寳貨）
　J294 デイ ツウ：ハシゴ（器用）

提筆
　K Ⅲ 30b <u>デイ</u> ピ：大筆（寳貨）
　J301 デイ ピ：大筆（器用）

提燈
　K Ⅲ 27b デイ テン：チヤウチン（寳貨）
　J296 デイ テン：テウチン（器用）

提琴
　K Ⅲ 35b <u>デイ</u> キン：コキウ（寳貨）
　J312 デイ キン：コキウ（器用）

提桶
　K Ⅲ 37a デイ トン：タンカ（寳貨）
　K'Ⅲ 37a デイ トン：テカケ（寳貨）
　J315 デイ ドン：タンガ（器用）

提醒他
　K Ⅱ 26b <u>デイ</u> スイン タア：アレヲオコス（干求）
　J94 デイ スイン タア：ヲコス

題讃
　K Ⅲ 50b <u>デイ</u> ツアン：サンヲスル（讀書）
　J15 デイ サン：サンヲスル

鯷魚
　K Ⅴ 16a <u>テイ</u> イー：サンシヨウウヲ（魚鼈）
　J393 デイ イ丶：サンシヨウウヲ（魚介）

啼

Ｋ Ⅴ 25b <u>デイ</u>：ナク（禽類）
　　J424 デイ：ナク（飛禽）
體諒體諒
　　Ｋ Ⅱ 18b <u>デイ</u> リヤン <u>デイ</u> リヤン：コスヒリヤウ
　　　　ナサレヒ（通用）
體諒〻〻
　　J68 デイ リヤン 〻：ゴスイレウナサレイ
體氣
　　Ｋ Ⅳ 28b <u>デイ</u> キイ：ワキカ（疾病）
　　J336 デイ キイ：ワキカ（感動）
體輕的
　　Ｋ Ⅳ 12a <u>テイ</u> キン テ：テカルヒ（數量）
体輕的
　　J226 デイ キン テ：テガルイ
體重的
　　Ｋ Ⅳ 12a テイ ヂヨン テ：テヲモヒ（數量）
体重的
　　J226 デイ ヂヨン テ：テヲモヒ
剃刀
　　Ｋ Ⅲ 33b <u>デイ</u> タ○ウ：カミソリ（寶貨）
　　J308 デイ タ○ウ：カミソリ（器用）
剃剃頭
　　Ｋ Ⅰ 29a <u>デイー</u> <u>テイー</u> デ○ウ：カミヲソル（身體）
剃〻頭
　　J201 <u>デイ</u>　〻　デ○ウ：カミヲソル
剃頭
　　Ｋ Ⅰ 29a <u>デイ</u> デ○ウ：カミヲソル（身體）
　　J201 デイ デ○ウ：カミヲソル
替得手
　　Ｋ Ⅱ 32a <u>デイ</u> テ シウ：テカエシタ（德藝）
　　J112 デイ テ シウ：テガエシタ
替他辭
　　Ｋ Ⅱ 3a <u>デイ</u> タアー ヅウ：アレガタメニジタヒス
　　　　ル（賓友）
　　J142 デイ タア ヅウ：アレガタメニジタイスル
替他告
　　Ｋ Ⅲ 24b <u>デイ</u> タアー カ○ウ：アレニカワリテ申
　　　　シアクル（官府）
　　J38 デイ タア カ○ウ：アレニカワツテモウス
替他憂
　　Ｋ Ⅰ 38a <u>デイ</u> タアー ユウ：ヒマヲエヌ（性情）
　　　　{語釈誤り，Jで右横の語「没得空」の語釈}
　　J90 デイ タア イウ：アレガタメニセワヲスル
替他助
　　Ｋ Ⅱ 27a デイ タア、 ツウ：アレガタスケニナル

　　　（干求）
　　J93 デイ タア ツウ：アレガタスケニナル

TIAN

天蠶絲
　　Ｋ Ⅲ 40a テエン ツアン スウ：テグス（寶貨）
　　J321 テエン ツアン スウ：テグス（器用）
天差地遠
　　Ｋ Ⅱ 19a テエン ツアー デイ イエン：オホキニチ
　　　　ガフタ⊐（通用）
　　J69 テエン ツア、 リイ エン：ヲヽキニチガフタ
天秤
　　Ｋ Ⅲ 39a テエン チン：テンビン（寶貨）
　　J319 テ チン：テンビン（器用）
天打死
　　Ｋ Ⅲ 40a テエン タアー スウ：子ツミノオトシワ
　　　　ナ（寶貨）
　　J321 テエン タア スウ：子ツミノヲトシワナ（器
　　　　用）
天地
　　Ｋ Ⅰ 1a <u>テエン</u> デイ：アメツチ（天文）
　　J243 テン リイ：テンチ（天文）
天河
　　Ｋ Ⅰ 1a <u>テエン</u> ホヲー：アマノガハ（天文）
　　J243 テン ホウ：アマノカハ（天文）
天荷葉
　　Ｋ Ⅴ 2a テエン ホウ エイ：ツハ（菜蔬）
　　J383 テン ホウ エ：ツハ（菜蔬）
天花板
　　Ｋ Ⅳ 49a テエン ハアー パン：天井板（居室）
　　J371 テン ハア パン：天井板（家居）
天花菜
　　Ｋ Ⅴ 1b テエン ハアー ツアイ：マヒタケ（菜蔬）
　　J382 テン ハア ツアイ：マイタケ（菜蔬）
天花粉
　　Ｋ Ⅴ 4a テエン ハアー フイン：テンクワフン（菜
　　　　蔬）
　　J388 テン ハア フイン：テンクハフン（菜蔬）
天花菰
　　Ｋ Ⅴ 2a テエン ハアー クウ：マイタケ（菜蔬）
　　J384 テン ハア クウ：マイタケ（菜蔬）
天亮
　　Ｋ Ⅰ 1b <u>テエン</u> リヤン：ヨアケ （天文）
　　J244 テン リヤン：ヨアケ（天文）
天亮了好起来

【TI～TIAN】

　　ＫⅠ43b テエン リヤン リヤ○ウ ハ○ウ キイ ライ：ヨガアケタオキテヨヒ（動作）

天亮了好起來
　　J109 テン リヤ○ン リヤ○ウ ハ○ウ キイ ライ：ヨガアケタヲキテヨイ

天門冬
　　ＫⅤ33a テエン メン ドン：テンモンドウ（菓蔬）
　　J411 テン メン ドン：テンモンドウ（菓）

天迷了
　　ＫⅠ6b テエン ミイ リヤ○ウ：テンクモル（天文）
　　J181 テン ミイ リヤ○ウ：テンクモル

天氣冷吃箇兩盃裡牽綿
　　ＫⅢ4a テエン キイ レン チ コ リヤン ポイ リイ ケン メエン：テンキサムヒチトサケヲノンテウチカラアタヽメン（筵宴）
　　{ＫⅢ2bは牽裡綿とする}

天氣冷吃箇両盃裡牽綿
　　J158 テン キイ レン チ カ リヤン ポイ リイ ケ メン：天氣ガサムイチトサケヲノンテウチカラアタヽメン

天氣總不肯晴
　　ＫⅠ8a テエン キイ ツヲン ポ ゲン ツイン：テンキガハレカヌル（天文）
　　J184 テン キイ ツヲン プ ゲン ヂン：テンキガハレカヌル

天晴
　　ＫⅠ2a テエン ツイン：ハルヽ（天文）
　　J244 テン ヂン：ヒヨリ（天文）

天晴了
　　ＫⅠ6b テエン ツイン リヤ○ウ：ハレタ（天文）
　　J181 テン ヂン リヤ○ウ：ハレタ

天色涼
　　ＫⅠ7b テエン スエ リヤン：テンキスヽシ（天文）
　　J183 テン スエ リヤン：テンキスヽシ

天色熱
　　ＫⅠ7b テエン スエ ジエ：テンキアツシ（天文）
　　J183 テン スエ ゼ：テンキアツシ

天色早
　　ＫⅠ1b テエン スエ ツア○ウ：ソフテン（天文）
　　J245 テン スエ ツア○ウ：ソウテン（天文）

天殺的
　　ＫⅠ22a テエン サ テ：ニクイヤツ（人品）
　　J99 テン サ テ：ニクイヤツ

天生白
　　ＫⅤ43b テエン スエン ベ：サメ（馬鞍）

　　J417 テン スエン ベ：サメ（馬具）

天堂
　　ＫⅠ12b テン ダン：コシキジマ（地理）
　　J258 テン ダン：コシキシマ（天文）
　　歩 ｛削除。ヒラド，カバシマも削除。江戸は東京に変更。横浜，兵庫，箱館，新潟を増やす｝

天文家
　　ＫⅠ19a テエン ウエン キヤア：テンモンシヤ（人品）
　　Ｋ'Ⅰ19a テエン ウエン キヤア：テンモンカ
　　J268 テン ウエン キヤア：テンモンジヤ（人品）

天下無敵
　　ＫⅣ24a テエン ヒアー ウヽ テ：テンカニテキナシ（兵法）
　　J329 テン ヤア ウヽ テ：テンカニテキナシ（兵法）

天陰
　　ＫⅠ1a テエン イン：クモル（天文）
　　J243 テン イン：クモル（天文）

天陰了像個下雨
　　ＫⅠ7a テエン イン リヤ○ウ ツヤン コ ヒヤア イー：クモリテアメガフリソフナ（天文）
　　J183 テン イン リヤ○ウ ヂヤン コ ヒヤア イヽ：クモリテアメガフリソウナ
　　歩 ｛削除｝

天字號
　　ＫⅣ15b テエン ヅウ ア○ウ：天ノ字ノシルシ（數量）
　　J33 テン ヅウ ハ○ウ：天ノ字ノシルシ

添得多
　　ＫⅣ10a テエン タ トフ：ソエガオホヒ（數量）
　　J171 テン テ トウ：ソエガヲヽイ

添飯來
　　歩Ⅲ7a ｛増補｝

添水添水
　　ＫⅤ14a テエン シユイ テエン シユイ：ミヅヲツゲ（煮煎）

添水ヽヽ
　　J162 テン シユイ 〜：ミヅヲツゲ

添添添
　　ＫⅣ10b テエン テエン テエン：ソヘ 〜（數量）

添ヽヽ
　　J171 テン ヽヽ：ソエ 〜

添退
　　ＫⅡ19a テエン トイ：サシヒキ（通用）
　　J69 テン トイ：サシヒキ

添些油
　ＫⅢ4b　テエン スイー ユウ：アフラヲソユル（筵宴）
　J160　テン スイ イウ：アブラヲソユル
添一點
　ＫⅢ51a　テエン イ テエン：一点ソエヨ（讀書）
　J31　テン イ テン：一点ソユル
添一ヘ
　ＫⅢ51a　テエン イ ヘ：ヒトホツソエヨ（讀書）
　J31　テン イ フエ：ヒトホツソユル
添一箇
　ＫⅣ10b　テエン イ コ：ヒトツソヘル（數量）
　J171　テン イ コ：ヒトツソユル
添一畫
　ＫⅢ51a　テエン イ ワアー：一クワクソエヨ（讀書）
　J30　テン イ ワア：一クハクソエヨ
添一ノ
　ＫⅢ51a　テエン イ ピ：ヒトヘツソエル（讀書）
　J30　テン イ ペ：ヒトヘツソユル
添一直
　ＫⅢ51a　テエン イ チ：ヒトヒキソエヨ（讀書）
　J30　テン イ チ：ヒトヒキソユル
田地
　ＫⅠ10a　デエン デイ：デンチ（地理）
　J254　デン リイ：デンチ（天文）
田雞
　ＫⅤ19b　テエン キイ：アヲガヘル（蟲類）
田鷄
　J399　デン キイ：アヲカイル（虫）
田螺
　ＫⅤ18a　デエン ルウ：タニシ（魚鼈）
　J397　デン ラウ：タニシ（魚介）
田鼠
　ＫⅤ22a　デエン チイ：夕子ヅミ（畜獸）
　J405　デエン チユイ：夕子ヅミ（獸）
甜
　ＫⅤ11a　デエン：アマヒ（飯肉）
　J450　レン：アマイ（飲食）
甜菜
　ＫⅤ1b　デエン ツアイ：ミヅナ（菜蔬）
　J382　レン ツアイ：ミヅナ（菜蔬）
甜得緊
　ＫⅢ6a　デエン テ キン：イカフアマヒ（筵宴）
　J166　レン テ キン：イコウアマイ
甜東西
　ＫⅢ6a　デエン トン スイ、：アマヒモノ（筵宴）
　J165　レン トン スイ：アマイモノ
甜瓜
　ＫⅤ2b　デエン クワア：クワシウリ（菜蔬）
　J384　レン クハア：クハシウリ（菜蔬）
甜話頭
　ＫⅡ14a　テエン ワアー デ○ウ：コヽロヨヒハナシ（通用）
　J125　レン ワア デ○ウ：コヽロヨイハナシ
甜醤
　ＫⅤ7a　テエン ツヤン：ヒシヲ（飯肉）
　J389　レン チヤン：ヒシヲ（菜蔬）
甜酒
　ＫⅤ10b　デエン ツイ○ウ：アマザケ（飯肉）
　J449　レン チウ：アマサケ（飲食）
填得滿
　ＫⅣ4b　デン テ モワン：ウヅメタ（製作）
　J225　テン テ マン：ウヅメタ
填起来
　ＫⅣ4b　デン キイ ライ：ウツムル（製作）
填起來
　J225　テン キイ ライ：ウツムル
填寫
　ＫⅢ46a　デン スエー：カキコム（讀書）
　J123　テン スエ、：カキコム

TIAO

挑擔
　ＫⅢ42a　テヤ○ウ タン：ニナヒサス（寶貨）
　J325　テヤ○ウ タン：ニナイザス（器用）
挑過賣
　ＫⅣ21a　テヤ○ウ コヲ マイ：フリウリ（財産）
　J16　テヤ○ウ コウ マイ：フリウリ
挑了去
　ＫⅣ5a　テヤ○ウ リヤ○ウ キユイ：ニナフテイタ（製作）
　J59　テヤ○ウ リヤ○ウ キユイ：ニナフテイツタ
挑賣
　ＫⅣ21a　テヤ○ウ マイ：フリウリ（財産）
　J16　テヤ○ウ マイ：フリウリ
挑水
　ＫⅠ20b　デヤ○ウ シユイ：ミツニナヒ（人品）
　J272　テヤ○ウ シユイ：ミツニナイ（人品）
挑水的
　歩Ⅰ29a　｛「挑水的」に変更｝

條款
　　KⅢ24a　デヤ○ウ　クワン：條目書（官府）
　　J10　テヤ○ウ　クハン：条書
條銅
　　KⅢ39b　デヤ○ウ　ドン：サホアカヾ子（寶貨）
　　J320　テヤ○ウ　ドン：サヲアカヽ子（器用）
調羹
　　KⅢ36b　テヤ○ウ　ゲン：サジ（寶貨）
　　J314　テヤ○ウ　ゲン：サジ（器用）
調護他
　　KⅡ9b　デヤ○ウ　ウー　タアー：カレヲカモフ（賓友）
　　J73　テヤ○ウ　ウ、タア：カレヲカボウ
調将些
　　KⅣ39a　テヤ○ウ　ツヤン　スイー：ヤウセウセヨ（醫療）
調將些
　　J45　テヤ○ウ　ヂヤン　スイ：ヤウゼウセヨ
調停他
　　KⅡ35b　デヤ○ウ　テン　タアー：アレヲアツカフ（盟約）
　　J92　テヤ○ウ　デン　タア：アレヲアツカフ
挑手旁
　　KⅢ51b　テヤ○ウ　シウ　バン：テヘン
挑才旁
　　J32　テヤ○ウ　ツアイ　パン：才｛右に「テ」と注記｝ヘン
挑挑灯
　　KⅢ4b　テヤ○ウ　ヽ　チン：トモシ火ヲカキタテル（筵宴）
挑〻灯
　　J159　テヤ○ウ　ヽ　テン：カキタテル
挑挑燈
　　歩Ⅲ6a　｛「桃桃燈」に変更｝
跳板
　　KⅣ45b　テヤ○ウ　パン：船ニノルトキワタルイタ（舩件）
　　J362　テヤ○ウ　パン：舩ニノルトキワタルイタ（舩件）
跳高竿
　　KⅢ37a　デヤ○ウ　カ○ウ　カン：ハリアヒニンキヨウ（寶貨）
　　J315　テヤ○ウ　カ○ウ　カン：ハリヤイ人形（器用）
跳鬼
　　KⅠ17b　デヤ○ウ　クイ：イタヅラモノ（人品）
　　J265　テヤ○ウ　グイ：イタヅラモノ（人品）

跳過去
　　KⅣ46a　テヤ○ウ　コウ　キユイ：ノリウツル（舩件）
　　J363　テヤ○ウ　コウ　キユイ：ノリウツル（舩件）
跳起来
　　KⅣ3a　テヤ○ウ　キイ　ライ：オトリアカル（製作）
跳起來
　　J107　テヤ○ウ　キイ　ライ：ヲトリアカル
跳起去
　　KⅣ3a　テヤ○ウ　キイ　キユイ：オトリアカツテユク（製作）
　　J107　テヤ○ウ　キイ　キユイ：ヲドリアカツテユク
跳蚤
　　KⅤ20a　テヤ○ウ　ツア○ウ：ノミ（蟲類）
　　J401　テヤ○ウ　ツア○ウ：ノミ（虫）

TIE

貼得牢
　　KⅣ3a　テ　テ　ラ○ウ：シツカリトハリツケタ（製作）
　　J204　テ　テ　ラ○ウ：シツカリトヲシツケタ
貼膏藥
　　KⅣ38b　テ　カ○ウ　ヨ：カウヤクヲハル（醫療）
　　J45　テ　カ○ウ　ヨ：カウヤクヲハル
貼隔壁
　　KⅣ48b　テ　ゲ　ピ：マトナリ（居室）
　　J370　テ　ゲ　ピ：マトナリ（家居）
貼金的
　　KⅢ35a　テ　キン　テ：イツカケ（寶貨）
　　J310　テ　キン　テ：イツカケ（器用）
貼墨
　　KⅢ32b　テ　メ：スミエ（寶貨）
　　J306　テ　メ：スミエ（器用）
　　歩　｛削除｝
貼上去
　　KⅣ3a　テ　シヤン　キユイ：ハリソユル（製作）
　　J204　テ　ジヤン　キユイ：ハリソユル
貼胸
　　KⅤ42b　テ　ヒヨン：ムナカヒニカクル赤熊ノフサ（馬鞍）
　　J416　テ　ヒヨン：ムナカイニ掛ル赤熊ノフサ（馬具）
銕
　　KⅢ39b　テ：テツ（寶貨）
鉄
　　J319　テ：テツ（器用）
熟銕
　　歩Ⅲ53b　｛「熟銕」に変更｝

銕鞭
　ＫⅣ26a　テ　ベン：テツムチ（兵法）
鉄鞭
　Ｊ333　テ　ベン：テツムチ（兵法）
銕槌
　ＫⅢ34a　テ　ヅイ：カナヅチ　＊カナヅチの絵あり（寶貨）
　Ｋ'Ⅲ34a　テ　ヅイ：カナヅチ　＊カナヅチの絵なし（寶貨）
　Ｊ309　テ　ツイ：カナツチ（器用）
銕搭
　ＫⅢ34a　テ　タ：クマデ（寶貨）
　Ｊ309　テ　タ：クマテ（器用）
銕釘
　ＫⅢ34b　テ　デイン：クギ（寶貨）
　Ｊ310　テ　デン：クギ（器用）
銕鋼
　ＫⅢ39b　テ　カン：ハガ子（寶貨）
鐵鋼
　Ｊ320　テ　カン：ハガ子（器用）
鋼銕
　歩Ⅲ53b　{「鋼銕」に変更}
銕箍
　ＫⅣ43a　テ　クウ：テコ（舩件）
鉄箍
　Ｊ357　テ　クウ：テコ（舩件）
銕滾圓
　ＫⅣ12a　テ　クイン　イエン：ヅントマルヒ（數量）
　Ｊ213　テ　クイン　エン：ヅントマルイ
銕漢子
　ＫⅠ17a　テ　ハン　ツウ：キビシイヲトコ（人品）
　Ｊ263　テ　ハン　ツウ：キビシイヲトコ（人品）
銕甲
　ＫⅣ26a　テ　キヤ：テツヨロヒ（兵法）
鉄甲
　Ｊ333　テ　キヤ：テツヨロイ（兵法）
銕架子
　ＫⅢ28b　テ　キヤア　ツウ：テッキウ（寶貨）
　Ｊ298　テ　キヤア　ツウ：ゴトク（器用）
銕漿
　ＫⅢ42b　テ　ツヤン：ハグロ（寶貨）
　Ｊ368　テ　ヂヤン：ハグロ（婚姻）
銕匠
　ＫⅠ20a　テ　ヅヤン：カヂ（人品）

　Ｊ271　テ　ヂヤン：カヂ（人品）
銕苦的
　ＫⅢ6b　テ　クウ　テ：イカフニカヒ（筵宴）
　Ｊ166　テ　クウ　テ：イカウニガイ
忒苦的
　歩Ⅲ8b　{「忒苦的」に変更}
銕梨木
　ＫⅤ27b　テ　リイ　モ：タカヤサン（樹竹）
鉄梨木
　Ｊ408　テ　リイ　モ：タガヤサン（樹竹）
銕錨
　ＫⅣ42a　テ　マ○ウ：カナイカリ（舩件）
　Ｊ355　テ　マ○ウ：カナイカリ（舩件）
銕鉗
　ＫⅢ34a　テ　ゲン：クギヌキ（寶貨）
　Ｊ309　テ　ゲン：クキヌキ（器用）
銕青
　ＫⅤ43b　テ　ツイン：アシゲ（馬鞍）
鐵青
　Ｊ417　テ　ツイン：アシゲ（馬具）
銕樹
　ＫⅤ27b　テ　ジユイ：ソテツ（樹竹）
鉄樹
　Ｊ408　テ　ジユイ：ソテツ（樹竹）
銕索
　ＫⅢ34b　テ　ソ：カナクサリ（寶貨）
　Ｊ310　テ　ソ：カナクサリ（器用）
銕梃
　ＫⅢ34a　テ　デエン：カナテコ（寶貨）
　Ｊ309　テ　デン：カナテコ（器用）
銕線
　ＫⅢ34b　テ　スエン：テツノハリガ子（寶貨）
　Ｊ310　テ　セン：ハリカ子（器用）
銕鞋
　ＫⅤ42a　テ　ヒヤイ：クツ（馬鞍）
鉄鞋
　Ｊ415　テ　ヒヤイ：クツ（馬具）
銕砧
　ＫⅢ35a　テ　チン：カナトコ（寶貨）
鐵砧
　Ｊ310　テ　チン：カナトコ（器用）

TING

聽錯了要緊事情

【TIE～TONG】

KⅠ42a デイン ツヲウ リヤ○ウ ヤ○ウ キン ズウ ヅイン：カンヤウナコトヲキ、ソコナツタ（動作）

J175 デン ツヲ、リヤ○ウ ヤ○ウ キン ズウ ヂン：カンジンナコトヲキ、ソコナツタ

聽得来
　KⅠ42a デイン テ ライ：キカル、（動作）

聽得來
　J175 デン テ ライ：キイテコイ

聽得明
　KⅠ41a デイン テ ミン：メイハクニキイタ（動作）
　J173 デン テ ミン：メイハクニキイタ

聽慣了
　KⅠ41a デイン クワン リヤ○ウ：キヽナレタ（動作）
　J173 デン クハン リヤ○ウ：キヽナレタ

聽見来
　KⅠ42a デイン ケン ライ：キヽツクロウテコヒ（動作）

聽見來
　J173 デン ケン ライ：キヽツクロフテコイ

聽憑你
　KⅡ9a デイン ビン ニイ：ゴカツテシダヒ（賓友）
　J72 デン ビン ニイ：ゴカツテシダイ

聽甚麼
　KⅠ42a デエン シ モウ：ナニヲキクカ（動作）
　J175 デン シ モウ：ナニヲキクカ

聽一聽
　KⅡ16b デイン イ デイン：キカツシヤレ（通用）

聽一講
　J132 デン イ キヤン：キカツシヤレ

庭上
　KⅠ10b デイン ジヤン：ニハ（地理）
　J254 デン ジヤン：ニハ（天文）

庭心
　KⅣ48b デイン スイン：ニワノマンナカ（居室）
　J370 デン スイン：ニワノマン中（家居）

停當的
　KⅡ20a デン タン テ：タシカナ（通用）
　J73 デン タン テ：タシカナ

停囬
　KⅠ6a デン ホイ：オシツケ（天文）
　J252 デン ホイ：ヲツツケ（天文）

停囬来
　KⅡ4b デイン ホイ ライ：オシツケマ井ル（賓友）

停ヽ來
　J145 デン 、ライ：ヲシツケマイル

停停吃
　KⅢ5b デイン 、チ：オシツケタヘマス（筵宴）

停ヽ吃
　J165 デン 、チ：ヲシツケタベマス

停一停
　KⅡ24a デイン イ デイン：ノチホド（通用）
　J20 デン イ デン：ノチホト

挺出来
　KⅣ17a デン チユ ライ：ヌケデタ（諸物）

挺出來
　J61 デン チユ ライ：ヌケデタ

TONG

通本背
　KⅢ47a トン ペン ボイ：一冊ソラニオボユル（讀書）
　J126 トン ペン ボイ：一冊オボユル

通本讀
　KⅢ44b トン ペン ド：一冊ヨミトホス（讀書）
　J120 トン ペン ド：一冊ヨミトル

通不通
　KⅡ14b トン ポ トン：ツウシタカツウセヌカ（通用）
　J126 トン プ トン：ツウジタカ

通得来
　KⅡ26b トン テ ライ：ツウジラル、（干求）

通得來
　J93 トン テ ライ：ツウジラル、

通紅了
　KⅤ31b トン ホン リヤ○ウ：ミナクレナイ（花卉）
　J438 トン ホン リヤ○ウ：ミナクレナイ（花艸）

通火藥
　KⅣ25a トン ホヲ、ヨ：クチグスリ（兵法）
　J332 トン ホウ ヨ：クチクスリ（兵法）

通家
　KⅠ36a トン キヤア：イチモン（親族）
　J283 トン キヤア：イチモン（親族）

通書
　KⅢ31b トン シユイ：コヨミ（寶貨）
　J304 トン シユイ：コヨミ（器用）

通天犀
　KⅤ21b トン テエン スイ：ウニコウル（畜獸）

『南山俗語考』・『南山考講記』・『漢語跬歩』ピンイン対照索引

J404　トン　テエン　スエヽ：ウニコウル（獸）
通同他
　　　KⅡ35b　トン　ドン　タアヽ：アレニナヒツフスル（盟約）
　　　J92　トン　ドン　タア：アレニナイツウスル
通一通
　　　KⅡ22a　トン　イ　トン：トホス（通用）
　　　J21　トン　イ　トン：トヲセ
通知他
　　　KⅡ35b　トン　ツウ　タアー：カレニシラスル（盟約）
　　　J92　トン　ツウ　タア：カレニシラスル
同胞兄弟
　　　KⅠ35b　ドン　バ○ウ　ヒヨン　デイ：同フクノ兄弟（親族）
　　　J282　トン　パ○ウ　ヒヨン　デイ：同フクノ兄弟（親族）
同窓朋友
　　　KⅠ21b　ドン　チヨワン　ボン　ユウ：デシ兄弟（人品）
　　　J274　トン　ツワン　ボン　イウ：デシ兄弟（人品）
同父異母
　　　KⅠ36a　トン　フウ　イヽ　ムウ：ハラカワレ（親族）
　　　K'Ⅰ36a　ドン　フウ　イヽ　ムウ：ハラカワリ（親族）
　　　J283　ドン　フウ　イヽ　ムウ：ハラカワリ（親族）
同来了
　　　KⅡ5a　ドン　ライ　リヤ○ウ：ツレタツテキタ（賓友）
同來了
　　　J146　ドン　ライ　リヤ○ウ：ツレタツテキタ
同你去
　　　KⅡ7b　ドン　ニイ　キユイ：ソナタトツレタツ（賓友）
　　　J146　ドン　ニイ　キユイ：ツレダチユク
同你走
　　　KⅡ5a　ドン　ニイ　ツエ○ウ：ソナタトツレダチユク（賓友）
　　　J152　ドン　ニイ　ツエ○ウ：ソコモトヽツレタツ
同去的
　　　KⅡ5a　ドン　キユイ　テ：ツレタツテユイタ（賓友）
　　　J146　トン　キユイ　テ：ツレタツテユイタ
同他去
　　　KⅡ5a　ドン　タアー　キユイ：カレトツレタチユク（賓友）
　　　J146　トン　タア　キユイ：カレトツレダチユク
同他有些瓜葛
　　　KⅠ24b　ドン　タアー　イウ　スイヽ　クワアヽ　カ（人品）：アレトスコシユカリカアル
　　　J228　ドン　タア　イウ　スイ　クハアヽ　ゲ：アレハ少シユカリガアル
同寓的
　　　KⅡ10a　ドン　イー　テ：ドフヤド（賓友）
　　　J77　ドン　イヽ　テ：ドウヤド
桐油
　　　KⅢ27a　ドン　ユウ：トウユ（寶貨）
　　　J295　トン　イウ：トウユ
銅
　　　KⅢ39b　ドン：アカヾ子（寶貨）
　　　J319　ドン：アカヽ子（器用）
紅銅
　　　歩Ⅲ53b　 {「紅銅」に変更}
銅版
　　　KⅢ39b　ドン　パン：ノベアカヾ子（寶貨）
　　　J320　ドン　パン：ノヘアカヽ子（器用）
銅打的
　　　KⅢ34b　ドン　タアー　テ：アカヾ子カナモノ（寶貨）
　　　J310　ドン　タア　テ：アカヾ子カナモノ（器用）
銅鐘
　　　KⅢ29b　ドン　クワン：ヤクワン（寶貨）
　　　J300　ドン　クハン：ヤクハン（器用）
銅匠
　　　KⅠ21a　ドン　ヅヤン：カナグシ（人品）
　　　J273　ドン　ヂヤン：カナグシ（人品）
銅鑼
　　　KⅢ35b　ドン　ロウ：ドラ（寶貨）
　　　J312　ドン　ロウ：ドラ（器用）
銅碾子
　　　KⅢ41b　ドン　子エン　ツウ：アカヾ子ヤゲン（寶貨）
　　　J324　ドン　子ン　ツウ：アカヾ子ヤゲン（器用）
銅錢
　　　KⅢ39a　ドン　ヅエン：セニ（寶貨）
　　　J319　ドン　ヂエン：ゼニ（器用）
銅絲
　　　KⅢ34b　ドン　スウヽ：アカヽ子ハリカ子（寶貨）
　　　J320　ドン　スウ：ハリカ子（器用）
銅香爐
　　　KⅢ28a　ドン　ヒヤン　ルウ：アカヾ子ノカウロ（寶貨）
　　　J296　ドン　ヒヤン　ルウ：アカヾ子ノカウロ（器用）
瓶瓦
　　　KⅣ49a　トン　ウワー：マルカハラ（居室）
　　　J371　ドン　ワア：マルカハラ（家居）

統不出
　ＫⅠ40a　トン　ポ　チユ：スキトデヌ（動作）
　Ｊ237　ドン　プ　チユ：スキトデヌ

總不出
　歩Ⅰ56a　｛「總不出」に変更｝

統去了
　ＫⅠ40a　トン　キユイ　リヤ○ウ：スキトデタ（動作）
　Ｊ237　ドン　キユイ　リヤ○ウ：スキトデタ
　歩　｛削除｝

統是水
　ＫⅤ14a　トン　ズウ　シユイ：スキト水（煮煎）
　Ｊ162　チヨン　ズウ　シユイ：スキト水

桶盖
　ＫⅢ37a　トン　カイ：オケノフタ（寶貨）
　Ｊ315　ドン　カイ：ヲケノフタ（器用）

桶箍
　ＫⅢ37a　トン　クウ：オケノワ（寶貨）
　Ｊ315　ドン　クウ：ヲケノワ（器用）

痛得兇
　ＫⅣ34b　トン　テ　ヒヨン：イカフイタヒ（疾病）

痛得凶
　Ｊ40　トン　テ　ヒヨン：イカフイタイ

TOU

偷得的
　ＫⅢ24b　テ○ウ　テ　テ：ヌスンタ（官府）
　Ｊ112　テ○ウ　テ　テ：ヌスミモノ

偷東西
　ＫⅢ24b　テ○ウ　トン　スイー：ヌスミモノ（官府）
　Ｊ112　テ○ウ　トン　スイ：ヌスミモノ

偷光頭
　ＫⅠ22b　テ○ウ　クワン　デ○ウ：ヌストボウス（人品）
　Ｊ102　テ○ウ　クハン　デ○ウ：ヌストボウズ

賊光頭
　歩Ⅰ31b　｛「賊光頭」に変更｝

偷眼看
　ＫⅠ41a　テ○ウ　エン　カン：シリメヲツカフ（動作）
　Ｊ173　テ○ウ　エン　カン：子ムリテミル

頭
　ＫⅠ25a　デ○ウ：カシラ（身體）
　Ｊ285　デ○ウ：カシラ（身體）

頭上
　歩Ⅰ35a　｛「頭上」に変更｝

頭長的
　ＫⅠ28a　デ○ウ　ヂヤン　テ：ヅナガ（身體）
　Ｊ263　デ○ウ　ヂヤン　テ：ヅナガ（人品）

頭頂
　ＫⅠ25a　デ○ウ　デン：イタヾキ（身體）
　Ｊ285　デ○ウ　デン：イタヾキ（身體）

頭髪
　ＫⅠ27a　デ○ウ　ハ：カミケ（身體）
　Ｊ289　デ○ウ　ハ：カミケ（身體）

頭髪長了要剃一剃
　ＫⅠ29a　デ○ウ　ハ　チヤン　リヤウ　ヤ○ウ　デイ　イ　デイ：サカヤキガノビタカミヲソレ（身體）
　Ｊ201　デ○ウ　ハ　チヤン　リヤ○ウ　ヤ○ウ　デイ　イ　デイ：月代ガノビタカミヲソレ

頭髪蓬鬆
　ＫⅠ29a　デ○ウ　ハ　ボン　ソン：ミダレカミ（身體）
　Ｊ201　デ○ウ　ハ　ボン　ソン：ミダレカミ

頭髪散了要梳一梳
　ＫⅠ29a　デ○ウ　ハ　サン　リヤウ　ヤ○ウ　スウ　イ　スウ：カミガソンジタユイタヒ（身體）
　Ｊ201　デ○ウ　ハ　サン　リヤ○ウ　ヤ○ウ　スウ　イ　スウ：カミガヨダレタソロエヨ

頭帆
　ＫⅣ42b　デ○ウ　ハン：ヤホ（舩件）
　Ｊ357　デ○ウ　ハン：ヤホ（舩件）

頭風
　ＫⅣ29a　デ○ウ　ホン：ツヽウ（疾病）
　Ｊ336　デ○ウ　ホン：ヅツウ（感動）

頭號的
　ＫⅡ12b　デ○ウ　ア○ウ　テ：カシラノシルシ（賓友）
　Ｊ5　デ○ウ　ハ○ウ　テ：カシラノシルシ

頭甲子
　ＫⅣ15b　デ○ウ　キヤ　ツウ：カシラノカツシ（數量）
　Ｊ34　デ○ウ　キヤ　ツウ：カシラノカツシ

頭巾頂
　ＫⅣ42b　テ○ウ　キン　デン：タカホ（舩件）
　Ｊ358　デ○ウ　キン　デン：タカホ（舩件）

頭巾氣
　ＫⅢ25b　テ○ウ　キン　キイ：クワンニンノキ（官府）
　Ｊ36　デ○ウ　キン　キイ：クハンニンノキ

頭頸
　ＫⅠ26a　テ○ウ　キン：クビ（身體）
　Ｊ287　デ○ウ　キン：クビ（身體）

頭頸閃了
　ＫⅣ31a　デ○ウ　キン　シエン　リヤ○ウ：クヒノタカヘ（疾病）

J341 デ◯ウ キン セン リヤ◯ウ：クビノタガフタ
　　ゝ（感動）

頭盔
　KⅣ26a デ◯ウ クイ：カフト（兵法）
　J333 デ◯ウ クイ：カムト（兵法）

頭盔衣甲請卸下来
　KⅣ27a テ◯ウ クイ イ、キヤ ツイン スエー
　　ヒヤア ライ：ヨロヒカフトヌキタマエ（兵法）

頭盔衣甲請卸下來
　J210 デ◯ウ クイ イ、キヤ ツイン セエ ヒヤア
　　ライ：ヨロイカムトヌキタマエ

頭裏疼
　KⅣ34b テ◯ウ リイ デン：カシラカイタム（疾病）
　J40 デ◯ウ リイ デン：カシラガイタム

頭樓
　KⅣ44b テ◯ウ レ◯ウ：オモテヤクラ（船件）
　J360 デ◯ウ レ◯ウ：ヲモテヤグラ（船件）

頭篷
　KⅣ42b デ◯ウ ポン：ヤホ（船件）
　J356 デ◯ウ ポン：ヤホ（船件）

頭搠頭
　KⅣ46a デ◯ウ ポン テ◯ウ：船ノカシラドシヲツ
　　キ合ゝ（船件）
　J363 デ◯ウ ポン デ◯ウ：舟ノカシラドシツキ合
　　（船件）

頭上痛
　KⅣ34b デ◯ウ ジヤン トン：ヅヽウガスル（疾病）
　J40 デ◯ウ ジヤン トン：ヅヽウガスル

頭痛
　KⅣ29a テ◯ウ トン：ツヽウ（疾病）
　J336 デ◯ウ トン：ヅヽウ

頭痛好
　KⅣ39a テ◯ウ トン ハ◯ウ：ヅヽウカヤム（醫療）
　J46 デ◯ウ トン ハ◯ウ：ヅヽウカヤム

頭桅
　KⅣ42b テ◯ウ ヲイ：ヤホハシラ（船件）
　J356 デ◯ウ ヲイ：ヤホハシラ（船件）

頭眩了
　KⅣ35b テ◯ウ ヒエン リヤ◯ウ：メマヒカスル
　　（疾病）
　J42 デ◯ウ ヘン リヤ◯ウ：メマイスル

頭一番
　KⅣ15b テ◯ウ イ ハン：ダ一バン（数量）
　J33 デ◯ウ イ パン：ダ一バン

頭一號
　KⅣ15b テ◯ウ イ ア◯ウ：一バンノシルシ（数量）
　J33 デ◯ウ イ ハ◯ウ：一番ノシルシ

頭一句
　KⅢ47a デ◯ウ イ キユイ：カシラノ一句（讀書）
　J126 デ◯ウ イ キユイ：カシラノ一句

頭一名
　KⅣ15b デ◯ウ イ ミン：一バンメノ人（数量）
　J33 デ◯ウ イ ミン：一バンメノ人

頭一則
　KⅣ15b デ◯ウ イ ツエ：カシラノヒトツニハ
　　（数量）
　J33 デ◯ウ イ ツエ：カシラノ一ツニハ

頭一樁
　KⅣ22a デ◯ウ イ チヤン：一番ノニモツ（財産）
　J17 デ◯ウ イ チヨン：一番ノニモツ

頭揖
　KⅣ42b デ◯ウ チ：ヤリダシ（船件）{揖字は音誤り}
　J357 デ◯ウ イ：ヤリダシ（船件）

頭暈了
　KⅣ35b デ◯ウ イン リヤ◯ウ：メマヒカスル（疾病）
　J42 デ◯ウ イユン リヤ◯ウ：メマイスル

頭遭的
　KⅠ8b デ◯ウ ツア◯ウ テ：初（天文）
　J186 デ◯ウ ツア◯ウ テ：初ノタビ

投城
　KⅣ24b テ◯ウ ヂン：シロヲワタス（兵法）
　J330 デ◯ウ ヂン：シロヲワタス（兵法）

投靠人
　KⅡ27a デ◯ウ カ◯ウ ジン：人ニタノム（干求）
　J94 テ◯ウ カ◯ウ ジン：人ニタノム

投水死
　KⅢ15b デ◯ウ シユイ スウ：ミナゲル（慶弔）
　J49 デ◯ウ シユイ スウ：ミナゲル

投降
　KⅣ24a テ◯ウ キヤン：コウサン（兵法）{降字は
　　音誤り}
　J329 デ◯ウ ヤン：カウサン（兵法）

投降了
　KⅣ27a テ◯ウ キヤン リヤ◯ウ：コウサンシタ
　　（兵法）{降字は音誤り}
　J7 デ◯ウ ヤン リヤ◯ウ：コウサンシタ
　歩　{削除}

骰筒

ＫⅢ38b　デ○ウ　トン：サヒノ筒（寳貨）
　　Ｊ318　デ○ウ　トン：サイノ筒（器用）
骰子
　　ＫⅢ38b　デ○ウ　ツウ：サヒ（寳貨）
　　Ｊ318　デ○ウ　ツウ：サイ（器用）
透徹的
　　ＫⅣ3b　デ○ウ　テ　テ：トホツタ（製作）
　　Ｊ205　デ○ウ　テ　テ：トヲツタ
透出来
　　ＫⅣ17b　デ○ウ　チユ　ライ：トヲリテクル（諸物）
透出來
　　Ｊ206　デ○ウ　チユ　ライ：トヲリテクル
透明的
　　ＫⅣ53b　テウ　ミン　テ：スキトホル（居室）
　　Ｊ206　テ○ウ　ミン　テ：スキトヲル
透透亮
　　ＫⅠ8a　テ○ウ　丶　リヤン：アカリトホス（天文）
透々亮
　　Ｊ185　テ○ウ　丶　リヤン：アカリヲトヲス
透透風
　　ＫⅠ7a　テ○ウ　丶　フヲン：カゼヲトヲス（天文）
透々風
　　Ｊ183　テ○ウ　丶　ホン：カゼヲトヲス
透鮮的
　　ＫⅣ18b　デ○ウ　スエン　テ：アタラシヒ（諸物）
　　Ｊ230　テ○ウ　スエン　テ：アタラシイ

TU

禿筆
　　ＫⅢ30a　ト　ピ：キレフデ（寳貨）
　　Ｊ301　ト　ピ：キレフテ（器用）
禿光了
　　ＫⅣ3b　ト　クワン　リヤ○ウ：ケツリヒカラカス（製作）
　　Ｊ205　ト　クハン　リヤ○ウ：ヒカル
突出来
　　ＫⅣ17a　ト　チユ　ライ：ヒヨツトツキテタ（諸物）
突出來
　　Ｊ62　ト　チユ　ライ：ヒヨツトツキデタ
突肚皮
　　ＫⅠ30b　ト　ドウ　ヒイ：ハラヲツキタス（身體）
　　Ｊ115　デ　ドゥ　ビイ：ハラヲツキダス
圖書
　　ＫⅢ31a　トウ　シユイ：セキイン（寳貨）
　　Ｊ303　ドウ　シユイ：セキイン（器用）

塗抹的
　　ＫⅣ3a　ドウ　メ　テ：ヌリツクル（製作）
　　Ｊ202　ドウ　メ　テ：ヌリツクル
塗起来
　　ＫⅣ3a　ドウ　キイ　ライ：ヌル（製作）
塗起來
　　Ｊ202　ドウ　キイ　ライ：ヌル
塗塗兒
　　ＫⅣ3a　ドウ　ドウ　ルウ：ヌル（製作）
塗々兒
　　Ｊ202　ドウ〃ルヽ：ヌル
步　{削除}
荼藤花
　　ＫⅤ29b　ドウ　ミイ　ハアー：ヤマブキ（花卉）
　　Ｊ434　ドウ　ミイ　ハア：山フキ（花艸）
土産好
　　ＫⅠ13a　ドウ　ツアン　ハア○ウ：トサンカヨイ（地理）
　　Ｊ189　ドウ　ツアン　ハア○ウ：トサンガヨイ
土地廟
　　ＫⅢ11a　ドウ　デイ　ミヤ○ウ：土神（祭祀）
　　Ｊ34　ドウ　リイ　ミヤ○ウ：土神
土狗
　　ＫⅤ20a　ドヲ丶　ゲ○ウ：ケラ（蟲類）
　　Ｊ401　ドウ　ゲ○ウ：ケラ（虫）
土庫
　　ＫⅣ48b　ドウ　クウ：ドゾウ（居室）
　　Ｊ370　ドウ　クウ：ドゾウ（家居）
土郎中
　　ＫⅠ19b　ドウ　ラン　チヨン：ヤブイシヤ（人品）
　　Ｊ270　ドウ　ラン　チヨン：ヤブイシ（人品）
土龍
　　ＫⅤ19a　ドヲ丶　ロン：ミヽズ（蟲類）
　　Ｊ399　ドウ　ロン：モグラ（虫）
土藥材
　　ＫⅣ37b　ドウ　ヨ　ヅアイ：製法セヌアラクスリ（醫療）
　　Ｊ43　ドウ　ヨ　ヅアイ：和藥ノ｢
吐嚦唾
　　ＫⅠ30b　ドヲ丶　ヅアン　ドウ：ツワ　{右にバと注す}ヲハク（身體）
　　Ｋ′Ⅰ30b　ドヲ丶　ヅアン　ドウ：ツワヲハク
吐唼唾
　　Ｊ115　ドウ　ヅアン　ドウ：ツヲハク
吐出来

吐出來
　　ＫⅣ36a　トヲ　チユ　ライ：ハキタス（疾病）
吐出來
　　Ｊ62　ドウ　チユ　ライ：ハキダス
吐箇咒
　　ＫⅡ35b　ドウ　コ　チウ：セヒモンノ゛（盟約）
　　Ｊ47　ドウ　コ　チウ：セイモンノ゛
吐壺
　　ＫⅢ28b　ドヲ、　ウ、：ヤ子ウチ（寶貨）
　　Ｊ298　ドウ、：ハイフキ（器用）
吐血
　　ＫⅣ30a　ドヲ　ヘ：トケツ（疾病）
　　Ｊ339　ドウ　ヘ：トケツ（感動）
吐瀉
　　ＫⅣ32b　ドヲ　スエー：トシヤ（疾病）
　　Ｊ344　ドウ　スエ、：トシヤ（感動）
兎兒
　　ＫⅤ22a　トウ　ルウ：ウサキ（畜獸）
　　Ｊ404　ドウ　ル、：ウサキ（獸）

TUAN

團團地都是山
　　ＫⅠ13a　ドワン　、　デイ　ドヲー　ズウ　サン：マハリハミナヤマ（地理）
團〻地都是山
　　Ｊ189　ドハン　、　リイ　ドウ　ズウ　サン：マワリハミナヤマ
圍圍地都是山
　　歩Ⅰ18b　｛「團團地都是山」に変更｝
團魚
　　ＫⅤ16a　トワン　イー：スツポン（魚鼈）
　　Ｊ393　ダン　イ、：スツホン（魚介）
團子
　　ＫⅤ7b　ドワン　ツウ：ダンゴ（飯肉）
　　Ｊ444　ダン　ツウ：ダンゴ（飲食）

TUI

忒快了
　　ＫⅣ12b　テ　クワイ　リヤ○ウ：イコフハヤヒ（數量）
　　Ｊ237　［右テ・左ト］クハイ　リヤ○ウ：イコフハヤイ
忒少了
　　ＫⅣ10b　テ　シヤ○ウ　リヤ○ウ：イカフスクナヒ（數量）
　　Ｊ171　ト　スヤ○ウ　リヤ○ウ：イカフスクナイ
忒鹹了
　　ＫⅢ6b　テ　アン　リヤ○ウ：アマリシホガカラヒ（筵宴）
　　Ｊ166　ト　ヱン　リヤ○ウ：イコウシヲガカライ
推得開
　　ＫⅣ53b　トイ　テ　カイ：オシヒラク（居室）
　　Ｊ196　トイ　テ　カイ：ヲシヒラク
推斷了
　　ＫⅡ3a　トイ　ドワン　リヤ○ウ：ジタヒシキリタ（賓客）
推斷了
　　Ｊ142　トイ　ドハン　リヤ○ウ：ジタイシキリニ
推攏的
　　ＫⅡ9a　トイ　ロン　テ：オシアツムル（賓客）
　　Ｊ61　トイ　ロン　テ：ヲシアツムル
腿股
　　ＫⅠ27a　トイ　クウ：モ、（身體）
　　Ｊ289　トイ　クウ：モ、（身體）
腿軟了
　　ＫⅣ33b　トイ　ジエン　リヤ○ウ：モ、ノナユル（疾病）
　　Ｊ346　トイ　ゼン　リヤ○ウ：モ、ノナユル（感動）
退出来
　　ＫⅡ8a　トイ　チユ　ライ：サガリテキタ（賓友）
退出來
　　Ｊ152　トイ　チユ　ライ：サガリテキタ
退出去
　　ＫⅡ8a　トイ　チユ　キユイ：サガリテユク（賓友）
　　Ｊ152　トイ　チユ　キユイ：サガリテ行
退掉了
　　ＫⅡ28a　トイ　デヤ○ウ　リヤ○ウ：カヘシタ（干求）
　　Ｊ220　トイ　デヤ○ウ　リヤ○ウ：カヘル
退掉他
　　ＫⅡ28a　トイ　デヤ○ウ　タア、：アレニカヘス（干求）
　　Ｊ220　トイ　デヤ○ウ　タア：モドス
退過来
　　ＫⅡ11b　トイ　コヲ、　ライ：ヒヒテクル（賓友）
退過來
　　Ｊ217　トイ　コウ　ライ：ヒイタ
退後看
　　歩Ⅱ49a　｛増補｝
退婚書
　　ＫⅢ19b　トイ　ホン　シユイ：ヒマノジヤウ（婚姻）
　　Ｋ'Ⅲ19b　トイ　ホン　シユイ：サリジヤウ
　　Ｊ365　トイ　フイン　シユイ：ヒマノジヤウ

退火来
　　ＫⅤ13a　トイ　ホフ　ライ：火ヲヒケ（煮煎）
退火來
　　J159　トイ　ホウ　ライ：火ヲヒケ
退了柴
　　ＫⅤ13a　トイ　リヤ○ウ　ヅアイ：タキ、ヲヒケ（煮煎）
　　J159　トイ　リヤ○ウ　ツアイ：火ヲヒケ｛「退了火」の語釈と同上とした誤り｝
退了婚
　　ＫⅢ19b　トイ　リヤ○ウ　ホン：ヒマヤル（婚姻）
　　J365　トイ　リヤ○ウ　フイン：ヒマヤル（婚姻）
退了火
　　ＫⅤ13a　トイ　リヤ○ウ　ホフ：火ヲヒク（煮煎）
　　J159　トイ　リヤ○ウ　ホウ：火ヲヒケ
退了去
　　ＫⅡ12a　トイ　リヤ○ウ　キユイ：ノヒタ（賓友）
　　J218　トイ　リヤ○ウ　キユイ：ノイタ
退粮的
　　ＫⅣ21a　トイ　リヤン　テ：退役ノモノ（財産）
　　J13　トイ　リヤン　テ：退役ノモノ
退散了
　　ＫⅡ6a　トイ　サン　リヤ○ウ：ノキチル（賓友）
　　J148　トイ　サン　リヤ○ウ：ノキチル
退縮
　　ＫⅤ43a　トイ　ショ：馬ヤニ馬ヲイル（馬鞍）
　　J416　トイ　ソ：馬ヤニ馬ノ出入スルコ（馬具）
退隠
　　ＫⅠ36a　トイ　イン：インキヨ（親族）
　　J284　トイ　イン：インキヨ（親族）
　　歩　｛削除｝

TUN

呑得下
　　ＫⅢ8b　トイン　テ　ヒヤア：ノミコム（筵宴）
　　J63　ドン　テ　ヒヤア：ノミコム
呑進去
　　ＫⅢ8b　トイン　ツイン　キユイ：ノミコム（筵宴）
　　J63　ドン　チン　キユイ：ノミコム
呑酸
　　ＫⅣ32b　ドイン　スワン：ミ、ツバリ○オクビ（疾病）
　　J343　ドン　サン：ミ、ヅバリ（感動）
呑下来
　　ＫⅢ8b　トイン　ヒヤア　ライ：ノミコム（筵宴）

呑下來
　　J63　ドン　ヒヤア　ライ：ノミコム

TUO

托茶的
　　ＫⅠ16b　トツアー　テ：チヤノキウシ（人品）
　　J262　トヅア、テ：チヤノキウジ（人品）
　　歩　｛削除｝
托茶来
　　ＫⅢ1a　トツア、ライ：チヤヲウケテコヒ（筵宴）
托茶來
　　J57　トヅア、ライ：チヤヲウケテコイ
托得起
　　ＫⅣ5a　ト　テ　キイ：カ、エラレル（製作）
　　J59　ト　テ　キイ：スエラル、
托過去
　　ＫⅣ5a　ト　コフ　キユイ：カ、エテユク（製作）
　　J59　ト　コウ　キユイ：カ、エダス
托進来
　　ＫⅣ5a　ト　ツイン　ライ：カ、エル（製作）
托進來
　　J59　ト　チン　ライ：カ、エル
托你
　　ＫⅡ26b　ト　ニイ：ソナタニタノム（干求）
托你〻〻
　　J93　ト　ニイ　〻：ソコモトニタノム
托你看
　　ＫⅠ41a　ト　ニイ　カン：ソナタニタノンデミル（動作）
　　J173　ト　ニイ　カン：ソナタニタノンテミル
托盤
　　ＫⅢ36b　ト　ボワン：カヨヒボン（寶貨）
　　J314　ト　バン：カヨイボン（器用）
托上他
　　ＫⅡ20b　ト　ジヤン　タアー：アレニカコツケル（通用）
　　J100　ト　ジヤン　タア：カコツケル
托他寄信来
　　ＫⅡ35a　ト　タアー　ギイ　スイン　ライ：カレヲタノンテコトヅテスル（盟約）
托他寄信來
　　J92　ト　タア　ギイ　シン　ライ：カレヲタノンテコトツテスル
托托茶
　　ＫⅢ1b　ト、ツア、：チヤヲアケヨ（筵宴）

托ノ茶
　J57　ト、ヅア、：チヤヲウケヨ
托我看
　KⅠ41a　ト コヲ、カン：ワレニミセヨ（動作）
　J173　ト ゴウ カン：ワレニミセヨ
挓了去
　KⅣ5a　ドフ リヤ○ウ キユイ：セアフテイタ（製作）
　J59　ドウ リヤ○ウ キユイ：セヲ、テイツタ
駝了去
　歩Ⅳ7a　{「駝了去」に変更}
脱齒
　KⅣ31a　ト ツウ：ハノヌクル「（疾病）
　J341　ト ツウ：ハノヌクル「（感動）
脱肛
　KⅣ29b　ト カン：タツコウ（疾病）
　J338　ト ヒヤン：ヂノヤマイ（感動）
脱了門
　KⅣ53a　ト リヤ○ウ メン：モンヲノソイタ（居室）
　J195　ト リヤ○ウ メン：モンヲノソイタ
脱灑的
　KⅠ23a　ト シヤイ テ：シヤレタ（人品）
　J110　ト シヤイ テ：シヤレタ
脱沙佛
　KⅢ37b　ト サアー ウエ：ハリヌキ（寶貨）
　J316　ト サア ウエ：ハリヌキボトケ（器用）
脱粟飯
　KⅤ7b　ト ツヲ ワン：クロゴメシ（飯肉）{Jから別の語に差し替え}
脱粟飯
　J443　ト リ ワン：クリメシ（飲食）
駝背
　KⅠ28b　ドウ ボイ：セムシ（身體）
　J266　ドウ ポイ：セムシ（人品）
駝了来
　KⅣ5a　ドウ リヤ○ウ ライ：セアフテクル（製作）
駝了來
　J59　ドウ リヤ○ウ ライ：セヲ、テクル
駝箱的
　KⅠ16b　ドウ スヤン テ：ハサミバコモチ（人品）
　J262　ドウ スヤン テ：ハサミバコモチ（人品）
妥貼了
　KⅠ37a　トウ テ リヤ○ウ：ラチカアヒタ（性情）
　J100　トウ テ リヤ○ウ：ラチガアイタ
　歩　{削除}
籜兒
　KⅤ27a　ツエ ルウ：タケノカワ（樹竹）
　J407　ツエ ルウ：タケノカワ（樹竹）

WA

竵鼻子
　KⅠ28a　エ ヒイ ツウ：ヒシヤゲバナ（身體）
　J263　ウエ ビイ ツウ：ヒシヤゲバナ（人品）
竵出来
　KⅣ3b　ワ チユ ライ：カキダス（製作）
竵出來
　J62　ウ チユ ライ：カキダス
竵進去
　KⅣ4b　ワ ツイン キユイ：クボッタ（製作）
　J225　ワア チン キユイ：クボッタ
竵子
　KⅢ30a　ワ シウ：ミ、カキ（寶貨）
　J301　ワ ツウ：ミ、カキ（器用）
挖壁孔
　KⅣ52b　ワ ピ コン：カベヲクジル（居室）
　J194　ワア ピ コン：カベヲクジル
挖一孔
　KⅣ13b　ワ イ コン：ヒトエグリ（数量）
　J26　ワア イ コン：ヒトエグリ
窪下去
　KⅣ4b　ワア、ヒヤア キユイ：クボル（製作）
　J225　ワア ヒヤア キユイ：クボル
蛙兒
　KⅤ19b　ワアー ルウ：アヲガヘル（蟲類）
　J399　ワア ル、：カワヅ（虫）
娃子
　KⅠ19b　ワアー ツウ：ボク（人品）
　J269　ワア ツウ：ボク（人品）
娃子家
　KⅠ17b　ワアー ツウ キヤア：コドモ（人品）
　J265　ワア ツウ キヤア：コドモ（人品）
瓦屋
　KⅣ49a　ワアー ヲ：カハラヤ（居室）
　J371　ワア ヲ：カハラヤ（家居）
襪線才
　KⅢ50a　メ スエン ツアイ：ツタナキザエ（讀書）
　　{襪字は音誤り}
　J14　ワ セン ツアイ：ツタナキサイ
襪子
　KⅢ41a　ワ ツウ：タビ（寶貨）
　J322　ワ ツウ：タビ（器用）

WAI

歪嘴
　ＫⅠ28b　ワイ　ツ○イ：クチユガミ（身體）
　Ｊ266　ワイ　ツイ：口 ｛右に「クチ」｝ユガミ（人品）

外公
　ＫⅠ33a　ワイ　コン：母方ノ祖父（親族）
　Ｊ277　ワイ　コン：母方ノ祖父（親族）

外江舩
　ＫⅣ47a　ワイ　キヤン　ヂエン：ナンキンダシノフ子（舩件）
　Ｊ192　ワイ　キヤン　ヂエン：ナンキンダシ

外科
　ＫⅠ19b　ワイ　コヲヽ：ゲクワ（人品）
　Ｊ270　ワイ　コウ：ゲクハ（人品）

外甥
　ＫⅠ35a　ワイ　スエン：姉妹ノ子ヲヒ（親族）
　Ｊ281　ワイ　スエン：姉妹ノ子ヲイ（親族）

外甥女
　ＫⅠ35a　ワイ　スエン　ニイ：姉妹ノムスメメヒ（親族）
　Ｊ281　ワイ　スエン　ニイ：姉妹ノ女メヒ（親族）

外首座
　ＫⅡ3b　ワイ　シフ　ヅヲウ：ホカニサセヨ（賓友）
　Ｊ143　ワイ　シウ　ヅヲヽ：ホカニスワレ

外套
　ＫⅤ36a　ワイ　タ○ウ：ハオリ（衣服）
　Ｊ425　ワイ　タ○ウ：ハヲリ（衣服）

外頭
　ＫⅣ48a　ワイ　デ○ウ：ソトムキ（居室）
　Ｊ369　ワイ　デ○ウ：ソトムキ（家居）

外祖母
　ＫⅠ33a　ワイ　ツウ　ムウ：母方ノ祖母（親族）
　Ｊ277　ワイ　ツウ　ムウ：ハハカタノ祖母（親族）

WAN

彎彎曲曲
　ＫⅣ11a　ワン　ワン　キヨ　キヨ：マガル（数量）

彎ヽ曲ヽ
　Ｊ211　ワン　ヽ　キヨ　ヽ：マガル

灣奥
　ＫⅠ11a　ワン　ヲー：イリワ（地理）
　Ｊ255　ワン　ヲヽ：入リワ（天文）
　歩　｛削除｝

丸子包

ＫⅣ25b　ワン　ツウ　パ○ウ：タマイレ（兵法）
Ｊ332　ワン　ツウ　パ○ウ：タマイレ（兵法）

完了
　ＫⅡ19b　ワン　リヤ○ウ：スンダ（通用）
　Ｊ71　ワン　リヤ○ウ：スンダ

完了麼
　ＫⅣ19b　ワン　リヤ○ウ　マアヽ：スンダカ（財産）

完了広
　Ｊ67　ワン　リヤ○ウ　マア：スンダカ

完了着
　ＫⅡ18a　ワン　リヤ○ウ　ヂヤ：シマフタ（通用）
　Ｊ67　ワン　リヤ○ウ　ヂヤ：シマツタ

完親
　ＫⅢ19a　ワン　ツイン：トリアハセスム（婚姻）
　Ｊ365　ワン　チン：女房モツ（婚姻）

完是哩
　ＫⅣ19b　ワン　ズウ　リイ：コレハスンタ（財産）
　Ｊ67　ハン　ズウ　リイ：コレハスンダ

頑皮
　歩Ⅰ25a　｛「跳鬼」のあとに補う｝

頑要去
　ＫⅡ6a　ワン　シヤア　キユイ：アソビニユク（賓友）
　Ｊ148　ワン　シヤア　キユイ：アソヒニユク

頑癬
　ＫⅣ28b　ワン　スエン：タムシ（疾病）
　Ｊ336　ワン　スエン：タムシ（感動）

碗架
　ＫⅢ36a　ワン　キヤア：ワンヲキ（寶貨）
　Ｊ313　ワン　キヤア：ワンヲキ（器用）

碗脚
　ＫⅢ29b　ワン　キヤ：イトゾコ（寶貨）
　Ｊ300　ワン　キヤ：イトソコ（器用）

碗足
　ＫⅢ29b　ワン　ツヲ：イトゾコ（寶貨）
　Ｊ300　ワン　ソ：イトソコ（器用）
　歩　｛削除｝

晩飯
　ＫⅤ7a　ワン　ワン：ユフメシ（飯肉）
　Ｊ443　ワン　ハン：ユフメシ（飲食）

晩間
　ＫⅠ4a　ワン　ケン：バン（天文）
　Ｊ249　ワン　ケン：バン（天文）

晩間来
　ＫⅡ8b　ワン　ケン　ライ：バンニキタレ（賓友）

晩間來

J154 ワン ケン ライ：バンニキタレ

晚妻
ＫⅠ35b ワン ツイー：後妻（親族）
J282 ワン ツイ：後妻（親族）

晚上
ＫⅠ2a ワン ジヤン：バン（天文）
J245 ワン ジヤン：バン（天文）

萬年青
ＫⅤ30b ワン 子エン ツイン：オモト（花卉）

万年青
J436 ワン 子ン ツイン：ヲモト（花艸）

萬字紬
ＫⅤ38b ワン ヅウ ヂウ：ヒガキサヤ（衣服）
J430 ワン ヅウ チウ：ヒガキサヤ（衣服）

蔓兒
ＫⅤ31a マン ルウ：ツル（花卉）
J437 マン ル丶：ツル（花艸）

WANG

王道薬
ＫⅣ37b ワン タ○ウ ヨ：ヤワラカナ薬○ホヤク（醫療）
J43 ワン ダ○ウ ヨ：ホヤク

王府裏
ＫⅣ50b ワン フウ リイ：ヤカタ（居室）

王府裡
J375 ワン フウ リイ：ヤカタ（家居）

王府裡去問候
ＫⅢ25a ワン フウ リイ キユイ ウエン ヘ○ウ：ヤカタニユヒテコキゲンヲウカゞフ（官府）

王府裡去問候
J39 ワン フウ リイ キユイ ウエン ヘ○ウ：ヤカタニ行テゴキゲンヲウカコフ

王家
ＫⅠ18a ワン キヤア：諸侯（人品）
J267 ワン キヤア：シヨコフノ丁（人品）

王母桃
ＫⅤ33a ワン ムウ タ○ウ：西王母（菓蓏）
J411 ワン ムウ ダ○ウ：西王母（菓）

忘八
ＫⅠ17b ワン パ：クツワ（人品）
J265 ワン パ：クツワ（人品）

往常
ＫⅠ4b ワン チヤン：ツ子〜（天文）
J250 ワン ジヤン：ツ子〜゛（天文）

往何處
ＫⅡ4a ワン ホー チユイ：ドコヘユクゾ（賓友）
J143 ワン ホウ チユイ：ドコヘユクゾ

往年
ＫⅠ4b ワン 子エン：ライ子ン（天文）
J250 ワン 子ン：ライ子ン（天文）

望斗
ＫⅣ44b ワン テ○ウ：バランタ（舩件）
J360 ワン デ○ウ：バランダ（舩件）

望過来
ＫⅡ6b ワン コフ ライ：コノ方ニムイテクル（賓友）

望過來
J149 ワン コウ ライ：コノ方ニムイテクル

望将去
ＫⅡ7a ワン ツヤン キユイ：ムカウテユク（賓友）
J150 ワン チヤン キユイ：ムカウテユク

望望你
ＫⅢ18a ワン 丶 ニイ：ソコモトヘミマヒマス（寄贈）

望ゞ你
J92 ワン 丶 ニイ：ソコモトエミマイマス

忘本的
ＫⅠ37b ワン ペン テ：モトヲワスレタ（性情）
J101 ワン ペン テ：モトヲワスレタ

忘記了
ＫⅢ47b ワン キイ リヤ○ウ：ワスレタ（讀書）
J127 ワン キイ リヤ○ウ：ワスレタ

WEI

威丰大
ＫⅢ23a ヲイ ホン ダアー：イセヒ大ヒナリ（官府）
J6 ヲイ ホン ダア：威勢大イナリ

煨一煨
ＫⅡ23b ヲイ イ ヲイ：ウツメヤク（通用）
J23 ヲイ イ ヲイ：ウツメヤク

圍城
ＫⅣ24a ヲイ ヂン：シロヲカコム（兵法）
J329 ヲイ ヂン：シロヲカコム（兵法）

圍屏
ＫⅢ26b ヲイ ビン：ロクマイビヨウブ（寶貨）
J294 ヲイ ビン：ロクマイビヤウブ（器用）

圍棋
ＫⅢ38a ヲイ ギイ：ゴヲカコム（寶貨）
J317 ヲイ キイ：ゴ（器用）

【WAN～WEI】

圍棋子
　　ＫⅡ32b ヲイ ギイ ツウ：ゴヲウツ（德藝）
　　Ｊ112 ヲイ キイ ツウ：ゴヲウツ

圍住他
　　ＫⅣ26b ヲイ チユイ タアー：カレヲトリカコム（兵法）
　　Ｊ95 ヲイ チユイ タア：カレヲトリカコム

桅板
　　ＫⅣ45b ヲイ パン：大スリイタ（舩件）
　　Ｊ361 ヲイ パン：大スリイタ（舩件）

桅餅
　　ＫⅣ46a ヲイ ビン：ヤミノモチ（舩件）
　　Ｊ363 ヲイ ビン：ヤミノモチ（舩件）

桅桿
　　ＫⅣ42b ヲイ カン：ホハシラ（舩件）
　　Ｊ357 ヲイ ハン：ホバシラ（舩件）

桅箍
　　ＫⅣ43a ヲイ クウ：ハシラノワ（舩件）
　　Ｊ357 ヲイ クウ：ハシラノワ（舩件）

桅架
　　ＫⅣ43a ヲイ キヤア：タツキ（舩件）
　　Ｊ357 ヲイ キヤア：タツキ（舩件）

桅尖
　　ＫⅣ45b ヲイ ツエン：上ハサミ（舩件）
　　Ｊ361 ヲイ セン：上ハサミ（舩件）

桅笠
　　ＫⅣ45b ヲイ リ：カサ（舩件）
　　Ｊ362 ヲイ セン：上ハサミ（舩件）

桅帽
　　ＫⅣ45b ヲイ マ○ウ：カサ（舩件）
　　Ｊ362 ヲイ マ○ウ：カサ（舩件）

桅門
　　ＫⅣ45b ヲイ シエン：ハシラノセン（舩件）
　　Ｊ362 ヲイ セン：ハシラノセン（舩件）

桅栓
　　ＫⅣ43a ヲイ ツエン：ハシラノセン（舩件）
　　Ｊ357 ヲイ セン：ハシラノセン（舩件）

桅尾尖
　　ＫⅣ43a ヲイ ウイ ツエン：ハサミ（舩件）
　　Ｊ357 ヲイ ウイ セン：ハシラノセン（舩件）

桅猪
　　ＫⅣ45a ヲイ チイ：メクラツエ（舩件）
　　Ｊ361 ヲイ チユイ：メクラツヘ（舩件）

惟恐他
　　ＫⅢ23b ウイー コン タアー：アレヲオソル、（官府）
　　Ｊ6 ウイ コン タア：アレヲヲソル、

尾吊索
　　ＫⅣ43b ウイ テヤ○ウ ソ：柱ヲ引ハルツナ（舩件）
　　Ｊ358 ウイ テヤ○ウ ソ：柱ヲ引ハルツナ（舩件）

尾樓
　　ＫⅣ44b ウイ レ○ウ：トモヤクラ（舩件）
　　Ｊ360 ウイ レ○ウ：トモヤグラ（舩件）

尾送
　　ＫⅣ42b ウイ ソン：オクリホ（舩件）
　　Ｊ357 ウイ ソン：ヲクリボ（舩件）

尾頭
　　ＫⅠ9a ウイ デ○ウ：スヘ（天文）
　　Ｊ186 ウイ デ○ウ：スエ

底邊
　　歩Ⅰ12a 〔「底邉」に変更〕

痿躄
　　ＫⅣ32a ヲイ ピ：ナユル（疾病）
　　Ｊ343 ヲイ ピ：ナユル（感動）

鮪魚
　　ＫⅤ15a イウイ、：シビ（魚鼈）
　　Ｊ39 イウイ、：シビ

為什麼
　　ＫⅡ26a ヲイ シ モー：ナゼニ（干求）

為什広
　　Ｊ66 ヲイ シ モー：ナゼニナ

為什麼縁故呢
　　ＫⅡ19b ヲイ シ モ イエン クウ ニイー：ナニユヘニ（通用）

為什広縁故呢
　　Ｊ70 ヲイ シ モ エン クウ ニー：ナニユエニ

未必阿
　　ＫⅡ19a ウイー ピ アー：マダソフデハアルマヒ（通用）
　　Ｊ69 ウイ ピ ア、：マダソウデハアルマイ

未必有
　　ＫⅣ19b ウイ ピ イウ：マタデキヌ（財産）{誤訳}
　　Ｊ137 ウイ ピ イウ：タブンアルマイ

未必真
　　ＫⅡ36a ウイー ピ チン：マタマコトニセラレヌ（盟約）
　　Ｊ47 ウイ ピ チン：マダマコトニセラレヌ

未曾見
　　ＫⅡ1b ウイ、 ヅエン ケン：マダオメニカ、ラヌ（賓友）

J138　ウイ　ヅエン　ケン：マダヲメニカヽラヌ

未得緊
　　KⅡ18b　ウイー　テ　キン：イコフマダジヤ（通用）
　　J68　ウイ　テ　キン：イコフマダジヤ
歩　｛削除｝

未全好
　　KⅣ34b　ウイー　ツエン　ハ○ウ：マタスキトナヒ
　　（疾病）
　　J39　ウイ　ヂエン　ハ○ウ：マダスキトヨクナイ

未上去
　　KⅡ8a　ウイ　ジヤン　キユイ：マタアガラヌ（賓友）
　　J152　ウイ　ジヤン　キユイ：マダアガラヌ

未時
　　KⅠ3b　ウイー　ズウ：ハツドキ（天文）
　　J248　ウイ　ズウ：ハツドキ（天文）

味道好
　　KⅢ8b　ウイー　ダウ　ハ○ウ：アチカヨヒ（筵宴）
　　J169　ウイ　ダ○ウ　ハ○ウ：アヂガヨイ

喂馬
　　KⅤ42b　ヲイ　マアー：馬ニカイ料ノクサヲカフ
　　（馬鞍）
　　J416　ヲイ　マア：馬ニカイ料ノクサヲカフコ（馬具）

胃口
　　KⅠ27b　ヲイ　ケ○ウ：エブクロ（身體）
　　J290　ヲイ　ゲ○ウ：エフクロ（身體）

WEN

温柔的
　　KⅠ23a　ヲイン　ジウ　テ：ニフハ（人品）
　　J110　アエン　ジウ　テ：ニウハナ

温雅的
　　KⅠ23a　ヲイン　ヤアヽ　テ：ニフハ（人品）
　　J110　アエン　ヤアヽ　テ：ニウワナ

藴藻
　　KⅤ32a　ヲエン　ツア○ウ：モバ（花卉）
　　J439　アエン　ツア○ウ：モ（花艸）

文法好
　　KⅢ50a　ウエン　ハ　ハ○ウ：ブンホウガヨヒ（讀書）
　　J14　ウエン　ハ　ハ○ウ：ブンホウガヨイ

文官
　　KⅠ18b　ウエン　クワン：ブンクワン（人品）
　　J268　ウエン　クハン：ブンクハン（人品）

文鳥
　　KⅤ24a　ウエン　ニヤ○ウ：ブンテフ（禽類）
　　J421　ウエン　ニヤ○ウ：ブンチヤウ（飛禽）

文契
　　KⅢ31b　ウエン　キ：テガタ（寶貨）
　　J304　ウエン　キイ：テガタ（器用）

文勢好
　　KⅢ50a　ウエン　スウ　ハ○ウ：ブンセイガヨヒ
　　（讀書）
　　J14　ウエン　スイ　ハ○ウ：ブンセイガヨイ

文文兒的火煎
　　KⅤ13b　ウエン、ルウ　テ　ホヲー　ツエン：ユル
　　ビテセンスル（煮煎）

文ヾ兒的火煎
　　J161　ウエン、ル　テ　ホウ　チエン：ブンクハ
　　テセンスル

蚊蟲
　　KⅤ19b　ウエン　チヨン：カ（蟲類）

蚊虫
　　J400　ウエン　チヨン：カ（虫）

蚊帳
　　KⅢ38b　ウエン　チヤン：カチヨウ（寶貨）
　　J318　ウエン　チヤン：カヤ（器用）

聞得出
　　KⅡ34b　ウエン　テ　チユ：カギダス（德藝）
　　J200　ウエン　テ　チユ：カギダス

聞得説
　　KⅠ41a　ウエン　テ　セ：キヽマシタ（動作）
　　J173　ウエン　テ　セ：キヽマシタ

聞椅楠
　　KⅡ33b　ウエン　キイ　ナン：カウヲキク（德藝）
　　｛椅字は誤り｝
　　J200　ウエン　ギイ　ナン：コウヲキク

聞聞香
　　KⅡ34a　ウエン、ヒヤン：カウヲキク（德藝）

聞ヾ香
　　J200　ウエン、ヒヤン：カウヲキク

穏穏的
　　KⅡ20a　ヲイン、テ：タシカナ（通用）

穏ヾ的
　　J73　ウエン、テ：タシカナ

問箇訊
　　KⅢ18a　ウエン　コ　スイン：タヨリヲトフ（寄贈）
　　J114　ウエン　コ　ジン：タヨリヲトフ

問流的
　　KⅠ22b　ウエン　リウ　テ：オンルモノ（人品）
　　J103　ウエン　リウ　テ：ヲンルモノ

問流徒

【WEI～WO】

問流徙
　ＫⅢ21b　ウエン　リウ　ドウ：オンルニオコナフ
　（官府）

問流徙
　J103　ウエン　リウ　シユイ：ヲンルニヲコナフ

問問看
　ＫⅠ41a　ウエン　、　カン：トウテミヨ（動作）

問ゝ看
　J173　ウエン　、　カン：トウテミヨ

問候問候
　ＫⅡ4a　ウエン　ヘ○ウ　ウエン　ヘ○ウ：オミマヒ申ス（賓友）

問候ゝゝ
　J144　ウエン　ヘ○ウ　〜：ヲミマイ申ス

問甚麼
　ＫⅡ12a　ウエン　シ　モフ：ナニヲトフカ（賓友）

問甚広
　J233　ウエン　シ　モウ：ナニヲトウカ

WENG

蕹菜
　ＫⅤ1b　ヨン　ツアイ：和ニナシ（菜蔬）
　J382　ヲン　ツアイ：フダンソウ（菜蔬）

齆鼻頭
　ＫⅠ28a　ヨン　ビイ　デ○ウ：ハナツマリ（身體）
　J264　ヲン　ビイ　デ○ウ：ハナツマリ（人品）

齆鼻子
　歩Ⅰ39b　{「齆鼻子」に変更}

WO

萵苣菜
　ＫⅤ1a　ヲウ　ギユイ　ツアイ：チサ（菜蔬）
　J381　ヲ、　ギユイ　ツアイ：チシヤ（菜蔬）

窩子裏
　ＫⅤ20b　ヲウ　ツウ　リイ：スノウチ（蟲類）

窩子裡
　J35　ヲ、　ツウ　リイ：スノウチ

我不肯
　ＫⅡ27b　コヲ、　ポ　ゲン：ワレハウケ合ヌ（干求）
　J97　ゴウ　プ　ゲン：ヲレハウケ合ヌ

我不依他
　ＫⅡ35b　ゴヲー　ポ　イー　タアー：ヲレハアレニマカゼヌ（盟約）
　K'Ⅱ35b　ゴヲー　ポ　イー　タアー：ヲレハアレニマカセヌ（盟約）
　J92　ゴウ　プ　イー　タア：ヲレハアレニマカセヌ

歩　{削除,「他不依我」のみ残す}

我當家
　ＫⅡ2a　ゴヲ　タン　キヤア：ワレカカトク（賓友）
　J140　ゴウ　タン　キヤア：ワレガカトク

我的是
　ＫⅡ11a　コヲ、　テ　ズウ：ヲレガヨヒ（賓友）
　J96　ゴウ　テ　ズウ：コノホウジヤ

我的迎舩
　ＫⅣ47b　コヲ　テ　ニン　デエン：オレカムカヒフ子（舩件）
　J193　ゴウ　テ　ニン　デエン：ヲレガムカイフ子

我等
　ＫⅠ22a　ゴヲ、　テン：ワレラ（人品）
　J274　ゴウ　テン：ワレラ（人品）

我該的
　ＫⅡ11b　ゴヲー　カイ　テ：ヲレガアタリマヘ（賓友）
　J113　ゴウ　カイ　テ：ヲレガデルハズ

我肯的
　ＫⅡ27b　ゴヲ、　ゲン　テ：ワレハワケ合タ（干求）
　J97　ゴウ　ゲン　テ：ワレハウケ合タ

我来接
　ＫⅡ13a　コヲ、　ライ　ツイ：ムカヒニキヌ（賓友）

我來接
　J38　ゴウ　ライ　チ：ムカイニキタ

我来考
　ＫⅠ39a　コヲー　ライ　カ○ウ：ワレガキテコヽロミル（性情）

我來考
　J234　ゴウ　ライ　カ○ウ：ワレガキテコヽロミヨ

我領的
　ＫⅣ21b　コヲ　リン　テ：ワレガウケトル（財産）
　J19　ゴウ　リン　テ：ヲレガウケトル

我騙你
　ＫⅡ30b　ゴヲ、　ペエン　ニイ：ヲレカソチヲダマシタ（疎慢）
　J98　ゴウ　ペン　ニイ：ヲレガソチヲタマシタ
歩　{削除}

我騙他
　ＫⅡ30a　ゴヲ、　ペエン　タアー：ヲレガアレヲダマシタ（疎慢）
　J98　ゴウ　ペン　タア：ヲレガアレヲタマシタ

我去認
　ＫⅠ42b　ゴヲ、　キユイ　ジン：ヲレガユヒテミワクル（動作）
　J176　ゴウ　キユイ　ジン：ヲレガ行テミワクル

我先説
  KⅡ16a ゴヲ、スエン セ：オレカサキニ云（通用）
  J130 ゴウ センセ：ヲレガサキニ云
我想他
  KⅢ9a ゴヲ、スヤン タア：ワレハアレヲノソミマス（筵宴）
  J85 ゴウ スヤン タア：アレヲノソミマス
我要的
  KⅡ25a ゴヲ、ヤ○ウ テ：ヲレカイル（干求）
  J63 ゴウ ヤ○ウ テ：ヲレガイル
我也搭一筆
  KⅢ18a ゴヲ、エー タイ ピ：ワレモソヘフテスル（寄贈）
  J92 ゴウ エ、タイ ピ：ワレモソエフデスル
我也讀你也寫
  KⅢ46b ゴヲ、エー ド ニイ エ スエー：ワレハヨムソチハカケ（讀書）
  J124 ゴウ エ、ド ニイ エ、スエ、：ワレハヨムソチハカケ
我也好
  KⅡ17a ゴヲ、エー ハ○ウ：ワレモヨヒ（通用）
  J135 ゴウ エ、ハ○ウ：ワレモヨイ
我知道
  KⅡ10b ゴヲ、ツウ ダ○ウ：ワレガシツテ井ル（賓友）
  J94 ゴウ ツウ ダ○ウ：ヲレガシツテイル
我中了
  KⅣ27a ゴヲ、チヨン リヤ○ウ：ワレガアテタ（兵法）
  J204 ゴウ チヨン リヤ○ウ：ワレガアタツタ
我做得
  KⅠ39a ゴヲー ツヲー テ：オレガフンベツスル（性情）
  J233 ゴウ ツヲ、テ：ヲレガフンベツスル
我做的
  KⅣ1a ゴヲ、ツヲー テ：ワレガイタシタ（製作）
  J132 ゴウ ツヲ、テ：ワレガイタシタ
臥房
  KⅣ48a ゴヲ、ブワン：子ヤ（居室）
  J369 ヲ、ワン：子ヤ（家居）
臥簟
  KⅢ26a ゴヲ、テエン：子トコ（寳貨）
  J293 ヲ、タン：子ドコ（器用）
齷齪的
  KⅣ16b ヲ ツヲ テ：キタナヒ亅（諸物）
  J239 ヲ ソ テ：ケガレタモノ

WU

烏翅魚
  KⅤ15b ウー ツウ イー：マグロ（魚鼈）
  J392 ウ、ツウ イ、：マグロ（魚介）
烏桓
  KⅤ27b ウー タン：コクタン（樹竹）
  J408 ウ、タン：コクタン（樹竹）
烏骨雞
  KⅤ23b ウ、コ キイ：ヲコツケイ（禽類）
  J420 ウ、コ キイ：ヲゴツケイ（飛禽）
烏鬼
  KⅠ17b ウ、クイ：クツワ（人品）
  J265 ウ、クイ：クツワ（人品）
烏黒的
  KⅤ39a ウー ヘ テ：ビンラウシ（衣服）
  K'Ⅴ39a ウー ペ テ：ビンラウシ
  J431 ウ、ヘ テ：ビンロウジ
烏化了
  KⅣ9a ウー ハアー リヤ○ウ：シミカイリタ（製作）
  J224 ウ、ハアー リヤ○ウ：シミガイリタ
烏頬魚
  KⅤ15a ウー キヤ イー：スミヤキタヒ（魚鼈）
  J391 ウ、キヤ イ、：スミヤキタイ（魚介）
烏金
  KⅢ39b ウ、キン：シヤクドウ（寳貨）
  J320 ウ、キン：シヤクドウ（器用）
烏木
  KⅤ28a ウー モ：コクタン（樹竹）
  J408 ウ、モ：コクタン（樹竹）
烏鉛
  KⅢ39b ニヤ○ウ エン：ナマリ（寳貨）{烏を鳥と誤る}
  K'Ⅲ39b ウー エン：ナマリ（寳貨）
  J320 ウ、エン：ナマリ（器用）
烏蛇
  KⅤ19a ウー ジエー：カラスヘビ（蟲類）
  J399 ウ、ジエ、：カラスヘビ（虫）
烏銅
  KⅢ39b ウー ドン：シヤクドウ○カラカ子（寳貨）
  J319 ウ、ドン：シヤクドウ又カラカ子（器用）
烏鬢方
  KⅣ38b ウー スイー ハン：ヒケクロムルホフ（醫療）

J45 ウ、スイ ハン：ヒゲクロムルホウ

烏鴉
　ＫⅤ23a ウー ヤアー：カラス（禽類）
　J419 ウ、ヤア：カラス（飛禽）

烏賊魚
　ＫⅤ15b ウー ヅエ イー：イカ（魚鼈）
　J392 ウ、ヅエイ、：イカ（魚介）

烏朱
　ＫⅢ30b ウ、チイ：タン（寶貨）
　J302 ウ、チユイ：タン（器用）

烏珠
　ＫⅠ25b ウ、チイ：クロメ（身體）
　J286 ウ、チユイ：クロメ（身體）

汚穢的
　ＫⅣ16b ウー ヲイ テ：ケガレタモノ（諸物）
　J239 ウ、ヲイ テ：ケガレタモノ

屋裡忙
　ＫⅡ20b ヲ リイ マン：ウチガイソガシヒ（通用）

屋裡忙
　J89 ヲ リイ マン：ウチガイソガシイ

屋裡人
　ＫⅠ23b ヲ リイ ジン：カナイノ人（人品）

屋裡人
　J140 ヲ リイ ジン：カナイノ人

屋裡人
　ＫⅠ36b ヲ リイ ジン：家内ノ人（親族）{重複掲載}

屋裡人
　J283 ヲ リイ ジン：家内ノ人（親族）{重複掲載}

屋裏去
　ＫⅡ6b ヲ リイ キユイ：ウチニ行タ（賓友）

屋裡去
　J149 ヲ リイ キユイ：ウチニ行タ

屋上
　ＫⅣ49b ヲ ジヤン：ヤ子（居室）
　J373 ヲ ジヤン：ヤ子（家居）

屋瓦
　ＫⅣ49a ヲ ウワー：ヤ子カハラ（居室）
　J371 ヲ ワア：ヤ子カハラ（家居）

屋簷上
　ＫⅣ53a ヲ エン ジヤン：ノキノウヘ（居室）
　J195 ヲ エン ジヤン：ノキノウエ

無比的
　ＫⅡ21a ウ、ピイ テ：カタヲナラベルコトナシ

（通用）
　J202 ウ、ピイ テ：タグイガナイ
歩 {削除}

无不足
　ＫⅣ10a ウー ポ ツヲ：タラヌコトハナヒ（數量）
　J170 ウ、プソ：タラヌコトハナイ

無不足
　歩Ⅳ14a {文字の変更}

無底井
　ＫⅣ45b ウー デイ ツイン：ウチマワシ（舩件）
　J363 ウ、デイ ツイン：ウチマワシ（舩件）

無根水
　ＫⅠ11b ウー ゲン シユイ：タマリミヅ（地理）
　J256 ウ、ゲン シユイ：タマリミツ（天文）

無花果
　ＫⅤ34a ウ、ハアー コウ：タウタブ（菓蓏）

無花菓
　J413 ウ、ハア コウ：トウタブ（菓）

無灰酒
　ＫⅢ3b ウー ホイ ツイ○ウ：キサケ（筵宴）
　J157 ウ、ホイ チウ：アクノナイサケ

無了極
　ＫⅡ21a ウ、リヤ○ウ ギ：キハマリナシ（通用）
　J202 ウ、リヤ○ウ キ：キハマリナシ

無名指
　ＫⅠ26b ウー ミン ツウ：クスシ（身體）
　J288 ウ、ミン ツウ：クスシ（身體）

無期限
　ＫⅡ21a ウ、ギイ ヘエン：カギリナシ（通用）

無斯限
　J202 ウ、ズウ ヘン：カギリナシ

無巧不成語
　ＫⅡ14b ウ、キヤ○ウ ポ ヂン ワアー：ヒヤウシガナケレバハナシガナヒ（通用）{語は話の誤り}

無巧不成話
　J126 ウ、キヤ○ウ プ ヂン ワア：ヒヤウシガナケレバハナシガナイ

無窮的
　ＫⅡ21a ウ、ギヨン テ：キワマリナシ（通用）
　J202 ウ、ギヨン テ：キワマリナシ

無涯無涯
　ＫⅢ17b ウ、ヤイ 、、：カキリナシ（寄贈）

無涯ヶヶ
　J203 ウ、ヤイ 〜：カギリナシ

無饜極
　Ｋ Ⅲ 8a　ウー　エン　ギ：アキタラヌ（筵宴）
　Ｊ169　ウ、　エン　キ：アキタラヌ

梧桐
　Ｋ Ⅴ 27b　ウー　トン：キリノキ（樹竹）
　Ｊ408　ウ、　ドン：キリ（樹竹）

梧桐子
　Ｋ Ⅴ 33b　ウー　ドン　ツウ：アヲギリノミ（菓蓏）
　Ｊ412　ウ、　ドン　ツウ：イツサキ（菓）

蜈蚣
　Ｋ Ⅴ 19a　ウ　コン：ムカデ（蟲類）
　Ｊ399　ウ、　コン：ムカデ（虫）

蜈蚣䑺
　Ｋ Ⅳ 44b　ウー　コン　ギン：ムカデハタ（舩件）
　Ｊ360　ウ、　コン　キイ：ムカデハタ（舩件）

鰞魚
　Ｋ Ⅴ 15b　ウー　イー：コチ（魚鱉）
　Ｊ392　ウ、　イ、：ゴチ（魚介）

鴞鳥
　Ｋ Ⅴ 25a　ウフ　ニヤ○ウ：シト、（禽類）
　Ｊ423　ウ、　ニヤ○ウ：シト、（飛禽）

五倍子醋調搽
　Ｋ Ⅳ 38b　ウ、　ポイ　ツウ　ツウ　デヤ○ウ　ヅアー：コバイシヲスデトキテツケル（醫療）
　Ｊ44　ウ、　ポイ　ツウ　スウ　テヤ○ウ　ヅア、：フシヲスデトイテツケル

五倍子調醋搽
　歩 Ⅳ 53b　{「五倍子調醋搽」に変更}

五彩碗
　Ｋ Ⅲ 29b　ウ、　ツアイ　ワン：ニシキデノ茶碗（寶貨）
　Ｊ299　ウ、　ツアイ　ワン：ニシキデノ茶碗（器用）

五更
　Ｋ Ⅰ 4a　ウー　ゲン：夜ノ七ツドキ（天文）
　Ｊ249　ウ、　ゲン：夜ノ七ツドキ（天文）

五更頭
　Ｋ Ⅰ 1b　ウ、　ゲン　デ○ウ：アケ七ツ（天文）
　Ｊ244　ウ、　ゲン　デ○ウ：アサノウチ（天文）

五穀蟲
　Ｋ Ⅴ 20b　ウ、　コ　チヨン：ウナコジ（蟲類）
　Ｊ402　ウ、　コ　チヨン：ケガレニヲルムシ（虫）

五加
　Ｋ Ⅴ 4a　ウ、　キヤア：ウコギ（菜蔬）
　Ｊ387　ウ、　キヤア：ウコギ（菜蔬）

五尖松
　Ｋ Ⅴ 27a　ウー　ツエン　ソン：ゴヨウ（樹竹）

　Ｊ408　ウ、　セン　ソン：ゴヨウ（樹竹）

五六個
　Ｋ Ⅳ 14a　ウー　ロ　コ：イツ、ムツ（數量）
　Ｊ27　ウ、　ロ　コ：イツ、ムツ

五六様
　Ｋ Ⅳ 14a　ウー　ロ　ヤン：イツ、ムツノモノ（數量）
　Ｊ27　ウ、　ロ　ヤン：イツ、ムツノモノ

五錢頭
　Ｋ Ⅳ 14b　ウー　ツエン　デ○ウ：五モンメ（數量）
　Ｊ28　ウ、　ヂエン　デ○ウ：五モンメ

五人兒
　Ｋ Ⅳ 15b　ウー　ジン　ルウ：五人クミ（數量）
　Ｊ33　ウ、　ジン　ル、：五人クミ
歩　{削除}

五絲緞
　Ｋ Ⅴ 38a　ウー　スウ　ドワン：シユチン（衣服）

五糸緞
　Ｊ429　ウ、　スウ　ドハン：シユチン（衣服）

五月五
　Ｋ Ⅰ 5a　ウー　イエ　ウー：五月五日（天文）
　Ｊ187　ウ、　エ　ウ：五月五日

五月五是端午
　歩 Ⅰ 7a　{「五月五是端午」に変更}

五嶽山
　歩 Ⅱ 48a　{増補}

五臟
　Ｋ Ⅰ 25a　ウー　ドワン：コザウ（身體）
　Ｊ285　ウ、　ヅアン：ゴゾウ（身體）

五爪龍
　Ｋ Ⅴ 39b　ウー　ツア○ウ　ロン：イツ、ツメリウモン（衣服）
　Ｊ432　ウ、　ツア○ウ　ロン：イツ、ヅメレウモン（衣服）

五針松
　Ｋ Ⅴ 27b　ウー　チン　ソン：ゴヨウ（樹竹）
　Ｊ408　ウ、　チン　ソン：ゴヨウ（樹竹）

午飯
　Ｋ Ⅴ 7a　ウー　ワン：ヒルメシ（飯肉）
　Ｊ443　ウ、　ワン：ヒルメシ（飲食）

午時
　Ｋ Ⅰ 3b　ウー　ズウ：九ツドキ（天文）
　Ｊ248　ウ、　ズウ：九ツドキ（天文）

武官
　Ｋ Ⅰ 18b　ウ、　クワン：ブクワン（人品）
　Ｊ268　ウ、　クハン：ブクハン（人品）

舞舞看
　KⅠ42b　ウー、カン：モフテミヨ（動作）
舞ヽ看
　J176　ウ、クハン：モウテミヨ
物件大
　KⅣ11b　ウエ ゲン ダアヽ：シナ～フトヒ（數量）
　J212　ウエ ゲン ダアヽ：シナ～フトイ
誤了我
　KⅢ21b　ウー リヤ○ウ ゴヲ：ワレヲアヤマツタ（官府）
　J104　ウ、リヤ○ウ ゴウ：アヤマツタ
鶩鴉
　KⅤ23b　メ○ウ ヤアー：ウノトリ（禽類）
　J419　ムウ ヤア：ウノトリ（飛禽）

XI

西北風
　KⅠ3b　スイー ポ フヲン：ニシキタ（天文）
　J247　スイー ポ フヲン：ニシキタ（天文）
西邊人
　KⅠ15a　スイ、ペエン ジン：ニシノ人（人品）
　J259　スイ ペン ジン：ニシノヒト（人品）
西瓜
　KⅤ2b　スイ、クワア：スイクワ（菜蔬）
　J384　スイ、クハア：スイクハ（菜蔬）
西瓜臉
　KⅠ30a　スイー クワアー レン：スヒクワガホ（身體）
　J87　スイ クハア レン：スイクハカヲ
西國米
　KⅤ7a　スイー クヲ ミイ：サイコクベイ（飯肉）
　J443　スイ クヲ ミイ：サイコクベイ（飲食）
西華山
　歩Ⅱ48a　｛増補｝
西南風
　KⅠ3b　スイー ナン フヲン：ハヘニシ（天文）
　J247　スイ ナン ホン：ハヘニシ（天文）
西洋布
　KⅤ38a　スイー ヤン プウ：カナキヌ（衣服）
　J429　スイ ヤン フウ：カナキン（衣服）
西洋畫
　KⅢ33a　スイー ヤン ワアー：ヲランダエ（寶貨）
　J307　スイ ヤン ワアヽ：ヲランタエ（器用）
西洋貨
　KⅣ22a　スイー ヤン ホウ：クハイコクノニモツ

（財産）
　J17　スイ ヤン ホウ：グハイコクノニモツ
西洋景
　KⅢ33a　スイー ヤン キン：ノゾキ（寶貨）
　J306　スイ ヤン キン：ノゾキ（器用）
西洋柳條
　KⅤ38b　スイー ヤン リウ デヤ○ウ：オクジマ（衣服）
　J430　スイ ヤン リウ テヤ○ウ：ヲクシマ（衣服）
西也邀
　KⅡ13a　スイー エー ヤ○ウ：アチラヘモムカエル（賓友）｛「東也邀」のあとに収載｝
　J38　スイ エ、ヤ○ウ：ニシニムカエル
西照
　KⅠ1b　スイー チヤ○ウ：ユウヒ（天文）
　J243　スイ ツヤ○ウ：ユウヒ（天文）
粞米
　KⅤ6a　スイ ミイ：コゞメ（飯肉）
　J441　スイ ミイ：コヽメ（飲食）
吸鐵石
　KⅢ35b　ヘ テ ジ：ジヤク（寶貨）
　J312　ヘ テ ジ：ジシヤク（器用）
希罕的
　KⅣ20a　ヒイ ハン テ：マレナモノ（財産）
　J231　ヒイ ハン テ：マレナモノ
希破的
　KⅣ6a　ヒイ ポヲ、テ：ヤフレモノ（製作）
　J215　ヒイ ポウ テ：ヤブレモノ
稀破的
　歩Ⅳ8a　｛「稀破的」に変更｝
希奇的
　KⅣ20a　ヒイ ギイ テ：メツラシキモノ（財産）
　J231　ヒイ キイ テ：メツラシキモノ
希奇得狠
　J232　ヒイ ギイ テ ヘン：ゾントメツラシイ
｛Kは収録せず｝
希少的
　KⅣ20a　ヒイ シヤ○ウ テ：マレナモノ（財産）
　J231　ヒイ スヤ○ウ テ：マレナモノ
稀飯
　KⅤ7a　ヒイ ワン：カユ（飯肉）
　J443　ヒイ ハン：カユ（飲食）
稀稀兒
　KⅣ8a　ヒイ ヒイ ルウ：ノリナドノユルイ⌉（製作）

稀ゞ兒
 J221 ヒイ ヽ ル ヽ：ノリナトノユルイ冖

蜥蜴
 KⅤ20a ツエ テ：井モリ（蟲類）{蜥字は音誤り}
 J401 ツエ テ：イモリ（虫）

蟋蟀
 KⅤ19b シ シエ：キリ〳〵ス（蟲類）
 J400 スエ スエ：キリ〳〵ス（虫）

錫魚
 KⅤ16b スイ イー：スルメ（魚鼈）
 J394 スエ イヽ：スルメ（魚介）

犀牛
 KⅤ21a スイー ニウ：サイ（畜獸）
 J404 スエヽ ニウ：サイ（獸）

膝饅頭
 KⅠ27a スイ マン デ○ウ：ヒザザラ（身體）
 J289 シ マン デ○ウ：ヒザサラ（身體）
 歩 {削除}

膝頭
 KⅠ27a スイ デ○ウ：ヒザ（身體）
 J289 シ デ○ウ：ヒザ（身體）

席子
 KⅢ26b ツイ ツウ：ゴサ（寶貨）
 J294 ヂエ ツウ：ゴザ（器用）

席子上
 KⅣ52a ヅイ ツウ ジヤン：タヽミノウヘ（居室）
 J194 チ ツウ ジヤン：タヽミノウエ

媳婦
 KⅠ35a スイ フウ：ヨメ（親族）
 J281 スイ ウヽ：ヨメ（親族）

洗不掉
 KⅤ14b スイー ポ デヤ○ウ：アライヲトサレヌ（煮煎）
 J220 スイ プ デヤ○ウ：アライヲトサレヌ

洗厨
 KⅣ53b スイヽ チウ：アラヒモノスルトコロ（居室）
 J102 スイ デウ：キタナクモノヲクイタガル

洗舩
 KⅣ41b スイン ヂエン：フ子ヲアロフ（舩件）{洗字は音誤り}
 J354 スイ ヂエン：船ヲ洗（舩件）

洗得掉麽
 KⅤ14b スイー テ テヤ○ウ マアー：アラヒヲトサルヽカ（煮煎）

洗得掉広
 J220 スイ テ デヤ○ウ マア：アライヲトサルヽカ

洗臉盤
 KⅢ41a スイヽ レン ボワン：チヤウヅダラヒ（寶貨）
 J323 スイ レン バン：チヤウツダライ（器用）

洗馬
 KⅤ43a スイー マアー：馬ヲアロウ（馬鞍）
 J416 スイ マア：馬ヲアラフ（馬具）

洗沙
 KⅤ8a スイー スアー：モチノアン（飯肉）
 J445 スイ サア：モチノアン（飲食）

洗手盤
 KⅢ41a スイヽ シウ ボワン：チヤウヅダラヒ（寶貨）
 J323 スイ シウ バン：ギヤウズイダライ（器用）

洗洗脚
 KⅠ31b スイヽ ヽ キヤ：アシヲアラフ（身體）

洗ゞ脚
 J162 スイ ヽ キヤ：アシヲアラウ

洗洗臉
 KⅠ31b スイヽ ヽ レン：カホヲアラフ（身體）

洗ゞ臉
 J162 スイ ヽ レン：カヲヽアラウ

洗洗手
 KⅠ31b スイヽ ヽ シウ：テヲアラフ（身體）

洗ゞ手
 J162 スイ ヽ キヤ：テヲアラウ

洗洗湯
 KⅠ31b スイヽ ヽ タン：ユヲカヽル（身體）
 K'Ⅰ31b スイヽ ヽ タン：ユニカヽル

洗ゞ湯
 J162 スイ ヽ タン：ユヲカヽル

洗々湯
 筑・天・1・18b スイヽ ヽ タン：ユヲカヽル {朱で増補}

洗洗浴
 KⅠ31b スイヽ ヽ ヨ：ユアビル（身體）

洗ゞ浴
 J163 スイ ヽ ヨ：行水スル

洗洗澡
 KⅠ31b スイヽ ヽ サア○ウ：ユヲカヽル（身體）

洗ゞ澡
 J162 スイ ヽ ツア○ウ：アライソヽク

【XI～XIA】

躧銅板
　KⅢ21a チヤイ ドン パン：エフミ（官府）{躧字は別字か}
　J150 チヤイ ドン パン：エフミ
躧下去
　KⅡ2b チヤイ ヒヤー キユイ：フミヲトシタ（賓友）
　J149 チヤイ ヒヤア キユイ：フンデユク
　步 {削除}
喜捨
　KⅢ12a ヒイ セー：キシンスル（祭祀）
　J50 ヒイ セエ：キシンスル
戲單
　KⅢ33a ヒイ タン：ヲドリノバンヅケ（寶貨）
　J307 ヒイ タン：ヲトリノバンツケ（器用）
戲兒們
　KⅠ17b ヒイル ウ メン：ヲドリコ（人品）
　J265 ヒイル、メン：ヲドリコ（人品）
　步 {削除}
戲房
　KⅣ48b ヒイ ブワン：ガクヤ（居室）
　J369 ヒイ ワン：ガクヤ（家居）
戲師
　KⅠ21a ヒイ スウ：ヲトリノシ、ヤウ（人品）
　J273 ヒイ スウ：ヲトリノシヤウ（人品）
戲臺
　KⅣ48b ヒイ ダイ：ブタヒ（居室）
　J369 ヒイ タイ：ブタイ（家居）
戲子
　KⅠ17b ヒイ ツウ：ヲドリコ（人品）
　J265 ヒイ ツウ：ヲドリコ（人品）
細茶
　KⅤ10b スイー ヅアー：コマカナチヤ（飯肉）
　J449 スイ ヅア、：コマカナチヤ（飲食）
細貨
　KⅢ39a スイー ホウ：コマモノ（寶貨）
　J319 スイ ホウ：コマモノ（器用）
細細的
　KⅣ12a スイ、スイ、テ：ホソヒモノ（數量）
細々的
　J213 スイ、テ：ホソイモノ
細腰蜂
　KⅤ19a スイー ヤ○ウ ホン：ハチ（蟲類）
　J400 スイ ヤ○ウ ホン：ハチ（虫）
細作
　步Ⅰ24a {「探子」のあとに補う}

XIA

瞎猜
　KⅠ39a ヒヤ チヤイ：メツホフカヒニイヒアツル（性情）
　J234 ヒヤ チヤイ：メツホフカイニイ、アツル
瞎婆
　KⅠ28b ヒヤ ポヲ、：ゴゼ（身體）
　J266 ヒヤ ボウ：ゴゼ（人品）
瞎子
　KⅠ28b ヒヤ ツウ：ザトフ（身體）
　J266 ヒヤ ツウ：ザトウ（人品）
蝦蛄心
　KⅣ45a ヒヤア クウ スイン：オモテカフリ（舩件）
　J360 ヒヤア クウ スイン：ヲモテカフリ（舩件）
蝦米
　KⅤ17a ヒヤア ミイ：アミ（魚鼈）
　J397 ヒヤア ミイ：アミノシヲカラ（魚介）
蝦子
　KⅤ17a ヒヤア ツウ：アミ（魚鼈）
　J396 ヒヤア ツウ：アミ（魚介）
狹得緊
　KⅣ12a ヤア テ キン：ツンドセマヒ（數量）
　J213 ヤ テ キン：ツンドセバイ
狹狹的
　KⅣ12a ヤ、テ：セマヒ（數量）
狹々的
　J213 ヤ、テ：セバイ
狹窄
　KⅣ52a ヤ ツエ：セマヒ（居室）
　J373 ヤ ツエ：セマイ（家居）
下半年
　KⅠ9a ヒヤア ポワン 子ン：シモハン子ン（天文）
　J186 ヒヤア パン 子ン：シモハン子ン
下邊的
　KⅣ18a ヒヤア ペエン テ：シモノ方（諸物）
　J228 ヒヤア ペン テ：シモノ方
下不得
　KⅤ35a ヒヤア ポ テ：マカレヌ（種藝）
　J203 ヒヤア プ テ：マイテハエヌ
下舩
　KⅣ41a ヒヤア ヂエン：フ子ニノル（舩件）
　J353 ヒヤア ヂエン：フ子ニノル（舩件）
下得出

ＫⅤ35a　ヒヤアー　テ　<u>チユ</u>：マイテハエタ（種藝）
　　Ｊ203　ヒヤア　テ　チユ：マイテハエタ

下得好
　　ＫⅤ35a　ヒヤアー　テ　ハ○ウ：夕子ヲマク（種藝）
　　Ｊ203　ヒヤア　テ　ハ○ウ：夕子ヲマク

下得種
　　ＫⅤ35a　ヒヤアー　テ　チヨン：夕子ヲマイタ（種藝）
　　Ｊ203　ヒヤア　テ　チヨン：マイテハエル

下等的
　　ＫⅠ16b　ヒヤア　テン　テ：下ヒンノモノ（人品）
　　Ｊ261　ヒヤア　テン　テ：下ヒンノモノ（人品）

下碇
　　ＫⅣ42a　ヒヤアー　デン：イカリイル、（舩件）
　　Ｊ355　ヒヤア　デン：イカリ入ル（舩件）

下夯石
　　ＫⅣ52b　ヒヤア　ブワン　ジ：ハシラクチノイシ（居室）
　　Ｊ194　ヒヤア　バン　ジ：ハシラクチノイシ

下夯石
　　歩Ⅳ73b　｛「下夯石」に変更｝

下金
　　ＫⅣ42b　ヒヤア　キン：シタトコ（舩件）
　　Ｊ355　ヒヤア　キン：シタトコ（舩件）

上金／下金
　　歩Ⅳ58a　｛「上金」「下金」を併記｝

下酒湯
　　ＫⅢ6b　ヒヤア　ツイ○ウ　タン：スヒモノ（筵宴）
　　Ｊ166　ヒヤア　チウ　タン：スイモノ

下来
　　ＫⅡ6b　ヒヤア　ライ：サガツテコヒ（賓友）

下來
　　Ｊ149　ヒヤア　ライ：サガレ

下閻
　　ＫⅣ49a　ヒヤア　ラン：シキ井（居室）
　　Ｊ371　ヒヤア　ヘン：シキイ（家居）｛閻字は音誤り｝

下痢
　　ＫⅣ29b　ヒヤア　リイ：リビヤウ（疾病）
　　Ｊ343　ヒヤア　リイ：クダシ（感動）

下了毒
　　ＫⅢ7b　ヒヤア　リヤ○ウ　ド：トクヲイレタ（筵宴）
　　Ｊ168　ヒヤア　リヤ○ウ　ド：ドクヲイレタ

下路人
　　ＫⅠ23b　ヒヤア　ルウ　ジン：ミチユク人（人品）
　　Ｊ141　ヒヤア　ルウ　ジン：ミチユク人

下露

　　ＫⅠ3b　ヒヤア　ルウ：ツユノクタル（天文）
　　Ｊ248　ヒヤア　ルウ：ツユノクダル⌐（天文）

下馬飯
　　ＫⅢ6a　ヒヤア　マアヽ　ワン：到着シテタヘルメシ（筵宴）
　　Ｊ165　ヒヤア　マア　ワン：到着シテタベルメシ

下幔
　　ＫⅣ44a　ヒヤア　マン：マクオロス（舩件）
　　Ｊ359　ヒヤア　マン：マクヲロス（舩件）

下爬
　　ＫⅠ26a　ヒヤア　パアー：アキ（身體）
　　Ｊ287　ヒヤア　パア：アギ（身體）

下爬痒有人請
　　ＫⅡ3a　ヒヤア　バアヽ　ヤン　イウ　ジン　ツイン：アギノシタガカユケレバ人ガフルマフト云⌐（賓客）

下賀痒有人請
　　Ｊ141　ヒヤア　パア　ヤン　イウ　ジン　ツイン：アギノシタガカユケレハ人ガフルマフト云⌐

下篷
　　ＫⅣ43a　ヒヤア　ボン：ホヲサグル（舩件）
　　Ｊ356　ヒヤア　ボン：ホヲサグル（舩件）

下聘
　　ＫⅢ19a　ヒヤア　ピン：ユヒノフトリカハシ（婚姻）
　　Ｊ366　ヒヤア　ピン：シウゲンシタ（婚姻）

下霜
　　ＫⅠ3a　ヒヤア　シヨワン：シモノオク（天文）
　　Ｊ247　ヒヤア　シハン：シモノヲク⌐（天文）

下水
　　ＫⅣ46a　ヒヤア　シユイ：スイリ（舩件）
　　Ｊ363　ヒヤア　シユイ：スイリ（舩件）

下頭擺
　　ＫⅣ47b　ヒヤア　デ○ウ　パイ：出舩マヘサキノリスル⌐（舩件）
　　Ｊ193　ヒヤア　デ○ウ　パイ：出舩マヘサキノリスル⌐

下圍棋
　　ＫⅡ33a　ヒヤア　ヲイ　ギイ：ゴヲウツ（徳藝）

下圍碁
　　Ｊ200　ヒヤア　ヲイ　ギイ：ゴヲウツ

下尾擺
　　ＫⅣ47b　ヒヤア　<u>ウイヽ</u>　パイ：出舩スル⌐（舩件）
　　Ｊ193　ヒヤア　ウイ　パイ：出舩スル⌐

下午
　　ＫⅠ1b　ヒヤア　ウー：ヒルサガリ（天文）
　　Ｊ244　ヒヤア　ウヽ：ヒルサガリ（天文）

下霰了

【XIA～XIAN】

　ＫⅠ6b　ヒヤア　サン　リヤ〇ウ：アラレフル（天文）
　Ｊ181　ヒヤア　サン　リヤ〇ウ：アラレフル
下血
　ＫⅣ30b　ヒヤア　ヘ丶ゲ丶ツ（疾病）
　Ｊ339　ヒヤア　ヘ丶ゲケツ（感動）
下雨哩
　ＫⅠ2b　ヒヤア　イー　リイ：アメガフル（天文）
　Ｊ246　ヒヤア　イ丶　リイ：アメガフル（天文）
下雨麼
　ＫⅠ8b　ヒヤア　イー　マアー：アメガフルカ（天文）
下雨広
　Ｊ185　ヒヤア　イ丶　マア：アメガフルカ
嚇退他
　ＫⅢ21a　ヘ　トイ　タアー：アレヲシカル（官府）
　Ｊ98　ヘ　トイ　タア：アレヲシカル
夏布
　ＫⅤ37b　ヤアー　プウ：ヌノ（衣服）
　Ｊ428　ヒヤア　プウ：ヌノ（衣服）
夏枯草
　ＫⅤ32a　ヤア　クウ　ツア〇ウ：ウツボクサ（花卉）
　Ｊ439　ヒヤア　クウ　ツア〇ウ：イ丶（花艸）
夏天熱
　ＫⅠ5b　ヤアー　テエン　ジエ：夏アツシ（天文）
　Ｊ251　ヒヤア　テン　ゼ：夏天アツシ（天文）
夏衣
　ＫⅤ36a　ヤアー　イー：カタヒラ（衣服）
　Ｊ425　ヒヤア　イ丶：カタビラ（衣服）

XIAN

仙柏
　ＫⅤ28b　スエン　ベ：イヌマキノキ（樹竹）
　Ｊ409　スエン　ペ：イヌマキ（樹竹）
仙鶴
　ＫⅤ23a　スエン　ホ：ツル（禽類）
　Ｊ419　スエン　ホ：ツル（飛禽）
仙人掌
　ＫⅤ1a　スエン　ジン　チヤン：センニンシヤウ（菜蔬）
　Ｊ389　スエン　ジン　チヤン：トウナス（菜蔬）
先不先
　ＫⅡ26a　スエン　ポ　スエン：マヅ（干求）
　Ｊ66　セン　プ　セン：ヒヨツト
先生
　ＫⅠ21b　スエン　スエン：センセイ（人品）
　Ｊ274　セン　スエン：センセイ（人品）

先要點把我
　歩Ⅲ27a　｛「你来點一點……」の前半を削除し，語末の「的」を削除｝
鮮菜
　ＫⅤ9b　スエン　ツアイ：ナマヤサイ（飯肉）
　Ｊ448　スエン　ツアイ：ナマヤサイ（飲食）
鮮海蔘
　ＫⅤ17a　スエン　ハイ　スエン：ナマコ（魚鼈）
鮮海参
　Ｊ395　スエン　ハイ　スエン：ナマコ（魚介）
鮮魚
　ＫⅤ9b　スエン　イー：ナマウヲ（飯肉）
　Ｊ395　スエン　イ丶：ナマウヲ（魚介）
閑空的
　ＫⅡ20b　ヒエン　コン　テ：ヒマデアル（通用）
　Ｊ90　ヘン　コン　テ：ヒマデアル
賢恵姿娘
　ＫⅢ19b　ヘン　ヲイ　ツウ　ニヤン：ケンヂヨ（婚姻）
　Ｊ366　ヘン　ヲイ　ツウ　ニヤン：ケンヂヨ（婚姻）
賢慧娘子
　歩Ⅲ26a　｛「賢慧娘子」に変更｝
賢橋梓
　ＫⅠ33b　ヘエン　キヤ〇ウ　ツウ：ゴフシ（親族）
賢喬梓
　Ｊ278　ヘン　キヤ〇ウ　ツウ：ゴ父子（親族）
賢兄
　ＫⅠ34a　ヒエン　ヒヨン：御舎兄〇友ヲ呼コトバ（親族）
　Ｊ279　ヘン　ヒヨン：御舎兄（親族）
賢姉
　ＫⅠ34a　ヒエン　ツイ丶：御姉（親族）
　Ｊ279　ヘン　ツウ：御姉（親族）
弦撥
　ＫⅢ35b　ヘエン　ポ：バチ（寶貨）
　Ｊ312　ヘン　パ：バチ（器用）
弦品
　ＫⅢ35b　ヘエン　ヒン：コトナドノイトマキ（寶貨）
　Ｊ312　ヘン　ピン：コトナドノイトマキ（器用）
弦子
　ＫⅢ35b　ヘエン　ツウ：三味セン（寶貨）
　Ｊ312　ヘン　ツウ：三味セン（器用）
鹹
　ＫⅤ11b　アン：シヲハヒ（飯肉）
　Ｊ450　エン：シヲハイ（飲食）
鹹菜

ＫⅤ9b　アン　ツアイ：ツケナ（飯肉）
　　Ｊ447　エン　ツアイ：ツケナ（飲食）
鹹蛋
　　ＫⅤ9b　アン　ダン：シヲヅケタマゴ（飯肉）
　　Ｊ447　エン　ダン：シヲツケタマゴ（飲食）
鹹水
　　ＫⅠ11a　アン　シユイ：シホミツ（地理）
　　Ｊ255　エン　シユイ：シヲミヅ（天文）
鹹魚
　　ＫⅤ10a　アン　イー：シヲウヲ（飯肉）
　　Ｊ395　エン　イヽ：シヲウヲ（魚介）
銜枚
　　ＫⅣ25a　ハン　ムイ：ハイヲフクム（兵法）
　　Ｊ331　ガン　マイ：バイヲフクム（兵法）
嚙檀
　　ＫⅣ45a　ハン　ダン：ドウキ（舩件）
啣檀
　　Ｊ361　ハン　ダン：ドウキ（舩件）
顯微鏡
　　ＫⅢ35b　ヒエン　ウイヽ　キン：ムシメカ子（寶貨）
　　Ｊ312　ヘン　［唐音なし］　キン：ムシメガ子（器用）
險得緊
　　ＫⅡ35b　ヘン　テ　キン：イカフアブナイ（盟約）
　　Ｊ219　ハン　テ　キン：イカフアブナイ
險些兒弄得倒了
　　ＫⅠ44a　ヘン　スイー　ル　ロン　テ　タ○ウ　リヤ○ウ：アブナヒコトニタヲレタ（動作）
　　Ｊ219　ヘン　スイ　ル　ロン　テ　タ○ウ　リヤ○ウ：アブナイコトニタヲレタ
險阻
　　ＫⅠ10b　ヘン　ツイー：ケワシ（地理）
　　Ｊ254　ヘン　ツウ：ケワシイ（天文）
筧菜
　　ＫⅤ2a　ケン　ツアイ：ヒユ（菜蔬）
　　Ｊ383　ヘン　ツアイ：ヒバ（菜蔬）
現成飯
　　ＫⅤ7a　ヒエン　ヂン　ワン：デキアヒノメシ（飯肉）
　　Ｊ443　ヘン　ヂン　ハン：デキアイノメシ（飲食）
現今
　　ＫⅠ4b　ヒエン　キン：イマ（天文）
　　Ｊ249　ヘン　キン：イマ（天文）
現今的
　　ＫⅠ9a　ヘン　キン　テ：トウブン（天文）
　　Ｊ187　ヘン　キン　テ：トウブン
現世報
　　ＫⅢ21b　ヘエン　スウ　パ○ウ：ケンサヒノムクヒ（官府）
　　Ｊ104　ヘン　スイ　パ○ウ：ゲンザイノムクイ
現在
　　ＫⅠ6a　ヒエン　ヅアイ：イマ（天文）
　　Ｊ252　ヘン　ヅアイ：イマ（天文）
現在的
　　ＫⅡ2a　ヒエン　ヅアイ　テ：イマ（賓友）
　　Ｊ140　ヘン　ヅアイ　テ：イマイル
限一限
　　ＫⅡ23a　ヘン　イ　ヘン：カギル（通用）
　　Ｊ22　ヘン　イ　ヘン：カギル
線緞
　　ＫⅤ37b　スエン　ドワン：マカヒヲリ（衣服）
　　Ｊ428　セン　ドハン：マガイヲリ（衣服）
線索
　　ＫⅢ38a　スエン　ソ：ウミヲ（寶貨）
　　Ｊ317　セン　ソ：緒（器用）
線香
　　ＫⅢ37b　スエン　ヒヤン：センカウ（寶貨）
　　Ｊ316　セン　ヒヤン：センコウ（器用）
陷穽
　　ＫⅢ40a　ハン　ツイン：オトシアナ（寶貨）
　　Ｊ321　カン　ヂン：ヲトシアナ（器用）
陷下去
　　ＫⅣ4b　ハン　ヒヤア　キユイ：クボル（製作）
　　Ｊ225　カン　ヒヤア　キユイ：クボル
獻城
　　ＫⅣ24b　ヒエン　ヂン：シロヲワタス（兵法）
獻城
　　Ｊ330　ヘン　ヂン：シロヲワタス（兵法）
獻醜了
　　ＫⅠ30a　ヒエン　チウ　リヤ○ウ：ハヂヲケンスル（身體）
獻醜了
　　Ｊ86　ヘン　ヂウ　リヤ○ウ：ハヂヲケンス
獻醜獻醜
　　ＫⅢ47a　ヒエン　チウ　ヒエン　チウ：ミニクキヲオメニカクル（讀書）
獻醜々々
　　Ｊ69　ヘン　ヂン　〳〵：ハヂヲヲメニカクル

XIANG

郷巴老
　　ＫⅠ17b　ヒヤン　パアー　ラ○ウ：イナカモノ（人品）

J265 ヒヤン パア ラ○ウ：イナカモノ（人品）

郷村
　ＫⅠ10a ヒヤン ツ○イン：ムラ（地理）
　J253 ヒヤン スエン：ムラ（天文）

郷里
　ＫⅠ10a ヒヤン リイ：イナカ（地理）
　J253 ヒヤン リイ：イナカ（天文）

郷下
　ＫⅠ10a ヒヤン ヒヤア：イナカ（地理）
　J253 ヒヤン ヒヤア：イナカ（天文）

郷下去
　ＫⅡ4a ヒヤン ヒヤア キユイ：イナカヘユク（賓友）
　J144 ヒヤン ヒヤア キユイ：イナカエユク

相幇我
　ＫⅡ27a スヤン バン ゴヲ丶：ワレニカセヒセヨ（干求）
　J93 スヤン パン ゴウ：カセイセヨ

相並的
　ＫⅣ16b スヤン ビン テ：ニタモノ（諸物）
　J234 スヤン ビン テ：ニタモノ

相對的
　ＫⅡ10a スヤン トイ テ：ソフトフスル（賓友）
　J78 スヤン トイ テ：ソウトウスル

相反
　ＫⅣ25a スヤン ハン：クツガヘル（兵部）
　J330 スヤン パン：クツカヘル（兵法）

相反的
　ＫⅡ10a スヤン ハン テ：ソフイナ丨（賓友）
　J77 スヤン パン テ：ソウイナ丨

相好的
　ＫⅡ9b スヤン ハ○ウ テ：中ノヨヒ（賓友）
　J77 スヤン ハ○ウ テ：中ノヨイ

相近的
　ＫⅡ12a スヤン ギン テ：チカヨル（賓友）
　J225 スヤン キン テ：チカヨル

相連的
　ＫⅣ17a スヤン レン テ：ツヾイタ（諸物）
　J207 スヤン レン テ：ツヾイタ

相請他
　ＫⅡ9b スヤン ツイン タアー：カレヲトリモツ（賓友）
　J72 スヤン ツイン タア：カレヲトリモツ

相思板
　ＫⅢ36a スヤン スウ パン：ヒヨウシキ（寶貨）

J313 スヤン スウ パン：ヒヤウシギ（器用）

相思縫
　ＫⅣ49b スヤン スウ ウヲン：シキ板双方ノアハセメ（居室）
　J371 スヤン スウ ヲン：シキ板双方ノアハセメ（家居）

相通的
　ＫⅡ26b スヤン トン テ：ツウジタ（干求）
　J93 スヤン トン テ：ツウジタ

相與之間
　ＫⅡ9b スヤン イー ツウ ケン：コ丶ロヤスヒアヒダ（賓友）
　J77 スヤン イ丶 ツウ ケン：コ丶ロヤスイアイタ

相爭相鬪
　ＫⅡ29b スヤン ツエン スヤン テ○ウ：アラソヒタ丶カフ（患難）
　J113 スヤン ツエン スヤン デ○ウ：アラソイタ丶カフ

香案
　ＫⅢ26a ヒヤン アン：コウアン（寶貨）
　J293 ヒヤン アン：中央ショク（器用）

香不香
　ＫⅡ34a ヒヤン ポ ヒヤン：ニホフカニホハヌカ（德藝）
　J200 ヒヤン プ ヒヤン：ニヲ丶カニヲワヌカ

香袋
　ＫⅢ37b ヒヤン ダイ：ニホヒブクロ（寶貨）
　J316 ヒヤン タイ：ニヲイフクロ（器用）

香豆
　ＫⅤ8b ヒヤン デ○ウ：ナットウ（飯肉）
　J446 ヒヤン デ○ウ：ナットウ（飲食）

香供
　ＫⅣ40b ヒヤン コン：ホサノヤク（舩件）
　J351 ヒヤン コン：ボサノツカサ（舩件）

香菰
　ＫⅤ2a ヒヤン クウ：シヒタケ（菜蔬）
　J383 ヒヤン クウ：シイタケ（菜蔬）

香瓜
　ＫⅤ2b ヒヤン クワア：クワシウリ（菜蔬）
　J384 ヒヤン クハア：クハシウリ（菜蔬）

香盒
　ＫⅢ37b ヒヤン ホ：カウガウ（寶貨）
　J316 ヒヤン ホ：香ゴウ（器用）

香几
　ＫⅢ26a ヒヤン キイ：コフヅクエ（寶貨）

J293 ヒヤン キイ：中央シヨク（器用）

香狸猫
　ＫⅤ22a ヒヤン リイ マ○ウ：シヤカウ子コ（畜獣）
　｛J 収載なし｝

香料藥
　ＫⅢ43a ヒヤン リヤ○ウ ヨ：アワセカウク（寶貨）
　J201 ヒヤン リヤ○ウ ヨ：アワセカウグ

香螺
　ＫⅤ17b ヒヤン ルウ：コウカヒ（魚鼈）
　J397 ヒヤン ラウ：コウカイ（魚介）

香盆
　ＫⅢ37b ヒヤン ベン：カウボン（寶貨）
　J316 ヒヤン ペン：コウボン（器用）

香蕈
　ＫⅤ3b ヒヤン ヅイン：シヒタケ（菜蔬）
　J386 ヒヤン ヅイン：シイタケ（菜蔬）

香油
　ＫⅢ30a ヒヤン ユウ：ビンツケ（寶貨）
　J300 ヒヤン イウ：ビンツケ（器用）

香柚
　ＫⅤ33b ヒヤン ユウ：ユズ（菓蓏）
　J412 ヒヤン イウ：ユズ（菓）

香圓
　ＫⅤ33b ヒヤン イエン：ザボン（菓蓏）
　J412 ヒヤン エン：ザボン（菓）

香箸
　ＫⅢ37b ヒヤン チユイ：カウバシ（寶貨）
　J316 ヒヤン チユイ：コウバシ（器用）

詳夢的
　ＫⅠ16b ヒヤン モン テ：ユメアハセスルモノ
　　（人品）
　J262 ジヤン モン テ：ユメアワセスルモノ（人品）

享得来
　ＫⅢ13b ヒヤン テ ライ：サイワイヲウク（慶弔）

享得來
　J83 ヒヤン テ ライ：幸ヲウク

響不得
　ＫⅠ43a ヒヤン ポ テ：サタガナヒ（動作）
　J108 ヒヤン プ テ：サタガナイ

響亮的
　ＫⅠ43a ヒヤン リヤン テ：ヒヾク（動作）
　J108 ヒヤン リヤン テ：ヒヾク

響些説
　ＫⅡ15b ヒヤン スイー セ：タカクイヘ（通用）
　J130 ヒヤン スイ セ：タカクイエ

歩　｛削除，「不要低聲響些説」に一元化｝

響一聲
　ＫⅠ30b ヒヤン イ シン：ヒトコエヒヾク（身體）
　J108 ヒヤン イ スイン：コエヲタテヨ

想別處
　ＫⅠ39a スヤン ベ チユイ：ベツコトヲアンズル
　　ヿ（性情）
　J233 スヤン ベ チユイ：ベツコトヲアンスルヿ

想出来
　ＫⅠ39a スヤン チユ ライ：オモヒイダシタ（性情）

想出來
　J233 スヤン チユ ライ：ヲモイイタシタ

想呆了
　ＫⅠ37a スヤン ハイ リヤ○ウ：アキルヽ（性情）
　J100 スヤン ガイ リヤ○ウ：アキルル

想囬去
　ＫⅡ6a スヤン ホイ キユイ：カヘリタヒ（賓友）

想囘去
　J148 スヤン ホイ キユイ：カエリタイ

想是
　ＫⅡ20a スヤン ズウ：オモフニ（通用）
　J70 スヤン ズウ：ヲモウニ

想他吃
　ＫⅢ8a スヤン タアー チ：アレヲクヒタヒ（筵宴）
　J169 スヤン タア チ：アレヲクイタイ

想頭好
　ＫⅠ39a スヤン デ○ウ ハ○ウ：フンベツガヨヒ
　　（性情）
　J233 スヤン デ○ウ ハ○ウ：フンベツガヨイ

想一想
　ＫⅡ23b スヤン イ スヤン：カンカヘル（通用）
　J23 スヤン イ スヤン：カンガエヨ

向火
　ＫⅤ13a ヒヤン ホフ：火ニアタル（煮煎）
　J159 ヒヤン ホウ：火ニアタル

向日葵
　ＫⅤ30a ヒヤン ジ クイ：ヒウガアフヒ（花卉）
　J435 ヒヤン ジ クイ：ヒウガアヲイ（花艸）

向他説
　ＫⅡ15b ヒヤン タアー セ：アレニミイテイヘ
　　（通用）
　J130 ヒヤン タア セ：アレニイエ

相書
　ＫⅢ32a スヤン シユイ：人ソウノシヨ（寶貨）

相書上

相他過
 KⅣ18a スヤン タアー コヲヽ：アレカ相ヲミタ
  （諸物）
 J6 スヤン タア コウ：アレガソウヲミタ

象不象
 KⅣ16b ヅヤン ポ ヅヤン：ニタカニヌカ（諸物）
 J234 ヂヤン プ ヂヤン：ニタカニヌカ

像不像
 歩Ⅳ23b 　{「像不像」に変更}

象點兒
 KⅣ16b ヅヤン テエン ルウ：チトニタ（諸物）
 J234 ヂヤン テン ルヽ：チトニタ

像點兒
 歩Ⅳ23b 　{「像點兒」に変更}

象兒
 KⅤ21a ヅヤン ルウ：ザウ（畜獸）
 J403 ヂヤン ルヽ：ゾウ（獸）

象箇樣
 KⅣ16a ヅヤン コ ヤン：ニセル（諸物）
 J234 ヂヤン コ ヤン：ニセル

像箇樣
 歩Ⅳ23b 　{「像箇樣」に変更}

象棋
 KⅢ38a ヅヤン キイ：シヤウギ（寶貨）
 J317 ヂヤン ギイ：シヤウギ（器用）

象些兒
 KⅣ16a ヅヤン スイー ルウ：スコシニタ（諸物）
 J234 ヂヤン スイー ルヽ：スコシニタ

像些兒
 歩Ⅳ23b 　{「像些兒」に変更}

像個晴
 KⅠ7a ヅヤン コ ツイン：ハレソフナ（天文）
 J183 ヂヤン コ ヂン：ハレソウナ

像個唐人
 KⅣ16b ヅヤン コ ダン ジン：唐人ニタ（諸物）
 J235 ヂヤン コ ダン ジン：唐人ニニタ

像個人
 歩Ⅳ24a 　{「像個人」に変更}

XIAO

削光了
 KⅣ3b スエ クワン リヤ○ウ：ケツリヒカラカス
  （製作）
 J205 シヤ クハン リヤ○ウ：ケヅリヒカラカス

J305 スヤン シユイ ジヤン：人ソウノシヨ（器用）

削快子
 KⅡ33b スヤ クワイ ツウ：ハシヲケヅル（德藝）
 J200 シヤ クハイ ツウ：ハシヲケヅル

削蹄心
 KⅤ42b スヤ デイ スイン：ツメウラヲスク（馬鞍）
 J416 シヤ デイ スイン：ツメウラヲスク丆（馬具）

削一削
 KⅡ22a スヤ イ スヤ：ケヅル（通用）
 J21 シヤ イ シヤ：ケヅル

消不下
 KⅣ36a スヤ○ウ ポ ヒヤア：ハレカヘラヌ（疾病）
 J51 シヤ○ウ プ ヒヤア：ハレガヘラヌ

消掉了
 KⅣ36a スヤ○ウ デヤ○ウ リヤ○ウ：ハレカヘリ
  タ（疾病）
 J51 シヤ○ウ デヤ○ウ リヤ○ウ：ヘリタ

消積的
 KⅣ38b スヤ○ウ チ テ：シヤクヲオス丆（醫療）
 J45 シヤ○ウ チ テ：シヤクヲオス丆

消金的
 KⅢ35a スヤ○ウ キン テ：スリキン（寶貨）
 J311 シヤ○ウ キン テ：スリキン（器用）

消渴
 KⅣ30a スヤ○ウ カ：カワキ（疾病）
 J339 シヤ○ウ カ：カハキ（感動）

消食的
 KⅣ38b スヤ○ウ シ テ：食ヲケス（醫療）
 J45 シヤ○ウ ジ テ：食ヲヲス丆

消受的
 KⅢ14b スヤ○ウ ジウ テ：ウケスマシタ（慶弔）
 J48 シヤ○ウ ジウ テ：ウケスマシタ

消痰
 KⅣ33a スヤ○ウ タン：タンヲケス（疾病）
 J345 シヤ○ウ タン：タンヲケス（感動）

消痰好
 KⅣ39a スヤ○ウ ダン ハ○ウ：タンヲケシテヨヒ
  （醫療）
 J46 シヤ○ウ タン ハ○ウ：タンヲケシテヨイ

消痰
 歩Ⅳ54b 　{「消痰」に変更，歩Ⅳ47b＝KⅣ33aと
  重複}

消下去
 KⅣ35a スヤ○ウ ヒヤア キユイ：ハレカヘリタ
  （疾病）
 J51 シヤ○ウ ヒヤア キユイ：ハレガヘリタ

消腫的
 ＫⅣ 38b　スヤ○ウ　チヨン　テ：ハレヲヘラス˥
  （醫療）
 Ｊ45　シヤ○ウ　チヨン　テ：ハレヲヘラス˥

毬毽子
 ＫⅢ 30a　スヤ○ウ　スイ　ツウ：耳カキトウグノボン
  ボリ（寶貨）
 Ｊ300　シヤ○ウ　スエ　ツウ：耳カキドウグノボンボ
  リ（器用）

消息子
 歩Ⅲ 39b　{「消息子」に変更}

梟薄的
 ＫⅣ 12a　ヒヤ○ウ　ポ　テ：ヅントウスヒ（數量）
 Ｊ232　ピヤ○ウ　ポ　テ：ヅントウスイ

梟開来
 ＫⅣ 6a　ピヤ○ウ　カイ　ライ：ヒキハク（製作）

梟開來
 Ｊ215　ピヤ○ウ　カイ　ライ：ヒキハグ

梟鳥
 ＫⅤ 24b　ヒヤ○ウ　ニヤ○ウ：フクロウ（禽類）
 Ｊ422　ピヤ○ウ　ニヤ○ウ：フクロウ（飛禽）

簫兒
 ＫⅢ 35b　スヤ○ウ　ルウ：ショウ（寶貨）
 Ｊ312　シヤ○ウ　ル丶：タテフヘ（器用）

小阿姉
 ＫⅠ 24b　スヤ○ウ　ア丶　ツイ：コア子（人品）
 Ｊ4　スヤ○ウ　ア丶　ツウ：コア子
 歩　{削除}

小阿姉
 ＫⅠ 34b　スヤ○ウ　アー　ツイー：小ア子（親族）
  {重複掲載}
 Ｊ279　スヤ○ウ　ア丶　ツウ：小ア子（親族）{重複掲
  載}

小半節
 ＫⅣ 14b　スヤ○ウ　ポワン　ツイ：コハンブシ（數量）
 Ｊ28　スヤ○ウ　パン　チエ：コハンブシ

小半里
 ＫⅣ 15a　スヤ○ウ　ポワン　リイ：コハンミチ（數量）
 Ｊ29　スヤ○ウ　パン　リイ：コハンミチ

小半張
 ＫⅣ 14b　スヤ○ウ　ポワン　チヤン：コハンマヒ
  （數量）
 Ｊ28　スヤ○ウ　パン　チヤン：コハンマイ

小伴
 ＫⅠ 19a　スヤ○ウ　ポワン：コベシヤウ（人品）
 Ｊ269　スヤ○ウ　バン：コベシヤウ（人品）

小伴當
 歩Ⅰ 27a　{「小伴頭」に変更}

小刄頭
 ＫⅣ 15b　スヤ○ウ　バン　デウ：コク丶リ（數量）
 Ｊ33　スヤ○ウ　バン　デウ：コク丶リ

小番頭
 歩Ⅳ 22b　{「小番頭」に変更}

小便閉
 ＫⅣ 29b　スヤ○ウ　ベン　ピイ：シヤウヘンツマリ
  （疾病）
 Ｊ338　スヤ○ウ　ベン　ピイ：シヤウベンツマリ（感動）

小便閉住了大便不通
 ＫⅣ 38a　スヤ○ウ　ベエン　ピイ　ヂユイ　リヤ○ウ
  ダアー　ベエン　ポトン：大小便閉（疾病）
 Ｊ44　スヤ○ウ　ベエン　ピイ　ヂユイ　リヤ○ウ　ダア
  ベン　プトン：大小便閉

小便不通
 ＫⅣ 29b　スヤ○ウ　ベン　ポトン：シヤウヘンツマ
  リ（疾病）
 Ｊ338　スヤ○ウ　ベン　ポトン：シヤウベンツマリ
  （感動）

小側室
 ＫⅠ 36a　スヤ○ウ　ツエ　シ：妾（親族）
 Ｊ283　スヤ○ウ　ヅエ　シ：妾（親族）
 歩　{削除}

小産
 ＫⅣ 34a　スヤ○ウ　ツアン：シヤウサン（疾病）
 Ｊ347　スヤ○ウ　ツアン：シヤウサン（感動）

小腸
 ＫⅠ 27b　スヤ○ウ　ヂヤン：シヤウチヤウ（身體）
 Ｊ290　スヤ○ウ　ヂヤン：シヤウチヤウ（身體）

小秤
 ＫⅢ 39a　スヤ○ウ　チン：チキリ（寶貨）
 Ｊ319　スヤ○ウ　チン：チキリ（器用）

小舩
 ＫⅣ 40b　スヤ○ウ　ヂエン：ツカヒフ子（舩件）
 Ｊ352　シヤ○ウ　チエン：ツカイフ子（舩件）

小大官
 ＫⅢ 25a　スヤ○ウ　ダアー　クワン：スコシオホキ
  ナクワン（官府）
 Ｊ36　スヤ○ウ　ダア　クハン：スコシヲ丶キナクハン

小刀
 ＫⅢ 33b　スヤ○ウ　タ○ウ：コガタナ（寶貨）
 Ｊ308　スヤ○ウ　タ○ウ：コカタナ（器用）

【XIAO】

小的
　ＫⅠ22a　スヤ○ウ　テ：ワタクシ（人品）
　J274　スヤ○ウ　テ：ワタクシ（人品）

小得緊
　ＫⅣ11b　スヤ○ウ　テ　キン：イカフホソヒ（數量）
　J212　スヤ○ウ　テ　キン：イカフホソイ

小蹄
　ＫⅤ43a　スヤ○ウ　テエン：ヂミチ（馬鞍）
　J417　スヤ○ウ　テン：ヂミチ（馬具）

小肚子
　ＫⅠ30b　スヤ○ウ　ドウ　ツウ：コバラ（身體）
　J115　スヤ○ウ　ドﾟウ　ツウ：コバラ

小兒
　ＫⅠ34b　スヤ○ウ　ルウ：セガレ（親族）
　J280　スヤ○ウ　ルヽ：セガレ（親族）

小兒科
　ＫⅠ20b　スヤ○ウ　ルウ　コヲ、：小児イシヤ（人品）
　J270　スヤ○ウ　ルヽ　コウ：小兒イシ（人品）

小恭去
　ＫⅠ40a　スヤ○ウ　コン　キユイ：小用ニユク（人品）
　J239　スヤ○ウ　コン　キユイ：小用ニユク

小溝兒
　ＫⅠ11b　スヤ○ウ　ゲ○ウ　ルー：小ミゾ（地理）
　J256　スヤ○ウ　ゲ○ウ　ルヽ：小ミゾ（天文）

小官府
　ＫⅢ25a　スヤ○ウ　クワン　フウ：コヤクショ（官府）
　J39　スヤ○ウ　クハン　フウ：コヤクジョ

小官府
　ＫⅣ51a　スヤ○ウ　クワン　フウ：小ヤクショ（居室）{重複掲載}
　J375　スヤ○ウ　クハン　フウ：小ヤクジョ（家居）{重複掲載}

小光頭
　ＫⅠ28b　スヤ○ウ　クワン　デウ：コボウズ（身體）
　J264　スヤ○ウ　クハン　デウ：ゴボウズ（人品）

小孩兒
　ＫⅢ15b　スヤ○ウ　ハイ　ルウ：コドモ（慶弔）
　J76　スヤ○ウ　ハイ　ルヽ：コドモ

小盒
　ＫⅢ29b　スヤ○ウ　ホ：小ハコ（寶貨）
　J300　スヤ○ウ　ホ：小ハコ（器用）

小花様
　ＫⅤ39b　スヤ○ウ　ハアー　ヤン：小モンツキ（衣服）
　J432　スヤ○ウ　ハア　ヤン：小モンツキ（衣服）

小解去
　ＫⅠ40a　スヤ○ウ　キヤイ　キユイ：小用ニユク（動作）
　J238　スヤ○ウ　キヤイ　キユイ：小用ニユク

小介
　ＫⅠ19b　スヤ○ウ　キヤイ：小モノ（人品）
　J270　スヤ○ウ　キヤイ：小モノ（人品）

小酒壺
　ＫⅢ29a　スヤ○ウ　ツイ○ウ　ウヽ：コカンナベ（寶貨）
　J299　スヤ○ウ　チウ　ウヽ：コカンナベ（器用）

小看我
　ＫⅡ11b　スヤ○ウ　カン　ゴヲ、：ワレヲカロシムル（賓友）
　J96　スヤ○ウ　カン　ゴウ：ワレヲカロシムル

小塊節
　ＫⅣ13b　スヤ○ウ　クワイ　ツイ：チイサヒカタマリ（數量）
　J26　スヤ○ウ　クハイ　チエ：チイサイカタマリ

小籃兒
　ＫⅢ41b　スヤ○ウ　ラン　ルウ：小カゴ（寶貨）

小籃児
　J324　スヤ○ウ　ラン　ルヽ：小カゴ

小瘟兒
　ＫⅣ28b　スヤ○ウ　ルイ　ルウ：イボ（疾病）
　J336　スヤ○ウ　ルイ　ルヽ：イボ（感動）

小馬
　ＫⅤ43a　スヤ○ウ　マアー：自分馬ヲ人ニ云トキノ詞（馬鞍）
　J417　スヤ○ウ　マア：自分馬ヲ人ニ云トキノ詞（馬具）

小麥
　ＫⅤ6b　スヤ○ウ　メ：コムギ（飯肉）
　J442　スヤ○ウ　メ：コムキ（飲食）

小茅草
　ＫⅤ32b　スヤ○ウ　マ○ウ　ツア○ウ：シバ（花卉）

小茅艸
　J440　スヤ○ウ　マ○ウ　ツア○ウ：カン〰ﾞシバ フセシバノ⌐（花艸）

小米
　ＫⅤ6b　スヤ○ウ　ミイ：アハ（飯肉）
　J442　スヤ○ウ　ミイ：アハ（飲食）

小木匠
　ＫⅠ21a　スヤ○ウ　モ　ヅヤン：ヒラダイク（人品）
　J273　スヤ○ウ　モ　ヂヤン：ヒラダイク（人品）

小鳥

ＫⅤ 25b スヤ○ウ ニヤ○ウ：コトリ（禽類）
Ｊ424 スヤ○ウ テヤ○ウ：コトリ（飛禽）

小屛風
ＫⅢ 26a スヤ○ウ ビン フヲン：コツヒタテ（寶貨）
Ｊ294 スヤ○ウ ビン ホン：コツイタテ（器用）

小妾
ＫⅠ 36a スヤ○ウ ツイ：妾（親族）
Ｊ283 スヤ○ウ チエ：妾（親族）

小曲子
ＫⅡ 33b スヤ○ウ キヨ ツウ：ウタ（德藝）
Ｊ13 スヤ○ウ キヨ ツウ：ウタ

小山上
歩Ⅱ 48a ｛増補｝

小繩子
ＫⅢ 41b スヤ○ウ ヂン ツウ：コナワ（寶貨）
Ｊ324 スヤ○ウ ヂン ツウ：コナハ（器用）

小施食
ＫⅢ 12a スヤ○ウ スウ シ：コセカキ（祭祀）
Ｊ50 スヤ○ウ スウ ジ：コセガキ

小厮
ＫⅠ 19b スヤ○ウ スウ：デッチ（人品）
Ｊ270 スヤ○ウ スウ：デッチ（人品）

小亭子
ＫⅣ 53a スヤ○ウ テイン ツウ：小キ亭（居室）
｛Ｊの語釈の変更｝
Ｊ195 スヤ○ウ デン ツウ：コニカイ

小頭兒
ＫⅠ 19a スヤ○ウ デウ ルウ：コガシラ（人品）
Ｊ269 スヤ○ウ デウ ル、：コガシラ（人品）

小頭目
ＫⅠ 19a スヤ○ウ デウ モ：コヤクニン（人品）
Ｊ268 スヤ○ウ デウ モ：コヤクニン（人品）

小腿
ＫⅠ 27a スヤ○ウ トイ：ツト（身體）
Ｊ289 スヤ○ウ トイ：ツト（身體）

小倭子
ＫⅠ 22b スヤ○ウ ワアー ツウ：コトモ（人品）
Ｊ102 スヤ○ウ ワア ツウ：コドモ

小小的
ＫⅣ 11b スヤ○ウ スヤ○ウ テ：チヒサヒ（數量）

小ゝ的
Ｊ212 スヤ○ウ 、 テ：チイサイ

小蟹
ＫⅤ 17b スヤ○ウ ヒヤイ：モガニ（魚鱉）
Ｊ396 スヤ○ウ ヒヤイ：モカニ（魚介）

小心好
ＫⅠ 38b スヤ○ウ スイン ハ○ウ：子ンヲイレタガヨイ（性情）
Ｊ98 スヤ○ウ スイン ハ○ウ：ヨウジンシタガヨイ

小鐔兒
ＫⅢ 33b スヤ○ウ ダン ルウ：小ツバ（寶貨）｛鐔字は音誤り｝
Ｊ308 スヤ○ウ ダン ル、：小ツバ（器用）

小學生
ＫⅢ 50a スヤ○ウ ヒヨ スエン：シヤウガクセイ（讀書）
Ｊ14 スヤ○ウ ヒヨ スエン：シヨガクシヤ

小丫頭
ＫⅠ 19b スヤ○ウ ヤアー デ○ウ：コシモト（人品）
Ｊ270 スヤ○ウ ヤアー デ○ウ：コシモト（人品）

小指
ＫⅠ 26b スヤ○ウ ツウ：小ユビ（身體）
Ｊ288 スヤ○ウ ツウ：ユビ（身體）

小篆
歩Ⅲ 42b ｛「隸書」のあとに補う｝

小做小還用的
ＫⅡ 26a スヤ○ウ ツヲ スヤ○ウ ワン ヨン テ：チヒサクナツテモマダモチヒラル、（干求）
Ｊ65 スヤ○ウ ツヲ、スヤ○ウ ワン ヨン テ：チイサクナツテモマダモチイル

曉的曉的
ＫⅡ 14b ヒヤ○ウ テ ヒヤ○ウ テ：ガテンシタ（通用）

曉的ゝゝ
Ｊ126 ヒヤ○ウ テ 〜：ガテンシタ

曉得麼
ＫⅡ 14b ヒヤ○ウ テ マアー：ガテンシタカ（通用）

曉得広
Ｊ126 ヒヤ○ウ テ マア：ガテンシタカ

曉諭
ＫⅢ 33a ヒヤ○ウ イー：オカキツケ（寶貨）
Ｊ307 ヒヤ○ウ イ、：ヲカキツケ（器用）

篠兒
ＫⅤ 27a デヤ○ウル ウ サ、（樹竹）｛篠字は音誤り。「条」と混同｝
Ｊ407 テヤ○ウル、：サ、（樹竹）

孝服滿了
ＫⅢ 15a ヒヤ○ウ ホ モワン リヤ○ウ：ブクイミ（慶弔）
Ｊ49 ヒヤ○ウ ホ モマン リヤ○ウ：ブクイミアイタ

【XIAO～XIE】

孝順的
　KⅠ24b ヒヤ○ウ シユイン テ：カウノモノ（人品）
　J37 ヒヤ○ウ ジイン テ：カウノモノ

笑滾了
　KⅠ44a スヤ○ウ クイン リヤ○ウ：シゴクワラウ
　　（動作）

咲滾了
　J7 スヤ○ウ クイン リヤ○ウ：シゴクワラフ

笑甚麼
　KⅠ44a スヤ○ウ シ モウ：ナニヲワロウカ（動作）

笑甚広
　J7 スヤ○ウ シ モウ：ナニヲワラフカ

笑渦
　KⅠ26a スヤ○ウ ヲウ：エクボ（身體）
　J287 シヤ○ウ ヲ、：エクボ（身體）

笑窩
　歩Ⅰ36b 〔「笑窩」に変更〕

笑嘻嘻
　KⅠ43b スヤ○ウ ヒイ 丶：イヤワロフ（動作）

笑嘻〃
　J7 スヤ○ウ ヒイ 丶：イカフワラフ

XIE

楔子
　KⅢ42a スイ ツウ：クヒ○クサビ⺫
　J325 スエ ツウ：クヒ（器用）

歇不得
　KⅠ44a ヘ ポ テ：エヤスマヌ（動作）
　J37 ヘ プ テ：エヤスマヌ

歇店
　KⅣ51b ヘ テエン：ヤスミトコロ（居室）
　J376 ヘ テン：ヤスミトコロ（家居）

歇過了
　KⅠ44b ヘ コヲ リヤ○ウ：ヤスミマシタ（動作）
　J38 ヘ コウ リヤ○ウ：ヤスミマシタ

歇幾天
　KⅠ44a ヘ キイ テエン：イクカヤスンダ（動作）
　J37 ヘ キイ テン：イツカヤスンダカ

歇客的
　KⅣ51b ヘ ゲテ：タヒヤト（居室）
　J376 ヘ ゲテ：タビヤド（家居）

歇兩天
　KⅠ44a ヘ リヤン テエン：兩日ヤスンダ（動作）
　J37 ヘ リヤン テン：兩日ヤスンダ

歇息
　KⅠ44b ヘ スイ：ヤスム（動作）
　J38 ヘ スイ：ヤスム

歇一歇
　KⅡ24a ヘイ ヘ：ヤスム（通用）
　J20 ヘイ ヘ：ヤスメ

歇足喇
　KⅠ44a ヘ ツヲ リイ：キウソクナサレヒ（動作）
　J37 ヘ ソ リイ：キウソクナサレイ

脅痛
　KⅣ32a ヒエ トン：ワキハライタミ（疾病）

脇痛
　J343 ヘ トン：ワキノイタム﹁（感動）

斜文布
　KⅤ38a シエー ウエン プウ：ヨコアヤ アヤカナ
　　キヌ（衣服）
　J429 シエ、 ウエン フウ：アヤモメン（衣服）

擷得斷
　KⅣ6b キ テ ドワン：オシヲツタ（製作）

擷得断
　J216 ヘ テ ドハン：ヲシヲツタ

鞋底魚
　KⅤ16a ヒヤイ デイ イー：クツゾコ（魚鼈）
　J393 ヒヤイ デイ イ、：エイノウヲ（魚介）

寫白字
　KⅢ45b スエー ベ ヅウ：アテジヲカク（讀書）
　J121 スエ、 ベ ヅウ：アテジヲカク

寫不盡
　KⅢ45a スエー ポ ヅイン：カキツクサヌ（讀書）
　J121 スエ、 プ ヂン：カキトラヌ

寫出来
　KⅢ45a スエー チユ ライ：カキダス（讀書）

寫出來
　J121 スエ、 チユ ライ：カキダシタ

寫錯
　KⅢ33a スエー ツヲ、：カキアヤマル（寶貨）
　J307 スエ、 ツヲ、：カキアヤマル（器用）

寫得密
　KⅢ45b スエー テ ミ：コマカニカヒタ（讀書）
　J121 スエ、 テ ミ：コマカニカイタ

寫得稀
　KⅢ45b スエー テ ヒイ：マバラニカヒタ（讀書）
　J122 スエ、 テ ヒイ：バラリトカイタ

寫得完

Ｋ Ⅲ 45a　スエー　テ　ワン：カキシマツタ（讀書）
　Ｊ121　スエ、テ　ワン：カキシマツタ

寫改了
　Ｋ Ⅲ 46a　スエー　カイ　リヤ○ウ：カキナホス（讀書）
　Ｊ123　スエ、カイ　リヤ○ウ：カキナヲス

寫画
　Ｋ Ⅲ 32b　スエ、ワアー：エカク（寶貨）
　Ｊ306　スエ、ワア：エカク（器用）

寫畫
　Ｋ Ⅲ 49b　スエー　ワアー：エヲカク（讀書）{重複掲載}
　Ｊ230　スエ、ワア：エヲカク{重複掲載}

寫壞
　Ｋ Ⅲ 33a　スエ、ワイ：カキソコナフ（寶貨）
　Ｊ306　スエ　ワイ：カキソコナウ（器用）

寫囬書
　Ｋ Ⅲ 46b　スエー　ホイ　シユイ：ヘンシヨヲカク（讀書）

寫囬書
　Ｊ124　スエ、ホイ　シユイ：ヘンシヨヲカク

寫了哩
　Ｋ Ⅲ 45a　スエー　リヤ○ウ　リイ：カキマシタ（讀書）
　Ｊ121　スエ、リヤ○ウ　リイ：カキマシタ

寫疏簿
　Ｋ Ⅳ 22b　スエー　スウ　ブウ：チヤウヲカク（財産）
　Ｊ18　スエ、スウ　ブウ：チヤウヲカク

寫疏頭
　Ｋ Ⅳ 22b　スエー　スウ　テ○ウ：チヤウヲカク（財産）
　Ｊ18　スエ、スウ　デ○ウ：チヤウヲカク

寫歪
　Ｋ Ⅲ 33a　スエ、ワイ：カキイガマス（寶貨）
　Ｊ306　スエ　ワイ：カキイカマス（器用）

寫寫字
　Ｋ Ⅲ 45a　スエー、ヅウ：ジヲカク（讀書）

寫ゝ字
　Ｊ121　スエ、、ヅウ：ジヲカク

寫一半
　Ｋ Ⅲ 46b　スエー　イ　ポワン：ハンブンカク（讀書）
　Ｊ123　スエ　イ　パン：ハンブンカイタ

寫一寫
　Ｋ Ⅱ 24a　スエー　イ　スエー：字ヲカク（通用）
　Ｊ24　スエ、イ　スエ、：字ヲカケ

寫帳簿
　Ｋ Ⅳ 22a　スエー　チヤン　ブウ：チヤウニツクル（財産）
　Ｊ17　スエ、チヤン　プウ：チヤウニツクル

寫字
　Ｋ Ⅲ 32b　スエ、ヅウ：ジヲカク（寶貨）
　Ｊ306　スエ、ツウ：ジヲカク（器用）

寫字寫字
　Ｋ Ⅲ 46a　スエー、ヅウ　〜　〜：ジヲカク（讀書）

寫字ゝゝ
　Ｊ123　スエ、ヅウ　〜：カケ

寫字
　歩Ⅲ 63a　{「寫字」に変更，歩Ⅲ 43a＝Ｋ Ⅲ 32bと重複}

泄瀉
　Ｋ Ⅳ 32b　スイー　スエー：セツシヤ（疾病）
　Ｊ344　スエ　スエ、：セツシヤ（感動）

藝狎他
　Ｋ Ⅱ 27a　スイ　ヤ　タア：アレニナル、（干求）
　Ｊ93　セ　ハ　タア：アレニナル、

藝衣得罪
　Ｋ Ⅱ 2a　スイ　イー　テ　ヅ○イ：麁服デゴメンナサヒ（賓友）
　Ｊ139　セイ　テ　ヅイ：ソ服デゴメンナサレイ

謝謝你
　Ｋ Ⅲ 17b　ヅエー　、ニイ：ソナタニレヒ云（寄贈）

謝ゝ你
　Ｊ111　ヅエ、、ニイ：ソコモトニレイ云

謝謝他
　Ｋ Ⅲ 18a　ヅエー　、タア：カレニレヒ云（寄贈）

謝ゝ他
　Ｊ111　ヅエ、、タア：カレニレイ云

謝謝我
　Ｋ Ⅲ 17b　ツエー　、コヲ、：ワレニレヒ云（寄贈）

謝ゝ我
　Ｊ111　ヅエ、、ゴウ：ワレニレイ云

謝一聲
　Ｋ Ⅲ 17b　ツエー　イ　シン：一コトレイヲ申ス（寄贈）
　Ｊ108　ヅエ、イ　スイン：イチレイヲモウス

蟹
　Ｋ Ⅴ 17b　ヒヤイ：カニ（魚鼈）
　Ｊ396　ヒヤイ：カニ（魚介）

蟹介
　Ｋ Ⅴ 17b　ヒヤイ　キヤイ：カニノカラ（魚鼈）
　Ｊ396　ヒヤイ　キヤイ：カニノカラ（魚介）

蟹殻

【XIE～XING】

　　ＫⅤ 17b　ヒヤイ　コ：カニノカラ（魚鼈）
蟹壳
　　J396　ヒヤイ　コ：カニノカラ（魚介）
蟹鉗
　　ＫⅤ 17b　ヒヤイ　ゲン：カニノハサミ（魚鼈）
　　J396　ヒヤイ　ゲン：カニノハサミ（魚介）
屑線
　　ＫⅤ 38b　スイ　スエン：イトクヅ（衣服）
　　J430　スエ　セン：イトクツ（衣服）

XIN

心
　　ＫⅠ 27b　スイン：シン（身體）
　　J290　スイン：シン（身體）
心家
　　歩Ⅰ 38b　{「心家」に変更}
心事多
　　ＫⅠ 38a　スイン　ズウ　トフ：セワガオホヒ（性情）
　　J90　スイン　ズウ　トウ：セワガヽイ
心痛
　　ＫⅣ 30b　スイン　トン：ムネノイタミ（疾病）
　　J339　スイン　トン：ムネノイタム（感動）
辛苦你
　　ＫⅢ 17a　スイン　クウ　ニイ：ソナタイカヒコクロウ（寄贈）
　　J81　スイン　ズウ　ニイ：イカイゴクロウ
新茶葉
　　ＫⅢ 1b　スイン　ツアー　エ：シンチヤ（筵宴）
　　J58　スイン　ヅアヽ　エ：シンチヤ
新夫人
　　ＫⅠ 34b　スイン　フウ　ジン：御ヨメ（親族）
　　J280　スイン　フウ　ジン：御ヨメ（親族）
新雇的
　　ＫⅡ 27b　スイン　クウ　テ：シンヤトヒモノ（干求）
　　J94　スイン　クウ　テ：シンヤトイモノ
新街官
　　ＫⅠ 19a　スイン　キヤイ　クワン：シンマチヲトナ（人品）
　　J269　スイン　キヤイ　クワン：シンマチヲトナ（人品）
新酒
　　ＫⅤ 10b　スイン　ツイ○ウ：シンシユ（飯肉）
　　J449　スイン　チウ：シンシユ（飲食）
新開的上好筆
　　ＫⅢ 47a　スイン　カイ　テ　ジヤン　ハ○ウ　ピ：アタラシクオロシタルヨキフデ（讀書）
　　J124　スイン　カイ　テ　ジヤン　ハ○ウ　ピ：シンデキノ上フデ
新郎
　　ＫⅠ 34b　スイン　ラン：ハナムコ（親族）
　　J280　スイン　ラン：ハナムコ（親族）
新年
　　ＫⅠ 5a　スイン　子エン：正月（天文）
　　J250　スイン　子ン：正月（天文）
新年頭
　　ＫⅠ 5a　スイン　子エン　デ○ウ：子ントフ（天文）
　　J187　スイン　子ン　デ○ウ：子ントフ
新娘
　　ＫⅠ 34b　スイン　ニヤン：御ヨメ（親族）
　　J280　スイン　ニヤン：御ヨメ（親族）
新泡的
　　ＫⅢ 1b　スイン　パ○ウ　テ：ニバナノチヤ（筵宴）
　　J58　スイン　パ○ウ　テ：ニバナノチヤ
新鮮的
　　ＫⅣ 18b　スイン　スエン　テ：アタラシヒ（諸物）
　　J230　スイン　スエン　テ：アタラシイ
新相知
　　ＫⅡ 2a　スイン　スヤン　ツウ：シンチカヅキ（賓友）
　　J139　スイン　スヤン　ツウ：シンチカツキ
新新的
　　ＫⅢ 49b　スイン　ヽ　テ：アタラシヒ（讀書）
新ヾ的
　　J230　スイン　ヽ　テ：アタラシイ
信不得
　　ＫⅡ 36a　スイン　ポ　テ：ウケガワレヌ（盟約）
　　J47　シン　プ　テ：ウケガワレヌ
信佛的
　　ＫⅢ 11b　スイン　ウエ　テ：ホトケヲシンコウスル（祭祀）
　　J35　シン　ウエ　テ：ホトケヲシンコウスル

XING

興工
　　ＫⅣ 50b　ヒン　コン：コヤイリ（居室）
　　J374　ヒン　コン：コヤイリ（家居）
星光
　　ＫⅠ 2b　スイン　クワン：ホシノヒカリ（天文）
　　J245　スイン　クハン：ホシ（天文）
星光起来
　　ＫⅠ 7a　スイン　クワン　キイ　ライ：ホシガテタ

『南山俗語考』・『南山考講記』・『漢語跬歩』ピンイン対照索引　　423

（天文）
　J183　スイン クハン キイ ライ：ホシガイデタ
　　歩 ｛削除｝

星墜
　KⅠ2b　スイン ヅ○イ：ホシノトブ（天文）
　J245　スイン ツイ：ホシノトブ﹁（天文）

猩猩
　KⅤ22a　スイン 〃：シヤウ～゛（畜獸）

猩〃
　J405　スイン 〃：ショウ～゛（獸）

行脚僧
　KⅢ11b　ハン キヤ スエン：アンギヤノソウ（祭祀）
　J35　イン キヤ スエン：アンギヤノソウ

行書
　KⅢ52a　ヒン シユイ：｛語釈なし｝（讀書）
　J304　イン シユイ：ギヤウ（器用）
　歩Ⅲ42a　｛「眞書」のあとに移動｝

行頭多
　KⅣ47b　ヒン デ○ウ トフ：テマワリドウグガオ
　　ホヒ（舩件）
　J193　ヒン デ○ウ トウ：テマワリドウグガヲ、イ

行李多
　歩Ⅳ65b　｛「行李多」に変更｝

行醫
　KⅠ19b　ヒン イー：ハヤリイシヤ（人品）
　J270　イン イ、：ハヤリイシ（人品）

醒覺了
　KⅠ43a　スイン キヤ○ウ リヤ○ウ：メガサメタ
　　（動作）
　J109　スイン キヤ リヤ○ウ：メガサメタ

杏子
　KⅤ33a　ヒン ツウ：アンズ（菓蓏）
　Kʻ Ⅴ33a　ピン ツウ：アンズ（菓蓏）
　J411　イン ツウ：アンズ（菓）

幸喜的
　KⅢ13a　ヒン ヒイ テ：シアワセ（慶用）
　J82　イン ヒイ テ：シヤワセ

性大
　KⅤ43a　スイン ダアー：上肝（馬鞍）
　J417　スイン ダア：上肝（馬具）

性格好
　KⅠ39b　スイン ケ ハ○ウ：セウガヨヒ（性情）
　J3　スイン ゲ ハ○ウ：ウマレツキノヨイ﹁

性小

性子好
　KⅤ43a　スイン スヤ○ウ：下肝（馬鞍）
　J417　スイン スヤ○ウ：下肝（馬具）

性子好
　KⅠ39b　スイン ツウ ハ○ウ：セウガヨヒ（性情）
　J3　スイン ツウ ハ○ウ：セウガヨイ

姓甚麼
　KⅡ12a　スイン シ モフ：ウヂハナニ（賓友）

姓甚庅
　J4　スイン シ モウ：ウジハナニ

XIONG

兇得狠
　KⅢ4a　ヒヨン テ ヘン：ツヨヒタハコ（筵宴）
　J158　ヒヨン テ ヘン：ツヨイタハコ

凶惡的
　KⅠ22b　ヒヨン ヲ テ：アク人（人品）

凶惡的
　J103　ヒヨン ヲ テ：アク人

鮄魚
　KⅤ15b　ヒヨン イー：エヒ（魚鼈）
　J392　ヒヨン イ、：エイ（魚介）

胸叉
　KⅤ36b　ヒヨン ツアイ：ム子アテ（衣服）
　J426　ヒヨン ツア、：ム子アテ（衣服）

胸膛
　KⅠ26a　ヒヨン ダン：ム子（身體）
　J287　ヒヨン ダン：ム子（身體）

兄弟
　KⅠ34a　ヒヨン デイ：キヤウダイ（親族）
　J279　ヒヨン デイ：キヤウダイ（親族）

熊兒
　KⅤ21b　ヨン ルウ：クマ（畜獸）
　J403　ヨン ル、：クマ（獸）

XIU

修補
　KⅣ46a　スイ○ウ プウ：シユフク（舩件）
　J363　シウ プウ：シユホ（舩件）

修理
　KⅣ49a　スイ○ウ リイ：シユフクスル（居室）
　J371　シウ リイ：シユフクスル（家居）

修葺
　KⅣ49a　スイ○ウ ジ：シユフクスル（居室）
　J371　シウ チ：シユフクスル（家居）

修蹄甲

424

【XING〜XU】

　　ＫⅤ42b　スイウ　デイ　キヤ：ツメウツ（馬鞍）
　　Ｊ416　シウ　デイ　キヤ：ツメウツ（馬具）
修瘍
　　ＫⅠ20a　スイ○ウ　ヤン：アンマトリ（人品）
　　Ｊ270　シウ　ヤン：アンマトリ（人品）
按摩
　　歩Ⅰ28a　｛「按摩」に変更｝
脩一脩
　　ＫⅡ22b　スイ○ウ　イ　スイ○ウ：修理スル⁻（通用）
　　Ｊ22　シウ　イ　シウ：修理スル⁻
羞亮
　　ＫⅠ1b　スイ○ウ　リヤン：マハユヒ（天文）
　　Ｊ244　シウ　リヤン：マハユイ（天文）
羞明
　　ＫⅠ1b　スイ○ウ　ミン：マハユヒ（天文）
　　Ｊ244　シウ　ミン：マハユイ（天文）
羞痒
　　ＫⅣ28a　スイ○ウ　ヤン：コソハヒ、（疾病）
　　Ｊ335　シウ　ヤン：コソハイ、（感動）
朽筆
　　ＫⅢ30b　ヒウ　ピ：ヤキフデ（寶貨）
　　Ｊ301　ヒウ　ピ：ヤキフテ（器用）
朽壞
　　ＫⅣ50b　ヒウ　ワイ：クチタ（居室）
　　Ｊ373　ヒウ　ワイ：クチタ（家居）
秀麗的
　　ＫⅠ24a　スイ○ウ　リイ　テ：キレイナ（人品）
　　Ｊ231　シウ　リイ　テ：キレイナ
秀美的
　　ＫⅠ24a　スイ○ウ　ムイ　テ：キヤシヤナ（人品）
　　Ｊ231　シウ　ムイ　テ：キヤシヤナ
秀秀的
　　ＫⅠ24a　スイ○ウ　〳〵　テ：スクレタ（人品）
秀々的
　　Ｊ231　シウ　〳〵　テ：スグレタ
繡花的
　　ＫⅤ39b　スイ○ウ　ハアー　テ：ヌヒノアルモノ（衣服）
　　Ｊ208　シウ　ハア　テ：ヌヒノアルモノ
繡篋
　　ＫⅢ42b　スイ○ウ　キヤ：セイゴ（寶貨）
　　Ｊ367　シウ　キヤ：セイゴ（婚姻）
繡毬
　　ＫⅢ38b　スイ○ウ　ギウ：テマリ（寶貨）
　　Ｊ318　シ○ウ　ギウ：テマリ（器用）

繡毬花
　　ＫⅤ29a　スイ○ウ　ギウ　ハアー：アヅサイ（花卉）
　　Ｊ433　シウ　ギウ　ハア：アツサエ（花艸）
銹了
　　ＫⅢ33b　スイ○ウ　リヤ○ウ：サビ（寶貨）
刀銹了
　　Ｊ308　タ○ウ　シ○フ　リヤ○ウ：サビタ（器用）
袖
　　ＫⅤ37a　スイ○ウ：ソデ（衣服）
　　Ｊ427　チウ：ソデ（衣服）
嗅嗅看
　　ＫⅠ41b　チウ　チウ　カン：カヒデミヨ（動作）｛嗅字の音，臭と誤る｝
嗅〻看
　　Ｊ174　ヒウ　ヒウ　カン：ニヲヽテミヨ

XU

須臾
　　ＫⅠ5b　スイー　イー：シバラク（天文）
　　Ｊ252　シユイ　イヽ：シバラク（天文）
　　歩　｛削除｝
鬚
　　ＫⅠ27b　スイー：シタヒゲ（身體）
　　Ｊ290　シユイ：シタヒゲ（身體）
鬚毛
　　歩Ⅰ39a　｛「鬚毛」に変更｝
虛花的
　　ＫⅡ30b　ヒイ　ハアー　テ：ケイハクナ（疎慢）
　　Ｊ74　ヒイ　ハア　テ：ケイハクナ
虛花頭
　　ＫⅡ30b　ヒイ　ハアー　デ○ウ：アタマノカルヒ（疎慢）
　　Ｊ74　ヒイ　ハア　デ○ウ：アタマノカルイ
虛頭漢
　　歩Ⅱ41a　｛「虛頭漢」に変更｝
虛假的
　　ＫⅡ14a　ヒイ　キヤア　テ：ソラコト（通用）
　　Ｊ125　ヒイ　キヤア　テ：ソラコト
虛勞
　　ＫⅣ30b　ヒイ　ラ○ウ　テ：キヨロウ（疾病）
　　Ｊ337　ヒイ　ラ○ウ　テ：キヨロウ（感動）
虛熱
　　ＫⅣ30b　ヒイ　ゼ：キヨネツ（疾病）
　　Ｊ340　ヒイ　ゼ：キヨ子ツ（感動）
虛頭話

KⅡ14a ヒイ デ○ウ ワアー：ソラコト（通用）
J125 ヒイ デ○ウ ワア：ソラコト

虛心圈
　KⅢ49a ヒイ スイン キエン：フチマルボシ（讀書）
　J220 ヒイ スイン ケン：フチマルホシ

虛脹了
　KⅣ35b ヒイ チヤン リヤ○ウ：ハレタ（疾病）
　J42 ヒイ ヂヤン リヤ○ウ：ハレタ

虛腫
　KⅣ30a ヒイ チヨン：ハレヤマヒ（疾病）
　J338 ヒイ チヨン：ウソバレ（感動）

虛字眼
　KⅢ51b ヒイ ヅウ エン：キヨシガン（讀書）
　J31 ヒイ ヅウ エン：キヨジガン

魆地裡
　KⅣ53b エ デイ リイ：クラガリ（居室）

魆地裡
　J206 エ リイ リイ：クラガリ

徐徐兒
　KⅡ18a ヅイー 丶 ルウ：シヅカニ 〜（通用）
　J67 ジュイ 丶 ル：シヅカニ 〜

許了願
　KⅢ11a ヒイ リヤ○ウ イエン：クワンヲタツル（祭祀）
　J46 ヒイ リヤ○ウ エン：グハンヲタツル

許你
　KⅡ26b ヒイ ニイ：ツチニユルス（干求）｛語釋に誤字あり｝
　K'Ⅱ26b ヒイ ニイ：ソナタニユルス
　J93 ヒイ ニイ：ソチニユルス

許親
　KⅢ19a ヒイ ツイン：エンクミヲヤクスル（婚姻）
　J365 ヒイ チン：ウケヤウ（婚姻）

許他
　KⅡ26b ヒイ タアー：アレニユルス（干求）
　J93 ヒイ タア：アレニユルス

許我去
　KⅢ21a ヒイ ゴヲ キユイ：ワレヲユルス（官府）
　J95 ヒイ ゴウ キユイ：ユルサレタ

栩樹
　KⅤ27a ヒイ ジユイ：トチノキ（樹竹）
　J407 ヒイ ジユイ：トチノキ（樹竹）

XUAN

揎落来
　KⅣ2b スエン ロ ライ：ヒキオトス（製作）

揎落来
　J106 センロ ライ：ヒキヲトス

玄孫
　KⅠ35b ヒエン スーン：ヒヽマゴ（親族）
　J282 ヘン スエン：ヒヽマコ（親族）

玄祖
　KⅠ33a ヒエン ツウ：ヒヽヂイ（親族）
　J277 ヘン ツウ：ヒヽヂイ（親族）

選出來
　KⅢ21a スエン チユ ライ：エラヒタス（官府）

選出來
　J81 セン チユ ライ：エラビダス

癬瘡
　KⅣ28b スエン ツアン：タムシ（疾病）
　J336 スエン ツアン：タムシ（感動）

癬疥
　KⅣ31a スエン キヤイ：ヒセンカサ（疾病）
　J341 スエン キヤイ：ヒゼンカサノルイ（感動）

眩暈
　KⅣ29a ヒエン イユン：メマヒ（疾病）
　J336 ヘン ユン：メマイ（感動）

XUE

薛草
　KⅤ32a スイ ツア○ウ：スゲ（花卉）
　J439 スエ ツア○ウ：スゲ（花艸）

穴字頭
　KⅢ52a イエ ツウ デ○ウ：アナカムリ（讀書）
　J32 ヘ ヅウ デ○ウ：アナカムリ

學到老
　KⅢ48a ヒヨ タ○ウ ラ○ウ：マナンテ功カイタル（讀書）
　J79 ヒヨ タ○ウ ラ○ウ：マナンテ功ガイタル

學到了
　KⅢ48a ヒヨ タ○ウ リヤ○ウ：ナラヒオホセタ（讀書）
　J80 ヒヨ タ○ウ リヤ○ウ：ナライヲヽセタ

學得成
　KⅢ48a ヒヨ テ ヂン：ナラフタ（讀書）
　J79 ヒヨ テ ヂン：ナラツタ

學得到
　KⅢ48b ヒヨ テ タ○ウ：ナラヒオホセル（讀書）
　J80 ヒヨ テ タ○ウ：ナライヲヽセル

學讀書

【XU～XUN】

KⅢ44a ヒヨ ド シユイ：ドクシヨヲマナブ（讀書）
J119 ヒヨ ド シユイ：ドクシヨヲナラフ

學過的
　KⅢ48a ヒヨ コフ テ：ナラヒマシタ（讀書）
　J79 ヒヨ コウ テ：ナライトツタ

學會了
　KⅢ47b ヒヨ ホイ リヤ○ウ：マナビヲホセタ（讀書）
　J128 ヒヨ ホイ リヤ○ウ：マナビヲヽセタ

學起来
　KⅢ48a ヒヨ キイ ライ：ナラフ（讀書）

學起來
　J79 ヒヨ キイ ライ：ナラフ

學生
　KⅠ21b ヒヨ スエン：デシ（人品）
　J274 ヒヨ スエン：デシ（人品）

學生子
　KⅢ50a ヒヨ スエン ツウ：ガクシヤ（讀書）
　J14 ヒヨ スエン ツウ：ガクシヤ

學他的
　KⅢ48b ヒヨ タアー テ：アレヲナラブ（讀書）
　J80 ヒヨ タア テ：アレヲナロフ
　步 ｛削除｝

學問高
　KⅢ50a ヒヨ ウエン カ○ウ：カクモンカタカヒ（讀書）

學問高
　J14 ヒヨ ウエン カ○ウ：ガクモンガタカイ

學學的
　KⅢ50b ヒヨ 〻 テ：ナラフ（讀書）

學〻的
　J15 ヒヨ 〻 テ：ナラフ

學學話
　KⅡ14a ヒヨ 〻 ワアー：コトバヲナラウ（通用）

學〻話
　J125 ヒヨ 〻 ワア：コトバヲナラフ

學學字
　KⅢ45a ヒヨ 〻 ヅウ：テナラヒ（讀書）

學〻字
　J121 ヒヨ 〻 ヅウ：テナライ

學做得
　KⅢ48a ヒヨ ツヲウ テ：ナラフタ（讀書）
　J19 ヒヨ ツヲヽ テ：ナラフタ

學做文
　KⅢ50a ヒヨ ツヲー ウエン：ブンヲナラフ（讀書）
　J14 ヒヨ ツヲヽ ウエン：ブンヲナラフ

踅進門
　KⅡ7b ツヲ ツイン メン：アシノビシテスヽム（賓友）
　J152 ツヲ チン ﾒﾝ：アシノビシテスヽム

雪花菜
　KⅤ9a スイ ハアー ツアイ：トウフノカラ（飯肉）
　J381 スエ ハア ツアイ：トウフノカラ（菜蔬）

雪梨
　KⅤ33a スエ リイ：ナシ（菓蓏）
　J411 スエ リイ：ナシ（菓）

雪下紅
　KⅤ30b スイ ヒヤアー ホン：ユキノシタ（花卉）
　J436 スエ ヒヤア ホン：キジンソウ（花艸）

雪烊
　KⅠ3a スエ ヤン：ユキノキユル（天文）
　J247 スエ ヤン：ユキノキユル ｢（天文）

鱈魚
　KⅤ16b スエ イー：タラ（魚鼈）
　J394 スエ イヽ：タラ（魚介）

血崩
　KⅣ34a ヘ ペン：ナガチ（疾病）
　J347 ヘ ［右ペン・左ポン］：ナガチ（感動）

血風瘡
　KⅣ33b ヘ ホン ツアン：ウチミ（疾病）
　J346 ヘ ホン ツアン：ウチミ（感動）

血淋
　KⅣ29b ヒエ リン：ケツリン（疾病）
　J338 ヘ リン：ケツリン（感動）

血瘷
　步Ⅳ42a ｛「血瘷」に変更｝

血漕的刀
　KⅢ33b ヒエ ツア○ウ テ タ○ウ：ヒノアルカタナ（寶貨）
　J307 ヘ ツア○ウ テ タ○ウ：ヒノアルカタナ（器用）

XUN

薰黒了
　KⅤ13b ヒン ヘ リヤ○ウ：クスメタ（煮煎）
　J160 ヒユン ヘ リヤ○ウ：クスメタ

薰金的
　KⅢ35a ヒン キン テ：ヤキツケ（寶貨）
　J311 ヒユン キン テ：ヤキツケ（器用）

薰蚊子

ＫⅤ20b　ヒン　ウエン　ツウ：蚊ヲイブス（蟲類）
　　　J36　ヒユン　ウエン　ツウ：蚊ヲイブス
薫衣服
　　　ＫⅢ43a　ヒイン　イー　ホ：衣裳ニ香ヲタキコムル（寶貨）
　　　J199　ヒユン　イ、　ホ：イセウヲカヲラス
薫衣服
　　　ＫⅤ36b　ヒン　イー　ホ：イシヤウニ香ヲトムル（衣服）｛重複掲載｝
　　　J426　ヒユン　イ、　ホ：イシヤウニ香ヲトムルヿ（衣服）｛重複掲載｝
燻舩
　　　ＫⅣ41b　ヒイン　ヂエン：フ子ヲタヅル（舩件）
　　　J354　ヒユン　ヂエン：タヅル（舩件）
尋不見
　　　ＫⅡ12a　ヅイン　ポ　ケン：タヅ子ツケタ（賓友）
　　　｛語釈誤り｝
　　　J233　ジン　プ　ケン：タヅ子ツケヌ
尋常
　　　ＫⅠ4b　ヅイン　ヂヤン：ヨノツ子（天文）
　　　J250　ジン　ジヤン：ヨノツ子（天文）
尋常的
　　　ＫⅠ9a　ヅイン　ヂヤン　テ：ヨノツ子（天文）
　　　J186　ジン　ジヤン　テ：ヨノツ子
尋甚麼
　　　ＫⅡ12a　ツイン　シ　モフ：ナニヲタヅヌルカ（賓友）
尋甚広
　　　J233　ジン　シ　モウ：ナニヲタツヌルカ
巡更
　　　ＫⅣ24b　ジユイン　ゲン：ヨマハリ（兵法）
　　　J330　ジユン　ゲン：ヨマハリ（兵法）
巡街
　　　ＫⅣ24b　ジユイン　キヤイ：ヨマハリ（兵法）
　　　J330　ジユン　キヤイ：夜マワリ（兵法）
巡營
　　　ＫⅣ25a　ジユイン　ヨン：ヂンコヤマハリ（兵法）
　　　J330　ジユン　イン：ヂンコヤマワリ（兵法）
遜譲你
　　　ＫⅡ26b　ス○イン　シヤン　ニイ：ソナタニユヅル（干求）
　　　J93　スエン　ジヤン　ニイ：ソナタニユヅル

YA

壓扁了
　　　ＫⅣ4a　ヤ　ペエン　リヤ○ウ：オシヒラメタ（製作）

　　　J214　ヤ　ペン　リヤ○ウ：ヲシヒラメタ
壓癌了
　　　ＫⅣ4a　ヤ　ピ　リヤ○ウ：オシヒラメタ（製作）
　　　J214　ヤ　ピ　リヤ○ウ：ヲシヒラメタ
歩　｛削除｝
壓不倒
　　　ＫⅢ37a　ヤ　ポ　タ○ウ：オキアガリ（寶貨）
　　　J315　ヤ　ポ　タ○ウ：ヲキヤガリ（器用）
壓倒了
　　　ＫⅣ4a　ヤ　タ○ウ　リヤ○ウ：オシタヲス（製作）
　　　J217　ヤ　タ○ウ　リヤ○ウ：ヲシタヲス
壓緊的
　　　ＫⅣ4a　ヤ　キン　テ：シツカトオス（製作）
　　　J217　ヤ　キン　テ：シツカトヲス
押工
　　　ＫⅠ20a　ヤ　コン：舩大工（人品）
　　　J271　ヤ　コン：舩大工（人品）
押工
　　　ＫⅣ40a　ヤ　コン：フナタイク（舩件）｛重複掲載｝
　　　J35　ヤ　コン：フナダイク（舩件）｛重複掲載｝
押行李
　　　ＫⅣ47a　ヤ　ヒン　リイ：テマハリドウグノサイレウ（舩件）
　　　J192　ヤ　ヒン　リイ：テマワリドウグノサイレウ
鴨蛋
　　　ＫⅤ24a　ヤ　ダン：アヒルノタマゴ（禽類）
　　　J420　ヤ　ダン：アヒルノタマゴ（飛禽）
鴨蛋黄
　　　ＫⅤ39b　ヤ　ダン　ワン：ウスタマゴ（衣服）
　　　J432　ヤ　ダン　ワン：ウスタマコ（衣服）
鴨子
　　　ＫⅤ23b　ヤ　ツウ：アヒル（禽類）
　　　J420　ヤ　ツウ：アヒル（飛禽）
牙保
　　　ＫⅠ21b　ヤアー　パ○ウ：スハヒ（人品）
　　　J273　ヤ　パ○ウ：スワイ（人品）
牙歯
　　　ＫⅠ26a　ヤアー　ツウ：ハ（身體）
　　　J287　ヤアー　ツウ：ハ（身體）
牙根
　　　ＫⅠ26a　ヤアー　ゲン：歯グキ（身體）
　　　J287　ヤアー　ゲン：歯クキ（身體）
牙籤
　　　ＫⅢ31b　ヤアー　ツエン：ヤウジノヿ（寶貨）｛Jの語釈を変更｝

  J303　ヤア　チエン：峡ノコハジ（器用）
牙鎗
  KⅢ41a　ヤアー　ツアン：小ヤウシ（寶貨）
  J323　ヤア　チアン：小ヤウジ（器用）
牙檣
  KⅢ41a　ヤアー　ヅヤン：ヤウジ（寶貨）
牙牆
  J323　ヤア　ヂヤン：ヤウジ（器用）
牙肉
  KⅠ26a　ヤアー　ジヨ：ハグキ（身體）
  J287　ヤア　ジヨ：ハグキ（身體）
牙刷
  KⅢ41a　ヤアー　セ：ハミガキヤウジ（寶貨）
  J323　ヤア　スエ：ハミガキ（器用）
牙疼
  KⅣ30b　ヤアー　デン：ハノイタミ（疾病）
  J340　ヤア　デン：ハノイタミ（感動）
衙門
  KⅣ51a　ヤアー　メン：ヤシキ（居室）
  J375　ヤア　 メン：ヤシキ（家居）
衙門人
  KⅠ23b　ヤアー　メン　ジン：ヤシキノ人（人品）
  J141　ヤア　メン　ジン：ヤシキノ人
啞巴子
  KⅠ28a　ヤア　パアー　ツウ：ヲシ（身體）
  J263　ヤア　パア　ツウ：ヲシ（人品）
  歩　{削除}
啞子
  KⅠ28a　ヤアー　ツウ：ヲシ（身體）
  J266　ヤア　ツウ：ヲシ（人品）
雅淡的
  KⅠ23a　ヤア　ダン　テ：キヤシヤ（人品）
  J110　ヤア、　トハン　テ：キヤシヤナ
雅氣些
  KⅠ23a　ヤア、　キイ、　スイ、：フウガナ（人品）
  J110　ヤア、　キイ　スイ：フウガナ
雅趣些
  KⅠ23a　ヤア、　ツイ、　スイ、：フウガナ（人品）
  J110　ヤア、　チユイ　スイ：フウガナ
亞班
  KⅣ40a　アー　パン：ホハシラノホリ（舩件）
  J351　ヤア　パン：ホバシラノボリ（舩件）

YAN

胭脂
  KⅢ30a　エン　ツウ：ベニ（寶貨）
臙脂
  J301　エン　ツウ：ベニ（器用）
烟包
  KⅢ28b　エン　パ○ウ：タバコイレ（寶貨）
煙包
  J298　エン　パ○ウ：タバコイレ（器用）
烟別子
  KⅢ38a　エン　ベ　ツウ：子ツケ（寶貨）
  J317　エン　ベ　ツウ：子ツケ（器用）
烟柴頭
  KⅢ28a　エン　ツアイ　デウ：モエサキ（寶貨）
  J297　エン　ツアイ　デウ：モエキリ（器用）
烟管
  KⅢ28b　エン　クワン：ラウ（寶貨）
煙管
  J298　エン　クハン：ラ○ウ（器用）
烟火
  KⅢ42b　エン　ホヲ、：ハナビ（寶貨）
煙火
  J325　エン　ホウ：ハナビ（器用）
烟盤
  KⅢ28b　エン　ブワン：タバコボン（寶貨）
  J298　エン　バン：タバコボン（器用）
烟盤拿来
  KⅢ4b　エン　ボワン　ナア　ライ：タハコホンモチ
   テコヒ（筵宴）
烟盤拿來
  J158　エン　バン　ナア　ライ：タバコボンモテコイ
拿烟盤来
  歩Ⅲ5b　{「拿烟盤来」に変更}
烟屎
  KⅢ29a　エン　スウ：タバコノヤニ（寶貨）
煙屎
  J298　エン　スウ：タバコノヤニ（器用）
烟臺
  KⅢ28b　エン　ダイ：キセル（寶貨）
煙臺
  J298　エン　タイ：キセル（器用）
烟筒
  KⅢ28b　エン　トン：キセル（寶貨）
煙筒
  J298　エン　トン：キセル（器用）
煙頭

ＫⅢ 28b　エン　デ○ウ：キセルノガンクビ（寶貨）
　　Ｊ298　エン　デ○ウ：ガンクビ（器用）
烟管頭
　　歩Ⅲ 37b　{「烟管頭」に變更}
烟嘴
　　ＫⅢ 28b　エン　ツ○イ：キセルノスヒクチ（寶貨）
煙嘴
　　Ｊ298　エン　ツイ：ノミクチ（器用）
烟管嘴
　　歩Ⅲ 37b　{「烟管嘴」に變更}
淹死了
　　ＫⅢ 15b　エン　スウ　リヤ○ウ：オボレジニ（慶弔）
　　Ｊ49　エン　スウ　リヤ○ウ：ヲボレシニ
醃過夜第二日就好吃
　　ＫⅢ 5b　エン　コヲ、エイ　デイ　ルウ　ジ　ヅイ○ウ
　　　ハ○ウ　チ：ヒトヨシホシテアシタニクロフ（筵宴）
　　Ｊ164　エン　コウ　エ、デイル、ジ　ヅウ　ハ○ウ
　　　チ：一夜シヲシテヨクジツクイヨイ
醃肉
　　ＫⅤ 10a　エン　ジョ：シヲブタ（飯肉）
　　Ｊ448　エン　ジョ：シヲブタ（飲食）
研研墨
　　ＫⅢ 46a　子エン　〳〵　メ：スミヲスル（讀書）
硯〃墨
　　Ｊ123　子ン、〆：スミヲスル
研一研
　　ＫⅡ 22a　子エン　イ　子エン：ヲロス○スル（通用）
　　Ｊ20　子ン　イ　子ン：ヲロセ又スレ
鹽得緊
　　ＫⅢ 6a　エン　テ　キン：イカフシホカラヒ（筵宴）
塩得緊
　　Ｊ166　エン　テ　キン：イコウシヲガカライ
鹽蘿葡
　　ＫⅤ 9b　エン　ロウ　ブウ：ツケタイコン（飯肉）
塩蘿葡
　　Ｊ447　エン　ロウ　プウ：ツケダイコン（飲食）
鹽螺
　　ＫⅤ 9b　エン　ルウ：シヲカラ（飯肉）
塩螺
　　Ｊ448　エン　ロウ：シヲカラ（飲食）
鹽螺
　　ＫⅤ 18a　エン　ルウ：カヒノホシモノ（魚鼈）{重複掲載}
塩螺

　　Ｊ397　エン　ラウ：カイノホシモノ（魚介）{重複掲載}
鹽茄子
　　ＫⅤ 9b　エン　キヤア　ツウ：シヲヅケナスビ（飯肉）
塩茄子
　　Ｊ447　エン　ギヤア　ツウ：シヲツケノナスビ（飲食）
鹽水生
　　ＫⅠ 13a　エン　シユイ　スエン：ウミノモノ（地理）
塩水生
　　Ｊ189　エン　シユイ　スエン：ウミノモノ
塩一塩
　　ＫⅡ 24a　エン　イ　エン：魚ニシホヲスル⏋（通用）
　　Ｊ25　エン　イ　エン：魚ニシヲスル⏋
醃一醃
　　歩Ⅱ 32b　{「醃一醃」に變更}
顔料
　　ＫⅢ 32b　エン　リヤ○ウ：エノグ（寶貨）
　　Ｊ306　エン　リヤ○ウ：エノグ（器用）
簷滴
　　ＫⅠ 3a　エン　テ：ノキシタバリ（天文）
　　Ｊ246　エン　テ：ノキシタバリ（天文）
簷前
　　ＫⅣ 49b　イエン　ヅエン：ノキ（居室）
　　Ｊ372　エン　ヂエン：ノキ（家居）
簷水
　　ＫⅠ 3a　エン　シユイ：ノキミズ（天文）
　　Ｊ246　エン　シユイ：ノキミズ（天文）
簷下鈴
　　ＫⅢ 35b　エン　ヒヤア　リン：フウリン（寶貨）
　　Ｊ311　エン　ヒヤア　リン：フウリン（器用）
掩飾不来
　　ＫⅢ 22a　エン　シ　ポ　ライ：カクシテモカクサレス
　　　（官府）
　　Ｋ'Ⅲ 22a　エン　シ　ポ　ライ：カクシテモカクサレヌ
　　　（官府）
掩飾不来
　　Ｊ105　エン　スイ　プ　ライ：カクイテモカクレヌ
眼睛
　　ＫⅠ 25a　エン　ツイン：マナコ（身體）
　　Ｊ285　エン　チン：マナコ（身體）
眼睛起了星
　　ＫⅣ 34b　エン　ツイン　キイ　リヤ○ウ　スイン：メ
　　　ニホシカイツタ（疾病）
　　Ｊ41　エン　チン　キイ　リヤ○ウ　スイン：メニホシガ
　　　イツタ
眼鏡

430

【YAN～YANG】

　KⅢ35a　エン　キン：メガ子（寶貨）
　J311　エン　キン：メガ子（器用）

眼鏡套
　KⅢ35a　エン　キン　タ○ウ：メガ子ノサヤ（寶貨）
　J311　エン　キン　タ○ウ：メガ子ノサヤ（器用）

眼眶
　KⅠ25b　エン　クワン：マブタ（身體）
　J286　エン［右キヤン・左クハン］：マブタ（身體）

眼涙
　KⅠ25b　エン　ルイ：ナミダ（身體）
　J286　エン　ルイ：ナミタ（身體）

眼毛
　KⅠ25b　エン　マ○ウ：マツゲ（身體）
　J286　エン　マ○ウ：マツゲ（身體）

眼屎
　KⅠ25b　エン　スウ：メアカ（身體）
　J286　エン　スウ：メアカ（身體）

眼瞎
　KⅠ28b　エン　ヒヤ：メクラ（身體）
　J266　エン　ヒヤ：メクラ（人品）

眼脂
　KⅠ25b　エン　ツウ：メヤニ（身體）
　J286　エン　ツウ：メヤニ（身體）

厭得緊
　KⅠ38a　エン　テ　キン：メンドフナ（性情）
　J88　エン　テ　キン：メンドウナ

厭煩的
　KⅠ38b　エン　ワン　テ：メンドフナ（性情）
　J88　エン　ワン　テ：メンドウナ

厭殺的
　KⅠ38b　エン　サ　テ：モノニアヒタ⺄（性情）
　J88　エン　サ　テ：モノニアイタ⺄

厭殺人
　KⅠ38b　エン　サ　ジン：メンドフガル（性情）
　J88　エン　サ　ジン：メンドウガル

厭殺死
　KⅠ38b　エン　サ　スウ：メンドフナ（性情）
　J88　エン　サ　スウ：メンドウナ
　歩　{削除}

厭悪我
　KⅡ30b　エン　ウー　ゴヲ、：ワレヲニクム（疎慢）
　J97　エン　ウ、　ゴウ：ワレヲニクム

硯兒
　KⅢ30a　子エン　ルウ：スズリ（寶貨）
　J301　子エン　ル、：スズリ

硯匣
　KⅢ30a　子エン　ヤ：スズリバコ（寶貨）

硯箇
　J301　エン　ヤ：スズリハコ（器用）

嚥下去
　KⅢ8b　エン　ヒヤア　キユイ：ノミコム（筵宴）
　J63　エン　ヒヤア　キユイ：ノミコム

鴳鶉
　KⅤ24b　エン　チユイン：ウヅラ（禽類）
　J422　エン　チユン：ウヅラ（飛禽）

雁兒
　KⅤ23a　エン　ルウ：カリ（禽類）
　J419　エン　ル、：カリ（飛禽）

雁来紅
　KⅤ30b　エン　ライ　ホン：ハケイトウ（花卉）

雁來紅
　J436　エン　ライ　ホン：ハケイトウ（花卉）

燕窩菜
　KⅤ1b　エン　ヲウ　ツアイ：エンス（菜蔬）
　J383　エン　ヲ、　ツアイ：エンス（菜蔬）

燕窩瘡
　KⅣ32b　エン　ヲウ　ツアン：カンノウ（疾病）
　K'Ⅳ32b　エン　ヲウ　ツアン：カンカサ（疾病）{語釈変更}
　J343　エン　ヲ、　ツアン：ミツカサ（感動）

燕子
　KⅤ24a　エン　ツウ：ツバメ（禽類）
　J421　エン　ツウ：ツバメ（飛禽）

YANG

央煩你
　KⅡ27a　ヤン　ワン　ニイ：ソナタヲタノム（干求）
　J93　ヤン　ワン　ニイ：ソコモトヲタノム

央及你
　KⅡ27a　ヤン　キ　ニイ：コナタヲタノム（干求）
　J91　ヤン　キ　ニイ：コナタヲタノム

央你寫
　KⅢ45b　ヤン　ニイ　スエー：ソナタヲタノンテカク（讀書）
　J122　ヤン　ニイ　スエ、：ソコモトヲタノンテカク

央他抄
　KⅢ45b　ヤン　タア　ツア○ウ：アレヲタノンデウッス（讀書）
　J122　ヤン　ニイ　ツヤ○ウ：アレヲタノンテウッス

秋雞

ＫⅤ25b　ヤン　キイ：クイナ（禽類）
　　Ｊ424　ヤン　キイ：クイナ（飛禽）
楊柳
　　ＫⅤ27b　ヤン　リウ：ヤナギ（樹竹）
　　Ｊ408　ヤン　リウ：ヤナキ（樹竹）
楊櫨
　　ＫⅤ27b　ヤン　ロウ：ニワトコ（樹竹）
　　Ｊ408　ヤン　ロウ：ニワトコ（樹竹）
楊梅
　　ＫⅤ34a　ヤン　ムイ：ヤマモヽ（菓蓏）
　　Ｊ413　ヤン　ムイ：ヤマモヽ（菓）
楊梅瘡
　　ＫⅣ31a　ヤン　ムイ　ツアン：ヤウハイソウ（疾病）
　　Ｊ340　ヤン　ムイ　ツアン：ヨウバイソウ（感動）
羊癲風
　　ＫⅣ32b　ヤン　テエン　ホン：テンカン（疾病）
　　Ｊ346　ヤン　テン　ホン：テンカン（感動）
羊兒
　　ＫⅤ21b　ヤン　ルウ：ヒツジノコ（畜獸）
　　Ｊ404　ヤン　ルヽ：ヒツジ又ヤキ（獸）
羊羔
　　ＫⅤ21b　ヤン　カ○ウ：ヒツジ（畜獸）
　　Ｊ404　ヤン　カ○ウ：ヒツシ（獸）
羊皮金
　　ＫⅢ35a　ヤン　ピイ　キン：キンカラカハ○イツカ
　　　　ケノコト（寶貨）
　　Ｊ310　ヤン　ビイ　キン：キンカラカハ　イツカケノ
　　　　コト（器用）
羊頭
　　ＫⅣ45b　ヤン　デ○ウ：ナカダチ（舩件）
　　Ｊ362　ヤン　デ○ウ：ナカダチ（舩件）
羊鬚瘡
　　ＫⅣ32a　ヤン　スイー　ツアン：ミツカサ（疾病）
　　Ｊ342　ヤン　シユイ　ツアン：ミヅカサ（感動）
羊眼豆
　　ＫⅤ3a　ヤン　エン　デ○ウ：八升豆（菜蔬）
　　Ｊ385　ヤン　エン　デ○ウ：八舛豆（菜蔬）
羊嘴瘡
　　ＫⅣ32a　ヤン　ヅ○イ　ツアン：ミツカサ（疾病）
　　Ｊ344　ヤン　ツイ　ツアン：ミツカサ（感動）
洋舩主
　　ＫⅣ40b　ヤン　ヂエン　チイ：オキセンドウ（舩件）
　　Ｊ351　ヤン　ヂエン　チユイ：ヲキセンドウ（舩件）
洋船主
　　歩Ⅳ55a　{文字の変更}

洋貨
　　ＫⅣ22a　ヤン　ホウ：ワタリモノ（財産）
　　　　　　　　　　　（脱字）
　　Ｊ17　ヤン　ホウ：ワタリモ■
　　筑・地・4・6b　ヤン　ホウ：ワタリモノ
洋菊花
　　ＫⅤ30a　ヤン　キヨ　ハアー：オホギク（花卉）
　　Ｊ435　ヤン　キヨ　ハア：ヲヽキク（花艸）
洋中
　　ＫⅠ10b　ヤン　チヨン：オキナカ（地理）
　　Ｊ254　ヤン　チヨン：ヨウ中（天文）
陽盛罐
　　ＫⅢ29b　ヤン　デン　クワン：廣嘴ノヤキモノ（寶貨）
　　Ｊ300　ヤン　デン　クハン：廣嘴ノヤキモノ（器用）
陽溝兒
　　ＫⅠ11b　ヤン　ケ○ウ　ルウ：フタナシノミゾ（地理）
　　Ｊ256　ヤン　ゲ○ウ　ルヽ：フタナシノミゾ（天文）
仰塵
　　ＫⅣ49a　ニヤン　ヂン：天井（居室）
　　Ｊ371　ニヤン　ヂン：天井（家居）
仰頭的
　　ＫⅣ17b　ニヤン　デ○ウ　テ：アヲヌク（諸物）
　　Ｊ226　ニヤン　デ○ウ　テ：アヲヌク
仰頭看
　　歩Ⅱ49a　{「仰頭看」に変更}
仰着看
　　ＫⅠ41a　ニヤン　ヂヤ　カン：アフヒテミル（動作）
　　Ｊ173　ニヤン　ヂヤ　カン：アヲイデミル
養父
　　ＫⅠ33b　ヤン　フウ：ヤシナヒ父（親族）
　　Ｊ278　ヤン　フウ：ヤシナイ父（親族）
養母
　　ＫⅠ33b　ヤン　ムウ：ヤシナヒ母（親族）
　　Ｊ278　ヤン　ムウ：ヤシナイ母（親族）
養娘
　　ＫⅠ19b　ヤン　ニヤン：コドモノモリ（人品）
　　Ｊ270　ヤン　ニヤン：コドモノモリ（人品）
養頭髪
　　ＫⅠ29b　ヤン　デ○ウ　ハ：カミヲタテル（身體）
　　Ｊ202　ヤン　デ○ウ　ハ：カミヲタテル
養閑
　　ＫⅠ36a　ヤン　ヘエン：インキヨ（親族）
養閒
　　Ｊ284　ヤン　ヘン：インキヨ（親族）
　　歩　{削除}
養血的

【YANG～YAO】

　ＫⅣ 38b　ヤン　ヘ　テ：チヲヤシナフ（疾病）
　Ｊ45　ヤン　ヘ　テ：チヲヤシナフ
痒起来
　ＫⅣ 35b　ヤン　キイ　ライ：カユヒ（疾病）
痒起來
　Ｊ42　ヤン　キイ　ライ：カユイ

YAO

腰繃
　ＫⅤ 36b　ヤ◯ウ　ヘン：ヨフベン（衣服）
　Ｊ426　ヤ◯ウ　ベン：ヲビ（衣服）
腰帶
　ＫⅤ 36b　ヤ◯ウ　タイ：ヲビ（衣服）
　Ｊ426　ヤ◯ウ　タイ：ヲビ（衣服）
腰刀
　ＫⅢ 33b　ヤ◯ウ　タ◯ウ：ワキザシ（寶貨）
　Ｊ307　ヤ◯ウ　タ◯ウ：ワキザシ（器用）
腰骨
　ＫⅠ 27a　ヤ◯ウ　コ：コシホ子（身體）
　Ｊ289　ヤ◯ウ　コ：コシホ子（身體）
腰片
　ＫⅤ 36b　ヤ◯ウ　ペン：ヨフベン（衣服）
　Ｊ426　ヤ◯ウ　ペン：ヲビ（衣服）
腰閃了
　ＫⅣ 31b　ヤ◯ウ　シエン　リヤ◯ウ：コシノタカヘ（疾病）
　Ｊ341　ヤ◯ウ　セン　リヤ◯ウ：コシノタガフタ⌒（感動）
腰痛
　ＫⅣ 32a　ヤ◯ウ　トン：コシイタミ（疾病）
　Ｊ343　ヤ◯ウ　トン：コシノイタム⌒（感動）
腰頭
　ＫⅠ 27a　ヤ◯ウ　デウ：コシ（身體）
　Ｊ289　ヤ◯ウ　デ◯ウ：コシ（身體）
腰邉
　歩Ⅰ 38a　｛「腰邉」に変更｝
邀攏来
　ＫⅡ 9a　ヤ◯ウ　ロン　ライ：ヨヒアツムル（賓友）
邀攏来
　Ｊ61　ヤ◯ウ　ロン　ライ：デアイアツマリ
邀他来
　ＫⅡ 5a　ヤ◯ウ　タアー　ライ：アレヲムカヘテコヒ（賓友）
邀他來
　Ｊ146　ヤ◯ウ　タア　ライ：アレヲムカエテコイ

揺舩
　ＫⅣ 41a　ヤ◯ウ　ヂエン：コギフ子（舩件）
　Ｊ354　ヤ◯ウ　ヂエン：コキフ子（舩件）
揺舩来
　ＫⅣ 47b　ヤ◯ウ　ヂエン　ライ：フ子ヲコイテクル（舩件）
揺舩來
　Ｊ193　ヤ◯ウ　ヂエン　ライ：フ子ヲコイデクル
揺舩去
　ＫⅣ 47a　ヤ◯ウ　ヂエン　キユイ：ロヲオシテフ子ヲヤル⌒（舩件）
　Ｊ192　ヤ◯ウ　ヂエン　キユイ：フ子ヲヤル
揺櫓
　ＫⅣ 43b　ヤ◯ウ　ルウ：ロヲコグ（舩件）
　Ｊ358　ヤ◯ウ　ルウ：ロコク（舩件）
揺櫓節奏
　ＫⅣ 43b　ヤ◯ウ　ルウ　ツイ　ツエ◯ウ：ロヒヤウシ（舩件）
　Ｊ358　ヤ◯ウ　ルウ　チエ　ツエ◯ウ：ロヒヤウシ（舩件）
揺落去
　ＫⅣ 8a　ヤ◯ウ　ロ　キユイ：ユリコム（製作）
　Ｊ62　ヤ◯ウ　ロ　キユイ：ユスリコム
揺揺看
　ＫⅠ 41b　ヤ◯ウ　ヽ　カン：フツテミヨ（動作）
揺々看
　Ｊ174　ヤ◯ウ　ヽ　カン：フツテミヨ
揺揺頭
　ＫⅠ 31b　ヤ◯ウ　ヽ　デ◯ウ：クビヲフル（身體）
揺々頭
　Ｊ69　ヤ◯ウ　ヽ　デ◯ウ：クビヲフル
揺一揺
　ＫⅡ 23a　ヤ◯ウ　イ　ヤ◯ウ：ユスル（通用）
　Ｊ23　ヤ◯ウ　イ　ヤ◯ウ：ユスル
鰩魚
　ＫⅤ 15b　ヤ◯ウ　イー：トビウヲ（魚鼈）
　Ｊ392　ヤ◯ウ　イ、：トビウヲ（魚介）
咬
　ＫⅤ 25b　ヤ◯ウ：クイツク（禽類）
　Ｊ424　ヤ◯ウ：クイツク⌒（飛禽）
咬得清
　ＫⅢ 5b　ヤ◯ウ　テ　ツイン：カミエタ（筵宴）
　Ｊ164　ヤ◯ウ　テ　チン：カミエタ
　歩　｛削除｝
咬定的再不放

KⅠ44a ヤ○ウ デン テ ツアイ ポ ハン：オヒツキテハナサヌ（動作）
J35 ヤ○ウ デン テ ツアイ プ ハン：クイツキテハナサヌ

咬掉了
KⅣ7a ヤ○ウ デヤ○ウ リヤ○ウ：カミクダヒタ（製作）
J214 ヤ○ウ デヤ○ウ リヤ○ウ：カミクダイタ

咬掉了
KⅣ7b ヤ○ウ テヤ○ウ リヤ○ウ：カミステタ（製作）{重複掲載}
J219 ヤ○ウ デヤ○ウ リヤ○ウ：カミステタ {重複掲載}

咬壞了
歩Ⅳ10a {「咬掉了」の重複を避け，別の補語に変更}

咬亂了
KⅣ7a ヤ○ウ ロワン リヤ○ウ：カミ、ダシタ（製作）
J214 ヤ○ウ ロハン リヤ○ウ：カミ、ダシタ

藥材客
KⅠ21b ヨ ツアイ ゲ：クスリウリ（人品）
J273 ヨ ヅアイ ゲ：クスリウリ（人品）

藥胡廬
KⅣ51a ヨ ウー ルウ：ギボウシ（居室）
J374 ヨ ウ、ルウ：ギボウシ（家居）

藥碾子
KⅢ41b ヨ 子エン ツウ：ヤケン（寶貨）
J324 ヨ 子ン ツウ：ヤゲン（器用）

藥師廟
KⅢ11a ヨ スウ ミヤ○ウ：ヤクシダウ（祭祀）
J34 ヨ スウ ミヤ○ウ：ヤクシドウ

藥性
KⅣ37a ヨ スイン：ヤクシヤウ（醫療）
J349 ヨ スイン：ヤクシヤウ（療養）

藥渣
KⅣ37a ヨ ヅアー：クスリノセンシカス（醫療）
J349 ヨ ツア、：センジカス（療養）

要不多
KⅣ11a ヤ○ウ ポ トフ：オホクハイラヌ（數量）
J63 ヤ○ウ プ トウ：ヲヽクハイラヌ

要出家
KⅢ11b ヤ○ウ チユ キヤア：出家ニナリタヒ（祭祀）
J35 ヤ○ウ チユ キヤア：出家ニナリタイ

要出力
KⅢ48a ヤ○ウ チユ リイ：チカラヲダセ（讀書）
J79 ヤ○ウ チユ リイ：チカラヲダセ

要打點
KⅡ37a ヤ○ウ タアー テン：シタクヲセヨ（遊眺）
J220 ヤ○ウ タア テン：シタクヲセヨ

歩 {削除}

要打哩
KⅢ22b ヤ○ウ タアー リイ：ウタ子ハナラヌ（官府）
J217 ヤ○ウ タア リイ：ウテ 〜

要點檢
KⅢ48b ヤ○ウ テエン ケン：アラタメ子バナラヌ（讀書）

要點撿
J80 ヤ○ウ テン ケン：アラタメ子ハナラヌ

要點撿
歩Ⅲ66b {Kより文字の変更}

要多少
KⅣ10b ヤ○ウ トフ シヤ○ウ：ナニホトイルカ（數量）
J63 ヤ○ウ トウ スヤ○ウ：ナニホトイルカ

要改的
KⅢ48b ヤ○ウ カイ テ：カエ子バナラヌ（讀書）
J80 ヤ○ウ カイ テ：カエ子ハナラヌ

要箇臉
KⅠ29b ヤ○ウ コ レン：カホデモノヲシラスル〔（身體）
J86 ヤ○ウ コ レン：メンボウガカンヤウ

要管的
KⅡ27b ヤ○ウ クワン テ：カマハ子バナラヌ（干求）
J97 ヤ○ウ クハン テ：カモハ子バナラヌ

要還俗
KⅢ11b ヤ○ウ ワン ヅヲ：ケンソクカシタヒ（祭祀）
J35 ヤ○ウ ワン ゾ：ゲンゾクガシタイ

要囬去
KⅡ6a ヤ○ウ ホイ キユイ：カヘリタヒ（賓友）

要回去
J148 ヤ○ウ ホイ キユイ：カエリタイ

要緊話
KⅡ15a ヤ○ウ キン ワアー：カンヨウノハナシ（通用）
J128 ヤ○ウ キン ワア：カンヨウノハナシ

要緊人

【YAO～YE】

　ＫⅠ15b　ヤ○ウ　キン　ジン：カンシンノ人（人品）
　Ｊ259　ヤ○ウ　キン　ジン：カンジンノ人（人品）

要留心
　ＫⅢ47b　ヤ○ウ　リウ　スイン：心ニカケ子ハナラヌ（讀書）
　Ｊ79　ヤ○ウ　リウ　スイン：心ニカケ子ハナラヌ

要買呢
　ＫⅣ21a　ヤ○ウ　マイ　ニイ：カヒタヒカ（財産）
　Ｊ16　ヤ○ウ　マイ　ニイ：カイタイカ

要秘的
　ＫⅢ22a　ヤ○ウ　ピイ　テ：ヒミツコト（官府）
　Ｊ105　ヤ○ウ　ピ　テ：ヒミツゴト

要納的
　ＫⅡ26b　ヤ○ウ　ナ　テ：ヲサメ子ハナラヌ（干求）
　Ｊ82　ヤ○ウ　ナ　テ：ヲサメ子ハナラヌ

要去看就去看
　ＫⅠ41a　ヤ○ウ　キユイ　カン　ヅイ○ウ　キユイ　カン：ユキテミタクバユキテミヨ（動作）
　Ｊ173　ヤ○ウ　キユイ　カン　ヂウ　キユイ　カン：ユキテミタクバユキテミヨ

要睡覺
　ＫⅠ43a　ヤ○ウ　ジユイ　キヤウ：子ムタヒ（動作）
　Ｊ108　ヤ○ウ　ジユイ　キヤ○ウ：子ムタイ

要送的
　ＫⅢ14a　ヤ○ウ　ソン　テ：ヤリタキモノ（慶弔）
　Ｊ84　ヤ○ウ　ソン　テ：ヤリタキモノ

要算計
　ＫⅣ22b　ヤ○ウ　ソワン　キイ：考ヘサンスル⌐（財産）
　Ｊ18　ヤ○ウ　ソハン　キイ：考ヘ算スル⌐

要算帳
　ＫⅣ22b　ヤ○ウ　ソワン　チヤン：チヤウアゲセヨ（財産）
　Ｊ18　ヤ○ウ　ソハン　チヤン：チヤウアゲセヨ

要我寫
　ＫⅢ45a　ヤ○ウ　ゴヲ　スエ―：オレガカ、子ハナラヌ（讀書）
　Ｊ121　ヤ○ウ　ゴウ　スエ、：オレガカ、子バナラヌ

要相見
　ＫⅡ1b　ヤ○ウ　スヤン　ケン：オメニカ、リタヒ（賓友）
　Ｊ138　ヤ○ウ　スヤン　ケン：ヲメニカ、リタイ

要寫呢
　ＫⅢ45a　ヤ○ウ　スエ―　ニイ：カキタヒカ（讀書）
　Ｊ121　ヤ○ウ　スエ、　ニイ：カキタイカ

要寫字
　ＫⅢ45a　ヤ○ウ　スエ―　ヅウ：ジヲカ、子バナラヌ（讀書）
　Ｊ121　ヤ○ウ　スエ、　ヅウ：カ、子バナラヌ

要嚴的
　ＫⅢ22a　ヤ○ウ　子エン　テ：キヒシクナケレハナラヌ（官府）
　Ｊ105　ヤ○ウ　子ン　テ：キビシクナケレバナラヌ

鑰匙
　ＫⅢ34b　ヤ　ズウ：カギ（寶貨）
　Ｊ310　ヤ　ズウ：カギ（器用）

鷂鷹
　ＫⅤ23a　ヤ○ウ　イン：ハシタカ（禽類）
　Ｊ419　ヤ○ウ　イン：タカ（飛禽）

鷂子
　ＫⅤ23a　ヤ○ウ　ツウ：トビノコ（禽類）
　Ｊ419　ヤ○ウ　ツウ：トビ（飛禽）

耀絲燈
　ＫⅢ27b　ヤ○ウ　スウ　テン：ビイドロノトウロウ（寶貨）
　Ｊ296　ヤ○ウ　スウ　テン：ビイドロノトウロ（器用）

YE

噎塞
　ＫⅣ32a　イ　スエ：ムナツマリ（疾病）
　Ｊ344　イ　ヅエ：ツカエル（感動）

也不曾
　ＫⅡ18b　エ―　ポ　ヅエン：ソレモマダジヤ（通用）

也不曽
　Ｊ68　エ、　プ　ツエン：マダジヤ

也不好
　ＫⅡ18a　エ―　ポ　ハ○ウ：ソレモヨクナヒ（通用）
　Ｊ136　エ、　プ　ハ○ウ：コレモヨクナイ

也不扣
　ＫⅣ10a　エ―　ポ　ゲ○ウ：ソレモタラヌ（數量）
　Ｊ170　エ、　プ　ゲ○ウ：コレモタラヌ

也不勾
　歩Ⅳ14a　｛「也不勾」に變更｝

也不冷
　ＫⅠ8a　エ―　ポ　レン：ツメタクナヒ（天文）
　Ｊ184　エ、　プ　レン：ツメタクナイ

也不奇
　ＫⅡ17b　エ―　ポ　ギイ：キメウデモナヒ（通用）
　Ｊ135　エ、　プ　キイ：キメフデモナイ

也不熱

ＫⅠ8a　エー　ポ　ジエ：アツクナヒ（天文）
　J184　エ、　プ　ゼ：アツクナイ
也不要
　ＫⅡ25a　エー　ポ　ヤ○ウ：イリモセヌ（干求）
　J64　エ、　プ　ヤ○ウ：イリモセヌ
也勾了
　ＫⅣ10a　エー　ゲ○ウ　リヤ○ウ：ソレモタリマシタ
　　　（数量）
　J170　エ、　ゲ○ウ　リヤ○ウ：タリマシタ
也好大
　ＫⅣ11b　エー　ハ○ウ　ダアー：ソレモフトクアル
　　　（数量）
　J212　エ、　ハ○ウ　ダア：フトクアル
也好的
　ＫⅡ18a　エー　ハ○ウ　テ：ソレモヨヒ（通用）
　J136　エ、　ハ○ウ　テ：コレモヨイ
也好麼
　ＫⅡ18a　エー　ハ○ウ　マアー：ソレモヨヒカ（通用）
也好広
　J136　エ、　ハ○ウ　マア：ヨイカ
也扣吃
　ＫⅢ7b　エー　ゲ○ウ　チ：ソレモフソクモナクタベ
　　　マシタ（筵宴）
　J168　エ、　ゲ○ウ　チ：フソクモナクタベマシタ
也勾吃
　歩Ⅲ9b　　{「也勾吃」に変更}
也虧他
　ＫⅢ18a　エー　クイ　タアー：ソレモキノトクナ
　　　（寄贈）
　J114　エ、　クイ　タア：ソレモキドク
也是了
　ＫⅡ14b　エ、　ズウ　リヤ○ウ：ソレモソウデゴザ
　　　ル（通用）
　J127　エ、　ズウ　リヤ○ウ：コレジヤ
也是命
　ＫⅢ14b　エー　ズウ　ミン：コレモ天命ナリ（慶弔）
　J47　エ、　ズウ　ミン：コレモ天命ナリ
也是少
　ＫⅣ10b　エー　ズウ　シヤ○ウ：コレデモスクナヒ
　　　（数量）
　J171　エ、　ズウ　スヤ○ウ：コレテモスクナイ
也用他
　ＫⅡ25a　エー　ヨン　タアー：アレモイル（干求）
　J63　エ、　ヨン　タア：アレモイル
野得緊

　ＫⅠ23a　エー　テ　キン：ゲビタリ（人品）
　J110　エ、　テ　キン：イカフゲヒタ
野雞
　ＫⅤ23b　エ、　キイ：キジ（禽類）
　J420　エ、　キイ：キジ（飛禽）
野蓮
　ＫⅤ2a　エ、　レン：ツハ（菜蔬）
　J383　エ、　レン：フキ（菜蔬）
野猫
　ＫⅤ21a　エー　マ○ウ：ヤマ子コ（畜獣）
　J403　エ、　マ○ウ：ヤマ子コ（獣）
野蜀葵
　ＫⅤ4a　エー　チヨ　クイ：ミツバセリ（菜蔬）
　J388　エ、　チヨ　グイ：ミツバセリ（菜蔬）
野鴨
　ＫⅤ23b　エ、　ヤ：カモ（禽類）
　J420　エ、　ヤ：カモ（飛禽）
野猪
　ＫⅤ21b　エー　<u>チユイ</u>：イ■シ、（脱字）（畜獣）
　J404　エ、　チユイ：イノシ、（獣）
葉兒
　ＫⅤ28b　エルウ：コノハ（樹竹）
　J410　エル、：ハ（樹竹）
夜泊守
　ＫⅠ19a　エー　ポ　シウ：ヨバン（人品）
　J269　エ、　ポ　シウ：ヤバン（人品）
　J104　エ、　ポ　シウ：子ズノバン　{重複掲載}
夜飯
　ＫⅤ7a　エー　ワン：ユフメシ（飯肉）
　J443　エ、　ハン：ヤシヨク（飲食）
夜間
　ＫⅠ2a　エー　ケン：ヨル（天文）
　J245　エ、　ケン：ヨル（天文）
夜間去
　ＫⅡ8b　エー　ケン　<u>キユイ</u>：ヨルユケ（賓友）
　J154　エ、　ケン　キユイ：ヨルユケ
夜裏
　ＫⅠ2a　エー　リイ：ヨル（天文）
夜裡
　J245　エ、　リイ：ヨル（天文）
夜裏来
　ＫⅡ8b　エー　リイ　<u>ライ</u>：ヨルキタレ（賓友）
夜裡來
　J154　エ、　リイ　ライ：ヨルコイ
夜猫

【YE～YI】

　Ｋ Ｖ 19a　エー　マ○ウ：モクラ（蟲類）
　Ｊ399　エ、　マ○ウ：モグラ（虫）
夜啼
　Ｋ Ⅳ 32b　エー　デイ：ヨナキ（疾病）
　Ｊ344　エ、　デイ：ヨナキ（感動）
腋下臭
　Ｋ Ⅳ 28b　ヘ　ヒヤア　チウ：ワキカ（疾病）
　Ｊ336　エ　ヒヤア　チウ：ワキカ（感動）

YI

一把刀
　Ｋ Ⅳ 13b　イ　パア、　タ○ウ：カタナイツポン（數量）
　Ｊ26　イ　パア　タ○ウ：カタナヒトコシ
一把兒
　Ｋ Ⅳ 13a　イ　ハア、　ルウ：刀ヤ扇子ナド一本ノ㇆（數量）
　Ｊ25　イ　パアル、：刀ヤ扇子一本
一匁頭
　Ｋ Ⅳ 15b　イ　バン　デ○ウ：一クヽリ（數量）
　Ｊ33　イ　バン　デ○ウ：一クヽリ
　歩　｛削除｝
一邊長
　Ｋ Ⅳ 11b　イ　ヘエン　ヂヤン：一方ガナガヒ（數量）
　Ｊ213　イ　ペン　ヂヤン：一方ガナガイ
一筆勾
　Ｋ Ⅳ 22b　イ　ピ　ゲ○ウ：ヒトフデニケス（財産）
　Ｊ18　イ　ピ　ゲ○ウ：ヒトフデカイタ
一餐飯
　Ｋ Ⅲ 6a　イ　ツアン　ワン：イチドジキ（筵宴）
　Ｊ165　イ　サン　ハン：イチドシキ
一曾皮
　Ｋ Ⅳ 15a　イ　ツエン　ビイ：ヒトシキリ（數量）
一曾皮
　Ｊ29　イ　ツエン　ビイ：ヒトシキリ
一層皮
　歩 Ⅳ 21b　｛「一層皮」に変更｝
一乘轎
　Ｋ Ⅳ 13b　イ　ヂン　ギヤ○ウ：イッチヤウノカゴ（數量）
　Ｊ26　イ　ヂン　ギヤ○ウ：イッテウノカゴ
一帶生
　Ｋ Ⅳ 13b　イ　タイ　スエン：ヒトスヂデタ（數量）
一帶生
　Ｊ26　イ　タイ　スエン：ヒトスヂデタ
一担絲

　Ｋ Ⅳ 13b　イ　タン　スウ：ヒトカラゲノイト（數量）
　Ｊ26　イ　タン　スウ：ヒトカラゲノ糸
一滴兒
　Ｋ Ⅳ 13a　イ　デルウ：ヒトシタバリ（數量）
　Ｊ25　イ　テル、：ヒトシタバリ
一點等
　Ｋ Ⅱ 18b　イ　テエン　トン：オシツケ（通用）
　Ｊ68　イ　テン　トン：ヲシツケ
等一些
　歩 Ⅱ 24a　｛「等一些」に変更｝
一點兒
　Ｋ Ⅳ 13a　イ　テエン　ルウ：チト（數量）
　Ｊ25　イ　テン　ル、：チット
一錠墨
　Ｋ Ⅳ 13b　イ　デイン　メ：イッチヤフノスミ（數量）
　Ｊ26　イ　デン　メ：イッテフノスミ
一丟兒
　Ｋ Ⅳ 13a　イ　テ○ウ　ルウ：チト（數量）
　Ｊ25　イ　デ○ウ　ル、：チト
一隊隊
　Ｋ Ⅳ 15a　イ　トイ　トイ：ヒトソナヘ（數量）
一隊〃
　Ｊ29　イ　トイ、：ヒトソナエ
一頓飯
　Ｋ Ⅲ 6a　イ　トイン　ワン：イチトノメシ（筵宴）
　Ｊ165　イ　ドイン　ハン：イチドノメシ
一朶兒
　Ｋ Ⅳ 13a　イ　ドウ　ルウ：ヒトエダ（數量）
　Ｊ25　イ　トウル、：ヒトエタ
一發
　Ｋ Ⅱ 18b　イ　ハ：ヒトキハ（通用）
　Ｊ67　イ　ハ：ヒトキワ
一廢人
　Ｋ Ⅲ 24a　イ　フイ　ジン：カタワモノ（官府）
　Ｊ11　イ　ピイ　ジン：人ヲソコナフ
一廢物
　Ｋ Ⅰ 32a　イ　ヒイ、　ウエ：カタハモノ（身體）
　Ｊ218　イ　ヒイ　ウエ：モノヲソコナフ
廢物兒
　歩 Ⅰ 45a　｛「廢物兒」に変更｝
一分一
　Ｋ Ⅳ 12b　イ　フイン　イ：ヒトツヒトツモノヲワクル㇆（數量）
　Ｊ226　イ　フイン　イ：ヒトツ〜モノヲワクル
分一分

歩Ⅳ 17b 　{「分一分」に変更}

一個兒
　KⅣ 13a　イ コ ルウ：ヒトツ（数量）
　J25　イ コ ル丶：ヒトツ

一筒兒
　KⅣ 13b　イ コ ルウ：ヒトツ（数量）{筒は箇の誤り}

一箇兒
　K'Ⅳ 13b　イ コ ルウ：ヒトツ

一筒兒
　J27　イ ドン ル丶：ヒトツ丶

一箇兒
　歩Ⅳ 19a　{「一箇兒」に変更}

一個人
　KⅣ 13a　イ コ ジン：ヒトリ（数量）
　J30　イ コ ジン：ヒトリ

一個月
　KⅠ 8b　イコ イエ：一个月（天文）
　J186　イコ イエ：一ケ月

一箇字
　KⅢ 46b　イ コ ヅウ：イチジ（讀書）
　J123　イ コ ヅウ：イチシ

一根線
　J26　イ ゲン セン：ヒトスヂノイト {Kは「一張紙」に変更}

一更
　KⅠ 12b　イ ゲン：海上十里〇六十里ナリトモ云（地理）
　J258　イ ゲン：海上十里（天文）

一會兒
　KⅣ 13b　イ ホイ ルウ：一時ノ間（数量）
　J26　イ ホイ ル丶：一時ノ間

一家門
　KⅠ 36a　イ キヤア メン：イチモン（親族）
　J283　イ キヤア メン：イチモン（親族）

一家裏
　歩Ⅰ 50b　{「一家裏」に変更}

一件兒
　KⅣ 13a　イ ゲン ルウ：ヒトマル（数量）
　J25　イ ゲン ル丶：ヒトマル

一街
　KⅠ 12a　イ キヤイ：ヒトマチ（地理）
　J258　イ キヤイ：ヒトマチ（天文）
　歩　{削除}

一句話
　KⅡ 14a　イ キイ ワアー：イックハナシ（通用）

J125　イ キイ ワア：イックハナシ

一劇戯
　KⅡ 33b　イキ ヒイ：五ダンツヾキ（徳藝）
　J13　イキ ヒイ：五ダンツヾキ
　歩　{削除}

一顆兒
　KⅣ 13a　イ コヲ ルウ：クダモノヒトツ（数量）
　J25　イ コウ ル丶：クタモノヒトツ

一口氣来這裏
　KⅡ 7a　イ ゲ〇ウ キイ ラ井 チエー リイ：ヒトイキニコ丶ニキタ（賓友）

一氣生來這裡
　J151　イ キイ スエン ライ チエ、リイ：ヒトイキニコ丶エキタ

一口香
　KⅤ 8b　イ ゲ〇ウ ヒヤン：イツコウコウ（飯肉）
　J445　イ ゲ〇ウ ヒヤン：イツコウコウ（飲食）

一塊兒
　KⅣ 13a　イ クワイ ルウ：ヒトカタマリ（数量）
　J25　イ クハイ ル丶：ヒトカタマリ

一塊生
　KⅣ 13b　イ クワイ スエン：ヒトマルケ（数量）
　J26　イ クハイ スエン：ヒトマルケ

一里
　KⅠ 12b　イ リイ：イチリ（地理）
　J258　イ リイ：イチリ（天文）

一兩個
　KⅣ 14a　イ リヤン コ：ヒトツフタツ（製作）
　J27　イ リヤン コ：ヒトツフタツ

一兩様
　KⅣ 14a　イ リヤン ヤン：ヒトツフタツノモノ（数量）
　J27　イ リヤン ヤン：ヒトツフタツノモノ

一簍糖
　KⅣ 13b　イ レ〇ウ ダン：ヒトサルノサトフ（数量）
　K'Ⅳ 13b　イ レ〇ウ ダン：ヒトサシノサトフ（数量）
　J26　イ レ〇ウ ダン：ヒトテルノサトウ

一路上
　KⅠ 14a　イ ルウ ジヤン：ミチスガラ（地理）
　J190　イルウ ジヤン：ヒトミチ

一枚兒
　KⅣ 13b　イ ムイ ルウ：クタモノヒトツ（数量）
　J25　イ マイ ル丶：クタモ■ヒトツ（脱字）

一枚児
　筑・地・4・10a　イ マイ ル丶：クタモノヒトツ

【YI】

一畝田
　KⅠ12b　イ　メ○ウ　デエン：ヒトセノタ（地理）
　J258　イ　メ○ウ　デン：ヒトセノタ（天文）
一匹馬
　KⅣ13b　イ　ピ　マア丶：イツピキノウマ（数量）
　J26　イ　ピ　マア：イツヒキノムマ
一片兒
　KⅣ13a　イ　ペエン　ルウ：ヒトヘギ（数量）
　J25　イ　ペン　ル丶：ヒトヘギ
一品官
　KⅢ25a　イ　ピン　クワン：一ホンノクワン（官府）
　J36　イ　ピン　クハン：一ホンノクハン
一齊説
　KⅡ15a　イ　ヅイー　セ：イツショニイフ（通用）
　J129　イ　ヅイ　セ：イツショニイフ
一起動手
　KⅣ2a　イ　キイ　ドン　シウ：イツショニトリツケ（製作）
　J134　イ　キイ　ドン　シウ：イツショニトリツケ
一起買
　KⅣ21a　イ　キイ　マイ：イチトニカウ（財産）
　J16　イ　キイ　マイ：イチドニカウ
一起生
　KⅤ35b　イ　キイ　スエン：イツショニデタ（種藝）
　J217　イ　キイ　スエン：ヒトイキニデタ
一時間
　KⅠ5a　イ　ズウ　ケン：一時ノアイタ（天文）
　J250　イ　ズウ　ケン：一時ノアイダ（天文）
一時間
　KⅣ13b　イ　ズウ　ケン：一時ノ間（数量）｛重複掲載｝
　J26　イ　ズウ　ケン：一時ノ間｛重複掲載｝
一條街
　KⅠ12b　イ　デヤ○ウ　キヤイ：ヒトスヂマチ（地理）
　J258　イ　デヤ○ウ　キヤイ：ヒトスヂマチ（天文）
一條龍
　KⅣ44b　イ　デヤ○ウ　ロン：フキナガシ（舩件）
　J359　イ　デヤ○ウ　ロン：フキナガシ（舩件）
一條路
　KⅠ12b　イ　テヤ○ウ　ルウ：ヒトスヂミチ（地理）
　J258　イ　テヤ○ウ　ルウ：ヒトスヂミチ（天文）
一條水
　KⅠ12b　イ　テヤ○ウ　シユイ：ヒトスヂノカハ（地理）
　J258　イ　テヤ○ウ　シユイ：ヒトスヂミズ（天文）

一條線
　KⅣ13b　イ　デヤ○ウ　スエン：ヒトスヂノイト（数量）
　J26　イ　テヤ○ウ　セン：ヒトスヂノイト
一同去
　KⅡ5a　イ　ドン　キユイ：ツレタチユク（賓友）
　J146　イ　ドン　キユイ：ツレダチユク
一筒烟
　KⅢ4a　イ　トン　エン：タハコイツフク（筵宴）
　J158　イ　ドン　エン：タバコイツフク
一頭秤一頭交
　KⅣ21a　イ　テウ　チン　イ　デ○ウ　キヤ○ウ：一方ハカクル一方ハワタス（財産）
　J19　イ　デ○ウ　チン　イ　デ○ウ　キヤ○ウ：一方ハカクル一方ハワタス
一頭筭一頭寫
　KⅢ46b　イ　デ○ウ　ソワン　イ　デ○ウ　スエー：一方ハサンヨウ一方ハカク（讀書）
　J124　イ　デ○ウ　ソワン　イ　デ○ウ　スエ丶：一方ハサンヨウ一方ハカク
一托深
　KⅣ14b　イ　ト　シン：フカサヒトヒロ（数量）
　J28　イ　ト　シン：フカサヒトヒロ
一向有病
　KⅣ34b　イ　ヒヤン　イウ　ビン：コノホトヒヤウキ（疾病）
　J39　イ　ヒヤン　イウ　ビン：コノホドビヤウキ
一些兒
　KⅣ13a　イ　スイー　ルウ：スコシ（数量）
　J25　イ　スイ　ル丶：スコシ
一様的
　KⅣ16a　イ　ヤン　テ：イチヨフナ（諸物）
　J234　イ　ヤン　テ：イチヨウナ
一張紙
　KⅣ13b　イ　チヤン　ツウ：イチマヒノカミ（数量）｛Jの「一根線」を差し替え｝
一根線
　J26　イ　ゲン　セン：ヒトスヂノイト　｛Kは収載せず｝
一丈紅
　KⅤ30a　イ　ヂヤン　ホン：ヒアフヒ（花卉）
　J435　イ　ヂヤン　ホン：ヒアヲイ（花艸）
一陳陳
　KⅣ15a　イ　デン　デン：ヒトシキリ（数量）｛陳は陣の誤り｝
　J29　イ　ヂン丶：ヒトシキリ

一枝筆
　　ＫⅣ 13b　イ　ツウ　ピ：イツポンノフデ（數量）
　　J26　イ　ツウ　ピ：イツポンノフデ
一枝兒
　　ＫⅣ 13a　イ　ツウ　ルウ：フテナトイツホンノ┐
　　　（數量）
　　J25　イ　ツウ　ル丶：フデナトイツホン
一隻雞
　　ＫⅣ 14a　イ　チ　キイ：イチワノニハトリ（數量）
　　J27　イ　チ　キイ：イチワノニワトリ
一隻戲
　　ＫⅡ 33b　イ　チ　ヒイ：ヲドリイチダン（徳藝）
　　J13　イ　チ　ヒイ：ヲドリ一チタン
一折戲
　　歩Ⅱ 44a　｛「一折戲」に変更｝
一直兒寫下来
　　ＫⅢ 46b　イ　ヂルウ　スエー　ヒヤア　ライ：マツス
　　　グニカク（讀書）
一直生寫下來
　　J124　イ　ヂ　スエン　スエ丶　ヒヤア　ライ：マツス
　　　グニカク
衣甲
　　ＫⅣ 26a　イー　キヤ：ヨロヒ（兵法）
　　J333　イ丶　キヤ：ヨロイ（兵法）
衣架
　　ＫⅢ 38a　イー　キヤア：イコウ（寶貨）
　　J317　イ丶　キヤア：イカウ（器用）
衣箱
　　ＫⅢ 26a　イー　スヤン：ヒツ（寶貨）
　　J293　イ丶　スヤン：ヒツ（器用）
衣香
　　ＫⅢ 37b　イー　ヒヤン：ニホヒブクロ（寶貨）
　　J316　イ丶　ヒヤン：ニヲイフクロ（器用）
衣針
　　ＫⅢ 38a　イー　チン：ヌヒハリ（寶貨）
　　J316　イ丶　チン：ヌイハリ（器用）
衣砧
　　ＫⅢ 37b　イー　チン：キヌタ（寶貨）
　　J316　イ丶　チン：キヌタ（器用）
依人罷
　　ＫⅡ 27a　イ　ジン　バアー：ヒトシダヒニ（干求）
　　J93　イ丶　ジン　バアー：ヲレシダイニセヨ
醫道興
　　ＫⅣ 39a　イー　ダ○ウ　ヒン：イトウカハヤル（醫療）
　　J46　イ丶　ダ○ウ　ヒン：イドウガハヤル

醫得来
　　ＫⅣ 38a　イ丶　テ　ライ：リヤウチセラル丶（醫療）
醫得來
　　J44　イ丶　テ　ライ：リヤウヂシエタ
醫生
　　ＫⅠ 19b　イー　スエン：イシヤ（人品）
　　J270　イ丶　スエン：イシヤ（人品）
姨娘
　　ＫⅠ 34a　イー　ニヤン：叔母（親族）
　　J279　イ丶　ニヤン：叔母（親族）
鮧魚
　　ＫⅤ 16a　イー　イー：ナマヅ（魚鼈）
　　J393　イ丶　イ丶：ナマズ（魚介）
移過来
　　ＫⅢ 9b　イ　コヲ丶　ライ：ウツリクル（筵宴）
移過來
　　J203　イ丶　コウ　ライ：ウツリクル
遺腹子
　　ＫⅢ 14b　イー　ホツウ：イフクノ子（慶弔）
　　J3　イ丶　ホツウ：イフクノコ
遺失了
　　ＫⅣ 7b　イ丶　シ　リヤ○ウ：ウセタ（製作）
　　J219　イ丶　シ　リヤ○ウ：ウセタ
遺送的
　　ＫⅢ 15a　ユイ、ソン　テ：ユイモツ（慶弔）
　　J49　イ丶　ソン　テ：ユイモツ
乙日示
　　ＫⅤ 16a　イワ　スウ：イハシ（魚鼈）
　　J393　イ　ウエ　シ：イハシ　長崎ハタリノ唐人ノ云トコロ（魚介）
已到十二月了
　　ＫⅠ 9b　イ　タ○ウ　シルウ　イエ　リヤ○ウ（天文）：モハヤゴクゲツニナツタ　｛Jより語順も変更｝
十二月就來了
　　J188　シル丶　エヂウ　ライ　リヤ○ウ：モハヤゴクゲツニナツタ
已定了
　　ＫⅡ 35a　イ丶　デン　リヤ○ウ：トクニイヒキワメタ（盟約）
　　J91　イ丶　デン　リヤ○ウ：トクニイ、キワメタ
已来了
　　ＫⅡ 6b　イ丶　ライ　リヤ○ウ：トクニキタ（賓友）
已來了
　　J149　イ丶　ライ　リヤ○ウ：トクニキタ

【YI～YIN】

已去了
　K Ⅱ 6b　イ、キュイ　リヤ○ウ：トクニ行タ（賓友）
　J149　イ、キュイ　リヤ○ウ：トクニ行タ
已完了
　K Ⅱ 18a　イ、ワン　リヤ○ウ：トクスンダ（通用）
　J67　イ、ワン　リヤ○ウ：トクスンダ
已醒了
　K Ⅲ 3a　イ、スイン　リヤ○ウ：モフサメタ（筵宴）
　J156　イ、スイン　リヤ○ウ：モフサメタ
椅子
　K Ⅲ 26a　イーツウ：イス（寶貨）
　J293　［右イ、・左ギイ］ツウ：イス（器用）
義士
　K Ⅰ 18a　ニイ　ズウ：ギシ（人品）
　J267　ニイ　ズウ：ギシ（人品）
議論見
　K Ⅱ 16a　ニイ　ルイン　ケン：キロンシテミル（通用）
　J131　ニイ　ルイン　ケン：ギロンスル
議論説
　歩 Ⅱ 21a　｛「議論説」に変更｝
議甚事
　K Ⅱ 16a　ニイ　シヤア　ズウ：ナニコトヲギロンスルカ（通用）
　J130　ニイ　シヤア　ズウ：ナニゴトヲギロンスルカ
議事體
　K Ⅱ 16a　ニイ　ズウ　デイ：コトヲギロンスル（通用）
　J131　ニイ　ズウ　デイ：コトヲギロンスル
邑奠鄭
　K Ⅲ 49b　イ　デン　デン：阝奠トカイタル鄭ノ字（讀書）｛Jの「耳奠鄭」より変更｝
耳奠鄭
　J6　ル、テン　デン：耳奠トカイタ鄭ノ字
驛承
　K Ⅰ 19b　イ ヂン：バシヤク（人品）
　J269　イ ヂン：バシヤク（人品）
驛店
　K Ⅳ 51b　イエ　テエン：バシヤクトコロ（居室）
　J376　イ テン：バシヤクトコロ（家居）
驛馬
　K Ⅴ 21b　イ マアー：テンマ（畜獸）
　J404　イ マアー：シユク馬（獸）
驛亭
　K Ⅳ 51b　イエ　デイン：バシヤクトコロ（居室）
　J376　イ デン：シユク（家居）
驛長
　K Ⅰ 19a　イ チヤン：バシヤクノカシラ（人品）
　J269　イ ヂヤン：バシヤク（人品）
溢出来
　K Ⅳ 17a　イ チユ ライ：アフレイツル（諸物）
溢出來
　J61　イ チユ ライ：ア○フル、
意快了
　K Ⅲ 9a　イ、クワイ　リヤ○ウ：コ、ロヨヒ（筵宴）
　J71　イ、クハイ　リヤ○ウ：コ、ロヨイ
痛快了
　歩 Ⅲ 12b　｛「痛快了」に変更｝
薏苡仁
　K Ⅴ 32b　イー　ジン：ツチダマ（花卉）
　J439　イ、イ、ジン：ス、ダマ（花艸）

YIN

因説道
　K Ⅱ 16a　イン　セ ダ○ウ：コレニヨツテイフ（通用）
　J130　イン　セ ダ○ウ：コレニヨツテイワル、
陰盛罐
　K Ⅲ 29b　イン　チン　クワン：小嘴ノヤキモノ（寶貨）
　J300　イン　ヂン　クハン：小嘴ノヤキモノ（器用）
陰乾了
　K Ⅳ 9a　イン　カン　リヤ○ウ：カゲホシ（製作）
　J223　イン　カン　リヤ○ウ：カゲホシ
陰溝兒
　K Ⅰ 11b　イン　ゲ○ウ　ルウ：フタアルミゾ（地理）
　J256　イン　ゲ○ウ　ルウ：フタアルミゾ（天文）
陰陽水
　K Ⅴ 14a　イン　ヤン　シユイ：アツイユニミヅヲサセ（煮煎）
　J163　イン　ヤン　シユイ：アツイユニミヅヲサセ
陰陽瓦
　K Ⅳ 49a　イン　ヤン　ワアー：ヤ子カハラ（居室）
　J371　イン　ヤン　ワア：ヤ子カハラ（家居）
蔭涼的
　K Ⅰ 7b　イン　リヤン　テ：ヒヤ〜スル（天文）
　K'Ⅰ 7b　イン　リヤン　テ：ヒオホヒ（天文）
　J183　イン　リヤン　テ：ヒヤ〜スル
音不差
　K Ⅱ 16a　イン　ポッアー：インガタガハヌ（通用）
　J131　イン　ポ ツヲウ：インガタガワヌ
字音不差
　歩 Ⅱ 21a　｛「字音不差」に変更｝
音字旁

ＫⅢ51b　イン　ヅウ　バン：オトヘン（讀書）
　　　Ｊ32　イン　ヅウ　バン：ヲトヘン
瘖啞了
　　　ＫⅣ33b　イン　ヤアー　リヤ○ウ：コエノカレタ
　　　　　（疾病）
　　　Ｊ345　イン　ヤア　リヤ○ウ：ヲシ（感動）
銀箔
　　　ＫⅢ39b　イン　ポ：ギンバク（寳貨）
　　　Ｊ320　イン　ポ：ギンハク（器用）
銀打的
　　　ＫⅢ34b　イン　タアヽ　テ：ギンカナモノ（寳貨）
　　　Ｊ310　イン　タア　テ：ギンカナモノ（器用）
銀甲
　　　ＫⅢ36a　イン　キヤ：コトノツメ（寳貨）
　　　Ｊ313　イン　キヤ：コトノツメ（器用）
銀匠
　　　ＫⅠ21a　イン　ヅヤン：ギンサイク（人品）
　　　Ｋ'Ⅰ21a　イン　ヅヤン：ギンサイクシ（人品）
　　　Ｊ273　イン　ヅヤン：ギンサイク（人品）
銀盔
　　　ＫⅣ26a　イン　クイ：ギンカフト（兵法）
　　　Ｊ333　イン　クイ：ギンカフト（兵法）
銀箱
　　　ＫⅢ39a　イン　スヤン：カ子バコ（寳貨）
　　　Ｊ319　イン　スヤン：カ子ハコ（器用）
銀杏葉
　　　ＫⅤ28a　イン　ヒン　エ：イチヤウノハ（樹竹）
　　　Ｊ409　イン　イン　エ：イチヤウノハ（樹竹）
銀魚
　　　ＫⅤ16a　イン　イー：シラウヲ（魚鼈）
　　　Ｊ393　イン　イヽ：シラウヲ（魚介）
銀子
　　　ＫⅢ39a　イン　ツウ：ギンス（寳貨）
　　　Ｊ319　イン　ツウ：ギンス（器用）
引出来
　　　ＫⅣ17a　イン　チユ　ライ：ヒキイダス（諸物）
引出來
　　　Ｊ61　イン　チユ　ライ：ヒキイダス
引薦我
　　　ＫⅡ27a　イン　ツエン　ゴヲヽ：ワレヲヒキススム
　　　　　ル（干求）
　　　Ｊ94　イン　セン　ゴウ：ワレヲヒキスヽムル
引首
　　　ＫⅢ31a　イン　シウ：カタノイン（寳貨）
印首

　　　Ｊ303　イン　シウ：カタノイン（器用）
隱隱兒還記得
　　　ＫⅢ47b　イン　ヽ　ルウ　ワン　キイ　テ：カスカニマ
　　　　　ダオボエテイル（讀書）
隱ヽ兒還記得
　　　Ｊ127　イン　ヽ　ル　ワン　キイ　テ：カスカニマダ
　　　　　ヲホエテイル
印糕
　　　ＫⅤ8a　イン　カ○ウ：ラクガンノルイ（飯肉）
　　　Ｊ445　イン　カ○ウ：ラクガン（飲食）
印糕的
　　　ＫⅤ7b　イン　カ○ウ　テ：オシタルクワシ（飯肉）
　　　Ｊ444　イン　カ○ウ　テ：カタニ入レタクハシ（飲食）
印花布
　　　ＫⅤ38a　イン　フアー　プウ：カタツキ（衣服）
　　　Ｊ429　イン　ハア　プウ：カタツキモメン（衣服）
印匠
　　　ＫⅠ21a　イン　ヅヤン：インバンシ（人品）
　　　Ｊ273　イン　ヂヤン：インバンヤ（人品）
印籠
　　　ＫⅢ38a　イン　ロン：インロウ（寳貨）
　　　Ｊ317　イン　ロン：インロウ（器用）
印色油
　　　ＫⅢ31a　イン　スエ　ユウ：インニク（寳貨）
　　　Ｊ303　イン　スエ　イウ：インニク（器用）

YING

應捕
　　　ＫⅠ19a　イン　プウ：アシガル（人品）
　　　Ｊ269　イン　プウ：アシガル（人品）
應當的
　　　ＫⅡ11b　イン　タン　テ：ソノハヅ（賓友）
　　　Ｊ113　イン　タン　テ：ソノハヅ
英雄漢
　　　ＫⅠ24a　イン　ヨン　ハン：スクレタヲトコ（人品）
　　　Ｊ8　イン　ヨン　ハン：スグレタヲトコ
鶯兒
　　　ＫⅤ24b　イン　ルウ：ウクヒス（禽類）
鶯児
　　　Ｊ421　イン　ルヽ：ウグイス（飛禽）
纓
　　　ＫⅢ38a　イン：カサノヲ○カンフリノヲ（寳貨）
　　　Ｋ'Ⅲ38aイン：カサノヲ○カンムリノヲ（寳貨）
　　　Ｊ317　イン：カサノオ○カンムリノオ（器用）
帽纓

【YIN～YONG】

歩Ⅲ51b　{「帽纓」に変更}

櫻桃
　ＫⅤ27b　イン　ダ○ウ：ユスラウメ（樹竹）
　Ｊ408　イン　ダ○ウ：サクラ（樹竹）

櫻桃花
　ＫⅤ29a　イン　ダ○ウ　ハアー：ユスラウメ（花卉）
　Ｊ433　イン　ダ○ウ　ハア：サクラ（花艸）

鸚哥
　ＫⅤ24a　イン　コウ：インコ（禽類）
　Ｊ421　イン　コウ：インコ（飛禽）

鸚鵡
　ＫⅤ24a　イン　ウー：アウム（禽類）
　Ｊ421　イン　ウ丶　ヲウム（飛禽）

鷹鳥
　ＫⅤ23a　イン　ニヤ○ウ：タカ（禽類）
　Ｊ419　イン　ニヤ○ウ：タカ（飛禽）

罌粟
　ＫⅤ4b　イン　ツヲ：ケシ（菜蔬）
　Ｊ388　イン　ソ：ケシ（菜蔬）

罌粟花
　ＫⅤ30a　イン　ツヲ：ケシノハナ（花卉）
　Ｊ435　イン　ソ：ケシノハナ（花艸）

迎賓舩
　ＫⅣ40b　ニン　ビン　ヂエン：ゲンクワンフ子（舩件）
　Ｊ352　ニン　ピン　ヂエン：ゲンクワンフ子（舩件）

迎接他
　ＫⅡ12b　ニン　ツイ　タアー：カレヲムカエル（賓友）
　Ｊ38　ニン　チ　タア：カレヲムカエル

迎親
　ＫⅢ19b　ニン　ツイン：ムコイリ（婚姻）
　Ｊ366　ニン　チン：ムコイリ（婚姻）

迎神會
　ＫⅢ11a　ヒン　ジン　ホイ：ウチノマツリ（祭祀）
　Ｊ34　ニン　ジン　ホイ：ウチノマツリ

螢光蟲
　ＫⅤ19b　ヨン　ホヲ丶　チヨン：ホタル（蟲類）

螢光虫
　Ｊ400　ヨン　ホウ　チヨン：ホタル（虫）

贏者該
　ＫⅡ33a　イン　チエー　カイ：カツタモノヽハヅ（德藝）
　Ｊ112　イン　チエ丶　カイ：カツタモノガデルハツ

癭瘤
　ＫⅣ28b　イン　リウ：コブ（疾病）
　Ｊ336　イン　リウ：コブ（感動）

應赴僧
　ＫⅢ11b　イン　フウ　スエン：メシニアウスル僧（祭祀）
　Ｊ35　イン　フウ　スエン：メシニヲヽズル僧

應世才
　ＫⅠ22b　イン　スウ　ヅアイ：セケン向ノカフシヤ（人品）
　Ｊ102　イン　スウ　ツアイ：セケン向ノコウシヤ

應驗的
　ＫⅢ11b　イン　子エン　テ：シルシカアル（祭祀）
　Ｊ46　イン　子ン　テ：シルシガアル

應一聲
　ＫⅠ30b　イン　イ　シン：ヒトコエコタエル（身體）
　Ｊ108　イン　イ　スイン：ヒトコタエ

映寫的
　ＫⅢ45b　イン　スエー　テ：ミウツシ（讀書）
　Ｊ122　イン　スエ丶　テ：ミウツシ

硬梆梆
　ＫⅣ17a　ゲン　パン　パン：コワヒ（諸物）

硬梆〃
　Ｊ206　ゲン　パン　丶：コワイ

硬板板
　歩Ⅳ25a　{「硬板板」に変更}

硬起来
　ＫⅤ14b　ゲン　キイ　ライ：カタクナツタ（煮煎）

硬起來
　Ｊ206　ゲン　キイ　ライ：カタクナツタ

硬硬的
　ＫⅤ14a　ゲン　〜　テ：カタイ（煮煎）

硬〃的
　Ｊ206　ゲン　〜　テ：カタイ

YONG

擁護你
　ＫⅡ9b　ヨン　ウー　ニイ：ソチヲカモフ（賓友）
　Ｊ73　ヨン　ウ丶　ニイ：ソチヲカボウ

擁攏来
　ＫⅡ9a　ヨン　ロン　ライ：アツムル（賓友）

擁攏來
　Ｊ61　ヨン　ロン　ライ：アツマル

擁一擁
　ＫⅡ23a　ヨン　イ　ヨン：カコウ（通用）
　Ｊ22　ヨン　イ　ヨン：カコウ

癰瘡

KⅣ29b ヨン ツアン：ヨウ（疾病）
J337 ヨン ツアン：ヨウ（感動）

癰疽
KⅣ29b ヨン ツイー：ヨウソ（疾病）
J337 ヨン ツイ：ヨウソ（感動）

永春布
KⅤ38b ヨン チユイン プウ：エイシユンサイ（衣服）
J429 ヨン チン フウ：エイシユンサイ（衣服）

勇得緊
KⅠ24a ヨン テキン：イヤイサマシヒ（人品）
J9 ヨン テ キン：イコウイサマシイ

涌出来
KⅣ17a ヨン チユ ライ：ワキテル（諸物）

涌出來
J61 ヨン チユ ライ：ワキデル

湧泉穴
KⅠ27a ヨン ヅエン イエ：アシノウラノマンナカ（身體）
J289 ヨン チエン ヘ：アシノウラノマンナカ（身體）

用包袱
KⅢ43a ヨン パ○ウ ホ：フロシキモチヒル（寶貨）
J198 ヨン パ○ウ ホ：フロシキヲモチイル

用飽些
KⅢ8a ヨン パ○ウ スイ丶：タントマヒレ（筵宴）
J169 ヨン パ○ウ スイ：タントマイレ

用不盡
KⅡ26a ヨン ポ ツイン：ツカヒツクサヌ（干求）
J65 ヨン プ ヂン：ツカイトラヌ

用不完這許多
KⅡ26a ヨン ポ ワン チエー ヒイ トフ：コレホドハツ■ワレヌ（干求） (脱字)
K'Ⅱ26a ヨン ポ ワン チエー ヒイ トフ：コレホドハツカワレヌ（干求）
J65 ヨン プ ワン チエ丶 ヒイ トウ：コレホドハツカイトラヌ

用錯了
KⅡ25b ヨン ツヲフ リヤ○ウ：モチヒソコナツタ（干求）
J65 ヨン ツヲ丶 リヤ○ウ：モチイソコナツタ

用工夫
KⅢ48a ヨン コウ フウ：セイヲダス（讀書）
J79 ヨン コウ フウ：セイヲダス

用過了
KⅡ25a ヨン コフ リヤ○ウ：モチヒマシタ（干求）
J63 ヨン コウ リヤ○ウ：モチイマシタ

用心讀讀書
KⅢ44a ヨン スインド ヾ シユイ：セイヲダシテヨム（讀書）

用心讀〻書
J119 ヨン スインド 丶 シユイ：セイヲダシテヨム

用銀子謀得来
KⅣ23a ヨン イン ツウ メ○ウ テ ライ：カ子ヲツカエバハカラル丶（財産）

用銀子謀得來
J48 ヨン イン ツウ メ○ウ テ ライ：カ子ヲツカエバナニ丶モナル

YOU

優待他
KⅡ9b ユウ ダイ タアー：アレヲユルリトトリモツ（賓友）
J72 イウ ダイ タア：アレヲユルリトトリモツ

憂鬱
KⅣ33a ユウ イ：キオモ（疾病）
J345 イウ イ：ウツシタ（感動）

由我説
KⅡ16a イウ ゴヲ丶 セ：ワレニマカセル（通用）
J131 イウ ゴウ セ：ワレニマカセル

油布
KⅣ44a ユウ プウ：ラウドマ（舩件）
J359 イウ プウ：ラウトマ（舩件）

油膩
KⅤ10a ユウ ニイ：アブラアゲ（飯肉）
J448 イウ ニイ：アブラアゲ（飲食）

油瓶
KⅢ28a ユウ ビン：アブラサシ（寶貨）
J297 イウ ビン：アブラサシ（器用）

油色的
KⅤ39a ユウ スエ テ：シブイロ（衣服）
J431 イウ スエ テ：シブイロ（衣服）

油先
KⅢ29a ユウ スエン：ユセン○長崎ワタリノ唐人ノコトバ（寶貨）
J299 イウ セン：ユセン（器用）

油魚
KⅤ16a ユウ イー：スルメイカ（魚鼈）
J393 イウ イ丶：スルメ（魚介）

油嘴的

444

ＫⅠ16a　ユウ　ツ○イ　テ：モノノ云モノ（人品）
　　Ｊ261　イウ　ツイ　テ：モノゴト云モノ（人品）

柚子
　　ＫⅤ33b　ユウ　ツウ：ユズ（菓蓏）
　　Ｊ412　イウ　ツウ：ユズ（菓）

蚰蜒
　　ＫⅤ20a　チウ　デイン：ナメクジ（蟲類）{蚰字
　　　は音誤り，Ｊが正しい}
　　Ｊ401　イウ　エン：ナメクジリ（虫）

遊舩
　　ＫⅣ41a　ユウ　ヂエン：アソヒフ子（舩件）
　　Ｊ353　イウ　ヂエン：アソビフ子（舩件）

遊海去
　　ＫⅡ37a　ユウ　ハイ　キユイ：ウミノアソビニユク
　　　（游眺）
　　Ｊ72　イウ　ハイ　キユイ：ウミノアソヒニユク

遊山去
　　ＫⅡ37a　ユウ　サン　キユイ：山ノアソビニユク
　　　（游眺）
　　Ｊ72　イウ　サン　キユイ：山ノアソビニユク

游水
　　ＫⅣ46a　ユウ　シユイ：ヲヨク（舩件）
　　Ｊ363　イウ　シユイ：ヲヨク（舩件）

有斑的
　　ＫⅤ40a　イウ　ハン　テ：シミガアル（衣服）

有班的
　　Ｊ224　イウ　パン　テ：シミガアル

有包兒
　　ＫⅣ19b　イウ　パ○ウ　ルウ：ツヽミガアル（財産）
　　Ｊ197　イウ　パ○ウ　ルヽ：ツヽミガアル

有襃賞
　　歩Ⅲ22b　{増補}

有本事
　　ＫⅡ32a　イウ　ペン　ズウ：ハタラキガアル（徳藝）
　　Ｊ75　イウ　ペン　ズウ：ジヤウス

有差別
　　ＫⅣ20b　イウ　ツアー　ベ：シヤベツガアル（財産）
　　Ｊ12　イウ　ツアヽ　ベ：シヤベツガアル

有茶有茶
　　ＫⅢ1b　イウ　ヅアーヽヽ：チヤノジキニコサリマ
　　　スト云ヿ（筵宴）

有茶〃〃
　　Ｊ57　イウ　ヅアヽ　〃〃：チヤノジキ

有潮氣
　　ＫⅣ8b　イウ　ヂヤ○ウ　キイ：シメリノアルヿ（製作）

　　Ｊ222　イウ　ヂヤ○ウ　キイ：シトリノアルモノ

有襯錢
　　ＫⅢ12a　イウ　ツ○イン　ヅエン：フセカアル（祭祀）
　　Ｊ50　イウ　チン　ヂエン：フセガアル

有翅翼
　　ＫⅤ26b　イウ　ツウ　イ：ハ子ガアル（禽類）
　　Ｊ205　イウ　ツウ　ヨ：ハ子ガアル

有抽椶
　　ＫⅣ18a　イウ　チウ　テ○ウ：ヒキダシノアルモノ
　　　（諸物）
　　Ｊ204　イウ　ヂウ　テ○ウ：ヒキダシノアルモノ

有次序
　　ＫⅣ11a　イウ　ツウ　ヅイー：シダヒカアル（数量）
　　Ｊ211　イウ　ツウ　ジユイ：シダイガアル

有刺的
　　ＫⅤ35b　イウ　ツウ　テ：トゲノアルヿ（種藝）
　　Ｊ232　イウ　ツウ　テ：トゲノアルヿ

有寸把
　　ＫⅣ14b　イウ　ツ○イン　パアー：イッスンバカリ
　　　（数量）
　　Ｊ28　イウ　スエン　パア：イッスンバカリ

有擔量
　　ＫⅠ24a　イウ　タン　リヤン：キレフノアルヿ（人品）

有胆量
　　Ｊ8　イウ　タン　リヤン：キレフノアルヿ

有倒有
　　ＫⅣ19a　イウ　タ○ウ　イウ：アルヿハカヘツテア
　　　ル（財産）
　　Ｊ137　イウ　タ○ウ　イウ：アルコトハアレトモ

有的麼
　　ＫⅣ19a　イウ　テ　マアー：アルカ（財産）

有的広
　　Ｊ136　イウ　テ　マア：アルカ

有得出
　　ＫⅠ40a　イウ　テ　チエ：デル（動作）
　　Ｊ237　イウ　テ　チエ：アレカラデル

有得多
　　ＫⅣ19a　イウ　テ　トヲー：オホクアル（財産）
　　Ｊ136　イウ　テ　トウ：ヲヽクアル

有得来
　　ＫⅠ40a　イウ　テ　ライ：モノヲトリエタ（動作）

有得來
　　Ｊ237　イウ　テ　ライ：モノヲトリエタ

有得送
　　ＫⅢ13b　イウ　テ　ソン：オクルヽ（慶弔）

J84　イウ　テ　ソン：ヲクラルヽ

有得撰
　　KⅣ 22a　イウ　テ　ヅアン：モウケガアル（財産）
　　J17　イウ　テ　ヅアン：モウケガアル

有兒女
　　KⅢ 14b　イウ　ルウ　ニイ：ムスメカアル（慶弔）
　　J3　イウ　ルヽ　ニイ：ムスメガアル

有兒子
　　KⅢ 14b　イウ　ルウ　ツウ：コカアル（慶弔）
　　J3　イウ　ル、ツウ：コガアル

有耳的
　　KⅣ 3b　イウ　ルウ　テ：ミ丶ノアルモノ（製作）
　　J204　イウ　ルヽ　テ：ミ丶ノアルモノ

有法術
　　KⅢ 23b　イウ　ハ　ヅイ：ハフカアル（官府）
　　J10　イウ　ハ　ジ：ホウガアル

有分辨
　　KⅢ 23a　イウ　フイン　ベエン：云ワケカアル（官府）
　　J228　イウ　フイン　ベン：云ワケガアル

有分得
　　KⅣ 12b　イウ　フイン　テ：ワケラルヽ（數量）
　　J226　イウ　フイン　テ：ワケラルヽ

有風来
　　KⅠ 6b　イウ　フヲン　ライ：カゼガアル（天文）

有風來
　　J181　イウ　ホン　ライ：カゼガアル

有疙瘩
　　KⅣ 17a　イウ　ゲ　タ：イボ〳〵ノアル⁊（諸物）
　　J12　イウ　ゲ　タ：タカヒクノアル⁊

有個柄
　　KⅣ 17b　イウ　コ　ピン：トリエノアルモノ（諸物）
　　J204　イウ　コ　ビン：トリエノアルモノ

有個舩
　　KⅣ 47a　イウ　コ　ヂエン：フ子カアル（舩件）
　　J192　イウ　コ　ヂエン：フ子ガアル

有個縫
　　KⅤ 40a　イウ　コ　ウヲン：ハギメノアル⁊（衣服）
　　J34　イウ　コ　ヲン：ハギメノアル⁊

有個河
　　KⅠ 13b　イウ　コ　ホヲー：カハガアル（地理）
　　J189　イウ　コ　ホウ：カワガアル

有個門
　　KⅣ 52a　イウ　コ　メン：モンカアル（居室）
　　J193　イウ　コ　メン：モンガアル

有溝兒

　　KⅠ 13b　イウ　ゲ○　ウルー：ミゾガアル（地理）
　　J190　イウ　ゲ○　ウルヽ：ミゾガアル

有古蹟
　　KⅠ 13a　イウ　クウ　チ：コセキガアル（地理）
　　J188　イウ　クウ　チ：コセキガアル

有規矩
　　KⅢ 23b　イウ　クイ　キイ：キワメガアル（官府）
　　J10　イウ　クイ　ギユイ：イカタガアル

有貴幹
　　KⅡ 25b　イウ　クイ　カン：ゴヨウガアル（干求）
　　J64　イウ　クイ　カン：ゴヨウガアル

有汗出
　　KⅣ 35a　イウ　ハン　チユ：アセカアル（疾病）
　　J41　イウ　ハン　チユ：アセガデル

有好歹
　　KⅡ 17b　イウ　ハ○ウ　タイ：ヨシアシガアル（通用）
　　J135　イウ　ハ○ウ　タイ：ヨシアシガアル

有何説
　　KⅡ 15a　イウ　ホフ　セ：ナンノ云⁊カアル（通用）
　　J129　イウ　ホウ　セ：ナンノ云⁊ガアル

有黒痣
　　KⅠ 31b　イウ　ヘ　ツウ：アサガアル（身體）
　　J205　イウ　ヘ　ツウ：アザガアル

有恒心
　　KⅠ 39b　イウ　ヘン　スイン：ツ子ノコ丶ロガアル（性情）
　　J9　イウ　フエン　スイン：ツ子ノコ丶ロ

有花卉
　　KⅤ 35a　イウ　ハアー　ホイ：ハナガアル（種藝）
　　J205　イウ　ハア　ホイ：ハナガアル

有畫的
　　KⅢ 49a　イウ　ワアー　テ：エイリ（讀書）
　　J230　イウ　ワア　テ：エイリ

有畫稿
　　KⅢ 49b　イウ　ワアー　カ○ウ：エノシタガキ（讀書）

有画稿
　　J229　イウ　ワア　カ○ウ：エノシタガキ

有話在前
　　KⅡ 14b　イウ　ワアー　ヅアイ　ヅエン：マヘ以テ申タ⁊（通用）
　　J126　イウ　ワア　ヅアイ　ヅエン：マエ以テ申シタ⁊

有灰塵
　　KⅣ 16b　イウ　ホイ　ヂン：ゴミチリガアル（諸物）
　　J239　イウ　ホイ　ヂン：ゴミチリカアル

有囬禮

【YOU】

　ＫⅢ 17b　イウ ホイ リイ：ヘンレヒカアル（寄贈）
有回禮
　Ｊ111　イウ ホイ リイ：ヘンレイ
有幾個
　ＫⅣ 14a　イウ キイ コ：ドレホドアル（數量）
　Ｊ27　イウ キイ コ：ドレホドアル
有幾盤
　ＫⅣ 14b　イウ キイ ボワン：イクハチアルカ（數量）
　Ｊ28　イウ キイ バン：イクハチアルカ
有幾株
　ＫⅣ 14b　イウ キイ チイ：ナンボンアルカ（數量）
　Ｊ28　イウ キイ チユイ：ナンボンアルカ
有記才
　ＫⅢ 47b　イウ キイ ヅアイ：オボエノザエガアル
　　（讀書）
　Ｊ127　イウ キイ ヅアイ：ヲボエノサイガアル
有家小
　ＫⅠ 24b　イウ キヤア スヤ○ウ：サイシガアル
　　（人品）
　Ｊ4　イウ キヤア スヤ○ウ：サイシガアル
有見它
　ＫⅡ 1a　イウ ケン タアー：アレニアフタ（賓友）
有見他
　Ｊ138　イウ ケン タア：アレニアフタ
　歩　{削除}
有賤幹
　ＫⅡ 25a　イウ ヅエン カン：用ガアル（干求）
　Ｊ64　イウ ヂエン カン：用カアル
有角的
　ＫⅣ 16a　イウ コ テ：ツノカアル（諸物）
　Ｊ232　イウ コ テ：ツノガアル
有筋力
　ＫⅠ 27b　イウ キン リ：チカラアリ（身體）
　Ｊ290　イウ キン リ：チカラノアル⌐（身體）
有精神
　ＫⅠ 31a　イウ ツイン シン：キコンカヨヒ（身體）
　Ｊ87　イウ チン ジン：キブンガヨイ
有景致
　ＫⅢ 9a　イウ キン ツウ：ケヒキカアル（筵宴）
　Ｊ71　イウ キン ツウ：ケイキガアル
有靠山
　ＫⅡ 26b　イウ カ○ウ サン：ウシロダテガアル
　　（干求）
　Ｊ93　イウ カ○ウ サン：ウシロダテガアル
有科舉

　ＫⅢ 25b　イウ コウ キイ：ヤクアカリガアル（官府）
　Ｊ11　イウ コウ キユイ：ヤクカエガアル
有客来
　ＫⅡ 1a　イウ ゲ ライ：客人ガアル（賓友）
有家来
　Ｊ138　イウ ゲ ライ：客人ガアル｛家は客の誤り｝
有客来
　筑・天・1・8b　イウ ゲ ライ：客人ガアル
有客人
　ＫⅡ 1a　イウ ゲ ジン：カクガアル（賓友）
　Ｊ137　イウ ゲ ジン：キヤクガアル
有来頭
　ＫⅢ 23a　イウ ライ デ○ウ：イワレカアル（官府）
有來頭
　Ｊ227　イウ ライ デウ：イワレガアル
有来由
　ＫⅢ 23a　イウ ライ ユウ：ユイシヨノアル⌐（官府）
有來由
　Ｊ227　イウ ライ ユウ：ユイシヨノアル⌐
有勞你
　ＫⅢ 17a　イウ ラ○ウ ニイ：ソナタゴタヒギ（寄贈）
　Ｊ81　イウ ラ○ウ ニイ：ゴタイギ
有老婆
　ＫⅠ 24b　イウ ラ○ウ ボヲー：ツマガアル（人品）
　Ｊ4　イウ ラ○ウ ボウ：ツマガアル
有理
　ＫⅡ 19b　イウ リイ：モットモ（通用）
　Ｊ70　イウ リイ：モットモ
有良心
　ＫⅠ 39b　イウ リヤン スイン：ジヒノアル⌐（性情）
　Ｊ12　イウ リヤン スイン：ジヒノアル⌐
有糧吃
　ＫⅣ 20b　イウ リヤン チ：チギヨウヲトル（財産）
　Ｊ12　イウ リヤン チ：チギヨウヲトル
有兩束
　ＫⅣ 14b　イウ リヤン ソ：フタツカ子アル（數量）
有兩束
　Ｊ28　イウ リヤン ソ：フタツカ子アル
有了叉
　ＫⅣ 16a　イウ リヤ○ウ ツアー：マタノアル⌐
　　（諸物）
　Ｊ232　イウ リヤ○ウ ツアヽ：マタノアル⌐
有了麼
　ＫⅣ 19a　イウ リヤ○ウ マアヽ：アルカ○デキタ

カト云ヿニモ（財産）
有了広
　ＫⅢ136　イウ　リヤ○ウ　マア：アルカ
有了孕
　ＫⅢ14a　イウ　リヤ○ウ　イン：ハランテ井ル（慶弔）
　Ｊ3　イウ　リヤ○ウ　イン：ハランデイル
有靈驗
　ＫⅢ11b　イウ　リン　子エン：レイケンカアル（祭祀）
有靈聰
　Ｊ46　イウ　リン　子ン：レイゲンガアル
有瘤的
　ＫⅠ28a　イウ　リウ　テ：コブノアルモノ（身體）
　Ｊ262　イウ　リウ　テ：コブノアルモノ（人品）
有露水
　ＫⅠ8b　イウ　ルウ　シユイ：ツユガアル（天文）
　Ｊ185　イウ　ルウ　シユイ：ツユガアル
有麻子
　ＫⅠ30a　イウ　マアー　ツウ：イコフキタナヒイモ
　　カホ（身體）
　Ｊ185　イウ　マア　ツウ：イコウキタナイカヲ
有慢你
　ＫⅡ2b　イウ　マン　ニイ：ソナタニブアヒサツシタ
　　（賓友）
　Ｊ141　イウ　マン　ニイ：ソコモトニブアイサツイタ
　　シタ
有名望
　ＫⅡ12b　イウ　ミン　ワン：ナタカヒ（賓友）
　Ｊ5　イウ　ミン　ワン：ナタカイ
有摸兒
　ＫⅣ3b　イウ　モー　ルウ：カタガアル（製作）｛Ｊ
　　の語釈を変更｝
　Ｊ204　イウ　モル、：手サワリノアルヿ
有墨跡
　ＫⅢ49a　イウ　メ　ヂ：ボクセキノアル（讀書）
有黒跡
　Ｊ224　イウ　ヘ　ヂ：シミノアルヿ
有年的
　ＫⅠ15b　イウ　子エン　テ：トシバヒノ人（人品）
　Ｊ260　イウ　子ン　テ：トシバイノ人（人品）
有憑據
　ＫⅢ23a　イウ　ヒン　キユイ：セウコカアル（官府）
　Ｊ227　イウ　ビン　キユイ：セウコガアル
有坡兒
　ＫⅠ14a　イウ　ホヲー　ルウ：サカヾアル（地理）
　Ｋ'Ⅰ14a　イウ　ホヲー　ルウ：サカヾアル（地理）

有坡兒
　Ｊ190　イウ　ポウル、：サカヾアル
有趣的人
　ＫⅠ15a　イウ　ツイ　テ　ジン：ヲドケ人（人品）
　Ｊ260　イウ　チユイ　テ　ジン：ヲドケタ人（人品）
有趣些
　ＫⅢ9a　イウ　ツイ、　スイ、：チトオモシロヒ（筵
　　宴）
　Ｊ71　イウ　チユイ　スイ：チトヲモシロイ
有趣有趣
　ＫⅢ9b　イウ　ツイ、　〜：オモシロヒ（筵宴）
有趣ヶヶ
　Ｊ72　イウ　チユイ　〜：ヲモシロイ
有確信
　ＫⅢ18a　イウ　コ　スイン：タシカナヲトツレ（寄贈）
　Ｊ114　イウ　キヤ　スイン：タシカナヲトツレ
有人麽
　ＫⅡ2a　イウ　ジン　マア、：人ガ井ルカ（賓友）
有人広
　Ｊ140　イウ　ジン　マア：人ガイルカ
有人住
　ＫⅡ2a　イウ　ジン　ヂイ：ヒト井ガアル（賓友）
　Ｊ140　イウ　ジン　ヂユイ：ヒトイガアル
有日中
　ＫⅠ8b　イウ　ジ　チヨン：ニッチウ（天文）
　Ｊ185　イウ　ジ　チヨン：マヒル
歩　｛削除｝
有閏月
　ＫⅠ9a　イウ　ジユイン　イエ：ジユンゲツガアル
　　（天文）
　Ｊ186　イウ　ジユン　エ：ジユンゲツガアル
有甚話
　ＫⅡ14b　イウ　シヤア　ワアー：ナニノハナシガア
　　ルカ（通用）
　Ｊ127　イウ　シヤア　ワア：ナンノハナシカ
有甚忙
　ＫⅡ20b　イウ　シヤア　マン：ナンノイソカシヒコ
　　トカアルカ（通用）
　Ｊ90　イウ　シヤア　マン：ナンノイソガシイヿガ
　　アルカ
有甚事
　ＫⅡ18b　イウ　シヤア　ズウ：ナニコトカ（通用）
　Ｊ68　イウ　シヤア　ズウ：ナニコトカ
有甚興
　ＫⅢ9b　イウ　シヤア　ヒン：ナンノオモシロヒヿカ

【YOU】

　　アル（筵宴）
　　J71　イウシヤア ヒン：ナンノヲモシロイコトガカアル

有神道
　　ＫⅠ21b　イウ ジン ダ○ウ：ヤマブシ（人品）
　　J274　イウ ジン ダ○ウ：ヤマブシ

有時去
　　ＫⅡ7a　イウ ズウ キユイ：マレ〜ユク（賓友）
　　J151　イウ ズウ キユイ：マレ〜ユク

有實據
　　ＫⅢ23a　イウ ジ キユイ：タシカナセウコカアル（官府）
　　J228　イウ ジ キユイ：タシカナセウコカアル

有事幹
　　ＫⅡ25b　イウ ズウ カン：用ガアル（干求）
　　J64　イウ ズウ カン：用ガアル

有是有
　　ＫⅣ19a　イウ ズウ イウ：アルコトハアレトモ（財産）
　　J137　イウ ズウ イウ：アルコトハアレトモ

有壽班
　　ＫⅠ31b　イウ ジウ パン：ヨミアサガアル（身體）
　　{班は斑の誤り}
　　Ｋ'Ⅰ31b　イウ ジウ パン：ヨキアザガアル
　　J205　イウ ジウ パン：ヨキアザガアル

有壽斑
　　歩Ⅰ44a　{「有壽斑」に変更}

有壽的
　　ＫⅢ15b　イウ ジウ テ：イノチノナカモノ（慶弔）
　　J76　イウ ジウ テ：イノチナガイモノ

有書信
　　ＫⅢ18a　イウ シユイ スイン：書状ノタヨリ（寄贈）
　　J114　イウ シユイ スイン：書状ノタヨリ

有數的
　　ＫⅣ13a　イウ スウ テ：カズノアルモノ（數量）
　　J30　イウ スウ テ：カズノアルモノ

有説法
　　ＫⅡ16b　イウ セ ハ：イヒヨウガアル（通用）
　　J131　イウ セ ハ：テダテガアル

有餿氣
　　ＫⅣ8b　イウ スエ○ウ キイ：クサツタ（製作）
　　J223　イウ スエ○ウ キイ：クサツタ

有套子
　　ＫⅢ43a　イウ タ○ウ ツウ：ソトガアル（寶貨）
　　J205　イウ タ○ウ ツウ：ソトガアル

有貼兒
　　ＫⅣ3b　イウ テ ルウ：ウラウツテアル（製作）
　　J204　イウ テ ル丶：ウラウツテアル

有田荘
　　ＫⅠ13b　イウ テン チヨワン：タハタガアル（地理）

有田庄
　　J190　イウ デン チヤン：タハタガアル

有尾巴
　　ＫⅤ22b　イウ ウイ パアー：ヲガアル（畜獸）
　　J205　イウ ウイ パア：ヲガアル

有味的
　　ＫⅢ8a　イウ ウイ丶 テ：アチカアル（筵宴）
　　Ｋ'Ⅲ8a　イウ ウイ丶 テ：アチガアル（筵宴）
　　J169　イウ ウイ テ：アチノアル┐

有位客
　　ＫⅡ1a　イウ ヲイ ゲ：一人ノ客アリ（賓友）
　　J138　イウ ヲイ ゲ：貴客ノアル┐

有紋路
　　ＫⅣ17b　イウ ウエン ルウ：クワンニウアル（諸物）
　　J204　イウ ウエン ルウ：クワンニウ

有喜了
　　ＫⅢ17a　イウ ヒイ リヤ○ウ：サンシタ（慶弔）
　　J3　イウ ヒイ リヤ○ウ：サンシタ

有羨餘
　　ＫⅢ17a　イウ エン イー：アマリカアル（寄贈）
　　J85　イウ セン イ丶：メンボクガアル

有響動
　　ＫⅠ43a　イウ ヒヤン ドン：サタガアル（動作）
　　J108　イウ ヒヤン ドン：サタガアル

有響麼
　　ＫⅠ43a　イウ ヒヤン マアー：サタガアルカ（動作）

有響広
　　J108　イウ ヒヤン マア：サタガアルカ

有消息
　　ＫⅢ18b　イウ スヤ○ウ スイ：タヨリノアル┐（寄贈）
　　J114　イウ シヤ○ウ スエ：タヨリノアル┐

有効
　　ＫⅣ37a　イウ ヤ○ウ：シルシアル（醫療）
　　J349　イウ ヤ○ウ：シルシアル（療養）

有効的
　　ＫⅢ12a　イウ ヤ○ウ テ：シルシノアル┐（祭祀）
　　J47　イウ ヤ○ウ テ：シルシノアル┐

有些苦
　　ＫⅢ6a　イウ スイ丶 クウ：チトニカヒ（筵宴）

J165 イウ スイ クウ：チトニガイ

有些辣
　KⅢ6a イウ スイー ラ：チトカラヒ（筵宴）
　J165 イウ スイ ラ：チトカライ

有些臉
　KⅢ17b イウ スイヽ レン：メンホクカアル（寄贈）
　J85 イウ スイ レン：メンホクガアル

有些面熟
　KⅡ1b イウ スイー メエン ジヨ：ミタヨウナ（賓友）
　J138 イウ スイー メン ジヨ：ミタヨウナ

有些難
　KⅡ29a イウ スイー ナン：チトムツカシヒ（患難）
　J81 イウ スイ ナン：チトムツカシイ

有些趣
　KⅢ9a イウ スイヽ ツイヽ：チトオモシロヒ（筵宴）
　J71 イウ スイ チユイ：チトヲモシロイ

有些甜
　KⅢ6a イウ スイヽ デエン：チトアマヒ（筵宴）
　J166 イウ スイ レン：チトアマイ

有信息
　KⅢ18b イウ スイン スイ：オトツレノアル（寄贈）
　J114 イウ シン スエ：ヲトヅレ

有腥氣
　KⅤ14a イウ スイン キイ：ナマクサヒキガアル（煮煎）
　J205 イウ スイン キイ：イキノクサイ┐

有許趣
　KⅢ9a イウ ヒウ ツイヽ：オモシロヒ┐カアル（筵宴）
　J71 イウ ヒイ チユイ：ヒトキワヲモシロイ

有妖怪
　KⅠ23a イウ ヤ○ウ クワイ：ヨフクワヒカアル（人品）
　J99 イウ ヤ○ウ クハイ：キクハイノコト

有鑰匙鎖好了
　KⅣ52a イウ ヤ ズウ ソフ ハ○ウ リヤ○ウ：カギアリ○ジヤウマヘヨシ（居室）
　J197 イウ ヤ ズウ ソウ ハ○ウ リヤ○ウ：カギアリ ゼウマエヨシ

有邪否
　KⅣ19a イウ ヤアー ヘ○ウ：アルカナヒカ（財産）

有耶否
　J136 イウ エヽ ホイ：アルカ

有也好
　KⅣ19b イウ エー ハ○ウ：アツテモヨイ（財産）
　J137 イウ エ、 ハ○ウ：アツテモヨイ

有一缸
　KⅣ15a イウ イ カン：ヒトツホアル（数量）
　J29 イウ イ カン：ヒトツボアル

有一個
　KⅣ14b イウ イ コ：ヒトツアル（数量）
　J28 イウ イ コ：ヒトツアル

有一坛
　KⅣ15a イウ イ ダン：ヒトツホアル（数量）
　J29 イウ イ ダン：ヒトツボアル

有遺嘱
　KⅢ14b イウ イー チヨ：ユイゴン（慶弔）
　J49 イウ イ、 ソ：ユイゴン

有義氣
　KⅢ50a イウ ニイ キイ：ギヽガアル（讀書）
　J15 イウ ニイ キイ：ギガアル

有引
　KⅣ37a イウ イン：クワヘモノアル┐（醫療）
　J349 イウ イン：クワヘモノアル┐（療養）

引子
　歩Ⅳ52a 〔「引子」に変更〕

有用頭
　KⅡ25a イウ ヨン デ○ウ：イリヨフカアル（干求）
　J64 イウ ヨン デ○ウ：イリヨウガアル

有有有
　KⅣ19b イウ イウ イウ：アル 〜 （財産）

有ヽヽ
　J137 イウ 、、：アル 〜

有冤隙
　KⅡ10a イウ イエン キ：ナカタガフタ（賓友）
　J77 イウ エン キ：ナカタガフタ

有月亮
　KⅠ8b イウ イエ リヤン：ツキノヨ（天文）
　J185 イウ エ リヤン：ツキノヨ

有孕的
　KⅢ14a イウ イン テ：ハランタ（慶弔）
　J3 イウ イン テ：ハランタ

有渣的
　KⅤ14a イウ ヅアー テ：カスカアル（煮煎）
　J205 イウ ツア、 テ：カスガアル

有丈夫
　KⅠ24b イウ ヂヤン フウ：ヲットガアル（人品）
　J4 イウ ヂヤン フウ：ヲットガアル

有志氣
　ＫⅠ39b　イウ　ツウ　キイ：コヽロサシノアル（性情）
　Ｊ47　イウ　ツウ　キイ：コヽロサシノアル

有種的
　ＫⅤ35a　イウ　チヨン　テ：タ子ガアル（種藝）
　Ｊ203　イウ　チヨン　テ：タ子ガアル

有朱點
　ＫⅢ49b　イウ　チユイ　テエン：シユテンカアル（讀書）
　Ｊ238　イウ　チユイ　テン：シユテンガアル

有子的
　ＫⅢ14b　イウ　ツウ　テ：コカアル（慶弔）
　Ｊ3　イウ　ツウ　テ：コガアル

有字来
　ＫⅢ18b　イウ　ヅウ　ライ：状カキ■（脱字）（寄贈）
　Ｋ'Ⅲ18b　イウ　ヅウ　ライ：状カキタ（寄贈）

有字來
　Ｊ114　イウ　ヅウ　ライ：状ガキタ

有字眼
　ＫⅢ51b　イウ　ツウ　エン：ジガンガアル（讀書）
　Ｊ32　イウ　ヅウ　エン：ジガンガアル

有嘴的
　ＫⅤ22b　イウ　ツ○イ　テ：クチノアルモノ（畜獣）
　Ｊ205　イウ　ツイ　テ：クチノアルモノ

酉字旁
　ＫⅢ51b　イウ　ヅウ　バン：トリヘン（讀書）
　Ｊ32　イウ　ヅウ　パン：トリヘン

又獃哩
　ＫⅠ37a　ユウ　タイ　リイ：マタバカヲツクス（性情）
　Ｊ101　イウ　ガイ　リイ：マタバカヲツクス

又發作
　ＫⅠ43b　ユウ　ハ　ツヲ：マタヲコツタ（動作）
　Ｊ220　イウ　ハ　ツヲ：マタヲコツタ

又好看
　ＫⅠ40b　ユウ　ハ○ウ　カン：マタミゴト（動作）
　Ｊ172　イウ　ハ○ウ　カン：マタミゴト

又落雪
　ＫⅠ7a　ユウ　ロ　スエ：マタユキガフル（天文）
　Ｊ182　イウ　ロ　スエ：マタユキガフル

又要抄
　ＫⅢ45b　ユウ　ヤ○ウ　ツア○ウ：マダウツサ子バナラヌ（讀書）
　Ｊ122　イウ　ヤ○ウ　ツヤ○ウ：マタカケ

右半邊
　ＫⅣ18a　ユウ　ポワン　ペエン：ミギハンブン（諸物）

　Ｊ228　イウ　パン　ペン：ミギハンブン

右邊風
　ＫⅣ47b　イウ　ペン　フヲン：ミキノワキカセ（舩件）
　Ｊ193　イウ　ペン　ホン：ミギノワキカゼ

右首的
　ＫⅣ18a　ユウ　シウ　テ：ミギリノ方（諸物）
　Ｊ228　イウ　シウ　テ：ミギリノ方

右轉
　ＫⅣ41b　ユウ　チエン：オモカチ（舩件）
　Ｊ354　イウ　チエン：ヲモカヂ（舩件）

幼而學壯而行
　ＫⅢ50a　イウ　ルウ　ヒヨ　チヨワン　ルウ　イン：イトケナフシテマナビサカンニシテオコナフ（讀書）
　Ｊ14　イウル、ヒヨ　チハン、イン：イトケナフシテマナビサカンニシテヲコナフ

幼年間
　ＫⅢ15b　ユウ　子エン　ケン：ヨウシヤウノウチ（慶弔）
　Ｊ75　イウ　子ン　ケン：ヨウセウノウチ

YU

于今
　ＫⅠ4b　イー　キン：イマ（天文）
　Ｊ249　イ、キン：イマ（天文）

盂蘭盆
　ＫⅠ5a　イー　ラン　ペン：ウラボン（天文）
　Ｊ251　イ、ラン　ペン：ウラボン（天文）

餘剩的
　ＫⅣ10a　イ、ヂン　テ：アマリモノ（數量）
　Ｊ171　イ、ヂン　テ：アマリモノ

餘外的
　ＫⅡ19b　イー　ワイ　テ：ホカノモノ（通用）
　Ｊ70　イ、ワイ　テ：ホカノモノ

魚䱔
　ＫⅤ16b　イー　ヒヤ○ウ：ニベ（魚鼈）{Ｊ「魚腹」より変更}

魚腹
　Ｊ394　イ、ホ：ニベ（魚介）

魚翅
　ＫⅤ17a　イー　ツウ：フカノヒレ（魚鼈）
　Ｊ395　イ、ツウ：フカノヒレ（魚介）

魚刺
　ＫⅤ17a　イー　ツウ：ウヲフトゲ（魚鼈）
　Ｊ395　イ、ツウ：トゲ（魚介）

魚糕

ＫⅤ 10a イ、 カアウ：カマボコ（飯肉）
Ｊ395 イ、 カ○ウ：カマボコ（魚介）
Ｊ448 イ、 カ○ウ：カマボコ（飲食）｛重複掲載，Ｋは（飯肉）に採録｝

魚鈎乙
ＫⅢ 49b イー ゲ○ウ イ：ツリハリナリノ乙ノ字（讀書）

魚釣乙
Ｊ6 イ、 テヤ○ウ イ：ツリハリナリノ乙ノ字

魚虎
ＫⅤ 16b イー フウ：ヲコシ（魚鼈）
Ｊ394 イ、 フウ：ヲゴシ（魚介）

魚虎
ＫⅤ 24b イー フウ：カイツムリ（禽類）｛重複掲載，だが別語｝
Ｊ422 イ、 フウ：カイツブリ（飛禽）｛重複掲載，だが別語｝

魚鰓
ＫⅤ 17a イー サイ：ヲサ（魚鼈）
Ｊ395 イ、 サイ：ヲサ（魚介）

魚尾
ＫⅤ 17a イー <u>ウイ</u>：ウヲノヲ（魚鼈）
Ｊ395 イ、 ウイ：ヲバチ（魚介）

魚鯗
ＫⅤ 9b イー スエン：シヲホシノウヲ（飯肉）
Ｊ395 イー チン：シヲウヲ（魚介）

虞美人
ＫⅤ 30b <u>イユイ</u> ムイ ジン：ヒジンサウ（花卉）
Ｊ435 イ、 ムイ ジン：ビジンソウ（花艸）

羽檄
ＫⅣ 25a イ、 キ：ウゲキ（兵法）
Ｊ331 イ、 ヘ：ウゲキ（兵法）

羽毛
ＫⅤ 25b イ、 マ○ウ：ハ子（禽類）
Ｊ424 イ、 マ○ウ：ハ子（飛禽）

羽毛緞
ＫⅤ 38a イー マ○ウ ドワン：コロフクリン（衣服）
Ｊ429 イ、 マ○ウ トハン：ゴロフクレン（衣服）

羽毛扇
ＫⅢ 38a イ、 マ○ウ シエン：ウセン（寶貨）
Ｊ318 イ、 マ○ウ セン：ウセン（器用）

雨来了
ＫⅠ 2b イー ライ リヤ○ウ：アメガフリダシタ（天文）

雨來了

Ｊ246 イ、 ライ リヤ○ウ：フリダシタ（天文）

雨来了
ＫⅠ 6b イー ライ リヤ○ウ：アメガフリダシタ（天文）｛重複掲載｝

雨來了
Ｊ182 イ、 ライ リヤ○ウ：フリダイタ｛重複掲載｝

雨前茶
ＫⅢ 2a イン ヅエン ヅアー：穀雨ノマヘニ採タルチヤ（筵宴）
Ｊ58 イ、 ヂエン ヅア、：ツユマヘニトルチヤ

雨晴了
ＫⅠ 7a イー ツイン リヤ○ウ：アメガハレタ（天文）
Ｊ183 イ、 ヂン リヤ○ウ：ハレタ

雨傘
ＫⅢ 37a イ、 サン：カラガサ（寶貨）
Ｋ'Ⅲ 37a イ、 サン：アマガサ（寶貨）
Ｊ315 イ、 サン：カラガサ（器用）

雨水
ＫⅠ 3a イー シユイ：アマミヅ（天文）
Ｊ246 イ、 シユイ：アマミヅ（天文）

雨水多
ＫⅠ 8a イ シユイ トヲー：アマミツカオホヒ（天文）
Ｊ185 イ、 シユイ トウ：アマミヅガヲ、イ

雨下得長久大家悶了厭得狠
ＫⅠ 8a イー ヒヤア テ ヂヤン キウ タアー キヤア メン リヤ○ウ エン テ ペン：ナガアメテミナミナアキハテタ（天文）

下雨下得長久大家悶了厭得狠
Ｊ184 ヒヤア イ、 ヒヤア テ ヂヤン ギウ ダア キヤア メン リヤ○ウ エン テ ヘン：ナガアメデミナ〜ホツトシタ

雨下得長久大家悶了
歩Ⅰ 11a ｛「雨下得長久大家悶了」に変更｝

雨雪片
ＫⅢ 34b イ、 スエ ペエン：スナゴ（寶貨）
Ｊ310 イ、 スエ ペン：スナゴ（器用）
歩 ｛削除｝

雨衣
ＫⅤ 36a イー イ：カツパ（衣服）
Ｊ425 イ、 イ、：カツハ（衣服）

玉珧
ＫⅤ 18a ヨ ヤ○ウ：タヒラギ（魚鼈）
Ｊ397 ヨ ヤウ：タイラキ（魚介）

玉簪花

【YU～YUAN】

ＫⅤ30b ヨ ツアン ハアー：キボウシ（花卉）
Ｊ436 ヨ ツアン ハア：ギボウシ（花艸）

玉琢成粉捏就
ＫⅠ22a ヨ チヨ ヂン フイン ニヤ ヅイ○ウ：玉ノヨウニミガイタモノヲツカミクダヒタ（人品）
Ｊ99 ヨ ヂヨ ヂン フイン ニヤ ヂウ：玉ノヨウニミガイタモノヲツカミクダイタ

芋茎
ＫⅤ3b イー キン：イモカラ（菜蔬）
Ｊ386 イ、 キン：イモカラ（菜蔬）

芋魁
ＫⅤ3a イー クワイ：イモカシラ（菜蔬）
Ｊ386 イ、 クイ：イモカシラ（菜蔬）

芋艿
ＫⅤ3a イー ナイ：イモ（菜蔬）
Ｊ385 イ、 ナイ：イモ（菜蔬）

芋頭
ＫⅤ3a イー デ○ウ：イモカシラ（菜蔬）
Ｊ386 イ、 デ○ウ：イモカシラ（菜蔬）

芋燭
ＫⅤ20a イー チヨ：イモムシ（蟲類）
Ｊ400 イ、 ジヨ：イモムシ（虫）

浴過了
ＫⅠ31b ヨ コフ リヤ○ウ：ユヲアヒマシタ（身體）
Ｊ162 ヨ コウ リヤ○ウ：アビマシタ

浴堂
ＫⅣ48b ヨ ダン：ユヤ（居室）
Ｊ370 ヨ ダン：ユヤ（家居）

浴桶
ＫⅢ41a ヨ トン：ギヤウスヒタラヒ（寶貨）
Ｊ323 ヨ ドン：ギヤウズイタライ（器用）

浴衣
ＫⅤ36a ヨ イー：ユカタ（衣服）
Ｊ425 ヨ イ、：ユカタ（衣服）

郁李花
ＫⅤ29b ヨ リイ ハアー：ニハウメ（花卉）
Ｊ434 ヨ リイ ハア：イクリノハナ（花艸）

鬱塞塞
ＫⅣ4b イ スエ スエ：ツドヒツマル（製作）

鬱塞々
Ｊ224 イ ヂエ、：ツトイツマル

遇風
ＫⅠ3b イー フヲン：カゼニアフ（天文）
Ｊ247 イ、 ホン：カゼニアフ（天文）

遇過了

遇着他
ＫⅡ1b イ、 コヲー リヤ○：アフタ（賓友）
Ｊ139 イ、 コウ リヤ○ウ：アフタ

遇着他
ＫⅡ1b イ、 ヂヤ タアー：アレニアフタ（賓友）
Ｊ139 イ、 ヂヤ タア：アレニアフタ

鷽鳥
ＫⅤ24b イー ニヤ○ウ：ウソ（禽類）
Ｊ422 イ、 ニヤ○ウ：ウソ（飛禽）

鷸鳥
ＫⅤ25a イ ニヤ○ウ：シギ（禽類）
Ｊ423 イ ニヤ○ウ：シギ（飛禽）

YUAN

鳶鳥
ＫⅤ23a イエン ニヤ○ウ：トビ（禽類）
Ｊ419 エン ニヤ○ウ：トビ（飛禽）

鴛鴦
ＫⅤ24a イエン ヤン：ヲシ（禽類）
Ｊ421 エン ヤン：ヲシ（飛禽）

鴛鴦色
ＫⅤ31b イエン ヤン スエ：サキワケ（花卉）
Ｊ438 エン ヤン スエ：サキワケ（花艸）

冤家
ＫⅣ51b イエン キヤア：アゲヤ（居室）
Ｊ376 エン キヤア：アゲヤ（家居）

元舵
ＫⅣ41b イエン トウ：イマノカチ（舩件）
Ｊ354 エン ドウ：イマノカヂ（舩件）

元舊的
ＫⅡ2b イエン ギウ テ：モトノ（賓友）

元旧的
Ｊ140 エン ギウ テ：モトノ人

元帥
ＫⅠ18b イエン スイ：イクサダイシヤウ（人品）
Ｊ268 イエン スイ：イクサダイシヤウ（人品）

元宵
ＫⅠ5a イエン スヤ○ウ：正月十五日（天文）
Ｊ250 エン シヤ○ウ：正月十五日（天文）

圓柏
ＫⅤ28a イエン ペ：イブキ（樹竹）
Ｊ409 エン ペ：イブキ（樹竹）

圓得来
ＫⅣ12a イエン テ ライ：マルメラル、（数量）

圓得来
Ｊ213 エン テ ライ：マルメラル、

圓燈
   KⅢ27b イエン テン：マルトウロウ（寶貨）
   J296 エン テン：マルトウロ（器用）
圓寂了
   KⅢ15a エン ヅイ リヤ○ウ：出家ノオワリ（慶弔）
   J49 エン ヂ リヤ○ウ：出家ノヲワリ
圓領
   KⅤ37a イエン リン：エリ（衣服）
   J427 エン リン：エリ（衣服）
圓盆
   KⅢ36a イエン ペン：マルボン（寶貨）
   J313 エン ペン：マルボン（器用）
圓起来
   KⅣ12a イエン キイ ライ：マルクナツタ（數量）
圓起来
   J213 エン キイ ライ：マルクナツタ
圓眼
   KⅤ33b イエン エン：リウガン（菓蓏）
   J412 エン エン：リウカン（菓）
圓圓的
   KⅣ12a イエン イエン テ：マルヒモノ（數量）
圓ゞ的
   J213 エン 〃 テ：マルイモノ
圓鑿
   KⅢ33b イエン ヅヲ：マルノミ（寶貨）
   J308 エン ヅヲ：マルノミ（器用）
圓卓
   KⅢ26a イエン チヨ：マルツクエ（寶貨）
   J293 エン チヨ：マルツクヘ（器用）
   歩 ｛削除｝
猿猴
   KⅤ22a エン ヘ○ウ：エンコウ（畜獣）
   J405 エン ヘ○ウ：エンコウ（獣）
原本子
   KⅢ24b イエン ペン ツウ：子カヒノホンシヨ（官府）
   J39 エン ペン ツウ：子ガイノホンシヨ
原定的
   KⅡ21a イエン デン テ：モトヨリサダマリ（通用）
   J114 エン デン テ：モトヨリサタマリ
原告的
   KⅢ24a イエン カ○ウ テ：クシイヒカクル⌐（官府）
   J38 エン カ○ウ テ：クジ云カクル⌐
原来不能的人

KⅠ24a イエン ライ ポ 子ン テ ジン：クハンライムナフナ人（人品）
J86 エン ライ プ 子ン テ ジン：グハンライムナフナ人
椽
   KⅣ50a イエン：タルキ（居室）
   J374 エン：タルキ（家居）
遠勞唎
   KⅢ17a イエン ラ○ウ リイ：エンポウヘコタヒキ（寄贈）
   J81 エン ラ○ウ リイ：エンポウエゴタイギ
遠所在
   KⅠ12a イエン ソウ ヅアイ：エン方（地理）
   J188 エン ソウ ヅアイ：エン方
遠々看
   歩Ⅱ49a ｛増補｝
怨悵我
   KⅡ30b エン チヤン ゴヲハ：ワレヲウラム（疎慢）
   J97 エン チヤン コウ：ワレヲウラム

YUE

約定了
   KⅡ35a ヤ デン リヤ○ウ：ヤクソクシタ（盟約）
   J91 ヤ デン リヤ○ウ：ヤクソクシタ
約他過
   KⅡ35a ヤ タアー コフ：アレニヤクソクシタ（盟約）
   J91 ヤ タア コウ：アレニヤクソクシタ
月白色
   KⅤ39a イエ ベ スエ：ウスアサギ（衣服）
   J431 エ ベ スエ：ミヅイロ（衣服）
月半邊
   KⅠ4a イエ ポワン ペエン：ハンガケツ（天文）
   J249 エ パン ペン：ハンガケツ（天文）
月餅
   KⅤ8a イエ ピン：オホゴマモチ（飯肉）
   J445 エ ピン：大ゴマモチ（飲食）
月初頭
   KⅠ4a イエ ツウ デ○ウ：ツキノハジメ（天文）
   J249 エ ツウ デ○ウ：ツキノハジメ（天文）
月斧
   KⅣ26a イエ フウ：マサカリ（兵法）
   J332 エ フウ：マサカリ（兵法）
月季花
   KⅤ29a イエ キイー ハアー：チヤウシユン（花卉）

J433　エ　キイ　ハア：チヤウシユン（花艸）
月盡邊
　　歩Ⅰ5b　{「月半邊」のあとに補う}
月經不通
　　KⅣ34a　イエ　キン　ポトン：月水不通也（疾病）
　　J347　エ　キン　ポトン：月水不通也（感動）
月鈴兒
　　KⅤ20a　イエ　リン　ルウ：スヽムシ（蟲類）
　　J401　エ　リン　ルウ：スヽムシ（虫）
月琴
　　KⅢ35b　イエ　キン：ゲツキン（寶貨）
　　J312　エ　キン：月琴（器用）
月缺
　　KⅠ2a　イエ　ケ：ツキノカグル（天文）
　　J245　エ　ケ：ツキノカグル┐（天文）
月蝕
　　KⅠ2a　イエ　チ：グワツショク（天文）
　　J245　エ　ジ：グハッショク（天文）
月頭
　　KⅠ2a　イエ　デ○ウ：ツキ（天文）
　　J245　エ　デ○ウ：ツキ（天文）
月兒
　　歩Ⅰ2b　{「月兒」に変更}
月夜
　　KⅠ2a　イエ　エー：ツキヨ（天文）
　　J245　エ　エヽ：ツキヨ（天文）
月圓
　　KⅠ2a　イエ　イエン：ツキノミツル（天文）
　　J245　エ　エン：ツキノミツル┐（天文）
月月紅
　　KⅤ29a　イエ　ヽ　ホン：チヤウシユン（花卉）
月ゝ紅
　　J433　エ　ヽ　ホン：チヤウシユン（花艸）
月卓
　　KⅢ26a　イエ　チヨ：マルツクエ（寶貨）
　　J293　エ　チヨ：ハンゲツノツクエ（器用）
樂師
　　KⅠ21a　ヤ　スウ：ガクニン（人品）
　　J272　ヨ　スウ：ウタノシセウ（人品）
岳母
　　KⅠ34b　ヤ　ムウ：シウトメ（親族）
　　J280　ヤ　ムウ：シウトメ（親族）
岳翁
　　KⅠ34b　ヤ　ウヲン：シウト（親族）
　　J280　ヤ　ヲン：シウト（親族）

越發
　　KⅡ18b　エ　ハ：ヒトキハ（通用）
　　J68　エ　ハ：ヒトキワ
越看越趣
　　歩Ⅱ49a　{増補}
甕兒
　　KⅢ38a　ヨ　ルウ：ワク（寶貨）
甕兒
　　J316　ヨ　ル：ワク（器用）
甕兒
　　筑・地・5・37b　[右ヨ・左ヤ]　ルヽ：ワク

YUN

暈舩
　　KⅣ33b　イユン　ヂエン：フナエヒ（疾病）
　　J346　ユン　ヂエン：フナヨイ（感動）
暈船
　　歩Ⅳ48b　{文字の変更}
暈倒
　　KⅣ31b　イユン　タ○：メマヒシテタヲル（疾病）
　　J341　ユン　タ○：メマイシテタヲレタ┐（感動）
雲布
　　KⅤ37b　イユイン　プウ：ウンフ（衣服）
　　J428　イエン　プウ：ウンフ（衣服）
雲片糕
　　KⅤ7b　イヽン　ペン　カ○ウ：ウンペンカウ（飯肉）
　　J444　イエン　ペン　カ○ウ：ウンヘンコウ（飲食）
雲雀
　　KⅤ25a　イユン　ツヤ：ヒバリ（禽類）
　　J423　イエン　ヂヤ：ヒバリ（飛禽）
雲頭
　　歩Ⅰ1a　{増補}
匀一匀
　　KⅡ23b　イン　イン：マゼル（通用）
　　J22　ユン　イ　ユン：マゼル
匀匀的
　　KⅣ20a　イエン　イエン　テ：ソロフタ（財産）
匀ゝ的
　　J231　イユン　ヽ　テ：ソロフタ
熨斗
　　KⅢ42a　イ　テ○ウ：ヒノシ（寶貨）
　　J325　イ　デ○ウ：ノシ（器用）
熨一熨
　　KⅡ23a　イ　イ　イ：ヒノシヲカケル（通用）

J23 イヽ イイヽ：ヒノシカケル

ZA

雑字書
　ＫⅢ 32a ヅア ヅウ シユイ：ザツシヨ（寶貨）
　J305 ヅア ツウ シユイ：ザツシヨ（器用）

ZAI

宰相
　ＫⅠ 18b ツアイ スヤン：サイシヤウ（人品）
　J267 ツアイ スヤン：サイシヤウ（人品）
再不差
　ＫⅢ 21b ツアイ ポ ツアー：カツテタカハヌ（官府）
　J104 ツアイ プ ツアヽ：カツテタガワヌ
再不可
　ＫⅡ 25b ツアイ ポ コヲー：モフワルヒ（干求）
　J64 ツアイ プ カウ：モウイラヌ
再吃茶
　ＫⅢ 1b ツアイ チ ヅア：マタチヤヲノメ（筵宴）
　J58 ツアイ チ ヅア：モツトチヤヲノメ
再過去
　ＫⅡ 8b ツアイ コフ キユイ：マタユケ（賓友）
　J152 ツアイ コウ キユイ：マタ御出デナサレ
再豁豁
　ＫⅡ 32b ツアイ ハ ハ：マタケンセヨ（德藝）
再豁ヽ
　J111 ツアイ ハヽ：マツトケンセヨ
再教我
　ＫⅡ 10b ツアイ キヤ○ウ ゴヲヽ：マタオシヘタマヘ（賓友）
　J78 ツアイ キヤ○ウ ガウ：モツトヲシヘタマヘ
再看看
　ＫⅠ 40b ツアイ カン カン：マタミヨ（動作）
再看ヽ
　J172 ツアイ カンヽ：マタミヨ
再来尋
　ＫⅡ 12a ツアイ ライ ヅイン：マタキテタヅヌル（賓友）
再来尋
　J233 ツアイ ライ ジン：マタキテタヅヌル
再陪再陪
　ＫⅡ 3a ツアイ ボイ ツアイ ボイ：モチツトツメヨ（賓友）
再陪ヽヽ
　J142 ツアイ ボイ 〳〵：モツトツメヨ

再去尋
　ＫⅡ 12a ツアイ キユイ ヅイン：マタユヒテタツヌル（賓友）
　J233 ツアイ キユイ ジン：マタ行テタツ子ヨ
再日
　ＫⅠ 4a ツアイ ジ：ゴジツ（天文）
　J249 ツアイ ジ：カサ子テ（天文）
再篩篩
　ＫⅢ 3b ツアイ シヤイ 〳〵：マタツゲ（筵宴）
再篩ヽ
　J157 ツアイ シヤイヽ：マツトツゲ
再添水
　ＫⅤ 14a ツアイ テエン シユイ：マタミヅヲツゲ（煮煎）
　J162 ツアイ テン シユイ：モツトミヅヲツゲ
再無比
　ＫⅡ 21a ツアイ ウヽ ピイ：タグヒカナヒ（通用）
　J202 ツアイ ウヽ ピイ：タグイガナイ
再無雙
　ＫⅡ 21a ツアイ ウヽ シヨワン：タグヒカナヒ（通用）
　J202 ツアイ ウヽ シハン：タグイガナイ
再要請
　ＫⅢ 6b ツアイ ヤ○ウ ツイン：マタマヒレ（筵宴）
再ヽ請
　J166 ツアイヽ ツイン：モツトマイレ
再用些
　ＫⅡ 25a ツアイ ヨン スイヽ：マスコシモチヒヨ（干求）
　J63 ツアイ ヨン スイ：マスコシモチイヨ
在高頭
　ＫⅣ 18b ツアイ カ○ウ デ○ウ：タカキニアル（諸物）
　J229 ツアイ カ○ウ デ○ウ：タカキニアル
在行的
　ＫⅡ 32a ツアイ ハン テ：コフシヤナモノ（德藝）
　J74 ヅアイ ハン テ：コウシヤナモノ
在家的
　ＫⅡ 2a ヅアイ キヤウ テ：ウチニ井ル（賓友）
　J139 ツアイ キヤア テ：ウチニ入ル
在家裏
　ＫⅡ 2a ヅアイ キヤウ リイ：ウチニ井ル（賓友）
在家裡
　J140 ツアイ キヤア リイ：ウチニイル
在家麼

ＫⅡ2a　ヅアイ　キヤウ　マヽアヽ：ウチニゴザルカ
　　　　（賓友）
在家広
　　Ｊ139　ツアイ　キヤア　マア：ウチニゴザルカ
在客邊寂寞些
　　ＫⅡ24b　ヅアイ　ゲ　ペエン　ツイ　モ　スイー：タビ
　　　　ハサビシイ（通用）
　　Ｊ207　ヅアイ　ゲ　ペン　チ　モ　スイ：タビハサビシイ
在門内
　　ＫⅡ2b　ヅアイ　メン　ヌイ：ウチニアル（賓友）
　　Ｊ140　ヅアイ　メン　ヌイ：ウチニアル
在門外
　　ＫⅡ2b　ヅアイ　メン　ワイ：ホカニアル（賓友）
　　Ｊ140　ヅアイ　メン　ワイ：ホカニアル
在目前
　　ＫⅠ43a　ヅアイ　モ　ツエン：メノマヘ（動作）
　　Ｊ176　ヅアイ　モ　ヂエン：メノマエ
在那邊
　　ＫⅣ19b　ヅアイ　ナアー　ペエン：アレニアル（財産）
　　Ｊ137　ヅアイ　ナアー　ペン：アレニアル
在上頭
　　ＫⅣ18a　ヅアイ　ジヤン　デウ：ウヘニアル（諸物）
　　Ｊ229　ヅアイ　ジヤン　デウ：ウエニアル
在手頭
　　ＫⅣ18b　ヅアイ　シウ　デウ：テマヘニアル（諸物）
　　Ｊ229　ヅアイ　シウ　デウ：テマエニアル
在外邊
　　ＫⅣ18a　ヅアイ　ワイ　ペエン：ホカニアル（諸物）
　　Ｊ228　ヅアイ　ワイ　ペエン：ホカニアル
在外頭
　　ＫⅣ18a　ヅアイ　ワイ　デウ：ホカニアル（諸物）
　　Ｊ228　ヅアイ　ワイ　デウ：ホカニアル
在位
　　ＫⅣ24b　ヅアイ　ヲイ：クラ井ニアル（兵法）
　　Ｊ329　ヅアイ　ヲイ：クライニアル
在我罷
　　ＫⅡ27a　ヅアイ　ゴヲヽ　バアー：ワレニマカセテ
　　　　オク（干求）
　　Ｊ93　ヅアイ　ゴウ　バア：ワレニマカセテヲケ
在下首
　　ＫⅣ18b　ヅアイ　ヒヤア　シウ：シタニアル（諸物）
　　Ｊ229　ヅアイ　ヒヤア　シウ：シタニアル
在這裡
　　ＫⅣ19b　ヅアイ　チエー　リイ：コヽニアル（財産）
在這裡

【YUN～ZAO】

　　Ｊ137　ヅアイ　チエヽ　リイ：コヽニアル
在卓上
　　ＫⅢ10a　ツアイ　チヨ　チヤン：ツクヘニアル（筵宴）
　　Ｊ229　ヅアイ　チヨ　ジヤン：ツクエニアル
載一載
　　ＫⅡ23a　ヅアイ　イ　ヅアイ：フ子ニツム（通用）
　　Ｊ23　ヅアイ　イ　ツアイ：フ子ニツム

ZAN

簪子
　　ＫⅢ30a　ツアン　ツウ：カンザシ（寶貨）
　　Ｊ300　シン　ツウ：カンザシ（器用）

ZANG

臟物事
　　ＫⅣ16b　ツアン　ウエ　ズウ：キタナヒ┐（諸物）
　　Ｊ239　サン　ウエ　ズウ：キタナイ

ZAO

糟瓜
　　ＫⅤ9b　ツア○ウ　クアワ：カスツケノウリ（飯肉）
　　Ｊ447　ツア○ウ　クハア：カスツケノウリ（飲食）
糟蘿蔔
　　ＫⅤ2b　ツア○ウ　レウ　ブウ：カスヅケダイコン
　　　　（菜蔬）
　　Ｊ385　ツア○ウ　ロウ　ブウ：カスツケダイコン（菜蔬）
糟蘿蔔
　　ＫⅤ9b　ツア○ウ　ロウ　ブウ：ナラヅケダイコン
　　　　（飯肉）｛重複掲載｝
　　Ｊ447　ツア○ウ　ロウ　ブウ：ナラツケノダイコン
　　　　（飲食）｛重複掲載｝
糟茄兒
　　ＫⅤ9b　ツア○ウ　キヤア　ルウ：カスヅケノナスビ
　　　　（飯肉）
糟茄児
　　Ｊ447　ツア○ウ　ギヤア　ルヽ：カスツケノナスビ
　　　　（飲食）
糟魚
　　ＫⅤ9b　ツア○ウ　イー：カスヅケウヲ（飯肉）
　　Ｊ447　ツア○ウ　イー：カスツケノウヲ（飲食）
鑿空
　　ＫⅣ50b　ヅヲ　コン：アナホル（居室）
　　Ｊ373　ツヲ　コン：アナホル（家居）
鑿子
　　ＫⅢ33b　ヅヲ　ツウ：ノミ（寶貨）
　　Ｊ308　ヅヲ　ツウ：ノミ（器用）

早農頭
　ＫⅠ1b　ツア○ウ　シン　テウ：ソフチヨフ（天文）
　J244　ツア○ウ　ジン　デウ：アサノウチ（天文）
早稲
　ＫⅤ6a　ツア○ウ　ダ○ウ：ワセ（飯肉）
　J441　ツア○ウ　ダ○ウ：ワセ（飲食）
早飯
　ＫⅤ7a　ツア○ウ　ワン：アサメシ（飯肉）
　J443　ツア○ウ　ワン：アサメシ（飲食）
早起来
　ＫⅠ43b　ツア○ウ　キイ　ライ：ハヤクオキヨ（動作）
早起來
　J109　ツア○ウ　キイ　ライ：ハヤクヲキヨ
早上
　ＫⅠ1b　ツア○ウ　ジャン：ソフテン（天文）
　J244　ツア○ウ　ジヤン：ソウテン（天文）
早上来
　ＫⅡ5b　ツア○ウ　ジヤン　ライ：ハヤクコヒ（賓友）
早上來
　J147　ツア○ウ　シヤン　ライ：ハヤクコイ
早晩
　ＫⅠ6a　ツア○ウ　ワン：マモナク（天文）
　J252　ツア○ウ　ワン：マモナク（天文）
早晩就来
　ＫⅡ6a　ツア○ウ　ワン　ヅイ○ウ　ライ：マモナクキタ（賓友）
早晩就來
　J148　ツア○ウ　ワン　ヂウ　ライ：マモナクキタ
早些来
　ＫⅡ5b　ツア○ウ　スイー　ライ：ハヤクコヒ（賓友）
早些來
　J147　ツア○ウ　スイ　ライ：ハヤクコイ
棗核釘
　ＫⅢ34b　ツア○ウ　ウヲ　デイン：アヒクキ（寶貨）
　J310　ツア○ウ　ウヲ　デン：アイクギ（器用）
棗子
　ＫⅤ33b　ツア○ウ　ツウ：ナツメ（菓蓏）
　J412　ツア○ウ　ツウ：ナツメ（菓）
皂白的
　ＫⅤ39a　ツア○ウ　ベ　テ：ヨシヲカソメノルイ（衣服）
　J431　ツア○ウ　ベ　テ：ヨシヲカソメ（衣服）
皂鵰
　ＫⅤ23a　ツア○ウ　デヤ○ウ：クマタカ（禽類）

J419　ツア○ウ　テヤ○ウ：クマタカ（飛禽）
皂莢
　ＫⅤ27b　ツア○ウ　キヤ：サイカシ（樹竹）
　J408　ツア○ウ　キヤ：サイカチ（樹竹）
灶櫃
　ＫⅣ44b　ツア○ウ　クイ：ヒトコ（舩件）
　J360　ツア○ウ　グイ：ヒトコ（舩件）
造船
　ＫⅠ20b　ツア○ウ　ヂエン：船大工（人品）
　J272　ヅア○ウ　ヂエン：船大工（人品）
造船的
　歩Ⅰ29a　｛「造船的」に変更｝
造酒
　ＫⅠ20b　ツア○ウ　ツイ○ウ：サケツクリ（人品）
　J272　ヅア○ウ　チウ：サカトジ（人品）
造染
　ＫⅠ21a　ツア○ウ　シエン：ソメヤ（人品）
　J272　ヅア○ウ　ゼン：ソメヤ（人品）
　歩　｛削除｝
造紙
　ＫⅠ20a　ツア○ウ　ツウ：カミスキ（人品）
　J271　ヅア○ウ　ツウ：カミスキ（人品）
造紙的
　歩Ⅰ28b　｛「造紙的」に変更｝
懆暴的
　ＫⅠ39a　サ○ウ　バ○ウ　テ：ソバフナ（性情）
　J212　サ○ウ　バ○ウ　テ：アラクタマシイ
躁暴的
　歩Ⅰ54a　｛文字の変更｝
燥燥的
　ＫⅣ9a　サ○ウ　サ○ウ　テ：カワヒタ（製作）
燥々的
　J223　サ○ウ　、　テ：カワイタ
燥燥脾
　ＫⅢ7b　サ○ウ　、　ビイ：アチハヒノ過分ナ〔（筵宴）
燥々脾
　J168　サ○ウ　、　ビイ：モノヽミナ過分ナ〔

ZE

則聲吵
　ＫⅠ30b　ツエ　シン　サアヽ：コエモセヌ（身體）
　｛語釈　誤り｝
　J107　チエ　スイン　サア：コエヲセヨ
責備他
　ＫⅢ21b　ツエ　ボイ　タアー：カレヲトカムル（官

【ZAO～ZHAN】

府）
　J103　チ　ボイ　タア：カレヲトガムル
責罰我
　KⅢ21b　ツエ　ワ　ゴヲ：ワレヲセムル（官府）
責罪我
　J103　チ　ヅイ　ゴウ：ワレヲセムル
責罸我
　歩Ⅲ27b　{「責罰我」に変更}

ZEI

賊舩
　KⅣ40b　ヅエ　ヂエン：ソクセン（舩件）
　J353　ヅエ　ヂエン：ゾクセン（舩件）
賊光頭
　歩Ⅰ31b　{「偸光頭」を削除して変更}
賊窩家
　KⅠ24b　ツエ　ヲウ　キヤウ：ヌスヒトノヤド（人品）
　J102　ヅエ　ヲヽ　キヤア：ヌスヒトノヤド

ZEN

怎麼處
　KⅡ19a　ツエ　モ　チユイ：ドフイタソフカ（通用）
怎広處
　J69　ツエ　モ　チユイ：ドフイタソウカ
怎麼様
　KⅡ26a　ツエン　モー　ヤン：ナニヨフニ（干求）
怎広様
　J65　ツエ　モ　ヤン：ナニヨウニ

ZENG

曾孫
　KⅠ35b　ツエン　スーン：ヒマゴ（親族）
　J282　ツエン　スエン：ヒマゴ（親族）
増長了
　KⅣ11b　ヅエン　チヤン　リヤ○ウ：マシタ（数量）
増長了
　J213　ツエン　ヂヤン　リヤ○ウ：マシタ

ZHA

鍘草刀
　KⅤ42b　ヅア　ツア○ウ　タ○ウ：クサキリ包丁（馬鞍）
　J416　ヅア　ツア○ウ　タ○ウ：クサキリ包丁（馬具）
鍘薬刀
　KⅢ34b　ツア　ヨ　タ○ウ：クスリボウテウ（寶貨）

　J309　ヅア　ヨ　タ○ウ：薬刀（器用）
詐敗
　KⅣ24b　ツアー　バイ：イツワリシリゾク（兵法）
　J330　ツア、パイ：イツワリシリゾク（兵法）
詐降
　KⅣ24b　ツアー　ギヤン：イツワリクダル（兵法）
　　{降字、音誤り}
　J330　ツア、ヤン：イツワリクダル（兵法）
詐銀子
　KⅡ30b　ツアー　イン　ツウ：ギンスヲタマシテトル（疎慢）
　J102　ツア、イン　ツウ：ギンスヲダマシテトル
柵門
　KⅣ50a　ツエ　メン：サクモン（居室）
　J373　ツエ　メン：町門（家居）

ZHAI

摘一枝
　KⅣ15a　テイ　ツウ：ヒトエタツム（数量）
　J29　テイ　ツウ：ヒトエタツム
窄得緊
　KⅣ12a　ツエ　テ　キン：ツントホソツタ（数量）
　J213　チエ　テ　キン：ヅントホソツタ

ZHAN

栴檀
　KⅤ27b　ヅエン　タン：センダンノキ（樹竹）
　J408　チエン　ダン：センダン（樹竹）
譫語
　KⅣ33a　チエン　イー：ウワコト（疾病）
　J345　チエン　イ、：ウワコト云
瞻仰他
　KⅡ27a　チエン　ニヤン　タアー：アレヲアフグ（干求）
　J96　チエン　ニヤン　タア：アレヲアヲク
蛅蟖
　KⅤ20a　チエン　スウ：ケムシ（蟲類）
　J401　チエン　スウ：ケムシ（虫）
斬得的
　KⅣ6b　ツアン　テ　テ：キツタモノ（製作）
　J216　チエン　テ　テ：キツタモノ
斬斷了
　KⅣ6b　ツアン　ドワン　リヤ○ウ：ナガイモノデキル⌐（製作）
斬斷了

『南山俗語考』・『南山考講記』・『漢語跬歩』ピンイン対照索引　　459

J216　チエン　ドハン　リヤ○ウ：ナガイモノデキル
占地歩
　　KⅡ20b　チエン　デイ　ブウ：コトヲヒキトリテスル┐（通用）
　　J98　チエン　リイ　ブウ：コトヲヒキトリテスル
戰不勝
　　KⅣ26b　チエン　ポ　シン：タヽカヒマケタ（兵法）
　　J112　チエン　プ　シン：タヽカイマケタ
戰場
　　KⅣ25b　チエン　ヂヤン：イクサバ（兵法）
　　J331　チエン　ヂヤン：イクサバ（兵法）
戰得勝
　　KⅣ26b　チエン　テ　シン：タヽカヒカツタ（兵法）
　　J112　チエン　テ　シン：タヽカイカツタ
蘸筆墨飽
　　KⅢ46a　ツアン　ヒ　メ　パ○ウ：フデニスミヲイツパヒソムル┐（讀書）
　　J123　ツヤ○ウ　ピ　メ　パ○ウ：フデヲゾブトソメタ
蘸火来
　　KⅤ13a　ツアン　ホフ　ライ：ヒヲスクフテコイ（煮煎）
蘸火來
　　J159　ツア○ウ　ホウ　ライ：ヒヲスクウテコイ
蘸醬油
　　KⅢ8a　ツアン　ヅヤン　ユウ：シヤウユニツケル（筵宴）
　　J169　ツヤ○ウ　ヂヤン　イウ：シヤウユニツケル
蘸起来
　　KⅣ2b　ツアン　キイ　ライ：スクヒアクル（製作）
蘸起來
　　J107　ツヤ○ウ　キイ　ライ：スクイアクル
蘸糖吃
　　KⅢ8b　ツアン　タン　チ：サトウニツケテクウ（筵宴）
　　J169　ツヤ○ウ　ダン　チ：サトウニツケテクウ
蘸一蘸
　　KⅡ23b　ツアン　イ　ツアン：スクウ○フデヲソムル（通用）
　　J24　ツア○ウ　イ　ツア○ウ：スクフ又フデヲソムル

ZHANG

張暴的
　　KⅠ39a　チヤン　パ○ウ　テ：ソバフナ（性情）
　　J212　チヤン　バ○ウ　テ：アラクタマシイ
張緊的
　　KⅣ35b　チヤン　キン　テ：ハレツマツタ（疾病）
　　J42　ヂヤン　キン　テ：ハレツマツタ
張口
　　KⅢ41b　チヤン　ゲ○ウ：ハタソリ（寶貨）
　　J324　チヤン　ゲ○ウ：ハタソリ（器用）
張篷
　　KⅣ49b　チヤン　ボン：ヒオヒ（居室）
　　J372　チヤン　ボン：ヒヲイ（家居）
樟樹
　　KⅤ27a　チヤン　ジユイ：クス（樹竹）
　　J407　チヤン　ジユイ：クス（樹竹）
鱆魚
　　KⅤ16a　チヤン　イー：タコ（魚鼈）
　　J392　チヤン　イヽ：タコ（魚介）
長輩的
　　KⅢ25b　ヂヤン　ポイ　テ：長年ノモノ（官府）
　　J11　ヂヤン　ポイ　テ：長年ノモノ
長俊的
　　KⅠ16a　チヤン　チユン　テ：スクレモノ（人品）
　　J260　ヂヤン　チン　テ：スクレタモノ（人品）
長俊的
　　KⅡ32a　チヤン　チユン　テ：スグレタモノ（德藝）｛重複掲載｝
　　J74　ヂヤン　チン　テ：タヽシキモノ｛重複掲載｝
長髯的
　　KⅠ28a　チヤン　スイー　テ：ヒゲナガ（身體）
　　J263　ヂヤン　シユイ　テ：ヒケナガ（人品）
掌朝的
　　KⅢ25a　ヂヤン　ヂヤ○ウ　テ：チヤウテイヲツカサトル（官府）
　　J36　ヂヤン　ヂヤ○ウ　テ：チヤウテイヲツカサドル
丈夫
　　KⅠ35a　チヤン　フウ：ヲツト（親族）
　　J281　ヂヤン　フウ：ヲツト（親族）
丈母
　　KⅠ34b　チヤン　ムウ：シウトメニ向テ云┐（親族）
　　J280　ヂヤン　ムウ：シウトメニ向テ（親族）
丈人
　　KⅠ34b　チヤン　ジン：シウトニ向テ云┐（親族）
　　J280　ヂヤン　ジン：シウトニ向テ（親族）
杖福的
　　KⅢ13a　ヂヤン　ホ　テ：オカゲヲカウムル（慶弔）
　　J83　ヂヤン　ホ　テ：シヤワセ
仗子
　　KⅢ40b　ヂヤン　ツウ：ツエ（寶貨）

【ZHAN～ZHAO】

杖子
 J322　ヂヤン　ツウ：ツエ（器用）

帳簿上開出来
 ＫⅣ22b　ヂヤン　ブウ　ジヤン　カイ　<u>チユ</u>　ライ：チヤウニカキダス（財産）

帳簿上開出来
 J18　ヂヤン　ブウ　ジヤン　カイ　チユ　ライ：チヤウニカキタス

帳鉤
 ＫⅢ27a　チヤン　ゲ○ウ：カチヨウノカギ（寶貨）
 J295　ヂヤン　ゲ○ウ：カチヨウノカキ（器用）

帳子
 ＫⅢ38b　チヤン　ツウ：カチヨウ（寶貨）
 J318　ヂヤン　ツウ：カヤ（器用）

脹起来
 ＫⅣ35b　チヤン　キイ　ライ：ハレタ（疾病）

脹起來
 J42　ヂヤン　キイ　ライ：ハレタ

障骨
 ＫⅢ26b　チヤン　コ：シヤウジボ子（寶貨）
 J294　チヤン　コ：シヤウジホ子（器用）

障門壞破了貼一貼
 ＫⅣ52b　チヤン　メン　ワイ　ポヲ　リヤ○ウ　テイ　テ：シヤウジカヤフレタハリカヘヨ（居室）
 J194　チヤン　メン　ワイ　ポウ　リヤ○ウ　テ　イ　テ：シヤウジガヤブレタハリカエヨ

歩　{削除}

障子
 ＫⅢ26b　チヤン　ツウ：シヤウシ（寶貨）
 J294　チヤン　ツウ：シヤウジ（器用）

障子邊
 ＫⅣ52b　チヤン　ツウ　ペエン：シヤウジノホトリ（居室）
 J195　チヤン　ツウ　ペン：シヤウジノホトリ

ZHAO

招出来
 ＫⅢ22a　チヤ○ウ　<u>チユ</u>　ライ：ハクシヤウスル（官府）

招出來
 J105　チヤ○ウ　チユ　ライ：ハクゼウスル

招牌
 ＫⅢ33a　チヤ○ウ　パイ：店ノカンバン（寶貨）{Jの照を招に改める}

照牌
 J307　ツヤ○ウ　パイ：店ノカンバン（器用）

招商店
 ＫⅣ51b　チヤ○ウ　シヤン　テエン：トヒヤ（居室）
 J376　ツア○ウ　シヤン　テン：トイヤ（家居）

招一招
 ＫⅡ22b　チヤ○ウ　イ　チヤ○ウ：マ子グ（通用）
 J22　チヤ○ウ　イ　チヤ○ウ：マ子ケ

着狐狸
 ＫⅣ34b　<u>チヨ</u>　ウー　リイ：キツ子ツキ（疾病）
 J102　ヂヤ、　リイ：キツ子ツキ

着急了
 ＫⅠ38b　<u>チヨ</u>　キ　リヤ○ウ：ヲドロク○トリコム（性情）
 J89　ヂヤキ　キ　リヤ○ウ：ヲドロク又トリコム

着了雨
 ＫⅠ6b　<u>チヨ</u>　リヤ○ウ　イー：アメニアフタ（天文）
 J182　ヂヤ　リヤ○ウ　イ、：アメニアフタ

着魔的
 ＫⅠ37b　<u>チヨ</u>　マウ　テ：マガツヒタ（性情）
 J102　ヂヤ　モウ　テ：ツキモノヽスル⁊

照鏡
 ＫⅢ42b　チヤ○ウ　キン：カヽミル（寶貨）
 J367　ツヤ○ウ　キン：カヽミル（婚姻）

照例
 ＫⅡ18b　チヤ○ウ　リイ：レヒノトホリ（通用）
 J68　ツヤ○ウ　リイ：レイノトヲリ

照老例
 歩Ⅱ25a　{「照老例」に変更}

照前煎
 ＫⅤ13a　チヤ○ウ　ヅエン　ツエン：マヘノコトクセンズル（煮煎）
 J160　ツヤ○ウ　ヂエン　ヂエン：マヘノ如クセンズル

照樣照樣
 ＫⅡ19a　チヤ○ウ　ヤン　チヤ○ウ　ヤン：テホンノトホリ（通用）

照樣ヽヽ
 J69　ツヤ○ウ　ヤン　〽：テホンノトヲリ

照樣子
 歩Ⅱ25a　{「照樣子」に変更}

照一照
 ＫⅡ23b　チヤ○ウ　イ　チヤ○ウ：テラス（通用）
 J24　ツヤ○ウ　イ　チヤ○ウ：テラス

兆兆兆
 ＫⅢ14b　ヂヤ○ウ　、、：吉ナリ〽

兆ヽヽ

J47 テヤ○ウ 、、：吉ナリ〜

ZHE

遮盖
　ＫⅣ44a チエー カイ：トマスル（舩件）
　J362 チエ、 カイ：トマスル（舩件）

遮蓋
　歩Ⅳ61b 　{「遮蓋」に変更}

遮護他
　ＫⅡ9b チエー ウー タアー：アレヲカモフ（賓友）
　J73 シエ、 ウ、 タア：アレヲカバフ

遮日
　ＫⅠ1b チエー ジ：ヒカゲサス（天文）
　J243 チエ、 ジ：ヒカゲサス⌐
　歩　{削除}

遮闌
　ＫⅣ49b チエー タ：ヒオヒ（居室）
　J372 チエ、 タ：ヒヲイ（家居）

遮一遮
　ＫⅡ22b チエー イ チエー：サヘキル○オアフ（通用）
　J21 チエ、 イ チエ、：カブスル

遮油布
　ＫⅣ44a チエー ユウ プウ：トマヲカクル（舩件）
　J359 チエ、 イウ プウ：トマヲスル（舩件）

遮住了
　ＫⅡ28a チエー ヂユイ リヤ○ウ：サヘギッタ（干求）
　J220 チエ、 ヂユイ リヤ○ウ：カブセテヲイタ

折掉了
　ＫⅣ3a ツエ デヤ○ウ リヤ○ウ：トリクヅス（製作）
　J107 チエ デヤ○ウ リヤ○ウ：トリクヅス

折錠子
　ＫⅣ38a ツエ テイン ツウ：カタノクスリヲオル（醫療）
　J44 チエ デン ツウ：カタノクスリヲオル

折房子
　ＫⅣ50b ツエ ブワン ツウ：イヘヲトク（居室）{折は拆の誤りか}
　J375 チエ ワン ツウ：イエヲトク（家居）

折花
　ＫⅤ31b ツエ ハアー：ハナヲル（花卉）
　J438 チエ ハア：ハナヲル⌐（花卉）

折起来
　ＫⅣ6b ツエ キイ ライ：ヲレタ（製作）

折起來
　J216 チエ キイ ライ：ヲレタ

拆雨傘
　ＫⅢ43a ツエ イ、 サン：カサヲタヽム（器用）

拆雨傘
　J60 チエ イ、 サン：カサヲタヽム {拆は折の誤り}

摺好了
　ＫⅤ40a ヅイ ハ○ウ リヤ○ウ：ヨクタヽンタ（衣服）
　J209 チエ ハ○ウ リヤ○ウ：ヨクタヽンダ

摺起来
　ＫⅤ40a ヅイ キイ ライ：タヽメ（衣服）

摺起來
　J209 チエ キイ ライ：タヽメ

這班人
　ＫⅠ23b チエ、 パン ジン：コノツレノモノ（人品）
　J141 チエ、 パン ジン：コノツレノモノ

這般説
　ＫⅡ15b チエー ボワン セ：コノヤフニイヘ（通用）
　J129 チエ、 パン セ：コノヨウニイエ

這半張
　ＫⅣ14b チエー ポワン チヤン：コノハンマヒ（数量）
　J28 チエ、 パン チヤン：コノハンマイ

這邊狼藉得狠
　ＫⅢ9b チエー ペエン ラン ヅイ テ ヘン：コノヘンイカフチレタ（筵宴）
　J110 チエ、 ペン ラン チ テ ヘン：コノヘンイカフチレタ

這草包
　ＫⅣ20b チエー ツア○ウ パ○ウ：コノムシロツヽミ（財産）
　J197 チエ、 ツア○ウ パ○ウ：コノムシロツヽミ

這等説
　ＫⅡ15b チエー テン セ：コノヨウニイヘ（通用）
　J129 チエ、 テン セ：コノヨウニイエ

這箇人
　ＫⅠ23b チエー コジン：コノ人（人品）
　J140 チエ、 コジン：コノ人

這個藥効得快
　ＫⅣ38b チエー コ ヨ ヤ○ウ テ クワイ：コノクスリハシルシカハヤヒ（醫療）
　J44 チエ、 コ ヨ ヤ○ウ テ クハイ：コノクスリハシルシガハヤイ

這個魚煮得熟脱了肉

462

這

ＫⅤ13b チエー カイー チユイ テ ジヨ ト リヤ○ウ ジヨ：コノウヲハニシユクシテニクカハナル、（煮煎）

這個魚煑得熟脱了肉

Ｊ161 チエ、 コイ、 チユイ テ ジヨト リヤ○ウ ジヨ：コノウヲハニジユクシテニクガハナル、

這好的

ＫⅡ17a チエー ハ○ウ テ：コレガヨヒ（通用）

Ｊ134 チエ、 ハ○ウ テ：コレガヨイ

這何妨

ＫⅡ26a チエー ホフ ハン：タイジナイ（干求）

Ｊ65 チエ、 ハウ ハン：タイジナイ

這幾本

ＫⅣ15a チエー キイ ペン：コノナンサツ（數量）

Ｊ29 チエ、 キイ ペン：コノナンサツ

這幾天

ＫⅠ4b チエー キイ テエン：コノゴロ（天文）

Ｊ250 チエ、 キイ テン：コノゴロ（天文）

這件薬行血的

ＫⅣ38b チエ、 ゲン ヨ イン ヘ テ：コノクスリハチヲメクラス（醫療）

Ｊ45 チエ、 ゲン ヨ イン ヘ テ：コノクスリハチヲメクラスクスリ

這街上

ＫⅠ13a チエー キヤイ ジヤン：コノマチ（地理）

Ｊ189 チエ、 キヤイ ジヤン：コノマチ

這局面有些竒

ＫⅡ34a チエー ギヨ メエン イウ スイー ギイ：コノヨウスハチトアヤシヒ（德藝）

Ｊ7 チエ、 ギヨ メエン イウ スイ キイ：コノヨウスハチトアヤシイ

這句話

ＫⅡ14a チエー キイ ワアー：コノハナシ（通用）

Ｊ125 チエ、 キユイ ワア：コノハナシ

這裏来

ＫⅡ4a チエー リイ ライ：コヽヘコヒ（賓友）

這裡來

Ｊ144 チエ、 リイ ライ：コヽエコイ

這両日

ＫⅠ4b チエー リヤン ジ：コノゴロ（天文）

Ｊ250 チエ、 リヤン ジ：コノゴロ（天文）

這些話

ＫⅡ14a チエー スイー ワアー：コノヤウナハナシ（通用）

Ｊ125 チエ、 スイ ワア：チヨトノハナシ

這様的

ＫⅣ16b チエー ヤン テ：コノヤフナ（諸物）

Ｊ234 チエ、 ヤン テ：コノヤウナ

這一本

ＫⅣ15a チエー イ ペン：コノイツサツ（數量）

Ｊ29 チエ、 イ ペン：コノイツサツ

這一個

ＫⅣ15a チエー イ コ：コノヒトツ（數量）

Ｊ29 チエ、 イ コ：コノヒトツ

這一門

ＫⅣ13a チエー イ メン：コノヒトツイカリ○イシヒヤノルイヲ云（數量）

Ｊ30 チエ、 イ メン：コノヒトツノモン

這一頭

ＫⅣ15a チエー イ デ○ウ：コノイチバン（數量）

Ｊ29 チエ、 イ デ○ウ：コノイチバン

這一箱

ＫⅣ13a チエー イ スヤン：コノヒトハコ（數量）

Ｊ30 チエ、 イ スヤン：コノヒトハコ

這一着可取的

ＫⅡ32b チエー イ チヤ コヲー ツイ、 テ：コノヒトテデトル○棋ノコトバ（德藝）

Ｊ112 チエ、 イヂヤ コウ チユイ テ：コノヒトテヾトル、 棋ノ詞

這意思

ＫⅠ39b チエー イー スウ：コノコヽロ（性情）

Ｊ7 チエ、 イ、 スウ：コノヨウス

這坐山

歩Ⅱ48a ｛増補｝

鵃鶘

ＫⅤ23a チエー クウ：ミサゴ（禽類）

Ｊ420 チエ、 クウ：ミサコ（飛禽）

ZHEN

針路

ＫⅣ46a チン ルウ：ハリスチ（舩件）

Ｊ363 チン ルウ：ノリスチ（舩件）

針筒

ＫⅢ42b チン トン：ハリヅヽ（寶貨）

Ｊ367 チン ドン：ハリツヽ（婚姻）

針線

ＫⅤ38b チン スエン：ヌイソ（衣服）

Ｊ430 チン セン：ヌイソ（衣服）

針一針

ＫⅡ23a チン イ チン：ハリヲスル（通用）

J23　チン　イ　チン：ハリヲスル

針子
　KⅢ38a　チン　ツウ：ハリ（寶貨）
　J317　チン　ツウ：ハリ（器用）

真才子
　KⅢ50b　チン　ヅアイ　ツウ：マコトノガクシヤ（讀書）
　J14　チン　ツアイ　ツウ：マコトノ學者

真假子
　步Ⅲ68b　{「真假子」に変更}

真金的
　KⅢ35a　チン　キン　テ：ホンキン（寶貨）
　J311　チン　キン　テ：ホンキン（器用）

眞麻油
　KⅤ9a　チン　マアー　ユウ：ゴマノアブラ（飯肉）
　J447　チン　マア　イウ：マコマノアフラ（飲食）

真書
　KⅢ32a　チン　シユイ：シンモジ（寶貨）
　J304　チン　シユイ：シンモジ（器用）

真真妙
　KⅡ17a　チン　チン　ミヤ○ウ：マコトニメウ（通用）{真正の誤りか}

真〻妙
　J134　チン　チン　ミヤ○ウ：イカフヨイ

真正来的湊巧
　KⅡ6a　チン　チン　ライ　テ　ツエ○ウ　キヤ○ウ：チヤウドヨヒトキ、ダ（賓友）

真正来的湊巧
　J148　チン　チン　ライ　テ　スエ○ウ　キヤ○ウ：チヤウドヨイトキキタ

真珠
　KⅢ40a　チン　チイ：カイノタマ（寶貨）

眞珠
　J320　チン　チユイ：カイノタマ（器用）

砧板
　KⅢ42a　チン　パン：マナイタ（寶貨）
　J325　チン　パン：マナイタ（器用）

砧子
　KⅢ38a　チン　ツチ：キヌタノコ（寶貨）

杵子
　J316　チユイ　ツウ：キヌタノコ（器用）{Kは「杵子」を差し替え}

椹樹子
　KⅤ34a　チン　ジユイ　ツウ：クハノミ（菓蔬）
　J413　チン　ジユイ　ツウ：クハノミ（菓）

鍼
　KⅣ37a　チン：ハリ（醫療）
　J349　チン：ハリ（療養）

打鍼
　步Ⅳ52a　{「打鍼」に変更}

鱵魚
　KⅤ15b　チン　イー：サヨリ（魚鼈）
　J392　チン　イ､：サヨリ（魚介）

診脉
　KⅣ37a　チン　メ：ミヤクミル（醫療）
　J349　チン　ペ：ミヤクミル⏋（療養）

疹
　KⅣ30a　チン：ハシカ（疾病）
　J338　チン：ハシカ（感動）
　步　{削除}

枕頭
　KⅢ38b　チン　デ○ウ：マクラ（寶貨）
　J318　チン　デ○ウ：マクラ（器用）

枕頭箱
　KⅢ38b　チン　デ○ウ　スヤン：マクラバコ（寶貨）
　J318　チン　デ○ウ　スヤン：マクラハコ（器用）

陣頭雨
　KⅠ2b　ヂン　デ○ウ　イー：トヲリアメ（天文）
　J246　チン　デ○ウ　イ､：トヲリアメ（天文）

鎮紙
　KⅢ31b　チン　ツウ：ケサン（寶貨）
　J304　チン　ツウ：ケサン（器用）

鎮住了
　KⅣ53a　チン　ヂユイ　リヤ○ウ：シツマツタ（居室）
　J195　チン　ヂユイ　リヤ○ウ：チンジユ

ZHENG

正月裡拜年去
　KⅠ9a　チン　イエ　リイ　パイ　子エン　キユイ：正月中子ンレイニアルク（天文）

正月裡拜年去
　J187　チン　エ　リイ　パイ　子ン　キユイ：正月中子ンレイニアルク⏋

怔忡
　KⅣ30b　チン　チヨン：ムナサワキ（疾病）
　J339　チン　チヨン：ムナサワキ（感動）

蒸
　KⅤ11a　チン：ムス（飯肉）
　J450　チン：ムス（飲食）

蒸来吃

【ZHEN～ZHENG】

　　KⅢ7b　チン　ライ　チ：ムシテタベル（筵宴）
蒸來吃
　　J168　チン　ライ　チ：ムシテタベル
蒸籠
　　KⅢ36a　チン　ロン：セイロウ（寶貨）
蒸篭
　　J313　チン　ロン：セイロウ（器用）
整本戲
　　KⅡ33a　チン　ペン　ヒイ：ダンヲトヲス（德藝）
　　J13　チン　ペン　ヒイ：ダンヲトヲス
整勾了
　　KⅣ10a　チン　ゲ○ウ　リヤ○ウ：トヽノヘタ（數量）
　　J170　チン　ゲ○ウ　リヤ○ウ：トヽノヘタル
正産
　　KⅣ34a　チン　ツアン：ヘイサン（疾病）
　　J347　チン　ツアン：ヘイサン（感動）
　　歩　{削除}
正船主
　　KⅣ40a　チン　ヂエン　チイ：ホンセンドウ（舩件）
　　J351　チン　ヂエン　チイ：ホンセンドウ（舩件）
正當中
　　KⅣ18b　チン　タン　チヨン：マンナカ（諸物）
　　J229　チン　タン　チヨン：マンナカ
正好吃
　　KⅢ5a　チン　ハ○ウ　チ：ヨキタヘモノ（筵宴）
　　J163　チン　ハ○ウ　チ：ヨキタベモノ
正好穿
　　KⅤ40a　チン　ハ○ウ　チエン：ヨフキタ（衣服）
　　J209　チン　ハ○ウ　チエン：ヨフキタ
正好来
　　KⅡ4a　チン　ハ○ウ　ライ：ヨフコラレタ（賓友）
正好來
　　J144　チン　ハ○ウ　ライ：ヨフコラレタ
正好去
　　KⅡ4a　チン　ハ○ウ　キユイ：ヨフユイタ（賓友）
　　J144　チン　ハ○ウ　キユイ：ヨウイツタ
正好學
　　KⅢ47a　チン　ハ○ウ　ヒヨ：ヨキナラヒジブン（讀書）
　　J126　チン　ハ○ウ　ヒヨ：ヨクヲナラヒ
正好做
　　KⅣ2a　チン　ハ○ウ　ツヲー：チヨフトヨクツクツタ（製作）
　　J133　チン　ハ○ウ　ツヲヽ：ヨウツクツタ
正經話
　　KⅡ14a　チン　キン　ワアー：タヾシヒハナシ（通用）
　　J125　チン　キン　ワア：タヾシイハナシ
正經路
　　KⅠ13a　チン　キン　ルウ：タヾシキミチ（地理）
　　J188　チン　キン　ルウ：タヾシキミチ
正經人
　　KⅠ15a　チン　キン　ジン：タヾシキ人（人品）
　　J259　チン　キン　ジン：タヾシイ人（人品）
正可笑
　　KⅠ44a　チン　コヲー　スヤ○ウ：ナルホドオカシヒ（動作）
正可咲
　　J7　チン　コウ　スヤ○ウ：ナルホドヲカシイ
正茂盛
　　KⅤ35a　チン　メ○ウ　ヂン：マツサカリ（種藝）
　　J208　チン　メ○ウ　ヂン：マツサカリ
正篷
　　KⅣ41b　チン　ポン：マトモ（舩件）
　　J352　チン　ポン：マトモ（舩件）
正氣的
　　KⅠ16a　チン　キイ　テ：タヾシキモノ（人品）
　　J260　チン　キイ　テ：タヾシキモノ（人品）
正是囉
　　KⅡ19a　チン　スウ　ロフ：ナルホド（通用）
　　J69　チン　スウ　ロフ：ナルホト
正是你
　　KⅡ11a　チン　スウ　ニイ：ナルホドソナタ（賓友）
　　J96　チン　ズウ　ニイ：ナルホトソコモト
正是他
　　KⅡ11a　チン　スウ　タアー：ナルホドアノ人（賓友）
　　J96　チン　ズウ　タアー：ナルホトアノ人
正是正是
　　KⅡ19a　チン　ズウ　チン　ズウ：ソウジヤ～○ナルホト（通用）
正是〃〃
　　J69　チン　ズウ　～：ナルホト
正所知
　　KⅡ10b　チン　ソウ　ツウ：ゴゾンジノトヲリ（賓友）
　　J94　チン　ソウ　ツウ：ゴソンノトヲリ
正象的
　　KⅣ16b　チン　ヅヤン　テ：ヨクニタ（諸物）
　　J234　チン　ヂヤン　テ：ヨクニタ
正像的
　　歩Ⅳ23a　{「正像的」に変更}
正要的

KⅡ26a チン ヤ○ウ テ：カンヨフナ（干求）
J65 チン ヤ○ウ テ：カンヨウナ

ZHI

芝麻
　KⅤ4b ツウ マアー：コマ（菜蔬）
　J388 ツウ マア：コマ（菜蔬）

枝兒
　KⅤ28b ツウ ルウ：エダ（樹竹）
　J410 ツウ ル丶：エタ（樹竹）

織成的
　KⅤ39b チ ヂン テ：ヲリツケタ（衣服）
　J207 チ ヂン テ：ヲリツケタ

織機
　KⅤ41a チ キイ：オリハタ（衣服）
　J367 チ キイ：ヲリハタ（婚姻）

織機
　KⅠ20b チ キイ：ヲリモノヤ（人品）{重複掲載，別項目}
　J272 チ キイ：ヲリモノヤ（人品）{重複掲載，別項目}

織機的
　歩Ⅰ29a　{「織機的」に変更}

織席
　KⅠ20a チ ヅイ：コザウチ（人品）
　J271 チ ヂエ：ゴザウチ（人品）

織席的
　歩Ⅰ28b　{「織席的」に変更}

梔樹
　KⅤ27a ヅウ ジユイ：クチナシノキ（樹竹）
　J407 ヅウ ジユイ：クチナシ（樹竹）

知己
　KⅠ21b ツウ キイ：チキ（人品）
　J274 ツウ キイ：チキ（人品）

知了
　KⅡ10b ツウ リヤ○ウ：シリマシタ（賓友）
　J94 ツウ リヤ○ウ：シリマシタ

知道了
　歩Ⅱ14a　{「知道了」に変更}

蜘蛛
　KⅤ19a ツウ チイ：クモ（蟲類）
　J399 ツウ チユイ：クモ（虫）

脂麻鹽
　KⅤ9a ツウ マアー エン：ゴマシヲ（飯肉）

脂麻塩
　J446 ツウ マア エン：ゴマシヲ（飲食）

執笏的
　KⅢ25a チ ホ テ：官人ノシヤクヲモツ人（官府）
　J36 チ ホ テ：官人ノ⌐

執拗的
　KⅠ37b チ ア○ウ テ：ワカマヽナ（性情）
　J103 チ ア○ウ テ：ワガマヽナ

執事舩
　KⅣ40b チ ズウ ヂエン：トウグブ子（舩件）

執事船
　J352 チ ズウ ヂエン：ドウグフ子（舩件）

繋根
　KⅢ42b チ ゲン：モトユヒ（寶貨）
　J367 チ ゲン：モトユイ（婚姻）

直掉了
　KⅣ11a ヂ デヤ○ウ リヤ○ウ：スグヽナツタ（数量）

直掉了
　J211 チ デヤ○ウ リヤ○ウ：スグヽナツタ

直了罷
　KⅣ11a ヂ リヤ○ウ バア丶：スグヒガヨヒ（数量）

直了罷
　J211 チ リヤ○ウ バア：：スグイガヨイ

直氣的
　KⅡ32a ヂ キイ テ：スグヒモノ（徳藝）

直氣的
　J74 チ キイ テ：スグナモノ

直挺挺
　KⅣ11a ヂ デン デン：マツスグナ（数量）

直挺〃
　J211 チ デン 丶：マツスグナ

直托的
　KⅣ11a ヂ ト テ：マツスグナ（数量）

直托的
　J211 チ ト テ：マツスグニ

直寫了
　KⅢ45b ヂ スエー リヤ○ウ：スグヽカヒタ（讀書）

直寫了
　J121 チ スエ丶 リヤ○ウ：スグヽカイタ

直一直
　KⅡ22a ヂイ ヂ：マツスクニ（通用）

直一直
　J21 ヂイ ヂ：マツスグニ

直直的

ＫⅣ11b　チ　チ　テ：スグナ（數量）
直々的
　Ｊ212　ヂ、テ：スグナ
値日的
　ＫⅠ16b　ヂジ　テ：タウバンノモノ（人品）
　Ｊ262　チジ　テ：トウバンノモノ（人品）
姪兒
　ＫⅠ35a　ヂル：ヲヒ（親族）
　Ｊ281　チル丶：ヲイ（親族）
姪女
　ＫⅠ35a　ヂ　ニイ：メヒ（親族）
　Ｊ281　チ　ニイ：メイ（親族）
躑躅
　ＫⅤ27b　テ　チヨ：ツヽジ（樹竹）
　Ｊ408　テ　チヨ：ツヽジ（樹竹）
止嗽的
　ＫⅣ39a　ツウ　スエ○ウ　テ：セキヲヤムル（醫療）
　Ｊ46　ツウ　スエ○ウ　テ：セキヲヤムル
止血了
　ＫⅣ38a　ツウ　ヘ　リヤ○ウ：チヲトムル（醫療）
　Ｊ46　ツウ　ヘ　リヤ○ウ：チヲトムル
只吃得
　ＫⅢ7a　ツエ　チ　テ：クヒマス（筵宴）
　Ｊ167　チ　チ　テ：クイマス
只得你
　ＫⅡ1b　ツエ　テ　ニイ：ソナタトバカリ（賓友）
　Ｊ140　チ　チ　ニイ：ソコモトバカリ
只顧己不顧人
　ＫⅡ2a　ツエ　クウ　キイ　ポ　クウ　ジン：タヾヲノレヲミテ人ヲミヌ（賓友）
　Ｊ139　チ　クウ　キイ　プ　クウ　ジン：ヲノレヲミテ人ヲミヌ
只寡酒
　ＫⅢ3b　ツエ　クワア　ツイ○ウ：サケバカリ（筵宴）
　Ｊ157　チエ　クハア　チウ：サケバカリ
只管吃
　ＫⅢ6b　ツエ　クワン　チ：ヒタスラタヘル（筵宴）
　Ｊ166　チエ　クハン　チ：ヒタスラタベル
只管催
　ＫⅡ27a　ツエ　クワン　ツ○イ：ヒタスラサイソクスル（干求）
　Ｊ94　チエ　クハン　ツイ：ヒタスラサイソクスル
只管讀
　ＫⅢ44b　ツエ　クワン　ド：ヒタスラヨム（讀書）
　Ｊ120　チエ　クハン　ド：ヒタスラヨム

只管看
　ＫⅠ41b　ツエ　クワン　カン：ヒタスラミル（動作）
　Ｊ174　チエ　クハン　カン：ヒタスラミル
只管學
　ＫⅢ47b　ツエ　クワン　ヒヨ：ヒタスラナラフ（讀書）
　Ｊ128　チエ　クハン　ヒヨ：ヒタスラナラフ
只管做
　ＫⅣ2a　ツエ　クワン　ツヲー：ヒタスラスル（製作）
　Ｊ134　チエ　クハン　ツヲ丶：ヒタスラナス
只好聽
　ＫⅠ41a　ツエ　ハ○ウ　テイン：キクバカリヨヒ（動作）
　Ｊ173　チ　ハ○ウ　デン：キクバカリヨイ
只是懶
　ＫⅠ37a　ツエ　ズウ　ラン：ヒタスラニブセフナ（性情）
　Ｊ100　チ　ズウ　ラン：ヒタスラニブセウナ
只是冷
　ＫⅢ5b　ツエ　ズウ　レン：タヾツメタヒ（筵宴）
　Ｊ164　チ　ズウ　レン：タヾツベタイ
只是熱
　ＫⅢ5b　ツエ　ズウ　ジエ：タヾアツヒ（筵宴）
　Ｊ164　チ　ズウ　ゼ：タヾアツイ
只是疼
　ＫⅣ34b　ツエ　ズウ　デン：タヾイタヒ（疾病）
　Ｊ40　チ　ズウ　デン：タヾイタイ
只推道
　ＫⅡ20b　ツエ　トイ　ダ○ウ：カコツケテイフ（通用）
　Ｊ100　チ　トイ　ダ○ウ：カコツケテイフ
只推說有病不得来也
　ＫⅡ30b　ツエ　トイ　セイウ　ビン　ポ　テ　ライ　エー：タヽビヤウキニカコツケテコラレヌ（疎慢）
只推說道有病不得来也
　Ｊ100　チ　トイ　セダ○ウ　イウ　ビン　プ　テ　ライ　エ丶：タヾビヤウキニカコツケテコラレヌ
只推說有病不肯来
　歩Ⅱ40b　｛「只推說有病不肯来」に変更｝
只用葉不用花
　ＫⅣ38a　ツエ　ヨン　エ　ホ　ヨン　ハアー：ハヾカリモチヒテハナハモチヒヌ（醫療）
　Ｊ43　チ　ヨン　エ　プ　ヨン　ハア：ハヾカリモチイテハナハモチイヌ
只有豆
　ＫⅣ20a　ツエ　イウ　デ○ウ：マメバカリアル（財産）
　Ｊ235　チ　イウ　デ○ウ：マメバカリアル

只有火
    ＫⅤ13b　ツエ　イウ　ホヲー：火バカリアル（煮煎）
    Ｊ161　チイウ　ホウ：火バカリアル
只有米
    ＫⅣ20b　ツエ　イウ　ミイ：コメバカリアル（財産）
    Ｊ235　チイウ　ミイ：コメバカリアル
只有水
    ＫⅤ14a　ツエ　イウ　シユイ：ミヅハカリアル（煮煎）
    Ｊ162　チイウ　シユイ：ミヅハカリアル
只有魚
    ＫⅤ11b　ツエ　イウ　イー：ウヲバカリアル（飯肉）
    Ｊ235　チイウ　イヽ：ウヲバカリアル
枳具
    ＫⅤ34a　ツウ　ギユイ：ケンホノナシ（菓蓏）
    Ｊ413　ツウ　ギユイ：ケンホノナシ（菓）
指叉
    ＫⅠ27a　ツウ　ツアー：ユビノマタ（身體）
    Ｊ289　ツウ　ツアヽ：ユビノマタ（身體）
指點你
    ＫⅡ10b　ツウ　テエン　ニイ：ソナタニシナンイタ
    ソフ（賓友）
指獘你
    Ｊ78　ツウ　テン　ニイ：シナンイタソウ
指腹為婚
    ＫⅢ19b　ツウ　ホ　ヲイ　ホン：ハラコメノウチヨリ
    エンクミスルコ（婚姻）
    Ｊ366　ツウ　ホ　ヲイ　フイン：ハラコメノウチヨリ
    エンクム（婚姻）
指甲
    ＫⅠ27a　ツウ　キヤ：ツメ（身體）
    Ｊ289　ツウ　キヤ：ツメ（身體）
指節
    ＫⅠ26b　ツウ　ツイ：ユビノフシ（身體）
    Ｊ288　ツウ　チエ：ユビノフシ（身體）
指南車
    ＫⅢ35a　ツウ　ナン　チエー：ホウバリ（寶貨）
    Ｊ311　ツウ　ナン　チエヽ：ハリ（器用）
指頭
    ＫⅠ26b　ツウ　デ○ウ：ユビサキ（身體）
    Ｊ288　ツウ　デ○ウ：ユビサキ（身體）
指爪
    ＫⅠ27a　ツウ　ツア○ウ：ツメ（身體）
    Ｊ289　ツウ　ツア○ウ：ツメ（身體）
指着你
    ＫⅡ10b　ツウ　ヂヤ　ニイ：ソナタニシナンスル
    （賓友）
    Ｊ92　ツウ　ヂヤ　ニイ：ソチニサシツケテ
紙包的
    ＫⅣ19b　ツウ　パ○ウ　テ：カミツヽミノモノ（財産）
    Ｊ197　ツウ　パ○ウ　テ：カミツヽミノモノ
紙包兒
    ＫⅣ19b　ツウ　パ○ウ　ルウ：カミツヽミ（財産）
    Ｊ197　ツウ　パ○ウ　ルヽ：カミツヽミ
紙窓
    ＫⅣ49b　ツウ　チヨワン：マト（居室）
    Ｊ371　ツウ　ツアン：マド（家居）
紙燈
    ＫⅢ27b　ツウ　テン：カミトウロウ（寶貨）
    Ｊ296　ツウ　テン：カミトウロ（器用）
紙兒
    ＫⅢ31b　ツウ　ルウ：カミ（寶貨）
    Ｊ303　ツウ　ルヽ：カミ（器用）
紙糊的
    ＫⅢ31b　ツウ　ウヽ　テ：カミバリノモノ（寶貨）
    Ｊ303　ツウ　ウヽ　テ：カミバリノモノ（器用）
紙裏
    ＫⅢ31b　ツウ　リイ：カミノウラ（寶貨）
    Ｊ304　ツウ　リイ：ウラ（器用）
紙門
    ＫⅢ26b　ツウ　メン：カラカミ（寶貨）
    Ｊ294　ツウ　メン：カラカミ（器用）
紙門邊
    ＫⅣ52a　ツウ　メン　ベエン：カラカミノホトリ
    （居室）
    Ｊ193　ツウ　メン　ペン：カラカミノホトリ
紙面
    ＫⅢ31b　ツウ　メエン：カミノヲモテ（寶貨）
    Ｊ304　ツウ　メン：カミノヲモテ（器用）
紙捻
    ＫⅢ29b　ツウ　子エン：モトユヒ（寶貨）
    Ｊ300　ツウ　ゾン：モトユイ（器用）
紙牌
    ＫⅢ33a　ツウ　パイ：カルタ（寶貨）
    Ｊ307　ツウ　パイ：カルタ（器用）
紙上寫
    ＫⅢ46a　ツウ　ジヤン　スエー：カミニカケ（讀書）
    Ｊ123　ツウ　ジヤン　スエヽ：カミニカケ
紙鵀
    ＫⅢ37b　ツウ　ヤ○ウ：イカノボリ（寶貨）
    Ｊ316　ツウ　ヤ○ウ：イカノボリ（器用）

【ZHI～ZHONG】

紙鳶
　　KⅢ37b　ツウ　イエン：イカノボリ（寳貨）
　　J316　ツウ　［唐音なし］：イカノボリ（器用）
紙帳
　　KⅢ38b　ツウ　チヤン：シチヤウ（寳貨）
　　J318　ツウ　チヤン：シチヤウ（器用）
紙障
　　KⅢ26b　ツウ　チヤン：カラカミ（寳貨）
　　J294　ツウ　チヤン：カラカミ（器用）
紙障破了補一補好
　　KⅣ52b　ツウ　チヤン　ホヲ、　リヤ○ウ　プウ　イ　プウ　ハ○ウ：シヤウシガヤフ■タハリツクロヘ（脱字）（居室）
　　J195　ソウ　チヤン　ポウ　リヤ○ウ　プウ　イ　プウ　ハ○ウ：セウジガヤブレタハリツクロヘ
至誠的
　　KⅠ39b　ツウ　ヂン　テ：マコ■（脱字）（性情）
　　K'Ⅰ39b　ツウ　ヂン　テ：マコト（性情）
　　J47　ツウ　チン　テ：マコト
至誠人
　　KⅠ15a　ツウ　ヂン　ジン：マコトアル人（人品）
　　J259　ツウ　チン　ジン：マコトアル人（人品）
致意致意
　　KⅢ18a　ツウ　イー、　、：ツタエヨ　〰（寄贈）
致意〻〻
　　J92　ツウ　イ、　〰：ツタエヨ　〰
蛭子
　　KⅤ20a　ヂ　ツウ：ヒル（禽類）
　　J400　ヂ　ツウ：ヒル（虫）
誌公巾
　　KⅢ40b　ツウ　コン　キン：シコウモウス（寳貨）
　　J322　ツウ　コン　キン：シコモウス（器用）
製筆
　　KⅠ20a　ツイ　ピ：フデユヒ（人品）
　　J271　チイ　ピ：フデシ（人品）
製筆的
　　歩Ⅰ28b　｛「製筆的」に変更｝
製墨
　　KⅠ20b　ツイ　メ：スミツクリ（人品）
　　J272　［右ツウ・左チイ］　〆：スミ師（人品）
　　歩　｛削除｝
製藥
　　KⅣ37a　ツイー　ヨ：クスリコシラヘル〕（醫療）
　　J349　ツウ　ヨ：クスリコシラヘル〕（療養）
痔瘡

　　KⅣ29b　ズウ　ツアン：ヂ（疾病）
　　J338　ヅウ　ツアン：ヂ（感動）
痔漏
　　KⅣ29b　ズウ　レ○ウ：チロウ（疾病）
　　J338　ツウ　レ○ウ：ヂ（感動）
滯隔的
　　KⅣ4a　ヅケテ：ツカエタ（製作）
　　J224　ツウ　ゲテ：ツカエタ

ZHONG

中飯
　　KⅤ7a　チヨン　ワン：ヒルメシ（飯肉）
　　J443　チヨン　ワン：ヒルメシ（飲食）
中秋
　　KⅠ5a　チヨン　ツイ○ウ：八月十五日（天文）
　　J251　チヨン　チウ：八月十五日（天文）
中嵩山
　　歩Ⅱ48a　｛増補｝
中用的
　　KⅡ25b　チヨン　ヨン　テ：用ニタツ（干求）
　　J65　チヨン　ヨン　テ：用ニタツ
中午
　　KⅠ1b　チヨン　ウー：ヒル（天文）
　　J244　チヨン　ウ、：ヒル（天文）
中指
　　KⅠ26b　チヨン　ツウ：ナカユビ（身體）
　　J288　チヨン　ツウ：ナカユビ（身體）
中中兒
　　KⅣ18b　チヨン　チヨン　ルウ：マンナカ（諸物）
中〻兒
　　J229　チヨン　、ル、：マンナカ
忠臣
　　KⅠ18a　チヨン　ヂン：チウシン（人品）
　　J266　チヨン　ヂン：チウシン（人品）
忠厚人
　　KⅠ15a　チヨン　ヘ○ウ　ジン：忠セツナル人（人品）
　　J259　チヨン　ヘ○ウ　ジン：忠セツナ人（人品）
終舊好
　　KⅣ18b　チヨン　ギウ　ハ○ウ：モトノコトクヨヒ（諸物）
　　J230　チヨン　ギウ　ハ○ウ：モトノコトクヨイ
仍舊好
　　歩Ⅳ27b　｛「仍舊好」に変更｝
終日好
　　KⅠ7b　チヨン　ジ　ハ○ウ：シウジツヨシ（天文）

J184　チヨン　ジ　ハ○ウ：シウジツヨシ

終夜
　　ＫⅠ2b　チヨン　エー：ヨモスガラ　（天文）
　　J245　チヨン　エヽ：ヨモスガラ　（天文）

螽蟲
　　ＫⅤ19b　チヨン　チヨン：イナゴ　（蟲類）

螽虫
　　J400　チヨン　チヨン：イナゴ　（虫）

腫滿了
　　ＫⅣ35b　チヨン　マン　リヤ○ウ：ハレミツル　（疾病）
　　J41　チヨン　マン　リヤ○ウ：ハレミチタ

種數多
　　ＫⅣ10a　チヨン　スウ　トフ：シユルヒガオホヒ　（數量）

種数多
　　J170　チヨン　スウ　トウ：シユルイガヲヽイ

中毒
　　ＫⅣ31a　チヨン　ド：トクアタリ　（疾病）
　　J340　チヨン　ド：ドクアタリ　（感動）

中風
　　ＫⅣ30b　チヨン　ホン：チウブ　（疾病）
　　J339　チヨン　ホン：チウブ　（感動）

中寒
　　ＫⅣ31a　チヨン　ハン：カンアタリ　（疾病）
　　J340　チヨン　ハン：カンアタリ　（感動）

中了計
　　ＫⅣ26a　<u>チヨン</u>　リヤ○ウ　キイ：ハカリコトニアタツタ　（兵法）
　　J112　チヨン　リヤ○ウ　キイ：ハカリコトニアタル

中濕
　　ＫⅣ31a　チヨン　シ：シツアタリ　（疾病）
　　J340　チヨン　［右チ・左シ］：シツアタリ　（感動）

中暑
　　ＫⅣ30a　チヨン　<u>シユイ</u>：シヨキアタリ　（疾病）
　　J339　チヨン　シユイ：シヨキイタミ　（感動）

種得活
　　ＫⅤ35a　チヨン　テ　<u>ウヲ</u>：ウエモノヽヨクツイタ⌐　（種藝）
　　J203　チヨン　テ　ヲ：ヨクツイタ

種得死
　　ＫⅤ35a　チヨン　テ　スウ：カレタ　（種藝）
　　J203　チヨン　テ　スウ：カレタ

種活了
　　ＫⅤ35a　チヨン　<u>ウヲ</u>　リヤ○ウ：ウエモノヽヨクツイタ⌐　（種藝）

　　J203　チヨン　ヲ　リヤ○ウ：ヨクツイタ

ZHOU

舟字旁
　　ＫⅢ51a　チウ　ヅウ　バン：フ子ヘン　（讀書）
　　J32　チウ　ヅウ　パン：フ子ヘン

州府發
　　ＫⅣ47a　チウ　フウ　ハ：オクシダシ　（舩件）
　　J193　チウ　フウ　ハ：ヲクシダシ

州府貨
　　ＫⅣ22a　チウ　フウ　ホウ：ヲクニモツ○外國仕出シノ⌐　（財産）
　　J17　チウ　フウ　ホウ：ヲクニモツ　外國仕出シノ⌐

周身汗
　　ＫⅣ35a　チウ　シン　ハン：ソウシンアセスル　（疾病）
　　J41　チウ　シン　ハン：ソウシンアセスル

軸頭
　　ＫⅢ31a　ギヨ　デ○ウ：ヂク　（寶貨）　{軸字は音誤り}
　　J302　チヨ　デ○ウ：ヂク　（器用）

綢紗
　　ＫⅤ37a　ツエ○ウ　サアー：チリメン　（衣服）
　　J425　スエ○ウ　サア：チリメン　（衣服）

綢一綢
　　ＫⅡ24a　ツエ○ウ　イ　ツエ○ウ：シハム　（通用）
　　J24　スエ○ウ　イ　スエ○ウ：シハム

綢紙
　　ＫⅡ33b　ツエ○ウ　ツウ：カミヲモム　（德藝）
　　J200　スエ○ウ　ツウ：カミヲモム
　　歩　{削除}

咒死了
　　ＫⅢ16a　チウ　スウ　リヤ○ウ：ノロヒコロス　（慶弔）
　　J49　スエ○ウ　リヤ○ウ：ノロイコロス

ZHU

茱萸
　　ＫⅤ34a　チイ　イー：グミ　（菓蓏）
　　J413　チユイ　ユイ：グミ　（菓）

諸葛菜
　　ＫⅤ1a　チイ　カ　ツアイ：カブナ　（菜蔬）
　　J381　チユイ　カツアイ：カブナ　（菜蔬）

諸公
　　ＫⅠ18b　チイ　コン：シヨコフ　（人品）
　　J267　チユイ　コン：シヨコウ　（人品）

諸侯

470

歩Ⅰ26a　{「諸侯」に変更}

猪癲風
　ＫⅣ32b　チユイ　テエン　ホン：テンカン（疾病）
　J346　チユイ　テン　ホン：テンカン（感動）

猪兒
　ＫⅤ21b　チユイ　ルウ：ブタ（畜獸）
　J404　チユイ　ル丶：ブタ（獸）

猪母菜
　ＫⅤ1b　チユイ　ムウ　ツアイ：ミヽナ（菜蔬）
　J382　チユイ　ムウ　ツアイ：ケンジソウ（菜蔬）

竹篦
　ＫⅢ29b　チヨ　ビイ：スキグシ（寶貨）
　J300　チヨ　ビイ：スキグシ（器用）

竹床兒
　ＫⅢ27a　チヨ　ヂヤン　ルウ：タケノスベミダヒ（寶貨）
　J295　チヨ　ヂヤン　ル丶：タケノスベミタイ（器用）

竹夫人
　ＫⅢ27a　チヨ　フウ　ジン：チクフジン（寶貨）
　J295　チヨ　フウ　ジン：チクフジン（器用）

竹竿
　ＫⅢ42a　チヨ　カン：サホ（寶貨）
　J325　チヨ　カン：サヲ（器用）

竹篙
　ＫⅣ43b　チヨ　カ○ウ：ミサホ（舩件）
　J358　チヨ　カ○ウ：ミサヲ（舩件）

竹箍
　ＫⅢ37a　チヨ　クウ：タカワ（寶貨）
　J315　チヨ　クウ：タガ（器用）

竹殻
　ＫⅤ27a　チヨ　コ：タケノカワ（樹竹）
　J407　チヨ　コ：タケノカワ（樹竹）

竹立頭
　ＫⅢ52a　チヨ　リ　デ○ウ：竹カムリ（讀書）
　J32　チヨ　リ　デ○ウ：竹カムリ

竹簾
　ＫⅢ27a　チヨ　レン：タカミス（寶貨）
　J295　チヨ　レン：タカミス（器用）
　歩　{削除}

竹林
　ＫⅠ12a　チヨ　リン：チクリン（地理）
　J257　チヨ　リン：チクリン（天文）

竹簍
　ＫⅢ42a　チヨ　レ○ウ：テル（寶貨）
　J325　チヨ　レ○ウ：テル（器用）

竹杷
　ＫⅢ41a　チヨ　パアー：マツバカキノルヒ（寶貨）

竹把
　J323　チヨ　パア：マツバカキルイ（器用）

竹簽
　ＫⅢ42a　チヨ　ツエン：クシ（寶貨）
　J324　チヨ　チエン：クシ（器用）

竹絲燈
　歩Ⅲ35b　{増補}

竹絲的硯匣
　ＫⅢ30a　チヨ　スウ　テ　子エン　ヤ：タケサイクノスベリバコ（寶貨）

竹絲的硯篋
　J301　チヨ　スウ　テ　子ン　ヤ：タケサイクノスベリハコ（器用）

竹笋
　ＫⅤ3b　チヨ　スイン：タケノコ（菜蔬）
　J386　チヨ　スエン：タケノコ（菜蔬）

竹頭
　ＫⅤ28b　チヨ　デ○ウ：タケ（樹竹）
　J410　チヨ　デ○ウ：タケ（樹竹）

竹椅
　ＫⅢ26a　チヨ　イー：タケノイス（寶貨）
　J293　チヨ　［右イ丶・左ギイ］：タケノイス（器用）

逐箇逐箇
　ＫⅡ12a　チヨ　コ　チヨ　コ：ヒトツヒトツ（賓友）

逐箇〃
　J227　チヨ　コ丶：ヒトツ〜

逐箇箇
　歩Ⅱ16b　{「逐箇箇」に変更}

燭剪
　ＫⅢ27b　チヨ　ツエン：シンキリ（寶貨）
　J296　チヨ　チエン：シンキリ（器用）

燭臺
　ＫⅢ27b　チヨ　ダイ：ショクダヒ（寶貨）
　J296　チヨ　タイ：ショクダイ（器用）

燭心長了剪一剪
　ＫⅢ4b　チヨ　スイン　チヤン　リヤ○ウ　ツエン　イツエン：蠟ノシンヲキレ（筵宴）
　J159　チヨ　スイン　ヂヤン　リヤ○ウ　チエン　イチエン：蠟ノシンガノビタシンヲキレ

主謀的
　ＫⅠ22b　チユイ　メ○ウ　テ：ムホンチヤウボン（人品）
　J112　チユイ　メ○ウ　テ：ムホンノチヤウボン

煮
　ＫⅤ11a チユイ：ニル（飯肉）
　J450 チユイ：ニル（飲食）
煮不透
　ＫⅤ13b チイ ポ テ○ウ：ニヘトヲラヌ（煮煎）
煮不透
　J160 チユイ プ テ○ウ：メシカムセヌ
煮得熟
　ＫⅤ13b チイ テ ジヨ：ニテジユクシタ（煮煎）
　J161 チユイ テ ジヨ：ユデジユクシタ
煮膠
　ＫⅤ25b チイ キヤ○ウ：トリモチ（禽類）
　J424 チユイ キヤ○ウ：トリモチ（飛禽）
煮進去
　ＫⅤ13b チイ ヅイン キユイ：ニコム（煮煎）
　J161 チユイ チン キユイ：ニコム
煮了吃
　ＫⅢ7b チイ リヤ○ウ キ：ニテタベル（筵宴）
　J168 チユイ リヤ○ウ キ：ニテタベル
煮也難得爛
　ＫⅤ13b チイ エー ナン テ ラン：ニテモヤハラ
　　カニナラヌ（煮煎）
　J161 チユイ エヽ ナン テ ロハン：ユデテヤワラ
　　カニナラヌ
嘱付你
　ＫⅡ35b チヨ フウ ニイ：ソレニイヒツクル（盟約）
　J92 ゾ フウ ニイ：ソレニヽツクル
苧布
　ＫⅤ37b チユイ プウ：サヨミ（衣服）
　J428 チユイ フウ：サヨミ（衣服）
苧麻線
　ＫⅤ38b チユイ マアー セン：アサイト（衣服）
　J430 チユイ マア セン：アサイト（衣服）
苧子
　ＫⅤ4b チユイ ツウ：アサノミ（菜蔬）
　J388 チユイ ツウ：アサノミ（菜蔬）
助語字
　ＫⅢ51a ヅウ イー ツウ：ジヨゴジ（讀書）
　J31 ツウ イヽ ヅウ：ジヨゴジ
住一囘
　ＫⅠ7a ヅユイ イー ホイ：ヒトシキリヤム（天文）
住一回
　J182 ヂユイ イヽ ホイ：ヒトシキリヤム
住住雨
　ＫⅠ7a ヂユイ ヽ イー：アメヲヤメル（天文）

住〻雨
　J182 ヂユイ ヽ イ：アメヲヤメル
注出来
　ＫⅢ49a チイ チユ ライ：注釋スル（讀書）
注出來
　J221 チユイ チユ ライ：註釋スル
柱子
　ＫⅣ49b チイ ツウ：ハシラ（居室）
　J373 チユイ ツウ：ハシラ（家居）
蛀空了
　ＫⅣ18b チヨイ コン リヤ○ウ：ムシツキニナツタ
　　（諸物）
　J230 チユイ コン リヤ○ウ：ムシツキニナツタ
箸子
　ＫⅢ36a チユイ ツウ：ハシ（寶貨）
　J313 チユイ ツウ：ハシ（器用）
鑄匠
　ＫⅠ20a ツイヽ ヅヤン：イモノシ（人品）
　J270 チユイ ヂヤン：イモノシ（人品）
鑄起来
　ＫⅣ2a ツイー キイ ライ：イモノスル（製作）
鑄起來
　J160 チ○ウ キイ ライ：イモノニスル
鑄銅錢
　ＫⅢ43b ツイヽ ドン ヅエン：セニヲイル（寶貨）
　J199 ツイ ドン ヂエン：ゼニヲイル
築墻
　ＫⅣ50b チヨ ヅヤン：子リベイ（居室）
　J373 チヨ ツヤン：子リヘイ（家居）

ZHUA

抓灰
　ＫⅢ28b ツア○ウ ホイ：ハヒサラヒ（寶貨）
　J298 サ○ウ ホイ：ハイサラヘ（器用）
抓破了
　ＫⅣ7b ツア○ウ ホヲー リヤ○ウ：カキヤフル
　　（製作）
　J232 ツア○ウ ポウ リヤ○ウ：カキヤブル
抓一抓
　ＫⅡ24a ツア○ウイ ツア○ウ：カク（通用）
　J24 サ○ウ イ サ○ウ：カク

ZHUAN

專心的
　ＫⅢ48a チエン スイン テ：コヽロヲモツパラニ

スル（讀書）
J79 チエン スイン テ：モツハラニスル

磚瓦
KⅣ49a ポ ワアー：シキカハラ（居室）{磚字は音誤り}
J371 チエン ワアー：シキカハラ（家居）

轉舩
KⅤ41b チエン ヂエン：フ子ヲマワス（舩件）
J352 チエン ヂエン：フ子ヲマワス（舩件）

轉風
KⅠ3a チエン フヲン：カゼノカハル（天文）
J247 チエン ホン：カゼノナヲルヿ（天文）

風轉
歩Ⅰ4b ｛「風轉」に変更｝

轉箇灣
KⅡ6b チエン コ ワン：マハル（賓友）
J149 チエン コ ワン：マワル

轉過来
KⅡ6a チエン コヲ ライ：マハッテコヒ（賓友）

轉過來
J148 チエン コウ ライ：マワッテコイ

轉過去
KⅡ6b チエン コフ キユイ：マハッテユケ（賓友）
J148 チエン コウ キユイ：マワッテユケ

轉了来
KⅡ6b チエン リヤ○ウ ライ：マハッテコヒ（賓友）

轉了來
J148 チエン リヤ○ウ ライ：マワッテコイ

轉了眼
KⅠ42b チエン リヤ○ウ エン：メヲミマハス（動作）
J176 チエン リヤ○ウ エン：マタヽキ

轉盤圖
KⅢ38b チエン ホワン ドウ、：ヒキゴマ（寶貨）
J317 チエン バン ドウ：ヒキゴマ（器用）

轉染了
KⅣ33b チエン ジエン リヤ○ウ：ヤマヒカウツリタ（疾病）
J345 チエン ジエン リヤ○ウ：ヤマイガウツヽタ（感動）

賺銀子
KⅣ22a ヒエン イン ツウ：モフクル（財産）{賺字は音誤り}
J17 ヅアン イン ツウ：モウクル

ZHUANG

粧房
KⅣ48b チヨワン ブワン：ケシヤウノマ（居室）
J369 チハン ワン：ケシヤウノマ（家居）

粧鬼的
KⅠ29b チヨワン クイ テ：ニセヅラ（身體）
J86 チハン クイ テ：ニセツラ

粧楼
KⅣ48b チヨワン レ○ウ：ニカヒノケシヤウノマ（居室）
J369 チハン レ○ウ：ニカヒノケシヤウノマ（家居）

装扮
KⅢ43a チヨワン パン：ヨソヲフ（寶貨）
J368 チハン フイン：ヨソヲフ（婚姻）{扮字は音誤り}

装得起
KⅣ47a チヨワン テ キイ：ツミ得ル（舩件）
J192 チヤン テ キイ：ツミ得ル

装佛
KⅠ20b チワン ウエ：ブツシ（人品）
J272 チハン ウエ：ブツシ（人品）

装佛的
歩Ⅰ29b ｛「装佛的」に変更｝

装菓子
KⅤ12a チヨワン コヲ、ツウ：クハシヲツヽム（飯肉）

裝菓子
J236 チヤン コウ ツウ：クハシヲツヽム

装了香
KⅡ34a チヨワン リヤ○ウ ヒヤン：カウヲソメタ（德藝）
J200 チヤン リヤ○ウ ヒヤン：カウヲツメタ

装烟
KⅢ28b チワン エン：タバコツムルヿ（寶貨）

粧烟
J298 チハン エン：タバコツムルヿ（器用）

壯健的
KⅠ16a チヨワン ゲン テ：スクヤカナ人（人品）
J261 チハン ケン テ：スクヤカナ人（人品）

撞見他
KⅡ11a チヨン ケン タアー：アレニユキアタル（賓友）
J95 チヤン ケン タア：ユキアタル

撞進来

ＫⅡ 6b　シヤン　ツイン　ライ：ヒヨツトハイツタ
　　　（賓友）

撞進來
　Ｊ150　チヤン　チン　ライ：ヒヨツトハイツタ

撞着他
　ＫⅡ 11a　チヨン　ヂヤ　タアー：アレニユキアタル
　　　（賓友）
　Ｊ95　チヤン　ヂヤ　タア：ユキアタル

撞鐘了
　ＫⅡ 33a　ジヤン　チヨン　リヤ○ウ：カ子ヲツク
　　　（德藝）
　Ｊ198　チヤン　チヨン　リヤ○ウ：カ子ヲツク

ZHUI

錐子
　ＫⅢ 34a　ツ○イ　ツイ：小キリ（賓貨）
　Ｊ309　ツイ　ツウ：小キリ（器用）

追趕他
　ＫⅠ 44b　ツイ　カン　タアー：カレニオヒツイタ
　　　（動作）
　Ｊ107　ツイ　カン　タア：カレニヲツツイタ

追藝他
　ＫⅢ 15a　ツ○イ　ツアン　タアー：アレヲオヒホウム
　　　ル（慶弔）
　Ｊ50　ツイ　サン　タア：アレヲヲイホウムル

追賊的
　ＫⅠ 22b　ツ○イ　ツエ　テ：ヌスビトヲフセク（人品）
　Ｋ'Ⅰ 22b　ツ○イ　ツエ　テ：ヌスビトヲ、フ
　Ｊ101　ツイ　ヅエ　テ：ヌスビトヲフセク

ZHUN

准不准
　ＫⅢ 13b　チユイン　ポ　チユイン：ユルスカユルサ
　　　ヌカ（慶弔）
　Ｊ83　ヂユン　プ　ヂユン：ユルスカユルサヌカ

准了去
　ＫⅢ 13b　チユイン　リヤ○ウ　キユイ：カナフタ
　　　（慶弔）
　Ｊ83　ヂユン　リヤ○ウ　キユイ：カナフタ

準定去
　ＫⅡ 5b　チユン　デン　キユイ：キハメテマ井ル
　　　（賓友）
　Ｊ146　ヂン　デン　キユイ：キワメテマイル

ZHUO

拙妻
　ＫⅠ 35b　チ　ツイー：サ井　（親族）
　Ｊ282　チエ　ヅイ：サイ（親族）

捉箇空
　ＫⅡ 28a　ツヲ　コ　コン：スツカリトシタ（干求）
　Ｊ218　ツヲ　コ　コン：スツカリトシタ

捉了去
　ＫⅣ 5b　ツヲ　リヤ○ウ　キユイ：トラエテユイタ
　　　（製作）
　Ｊ60　ツヲ　リヤ○ウ　キユイ：トツテイツタ

捉弄我
　ＫⅡ 11b　ツヲ　ロン　ゴヲ：ヲレヲナブル（賓友）
　Ｊ96　ツヲ　ロン　ゴウ：ヲレヲナブル

捉鳥兒
　ＫⅡ 33a　ツヲ　ニヤ○ウルウ：トリヲトル（德藝）
　Ｊ198　ツヲ　ニヤ○ウ　ルヽ：トリヲトル

捉人的
　ＫⅠ 22b　ツヲ　ジン　テ：人ヲトラユルモノ（人品）
　Ｊ101　ツヲ　ジン　テ：人ヲトラフルモノ

捉着了
　ＫⅣ 5b　ツヲ　ヂヤ　リヤ○ウ：トラエタ（製作）
　Ｊ60　ツヲ　ヂヤ　リヤ○ウ：ツカマエタ

捉著了
　歩Ⅳ 7b　｛「捉著了」に変更｝

卓子
　ＫⅢ 26a　チヨ　ツウ：ツクエ○シツホク（賓貨）
　Ｊ293　チヨ　ツウ：ツクエ　シツホク（器用）

琢一琢
　ＫⅡ 24a　チヨ　イ　チヨ：ミガク（通用）
　Ｊ25　チヨ　イ　チヨ：ミガケ

啄
　ＫⅤ 25b　チヨ：ツイバム（禽類）
　Ｊ424　チヨ：ツイバム⏋（飛禽）

啄木鳥
　ＫⅤ 25a　チヨ　モ　ニヤ○ウ：キツヽキ（禽類）
　Ｊ423　チヨ　モ　ニヤ○ウ：キツヽキ（飛禽）

着鞭
　ＫⅣ 26a　チヨ　ベン：ムチウツ（兵法）
　Ｊ333　ヂヤ　ベン：ムチウツ（兵法）

着染衣
　ＫⅤ 39b　ヂヨ　ジエン　イー：イシヤウヲソムル
　　　（衣服）
　Ｊ207　ヂヤ　ゼン　イヽ：イセウヲソムル

着色
　ＫⅢ 32b　チヨ　スエ：サイシキ（賓貨）
　Ｊ306　ヂヤ　スエテ：サイシキ（器用）

着色的
  KⅢ49a　チヨ　スエ　テ：サイシキスル（讀書）
  J230　ヂヤ　スエ：サイシキスル
着象棋
  KⅡ33a　チヨ　ヅヤン　キイ：シヤウギサス（德藝）
  J199　ヂヤ　ヂヤン　キイ：セウギサス

ZI

髭
  KⅠ28a　ツウ：ウワヒゲ（身體）
  J291　ツウ：ウハヒゲ（身體）
髭毛
  歩Ⅰ39a　｛「髭毛」に変更｝
資質好
  KⅠ39b　ツウ　チ　ハ○ウ：ウマレツキノヨヒ⌐
  　（性情）
  J4　ツウ　チ　ハ○ウ：ウマレツキノヨイ⌐
鯔魚
  KⅤ15b　ヅウ　イー：コチ（魚鼈）
  J392　ヅウ　イヽ：ゴチ（魚介）
鰡魚
  KⅤ16a　ツウ　イー：ボラ（魚鼈）
  J393　ツウ　イヽ：ボラ（魚介）
子規
  KⅤ24b　ツウ　クイ：ホトヽギス（禽類）
  J422　ツウ　イヽ：ホトヽキス（飛禽）
魛魚
  KⅤ16b　ツウ　イー：エブナ（魚鼈）
  J394　ツウ　イヽ：エブナ（魚介）
仔細看
  KⅠ40b　ツウ　スイヽ　カン：子ンヲイレテミヨ
  　（動作）
  J172　ツウ　スイ　カン：子ンヲイレテミヨ
仔細聽
  KⅠ40b　ツウ　スイヽ　デイン：子ンヲイレテキケ
  　（動作）
  J172　ツウ　スイ　デン：子ンヲイレテキケ
姉夫
  KⅠ34a　ツイー　フウ：ア子ムコ（親族）
姉夫
  J279　ツウ　フウ：ア子ムコ
紫菜
  KⅤ2a　ツウ　ツアイ：アマノリ（菜蔬）
  J383　ツウ　ツアイ：アマノリ（菜蔬）
紫草
  KⅤ32a　ツウ　ツア○ウ：ムラサキ（花卉）
  J439　ツウ　ツア○ウ：ノムラサキ（花艸）
紫梗緞
  KⅤ38b　ツウ　ゲン　ドワン：ムラサキドンス（衣服）
  J430　ツウ　ゲン　ドハン：ムラサキドンス（衣服）
紫金錠
  KⅣ38a　ツウ　キン　デイン：シキシテヒ（醫療）
  J44　ツウ　キン　デン：シキンテイ
紫羅蘭
  KⅤ30b　ツウ　ロウ　ラン：アラセイトウ（花卉）
  J436　ツウ　ロウ　ラン：アラセイトウ（花艸）
紫木
  KⅤ28a　ツウ　モ：シタン（樹竹）
  J408　ツウ　モ：シタン（樹竹）
紫葡萄
  KⅤ34a　ツウ　ブウ　ダ○ウ：ムラサキブタウ（菓蓏）
  J413　ツウ　ブウ　ダ○ウ：ムラサキブトウ（菓）
紫色的
  KⅤ31b　ツウ　スエ　テ：ムラサキ（花卉）
  J438　ツウ　スエ　テ：ムラサキ（花艸）
紫色的
  KⅤ39a　ツウ　スエ　テ：ムラサキ（衣服）｛重複掲載｝
  J431　ツウ　スエ　テ：ムラサキ（衣服）｛重複掲載｝
紫蘇
  KⅤ4b　ツウ　スウ：シソ（菜蔬）
  J388　ツウ　スウ：シソ（菜蔬）
紫桓
  KⅤ28b　ツウ　タン：シタン（樹竹）
  J408　ツウ　タン：シタン（樹竹）
紫藤花
  KⅤ29b　ツウ　デン　ハアー：フヂノハナ（花卉）
  J433　ツウ　デン　ハア：フヂノハナ（花艸）
紫藤子
  KⅤ34a　ツウ　デン　ツウ：フヂノミ（菓蓏）
  J413　ツウ　デン　ツウ：フヂノミ（菓）
紫燕花
  KⅤ30a　ツウ　エン　ハアー：カキツハタ（花卉）
  J435　ツウ　エン　ハア：カキツハタ（花艸）
自害自
  KⅢ24a　ヅウ　ハイ　ヅイ：ジガヒスル（官府）
  J11　ツウ　ハイ　ヅウ：ジガイスル
自鳴鐘
  KⅢ35b　ツウ　ミン　チヨン：トケヒ（寶貨）
  J311　ヅウ　ミン　チヨン：トケイ（器用）

自然肯
　KⅡ27b ヅウ シエン ゲン：ナルホトウケ合タ
　　（干求）
　J97 ヅウ ゼン ゲン：ナルホトウケ合タ

自然准
　KⅢ13b ヅウ シエン チユイン：オスメナサル
　　（慶弔）

自然準
　J82 ヅウ ゼン ヂユン：ヲスメナサル

自在飯
　KⅢ7a ヅウ ツアイ ワン：テキアヒノメシ（筵宴）
　J167 ヅウ ヅアイ ハン：テウセキノメシ

自賛自
　KⅠ44a ヅウ ツアン ヅウ：シブンニホメル（動作）
　J7 ヅウ サン ヅウ：シブンニホメル

自撞賊
　J112 ヅウ ジヤン ヅエ：ヒルヌス人 ｛Kは採録せず｝

字格
　KⅢ31a ヅウ ゲ：テホン（寶貨）
　J303 ヅウ ゲ：テホン（器用）

字紙
　KⅢ32a ヅウ ツウ：ホング（寶貨）
　J305 ヅウ ツウ：ホング（器用）

ZONG

宗廟
　KⅣ51a ツヲン ミヤ○ウ：ソウビヤウ（居室）
　J375 ツヲン ミヤ○ウ：ソウビヤウ（家居）

椶樹
　KⅤ27b ツヲン ジユイ：シユロ（樹竹）
　J408 ツヲン ジユイ：シユロ（樹竹）

椶樹皮
　KⅤ28a ツヲン ジユイ ビイ：シユロノカハ（樹竹）
　J409 ツヲン ジユイ ビイ：シユロノカハ（樹竹）

椶樹皮做蓑衣
　KⅢ43b ツヲン ジユイ ビイ ツヲー ソウ イ、：シユロノカワヲミノニツクル（寶貨）
　J199 ツヲン ジユイ ビイ ツヲ、ソウ イ、：シユロミノヲツクル

椶索
　KⅣ44a ツヲン ソ：ツクヅナ（舩件）
　J359 ツヲン ソ：ツグツナ（舩件）

椶竹
　KⅤ27b ツヲン チヨ：シユロチク（樹竹）
　J407 ツヲン チヨ：シユロチク（樹竹）

總不斷
　KⅣ6b ツヲン ホ ドワン：ヅンドキレタ（製作）
　　｛語釈誤り｝
　K'Ⅳ6b ツヲン ホ ドワン：ヅンドキレヌ（製作）

總不斷
　J216 ツヲン プ ドハン：ヅンドキレヌ

總不管
　KⅡ27b ツヲン ポ クワン：スベテカマワヌ（干求）
　J97 ツヲン プ クハン：スベテカモワヌ

總不説
　KⅡ16a ツヲン ポ セ：ナニモイハヌ（通用）
　J130 ツヲン プ セ：ナニモイワヌ

總管
　KⅣ40a ツヲン クワン：ソウクワン（舩件）

總官
　J351 ツヲン クハン：ソウクワン（舩件）

總去了
　KⅠ40a ツヲン キユイ リヤ○ウ：ミナデタ（動作）
　J237 ツヲン キユイ リヤ○ウ：ミナデタ

總是
　KⅡ19b ツヲン ズウ：トモニ○スベテ（通用）
　J71 ツヲン ズウ：トモニ

總是好
　KⅡ17b ツヲン ズウ ハ○ウ：ミナヨヒ（通用）
　J109 ツヲン ズウ ハ○ウ：ミナヨイ

總是夢
　KⅠ43b ツヲン ズウ モン：ミナユメ（動作）
　J109 ツヲン ズウ モン：ミナユメ

總頭脳
　KⅢ25a ツヲン デ○ウ ナ○ウ：ソウカシラ（官府）

總頭悩
　J36 ツヲン デ○ウ ナ○ウ：ソウカシラ

惣掛罷
　KⅢ17b ツヲン イ パアー：スヘテイツレヒスルカヨヒ（寄贈）
　J111 ツヲン イ、バア：スヘテイツレヒ歩 ｛削除｝

粽子
　KⅤ7a ツヲン ツウ：チマキ（飯肉）
　J443 ツヲン ツウ：チマキ（飲食）

蹤跡他
　KⅢ22a ツヲン チ タアー：アトヲタツヌル⁊（官府）
　J104 ツヲン チ タア：アトヲタツヌル⁊

有蹤跡

歩Ⅲ 28a 　{「有蹤跡」に変更}

ZOU

走
　ＫⅤ 43a　ツエ○ウ：ハシル○今云カケオフ（馬鞍）
　Ｊ417　ツエ○ウ：ムマノアユム┐（馬具）

走白相
　歩Ⅱ 48b　{増補}

走出来
　ＫⅡ 5b　ツエ○ウ チユ ライ：ソトニデタ（賓友）

走出來
　Ｊ147　ツエ○ウ チユ ライ：ソトニデタ

走得動
　ＫⅡ 8b　ツエ○ウ テ ドン：アルカル丶（賓友）
　Ｊ153　ツエ○ウ テ ドン：アルカル丶

走得急
　ＫⅡ 5b　ツエ○ウ テ キ：イソカシクユカレタ（賓友）
　Ｊ147　ツエ○ウ テ キ：イソカシクユカレタ

走得急
　ＫⅡ 8b　ツエ○ウ テ キ：ミチヲイソイタ（賓友）
　　{重複掲載}
　Ｊ153　ツエ○ウ テ キ：ミチヲイソイダ {重複掲載}

走動的
　ＫⅡ 5b　ツエ○ウ ドン テ：出入ノモノ（賓友）
　Ｊ147　ツエ○ウ ドン テ：出入ノモノ

走過去
　ＫⅡ 8b　ツエ○ウ コフ キユイ：ユカレタ（賓友）
　Ｊ154　ツエ○ウ コウ キユイ：ユカレタ

走進去
　ＫⅡ 5b　ツエ○ウ ツイン キユイ：ハイリコム（賓友）
　Ｊ147　ツエ○ウ チン キユイ：ハイリコム

走近你
　ＫⅡ 12a　ツエ○ウ ギン ニイ：ソチニヨル（賓友）
　Ｊ226　ツエ○ウ キン ニイ：ソチニヨル

走倦了
　ＫⅡ 7a　ツエ○ウ ギエン リヤ○ウ：アルキクタビレタ（賓友）
　Ｊ150　ツエ○ウ ケン リヤ○ウ：アルキクタビレタ

走開去
　ＫⅡ 5b　ツエ○ウ カイ キユイ：ニケサル（賓友）
　Ｊ147　ツエ○ウ カイ キユイ：ニゲサル

走了錨
　ＫⅣ 42b　ツエ○ウ リヤ○ウ マ○ウ：イカリノカ丶ヌ┐（舩件）
　Ｊ355　ツエ○ウ リヤ○ウ マ○ウ：イカリカ丶ヌ（舩件）

走路的
　ＫⅠ 23b　ツエ○ウ ルウ テ：ミチユク人（人品）
　Ｊ141　ツエ○ウ ルウ テ：ミチユク人

走路去
　ＫⅡ 6b　ツエ○ウ ルウ キユイ：カチデユク（賓友）
　Ｊ148　ツエ○ウ ルウ キユイ：カチデユク

走馬
　ＫⅣ 45b　ツエ○ウ マアー：アマオサヘ（舩件）
　Ｊ362　ツエ○ウ マア：アマヲサヘ（舩件）

走馬燈
　ＫⅢ 27b　ツエ○ウ マアー テン：マハリトウロウ（寶貨）

走馬灯
　Ｊ296　ツエ○ウ マア テン：マワリトウロ（器用）

走馬運
　ＫⅢ 52b　ツエ○ウ マアー イユン：シンニヨフ（讀書）
　Ｊ33　ツエ○ウ マア ユン：シンニヨウ

走散了
　ＫⅡ 5b　ツエ○ウ サン リヤ○ウ：ニケチツタ（賓友）
　Ｊ147　ツエ○ウ サン リヤ○ウ：ニゲチツタ

走下来
　ＫⅡ 8a　ツエ○ウ ヒヤア ライ：ヲリテコヒ（賓友）

走下來
　Ｊ152　ツエ○ウ ヒヤア ライ：ヲリテコイ

ZU

租把人
　ＫⅣ 20a　ツウ パア、ジン：人ニカス（財産）
　Ｊ237　ツウ パア ジン：人ニカス

租房錢
　ＫⅣ 20b　ツウ バン ヅエン：ヤチン（財産）
　Ｊ237　ツウ ワン ヂエン：ヤチン

租人得
　ＫⅣ 20a　ツウ ジン テ：人ニカス（財産）
　Ｊ237　ツウ ジン テ：人ニカス

租人的
　歩Ⅳ 30a　{「租人的」に変更}

祖父翁
　ＫⅠ 33a　ツウ フウ ウヲン：御祖父（親族）
　Ｊ277　ツウ フウ ヲン：御祖父（親族）

祖父
　歩Ⅰ 46a　{「祖父」に変更}

祖老

ＫⅠ33b　ツウ　ラ◯ウ：ヲヂ（親族）
　　Ｊ278　ツウ　ラ◯ウ：ヲヂ（親族）
歩　{削除}
祖母娘
　　ＫⅠ33a　ツウ　ムウ　ニヤン：御祖母（親族）
　　Ｊ277　ツウ　ムウ　ニヤン：御祖母（親族）
祖母
　　歩Ⅰ46a　「祖母」に変更}
阻當他
　　ＫⅡ11b　ツイー　タン　タアー：カレヲサヽユル
　　　（賓友）
　　Ｊ98　ツイ　タン　タアー：カレヲサヽユル

ZUAN

鑽進去
　　ＫⅡ8a　ツワン　ツイン　キユイ：人ノトコロニアン
　　　ナヒシニセキコム（賓友）
　　Ｊ153　ツアン　チン　キユイ：クヾリテユク
鑽起来
　　ＫⅣ7a　ツアン　キイ　ライ：キリデイル（製作）
鑽起來
　　Ｊ217　ツアン　キイ　ライ：キリデイル
纂出来
　　ＫⅡ9a　スワン　チユ　ライ：ヌキタス（賓友）
纂出來
　　Ｊ61　サン　チユ　ライ：ヌキダス
纂攏来
　　ＫⅡ9a　スワン　ロン　ライ：ヌキアツムル（賓友）
纂攏來
　　Ｊ61　サン　ロン　ライ：ヌキアツムル
鑽子
　　ＫⅢ34a　ツアン　ツウ：キリ（寶貨）
　　Ｊ309　ツアン　ツウ：キリ（器用）

ZUI

觜
　　ＫⅣ49b　ツ◯イ：ウタツ（居室）
　　Ｊ374　ツイ：ウダツ（家居）
嘴
　　ＫⅠ25b　ツ◯イ：クチ（身體）
　　Ｊ286　ツイ：クチ（身體）
嘴角
　　歩Ⅰ36a　「嘴角」に変更}
嘴唇
　　ＫⅠ26a　ツ◯イ　ジン：クチビル（身體）

　　Ｊ287　ツイ　チン：クチビル（身體）
嘴尖的
　　ＫⅡ16a　ツ◯イ　ツエン　テ：クチヲキク（通用）
　　Ｊ131　ツイ　セン　テ：クチヲキク
最好吃
　　ＫⅢ8a　ツイ　ハ◯ウ　チ：ツントウマヒ（筵宴）
　　Ｊ169　ツイ　ハ◯ウ　チ：ゾンドウマイ
最可惡
　　ＫⅡ31a　ツ◯イ　コヲ　ウヽ：ゾンドニクヒ（疎慢）
　　Ｊ99　ツイ　コヲ　ウヽ：ゾンドニクイ
醉渾了
　　ＫⅢ2b　ツイ　ヲイン　リヤ◯ウ：イカフヨウタ
　　　（筵宴）
　　Ｊ156　ツイ　フイン　リヤ◯ウ：イカフヨウタ
醉人的
　　ＫⅢ3a　ツ◯イ　ジン　テ：ヒトヲヨハシムル（筵宴）
　　Ｊ156　ツイ　ジン　テ：ヨワシムル
醉薫醉薫
　　ＫⅢ3a　ツ◯イ　ヒン　〳〵：ヨヒクサツタ（筵宴）
醉薫々々
　　Ｊ156　ツイ　ヒエン　〳〵：ヨイクサツタ
醉薫薫
　　歩Ⅲ3b　「醉薫薫」に変更}

ZUN

尊夫人
　　ＫⅠ35a　ツ◯イン　フウ　ジン：ゴナイギ（親族）
　　Ｊ282　ツエン　フウ　ジン：ゴナイギ（親族）
尊諱呢
　　ＫⅡ12b　ツ◯イン　ヲイ　ニイ：オナハナニ（賓友）
　　Ｊ4　ツエン　ヲイ　ニイ：ヲナハナニ
尊顔好
　　ＫⅠ32a　ツ◯イン　エン　ハ◯ウ：ヲカホガヨヒ（身體）
　　Ｊ6　ツエン　エン　ハ◯ウ：ヲヨウスガヨイ
尊翁
　　ＫⅠ33b　ツ◯イン　ウヲン：コシンブ（親族）
　　Ｊ278　ツエン　ヲン：ゴシンブ（親族）
尊重他
　　ＫⅡ9b　ツ◯イン　ヂヨン　タアー：カレヲタツトブ（賓友）
　　Ｊ72　ツエン　ヂヨン　タア：カレヲタツトブ
鱒魚
　　ＫⅤ16b　ツ◯イン　イー：マス（魚鼈）
　　Ｊ394　ツヲン　イヽ：マス（魚介）

ZUO

昨日
　ＫⅠ4a　ヅヲ　ジ：キナフ（天文）
　J249　ヅヲ、ジ：キナフ（天文）

昨日子
　ＫⅠ9a　ヅヲ　ジ　ツウ：キノフ（天文）
　J186　ヅヲ、ジ　ツウ：キノフ

昨夜頭
　ＫⅠ2a　ヅヲ　エー　デ○ウ：ヤゼン（天文）
　J245　ヅヲ、エ、デ○ウ：ヤゼン（天文）

左半邊
　ＫⅣ18a　ツヲ、ポワン　ペエン：ヒダリハンブン（諸物）
　J228　ツヲ、パン　ペン：ヒダリハンブン

左邊的
　ＫⅣ18a　ツヲ、ペエン　テ：ヒダリノ方（諸物）
　J228　ツヲ、ペン　テ：ヒタリノ方

左邊風
　ＫⅣ47b　ツヲ、ベン　フヲン：ヒダリノワキカゼ（船件）
　J193　ツヲ、ペン　ホン：ヒタリノワキカゼ

左舩
　ＫⅣ41b　ツヲ、デエン：トリカチ（船件）{「左轉」の誤り}
　J354　ツヲ、デエン：トリカヂ（船件）

作東家
　ＫⅡ1a　ツヲ　トン　キヤア：テイシユブリ（賓友）
　J138　ツヲ、トン　キヤア：テイシユブリ

作法師
　ＫⅢ11b　ツヲ　ハ　スウ：ホフシトナル（祭祀）
　J34　ツヲ、ハ　スウ：ホウシトナル

作歌兒
　ＫⅡ33b　ツヲ　コヲー　ルウ：ウタフ（德藝）
　J13　ツヲ、コウ、ル：ウタフ

作怪人
　ＫⅠ15a　ツヲ　クワイ　ジン：ヒトダマシ（人品）

作快人
　J259　ツヲ　クハイ　ジン：人ダマシノジヤウズ

作路費
　ＫⅣ23a　ツヲ　ルウ　ヒイ：ロギン（財産）
　J48　ツヲ　ルウ　ヒイ：ロギン

作媒
　ＫⅢ19a　ツヲ、ムイ：ナカタチスル（婚姻）
　J365　ツヲ、ムイ：ナカタチスル（婚姻）

作弄你
　ＫⅡ11b　ツヲ　ロン　ニイ：ソナタヲナフ■（脱字）（賓友）
　K'Ⅱ11b　ツヲ　ロン　ニイ：ソナタヲナブル
　J96　ツヲ　ロン　ニイ：コナタヲナブル

戯弄你
　歩Ⅱ15b　{「戯弄你」に変更}

作親
　ＫⅢ19a　ツヲ、ツイン：コンレイスル⏋（婚姻）
　J365　ツヲ、チン：コンレイスル⏋

作人家
　ＫⅡ32a　ツヲ　ジン　キヤア：モノヲヒキシメテスル⏋（德藝）
　J74　ツヲ、ジン　キヤア：モノヲヒキシメテスル⏋

作要我
　ＫⅡ30a　ツヲ　シヤア　ゴヲ、：ワレヲナブル（疎慢）
　J97　ツヲ、シヤア　ゴウ：ワレヲナブル

作酸
　ＫⅣ33a　ツヲ　スワン：ムヅノワルイ⏋（疾病）
　J344　ツヲ、サン：ムヅノワルイ⏋（感動）

作掯
　ＫⅢ17b　ツヲ　イ：カギリナシ（寄贈）{「無涯無涯」の語釈をあてる誤り}
　J111　ツヲ、イ：イツレイスル

作中人
　ＫⅢ19a　ツヲ、チヨン　シン：ナカタチスル（婚姻）
　J365　ツヲ、チヨン　ジン：ナカタチスル（婚姻）

坐不定
　ＫⅡ3b　ヅヲウ　ポ　デン：ザガサダマラズ（賓友）

坐不定
　J143　ヅヲ、プ　デン：シリカルイ人

坐産
　ＫⅣ34a　ヅヲ、ツアン：ウフヤニ井ル（疾病）
　J347　ヅヲ、ツアン：ウブヤニ入（感動）

坐慣了
　ＫⅡ3b　ヅヲウ　クワン　リヤ○ウ：井ナレタ（賓友）
　J143　ヅヲ、クハン　リヤ○ウ：イナレタ

坐過来
　ＫⅡ8b　ヅヲー　コヲ　ライ：コチニヨレ（賓友）

坐過來
　J153　ヅヲ、コウ　ライ：コチニヨレ

坐開了
　ＫⅡ8b　ヅヲー　カイ　リヤ○ウ：ノキマシタ（賓友）

坐開了
　J153　ヅヲ、カイ　リヤ○ウ：ノキマシタ
　筑・天・1・14a　ツヲ、カイ　リヤ○ウ：ツキマシタ

坐攏来
　ＫⅡ8b　ツヅウ　ロン　ライ：コチニヨレ（賓友）
坐攏來
　J153　ヅヲ、　ロン　ライ：コチニヨレ
坐褥
　ＫⅤ36b　ヅヨー　ジヨ：ザブトン（衣服）
　J426　ツヲ、　ジヨ：ザフトン（衣服）
坐上去
　ＫⅡ3b　ヅヲウ　ジヤン　キユイ：カミニザセヨ（賓友）
　J143　ヅヲ、　ジヤン　キユイ：カミニザセヨ
座子
　ＫⅤ42a　ツヲ、　ツウ：バセン（馬鞍）
　J415　ヅヲ、　ツウ：馬氈（馬具）
做包子
　ＫⅤ12a　ツヲー　パ○ウ　ツウ：マンヂフツクル（飯肉）
　J236　ツヲ、　パ○ウ　ツウ：マンヂウツクル
做保人
　ＫⅠ21b　ツヲ、　パ○ウ　ジン：ウケニン（人品）
　J273　ツヲ、　パ○ウ　ジン：ウケニン（人品）
做不得
　ＫⅣ2a　ツヲー　ポ　テ：セラレヌ（製作）
　J134　ツヲ、　プ　テ：セラレヌ
做不完
　ＫⅣ1b　ツヲー　ポ　ワン：ツクリシマハヌ（製作）
　J133　ツヲ、　プ　ワン：シトラヌ
做巣
　ＫⅤ25b　ツヲー　ツア○ウ：スツクル（禽類）
　J424　ツヲ、　ツア○ウ：スツクルヿ（飛禽）
做出不三不四的勾當来
　ＫⅣ1b　ツヲー　チユ　ポ　サン　ポ　スウ　テ　ゲ○ウ　タン　ライ：トチニモツカヌコトヲ仕出シタ（製作）
做出不三不四的勾當来
　J133　ツヲ、　チユ　プ　サン　プ　スウ　テ　ゲ○ウ　タン　ライ：ドチニモツカヌコトヲ仕出シタ
做春夢
　ＫⅠ43b　ツヲー　チユン　モン：ユメミル（動作）
　J109　ツヲ、　チユン　モン：ユメヲナス
　歩　｛削除｝
做到老
　ＫⅣ1b　ツヲー　タ○ウ　ラ○ウ：ラウコウガイツタ（製作）
　J133　ツヲ、　タ○ウ　ラ○ウ：シヨウノカウガイツタ
做得笨
　ＫⅣ1b　ツヲー　テ　ペン：ショフノマハリトヲイヿ（製作）
　J134　ツヲ、　テ　ペン：マワリトヲイ
做得處
　ＫⅠ39a　ツヲー　テ　チユイ：フンベツスルヿ（性情）
　J233　ツヲ、　テ　チユイ：フンベツスルヿ
　歩　｛削除｝
做得及
　ＫⅣ1b　ツヲー　テ　ギ：シアハセヌ（製作）｛語釈誤り｝
　J133　ツヲ、　テ　キ：シアワセタ
做得来
　ＫⅣ1a　ツヲー　テ　ライ：ツクラレル（製作）
做得來
　J132　ツヲ、　テ　ライ：ナシエタ
做得企
　ＫⅣ1b　ツヲー　テ　ギイ：マニアフ（製作）
　J134　ツヲ、　テ　キ：マニアフ
做得完
　ＫⅣ1b　ツヲー　テ　ワン：ツクリシマハル、（製作）
　J132　ツヲ、　テ　ワン：シトラル、
做個夢
　ＫⅠ43b　ツヲー　コ　モン：ユメミル（動作）
　J109　ツヲ、　コ　モン：ユメミル
見個夢
　歩Ⅰ60b　｛「見個夢」に変更｝
做個序
　ＫⅢ50b　ツヲー　コ　ヅイ：ジヨカキヲスル（讀書）
　J15　ツヲ、　コ　ジユイ：ジヨカキヲスル
做工的人
　ＫⅠ15b　ツヲー　コン　テ　ジン：サイク人（人品）
　J260　ツヲ、　コン　テン　ジン：サイクニン（人品）
做壊了
　ＫⅣ1a　ツヲー　ワイ　リヤ○ウ：シソコナツタ（製作）
　J133　ツヲ、　ワイ　リヤ○ウ：シソコナツタ
做餛飩
　ＫⅤ11b　ツヲー　ヲイン　ドイン：ウドンツクル（飯肉）
　J236　ツヲ、　イユン　ドイン：ウドンツクル
做假山
　ＫⅠ12a　ツヲー　キヤア　サン：ツキヤマヲツク（地理）
　J257　ツヲ、　キヤア　サン：ツキヤマヲツク（天文）
做傀儡
　ＫⅠ23b　ツヲ、　クイ　ルイ：クワイライシ○人形

シハ井師（人品）
J197 ツヲ、 クイ ルイ：クワイライシ

做螺鈿

KⅡ33a ツヲー ルー デエン：アヲガヒザイク（德藝）
J198 ツヲ、 ルイ デン：アヲカイサイク

做買賣

KⅣ21a ツヲー マイ マイ：アキナヒスル（財産）
J16 ツヲ、 マイ マイ：アキナイスル

做帽

KⅠ21a ツヲ、 マ○ウ：帽子ツクリ（人品）
J273 ツヲ、 マ○ウ：帽子ツクリ（人品）

做帽子的

歩Ⅰ29b ｛「做帽子的」に変更｝

做門路

KⅢ18b ツヲ、 メン ルウ：テイレヲスル（寄贈）
J52 ツヲ、 メン ルウ：テイレヲスル

做夢哩

KⅠ43b ツヲー モン リイ：ユメヲミル（動作）
J109 ツヲ、 モン リイ：ユメヲミル

做盤纏

KⅣ23a ツヲ、 ボワン ヂエン：ロギンニスル（財産）
J48 ツヲ、 バン テン：ロギンニスル

做起来

KⅣ1a ツヲー キイ ライ：ツクリカヽル（製作）

做起來

J132 ツヲ、 キイ ライ：シイダシタ

做人好

KⅡ32a ツヲフ ジン ハ○ウ：ヒトガラガヨヒ（德藝）
J74 ツヲ、 ジン ハ○ウ：人ガラガヨイ

做人四海

KⅡ32a ツヲフ ジン スウ ハイー：活達ナ人ガラ（德藝）
J74 ツヲ、 ジン スウ ハイ：活達ナ人カラ
歩 ｛削除｝

做生活

KⅣ1b ツヲー スエン ウヲ：スキハイヲナス（製作）
J133 ツヲ、 スエン ヲ、：スギワイヲナス

做聲吵

KⅠ30b ツヲ、 シン サアー：コエモセヌ（身體）｛語釈誤り｝
J107 ツヲ、 シン サアー：コエモセヨ

做詩

KⅢ50b ツヲー スウ：シヲツクル（讀書）
J15 ツヲ、 スウ：シヲ▩▩▩（判読不能）
筑・地・4・6a ウヲー スウ：シヲツクル

做完了

KⅣ1b ツヲー ワン リヤ○ウ：ツクリシマフタ（製作）
J133 ツヲ、 ワン リヤ○ウ：シトツタ

做窩家

KⅠ22b ツヲ、 ヲウ キヤア：ヌスビトノトヒヤ（人品）
J102 ツヲ、 ヲ、 キヤア：ヌスヒトノトイヤ

做一回

KⅡ33b ツヲー イ キイ：ヒトシキリ（德藝）｛回字は音誤り｝
J14 ツヲ、 イ ホイ：ヒトシキリ

做一折

KⅡ33b ツヲ、 イ ツエ：ヒトシキリヲドル（德藝）
J13 ツヲ、 イ チエ：ヒトシキリヲドル

做月老

KⅢ19a ツヲ、 イエ ラ○ウ：ナカタチスル（婚姻）
J365 ツヲ、 エ ラ○ウ：ナカダチ（婚姻）

做證明

KⅢ23a ツヲ、 チン ミン：セフコニスル（官府）
J227 ツヲ、 チン ミン：セフコニスル

做珠客

KⅣ22a ツヲー チイ ゲ：タマアキナヒ（財産）
J17 ツヲ、 チユイ ゲ：タマアキナイ

做主意

KⅠ39a ツヲー チユイ イー：シアンスルヿ（性情）
J233 ツヲ、 チユイ イ、：シアンスルヿ

做做做

KⅣ2a ツヲー ツヲー ツヲー：イタセイタセ（製作）

做〃〃

J133 ツヲ、 、 、：セヨ 〜

岩本真理（いわもと・まり）
1958年，大阪市生まれ。
現在，大阪市立大学文学研究科教授
博士（文学）（「『南山俗語考』の研究」大阪市立大学，2010年）

【主要業績】
『呉方言詞語匯釈』（中国語大辞典編纂資料単刊ⅩⅠ，大東文化大学，1984年，共編）
『清代民国時期漢語研究文献目録』（中韓翻訳文献研究所，学古房，2011年，共編）
『方言と中国文化 第2版』（光生館，2015年，共訳）［同書により2016年上海翻訳出版促進計画入選］
「呉語の進行・持続表現」『中国語学』232（1985年，単著）
「比喩構造と形容詞―後置比喩詞との共起を中心に（1）」『人文研究』48-7（1995年，単著）
「比喩構造と形容詞―後置比喩詞との共起を中心に（2）」『人文研究』47-3（1996年，単著）
「中国語動作動詞の研究（一）捏・掐」『中国語研究』41（1999年　共著）
「『琉館筆譚』翻字、注釈」『人文研究』64（2013年，単著）

『南山俗語考』　翻字と索引

2017年3月31日　第1刷発行

編　者　岩本真理
発行者　川端幸夫
発行所　中国書店
　　　　〒812-0035 福岡市博多区中呉服町5番23号
　　　　電話 092（271）3767　FAX 092（272）2946
制　作　図書出版 花乱社
印刷・製本　モリモト製本株式会社
ISBN978-4-903316-57-4